TRAITÉ
DE LA
JUSTICE CRIMINELLE
DE FRANCE.
TOME SECOND.

TRAITÉ
DE LA
JUSTICE CRIMINELLE
DE FRANCE,

Où l'on examine tout ce qui concerne les Crimes & les Peines en général & en particulier; les Juges établis pour décider les Affaires Criminelles; les Parties publiques & privées; les Accusés; les Ministres de la Justice Criminelle; les Experts, les Témoins; & les autres Personnes nécessaires pour l'instruction des Procès-criminels; & aussi tout ce qui regarde la maniere de procéder dans la poursuite des Crimes.

Par M. Jousse, Conseiller au Présidial d'Orléans.

TOME SECOND.

A PARIS,

Chez Debure Pere, Libraire, Quai des Augustins, à l'Image S. Paul.

M. DCC. LXXI.

AVEC APPROBATION ET PRIVILEGE DU ROI.

TABLE DES TITRES

Contenus dans ce second Volume.

TROISIEME PARTIE.

LIVRE SECOND.

De la Procédure criminelle en général.

CHAPITRE PREMIER.

De ce qui précede le Réglement à l'extraordinaire.

CHAPITRE SECOND.

De ce qui se fait depuis le Réglement à l'extraordinaire, jusqu'au Jugement.

CHAPITRE TROISIEME.

Des Sentences, Jugements & Arrêts.

CHAPITRE QUATRIEME.

De la Procédure particuliere à certains crimes, & pour certaines personnes.

CHAPITRE CINQUIEME.

Des différentes manieres de se pourvoir contre les Jugements.

CHAPITRE SIXIEME.

Fin de la Table des Titres.

TRAITÉ

TRAITÉ
DE LA
JUSTICE CRIMINELLE.

TROISIEME PARTIE.
LIVRE II.
De la Procédure Criminelle en général.
CHAPITRE PREMIER.
De ce qui précede le Réglement à l'extraordinaire.
TITRE PREMIER.
Des Informations en général.
ARTICLE PREMIER.
Ce que c'est qu'information ; & de ses différentes especes.

1. ON appelle en général *Information*, tous les actes qui tendent à établir la preuve d'un crime, & à en découvrir les auteurs ; mais on donne plus particuliérement ce nom à l'acte ou procès-verbal qui contient les dépositions des témoins qui sont entendus sur le crime pour

raison duquel on informe. Ainsi dans ce sens l'*information* est en matiere criminelle, ce qu'est l'*enquête* en matiere civile.

Quoiqu'on se serve également du terme *informer*, tant en matiere civile qu'en matiere criminelle, comme il résulte de l'article 4 du titre 23 de l'Ordonnance de 1667, & de l'article 2 du titre 26 de l'Ordonnance de 1670; néanmoins, à proprement parler, on ne doit se servir du terme d'*information*, qu'en matiere criminelle; (Ordonnance de 1670, *tit.* 26;) de même que le mot d'*enquête* ne s'emploie, à proprement parler, qu'en matiere civile; (Ordondonnance de 1667, *tit.* 22.) Quelquefois cependant on se sert du mot *information* en civil; comme quand on dit *information de vie & mœurs*; & quelquefois aussi on emploie le mot *enquête* en matiere criminelle; ce qui a lieu dans tous les cas où il s'agit de faire en criminel une preuve autre que celle du crime; comme dans les procès civilisés, dans les faits justificatifs & de reproches, *&c.* (Voyez Ordonnance de 1670, *tit* 20, *art.* 3; & *tit.* 28, *art.* 8.)

2. On donne aussi le nom de *charges*, aux informations qui se font en matiere criminelle; parce que ces informations chargent le plus souvent l'accusé, du crime pour lequel il est poursuivi.

L'information qui contient les dépositions des témoins, est la base, le fondement & la principale piece d'un procès criminel; & c'est sur cette piece que les Juges s'arrêtent davantage pour fonder leur jugement sur la condamnation ou l'absolution de l'accusé.

Il y a deux sortes d'informations; la premiere est l'*information générale*; qui se fait en général contre les auteurs de tel ou tel crime, ou délit : la seconde est l'*information spéciale*, qui se fait contre telle ou telle personne, comme prévenue d'avoir commis un tel crime.

Ces deux sortes d'informations, peuvent se faire de deux manieres : 1°. d'*office* : 2°. sur *plainte*.

3. L'information d'*office*, est celle qui est faite par le Juge, de sa propre autorité, & indépendamment d'aucune plainte, *id est denuntiante famâ vel deferente clamore officii sui*; comme il est dit au C. *qualiter & quando*, *extra* de accusat.

L'information *sur plainte*, est celle qui se fait, ou sur la plainte de la partie privée, ou sur la plainte de la partie publique. Cette derniere est ordinairement précédée de dénonciation; mais elle peut se faire aussi sans aucune dénonciation. On appelle quelquefois cette seconde espece d'information, *information d'office*; parce que tout ce qui se fait au nom des Procureurs du Roi, ou Fiscaux, se fait en vertu des fonctions & des devoirs attachés à leur office.

L'information d'office de la part des Juges, & sans aucune plainte, a été sagement établie pour tenir lieu d'accusation, afin que les crimes fussent punis avec plus de vigilance; & qu'en cas de négligence de la partie privée ou publique dans la poursuite d'un crime, ce crime ne demeurât point impuni. (Voyez *infrà* au titre *Des Informations d'office*, part. 3, liv. 3, tit. 2, *n.* 1 & *suiv.*)

ARTICLE II.

Des conditions nécessaires pour rendre une information valable.

4. Il y a plusieurs conditions nécessaires pour rendre une information valable.

La premiere, est que cette information soit certaine, claire, & spéciale; & qu'elle renferme toutes les qualités & circonstances du crime. C'est pourquoi une information obscure, générale & incertaine, doit être rejettée : par exemple, une information qui seroit faite contre un particulier, sous le prétexte qu'il seroit dans l'habitude de commettre des homicides, des vols, des incendies, des blasphêmes, *&c.*, ne seroit pas bonne; mais il faut que cette information soit déterminée, & concerne un tel vol, ou un tel homicide commis en tel temps, & tel jour; & il en est de même des autres crimes ou délits.

La seconde condition requise, est que l'information soit faite par un Juge compétent; autrement elle est nulle. (Farin. *qu.* 1, *n.* 53, *& seq.* Voyez ce qui a été dit ci-dessus au titre *Des Exceptions & Défenses des accusés*, part. 3, liv. 1, tit. 2, *n.* 33.)

5. La troisieme condition, est que le crime ne soit pas prescrit. (Farin. *ibid.* qu. 1, n. 68. Voyez ce qui a été dit à ce sujet au titre *De l'Action qui naît des crimes*, part. 3, liv. 1, tit. 1, *n.* 94.)

La quatrieme condition, est qu'il faut que l'accusé n'ait pas déja été absous pour raison du même crime, ou qu'il n'ait pas obtenu sa grace du Prince duement entérinée; car dans l'un & l'autre de ces cas, on ne peut plus informer. (Farin. *qu.* 1, *n.* 52 & 53.)

Voici encore quelques regles générales en matiere d'information.

ARTICLE III.

Regles générales en matiere d'Informations.

Premiere Regle.

6. La premiere, est qu'avant tout, on doit constater le corps de délit; car si ce corps de délit n'est pas constant, c'est en vain que le Juge feroit entendre des témoins pour en connoître l'auteur, quelques indices qu'il y eût d'ailleurs contre lui. Sans ce préalable, toute la procédure seroit inutile & vicieuse, & ce seroit un édifice qui, n'étant bâti sur aucun fondement, ne pourroit manquer de s'écrouler. (Farin. *qu.* 1, *n.* 6; & *qu.* 2, *n.* 1: Jul. Clarus, *qu.* 4, *n.* 1; Theveneau sur les Ordonnances, *liv.* 5, *tit.* 1, *art.* 2. Voyez aussi la Loi 1, §. *item illud*, D. *ad Sill.*)

Et il ne suffiroit pas que ce corps de délit fût constaté par le bruit public; parce qu'il est arrivé souvent que ces sortes de bruits, quoique généralement répandus, se sont trouvés faux.

A moins donc que le corps de délit ne soit suffisamment constaté, on ne peut passer à la condamnation de l'accusé, quelques preuves qu'il y eût d'ailleurs contre lui; quand même il conviendroit avoir commis le crime pour lequel il est poursuivi. (Jul. Clarus, *qu.* 55, *n.* 10.)

7. On ne doit pas non plus le condamner dans ce cas à la question. (Farin. *qu.* 2, *n.* 3.)

Ni même le constituer prisonnier. (Farin. *ibid. n.* 2.)

La raison de cette nécessité de constater, avant tout, l'existence du délit, est fondée sur cette regle de droit, que quand la loi établit une disposition à l'égard d'une certaine chose, il faut, avant tout, que cette chose soit constatée; & cette regle est si importante dans la procédure criminelle, qu'il est arrivé que des Juges, pour ne l'avoir pas exactement observée, ont fait mourir injustement des innocents pour venger le meurtre de certaines personnes, qui, après, se sont trouvées vivantes; comme on peut le voir par les exemples rapportés par Carondas en ses Pandectes, *liv.* 4 & 3, & *liv.* 9, *rép.* 1; & par Quintilien en sa Déclamation 313. Voyez aussi Valere-Maxime, *lib.* 8, *de quæst. cap.* 4; Imbert, *liv.* 3, *ch.* 14, *n.* 5; & l'Histoire de Frillet, rapportée aux Causes Célebres, *tom.* 9.

8. Dans le cas même où il seroit ordonné par le Souverain, d'informer contre une telle personne, il faudroit, avant tout, constater le corps de délit pour raison du crime qui donne lieu à cette information.

Cette nécessité d'établir, avant tout, l'existence du corps de délit, a lieu principalement en matiere d'homicide. (L. 23 *Neratius*, §. *ult.*; & L. 25 *proinde*, §. *ult.*, D. *ad leg. aquil. & ibi Mornac.*) En effet, si l'on ne trouve point le cadavre de la personne que l'on prétend avoir été tuée, on est en droit de dire que cette personne s'est absentée, ou qu'elle a pris la fuite. (*a*)

Il faut aussi que le délit soit constaté d'une maniere spéciale; & il ne suffiroit pas de le constater d'une maniere générale. (Voyez titre *Du Corps de délit*, ci-après, *part.* 3, *liv.* 2, *tit.* 3, *n.* 16 *& suiv.*)

Quant à la maniere dont cette preuve doit être faite, Voyez ce qui a été dit au titre *Des Preuves*, *part.* 3, *liv.* 1, *tit.* 3, *n.* 389.

Seconde Regle.

9. Il ne suffit pas de prouver l'existence du fait; il faut encore prouver qu'il est arrivé par une cause étrangere, & non naturelle; *v. g.* pour prouver qu'un homme a été tué, il ne suffit pas de prouver qu'il est mort; mais il faut prouver qu'il est mort d'une mort violente.

Troisieme Regle.

10. Il ne suffit pas que le fait qui établit le corps de délit, soit constant; & même qu'il y ait preuve, (dans le cas d'homicide,) que

(*a*) Au livre 7 des Mémoires du Sieur de Villars, *pag.* 526, il est fait mention d'un jugement de mort, & de son exécution contre un particulier prévenu de l'homicide d'un homme vivant, mais cru mort, dont l'accusé avoit confessé être l'auteur, par la force des tourments. On peut voir encore un pareil exemple dans le Traité d'Anne Robert, qui a pour titre *Rerum judicat.* lib. 1, plaidoyer 4. L'accusé avoit confessé un homicide qu'il n'avoit point commis, & il fut condamné à être pendu par un Jugement Présidial; mais la personne qu'on avoit cru morte, revint deux ans après. Voyez dans le même plaidoyer de Robert plusieurs exemples de gens qu'on avoit cru morts, & depuis ont été trouvés vivants.

celui qui a été tué, eſt mort d'une mort violente; mais il faut encore prouver que ce fait a été commis par le dol, ou la malice, ou la faute de quelqu'un; (Voyez ce qui eſt dit ci-après au titre *Des Sentences & Jugements*, part. 3, liv. 2, tit. 25, *n.* 196.) Mais ſi une perſonne avoit été tuée d'un coup de tonnerre; comme cette mort auroit été cauſée par un pur accident, & par conſéquent qu'il n'y auroit en ce cas aucun délit ni aucun coupable, il ſeroit entiérement inutile d'informer criminellement pour raiſon de ce fait. (Farin. *qu.* 2, *n.* 1.) Mais alors la préſomption, eſt que ce délit eſt arrivé plutôt par le fait de quelqu'un, que par un accident étranger, comme celui du tonnerre; ce qui eſt ſuffiſant pour informer. (Voyez à ce ſujet Farin. *qu.* 2, *n.* 29; & ce qui eſt dit ci-après, *part.* 3, *liv.* 2, *tit.* 3, au titre *Du Corps de délit*, *n.* 2.)

Quatrieme Regle.

11. Il faut non-ſeulement que le délit ſoit conſtaté; mais il faut encore conſtater la qualité du délit avec toutes ſes circonſtances. Par exemple, dans un homicide il ne ſuffit pas de conſtater l'exiſtence du cadavre de l'homicidé, mais il faut encore établir la nature & le nombre de ſes bleſſures; la ſituation où il eſt trouvé; s'il a été étranglé, ou non; s'il avoit des armes à la main, ou à côté de lui; & autres circonſtances ſemblables. Dans le vol avec effraction, il faut conſtater la nature de l'effraction; ſi elle a été faite à un mur, ou à une porte, à une fenêtre, à une armoire, à un coffre; *&c.*

Cinquieme Regle.

12. Enfin, dans les délits qui peuvent avoir pluſieurs cauſes différentes, il ne ſuffit pas de conſtater le corps de délit; mais il faut encore en établir la cauſe. Par exemple un homme eſt bleſſé, & vient à mourir enſuite: il ne ſuffit pas de conſtater les bleſſures de cet homme, ni ſa mort; mais il faut encore prouver que cette mort a été causée par les bleſſures; ce qui ſe fait par le rapport des Médecins & Chirurgiens, qui, en examinant l'état du bleſſé, déclarent ſi les bleſſures ſont dangereuſes & mortelles, ou non; & ſi c'eſt un cadavre, ils doivent déclarer s'ils eſtiment, ou non qu'il ſoit mort de ſes bleſſures.

Dans les délits, dont l'exiſtence peut être conſtatée par l'inſpection immédiate du fait, il peut arriver que la qualité ou la nature du délit, soit telle que tout le monde en puisse juger; comme dans le cas d'une effraction, d'un incendie, d'un homme mort, d'un libelle diffamatoire, *&c.*; ou que la nature de ce délit ne paroisse pas évidemment; comme dans le cas d'empoisonnement, de viol, de défloration, *&c.*; même dans le cas d'un homme blessé & mort, pour sçavoir si ses blessures étoient mortelles, & si le blessé est mort de ces mêmes blessures. Dans le premier cas, le corps de délit doit se constater par le Juge; mais dans le second cas, le Juge doit employer le secours des experts, & ordonner que l'offensé sera vu & visité par experts, & gens à ce connoissants; comme Médecins, Chirurgiens, Sages-Femmes, *&c.*

Sixieme Regle.

13. Lorsque le corps de délit a été suffisamment constaté, le Juge peut passer à l'information, pour connoître l'auteur du crime, & acquérir à cet égard toutes les preuves dont il a besoin.

Mais il faut observer qu'il n'est pas nécessaire pour établir le corps de délit, de connoître le nom de la personne contre laquelle il a été commis; comme il peut arriver dans le cas de l'homicide d'un étranger ou autre personne qu'on ne connoît point. (*Ita* Jul. Clarus, *qu.* 52, *n.* 8; & *qu.* 4, *n.* 4: & Farin. *qu.* 2, *n.* 28.)

Au reste, il y a ici une distinction importante à faire sur la nécessité de prouver, avant tout, l'existence du corps de délit; c'est qu'il faut faire, avec Julius Clarus, *quæst.* 4, *n.* 3 & 4, une distinction entre les délits permanents & les délits passagers. Dans les délits permanents, il faut nécessairement constater le corps de délit, avant d'informer contre celui qu'on prétend en être l'auteur; mais dans les délits passagers, & dont il ne reste aucuns vestiges; comme dans l'hérésie, le vol simple, l'adultere, les coups dont il ne reste aucune marque, & autres cas semblables, il n'est pas nécessaire de constater le corps de délit pour pouvoir informer & décréter; mais aussitôt après la plainte, le Juge peut & doit informer contre l'accusé, & même le décréter, sur les indices qui pourront être prouvés contre lui; autrement, & si le Juge ne tenoit cette conduite, une infinité de crimes demeureroient impunis. Cette regle est constante, & ne doit pas souffrir la moindre difficulté, suivant le même Auteur.

14. On ne peut procéder criminellement contre celui qui a conseillé ou donné mandement à quelqu'un de commettre un tel crime, lorsque le délit du mandataire n'est pas constaté; parce que le mandement, étant une chose accidentelle au crime, ne peut subsister sans le principal; & que d'ailleurs si le délit du mandataire n'étoit pas prouvé, le mandant ne pourroit alléguer ses défenses & exceptions contre le mandataire, pour établir son innocence. *Ita* Farinac. *qu.* 3, *n.* 1 *& suiv.*

Mais il n'est pas nécessaire, suivant le même Auteur, que la preuve contre le mandataire, soit pleine & entiere, & il suffit qu'il y ait, contre ce dernier, des indices suffisants. (*Ibid. n.* 5.)

Il faut aussi observer qu'il y a des délits où le simple mandat est punissable, quoique non suivi d'exécution. Ainsi dans ces sortes de délits, pour pouvoir punir le mandant, il n'est pas nécessaire de constater le délit du mandataire, si on ne peut l'établir. (Farin. *qu.* 3, *n.* 6 *& suiv.* Voyez aussi ce qui est dit au titre *Des Sentences & Jugements*, ci-après, *part.* 3, *liv.* 2, *tit.* 25, *n.* 266; & au titre *De l'Assassinat*, part. 4, tit. 4, *n.* 5.)

Dans les autres cas, il faut, pour pouvoir punir le mandant, constater le délit du mandataire; mais il n'est pas nécessaire, pour cela, de connoître le nom de ce mandataire, pourvu qu'il soit désigné d'ailleurs suffisamment. (Farin. *ibid.* qu. 3, *n.* 9 & 10.)

Septieme Regle.

15. Une autre observation importante en cette matiere, est que si après une information faite contre un accusé pour raison d'un délit, il survient dans ce même délit une qualité qui le rende plus grave; *v. g.* si après une information, faite pour raison d'une blessure, le blessé vient à mourir; alors cette premiere information s'évanouit, & devient inutile pour pouvoir condamner, comme homicide, celui qui a fait la blessure; quand même il y auroit contre lui des preuves convaincantes qu'il est l'auteur de cette blessure; mais il faut une information toute nouvelle pour raison de l'homicide. (Farin. *qu.* 1, *n.* 70.) Cet Auteur excepte néanmoins le cas où la plainte qui a donné lieu à la premiere information, auroit été donnée, non-seulement pour raison de la blessure, mais encore pour raison de la mort qu'elle pourroit occasionner. (*Ibid. n.* 73. Voyez ce qui est dit là-dessus au titre *De l'Homicide*, part. 4, tit. 21, *n.* 163.)

Huitieme

Huitieme Regle.

16. On peut faire plusieurs informations par addition dans le même procès criminel, soit avant le décret décerné contre l'accusé, soit depuis le décret; sans être obligé, pour cet effet, d'obtenir à chaque fois une nouvelle Ordonnance de Justice. On peut même, après le récolement & la confrontation achevée, informer par addition des faits contenus en la plainte. (Ainsi jugé par Arrêt du 2 Septembre 1725, sur les Conclusions de M. Talon Avocat-Général.) Mais s'il s'agissoit d'un nouveau fait qui donnât lieu à une nouvelle plainte, on ne pourroit entendre des témoins sur ce fait, sans une nouvelle permission du Juge. Il faut même observer qu'après le décret rendu, le plus sûr est d'obtenir permission du Juge, quand il s'agit d'informer par addition pour raison du fait porté en la plainte originaire.

Lorsqu'un témoin dépose d'autres faits que ceux portés en la plainte, le Juge doit rendre une Ordonnance, portant qu'il en sera informé sur la plainte qui en doit être rendue par la partie publique. (Arrêt du Parlement de Paris du 8 Juillet 1738, qui l'enjoint au Lieutenant-Criminel d'Orléans.)

Le Juge peut néanmoins, dans ce cas, ordonner d'office, par un cahier séparé, qu'il sera informé de ces faits à la Requête du Procureur du Roi ou Fiscal; ou bien, ordonner qu'ils seront communiqués au Procureur du Roi, qui sera obligé de donner son requisitoire sur ces mêmes faits; autrement le Juge ne doit pas décréter, ni interroger l'accusé sur ces nouveaux faits, sans avoir pris auparavant cette précaution.

Neuvieme Regle.

17. Comme il n'y a point de disposition dans l'Ordonnance, qui porte qu'un Juge ne pourra permettre d'informer, qu'après avoir pris des Conclusions du Procureur du Roi, ou Fiscal, on n'est pas tenu de s'astreindre à cette formalité. Ces Conclusions ne deviennent nécessaires que pour le décret. (Voyez ce qui est dit à ce sujet dans le nouveau Commentaire sur l'Ordonnance de 1670, *tit.* 3, au préambule, *pag.* 118 & *suiv.* de la seconde édition de 1756.)

Cependant au Parlement de Paris, on ne permet d'informer que ſur les Concluſions du Procureur-Général ; ce qui eſt fondé ſur ce que ce Tribunal n'ordonne, ou ne permet gueres, d'informer que dans des cas très importants, & ſur des dénonciations qui intéreſſent la Police du Royaume, ou l'ordre public troublé d'une maniere grave.

On trouve même une Déclaration du 17 Juillet 1691, concernant les Subſtituts des Avocats & Procureurs du Roi des Bailliages & Vicomtés de Normandie, qui veut que les plaintes en matiere criminelle leur ſoient communiquées avant que d'en pouvoir informer ; à peine de nullité des Jugemens qui interviendront, & de tout ce qui ſera fait en conſéquence. Il y a auſſi deux Arrêts du Parlement de Rouen, rapportés dans l'édition de 1753 du texte de la Coutume de Normandie, l'un du 17 Juillet 1751, qui déclare une plainte nulle, faute de concluſions de la partie publique ; & l'autre du 17 Août 1752, qui a déclaré une plainte nulle, pour avoir été répondue ſans concluſions des Gens du Roi, encore que le procès eût été civiliſé, & que l'accuſé eût fait ſon enquête contraire, & fourni des reproches avant d'avoir allégué la nullité. L'Arrêt eſt rendu en la Tournelle au rapport de M. de Neuvillette.

Mais ces réglements ſont particuliers pour la province de Normandie ; & l'on obſerve le contraire dans le reſſort du Parlement de Paris.

TITRE II.

Des Informations d'Office.

ARTICLE PREMIER

Ce que c'est qu'information d'Office.

1. Les *informations d'office*, sont, ainsi qu'il a déja été observé, celles qui se font d'office par le Juge, sans plainte ni accusation.

C'est une maxime certaine en matiere criminelle, que le Juge peut & doit par lui-même, & en vertu des fonctions attachées à son office, informer d'un crime; & qu'il n'est pas nécessaire qu'il y ait pour cela aucun plaignant ni accusateur. (*Ita* Jul. Clarus, *qu.* 5, *n.* 3.)

Airault, en son Instruction Judiciaire, *liv.* 2, *part.* 1, *n.* 25 *& suiv. pag.* 172, établit aussi comme une maxime incontestable, que le Juge peut informer d'office & par lui-même, si le Procureur du Roi, ou Fiscal, ne se porte partie; ce qui résulte d'ailleurs de la disposition des Ordonnances.

2. Par l'Ordonnance de 1539, *art.* 145, il est dit: » que sitôt que la » plainte des crimes, excès, ou maléfices, aura été faite, *ou que les » Juges en auront autrement été avertis*, ils en informeront diligem- » ment; pour, après l'information faite & communiquée au Procu- » reur du Roi, & vu ses conclusions, être décerné par le Juge ce » qu'il appartiendra. »

M. Bourdin, Procureur-Général, sur cet article, ajoute: « qu'en » France, quand il s'agit d'un crime public, la poursuite en est » faite à l'instigation de l'accusateur qui se rend partie, ou du seul » office du Juge sans accusateur; laquelle doit être incontinent » communiquée au Procureur du Roi, pour prendre ses Conclu- » sions comme il verra être raisonnable, selon la qualité du crime, » ou de l'accusé. »

L'article 63 de l'Ordonnance d'Orléans, est conforme à cette maxime, « & enjoint à tous Juges d'informer promptement des

» crimes & délits, sitôt qu'ils seront parvenus à leur connoissance ; » ce qui est aussi ordonné par l'article 184 de l'Ordonnance de » Blois, qui ajoute, qu'ils dresseront procès-verbal des plaintes » & dénonciations qui leur en seront faites ».

3. L'article 64 de l'Ordonnance d'Orléans, va même plus loin, & porte, « que les Juges ne seront astraints de communiquer les » procès criminels pendant l'instruction aux Procureurs du Roi ou » Fiscaux ; mais que d'eux-mêmes & de leur office, ils ordonne- » ront ce qu'il appartiendra jusqu'à l'entiere instruction. (Voyez aussi Jul. Clarus, *in Pract. Crimin.* qu. 10, n. 3.)

L'Ordonnance de Châteaubriant, du mois d'Octobre 1565, *art.* 1, porte, « que sitôt que les crimes auront été commis, ceux » qui en auront connoissance, seront tenus d'en avertir les Juges » les plus proches du lieu, pour y pourvoir promptement, des- » quels crimes lesdits Officiers seront tenus d'informer prom- » ptement & diligemment, & de décréter lesdites informations, » sans attendre la requisition des parties, ou des Procureurs du » Roi ou, Fiscaux ».

L'Ordonnance de 1670, titre des décrets, *art.* 1, à la vérité, a dérogé à cet article 64 de l'Ordonnance d'Orléans, en voulant que tous décrets soient rendus sur les conclusions du Procureur du Roi ou, Fiscaux ; & elle y a aussi dérogé par les articles 11 du titre 7, 22 du titre 10, & 17 du titre 14 : mais hors ces quatre cas, elle n'a pas dérogé au surplus de ce qui s'étoit toujours observé depuis l'Ordonnance de 1539 ; & notamment pour le pouvoir qu'ont les Juges d'informer & d'instruire par eux-mêmes des délits, sans requisition de la partie publique. (Voyez le Journal du Palais, *tom.* 2, *pag.* 130, *col.* 2, de l'édition *in-folio.*)

4. Lizet en sa Pratique Criminelle, *liv.* 1, *tit.* 1, dit aussi : « qu'ès » crimes, le Juge doit informer par lui-même de son office, & à » la requête des Avocats & Procureurs du Roi ; qui sont tenus » de lui faire part de leur devoir, & de requérir & poursuivre » envers le Juge ce qu'ils aviseront pour le bien de la Justice ».

Carondas, en sa note sur, cet endroit de Lizet, dit : « qu'en- » core qu'il n'y ait partie privée, si est-ce qu'il y a toujours un » accusateur public, soit Procureur du Roi ou Fiscal, encore que » le Juge informe d'office, lequel peut dire qu'il procede à la Re- » quête d'icelui ; & ne le peut ledit Procureur du Roi désavouer, » sinon qu'il y ait de l'animosité, ou autre abus & malversation

» de la part du Juge, & qui l'auroit fait prendre à partie ». Voyez aussi Theveneau sur les Ordonnances, *liv.* 5, *tit.* 1, *art.* 2.

Au reste, cette maxime, que le Juge peut agir d'office sans accusateur, a son fondement dans les Loix Romaines. (Voyez la Loi 13, D. *de officio præsidis*; & la note 41 de Godefroi sur cette Loi; Voyez aussi la Loi 1 au Code *de custodiâ rerum*; la Loi 7, Cod *de accusationibus*; la Loi derniere, D. *de quæstionibus*; & la Loi 4 *ad leg. Jul. peculatûs.*)

5. Plusieurs Arrêts établissent aussi cette maxime.

Un Arrêt du Parlement du 18 Juillet 1648, rendu pour le Bailliage du Palais, porte que le Lieutenant-Général, en cas de flagrant délit, peut informer, interroger, & emprisonner les délinquants.

C'est aussi la disposition de l'Arrêt de Réglement du 7 Septembre 1660, rendu pour Dreux, qui porte que le Juge pourra informer en flagrant délit, sans conclusions du Procureur du Roi.

Un autre Arrêt de Réglement du 20 Décembre 1724, rendu pour la Prévôté Seigneuriale d'Esclaron, porte que le Prévôt pourra seul, & sans conclusions du Procureur Fiscal, faire emprisonner ès cas de flagrant délit & de clameur publique.

Autre Arrêt du 6 Juin 1693, rendu pour la Justice de Saint-Florentin, qui porte que le Juge pourra informer en flagrant délit & pour affaires présentes, sans les conclusions du Procureur Fiscal.

Mais si le Juge informe hors le lieu de sa demeure, il est tenu de se faire accompagner du Procureur du Roi, ou Fiscal. (Même Arrêt du 20 Décembre 1724 pour Esclaron.)

6. Il faut aussi observer que cette maxime, que le Juge peut par lui-même, & d'office, informer des crimes sans qu'il y ait plainte ni dénonciation, n'a lieu qu'à l'égard des crimes publics; & non pour les délits privés ou simples délits qui n'exigent point la poursuite du ministere public. (Farin. *qu.* 1, *n.* 9; Theveneau sur les Ordonnances, *liv.* 5, *tit.* 1, *art.* 2.)

De plus, il faut, pour que le Juge puisse informer d'office, qu'il y ait quelque cause qui donne lieu à cette information; comme la dénonciation, le bruit public, la notoriété, ou le cas de flagrant délit, *&c.*; (Jul. Clarus, *qu.* 5, *n.* 4.) Ce qui a été sagement établi pour prévenir les abus qui arriveroient infailliblement, si les Juges pouvoient informer arbitrairement & sans cause ; parce que cela occasionneroit souvent des vexations injustes contre des personnes innocentes. Mais si le Juge néglige de poursuivre le crime, dans le cas dont on vient de parler, il devient coupable de prévarication, suivant la Loi 2, Cod. *de commer. & mercator.*

7. Le cas *de notoriété*, est lorsqu'un crime vient d'être commis dans un lieu public à la vue de tout le monde, ou devant un grand nombre de personnes ; (Jul. Clarus, *qu.* 9, *n.* 2 ; Farin. *qu.* 21, *n.* 41 ;) Dans ce cas de notoriété, il n'est pas nécessaire qu'il y ait une plainte ni même une dénonciation, pour que le Juge puisse informer ; & il doit alors informer d'office, ainsi qu'il vient d'être observé. (Farin. *qu.* 21, *n.* 62.)

A l'égard du cas de *flagrant délit*, Voyez ce que c'est ci-après *n.* 8.

Il est bon d'observer, avant tout, que quand il est notoire que l'accusé a commis le crime ; *v. g.* quand il a été commis en public, & en présence d'un grand nombre de personnes ; ou que cet accusé a été surpris en flagrant délit ; il faut instruire sommairement & promptement le procès, & passer tout d'un coup au jugement de l'accusé. (Farin. *qu.* 21, *n.* 133 ; Constit. Caroline, *ch.* 16.)

ARTICLE II.

Des cas où les Juges peuvent, & doivent informer d'Office.

8. Il faut distinguer les informations qui se font seulement pour constater le corps de délit, de celles qui se font pour découvrir le coupable lorsqu'il est inconnu, ou pour avoir des preuves suffisantes contre lui, lorsqu'il est déja connu.

1°. Pour constater d'office le corps de délit, *de quo permanent vestigia*, c'est-à-dire, d'un fait permanent & exposé aux yeux du public, il suffit qu'il se présente un dénonciateur qui déclare verbalement au Juge, ou au Procureur du Roi, ou Fiscal, que tel délit a été commis, (Jul. Clarus, *qu.* 4, *n.* 7 ; & *qu.* 7, *n.* 1.) Ce qui a lieu, à plus forte raison, lorsque le Juge s'est lui-même trouvé présent au délit, ou que depuis il l'a vu de ses yeux.

Il en est de même dans le cas où un particulier est trouvé mort dans un chemin ou autre endroit public, sans aucunes blessures qui puissent constater qu'il a été tué ; de maniere que cette mort a pu arriver naturellement par quelque indiſpoſition intérieure; alors, quoiqu'on puiſſe ſuppoſer, dans le doute, que cette mort eſt arrivée d'une maniere naturelle, néanmoins, comme il eſt plus ordinaire que ces ſortes d'exemples de perſonnes trouvées mortes dansdes chemins, arrivent plutôt par le fait d'autrui, que d'une maniere naturelle, le Juge doit informer du fait comme pour raiſon d'un délit, & chercher à le conſtater & à en connoître les auteurs.

9. Mais pour conſtater un corps de délit d'un fait paſſager, & dont il ne reſte aucuns veſtiges, il faut une plainte en forme, ou au moins une dénonciation faite au Juge, qui ordonne que cette dénonciation ſera communiquée à la partie publique pour y donner ſes concluſions; enſuite deſquelles, le Juge ordonnera ou pourra ordonner qu'il en ſera informé.

2°. Quand il s'agit d'informer d'office, & en général pour découvrir l'auteur du crime, il ſuffit que le corps de délit ſoit conſtaté.

Mais pour informer contre tel ou tel comme accuſé d'être l'Auteur du crime, il faut, ou une plainte, ou accuſation; ou que l'accuſé ſoit pris en flagrant délit; ou qu'il ait été arrêté à la clameur publique; ou qu'il y ait contre lui des indices réſultants de l'information faite, ſoit pour conſtater le corps de délit, ſoit pour connoître en général celui qui l'a commis.

10. Le cas de *flagrant-délit*, eſt lorſqu'un crime vient de ſe commettre, & eſt expoſé à la vue de tout le monde; comme lorſqu'une maiſon vient d'être incendiée, ou un mur percé; ou qu'un homme vient d'être tué ou bleſſé dans une rue; ou lorſqu'il arrive une émotion populaire, *&c.* & que les témoins ſont encore ſur le lieu: alors, comme il arrive le plus ſouvent que l'information requiert célérité, & qu'il eſt néceſſaire d'entendre promptement les témoins, ou de recevoir la déclaration du bleſſé, le Juge doit ſur-le-champ ſe tranſporter ſur les lieux, en dreſſer ſon procès-verbal, & entendre d'office ces témoins, ſans attendre qu'on lui rende aucune plainte pour raiſon de ce délit. (Voyez Ordonnance de 1670, *tit.* 6, *art.* 4; *tit.* 10, *art.* 9; & *tit.* 14, *art.* 14.)

11. Un accuſé eſt pris en flagrant délit, lorſqu'il eſt ſurpris, *v. g.* volant ou dérobant; ou qu'il eſt ſurpris avec les effets dérobés, dans le lieu où s'eſt fait le vol, ou auprès, & immédiatement après le vol commis; ou en fait de meurtre, lorſqu'il eſt pris dans l'action

même ; ou qu'il a été pris sur le lieu l'épée à la main & ensanglantée, dans l'instant du meurtre ou immédiatement après. Dans ce cas de flagrant-délit, le Juge doit informer sur le champ & sans différer.

3°. Lorsque le corps de délit n'est pas constant, & qu'il est du nombre de ceux qu'on appelle passagers, & dont il ne reste aucunes traces ; ensorte qu'il devient douteux, & qu'il a besoin d'être prouvé par témoins ; le Juge ne doit point informer d'office, tant que les parties intéressées demeurent dans le silence, & les Parlements n'ont jamais approuvé dans ces cas la diligence trop affectée des Juges subalternes.

12. 4°. Un autre cas où les Juges doivent informer d'office, c'est lorsqu'incidemment & dans le cours de l'instruction d'un procès-criminel, l'accusé vient s'avouer coupable d'un nouveau délit ; ou que dans l'instruction d'un procès civil ou criminel, quelqu'un des témoins vient à déposer contre une partie d'un délit qui exige une punition ou vengeance publique ; ou qu'un témoin vient à varier & à être prévenu de faux ; ou qu'un acte est attaqué de faux ; ou qu'il paroît évidemment qu'il y a de faux commis de la part de celui qui le produit ; dans tous ces cas, le Juge peut, sur la déclaration de l'accusé ou du témoin prise comme dénonciation, ordonner qu'il en sera informé à la Requête de la partie publique, s'il n'y a point de partie civile.

13. Tous les jours, à l'Audience ou à la Chambre du Conseil, il arrive qu'en voyant un procès civil ou criminel, on ordonne d'office & sans aucune plainte, qu'il sera informé contre tel ou tel ; on ajoute seulement que cette information se fera à la Requête du Procureur du Roi ou Fiscal ; & même, dans ce cas, on décrete quelquefois d'office.

ARTICLE III.

De la procédure sur les informations d'Office.

14. 1°. Lorsque les Juges informent d'office, ils ne doivent point être considérés comme accusateurs ; mais ils agissent au nom de la partie publique. C'est pourquoi, dans tous ces cas, ils peuvent emprunter son nom dans la suite de l'instruction du procès, jusqu'au temps où il est nécessaire que la procédure lui soit communiquée ; comme

comme quand il s'agit de prononcer un décret contre l'accusé.

C'est en conséquence de cette maxime, qu'il est dit dans l'article 8 du titre 3 de l'Ordonnance de 1670, que quand il n'y a point de partie civile, les procès criminels, (du moins ceux où il échet peine afflictive,) seront poursuivis sous le nom des Procureurs du Roi, ou Fiscaux.

15. 2°. Lorsque dans l'instruction d'un procès dont l'information se fait d'office, il survient un plaignant, ou un accusateur, cette accusation fait cesser l'information d'office, & l'instruction du procès doit se faire sous le nom & la poursuite de cet accusateur ou plaignant. (Voyez au titre *De la maniere d'exercer l'action criminelle en général*, ci-après, *part.* 3, *liv.* 3, *tit.* 1, n. 167.)

3°. Dans les informations qui se font en flagrant délit, le Juge doit entendre sur-le-champ, autant que faire se peut, les témoins qui ont été présents au délit; du moins ceux qui sont encore sur le lieu. Tous ces témoins peuvent alors être entendus sans assignation. (Ordonnance de 1670, *tit.* 6, *art.* 4.)

16. 4°. Dans ce cas de flagrant-délit, le Juge peut faire emprisonner sur-le-champ l'accusé, & enjoindre verbalement, à cet effet, à tous Archers, Sergents, & autres, d'arrêter le délinquant, & de le constituer prisonnier; & si ces Archers ou Sergents refusent de lui obéir, ils doivent, sur le procès-verbal que le Juge en dressera, être condamnés en des amendes; ou interdits; ou condamnés en d'autres peines, suivant les circonstances, & que l'intérêt public en souffre par la fuite ou évasion de l'accusé. (Papon, *liv.* 6, *tit.* 7, *n.* 11; Ragneau au mot *Sergent.*)

Le Juge qui fait arrêter ainsi un délinquant en flagrant délit, doit en dresser son procès-verbal.

Si l'accusé a été arrêté à la clameur publique, ou en flagrant délit, mais non de l'ordre du Juge, le Juge doit ordonner qu'il sera arrêté & écroué. (Voyez au titre *Des décrets, captures & emprisonnements*, ci-après, *part.* 3, *liv.* 2, *tit.* 10, n. 79.) L'article 4 du titre 2 de l'Ordonnance de 1670, enjoint aussi aux Prévôts des Maréchaux d'arrêter les criminels pris en flagrant délit, ou à la clameur publique.

17. 5°. Les Juges sont tenus d'informer d'office des crimes aussitôt qu'ils sont venus à leur connoissance; sans attendre qu'il y ait aucun plaignant ou accusateur. (Voyez ce qui est dit à ce sujet au titre *De la Compétence des Juges en matiere criminelle*, ci-dessus, *part.* 2,

tit. 1, n. 649;) ce qui doit s'entendre néanmoins sous les modifications dont il a été parlé ci-dessus, *n.* 1 *& suiv.*

Mais si les Juges informoient d'office contre une personne nommée, hors le cas de flagrant délit, sans plainte ni partie, d'un fait qui n'est pas vrai, ils pourroient être pris à partie. (Papon, *liv.* 24, *tit.* 1, *n.* 4, L. *filius familias* 15, D. *de judiciis.*)

6°. Les Commissaires au Châtelet de Paris, peuvent informer d'office dans le cas de flagrant délit. (Edit du mois de Mai 1583, *art.* 7; Arrêt du Parlement de Paris du 16 Février 1602, pour les Commissaires au Châtelet de Paris; Edit du mois d'Octobre 1693.)

18. Ils peuvent aussi interroger, pour la premiere fois, les accusés pris en flagrant délit. (Arrêt du Parlement du 20 Juillet 1546 pour le Châtelet de Paris, *art.* 8. Autres Arrêts du premier Février 1547, & 16 Février 1602, rendus aussi pour Paris. Ordonnance de 1670, *tit.* 14, *art.* 14. Edit du mois d'Octobre 1693.)

Ils peuvent même faire la levée des cadavres, les faire porter à la morgue, & faire arrêter les coupables en flagrant délit; & si dans ce cas de flagrant délit, le coupable s'étoit refugié dans l'intérieur d'une maison indiquée, les Commissaires ont droit d'y entrer & d'y faire perquisition.

Mais hors le cas de flagrant délit, ils ne peuvent se transporter dans les maisons des particuliers pour y recevoir des dépositions & déclarations, sans la requisition des parties, & ordonnance du Juge rendue en conséquence. (Arrêt de la Tournelle du 9 Juillet 1712, rapporté au Journal des Audiences.)

TITRE III.

Du corps de délit, & de la maniere de le constater.

Ce que c'est que le corps de délit; & comment il se prouve.

1. ON appelle *corps de délit*, l'existence d'un délit prouvé, ou par l'inspection actuelle de ce délit, lorsqu'il s'agit d'un fait permanent; ou par témoins, *&c.*, lorsqu'il s'agit d'un fait passager.

Il y a deux sortes de délits; les uns, qui sont de faits passagers ou momentanés, dont il ne reste aucune trace ou vestige; comme dans l'adultere, le vol sans effraction, les injures verbales, le blasphême, *&c.*: & d'autres dont il reste des vestiges; comme l'homicide, le vol avec effraction, l'incendie, les libelles diffamatoires, *&c.* On appelle ces derniers, *délits permanents*.

On emploie différentes sortes de preuves pour constater le corps de délit; sçavoir, 1°. l'inspection du Juge: 2°. les rapports d'experts: 3°. la preuve testimoniale: 4°. les indices: 5°. & quelquefois même la confession de l'accusé.

2. 1°. Les délits *permanents* se constatent par l'évidence, ou l'examen du délit même; comme dans le cas d'homicide, d'effraction, d'incendie, blessures, *&c.*

C'est pourquoi, dans ces sortes de délits, le Juge doit toujours par lui-même se transporter sur le lieu, pour constater l'état des choses, & dresser à cet effet son procès-verbal; c'est-à-dire, que s'il s'agit, *v. g.* d'une effraction, il doit faire la description du lieu & de l'état où il se trouve, *&c.*; s'il s'agit d'un homicide, il doit marquer l'état où il a trouvé le cadavre, le lieu & le nombre de ses blessures, *&c.*; & dans ce dernier cas, il doit aussi le faire visiter par Médecins & Chirurgiens pour sçavoir la cause de sa mort; le tout ainsi qu'il sera observé ci-après.

3. Lorsqu'il ne s'agit que de simples blessures, il n'est pas nécessaire que le Juge se transporte dans l'endroit où est le blessé; à moins

qu'il ne fût nécessaire de l'entendre en déposition, & que ce blessé fût hors d'état de venir pardevers lui; auquel cas le Juge doit se transporter sur le lieu. Mais si le blessé est en état de venir pardevant le Juge, il suffit de l'entendre, & le Juge doit ordonner alors que le blessé sera visité par Médecins & Chirurgiens-Jurés.

Dans le cas de viol ou de grossesse, le corps de délit se constate par la visite des Matrônes; ou à leur défaut, par le rapport des Médecins & Chirurgiens.

Lorsque le fait qui constate le corps de délit, n'existe plus; comme dans le cas d'un homme tué que l'on a enterré, le Juge doit faire exhumer le cadavre pour constater, autant qu'il est possible, l'état de ses blessures & la cause de sa mort, par Médecins & Chirurgiens; & de même, s'il s'agit d'une effraction qui ait été réparée, il doit aussi se transporter sur les lieux pour en constater & décrire l'état, afin d'en tirer les inductions nécessaires.

4. Dans le cas d'un homicide, ou d'une femme prévenue d'avoir défait son enfant, si l'accusé déclaroit avoir enterré le corps dans un endroit; quand même ce corps ne seroit plus reconnoissable, il faudroit faire fouiller dans l'endroit indiqué par l'accusé, pour voir si l'on y trouveroit des ossements; & à cet effet, le Juge doit se transporter sur le lieu, assisté de Médecins & Chirurgiens. (Farin. *qu.* 81, *n.* 30.)

Mais s'il ne reste aucunes traces, ni marques du délit, quoique du nombre de ceux qu'on appelle *permanents*, soit à cause du long temps qu'il y a que le délit a été commis, soit parce que le corps de la personne homicidée n'est plus reconnoissable, ou parce que l'effraction a été réparée; alors, au défaut de la preuve dont on vient de parler, il faut employer celle dont on se sert pour constater le corps de délit dans les crimes passagers, & dont il ne reste aucuns vestiges.

5. 2°. Dans les délits *passagers*, & dans ceux dont il ne reste aucunes traces ni vestiges, le corps de délit se constate par la déposition de témoins qui ont été présents dans le temps que ce délit a été commis, ou qui ont vu la maniere dont la chose s'est passée.

Ainsi, dans le vol simple, non accompagné d'effraction, le corps de délit est suffisamment constaté, lorsque deux ou plusieurs témoins déposent avoir vu faire le vol.

Il en est de même dans le crime d'adultere, stupre, ou autre semblable; la déposition de deux témoins qui ont vu commettre le crime, est suffisante pour constater le corps de délit.

6. On peut aussi quelquefois, pour prouver le corps de délit, avoir recours à la preuve conjecturale, ou dumoins à la preuve mixte, *v. g.* à la déclaration ou dénonciation du plaignant ou autre témoin, qui déclareroit qu'une telle chose, que d'autres personnes ont vu plusieurs fois en sa possession, lui a été volée, jointe à quelqu'autre indice; comme si l'on avoit trouvé une échelle à la fenêtre de la chambre où le vol a été fait; ou si les voisins avoient entendu du bruit pendant la nuit dans le temps que le vol a été fait.

Il y a même des cas où le corps de délit peut se constater par de simples indices; ce qui a lieu à l'égard des crimes dont il est très difficile d'ailleurs d'avoir la preuve; soit parce qu'il n'en reste aucuns vestiges, soit parce que les vestiges en sont effacés. (Farin. *qu.* 2, *n.* 12 & 13. Voyez *omninò* au titre *Des Preuves en général*, ci-dessus, *part.* 3, *liv.* 1, *tit.* 3, *n.* 276.)

7. Dans le cas d'une personne homicidée dont le corps ne se trouve point, *v. g.* parce qu'il a été jetté dans le feu, & consumé, ou précipité dans la mer, ou enterré dans un endroit caché & inconnu; le Juge doit constater le délit, autant que faire se peut, par des témoins qui ont vu jetter le corps dans le feu ou dans la mer, *&c.* (Bald. in leg. *cum probatio*, D. *de probationibus.*) Mais s'il ne se trouve point de témoins *de visu*, le Juge peut y suppléer par des indices & conjectures. Il faut d'abord pour cela, qu'il fasse toutes les diligences nécessaires, pour constater que celui qu'on prétend avoir été tué, ne se trouve plus dans le lieu ordinaire de sa demeure, & qu'il a disparu sans en prévenir personne, quoiqu'il eût coutume, lorsqu'il partoit pour quelque endroit hors de chez lui, d'en prévenir ceux de sa maison : de même, s'il est prouvé que celui qu'on prétend avoir été tué, est sorti de chez lui sans épée & à pied, sans être attaqué d'aucune maladie frénétique, & dans tout son bon sens; alors cette absence pourra suffire pour constater le corps de délit, sur-tout s'il se trouve des témoins qui déposent avoir vu jetter dans la mer, ou dans le feu, une personne qu'ils n'ont pu reconnoître; ce qui doit encore avoir lieu, à plus forte raison, s'il étoit prouvé que le particulier, qu'on prétend avoir été tué, avoit des inimitiés capitales contre quelqu'un, ou qu'on eût trouvé des marques de sang proche l'endroit où l'on prétend que ce particulier a été assassiné, & jetté ensuite dans le feu, ou dans la mer.

8. Il faut convenir néanmoins que ces indices sont le plus souvent trompeurs; (Voyez ce qui a été dit au titre *Des Informations en général*, ci-dessus, *part.* 3, *liv.* 2, *tit.* 1, n. 7.)

On doit aussi employer les indices & conjectures au défaut d'autres preuves, lorsque le cadavre se trouve, mais qu'il n'a plus aucune marque pour le faire reconnoître.

Dans le vol avec effraction, dont l'effraction a été réparée, il faut aussi employer, pour constater cette effraction, la preuve testimoniale, & entendre ceux qui l'ont vu & ont examiné les lieux; comme on le fait dans les délits de faits passagers.

9. Si le vol est simple & sans effraction; alors, comme il n'en reste aucuns vestiges, il peut se constater par des indices & des présomptions. (*Ita.* Farin. *qu.* 2, *n.* 14 *& seq.*) Ces indices sont la plainte de celui qui prétend avoir été volé; sa bonne réputation; ses cris aussi-tôt qu'il s'est apperçu avoir été volé; le bruit public; la fuite prompte & précipitée de quelqu'un de ses domestiques, sur-tout si ce domestique étoit de mauvaise renommée; une échelle trouvée à côté de l'endroit où l'on prétend que le vol a été fait de nuit & par escalade; les dépositions de témoins qui déclarent avoir entendu du bruit pendant la nuit, & à l'endroit où le plaignant prétend avoir été volé; & autres indices semblables. Voyez Farinac. *ibid.* qu. 2, n. 16-20, où cet Auteur établit néanmoins que ces sortes d'indices sont à la vérité suffisants pour informer, mais non pour condamner celui que le plaignant prétend être l'auteur du vol; à moins qu'il n'y ait d'ailleurs des preuves suffisantes.

10. Le crime de faux étant du nombre de ceux dont il est difficile d'avoir la preuve, le corps de délit peut aussi se constater par des indices & des présomptions. (Farin. *qu.* 2, *n.* 21.)

Mais cela n'a pas lieu à l'égard du crime de fausse monnoie, dont le corps de délit doit être constaté par la représentation & l'inspection des pieces prétendues fausses. (*Ibid.* n. 22.)

Dans le crime d'adultere *& aliis delictis carnis*; comme il est très difficile de constater le corps de délit par des témoins *de visu*, il suffit qu'il soit constaté par des indices, même par la seule plainte, pour pouvoir informer contre celui qui est accusé. (Farin. *ibid.* qu. 2, n. 23 & 24.) Voyez ce qui est dit à cet égard au titre *Du crime de Luxure & des Conjonctions charnelles*, ci-après, *part.* 4, *tit.* 29, n. 46.)

Lorsqu'une personne est trouvée morte, s'il paroît par les circonstances, que ce soit par un délit; *v. g.* si le cadavre est trouvé avec des marques de contusion au corps ou à la gorge; ou qu'il soit trouvé dans un puits ou dans la riviere; ou avec une corde au col; alors, comme la présomption est qu'il a été étranglé, ou suffoqué, ou précipité, ces indices sont suffisants pour constater le corps de délit, & pour chercher à en découvrir l'auteur; soit que le mort lui-même se soit étranglé ou précipité, soit qu'un autre soit l'auteur de sa mort.

11. Dans le crime de poison, quoiqu'il soit nécessaire de constater, avant tout, le corps de délit, néanmoins, comme la preuve de ce crime est très-difficile, on peut y employer les indices & les conjectures. (Farin. *qu.* 2, *n.* 30;) & ces indices doivent se constater par le rapport des Médecins & Chirurgiens. (Farinac. *ibid.* n. 34 & *suiv.* Voyez ce qui est dit au titre *Du Poison*, part. 4, tit. 42, n. 21.)

Dans les crimes légers, *v. g.* pour injures verbales, coups donnés, ou autres voies de fait, les indices & quelquefois même la seule plainte de l'offensé, suffisent pour constater le corps de délit & informer contre l'accusé. (Farinac. *qu.* 2, *n.* 13.)

A l'égard de la confession de l'accusé, elle ne doit point être suffisante pour constater le corps de délit. Ainsi, si un accusé convenoit avoir commis un homicide, pour raison duquel il est poursuivi, il ne doit point être condamné sur cette confession, si le corps de délit n'est d'ailleurs prouvé suffisamment. (Farin. *qu.* 2, *n.* 7.)

12. Mais Jul. Clarus, *qu.* 55, *n.* 11, sur cette question, distingue si le crime avoué par l'accusé est du nombre de ceux qui peuvent se commettre par la seule volonté; comme l'hérésie, le sortilege & autres crimes semblables; ou si ce délit est accompagné d'un fait. Dans le premier de ces deux cas, il pense que la confession de l'accusé est suffisante, si elle est vraisemblable; parce qu'alors on ne peut gueres constater autrement le corps de délit: mais dans le second cas, il pense que cette confession ne peut jamais être suffisante, si le corps de délit n'est d'ailleurs prouvé d'une maniere suffisante. (*Ita etiam* Farin. *qu.* 2, *n.* 25 & 26.)

Cet Auteur, (Jul. Clarus,) ajoute cependant que dans les délits de faits momentanés, & dont il ne reste aucune trace, *v. g.* dans le vol, la plainte de l'offensé avec la confession de l'accusé, sont suffisantes pour établir le corps de délit, & même pour condamner l'accusé ; mais que s'il n'y a aucune plainte de la part de l'offensé, cette confession de l'accusé ne peut jamais suffire.

13. Il en est de même des crimes de faits qui, quoique permanents, sont inconnus, & ne peuvent même être connus ; comme dans le cas, où après avoir tué un homme, on le jetteroit dans le feu, ou dans la mer ; ou qu'on l'enterreroit dans un endroit inconnu ; ou qu'on le cacheroit de quelqu'autre maniere à ne pouvoir être découvert ; dans tous ces cas, si le corps du délit est d'ailleurs constaté par le bruit public, & que la personne prétendue homicidée, soit connue, & que la confession de l'accusé se trouve jointe à ces indices, elle devient suffisante, non-seulement pour constater le corps de délit, mais même pour faire condamner l'accusé ; (Jul. Clarus, *ibid.* qu. 55, n. 11 ; Farinac. *qu.* 2, *n.* 8-10.) Ce qui doit avoir lieu, à plus forte raison, lorsqu'il se trouve d'ailleurs des indices qui établissent ce corps de délit ; comme s'il se trouvoit des traces de sang dans l'endroit désigné par le plaignant, ou quelqu'autre indice semblable. (Jul. Clarus, *ibid.* n. 11.)

14. La confession de l'accusé est aussi suffisante en matiere de faux, pour constater qu'un tel acte est signé ou écrit de sa main. (Voyez au titre *Du Faux*, part. 4, tit. 15, n. 135.)

Dans le crime d'être vagabond, crime qui est punissable aux termes des Ordonnances, la confession de l'accusé qu'il est vagabond, sans domicile & sans aveu, est suffisante pour constater le délit, lorsqu'il est arrêté comme tel, hors le lieu de son ancien domicile, sans donner aucune bonne raison de sa conduite. (Ordonnance de 1670, *tit.* 1, *art.* 19.) Le même article semble aussi étendre cette espece de preuve, à ceux qui déclarent avoir été repris de Justice ; mais cela souffre plus de difficulté, parce que ce dernier fait peut se constater par le rapport du jugement de condamnation prononcé contre l'accusé ; à moins qu'il n'ait été marqué sur l'épaule, & que cette marque soit constatée par le rapport des Chirurgiens-Jurés.

15. La regle générale qu'on peut établir en cette matiere où il s'agit de prouver le corps de délit, c'est d'employer toujours les preuves les plus fortes qu'on puisse avoir. Ainsi dans les délits de faits permanents & dont il reste des vestiges, c'est une mauvaise procédure de constater le corps de délit par le rapport des témoins ; mais il faut que le Juge se transporte lui-même sur le lieu, pour le constater

constater & en dresser son procès-verbal ; ainsi qu'il sera dit ci-après en l'article suivant. (Voyez Farin. *qu.* 2, *n.* 6.)

ARTICLE II.

De la maniere de constater le corps de délit, par l'inspection du Juge.

16. Lorsque le corps de délit peut se constater par le Juge ; comme dans le cas d'homicide, de blessures, d'effraction, *&c.* ; aussi-tôt après la plainte ou la dénonciation, ou que le crime est parvenu à sa connoissance de quelqu'autre maniere, il doit se transporter sur le lieu pour en dresser son procès-verbal sur-le-champ & sans déplacer. C'est la disposition de l'article 1 du titre 4 de l'Ordonnance de 1670, qui porte : « que les Juges dresseront sur-le-champ » & sans déplacer, procès-verbal de l'état auquel seront trouvées » les personnes blessées, ou le corps mort ; ensemble du lieu où le » délit a été commis ; & de tout ce qui peut servir pour la dé- » charge ou conviction ». L'Arrêt des Grands-Jours de Clermont du 10 Décembre 1665, *art.* 26, en a une disposition précise. Il porte que dans les cas d'effraction, *&c.* le Juge se transportera sur le lieu, & en dressera procès-verbal.

17. La même chose est ordonnée par un Arrêt du Parlement de Provence du 2 Janvier 1702, rapporté au Recueil des Arrêts de ce Parlement, imprimé en 1744, *in*-4°. *pag.* 213, qui enjoint à tous Juges de la Province, en cas de vol avec effraction, de dresser procès-verbal de l'effraction ; à peine d'interdiction.

Ces procès-verbaux ne peuvent être faits par des Huissiers ; il faut nécessairement qu'ils soient faits par les Juges même. (Arrêt du Parlement du premier Juillet 1738, contre le Juge de Chatellerault.)

Le procès-verbal du Juge, dans ces sortes de matieres, est un des actes les plus importants de la procédure criminelle ; & il sert également à constater le corps de délit, & à établir la compétence du Juge par la preuve qu'il renferme du lieu du délit. D'ailleurs, tout ce qui se présente aux yeux du Juge dans une action toute récente, est souvent très utile pour découvrir le coupable.

18. Les procès-verbaux ainsi dressés par les Juges, sont d'autant plus utiles, qu'ils font une preuve complette du corps de délit, sans qu'il soit besoin de reconnoissance ni de vérification.

Ils ont lieu le plus souvent, dans le cas de flagrant délit, & ils se font, ou d'office, ou sur la requête d'un plaignant, ou sur celle de la partie publique. Mais le Juge peut, dans ce cas de flagrant délit, agir d'office & se transporter sur les lieux sans la requisition du Procureur du Roi, ou Fiscal, pour dresser son procès-verbal. En effet, l'Ordonnance de 1670, au titre 4, n'y exige point la présence des Procureurs du Roi, ou Fiscaux; sauf à leur communiquer ces procès-verbaux pour prendre des conclusions en conséquence; & sauf aussi à les y faire intervenir par la suite.

19. Au reste, quoique la présence du Procureur du Roi ou Fiscal, ne soit pas nécessaire dans ces sortes de transports, elle peut néanmoins être utile pour faire des requisitions & observations qui pourroient échapper aux Juges.

Le Juge qui dresse son procès-verbal pour constater un corps de délit, doit y faire une description du lieu, de la personne, & de toutes les circonstances qui peuvent aller à la décharge où à la charge de l'accusé, & qui peuvent changer la nature du délit, ou l'augmenter ou le diminuer. (Ordonnance de 1670, *tit.* 4, *art.* 1.)

§. I.

Maniere de constater le corps de délit dans le cas d'effraction, d'incendie, &c.

20. Dans le cas d'effraction d'un mur, d'une porte, d'une fenêtre, armoire, coffre, *&c.* le Juge doit décrire exactement toutes les circonstances & particularités de cette effraction; & il en est de même dans le cas d'incendie, coupement d'arbres, ou autres dégradations qui peuvent se constater par une visite & par l'examen des lieux. S'il se trouve dans cet examen quelques effets qui puissent servir à conviction, le Juge doit en faire mention dans son procès-verbal.

§. II.

Dans le cas d'homicide.

21. Dans le cas d'homicide, le Juge doit se transporter sur le lieu où est le cadavre, & dresser procès-verbal de l'état auquel le corps a été trouvé, & de sa situation; parce qu'on juge assez souvent par

la situation du corps, si l'homicide a été commis de guet-à-pens ou par cas fortuit.

1°. Si c'est le cadavre d'une personne qui soit connue, le Juge doit le faire reconnoître par témoins qui l'ont vu ou connu de son vivant; & il doit aussi faire mention, dans son procès-verbal, que le cadavre d'un tel a été trouvé couché sur la terre dans un tel lieu, *&c.* dans une telle position, les yeux à demi-ouverts, la bouche ouverte, *&c.* vêtu d'un tel habit, *&c.* ou nud, ayant tant de blessures ou de contusions; & décrire la qualité & largeur de ces blessures, en quel endroit du corps elles se trouvent; avec quel instrument elles ont été faites, *&c. &c.*

22. Il faut aussi que le Juge fasse la description de tout ce qui a été trouvé dans les poches du cadavre & à côté de lui; comme bâton, pierre, poignard, stilet, épée, pistolet ou autre arme; couteau de telle forme & grandeur, ayant un manche de telle matiere & couleur, à un ou deux tranchants, teint de sang, *&c.*; même des habits, à cause des trous & coupures qui peuvent s'y trouver, & qui ont été causés par les coups de fusil, épée ou bayonette, *&c.*; car toutes ces choses sont d'une grande importance pour connoître le coupable, *v. g.* par l'espece d'armes dont il est prouvé qu'il étoit porteur dans ce temps-là; sur quoi il faut observer qu'il n'est pas nécessaire de sçavoir le nom de celui qui a été tué, pour pouvoir condamner le coupable.

Si le cadavre a été transporté, & les effets servants à conviction emportés ou déplacés, le Juge doit faire entendre des témoins qui déposent de la situation où étoient toutes ces choses, & faire rapporter tous ces effets à Justice.

23. 2°. Si c'est le cadavre d'un inconnu, le Juge doit faire une description exacte de son air; de sa taille; si elle est grande ou médiocre, & de tout ce qui peut servir à son signalement; comme son âge à peu près, la couleur de ses cheveux, sa barbe, son nez, sa bouche & ses dents, s'il en a de manque; s'il a quelque signe, marque ou cicatrice au visage, au col, à la joue; ou quelque difformité de corps, & autre chose remarquable; & il doit faire une mention exacte & détaillée de toutes ces choses, afin qu'à toutes ces marques le cadavre puisse être reconnu par ceux qui ont vécu avec lui, & qui l'ont connu de son vivant; après quoi le Juge doit, comme ci-dessus, faire mention de la position du corps, & du nombre & qualité de ses blessures.

24. Lorsque celui dont on fait la visite, a été frappé à coups de pierres ou de bâtons, coups de poing au visage, *&c.*; & qu'il y a des contusions à la main, au bras; des scarifications faites avec les ongles, *&c.*, le Juge doit aussi faire une mention exacte de toutes ces choses.

Si celui qui a été tué, est trouvé dans une chambre, il faut faire mention de l'état de cette chambre; si la porte de cette chambre étoit fermée par dedans, & la fenêtre ouverte; avec quelque marque qui puisse servir à faire connoître que l'assassin est entré ou sorti par cette fenêtre, *&c.*

Cette nécessité de constater le corps de délit, est importante, sur-tout dans le cas d'homicide; car on a plusieurs exemples de personnes qu'on disoit avoir été tuées, & qui se sont ensuite trouvées vivantes. (Voyez Bald. *in addit. ad specul.* tit. *de sentent.* col. 18 *in fine.* Valere-Maxime, *liv.* 8, au chapitre *de questionib.*, raconte l'histoire d'un accusé, condamné à la question pour un prétendu homicide qu'il avoua, & pour lequel il fut condamné à mort; & que bientôt après, celui qu'on prétendoit avoir été tué, revint en sa maison.)

25. Lorsqu'on trouve un cadavre noyé dans un puits, ou sur le bord d'une riviere, étranglé ou pendu à une corde, ou précipité par une fenêtre, ou d'un endroit élevé, ou qui a la gorge coupée, *&c.*, & autres circonstances semblables, auquel la mort a pu être causée par accident ou par la folie de celui qui se l'est procurée; alors c'est par les circonstances que l'on juge si le défunt s'est procuré lui-même la mort, ou si quelque autre en est la cause; ce que l'on peut conjecturer par la qualité du délit & par les autres circonstances. Par exemple, si le corps se trouve coupé en deux, ou percé d'un grand nombre de blessures; s'il est trouvé dans l'attitude d'une personne qui tâchoit de défendre sa vie, *v. g.* s'il avoit un bâton ou autre arme défensive dans la main, ou qu'il eût les mains liées, *&c.*; dans ce cas, on jugeroit qu'il a été tué par d'autres. Mais si on trouvoit cet homme ayant la main sur un poignard qu'il tient encore enfoncé dans son cœur, ou penché sur son épée dont il s'est percé, *&c.*, on sera fondé à croire qu'il s'est lui-même procuré la mort; sur-tout si cet homme étoit auparavant insensé, & avoit déja attenté à sa propre vie.

26. Mais si le corps est trouvé mort sans aucune blessure, alors la présomption est qu'il n'a point été tué, & qu'il est mort naturel-

lement, *v. g.* d'appoplexie, ou d'une colique violente, *&c.*

Il faut observer que quand une personne tombe d'un toît en bas, ou se noie en présence de plusieurs témoins, ce n'est pas-là le cas de faire une descente de Juge; mais seulement quand le cadavre est présumé mort de mort violente, c'est-à-dire, avoir été tué: *à fortiori*, le Juge ne doit point alors faire l'ouverture du cadavre.

27. Le Juge doit aussi, lors de son transport & procès-verbal, entendre les témoins qui sont nécessaires, tant pour constater le corps de délit, que pour connoître l'auteur du crime; & recevoir la déposition de tous ceux qui se présentent à cet effet dans le temps qu'il dresse son procès-verbal.

S'il s'agit d'un homicide commis dans l'intérieur d'une maison, il faut entendre en déposition tous ceux qui sont de cette maison; parce qu'ils sont présumés avoir connoissance de tout ce qui s'y passe; (L. *fin.*, Cod. *de sicariis*; L. *in adulterii questione*, Cod. *de adulter*;) à moins qu'il ne soit prouvé qu'ils étoient absens au temps du délit; parce qu'alors ils sont présumés ne pas avoir connoissance de ce qui s'est passé. Si l'homicide a été commis dans une rue, il faudra entendre ceux qui demeurent proche l'endroit où le meurtre a été fait.

28. Le Juge doit appliquer le sceau de la Jurisdiction sur le front du cadavre, afin que l'on connoisse la Justice qui a prévenu. Quelquefois ce sceau ou cachet se met sur les deux bouts d'un papier timbré, signé du Juge. Il doit ensuite ordonner que le corps sera vu & visité par Médecins & Chirurgiens, pour constater, s'il se peut, par l'inspection & l'ouverture du cadavre, quelle est la cause de sa mort. (Voyez ci-après, *n.* 46, ce qui est dit de ces rapports.)

Lorsque le cadavre n'est connu de personne, le Juge doit le faire porter à la morgue, ou à la geole, pour le faire reconnoître par ses parents & amis, ou par ceux qui l'ont connu de son vivant; ensuite de quoi, & après que la visite en aura été faite par Médecins & Chirurgiens, il permettra aux parents du défunt d'enlever le corps pour le faire inhumer; & si ce cadavre n'est reconnu ni reclamé de personne, le Juge doit ordonner qu'il sera inhumé au cimetiere du lieu où l'homicide a été commis; ou si l'homicide a été commis dans une des rues de Paris, il le fera porter en l'Hôpital de Sainte-Catherine, fondé en la rue Saint-Denis, dont les

Religieuses, par le titre de leur fondation, sont obligées d'ensevelir & de faire inhumer, au cimetiere des Saints-Innocents, tous les corps morts trouvés dans les rues de Paris qui ne sont réclamés de personne.

29. Si le cadavre avoit été enterré avant d'avoir été examiné par le Juge, le Juge doit le faire exhumer & en faire la description comme ci-dessus, autant que faire se pourra. Sur quoi il faut observer que le corps d'une personne homicidée ne doit point être enlevé ni mis en terre, jusqu'à ce que la Justice l'ait vu. La Coutume de Normandie, *art.* 43, en a une disposition.

30. Par une Déclaration du 5 Septembre 1712, rendue pour Paris, il est dit que, « lorsqu'il se trouve dans la ville de Paris, & dans » les lieux circonvoisins, des cadavres de personnes que l'on soupçonnera n'être pas mortes de mort naturelle, soit dans la maison, » dans les rues & autres lieux publics ou particuliers; soit dans les » filets des ponts, vannes de moulins, & sous les bateaux qui sont » sur la riviere; les Propriétaires des maisons, s'ils y demeurent, » sinon les principaux Locataires, les Aubergistes, les voisins, les » Maîtres des ponts, les Meuniers, Bateliers, & généralement » tous ceux qui auront connoissance desdits cadavres, seront tenus d'en donner avis aussi-tôt; sçavoir, dans la ville & faux» bourgs de Paris, au Commissaire du quartier; & dans les lieux » circonvoisins, aux Juges qui en doivent connoître; auxquels » Juges & Commissaires, il est enjoint de se transporter diligemment sur le lieu, de dresser procès-verbal de l'état auquel le corps » aura été trouvé, de lui appliquer le scel sur le front, & le faire » visiter par Chirurgiens en leur présence; d'informer & entendre » sur le champ ceux qui seront en état de déposer de la cause de » la mort, du lieu, & des vie & mœurs du défunt, & de tout ce » qui pourra contribuer à la connoissance du fait; dont les Com» missaires audit Châtelet feront rapport au Lieutenant-Criminel, » pour y être par lui pourvu, ainsi que par les autres Juges des » lieux à qui la connoissance en doit appartenir, suivant les Or» donnances, & suivant la forme prescrite au titre 22 de l'Ordon» nance de 1670 ».

31. « La même Déclaration fait défenses à toutes personnes de » faire inhumer lesdits cadavres, avant que les Officiers ci-dessus » en aient été avertis; que la visite en ait été faite, & l'inhuma» tion ordonnée par les Juges; à peine d'amende contre les con-

» trevenants, même de punition corporelle, comme fauteurs & » & complices d'homicide, s'il y échet. Elle défend aussi aux mê» mes Juges de retarder l'inhumation, après l'exécution de ce qui » est ci-dessus ordonné, sous prétexte de vacations par eux pré» tendues; à peine d'interdiction ».

Un Arrêt du Parlement du premier Septembre 1725, ordonne l'exécution de la Déclaration précédente, & fait défenses à toutes personnes d'apporter aucun trouble ou empêchement, soit aux procès-verbaux de visites de l'état des cadavres que les Juges doivent faire avant l'inhumation, soit aux exhumations que lesdits Juges auroient ordonnées; à peine d'être procédé extraordinairement contre les contrevenants, comme rébellionaires aux ordres de Justice.

32. L'article 12 de la Déclaration du 9 Avril 1736, porte que les corps de ceux qui auront été trouvés morts avec des signes ou indices de mort violente, ou autres circonstances qui donnent lieu de le soupçonner, ne pourront être inhumés qu'en conséquence d'une Ordonnance du Juge Criminel, rendue sur les Conclusions du Procureur du Roi ou Fiscal, après avoir fait les procédures & pris les instructions qu'il appartiendra à ce sujet, & que toutes les circonstances ou observations qui pourront servir à indiquer ou à désigner l'état de ceux qui seront ainsi décédés, & de celui où leurs corps morts auront été trouvés, seront insérés dans les procès-verbaux qui en seront dressés; desquels procès-verbaux, ensemble de l'Ordonnance dont il aura été suivi, la minute sera déposée au Greffe, & que ladite Ordonnance sera datée dans l'acte de sépulture.

§. III.

Maniere de constater le corps de délit, dans le cas où le blessé est vivant.

33. Dans le cas où le blessé est vivant, le Juge doit aussi se transporter sur le lieu, & dresser procès-verbal de l'état où il aura trouvé ce blessé. (Ordonnance de 1670, *tit.* 4, *n.* 1.) Il doit faire mention, *v. g.* qu'il a trouvé ce blessé couché dans un lit; & si ses plaies avoient déja été bandées, il doit faire lever l'appareil par des Chirurgiens, en sa présence, pourvu que cela puisse se faire sans danger; & constater ensuite, par son procès-verbal, le nombre

& la qualité des blessures ; si elles ont été faites par un instrument tranchant ou contondant, ou avec une arme à feu ; & marquer dans quelle partie du corps elles ont été faites, *&c.*

34. Si les blessures sont presque guéries, ou qu'il n'en reste que les cicatrices, ou qu'on ne puisse en lever l'appareil & les découvrir sans danger, suivant le rapport des Chirurgiens appellés à cet effet ; le Juge doit en faire mention dans son procès-verbal, & déclarer dans le premier de ces deux cas, qu'il a trouvé le malade ayant la tête enveloppée, ou autre partie du corps couverte de linges : & il doit aussi interroger le Chirurgien qui a pansé le blessé, pour sçavoir de lui la quantité & la qualité des blessures. Dans le second cas où les blessures sont presque guéries, le Juge doit décrire la qualité de ces blessures, l'état où elles se trouvent ; ensuite de quoi, il doit entendre les Chirurgiens qui les ont pansées, pour sçavoir d'eux l'état où elles étoient dans l'origine, & avant d'en avoir entrepris la guerison.

Le Juge doit aussi interroger le blessé, après lui avoir fait prêter serment, & recevoir sa déclaration sur le fait & sur les circonstances ; sur le nom de celui qui a commis le crime & de ses complices ; sur ce qui peut y avoir donné lieu ; sur le temps, le lieu, & la maniere dont la chose s'est passée ; avec quelles sortes d'armes il a été blessé ; s'il y avoit quelques personnes présentes lorsque la chose est arrivée ; & sur les autres circonstances du crime ; faire mention du tout en son procès-verbal, & ensuite faire signer cette déclaration au blessé, s'il sçait & peut signer.

35. Si l'auteur du délit est inconnu, le Juge demandera au blessé, s'il a eu querelle avec quelqu'un ; s'il a quelque ennemi capital ; ou si on lui a fait auparavant des menaces de ce qui lui est arrivé, *&c.*

Enfin, dans le cas de la visite du Juge faite en flagrant délit, s'il y a quelques témoins qui aient été présents lors du délit, il doit les entendre sur-le-champ, & faire rédiger leurs dépositions dans son procès-verbal.

Afin que ces sortes de crimes ne demeurent pas impunis, l'Edit du mois de Mars 1667, portant désunion de l'office de Lieutenant de Police, de celui de Lieutenant Civil de Paris, porte que les Chirurgiens seront tenus de donner au Juge de Police les déclarations ou états des blessés, & leur qualité.

La plainte du blessé se reçoit quelquefois par le procès-verbal de de visite du Juge; mais comme il arrive assez souvent que la plainte, soit du blessé, soit de la partie publique, précede cette visite, le Juge, dans ce dernier cas, doit faire mention de cette plainte par son procès-verbal.

§. IV.

Maniere de constater le corps de délit en crime de fausse-monnoie, port d'armes prohibées, poison, &c.

36. Dans les crimes de fausse monnoie, de port d'armes prohibées, de poison, & autres crimes semblables, le Juge doit faire entendre des Experts, & régler sa procédure, suivant leur rapport.

Observations sur les procès-verbaux.

1°. Tous ces procès-verbaux, doivent être écrits par le Greffier en présence du Juge; & les Huissiers, Archers, ou Commissaires, ne peuvent être commis pour les dresser. Le Juge doit lui-même les rédiger, & ordonner ensuite qu'ils seront communiqués au Procureur du Roi ou Fiscal, lorsque ceux-ci n'y ont point été présents.

2°. Les procès-verbaux ainsi dressés par les Juges, doivent être par eux remis au Greffe dans les 24 heures, ensemble les armes, meubles & hardes qui pourront servir à la preuve, pour faire ensuite partie des pieces du procès. (Ordonnance de 1670, *tit.* 4, *art.* 2.) S'il y a des papiers, ils doivent auparavant être paraphés par le Juge.

Ces 24 heures requises par l'Ordonnance, se comptent de la date du procès-verbal.

37. Quand un procès-verbal est déposé au Greffe, le Greffier ne peut dresser procès-verbal de ce dépôt; il suffit qu'il mette au bas, *déposé au Greffe tel jour.*

L'Ordonnance ne parle ici que des meubles & hardes qui peuvent servir à la preuve du crime. Ainsi les Juges & autres Officiers & Ministres de Justice, méritent d'être reprimandés, lorsqu'ils dépouillent un accusé des meubles, hardes, argent ou autres effets à lui appartenants, qui ne peuvent servir à cette preuve.

3°. Si le corps de délit a été constaté par un autre Juge que celui qui instruit le procès, ce dernier doit ordonner que cette procédure sera rapportée en son Greffe, pour servir à l'instruction du procès; parce que ce qui a été constaté dans un Tribunal compétent, devient une chose de droit public, & sert de preuve dans un autre Tribunal. Ainsi il suffit que le Juge qui fait l'instruction fasse mention de ce rapport, & qu'il ordonne que les copies ou grosses de ces pieces ainsi rapportées, seront déposées en son Greffe. (Voyez l'article 5 du titre 1 de l'Ordonnance de 1670.)

ARTICLE III.

De la maniere de constater le délit par le rapport des Experts. (a)

38. 1°. Le rapport des Experts est le témoignage & la déclaration de tout ce qu'ils ont vu & reconnu par leur visite, ainsi que de la cause & des suites qui en doivent résulter, suivant leurs lumieres & les regles de leur art.

2°. Ces rapports sont une des principales pieces du procès; ils se font indépendamment des procès-verbaux des Juges, & sont absolument nécessaires dans le cas de blessures; de personnes trouvées mortes; de femmes accusées d'avoir défait leur enfant; de poison; de viol; de falsification d'écritures; & autres crimes de cette qualité; & en général, toutes les fois que la substance & qualité du délit, est telle qu'on n'en peut pas juger par le secours seul des sens; *v. g.* quand il s'agit de sçavoir si une personne trouvée morte, est morte de maladie, ou a été tuée, ou empoisonnée, *&c.* Dans tous ces cas, le rapport des experts est tellement nécessaire, que s'il n'en avoit point été fait, ou qu'il ne fût point produit, ou qu'il fût nul, on pourroit prétendre que la personne blessée, & morte ensuite, seroit morte par un autre accident que celui de ses blessures; ou que la personne empoisonnée n'est point morte du poison qui lui a été donné; & ainsi des autres.

(a) On peut voir sur l'art de faire des rapports, le livre intitulé l'*Art de faire des Rapports, par Devaux, Maître Chirurgien*, à Paris 1703, *in-12*; & celui de M. Prévôt, Paris 1753, *in-12*. Voyez aussi touchant ces rapports ce qui a été dit au titre *Des Preuves en général*, n. 231.

39. 3°. Ils s'emploient, non-seulement lorsqu'il s'agit de constater le délit, ou fait principal; mais encore lorsqu'il s'agit de prouver, par la voie de la visite & examen des effets & pieces servant à conviction, d'autres faits qui tendent à la découverte du fait principal, ou qui en sont des suites, & qu'on ne peut constater que par le rapport & l'examen des gens de l'art.

4°. Ces rapports peuvent s'ordonner, ou d'office, ou sur la demande de la partie publique, ou sur la demande du plaignant.

5°. Les experts qui s'emploient pour les différents rapports qui peuvent avoir lieu en matiere criminelle, sont les Médecins, les Chirurgiens, les Matrônes ou Sages-Femmes, les Maîtres-Ecrivains, *&c.*

Lorsqu'il s'agit de visiter des personnes blessées, qui sont présumées mortes de blessures ou de poison, ces visites doivent être faites par des Médecins & Chirurgiens. On emploie aussi le rapport des Médecins & Chirurgiens, dans le cas de folie de l'accusé; tel est l'usage à Paris.

40. S'il s'agit de faire des visites pour raison de viol, défloration, grossesse, ou accident de femme blessée, ou pour constater si elle a eu des enfants, ces visites doivent se faire par des Matrônes ou Sages-Femmes. L'article 33 du titre 25 de l'Ordonnance de 1679, en a une disposition pour la grossesse; & il seroit à souhaiter qu'elle fût exactement observée; mais le plus souvent ces visites se font par des Médecins & Chirurgiens; même dans les villes où il y a des Sages-femmes.

Les rapports des Ecrivains-Jurés s'emploient dans le cas de reconnoissance ou falsification d'écritures.

Ceux des Essayeurs des monnoies, s'emploient dans le cas de fausse-monnoie; & pour les autres especes de faux, on emploie les personnes du métier: *v. g.* des Apothicaires pour constater si une telle drogue est un poison, *&c.* Voyez aussi pour les rapports, en cas de possession & de miracles, le Traité des rapports de M. Prévôt, *pag.* 267.

41. 6°. Les rapports d'Experts, pour faire foi en Justice, doivent être faits en vertu d'une Ordonnance du Juge, lorsque le cas ne requiert pas célérité; comme s'il s'agit de constater une grossesse, une falsification d'écriture, une monnoie fausse, *&c.*

Mais dans les cas pressants, il n'est pas nécessaire que ce rapport soit précédé d'une ordonnance de Justice; ainsi les personnes blessées, peuvent se faire visiter par Médecins & Chirurgiens, qui en doivent dresser leur rapport. C'est la disposition de l'article 1 du titre 5 de l'Ordonnance de 1670; ce qui a pareillement lieu à l'égard des personnes qui agissent pour ceux qui sont décédés; comme il est dit au même article. Le procès-verbal de l'Ordonnance sur cet article 1 du titre 5, porte expressément que ces sortes de visites faites dans des cas pressants, peuvent se faire sans ordonnance du Juge. Il faut même observer que dans ce cas, les parties peuvent se servir de tels Médecins & Chirurgiens qu'il leur plaît, sans être tenues de se servir de Médecins & Chirurgiens-Jurés; sur-tout s'il n'étoit pas facile de les avoir pour faire ce rapport. (Voyez le procès-verbal de l'Ordonnance de 1670.)

Ces sortes de rapports doivent être joints au procès, après avoir été affirmés véritables par les Médecins & Chirurgiens qui les ont dressés. (Même Ordonnance de 1670, *tit.* 5, *art.* 1.) Et il peut même arriver que sur ces rapports ainsi affirmés véritables, les Juges ordonnent des provisions en faveur du blessé; ce qui dépend des circonstances.

42. 7°. Les rapports en général pour être valables, dumoins quand ils sont ordonnés en justice, doivent être faits par deux Experts; car les Experts sont des especes de témoins qui doivent être au nombre de deux, pour faire foi en justice.

L'article 3 du titre 5 de l'Ordonnance de 1670, veut qu'à tous les rapports qui sont ordonnés en justice, (à l'égard des personnes blessées, *&c.*) assiste au moins un des Chirurgiens-commis du premier Médecin du Roi, dans les lieux où il y en a; à peine de nullité des rapports. Mais cela n'a plus lieu depuis l'Edit du mois de Février 1692, qui a créé dans toutes les villes du Royaume un Médecin ordinaire du Roi, & des Chirurgiens-jurés pour faire, à l'exclusion de tous autres, les rapports des visitations qui se font, tant par ordonnance de justice que dénonciatifs, des corps morts ou blessés. Ainsi les Juges, dans les rapports qu'ils ordonnent, sont obligés de se servir du ministere de ces Médecins & Chirurgiens créés en titre d'office, à l'exclusion de tous autres. Ces offices de Chirurgiens-commis aux rapports, ont depuis été réunis aux Communautés des Chirurgiens qui en nomment deux d'entre eux pour faire chaque année, ou pendant un autre temps limité, les fonctions d'Experts-Chirurgiens-commis aux rapports ; & font bourse commune à cet égard.

43. Dans les endroits où la création de ces offices n'a point eu lieu, les visites se font par des Chirurgiens ordinaires, & Médecins s'il y en a.

On prétend même qu'il n'est pas nécessaire, en tout, d'appeller un Médécin aux rapports, & que cela résulte de l'Arrêt du Conseil du 23 Janvier 1742, qui regle la taxe des témoins. (Voyez le Traité des rapports de M. Prévôt, *pag.* 68.) Mais cette opinion souffre beaucoup de difficulté, & paroît contraire aux dispositions de l'Ordonnance.

Quelquefois le Juge est présent à ces sortes de visites d'Experts ; ce qui arrive lorsqu'une des parties le demande, pour assurer d'autant plus la vérité des faits.

44. 8°. Les Experts nommés pas Justice, doivent, avant de faire leurs rapports, prêter serment ; à peine de nullité du rapport ; dont il doit être expédié acte. (Ordonnance de 1670, *tit.* 5, *art.* 2.) Mais les Médecins & Chirurgiens jurés, créés par l'Edit de 1692, dont on vient de parler, ayant serment à justice, ne sont point tenus de le prêter de nouveau à chaque visite.

Dans les villes où les offices de Chirurgiens-jurés commis au rapport, sont réunis aux Communautés des Chirurgiens qui en commettent deux d'entre eux chaque année, ou autrement ; ceux-ci prêtent serment lors de leur commission & nomination seulement.

Quand la visite se fait sur la simple requisition des parties, & sans ordonnance du Juge, comme il arrive dans les cas pressants, les Médecins & Chirurgiens qui font ces visites, ne sont point tenus préalablement de prêter serment, ainsi qu'il a déja été observé ; & il suffit qu'ils affirment ensuite leur rapport véritable.

45. 9°. Ces rapports, ainsi que les procès-verbaux des Juges, doivent être clairs, & rédigés d'une maniere intelligible. Car le principal objet que les Médecins & Chirurgiens, & autres, doivent s'y proposer, est d'éclaircir la religion des Juges, sur tout ce qui regarde le corps de délit : c'est pourquoi ils doivent avoir une grande attention à n'omettre aucune des circonstances nécessaires pour cet éclaircissement.

Ainsi ils doivent rendre raison de leur jugement & de ce qu'ils déclarent dans leur rapport; sur-tout si leur jugement est fondé sur les principes de leurs connoissances, & sur les préceptes de leur art.

46. 10°. Quant à la maniere de constater le corps de délit par le rapport d'experts dans les différents crimes en particulier, il en sera parlé ci-après en traitant de chaque crime séparément.

Ainsi, sur la maniere de constater le corps de délit dans le cas d'homicide, Voyez ce qui est dit au titre *De l'Homicide*, (n. 148.)

Sur la maniere de constater le corps de délit en cas de vol, Voyez au titre *Du Crime de vol*, (n. 217.)

Sur la maniere de le constater dans le cas de simples blessures, Voyez au titre *De l'Homicide*, (n. 151.)

Dans le cas de poison, Voyez au titre *Du Poison*, (n. 20.)

Dans le cas de faux, Voyez au titre *Du Faux*, (n. 130.)

Dans le cas de viol, *&c.* Voyez *Luxure*, (n. 46 & 113.)

Et ainsi des autres.

On prétend, à l'égard des noyés, que quand un corps est tombé vivant dans l'eau, il a le poumon gonflé, & que ce poumon coupé en morceaux mis dans l'eau, surnage; & qu'au contraire, il va à fond quand le corps est tombé mort dans l'eau.

On prétend aussi que quand un enfant nouveau né a des ongles & des cheveux, c'est une marque qu'il est venu à terme; & qu'ainsi il est nécessaire que les Chirurgiens, dans leur rapport, fassent mention de ces circonstances, suivant plusieurs Arrêts, & entre autres un du 26 Janvier 1677. (Voyez le Traité des rapports de M. Prévôt, *pag.* 87.)

47. 11°. Les Experts doivent signer leur rapport pour être remis au Greffe & joint au procès, sans qu'il en puisse être dressé aucun procès-verbal; à peine de 1000 livres d'amende contre le Juge, moitié envers le Roi, & moitié envers la partie. (Ordonnance de 1670, *tit.* 5, *art.* 2.) Un Arrêt du 24 Septembre 1703, enjoint au Bailli de la Duché Pairie de Saint-Aignan, de faire faire à l'avenir les rapports en Chirurgie séparément, de l'état des cadavres; sans qu'il puisse les reférer dans son procès-verbal lors de la levée d'iceux. Autre Arrêt du 14 Septembre 1705, qui fait défenses, en procédant aux procès-verbaux de levées des cadavres, de faire faire les rapports des visites des Médecins & Chirurgiens; enjoint de faire faire ces rapports séparément du procès-verbal.

Si les Médecins & Chirurgiens ne remettoient pas ſur-le-champ leur rapport au Greffe, ils pourroient y être contraints par corps.

48. 12°. Lorſque ces rapports ſont en regle, les Juges doivent y avoir égard pour fixer en conſéquence leurs déciſions; de maniere que ſi, par exemple, à l'égard d'une perſonne bleſſée, les Médecins & Chirurgiens ont déclaré, par leur rapport, que la bleſſure n'étoit pas mortelle, l'accuſé doit être déchargé de la mort du bleſſé, quand même ce bleſſé viendroit enſuite à décéder. La Coutume de Tournai, *tit.* 11, *art.* 18, en a une diſpoſition préciſe.

Néanmoins cette regle n'eſt pas tellement générale, qu'elle ne ſouffre exception, lorſque le contraire paroît par des preuves certaines; ainſi les Juges doivent examiner avec ſoin les raiſons qui peuvent affoiblir ou combattre ces rapports. (Voyez ce qui eſt dit à ce ſujet au titre *Des Preuves en général*, n. 231.

49. 13°. Ces rapports font foi en Juſtice ſans qu'il ſoit néceſſaire de répéter les Experts dans leur rapport, ni de les récoler & confronter, quoique le contraire s'obſerve en quelques Juriſdictions; comme à Angers, *&c.* Mais l'Ordonnance n'exige point cette formalité: cela a même été jugé par Arrêt du 21 Février 1675, rendu pour Laval; & par un autre du 30 Janvier 1690, qui fait défenſes au Vicomte de Mortagne de récoler & confronter les Médecins & Chirurgiens ſur leur rapport; ſauf, en cas de nullité deſdits rapports, & qu'il n'y ait plus lieu de faire de nouvelles viſites, d'entendre leſdits Médecins & Chirurgiens par forme de dépoſitions; auquel dernier cas ſeulement, il eſt dit que les Médecins & Chirurgiens pourront être récolés en leurs dépoſitions, & confrontés comme les autres témoins, s'il y échet.

Autre Arrêt du 21 Mars 1714, au rapport de M. le Nain, rendu ſur les Concluſions de M. d'Agueſſeau, alors Procureur-Général, qui fait défenſes de répéter les Médecins & Chirurgiens ſur leurs rapports, lorſqu'ils auront été faits par autorité de Juſtice en la forme preſcrite par l'Ordonnance; ni d'ordonner audit cas le récolement deſdits Médecins & Chirurgiens pour valoir confrontation.

50. On trouve cependant un Arrêt du 2 Octobre 1686, qui enjoint au Lieutenant de la Prévôté de Stenay, de répéter les Chirurgiens dans leurs rapports, & de les récoler avant de les confron-

ter aux accusés; mais ces récolements & confrontations doivent s'entendre dans le cas où les Experts font charge contre les accusés personnellement. C'est la maniere de concilier cet Arrêt, & ceux qui lui sont semblables, avec ceux cités ci-dessus, qui font défenses de repéter, récoler & confronter les Experts sur leurs rapports; ces derniers Arrêts ne devant s'entendre que des cas où les Experts découvrent seulement les faits, sans en charger personne.

Les Experts font charge contre un accusé, lorsque leur rapport fait preuve personnellement contre cet accusé; *v. g.* dans le cas de recel, de grossesse, ou de blessures faites par un instrument, propre à l'accusé.

51. Un Arrêt du 12 Août 1712, rapporté au Journal des Audiences, en déclarant une procédure nulle, dit qu'il sera de nouveau informé; & que le nommé Jean Clerjau, Chirurgien, qui avoit fait la visite du cadavre, seroit entendu en déposition, comme témoin.

Autre Arrêt du 30 Septembre 1716, qui, en déclarant une procédure nulle, ajoute pareillement que les témoins qui ont vu & visité le plaignant blessé, pourront être ouis par forme de déposition.

Un autre Arrêt du 28 Septembre 1701, défend de récoler & confronter aucuns Médecins & Chirurgiens, ou autres, dans les cas où il échet de le faire, qu'ils n'aient été répétés en leur rapport, & entendus chacun séparément, & mot à mot par forme de déposition, comme les autres témoins.

En matiere de faux, les Experts doivent être répétés en leur rapport, & ensuite récolés & confrontés. (Voyez ce qui est dit au titre *De la Procédure touchant le faux principal & incident*, n. 9; Voyez encore quelques autres observations sur les rapports, au titre *Des Preuves en général*, n. 230.)

§. I.

Des seconds Rapports.

52. Il y a des cas où les Juges peuvent ordonner des seconds, & même quelquefois des troisiemes rapports : ce qui arrive, 1°. dans le cas de blessures, dont il a été parlé ci-dessus, *n.* 41, où

où le premier rapport a été fait sans ordonnance de Justice : il y en a un Arrêt du 2 Mars 1724 : 2°. lorsque le premier rapport est nul, ou suspect, ou exprimé en termes obscurs & équivoques : 3°. lorsque les Experts ne s'accordent pas, & sont contraires dans leur rapport : 4°. si les premiers Experts, après avoir constaté le corps du délit, n'en tirent que des conséquences douteuses.

Il n'est pas nécessaire que les Experts, qui ont fait le premier rapport, soient présents au second.

Ces secondes visites s'ordonnent aussi assez souvent, avant que de statuer sur une seconde provision demandée par le plaignant, afin que les Juges puissent la décerner en connoissance de cause ; mais il semble que dans ce cas il est plus régulier de communiquer la requête du plaignant à l'accusé, que d'ordonner le rapport sans lui.

53. De même, lorsque par un premier rapport, les Experts ont déclaré qu'une personne blessée seroit guérie dans peu de jours, & que cependant le blessé vient à tomber dangereusement malade peu de jours après, il peut, ainsi que la partie publique, demander une seconde visite pour constater l'état où il se trouve.

Non-seulement le plaignant & la partie publique peuvent demander une seconde visite ; mais aussi l'accusé, lorsqu'il y a lieu de craindre que le plaignant, dans une premiere visite faite sans ordonnance de Justice, ne l'ait fait faire par des Chirurgiens suspects, & qui ont dressé leur rapport d'une maniere favorable à ce plaignant. Alors le Juge ne peut la refuser, & il doit nommer les Experts d'office. (Voyez Graverol sur la Roche-Flavin, *liv.* 6, *tit.* 51, *n.* 1.)

54. Il faut aussi observer que dans le cas où le plaignant demande une seconde visite, & une nouvelle provision en conséquence de ce que sa maladie est augmentée ; si l'accusé a connoissance que le mal ait augmenté par la faute du malade, ou par une autre cause étrangere aux blessures qui ont donné lieu à la plainte, il peut demander à en faire la preuve, soit pour empêcher l'adjudication de la seconde provision, ou autrement, sans être obligé d'attendre à proposer ce moyen, comme fait justificatif ; ce qui ne peut lui être refusé, même avant l'instruction entiere du procès, si cette preuve requiert célérité, & est irréparable en définitive. (Voyez Imbert, *liv.* 3, *chap.* 3, *n.* 14.) Ces

seconds rapports, ainsi que les premiers, qui s'ordonnent sur la requête des parties privées, s'ordonnent sans conclusions de la partie publique, l'Ordonnance n'exigeant point cette formalité. (Ordonnance de 1670, *tit.* 12, *art.* 1.)

Dans les seconds rapports, il n'est pas nécessaire que ceux qui ont fait le premier y assistent; à la différence de ce qui s'observe en matiere civile, suivant l'article 12 du titre 21 de l'Ordonnance de 1667 (Voyez le Traité des Rapports de M. Prévôt, *page 78.*)

Toutes ces secondes visites s'ordonnent aux dépens de la partie qui les demande, sauf à répéter ces dépens en fin de cause, s'il est ainsi ordonné.

§. II.

Des récusations d'Experts.

55. Les Experts, en matiere criminelle, ne sont point exempts des récusations, ni des reproches, ni des autres causes qui peuvent diminuer les preuves résultantes de ces rapports; & la nomination d'office indiquée par l'article 2 du titre 5 de l'Ordonnance de 1670, ne peut empêcher l'usage de ces reproches, ou récusations. Bien plus, les Experts doivent eux-mêmes se récuser comme les Juges, s'ils sçavent quelques moyens de récusation contre eux. (Voyez Mornac, sur la L. 3, Cod. *Finium regund. in princ.*; & Ferrieres sur l'article 184 de la Coutume de Paris, *n.* 5.)

Les causes de récusation contre les Experts, ont lieu dans tous les cas où l'on peut reprocher les témoins, & où l'on peut récuser les Juges. (Voyez ce qui a été dit là-dessus au titre *De la Compétence des Juges en général*, n. 367; & au titre *Des Réproches de Témoins*, n. 17.)

Ces récusations d'Experts peuvent être proposées facilement par forme de reproches à la confrontation, lorsque ces Experts sont repétés en leur rapport, & entendus par voie d'information, comme faisant charge contre l'accusé, ainsi qu'il s'observe en matiere de faux, suivant l'article 9 au titre du faux principal de l'Ordonnance du faux du mois de Juillet 1737; mais s'ils ne sont pas entendus comme témoins, il n'y a pas lieu de douter que les parties ne puissent, aussitôt qu'elles auront connoissance des auteurs du rapport, proposer leurs récusations contre ces Experts.

56. C'est pourquoi il sembleroit juste que l'accusé pût demander à avoir communication du rapport dans le cours de la procédure, afin de pouvoir l'examiner & proposer, s'il y a lieu, ses moyens de récusation; & il ne paroît pas que le Juge puisse lui refuser cette communication, du moins celle des noms & qualités des Experts.

En petit-criminel, on a toujours communication de ces rapports à l'Audience, où ils se lisent; & alors on peut récuser les Experts.

A l'égard de la partie civile, elle a toujours connoissance du nom des Experts, puisqu'il faut lui signifier l'Ordonnance qui les commet. Au reste, s'il y a des causes légitimes de suspicion, ou de récusation contre ces Experts, les Juges doivent subvenir au secours de l'accusé, & les suppléer d'office dans l'examen du procès, & rejetter en conséquence ces rapports, s'il y a lieu.

57. Les rapports qui se font aux termes de l'article 23 du titre 25 de l'Ordonnance de 1670, lorsqu'une femme, devant ou après avoir été condamnée à mort, déclare, ou paroît être enceinte, devant se faire par des Matrones nommées d'office en la forme prescrite par l'Ordonnance de 1667, au titre des *Experts*; il est évident que ces Matrones peuvent être récusées comme les autres Experts en matiere civile. (Voyez l'article 9 du titre 21 de l'Ordonnance de 1667.)

§. III.

Devoirs généraux des Experts.

58. 1°. Les Médecins & Chirurgiens ne peuvent refuser leur ministere, ni de faire leur rapport, quoique sur la simple requisition des parties; parce qu'il ne leur est pas permis de dénier le secours de leur Art aux malades & aux personnes blessées. Ils peuvent encore moins le refuser lorsqu'ils sont nommés par Justice; à moins qu'ils n'aient des causes légitimes d'excuses pour s'en dispenser; (Voyez Bugnion, *des Loix abrogées*, liv. 1, ch. 87;) & ils peuvent, en cas de refus, être interdits.

2°. Ils ne peuvent recevoir par eux, ni par leurs domestiques, aucuns présents des parties; ni souffrir qu'ils les défrayent; à peine de concussion. (Ordonnance de 1667, *tit.* 21, *art.* 15.)

3°. Les Médecins & Chirurgiens, ou autres Experts qui font de faux rapports, sont punis, à l'arbitrage du Juge, & suivant les circonstances. (Voyez ce qui est dit à ce sujet au titre *Du Faux*, n. 26.)

TITRE IV.

Des Plaintes, Accusations & Dénonciations.

ARTICLE PREMIER

Ce que c'est que Plainte, Accusation & dénonciation.

1. LA *Plainte*, est une déclaration publique qui se fait à un Juge, ou à un Commissaire, de quelque offense, vol, voie de fait, ou autre délit commis en la personne, biens ou honneur de celui qui se plaint. Cette plainte n'a pour objet que la réparation civile.

Accusation, est l'imputation qu'on fait à quelqu'un, d'un crime, pour en poursuivre contre lui la vengeance, suivant les peines établies par les Loix du Royaume. (L. *Finali*, D. *de privatis delictis*; L. 20, Cod. *De his qui accusare non possunt.*)

Ainsi la plainte, à proprement parler, ne doit s'entendre que de celle qui se donne par la partie privée. Néanmoins ce mot se dit aussi le plus souvent, de celle qui est rendue par la partie publique; sur-tout quand il n'y a point d'accusé nommé par la plainte. A l'égard de l'*accusation*, elle ne se dit que des Procureurs du Roi, ou Fiscaux, n'y ayant qu'eux qui soient les véritables accusateurs; sur-tout quand il n'y a qu'eux qui soient parties, & que les accusés sont nommés par la plainte. (Voyez le procès-verbal de l'Ordonnance de 1670, *tit.* 1, *art.* 3, *pag.* 8.)

2. Dans les qualités des procès-criminels, on suit exactement ces distinctions. Lorsqu'il n'y a point de partie publique, ou quand elle est seulement jointe au procès sans être partie principale, les parties poursuivantes sont appellées seulement *complaignants* & *demandeurs*; & celui qui est poursuivi, n'est qualifié que de *défendeur*; ou d'*accusé & défendeur*, si le Procureur du Roi est joint.

Mais lorsque le crime est poursuivi à la requête de la partie publique, le Procureur du Roi, ou Fiscal, est qualifié de *demandeur & accusateur*, contre un tel, *accusé & défendeur*.

La *dénonciation* est la délation secrette d'un crime commis, qui se fait au Procureur du Roi, ou Fiscal, ou au Juge; ou bien c'est une déclaration par laquelle une personne, sans se porter partie, dénonce au Procureur du Roi, ou Fiscal, ou au Juge, qu'un crime a été commis par quelqu'un. Cette dénonciation sert d'ouverture au Juge pour informer, ou à la partie publique pour rendre sa plainte.

3. La *plainte* differe de la *dénonciation*, comme l'espece differe du genre; parce que la dénonciation comprend la révélation de tout crime, soit qu'il intéresse, ou non, la personne du dénonciateur; au-lieu que la *plainte* ne peut avoir lieu que pour les crimes qui intéressent le plaignant, ou les siens.

A l'égard de l'*action criminelle*, c'est un terme générique qui convient aux plaintes, & aux accusations; néanmoins l'action criminelle se dit plutôt de l'action privée, que de l'accusation, ou action publique. (L. 48, D. *de accusationibus.*) Voyez ce qui est dit au titre *De l'Action qui naît des crimes*, n. 1 & suiv.

ARTICLE II.

Des Accusations publiques.

4. 1°. L'accusation publique est, ainsi qu'on vient de l'observer, celle qui se fait à la requête des Procureurs du Roi, ou Fiscaux, ou autres parties publiques, contre une ou plusieurs personnes nommément, pour la vengeance du crime, & pour en procurer la punition, suivant la rigueur des Ordonnances.

J'ai traité ci-devant, (au titre *De l'Action qui naît des crimes*, part. 3, liv. 1, tit. 1,) des différents crimes & délits pour lesquels les Procureurs du Roi, ou Fiscaux, *&c.* pouvoient se rendre accusateurs, & intenter l'action publique; ainsi que des différentes personnes contre lesquelles cette action pouvoit être dirigée; ainsi il seroit superflus de répéter ici ce qui a été dit en cet endroit, auquel il faut avoir recours. Voyez aussi au même titre, *n.* 34 *& suiv.*, ce qui est dit sur les devoirs des Juges, Procureurs du Roi, ou autres Ministres publics, touchant ces sortes d'accusations.

2°. Il n'est pas nécessaire qu'il y ait des preuves convaincantes pour pouvoir rendre une plainte, ou intenter une accusation publique ; il suffit qu'il y ait une raison probable de déférer le crime à Justice.

5. 3°. Les Procureurs du Roi ou Fiscaux, *&c.* peuvent intenter plainte ou accusation pour raison de plusieurs crimes en même temps contre le même accusé ; ou pour raison du même crime contre plusieurs accusés ; ou pour raison de plusieurs crimes contre plusieurs accusés, & les envelopper tous dans une seule & même accusation. Ils doivent même le faire dans le cas où les accusés sont complices d'un même crime, ou que les crimes sont connexes.

Ils peuvent aussi ajouter, quand ils veulent, à leur premiere accusation, lorsqu'ils découvrent de nouveaux complices, ou que quelqu'un des accusés est prévenu de quelque nouveau crime qui n'étoit point encore venu à leur connoissance : ou lorsque le crime pour lequel l'accusé étoit poursuivi, vient à changer de nature ; comme lorsque la blessure d'un offensé qu'on ne croyoit pas mortelle, vient à être suivie de la mort de cet offensé.

4°. Suivant la Loi des douze Tables, l'accusateur étoit tenu de se soumettre à la peine du Talion. (L. 3, D. *de accusationibus*. L. *Finali*, Cod. *eod. tit.* ; & L. 3, Cod. *qui accusare non possunt* ;) Mais ces sortes de soumissions n'ont plus lieu depuis long-temps. (Voyez Jul. Clarus, *qu.* 12, *n.* 17.)

5°. Les formalités des accusations, sont les mêmes que celles des plaintes. (Voyez ce qui est dit ci-après, *n.* 20.)

ARTICLE III.

Des Plaintes.

6. 1°. Pour pouvoir rendre une plainte, il faut y être intéressé ; & il est défendu aux Juges de recevoir des plaintes pour raison de faits qui n'intéressent point les parties : sauf à recevoir ces parties pour dénonciateurs. (Arrêt du 23 Août 1718, contre les Officiers de la Maréchaussée de Tonnerre, rapporté au Supplément de Lacombe sur les Matieres Criminelles, *pag.* 11, *addit.* 18. Autre Arrêt du Parlement de Paris du 12 Juin 1717, rapporté aux Nouveaux Mémoires du Clergé, *tom.* 7, *pag.* 810, contre deux habitants d'Issoudun qui avoient rendu plainte contre leur Curé pour fait de jeu. Autre du Parlement de Dijon du 26 Mars 1716. Autre du 26 Août 1741, au profit du Sieur

Husson, Curé de Dompremy. Autre Arrêt de la Tournelle du 28 Février 1742, en faveur du Sieur Baudistret, Curé de Vassy, contre les Syndics & Echevins dudit lieu.) Par ces deux derniers Arrêts rendus sur les conclusions de Messieurs les Avocats-Généraux, les plaignants furent déclarés non-recevables en leurs plaintes, parce qu'elles ne contenoient rien qui leur fût personnel. (Voyez encore *omninò* au titre *De l'Action qui naît des crimes*, n. 11.)

Quant aux personnes qui peuvent rendre plainte, Voyez ce qui est dit à ce sujet au même titre *De l'Action qui naît des crimes*, n. 62 & n. 11.

Voyez aussi au même endroit, *n.* 18, ce qui est dit touchant les différents délits pour lesquels on peut intenter l'action criminelle privée.

7. 2°. Plusieurs personnes peuvent en même temps rendre plainte, lorsqu'elles ont toutes intérêt à l'offense. (Jul Clarus, *qu.* 13, *n.* 1.) Mais un seul suffit pour la poursuite du procès-criminel.

De même, on peut rendre plainte contre plusieurs personnes en même-temps, quand il s'agit d'un même délit. (Jul. Clarus, *ibid.* qu. 13, n. 2.)

On peut aussi intenter plainte pour raison de plusieurs crimes en même temps; pourvu que ce soit contre une même personne. (Jul. Clarus, *ibid.* n. 3.)

Tous ces différents cas ne forment chacun qu'un seul & même procès criminel.

8. 3°. On peut, quand on veut, ajouter à la plainte; *v. g.* quand il survient un nouveau délit de la part de l'accusé; ou quand le délit pour lequel la plainte a été rendue, devient plus considérable; *v. g.* quand la blessure pour laquelle on avoit donné plainte, vient à être suivie de mort; ainsi qu'il a été observé ci-dessus, *n.* 5. Dans ces cas on donne une nouvelle plainte par addition.

4°. Celui qui a été offensé, est libre de donner sa plainte, ou non, contre l'auteur du délit. (Voyez ce qui est dit au titre *De l'Action qui naît des crimes*, ci-dessus, *n.* 71.)

5°. Le Juge d'instruction ne doit permettre d'informer, ni recevoir aucune plainte, qu'autant que les faits allégués peuvent être considérés comme graves : autrement il doit renvoyer, sur la plainte, à se pourvoir à fins civiles; ou ordonner que les parties en en viendront à l'Audience. (Voyez Lacombe, Traité des Matieres Criminelles, *part.* 1, *chap.* 2, *pag.* 68; & Mainard, en son Traité des Crimes, *tit.* 7, *ch.* 1, *pag.* 644 & *suiv.*)

Ainsi, quand il ne s'agit que de simples injures verbales, le Juge ne doit pas permettre de prendre la voie criminelle; mais il doit en ce cas ordonner que les parties se pourvoiront au civil. (Voyez ce qui est dit là-dessus au titre *Des Injures*, part. 4, tit. 24, n. 187.)

Mais si la plainte est de nature à être poursuivie criminellement, le Juge ne peut refuser de la répondre; & il doit permettre d'informer des faits qui y sont contenus. (Voyez au titre *De l'Instruction criminelle en général*, ci-après, *part.* 3, *liv.* 3, *tit.* 2, n. 65.)

10. De même, il ne doit point recevoir de plaintes pour raison de faits qui ne regardent & n'intéressent point les parties; ainsi qu'il a été observé ci-dessus, *n.* 6.

Le Juge, en recevant une plainte qui renferme différents faits, ne doit permettre d'informer que de ceux qui intéressent le plaignant, & non des autres; autrement cette procédure seroit nulle & vicieuse. Mais si les autres faits, qui n'intéressent point l'accusé, sont de nature à mériter l'animadversion publique, le Juge peut ordonner dans ce cas, que la plainte pour raison de ces faits, sera communiquée au Procureur du Roi, ou Fiscal, pour être par lui pris telles conclusions qu'il jugera à propos; & ensuite sur ces conclusions, le Juge pourra informer, s'il y a lieu de le faire.

11. 6°. La plainte n'est pas absolument nécessaire pour que le Juge puisse informer contre quelqu'un, lorsque le coupable est arrêté en vertu d'un ordre supérieur, ou qu'il est pris en flagrant délit, ou arrêté à la clameur publique; & en général toutes les fois qu'il a été emprisonné par autorité du Juge. A Paris, les Commissaires du Châtelet peuvent aussi informer par eux-mêmes des crimes, sans réquisition ni ministere du Procureur du Roi, ou de ses Substituts, dans le cas de flagrant délit, sans plainte d'aucune partie privée. (Voyez Lamarre, Traité de la Police, *tom.* 1, *liv.* 1, *tit.* 11, *ch.* 7, *pag.* 205, *col.* 2; & ce qui a été dit ci-dessus au titre *Des Informations d'Office*, tit. 2, n. 2 & suiv.)

Il n'est pas même nécessaire, lorsque le Juge a informé d'office, que le Procureur du Roi, ou Fiscal, donne ensuite la plainte: il suffit que cette partie publique agisse en conséquence contre l'accusé. Il y a plusieurs procès criminels célebres, dans lesquels il n'y a aucune plainte. Dans celui fait en l'année 1674 au Chevalier de Rohan, & à ses complices, pour crime de Leze-Majesté, il n'y a aucune plainte; & le premier acte qui paroît de la part du Procureur-Général en la Commission établie pour l'instruction de ce procès, sont les conclusions pour recommander ledit Sieur de Rohan, qui avoit été arrêté par ordre du Roi, & mis prisonnier à la Bastille.

12. En effet, l'objet de la plainte n'étant que pour parvenir à s'assurer du coupable, & à instruire son procès, si le criminel est arrêté, il est évident que cette plainte devient inutile, & qu'il suffit que la procédure soit communiquée à la partie publique, afin qu'elle agisse ensuite pour la poursuite & l'instruction du procès sur le vû de l'information, soit en concluant au décret, soit à quelqu'autre jugement d'instruction, & quelquefois même à la peine. (Voyez ce qui est dit à ce sujet au titre *Des Informations d'Office*, ci-dessus, *tit.* 2, n. 2 & suiv.)

13. 7°. La plainte saisit la jurisdiction du Juge à qui elle est présentée; quand même il seroit question dans cette plainte, d'un fait purement civil, & qui ne pourroit intéresser la jurisdiction du Juge Criminel. Dans ce cas, ce n'est point au Juge civil à en connoître, mais au Juge criminel à qui elle est présentée; & c'est à ce dernier à la recevoir, ou à la rejetter, ou à renvoyer le plaignant devant le Juge qui en doit connoître.

14. 8°. Les plaignants ne sont point réputés parties civiles, s'ils ne le déclarent formellement, ou par la plainte, ou par acte subséquent, qui se peut faire en tout état de cause. (Ordonnance de 1670, *tit.* 3, *art.* 5,) ce qui a été établi sagement pour faciliter la punition des crimes, sans obliger les parties de se mettre dans le cas de succomber aux frais.

On peut être plaignant sans être partie civile, comme on le voit par cet article 5; mais on ne peut être partie civile sans être plaignant. (Voyez *omninò* ce qui est dit au titre *De la maniere d'exercer l'action criminelle en général*, ci-après, *part.* 3, *liv.* 3, *tit.* 1, n. 132 & suiv. & n. 160.)

Lorsque le plaignant ne se porte point partie civile par la plainte, mais par un acte subséquent, cet acte doit être signifié à l'accusé, & au Procureur du Roi, ou Fiscal, s'il est joint à la poursuite.

15. *Question.* Peut-on se rendre partie civile contre un des accusés, & non contre les complices ? & alors n'est-on tenu des frais de poursuite que contre cet accusé seulement, & non contre les autres ?

Voyez ce qui est dit à ce sujet au titre *De la maniere d'exercer l'action criminelle en général*, ibid. n. 165.)

Quid ? si le plaignant ne se déclare pas partie civile par la plainte, mais qu'il fasse toutes les poursuites nécessaires contre les accusés, de la même maniere que le font ceux qui se sont portés partie civile; pourra-t-il ensuite se désister & éviter d'être tenu des frais de poursuite, à compter du jour de son désistement ? (Voyez aussi ce qui est dit à ce sujet au même titre *De la maniere d'exercer l'action criminelle en général*, n. 166.)

16. Quand un plaignant s'est porté partie civile, soit par la plainte, soit par un acte subséquent, il peut s'en départir dans les vingt-quatre heures; & dans ce cas de désistement, il n'est plus tenu des frais faits depuis qu'il a été signifié, mais seulement de ceux faits avant ce désistement, sans préjudice néanmoins des dommages & intérêts à l'égard des parties accusées, dans le cas où cette accusation seroit injuste ou calomnieuse. (Ordonnance de 1670, *tom.* 3, *art.* 5.)

Lorsque le plaignant s'est porté partie civile contre plusieurs personnes, il peut se désister à l'égard des uns, & non à l'égard des autres; pourvu que ce désistement se fasse aussi dans les vingt-quatre heures de la plainte. (Voyez Bouvot, *tom.* 2, au mot *Criminel*, qu. 5.)

17. Ce temps de vingt-quatre heures est limité, principalement en faveur de l'accusé, afin qu'il puisse demander que le plaignant, qui ne se désisteroit qu'après ce temps, demeure en cause pour pouvoir obtenir contre lui des dommages & intérêts, en cas d'accusation calomnieuse. La partie publique peut aussi empêcher ce désistement qui seroit fait après les vingt-quatre heures, & demander que le plaignant, qui ne se désisteroit qu'après ce temps, demeure partie civile.

Faute de faire ce désistement dans les vingt-quatre heures, les plaignants qui se seroient portés partie civile, & qui ne se désistent qu'après ce temps, sont tenus de tous les frais, tant envers l'accusé qu'envers le Domaine, ainsi qu'il résulte de la disposition de cet article 5 qu'on vient de citer. (Voyez ce qui est dit à ce sujet au titre *De la maniere d'exercer l'action criminelle en général*, ci-après, *part.* 3, *liv.* 3, *tit.* 1, n. 168.)

18. Mais rien n'empêche qu'après ces vingt-quatre heures le plaignant, quoique partie civile, ne puisse transiger avec l'accusé, & se désister de sa poursuite; auquel cas il cesse d'être tenu de dommages & intérêts envers lui.

9°. Un plaignant peut toujours se désister de sa plainte, sans qu'il y ait aucun temps fatal pour faire ce désistement, s'il a été contraint à la persuasion d'autres personnes de la donner contre un innocent, au lieu de la donner contre le vrai coupable; comme dans le cas d'une fille grosse, qui, à la sollicitation de quelques personnes, ou par violence, auroit rendu plainte contre une autre personne que contre celui qui véritablement seroit le pere de l'enfant; & qui par remords de conscience, ou par principe de justice, viendroit à se retracter, & accuser celui qui est le vrai coupable.

19. 10°. Quand une fois on s'est désisté d'une plainte contre un accusé, il n'est plus permis de reprendre la poursuite, & se porter de nouveau partie civile contre lui. (L. *accusationem* 6, Cod. *qui accusare non possunt*; L. *postquam*, tit. 4, Cod. *de pactis*.) Voyez ce qui est dit à ce sujet au titre *De la maniere d'exercer l'action criminelle en général*, n. 172.)

11°. Lorsqu'il n'y a point de témoins du fait pour lequel la plainte est rendue, cette plainte doit être jugée sans autre instruction ni décret; & il doit en être donné congé avec dépens, même avec dommages & intérêts s'il y a lieu.

12°. Il n'est pas nécessaire que la plainte soit communiquée au Procureur du Roi, ou Fiscal, pour que le Juge permette d'informer. (Voyez ce qui a été dit au titre *Des Informations en général.*, ci-dessus, *tit.* 1, n. 17.)

13°. Quand une plainte est calomnieuse, ou téméraire, & que le plaignant n'a pu faire sa preuve, il arrive assez souvent que l'accusé qui a entendu parler de cette plainte par les témoins, ou autrement, donne de son côté une autre plainte contre le premier plaignant, pour raison des discours calomnieux par lui répandus. (Voyez ce qui est dit ci-après au titre *Des Accusations calomnieuses*, part. 4, tit. 2, n. 42.)

ARTICLE IV.

Formalités des Plaintes & Accusations.

20. Comme la plainte est un des principaux actes de la procédure criminelle, il est juste qu'elle soit assujettie à tout ce qui est nécessaire pour en constater la vérité. Ainsi,

1°. Elle doit contenir le nom du plaignant; ou du moins sa qualité, si c'est une plainte donnée par la partie publique; la qualité du crime; le lieu où il a été commis; & dans quel temps.

Une plainte peut néanmoins être bonne, quoique le lieu du délit n'y soit pas spécifié, quand on a de justes raisons pour l'ignorer. (Voyez sur cette question Jul. Clarus, *quæst.* 12, *n.* 8 & *seq.*;) parce que cela peut se suppléer par l'information & par les preuves; & il en est de même du temps, du moins quant au jour précis où le délit a été commis. (Voyez Carpzovius *in practica criminali*, part. 3, qu. 106, *n.* 31--35.)

Dans la plainte, pour crime de faux, on n'exprime ni le temps, ni le lieu où le faux a été commis; parce qu'ordinairement on ne peut avoir cette connoissance.

21. Il n'est pas nécessaire non plus que la plainte contienne le nom de l'accusé; parce que la plainte est plutôt un acte pour exposer aux yeux de la Justice le crime qui a été commis, que l'imputation faite pour raison de ce même crime, à celui qui en est l'auteur, ou qu'on croit l'être; ce qui est, à proprement parler, le vrai caractere de l'accusation, & sa différence essentielle d'avec la plainte.

Dans les plaintes qui sont rendues pour raison d'injures, il est nécessaire qu'elles contiennent, 1°. le nom de l'accusé : 2°. la qualité de l'injure reçue : & s'il y en a plusieurs, tant par paroles que par voies de fait, elles doivent toutes être spécifiées : 3°. il faut aussi marquer le temps où ces injures ont été faites, & même le lieu. (Farinacius, *qu.* 105, *n.* 384—389.)

22. 2°. La plainte doit être énoncée d'une maniere claire & intelligible, bien circonstanciée, sans aucune équivoque, ni obscurité; & elle doit contenir l'exposition du fait, & les conclusions du plaignant; c'est-à-dire, que le plaignant doit demander per-

mission, par cette requête, d'informer des faits qui y sont contenus, circonstances & dépendances; même d'obtenir & faire publier Monitoires, s'il y a lieu de prendre cette voie.

3°. Les plaintes peuvent se faire par requête; mais elles n'ont de date que du jour qu'elles ont été répondues par le Juge, ou en son absence par le plus ancien Praticien du Siege. (Ordonnance de 1670, *tit.* 3, *art.* 1.)

La minute de cette requête doit rester au Greffe, & il en est seulement délivré une expédition au plaignant. (Arrêt du 28 Janvier 1741 pour les Greffiers d'Angoulême, *art.* 13; Voyez l'article 4 du titre 3 de l'Ordonnance de 1670.)

Quelquefois ces plaintes se reçoivent par le procès-verbal de visite du blessé, lors du transport du Juge.

Le Juge à qui la plainte doit être adressée, est naturellement le Juge ordinaire du lieu du délit. (Ordonnance de 1670, *tit.* 1, *art.* 1.)

23. Les plaintes peuvent aussi être écrites par le Greffier en présence du Juge; & il est défendu aux Huissiers, Sergents, Archers & Notaires de les recevoir, à peine de nullité; & aux Juges de les leur adresser, à peine d'interdiction. (Ordonnance de 1670, *tit.* 3, *art.* 2;) Mais le Juge ne pourroit écrire lui-même cette plainte.

Les Commissaires du Châtelet de Paris peuvent aussi recevoir des plaintes, qu'ils sont tenus de remettre au Greffe dans les vingt-quatre heures, ainsi que toutes les informations & procédures qu'ils sont en droit de faire; dont il doit être fait mention par le Greffier au bas de leur expédition, & si c'est avant ou après midi; à peine de cent livres d'amende, moitié envers le Roi, & moitié envers la partie plaignante. (Ordonnance de 1670, *tit.* 3, *n.* 3.)

Mais ils ne peuvent informer sur ces plaintes, sans une Ordonnance du Lieutenant-Criminel, qui s'obtient sur requête. (Ainsi jugé par Arrêt du 27 Août 1611, rapporté par Corbin en ses Loix de France, *Arrêt* 7.)

24. Il en faut seulement excepter le cas de flagrant délit, où les Commissaires sont en droit d'informer par eux-mêmes sans Ordonnance de Justice. (Voyez au titre *Des Informations d'Office*, ci-dessus, *tit.* 2, n. 9.)

Dans les cas où la plainte est portée directement en une Cour

Souveraine, le Premier Président répond la requête d'un soit communiqué au Procureur-Général, qui met ses conclusions au bas de cette requête, & les signe. Ensuite sur le vû de cette plainte & de ces conclusions, la Cour rend un Arrêt, portant acte de la plainte, & permission d'informer des faits qui y sont contenus, pardevant un des Conseillers qui est commis à cet effet, si l'information doit se faire sur le lieu; sinon, pardevant le Juge des lieux, qui est commis par l'Arrêt.

25. 4°. Tous les feuillets des plaintes doivent être signés par le Juge, & par le complaignant, s'il sçait & peut signer, ou par son Procureur fondé de procuration spéciale; & il doit être fait mention expresse sur la minute & sur la grosse, de la signature, ou de son refus; ce qui doit aussi être observé par les Commissaires du Châtelet de Paris. (Ordonnance de 1670, *tit.* 3, *art.* 4.) Le défaut de cette signature, ou de cette mention, emporte la nullité de la plainte.

Ces formalités sont établies pour empêcher qu'on ne puisse altérer la plainte, ou en changer la date & la substance, en y ajoutant ou diminuant; ce qui pouvoit se faire aisément avant que l'usage fut établi de faire signer les plaintes au Juge & à la partie.

26. Par Arrêt du Parlement de Rouen du 9 Novembre 1728, il a été jugé qu'une plainte signée par une femme sous le nom de son mari, & sans procuration, étoit valable, entre le nommé Huë, & les nommés Garnier: Pareil Arrêt du 11 Octobre 1729, sur une plainte donnée par un pere pour son fils: Autre Arrêt du 25 Février 1738. Ces trois Arrêts sont rapportés au texte de la Coutume de Normandie, *édition de* 1753.

Dans les plaintes qui se donnent par les parties privées pour crime de faux incident, il faut une inscription de faux de la part du plaignant. (Ordonnance du faux du mois de Juillet 1737, au titre du Faux incident, *art.* 15; Voyez aussi ce qui est dit au titre *De la Procédure touchant le Faux principal ou incident*, ci-après, *part.* 3, *liv.* 2, *tit.* 26, n. 57.)

5°. Les plaintes doivent, autant que faire se peut, être formées peu de temps après le délit commis; autrement on présume qu'elles sont calomnieuses.

6°. Les Juges ne peuvent prendre aucunes épices, ni vacations, pour les permissions d'informer. (Arrêt du 7 Septembre 1660, pour Dreux.)

ARTICLE V.

Des Dénonciations.

27. 1°. La *dénonciation*, ainsi qu'on l'a vu ci-dessus, est un acte par lequel on déclare au Juge, ou au Ministre public chargé de la poursuite des crimes, qu'un tel délit a été commis, afin qu'il en fasse la poursuite, s'il le juge à propos. Cette dénonciation n'a lieu que pour les crimes graves, & qui exigent une punition publique & exemplaire.

La dénonciation n'est pas à, proprement parler, de la solemnité de l'instruction du procès criminel; elle donne seulement au Juge une ouverture pour informer.

28. 2°. Il y a deux sortes de *dénonciateurs*, les *dénonciateurs volontaires*, & les *dénonciateurs nécessaires*. Les *dénonciateurs volontaires*, sont ceux qui, volontairement & librement dénoncent les crimes à Justice. Les *dénonciateurs nécessaires*, sont les Gardes & Sergents des Forêts, & les Messiers, qui, en vertu des devoirs attachés à leur office, sont tenus de dénoncer à la Justice les délinquants, & sont établis à cet effet. Les Chirurgiens peuvent aussi être mis au nombre des dénonciateurs nécessaires, en ce qu'ils sont obligés de donner au Juge de Police les déclarations des personnes blessées, & leur qualité, suivant l'Edit du mois de Mars 1667.

On doit réguliérement dénoncer tous les crimes. (Arrêt du 15 Septembre 1699, qui condamne les personnes y dénommées à dénoncer les crimes dont ils auront connoissance. Voyez le Traité des Rapports de M. Prévôt, *pag.* 147.) Mais on n'est pas tenu de faire une dénonciation en regle, ni de la signer.

29. 3°. Non-seulement tous ceux qui peuvent rendre plainte pour raison d'un crime, peuvent le dénoncer; mais encore ceux qui n'y ont point d'intérêt; pourvu que ce soient des personnes majeures & en leur puissance. Ainsi les femmes mariées ne peuvent dénoncer, sans y être autorisées par leurs ma[illegible]

Mais une fille majeure peut être dénoncia[illegible]e. (Arrêt du Parlement de Paris du 2 Juin 1718, rapporté par la Peyrere, *édition de* 1725, *pag.* 3 des additions *in fine.*)

On doit cependant rejetter les dénonciations des personnes viles;

viles; sur-tout quand elles se font contre des personnes illustres & élevées en dignité.

On ne doit pas non plus recevoir la dénonciation d'un pere contre son fils, ou d'un fils contre son pere; ni celle d'un mari contre sa femme; ni même quelquefois celle d'un frere contre son frere. (Voyez Expilly, plaidoyer 5, *n.* 7.) Excepté en crime de Leze-Majesté, suivant l'Ordonnance du mois de Décembre 1477. (Voyez au titre *Du crime de Leze-Majesté humaine*, ci-après, *part.* 4, *tit.* 28, *art.* 7.)

Pareillement, les vagabonds, ainsi que les gens sans aveu, & mal famés, ne doivent point être écoutés dans leurs dénonciations; & à plus forte raison, les infames; parce que ceux qui seroient calomnieusement accusés par ces personnes, ne pourroient exercer contre elles leurs recours en dommages & intérêts.

30. La partie publique qui reçoit une dénonciation, doit aussi avoir attention de ne pas recevoir, pour dénonciateur, un homme de néant & insolvable; autrement elle seroit exposée à répondre des dommages & intérêts qui pourroient être adjugés à l'accusé, dans le cas où l'accusation intentée contre lui, seroit calomnieuse.

Pour prévenir cet inconvénient, l'Ordonnance de l'année 1328, rapportée en la Conférence des Ordonnances, *tom.* 2, *pag.* 801, *tit.* 2, §. 1, obligeoit le dénonciateur de donner caution pour pouvoir être admis dans sa dénonciation. Airault en son Instruction Judiciaire, *liv.* 2, *part.* 4, *n.* 19, *pag.* 290, pense aussi que le dénonciateur est tenu de donner caution; & l'on trouve même quelques Arrêts qui l'ont ainsi jugé; & entre autres, un du Parlement de Paris du 23 Août 1718, rapporté par Lacombe, Traité des Matieres Criminelles, au Supplément, *pag.* 11, *addition* 18, qui enjoint aux Officiers de la Maréchaussée de Tonnerre, de faire donner aux dénonciateurs, bonne & suffisante caution qui soit reçue avec le Procureur du Roi.

31. La même chose se trouve ordonnée par un Arrêt du Parlement d'Aix du 29 Janvier 1676, rapporté dans le Recueil des Arrêts du Parlement de Provence, imprimé en 1744 *in*-4°. *pag.* 127. Autre Arrêt du Parlement d'Aix du 26 Mai 1670, qui ordonne que l'instigateur donnera la liste des témoins, en s'inscrivant sur le Livre du Procureur-Général; & qu'il consignera la somme nécessaire pour servir aux frais du procès.

Mais cette formalité n'est pas absolument nécessaire, & n'a lieu qu'en certains cas; car le dénonciateur peut être tellement solvable, que la précaution de lui faire donner caution, seroit entiérement inutile. (Airault, *ibid.* n. 19, pag. 291; Voyez aussi le Procès-verbal de l'Ordonnance de 1670, *tit.* 3, *art.* 6, *pag.* 67, où M. de Harlay Procureur-Général, établit la même maxime.)

Quand on s'est une fois rendu dénonciateur, & que la partie publique a agi en conséquence, on ne peut plus se désister de sa dénonciation. (Voyez Coquille, *qu.* 12; & sur l'article 23 du titre des Justices de la Coutume de Nevers; & Bouvot, *tom.* 1, *part.* 3, au mot *désister*, qu. 1.)

32. 4°. Les Procureurs du Roi, & ceux des Seigneurs, doivent avoir un Registre pour recevoir & faire écrire les dénonciations, & les dénonciateurs sont tenus de les signer, s'ils sçavent signer; sinon, elles doivent être écrites en la présence desdits Procureurs du Roi, ou Fiscaux, par le Greffier du Siege, qui en fera mention. (Ordonnance de 1670, *tit.* 3, *art.* 6.) Et il en est de même des Promoteurs.

Ce Registre des dénonciations, est différent de celui du Greffe, qui est un registre public; au-lieu que la dénonciation est une piece secrete.

Faute par les Procureurs du Roi, ou Fiscaux, de faire inscrire & souscrire les dénonciateurs en leur registre, ils sont responsables des dommages & intérêts des parties. (Arrêt du 5 Mars 1604, rapporté au Recueil des Arrêts de M. Leprêtre, *cent.* 1, *ch.* 33, *n.* 13.)

Les Juges peuvent aussi recevoir les dénonciations qui leur sont présentées, & ordonner qu'elles seront communiquées au Procureur du Roi, ou Fiscal, pour y donner ses conclusions.

33. 5°. Les dénonciations doivent être circonstanciées; (Ordonnance de 1670, *tit.* 3, *art.* 6,) c'est-à-dire, qu'elles ne doivent point être vagues & générales; comme si quelqu'un accusoit un particulier d'avoir tué un homme, sans marquer quelle personne a été tuée, ni le temps, ni le lieu où le crime a été commis.

Le dénonciateur, doit y déclarer comment il sçait ce qu'il dénonce; en quel temps, & en quel lieu la chose s'est passée, & en présence de qui, *&c.*

34. 6°. Il arrive quelquefois, dans le cours d'une information, qu'un témoin vient à déposer de faits graves contre une personne,

alors la déposition de ce témoin doit être considérée pour raison de ces faits comme une dénonciation, en conséquence de laquelle, le Juge doit ordonner que cette déposition vaudra dénonciation, & qu'il sera informé de ces faits à la requête du Procureur du Roi, ou Fiscal. On voit souvent de ces sortes d'informations ordonnées à l'Audience, ou à la Chambre du Conseil, en jugeant un procès.

La plainte de celui qui ne s'est pas porté partie civile, ou qui s'en est désisté, tient aussi lieu de dénonciation au Procureur du Roi, ou Fiscal; lequel est obligé de poursuivre en conséquence, si le crime est de nature à être par lui poursuivi; c'est-à-dire, s'il est dans le cas de l'article 19 du titre 25 de l'Ordonnance de 1670.

35. 7°. Lorsqu'il paroît que la dénonciation est faite par un esprit de haine, ou de vengeance, la partie publique ne doit pas la recevoir légérement; ni le Juge, si c'est à lui qu'elle est présentée. (Cap. *si quis Episcopus*, & *gloss.* 1, *qu.* 7.)

8°. La partie publique, ou le Juge, doivent informer sur la dénonciation qui leur est présentée; & si le nom du coupable étoit inconnu au dénonciateur, il faudra informer en général contre l'auteur du crime.

9°. Les dénonciations doivent être secretes, sans que la partie publique puisse faire aucunes procédures sous le nom du dénonciateur, qui ne doit être compris ni nommé dans aucun des actes du procès, ni dans le Jugement; & qui doit être entiérement inconnu, ainsi que sa qualité & sa condition. (Arrêt du 23 Août 1718, rendu contre les Officiers de la Maréchaussée de Tonnerre, rapporté au Supplément du Traité des Matieres Criminelles de Lacombe, *addition* 18, *pag.* 11.)

36. 10. Le dénonciateur n'étant point partie au procès, ne peut y faire aucunes poursuites. Ainsi il ne peut obliger les héritiers de l'accusé à reprendre le procès criminel commencé contre cet accusé. (Arrêt de la Cour des Aides du 14 Décembre 1703, rapporté au Journal des Audiences.)

De même, il n'est pas partie capable pour appeller d'une Sentence d'absolution, rendue en faveur de l'accusé. (Voyez au titre *Des Appellations*, ci-après, *part.* 3, *liv.* 2, *tit.* 37, n. 10.)

C'est par cette même raison que le dénonciateur n'est tenu en aucune maniere de contribuer aux frais du procès, & qu'il n'a aucun droit à la réparation à laquelle l'accusé peut être condamné. (Voyez Airault, *liv.* 2, *part.* 4, *n.* 19, *pag.* 290.)

Il y a cependant plusieurs crimes pour lesquels une partie de l'amende prononcée contre l'accusé, appartient au dénonciateur par les Edits & Ordonnances ; comme dans le crime de duel, *&c.*

Rien n'empêche que le dénonciateur ne puisse être entendu comme témoin à la requête de la partie publique, & même à la requête de la partie privée, si ce dénonciateur n'a aucun intérêt dans la cause. (Voyez au titre *Des Informations de témoins*, ci-après, *tit.* 7, n. 53.)

37. 11°. Les accusateurs & dénonciateurs téméraires, & qui se trouvent mal fondés, doivent être condamnés aux dépens, dommages & intérêts des accusés, & à plus grandes peines s'il y échet. (Ordonnance de 1670, *tit.* 3, *art.* 7 ; Voyez aussi au titre *Des Accusations & dénonciations calomnieuses*, ci-après, *part.* 4, *tit.* 2, n. 2.)

Ce qui a pareillement lieu à l'égard des plaignants ; même de ceux qui ne sont point parties civiles ; ou qui, après s'être portés parties civiles, viennent à se désister. (Ordonnance de 1670, *ibid.* art. 7 ; Coquille, *qu.* 12.)

Les Procureurs du Roi sont aussi sujets, comme les autres, à cette peine. (Voyez au titre *Des Accusations & dénonciations calomnieuses*, n. 15.) C'est pourquoi, pour s'en garantir, ils doivent avoir un dénonciateur valable. Ils sont même tenus, en cas d'absolution de l'accusé, de nommer ce dénonciateur, afin que l'accusé puisse agir contre lui en recours ; & faute par la partie publique de pouvoir nommer son dénonciateur, elle peut elle-même être tenue des dommages & intérêts envers l'accusé. (Voyez *ibid.* n. 20.)

38. Il y a néanmoins quelques cas où il n'est pas nécessaire que les Procureurs du Roi, ou Fiscaux, aient un dénonciateur : *v. g.* lorsque les crimes sont précédés de commune renommée ; ou dans le cas de flagrant délit ; ou lorsque l'accusé a été arrêté à la clameur publique. (Voyez *ibid.* au titre *Des Accusations & dénonciations calomnieuses*, n. 17 ; Voyez aussi l'article 11 du titre 29 de la Coutume d'Auvergne ; & l'article 335 de celle de la Marche.)

Les accusateurs ou dénonciateurs qui succombent, ne doivent pas toujours être condamnés aux dommages & intérêts envers l'accusé, s'il ne paroît d'ailleurs de la calomnie. Ainsi quand on ordonne simplement un plus amplement informé contre l'accusé, ou que cet accuſé eſt abſous en conſéquence de ce que la dépoſition des témoins tombe par les reproches par eux propoſés, l'effet de ces reproches n'eſt pas de rendre les dépoſitions fauſſes, mais ſeulement ſuſpectes; c'eſt pourquoi la plainte n'eſt pas réputée pour cela calomnieuſe. (Voyez *ibid.* au titre *Des Accuſations calomnieuſes*, n. 31 & ſuiv.)

Quid, dans le cas où l'accuſé a été mis ſur la plainte ou accuſation hors de Cour? Voyez *ibid.*

39. Il y a auſſi quelques crimes particuliers, pour leſquels les dénonciateurs, quoique mal fondés, ne ſont point ſujets à la peine établie par l'article 7 du titre 3 de l'Ordonnance de 1670; comme quand il s'agit de concuſſions & malverſations commiſes par les Officiers de Finance. (Voyez *ibid.* n. 37.)

C'eſt le même Juge qui a connu de l'accuſation, qui doit connoître de la peine contre les accuſateurs & plaignants, ou dénonciateurs mal fondés; il en faut ſeulement excepter les Prévôts des Maréchaux. (Voyez *ibid.* n. 39.)

TITRE V.

Des procès-verbaux de transport des Juges en la maison de l'accusé; & du scellé sur ses effets.

Perquisition de choses volées, ou d'accusés, en la maison d'autrui.

Rapport d'effets appartenants à l'accusé.

ARTICLE PREMIER.

Des procès-verbaux de transport des Juges.

1. Il arrive quelquefois que le Juge se transporte en la maison de l'accusé, pour y chercher des effets servants à sa conviction; ce qui peut se faire ou d'office, ou sur la requête du plaignant.

Ce transport peut même s'ordonner, lorsqu'il y a des soupçons violents, contre un particulier qui n'est point encore accusé, afin d'acquérir contre lui une preuve suffisante pour pouvoir procéder contre lui, & le décréter.

2. Pour faire cette perquisition, le Juge doit se transporter en la maison de l'accusé avec le Greffier, afin d'y chercher les papiers, meubles, poisons, drogues, ou autres effets par le moyen desquels il prétend former une conviction contre cet accusé; & pour faire une procédure exacte, il doit aussi y faire conduire l'accusé, (s'il n'est pas chez lui,) pour faire, en sa présence, la visite & description de ces effets: & si l'accusé étoit absent, ou en contumace, cet examen doit être fait en présence de la partie publique. Si l'accusé est présent, le Juge peut & doit même l'interroger sur les papiers ou autres effets suspects qu'il trouve, & qui peuvent servir à la charge de cet accusé, & faire mention de ses réponses dans son procès-verbal; mais il n'est pas nécessaire de faire prêter le serment à celui en la maison duquel se fait la per-

quisition; à moins qu'il ne soit déja décrété, & qu'il ne soit interrogé en forme.

3. Si la description ou inventaire de ces effets ne pouvoit se faire sans interruption, & sans y employer un temps considérable; comme s'il s'agissoit d'inventorier toutes les marchandises & effets d'une boutique, le Juge doit faire mettre tous ces effets dans un lieu de sureté, & les renfermer sous le scellé en la garde de quelqu'un; après quoi il procédera à loisir à la confection de cet inventaire en présence de l'accusé, dont copie lui doit être remise, ou laissée sur le lieu.

Au reste, il faut observer qu'on ne peut contraindre celui chez lequel on fait ces perquisitions, de produire les effets qui peuvent fournir des indices & des preuves contre lui; soit qu'il s'agisse d'un crime léger, soit qu'il s'agisse d'un crime capital; suivant la Loi 4, Cod. *de edendo.* Voyez aussi Jul. Clarus, *qu.* 27, *n.* 2; Menochius, *de arbitrar. judic.* casu 499, pag. 871; & il a été ainsi jugé par Arrêt du Parlement de Toulouse du 12 Février 1679, rapporté au Journal du Palais.

4. Lorsque les effets trouvés en la maison de l'accusé, & qui peuvent servir de conviction ou de preuve contre lui, sont en petit nombre, le Juge doit les faire transporter au Greffe, après avoir pris la précaution, si ce sont des papiers, de les parapher, & de les faire parapher par l'accusé; ou si ce sont d'autres meubles ou effets, d'y apposer son sceau ou cachet, & de les faire aussi cacheter par l'accusé, de son cachet particulier; ou de les faire mettre dans de sacs, panniers, coffres, ou ballots, sur lesquels le Juge apposera le scellé cacheté de son sceau & de celui de l'accusé, pour être dans la suite ouvert ou défait en présence de cet accusé après avoir reconnu son cachet. Le Juge doit faire mention du tout dans son procès-verbal, ainsi que du refus de l'accusé, dans le cas où il refuseroit de signer ou d'apposer son cachet.

Il faut observer que ces procès-verbaux de recherches doivent être faits par les Juges même, & non par des Huissiers. (Ainsi jugé par Arrêt du Parlement du premier Juillet 1738, contre le Juge de Chatellerault.)

ARTICLE II.

Du Scellé sur les effets trouvés en la maison de l'accusé.

5. Si parmi les meubles de l'accusé, il y a des coffres, cabinets, ou cassettes fermées, dans lesquels on prétende qu'il y a aussi, ou qu'il doit y avoir des pieces ou papiers servant à la conviction de cet accusé, le Juge peut y apposer le scellé; & établir garnison dans la maison pour la conservation de son scellé, & même des autres meubles, s'il ne se trouve pas de gardien ou dépositaire solvable qui veuille s'en charger. Ce qui doit pareillement avoir lieu dans le cas où les meubles & effets de l'accusé se trouveroient à la merci des domestiques, ou autres; car il est aussi du devoir du Juge d'y apposer alors le scellé pour la conservation de ces effets, sur la requête de la partie publique, au défaut de parents qui le requiérent.

6. Le Juge doit bien prendre garde de ne point avoir en sa possession les choses scellées, sur-tout lorsque son sceau y a été mis seul; parce qu'on pourroit lui imputer d'avoir été maître de lever le scellé, & d'avoir ajouté ou soustrait des effets, ou ce que bon lui auroit semblé. (Voyez l'article 27 du titre 17 de l'Ordonnance de 1670.)

Lorsque le scellé a été apposé sur des effets, le Juge doit ordonner dans la suite, qu'il sera levé en présence de l'accusé, qui, à cet effet, doit y être conduit de la prison sous bonne & sure garde, dans le cas où il seroit prisonnier; & aussi en présence de la partie publique. Lors de la levée de ces scellés, il doit être fait un état ou inventaire des pieces servant à conviction; &, si elles ne sont point encore au Greffe, elles doivent y être apportées sous un autre scellé qu'on met sur des coffres ou balots dans lesquels on les renferme, ainsi qu'il a été observé ci-dessus. Un Arrêt du 8 Février 1718, rapporté au Journal des Audiences, *tom.* 7, ordonne, à l'égard d'un accusé, qu'il sera dressé procès-verbal dans une chambre ci-devant habitée par cet accusé, de livres défendus & autres pieces servant à conviction, si aucuns y a, en présence de l'accusé, qui, pour cet effet, sera conduit sous bonne & sure garde; pour ensuite être réintégré dans les prisons.

7. L'inventaire qui se fait par le Juge, des effets trouvés dans la maison

maison de l'accusé, ou en sa possession, doit être fait avec beaucoup d'exactitude & de scrupule, afin qu'il ne puisse être attaqué par l'accusé, qui autrement seroit en droit de prétendre que les effets qu'on prétend servir de conviction contre lui, ne peuvent faire de preuve, à cause du vice de la procédure qui y auroit été tenue. (Voyez le *tome 4 du Recueil des pieces du Procès de M. Fouquet.*)

8. Il faut observer à ce sujet, qu'on ne doit inventorier que les effets qui peuvent servir à conviction, & non les autres effets, lorsque l'accusé est prisonnier; parce que pour crime, on ne peut tenir en même temps le corps & les biens, suivant Loisel en ses Institutions coutumieres, *liv.* 6, *tit.* 1, *art.* 16; ce qui a été aussi jugé par plusieurs Arrêts; & entre autres, par un du 11 Juillet 1676, qui fait défenses de saisir les biens des accusés, lorsqu'ils ont été constitués prisonniers. Autres Arrêts des 8 Mars 1701, 1 Août 1702, 29 Mai 1710, 13 Juin 1712, & 25 Janvier 1715, rapportés au Traité des scellés & inventaires, *in*-4°. *liv.* 1, *ch.* 19, *pag.* 109; & c'est ce qui résulte aussi de la disposition de l'article 7 du titre 13 de l'Ordonnance de 1670, qui porte, que lorsque l'accusé sera constitué prisonnier, les effets dont il sera trouvé saisi, lui seront rendus, à la réserve des papiers, hardes & meubles qui pourront servir à la preuve du procès.

9. Si parmi les effets, il y en a qui peuvent dépérir ou être consommés en frais, le Juge doit en faire faire la vente publique, après s'être informé diligemment si ce ne sont point des effets volés, & après les avoir fait auparavant proclamer à cet effet par un ou plusieurs jours de marchés: & si ces effets sont réclamés, ou s'il y a lieu de craindre qu'ils n'aient été volés, le Juge ne doit les rendre, ou les adjuger que sous la caution par le propriétaire ou adjudicataire de ces meubles ou effets, de les représenter à Justice, s'il est ainsi ordonné pour servir à l'instruction du procès. A l'égard du prix provenant de la vente, le Juge doit ordonner qu'il sera mis entre les mains du Greffier, ou d'une personne solvable qui s'en chargera comme dépositaire de Justice.

10. Lorsque la perquisition doit se faire dans la maison d'un Ecclésiastique poursuivi en l'Officialité, ou qu'on veut apposer le scellé sur ses effets, il faut se pourvoir devant le Juge-Royal, qui doit, en ce cas, apposer ce scellé sur la requisition du Promoteur & en sa présence. (Voyez Imbert; *liv.* 1, *ch.* 24, *n.* 6.) Si cette pro-

cédure se faisoit dans le cours d'une instruction conjointe, le scellé doit être levé par le Juge-Royal en présence de l'Official, & la description des effets, faite par l'un & l'autre conjointement. (Voyez le Traité des scellés & inventaires, *liv.* 1, *chap.* 19; *pag.* 135.)

On trouve un Arrêt du Parlement du 20 Janvier 1700, rapporté *ibid.* pag. 517, qui peut servir de modele dans le cas de scellé & perquisition des pieces qui doivent servir à la preuve d'un procès. Un autre Arrêt du 23 Janvier 1698, dans le cas d'un scellé apposé chez un particulier accusé d'usure, ordonne que les effets trouvés sous les scellés, seront rendus à ceux qui les réclameront; & à cette fin, que l'injonction de les réclamer sera publiée à trois jours de marchés, & affichée aux places publiques; sinon qu'ils seront vendus à la requête du Procureur du Roi, & les deniers en provenants, déposés en Justice.

11. Quelquefois on appose le scellé sur un simple paquet, ou ballot, lorsqu'on apprend que ce ballot appartient à l'accusé; ensuite de quoi le Juge ordonne qu'il sera déposé au Greffe, & ouvert en présence de l'accusé. (Voyez un modele de cette espece de scellé, au Traité des scellés & inventaires de M. Prévôt; *in*-4°. *pag.* 136.)

Il y a des cas où le scellé s'appose par des Huissiers; ce qui se fait lorsque ce scellé est incident à une capture. (Voyez au titre *Des Effets trouvés en la possession des accusés*, ci-après, *tit.* 6, n. 7.)

Tous les effets servants à conviction, dont l'accusé a été trouvé saisi, & qui peuvent servir au procès, doivent lui être représentés lors de son interrogatoire. (Voyez ce qui est dit au titre *Des Interrogatoires*, ci-après, *tit.* 13, n. 17.)

ARTICLE III.

Des perquisitions qui se font en des Maisons Tierces.

12. Les perquisitions qui se font en la maison d'autrui, peuvent avoir lieu en deux cas, 1°. lorsqu'il s'agit d'arrêter un particulier qui est caché dans une maison, autre que la sienne : 2°. quand on veut chercher dans une maison des effets volés qui y ont été récelés, ou mis en dépôt.

C'est une maxime constante dans ce Royaume, qu'il n'est pas

permis d'entrer en la maison d'autrui pour y faire perquisition d'une chose dérobée, ou pour y arrêter un accusé & le constituer prisonnier. (Papon, *liv.* 23, *tit.* 6, *art.* 3. La Coutume d'Orléans, *art.* 455, en a une disposition; & il a été ainsi jugé par Arrêt du 23 Février 1613, rapporté par Corbin en ses Loix de la France, *n.* 86: ce qui est conforme à la Loi 1, §. *hoc autem Senatus cum glossâ in verbo* prædia D. *de servis fugitivis.* Voyez aussi ce qui a été dit à ce sujet au titre *De la Compétence des Juges*, ci-dessus, *part.* 2, *tit.* 1, n. 342.)

13. Les Commissaires du Châtelet de Paris ne le peuvent même sans une Ordonnance de Justice qui le leur permette; ainsi qu'il a été jugé par un Arrêt de Réglement du 9 Juillet 1712, rendu en la Tournelle sur les conclusions de M. Chauvelin, Avocat-Général.

Mais si le Juge le permet, on peut entrer dans quelque maison que ce soit pour y faire ces sortes de perquisitions. (Boerius, *decis.* 174, *n.* 11; Papon, *liv.* 23, *tit.* 6, *n.* 3; Jul. Clarus, §. *furtum*, *n.* 1; L. *Divus*, D. *de fugitivis.*) Le Juge même ne peut refuser cette permission, s'il y a une cause légitime pour l'accorder. (Papon, *ibid.* Voyez aussi la L. *final.* D. *deliber. hom. exhib.*)

Il faut cependant observer que les Juges ne doivent donner ces sortes de permissions, qu'en deux cas, 1°. après une information qui donne quelque preuve ou indice violent contre un accusé: 2°. en cas de flagrant délit. Corbin en rapporte un Réglement du Parlement de Paris; & le Parlement d'Aix en a fait un semblable le 26 Janvier 1647, rapporté par Boniface, *tom.* 2, *part.* 3, *liv.* 1, *tit.* 5, *chap.* 4, qui fait défenses à tous les Juges de la Province, de permettre de faire perquisition dans la maison d'autrui des choses dérobées; excepté dans le cas d'information précédente, ou de flagrant délit. (Papon, *ibid.* liv. 23, tit. 6, n. 3, en la note.)

14. Cette permission ne doit aussi s'accorder que dans les grands crimes, ou crimes qualifiés. (Voyez Airault en son Instruction Judiciaire, *liv.* 3, *part.* 2, *n.* 14.)

Enfin, une derniere observation en cette matiere, est que dans le cas même où l'on ne trouve point ce que l'on prétendoit trouver en la maison en laquelle on fait perquisition, le poursuivant ne fait pas pour cela injure au maître de la maison, & n'est tenu d'aucuns dommages & intérêts envers lui. (Papon, *liv.* 23, *tit.* 6, *n.* 3 ; Boerius, *decis.* 174, *n.* 5.) Mais sans cette permission, il en seroit tenu. (Boerius & Papon, *ibid.* L. *injuriarum*, §. *fin.* ; & L. *is qui domum*, D. *de injuriis* ; & L. 3, D. *de acquirendo rerum dominio.*)

Afin que ces sortes de perquisitions ne soient point injurieuses pour celui en la maison duquel elles sont faites, il est de la prudence du Juge d'ordonner en ce cas, qu'il sera fait perquisition, non-seulement dans la maison qu'il soupçonne, mais encore dans quelques autres maisons qu'il indiquera, pour éviter toute affectation.

ARTICLE IV.

Des rapports d'effets appartenants à l'accusé, ou de lettres à lui adressées, &c.

15. Il arrive quelquefois que des particuliers rapportent d'eux-mêmes au Juge, des effets qu'ils ont entre les mains, appartenants à un accusé, ou qui leur ont été par lui remis. Alors le Juge doit aussi dresser procès-verbal du rapport de ces effets, & de l'ouverture d'iceux, si ce sont des paquets, coffres ou ballots, en présence de celui qui les rapporte, après serment de lui pris ; & ordonner que ces effets seront déposés au Greffe, pour servir, s'il y a lieu, de piece de conviction dans l'instruction du procès.

Et il en est de même des lettres qui pourroient être écrites par l'accusé, ou qui lui seroient adressées. Si cet accusé est prévenu d'un crime qui intéresse le ministere public, il est de la prudence du Juge de faire ouvrir ces lettres ; & si elles forment quelque charge contre l'accusé, le Juge doit en ordonner le dépôt au Greffe, préalablement paraphées par lui & par l'accusé ; & faire aussi signer le procès-verbal au Geolier, ou autre personne qui a fait le rapport desdites lettres.

TITRE VI.

Des Effets trouvés en la possession de l'accusé, ou servants à conviction.

ARTICLE PREMIER

Ce qui doit s'observer quand des effets, servants à conviction, sont trouvés en la possession de l'accusé.

1. LES effets trouvés en la possession des accusés, ou qui peuvent servir dans l'instruction des procès criminels qui se poursuivent contre eux, sont de quatre sortes.

1°. Les effets servants à conviction, qui ont été trouvés sur le lieu même du délit, & que l'on prouve avoir été en la possession de l'accusé dans le temps même, ou peu de temps auparavant ; *v. g.* son chapeau, sa canne, son épée, son manteau, *&c* ; ou les instruments même avec lesquels le délit a été commis, comme un poignard, un fusil, un pistolet, un coutre de charue, un ciseau de fer, un levier, *&c.*

2°. Les effets servants à conviction, trouvés en la possession de l'accusé. Tels sont, *v. g.* les effets volés dont il est trouvé saisi, les coffres, panniers, *&c* ; soit que ces choses soient en sa possession actuelle, ou qu'elles soient entre les mains d'un tiers à qui il les a remis, déposés ou vendus, ou qui les possede en son nom.

2. 3°. Les effets suspects dont il est trouvé saisi, ou qu'il envoye à d'autres personnes, ou qui lui sont envoyés ; *v. g.* les papiers qui sont entre ses mains, les lettres qu'il écrit, celles qui lui sont écrites, *&c.*

4°. Enfin les effets dont il est trouvé saisi, & qui lui appartiennent légitimement.

Dans le premier cas, où les effets ont été trouvés sur le lieu du délit, le procès-verbal du Juge est suffisant pour constater ce fait ; & il n'est pas besoin alors d'en faire la preuve par témoins ; mais au défaut du procès-verbal du Juge, il faut constater le fait par la déposition de deux ou de plusieurs témoins, qui déclarent avoir trouvé ces effets sur le lieu : & dans le cas où ce rapport se fait volontairement, & sans assignation, le Juge doit en dresser procès-verbal ; & si ce sont des lettres ou autres écrits, le Juge doit les parapher, & les faire parapher en même-temps aux témoins.

3. Si ce rapport est fait par un témoin qui ait été assigné pour être entendu en déposition, le Juge doit d'abord entendre la déclaration du témoin, & ensuite mettre à la fin. . . . *Ce fait nous a été représenté par le témoin, un chapeau, &c. qu'il nous a dit avoir trouvé en la maison, ou, &c. lequel chapeau nous avons ordonné être déposé en notre Greffe, & remis en la possession de N. notre Greffier*. . . . & il est beaucoup mieux même d'ajouter tout de suite. . . . *lequel s'en est chargé & a promis de le représenter*, &c. Il faut ensuite faire signer tout de suite cette déposition au Greffier, quand même ce ne seroit pas lui qui auroit reçu la déposition, ou écrit le procès-verbal.

4. Au reste, le procès-verbal du Juge n'est nécessaire qu'à l'égard du premier témoin qui a rapporté l'effet servant à conviction ; car à l'égard des autres témoins du même fait, il suffit que le Juge leur fasse la représentation de ces effets, & qu'il leur demande si ce sont les mêmes que ceux qu'ils déclarent, par leurs dépositions, avoir été trouvés sur le lieu du délit.

Il faudra ensuite constater, soit par la déposition des mêmes témoins, ou par d'autres, que ces effets ainsi trouvés sur le lieu, appartiennent à l'accusé ; mais si l'accusé les reconnoît pour lui appartenir, il est inutile de faire cette preuve par témoins, la reconnoissance de cet accusé étant suffisante.

5. Dans le second & troisieme cas où l'accusé est trouvé saisi d'effets volés, ou suspects ; si ce fait de possession n'a pu être constaté par le Juge même, il faudra entendre en déposition les Archers, Huissiers, ou autres personnes qui ont arrêté l'accusé, & qui se sont emparés des effets trouvés en sa possession, pour recevoir leur déclaration, & leur faire rapporter les effets dont ils ont trouvé cet accusé saisi ; ensuite dequoi il faudra en ordonner le dépôt au Greffe, si ce dépôt n'a pas encore été fait ; & si ces effets avoient été remis par l'accusé entre les mains d'un tiers, pour y rester en garde, il faudra que le Juge se transporte sur le lieu, en dresse procès-verbal, & reçoive la déclaration de ceux

à qui ils ont été ainſi confiés, & de la connoiſſance qu'ils ont du fait. Néanmoins ſi ces témoins étoient éloignés, le Juge pourra ſe contenter de les faire aſſigner, à ce qu'ils aient à rapporter ces effets, & recevra leur déclaration à ce ſujet ; ou bien il y fera tranſporter un Huiſſier qui en dreſſera procès-verbal, & qui en fera le dépôt au Greffe.

6. Si les effets volés, trouvés en la poſſeſſion de l'accuſé, n'ont point été déplacés, & ſont reſtés ; *v. g.* en ſa maiſon, il faudra que le Juge s'y tranſporte avec l'accuſé, & qu'il mette le ſcellé ſur ces effets. (Voyez ce qui a été dit à ce ſujet au titre *Des Procès-verbaux de tranſport des Juges en la maiſon de l'accuſé*, ci-deſſus, *tit.* 5, n. 1.)

7. Les Huiſſiers ou Archers qui arrêtent un accuſé, doivent dreſſer procès-verbal par forme d'inventaire, des papiers, hardes, chevaux & effets dont il eſt trouvé ſaiſi ; & ſe faire aſſiſter à cet effet de deux témoins, qui doivent ſigner auſſi le procès-verbal, ainſi que l'accuſé, ou faire mention de ſon refus ; pour être les effets ſervants à conviction, remis auſſi au Greffe des Priſons, & le ſurplus remis à l'accuſé. (Ordonnance de 1670, *tit.* 13, *art.* 7 ; & *tit.* 2, *art.* 9.) Il eſt même beaucoup plus exact dans ce cas, ſur-tout s'il s'agit de hardes ou de marchandiſes difficiles à reconnoître, que les Huiſſiers ou Archers mettent tous ces effets dans un ſac, ou dans un coffre qu'ils ſcelleront & cacheteront, & qu'ils feront auſſi cacheter du ſceau de l'accuſé ; & s'il y a pluſieurs accuſés, ils doivent avoir grand ſoin de ne point mêler enſemble, comme il arrive aſſez ſouvent, les effets dont ces différents accuſés ont été trouvés ſaiſis ; & de les mettre dans des ſacs, panniers, ou coffres ſéparés.

8. Si cet inventaire ne pouvoit ſe faire ſans interruption, & ſans y employer un temps conſidérable ; comme s'il s'agiſſoit d'inventorier toutes les marchandiſes & effets d'une boutique, l'Huiſſier, Sergent, ou Archer, doit faire mettre tous ces effets dans un lieu de ſureté, & les renfermer ſous la clef, qu'il mettra en la garde d'une perſonne ſûre ; après quoi il procédera à loiſir avec l'accuſé, à la confection de cet inventaire, qui doit être ſigné de cet accuſé, & dont copie doit lui être remiſe, ou laiſſée ſur le lieu.

Ou bien l'Huiſſier fera tranſporter tous ces effets au Greffe, après les avoir fait mettre dans des coffres, ou panniers cachetés, & scellés; ensuite dequoi le Juge en fera l'inventaire en présence de l'accusé; & s'il y a plusieurs complices, & que le Juge les veuille interroger séparément, il fera le récolement de cet inventaire à chacun de ces accusés séparément, & en particulier.

9. Quand un accusé reçoit par la poste, ou autrement, quelque lettre ou paquet, ou qu'il vient à écrire quelque lettre qui peut former contre lui quelqu'indice, le Juge doit aussi dresser procès-verbal du rapport qui lui est fait de cette lettre par le Geolier, ou autre personne, ainsi qu'il a été observé; & dans ce cas il est inutile d'entendre en déposition les personnes qui les rapportent.

3°. Enfin dans le quatrieme des cas mentionnés ci-dessus, où les effets trouvés en la possession de l'accusé, lui appartiennent légitimement, & sans aucun soupçon de vol, il n'est pas nécessaire de les saisir & inventorier, cette précaution étant inutile pour l'instruction du procès. Mais s'il falloit les inventorier en conséquence de quelque incident qui exigeât cette formalité, il faudroit observer la même regle que celle qui vient d'être établie.

ARTICLE II.

De la maniere dont on doit représenter, tant à l'accusé qu'aux témoins, les effets trouvés sur le lieu, ou en la possession de cet accusé, ou qui peuvent servir à sa conviction.

10. 1°. Tous les effets servants à conviction, doivent être représentés par le Juge à l'accusé, lors de son interrogatoire; & si ce sont des billets, papiers, ou autres écritures, il faut que le Juge les paraphe, & qu'il les fasse aussi parapher à l'accusé. (C'est la disposition de l'article 14 du titre 10 de l'Ordonnance de 1670.)

Il n'est pas nécessaire que cette représentation se fasse à l'accusé lors de son premier interrogatoire; souvent même le Juge ne le peut, parce que ces effets n'ont été découverts que depuis; mais alors le Juge doit y suppléer par un nouvel interrogatoire; à peine de nullité du jugement qui interviendroit sans avoir fait cette représentation. (Argument tiré de l'article 31 du titre du Faux principal de l'Ordonnance du mois de Juillet 1737.)

Le Juge, en interrogeant l'accusé sur les effets qu'il lui représente, doit aussi l'interroger tout de suite sur les faits & inductions

tions qui résultent des hardes, meubles & pieces qui lui sont représentées. (Ordonnance de 1670, *tit.* 14, *art.* 10.)

11. 2°. Les effets servants à conviction, doivent aussi être représentés aux témoins pour les faire reconnoître par eux, dans le cas où cette reconnoissance est nécessaire; comme lorsqu'il s'agit de sçavoir si ces effets ont appartenu à l'accusé, ou si ce sont ceux qui ont été trouvés sur le lieu du délit; & alors cette représentation doit être faite aux témoins lors de leur déposition, ou au récolement; & lorsqu'on l'a fait à l'un ou à l'autre, il est inutile de le faire à la confrontation.

Lorsque le Juge a omis, ou n'a pu représenter à quelque témoin lors de sa déposition, ou de son récolement, ou même à la confrontation, quelques-uns des effets volés, ou servant à conviction, il doit le faire par un procès-verbal séparé : il n'est pas nécessaire de récoler le témoin, & de le confronter sur cette déclaration portée au procès-verbal du Juge.

12. 3°. Quand le Juge représente des effets servants à conviction, soit à l'accusé, soit au témoin, il ne doit jamais manquer de dire : *Lesdits effets faisant partie de ceux mentionnés en notre procès-verbal, ou inventaire de tel jour.... ou en la déposition de tel*, &c. *& trouvés chez* A, *&c. ou déposés par* B, *&c.*; & avoir grande attention de satisfaire, autant qu'il est possible, à cette formalité, pour faire une procédure exacte & bien suivie.

Lorsqu'il y a une grande quantité d'effets à représenter, dont il a été dressé procès-verbal, ou inventaire, il est inutile de spécifier & écrire de nouveau tous les effets représentés, & de faire mention de chacun en particulier : il suffit alors, & il est même beaucoup mieux de dire simplement : *Nous avons représenté à l'accusé, ou au témoin*, (si c'est au récolement,) *tous les effets, article par article mentionnés en notre procès-verbal du.... dont nous lui avons présentement fait faire lecture par notre Greffier, aussi article par article, à mesure de la représentation de chacun desdits effets; & avons interpellé ledit accusé*, (*ou témoin*,) *de nous dire s'il reconnoît lesdits effets pour lui appartenir; ou pour être ceux dont il a été trouvé saisi; ou* (si c'est un témoin) *pour faire partie de ceux qui lui ont été volés tel jour*, &c.

13. Quand les accusés ont été trouvés saisis de plusieurs effets, qu'ils ont volés à différentes personnes, & qui ont été déposés

au Greffe du lieu où le procès-criminel s'instruit, il faut représenter à chaque témoin tous les effets qui sont de la nature & espece de ceux qui ont été volés; quand même ces effets auroient déja été reconnus par d'autres témoins; sur-tout si ce sont des effets qui *pondere, numero & mensurâ constant*.

Cette représentation est nécessaire pour deux raisons, 1°. parce qu'il est juste que chaque particulier puisse reconnoître parmi les effets volés, ceux qui lui appartiennent : 2°. parce que cette représentation constate, avec plus de certitude, les droits de chacun, lorsque les mêmes effets sont reconnus par plusieurs témoins pour appartenir à une seule & même personne. Car si plusieurs témoins reconnoissent un même effet pour appartenir à chacun d'eux, ou pour appartenir à différentes personnes, cette reconnoissance deviendroit suspecte.

Le Juge peut faire cette représentation aux témoins lors de leur déposition, ou par procès-verbal séparé, ou au récolement, ainsi qu'il a été observé; & lorsqu'elle n'a pas été faite par quelqu'un de ces actes, il faut la faire à la confrontation.

14. 4°. Il faut, autant qu'on peut, représenter les effets à l'accusé & aux témoins lors des interrogatoires & dépositions, & ne pas attendre pour cela à la confrontation : 1°. parce que le témoin peut mourir, ou s'absenter avant la confrontation : 2°. parce que l'accusé doit être interrogé par le Juge sur les faits & inductions résultantes des effets à lui représentés, suivant l'article 10 du titre 14 de l'Ordonnance de 1670; ce qui ne peut pas se faire aisément à la confrontation : 3°. parce qu'à l'égard de l'accusé, ce seroit faire un double emploi, cette représentation ayant dû lui être faite à son interrogatoire.

15. Ainsi quand la représentation a été une fois faite aux témoins & aux accusés, il paroît inutile de la réitérer à la confrontation, n'y ayant aucune disposition d'Ordonnance qui oblige à cette formalité, & la procédure criminelle devant être simplifiée autant qu'il est possible. Il est vrai que l'Ordonnance du mois de Juillet de 1737, au titre du Faux principal, articles 37, 38 & 39, ordonne que les pieces prétendues fausses, ensemble celles de comparaison, seront représentées, tant à l'accusé qu'aux témoins lors de la confrontation, quoique déja représentées précédem-

ment; mais c'eſt une procédure particuliere au crime de faux, qu'on ne doit point étendre à d'autres cas.

5°. Quant au ſcellé des effets des accuſés, Voyez ce qui eſt dit à cet égard au titre *Des Procès-verbaux de tranſports des Juges*, ci-deſſus, *tit.* 5, *n.* 5.)

6°. Touchant les ſaiſies & annotations des effets des accuſés, Voyez ce qui eſt dit au titre *Des Défauts & Contumaces*, ci-après, *part.* 3, *liv.* 2, *tit.* 21, *n.* 12.

TITRE VII.

Des Informations de Témoins.

ARTICLE PREMIER.

Ce que c'est qu'information ; dans quels cas elle a lieu ; & quels témoins on peut faire entendre.

1. L'INFORMATION *des Témoins*, est l'acte ou procès-verbal qui contient les dépositions des témoins. On appelle *information* en matiere criminelle, ce qu'on appelle *enquête* en matiere civile.

Cette information s'emploie à deux fins, 1°. pour constater le corps de délit, lorsqu'il ne peut être constaté par le procès-verbal du Juge : 2°. pour connoître l'auteur du crime.

2. 1°. Les témoins doivent être administrés par les Procureurs du Roi, ou par ceux des Seigneurs, comme aussi par les parties civiles. (Ordonnance de 1670, *tit.* 6, *art.* 1.)

Quoique les Procureurs du Roi, ou Fiscaux, prennent des conclusions toutes différentes des parties civiles ; sçavoir, les premiers, pour la punition du crime, & les autres pour la réparation de l'offense à eux faite, & pour leurs dommages & intérêts ; ils sont néanmoins intéressés les uns & les autres à établir la preuve du crime : ainsi il est juste qu'ils puissent tous administrer les témoins nécessaires.

Si le Procureur du Roi, ou Fiscal, n'est point partie au procès, c'est à la partie civile seule à administrer les témoins.

Rien n'empêche dans ces cas que les plaignants, ou parties civiles, ne puissent s'informer auparavant aux témoins de ce qu'ils peuvent sçavoir. (Farinac. *qu.* 67, *n.* 286 ; Rebuffe, *in tractatu de testibus*, gloss. 7, n. 42.)

3. 2°. Le nombre des témoins qu'on peut faire entendre, n'est pas limité en matiere criminelle, à la différence de ce qui s'observe en matiere civile ; & les Procureurs du Roi, ou Fiscaux,

peuvent en faire entendre autant qu'ils le jugent à propos. Le Juge peut aussi, pour l'instruction du procès, faire entendre de nouveaux témoins nécessaires, que la partie publique auroit oublié, ou négligé de faire assigner; mais il faut observer que même dans ce dernier cas, l'assignation qui est donnée aux témoins, doit leur être donnée à la requête du Procureur du Roi, ou Fiscal, de la Justice où le procès-criminel s'instruit.

4. 3°. Le Juge doit faire entendre tous les témoins qui sont présumés avoir connoissance du délit, tels que ceux qui y ont été présents, les voisins, *&c.* (Jul. Clarus, *qu.* 23, *n.* 1.) Il peut aussi faire entendre en déposition, s'il est nécessaire, les Huissiers, Sergents, Archers, ou autres personnes qui ont arrêté l'accusé; & même les Experts qui ont fait leur rapport dans le même procès. (Voyez ce qui a été dit au titre *Des Preuves*, ci-dessus, *part.* 3, *liv.* 1, *tit.* 3, *n.* 96 *& suiv*)

5. Mais un particulier décrété pour le même crime, & prévenu d'être complice, ne peut être entendu en déposition, comme témoin, contre son complice; parce qu'alors ce témoin est au nombre des accusés: il peut seulement être interrogé; & s'il fait charge contre un de ses complices, il faudra le récoler, & le confronter à ce complice. (Voyez ce qui est dit à ce sujet au titre *Des Récolements & des Confrontations*, ci-après, *part.* 3, *liv.* 2, *tit.* 18, n. 6.)

Au reste, cette regle n'a pas lieu quand il s'agit de simples injures, ou autres crimes légers, qui ne sont point poursuivis à la requête de la partie publique, & où les Procureurs du Roi, ou Fiscaux, ne sont point parties.

4°. Quant à la nature de la preuve testimoniale, & tout ce qui regarde la qualité des témoins, ainsi que la foi qu'on doit ajouter à leurs dépositions, Voyez ce qui a été dit au titre *Des Preuves*, part. 3, liv. 1, tit. 3, n. 98 & suiv.

ARTICLE II.

De la Procédure touchant les informations par Témoins.

6. 1°. Les témoins, pour pouvoir déposer & faire foi en matiere criminelle, doivent être assignés; autrement ils deviennent suspects; & il pourroit arriver que sans cette précaution, l'accusé,

ou ses parents en fissent paroître qui leur seroient favorables. (Ordonnance de 1670, *tit.* 6, *art.* 4.)

Cette regle souffre néanmoins une exception dans le cas de flagrant délit; car alors le Juge peut entendre les témoins d'office, & sans assignation. (Voyez l'explication de ce que c'est que *flagrant délit*, au titre *Des informations d'Office*, ci-dessus, *tit.* 2, *n.* 10.)

Il suit de la regle qu'on vient d'établir, que si un témoin vient de lui-même pour déposer devant le Juge sans être assigné, il ne doit point être écouté. (Voyez Airault, en son Instruction Judiciaire, *liv.* 3, *part.* 2, *n.* 21; & il a été ainsi jugé par Arrêt du 21 Août 1705, rapporté au Journal des Audiences.)

Si quelques-uns des témoins qu'on veut faire assigner, demeurent hors le ressort du Juge, il n'est pas nécessaire d'un *pareatis* du Juge du lieu pour les assigner. (Ordonnance de 1667, *tit.* 2, *art.* 10.)

Raviot, sur la Coutume de Bourgogne, *qu.* 256, *n.* 16, 17 & 18, dit qu'un François peut être assigné pour comparoître hors du Royaume à l'effet d'y compulser des pieces; ainsi qu'il a été jugé par Arrêt du Parlement de Dijon du 2 Décembre 1698.

7. Par la même raison, un témoin étranger peut être entendu hors du Royaume dans une information, ou enquête, si on ne peut l'y faire venir. Le Juge de France doit à cet effet, donner au Juge du domicile du témoin hors du Royaume, une commission rogatoire; & il n'y a rien en cela qui soit contraire au droit des Souverains. L'éclaircissement de la vérité étant du droit des gens, c'est toujours de l'autorité du Juge délegué, que se fait l'instruction.

2°. Toutes personnes assignées pour être ouies en témoignage, récolées ou confrontées, doivent comparoître en justice pour satisfaire aux assignations. (Ordonnance de 1670, *tit.* 6, *art.* 3.)

Les personnes élevées en dignité, ne sont point exemptes de cette obligation, & elles doivent, à cet effet, se transporter en l'Hôtel du Juge pour donner leur déposition. (Ainsi jugé par Arrêt du Parlement de Toulouse contre l'Evêque de Carcassonne, qui prétendoit que le Juge devoit se transporter chez lui pour recevoir sa déposition, suivant la Novelle 113.)

8. Néanmoins quand il s'agit de personnes de grande distinction, le Juge doit se transporter chez elles. (*L. ad personas egregias* 15, *D. de jure jurando.*) Mais Jul. Clarus, *quæst.* 26, *n.* 2, prétend que

cette distinction ne doit point avoir lieu en matiere criminelle. *Ita etiam* Farin. *qu.* 77, *n.* 235.

3°. Si les témoins assignés refusent de comparoître, ils peuvent y être contraints; sçavoir, les Laïques, par amende, sur le premier défaut; & par emprisonnement de leurs personnes, en cas de contumace; même les Ecclésiastiques par amende, au paiement de laquelle ils doivent être contraints par saisie de leur temporel. (Ordonnance de 1670, *tit.* 6, *art.* 3.) Le même article enjoint aux Supérieurs réguliers d'y faire comparoître leurs Religieux; à peine de saisie de leur temporel, & de suspension des privileges à eux accordé par le Roi.

Lorsqu'il s'agit de Religieux mendiants, on peut leur défendre de quêter, jusqu'à ce qu'ils aient fait comparoître celui qui doit déposer, pour satisfaire à son assignation.

9. Quand un témoin ne comparoît pas pour déposer sur l'assignation qui lui est donnée, le Juge, ou Commissaire, doit donner défaut contre lui, & ordonner qu'il sera réassigné. S'il ne comparoît pas sur cette seconde assignation, le Commissaire, doit donner un second défaut, & renvoyer à l'Audience pour y être contraint. Le Juge prononce une amende de dix livres, faute d'y avoir satisfait, & ordonne que le témoin, s'il est Laïque, sera pris au corps. Tel est l'usage du Châtelet de Paris: ce qui apparemment est fondé sur l'art. 8 du tit. 22 de l'Ordonnance de 1667.

Pour que le témoin puisse être condamné par corps sur la seconde assignation qui lui est donnée, il faut que le premier jugement, qui l'a condamné en l'amende de dix livres, lui ait été signifié en l'assignant pour la seconde fois. L'Ordonnance du Juge qui fait l'instruction, s'exécute alors par provision, suivant l'article du titre de l'Ordonnance de 1667; mais le Juge qui a prononcé l'amende contre le témoin, peut le rabattre, & en décharger ce témoin sur les excuses apportées par lui. Il faut pour cela qu'il dresse un procès-verbal au bas de l'Ordonnance qui a prononcé le défaut & l'amende, sur la réquisition de la partie civile, ou publique; ensuite de quoi, il rend une nouvelle Ordonnance qui rabat l'amende, afin que les Receveurs des amendes ne puissent l'exiger.

10. Les Commissaires au Châtelet de Paris ne peuvent contraindre un témoin de déposer: il faut qu'ils en réferent au Lieutenant-Criminel, qui seul peut prononcer l'amende, &

contraindre par corps le témoin qui réfuse de comparoître.

Quand l'information se fait devant un Juge d'Eglise, il ne peut condamner en l'amende les témoins défaillants, ni prononcer contre eux la contrainte par corps. (Ainsi jugé par Arrêt du 19 Mars 1712, contre l'Official d'Amiens ; Voyez aussi Fevret, Traité de l'Abus, *liv.* 4, *chap.* 4, *n.* 13.) Car le droit de condamner en l'amende, *&c.* n'appartient qu'à ceux qui exercent la puissance publique. (L. 2, §. *fin.* D. *de judiciis* ; Voyez aussi les Loix Ecclésiastiques de Hericourt, *part.* 1, *chap.* 21, *n.* 5.)

11. 4°. Les témoins qui sont obligés de comparoître sur l'assignation qui leur est donnée, doivent déposer, ou déduire les raisons sur lesquelles ils se fondent, pour ne pas donner leurs dépositions. Dans ce cas, le Juge, ou le Commissaire doit en dresser procès-verbal, & cette prétention du témoin forme un incident qui doit être jugé au Siege où le procès s'instruit. (*Infrà*, n. 38.) Voyez au surplus touchant les personnes qu'on ne peut contraindre de déposer, *ci-après*, *n.* 53 & suiv.

5°. A l'égard des témoins qui ne peuvent comparoître, ils doivent présenter leurs excuses, ou exoines, par un fondé de procuration spéciale. (Voyez ce qui est dit à ce sujet au titre *Des Exoines*, ci-après, *tit.* 14, *n.* 7.)

Si le témoin est en décret de prise de corps, ou dans le cas d'être emprisonné en vertu de Sentence il peut demander un sauf-conduit au Juge pardevant lequel il est assigné. (Voyez au titre *Des Décrets*, *infrà*, tit. 10, n. 85.)

12. On peut même regarder comme une maxime générale, que le témoin décrété de prise de corps, ou qui a une Sentence par corps contre lui, ne peut être arrêté quand il est assigné pour déposer, non plus que ceux qui viennent des foires, du jugement, ou qui sont mandés par le Roi. (C'est ainsi que le pensent Laroche-Flavin, *liv.* 4, *tit.* 4, *art.* 5, où il rapporte un Arrêt du Parlement de Toulouse du 20 Avril 1592 ; & Loisel, en ses Instituts, *liv.* 6, *tit.* 5, *n.* 8. Voyez aussi la Coutume de Bourbonnois, *art.* 133 ; La Thaumassiere sur Berri, *part.* 1, *chap.* 30, *pag.* 37 ; la Coutume d'Auvergne, *chap.* 24, *art.* 62 ; & Coquille en ses Institutions au titre des Exécutions, *pag.* 142.) Mais l'usage dans tous ces cas, est de demander un sauf-conduit aux Juges.

Si le témoin est malade, ou infirme, & que ce soit un témoin important, le Juge doit se transporter chez ce témoin pour recevoir

voir sa déposition; & ce témoin ne seroit pas reçu à envoyer sa déposition par écrit, ou à déposer par un fondé de procuration. (Farin. *qu.* 80, *n.* 36 & 43.)

Il en est de même, s'il s'agit d'entendre en déposition une Religieuse. L'usage même qui se pratique dans ce cas, du moins à Orléans, est de faire déclarer par un exploit à la personne qui doit être entendue, que le Juge se transportera pour l'entendre, à un tel jour & à une telle heure.

13. Mais quand le Juge se transporte ainsi chez un témoin pour recevoir sa déposition, il ne peut se faire assister du Procureur du Roi, ou Fiscal. (Arrêt de la Tournelle du 10 Mars 1713, rendu contre le Juge de Montfaucon, rapporté au Journal des Audiences.)

Si le témoin est absent & éloigné, & hors d'état de se transporter, le Juge doit donner une commission au Juge de la résidence de ce témoin, pour recevoir sa déposition. (Voyez Julius Clarus, *qu.* 26, *n.* 3; & Lizet, en sa Pratique Criminelle, *liv.* 1, *tit.* 3, *pag.* 23 *verso.* Voyez aussi au titre *De l'Instruction criminelle en général*, ci-après, *part.* 3, *liv.* 3, *tit.* 2, n. 103.)

Si le témoin demeure hors du Royaume; Voyez pour ce qui doit s'observer alors au titre *De l'Instruction criminelle en général*, ibid. & *ci-dessus*, n. 7.

14. Quand un Juge fait une information, ou dresse quelque procès-verbal en vertu d'une commission, il doit, au commencement de cette information, ou de ce procès-verbal, faire mention de la commission en vertu de laquelle il procede, & de sa date. Cette formalité est absolument nécessaire; parce que cette commission est le fondement de la compétence, & du pouvoir du Juge délégué.

Après que le Juge ainsi délégué, a informé, il doit envoyer son information cachetée au Greffe du Juge qui lui a adressé la commission; parce que c'est à ce dernier seul qu'appartient le droit de décréter l'information, & que l'autre n'a travaillé que comme mandataire de celui qui l'a commis. (Farin. *qu.* 77, *n.* 143.)

Au reste, le Juge délégué ne doit envoyer que la copie de l'information par lui faite, & non la minute, qui doit toujours rester pardevers lui.

15. 6°. Les témoins doivent être ouis secrétement, & séparément. (Ordonnance de 1670, *tit.* 6, *n.* 11;) & non en présence des parties, dont la crainte, ou la considération pourroit retenir, ou

corrompre leur témoignage : ce qui est conforme à la Loi 3, §. 3, D. *de testibus*. L'article 15 du titre 22 de l'Ordonnance de 1667, porte : » Que les témoins ne pourront déposer en la présence des » parties, ni en la présence des autres témoins, *&c.*; » c'est ce que signifie ce mot *séparément*.

Les Procureurs du Roi, ou Fiscaux, ne peuvent aussi être présents à l'information, non plus qu'aux interrogatoires, récolements, & confrontations. (Papon, en ses Arrêts, *liv.* 24, *tit.* 5, *n.* 1; Fontanon, sur l'article 157 de l'Ordonnance de 1539; Ordonnance de 1670, *tit.* 14, *art.* 6;) & encore moins à la question. (Ordonnance de 1670, *tit.* 19, *art.* 9;) & au jugement du procès. (*Ibid.* tit. 24, art. 2.) Fevret, Traité de l'Abus, *liv.* 8, *chap.* 3, *n.* 12, cite un Arrêt du Parlement de Paris du 9 Décembre 1561, qui a cassé la procédure d'un Official, parce qu'elle avoit été faite, le Promoteur présent.

16. 7°. La déposition des témoins doit être écrite par le Greffier, en présence du Juge. (Ordonnance de 1670, *tit.* 6, *art.* 9.) Cette déposition doit être rédigée par le Juge, & dictée par lui au Greffier; mais le Juge ne peut l'écrire lui-même.

Si on vouloit prouver que la déposition du témoin n'a pas été écrite en présence du Juge, & par conséquent qu'elle est nulle, on ne pourroit le faire que par la voie de l'inscription de faux.

Les Juges, même ceux des Cours, ne peuvent commettre leurs Clercs, ou autres personnes, pour écrire les informations qu'ils font, dedans, ou dehors leur Siege, s'il y a un Greffier, ou Commis à l'exercice du Greffe; à moins que ces Greffiers, ou Commis ne fussent absents, malades, ou qu'ils n'eussent quelqu'autre légitime empêchement. (Ordonnance de 1670, *tit.* 6, *art.* 6. Voyez aussi au titre *De l'Instruction criminelle en général*, part. 3, liv. 3, tit. 2, n. 98.)

17. La Déclaration du 21 Avril 1671, porte, que les Juges ne pourront commettre leurs Clercs, & autres personnes pour écrire les informations, interrogatoires, procès-verbaux, récolements, confrontations, & tous autres actes en matiere criminelle, lorsqu'il y a un Greffier, ou Commis à l'exercice du Greffe; si ce n'est qu'il fût absent, malade, ou qu'il eût quelqu'autre légitime empêchement. (*Idem*, par Arrêt du Conseil du 1 Septembre 1684.)

Comme les Commissaires du Châtelet de Paris n'ont point de Greffier en titre, cet article ne les regarde point.

Dans le cas où le Juge commet un Greffier pour l'absence, ou autre empêchement du Greffier ordinaire, ou du Commis au Greffe, il doit faire prêter serment au Greffier ainsi commis; à peine de nullité de l'information. Ce serment doit être prêté au commencement de la procédure, & il en doit être fait mention en tête du premier acte de cette procédure. (Arrêt du 28 Mai 1696, qui, pour le défaut de cette formalité, a ordonné que la procédure seroit recommencée aux frais du Lieutenant de la Maréchaussée de Lyon. Autre Arrêt du 19 Septembre 1711, contre le Juge de Dampierre. Voyez *omninò* au titre *De l'Instruction criminelle en général*, ci-après, *part.* 3, *liv.* 3, *tit.* 2, n. 100.)

18. Il faut aussi que celui qui est commis au défaut du Greffier ordinaire, soit âgé de vingt-cinq ans accomplis; à peine de nullité, & des dommages & intérêts de la partie contre le Juge. (Ainsi jugé par Arrêt de la Tournelle du 13 Juin 1709, contre les Officiers de la Châtellenie d'Availles; & par un autre Arrêt du 12 Janvier 1723, contre l'Assesseur Criminel du Bailliage d'Amiens. Voyez *ibidem*, au titre *De l'Instruction criminelle en général*, n. 99.)

Ceux qui exécutent des commissions émanées du Roi, peuvent aussi commettre pour Greffiers, telles personnes qu'ils jugeront à propos, auxquelles ils doivent faire prêter serment. (Ordonnance de 1670, *tit.* 6, *art.* 7.)

L'usage des Adjoints avoit lieu autrefois dans les informations; mais cet usage a été proscrit par l'article 8 du titre 1 de l'Ordonnance de 1670. Ces Offices d'Adjoints, ont depuis été rétablis par des Edits de 1674 & 1696; mais depuis ils ont été entiérement supprimés par Edit du mois de Novembre 1717.

19. 8°. Les témoins, avant que d'être entendus en déposition, doivent faire apparoir de l'exploit qui leur a été donné pour déposer; & il en doit être fait mention dans leurs dépositions. (Ordonnance de 1670, *tit.* 6, *art.* 4.)

Au reste, il suffit que le témoin ait été assigné, pour qu'il puisse être entendu en déposition, quand même il comparoîtroit avant l'échéance du délai de l'assignation.

Il faut aussi observer que l'erreur dans l'assignation, n'empêche pas que la déposition du témoin assigné, ne soit valable. C'est pourquoi, si l'Huissier, en assignant à domicile, s'étoit trompé sur le domicile du témoin, & que le témoin comparût, sa déposition n'en seroit pas moins valable; parce qu'il suffit qu'il ait été assigné. La nullité sur l'erreur du domicile, ne regarderoit alors que le témoin pour l'excuser, s'il n'étoit pas comparu.

20. Il ne suffit pas de faire mention que le témoin a été assigné; mais il faut, à chaque déposition, faire mention de la représentation de l'exploit, & du nom de l'Huissier. (Ainsi jugé par Arrêt du 17 Août 1706, qui a déclaré nulle une procédure faite au Présidial de Metz, pour avoir manqué à cette formalité.)

Il peut arriver quelquefois, que le Juge, exécutant une commission à la campagne, ne trouve point d'Huissier sur le lieu pour faire assigner un témoin. Alors, faute d'Huissier, le Juge peut entendre ce témoin d'office; & cette déposition est valable, pourvu que le Juge fasse mention qu'il ne s'est point trouvé d'Huissier sur le lieu, après en avoir envoyé chercher. En un mot, il suffit qu'il paroisse que le témoin ne s'est pas présenté de lui-même pour déposer.

21. 9°. Les témoins doivent être ouis par leur bouche, & non par un fondé de procuration. Ils ne doivent pas non plus donner leur déposition par écrit. (Covarruvias, *variar. resol.*, lib. 2, cap. 13, n. 6; Farin. *qu.* 80, *n.* 29 *&* 30.) Néanmoins rien n'empêche qu'ils ne puissent écrire leur déposition pour leur servir de mémoire, & déposer ensuite d'après cet écrit, en disant de vive voix tout ce qui y est contenu. (Covarruvias, *ibid.*; Airault, en son Instruction Judiciaire, *liv.* 3, *part.* 3, *n.* 42; Farin. *qu.* 80, *n.* 36 *&* 43.)

Cependant si le témoin étoit muet, il semble qu'il peut écrire sa déposition, & la donner à copier au Greffier. (*Ita* Farin. *qu.* 80, *n.* 39.) Mais alors ce muet doit écrire sa déposition en présence du Juge, & non l'apporter toute écrite.

Si le témoin est sourd, il faudra 1°. que le Juge lui fasse lire la prémice de sa déposition pour y répondre: 2°. il faudra lui faire prendre lecture de la plainte, ou du procès-verbal sur lequel on informe.

22. S'il est étranger, ou ne sçait pas la langue françoise, il faudra se servir d'un interprete, lequel expliquera au témoin les choses sur lesquelles il doit déposer; & ensuite recevra sa déclaration, & la rapportera au Juge, qui la fera ensuite écrire par le Greffier. (Voyez l'article 13 du titre 14 de l'Ordonnance de 1670.)

Cet interprete doit être nommé par le Juge, & il faut qu'il prête serment, & qu'il signe tous les actes conjointement avec le témoin. Un Arrêt du 20 Février 1696, enjoint au Lieutenant-Général de l'Amirauté de Dunkerque, de nommer d'office en ce cas aux témoins un interprete auquel il fera prêter le serment de bien & fidélement faire cette charge par un acte séparé; & avant que d'entendre les témoins dans leurs dépositions, de faire prêter le serment, à chaque déposition, au témoin, & à cet interprete; faire lecture de la plainte à l'interprete qui en expliquera les faits au témoin; & ensuite faire rédiger la déposition, suivant qu'elle lui sera récitée par l'interprete, sur l'interprétation par lui tirée du témoin; & à la fin de chaque déposition faire signer le témoin & l'interprete, & observer les mêmes formalités aux récolements, & aux confrontations; & du tout, en faire mention tout au long à la fin desdits actes.

23. 10°. Le Juge qui procede à une information, ne doit pas entendre les témoins par forme d'interrogatoire; mais il doit entendre de suite la déposition du témoin, & la faire rédiger ainsi qu'il la rend. (Arrêt du 23 Juillet 1698, dans l'affaire du Sieur de la Pivardiere contre le Lieutenant particulier de Châtillon-sur-Indre, rapporté aux Causes Célebres, *tom.* 3, *pag.* 67; autre du 16 Janvier 1716, contre le Garde-Marteau de Chatellerault, rapporté au Journal des Audiences; autre du 8 Juin 1721, rapporté au Supplément du Traité des Matieres Criminelles de Lacombe, *addition* 38, *pag.* 21; autre du 15 Mars 1723, contre un Officier du Présidial de Mantes, rapporté par Brillon, au mot *prise à partie*, *n.* 9.; autre du Grand-Conseil du 3 Juillet 1722, au sujet d'une information faite à Nantes, rapporté au Dictionnaire des Arrêts, *édition de* 1727, au mot *prise à partie*; autre Arrêt du 1 Mars 1728, contre le Juge d'Etampes, rapporté au Supplément du Traité des Matieres Criminelles de Lacombe, *ibid.* addition 38, pag. 21.)

24. Au surplus, il faut observer que ces réglements n'empêchent pas le Juge qui instruit, de pouvoir interroger le témoin, pour éclaircir sa déposition, & expliquer les circonstances du fait. Au contraire, cette précaution est prescrite aux Juges & Commissaires qui font des informations, par l'Ordonnance du mois de Mars 1498, *art.* 15; & par celle du mois d'Octobre 1535, *chap.* 7, *art.* 6; autrement la plus grande partie des dépositions des témoins

ſeroient obſcures & inintelligibles ; mais le Juge ne doit éviter d'uſer en cela d'aucune ſuggeſtion.

11°. Les témoins doivent ôter leurs épées pour dépoſer. On voit dans la procédure criminelle tenue contre Damiens, *tom.* 3, *pag.* 59 & 63, que les principaux Officiers & Seigneurs de la Maiſon du Roi, lui furent confrontés ſans épée ; en effet, M. le Duc d'Ayen, Capitaine des Gardes, & M. de Montmirail, Capitaine des Cent-Suiſſes, remontrerent qu'ils avoient droit de prêter ſerment l'épée au côté ; & il en fut fait mention. Meſſieurs de Richelieu & autres Seigneurs, ne firent pas les mêmes remontrances ; ce qui fait voir qu'ils parurent ſans épée.

ARTICLE III.

Devoirs des Témoins & des Juges, touchant les informations.

25. 1°. Les témoins doivent, en dépoſant, déclarer ſincérement tout ce qu'ils ſçavent du fait, ſans y rien ajouter ni diminuer, & ſans aucun déguiſement ; car c'eſt un crime devant Dieu, de taire, ou de déguiſer la vérité quand on eſt obligé de la dire.

2°. Ils doivent dire exactement tout ce qu'ils ſçavent touchant le fait pour lequel ils ſont entendus en dépoſition, & marquer avec préciſion toutes les circonſtances du lieu, du temps, & de la maniere dont le crime a été commis, ainſi que le nom de celui, ou de ceux qui en ſont les auteurs & complices ; parce que l'information doit être un tableau vif & exact du crime.

S'il s'agit d'une rixe, ils auront ſoin de déclarer de quelle maniere la querelle a commencé ; lequel a été l'agreſſeur, de l'accuſé, ou du plaignant ; avec les circonſtances de l'action & des paroles qui ont été dites de part & d'autre.

Ils doivent auſſi ſpécifier exactement les circonſtances de la perſonne, du lieu, du temps, & du délit.

26. Les circonſtances qui regardent la perſonne, ſont la qualité, l'âge, le ſexe, les mœurs, & les déportements ; quel habit avoit l'accuſé, s'il étoit maſqué, ou non, &c.

Les circonſtances du temps, ſont ſi le délit a été commis de jour, ou de nuit ; ſi le temps étoit obſcur, ou ſerein ; s'il faiſoit clair de lune, ou s'il y avoit de la lumiere dans l'endroit, ou aux environs.

Les circonstances du délit, sont la maniere dont le crime a été commis ; avec quelles armes, si c'est avec une épée, un couteau, un fusil, ou pistolet, bâton, *&c.* ; en quel endroit du corps les coups ont été portés ; si c'est à la tête, ou ailleurs ; si c'est avec effraction, violence publique, attroupement, coups redoublés, *&c.* ; la quantité & qualité des effets volés, *&c.*

Il est bon d'observer à ce sujet, que les Ecclésiastiques peuvent être témoins en matiere criminelle, sans encourir l'irrégularité ; même dans les crimes qui doivent être punis de mort. (Voyez Cas de Conscience de Sainte-Beuve, *tom.* 1, *Cas* 227.)

27. Les témoins qui déposent du fait, doivent aussi déclarer de quelle maniere ils ont connoissance de ce fait ; si c'est pour avoir vu, ou pour avoir ouï & entendu, & comment ; car la science des témoins est réduite, & se borne à ces deux articles *vidi*, *audivi*.

Et s'ils ne connoissent pas l'accusé, ils doivent le désigner par son âge, ou à-peu-près ; sa taille ; sa figure ; s'il a quelque chose qui puisse le faire reconnoître, *v. g.* par ses habits, *&c.*

3°. Les témoins doivent déposer à charge & à décharge ; c'est-à-dire, qu'en faisant leurs dépositions, ils doivent avoir autant d'attention aux faits & aux circonstances qui peuvent servir à la justification de l'accusé, qu'à ceux qui peuvent servir à sa conviction. Il y a même plus d'injustice à supprimer un fait qui peut aller à la décharge d'un accusé, qu'à supprimer ceux qui peuvent servir à sa conviction ; parce qu'il y a plus d'inconvénient à faire périr un innocent, qu'à sauver un coupable.

En un mot, ils doivent être dans des sentiments d'une entiere indifférence par rapport aux parties ; ensorte qu'on n'ait pas lieu de craindre qu'ils sacrifient leur conscience à la faveur, à la haine, à un desir de vengeance, ou à quelqu'autre passion.

28. 4°. Ils doivent énoncer leurs dépositions en termes clairs & distincts ; & éviter qu'elles soient équivoques, obscures, ou embarrassées : il faut aussi, pour que ces dépositions aient quelque autorité, que les témoins déposent affirmativement, & non en se servant du terme *je crois*.

Mais, sur-tout, le témoin doit rendre raison de ce qu'il dépose, & de la maniere dont il sçait ce qu'il déclare. (Ordonnance du mois de Mars 1498, *art.* 15 ; Ordonnance Caroline, *chap.* 65.)

Car une déclaration faite en l'air par un témoin, & sans apporter en même-temps la raison de ce qu'il déclare, est de nulle valeur, & ne prouve rien; à moins que la déclaration même ne renferme en même-temps la cause de ce qu'il déclare; comme si le témoin dépose *de visu*. Dans ce dernier cas même, si la chose est arrivée de nuit, il doit expliquer comment il a vu; *v. g.* parce que la lune luisoit; ou parce qu'il y avoit de la lumiere dans l'endroit, ou aux environs; ou parce qu'il étoit tout proche. Enfin, il doit avoir attention de retrancher de sa déposition, toutes les circonstances étrangeres au délit.

Si le témoin, lors de sa déposition, représente quelque chose qui puisse servir à conviction, ou à décharge, le Juge en doit dresser procès-verbal, ou en faire mention dans la déposition. Il en seroit de même, si c'étoit quelque écrit qui fût présenté.

29. 5°. Le Juge doit aussi se comporter avec beaucoup de prudence à l'égard des témoins. Si quelqu'un de ces témoins lui paroît suspect, chancelant, & disposé à ne rien dire, ou à déguiser la vérité, soit par faveur, ou par crainte, ou par un scrupule déplacé, il lui représentera l'obligation où il est de déclarer la vérité des faits, sans en rien changer.

S'il voit que le témoin tergiverse, & fasse une déposition évidemment fausse, il peut le reprendre, & même lui représenter le danger où il s'expose en faisant une fausse déclaration. Et de même, s'il dépose des choses peu vraisemblables, ou extraordinaires, & contraires à ce qui arrive communément, ou qui se contredisent, il peut le lui représenter, afin qu'il rende cette déposition vraisemblable, ou qu'il concilie les choses qui paroissent se contredire, & que son témoignage devienne concluant.

30. Il faut aussi que le Juge, en recevant la déposition du témoin, lui fasse circonstancier exactement cette déposition, sans rien oublier de tout ce qu'il a vu, ou entendu, ainsi qu'il a été expliqué ci-dessus, *n.* 25 & 26; & qu'il engage ce témoin à ne rien omettre des circonstances qui vont à la charge, ou à la décharge de l'accusé. (Farinac. *qu.* 73, *n.* 26 *& suiv.*) L'Ordonnance de Blois, *art.* 203, apprend aux Juges la conduite qu'ils doivent tenir à cet égard; & elle leur enjoint d'examiner les témoins sur la pleine vérité du fait dont il sera question, tant pour

pour ce qui concerne la charge, que la décharge des accusés.

31. Mais le Juge doit éviter de rien suggérer au témoin, & de l'intimider, ou séduire, pour l'engager à déposer. Il doit lui laisser dire librement tout ce qu'il sçait, & sans user, à son égard, d'aucune promesse, ni contrainte; & ensuite faire rédiger sa déposition de la maniere qu'elle est faite, sans y faire aucun changement; autrement il commet un grand crime devant Dieu, & pourroit, avec justice, être poursuivi & puni séverement, comme prévaricateur.

Le Juge doit aussi avoir attention de faire écrire la déposition du témoin en entier, sans mettre, *v. g.* que ce témoin dépose la même chose qu'un tel témoin précédent; & ne pas renvoyer, pour abréger, à quelqu'autre acte de la procédure. (Ainsi jugé par Arrêt du 1 Mars 1728, contre le Juge de Souzy, qui s'étoit contenté de faire rédiger par écrit, tout ce qu'un témoin lui avoit dit avoir vu de l'action; mais qui, à l'égard de la situation, & de l'état du cadavre, s'étoit contenté d'écrire ce que ce témoin lui avoit dit, que le tout étoit comme il étoit porté au procès-verbal. Cet Arrêt est rapporté au Supplément du Traité des Matieres Criminelles de Lacombe, *addition* 31, *pag.* 18.)

32. Si le témoin déclare qu'il ne sçait rien du fait dont il s'agit, le Juge doit en faire mention dans l'information, & lui faire signer sa déclaration. Voyez ci-après, *n.* 66, une instruction sur la maniere d'interroger les témoins dans différents crimes.

Lorsque l'accusé a été trouvé saisi de quelque effet, arme, ou instrument, qui peut servir à faire découvrir la vérité du fait, le Juge doit les représenter aux témoins; parce qu'ils peuvent les reconnoître, & en tirer des conséquences importantes.

33. 6°. Si les accusés ont été trouvés saisis de plusieurs effets qu'ils ont volés à différentes personnes, & qui ont été déposés au Greffe du lieu où le procès s'instruit, il faut représenter à chaque témoin, tous les effets qui sont de la nature & l'espece de ceux qui ont été volés; quand même ces effets auroient déja été reconnus par d'autres témoins. (Voyez ce qui a été dit à ce sujet, ainsi que pour les représentations d'autres effets aux accusés, au titre *Des Effets trouvés en la possession des accusés*, ci-dessus, *tit.* 6, n. 10.)

Le Juge peut faire cette représentation aux témoins, lors de leurs dépositions, ou par un procès-verbal séparé, ou au récolement; & lorſqu'elle n'a pas été faite par quelqu'un de ces actes, il doit la faire lors de la confrontation. (Voyez *ibid.* n. 10.)

34. 7°. Quand le Juge a entendu un témoin, il eſt ſouvent à propos qu'il ne paſſe pas ſur-le-champ à l'audition d'autres témoins, ſans peſer auparavant, avec attention, la déclaration du précédent ou des précédents témoins; ainſi que toutes les circonſtances du lieu, du temps, & de la maniere dont le délit a été commis; pour pouvoir les éclaircir par des interrogatoires faits à propos aux témoins ſubſéquents, & pour avoir, par ce moyen, la preuve complette du délit. Il eſt même à propos qu'il écrive ſur un papier, qu'il doit avoir devant lui, toutes les circonſtances qui font à la choſe, pour pouvoir interroger là-deſſus le témoin.

8°. Si un ſecond, troiſieme, ou autre témoin ſubſéquent, ſe trouve contraire ou, différent des premiers, & que cette différence regarde la ſubſtance du délit, le Juge peut faire obſerver au témoin de bien penſer à ce qu'il vient de dire, & qu'il ait à déclarer exactement la vérité; parce que la choſe vient d'être dépoſée d'une maniere toute différente.

35. 9°. Si le témoin dépoſoit d'autres faits que de ceux portés en la plainte, ou pour raiſon deſquels le procès s'inſtruit contre l'accuſé, le Juge doit avertir ce témoin que ces faits ſont étrangers à l'affaire dont il s'agit; afin de ne pas charger inutilement ſa dépoſition.

Il y a même deux Arrêts du Parlement de Paris des 21 Mai 1731 & 17 Mai 1734, qui ont déclaré nulles des informations, parce que les témoins avoient dépoſé des faits étrangers à la plainte.

10° Les témoins doivent avoir attention de tenir leurs dépoſitions ſecretes, & de ne les point divulguer ni rendre publiques; afin que cela n'aille pas aux oreilles de l'accuſé; ce qui pourroit lui donner occaſion de ſe ſauver, & prendre la fuite.

36. 11°. Enfin, les témoins doivent ſçavoir que lorſqu'ils s'abſentent ou ſe cachent pour ne pas dépoſer, ils ſont tenus, non-ſeulement de tous les dommages & intérêts envers le plaignant; mais qu'ils tombent encore dans le crime de faux. (Innocent. *in* C. 1, extrà *de crimine falſi*; Farin. *qu.* 78, *n.* 132-136.) Lebrun en ſon Procès-criminel au chapitre *Des Déclarations*, liv. 2, pag. 108, édition de 1664, dit que ſi les témoins aſſignés s'abſentent pour ne pas obéir, leurs biens doivent être ſaiſis & anno-

tés jusqu'à ce qu'ils aient obéi ; & qu'outre cela ils doivent être condamnés en l'amende, & aux dommages & intérêts de l'instigant.

ARTICLE IV.

Formalités des dépositions.

37. 1°. Les témoins, avant que d'être entendus en déposition, doivent faire apparoir de l'exploit qui leur a été donné pour déposer, & il en doit être fait mention dans leurs dépositions. (Ordonnance de 1670, *tit.* 6, *art.* 4. Voyez ce qui a été dit à ce sujet, ci-dessus, *n.* 6.)

Les Greffiers ne peuvent dresser des procès-verbaux de comparution des témoins, comme en civil ; même quand il y a partie civile. (Arrêt du 22 Décembre 1731, qui le leur défend. Voyez Loix Criminelles, *tom.* 2, *pag.* 423.)

2°. Les témoins doivent prêter serment de dire vérité ; ce qui est conforme à la L. 9, au Code *de testibus* ; & il en doit être fait mention ; à peine de nullité de la déposition, & des dépens, dommages & intérêts des parties contre le Juge. (Ordonnance de 1670, *tit.* 6, *art.* 5.) Ce serment se prête en levant la main au ciel ; excepté à l'égard des Prêtres, dont le signe du serment est de mettre la main sur la poitrine.

Si le témoin refuse de prêter serment, on peut l'y contraindre par les mêmes voies qu'il peut être contraint de comparoir en Justice. Voyez l'article 3 du titre 6 de l'Ordonnance de 1670.

38. Quand le témoin refuse de déposer, & qu'il allegue des raisons de son refus, le Juge qui fait l'instruction, doit en dresser procès-verbal ; & cela forme un incident qui doit être communiqué au Procureur du Roi, ou Fiscal, & porté ensuite à l'Audience, ou en la Chambre du Conseil, pour y être décidé. S'il est jugé que le refus du témoin soit sans fondement, & qu'il doive déposer, on lui signifie ce jugement avec nouvelle assignation ; & s'il fait défaut, ou qu'il comparoisse en persistant dans son refus, on peut le contraindre de déposer, par amende ou par emprisonnement.

Pour sçavoir en quel Tribunal ces sortes d'incidents doivent être jugés, lorsque l'information se fait par un Juge délegué, Voyez *omninò* ce qui est dit au titre *De l'Instruction criminelle en général*, ci-après, *part.* 3, *liv.* 3, *tit.* 2, n. 114.)

39. 3°. Le Juge, ou Commissaire, doit demander au témoin son nom, surnom, âge, qualité, demeure, & s'il est serviteur ou domestique, parent ou allié des parties, & en quel degré; & il doit être fait mention du tout, à peine de nullité de la déposition, & des dommages & intérêts des parties contre le Juge. (Ordonnance de 1670, *tit.* 6, *art.* 5.)

Cette précaution de désigner les témoins par leur nom, surnom, âge, qualité & demeure, est nécessaire, afin que les moyens de reproches puissent par-là être découverts avec plus de facilité, & que l'accusé puisse se justifier par la déclaration même des témoins.

Le mot de *parent* dont il est parlé dans cet article 6, ne paroît pas comprendre le pere, ni la mere, ni les freres & sœurs, ni le mari, ni la femme de l'accusé, pour les contraindre de déposer. (Voyez ce qui est dit ci-après, *n.* 62.)

40. A l'égard des mots de *serviteurs* & *domestiques*, ils ne sont point synonymes; & l'omission d'un de ces deux termes, rendroit la déposition nulle. (Ainsi jugé par Arrêt du 8 Avril 1702, rendu sur les conclusions de M. Portail Avocat-Géneral, & cité par Bornier sur l'article 5 du titre 6 de l'Ordonnance de 1670; & par un autre Arrêt du 31 Mars 1711, rapporté au Journal des Audiences.)

Si la plainte est rendue seulement contre des quidans; ou contre des parties connues, & ensemble contre certains quidans inconnus au témoin; il suffira que ce témoin déclare s'il est parent, *&c.*, ou non, de parties nommées dans la plainte, ou de lui connues, & de dire qu'il ne connoît point les autres. En effet, on ne peut déclarer si l'on est parent, *&c.*, ou non, à l'égard des personnes qu'on ne connoît point.

Mais dans ce cas-là même, où la plainte est rendue contre certains quidans, si le témoin les connoît & vient à les nommer par sa déposition, il faudra qu'il déclare s'il est leur parent, ou non, ou allié, serviteur, ou domestique; & ce seroit une nullité de manquer à cette formalité.

41. Quelques-uns prétendent qu'il ne suffiroit pas de faire mention dans la procédure, que le témoin n'est parent, allié, serviteur,

ni domestique de l'accusé, ni de la partie civile, & qu'il faut nécessairement mettre des parties, même dans le cas où le Procureur du Roi, ou Fiscal, est seul partie; parce que le temoin peut être parent, allié, serviteur, ou domestique de ce Procureur du Roi, ou Fiscal. Mais le contraire a été jugé par Arrêt, qui a décidé que ce n'est point une nullité de ne pas faire mention dans la deposition, si les témoins sont parents ou alliés du Procureur du Roi, ou autre partie publique. (Ainsi jugé pour Angers par Arrêt du 10 Juin 1746.)

42. Quand même le temoin seroit une personne élevée en dignité, il faudroit toujours faire mention s'il est serviteur ou domestique des parties; parce que l'Ordonnance ne faisant aucune distinction, doit être observée dans tous les cas.

Mais il n'est pas necessaire de faire mention, ainsi que plusieurs se l'imaginent, que les temoins connoissent, ou ne connoissent pas les parties; cette formalité n'est necessaire que dans les confrontations. C'est ainsi que s'en explique M. Joli de Fleuri Procureur-Géneral, dans une Lettre du 7 Août 1727, écrite au Procureur du Roi du Bailliage d'Orleans; & il a été ainsi jugé par Arrêt de la Cour du 10 Juin 1746, rendu pour Angers.

4°. Lorsqu'il y a une plainte, le Juge doit en faire faire lecture au temoin par le Greffier, ou du procès-verbal du corps de delit, afin que ce temoin sçache sur quels faits il doit déposer. Neanmoins le défaut de mention de cette lecture, ne feroit pas une nullité; & telle est la jurisprudence du Parlement. (Ainsi jugé par Arrêt du 10 Mai 1738, dans un procès contre le nommé Seigneville, accusé de faire les fonctions d'Huissier au Châtelet de Paris.)

43. 5°. La deposition du témoin doit être signée par le Juge, par le Greffier, & par le temoin, s'il sçait ou peut signer, après que lecture lui en a été faite, & qu'il a declaré qu'il y persiste; il doit aussi être fait mention du tout, & chaque page de la deposition doit être paraphée & signée par le Juge; à peine de tous depens, dommages & interêts. (Ordonnance de 1670, *tit.* 6, *art.* 9 & 11.) Quand le temoin ou l'accusé, qui sçavent signer, refusent de le faire, il faut non-seulement faire mention de leur refus, mais encore de la cause de ce refus; afin qu'en jugeant on puisse voir ce qui s'est passé lors de la déposition, *&c.*

Quand même le témoin déclareroit ne rien sçavoir des faits portés par la plainte, ou procès-verbal du corps de delit, il ne faut pas moins faire mention que lecture lui a été faite de sa déposition, & qu'il y persiste ; à peine de tous dommages & intérêts contre le Juge. (Ainsi jugé par Arrêt du 4 Mars 1712, rapporté au Supplément du Traité des Matieres Criminelles de Lacombe, *addition* 37, *pag.* 21.)

Quoiqu'il y ait plusieurs plaintes du même delit, il ne faut pas en informer pour cela par differents cahiers. Le Juge met au bas de chacune de ces plaintes son Ordonnance, portant permission d'informer ; mais l'information se fait pour toutes ces plaintes en même temps, & par un même cahier d'information.

44. 6°. Les depositions doivent être écrites sans aucune interligne ; & le Greffier doit faire approuver les ratures & signer les renvois, par le témoin & par le Juge ; sous les mêmes peines de nullité de la deposition, & des dommages & interêts des parties contre le Juge. (Ordonnance de 1760, *tit.* 6, *art.* 12 & 5. Ainsi jugé par Arrêt du 9 Avril 1742, qui a ordonné qu'une déposition declarée nulle par ce defaut de formalité, seroit recommencée aux dépens du Juge.)

Cette disposition de l'Ordonnance est remarquable ; parce qu'en tous autres actes, & même en matiere d'enquête, on se contente de n'avoir aucun égard aux interlignes, & aux apostilles & renvois qne les parties n'ont pas approuvés.

Cependant il paroît que cette maxime n'est pas généralement vraie, & que cette nullité ne doit avoir lieu que quand le renvoi change la substance de la déposition, ou dumoins la change dans quelque circonstance importante ; mais non lorsque le renvoi ne tombe pas sur quelque mot, ou sur quelque circonstance indifférente.

45. Au reste, il n'est pas nécessaire que ces ratures & renvois soient signés par le Greffier, & il suffit qu'ils le soient par le Juge & par le temoin, s'il sçait signer.

Il y a des Jurisdictions où l'on se contente de parapher les renvois, comme à Orleans ; mais il semble que c'est un vice de procedure, & que c'est aller contre la disposition de l'Ordonnance.

Au Parlement de Paris, l'usage est aussi de parapher seulement les ratures & les renvois. (Voyez Lacombe, *part.* 3, *ch.* 4, *sect.* 3, *n.* 9, où il ajoute cependant que la signature & paraphe du Greffier, est nécessaire pour ces choses ; & que cela a été ainsi jugé par Arrêt du Parlement de Paris du 9 Avril 1742.) Mais il paroît que cette nécessité de paraphe à l'égard des ratures & renvois, n'est requise que pour le témoin & pour le Juge.

Pour approuver ces ratures, il faut les compter, & en les approuvant marquer le nombre des mots & lignes raturées.

46. 7°. Le Juge doit aussi, lorsqu'il fait une information, faire écrire au commencement le jour qu'il l'a reçue; & quand elle se fait à differents jours, ou séances, comme il peut arriver quand une déposition est trop étendue, ou quand le temoin vient à se trouver mal, & qu'on est obligé de la continuer, il doit faire mention de la cause pour laquelle il fait cette continuation; & ensuite à chaque nouvelle séance, faire mention du jour auquel se fait cette même continuation.

47. 8°. La taxe pour les frais & salaires du temoin, doit être faite par le Juge; & il est defendu aux Procureurs du Roi, & à ceux des Seigneurs, ainsi qu'aux parties, de donner aucune chose au témoin, s'il n'est ainsi ordonné. (Ordonnance de 1670, *tit.* 6, *art.* 13.)

La partie civile qui veut faire entendre en déposition, des témoins éloignés, peut aussi se faire autoriser à avancer aux temoins l'argent nécessaire pour faire leur voyage, dans le cas de pauvreté. Il est même à propos de prendre cette précaution pour éviter les reproches qui pourroient être proposés contre les temoins, si la partie leur avoit, d'elle-même, fourni des deniers pour faire leur voyage; ce qui pourroit faire anéantir leurs dépositions, ou du-moins les affoiblir beaucoup. (Arrêt du 30 Avril 1692, rapporté au Supplément du Traité des Matieres Criminelles de Lacombe, *pag.* 55.)

Le témoin qui est éloigné, & qui n'est pas en état de faire les frais du voyage, peut le déclarer en fin de l'exploit d'assignation qui lui est donné; comme dans le cas où il seroit pauvre, & estropié. L'Huissier doit alors lui en donner acte, au moyen de quoi la partie civile devient autorisée à avancer les frais du voyage, ou du moins à demander au Juge à y être autorisée.

48. Dans les procès de Marechaussée, c'est à l'Officier qui fait l'instruction, à taxer les témoins; cette taxe se fait, eu égard à la qualité du temoin & au temps qu'il a employé à venir.

C'est au temoin à demander taxe, s'il le juge à propos; mais il n'est pas nécessaire d'en faire mention dans la deposition, ni même que la taxe a été faite.

Dans les procès qui sont poursuivis à la requête d'une partie civile, il faut que le Juge, à la fin de chaque déposition, fasse mention de ce qui a été payé au temoin; cette précaution est nécessaire pour constater les frais du procès. Il en est de même des interrogatoires : le Juge doit aussi, à chaque changement de vacation, en faire mention.

9°. Quand la déposition du temoin est une fois clause, & que le temoin est retiré, elle ne peut plus être augmentée ni diminuée par ce temoin, sous prétexte qu'il se seroit rappellé quelque chose qu'il auroit oublié; il faut nécessairement qu'il attende à faire ce changement à son récolement. (Voyez Mazuer au titre *Des Exceptions*, sur la fin, *pag.* 461 de l'édition de 1546.)

49. 10°. On peut, dans un procès-criminel, entendre deux fois le même témoin, sur deux ou plusieurs faits différents; & pareillement le récoler & confronter sur ces faits nouveaux, quoiqu'il ait déja été récolé & confronté sur d'autres. (Papon, *liv.* 9, *tit.* 1, *n.* 3, aux additions; Peleus, *liv.* 4, *art.* 74; & c'est aussi ce qui résulte de la disposition d'un Arrêt du Parlement de Paris du 19 Décembre 1713, rapporté au Supplément du Traité des Matieres criminelles de Lacombe, *addition* 22, qui fait defenses d'entendre deux fois un témoin sur les mêmes faits, & sur la même plainte; à peine de nullité.)

Ainsi, lorsqu'il s'agit d'un nouveau délit, ou même d'un nouveau fait, rien n'empêche qu'on ne puisse entendre deux fois le même témoin. Par exemple, quand une personne à qui on a volé des effets, a deja été entendue en déposition, & même été récolée & confrontée, si les effets volés viennent ensuite à être recouvrés; rien n'empêche qu'on n'entende de nouveau cette personne en déposition sur la reconnoissance de ces effets, & qu'on la récole ensuite & confronte à l'accusé sur cette reconnoissance; quoique cette reconnoissance puisse se faire aussi par un procès-verbal particulier à l'égard du témoin, & par un interrogatoire à l'égard de l'accusé.

50. Mais un temoin ne peut être entendu deux fois en deposition devant le même Juge sur le même fait; soit que ce témoin vienne à révélation, ou non, sur un monitoire depuis sa premiere déposition; sauf lors de son récolement à s'expliquer sur les faits omis en sa premiere déposition, ou autrement, ainsi qu'il verra à faire; & cette seconde déposition seroit nulle, ainsi qu'il vient d'être observé;

servé; parce que le temoin ne peut rien changer à sa déposition, que lors de son récolement. (Ainsi jugé par Arrêt du 26 Février 1701, sur un appel comme d'abus de l'Official de Lyon; autre Arrêt du 16 Septembre 1711, sur un appel du Juge-Royal de Mesle en Poitou; Arrêt du 26 Juillet 1727 pour Moulins; autre du 21 Mars 1736, rendu les Grand'Chambre & Tournelle assemblées.) Les Juges peuvent aussi, lorsque la deposition ou recolement du temoin sont obscures ou équivoques, ordonner qu'il sera entendu de nouveau pour l'expliquer. (Jul. Clarus, *qu.* 61, *n.* 5; Farin. *qu.* 66, *n.* 313. Voyez au titre *Des Preuves en général*, ci-dessus, *part* 3, *liv.* 1, *tit.* 3, n. 171.)

51. 11°. Les dépositions qui sont declarées nulles par défaut de formalité, peuvent être réitérées, s'il est ainsi ordonné par le Juge. (Ordonnance de 1670, *tit.* 6, *art.* 14.) Mais il faut que ce soit le Siege entier, & non le Juge d'instruction, qui prononce cette nullité, & que cette déposition ainsi declarée nulle, soit recommencée par un autre Juge ou Commissaire que celui qui l'a reçue, & à ses depens. (Voyez ce qui est dit à ce sujet au titre *Des Sentences & Jugements*, ci-après, *part.* 3, *liv.* 2, *tit.* 25, n. 140.)

52. 12°. L'article 15 du titre 6 de l'Ordonnance de 1670, défend aux Greffiers de communiquer les informations & autres pieces secretes du procès, sinon ès mains des Procureurs du Roi, ou des Seigneurs, & aussi en celles des Rapporteurs, pour s'en servir dans la visite du procès. (Voyez ce qui est dit au titre *De l'Instruction criminelle en général*, ci-après, *part.* 3, *liv.* 3, *tit.* 2, n. 89. Voyez aussi *ibid.* n. 128 & suiv. ce qui est dit touchant les dépôts des minutes des Greffiers commis par les Cours, *&c.*)

13°. Les informations & autres procédures qui sont faites par les Commissaires du Châtelet de Paris, doivent être par eux remises au Greffe Criminel dudit Châtelet dans les 24 heures. (Ordonnance de 1670, *tit.* 3, *art.* 3.)

ARTICLE V.

Des personnes qui sont tenues de déposer, & qui peuvent y être contraintes.

53. Toutes personnes, en géneral, doivent donner leur témoignage, lorsqu'elles sont assignées à cet effet; (*a*) même les Religieux, les Magistrats, & les autres personnes élevées en dignité. (L. 21, §. 1, D. *de testibus.*)

Cette regle souffre cependant quelques exceptions; car il y a des personnes qui ne sont pas tenues de cette obligation, & que par conséquent on ne peut contraindre de déposer. Ainsi

1°. Les Prêtres ne sont pas tenus de deposer sur les choses qu'ils sçavent sous le secret de la confession. (*Si sacerdos*, D. *de ordinar.*; C. *delictus*, *de excess. prælat.*; C. *sacerdos de pœnit.* dist. 6.; & C. *omnis*, extrà *de pœnis & remiss. Ita etiam divus Thomas*, in 2. 2. qu. 70, art. 1, addit. 2; (*b*) & Papon, *liv.* 24, *tit.* 7, *n.* 2. Ainsi jugé par Arrêt du Parlement de Paris du 23 Octobre 1580, rapporté par Carondas, *liv.* 7, *rep.* 178; Bibliot. Canon. *tom.* 1, *pag.* 335, *col.* 2. Voyez aussi sur cette question Andr. Gail. *lib.* 1, *observat.* 100, *n.* 8; & les Mémoires pour servir à l'Histoire Ecclésiastique du Pere d'Avrigny, sur le 20 Août 1610 & le 30 Août 1622, *tom.* 4.)

Ce qui a lieu, même dans les crimes les plus atroces; comme est le crime de leze-majesté; suivant Farin. *qu.* 51, *n.* 99.)

54. Quand le Roi Philippe-le-Bel voulut accuser d'hérésie le Pape Boniface VIII, & faire ordonner qu'après sa mort, ses os seroient

---

(a) *Si requiritur testimonium alicujus subditi, autoritate superioris, cui in his quæ ad justitiam pertinent, obedire tenetur, non est dubium quin teneatur testimonium ferre in his quibus secundùm ordinem juris testimonium ab eo exigitur, putà in manifestis & in his de quibus infamia præcessit. Si autem exigitur testimonium in aliis, putà in occultis & in quibus infamia non præcessit, non tenetur ad testificandum.* (S. Thomas in 2. 2. quæst. 70, art. 1, in corp.)

(b) *De illis quæ homini sunt commissa in secreto per confessionem, nullo modo debet testimonium ferri; quia hujusmodi non scit ut homo, sed tanquam Dei minister, & majus est vinculum sacramenti quolibet hominis præcepto.*

brûlés, un des chefs d'accusation, fut qu'il avoit fait reveler une confession.

On excepte néanmoins en France le crime de leze-majesté au premier chef, dont la gravité & l'importance rendent excusable celui qui revele ce crime. (Voyez Carondas, *liv.* 7, *rep.* 178; Despeisses, *tom.* 2, *tit.* 10, *sect.* 2, *art.* 2, *n.* 33, édition de 1750; Brillon en son Dictionnaire des Arrêts, au mot *Confession*, n. 11, sur la fin; & Pasquier en ses Recherches, *liv.* 6, *ch.* 12. (Il y en a plusieurs exemples dans notre Histoire.

Robert de Cassel, second fils du Comte de Flandre, ayant accusé Louis son frere aîné d'avoir voulu empoisonner son pere, Louis fut arrêté prisonnier, ses gens, ainsi que son Confesseur mis à la torture. (Abrégé de Mezerai, *tom.* 1, en l'an 1320.)

Le continuateur de Guillaume de Nangis, (*ad annum* 1331,) rapporte que Pierre de Palude, Jacobin, & quelques autres Docteurs, furent d'avis qu'un Jacobin, qui avoit sçu, par la voie de la confession, l'histoire de la fausseté des lettres produites par Robert d'Artois, pour prouver son droit sur ce Comté, pouvoit le découvrir sans péché, & même qu'il y étoit obligé; parce que cette histoire n'étoit pas un péché qui fît partie de sa confession; & cet avis fut suivi. Voyez aussi Mezerai en son Abrégé de l'Histoire de France, année 1331, *tom.* 4.

55. Au Procès du Connétable Charles de Bourbon, la Cour ordonna que Frere Pierre Marin, Religieux du Couvent des Jacobins de Moulins, confesseur de Messire Charles de Bourbon, Connétable de France, viendroit en personne pour être interrogé sur aucuns points concernants ledit procès. (*a*)

Bodin en sa Republique, *liv.* 2, *ch.* 5, *pag.* 222, en rapporte un autre exemple du temps de Henri II; ainsi que l'Arrêt qui intervint à ce sujet sur l'avis de plusieurs Docteurs célebres qui l'avoient ainsi décidé.

Voyez aussi Laroche-Flavin en ses Arrêts, *liv.* 3, *ch.* 9, *art.* 25, où il rapporte qu'un Gentilhomme de Normandie, s'étant accusé à confesse à un Cordelier, qu'il avoit voulu tuer le Roi

(a) *Joannes Pictaviensis Sanvalerius Caroli Borbonii conjurationis particeps, cum apud Sacerdotem rem secreto confessus esset, Sacerdote delatus, & ad mortem damnatus est.* (Thuanus, histor. lib. 3, pag. 87-88.)

François I, fut dénoncé par son Confesseur, pris, constitué prisonnier, & condamné à mort par Arrêt du Parlement.

Voyez encore Dupleix sur le regne de Henri IV en 1602, à l'égard du Pere Garnet Religieux, qui fut mis à mort pour avoir refusé de reveler la conjuration faite contre Jacques I Roi d'Angleterre, qui lui avoit été confiée à la confession. Sur quoi, il faut cependant observer que la plupart des Juges qui le condamnerent, étoient hérétiques.

Le 35e des articles secrets, accordés à ceux de la Religion P. R., outre ceux de l'Edit de Nantes en 1599, est que ni les Ministres, ni les Anciens, ni les Diacres de la Religion P. R., ne seront tenus de déposer, comme témoins, des choses qui auront été déclarées dans leurs Consistoires; si ce n'est qu'elles regardent la personne du Roi, ou le bien de l'Etat.

56. Lorsqu'il s'agit, non d'un crime commis, mais d'un crime à commettre, les Auteurs pensent que dans ce cas, le confesseur peut reveler le secret de la confession; non en faisant connoître celui qui doit commettre le crime, mais en avertissant ceux contre lesquels il doit être commis; afin qu'ils aient à prendre des mesures pour s'en garantir; sur-tout s'il s'agit d'un crime considérable. (Voyez Farin *qu.* 51, *n.* 103-110.)

De même, le confesseur peut, en matiere de crimes, & doit même reveler la confession, lorsqu'il en a reçu la permission de son pénitent. (Farin. *ibid.* n. 111-115.)

Un autre cas où un Confesseur pourroit être contraint de déposer, c'est lorsque, voulant se dispenser de rendre témoignage d'un fait dont il a connoissance, sous prétexte qu'il lui auroit été confié sous le sceau de la confession, il seroit justifié du contraire. (Voyez le procès-verbal de l'Ordonnance de 1667, *pag.* 268, *lig.* 7-11.)

Si l'affaire pour laquelle le Confesseur est assigné, est étrangere à la confession, & que le Confesseur ne la sçache point par cette voie, mais par une voie étrangere, rien n'empêche alors ce Confesseur de pouvoir déposer, même contre son pénitent.

57. Mais quoique le Confeur ne puisse déposer contre son pénitent, des choses qu'il sçait par la voie de la confession, il n'en est pas de même du pénitent, lequel peut toujours déposer contre son Confesseur, lorsque celui-ci oubliant la sainteté de son ministere, profane le sacrement en sollicitant le pénitent au mal. (Voyez

les Bulles de Pie IV, de Grégoire XV, de Clément VIII, de Paul V, & d'Alexandre VII; le Rituel d'Alet; M. de Thou, *&c.*)

Question. Le confesseur peut-il reveler la confession, non à l'égard d'un criminel qui s'est confessé à lui; mais dumoins à l'égard de ses complices que ce défunt lui auroit nommés avant de mourir.

On peut dire que la revelation des complices est hors la confession, & ne regarde pas le défunt; mais il faut décider le contraire; parce que la confession regardant le péché & ses circonstances, le confesseur ne doit pas reveler ce qui lui a été dit en confession, quelque grand que soit le crime. Telle est l'opinion des Théologiens & des Canonistes; & il a été ainsi jugé par Arrêt de la Cour du 23 Octobre 1580, rapporté par Carondas en ses Réponses, *liv.* 7, *rep.* 178.

58. 2°. On prétend que celui qui n'a connoissance du crime que par le secret qui lui en a été confié, n'est pas tenu de déposer en justice ce qu'il sçait à cet égard. (Voyez les Instructions synodales de M. Godeau, Evêque de Grace & de Vence, *tit.* 19, *ch.* 2, *pag.* 183; & le Catéchisme de Montpellier, *part.* 3, *sect.* 1, *ch.* 5, §. 25.)

Saint Thomas, sur cette question, distingue si la chose qui a été confiée sous le secret, est telle qu'elle puisse causer un préjudice notable à quelqu'un; & il établit que dans ce cas, celui à qui le secret a été confié, est tenu de le révéler; parce qu'il ne lui a pas été libre de s'obliger en cela au secret; & que ce seroit manquer à la foi publique suivant cette regle, *pacta quæ contra leges, constitutionesque vel contra bonos mores fiunt, nullam vim habent.* (L. 6, Cod. *de pactis*; L. 15, D. *de condition. instit.*; L. 35, §. 1, D. *de verbor. obligat*) Mais si ce qui a été confié sous le secret, n'est pas de cette nature; alors il n'est point tenu de le révéler, même en vertu d'un ordre supérieur; parce que c'est un précepte de droit naturel, de ne point révéler le secret qui nous a été confié, auquel on est obligé de se conformer. (Voyez Div. Thomas, *in* 2. 2., *qu.* 70, *art.* 1, *in corp.* (*b*)

(a) *Circa ea quæ homini sub secreto committuntur distinguendum est. Quandoque enim sunt talia quæ statim cum ad notitiam hominis venerunt, homo ea manifestare tenetur, puta si pertinent ad corruptionem multitudinis spiritualem, vel corporalem, vel in grave damnum alicujus personæ, vel si quis aliud est hujus modi quod quis*

59. Ces principes ont été adoptés par M. de Sainte-Beuve, dans un cas qui lui fut proposé par une personne à qui un vol avoit été confié sous le secret, & qui avoit été assigné en justice pour déposer au sujet de ce vol. (Voyez Sainte-Beuve, *cas* 173, *tom.* 2, *in*-4°. *pag.* 575; & *cas* 99 du tome 4 de l'édition de 1705, *in*-12, *pag.* 321.)

Et tel est aussi le sentiment de M. Nicole en ses Essais de Morale, *tom* 3, au Traité des rapports, *ch.* 4, où il établit qu'une personne n'est point tenue au secret quand on lui communique un dessein criminel qu'elle peut empêcher en le découvrant. Voyez encore Puffendorf, Traité du droit de la nature & des gens, *liv.* 3, *ch.* 8, §. 4; & Grotius, Traité du droit de la guerre & de la paix, *liv.* 2, *ch.* 1, §. 8, *n.* 3.

60. 3°. Les Avocats & Procureurs, ou autres personnes qui sont le conseil ordinaire d'une partie, doivent observer la même regle à l'égard du secret qu'ils doivent aux parties pour ce qui leur a été confié; dumoins s'il s'agit de déposer contre la partie qui les a consultés, & de lui causer du dommage (Ainsi jugé par Arrêt du 12 Fevrier 1672, rapporté au Journal du Palais, *tom.* 1, *pag.* 161. Voyez aussi Guy-Pape, *qu.* 45; Bardet, *tom.* 2, *pag.* 476; Mornac, *liv.* 3, §. *post nudata*, D. *de receptis & qui arbitr.*; & sur la Loi 14, D. *de jurejurando*, & sur la L. 4 & 25, D. *de testibus*; Jo. Gallus, *qu.* 98; Papon, *liv.* 3, *tit.* 1, *n.* 30; Imbert, *liv.* 1, *ch.* 62, *lettre* g, *pag.* 314; Bouvot, *part.* 1, au mot *Témoin*, qu. 1; Bodin en son Fleau des Sorciers, *liv.* 2, *ch.* 2, *in fine*; & Fontanon sur la Pratique de Mazuer, *ch.* 1, *in fine.*) Robert en son Traité *Rerum judicatarum*, lib. 2, cap. 19, en parlant du secret que doivent tenir les Avocats qui sont assignés pour déposer dans la cause de leurs parties, dit que l'Avocat qui dépose en ce cas,

---

propalare tenetur vel testificando vel denuntiando; & contra hoc debitum obligari non potest per secreti commissum, quia in hoc frangeret fidem quam alteri debet. Quandoque vero sunt talia quæ quis prodere non tenetur, unde potest obligari ex hoc quod sibi sub secreto committuntur, & tunc nullo modo tenetur ea prodere, etiam ex præcepto superioris, quia servare fidem est de jure naturali; nihil autem potest præcipi homini contra id quod est de jure naturali. (S. Thomas 2. 2. qu. 70, art. 1, in corp.)

Testis non tenetur fateri veritatem, si sub secreti naturalis sigillo (sciat) nisi in damnum tertii vergat. (Escobar. tract. 6, exem. 6, cap. 3, n. 24, summa Theol. Natural.)

rem facit perfidam nefariam & sceleratam. Il cite l'exemple d'Eusebe de Samosate, qui, ayant été chargé d'être dépositaire d'un décret rendu au Synode d'Antioche, & ayant été averti par l'Empereur Constance de lui remettre ce même décret, à peine d'avoir la main droite coupée, répondit avec fermété qu'il étoit prêt de perdre, non-seulement la main droite, mais encore la main gauche, plutôt que de violer le dépôt qui lui avoit été confié.

61. Mais dans les affaires pour lesquelles les Avocats & Procureurs n'ont point été consultés, & qui ne leur ont point été données sous le secret; & sur-tout dans les affaires criminelles, ils peuvent être contraints de déposer, comme les autres étrangers, contre leurs clients & autres accusés, quoiqu'ils soient leur conseil ordinaire. (Voyez sur cette question Legrand, sur la Coutume de Troies, *art.* 168, *n.* 30; & Farin. *qu.* 60, *n.* 223 & 225. Ainsi jugé par Arrêt du Parlement de Paris du 19 Janvier 1743; & par un autre du 6 Février suivant, qui a décidé que les Notaires sont obligés de déposer dans les affaires criminelles, poursuivies au sujet de ce qui s'est passé entre les parties lors des actes qu'ils ont reçus.)

C'est en conséquence de cette maxime, qu'en l'année 1616, la Dame Desbareaux ayant formé une inscription de faux contre un acte produit en un procès qu'elle avoit au Bailliage d'Orléans, contre le Sieur Dechamp-Baudoin, & donné ses moyens de faux, en la preuve desquelles elle fut admise, elle fit assigner Me. Sergent, Procureur audit Siege, pour déposer. Celui-ci s'en étant excusé sur le fondement qu'il étoit Procureur du Sieur Dechamp-Baudoin, & qu'il ne pouvoit être contraint à déposer contre sa partie, on n'eut point égard à sa prétention, & il fut condamné au Bailliage, à déposer.

De même, le nommé Patas, Huissier, s'étant plaint d'avoir été battu, & excédé de coups par le Sieur Delescornai, en l'Etude du nommé Duclos, Procureur dudit Delescornai; il présenta sa plainte au Bailliage-Criminel d'Orléans, sur laquelle il lui fut permis d'informer, & ordonné par Sentence rendue audit Siege le Jeudi 13 Octobre 1644, que Duclos & ses Clercs seroient entendus, quoiqu'il s'en excusât sous prétexte qu'il étoit Procureur de l'accusé.

62. Par une autre Sentence rendue en la Prévôté d'Orléans le 21 Août 1680, le nommé Jean-Baptiste Boullai, Procureur, fut condamné à déposer dans une instance criminelle, sur la plainte

de Charles de la Fontaine, contre Jean Robault, & Jean Danias, dont il étoit le Procureur ordinaire; quoiqu'en cette cause il s'en défendît sur sa qualité de Procureur, qui lui donnoit part au secret de ses parties. Il s'agissoit au procès, de crime de faux.

Il en est de même des Notaires, Médecins, Chirurgiens, Apothicaires, & Sages-Femmes, comme des Avocats & Procureurs.

4°. Il y a plusieurs personnes qu'on ne peut obliger de déposer contre d'autres : ce qui est fondé sur un devoir d'humanité.

Ainsi, les peres & meres ne peuvent être contraints de rendre témoignage contre leurs enfants, ni les enfants contre leurs peres & meres, suivant la disposition de la Loi 4, D. *de testibus* : ce qui doit s'étendre aussi aux aïeux, aïeules, & petits-enfants, ainsi qu'aux gendre, brû, beau-pere, & belle-mere, & autres alliés en ligne directe, suivant la même Loi 4, & les Loix 5 & 6, *eod. tit.* Voyez Farin. *qu.* 54, *n.* 170.

63. Il en est de même du mari : il ne peut être contraint de déposer contre sa femme; ni la femme contre le mari, suivant la même Loi 4, D. *de testibus. Ita etiam* Faber *in eod. lib.* 4, *tit.* 15 *de fin.*; & Farin. *qu.* 54, *n.* 219.

On prétend pareillement que le frere ne peut être contraint de déposer contre son frere, ou contre sa sœur. (Voyez Mazuer. au titre des Témoins, *art.* 40; qui en excepte seulement le crime de Leze-Majesté; Jul. Clarus, *qu.* 24, *n.* 22; & Farin. *qu.* 54, *n.* 97-101.)

Julius Clarus excepte cependant de ces regles, le cas où l'on ne peut avoir autrement la vérité; & il dit qu'il en a vu plusieurs exemples. Il ajoute même, qu'il l'a vu pratiquer dans l'accusation d'un incendie, pour laquelle on obligea une mere de déposer contre ses enfants, & que cette déposition servit à les faire condamner à mort. (Jul. Clarus, *ibid.* qu. 24, n. 22; Farin. *qu.* 54, *n.* 102-104; 171, 172 & 221;) & il en est de même du crime de Leze-Majesté. (Farin. *ibid.* n. 111, 173 & 174.)

Quid, du tuteur contre le mineur, ou du mineur contre son tuteur : peuvent-ils être contraints de déposer l'un contre l'autre en matiere criminelle? (Voyez Farin. *quæst.* 60, *n.* 272 *& suiv.*)

64. 5°. Les Juges doivent, autant qu'ils peuvent, s'abstenir de faire entendre en déposition, des personnes, qui, de droit, ne peuvent être contraintes de déposer contre l'accusé; à moins qu'ils ne puissent avoir autrement la preuve du crime.

Mais

Mais il faut observer, que si toutes les personnes dont on vient de parler, déposent volontairement, leur déposition est valable, & fait preuve. (Farinac. *qu.* 54, *n.* 16 & 17. Decianus *in consil.* 342, *n.* 1, *in med.*; Faber. *in Cod.* lib. 4, tit. 15, défin. 1. Voyez ce qui a été dit à ce sujet, touchant la déposition des parents qui déposent volontairement les uns contre les autres, au titre *Des Preuves en genéral, part.* 3, *liv.* 1, *tit.* 3, n. 115.)

Cependant le Confesseur qui, étant assigné, déposeroit librement de ce qu'il sçait par la voie de la confession, ne doit pas être cru, & sa déposition doit être rejettée, suivant Farinacius, *qu.* 51, *n.* 96. (Ainsi jugé pour la Demoiselle Anne de Brachou de Beuvilliers, qui s'étoit confessée d'avoir voulu assassiner le Curé de S. Laurent de Rouen & brûler sa maison, & qui fut déchargée par Arrêt du Parlement de Rouen. Voyez le dernier plaidoyer de M. le Noble, Substitut de M. le Procureur-Général au même Parlement.)

65. Il en faut seulement excepter le crime de Leze-Majesté, suivant ce qui a été observé ci-dessus, *n.* 54. Il y en a un exemple célebre dans notre Histoire, touchant une confession révélée par un Franciscain, à l'égard d'un Gentilhomme Normand, qui s'étoit accusé en confession de vouloir attenter à la vie de François I, & qui en conséquence fut condamné à mort par le Parlement. (Voyez Laprimaudaie, en son Academie Françoise, *journée* 14, *chap.* 56, *pag.* 185 de l'édition *in-fol.* de 1581, à Paris.)

ARTICLE VI.

Instruction, tant pour les Témoins, que pour les Juges pour bien rédiger leurs dépositions, dans différentes especes de crime.

§. I.

Dans tous crimes en général.

66. Comment le témoin sçait ce qu'il dépose?
De qui il l'a appris?
En quel endroit?
En présence de qui?

En quel lieu de la ville, maison, ou bois ?

A quelle distance il étoit ?

Si c'étoit de jour, ou de nuit, & à quelle heure ?

S'il étoit éloigné; comment il a pu voir à cette distance ?

S'il faisoit clair de lune, ou non; ou s'il y avoit de la lumiere proche ?

S'il y avoit d'autres témoins avec lui ?

Comment l'accusé étoit vêtu ?

S'il avoit un chapeau, un bâton, un sac, &c. ?

S'il n'a pas quelque inimitié particuliere, ou haine contre l'accusé ?

§. II.

Pour constater le corps de délit.

67. S'il a connoissance de l'état des lieux ?

Quelle est la nature de l'effraction, ou incendie ?

Si les choses ont été rétablies; & depuis quel temps ?

La quantité & la qualité des blessures ?

S'il a vu enterrer le cadavre, ou s'il l'a vu brûler, ou jetter dans la riviere, & en quel endroit ?

Dans quel temps il a vu ces choses ?

S'il a vu les arbres coupés ?

S'il a vu frapper, comment, & en quel temps ?

§. III.

Lorsque l'Auteur du délit est inconnu.

68. S'il connoît celui qui a commis le crime ?

Comment il le connoît ?

A qui il l'a entendu dire ?

S'il sçait que celui à qui il l'a entendu dire, est ennemi de l'accusé ?

Ou bien,

Où étoit, lui témoin, un tel jour ?

Avec qui il étoit ?

S'il a été commis quelque crime ce jour-là, & quel est ce crime ?

Comment il a appris cela; s'il l'a vu par lui-même; ou s'il l'a entendu dire à d'autres?

A quelles personnes il en a entendu parler, dans quel temps, en quels lieux, & en présence de qui?

S'il connoît celui qui a commis ce délit, ou s'il l'a entendu dire à d'autres, & quelles sont ces personnes?

Si lui témoin a quelque raison particuliere pour juger que ce particulier est celui qui a commis le crime?

§. IV.

Lorsque l'accusé a été surpris en flagrant délit.

69. Pourquoi il a arrêté l'accusé, & l'a conduit en prison, ou devant le Juge?

En quel lieu il l'a arrêté?

En quel temps?

En quelle situation, ou état, étoit l'accusé lorsqu'il l'a surpris?

Combien il s'est écoulé de temps entre le délit & le moment où il a arrêté l'accusé?

Qui sont ceux qui étoient présents lorsqu'il l'a arrêté?

Si l'accusé a fait résistance; & ce qu'il a dit ou fait lorsqu'il a été pris?

Ce qu'il a vu faire à l'accusé lors du crime commis?

Ce qu'il a vu, ou entendu, avec toutes les circonstances du fait?

S'il y avoit d'autres personnes sur le lieu?

Quelle connoissance il a des mœurs de l'accusé?

§. V.

Dans le cas de notoriété publique.

70. S'il a entendu dire qu'un tel avoit commis tel crime?

De qui il l'a entendu dire?

En quel lieu, & dans quel temps?

En présence de qui il l'a entendu dire, & à quelle occasion?

§. VI.

Dans le cas où l'accusé est convenu extrajudiciairement d'avoir commis le crime.

71. S'il connoît l'accusé, & depuis quel temps ?

S'il s'est entretenu avec lui, en quel lieu, & en quel temps, à quelle occasion, & en présence de qui ?

Ce que l'accusé lui a dit au sujet du crime par lui commis, & ce qu'il a répondu à l'accusé, ou ce que d'autres qui étoient présents, lui ont répondu ?

Si l'accusé leur a dit à quelle occasion, & pourquoi il avoit commis ce crime ?

Si alors l'accusé étoit yvre, ou pris de vin, ou s'il avoit tout son bon sens ?

Si cet accusé a coutume de se vanter de choses qu'il n'a pas faites ?

S'il a déja été accusé, ou puni pour un crime semblable ?

Si, quand il a déclaré avoir commis le crime, il l'a affirmé avec serment ?

Si le témoin & les autres personnes qui l'ont entendu dire à l'accusé, croyent qu'il leur a dit la vérité; & pourquoi ils le croyent ?

§. VII.

Dans le crime de Vol.

72. S'il a oui dire qu'en un tel temps il ait été commis un vol dans la ville, ou dans tel endroit ?

Quel est celui qui a commis ce vol ?

Comment il le sçait ?

S'il sçait la maniere dont ce vol a été fait, & la quantité des choses volées ?

S'il reconnoîtroit bien ces effets, qu'il faudra alors lui représenter ?

Pourquoi il les reconnoît, & à quelles marques ?

Où étoient les effets lorsque l'accusé les a pris ?

Si tous ces effets ont pu tenir dans le paquet, ou sac, dans lequel il dit avoir vu l'accusé les emporter ?

Si c'étoit de jour, ou de nuit ?

Si c'est de nuit, comment il peut avoir vu ce qu'il déclare ?

En quel endroit le témoin étoit lorsqu'il l'a vu ?

S'il a connoissance que quelqu'autres personnes l'aient vu aussi; quels sont ces personnes, & en quel lieu elles étoient alors ?

Comment il sçait toutes ces choses ?

Nota. Si les choses volées ne sont point représentées, & que le témoin déclare avoir vu l'accusé dans l'action même du vol; il faudra qu'il déclare :

73. Comment il a vu le voleur dans le temps qu'il emportoit les effets volés ?

S'il sçait ce que sont devenus ces effets ?

S'il a vu le voleur lorsqu'il les cachoit, & en quel lieu ?

Si l'accusé s'est sauvé après avoir commis le vol; avec qui, & en quel lieu ?

S'il avoit alors un sac, ou quelque chose caché sous son manteau ?

S'il sçait que l'accusé a vendu à quelqu'un une partie des choses volées; & à qui ?

De quelles personnes il l'a appris; quand, & comment ?

Si l'accusé a chez lui des effets précieux, & suspects; & si ses amis, ou ses parents ont pû lui faire présent de ces choses, & pourquoi ils n'ont pu les donner à l'accusé ?

Comment il sçait tout cela ?

S'il connoît d'autres personnes qui en aient connoissance ?

§. VIII.

Dans le cas d'un Vol manifeste, lorsqu'on ne connoît pas l'auteur du Vol.

74. Si celui qui en est soupçonné par l'information, est de bonnes vie & mœurs, ou non ?

S'il a déja été puni pour raison de quelque vol ?

S'il a oui dire que ce particulier ait déja volé quelque chose à quelqu'un ?

Dans quel temps ; en préſence de quelles perſonnes ; à quelle occaſion ; & en quel lieu il l'a entendu dire ?

Si l'accuſé a coutume d'avoir chez lui des choſes précieuſes ?

S'il a des parents, ou amis riches, qui ont pu lui faire préſent de ces choſes ?

S'il a des liaiſons particulieres avec quelque femme de mauvaiſe réputation, qui ſoit, ou pauvre, ou très riche ?

S'il ſçait que l'accuſé a fait des préſents à cette femme, & comment il le ſçait ?

S'il ſçait qu'après le vol commis, l'accuſé a emporté des effets, ou qu'il ait fait emporter par d'autres perſonnes, une corbeille pleine, ou un paquet tellement fermé, que les porteurs n'ont pu voir ce qui étoit dedans ?

En quel endroit, & chez quelles perſonnes ces effets ont été tranſportés ; en quel temps, & par qui ?

Comment il ſçait ces choſes, & de qui il l'a entendu dire ?

75. S'il a accompagné lui-même l'accuſé lorſqu'il a été chez la femme avec laquelle il eſt lié ; combien de fois ; dans quel temps, & ce qu'il y a vu ?

S'il connoît d'autres perſonnes qui ſoient auſſi allées avec l'accuſé chez cette femme, & quelles ſont ces perſonnes ?

S'il a entendu tenir des propos à quelqu'un au ſujet de la liaiſon familiere de l'accuſé avec cette femme, dont lui dépoſant ait été témoin ?

S'il ſçait que l'accuſé a mis de l'argent en dépôt chez quelqu'un ; quelles ſont ces perſonnes, & comment il ſçait cela ?

Nota. Si le vol a été fait ſans effraction, & par le moyen de fauſſes clefs, ou autres inſtruments ; ou après avoir paſſé par la fenêtre, il faudra que le témoin déclare :

S'il ſçait, ou a entendu dire, que l'accuſé avoit chez lui, ou a emprunté de quelque Serrurier de fauſſes clefs, ou d'autres inſtruments propres à ouvrir les ſerrures ?

76. Si cet accuſé a chez lui des limes, tenailles, enclumes, & autres outils pour travailler en fer : s'il ſçait travailler dans cet art, & comment, lui témoin, ſçait cela ?

Si, après le vol commis, il a vu l'accuſé plus troublé & ému qu'à ſon ordinaire, ſe retirer & fuir les converſations, ſur-tout lorſqu'on parloit de ce vol ?

S'il ſçait, ou peut augurer la cauſe de ce changement ?

Si d'autres perſonnes ont auſſi obſervé ce changement & cette retraite de la part de l'accuſé ; & s'ils s'en ſont entretenus, en quel lieu, dans quel temps, & en préſence de qui ?

§. IX.

Dans le cas d'homicide, ou de bleſſures, lorſque l'auteur du crime eſt inconnu.

77. S'il ſçait que la perſonne tuée, ou bleſſée, a eu quelque différent, ou quelque inimitié auec d'autres perſonnes ?

S'il ſçait le ſujet de cette inimitié, & comment il le ſçait ?

Quelles marques d'inimitié il a connu entre eux ?

S'ils ſe ſont depuis reconciliés, & depuis quel temps ?

Si, depuis ce temps-là, ils ſe ſont encore brouillés de nouveau ?

S'il a oui dire que la perſonne ennemie du bleſſé, l'a quelquefois menacé en parlant à lui-même, ou en ſon abſence en parlant à d'autres perſonnes ?

S'il penſe que cette inimitié a pû être la cauſe pour laquelle l'accuſé a tué, ou bleſſé celui dont on pourſuit l'homicide, & pourquoi il le penſe ?

Si l'accuſé a coutume d'exécuter ſes ménaces, comment il ſçait cela ?

Si l'accuſé a déja bleſſé, ou eſſayé de bleſſer quelqu'autre perſonne ?

78. S'il a coutume, quand il ſort, de porter des armes, ou d'en avoir de cachées en ſa maiſon ?

Si celui qu'on ſoupçonne avoir tué, ou bleſſé, eſt de bonne réputation, ou non ?

Si d'autres perſonnes que lui témoin, ont connoiſſance de ce qu'il dépoſe, & quelles ſont ces perſonnes ?

Comment il ſçait que ces perſonnes en ont connoiſſance ?

Si, lui dépoſant, eſt ami, ou ennemi de celui qu'il ſoupçonne ?

Si d'autres que lui ont le même ſoupçon, & quelles ſont ces perſonnes ?

Comment, en quel temps, & en préſence de qui il a entendu dire qu'ils avoient ce ſoupçon ?

Si c'eſt le bruit commun dans la ville, ou dans le quartier ?

Ce qui a donné lieu à ce bruit ?

A qui il en a entendu parler, en quel temps, en présence de qui, & à quelle occasion ?

§. X.

Dans le cas d'excès & mauvais traitements.

79. S'il sçait le sujet de la querelle, entre l'accusé & le plaignant ?

Quelles injures ils se sont dites l'un & l'autre ?

Quel est l'aggresseur ?

Quel est celui qui a frappé le premier ?

S'ils étoient tous les deux armés, ou sans armes ?

Si, à l'occasion de la querelle, ils se sont saisis de quelqu'arme, bâton, ou pierre, *&c.* ?

S'il a vu la blessure que l'un d'eux a faite à son adversaire ?

Avec quel instrument il l'a blessé ?

En quel endroit du corps ?

S'il lui a fait plusieurs blessures ?

S'il l'a blessé avec un instrument tranchant, ou contondant, & comment ?

S'il reconnoîtroit bien l'épée, le couteau, le bâton, ou la pierre, avec lesquels il a frappé, ou blessé son adversaire ?

S'il sçait où l'on pourroit trouver cette épée, couteau, bâton, ou pierre, *&c.* ?

S'il a vu la blessure, ou contusion faite au blessé ?

S'il en est sorti beaucoup de sang ?

Si le blessé a éte long-temps à en guerir ?

Si le blessé a pu recevoir cette blessure par accident, & sans aucune mauvaise volonté de la part de l'accusé ?

Pourquoi il dit cela ?

S'il sçait quel est celui qui a frappé, ou blessé, & comment il le sçait ?

80. S'il l'a entendu dire à d'autres personnes, dans quel temps, & en quel lieu ?

Si d'autres personnes ont été présentes à la querelle, & quelles sont ces personnes ?

Si, lui déposant, est ami, ou ennemi de l'accusé ?

Nota. Si c'est le blessé lui-même qui est entendu en déposition, le Juge lui demandera,

D'où

D'où lui vient la blessure qu'il a ; & depuis quand il a été blessé ?

Quel est celui qui l'a blessé ; & pour quel sujet ?

Avec quelle arme, ou instrument ; en quel lieu, avec quel secours, & en quelle partie du corps ?

Quelles sont les personnes qui étoient présentes, ou qui ont pu entendre ce qui s'est passé, comme étant les plus proche lors de la querelle ?

S'il a eu un différend avec quelqu'un, ou s'il a offensé quelqu'un de paroles, ou par action ?

Si quelqu'un a menacé, lui déposant ?

Si l'inimitié qui est entre lui & l'accusé, est connue d'autres personnes ; quelles sont ces personnes, & comment elles ont cette connoissance ?

§. XI.

Dans le cas d'injures, & Libelles diffamatoires.

81. Si l'accusé a eu quelque inimitié avec le plaignant, *&c.* (comme ci-dessus, §. 9.)

Si ce qui est dit dans le libelle contre l'honneur & la réputation de celui qui y est injurié, étoit public & notoire, avant que ce libelle ait paru ; ou si cela n'étoit connu que d'un petit nombre de personnes ; comment il sçait cela ; & de qui ?

Si ceux qui avoient cette connoissance, étoient amis de l'offensé, ou ses ennemis ?

S'il a entendu quelquefois, ou souvent, l'offensé se plaindre de ce qui est contenu dans le libelle ?

Si ce libelle est mordant, & satirique, ou s'il contient quelque chanson, ou écrit contre l'honneur & la réputation de l'offensé ; ou si l'accusé a seulement chanté, ou recité de bouche cette chanson, ou écrit ?

82. Si l'accusé se plaît à chanter, ou reciter ces sortes d'écrits contre la réputation des autres, soit qu'ils aient été composés par lui, ou par d'autres personnes ?

Si l'accusé sçait faire des vers, & a coutume d'en composer ?

Si, lui témoin, a entendu l'accusé parler de ce libelle plus souvent que tous les autres ; & si cet accusé connoît l'auteur, & si celui-ci récitoit aux autres les endroits qu'ils ne sçavoient pas ?

En quel temps, combien de fois, ou, & en présence de qui?

S'il connoît l'écriture de celui qu'il soupçonne être l'auteur du libelle?

Nota. Si le Juge a l'original, ou quelque copie de ce libelle, il aura soin de le représenter au témoin, & de lui demander :

S'il le reconnoît pour être l'original, ou la copie du libelle en question?

S'il connoît d'autres personnes qui connoissent l'écriture de l'accusé; & quelles sont ces personnes?

§. XII.

Dans les crimes de Stupre, d'Adultere, Inceste, & autres crimes semblables.

83. S'il s'est trouvé quelquefois avec l'accusé; combien de fois, & en quels temps?

En quelles maisons ils ont été ensemble?

Si l'accusé est allé quelquefois en la maison d'une telle femme, ou fille; & combien de fois?

Quel est l'état & la condition de cette femme, ou fille?

Si elle est mariée, ou non, ou veuve; & quel âge elle peut avoir?

Si elle est d'une naissance distinguée, ou d'une condition vile, ou ordinaire?

Si elle est riche, ou pauvre; si elle vit de son bien, ou de son travail; & comment?

Si elle passe dans le quartier pour une femme, ou fille d'honneur; ou si elle y est en mauvaise réputation, & pourquoi?

Comment il sçait toutes ces choses?

Si l'accusé est de bonne rénommée, ou non?

Comment il sçait cela?

84. S'il sçait que l'accusé a quelques liaisons, ou familiarités avec la femme, ou fille en question?

S'il a vu entre eux quelques marques de familiarité extraordinaire?

S'il les a vu quelquefois se retirer ensemble dans quelqu'endroit particulier, où ils ne pouvoient être vûs de personne?

Combien de temps ils sont restés ensemble, & en quel endroit?

Ce qu'ils ont dit à lui témoin, avant de se retirer dans cet endroit?

Si, quand ils sont revenus, ils paroissoient changés de couleur; & comment?

Nota. Si l'accusé, & celle avec qui il s'est retiré, étoient dans un endroit où on ne pouvoit les voir, le Juge demandera au témoin:

Quels étoient leurs gestes & situation; mouvements du corps, & des yeux?

Si toutes les fois que l'accusé est allé dans la maison de cette femme, ou fille, ils se sont ainsi retirés ensemble à l'écart?

85. Si l'accusé a fait des présens à cette femme, ou fille; quels sont ces présents; combien de fois, & en quel temps; & comment lui témoin sçait tout cela?

Si, lui témoin, sçait que l'accusé, & la femme en question, s'écrivoient, ou s'envoyoient souvent des messages; ce que ces lettres, ou messages contenoient, & à quelle fin; & comment il a cette connoissance?

Si cette fille, ou femme alloit souvent en la maison de l'accusé, & restoit enfermée avec lui; & comment il sçait cela?

S'il a entendu murmurer dans le quartier, touchant cette liaison, ou familiarité; ce qu'il a entendu dire à ce sujet; de qui, ou en quel temps; combien de fois, & en présence de qui?

Quelles sont les personnes qui peuvent sçavoir les mêmes choses dont il vient de déposer.

Des autres circonstances pour raison des mêmes crimes.

86. En quel endroit l'accusé s'est retiré avec cette femme?

Si, lui témoin, pouvoit les voir?

S'ils ont fermé la porte après eux, ou la fenêtre pour n'être point apperçus?

Si, lui témoin, les a suivis par curiosité, sans faire de bruit?

S'il les a apperçus par les fentes de la porte, ou par quelqu'endroit de la fenêtre?

Ce qu'il leur a vu faire ensemble?

S'il n'a pu les voir, ce qu'il leur a entendu dire?

S'il les a entendu rire, gémir, soupirer, se lamenter; ou autres ſons ſemblables ; ou s'il a entendu quelques mouvements qui prouvent leur familiarité ?

Si l'accuſé eſt ſorti ſeul de cet endroit, ou s'ils ſont ſortis enſemble ; s'ils paroiſſoient rouges, défaits, ou changés ; & quels diſcours ils tenoient enſemble ?

87. S'ils étoient dérangés dans leurs habillements, ou chevelures, *&c.* ?

En quel temps, & quel jour cela eſt arrivé ?

Si d'autres perſonnes que lui, ont vu ou entendu les mêmes choſes ?

Nota. Si la fille, ou femme eſt groſſe, il faudra que le témoin déclare :

Quel eſt celui qui eſt réputé le pere de l'enfant ?

Comment il ſçait cela ?

Si d'autres que lui ont cette connoiſſance ?

Dans le cas de violence, ou de ſéduction, le Juge demandera au témoin :

En quelle maiſon il eſt allé avec l'accuſé un tel jour ?

Quelles femmes, ou filles demeurent dans cette maiſon ?

Si toutes ces femmes, ou filles ſont de bonne réputation ; & comment il ſçait cela ?

88. Si elles étoient alors toutes à la maiſon, ou s'il n'y en avoit qu'une d'elles ; & laquelle ?

Quel âge peut avoir cette perſonne, & quel eſt ſon nom ; de quelle taille elle eſt ; quelle eſt la couleur de ſes cheveux, de de ſon viſage ; ſa figure, *&c.* ?

Si l'accuſé s'eſt entretenu avec cette fille en préſence de lui témoin ; ce qu'il lui a dit, & ce qu'il a vu ?

Si, après que l'accuſé a mené cette fille dans une chambre particuliere, ou endroit retiré, lui témoin les a ſuivis par curioſité, & ce qu'il a vu ?

S'il n'a pu les voir, ce qu'il a dumoins entendu ; ce qu'ils diſoient, & s'il a pu aux différents ſons, cris, & mouvements qu'il a entendus, juger de ce qui ſe paſſoit entre eux ?

Si, aux cris de cette fille, lui témoin a couru à ſon ſecours ; ou pourquoi il n'y eſt point allé ?

Si, auſſitôt après ce cri, ou exclamation de la fille, l'accuſé eſt reparu, & paroiſſoit troublé ; ou s'il eſt ſorti tout auſſitôt de cette maiſon ?

Si d'autres personnes sont allées aussi au secours de la fille ?

89. Si, lui témoin, après avoir rejoint l'accusé, s'est entretenu avec lui de ce qui s'étoit passé ; de la cause pour laquelle cette fille s'est écriée ; & ce que l'accusé lui a répondu ?

Toutes ces circonstances peuvent avoir lieu, même dans le cas où la personne violentée, ou séduite, seroit une femme, ou une veuve de bonne réputation, qui auroit refusé de consentir aux propositions de l'accusé ; & de même quand ce seroit une fille qui y auroit consenti, mais qui, à cause de son jeune âge, n'auroit pu souffrir l'approche d'un homme.

Les circonstances dont on vient de parler, peuvent aussi avoir lieu dans les autres crimes de luxure ; même dans ceux contre nature, consommés, ou non ; en observant seulement de faire au témoin, des demandes rélatives au temps, lieux, personnes, occasions, & autres circonstances, suivant l'exigence du cas.

§. XIII.

Dans le crime de conjuration, ou de conspiration contre l'Etat, ou le Prince.

90. S'il a entendu quelqu'un se plaindre du Roi, ou du Prince ?

Quel étoit le sujet de ses plaintes ?

En quel lieu il a entendu ces discours ; en quel temps, combien de fois, & en présence de qui ?

Quels étoient ces discours, ou entretiens ; & ce qu'ils ont dit ?

Si, lui témoin, a été engagé par ces personnes à signer quelque mémoire ?

Quels sont ceux qui l'y ont engagé ?

En quel endroit ils l'y ont engagé, en quel temps, comment, combien de fois, & en présence de qui ?

Quel étoit celui qui paroissoit le plus ardent, & le plus empressé à lui faire signer ce mémoire ?

Si, lui témoin, a lu ce mémoire ; & ce qu'il contenoit ?

Si d'autres que lui l'ont lu ; & de quelles personnes il étoit signé ?

S'il sçait à quelle occasion, & pour quel sujet ils ont composé ce mémoire ?

S'il en connoît l'auteur, & celui qui a engagé les autres à le souscrire ?

S'il sçait qu'ils ont tous formés ensemble ce complot ; comment il le sçait ; en quel endroit, quand, & comment ils l'ont formé ?

Si d'autres personnes que lui témoin sont informées de ces choses ; & quelles sont ces personnes ?

§. XIV.

Dans le crime d'Hérésie.

91. De quelle vie, conversations & mœurs est l'accusé ? Si lui témoin lui a souvent entendu parler de la Religion ?

En quels termes, quand, en quel lieu, combien de fois, & en présence de qui ?

Ce que l'accusé a dit à ce sujet ?

§. XV.

Dans le cas d'inimitié entre l'accusé & l'offensé.

92. Depuis quand il connoît l'accusé & l'offensé, ou plaignant ?

S'il sçait qu'ils ont été amis ensemble, & qu'ils sont ensuite devenus ennemis ?

Quelle est la cause de cette inimitié ?

Quelle marque d'inimitié il a vu entre eux ?

S'il a connoissance qu'ils se soient réconciliés ; & depuis quel temps ?

S'il sçait qu'ils sont encore depuis devenus de nouveau ennemis ; pour quel sujet, & comment il sçait ces choses ?

S'il sçait que l'accusé & le plaignant ont querellé ensemble ; que l'accusé a voulu frapper le plaignant, s'il n'en eût été empêché ; & qu'il lui a fait des menaces ; & comment ?

Si l'accusé a coutume d'exécuter les menaces qu'il fait ; comment, lui témoin, sçait cela ?

S'il pense que cette inimitié peut avoir donné lieu à l'accusé de frapper, blesser, tuer, ou empoisonner son adversaire ?

Pourquoi, & sur quelles preuves, ou indices il porte ce jugement ?

Si d'autres personnes, que lui témoin, sçavent les mêmes choses qu'il dépose ; & quelles sont ces personnes ?

TITRE VIII.

Des Lettres-Monitoires, & Révélations.

ARTICLE PREMIER.

Des Lettres-Monitoires.

1. 1°. LES Monitoires, sont des lettres qu'on obtient des Juges d'Eglise, & qu'on fait publier aux Prônes des Messes Paroissiales, & afficher à la porte des Eglises, & places publiques, pour avoir, par le moyen des censures ecclésiastiques, la révélation de faits importants, dont on ne peut d'ailleurs avoir la preuve par des témoins connus.

Un Arrêt du Parlement de Bretagne du 16 Août 1707, portant réglement pour les Juges Royaux, & pour tous ceux des Sieges particuliers de la Province de Bretagne, article 1, leur défend d'ordonner aucune publication de Monitoires dans les affaires criminelles, (lorsqu'ils auront une preuve claire & concluante du crime, dont l'accusé est prévenu,) sous quelque prétexte que ce puisse être; même sous prétexte que l'accusé peut être prévenu d'autres crimes, dont on pourroit avoir la preuve par ces Monitoires; à moins qu'il n'y eût quelque commencement de preuve de ces crimes, ou qu'ils ne fussent employés dans la plainte; auquel cas, s'ils ont une preuve suffisante du crime pour lequel on poursuit l'accusé, ils employeront seulement dans le Monitoire, les autres faits dont ils n'ont pas la preuve.

2. 2°. On peut obtenir des Lettres-Monitoires, tant en matiere civile, qu'en matiere criminelle, ainsi qu'il résulte de l'article 11 du titre 7 de l'Ordonnance de 1670, puisque cet article établit une formalité particuliere à l'égard des Monitoires qui s'obtiennent en matiere criminelle. D'où il suit, qu'on peut aussi en obtenir en matiere civile; ce qui est conforme à l'usage qui s'observe. Ainsi jugé par Arrêt du Parlement de Provence du 12 Juin 1674, rapporté aux Nouveaux Mémoires du Clergé, *tom.* 7, *pag.* 1088 & *suiv.* Mais dans l'un & l'autre cas, il faut que ce soit pour

faits importants, & dont on ne peut avoir autrement la preuve.

3°. L'article 26 de l'Edit du mois d'Avril 1695, défend de décerner des Monitoires, sinon pour des crimes graves, & des scandales publics; & les Juges ne peuvent en ordonner la publication, que dans les mêmes cas, & lorsqu'on ne pourra en avoir autrement la preuve; ce qui est conforme à l'article 18 de l'Ordonnance d'Orléans.

Ainsi, en matiere criminelle, lorsqu'il ne s'agit que d'accusa-
3. tions légeres; *v. g.* de querelles, & de simples rixes, la voie des Monitoires ne doit point avoir lieu. (Arrêt du Parlement de Dijon du 29 Janvier 1583, rapporté par Fevret, *liv.* 7, *chap.* 2, *n.* 27;) quand même il y auroit eu d'ailleurs des coups donnés. Mais si les injures sont graves & atroces, rien n'empêche qu'on ne puisse obtenir des Monitoires pour en avoir la preuve. (Ainsi jugé par Arrêt du Parlement de Dijon du 12 Décembre 1598, rapporté par Fevret, *ibidem.*)

Quand il s'agit de recelés, ou détournements d'effets d'une succession, ou d'une communauté; ou qu'il s'agit de faillite, quoique poursuivis par la voie civile, on peut obtenir des Monitoires; & tel est l'usage constant de tous les Tribunaux.

Il en est de même en matiere de dol, ou de fraude. (Bacquet, des Droits de Justice, *art.* 30, *chap.* 7;) ainsi qu'en matiere d'usure. (Bacquet, *ibid.* n. 31.)

La simonie est mise au nombre des crimes graves, pour les-
4. quels on peut obtenir des Lettres-Monitoires. L'Ordonnance de Blois, *art.* 21, en a une disposition.

On peut aussi obtenir des Monitoires, dans le cas où des Gentilshommes & Officiers, prennent à ferme les dixmes, & autres revenus des Gens d'Eglise, sous des noms interposés. (Même Ordonnance, *art.* 48.)

L'empêchement fait par des voies illégitimes à une personne de tester, est aussi un crime grave pour lequel on peut obtenir permission de faire publier des Monitoires; & il en est de même du cas où il s'agiroit de prouver, qu'un testament a été supprimé, ou déchiré, ou jetté au feu; parce que tous ces cas tombent dans le crime de faux.

Une dégradation de bois peut aussi donner lieu à l'obtention d'un Monitoire, quoique cette dégradation soit faite sans aucunes circons-

tances

tances aggravantes. (Ainsi jugé par Arrêt du Parlement de Dijon du 4 Juillet 1690.)

5. Et il en est de même à l'égard du délit qui se commet, lorsqu'on fait paître son bétail à garde faite dans des terres ensemencées, ou dans les prés d'autrui ; ce qui forme alors un vol qualifié, suivant Coquille en ses Instituts du Droit François, au titre des Servitudes, *pag.* 67. (Ainsi jugé par Arrêt du Parlement de Dijon du 2 Mai 1678, rapporté par Taisand sur la Coutume de Bourgogne, *tit.* 1, *art.* 6, *pag.* 40. Voyez aussi Raviot, *qu.* 215, *n.* 7, *tom.* 2, *pag.* 122.)

On peut aussi obtenir des Monitoires pour injures dites au Magistrat exerçant ses fonctions. (Arrêt du Parlement de Dijon du 8 Août 1597, rapporté par Fevret en son Traité de l'Abus, *liv.* 7, *chap.* 2, *n.* 27.)

Et il en est de même pour libelles diffamatoires. (Arrêt du Parlement de Dijon du 26 Janvier 1591, rapporté par Fevret, *ibid.*)

Mais on ne peut obtenir Monitoires pour faits de reproches, & de subornation de témoins.

De même, un accusé qui auroit été admis en ses faits justificatifs, ne pourroit user de la voie des Monitoires pour en avoir la preuve ; ce qui résulte de la disposition de l'article 5 du titre 28 de l'Ordonnance de 1670. Voyez aussi Bouvot, *tom.* 2, au mot *Monitions*, qu. 6 & 12, où il rapporte deux Arrêts du Parlement de Dijon, des 26 Décembre 1605, & 5 Avril 1609, qui l'ont ainsi jugé.

6. On ne peut pareillement permettre d'obtenir des Lettres-Monitoires, quand il s'agit de dépôt volontaire. (Arrêt du 5 Juin 1670, rapporté au Journal du Palais, *tom.* 1, *pag.* 97, édition *in-fol.*)

Il n'est jamais permis d'user de la voie des Monitoires pour les faits d'Aides, & autres impositions sur le peuple, de quelque nature qu'elles soient. (Ainsi jugé par Arrêt de la Cour des Aides du 28 Novembre 1607, rapporté aux Mémoires du Clergé, *tom.* 2, *part.* 1, *pag.* 79, de l'édition de 1675.)

4°. Les Monitoires peuvent être obtenus par toutes sortes de personnes. Néanmoins on prétend que ceux qui ne sont pas profession de la Religion Catholique, ne sont pas en droit d'en obtenir. (Ainsi jugé par Arrêt du Parlement de Rouen du 28 Mai 1603, rapporté par Forget en son Traité des personnes, & des choſes Eccléſiaſtiques, *chap.* 12, §. 5. *Ita etiam* Mornac, ſur le Code Juſtinien, au titre *De Hæreticis & Manichæis*, pag. 69.) Avant 1695, & lorſque l'exercice de la Religion Prétendue Réformée étoit permis dans le Royaume, quand un Religionaire avoit beſoin d'un Monitoire, il l'obtenoit ſous le nom du Procureur du Roi. (Voyez les Nouveaux Mémoires du Clergé, *tom.* 7, *pag.* 1021.)

7. 5°. Tous Juges, même Eccléſiaſtiques, & ceux des Seigneurs, peuvent permettre d'obtenir Monitoires. (Ordonnance de 1670, *tit.* 7, *art.* 1.)

L'Official peut accorder des Monitoires, non-ſeulement ſur la requiſition du Juge Laïque, à l'égard des inſtances qui ſe pourſuivent devant les Juges Laïques; mais il le peut auſſi ſur la requiſition de ſon Promoteur, ou même ſur celle d'une partie privée, à l'égard des inſtances pourſuivies en ſon Tribunal; quand même il y auroit dans la plainte, du cas privilegié. Ainſi jugé par Arrêt du Conſeil du 12 Mai 1700, rapporté par Augeard en ſes Arrêts, *tom.* 3, *chap.* 49, de l'édition *in*-4°, qui caſſe un Arrêt du Parlement de Dijon, lequel avoit déclaré nulle la conceſſion d'un Monitoire, décerné par l'Official d'Autun, ſur une plainte rendue contre le Sieur Benoît, Curé de Sillery, pour raiſons de fréquentations illicites avec des femmes & filles, d'inceſte ſpirituel, de révélation de confeſſion, & d'autres faits graves, formant un cas privilégié.

8. Mais un Juge délégué ne pourroit permettre d'obtenir Monitoire, ſi le pouvoir ne lui en avoit été donné par le Juge déléguant. (Arrêt du Parlement de Paris du 20 Septembre 1716, pour le Bailliage de Saint-Dizier.)

Et il en eſt de même, à plus forte raiſon, des Arbitres. (Arrêt du Parlement de Dijon du 9 Août 1694, qui fait défenſes aux Arbitres, de donner permiſſion d'obtenir Monitoires, & aux Officiaux d'en accorder ſur cette permiſſion. Voyez Perrier, en ſes Obſervations ſur la queſtion 328; en ſon Recueil d'Arrêts du Parlement de Dijon, *tom.* 2, *pag.* 650.)

9. 6°. C'eſt à l'Official, ou autre Juge de la Juriſdiction Eccléſiaſtique contentieuſe, à accorder les Monitoires, ainſi qu'il réſulte de l'article 2 du titre 7 de l'Ordonnance de 1670, & non aux Evêques qui n'exercent point par eux-mêmes cette Juriſdiction, ni à leurs Grands-Vicaires; autrement il y auroit abus dans cette

obtention. On trouve néanmoins dans les Nouveaux Mémoires du Clergé, *tom.* 7, *pag.* 1625, un Arrêt qui a autorisé l'Evêque d'Evreux, à accorder des Lettres-Monitoires; ce qui paroît conforme à la disposition de l'Ordonnance d'Orléans, *art.* 18; & à celle de l'Edit du mois d'Avril 1695, *art.* 26.

On peut encore moins se pourvoir en Cour de Rome pour y obtenir des Monitoires; & si cela arrivoit, l'obtention en seroit déclarée abusive; parce que ce seroit une entreprise sur la Jurisdiction des Evêques de France. (Voyez Frain en son Recueil d'Arrêts, plaidoyer 37, où il rapporte à ce sujet un Arrêt du Parlement de Bretagne du mois d'Août 1613.)

10. Les Officiaux des Chapitres, ont aussi le droit de décerner des Monitoires à l'égard des personnes soumises à leur Jurisdiction. (Voyez Duperrai, en ses Observations sur cet article, *tom.* 2, *pag.* 3.)

L'Abbé de Sainte Genevieve de Paris, jouissoit aussi autrefois du même droit; mais par Arrêt du Parlement du 4 Juillet 1668, rapporté au Journal des Audiences, il lui a été fait défenses d'accorder aucunes Lettres-Monitoires, sinon dans les causes qui lui seroient réservées par Arrêt, ou par Sentence du Juge Laïque, ou qui lui seroient dévolues.

7°. Il y a des personnes contre lesquelles les Officiaux, & autres Juges d'Eglise, ne peuvent décerner aucunes citations, ni Monitoires. Tels sont les Juges Laïques; même les Procureurs du Roi, & les Greffiers, lorsqu'ils sont en débat de Jurisdiction. L'Official peut encore moins faire publier ces Monitoires. (Voyez Bacquet, en son Traité des Droits de Justice, *chap.* 7, *n.* 29; & l'Ordonnance du mois de Janvier 1629, *art.* 23.)

11. 8°. Il faut qu'il y ait une instance commencée, ou du moins une plainte répondue, avec permission d'informer, & d'obtenir Monitoires, pour pouvoir les obtenir. (Arrêt du 2 Août 1706, rapporté au Journal des Audiences; autre du 12 Février 1726, rapporté au Dictionnaire des Arrêts, au mot *Procédures*, n. 151, *édition de* 1727. Autres Arrêts des 12 Décembre 1644, & 12 Mai 1647, rapportés par Boniface, *tom.* 1, *liv.* 1, *tit.* 1, *n.* 6. Autre Arrêt du 1 Août 1737, contre le Bailli de Joinville, qui a jugé qu'on ne pouvoit obtenir, ni permettre d'obtenir Monitoires, qu'en donnant, ou après avoir donné permission d'informer.)

C'est pourquoi, l'Official qui accorde un Monitoire, doit se faire représenter la plainte sur laquelle le Juge a permis de l'obtenir; & il doit être fait mention dans cette plainte, de la permission, & de sa date; à peine d'abus. (Voyez Fevret, *liv.* 7, *chap.* 2, *n.* 7 & 10;) ce qui est fondé sur ce que les Officiaux ne peuvent accorder des Monitoires de leur chef, & sans ordonnance du Juge; à moins que ce ne soit dans leur Jurisdiction.

12. Les Officiaux sont même en droit d'exiger qu'il reste dans leur Greffe un extrait de la plainte sur laquelle il a été permis d'obtenir les Monitoires, ainsi que de l'Ordonnance du Juge qui l'a permis, pour connoître si les Juges se conforment exactement à l'article 3 du titre 7 de l'Ordonnance de 1670. (Arrêt du Parlement du 17 Février 1705, rapporté au Journal des Audiences.)

Il faut aussi observer, que dans une instance civile; *v. g.* pour récel de succession, & de communauté, on ne peut obtenir des Monitoires sur une simple requête, à moins qu'elle ne soit communiquée; & qu'il faut auparavant que la preuve testimoniale ait été ordonnée avec le défendeur. (Voyez le Dictionnaire des Arrêts, au mot *Procédure*, n. 151, *édition de* 1727.)

13. 9°. Les Monitoires peuvent être obtenus en tout état de cause, pourvu que ce soit avant le jugement définitif; & il n'est pas nécessaire pour cela qu'il y ait un commencement de preuves, ni refus de déposer par les témoins. (Ordonnance de 1670, *tit.* 7, *art.* 1.)

De même celui qui est admis à prouver des faits par témoins, & par censures en matiere civile, n'est pas obligé de commencer ses diligences pour raison des censures, dans le délai de faire enquête. (Arrêt du Parledement Rouen du 28 Février 1739, rapporté dans une nouvelle édition du texte de la Cour de Normandie de l'année 1757; autre du 12 Janvier 1756, qui a jugé la même chose.)

10°. L'article 3 du titre 7 de l'Ordonnance de 1670, semble supposer que les Lettres-Monitoires ne doivent s'accorder qu'en vertu d'un jugement qui permette de les obtenir. Néanmoins cette permission se donne, le plus souvent, sur une simple requête, par le Juge d'instruction; & l'on ne dresse point le jugement dans lequel on spécifie les faits sur lesquels on permet de les obtenir. Cette voie est moins coûteuse. (Voyez le Procès-verbal de l'Ordonnance de 1670, *pag.* 89, *art.* 23.)

Quand il s'agit du crime de duel, les Lettres-Monitoires s'accordent même sur la simple requisition des Procureurs-Généraux, ou de leurs Substituts. (Edit des duels du mois d'Août 1679, *art.* 23.)

14. 11°. Il n'est pas besoin des conclusions de la partie publique, pour pouvoir obtenir des Lettres-Monitoires : le Juge, en permettant d'informer, peut permettre d'office de les obtenir ; mais il ne le peut lorsqu'il n'y a point de partie publique, & que la partie privée n'y conclut point.

12°. L'article 2 du titre 7 de l'Ordonnance de 1670, porte que les Officiaux sont tenus, à peine de saisie de leur temporel, d'accoder les Monitoires que le Juge aura permis d'obtenir ; & l'article 6 du même titre, ajoute, que si après la saisie de leur temporel à eux signifiée, ils persistent dans le refus de les accorder, les Juges Royaux pourront ordonner la distribution des revenus dudit temporel, aux Hôpitaux, ou aux pauvres des lieux.

Cette saisie du temporel se prononce par le Juge qui a permis d'obtenir les Monitoires ; mais à l'égard de la distribution des revenus saisis, il n'y a que les Juges Royaux qui puissent l'ordonner, ainsi qu'il vient d'être dit.

On peut aussi se pourvoir par la voie d'appel comme d'abus, contre le refus fait par l'Official, d'accorder des Lettres-Monitoires, & faire renvoyer devant le Métropolitain supérieur de l'Official, lequel peut être contraint par les mêmes voies que l'Official, à accorder ces Lettres-Monitoires. (Voyez Fevret, Traité de l'Abus, *liv.* 7, *chap.* 2, *n.* 4 ; & le Procès-verbal de l'Ordonnance de 1670 sur l'article 4 du titre 7.)

15. Les Officiaux ne peuvent prendre, ni recevoir pour chaque Monitoire, plus de trente sols ; leur Greffier, dix, y compris les droits du sceau ; & les Curés, ou Vicaires, dix sols ; à peine de restitution du quadruple. (Ordonnance de 1670, *tit.* 7, *art.* 7.) Pour le réaggrave, on paye ordinairement la moitié des droits du Monitoire.

Ces droits se payent dans les Bureaux établis à cet effet pour les Jurisdictions Ecclésiastiques, & se perçoivent ordinairement au profit du Clergé du Diocèse.

Lorsque les Procureurs du Roi sont seuls parties, les Officiaux ne peuvent prendre aucun droit pour les Monitoires, sinon leurs déboursés. Cela s'observe ainsi au Parlement de Paris.

16. 13°. Les Monitoires ne doivent contenir autres faits que ceux compris au jugement qui aura permis de les obtenir ; à peine de

nullité, tant des Monitoires, que de ce qui aura été fait en conséquence. (Ordonnance de 1670, *tit.* 7, *art.* 3;) d'où il résulte, que les faits doivent être clairement articulés, & contenus dans le jugement.

Par la même raison, on ne peut y ajouter d'autres faits que ceux compris en la plainte, ou requête de la partie qui les obtient. (Arrêt du Parlement de Dijon du 27 Juin 1667, rapporté par Raviot, *qu.* 50, *tom.* 1, *pag.* 110. Autres Arrêts du même Parlement des 19 Avril 1687, & 18 Juillet 1697, rapportés par Raviot aux additions, *pag. xxxv*; & *tom.* 1, *pag.* 496, *n.* 9. Voyez aussi Fevret, Traité de l'Abus, *liv.* 7, *chap.* 7, *n.* 11.)

Par un autre Arrêt du 26 Février 1707, rapporté au Journal des Audiences, un Monitoire obtenu par des héritiers pour parvenir à la preuve de recélés & divertissements, fut déclaré abusif; parce qu'on y avoit articulé des faits de suggestion, qui n'étoient pas dans la requête sur laquelle on avoit obtenu permission d'informer.

Pour connoître si les Monitoires ne contiennent point d'autres faits que ceux compris au jugement qui a permis de les obtenir, il doit y avoir minute de ces Monitoires; & cette minute doit rester au Greffe de l'Officialité. (Ainsi jugé par Arrêt rendu en la Grand'Chambre le 17 Février 1705, rapporté au Journal des Audiences:) Autrement, il seroit facile à la partie qui a obtenu le Monitoire, d'éluder la disposition de l'article 3 du titre 7 de l'Ordonnance de 1670, en le retirant des mains du Curé, après la publication; puisque ce n'est que par la confrontation de la minute du Monitoire, avec le jugement qui a permis de l'obtenir, qu'on peut voir si ce sont les mêmes faits.

17. 14°. L'article 4 du même titre 7 de l'Ordonnance de 1670, porte que les personnes ne pourront être nommées, ni désignées par les Monitoires; à peine de cent livres d'amende contre la partie, & de plus grande peine, s'il y échet. Cette disposition est établie, afin qu'on ne puisse par cette nomination, ou désignation, donner atteinte à l'honneur, & à la réputation d'une personne, qui, par l'événement, seroit innocente.

La regle générale, est qu'on ne doit jamais nommer dans les Monitoires, la personne accusée, ou soupçonnée du délit, ou fait dont il est question au Monitoire. Il ne faut pas non plus que la personne soit désignée par sa qualité, ni par sa profession, ni par ses vêtements, ni par le signalement de sa taille, ni par les habitudes qu'il peut avoir, & qui peuvent servir à le faire connoître. (Ainsi jugé par un Arrêt du 28 Juillet 1714;) mais on ne doit parler de ceux contre lesquels le Monitoire est obtenu, qu'en termes vagues, & sous des démonstrations générales.

18. De même, par Arrêt du Parlement de Paris du 16 Juin 1625, rapporté par Bardet, *tom.* 1, *liv.* 2, *chap.* 48, des Monitoires ont été déclarés abusifs, dans lesquels il étoit exposé, qu'un certain quidam, qui avoit eu depuis long-temps la métairie d'un tel lieu à ferme, & auquel quidam en appartenoit la moitié, *&c.*; parce que par ces termes, l'accusé étoit désigné de maniere à ne le pas méconnoître.

Néanmoins il y a quelquefois des désignations nécessaires pour faire connoître ce dont il s'agit, à des personnes qui sçavent quelque chose sur les faits du Monitoire, pour les engager à venir à révélation; & en cela il ne peut y avoir d'abus; puisque l'objet du Monitoire est de parvenir à la connoissance des faits, qu'on ne peut avoir que par cette voie. Par exemple, un Curé de campagne est accusé d'inceste spirituel avec une femme, ou fille de sa Paroisse: l'Official décerne un Monitoire contre un Prêtre Curé: cette désignation n'est point un abus; parce qu'on ne peut s'expliquer autrement pour faire entendre ce dont on veut parler; & que d'ailleurs dans ces sortes de faits, la notoriété publique a déja prévenu cette désignation. Ainsi par Arrêt du 18 Décembre 1734, rendu sur un appel interjetté par un Curé, qui opposoit pour moyen d'abus, qu'on l'avoit désigné dans un Monitoire, sous le nom d'un Curé d'une Paroisse de campagne, dans le Diocèse d'Auxerre, il fut dit qu'il n'y avoit abus en cette partie.

19. Il y a encore des cas où il n'est pas possible de ne pas désigner les parties contre lesquelles les Monitoires sont obtenus. Par exemple, dans l'accusation d'adultere, le nom du mari complaignant étant en tête du Monitoire; on met ensuite que tous ceux & celles qui sçavent qu'une certaine personne, femme du complaignant, *&c.* On ne peut une désignation plus formelle; mais ici on ne peut faire autrement; & toutes les fois qu'on a interjetté appel comme d'abus de ces sortes de Monitoires, ils ont été confirmés par le Parlement. Telle est la réflexion de M. Talon,

dans le Procès-verbal de l'Ordonnance de 1670, *tit.* 7, *art.* 5, *pag.* 89.

En général, on peut nommer dans les Monitoires, quand la nomination ne se fait pas *ex causâ infamante.* (Voyez Fevret, *liv.* 7, *chap.* 2, *n.* 17, édition de 1677, à la quinzieme des remarques qui sont à la fin, *pag.* 295. Ainsi jugé par Arrêt du Parlement de Dijon du 27 Janvier 1727; autre du 12 Décembre 1725.)

20. Au reste, la défense de nommer, & de désigner les personnes, portée en l'article 4 du titre 7 de l'Ordonnance de 1670, ne regarde point les plaignants, qui peuvent, & même doivent toujours être nommés dans les Monitoires, ainsi que la maison, & le lieu où le délit a été commis.

Il faut aussi observer, que quand les personnes accusées, ou soupçonnées d'être les auteurs du crime, ont été nommées, ou désignées contre la disposition de l'Ordonnance, la seule peine est l'amende; mais on n'est pas déchu, pour cela, du droit de faire procéder de nouveau à la publication d'autres Monitoires.

Autrefois les Officiaux étoient tenus des dommages & intérêts, lorsque le Monitoire contenoit le nom des parties. (Arrêt du 18 Février 1573, contre l'Official de Rheims. Voyez Bouchel, en sa Bibliotheque Canonique, *tom.* 2, *pag.* 107, *col.* 2;) mais aujourd'hui, cela dépend des circonstances, & de la question de sçavoir si l'accusation, ou plainte est fondée, ou non.

21. 15°. Les Curés, & leurs Vicaires, sont tenus, à peine de saisie de leur temporel, de faire la publication des Monitoires qui leur sont envoyés, à la premiere requisition qui leur en est faite; & dans le cas de refus de leur part, la publication en peut être faite par un autre Prêtre nommé d'office par le Juge. (Ordonnance de 1670, *tit.* 7, *art.* 5.)

Si le Curé étoit parent de l'accusé, il seroit aussi convenable que la publication du Monitoire se fît par un autre Prêtre.

Dans les procès poursuivis contre des Ecclésiastiques, où il y a du cas privilégié, & pour lesquels l'instruction se fait conjointement par le Juge Royal, & par le Juge d'Eglise, lorsque le Juge Royal a permis l'obtention des Monitoires, aussi-bien que l'Official, celui-ci peut seul commettre un Prêtre pour la publication, & fulmination de ce Monitoire; & il n'est pas nécessaire

que

que le Prêtre soit commis par le Lieutenant-Criminel. (Arrêt du Conseil du 27 Mars 1691, rapporté aux Nouveaux Mémoires du Clergé, *tom.* 7, *pag.* 742.)

Un Curé ne pourroit se dispenser de publier un Monitoire, sous prétexte que l'accusé du crime dont on recherche la preuve, se seroit confessé à lui, & l'auroit chargé d'offrir des dommages & intérêts à la partie civile. (Ainsi jugé par Arrêt du Parlement de Paris du 29 Juillet 1670, rapporté par Bardet, *tom.* 1, *liv.* 3, *chap.* 116; & au Journal des Audiences.)

22. 16°. Les Curés, & les Vicaires sont tenus, lors de la publication du Monitoire aux Prônes, de le lire en entier, & de ne le point tronquer. Il faut aussi qu'ils en fassent la lecture à haute & intelligible voix. Cette publication doit être faite au Prône de la Messe Paroissiale, & non à Vêpres.

Lorsqu'il est nécessaire d'envoyer les grosses des Monitoires au Parlement, le Greffier du Siege qui a permis de les obtenir, doit faire mention au bas des grosses, que ces Monitoires ont été publiés.

Les Curés, ou Vicaires, qui prévariquent en matiere de Monitoires, soit en supprimant, ou changeant les noms; soit en altérant quelque disposition du Monitoire; soit en le prononçant à voix basse, *&c.* doivent être condamnés à une peine pécuniaire, & aux dépens qui seroient faits pour ordonner une nouvelle publication du Monitoire.

ARTICLE II.

Des Réaggraves.

23. On appelle *Réaggrave*, le dernier Monitoire qu'on publie, après les trois monitions qui doivent précéder l'excommunication.

Les Curés ne peuvent procéder à la publication de ces réaggraves, sans une permission du Juge Laïque qui a donné la permission d'obtenir les Monitoires; & s'il y étoit procédé sans cette permission, il y auroit abus. (Arrêts du Parlement de Dijon des 26 Novembre 1665, & 18 Avril 1671, rapportés par Raviot, *qu.* 161, *n.* 6, *tom.* 1, *pag.* 494. Voyez aussi Fevret, Traité de l'Abus, *liv.* 7, *chap.* 2, *n.* 33.) Il a été rendu au Parlement de Rouen un Arrêt du 14 Août 1736, & qui se trouve imprimé, conforme à cette décision. Comme il y a plusieurs questions décidées par cet Arrêt, j'ai cru devoir le rapporter ici en entier.

24. » Entre Augustin Sohier, Prêtre Religieux de l'Ordre de » S. Benoît, Congrégation de S. Maur, appellant de Sentence » rendue par le Lieutenant-Criminel au Bailliage de Conches » le 26 Mars 1736, par lequel il est décrété de prise de corps; » & Gabriel Maloisel, aussi appellant de la même Sentence, qui » le décrete aussi de prise de corps: Et encore ledit Frere Sohier, » appellant comme d'abus de Sentence rendue par l'Official » d'Evreux le 27 Mars 1736, qui a prononcé contre ledit Frere » Sohier, un pareil décret de prise de corps, & qu'il sera ap- » pellé à ban; Et d'une autre Sentence du 22 Mai, aussi rendue » par ledit Official, qui ordonne que ledit Frere Sohier seroit » assigné à cri public; ensemble de l'appel à ban & cri public » aux marchés d'Evreux, & de Conches, *&c.* Oui Thouart, » Avocat pour le Frere Sohier, *&c.*; Perchel le jeune, Avocat » dudit Maloisel, *&c.*; & le Chevalier, Avocat-Général, *&c.* » Après qu'il en a été délibéré, Notre Cour, par son Jugement » & Arrêt, parties ouies, & notre Procureur-Général, a reçu & » reçoit les parties de Thouart, & de Perchel le jeune, appellant » sur le Barreau, de l'Ordonnance du Lieutenant-Criminel de » Conches du 22 Février 1735, contenant permission d'informer, » tant par témoins, que par censures d'Eglise, & de tout ce qui » s'est fait en conséquence; a tenu leur appel pour bien & due- » ment relevé; a reçu pareillement notre Procureur-Général, » appellant comme d'abus sur le Barreau, de l'Ordonnance du 14 » Décembre 1735, contenant qu'il sera procédé à la publication, » aggraves & réaggraves, & fulmination du Monitoire, & de » tout ce qui a été fait en conséquence, tenu son appel pour bien » & duement relevé; a joint toutes les appellations, tant simples » que comme d'abus; & y faisant droit, en ce qui touche les ap- » pellations simples, a cassé & annullé l'Ordonnance du Lieu- » tenant-Criminel de Conches du 22 Février 1735, & tout ce » qui a été fait en conséquence; a déchargé les parties de Thouart » & de Perchel le jeune, des décrets de prise de corps contre » elles décernés; & en ce qui touche les appellations comme » d'abus, a dit que sans réquisition de notre Procureur, & Or- » donnance du Lieutenant-Criminel de Conches, il a été mal, » nullement & abusivement ordonné le 14 Décembre 1735, la

» publication des aggraves, réaggraves, & fulminations du Mo-
» nitoire; comme aussi qu'il a été mal, nullement, & abusive-
» ment requis par le Promoteur, ordonné, procédé, prononcé
» des amendes, pour astreindre les témoins à comparoir, & dé-
» crété par l'Official d'Evreux : dit encore qu'il a été mal, nul-
» lement & abusivement fait perquisition de la partie de Thouart
» en l'Abbaie de Conches; ordonné l'appel à cri public, & son
» de trompe par l'Official, & fait ledit appel en conséquence :
» a permis à la partie de Thouart, pour lui valoir de réparation,
» de faire lire, publier, & afficher le présent Arrêt par tout où
» il appartiendra. »

ARTICLE III.

Des Révélations.

SECTION PREMIERE.

25. C'est un abus de faire signifier, ou de donner copie d'un Monitoire à ceux qu'on croit pouvoir déposer, ou venir à révélation. Cet abus qui a été long-temps en usage au Parlement de Bordeaux, a été réprimé & condamné par un Arrêt du Conseil du 10 Août 1679.

Tous ceux qui ont connoissance des faits mentionnés aux Monitoires, sont obligés de venir à révélation. (Voyez Lévit. *chap.* 5, *v.* 1;) à moins qu'ils ne soient exceptés par le Droit; comme sont :

1°. Les auteurs du crime, ou leurs complices; car la conservation de notre propre personne, & de nos biens, étant de droit naturel, & étant aussi ancienne que l'homme, il n'y a aucune Loi qui y puisse préjudicier. *Jus naturale inter omnia primatum obtinet tempore & æquitate.* (Voyez la glose sur la Loi 10, Cod. *de testibus.*) C'est aussi la disposition du Rituel d'Orléans de M. de Rets, au titre du Sacrement de Pénitence, à l'article des censures, *pag.* 113; & des Statuts Synodaux du même Diocèse, *tit.* 13, §. 4, *n.* 99, *pag.* 515.

26. 2°. Les parents en ligne directe, en quelque degré que ce soit, & en ligne collatérale; les parents & alliés, jusqu'au second degré; & selon plusieurs, jusqu'au quatrieme degré inclusivement.

(Voyez le Catéchisme de Montpellier, *part.* 3, *sect.* 1, *chap.* 5, §. 25; & la glose sur le Canon *Consanguinei*, C. 3, *qu.* 5. Voyez aussi le Rituel, & les Statuts Synodaux du Diocèse d'Orléans, aux endroits qui viennent d'être cités; & le Rituel d'Alet, instruction 11 *des Monitoires.*)

On excepte néanmoins de cette regle, le cas où il s'agiroit d'un bien public très important, & très considérable. (Catéchisme de Montpellier, & Rituel d'Alet, aux endroits qui viennent d'être cités.)

On a aussi jugé que le parrein & le filleul n'étoient pas tenus de révéler l'un contre l'autre; parce que celui-là est pere; & l'autre, fils spirituel. (Ainsi jugé par Arrêt du Parlement de Toulouse du 4 Mai 1676, rapporté par Catelan en ses Arrêts, *liv.* 9, *ch.* 7.)

27. 3°. Les Confesseurs. On prétend cependant que quand il s'agit du crime de Leze-Majesté au premier chef, le Confesseur est tenu de révéler. (Voyez ce qui est dit ci-dessus au titre *Des Informations de Témoins*, part. 3, liv. 2, tit. 7, n. 54.)

Non-seulement le Confesseur n'est point tenu de venir à révélation, mais encore tous ceux entre les mains desquels pourroit tomber la confession écrite de la main de l'accusé, ne seroient pas obligés de la présenter, ni d'en rien découvrir; parce qu'elle ne seroit d'aucun effet. (Voyez le Mémoire de M. Nivelle, Avocat, dans l'affaire de la Dame de Brinvilliers, pour prouver qu'une confession ainsi trouvée, ne devoit faire aucune charge contre elle, dans le livre des Causes Célebres, *tom.* 1, *pag.* 398 de la seconde édition en 1739.)

Il faut dire la même chose de ceux, qui, étant trop proche du Tribunal, entendroient la confession d'un autre. (Voyez la Bibliotheque Canonique, *tom.* 1, *pag.* 335.)

28. 4°. Les Avocats, Procureurs, Notaires, & autres qui ont donné conseil à l'accusé, dans l'affaire pour laquelle les Lettres-Monitoires sont obtenues, ne sont point aussi obligés de venir à révélation; si ce n'est qu'il s'agisse d'un bien public très important. (Voyez S. Thomas 2. 2. *qu.* 70, *n.* 1; Avila, *qu.* 5, *disp.* 5, *doute* 2; Corduba, *liv.* 2 de ses Questions, *qu.* 43, *doute* 2; Navarre, *chap.* 25, *n.* 46; Pierre de Nav., *liv.* 2, *chap.* 4, *n.* 222; Lessius, *liv.* 2, *chap.* 30, *doute* 6, *n.* 45; Catéchisme de Montpellier, *part.* 3, *sect.* 1, *chap.* 5, §. 25; Rituel d'Alet, *instruction* 11 *des Monitoires*; Voyez aussi la L. *ult.* D. *de testibus*; la L. 16, Cod.

eodem tit.; & *causâ* 4, *qu.* 2 & 3, cap. *Romana de testibus & attestationibus in sexto, ex Concil. gen. Lugdun.*; Juenin, *Institut. Theol. term.* 7, *dist.* 10, *qu.* 2, *c.* 1, *art.* 3; & les Statuts Synodaux du Diocèse de Grasse, & de Vence, par M. Godeau, *tit.* 19, *chap.* 2, *pag.* 183.)

Mais à l'égard des Avocats, Notaires, Procureurs, & autres à qui l'on n'a point demandé conseil dans l'affaire pour laquelle les Monitoires sont obtenus, quoiqu'ils soient le conseil ordinaire de l'accusé, ils ne sont point dispensés de venir à révélation.

29. 5°. Les personnes à qui on a confié sous le secret, le fait dont il s'agit, ne sont point aussi obligées de révéler. (Catéchisme de Montpellier, *part.* 3, *sect.* 1, *chap.* 5, §. 25; Statuts du Diocèse de Grasse, & de Vence, *tit.* 19, *ch.* 2, *pag.* 183. Voyez aussi Escobar, *tract.* 6, *exemp.* 6, *cap.* 3, *n.* 24, *summa theolog. moralis*, où il ajoute cependant ces mots, *nisi in damnum tertii vergeret.*)

30. 6°. Les Médecins, Chirurgiens, Apothicaires, Sages-Femmes, & autres personnes, qui, par leur état, sont tenus de garder le secret pour des choses qui se sont passées sous leurs yeux, à l'égard des personnes qui les ont employés, ne sont point obligés pareillement de venir à révélation. (Corduba, *liv.* 1, de ses Questions, *qu.* 43, *doute* 2, Navar. *chap.* 25, *n.* 46, Pierre de Nav. L. 2, *ch.* 4, *n.* 222. Lessius, L. 2, *ch.* 30, *doute* 6, *n.* 45. Statuts Synodaux des Diocèses de Grasse & de Vence, *tit.* 19, *ch.* 2, *pag.* 183.)

7°. Les serviteurs, servantes, & domestiques, sont aussi excusés de venir à révélation contre leurs maîtres. (Silv. & Angelus, au mot *Familia*; Juenin en sa Pratique, *chap.* 2, *&c.*;) sinon en certains cas, (suivant le Canon *Consanguinei*, *chap.* 3, *qu.* 5; & la L. *Servos* Cod. *de testibus*, qui en excepte les crimes *adulterii*, *fraudati census*, & *majestatis*; & la glos. leg. *etiam de Jure* Cod. *de testibus.* Voyez aussi Papon, *liv.* 9, *tit.* 1, *n.* 27.)

31. 8°. Il en est de même du tuteur contre son mineur, ou du mineur contre son tuteur. Voyez Rouault, en son Traité des Monitoires, imprimé à Paris en 1740, *in*-12, *chap.* 10, *n.* 7; où il dit que les mineurs, & les tuteurs, ne peuvent être contraints de révéler les uns contre les autres; parce que le tuteur est conservateur du bien, & de la personne de son pupille; & qu'à l'égard de

celui-ci, son tuteur lui tient lieu de pere. Il ajoute que cette regle doit avoir lieu, même après la majorité; parce que le tuteur est dans le secret de toutes les affaires de son mineur; & qu'il y auroit une ingratitude énorme dans le pupille, de porter témoignage contre son tuteur, qui a veillé pendant toute sa jeunesse à la conservation de ses biens, & de sa personne. Il en est, à-peu-près, d'un mineur sorti de dessous l'autorité de son tuteur, comme d'un maître qui a donné la liberté à son esclave. Or, les Empereurs Honorius & Theodose, vouloient qu'on punît de mort les affranchis qui avoient la témérité d'accuser leurs patrons. (L. *Liberti*, C. *de his qui accusare non possunt.*)

32. 9°. On prétend aussi qu'un ami n'est point tenu de venir à révélation contre son ami, à moins qu'il ne s'agisse d'un crime de Leze-Majesté, ou d'Etat. (Voyez la Loi *si quis*, Cod. *de his qui accusare possunt*; & Rouault en son Traité des Monitoires, *pag.* 182.)

10°. Les Ecclésiastiques ne sont pas obligés de révéler, lorsque leur révélation peut causer la mort; à moins qu'il ne s'agisse d'un intérêt public, & considérable. (Rituel d'Alet, *Instruct.* 11 *des Monitoires.*)

11°. Quelques Auteurs même prétendent qu'on n'est pas tenu de révéler à l'égard des personnes puissantes, & violentes, lorsque ces dépositions pourroient avoir des suites fâcheuses contre celui qui viendroit à révélation; comme s'il craignoit d'être notablement maltraité dans sa personne, ou dans ses biens, à cause de cette révélation. (Catéchisme de Montpellier, *part.* 3, *sect.* 1, *chap* 5, §. 25; Rituel d'Alet, *Instruct.* 11 *sur les Monitoires.*)

12°. On est aussi exempt de venir à révélation, quand il y a appel, ou opposition au Monitoire, jusqu'à ce qu'il en soit autrement ordonné.

33. 13°. Mais quand il s'agit du crime de Leze-Majesté au premier chef, ou du salut de l'Etat, personne n'est exempt de venir à révélation. (Voyez Papon, *liv.* 24, *tit.* 7, *n.* 2, Carondas, *liv.* 7, *rep.* 178.)

14°. On prétend aussi que quand il s'agit de biens récélés entre co-héritiers, ou de soustraction de titres, & pieces servant dans un procès, personne n'est exempt de venir à révélation; non pas même les récéleurs, ni leur conseil, Avocats, & Procureurs. C'est la disposition des Arrêts des 24 Avril 1540; 2 Mars 1544, & 1

Décembre 1601, rapportés par Mornac en la L. 2, Cod. *de testibus*, pour prouver que *abusiva non est monitio ex verbis nemine dempto, cogique possunt patronus & procurator ad testimonium.*

15°. Au reste, il faut observer que les Monitoires n'obligent que les Diocésains; parce que les Evêques, & leurs Officiaux, n'ont point de Jurisdiction au-delà de leur territoire.

Mais quand on est Diocésain, il n'est pas nécessaire d'être d'une Paroisse où le Monitoire a été publié, pour être obligé à venir à révélation, si l'on a d'ailleurs connoissance du Monitoire. (Sainte-Beuve, Cas 173, *tom.* 2, *pag.* 576, édition *in*-4°.)

SECTION II.

Devoirs des Curés, & des Juges, touchant les révélations.

34. 1°. Les Curés sont obligés de recevoir les révélations de ceux qui se présentent pour révéler, tant sur le fait principal, que sur les circonstances; même de ceux qui ont seulement ouï dire; parce que souvent on tire de ces indices, des lumieres pour la connoissance du fait principal.

2°. Ce n'est point aux Curés à prendre connoissance des qualités des témoins qui se présentent pour révéler. Ils doivent recevoir les révélations qui se présentent, sans entrer dans cet examen; & ils font mal, & péchent devant Dieu, lorsqu'ils donnent imprudemment des avis qui nuisent au public, & aux parties. C'est aux Juges à examiner les cas où les dépositions doivent être lues, ou rejettées.

Ces révélations doivent être écrites & rédigées par les Curés, ou Vicaires, de leur main, & non d'une main étrangere; & signées du Curé, ou Vicaire, & aussi du témoin, si cela se peut.

35. 3°. Si le témoin ne veut pas faire connoître sa déposition au Curé, il peut se contenter de donner son nom & sa demeure; & il semble que cet usage, qui est suivi en quelques endroits, ne doit pas être aboli. Sur la communication qui est ensuite donnée par le Curé, au Greffe de la Justice où se poursuit le procès, du nom, & de la demeure de celui qui a ainsi fait sa déclaration, on peut aisément l'assigner, & le faire entendre, comme témoin.

4°. Les révélations qui ont été reçues par les Curés, ou Vicaires, doivent être envoyées cachetées, au Greffe de la Jurisdiction où le procès est pendant, lequel pourvoit, s'il y échet, aux frais du voyage. (Ordonnance de 1670, *tit.* 7, *art.* 10.)

Ces frais doivent être payés par la partie qui a obtenu le Monitoire; & à cet effet, il doit en être délivré exécutoire contre cette partie par le Juge d'instruction, lequel doit taxer ces frais sur le champ.

36. 5°. En matiere criminelle, les Procureurs du Roi, & ceux des Seigneurs, ainsi que les Promoteurs des Officialités, doivent avoir communication des révélations des témoins; & les parties civiles, de leur nom, & domicile seulement. (Ordonnance de 1670, *tit.* 7, *art.* 11;) Mais si le Monitoire est obtenu en matiere criminelle, les parties poursuivantes peuvent demander que les révélations des témoins leur soient communiquées. A l'égard de l'accusé, il ne doit point en avoir de communication.

6°. Comme le témoin qui est venu à révélation, ne prête point serment, il n'est pas tenu de persister devant le Juge, dans ce qu'il a dit par sa révélation; & il peut y ajouter, & l'augmenter ou diminuer; le tout, suivant que les choses se sont passées.

37. 7°. La partie civile n'est pas obligée de faire entendre tous les témoins venus à révélation, & l'accusé ne peut l'y contraindre. Elle ne fait assigner que ceux qu'elle veut; parce que l'accusé pourroit engager ses parents, & amis, à révéler en sa faveur; sauf à les faire entendre dans la suite à sa requête, s'il y a lieu, en proposant ses faits justificatifs. (Ainsi jugé par Arrêt du Parlement de Paris du 18 Décembre 1673, rapporté par Brillon, au mot *Monitoire*, n. 34. Autre Arrêt du Parlement de Grenoble du 18 Avril 1680, rapporté au Journal du Palais, *tom.* 2, *pag.* 228, où cette question est très bien discutée.)

8°. Le Juge qui procede à l'audition des témoins venus à révélation en conséquence des Monitoires, ne doit pas se contenter de répéter ces témoins à leurs révélations; mais il doit rédiger mot à mot, leurs dépositions sur tous les faits dont ils peuvent avoir connoissance, & il ne doit se servir uniquement de leurs révélations, que comme de simples mémoires; autrement ce seroit une nullité. (Ainsi jugé par Arrêt du Parlement de Paris du 18 Février 1699, rapporté au Journal des Audiences; Voyez aussi Brillon, au mot *Monitoire*, n. 30. Autre Arrêt du 7 Juillet 1707, rapporté aussi au Journal des Audiences; autre du 20 Dé-

cembre

cembre 1708, qui, en conſéquence, a ordonné que la répétition des témoins venus à révélation, ſeroit refaite aux dépens du Juge de Saint-Amand.)

ARTICLE IV.

Comment on peut ſe pourvoir contre les Monitoires.

38. On peut ſe pourvoir contre les Monitoires, ou par ſimple oppoſition, ou par appel comme d'abus; mais on ne peut les attaquer par la voie d'appel ſimple au Métropolitain. (Arrêt du Parlement de Dijon du 22 Mars 1694.)

Les moyens d'oppoſition, ou d'appel, peuvent être fondés, 1°. ſur le défaut du Monitoire en la forme; comme ſi l'on y avoit nommé, ou déſigné des perſonnes; ou énoncé des faits, autres que ceux énoncés au jugement qui a permis de les obtenir: 2°. ſur la qualité de la matiere; comme ſi le Monitoire étoit obtenu pour des injures, ou autres faits légers: 3°. ſur la qualité de la perſonne; comme ſi on vouloit informer & publier des Monitoires pour raiſon d'adultere commis par une femme du vivant de ſon mari, qui ne ſe plaindroit point de ſa conduite.

Si l'on prend la voie d'oppoſition, il faut élire domicile dans le lieu de la Juriſdiction du Juge qui a permis l'obtention du Monitoire; à peine de nullité de l'oppoſition. (Ordonnance de 1670, *tit.* 7, *art.* 10.) L'effet de l'oppoſition eſt d'empêcher les Curés de publier le Monitoire, avant que cette oppoſition ait été jugée.

39. Les oppoſitions ne ſe font ordinaîrement que quand le Monitoire a commencé d'être publié; parce que les Monitoires ne ſe ſignifient point. On pourroit cependant former oppoſition à un Monitoire avant ſa publication, ſi l'on en étoit prévenu. Cette oppoſition doit être ſignifiée au Curé qui doit faire la publication, & à la partie qui pourſuit.

Quand le Monitoire n'eſt point encore expédié, quoiqu'accordé, l'oppoſition doit ſe faite au Secrétariat de l'Evêché; mais s'il eſt expédié, elle doit être ſignifiée aux Curés; quand même ils auroient déja publié une ou deux fois ces Monitoires.

Lorſqu'il y a appel comme d'abus, ou oppoſition au Monitoire, celui qui l'a obtenu, doit en donner copie à l'opposant, ou appellant.

40. L'opposition doit être jugée en la Jurisdiction du Juge qui a permis l'obtention du Monitoire, soit Royal, soit Subalterne, & non devant l'Official; si ce n'est dans les procès qui se poursuivent en l'Officialité; & l'opposant peut y être assigné, sans commission, ni mandement, pour y comparoître dans les trois jours, au plus tard. (Ordonnance de 1670, *tit.* 7, *art.* 8.)

Cette opposition doit être plaidée au jour de l'échéance de l'assignation. (Ordonnance de 1670, *tit.* 7, *art.* 9;) & il n'est pas permis aux Juges d'appointer sur ces oppositions; ainsi qu'il a été jugé par un Arrêt rendu en la Tournelle-Criminelle le 23 Mai 1743, qui a déclaré nulle une Sentence rendue par le Juge de Châteauroux en Berri, qui, sur une pareille opposition, avoit appointé les parties en droit.

41. Le Jugement qui intervient sur cette opposition, doit être exécuté par provision, & nonobstant opposition, ou appellation, même comme d'abus. (Ordonnance de 1670, *ibid.* tit. 7, art. 9.)

Le même article 9 du titre 7 de l'Ordonnance de 1670, défend aux Cours, & à tous autres Juges, de donner des défenses, ou surséances d'exécuter les Jugements rendus sur les oppositions à la publication des Monitoires; si ce n'est après avoir vu les charges & informations, & le Monitoire, & sur les conclusions des Procureurs-Généraux, ou de leurs Substituts; à peine de nullité, de cent livres d'amende, *&c.*

Si l'on prend la voie d'appel comme d'abus contre la publication du Monitoire, cette voie n'empêche pas qu'il ne soit publié par provision. (Voyez le Procès-verbal de l'Ordonnance de 1670, *tit.* 2, sur l'article 10, *pag.* 92;) ce qui résulte aussi de la disposition dudit article 9; car puisque l'appel comme d'abus du Jugement qui donne main-levée de l'opposition, ne suspend point; à plus forte raison, cela doit-il avoir lieu à l'égard de l'appel comme d'abus de la publication des Monitoires. D'ailleurs, cet appel de la publication d'un Monitoire, est une voie irréguliere; puisque le simple Monitoire est un acte de jurisdiction non contentieuse, contre lequel on doit naturellement se pourvoir pour la voie ordinaire, qui est celle de l'opposition. Voyez l'article 36 de l'Edit du mois d'Avril 1695.

Sur cet appel comme d'abus, l'intimé doit communiquer le Monitoire à l'appellant.

42. On a déja observé, que les Monitoires sont déclarés abusifs, quand ils ne sont pas conformes à la permission d'informer. (Arrêt du 26 Février 1707, rapporté au Journal des Audiences, *tom.* 6.)

Ce seroit aussi un abus d'obtenir deux fois des Monitoires pour le même fait. (Ainsi jugé par Arrêt du 18 Mai 1579, rapporté par Bouvot, *tom.* 2, au mot *Monitions*, chap. 32.)

Il y a encore plusieurs autres moyens pour faire déclarer des Monitoires abusifs. Ces moyens sont rapportés par Fevret, *liv.* 7, *chap.* 2, *n.* 12 & *suiv.*

Si le Monitoire est déclaré abusif, il est nul. (Voyez Bardet, *tom.* 1, *liv.* 22, *chap.* 48, *pag.* 214; & Basnage sur la Coutume de Normandie, *tom.* 1, *pag.* 250;) mais on peut en obtenir un nouveau en forme de droit. (Peleus, *liv.* 3, *art.* 95.)

Dans tous ces cas, où le Monitoire est déclaré abusif, la Cour laisse ordinairement subsister les procédures intervenues sur ces Monitoires. (Arrêts du Parlement de Dijon des 7 Juin 1668, 26 Juillet audit an, & 11 Août 1672.)

TITRE IX.

Des Réconnoissances d'Ecritures en matiere criminelle.

1. Il arrive quelquefois que la preuve du crime dépend d'actes écrits, ou signés de la main de l'accusé, qu'il réfuse de reconnoître. Dans ce cas, il faut procéder à la reconnoissance de ces actes ; ce qui se fait par le secours des Maîtres Ecrivains, qui, après avoir examiné les actes en question, & les avoir comparés avec d'autres écritures authentiques, ou reconnues par l'accusé, déclarent si la piece contestée est écrite, ou non, de la main de cet accusé.

2. Quoique ce jugement des Experts, tiré de la comparaison des écritures, soit très équivoque, ainsi que l'a très bien démontré un savant Auteur, (a) dans un excellent Traité qu'il a fait à ce sujet ; néanmoins on regarde ordinairement ces sortes de rapports, comme faisant foi en Justice ; ce qui est fondé, sans doute, sur ce qu'il est impossible de prouver qu'un acte est écrit de la main d'une personne qui nie l'avoir signé, autrement que par cette comparaison d'écritures, ou par le témoignage de ceux qui ont vu signer l'acte ; & comme il arrive rarement qu'on trouve des témoins qui aient vu signer l'acte, que l'accusé, ou autre qui l'a écrit, ou signé, refuse de reconnoître, on a été obligé d'avoir recours à la preuve fondée sur le rapport des Experts, & sur la comparaison des écritures.

Voici la procédure qui doit être observée pour faire cette reconnoissance : elle est prescrite par le titre 3 de l'Ordonnance du mois de Juillet 1737, touchant le faux principal, ou incident.

(a) Voyez M. le Vayer, dans son Traité de la Preuve par comparaison d'Ecritures, qui se trouve imprimé à la fin de l'Ouvrage de Boiceau, sur la Preuve par Témoins, avec les Notes de Danty. Voyez aussi ce qui est dit à ce sujet au titre *Du Crime de Faux*, ci-après, *part.* 4, *tit.* 15, *n.* 156, & ce qui a été dit ci-dessus, *part.* 3, *liv.* 1, *tit.* 3, au titre *Des Preuves*, n. 223.)

§. I.

De la représentation des écritures privées aux accusés.

3. 1°. Les écritures & signatures privées qui peuvent servir à l'instruction, & à la preuve de quelque crime que ce soit, doivent être représentées aux accusés, après serment par eux prêté ; & ils doivent être interpellés de déclarer s'ils les ont écrites, ou signées ; ou s'ils les reconnoissent véritables ; après quoi elles seront paraphées par le Juge, & par l'accusé, s'il peut, ou veut les parapher ; sinon, il en sera fait mention ; le tout à peine de nullité. (Ordonnance du mois de Juillet 1737, au titre des reconnoissances d'écritures, *art.* 2 ; Ordonnance de 1670, *tit.* 8, *art.* 1 ; & *tit.* 14, *art.* 10.)

2°. La représentation, & interpellation dont on vient de parler, peut être faite aux accusés, soit lors de leurs interrogatoires, ou dans un procès-verbal, qui sera dressé à cet effet ; & les pieces à eux représentées, doivent demeurer jointes à la procédure criminelle. (Même Ordonnance de 1737, *ibid.* art. 2.)

4. 3°. Si l'accusé convient avoir écrit, ou signé ces pieces ; ou si ces pieces étant écrites d'une main étrangere, il les reconnoît véritables, elles font foi contre lui, sans qu'il en soit fait aucune vérification. (Ordonnance de 1737, *ibid.* art. 3 ; Ordonnance de 1670, *tit.* 8, *art.* 2 *&* 3.)

Mais il faut observer à ce sujet, que les écritures étrangeres, reconnues par l'accusé, ne font pas la même preuve contre lui, que celles qu'il a écrites de sa propre main. La foi des premieres, est beaucoup plus douteuse ; & il ne s'ensuit pas de l'aveu de l'accusé, qu'il confesse que le contenu en soit véritable. (Voyez le Procès-verbal de l'Ordonnance de 1670, sur l'article 3 du titre 8, *pag.* 95, *sur la fin.*)

4°. Si l'accusé déclare n'avoir point écrit, ni signé ces pieces ; ou s'il refuse de les reconnoître, ou de répondre à cet égard, il faudra les vérifier sur des pieces de comparaison ; ce qui doit être pareillement ordonné, s'il y échet, à l'égard des accusés qui sont en defaut, ou contumace ; encore que ces pieces n'aient pu leur être représentées. (Ordonnance du mois de Juillet 1737, au titre des Réconnoissances d'Ecritures, *art.* ,,; Ordonnance de 1670, *tit.* 8, *art.* 4.)

L'accusé est tenu de signer cette déclaration, s'il sçait, ou veut signer; sinon il doit être fait mention de son refus.

§. II.

Des pieces de comparaison.

5. 5°. Le procès-verbal de représentation des pieces de comparaison, doit être fait en présence des Procureurs du Roi, ou de ceux des Hauts-Justiciers; ensemble de la partie civile, s'il y en a, & de l'accusé: à l'effet de quoi, si l'accusé est dans les prisons, il sera amené, par ordre du Juge, pour assister à ce procès-verbal, sans aucune sommation, ni signification préalable; & pareillement il n'en sera fait aucune, lorsque l'accusé, étant absent, la contumace aura été instruite contre lui. (Ordonnance du mois de Juillet 1737, *tit.* 3, *art.* 5.)

La présence des Procureurs du Roi, ou de ceux des Seigneurs, est ici requise pour pouvoir répondre aux contredits que l'accusé peut opposer contre les pieces de comparaison.

6. 6°. Si l'accusé n'est pas dans les prisons, & que la contumace ne soit pas instruite à son égard, il faut le sommer de comparoître à ce procès-verbal, dans le délai porté par l'article 6 du titre *Du Faux principal*; (c'est-à-dire, dans les trois jours, si l'accusé a son domicile dans le lieu de la Jurisdiction; de huitaine, s'il demeure dans les dix lieues; & en cas de plus grande distance, en augmentant le délai d'un jour par dix lieux:) à l'effet de quoi la sommation lui en doit être faite par acte signifié dans la forme, & aux lieux prescrits par l'Edit du mois de Décembre 1680, concernant l'instruction de la contumace. (Voyez ci-après, au titre *Des Défauts & Contumaces*, part. 4, liv. 2, tit. 21, n. 9;) & faute par l'accusé d'y comparoître dans ce délai, il sera passé outre. (Ordonnance de 1737, *ibid.* tit. 3, art. 6.)

7. 7°. En procédant à ce procès-verbal, lorsque l'accusé est présent, les pieces de comparaison doivent lui être représentées, pour en convenir, ou les contester; sans qu'il soit donné, pour raison de ce, aucun délai, ni conseil; & celles qui seront admises, doivent être

paraphées par lui, s'il peut, ou veut le faire; sinon, il en sera fait mention; & soit que ledit accusé soit présent, ou absent, lors dudit procès-verbal, les pieces qui seront reçues, seront paraphées par le Juge, par le Procureur du Roi, ou celui des Hauts-Justiciers, ensemble par la partie civile, si elle peut, ou veut les parapher; sinon, il en sera fait mention, le tout à peine de nullité. (Ordonnance de 1737, *ibid.* art. 7.)

8. 8°. Il faut observer ici, au surplus, tout ce qui est prescrit au sujet des pieces de comparaison par les articles 12, 13, 14, 15, 16, 17 & 19 du titre du Faux principal; & par l'article 26 du Faux incident de cette même Ordonnance du mois de Juillet 1737, (Ordonnance de 1737, *ibid.* art. 8.)

L'article 12 du titre du Faux principal de cette Ordonnance, porte: » Que quand la preuve par comparaison d'écritures aura » été ordonnée, les Procureurs du Roi, ou ceux des Hauts-Justiciers, & la partie civile, s'il y en a, pourront seuls fournir les » pieces de comparaison, à peine de nullité; sans que l'accusé » puisse être reçu à en présenter de sa part; si ce n'est dans les » cas portés par les articles 46 & 54 du titre du Faux principal de » la même Ordonnance.

9. L'article 46 du Faux principal, cité dans cet article 12, porte: » Qu'en cas que l'accusé présente une requête, pour demander » qu'il soit remis de nouvelles pieces de comparaison entre les » mains des Experts, les Juges ne pourront y avoir égard qu'après l'instruction achevée, & par délibération de conseil sur le » vu des pieces, à peine de nullité.

Et l'article 54 veut: » Que si l'accusé demande qu'il soit entendu » de nouveaux Experts, soit sur les anciennes pieces de comparaison, soit sur les nouvelles, les Juges ne puissent l'ordonner, » s'il y échet, qu'après l'instruction achevée, & sur le vu du procès; ce qui sera pareillement observé, à peine de nullité.

L'article 13 du même titre du Faux principal, porte: » Qu'on » ne pourra admettre pour pieces de comparaison, que celles qui » seront authentiques par elles-mêmes; & qu'on regardera comme telles, les signatures apposées aux actes passés devant Notaires, ou autres personnes publiques, tant séculieres qu'ecclésiastiques, dans les cas où elles ont droit de recevoir des actes » en ladite qualité; comme aussi les signatures étant aux actes judiciaires faits en présence du Juge, & du Greffier; & pareille-

» ment les pieces écrites & ſignées, par celui dont il s'agit de » comparer l'écriture, en qualité de Juge, Greffier, Notaire, » Procureur, Huiſſier, Sergent; & en général, comme faiſant à » quelque titre que ce ſoit, fonction de perſonne publique.

10. L'article 14 ajoute: » Qu'on pourra néanmoins admettre pour » pieces de comparaiſon, les écritures, ou ſignatures privées qui » auront été reconnues par l'accuſé; ſans qu'en aucun autre cas, » leſdites écritures, ou ſignatures privées, puiſſent être reçues » pour pieces de comparaiſon; quand même elles auroient été » vérifiées avec l'accuſé ſur la dénégation qu'il en auroit faite; & » ce, à peine de nullité.

» L'article 15 laiſſe à la prudence des Juges, ſuivant l'exigence » des cas, & notamment lorſque l'accuſation de faux ne tombera » que ſur un endroit de la piece qu'on prétendra être faux, ou » falſifié, d'ordonner que le ſurplus de ladite piece, ſervira de » piece de comparaiſon.

L'article 16 porte: » Que ſi les pieces indiquées pour pieces » de comparaiſon, ſont entre les mains des dépoſitaires publics, » ou autres, le Juge ordonnera qu'elles ſeront apportées, ſuivant » ce qui eſt preſcrit par les articles 5 & 6 du même titre du Faux » principal, à l'égard des pieces prétendues fauſſes; & que les » pieces qui auront été admiſes pour pieces de comparaiſon, de» meureront au Greffe pour ſervir à l'inſtruction; & ce, quand » même les dépoſitaires deſdites pieces, offriroient de les appor» ter toutes les fois qu'il ſeroit néceſſaire: ſauf aux Juges à y » pourvoir autrement, s'il y échet, pour ce qui concerne les re» giſtres de Baptêmes, Mariages, Sépultures, & autres, dont les » dépoſitaires auroient beſoin continuellement pour le ſervice du » public.

11. L'article 5, (cité dans cet article 16,) porte: » Qu'en cas que » les pieces ne ſoient pas en la poſſeſſion de la partie publique, » ou de la partie civile, & qu'elles n'aient pu les joindre à leur » requête, ou plainte, il ſera ordonné par le même Jugement, » ou Ordonnance, qui permettra d'informer, qu'elles ſeront re» miſes au Greffe par ceux qui les auront entre les mains; & » qu'à ce faire, ils ſeront contraints; ſçavoir, les dépoſitaires » publics, par corps; ou s'ils ſont Eccléſiaſtiques, par ſaiſie de » leur temporel; & ceux qui ne ſont pas dépoſitaires publics, par » toutes voies dues & raiſonnables: ſauf à être ordonné, s'il y

» échet,

» échet, qu'ils seront contraints par les mêmes voies que les » dépositaires publics.

L'article 6 ajoute : » Que le délai pour l'apport & la remise de » ces pieces, courra du jour de la signification de ladite Ordon- » nance, ou Jugement, au domicile de ceux qui les auront en » leur possession ; & que ledit délai sera de trois jours, s'ils sont » dans le lieu de la Jurisdiction ; de huitaine, s'ils sont dans les » dix lieues ; & qu'en cas de plus grande distance, le délai sera » augmenté d'un jour par dix lieues ; même de tel autre temps que » les Juges estimeront nécessaire, eu égard à la difficulté des » chemins, & à la longueur des lieues, sans néanmoins qu'en » aucun cas, le délai puisse être réglé sur le pied de plus de deux » jours par dix lieues.

12. L'article 17 du même titre du Faux principal, porte : » Que » sur la présentation des pieces de comparaison, qui sera faite » par la partie publique, ou par la partie civile, sans qu'il soit » donné aucune requête à cet effet, il sera dressé procès-verbal » desdites pieces au Greffe, ou autre lieu du Siege destiné aux » instructions, en présence de ladite partie publique, ensemble » de la partie civile, s'il y en a ; à peine de nullité.

Enfin l'article 19 de ce même titre du Faux principal, porte : » Qu'à la fin du procès-verbal des pieces de comparaison, & sur » la réquisition, ou sur les conclusions de la partie publique, le » Juge réglera ce qu'il appartiendra sur l'admission, ou le rejet » desdites pieces : si ce n'est qu'il juge à propos d'ordonner qu'il » en sera par lui référé aux autres Officiers du Siege ; auquel cas » il y sera pourvu par délibération de conseil, après que le procès- » verbal aura été communiqué au Procureur du Roi, ou à celui » des Hauts-Justiciers, ou à la partie civile.

13. L'article 36 du titre du Faux incident, veut : » Que si les pieces » de comparaison sont contestées par le défendeur, ou s'il refuse » d'en convenir, le Juge en fasse mention, pour y être pourvu, » ainsi qu'il appartiendra, sur les conclusions du Procureur du » Roi, ou de ceux des Hauts-Justiciers ; & ce, dans la forme pres- » crite par l'article 19 (ci-dessus *n.* 12,) du titre du Faux principal.

9°. En cas que les pieces de comparaison ne soient point re- çues, la partie civile, s'il y en a, ou les Procureurs du Roi, ou ceux des Hauts-Justiciers, seront tenus d'en rapporter d'autres dans le délai qui sera prescrit ; sinon, les Juges ordonneront, s'il y échet, qu'il sera passé outre à l'instruction, & au jugement du procès; sauf, en cas qu'avant le Jugement, ladite partie civile, ou la partie publique, apporte des pieces de comparaison, à y être pourvu par les Juges, ainsi qu'il appartiendra. (Ordonnance du mois de Juillet 1737, au titre des réconnoissances d'Ecritures, *art.* 9.)

§. III.

Des Experts.

24. 10°. Les Experts qui procedent à la vérification, doivent être nommés d'office, & entendus séparément par forme de déposition, sans qu'il puisse être ordonné que ces Experts feront préalablement leur rapport sur les pieces, à peine de nullité; & il faut observer, par rapport à ces Experts, ce qui est prescrit par les articles 8 & 9 du titre du Faux principal. (Même Ordonnance de 1737, des réconnoissances d'Ecritures, *art.* 10.)

L'article 8 du titre du Faux principal, porte : » Que quand „ l'information par Experts aura été ordonnée; lesdits Experts seront toujours nommés d'office, à peine de nullité; & que la „ nomination en sera faite par l'Ordonnance, ou Jugement qui „ ordonnera cette information; si ce n'est que la nomination ait „ été renvoyée à un Juge commis sur les lieux, pour procéder „ à ladite information, auquel cas le Juge commis, doit aussi faire „ d'office cette nomination.

25. Surquoi il faut observer, 1°. qu'en matiere criminelle, les Experts sont toujours nommés d'office par le Juge; au-lieu qu'en matiere civile, il ne doit en nommer que pour celles des parties qui refusent de le faire : 2°. qu'en matiere de réconnoissance d'écritures, ou de faux, on doit prendre, pour Experts, des Maîtres Ecrivains, & à leur défaut, des Notaires, ou Greffiers.

L'article 9 du même titre du Faux principal : » Défend aux „ Juges de recevoir de l'accusé, aucune requête en récusation „ contre les Experts; à peine de nullité : sauf audit accusé à fournir ses reproches, si aucuns y a, contre ces Experts, en la „ même forme, & dans le même temps, que contre les autres „ témoins.

„ 11°. En procédant à l'audition des Experts, les pieces qu'il „ s'agira de vérifier, ou le Jugement qui en aura ordonné la

„ vérification, les pieces de comparaison, ensemble le procès-„ verbal de présentation d'icelles, & l'Ordonnance & Jugement „ par lequel elles auront été reçues, seront remises à chacun des-„ dits Experts ; & au surplus, il faudra observer tout ce qui a „ été réglé par l'article 23 dudit Faux principal. (Même Ordon-„ nance du mois de Juillet 1737, au titre des reconnoissances „ d'Ecritures, *art.* 11.)

16. L'article 23 du titre du Faux principal de la même Ordonnance, porte : » Qu'en procédant à l'information, la plainte, ou „ requête concernant l'accusation de Faux, & la permission d'in-„ former donnée en conséquence, les pieces prétendues fausses, „ & le procès-verbal de l'état d'icelles, les pieces de comparai-„ son, lorsqu'il en aura été fourni, ensemble le procès-verbal de „ présentation d'icelles, & l'Ordonnance, ou Jugement par le-„ quel elles auront été reçues, seront remis à chacun des Ex-„ perts pour les voir & examiner séparément, & en particulier, „ sans déplacer ; & qu'il sera fait mention de la remise & exa-„ men desdites pieces dans la déposition de chacun des Experts, „ sans qu'il en soit dressé aucun procès-verbal ; lesquels Experts „ parapheront les pieces prétendues fausses ; le tout à peine „ de nullité.

§. IV.

Des Témoins, & des pieces qui doivent leur être représentées.

17. 12°. Outre le rapport des Experts, on peut encore entendre, comme témoins, ceux qui ont vu écrire, ou signer lesdites écritures, ou signatures privées ; ou qui ont connoissance, en quelqu'autre maniere que ce soit, de faits qui puissent servir à en établir la vérité. (Même Ordonnance de 1737, au titre des réconnoissances d'Ecritures, *art.* 12.)

Cette preuve qui vient de la déclaration des témoins, est beaucoup plus certaine, & moins équivoque, que celle qui résulte de la comparaison d'écritures, qui n'est que conjecturale, & fondée sur des principes peu assurés. (Voyez ce qui est dit à ce sujet au titre *Du Faux*, ci-après, *part.* 4, *tit.* 15, n. 156.)

18. 13°. En procédant à l'audition des témoins, les écritures, ou signatures privées, doivent leur être représentées, & par eux paraphées, ainsi qu'il est ordonné par les articles 25 & 26 du titre

du Faux principal; & il faut aussi observer tout ce qui est porté par les articles 27, 28 & 29 du même titre, concernant la représentation auxdits témoins, des piéces y mentionnées, le paraphe desdites pieces, & les actes dans lesquels on pourra suppléer à l'omission de la représentation, & du paraphe, soit desdites écritures, ou signatures privées, ou des autres pieces, si l'on n'y a pas satisfait lors de la déposition desdits témoins; & s'ils représentent quelques pieces lors de leurs dépositions, il faudra observer ce qui est prescrit par l'article 40 du même titre du Faux principal. (Même Ordonnance de 1737, titre des réconnoissances d'écritures, *art.* 13.)

19. L'article 25 du titre du Faux principal, porte: » Que lors de „ l'audition de ces témoins, les pieces prétendues fausses leur se- „ ront représentées, si elles sont au Greffe; & qu'en cas qu'elles „ n'y fussent pas, la représentation en sera faite lors du récole- „ ment; & que si elles n'étoient pas au Greffe, même audit temps, „ la représentation s'en fera, lors de la confrontation.

L'article 26 du même titre, veut: » Que les témoins paraphent „ lesdites pieces lors de la représentation qui leur en sera faite, „ s'ils peuvent, ou veulent les parapher; sinon, qu'il en sera fait „ mention.

L'article 27, porte: „ Que les pieces servant à conviction, „ qui auroient été remises au Greffe, seront pareillement repré- „ sentées à ceux desdits témoins qui en auront connoissance; & „ par eux paraphées, ainsi qu'il est porté par l'article précédent: „ le tout, lors de leur déposition.

L'article 28 veut néanmoins: „ Qu'en cas d'omission de la „ représentation, & du paraphe ci-dessus ordonnés des pieces „ prétendues fausses, ou servant à conviction, qui seroient au „ Greffe lors de la déposition desdits témoins, il puisse y être sup- „ pléé lors du récolement; & que s'il a été omis alors d'y satis- „ faire, il y sera suppléé en procédant à la confrontation; à peine „ de nullité de ladite confrontation, ainsi qu'il est porté par l'ar- „ ticle 45 du même titre du Faux principal. (*Infrà*, n. 31.)

20. L'article 29, porte: „ Qu'à l'égard des pieces de comparaison, „ & autres qui doivent être représentées aux Experts, suivant „ l'article 23, (ci-dessus, *n.* 16,) elles ne seront point représen- „ tées aux autres témoins; si ce n'est que le Juge, en procédant „ soit à l'information, soit au récolement, ou à la confrontation

„ desdits témoins, estime à propos de leur représenter lesdites „ pieces, ou quelques-unes d'icelles, auquel cas elles seront pa„ raphées, ainsi qu'il est dit ci-dessus.

L'article 40 du même titre du Faux principal, veut : „ Que si „ les témoins représentent quelques pieces, soit lors de leur dépo„ sition, ou récolement, ou à la confrontation, elles y demeurent „ jointes, après avoir été paraphées, tant par le Juge, que par „ lesdits témoins, s'ils veulent, ou peuvent le faire ; sinon, qu'il „ en sera fait mention ; & que si lesdites pieces servent à con„ viction, elles seront représentées aux témoins qui en auront „ connoissance, & qui seront entendus, récolés, ou confrontés „ depuis la remise desdites pieces, & qu'elles seront par eux pa„ raphées ; le tout, suivant ce qui est prescrit par les articles 27 „ & 28, qu'on vient de rapporter.

§. V.

Du Décret.

21. 14°. Sur le vu de l'information, soit par Experts, ou par autres témoins, il doit être décerné tel décret qu'il sera jugé à propos, même contre d'autres que l'accusé, s'il y écher, ou rendu telle Ordonnance qu'il appartiendra. (Même Ordonnance de 1737, titre des réconnoissances d'Ecritures, *art.* 14.)

§. VI.

De l'Interrogatoire des Accusés.

22. 15°. Il faut observer, au surplus, la disposition des articles 31, 32 & 41 du titre du Faux principal, concernant les pieces qui doivent être représentées aux accusés, & par eux paraphées lors de leurs interrogatoires, & celles qui ne doivent l'être qu'à la confrontation ; comme aussi touchant les pieces qu'ils pourroient représenter lors de ces interrogatoires. (Ordonnance de 1737, *ibid.* titre des réconnoissances d'Ecritures, *art.* 15.)

L'article 31 du titre du Faux principal, veut : „ Que lors de „ l'interrogatoire des accusés, les pieces prétendues fausses, „ comme aussi les pieces servant à conviction, qui seront actuel-

„ lement au Greffe, leur seront représentées, & par eux para-
„ phées, s'ils peuvent, ou veulent le faire ; sinon, qu'il en soit
„ fait mention ; & qu'en cas d'omission de ladite représentation,
„ & paraphe, il y sera suppléé par un nouvel interrogatoire ; à
„ peine de nullité du jugement qui interviendroit, sans avoir ré-
„ paré ladite omission.

23. L'article 32 de ce même titre du Faux principal, porte : „ Que
„ les pieces de comparaison, ou autres, qui doivent être repré-
„ sentées aux Experts, suivant l'article 23 du même titre (rap-
„ porté ci-dessus, *n.* 16,) ne pourront être représentées aux accu-
„ sés avant la confrontation.

L'article 41 de ce même titre du Faux principal, veut : „ Que
„ si l'accusé représente des pieces lors de ses interrogatoires, elles
„ y demeurent jointes, après avoir été paraphées, tant par le
„ Juge, que par ledit accusé, s'il peut, ou veut les parapher ;
„ sinon, qu'il en sera fait mention ; & qu'elles seront représentées
„ aux témoins, s'il y échet ; auquel cas, elles seront par eux pa-
„ raphées, s'ils peuvent, ou veulent le faire ; sinon, qu'il en sera
„ fait mention.

§. VII.

Du corps d'écriture, des nouveaux Experts, & des nouvelles pieces de comparaison

24. 16°. Le contenu aux articles 33, 34, 35 & 36 du titre du Faux principal, doit être pareillement observé, tant par rapport au corps d'écriture que l'accusé sera tenu de faire, s'il est ainsi ordonné par les Juges, que par rapport au cas où ils pourront ordonner, avant le réglement à l'extraordinaire, qu'il sera entendu de nouveaux Experts, ou qu'il sera fourni de nouvelles pieces de comparaison. (Ordonnance de 1737, titre des réconnoissances d'écritures, *art.* 16.)

L'article 33 du titre du Faux principal, porte : „ Qu'en tout
„ état de cause, même après le réglement à l'extraordinaire, les
„ Juges pourront ordonner, s'il y échet, à la requête de la partie
„ civile, ou sur le réquisitoire de la partie publique, ou même
„ d'office, que l'accusé sera tenu de faire un corps d'écriture,
„ tel qu'il lui sera dicté par les Experts.

25. Ce corps d'écriture a lieu principalement lorsqu'il n'y a point

de pieces de comparaison, ou lorsque ces pieces de comparaison ne sont pas suffisantes.

L'article 34 du même titre du Faux principal, ajoute : „ Que „ lorsque ce corps d'écriture aura été ordonné, il y sera procédé „ au Greffe, ou autre lieu du Siege destiné aux instructions, en „ présence des Procureurs du Roi, ou de ceux des Hauts-Justi- „ ciers, ensemble de la partie civile, s'il y en a, sinon, elle „ duement appellée, à la requête de la partie publique : Que „ ledit corps d'écriture sera paraphé, tant par le Juge, les Ex- „ perts, & lesdits Procureurs du Roi, ou ceux des Hauts-Justi- „ ciers, que par la partie civile, si elle peut, & veut le faire, „ sinon, qu'il en sera fait mention, ensemble par l'accusé, s'il „ veut le parapher, & ce en présence desdits Experts; & qu'en „ cas qu'il refuse de le faire, il en sera fait mention : le tout à „ peine de nullité.

L'article 35 du même titre, veut : „ Qu'à la fin du procès- „ verbal, & sans qu'il soit besoin d'autre Jugement, le Juge or- „ donne, s'il y échet, que ce corps d'écriture sera reçu pour „ piece de comparaison, & que les Experts seront entendus par „ voie de déposition en la forme prescrite par l'article 23, „ (ci-dessus, *n.* 16,) sur ce qui peut résulter dudit corps „ d'écriture, comparé avec les pieces prétendues fausses; ce qui „ aura lieu, encore qu'ils eussent déja déposé sur d'autres pieces „ de comparaison : sans préjudice au Juge, s'il y échet, d'en „ nommer d'autres, ou d'en ajouter de nouveaux aux premiers; „ ce qu'il ne pourra faire, néanmoins, que par délibération de „ conseil, à l'effet de quoi, il en sera par lui référé aux autres „ Juges.

26. „ L'article 36 laisse à la prudence des Juges, en cas de diver- „ sité dans la déposition des Experts, ou de doute sur la maniere „ dont ils se seront expliqués, d'ordonner sur la réquisition de la „ partie publique, ou même d'office, qu'il sera entendu de nou- „ veaux Experts en la forme prescrite par l'article 23 du même „ titre du Faux principal, (ci-dessus, *n.* 16;) même „ qu'il sera fourni de nouvelles pieces de comparaison; ce qu'ils „ pourront ordonner, s'il y échet, avant de décréter, ou après le „ décret, jusqu'au réglement à l'extraordinaire, après quoi, ils „ ne pourront l'ordonner, que lorsque l'instruction sera achevée, „ en jugeant le procès; & en cas que ce soit l'accusé qui fasse

„ une pareille demande, il faudra observer ce qui est prescrit par „ l'article 46, (ci-après, *n.* 37;) & l'article 54, (ci-après, „ *ibid.*)

§. VIII.

Du Récolement, & de la Confrontation.

27. 17°. Lors du récolement & de la confrontation des Experts, & autres témoins; ou du récolement des accusés, & de la confrontation des accusés les uns aux autres : il faudra observer ce qui est prescrit par les articles 37, 38, 39, 40, 42, 43, 44 & 45 du titre du Faux principal. (Ordonnance de 1737, au titre des réconnoissances d'Ecritures, *art.* 17.)

L'article 37 du titre du Faux principal, porte : „ Que lors du „ récolement des Experts, les pieces prétendues fausses, & les „ pieces de comparaison, seront représentées auxdits Experts; & „ tant à eux qu'aux accusés, lors de la confrontation, à peine de „ nullité. Qu'au surplus, le récolement, & la confrontation desdits Experts, se feront en la même forme que le récolement, „ & la confrontation des autres témoins, sans néanmoins qu'il soit „ besoin d'interpeller lesdits Experts, de déclarer si c'est de l'accusé présent, qu'ils ont entendu parler dans leur déposition, & „ récolement, à moins qu'ils n'aient déposé de faits personnels „ audit accusé.

28. Si l'accusé est contumax, il suffira de représenter les pieces aux Experts, & aux témoins, lors du récolement; & de leur faire parapher ces pieces, si elles ne l'ont point été lors de leur déposition.

L'article 38 du même titre du Faux principal, porte : „ Qu'en „ procédant au récolement des témoins, autres que les Experts, „ les pieces prétendues fausses seront représentées auxdits témoins, „ comme aussi les pieces servant à conviction, & en général toutes celles qui leur auront été représentées lors de leur déposition; & qu'en cas que lesdites pieces prétendues fausses n'aient „ été remises au Greffe, que depuis leur déposition, elles leur „ seront représentées, & par eux paraphées lors dudit récolement, „ suivant ce qui est prescrit par les articles 25 & 26, (ci-dessus, „ *n.* 19;) ce qui doit avoir lieu pareillement pour les pieces servant à conviction, dont lesdits témoins auroient con-

„ noissance,

» noissance, & qui auroient été remises au Greffe depuis leur dé» position, comme aussi pour celles dont la représentation auroit » été omise lors de l'audition desdits témoins, suivant ce qui est » porté par l'article 28, (ci-dessus, *n.* 19.)

29. L'article 39 du même titre du Faux principal, porte : » Que » toutes les pieces qui auront été représentées auxdits témoins, » tant lors de leur déposition, que lors de leur récolement, leur » seront représentées, ainsi qu'à l'accusé lors de la confrontation ; » & qu'en cas que les pieces n'aient été mises au Greffe, que de» puis le récolement, elles seront représentées auxdits témoins, » & par eux paraphées, lors de ladite confrontation, suivant ce » qui est prescrit par les articles 25 & 26, (ci-dessus, *n.* 19.) Ce » qui doit avoir lieu pareillement pour les pieces servant à con» viction, dont lesdits témoins auroient connoissance, & qui » n'auroient été remises au Greffe que depuis ledit récolement ; » comme aussi pour celles dont la représentation auroit été omise » lors de la déposition, & du récolement, suivant ce qui est pres» crit par l'article 28, (ci-dessus, *n.* 19.)

Cette nouvelle représentation à l'accusé, tant de pieces de comparaison, que de celles prétendues fausses, se fait, afin qu'il puisse proposer encore à la confrontation, ses moyens de défenses, s'il en a.

L'article 40 du même titre du Faux principal, est rapporté ci-dessus, (*n.* 20.)

30. L'article 42 du même titre, veut : » Que si l'accusé représente » des pieces lors de la confrontation, elles y demeurent pareille» ment jointes, après avoir été paraphées, tant par le Juge, que » par l'accusé, & par le témoin confronté avec ledit accusé ; & » que si ledit accusé, & ledit témoin ne peuvent, ou ne veulent pas » les parapher, il en sera fait mention ; le tout à peine de nullité » de ladite confrontation ; & que lesdites pieces seront représen» tées, s'il y échet, aux témoins qui seront confrontés depuis, & » par eux paraphées.

L'article 43, porte : » Que lorsqu'il aura été ordonné que les » accusés seront récolés sur leurs interrogatoires, & confrontés » les uns aux autres, les pieces qui auront été représentées à cha» que accusé, ou qu'il aura rapportées lors de ses interrogatoires, » lui seront pareillement représentées lors de son récolement, & » tant à lui qu'aux autres accusés lors de la confrontation ; & qu'au » surplus, on observera sur ladite représentation, & sur le para-

» phe desdites pieces, ce qui est prescrit par les articles 38, (ci-» dessus, *n.* 28;) 39, (ci-dessus, *n.* 29;) 40, (ci-dessus, *n.* 20;) » & 41, (ci-dessus, *n.* 23.)

31. L'article 44, porte : » Que dans tous les cas où il a été ordon-» né par les articles précédents, que les pieces prétendues fausses, » ou autres pieces, seront paraphées, soit par le Juge, soit par » les Experts, ou autres témoins, soit par les accusés ; ou qu'il » sera fait mention à l'égard desdits témoins, ou accusés, qu'ils » n'ont pu, ou voulu les parapher ; il suffira de faire parapher les-» dites pieces, ou de faire ladite mention dans le premier acte, » lors duquel lesdites pieces seront représentées ; sans qu'il soit » besoin de réitérer ledit paraphe, ou ladite mention, lorsque les » mêmes pieces seront de nouveau représentées.

» L'article 45, en expliquant plus particuliérement les intentions » de Sa Majesté sur les cas où la peine de nullité sera prononcée » par le défaut de représentation aux témoins, autres que les Ex-» perts, des pieces prétendues fausses, ou servant à conviction, » & de parapher lesdites pieces ; veut que ladite peine ne puisse » avoir lieu, que lorsqu'on n'y aura pas suppléé à l'omission de » représentation, ou de paraphe desdites pieces ; auquel cas les » Juges ordonneront, s'il y échet, qu'il sera procédé à une nou-» velle confrontation, lors de laquelle lesdites pieces seront re-» présentées auxdits témoins, & par eux paraphées en la forme » ci-dessus prescrite ; ce qui sera pareillement observé à l'égard » des accusés, lorsqu'il aura été ordonné qu'ils seront récolés, & » confrontés les uns aux autres.

§. IX.

Des faits justificatifs.

32. 18°. » Si l'accusé demande à être admis à fournir de nouvelles » pieces de comparaison, ou à ce qu'il soit entendu de nouveaux » Experts, il ne peut y être statué que dans le temps, & ainsi » qu'il est prescrit par les articles 46, 47, 48, 50, 50, 51, 52, » 53, 54 & 55 du titre du Faux principal ; & n doit aussi ob-» server la disposition de l'article 56 du même titre, au sujet de » ce qui pourra être ordonné dans tous les cas où il auroit été pro-» cédé à une nouvelle information, soit sur de nouvelles pieces

» de comparaison, soit par de nouveaux Experts. (Ordonnance » du mois de Juin 1737, titre des reconnoissances d'Ecritures, » *art.* 18.)

L'article 46 du titre du Faux principal, porte : » Qu'en cas que » l'accusé présente une requête pour demander qu'il soit remis » de nouvelles pieces de comparaison entre les mains des Experts, » les Juges ne pourront y avoir égard qu'après l'instruction ache- » vée, & par délibération de conseil, sur le vu du procès ; à » peine de nullité.

33. L'article 47 du même titre, ajoute : » Que si la requête de l'ac- » cusé est admise, le Jugement lui sera prononcé dans vingt- » quatre heures, au plus tard ; & qu'il sera interpellé par le Juge » d'indiquer lesdites pieces ; ce qu'il sera tenu de faire sur le » champ : laissant néanmoins à la prudence des Juges, de lui ac- » corder un délai, suivant l'exigence des cas, pour indiquer les- » dites pieces ; sans que ledit délai puisse être prorogé ; & que » l'accusé ne pourra, dans la suite, présenter d'autres pieces que » celles qu'il aura indiquées ; le tout sans préjudice à la partie » civile, ou à la partie publique, de contester lesdites pieces.

L'article 48, veut : » Que les écritures, ou signatures privées » de l'accusé, ne puissent être reçues pour pieces de comparaison, » encore qu'elles eussent été par lui reconnues, ou vérifiées avec » lui ; si ce n'est du consentement, tant de la partie publique, » que de la partie civile, s'il y en a : ce qui sera observé, à peine » de nullité.

L'article 49, porte : » Que les dispositions des articles 13 & 16 » du même titre du Faux principal, (ci-dessus, *n.* 9 & 10,) seront » observées, tant par rapport à la qualité des nouvelles pieces » de comparaison, qu'en ce qui concerne l'apport & remise au » Greffe des mêmes pieces ; lesquels rapport & remise se feront » à la requête de la partie publique.

34. L'article 50, veut : » Que le procès-verbal de présentation des » nouvelles pieces de comparaison indiquées par l'accusé, soit » fait à la requête de la partie publique, & dressé en présence » dudit accusé ; lequel paraphera les pieces qui seront reçues, » s'il peut, ou veut les parapher ; sinon qu'il en sera fait mention ; » le tout à peine de nullité : & qu'en cas que l'accusé ne soit pas „ dans les prisons, & ne se présente point pour assister audit „ procès-verbal, il y sera procédé en son absence, après qu'il

„ aura été duement appellé à la requête de la partie publique.
„ Qu'au ſurplus, il faudra obſerver tout ce qui a été ci-deſſus
„ preſcrit par rapport au procès-verbal de préſentation des pieces
„ de comparaiſon, rejet ou admiſſion d'icelles, & procédures à
„ faire en conſéquence.

L'article 51, ajoute „ Qu'en cas que les pieces de comparai-
„ ſon ſoient admiſes, il ſera procédé à une nouvelle information
„ ſur ce qui peut réſulter de ces pieces, dans la forme preſcrite
„ par les articles 22 & 23 du même titre du Faux principal, &
„ ce à la requête de la partie publique, & par les mêmes Ex-
„ perts qui auront déja été entendus, à moins qu'il n'en ait été
„ autrement ordonné; & que les anciennes pieces de comparaiſon
„ feront remiſes entre les mains des Experts, ainſi que les nou-
„ velles, enſemble les procès-verbaux de préſentation, & les
„ Ordonnances, ou Jugements de réception de toutes leſdites
„ pieces.

35. Il eſt dit par l'article 22 du même titre du Faux principal: „ Que dans toutes les informations qui feront faites par Experts, „ il feront toujours entendus par forme de dépoſition, ainſi que „ les autres témoins; ſans qu'il puiſſe être ordonné en aucun cas „ que leſdits Experts feront leur rapport ſur les pieces préten- „ dues fauſſes, ou qu'il ſera procédé préalablement à la vérifica- „ tion d'icelles; ce que Sa Majeſté défend; à peine de nul- „ lité.

„ A l'égard de l'article 23 du même titre, il eſt rapporté ci-deſſus, (*n.* 16.)

Pour entendre les Experts en dépoſition, il faut les aſſigner; mais en cas de refus de comparoître pour donner leur avis, ils ne peuvent y être contraints comme les autres témoins. La raiſon de cette différence eſt ſenſible. Pour faire les fonctions d'Experts en matiere de comparaiſon d'écritures, il faut une certaine habileté qui doit être accompagnée de réflexion. Or, le refus que fait un Expert de procéder à ces ſortes de vérifications, pouvant être fondé ſur ce que cet Expert ne ſe croit pas aſſez de lumieres pour donner un avis ſolide, il ne feroit pas juſte de le forcer à remplir une fonction, dont il ſe juge lui-même incapable. Il faut cependant que l'Expert qui eſt aſſigné, comparoiſſe pour s'excuſer.

36. Par l'article 15 du titre 9 de l'Ordonnance de 1670, les Ex-

perts devoient commencer par faire leur rapport. Cette formalité a été abrogée par la nouvelle Ordonnance.

L'article 52 du même titre du Faux principal de l'Ordonnance de 1737, porte : „ N'entendons empêcher que la partie civile, ou la „ partie publique, ne puisse être admise à produire de nouvelles „ pieces de comparaison, & ce, en tout état de cause, même „ dans le cas où il n'auroit pas été permis à l'accusé d'indiquer „ de nouvelles pieces de comparaison ; le tout à la charge de se „ conformer aux dispositions des articles 13 & suivants, (ci- „ dessus, *n.* 9 *& suiv.*) notamment en ce qu'il y est porté que „ l'accusé ne sera point présent au procès-verbal de prestation des „ pieces de comparaison, rapportées par la partie publique, „ ou par la partie civile.

37. L'article 53, veut : » Que lorsqu'à l'occasion des nouvelles „ pieces de comparaison indiquées par l'accusé, la partie publique, ou la partie civile, s'il y en a, en auront aussi produit „ de leur part, les Juges pourront, après que lesdites pieces auront été reçues en la forme ci-dessus marquée, ordonner, s'il „ y échet, que sur les unes & les autres, il sera procédé par „ une seule & même information par Experts.

Il n'est pas nécessaire, dans ce cas, que les témoins soient récolés & confrontés, à moins qu'ils ne fassent charge contre l'accusé ; ce qui dépend de la prudence du Juge ; comme il est dit en l'article 56 du même titre, (ci-après, *n.* 38.)

L'article 54, porte : » Que si l'accusé demande qu'il soit entendu „ de nouveaux Experts, soit sur les anciennes pieces de comparaison, soit sur de nouvelles, les Juges ne pourront l'ordonner, „ s'il y échet, qu'après l'instruction achevée, & par délibération „ de conseil sur le vu du procès ; ce qui sera observé, à peine „ de nullité.

L'article 55, ajoute : » Que s'il est ordonné qu'il sera procédé „ à une information par de nouveaux Experts, ils seront toujours „ nommés d'office, & entendus en la forme prescrite par les „ articles 22 & 23 de ce même titre du Faux principal ; le tout „ à peine de nullité. (Voyez ces articles 22 & 23 ci-dessus, „ *n.* 35 *&* 16.)

Lorsque ces nouveaux Experts sont entendus à la requête de l'accusé, ils ne doivent point être récolés, ni confrontés ; cette preuve étant pour sa justification.

38. L'article 56, porte: » Que dans tous les cas marqués par les articles 36, (*ſuprà*, *n.* 26;) 46, (*ſuprà*, *n.* 32;) 47, (*ſuprà*, *ibid.*) „ & par les articles 52, 53, 54 & 55, (*ſuprà*, *n.* 36 & 37,) „ où il aura été procédé à une nouvelle information, ſoit ſur „ de nouvelles pieces de comparaiſon, ou par de nouveaux „ experts, les Juges pourront la joindre au procès, pour, en jugeant, y avoir tel égard que de raiſon; ou décerner de nouveaux décrets, s'il y échet; ou ordonner ſans décret, que les „ experts entendus dans ladite information ſeront récolés & confrontés; ou y ſtatuer autrement, ſuivant l'exigence des cas, „ ce que l'article laiſſe à leur prudence.

Il faudroit obſerver la même regle, ſi dans l'information faite à la requête de l'accuſé pour ſa juſtification, les pieces par lui produites étoient attaquées de faux; car il faudroit auſſi joindre cette nouvelle inſtance au procès.

Par l'Edit du mois de Décembre 1684, ceux qui nient leurs écritures, doivent être condamnés en de groſſes amendes, tant envers le Roi, qu'envers la Partie en matiere civile.

§. X.

Des Procurations de la partie civile; des Jugements, & de la remiſe des pieces.

39. 19°. „ Toutes les diſpoſitions des articles 57, 58, 59, 60, 61, „ 62, 63, 64, 65, 66, 67, 68, & 69, du titre du Faux principal, concernant les procurations qui peuvent être données „ par la partie civile; l'exécution des Sentences & Arrêts qui „ contiendroient des diſpoſitions mentionnées dans ledit article, „ (*infrà*, *n.* 40;) la remiſe ou l'envoi des pieces dépoſées au „ Greffe; & les expéditions qui pourroient en être délivrées; doivent être exécutées par rapport auxdites écritures, ou ſignatures privées, ou autres pieces qui auroient ſervi à l'inſtruction. (Ordonnance de 1737, titre des Reconnoiſſances d'écritures, articles 19.)

L'article 57, du titre du Faux principal, porte: „ Que dans „ tous les procès-verbaux où la préſence de la partie civile eſt „ requiſe, ſuivant ce qui a été réglé ci-deſſus, il ſera permis à la „ partie civile d'y faire aſſiſter, au lieu d'elle, le porteur de ſa

„ procuration ; qui ne sera admise qu'en cas qu'elle soit spéciale,
„ & passée devant Notaires.

40. L'article 58, ajoute : » Que la procuration sera annexée à la
„ minute de l'acte, pour lequel elle aura été donnée, si elle ne
„ concerne qu'un seul acte ; & que si elle en concerne plusieurs,
„ elle sera annexée à la minute du premier acte, lors duquel elle
„ aura été représentée, & qu'elle sera paraphée, tant par le Juge,
„ que par le porteur d'icelle ; lequel paraphera en outre toutes les
„ pieces qui devroient être paraphées par ladite partie civile,
„ si elle étoit présente ; & qu'en cas qu'elle refuse de les para-
„ pher, il y sera pourvu par les Juges sur les conclusions de la
„ partie publique, ainsi qu'il appartiendra.

L'article 59, veut : » Que quand les premiers Juges auront
„ ordonné la suppression, ou laceration en tout ou en partie,
„ même la réformation ou rétablissement des pieces par eux dé-
„ clarées fausses, il sera sursis à l'exécution de ce chef de leur
„ jugement, jusqu'à ce que par les Cours, sur le vu du procès,
„ & sur les Conclusions des Procureurs-Généraux, il y ait été
„ pourvu, ainsi qu'il appartiendra ; ce qui aura lieu, encore que
„ la Sentence fût de nature à pouvoir être exécutée, sans avoir
„ été confirmée par Arrêt, & qu'il n'y en eût aucun appel, ou
„ que l'accusé y eût acquiescé dans les où il peut le faire.

41. L'article 60, du même titre du Faux principal, ajoute :
„ N'entendons néanmoins empêcher que ledit accusé ne soit
„ mis en liberté dans ledit cas d'acquiescement de sa part à la
„ Sentence, lorsqu'il n'y aura point d'appel *à minimâ*, interjetté
„ par les Procureurs-Généraux, ou leurs Substituts, ou par les
„ Procureurs des Hauts-Justiciers.

L'article 61, porte „ Que dans le cas où le jugement seroit
„ rendu par contumace contre les accusés, ou aucuns d'eux, la
„ surséance portée par l'article 59, ci-dessus, (*n.* 40.) aura lieu
„ tant que les accusés contumaxs ne se représenteront pas, ou
„ ne seront point arrêtés ; ce qui sera observé même apès l'ex-
„ piration des cinq années, & qu'en cas que les contumaxs se
„ représentent, ou qu'ils soient arrêtés, ladite surséance aura
„ pareillement lieu, si le jugement qui interviendra contradic-
„ toirement avec eux, contient à l'égard des pieces fausses,
„ quelques-unes des dispositions mentionnées audit article 59.

L'article 62, ajoute : » Que l'exécution des Arrêts des Cours

„ qui contiendront quelques-unes des dispositions mentionnées „ dans ledit article 59, sera pareillement sursise, lorsque lesdits accusés, ou aucuns d'eux, auront été condamnés par contumace; si ce n'est que dans la suite il en soit autrement ordonné par lesdites Cours, s'il y échet, & ce, sur les conclusions des Procureurs-Généraux; ce que S. M. laisse à leur prudence, suivant l'exigence des cas.

42. L'article 63, veut : » Que par le Jugement de condamnation, „ ou d'absolution qui interviendra sur le vu du procès, il soit statué, ainsi qu'il appartiendra, sur la remise des pieces, soit à la partie civile, ou aux témoins, ou aux accusés qui les auront fournies, ou représentées; ce qui aura lieu, même à l'égard des pieces prétendues fausses, lorsqu'elles ne seront pas jugées telles; & qu'à l'égard des pieces qui auront été tirées d'un dépôt public, il sera ordonné qu'elles seront remises, ou renvoyées par les Greffiers aux dépositaires d'icelles par les voies en tel cas requises, & accoutumées; le tout sans qu'il soit rendu séparément un autre Jugement sur la remise desdites pieces; laquelle néanmoins ne pourra être faite que dans le temps, & ainsi qu'il sera ci-après marqué.

L'article 64, ajoute : » Que lorsque les procès seront de nature „ à être portés dans les Cours, sans même qu'il y ait appel de la Sentence des premiers Juges, suivant la disposition de l'Ordonnance de 1670; & pareillement quand il y aura appel de ladite Sentence, les pieces, dont la remise aura été ordonnée, ne pourront être retirées du Greffe, jusqu'à ce qu'il y ait été pourvu par lesdites Cours.

43. L'article 65, veut : „ Que si les procès ne sont pas de la nature marquée par l'article 64 précédent, encore qu'il n'y eût point d'appel de la Sentence, ou que l'accusé y eut acquiescé, aucune desdites pieces ne puisse être retirée du Greffe, que six mois après ladite Sentence; & enjoint aux Substituts des Procureurs-Généraux, ou aux Procureurs d'office, d'informer diligemment les Procureurs-Généraux du contenu aux Jugements rendus dans leurs Sieges en matiere de Faux, même par contumace; pour être par lesdits Procureurs-Généraux, fait en conséquence telles réquisitions qu'ils jugeront nécessaires.

L'article 66, porte : „ Que quand le procès pour crime de „ Faux aura été instruit dans les Cours, ou qu'il y aura été porté,

„ suivant

„ suivant ce qui a été dit ci-dessus, lesdites pieces ne pourront
„ être retirées du Greffe, qu'après l'Arrêt définitif qui en aura
„ ordonné la remise.

44. L'article 67, ajoute: „ Que dans les cas portés par les arti-
„ cles 59, 61 & 62, ci-dessus, *n.* 40 & 41,) où il doit être sursis à
„ l'exécution des Sentences, ou Arrêts qui contiendront, à l'é-
„ gard des pieces déclarées fausses, quelqu'une des dispositions
„ mentionnées auxdits articles, il sera pareillement sursis à la
„ remise des pieces de comparaison, ou autres pieces; si ce
„ n'est qu'il en soit autrement ordonné par les Cours sur la re-
„ quête des dépositaires desdites pieces, ou des parties qui au-
„ roient intérêt d'en demander la remise, & sur les conclusions
„ de Procureurs-Généraux desdites Cours.

„ L'article 68 enjoint aux Greffiers de se conformer exacte-
„ ment aux articles précédents, en ce qui les regarde; à peine
„ d'interdiction, d'amende arbitraire applicable au Roi, ou aux
„ Hauts-Justiciers, & des dommages & intérêts des parties;
„ même d'être procédé extraordinairement contre eux, s'il y
„ échet.

Enfin l'article 69, porte: „ Que pendant que lesdites pieces
„ demeureront au Greffe, les Greffiers ne pourront délivrer au-
„ cunes copies, ni expéditions des pieces prétendues fausses, ou
„ servant à conviction, si ce n'est en vertu d'un Jugement qui ne
„ pourra être rendu que sur les conclusions des Procureurs-Géné-
„ raux, ou de leurs Substituts, ou des Procureurs d'office; & qu'à
„ l'égard des actes, dont les originaux, ou minutes auront été
„ remis au Greffe, & notamment des registres sur lesquels il y
„ auroit des actes non argués de faux, lesdits Greffiers pourront
„ en délivrer des expéditions aux parties qui auront droit d'en
„ demander, sans qu'ils puissent prendre de plus grands droits
„ que ceux qui seroient dûs aux dépositaires desdits originaux &
„ minutes; & que le présent article sera exécuté, sous les peines
„ portées par l'article précédent.

§. XI.

Regle sur les délais mentionnés au présent Titre.

45. 20°. Dans tous les délais prescrits pour les procédures ci-dessus,

on ne doit point comprendre le jour de l'aſſignation, ou ſignification, ni celui de l'échéance ; & à l'égard des délais fixés à trois jours, ou au-deſſous, les jours fériés auxquels il n'eſt plus d'uſage de faire des ſignifications, ne doivent point y être compris. (Ordonnance de 1737, titre des reconnoiſſances d'Ecritures *art.* 20.)

§. XII.

Obſervation ſur ce Titre

46. 21°. Toutes les diſpoſitions dont on vient de parler, doivent être obſervées exactement, & ſervir de loi pour la reconnoiſſance des écritures en matiere criminelle, & pour tenir lieu du titre 8 de l'Ordonnance de 1670, auquel il eſt dérogé en tant que beſoin eſt. (Même Ordonnance de 1737, *ibid.* art. 21.)

TITRE X.

Des Décrets, Captures, & Emprisonnements.

SECTION PREMIERE.

Des Décrets en général.

1. LE décret en matiere criminelle, eſt une Ordonnance, Sentence, ou Arrêt portant aſſignation, ou ajournement à comparoître; ou une ordonnance de priſe de corps, rendue contre un accuſé; c'eſt le premier jugement qui ſe rend contre lui.

Un accuſé n'eſt, à proprement parler, accuſé, que par le décret; parce qu'il n'y a que le décret qui commence à le mettre *inter reos*, lorſqu'il eſt duement ſignifié; & non la plainte, quoique ſuivie d'information.

Il y a trois ſortes de décrets; 1°. *Le décret de priſe de corps.* 2°. *Le décret d'ajournement perſonnel.* 3°. *Le décret d'aſſigné pour être oui.* (Ordonnance de 1670, *tit.* 10, *art.* 2.;) & ces trois différents décrets dépendent de la qualité des crimes, des preuves, & des perſonnes. (*Ibid.*)

Le décret *de priſe de corps*, eſt un jugement, ou une ordonnance, portant que l'accuſé ſera arrêté & pris au corps, & conſtitué priſonnier. Ce décret eſt le plus ſévere des trois qui ſe rendent en matiere criminelle.

2. Le décret d'*ajournement perſonnel*, eſt celui qui ſe donne contre un accuſé, pour l'obliger à ſe préſenter en perſonne, à l'effet de ſubir interrogatoire ſur les faits contenus en la plainte, & dans les charges & informations.

Le décret d'*aſſigné pour être oui*, eſt le même que celui d'ajournement perſonnel, quant à l'effet d'obliger l'accuſé de ſubir interrogatoire en perſonne, & non par Procureur, ſur les faits portés en la plainte; mais il en différe, en ce qu'il n'emporte point interdiction. (Ordonnance de 1670, *tit.* 10, *art.* 10.) Ce décret & une eſpece de *veniat*, pour obliger celui qui eſt décrété, de venir rendre raison de sa conduite aux Juges.

3. Le décret d'assigné pour être oui, étoit inconnu dans les anciennes Ordonnances. Avant celle de 1670, il n'y avoit que deux décrets en matiere criminelle ; le décret de prise de corps, & le décret d'ajournement personnel. Celui d'assigné pour être oui, n'a été introduit que pour avoir lieu seulement contre des personnes de considération, ou contre des Officiers, pour leur sauver l'interdiction. (C'est ainsi que s'en explique M. Talon, au procès-verbal de l'Ordonnance de 1670, *tit.* 10, *art.* 2, *pag.* 111.)

Le décret d'ajournement personnel, (& à plus forte raison celui de prise de corps,) emporte de droit interdiction contre les Juges, ou Officiers de Justice, lorsqu'ils sont accusés ; (Ordonnance de 1670, *tit.* 10, *art.* 11.) c'est une espece d'infamie de fait, qui rend ceux contre lesquels les décrets interviennent, incapables des dignités & charges publiques. (Voyez la L. 7, D. *de muneribus & honoribus*.)

4. Les décrets d'ajournement personnel, décernés par les Juges Laïques, contre des Ecclésiastiques, interdisent aussi les derniers de leurs fonctions Ecclésiastiques. Telle est la maxime constante des Parlements ; maxime qui se trouve établie par M. Joli de Fleury, Avocat-Général, dans un Arrêt du 23 Mars 1708, rapporté au Journal des Audiences : ce qui est fondé sur ce que cette espece de décret emportant une note d'infamie, & les fonctions Ecclésiastiques exigeant encore plus d'exemption de toute tache dans celui qui les exerce, que les fonctions des Officiers de Justice, c'est une conséquence nécessaire, que comme le décret d'ajournement personnel emporte interdiction contre ces derniers, il l'emporte aussi à plus forte raison contre les Ecclésiastiques. Un Arrêt de la Cour du 3 Octobre 1752, fait défenses aux Ecclésiastiques de contrevenir aux Ordonnances & aux Canons reçus dans le Royaume, en faisant les fonctions de leur ministere, au préjudice de la signification des décrets d'ajournement personnel, & notamment tous actes publics qui intéressent l'Etat, & la fortune des Sujets du Roi, au préjudice des décrets décernés, ou de jugements intervenus contre lesdits Ecclésiastiques ; & déclare nuls tous lesdits actes, si aucuns étoient faits par lesdits Ecclésiastiques, au préjudice desdites défenses. (Ainsi jugé par Arrêt du Parlement de Paris du 12 Novembre 1754,

contre le Sieur Vallet, Chantre de l'Eglise Cathédrale de Sainte-Croix d'Orléans, qui ordonne qu'il sera informé contre lui, pour avoir fait ses fonctions Ecclésiastiques, au préjudice d'un décret d'ajournement personnel contre lui décerné par le même Parlement.) On prétend néanmoins qu'au Parlement de Bordeaux, on suit la maxime contraire; ce qui paroît en effet résulter d'un Arrêt de cette Cour du 25 Janvier 1754, rendu contre le Sieur Deyris, Curé de Dax.

5. Mais c'est une grande question, & qui est depuis long-temps controversée, de sçavoir si les décrets d'ajournement personnel décernés par les Officiaux, interdisent les Ecclésiastiques des fonctions de leur ministere.

Héricourt, en ses Loix Ecclésiastiques, *part.* 1, *chap.* 21, *n.* 12, décide pour l'affirmative, sur le fondement que ce décret supposant un crime grave, & des preuves très-fortes, emporte une espece d'infamie, qui, suivant l'esprit de l'Eglise, rend l'accusé suspens des fonctions de son Ordre. Duperray, en ses Observations sur l'Edit du mois d'Avril 1695, *art.* 40, est néanmoins d'un avis opposé, & prétend que ce décret n'interdit point l'Ecclésiastique; à moins que l'Official n'ait ajouté ces mots, *& cependant interdit.* Voyez aussi Ducasse, en son Traité de la Jurisdiction Ecclésiastique, *part.* 2, *chap.* 9, *n.* 2; où il dit, que tel est l'usage du Parlement de Toulouse, quoique cet Auteur paroisse incliner du côté du sentiment de Héricourt.

6. Mais ce sentiment de Héricourt, paroît plus conforme aux vrais principes. En effet, si le décret d'ajournement personnel prononcé contre un Ecclésiastique par un Juge d'Eglise, n'interdit pas cet Ecclésiastique, on ne voit pas la différence qu'il y auroit entre le décret d'ajournement personnel, & le décret d'assigné pour être oui. Ce qui est dit dans l'article 40, que les Ecclésiastiques, appellants des décrets de prise de corps, ne pourront faire aucunes fonctions de leurs bénéfices & ministere, en conséquence des Arrêts de défenses qu'ils auront obtenus, n'est point contraire à ce sentiment: car de ce que l'interdiction portée par les décrets de prise de corps, émanés des Juges d'Eglise, doit subsister, jusqu'à ce que l'appellation ait été jugée définitivement, ainsi qu'il est porté audit article, il ne s'ensuit pas qu'il n'y ait que le décret de prise de corps rendu par lesdits Juges, qui interdise. Mais l'Ordonnance a voulu donner ce privilége aux décrets de prise de corps pro-

noncés par les Juges d'Eglise; ces décrets ne se donnant ordinairement que dans des affaires très-graves, & par conséquent pour lesquelles les Cours ne doivent pas donner aisément des Arrêts de défenses.

Au reste, il faut observer que le décret d'ajournement personnel n'emporte interdiction que du jour qu'il est signifié. L'accusé, jusqu'à ce temps, peut exercer librement ses fonctions, quelque connoissance qu'il ait d'ailleurs du décret. (Ainsi jugé par une Sentence du Châtelet de Paris du 3 Décembre 1762, rapporté par Denisart, au mot *Décret.*)

7. Lorsqu'un Ecclésiastique est interdit, en vertu d'un décret, ou autrement, il reste interdit par-tout où il se trouve.

Le décret, soit d'ajournement personnel, soit de prise de corps, interdit aussi l'accusé de l'entrée des charges & des bénéfices, jusqu'à ce que son innocence ait été prouvée. (Voyez la Loi 7, D. *de muneribus & honoribus*, qui en a une disposition à l'égard des accusés déférés à justice; & aussi le Canon *non debet* 56, *extrà de testibus.*) Ainsi par Arrêt du Parlement du 23 Mars 1708, rapporté au Journal des Audiences, il a été jugé qu'un Ecclésiastique, décrété d'ajournement personnel, étoit incapable de requérir aucun bénéfice. Autre Arrêt du Parlement du 9 Août 1735, rendu sur les Conclusions de M. Gilbert de Voisins, contre le Sieur Grillet, rapporté aux nouveaux Mémoires du Clergé, *tom.* 7, *pag.* 846, par lequel il a été jugé qu'un Ecclésiastique décrété d'ajournement personnel, ne pouvoit être valablement pourvu d'aucun bénéfice Ecclésiastique, de quelque qualité qu'il fût. (Voyez ce qui a été dit ci-dessus au titre *Des Peines*, part. 1, tit. 3, *n.* 164)

8. Ce qui a lieu, à plus forte raison, à l'égard des accusés décrétés de prise de corps. (Ainsi jugé par Arrêt du Parlement du 19 Décembre 1647, rapporté par Soefve, *centurie* 2, *chap.* 48; & par un Arrêt du Grand-Conseil du 4 Mars 1673, rapporté au Journal du Palais, *tom.* 1, *pag.* 372.) Voyez, *omnino*, ce qui est dit à ce sujet, ci-dessus au titre *Des Peines*, part. 1, tit. 3, n. 130, 135 & suivants, touchant cette interdiction & incapacité, causée par le décret d'ajournement personnel, ou de prise de corps; & ci-après, *n.* 56, comment elle peut finir, soit par le jugement, ou par la prescription.

Quand un Officier, ou un Juge, est interdit, les autres Juges ne doivent pas lui laisser faire ses fonctions; autrement ils sont folidairement refponfables des dommages & intérêts des parties. (Arrêt de Réglement du 10 Juillet 1665, *art.* 26.)

9. La qualité des crimes, des preuves, & des perfonnes, eft ce qui regle la nature du décret qui doit être rendu contre l'accufé. (Ordonnance de 1670, *tit.* 10, *art.* 2.) Le Juge doit en cela ufer d'une grande circonfpection, & ne pas décréter légérement, pour éviter d'être pris à partie. C'eft pourquoi il doit, avant toutes chofes, examiner la nature du crime, ou du délit; enfuite, dans une même nature de délit, il doit fe déterminer différemment, fuivant les différents caracteres de preuves, & felon la qualité des perfonnes, fuivant qu'elles font plus ou moins élevées en dignité, ou d'une réputation plus ou moins connue; mais en général il doit plutôt procéder modérément dans ces décrets, qu'avec févérité, fuivant la L. 55, §. *ult.* D. *de reg. juris.*

10. Lorfque le crime eft capital, & qu'il y a un commencement de preuves fuffifantes par l'information; par exemple, un témoin formel & fans reproche, ou plufieurs indices, le Juge doit décréter de prife de corps, & quelque fois même fur la fimple notoriété publique. Mais en général, il faut plus de preuves contre une perfonne diftinguée, & contre ceux qui font domiciliés & de vie honnête, & qui ont toujours vécu fans reproches, fur-tout s'il s'agit d'emprifonner une femme, que contre des perfonnes viles & de baffe condition, ou contre des étrangers & inconnus, & à plus forte raifon, contre des vagabonds & gens déja accufés d'autres crimes. (Voyez l'article 8 du tit. 10 de l'Ordonnance de 1670. *Ità etiam*, Carondas, en fes Pandectes, *liv.* 16, *chap.* 4, fur la fin; Imbert, *liv.* 4, *chap.* 2, *n.* 4; & Papon, *liv.* 24, *tit.* 3, *n.* 5.)

11. Le Juge doit auffi confidérer les circonftances du crime; *v. g.* s'il a été commis de nuit, ou dans un grand chemin & autre lieu public, ou dans un lieu facré; parce que ces circonftances aggravent le crime.

Si le crime n'eft pas capital, ni de la qualité de ceux qui méritent une peine afflictive ou infamante, mais feulement quelqu'autre peine; & que l'accufé foit domicilié, le Juge doit décreter feulement d'ajournement perfonnel; (Ordonnance de 1670, *tit.* 16, *art.* 9;) & fi la preuve portée par l'information, eft légere; ou que l'accufé foit Officier, ou diftingué par fa qualité; ou fi c'est une femme d'honneur & de réputation, le Juge décrétera seulement d'assigné pour être oui

12. Mais quand il ne s'agit que de simples injures verbales, il ne faut point en tout décreter; & c'est un abus dans lequel la plupart des Juges tombent tous les jours, que d'instruire criminellement ces sortes d'affaires. (Voyez le procès-verbal de l'Ordonnance de 1670, sur l'article 3 du *tit.* 21, *pag.* 230; Papon, en ses Arrêts, *liv.* 8, *tit.* 3, *n.* 13; & la Bibliothéque de Bouchel, au mot *Injures*; & il a été ainsi jugé par un grand nombre d'Arrêts.) Il suffit alors d'assigner celui dont on se plaint, pour répondre aux fins de l'exploit; ce qui doit se juger sommairement à l'Audience, & sur une simple enquête, dans le cas où la partie assignée ne conviendroit pas des faits.

Cependant si les injures étoient atroces, ou qu'elles tendissent à détruire l'honneur & le répos d'une famille, elles pourroient s'instruire criminellement: & de même, si elles étoient aggravées par les circonstances du temps, du lieu, ou de la personne.

13. C'est la nature du crime prouvé, & non celle du crime exposé par la plainte, qui doit donner lieu au décret. Ainsi, lorsqu'une plainte est rendue pour injures graves, & qu'il ne résulte des preuves, qu'une injure légere, le Juge ne doit décreter que d'assigné pour être oui; & si ce sont de simples injures verbales, il ne doit point décréter en tout. Ce qui a pareillement lieu, lorsque par l'information, il ne résulte aucune preuve contre l'accusé, même dans une affaire grave.

14. Quant à la nature des preuves nécessaires pour pouvoir décréter, & pour chaque espece de décret, (Voyez, *infrà*, *n.* 49 & *suiv.*)

Comme on ne doit point condamner un accusé sans l'entendre, il est nécessaire de le décréter à cet effet, au cas qu'il ne soit pas constitué prisonnier; car une condamnation qui ne seroit pas précédée de citation, seroit entiérement nulle. (Julius Clar. *quest.* 11, *n.* 2; & il a été ainsi jugé par deux Arrêts du Parlement de Dijon, des 28 Janvier 1717, & 4 Janvier 1720, rapportés par M. Serpillon, en son Code criminel, *pag.* 1517 & 537. Voyez aussi ce qui a été dit ci-dessus en la Préface.) *Secùs*, s'il n'y a pas lieu de décréter; & que les parties soient renvoyées à à l'Audience ; mais il faut, ou décréter, ou renvoyer à l'Audience.

15. Il faut même observer que s'il intervient quelque nouveau délit qu'il faille instruire contre l'accusé, le Juge doit l'interroger sur ce nouveau délit, & par conséquent le décréter de nouveau, s'il n'est pas prisonnier ; autrement on ne pourroit prononcer aucune peine contre lui, pour raison de ce nouveau crime. (Arrêt du Parlement du 22 Décembre 1731, rapporté aux Loix Criminelles, *tom.* 2, *pag.* 423. Voyez aussi ce qui est dit ci-après au titre *De la maniere d'exercer l'action criminelle en général*, part. 3, liv. 3, tit. 1, *n.* 179.)

Il n'est pas nécessaire d'être accusé, pour pouvoir être décrété ; tous les jours on décréte un témoin, ou autre personne, lorsque dans le cours d'une information, il survient des charges contre ce témoin, ou contre cette personne. (Voyez l'article 2 du titre 20 de l'Ordonnance de 1670.)

On ne peut prononcer un décret contre toute une Ville ; & ce seroit une procédure irréguliere de le faire. (Arrêt du Conseil du 14 Mars 1673, rapporté au Journal du Palais, *tom.* 1, *pag.* 374. Voyez aussi Leprêtre, *Cent.* 4, *chap.* 53.) Il n'y a alors d'autre procédure à faire, que d'obliger cette Ville à nommer un Syndic ou Curateur, pour subir interrogatoire au nom du corps des Habitans, & de rendre des décrets particuliers contre les principaux accusés. (Voyez l'Ordonnance de 1670, *tit.* 21, *art.* 2, 3 & 5.)

16. Les décrets se rendent ordinairement par le Juge qui a l'instruction des affaires criminelles ; quelquefois cependant ils doivent se donner en la Chambre du Conseil, & sur le vû des charges & informations. (Voyez ce qui est dit ci-après au titre de l'*Instruction des procès criminels en général*, part. 3, liv. 3, tit. 2, *n.* 33.)

Tous les décrets en général, non suivis de jugement, se prescrivent par 20 ans, quant à l'exécution. (Voyez ce qui est dit au titre de l'*Action qui naît des crimes*, ci-dessus, *part.* 3, *liv.* 1, *tit.* 1, n. 33.)

Quant à la question de sçavoir si l'interdiction, incapacité, ou espece d'infamie, qui est attachée aux décrets d'ajournement personnel, ou de prise de corps, se prescrit aussi par le même temps, Voyez *infrà*, n. 56 & suiv.

ARTICLE PREMIER.

De la Procédure sur les Décrets en général.

17. 1°. Tous décrets, quels qu'ils soient, doivent être rendus de l'autorité du Juge, à peine de nullité; lors même qu'ils sont rendus sur la requête des Procureurs du Roi, ou Fiscaux, ou sur celle des Procureurs-Généraux. (Ordonnance de Louis XII, du mois de Mars 1498, *article* 62; autre du mois d'Octobre 1535, *chap.* 6, *art.* 11; Julius Clar. *quest.* 31, *n.* 4.)

2°. Ils doivent être rendus sur les conclusions des Procureurs du Roi, ou de ceux des Seigneurs; (Ordonnance de 1670, titre 10, art. 1;) c'est-à-dire, qu'avant que de décréter, il faut que l'information soit communiquée au Procureur du Roi, ou Fiscal, pour prendre, par lui, telles conclusions qu'il jugera à propos.

Il y a néanmoins des cas où les décrets peuvent être rendus d'office, & sans conclusions des Procureurs du Roi, ou Fiscaux: ce qui arrive, lorsqu'en voyant un procès au fond, il se trouve des preuves suffisantes à cet effet, contre quelqu'un des témoins, ou autres personnes nommées au procès. (*Ità*, Papon, *liv.* 24, *tit.* 3, n. 9. Voyez l'article 4 du titre 19 de l'Ordonnance de 1670.) Ce qui est fondé sur ce que la partie publique a donné ses conclusions sans requérir le décret.

18. Les Juges peuvent même ordonner d'office ce décret à la Chambre, sans conclusions de la partie publique, en voyant le procès, contre ceux qui sont chargés par d'autres accusés lors de leur interrogatoire sur la sellette.

Ainsi, pour pouvoir prononcer un décret, il n'est pas nécessaire qu'il y ait plainte & information, toutes les fois qu'il apparoît du crime; de même il est permis au ministere public, lorsqu'il entrevoit du crime, de requerir un décret. Il est même du devoir du Juge de décréter d'office, lorsqu'il lui passe sous les yeux des pieces qui établissent un corps de délit; car c'est le délit en lui-même qui donne matiere au décret, & non la voie qu'on a prise pour avoir la preuve du crime.

19. D'où il suit que, si dans le cours d'un procès civil, le Juge découvre un crime qui résulte de quelques pieces produites au procès, il peut décréter. L'article 2 du titre 20 de l'Or-

donnance de 1670, le fait assez connoître. Cet article, porte : „ Que les Juges, en instruisant les procès ordinaires, pourront, „ s'il y échet, décerner décret de prise de corps, ou d'ajournement personnel, suivant la qualité de la preuve, & ordonner „ l'instruction à l'extraordinaire ; c'est pourquoi, sur une enquête, on peut décréter, sans être obligé de répéter les témoins. C'est ainsi que s'en explique M. Joli de Fleuri, Procureur-Général, dans un Réquisitoire imprimé, du 15 Mai 1747, qui précéde l'Arrêt du Parlement, rendu dans l'affaire criminelle des nommés Jean Dain, & André Loiseau, de Nevers. Voyez aussi Imbert, *liv.* 3, *chap.* 11, n. 2, aux notes.

Les décrets peuvent être rendus, non-seulement sur la requête de la partie publique, mais encore sur la poursuite de la partie civile, lorsqu'il y en a une ; & dans ce dernier cas, ils doivent être signifiés à la requête du poursuivant, lors même que la partie publique est jointe.

20. 3°. Les informations faites contre un accusé, doivent être décrétées dans les 24 heures, que les Procureurs du Roi leur auront remis leurs conclusions. (Arrêt du 7 Septembre 1607, rendu pour les Officiers du Châtelet de Paris, rapporté par Chenu, *tom.* 2, *tit.* 6, chap. 4, *pag.* 214 ; autre du 27 Août 1626, pour Poitiers, rapporté par Joli, *tom.* 2, *pag.* 1864 ; autre du 10 Avril 1661, rendu pour Soissons, rapporté au Journal des Audiences ; Arrêts de Bouchel ; *liv.* 3, *chap.* 13 ; Voyez aussi au titre de la *Maniere d'exercer l'action criminelle en général*, part. 3, liv. 3, tit. 1, n. 149 & suiv.)

Il faut néanmoins observer qu'il n'y a que dans les grands crimes, où la célérité est principalement requise pour les décrets, afin de ne pas laisser échapper le coupable. Dans les matieres légeres, il est de la prudence du Juge de laisser le temps aux parties de donner leurs plaintes réciproques, afin de connoître plus à loisir celui qui est aggresseur & lequel des deux doit être déclaré l'instigant.

ARTICLE II.

De la forme des Décrets en général.

21. Les décrets ne doivent point être vagues, & ils doivent con-

tenir, 1°. le vu des pieces de l'information qui donne lieu au décret; 2°. le nom de la personne contre laquelle le décret est rendu.

Ils doivent aussi contenir les autres formalités des Sentences ou Ordonnances. (Voyez au titre *Des Sentences & Jugements*, ci-après, *part.* 3, *liv.* 2, *tit.* 25, n. 294) Mais il n'est pas nécessaire que le décret contienne le titre de l'accusation, si ce n'est à l'égard des décrets d'ajournement personnel. (Voyez ci-après, *n.* 45 & 46.)

ARTICLE III.

De l'exécution des Décrets en général.

22. 1°. Tous décrets peuvent être mis à exécution, sans demander permission, ni *pareatis* au Juge des lieux, où on veut les exécuter; quand même ce seroit hors l'étendue de la jurisdiction du Juge, dont le décret est émané. (Ordonnance de 1670, *tit.* 10, *pag.* 12.)

Et cette regle a lieu, même à l'égard des décrets donnés par les Officiaux, suivant la disposition de l'article 44 de l'Edit du mois d'Avril 1695, qui porte : „ Que les sentences & jugements „ sujets à exécution, & les décrets décernés par les Juges d'E- „ glise, seront exécutés en vertu de cet Edit, sans qu'il soit be- „ soin de prendre, pour cet effet, aucun *pareatis* des Juges- „ Royaux, ni des Juges des Seigneurs.

On appelle *pareatis*, la permission qu'accorde un Juge d'exécuter, dans toute l'étendue de son ressort, un Arrêt, Sentence, ou décret rendus par un autre Juge. (Voyez l'Ordonnance de 1667, *tit.* 27, *art.* 7.)

23. Il faut cependant observer que les Juges inférieurs, ne peuvent faire exécuter leurs décrets dans l'enclos du Palais Royal, où se tient la Justice; & que les Huissiers, Archers, ou Sergents qui le feroient, doivent être punis d'amende, ou d'interdiction. (Ainsi jugé par Arrêt du 10 Janvier 1703.) Il est vrai qu'Expilly, en ses Arrêts, chap. 56, restreint cela aux seuls Parlements; mais il semble que cette exception doit aussi s'étendre aux Justices-Royales, lorsque l'exécution se fait de l'autorité d'un Juge inférieur, dans la Jurisdiction de son supérieur; la raison étant la même.

A l'égard des décrets rendus en pays étranger, ils ne s'exécutent point dans le Royaume; & même les Juges de France, ne doivent point permettre de les mettre à exécution; il faut pour cela des Lettres-Patentes de Sa Majesté. (C'est ainsi que s'en explique M. Talon, Avocat-Général, dans un Arrêt du 14 Août 1632, rapporté par Bardet, *tom.* 2, *liv.* 1, *chap.* 42.)

24. L'Edit du mois de Novembre 1696, porte aussi : „ Que les „ Juges, Avocats, & Procureurs du Roi, pourront faire exécu- „ ter, sans sceau, les décrets de prise de corps; mais il faut „ ensuite les faire sceller, si les décrets sont exécutés à la re- „ quête d'une partie privée. (Voyez les Réglements touchant les droits de sceau des Sentences, *&c.*)

Quand les décrets sont sujets à être scellés, ils ne doivent l'être qu'après la capture, afin que le secret soit gardé.

2°. Les décrets des Juges d'Eglise, doivent être mis à exécution par des Huissiers ou Sergents Royaux; & les Appariteurs des Officialités, ne le peuvent, non plus que les Sergents des Seigneurs; à peine de nullité.

25. 3°. Celui à la requête duquel le décret est exécuté, soit la partie privée, soit la partie publique, doit élire domicile dans le lieu où doit se faire l'exécution; sans néanmoins que cette élection de domicile, puisse attribuer aucune Jurisdiction au Juge du domile élu, ni donner occasion à l'accusé de se pourvoir devant lui, pour statuer sur le décret, qui ne peut être jugé que par celui dont il est émané. (Ordonnance de 1670, *tit.* 10, *art.* 13.)

Cette election de domicile, requise ici par l'Ordonance, est établie, afin que l'accusé sçache à qui il doit s'adresser, pour faire les sommations & significations qu'il jugera à propos; & que dans le cas où il s'agiroit d'un décret de prise de corps, exécuté hors le ressort du Juge qui l'a décrété, si la partie, qui a fait emprisonner l'accusé, étoit négligente de le faire transférer, le Juge qui doit connoître du délit, y puisse pourvoir de son autorité; ainsi qu'il est dit dans le procès-verbal de l'Ordonnance de 1670, titre 10, art. 12, *pag.* 117.

26. Il ne suffit pas d'élire ce domicile pour 24 heures, ainsi qu'il se pratique quelquefois par abus; il faut l'élire indéfiniment.

On observe aussi, dans plusieurs Tribunaux, d'obliger ceux qui sont décrétés d'assigné pour être oui, ou d'ajournement personnel, de se présenter préalablement au Greffe, & d'y faire élection de domicile dans la jurisdiction où ils doivent subir interrogatoire, & l'on en joint l'expédition aux procédures de l'instruction; ou dumoins on leur fait faire cette élection de domicile, lors de leur premier interrogatoire : mais il n'est pas nécessaire qu'ils constituent pour cela un Procureur, quand même il y auroit partie civile.

Il en est de même des autres accusés, arrêtés en vertu d'un décret de prise de corps décerné contre eux, même par conversion : l'usage est de ne les mettre hors des prisons, qu'après leur avoir fait faire pareille élection de domicile, s'ils ne l'ont fait précédemment.

27. Au reste, il ne paroît pas que cette formalité soit nécessaire, & qu'on puisse obliger l'accusé de faire cette élection de domicile; l'Ordonnance ne lui imposant point cette obligation. L'article 13 de l'Ordonnance de 1539, porte à la vérité, que tous plaidants & litigeants, seront tenus, au jour de la premiere comparution en personne, ou par procureur, d'élire domicile au lieu où le procès est pendant; & quoiqu'il paroisse que cet article ne parle que des matieres civiles, néanmoins Imbert, en sa Pratique, *liv.* 1, *chap.* 17, n. 38, paroît aussi en étendre la disposition aux matieres criminelles; ce qui semble d'autant plus juste, que ces sortes d'élections de domicile, ne se font que pour abréger les longueurs de la procédure criminelle, & pour éviter de faire ailleurs des dénonciations & sommations. Mais dans le cas même, où cette obligation seroit imposée à l'accusé en termes exprès; tel qu'il est porté dans les articles 26, 27 & 28, du projet qui a été dressé, il y a quelques années, pour faire un nouveau titre des contumaces en matiere criminelle, & qui fut envoyé alors dans les différentes Cours & Jurisdictions du Royaume, sans avoir cependant été suivi d'exécution; dans ce cas-là même, faute par l'accusé d'avoir fait cette élection de domicile, on ne pourroit le condamner sur une simple proclamation à cri public, & il faudroit encore l'assigner à son vrai domicile; à moins qu'il n'y eût dans la Loi une autre disposition, portant que, faute par l'accusé d'avoir fait cette élection de domicile, il suffiroit de le proclamer, sans avoir besoin de l'assigner; cette assignation ayant son fondement dans l'équité naturelle, & dans la maxime, que personne ne peut être condamné sans avoir été entendu; ou dumoins, sans avoir été cité légitimement.

28. Quand l'accusé a fait cette élection de domicile, il suffit de l'assigner à ce domicile élu, soit pour lui faire subir un nouvel interrogatoire, soit pour être présent à quelque procès-verbal, ou autres actes d'instruction; soit pour être confronté, ou subir le dernier interrogatoire à la chambre; & en général pour toutes autres procédures, significations, sommations, ou autres actes à faire en exécution du jugement rendu sur le vû du procès, *&c.*, les assignations, ou sommations faites à ce domicile, sont aussi valables que si elles étoient faites à la personne, ou au vrai domicile de l'accusé; en sorte que, faute par lui de satisfaire à ces sommations, & assignations, les Juges peuvent ordonner qu'il sera passé outre au récolement, à la confrontation, ou autre instruction, même au Jugement définitif, sans qu'il soit besoin de convertir le décret actuellement subsistant, en un décret plus fort, ni de faire instruire la contumace en forme contre cet accusé; comme il est porté en l'article 32 du projet dont on vient de parler.

Au reste, par les assignations, ou sommations faites à l'accusé au domicile élu, il faut lui donner un délai compétent pour y satisfaire. Ce délai doit être au moins de trois jours, quand le domicile a été élu dans les dix lieues; & au-delà des dix lieues, le délai doit être augmenté d'un jour par dix lieues.

29. 4°. Les décrets d'assigné pour être oui, & d'ajournement personnel, doivent être signifiés à celui qui est décrété, soit à personne, soit à domicile; avec assignation pour subir interrogatoire dans le délai marqué par la signification & assignation; & il doit lui être laissé copie, tant du décret, que de la citation. A l'égard des décrets de prise de corps, ils ne se signifient point; autrement ce seroit un avertissement pour l'accusé de se dérober aux poursuites de la Justice; mais quand l'accusé est arrêté, on doit lui donner copie de l'écroue. (Voyez *infrà*, n. 80.)

Si c'est un étranger, ou un vagabond, qui est ajourné, il faut suivre ce qui est porté par les articles 7, 8 & 9 du titre 2 de l'Ordonnance de 1667.

On n'est pas obligé de laisser aux accusés décrétés de prise de corps, copie du décret; mais seulement copie du procès-verbal de capture, & de l'écroue. (Voyez le procès-verbal de l'Ordonnance de 1670, sur l'article 7 du titre 2; & sur l'article 9 du titre 10;) Et il en est de même des recommandations, (*ibid.*)

30. Mais il faut observer, que quoiqu'on ne soit pas obligé de laisser à l'accusé, copie du décret; si néanmoins il le requiert après son emprisonnement, & son interrogatoire, on peut lui en donner copie après l'avoir fait sceller; mais par extrait seulement, en cas qu'il y ait dans la même commission, des décrets contre d'autres complices : ou bien, on peut prendre la précaution d'obtenir une commission particuliere, dans laquelle il sera fait mention seulement du décret décerné contre le prisonnier qui en demande copie : ou enfin, on peut ne signifier le décret à l'accusé prisonnier, qu'après que tous les autres décrets auront été exécutés.

L'accusé qui est averti qu'il y a un décret contre lui, peut même faire sommation à sa partie adverse, de lui délivrer copie de ce décret, sinon il peut le lever & comparoître volontairement devant le Juge qui doit l'interroger; ou bien, il doit joindre le décret à une requête présentée au Juge Supérieur, pour obtenir des défenses.

31. Lorsque, par un même Jugement, ou par la même Ordonnance, il y a différents décrets décernés contre différents accusés, dont les uns sont décrétés de prise de corps, & les autres d'ajournement personnel, il ne faut pas donner copie entiere de l'Ordonnance, ou Jugement, à ceux qui ne sont décrétés que d'ajournement personnel; mais seulement un extrait de ce qui est ordonné à l'égard de ces derniers; afin qu'ils ne puissent pas avertir ceux qui sont décrétés de prise de corps.

32. 5°. Le délai des ajournements personnels, ainsi que celui des assignations pour être oui, ne doit point être arbitraire, & est le même que celui établi pour les ajournements en matiere civile. (Ordonnance de 1670, *tit.* 10, *art.* 4;) c'est-à-dire, que ce délai doit être aumoins de trois jours dans les Prévôtés, & Châtellenies Royales, si le lieu, où l'ajournement est donné, est le même que celui où demeure l'accusé; & aumoins de huit jours, si l'accusé demeure sur le lieu, mais hors l'étendue du ressort. (Voyez les articles 1 & 2 du titre 3 de l'Ordonnance de 1667.)

Dans les Présidiaux, ainsi que dans les Bailliages & Sénéchaussées, ce délai doit être aumoins de huitaine, si l'accusé demeure dans les dix lieues; & de quinzaine, s'il demeure au-delà. (*Ibid.* tit. 3, art. 3.)

Dans les Cours, le délai est de huitaine, si l'accusé demeure dans la ville où la Cour est établie; de quinzaine, s'il demeure hors

hors la ville, dans les dix lieux; & d'un mois, lorsqu'il demeure au-delà des dix lieues, dans la distance de cinquante; & de six semaines pour les accusés qui demeurent au-delà des cinquante lieues. (Ordonnance de 1667, *tit.* 11, *art.* 1.)

33. Quoique l'Ordonnance ne s'explique point sur le délai des assignations pour être oui, je crois cependant que c'est le même délai que celui des ajournements personnels, y ayant même raison pour l'un & l'autre.

Les délais requis pour les ajournements personnels, n'ont lieu que pour les demandes principales, & non pour des demandes incidentes; & à plus forte raison ils n'ont pas lieu pour ce qui est purement d'instruction. Un décrété d'ajournement personnel est présumé être continuellement aux pieds de la Justice, & prêt à exécuter ce qu'elle lui prescrira; & il est vrai de dire qu'au moindre signe il doit se représenter; & comme l'accusé est présumé être à son domicile, elle le fait assigner à ce domicile, & elle n'est point obligée de lui donner d'autre délai pour se représenter, que celui qu'elle croit, *ex æquo & bono*, être nécessaire pour venir de chez lui, au-lieu de la Justice où il doit comparoir.

34. 6°. En conséquence de l'assignation, & au jour de l'échéance du délai, l'accusé, ou défendeur, doit aller en personne au Greffe criminel faire sa comparution, dont il prend acte, s'il est nécessaire; ensuite il doit se faire interroger par le Juge.

Mais il faut observer qu'il n'y a point de défaut à prendre aux présentations sur ces assignations pour être oui, ou d'ajournements personnels; ni de délai pour faire juger ces défauts, quoiqu'au Parlement de Paris on observe le contraire. Ces sortes de défauts ont été abrogés par l'Ordonnance. (Voyez le procès-verbal de l'Ordonnance de 1670, *tit.* 11 des Exoines, *art.* 4, *pag.* 125. Voyez aussi ce qui est dit au titre *De la maniere d'exercer l'action criminelle en général*, ci-après, *part.* 3, *liv.* 3, *tit.* 1, n. 195, 196 & 198.)

L'accusé décrété peut anticiper ce délai, & comparoître avant qu'il soit échu, pour subir interrogatoire; car ce délai est établi en sa faveur. (Voyez le nouveau Réglement touchant la procédure du Conseil du 28 Juin 1738, *part.* 2, *tit.* 1, *art.* 16.)

35. 7°. Les décrets peuvent être mis à exécution les jours de Dimanche & de Fêtes; dumoins ceux de prise de corps; & ils peuvent aussi être exécutés pendant la nuit; parce qu'ordinairement

le cas est urgent, & qu'il y auroit du péril en la demeure.

Mais il y a des circonstances dans lesquelles les décrets ne doivent point être signifiés. Ainsi un Huissier, ou Sergent, qui signifieroit un décret d'ajournement personnel, ou d'assigné pour être oui, à un Prêtre étant dans ses fonctions, ou à l'Eglise; ou à un Juge qui seroit en son Siege pour rendre la justice; ou à une personne qui se marieroit, ou qui seroit au convoi de son pere, ou de sa mere, ou de quelqu'autre parent; seroit très-blamable, & dans le cas d'essuyer une sévere réprimande. On pourroit même quelquefois déclarer cette signification nulle.

36. 8°. La partie civile, ni même la partie publique, ne doivent point être présentes à l'exécution d'un décret de prise de corps, ou autre, dans la crainte que cette présence n'occasionne quelque suite fâcheuse. Ainsi l'Huissier, chargé de l'exécution du décret, ne doit pas le souffrir. La partie peut seulement indiquer l'accusé, ou montrer l'endroit où il est.

Le Juge qui a prononcé le décret, doit encore moins assister à son exécution. (Arrêt du 3 Septembre 1689, rapporté au Journal des Audiences; autre du 27 Juin 1718, rapporté aussi au Journal des Audiences, qui fait défenses au Lieutenant-Particulier de Château-du-Loir, d'être présent à la capture des accusés.)

Le Juge peut néanmoins conduire des Huissiers, ou Archers pour indiquer le décrété; mais il doit se retirer au moment de la capture.

37. 9°. Le décret d'assigné pour être oui, doit être converti en décret d'ajournement personnel, lorsque l'accusé refuse, ou néglige de comparoître à Justice. (Ordonnance de 1670, *tit.* 10, *art.* 3;) & cet ajournement personnel doit être réglé, suivant la distance des lieues, comme aux assignations en matiere criminelle; ainsi qu'on l'a observé. (Ordonnance de 1670, *ibid.* tit. 10, art. 4.)

Cette conversion se fait sur le champ, sans qu'il soit besoin d'observer les délais pour faire lever le défaut; & sans qu'il soit nécessaire de le faire juger, comme en matiere civile, ainsi qu'on l'a aussi observé. Voyez ci-dessus, *n.* 34.

S'il y a une partie civile, c'est à elle à requerir cette conversion; & il semble qu'il n'est pas besoin, dans ce cas, des conclusions de la partie publique; parce que ce n'est pas un décret, mais une simple conversion qui est de droit; néanmoins l'Arrêt du Parlement du 10 Juillet 1668, rendu pour Meaux, porte : Que les conversions de décret seront données sur les conclusions du Procureur du Roi.

38. Quand il a été rendu contre un accusé un décret d'assigné pour être oui, ou d'ajournement personnel, la partie poursuivante, après avoir levé ce décret, doit le faire signifier à l'accusé avec assignation à comparoître devant le Juge dans les délais de l'Ordonnance, pour ester à droit, & être interrogé sur les faits résultants des charges & informations.

Si l'accusé refuse, ou néglige de comparoître, il faut constater son défaut de comparution; ce qui se fait en prenant un certificat du Greffier-Criminel, portant que le défendeur, ou accusé n'est point comparu pour subir interrogatoire au jour porté par l'assignation.

39. 10°. Si l'accusé ne compare pas sur l'ajournement personnel dans les délais de l'Ordonnance, le décret d'ajournement personnel, doit être converti en décret de prise de corps. (Ordonnance de 1670, *tit.* 10, *art.* 4.) Mais si après le décret de prise de corps il comparoît, ou s'il est arrêté, il doit être élargi, au cas qu'il soit prisonnier, après qu'il aura subi interrogatoire; à moins qu'il ne survienne contre lui de nouvelles charges, ou par sa reconnoissance, ou par la déposition de nouveaux témoins. (Ordonnance de 1670, *tit.* 10, *art.* 21.) Il doit présenter requête à cet effet.

Il faut observer que la simple prestation d'interrogatoire ne suffit pas pour mettre un Officier accusé en état de continuer l'exercice de ses fonctions; à moins qu'on ne le lui permette expressément sur le vu de son interrogatoire. (Lettre de M. d'Aguesseau, Procureur-Général, au Procureur du Roi de Bellac, en date du 30 Août 1713. Ainsi jugé par Arrêt du 1 Septembre 1743, au rapport de M. de Lossendiere, contre un Greffier décrété d'ajournement personnel, qui avoit subi interrogatoire, mais qui n'avoit pas autrement purgé son décret; autre du 6 Mai 1732, qui déclare une procédure nulle, sur le fondement que le Procureur-Fiscal, à la requête duquel la procédure avoit été faite, étoit en décret d'ajournement personnel, & que l'Arrêt de défenses, qu'il avoit obtenu contre ce décret, ne le renvoyoit point dans ses fonctions.)

40. 11°. Celui qui est décrété d'assigné pour être oui, ou d'ajournement personnel, ne peut être arrêté prisonnier, s'il ne survient contre lui de nouvelles charges pour le même fait, ou pour un

autre qui soit plus grave ; soit par sa reconnoissance, soit par la déposition de nouveaux témoins. (Ordonnance de 1670, *tit.* 10, *art.* 7.) Cet article excepte néanmoins le cas où il auroit été résolu par délibération secrete des Cours, que l'accusé en comparoissant, seroit arrêté ; ce qui ne peut être ordonné par aucuns autres Juges-Royaux. (*Ibid.* & Ordonnance du mois de Mars 1549, *art.* 10 ;) & à plus forte raison, par les Juges des Seigneurs.

12°. Les Procureurs du Roi doivent veiller à ce que les décrets soient exécutés sur les lieux. (Ordonnance du mois de Juillet 1493, *art.* 86 ; Ordonnance du mois d'Octobre 1535, *ch.* 2, *art.* 20.)

13°. Quant à la question de sçavoir jusqu'à quel temps durent les décrets, Voyez ce qui est dit ci-après, *n.* 56.

ARTICLE IV.

Comment on peut se pourvoir contre les décrets.

41. On peut se pourvoir contre un décret ; 1°. par la voie d'opposition au tribunal du Juge qui l'a prononcé. 2°. Par la voie d'appel au Juge supérieur, ou en la Cour ; ce qui a pareillement lieu dans le cas où le Parlement auroit renvoyé l'instruction devant un Juge particulier ; & cet appel peut être interjetté, ou par l'accusé, ou par la partie publique, *à minimâ* ; mais ni l'une ni l'autre de ces voies, n'empêche pas l'exécution du décret.

1°. L'orsqu'on se pourvoit par opposition contre le décret du Juge qui a l'instruction ; il faut toujours que l'accusé comparoisse en personne devant lui, pour proposer ses moyens, s'il en a, pour se dispenser de subir interrogatoire ; soit parce qu'il n'y avoit pas lieu à décréter, soit parce que le Juge n'est pas compétent ; autrement, & à défaut, par le décreté, de comparoître en personne, le Juge qui a décrété peut passer outre à la conversion du décret. (Voyez, *infrà*, n. 90.)

42. Mais le Juge, ou Commissaire, devant lequel l'accusé comparoît, soit pour demander son renvoi, ou autrement, ne peut obliger cet accusé de subir interrogatoire. (Arrêt de Réglement de la Cour du 10 Juillet 1665, article 8.) Il doit seulement dresser procès-verbal de la demande de ce même accusé, & le communiquer ensuite au Procureur du Roi, & à la partie civile,

s'il y en a une ; & en cas de contestation, cela forme un incident qui doit se juger au Siege, lequel décide s'il y a lieu au renvoi ou non. (Arrêt du 23 Août 1663, rendu entre les Officiers du Présidial d'Angoulême, rapporté au Journal des Audiences, tom. 2.)

Lorsque l'accusé forme ainsi opposition à un décret, il peut anticiper les délais portés par l'assignation ; ces délais n'étant établis qu'en sa faveur, & *non en faveur du plaignant*, ou de la partie publique. (Voyez, ci-dessus, *n.* 34.)

43. 2°. L'appel du décret de la part de l'accusé, n'en empêche pas non plus l'exécution ; & il doit y être procédé, nonobstant toutes appellations, même comme de Juge incompétent, ou récusé. (Ordonnance de 1670, *tit.* 10, *art.* 12 ; & *tit.* 26, n. 3.) Un Arrêt de Réglement du Parlement de Rennes, du 16 Août 1707, rendu pour toute la Bretagne, article 4, enjoint à tous les Juges de la Province, conformément à l'article 3 du titre 26 de cette Ordonnance, de poursuivre, nonobstant les appellations, l'exécution des décrets, l'instruction & le jugement, à moins qu'il n'y ait Arrêt de défenses.

Les Cours ne peuvent donner aucunes défenses, ou surséances de continuer l'instruction des procès criminels, sans avoir vu les charges & informations, & sans conclusions des Procureurs-Généraux, dont il doit être fait mention dans les Arrêts ; si ce n'est dans le cas où il n'y auroit qu'un simple décret d'ajournement personnel ; à peine de nullité, & de cent livres d'amende contre les parties & les Procureurs qui auront obtenu ces défenses, &c. (Ordonnance de 1670, *tit.* 26, *art.* 4. Voyez ce qui est dit au titre *Des Arrêts, Sentences, & autres Jugements de défenses*, ci-après, *part.* 3, *liv.* 2, *tit.* 36, n. 2.)

44. Les défenses se donnent aussi dans les Bailliages & Sénéchaussées ; mais seulement dans les accusations où il n'échet point de peine afflictive. C'est une suite de la disposition portée en l'article 1 du titre 26 de l'Ordonnance de 1670. Voyez aussi le Réglement de la Cour du 10 Juillet 1665, article 8, qui en a une disposition précise ; & Henris, *tom.* 2, *liv.* 2, *qu.* 37, *pag.* 184 ; où il rapporte à ce sujet un Arrêt du Parlement du 17 Octobre 1657.

Pareillement, les Officiaux Métropolitains peuvent donner ces défenses contre les décrets des Officiaux inférieurs de leur Ressort.

45. Un Arrêt du 12 Mai 1711, rapporté au Journal des Audiences, veut que les Juges, dans les décrets d'ajournement personnel, expriment le titre de l'accusation; à peine d'interdiction. *Idem*, par la Déclaration du mois de Décembre 1680, qui porte: „ Que les Cours ne pourront à l'avenir donner aucuns Arrêts „ de défenses d'exécuter les décrets d'ajournement personnel, „ qu'après avoir vu les informations, lorsque ces décrets auront „ été décernés par les Juges Ecclésiastiques; (ce qui depuis a „ été confirmé par l'article 40 de l'Edit du mois d'Avril 1695;) „ & par les Juges ordinaires Royaux & des Seigneurs, pour fausseté, malversations d'Officiers dans l'exercice de leurs charges; ou lorsqu'il y aura d'autres accusés, contre lesquels il y „ aura eu décret de prise de corps; & que les accusés qui demanderont ainsi des défenses, seront tenus d'attacher à leur „ requête la copie du décret qui leur aura été signifié. Cet „ Arrêt ajoute, que tous Juges-Royaux, & des Seigneurs, seront tenus d'exprimer à l'avenir, dans les décrets d'ajournement „ personnel qu'ils décerneront, le titre de l'accusation pour laquelle ils les décerneront; à peine d'interdiction de leurs „ charges; que toutes les requêtes tendantes ainsi à fin de défenses d'exécuter les décrets d'ajournement personnel, seront „ communiquées au Procureur-Général; & qu'à l'égard de ceux „ qui auront été décrétés d'ajournement personnel, pour d'autres cas que ceux qui sont exprimés dans la présente Déclaration, les Cours pourront refuser des Arrêts de défenses, selon que par le titre de l'accusation, il leur paroîtra convenable au bien de la Justice.

46. Un autre Arrêt du Parlement du 2 Septembre 1761, rendu sur les Conclusions de M. Joli de Fleuri, Avocat-Général, enjoint aux Officiers du Châtelet de Paris, d'observer cette Déclaration; & en conséquence, d'exprimer à l'avenir dans les décrets d'ajournement personnel qu'ils décerneront, le titre de l'accusation pour lequel ils décréteront; sous les peines portées par ladite Déclaration.

Comme l'accusé ne peut avoir copie des charges & informations, pour obtenir les défenses qu'il demande, à cause de l'article 15 du titre 6 de l'Ordonnance de 1670 ; les Juges, sur la requête de cet accusé, & en le recevant appellant du décret, doivent ordonner, avant de faire droit, que copie des charges & informations sera apportée à leur Greffe, à quoi le Greffier du Juge, dont est appel, sera contraint, à peine de, *&c.*

Les frais qu'il faut faire à cet effet, se payent par la partie civile, s'il y en a ; sinon, par le Roi, ou par les Seigneurs Hauts-Justiciers.

47. En général, lorsqu'il y a appel d'un décret, & que sur l'appel on ordonne l'apport des charges & informations au Greffe du Juge d'appel ; les frais de cet appel se payent par le plaignant, soit qu'il soit partie civile, ou simple plaignant ; & l'on décerne toujours exécutoire contre lui à ce sujet, & jamais sur l'accusé, sauf à les répéter sur celui-ci, en définitive s'il y a lieu. Cet exécutoire se décerne peu de temps après l'Arrêt qui ordonne l'apport des charges & informations, & s'envoie au Greffier du premier Juge, qui en conséquence en poursuit le paiement sur le plaignant, en lui faisant commandement de payer le montant de l'exécutoire.

Il n'est pas inutile d'observer, que quand des informations ont été faites devant un Commissaire au Châtelet de Paris, & que les copies en ont été envoyées au Châtelet, pour obtenir le décret dont est appel, les copies qui s'envoient au Greffe du Parlement sur l'appel, s'expédient sur les copies qui en ont été envoyées au Châtelet, & non sur la minute du Commissaire qui a fait l'information. Tel est l'usage de Paris.

A l'égard de l'Arrêt, ou Jugement qui ordonne l'apport des charges, c'est à la partie qui l'a obtenu à le signifier au Greffier du Juge d'appel, avec sommation d'envoyer dans les trois jours, copie de ces charges & informations au Greffe de la Cour, ou autre Juge d'appel. Aussi-tôt après cet envoi, ou même auparavant, la partie qui a intérêt d'aller en avant, c'est-à-dire, l'accusé, quand il y a de sa part un simple appel du décret, sans avoir obtenu des défenses pour empêcher l'exécution de ce décret ; ou le plaignant, lorsque l'accusé a obtenu des défenses, & que le plaignant veut les faire lever ; doit poursuivre le jugement de l'instance d'appel, sur laquelle les parties en viennent à l'Audience, suivant l'article 2 du titre 26 de l'Ordonnance de 1670.

48. Sous le mot de *Charges & Informations*, on comprend les procès-verbaux d'absence; ceux dressés par les Juges, & autres Officiers de Justice; les écrits & autres actes qui peuvent donner lieu au décret.

Les Juges d'Eglise sont obligés, comme les autres, d'exprimer les motifs de leurs décrets d'ajournement personnel, tout ainsi que les autres Juges, suivant la disposition de l'Edit de 1680.

Cet Edit ne prononce pas la peine de nullité du décret d'ajournement personnel, faute d'y exprimer ces motifs; mais cela peut seulement donner lieu à faire obtenir facilement les défenses; ou à prononcer l'interdiction contre le Juge; ainsi qu'il est porté par le même Edit.

A l'égard des décrets de prise de corps, on n'est point obligé de les motiver; l'Edit dont on vient de rapporter les dispositions, n'y obligeant point. (Ainsi jugé par Arrêt du Conseil du 30 Mai 1732, rapporté aux Causes Célebres, *tom.* 9, *pag.* 57 & 58, Edition de 1752.)

49. La regle générale que les Juges observent, touchant l'appel des décrets, soit d'ajournement personnel, soit de prise de corps; est, que, si le crime dont l'appellant est accusé, est de nature à mériter une peine afflictive, & qu'il y ait charge par les informations, jamais on ne donne de défenses: mais si le délit est tel, qu'il n'y puisse écheoir qu'une peine pécuniaire, alors les défenses s'accordent aisément.

L'appel comme d'abus n'empêche pas non plus l'exécution des décrets rendus par les Juges d'Eglise; à moins que cet appel ne soit interjetté par la partie publique. (Voyez l'article 26 de l'Edit du mois d'Avril 1695, avec le nouveau Commentaire sur cet article, *n.* 6.)

Quant à la question de sçavoir si l'interdiction, causée par des décrets de prise de corps, prononcés par des Juges d'Eglise, contre des Ecclésiastiques est lévée de pleins droit par des Arrêts de défenses, Voyez ce qui est dit ci-après, *n.* 56.

Lorsqu'il y a appel d'un décret, c'est le titre de l'accusation qui regle, si l'appel peut être porté au Bailliage; ou s'il doit être porté en la Cour, suivant l'article 1 du titre 26 de l'Ordonnance de 1670.

Les appellations des décrets, doivent être portées à l'Audience; (Ordonnance

(Ordonnance de 1670, *tit.* 26, *art.* 2.) Lorſqu'elles ſont formées dans une Cour ſupérieure, elles ſe relevent par des lettres priſes en Chancellerie, tout ainſi qu'en matiere civile; & l'appellant doit cotter le nom du Procureur qui occupera pour lui, ſuivant l'article 16 du titre 2 de l'Ordonnance de 1667.

Quand c'eſt l'accuſé qui eſt appellant du décret, comme cela arrive preſque toujours, il n'eſt pas néceſſaire que ſa requête ſoit communiquée à la partie civile, pour avoir ſes réponſes & moyens d'empêchement; il ſuffit qu'elle le ſoit à la partie publique. Il en ſeroit autrement, ſi le Juge ſupérieur vouloit évoquer le principal, & juger le fond.

Mais ſi l'appel étoit interjetté du décret comme trop léger, par la partie publique, ou par la partie civile, il faudroit entendre l'accuſé en ſes moyens d'appel. Et il en eſt de même dans le cas où l'accuſé auroit obtenu des défenſes de mettre le décret à exécution, contre leſquelles la partie publique, ou civile, ſe ſeroient pourvues par oppoſition, & voudroient aller en avant pour faire lever les défenſes.

51. Il n'eſt pas néceſſaire que celui qui eſt appellant d'un décret, même de priſe de corps, & qui ne s'eſt pas préſenté devant le premier Juge, ſe range en priſon, ou comparoiſſe en perſonne devant le Juge d'appel, à moins que ce Juge d'appel ne l'ordonne; ainſi qu'il réſulte de la diſpoſition de l'article 4 du titre 25 de l'Ordonnance de 1670, qui n'exige la néceſſité de ſe mettre en état devant le Juge d'appel, qu'à l'égard des accuſés contre leſquels la contumace a été inſtruite & jugée: en quoi cet article a dérogé à la diſpoſition de l'article 18 de l'Ordonnance de Rouſſillon du mois de Janvier 1563, qui portoit: « Que les appellants de priſe de corps ſur informations faites par Juges » Royaux, ne ſeroient reçus appellants, ſinon après qu'ils ſeroient » rendus priſonniers dans les priſons du Juge qui auroit décrété, » ou dans celles du Juge d'appel. »

52. C'eſt en conſéquence de cette regle, qu'il a été jugé, qu'un Eccléſiaſtique reçu appellant d'un décret d'ajournement perſonnel, comme de Juge incompétent, pouvoit faire plaider ſa cauſe ſans être préſent à l'Audience; parce que c'eſt un préalable d'établir avant tout, la juriſdiction. (Peleus, *liv.* 3, *art.* 53; Réglements de Chenu, *tit.* 6 & 31.)

Quelques Arrêts néanmoins ont jugé que les accuſés décrétés

de prise de corps, de l'autorité des premiers Juges, devoient se mettre en prison devant eux, ou devant les Juges d'appel, avant de pouvoir suivre l'appel dudit décret. (Ainsi jugé par deux Arrêts du Parlement de Provence des 15 Décembre 1727, & 7 Avril 1728.) Ces deux Arrêts sont rapportés au Recueil des Arrêts du Parlement de Provence, de M. de Regusse, *in-4°. pag.* 323 & 326. On prétend même que cela s'observe ainsi à Paris; ce qui dépend, je crois, des circonstances.

53. Un Arrêt du Parlement de Bretagne du 16 Août 1707, servant de réglement pour les Juges de cette Province, *art.* 5, ordonne que les appellants des décrets seront renvoyés pour être interrogés devant les premiers Juges, sous telle nature de décret que la Cour jugera à propos, après avoir vu les charges; à moins que la matiere ne lui paroisse assez legere pour ne pas mériter une plus ample instruction; auquel cas les parties seront renvoyées à l'Audience pour leur être fait droit, avec défenses aux premiers Juges de continuer l'instruction; ce que cette Cour veut être exécuté à l'avenir, si ce n'est dans certains cas, où par le titre de l'accusation, on jugeroit qu'il y auroit lieu de civiliser l'affaire, & sur lesquels la Cour jugeroit à propos de faire subir interrogatoire à l'accusé.

54. On peut, dans les cas de matieres légeres, renvoyer les parties à l'Audience, ou évoquer le procès, & le juger sur le champ. (Ordonnance de 1670, *tit.* 26, *art.* 5; Déclaration du Roi du 15 Mars 1673, *art.* 9; Voyez aussi ce qui est dit à cet égard, ci-après au titre *Des Appellations*, part. 3, liv. 2, tit. 37, n. 96.)

Mais lorsqu'il y a plusieurs personnes décrétées, dont quelques-unes seulement sont appellantes, on ne peut évoquer le principal, pour peu que les accusations soient connexes, & que les appellants soient chargés. (Arrêt du 17 Juillet 1705, rapporté au Journal des Audiences.)

Si au contraire le crime est grave, quoique la preuve ne se trouve pas solidemment établie par les dépositions des témoins, ou que les informations ne soient pas parfaites, on reçoit l'accusé appellant, parce que c'est une voie de Droit; mais on ne donne point de défenses, & les premiers Juges continuent l'instruction. On peut même sur le vu des charges, quand elles sont rapportées à la Cour, renvoyer devant les premiers Juges en état d'ajournement personnel, ou autre décret, si l'on trouve que le décret rendu par le premier Juge, ne soit pas bien donné; sauf aux Juges à décréter de nouveau dans le cas où il surviendroit de nouvelles preuves; mais il faut toujours que l'interrogatoire soit fait devant le premier Juge.

55. Néanmoins, si l'accusé avoit été mal interrogé par le premier Juge, & qu'il y eût des nullités dans l'interrogatoire, la Cour peut sur l'appel, ordonner que cet accusé sera interrogé de nouveau pardevant un autre Juge, ou qu'il se rendra aux pieds de la Cour pour y subir interrogatoire.

Enfin, il faut observer à l'égard des décrets, que les Lettres d'Etat n'ont aucune force pour en empêcher l'effet, y compris l'inscription de faux, tant incidente que principale. (Ordonnance du mois d'Août 1669, *tit.* 5, *art.* 6; Déclaration du 23 Décembre 1702, *art.* 5.)

ARTICLE V.

Comment finit l'interdiction, & l'espece d'infamie attachée aux décrets d'ajournement personnel, & de prise de corps.

56. 1°. On peut regarder comme une maxime certaine que l'interdiction, ou espece d'infamie de Droit, attachée au décret d'ajournement personnel, ou de prise de corps, rendu contre un accusé, subsiste toujours, quoique cet accusé se soit présenté à Justice, & qu'il ait subi interrogatoire; jusqu'à ce qu'il intervienne un jugement qui le renvoie par provision dans ses fonctions; ou en état d'assigné pour être oui, ou un jugement définitif qui prononce son absolution. (Voyez Brillon en son Dictionnaire des Arrêts, au mot *Procédure*, n. 144, de l'édition de 1727, où il cite un Arrêt du Grand-Conseil du 4 Juin 1714, conforme à cette maxime.)

Cette regle cependant n'a pas lieu quand le décret d'ajournement personnel est décerné contre des Commis employés dans les Fermes du Roi. L'Ordonnance des Aides du mois de Juin 1680, *tit.* 5, de l'exercice des Commis, *art.* 11, porte: Que les Commis contre lesquels il y a eu décret d'ajournement personnel, prêteront interrogatoire, après lequel, sans qu'il soit besoin d'aucun jugement, ils continueront leurs fonctions, excepté dans les caves

& celliers des vendants vin, où l'action qui aura donné lieu au décret sera arrivée.

57. 2°. Il en est de même dans le cas où il y auroit appel du décret; car cet appel ne suspend point l'interdiction, ou infamie attachée au décret.

Mais lorsqu'il intervient un Arrêt, ou Jugement de défenses, sur l'appel du décret d'ajournement personnel, ou de prise de corps, ce Jugement empêche l'effet de l'interdiction, & incapacité causée par le décret; & il n'est pas même nécessaire que dans les défenses, il soit ajouté que l'accusé est renvoyé aux fonctions de son office, ou de son bénéfice. (Arrêt du 6 Février 1721, cité dans une consultation imprimée, & souscrite de neuf Avocats célebres, en date du 2 Janvier 1738, en faveur d'un Elu des Sables-d'Olonne; qui a jugé que cet Elu seroit reçu dans son office, quoiqu'il y eût contre lui un décret d'ajournement personnel, mais contre lequel il avoit obtenu un Arrêt de défenses.)

58. 3°. Quand il s'agit de décrets de prise de corps rendus par des Juges d'Eglise contre des Ecclésiastiques qui en sont appellants comme d'abus, les accusés ne peuvent faire aucunes fonctions de leurs bénéfices & ministeres, en conséquence des Arrêts de défenses qu'ils pourroient obtenir; jusqu'à ce que les appellations soient jugées définitivement sur l'abus; ou que par les Archevêques, Evêques, ou leurs Officiaux, il en soit autrement ordonné. (Edit du mois d'Avril 1695, *art.* 40.)

59. Mais on prétend que ce qui est dit en cet article 40, des décrets de prise de corps, ne reçoit pas son application à l'égard des décrets d'ajournement personnel prononcés par les Juges d'Eglise, même de ceux auxquels l'interdiction est jointe; & que les Ecclésiastiques décrétés d'ajournement personnel, & interdits par le même décret, des fonctions de leur ministere, sont en droit, en vertu des Arrêts de défenses, de reprendre l'exercice de leurs fonctions, sans être obligés d'attendre que les appellations comme d'abus, par eux interjettées desdits décrets d'ajournement personnel, portant interdiction, aient été jugées définitivement, & sans être obligés de recourir à l'autorité Ecclésiastique, pour la levée de l'interdit prononcé contre eux; & que l'Arrêt qui fait défenses d'exécuter les décrets, les rétablit de plein droit dans leurs fonctions. Cette distinction peut être fondée sur ce que cet

article 40 renferme deux parties, & qu'il établit une différence entre les Eccléſiaſtiques décrétés de priſe de corps, & ceux qui ne le ſont que d'ajournement perſonnel. Cet article veut, par une nouvelle diſpoſition, que ceux qui ſont décrétés de priſe de corps, ne puiſſent exercer leurs fonctions Eccléſiaſtiques, quand même ils auroient obtenus des Arrêts de défenſes. Mais cette diſpoſition, non-ſeulement, ne tombe point ſur les autres accuſés, qui ne ſont décrétés que d'ajournement perſonnel, & nommément interdits; & au contraire, il en faut conclure que ces accuſés ſont en droit, en vertu des Arrêts de défenſes, de continuer leurs fonctions, ſans être obligés de recourir à l'autorité Eccléſiaſtique; parce que la prohibition de continuer leurs fonctions, portée par cet article, qui eſt une loi pénale, & qui par conſéquent ne peut s'étendre, ne tombe point ſur les décrets d'ajournement perſonnel; mais eſt reſtrainte, ſuivant la lettre de cet article, aux ſeuls Eccléſiaſtiques décrétés de priſe de corps.

60. D'ailleurs, les Arrêts qui accordent les défenſes d'exécuter les décrets d'ajournement perſonnel, n'étant rendus que ſur le vû des charges & informations, ſuivant ce même article, forment un préjugé contre l'abus de l'interdit, réſultant du décret d'ajournement perſonnel. Telles ſont les raiſons ſur leſquelles on peut fonder cette opinion; & c'eſt en effet ce qui a été jugé au Parlement, par un Arrêt du 24 Juillet 1717, en faveur des Sieurs le Roi & Boullai, Chanoines de l'Egliſe de Saint-Pierre-Enpont d'Orléans. (Voyez le nouveau Commentaire ſur l'Edit du mois d'Avril 1695, *art.* 40, *pag.* 340, de l'Edition de 1764.)

Au reſte, il faut obſerver que dans le cas même de cet article 40, quoiqu'un Eccléſiaſtique décrété de priſe de corps qui obtient un Arrêt de défenſes, ne ſoit pas rétabli dans les fonctions de ſon miniſtere; néanmoins on ne peut plus l'empriſonner, au moyen des défenſes qu'il a obtenues ſur l'appel comme d'abus par lui interjetté du décret de priſe de corps prononcé contre lui.

61. 4°. L'interdiction & incapacité cauſée par le décret d'ajournement perſonnel & de priſe de corps, ſe preſcrit par 20 ans, comme toutes les autres procédures criminelles, ſi le décret, quoique ſignifié, n'eſt point ſuivi de jugement; parce que cette interdiction eſt une ſuite du décret, & que le décret étant preſcrit, & ne ſubſiſtant plus, il s'enſuit que l'interdiction & l'eſpece de ta-

che d'infamie attachée à ce décret, ne subsiste plus pareillement ; suivant cette maxime de Droit ; *Accessorium sequitur naturam principalis.*

62. 5°. Une autre maxime, qu'on doit aussi regarder comme certaine ; c'est que, lorsqu'après le décret d'ajournement personnel, ou de prise de corps, il intervient un jugement d'absolution en faveur de l'accusé ; la prononciation, ou signification qui lui est faite de ce jugement, a tout son effet, & qu'elle le rétablit dans toute son innocence, & anéantit le décret.

Cette regle a pareillement lieu dans le cas où sur le décret il intervient un jugement définitif, qui ne prononce aucune peine afflictive ou infamante ; telle, *v. g.* qu'est un jugement d'admonition, ou autre peine moindre, lorsqu'il n'y a point d'appel de ce jugement par la partie publique ; parce que, comme l'observe judicieusement M. d'Aguesseau, Avocat-Général, & depuis Chancelier, en ses Plaidoyers, *tom.* 3, *plaidoyer* 37, *pag.* 475, un décret ne doit pas avoir plus de pouvoir que la condamnation.

C'est une suite de la disposition portée en l'article 24 du titre 10 de l'Ordonnance de 1670, qui porte : Que les accusés ne pourront être élargis après le jugement, s'il porte condamnation de peine afflictive ; ou si les Procureurs du Roi, ou ceux de Seigneur en appellent. D'où il résulte que si la Sentence ne prononce aucune peine afflictive, & que les Procureurs du Roi, ou ceux des Seigneurs n'en appellent point, les accusés doivent être élargis. Ce qu'on peut aussi confirmer par l'article 29 du titre 13 de la même Ordonnance.

L'article 13 du titre 26 va même plus loin, & suppose que les prisonniers, pour crime, peuvent être élargis par les Juges, après les Sentences définitives, lorsqu'elles ne prononcent aucunes peines afflictives contre l'accusé, avant l'appel des Procureurs du Roi, tant qu'ils n'appellent point ; quand même ils appelleroient dans la suite.

On peut néanmoins distinguer à ce sujet deux cas. Le premier où l'accusé consent d'exécuter la Sentence ; & le second, où il appelle de cette Sentence.

Dans le premier de ces deux cas, il est constant que par l'exécution de la Sentence, l'interdiction & incapacité encourue par l'accusé, est levée de plein droit ; puisque tout étant consommé par cette exécution, c'est un suite nécessaire qu'il n'y ait plus de décret, & par conséquent, que l'interdiction, ou incapacité qui y est attachée, ne subsiste plus.

63. Mais dans le second cas, où l'accusé appelle de la Sentence, il semble qu'il y a plus de difficulté; parce qu'on ne peut pas dire que l'instance criminelle soit terminée par la prononciation, ou signification de la Sentence; d'où il suit, que le décret subsistant toujours, l'interdiction, qui y est attachée, subsiste toujours aussi. Mais il y a ici une distinction importante à faire, entre le décret & l'espece d'infamie, qui y est attachée. Le décret subsiste toujours, à la vérité, & n'est terminé que par la prononciation & exécution du jugement définitif qui doit intervenir sur l'appel; mais il n'en est pas de même de l'interdiction & espece d'infamie qui est attachée au décret d'ajournement personnel. Tant que l'accusé n'a point été jugé, on peut supposer, qu'au moyen de ce décret, il peut être condamné à une peine afflictive ou infamante, & même on est en droit de le supposer; & tel est l'esprit de l'article 11 du titre 10 de l'Ordonnance de 1670, qui porte, que le décret d'ajournement personnel emporte interdiction contre un Officier: Mais cette présomption cesse, lorsque l'accusé vient à être condamné par le premier Juge, à une peine qui n'est ni afflictive, ni infamante; & le contraire se présume. Ainsi, il est juste, & même, c'est une suite nécessaire de cette présomption, que l'interdiction qui lioit l'accusé, cesse d'avoir lieu, & soit levée de plein droit par la prononciation ou signification qui lui est faite de la Sentence; & il n'est pas nécessaire pour cela, qu'il consente l'exécution de cette Sentence, qu'il est toujours en droit d'attaquer, si elle lui paroît trop rigoureuse; autrement, il seroit privé d'une voie de droit, qui est ouverte à tous les condamnés; & il seroit dans la nécessité de rénoncer à cette voie, pour être libéré d'une interdiction qu'il est présumé n'avoir point méritée. Le contraire a néanmoins été jugé par une Sentence, rendue au Châtelet de Paris le 6 Juillet 1758, en la cause du Sieur Martin, Procureur, qui avoit été condamné à être admonesté par une autre Sentence rendue audit Siege le 15 Juin précédent, & qui avoit appellé de cette derniere Sentence. On a jugé au Châtelet, que l'interdiction dudit Sieur Martin avoit toujours continué d'avoir lieu, au moyen de son appel. Mais je crois que ce jugement est contraire aux vrais principes; ainsi que je viens de l'observer; & que c'est une erreur

de croire, qu'en matiere criminelle, l'appel éteint le jugé. Cette maxime ne doit point recevoir ici son application. (Voyez ce qui est dit à ce sujet, au titre *Des Appellations*, ci-après, *part.* 3, *liv.* 2, *tit.* 37, n. 19 & suiv.)

64. La même regle a lieu à l'égard des accusés contumaxs, lorsque le jugement rendu contre eux, ne prononce aucune peine afflictive, ni infamante; car c'est une suite nécessaire que l'espece d'infamie, attachée au décret, soit éteinte par le jugement; puisque le décret, qui n'est rendu que pour parvenir au jugement, ne peut opérer, plus que le jugement même.

Nec obstat : Que l'accusé, par sa contumace, a empêché qu'on lui confrontât les témoins & qu'on l'interrogeât; & que par cette confrontation ou interrogation, il auroit pu avouer quelque chose, & par-là, fournir des preuves contre lui. Mais outre que l'expérience démontre combien les parjures sont fréquents dans de pareilles occasions; c'est qu'on ne peut révoquer en doute, que ces procédures sont plutôt en faveur de l'accusé, que contre lui; puisque c'est de ces actes qu'on tire les faits justificatifs de l'accusé, qu'on y réproche les témoins, & qu'on y explique leurs déclaration, suivant l'article 2 du titre 28, & les articles 16 & 22 du titre de l'Ordonnance de 1670 : ainsi il est naturel que l'accusé puisse rénoncer à ce qui a été introduit en sa faveur.

65. D'ailleurs, un contumax qui auroit été absous, ou qui n'auroit été condamné qu'en des peines légeres qu'il consentiroit de subir, sçachant qu'il n'a été arrêté que dans l'espérance de tirer de lui quelques aveux, n'auroit qu'à ne rien dire, soit dans ses interrogatoires, soit à la confrontation, comme il le peut, sans encourir d'autre peine, que celle qu'on lui feroit son procès comme à un muet volontaire; & par-là on se verroit frustré de l'espérance de lui faire avouer quelque chose.

En vain voudroit-on aussi objecter, que celui qui n'obéit pas en Justice, ne mérite aucune faveur; puisque ce n'est pas une faveur de permettre à un accusé, qui a été condamné, sans avoir été entendu, d'exécuter le jugement de condamnation prononcé contre lui.

66. D'où il s'ensuit, que le décret de prise de corps, ou d'ajournement personnel, prononcé contre l'accusé contumax, est anéanti par le jugement définitif, lorsque cet accusé y acquiesce, soit expressément, soit tacitement; & par conséquent que ce décret ne peut plus être mis à exécution. Et il est si vrai dans ce cas, que le

le décret est anéanti, que M. le Procureur-Général lui-même, venant à appeller *à minimâ*, de la Sentence, son appel ne la fait pas revivre; puisqu'il faut alors que le Parlement, en voyant le procès, ordonne que l'accusé se mettra en état, suivant l'article 13 du titre 26 de l'Ordonnance de 1670; & que ce n'est qu'en vertu de cet Arrêt, & non en vertu du décret, que l'accusé peut être réintégré dans les prisons.

6°. Quant à la question de sçavoir, si, quand par le jugement il y a eu un plus amplement informé, ce plus amplement informé laisse subsister le décret, Voyez ce qui est dit à ce sujet au titre *Des Sentences, Arrêts & Jugements*, ci-après, *part.* 3, *liv.* 2, *tit.* 25, n. 89.

SECTION II.

Des Décrets de prise de corps.

67. 1°. Pour pouvoir décréter de prise de corps un accusé, il faut non-seulement que le crime qu'on instruit, mérite une peine afflictive, ou infamante; mais il faut encore que la preuve soit suffisante pour pouvoir rendre un pareil décret. Le Juge doit en cela avoir égard à la qualité de l'accusé; & il doit se conduire différemment à l'égard d'une personne distinguée, ou élevée en dignité, qu'à l'égard d'une personne vile & du commun; il faut des indices plus considérables pour arrêter les premieres, que pour arrêter les autres, quoique pour une même espece de crime. (Voyez Jul. Clarus, *qu.* 28, *n.* 1 & 2; & ce qui a été dit ci-dessus, *n.* 10.)

C'est en conséquence de cette regle, que les vagabonds peuvent être décrétés de prise de corps, sur la seule plainte des Procureurs du Roi, sans autre preuve; ainsi que les serviteurs, sur la seule plainte des maîtres, pour crimes & délits domestiques. (Ordonnance de 1670, *tit.* 10, *art.* 8.)

68. 2°. Quand le crime est capital, on doit toujours décréter de prise de corps, s'il y a des indices suffisants contre l'accusé; sans avoir égard à la qualité, ni au sexe, ni au domicile de l'accusé; ni s'il est Noble, ou Roturier; Ecclésiastique, ou Laïque; pauvre, ou riche; élevé dignité, ou non. (Jul. Clarus, *qu.* 28, *n.* 3, 4, 5, & 6.) Ainsi dans l'assassinat prémédité, quand même les blessures seroient légeres, il y a toujours lieu à cette espece de

décret. (Arrêt du 10 Juillet 1705, rapporté au Journal des Audiences.)

Quelques Auteurs même, prétendent qu'on ne peut condamner un accusé à une peine afflictive, ou infamante, sans le décréter de prise de corps. On peut au contraire décréter quelquefois de prise de corps, quoique pour crimes qui ne méritent pas de peine afflictive, ou infamante, mais de simples peines pécuniaires : ce qui a lieu, lorsque l'accusé est suspect de fuite ; ou que c'est un serviteur, sur la plainte de son maître ; ou une personne vile & de basse condition. (Farinac. *qu.* 27, n. 39.)

69. Mais à l'égard des domiciliés, ils ne doivent jamais être décrétés de prise de corps ; si ce n'est pour crimes graves, & qui méritent une peine afflictive, ou infamante. (Ordonnance de 1670, *tit.* 10, *art.* 19. Edit du mois de Janvier 1685, pour le Châtelet de Paris, *art.* 27.) Voyez pour l'explication de ces mots, *Peine Afflictive*, & *Peine Infamante*, ce qui a été dit au Titre *Des Peines*, ci-dessus, *part.* 1, *tit.* 3, n. 4 & 5.

Et il en est de même des Ecclésiastiques domiciliés ; ils ne doivent point être décrétés de prise de corps par les Juges d'Eglise, quoique prévenus de débauche, lorsque cette débauche n'est pas dans le cas d'être punie de peine afflictive, ou infamante ; autrement il y auroit abus dans ce décret. (Arrêt du 4 Juin 1707, rapporté au Journal des Audiences.)

70. 3°. Dans les crimes légers, tels que sont les rixes, ou simples batteries, occasionnées par des cas fortuits, il n'y a jamais lieu au décret de prise de corps ; & encore moins, lorsqu'il ne s'agit que de simples injures. (Arrêt du 6 Juillet 1615.)

4°. A l'égard des preuves & circonstances nécessaires pour pouvoir décréter de prise de corps, Voyez ci-après, *n.* 94 & *suiv.*

ARTICLE PREMIER.

Des formalités des Décrets de prise de corps.

71. 1°. On doit observer, pour les décrets de prise de corps, les formalités dont il a été parlé ci-dessus, *n.* 17 & *suivants*, pour les décrets en général.

2°. Mais il est défendu à tous Juges, même des Officialités, en décrétant un accusé de prise de corps, d'ordonner qu'il sera amené sans scandale, (Ordonnance de 1670, *tit.* 10, *art.* 17.)

Les Juges peuvent, si le cas le requiert, décréter de prise de corps des personnes non connues, sous la désignation de l'habit de ces personnes, de la couleur des cheveux, du visage, & autres marques qui peuvent désigner l'accusé; comme aussi à l'indication qui en sera faite, dans la suite, par la partie civile, ou publique. (Ordonnance de 1670, *tit.* 10, *art.* 18.)

Mais si l'Officier, chargé du décret, se trompoit dans la capture, & qu'il arrêtât un autre que l'accusé désigné, il pourroit être condamné en des dommages & intérêts. Ainsi il est très-important que les indications soient justes & bien caractérisées.

ARTICLE II.

De l'exécution des Décrets de prise de corps.

72. Outre les regles établies ci-dessus, *n.* 22 *& suiv.* pour l'exécution des décrets en général; il y en a quelques-unes particulieres aux décrets de prise de corps; ainsi,

1°. On peut arrêter un accusé, décrété de prise de corps, non-seulement dans sa maison, mais encore dans une maison étrangere; (Ordonnance du mois d'Août 1539, *art.* 166.) pourvu que ce soit avec permission du Juge. (Voyez ce qui a été dit à ce sujet au Titre *Des procès-verbaux de transport des Juges*, ci-dessus, *part.* 3, *liv.* 2, *tit.* 5, n. 12.) Et si le maître de la maison refuse d'ouvrir, le Juge peut faire enfoncer les portes.

On peut même arrêter l'accusé dans une Eglise, & jusqu'auprès de l'Autel, sans avoir pour cela besoin d'une permission de l'Evêque. (Même Ordonnance de 1539, *art.* 166; Theveneau, sur les Ordonnances, *liv.* 5, *tit.* 4, *art.* 5; Corbin, en ses décisions, *décis.* 210; Boérius, *décis.* 109, *n.* 7; Joan. Gallus, *qu.* 172; Gui-Pape, *decis.* 121, *in fine;* Airault en son Instruction Judiciaire, *liv.* 3, *part.* 1, *n.* 5, *pag.* 379; Edit du mois de Juillet 1547, *art.* 2, rapporté au Recueil de la Maréchaussée.)

73. Les Eglises étoient autrefois en France, des lieux d'asyles pour les criminels, ainsi que cela paroît dans plusieurs endroits de notre Histoire. (Voyez Bouchel, en son Histoire de la Justice Criminelle de France, *tit.* 4, *ch.* 1, 2 & 9;) & elles le sont

encore en Italie; si ce n'est pour des crimes atroces. (Voyez Jul. Clarus, *qu.* 30; & Farinacius, *qu.* 28.) Aujourd'hui il n'y a plus d'asyles en France, qui puissent mettre les accusés à couvert des poursuites de la Justice. (Voyez l'Edit mois de Juillet 1547, *art.* 23 & celui du mois d'Août 1714, touchant la conservation de Lyon, qui en ont des dispositions.)

Il est vrai que le Concile de Trente, §. 25, *chap.* 5, a renouvellé les franchises & immunités des Eglises; mais on sçait que ce Concile n'est point reçu en France, du moins quant à la discipline.

Il faut cependant observer qu'on ne peut arrêter dans une Maison Royale, sans avoir la permission du Prince, ou du Gouverneur de cette Maison.

74. 2°. On peut arrêter un accusé, quoique revêtu de ses habits sacerdotaux; pourvu que ce ne soit point en faisant ses fonctions: il y en a plusieurs exemples. Au mois de Mai 1632, M. Houmain, Lieutenant-Criminel d'Orléans, ayant décrété de prise de corps le Sieur Denison, Chanoine de Sainte Croix, & Curé de Saint Pierre-Lentin, le fit arrêter revêtu de son surplis, & ayant son bonnet carré sur sa tête; & le fit conduire aux prisons dans cet état. Néanmoins Papon, en ses Arrêts, *liv.* 6, *tit.* 7, aux Additions, *n.* 2, rapporte un Arrêt du 31 Décembre 1563, qui condamne un Sergent en l'amende, & aux dommages & intérêts, pour avoir arrêté, avec scandale, un Prêtre qui venoit de chanter, tout revêtu, quoiqu'il y eût contre ce Prêtre un décret de prise de corps.

75. 3°. Les Sergents, Huissiers, & autres qui arrêtent une personne prévenue de crime, ne peuvent le faire de leur autorité, & sans être porteurs du décret de prise de corps. (Ordonnance du mois d'Octobre 1535, *chap.* 20, *art.* 11.) Il en faut seulement excepter le cas de flagrant délit. (*Ibid.* art. 11.)

Pour que le service de la Justice se fasse promptement, l'article 11 de l'Ordonnance du 14 Mars 1720, ordonne aux Archers de Maréchaussée de tenir leurs chevaux dans une même écurie, afin d'être prêts à partir à la premiere réquisition.

Les Huissiers, Sergents, & Archers, doivent avoir grand soin d'être prudents & modérés dans les captures & exécutions des décrets. (L. *omnes*, §. *præterea nullus.* Cod. *de Episcop. & Cler.*) autrement ils peuvent être punis très-sévérement. (V. ce qui est dit à ce sujet, au titre *Des Malversations d'Officiers*, ci-après, part. 4, tit. 31, *n.* 66.)

Ainsi il ne leur est pas permis en arrêtant un accusé, de le fouiller, que préalablement ils ne l'aient conduit en prison, & remis entre les mains du Geolier. (Ordonnance du mois de Mars 1549, *art.* 9.) Mais cette regle n'a pas lieu à l'égard des Prévôts des Maréchaux, lorsqu'ils arrêtent un accusé. (Voyez l'article 9 du titre 2 de l'Ordonnance de 1670.)

A l'égard de la maniere dont ils doivent inventorier les effets trouvés en la possession de celui qu'ils arrêtent prisonnier, Voyez ce qui a été dit au Titre *Des effets trouvés en la possession de l'accusé*, &c. ci-dessus, *part.* 3, *liv.* 2, *tit.* 6, n. 7.

76. Les Huissiers, Sergents, & Archers, en arrêtant des accusés, doivent les conduire incessamment dans les prisons, sans pouvoir les détenir en maison particuliere; si ce n'est pendant leur conduite, & en cas de péril d'enlevement, dont il doit être fait mention dans le procès-verbal de capture & de conduite; à peine d'interdiction, de mille livres d'amende & de dommages & intérêts des parties. (Ordonnance de 1670, *tit.* 10, *art.* 16; *& tit.* 2, *art.* 1. Voyez aussi ce qui est dit au Titre *Chartre Privée*, ci-après, part. 4, tit. 10, n. 2.)

Lorsqu'ils sont obligés de mettre ces accusés dans des prisons empruntées, ils doivent les transférer incessamment dans les prisons du lieu où l'affaire doit être jugée; (Ordonnance de 1670, *tit.* 13, *art.* 38.) & ils ne peuvent les écrouer dans ces prisons empruntées.

Enfin, ils doivent avoir grande attention de ne rien exiger de ceux qu'ils emprisonnent, ou qu'ils changent de prison; à peine de restitution du quadruple, & de 20 livres d'amende. (Arrêt de Réglement pour les prisons du Ressort du Parlement de Paris du 1 Septembre 1717, *art.* 23 & 24.)

77. 4°. L'article 15 du titre 10 de l'Ordonnance de 1670, enjoint à tous Gouverneurs, Lieutenants-Généraux des Provinces & Villes, Baillifs, Sénéchaux, Maires & Echevins, de prêter main-forte à l'exécution des décrets, & de toutes les Ordonnances de Justice; même aux Prévôts des Maréchaux, leurs Lieutenants & Archers; à peine de radiation de leurs gages, en cas de refus; dont il sera dressé procès-verbal par les Juges, Huissiers, ou Ser-

gents; pour être envoyé aux Procureurs-Généraux, chacun dans leur Ressort, & y être pourvu par Sa Majesté.

Les Juges peuvent même, dans le cas d'une nécessité urgente, enjoindre aux habitants du lieu de prêter main-forte, pour arrêter un, ou plusieurs criminels; & ces habitants sont tenus d'obéir aux Juges; de maniere que ceux qui leur résistent, ou font rébellion, sont aussi coupables que s'ils avoient fait résistance aux Sergents. Mais d'un autre côté les habitants, ainsi appellés de l'ordre du Juge, doivent avoir la même attention que les Huissiers, ou Sergents, en arrêtant un accusé, pour n'user à son égard d'aucune violence, ni excès; autrement ils seroient punissables, comme les Huissiers mêmes.

Une Ordonnance du 20 Août 1707, enjoint à tous les sujets du Royaume, de quelque qualité & condition qu'ils soient, de donner assistance & main-forte aux Officiers de Maréchaussée, & à tous autres, qui conduiront des déserteurs dans les garnisons, & compagnies qu'ils auront quittées; à peine de punition exemplaire.

78. 5°. En cas de rébellion, ou de violence, faite aux Huissiers, Sergents, ou autres Ministres de la Justice, en mettant à exécution un décret, ou mandement de Justice, ils en doivent dresser leurs procès-verbaux, qu'ils remettront sur le champ entre les mains du Juge, pour y être pourvu, & en être envoyé une expédition à M. le Procureur-Général. (Ordonnance de 1670, *tit.* 10, *art.* 14.) Ce procès-verbal doit être récordé d'assistants. (Edit d'Amboise du mois de Janvier 1572, *art.* 4; ce qui résulte aussi de l'article 6 du même titre 10 de l'Ordonnance de 1670.)

6°. Si le décret de prise de corps ne peut être exécuté contre l'accusé, l'Huissier doit en faire perquisition, & procéder par voie de saisie, & annotation de ses biens; sans qu'il soit besoin d'obtenir pour cela aucun Jugement. (Ordonnance de 1670, *tit.* 7, *art.* 1. Voyez ce qui est dit à ce sujet au Titre *Des Défauts & Contumaces*, ci-après, *part.* 3, *liv.* 2, *tit.* 21, n. 7, & suiv.)

ARTICLE III.

Des Captures & Emprisonnements, sans décret.

79. Décret de prise de corps, & emprisonnement, sont deux choses différentes; & quoique dans la regle générale, toute capture & emprisonnement doive se faire en vertu d'un décret du Juge, néanmoins il y a quelques cas où cette formalité n'est pas nécessaire : ainsi cela n'a pas lieu.

1°. Dans le cas de flagrant délit, quand il s'agit de crimes graves. (Julius Clarus, *qu.* 28, n. 7, L. *Raptores.* Cod. *de Episc. & Cler.* Ordonnance de 1670, *tit.* 2, *art.* 4.) L'Ordonnance de François I, du mois de Juillet 1547, enjoint même à tous ceux qui ont connoissance d'un meurtre, ou assassinat, de courir après les assassins, & de faire fermer les portes du lieu, & de sonner le tocsin pour assembler les habitants, & arrêter les coupables.

2°. Le décret préalable, est aussi inutile à l'égard des vagabonds, & gens sans aveu. (Déclaration du 5 Février 1731, *art.* 1.)

80. 3°. Un témoin qui se contredit, peut aussi en plusieurs cas être arrêté par le Juge, & constitué prisonnier, sans plainte ni conclusions de la partie publique; *v. g.* lorsqu'il dépose faux; sur-tout si le faux est considérable.

L'accusé ainsi pris en flagrant délit, ou à la clameur publique, doit être conduit dans les prisons; & ensuite le Juge doit ordonner qu'il sera arrêté & écroué, & l'écroue doit lui être signifié en parlant à sa personne. (Ordonnance de 1670, *tit.* 10, *art.* 9.)

Cette précaution de faire arrêter & écrouer l'accusé, pris en flagrant délit, ou à la clameur publique, est nécessaire; 1°. afin que l'accusé étant arrêté & constitué en jugement, en vertu d'une autorité légitime, soit dans l'obligation de répondre aux interrogatoires qui lui seront faits; 2°. afin que le Juge qui a la police des prisons, ait connoissance de l'ordre, ou mandement, en vertu duquel cet accusé est prisonnier; & qu'il ne soit pas dans le cas de le renvoyer des prisons; car ce n'est pas la capture qui fait le prisonnier, mais l'écroue qui se fait sur le registre du Geolier.

81. Au reste, cet écroue peut être prononcé d'office par le Juge,

sans les conclusions de la partie publique ; ce qui résulte de cet article 9 du titre 10 ; & de l'article 15 du titre 2 de l'Ordonnance de 1670. L'Arrêt du Parlement du 20 Décembre 1724, rendu pour la Prévôté d'Esclaron, en a une disposition expresse. Mais il faut ensuite que la procédure soit communiquée à cette partie publique, pour prendre telles conclusions qu'elle jugera à propos ; soit pour faire recommander l'accusé à sa requête, soit pour suivre l'instruction. Il faut aussi observer que les Procureurs du Roi, ou Fiscaux, ne peuvent, dans le cas de cet article, faire écrouer à leur requête l'accusé, sans une ordonnance préalable du Juge.

On ne pourroit déclarer un emprisonnement nul, faute d'avoir signifié l'écroue à l'accusé ; cette faute se répare en le signifiant. Tout se réduit à sçavoir s'il est bien ou mal emprisonné.

Il n'est pas nécessaire de donner copie du procès-verbal de capture à ceux qui sont ainsi arrêtés, n'y ayant point alors de procès-verbal ; à la différence de ce qui est porté en l'article 7 du titre 2 de l'Ordonnance de 1670.

Mais dans les décrets de prise de corps, ainsi que dans ceux d'ajournement personnel, & d'assigné pour être oui ; il faut donner à l'accusé copie de l'Ordonnance du Juge qui a rendu le décret.

ARTICLE IV.

Devoirs des Juges, touchant les captures & emprisonnements.

82. 1°. Les Juges doivent bien prendre garde de décréter légérement de prise de corps un accusé ; & ils doivent en cela user de beaucoup de prudence : car la prison est une injure irréparable, à cause de l'espece d'infamie qui y est attachée ; & cette précaution est encore beaucoup plus nécessaire, à l'égard des personnes notables, ou élevées en dignité. (Airault, en son Instruction Judiciaire, *liv.* 3, *part.* 1, n. 13 & 14, *pag.* 390 & 391. Voyez ce qui est dit à ce sujet *Des Preuves nécessaires pour décréter*, ci-après, n. 49.)

Les Juges qui décrétent ainsi légérement de prise de corps, mettent l'accusé dans le cas d'opposer une résistance légitime, ou dumoins excusable, à l'exécution du décret. (Voyez ce qui est dit au Titre *Des Rébellions à Justice*, ci-après, *part.* 4, *tit.* 45, n. 29.)

D'ailleurs,

D'ailleurs, les Juges qui décretent ainsi légérement de prise de corps, & qui font emprisonner mal-à-propos, peuvent être pris à partie; & sont tenus des dommages & intérêts, envers celui qui a été mis en prison injustement. (Voyez, *infrà*, n. 110.)

83. Il y a des cas où les Juges peuvent promettre une récompense à ceux qui arrêteront tel & tel coupable; ce qui a lieu à l'égard des crimes énormes. Mais il n'y a que le Souverain, ou les Cours, qui puissent établir & promettre ces sortes de récompenses.

Afin de connoître si les Juges font leur devoir dans la poursuite des procès-criminels, les Procureurs des Justices ordinaires sont tenus d'envoyer aux Procureurs-Généraux, chacun dans leur ressort, aux mois de Janvier & de Juillet de chaque année, un état signé par les Lieutenants-Criminels & par eux, des écroues & recommandations faites pendant les six mois précédents, dans les prisons de leurs Sieges, & qui n'auront point été suivis de Jugement définitif; contenant la date des décrets, écroues & recommandations; le nom, sur-nom, qualité & demeure des accusés; & sommairement le titre de l'accusation, & l'état de la procédure; à l'effet de quoi tous actes & écroues doivent être délivrés gratuitement par les Greffiers & Geoliers, & l'état porté par les Messagers sans frais; à peine d'interdiction contre les Greffiers & Geoliers, & de cent livres d'amende envers le Roi, & de pareille amende contre les Messagers. Ce qui a pareillement lieu, & sous pareille peine, pour les Procureurs des Justices Seigneuriales, à l'égard des Procureurs du Roi des Sieges où elles ressortissent. (Ordonnance de 1670, *tit.* 10, *art.* 20.)

84. Quelquefois les Juges, ou dumoins les Gouverneurs de Provinces, ou autres premiers Magistrats, au lieu d'envoyer un accusé en prison, quand c'est une personne distinguée, ordonnent qu'elle sera détenue dans sa maison, ou en celle de quelqu'Officier, sous bonne & sure garde, & quelquefois même sur sa simple parole; c'est ce qu'on appelle, *mettre aux arrêts.* Cette maniere de tenir quelqu'un prisonnier sur sa parole, a lieu, principalement dans le Militaire, pour des délits légers; & à l'égard de la formalité de donner des gardes à quelqu'un, elle est principalement employée par MM. les Maréchaux de France, ou leurs Subdélégués, Gouverneurs, &c.

ARTICLE V.

Du Sauf-conduit.

85. Il y a des cas où un accusé, décrété de prise de corps, obtient un sauf-conduit pour un certain temps, *v. g.* de trois mois, plus ou moins; pendant lequel temps il est en la protection & sauvegarde du Roi; & il est défendu, pendant ce temps-là, aux Gouverneurs & Lieutenants-Généraux des Provinces, Intendants, Maires & Echevins, & à tous Juges, d'attenter à la personne de cet accusé, ni de l'inquiéter, sous quelque prétexte que ce soit, ni de mettre à exécution contre lui aucuns décrets, Sentences, Jugements, & Arrêts de condamnation.

Il n'y a que le Roi qui puisse accorder ces sauf-conduits. On peut en voir un modéle dans celui qui fut accordé en 1698, au Sieur de la Pivardiére, dans le troisieme tome des Causes célebres, *pag.* 70 de l'Edition de 1750.

Il y a cependant des sauf-conduits qui s'accordent par le Juge; *v. g* dans le cas où l'accusé qui voudroit comparoître à Justice, ne le peut faire sans courir risque d'être arrêté prisonnier par ses créanciers, qui auroient obtenu contre lui une Sentence de condamnation par corps.

Ceux qui obtiennent ces sortes de sauf-conduits, doivent en être porteurs, pour empêcher qu'il ne soit attenté à leur personne. Ils peuvent même, pour plus grande sureté, lorsque ce sauf-conduit leur est accordé par le Prince, le faire publier dans le lieu où ils veulent séjourner. (Voyez Julius Clarus, *in supplementis*, qu. 32, n. 28.)

SECTION III.

Des Décrets d'ajournement personnel, & d'assigné pour être oui.

86. 1°. Les décrets d'ajournement personnel ne doivent avoir lieu que pour des causes, qui quoique graves, ne méritent pas cependant un décret de prise de corps: & même, si les accusés sont Officiers, ou Ecclésiastiques, ou personnes publiques, les Juges doivent avoir attention de ne prononcer, contre ces accu-

ſés, qu'un décret d'aſſigné pour être oui ; à moins que l'affaire ne fût aſſez grave pour mériter un décret d'ajournement perſonnel.

2°. Les décrets d'aſſigné pour être oui, n'ont lieu que dans le dernier cas dont on vient de parler ; ou lorſque le titre de l'accuſation eſt très-léger ; ou qu'il n'y a qu'une preuve légere contre celui qui eſt décrété.

3°. A l'égard des preuves néceſſaires pour pouvoir décréter d'ajournement perſonnel, ou d'aſſigné pour être oui, Voyez ce qui eſt dit *infrà*, n. 94 & ſuiv.

ARTICLE PREMIER.

De la forme & procédure des décrets d'ajournement perſonnel, & d'aſſigné pour être oui.

87. 1°. Les décrets d'ajournement perſonnel, & d'aſſigné pour être oui, doivent être rendus de l'autorité du Juge, & ſur les concluſions des Procureurs du Roi. (Voyez ci-deſſus, *n.* 17.)

2°. Ils doivent contenir le jour & l'heure auxquels l'accuſé doit comparoître devant le Juge, pour ſubir interrogatoire ; ainſi que le nom, ou qualité du Juge, & celui du lieu où l'interrogatoire doit être ſubi.

3°. Ceux d'ajournement perſonnel, doivent, de plus, contenir le titre de l'accuſation pour laquelle ils ſont décernés ; à peine d'interdiction contre les Juges. (Déclaration du mois de Décembre 1680. Voyez ci-deſſus, *n.* 45.)

On trouve même un Arrêt du Parlement du 12 Mai 1711, rapporté au Journal des Audiences, qui enjoint au Bailli de la terre du Châtelet, d'exprimer dans les décrets d'ajournement perſonnel, & d'aſſigné pour être oui, le titre de l'accuſation. Mais la Déclaration de 1680, paroît contraire à cette déciſion, puiſqu'elle n'exige cette formalité qu'à l'égard des décrets d'ajournement perſonnel.

ARTICLE II.

De l'exécution des décrets d'ajournement perſonnel, & d'aſſigné pour être oui.

88. 1°. Les décrets d'ajournement perſonnel, & d'aſſigné pour être

oui, se signifient à personne, ou à domicile, comme tous les exploits en général; il faut néanmoins, autant que l'on peut, signifier ces décrets à la personne de l'accusé, à moins qu'elle ne soit absente. Si l'accusé a un domicile élu, comme il arrive assez souvent dans la suite d'une procédure criminelle, on peut les signifier à ce domicile.

2°. Ces décrets s'exécutent par-tout sans *pareatis* des Juges des lieux, *&c.* (Voyez ce qui a été dit pour les décrets en général, ci-dessus, *n.* 22.)

3°. Ceux à la requête desquels ces décrets sont exécutés, doivent élire domicile sur le lieu. (Voyez, *suprà*, n. 25.)

4°. Ces décrets doivent être signifiés à l'accusé, & copie lui en doit être laissée, ainsi que de la citation. (*suprà*, n. 29.)

89. 5°. A l'égard du délai de l'assignation, pour ces sortes de décrets, Voyez aussi ce qui a été dit, *suprà*, n. 32.

6°. Il n'y a point de défaut pour ces sortes d'assignations. (Voyez, *ibid.* n. 34.)

7°. La signification qui se fait de ces décrets, doit, comme celle de tous les décrets en général, être faite en lieu & temps convenables. (Voyez ce qui a été dit ci-dessus, *n.* 35.)

8°. Enfin, il faut observer que celui qui n'est décrété que d'ajournement personnel, ou d'assigné pour être oui, ne peut être arrêté prisonnier, à moins qu'il ne survienne contre lui de nouvelles charges; si ce n'est par délibération secrete des Cours, *&c.* (Voyez, *suprà*, n. 40.)

Devoirs de l'Ajourné.

90. 9°. Celui qui est décrété d'ajournement personnel, ou d'assigné pour être oui, est obligé de comparoître en personne, & non par Procureur; quand même ce seroit un pere qui voudroit comparoître pour son fils; un tuteur pour son mineur; ou un mari pour sa femme. (Voyez, *omninò*, ce qui est dit au Titre *Des Interrogatoires*, ci-après, *part.* 3, *liv.* 2, *tit.* 13, n. 9.)

Cet acte de comparution se fait au Greffe, & doit contenir élection de domicile, & le nom du Procureur constitué lorsque le défendeur, ou accusé, veut constituer Procureur.

Les accusés, quoique morts civilement, sont tenus, comme les autres, de comparoître en personne. (Farinacius, *quæst.* 99, n. 107.)

A l'égard des Villes, Corps & Communautés, elles peuvent comparoître par leur Syndic. (Voyez ce qui est dit au Titre *De la maniere de faire le procès aux Corps & Communautés*, ci-après, *part.* 3, *liv.* 2, *tit.* 29, n. 5.)

91. 10°. Cette comparution personnelle de l'accusé, est même nécessaire dans les cas où il auroit un déclinatoire à proposer, ou autre moyen de nullité, ou d'irrégularité contre le décret; & même quand le Juge qui a rendu le décret, seroit incompétent pour connoître de l'affaire; (L. 2, D. *Si quis in jus vocat.*; & L. *Si quis ex alieno*, D. *de judiciis.*) ou quand il seroit déja poursuivi pour raison du même crime dans une autre Jurisdiction. (Bartol. *in* L. *Sepulchri*, n. 10. D. *de sepulch. viol.*) Autrement le Juge qui a décrété, peut passer outre, quand même il y auroit appel de la part de l'accusé. (Ordonnance du mois de Mars 1549, *art.* 10; Theveneau sur les Ordonnances, *liv.* 5, *tit.* 4, *art.* 5, aux notes; Ordonnance de 1670, *tit.* 10, *art.* 12.) Ce qui est aussi établi par une Déclaration du Roi du 18 Janvier 1585, rendue pour le Prévôt des Maréchaux de Languedoc; & par une autre Déclaration du 23 Septembre 1595, qui porte que les accusés doivent proposer l'incompétence en personne, sans ministere de Procureur.

Quelques Auteurs néanmoins prétendent que dans le cas où le Juge qui a décrété, n'est pas compétent pour connoître de l'affaire, l'accusé peut demander son renvoi par Procureur. (*Ita* Guipape, *décis.* 338, *n.* 2; Farinacius, *qu.* 99, *n.* 214 & 215; & Jul. Clarus, *qu.* 32, *n.* 19.)

92. A l'égard de l'accusé privilégié qui veut demander son renvoi devant le Juge de son privilege, il doit, pour pouvoir décliner la jurisdiction, comparoître en personne devant le Juge qui l'a décrété. Ainsi un Ecclésiastique décrété d'ajournement personnel par un Juge laïque, est tenu de se présenter en personne devant le Juge qui l'a décrété, pour pouvoir demander son renvoi pardevant le Juge d'Eglise; ainsi qu'il a été jugé par Arrêt du Parlement de Toulouse du 22 Mai 1602, rapporté par Descorbiac, *tit.* 3, *chap.* 37.

Le Juge, ou Commissaire, devant lequel l'accusé comparoît pour demander son renvoi, ou pour proposer ses moyens de nullité, ne peut obliger cet accusé de subir interrogatoire. (Voyez ci-dessus, *n.* 42.)

Lorsque l'accusé est dans l'impuissance de comparoître, soit par maladie, ou parce qu'il est prisonnier ailleurs, ou banni, *&c.* il doit proposer ses excuses par un fondé de procuration, au Juge devant lequel il est assigné. (Voyez ce qui est dit à ce sujet au titre *Des Exoines des accusés*, ci-après, *part.* 3, *liv.* 2, *tit.* 14, n. 1 & suiv.)

93. Mais si la citation faite à l'accusé, est nulle, il n'est point tenu de comparoître; & toute la procédure qui pourroit se faire en conséquence contre lui, seroit nulle. (D D. *in* L. 2, D. *Si quis jus dicenti non obtemp.*)

Par exemple, s'il y a erreur de nom à l'égard de la personne décrétée:

Ou, s'il n'y a point de délai fixé par l'assignation, ou l'ajournement personnel; quoique quelques-uns aient pensé le contraire. (Boerius, *décis.* 235.)

Lorsque l'accusé comparoît sur une assignation nulle, il semble que cette comparution couvre la nullité, & fait valider la procédure; & tel est le sentiment de Tiraqueau, *in tract. de retractu*, tit. 1, §. 9, gloss. 2, n. 19. Voyez cependant l'article 3 du titre 25 de l'Ordonnance de 1670, qui porte: » Que les procédures » faites avec les accusés, volontairement, & sans protestation de» puis leurs appellations, ne peuvent leur être opposées, comme » fin de non-recevoir. »

11°. Faute par l'accusé de comparoître sur le décret d'assigné pour être oui, le décret se convertit en décret d'ajournement personnel; & faute de comparoître sur le décret d'ajournement personnel, il se convertit en décret de prise de corps. (Voyez ci-dessus, *n.* 37-39.)

SECTION IV.

Des Preuves & circonstances nécessaires pour décréter de prise de corps, d'ajournement personnel, ou d'assigné pour être oui.

94. 1°. Il faut avant tout, que le corps de délit soit constaté suffisamment; soit par une preuve entiere, si le délit est du nombre de ceux qu'on appelle *permanents*; soit par une preuve approchante, si le délit est du nombre de ceux qu'on appelle *passagers*, & dont l'existence, ou la vérité ne peut se prouver que par l'in-

formation même. (Voyez ce qui a été dit au titre *Des Informations en général*, ci-dessus, *part.* 3, *liv.* 2, *tit.* 1, n. 6.)

2°. Pour pouvoir décréter un accusé pour raison d'un crime, il faut qu'il y ait contre lui une preuve suffisante pour faire présumer qu'il en est l'auteur; c'est-à-dire, qu'il faut qu'il y ait contre lui une semi-preuve, ou approchante, soit par témoins, ou fondée sur des indices graves & légitimes. (*Ita* Julius Clarus, *quest.* 20, *n.* 2 & 3.)

95. 3°. Un seul témoin du fait principal, suffit pour faire une semi-preuve, lorsque ce témoin est digne de foi, & non suspect. (Jul. Clarus, *quest.* 21, *n.* 2.)

Ou deux témoins, lorsqu'ils ne sont pas *omni exceptione majores.*

Ou un témoin de cette derniere espece, avec quelque indice.

Question. La déposition, ou déclaration d'un complice prévenu du même crime que l'accusé, est-elle suffisante pour faire décréter cet accusé?

Julius Clarus, *quest.* 21, *n.* 5 & 6, prétend que dans les crimes atroces, cette déposition, ou déclaration forme une semi-preuve suffisante pour informer & décréter contre l'accusé; pourvu que ce complice ne soit pas d'ailleurs convaincu de parjure; mais qu'il n'en est pas de même dans les autres crimes.

On peut, sur cette question, distinguer si le complice, qui fait cette déclaration, s'avoue lui-même coupable, ou s'il en accuse un autre, en niant qu'il soit lui-même complice. Dans le premier cas, il paroît que cette déposition, ou déclaration, forme une semi-preuve pour décréter celui qui est ainsi chargé par son complice; mais dans le second cas, cette déclaration paroît insuffisante.

96. La déclaration du blessé, ou autre offensé, est aussi une preuve suffisante pour décréter. (Julius Clarus, *quest.* 21, *n.* 14 & 15.) ce qui ne doit pas dumoins souffrir de difficulté dans les crimes graves, & qui intéressent le ministere public.

Autre Question. Une fille qui déclare être grosse d'un particulier qu'elle accuse être le pere de l'enfant, doit-elle être crue à sa déclaration pour faire décréter l'accusé?

On doit distinguer à cet égard si cette fille demeure dans la même maison, & en qualité de concubine avec celui qu'elle accuse; ou si elle demeure dans une maison séparée. Dans le premier cas, la déclaration de cette fille, quoique plaignante & partie au procès, forme une preuve suffisante, mais non dans le second cas. (Voyez ce qui est dit là-dessus au titre *Du crime de luxure, & conjonctions charnelles*, ci-après, *part.* 4, *tit.* 29, n. 50.)

97. Il faut cependant observer qu'une fille séduite par un garçon qui n'a point de domicile certain, comme seroit un laquais, ou un garçon ouvrier, peut faire arrêter ce garçon sur un simple exposé par une requête, ou sur le vu d'un procès-verbal dressé par un Commissaire; parce qu'il peut y avoir du péril en la demeure.

A l'égard des servantes qui accusent leur maître, elles ne sont point crues à leur déclaration, s'il n'y a d'ailleurs d'autres preuves, ou indices. (Voyez au titre *Du crime de Luxure*, ibid. *n.* 50.) Mais il en seroit autrement d'une servante qui accuseroit un valet d'écurie demeurant avec elle dans la même auberge; sur-tout si cette déclaration étoit jointe avec quelques autres indices.

4°. La confession extrajudiciaire de l'accusé, forme aussi une semi-preuve suffisante pour le faire décréter.

Et il en est de même de la confession qui auroit été faite par l'accusé devant un Juge incompétent.

Des écrits sous seing privé, peuvent aussi donner lieu à un décret contre un accusé; sauf ensuite à faire reconnoître les écritures. Elles font partie des charges, & donnent lieu à l'instruction nécessaire pour parvenir à la vérification. C'est ainsi que s'en explique M. Gilbert-de-Voisins Avocat-Général dans l'affaire de la Demoiselle Kerbabu, jugée par Arrêt du 8 Juin 1734; Voyez le Recueil des Causes Célebres, *tom.* 14, *pag.* 78.

98. 5°. Au défaut d'un témoin du fait principal, ou de la confession de l'accusé, les indices, quand ils sont prouvés, peuvent suffire pour rendre un décret contre l'accusé; pourvu que ces indices aient une liaison prochaine avec le fait principal. Par exemple:

Lorsque celui qui est prévenu de vol, est trouvé saisi des effets volés; à moins que celui qui en est trouvé saisi, ne fût une personne qui a coutume de vendre & acheter de ces sortes d'effets, & qui les gardât publiquement, & à la vue de tout le monde.

Ou lorsque celui qui est prévenu d'un assassinat, a été vu par des témoins, sortant du lieu où le meurtre a été commis, ou immédiatement après l'action; ou a été vu en embuscade, & se tenant caché dans cet endroit, avant l'action commise.

Les

Les menaces précédentes, faites à la personne homicidée par celui qui est prévenu d'un assassinat, ou une inimitié capitale prouvée entre eux deux, peuvent aussi suffire quelquefois pour décréter l'auteur de ces menaces.

Il en est de même de l'inimitié capitale. (Jul. Clarus, *qu.* 21, *n.* 50.)

La fuite de l'accusé est aussi souvent un indice suffisant pour le faire décréter. (Jul. Clarus, *ibid.* qu. 21, n. 19 & suiv.)

99. La transaction de l'accusé avec l'offensé, pour raison du crime, forme aussi un indice suffisant pour rendre un décret contre cet accusé. (Jul. Clarus, *ibid.* n. 38.)

Le bruit public qu'une telle personne est auteur d'un crime, est aussi en certains cas, une preuve suffisante pour la faire décréter, si ce bruit public est joint à quelqu'autre indice.

Enfin l'Ordonnance de 1670, *tit.* 10, *art.* 8, porte : » Que » sur la simple notoriété, il pourra être décerné décret de prise » de corps pour crime de duel. »

En général, il faut observer, que pour décréter, il suffit d'avoir quelqu'indice violent contre l'accusé ; ou dumoins d'avoir contre lui deux, ou plusieurs indices qui tiennent lieu d'un indice violent. (Voyez ce qui est dit à cet égard sur la nature & le caractere des indices, au titre *Des Preuves en général*, ci-dessus, *part.* 3, *liv.* 1, *tit.* 3, n. 360 & suiv.)

Mais pour qu'un indice soit regardé comme tel, il faut nécessairement qu'il soit prouvé par deux témoins. (Voyez *ibid.* n. 383.)

ARTICLE PREMIER.

Devoirs des Juges, touchant les Décrets.

100. Pour rendre légitime un décret, le Juge doit considérer trois choses : 1°. la nature du crime : 2°. la qualité des personnes : 3°. le caractere de la preuve.

1°. Touchant la nature du crime, le Juge doit faire une distinction entre les crimes graves, & les crimes légers.

Dans les crimes capitaux, & qui méritent une prompte punition, s'il y a un commencement de preuve suffisante par l'information ; c'est-à-dire, une semi-preuve, tel qu'on vient de l'établir ; il est du devoir du Juge de décerner un décret de prise de corps, sans distinction de la qualité des personnes ; & à plus forte raison, s'il y a déja contre l'accusé, de fortes preuves résultantes de l'information.

Cette même regle doit avoir lieu, en général pour tous les délits atroces ; comme sont l'assassinat prémédité, le vol de grand-chemin, *&c.*

101. Mais dans les crimes & délits qui ne sont point du nombre de ceux auxquels il échet peine afflictive, ou infamante, le Juge ne doit point décréter de prise de corps, quelques preuves qu'il y ait contre un accusé, si cet accusé est domicilié ; mais seulement d'ajournement personnel, ou d'assigné pour être oui, suivant les circonstances. (Ordonnance de 1670, *tit.* 10, *art.* 19.)

Et si cet accusé est Officier, ou homme de qualité, le Juge ordonnera seulement contre lui, un décret d'assigné pour être oui.

Enfin, si le titre d'accusation est léger ; *v. g.* s'il ne s'agit que de simples injures, le Juge ne doit point décréter en tout. (Voyez le procès-verbal de l'Ordonnance de 1670, sur l'article 3 du titre 21 ; Bouchel en sa Bibliotheque Françoise au mot *Injures* ; & Papon, *liv.* 24, *tit.* 3, *n.* 2.) Il suffit alors d'ordonner que celui dont on se plaint, sera assigné pour répondre aux fins de l'exploit ; ce qui doit se juger sommairement, & sur une simple enquête, dans le cas où la partie assignée ne conviendroit pas des faits.

Il en seroit autrement, si les injures étoient graves ; comme celles proférées en jugement, ou qui tendent à troubler l'honneur des maris, ou le repos des familles ; & de même, si ces injures étoient aggravées par les circonstances du temps, du lieu, ou de la personne.

102. 2°. Touchant la qualité des personnes, le Juge doit observer qu'il faut procéder différemment contre les personnes distinguées, & qui ont toujours été d'une réputation integre, que contre les personnes viles.

Contre les personnes nobles & élevées en dignité, le Juge ne doit jamais prononcer un décret de prise de corps, si ce n'est dans le cas où il s'agit de crimes capitaux, ou qui méritent une peine grave.

Et il en est de même à l'égard des domiciliés, si ce n'est pour crimes qui méritent une peine afflictive, ou infamante ; ainsi qu'on vient de l'observer. C'est pourquoi, on ne doit alors prononcer contre ces perſonnes, qu'un décret d'ajournement perſonnel, ou d'aſſigné pour être oui, ſuivant la nature du délit. Si l'accuſé eſt Officier, ou élevé en dignité, le Juge doit avoir attention de le décréter ſeulement d'aſſigné pour être oui, pour lui éviter l'interdiction; & il doit avoir la même attention à l'égard des filles & femmes de condition honnête, & qui ont toujours été d'une bonne réputation; car un décret d'ajournement perſonnel, doit être regardé comme grave, par rapport à ces perſonnes.

103. A l'égard des perſonnes viles, & de baſſe condition, on peut les décréter plus facilement de priſe de corps. Il en eſt de même des étrangers, & gens inconnus: & c'eſt en conſéquence de cette maxime, que les vagabonds peuvent être décrétés de priſe de corps ſur la ſeule plainte des Procureurs du Roi; & les ſerviteurs, ſur celle de leurs maîtres, pour délits domeſtiques. (Ordonnance de 1670, *tit.* 10, *art.* 8.)

De même, ſi l'accuſé eſt ſuſpect de fuite, le Juge pourra le décréter de priſe de corps, & le faire arrêter. (Cap. *ſi clericus de ſentent. excommunic.* Theveneau ſur les Ordonnances, *liv.* 5, *tit.* 4, *art.* 1, *aux notes;* Farinacius, *qu.* 27, *n.* 125.)

104. 3°. Quant à la nature des preuves, le Juge doit en examiner le caractere, & le plus ou moins de force, pour pouvoir en conſéquence rendre ſon décret rélativement aux crimes, & aux perſonnes.

Dans les crimes cachés, & dont il eſt très difficile d'avoir la preuve, il faut moins d'indices que dans les crimes qui ſe commettent publiquement.

De même, dans les grands crimes, il faut moins de preuves en général pour décréter de priſe de coprs, que dans les autres crimes. (Theveneau, ſur les Ordonnances, *liv.* 5, *tit.* 4, *art.* 1 *aux notes;* Airault, en ſon Inſtruction judiciaire, *part.* 1, *liv.* 3, *n.* 11, *pag.* 389.)

C'eſt en conſéquence de cette regle, que dans le crime de duel, on peut décréter de priſe de corps, celui qui en eſt coupable, ſur la ſeule notoriété, c'eſt-à-dire, ſur le bruit public. (Ordonnance de 1670, *tit.* 10, *art.* 8.)

On appelle *crime notoire*, celui qui eſt commis publiquement à la vue du peuple; de maniere qu'il eſt connu de tout le monde, ou d'une grande quantité de peuple. (Farinacius, *queſt.* 21, *n.* 38 *& seq.*) Soit qu'il s'agisse d'un délit permanent, ou d'un fait passager.

105. La preuve de cette notoriété se fait par la déposition de deux ou plusieurs témoins, qui déclarent que le crime a été commis par une telle personne dans un lieu public, en présence de tout le monde, ou d'un grand nombre de personnes.

De même, dans le cas de flagrant délit, le Juge peut faire arrêter le coupable, & le constituer prisonnier; encore qu'il n'y ait contre lui aucune information. (Jul. Clarus, *qu.* 8, *n.* 1 *& seq.*; Farinacius, *qu.* 27, *n.* 125; Papon, *liv.* 24, *tit.* 3, *n.* 2 *&* 5.)

Les procès-verbaux des Présidents & Conseillers des Cours, peuvent être décrétés de prise de corps. (Ordonnance de 1670, *tit.* 10, *art.* 5.)

Mais ceux des autres Juges Royaux ne peuvent être décrétés que d'ajournement personnel, sinon après que leurs assistants auront été répétés. (*Ibid.* art. 5.)

106. Il est même d'usage, que sur les procès-verbaux des Juges de Seigneurs, on décrete de la même maniere que sur les procès-verbaux des Juges Royaux.

Ces sortes de procès-verbaux ont lieu *v. g.* dans le cas où un Sergent, Archer, ou autre Ministre de Justice, refuseroit d'emprisonner un délinquant en flagrant délit, ou autrement, sur la réquisition, ou sommation qui lui en seroit faite par le Juge, ou par la partie publique.

Il en est de même si un Officier auroit été injurié, ou troublé en ses fonctions.

A l'égard des procès-verbaux des Sergents, ou Huissiers, même des Cours, ils ne peuvent être décrétés, sinon, en cas de rébellion à Justice, & seulement d'ajournement personnel. (Ordonnance de 1670, *tit.* 10, *art.* 6. Edit d'Amboise du mois de Janvier 1572, *art.* 4;) Mais après qu'ils ont été répétés & leurs records, les Juges peuvent donner un décret de prise de corps, si le cas y échet. (*Ibid.* art. 26.) Surquoi il faut observer que ces répétitions, ou dépositions, ne peuvent être faites qu'après que les procès-verbaux ont été remis au Greffe, (dumoins ceux des Juges,) & après que, sur la réquisition de la partie publique, il a été ordonné qu'il en sera informé.

107. Cette répétition ne doit pas être faite par forme de récolement; mais le Juge doit entendre l'Huissier, ou Sergent en déposition,

& faire rédiger mot-à-mot, tout ce qu'il déposera sur ce qui est contenu dans ce procès-verbal. (Ainsi jugé par Arrêt du 19 Février 1699, contre le Juge de Montgoubert; & par un autre du 2 Octobre 1711.)

Une répétition faite par forme de récolement ne suffiroit pas, même dans un procès où il n'écheroit point de peine afflictive. (Arrêt du Parlement du 2 Juin 1752, qui déclare nulle la répétition faite d'un Huissier, pardevant le Juge de Montargis, pour n'avoir pas été faite par forme de déposition; autre Arrêt du 3 Juin de la même année, qui déclare nulle la répétition du nommé Maqueron, Huissier à Abbeville, pour la même cause. Autre du Parlement de Rouen du 6 Août 1754, rapporté dans la nouvelle édition du texte de la Coutume de Normandie, de l'année 1757. Autre Arrêt du 26 Juin 1711, rapporté au Journal des Audiences. Ce dernier Arrêt porte de plus, qu'il ne sera procédé à semblable répétition, que préalablement le Juge n'ait reçu plainte, & permis d'en informer; à peine de nullité, *&c.*)

108. Il faut cependant excepter de la regle qui vient d'être établie, les procès-verbaux des Verdiers, Gardes, & Sergents des Maîtrises des Eaux & Forêts, qui sont conservés dans l'usage de pouvoir être décrétés de prise de corps. (Ordonnance de 1670, *tit.* 10, *art.* 6.)

On voit par ces deux articles 5 & 6 du titre 10 de l'Ordonnance de 1670, qu'elle établit une proportion de décrets sur les procès-verbaux, rélative à la qualité de ceux qui les ont dressés; ce qui est sagement établi, & fondé sur la distinction & prééminence des différens Officiers qui dressent ces sortes de procès-verbaux.

La seule plainte, ou accusation, suffit aussi quelquefois pour décréter; comme dans le cas des plaintes des Procureurs du Roi contre les vagabonds, & de celles des maîtres contre leurs serviteurs, pour délits domestiques; ainsi qu'il a été observé ci-dessus, *n.* 103.

109. Quelquefois même on arrête tous les domestiques d'une maison, sans plainte d'aucune partie civile; comme dans le cas de meurtre du maître de cette maison, ou de vol qualifié commis dans cette même maison; à l'exemple de ce qui se pratiquoit chez les Romains. (Voyez ce qui est dit au titre *De l'Homicide*,

ci-après, *part.* 4, *tit.* 21, *n.* 162.) L'Ordonnance de Leopold, titre des Décrets, *art.* 17, en a une disposition.

Le Juge ne doit décerner un décret, qu'autant que l'accusé est prévenu du crime qui est déféré à la Justice. Mais s'il ne résulte aucune preuve des informations, ou qu'il n'en résulte point assez, il n'y pas lieu en tout au décret, & le Juge doit renvoyer les parties à l'Audience.

110. 4°. Comme la matiere des décrets dépend en plusieurs choses de l'arbitrage des Juges, ceux-ci doivent y apporter beaucoup de circonspection, & user de toute la prudence nécessaire.

Ainsi, avant que de rendre un décret, sur-tout de prise de corps, ils doivent examiner avec attention les preuves & les circonstances du crime, & la qualité des personnes; & ils doivent bien prendre garde de ne pas rendre légerement ces sortes de décrets, sur-tout contre des personnes notables, si ce n'est quand il s'agit d'un crime public; car la prison est un mal irréparable, à cause de sa rigueur, & du deshonneur qui y est attaché. Le Juge, en n'observant pas cette regle, court risque d'être pris à partie. (*a*)

La même regle doit avoir lieu, lorsque le Juge décrete de prise de corps, ou lorsqu'il décerne un décret d'ajournement personnel contre un Officier, sans preuve, ou sans indices, & sans une information préalable. (Jul. Clarus, *qu.* 20, *n.* 3. Arrêt du Parlement de Grénoble du 28 Juillet 1678, rapporté au Dictionnaire des Arrêts, au mot *Décret en procès criminel*, qui condamne aux dépens un Procureur-Fiscal, pour avoir requis un décret sans qu'il y eût information. Voyez aussi Papon, *liv.* 24, *tit.* 1, *n.* 4.)

111. On prétend même qu'un décret de prise de corps, ou emprisonnement, fait sans indices précédents, ne peut être excusé; quand même il surviendroit dans la suite, des preuves suffisantes contre l'accusé. Et c'est ainsi que le pensent Balde, & Paul-de-

---

(a) *Judex temerè capiens innocentem, puniendus est, & tenetur ad damna & interesse partis.* (Bald. in L. 2, Cod. *de iis qui latron.*; & in L. *[illegible]veriter*, Cod. *de excusat. tutorum.*)

Judex indebitè inquirens contra aliquem, in omnes impensas & interesse partis vexatæ tenetur; potissimum verò ubi de culpâ judicis constat. (L. *si filius familias*, D. *de judiciis.*)

Castre sur la Loi *si quis*, D. *de testamentis*; quoique d'autres Auteurs pensent le contraire.

Mais si d'un côté le Juge ne doit pas user de rigueur, en rendant trop légerement un décret de prise de corps, ou d'ajournement personnel, il doit, d'un autre côté, n'être pas trop indulgent. Ainsi, si un crime étoit de nature à mériter un décret de prise de corps, & que le Juge ne prononçât contre l'accusé qu'un décret d'ajournement personnel, ou d'assigné pour être oui, alors ce Juge seroit suspect, & pourroit être condamné aux dommages & intérêts envers le plaignant, dans le cas dumoins où cet accusé viendroit à se sauver, & à prendre la fuite.

TITRE XI.

Des Ecroues, & Recommandations.

ARTICLE PREMIER.

Des Ecroues, & Recommandations.

1. On appelle *écroue*, l'acte qui constate l'emprisonnement d'un accusé, ou de toute autre personne constituée prisonniere, & par lequel l'Huissier, ou Archer, qui fait cet emprisonnement, se décharge sur le registre du Greffier de la Geole, de la personne de celui qu'il constitue prisonnier, & en charge le Geolier.

Recommandation, est un acte par lequel on notifie au Geolier, ou Concierge de la prison, une nouvelle cause d'emprisonnement, ou détention, contre la personne qu'on recommande, autre que celle pour laquelle elle a été originairement emprisonnée. Par cet acte, on charge de nouveau le Geolier, de la garde du prisonnier.

2. 1°. Un Huissier, ou Archer qui arrête une personne, en vertu d'un décret, ou d'une condamnation par corps, doit, en le constituant prisonnier, l'écrouer sur le registre du Geolier.

2°. C'est l'écroue seul, ou la récommandation, qui rend prisonnier, & non la capture qui est faite de sa personne. C'est pourquoi, tant que le prisonnier n'est point écroué, il peut être élargi; & même les Réglements enjoignent aux Juges qui ont la police des prisons, d'élargir les prisonniers qui ne sont point écroués.

D'ailleurs, lorsqu'un prisonnier n'est pas écroué, le Geolier n'en est pas chargé, & il peut le laisser aller où il voudra. Il ne peut pas même le retenir, & il seroit responsable en son nom, des dommages & intérêts de ce prisonnier, s'il se trouvoit dans la suite qu'il n'y eut point de cause d'emprisonnement. Un Réglement rendu au Bailliage d'Orléans le 9 Juin 1628, défend au Geolier de recevoir aucuns prisonniers, qu'au même instant l'écroue n'en soit chargé.

Enfin,

3. Enfin, l'écroue est nécessaire, afin que l'accusé, étant constitué en jugement, en vertu d'une autorité légitime, soit dans l'obligation de répondre aux interrogatoires qui lui seront faits.

C'est pour cela que l'Ordonnance en l'article 9 du titre 10, porte, qu'après qu'un accusé est pris en flagrant délit, ou à la clameur publique, le Juge doit ordonner qu'il sera arrêté & écroué, & l'écroue à lui signifié parlant à sa personne. (Voyez ce qui a été dit au Titre *Des Décrets*, ci-dessus, *part.* 3, *liv.* 2, *tit.* 10, n. 79.)

Quand il y a information & décret, il faut que les accusés soient écroués avant l'interrogatoire; quand même ils auroient été arrêtés en flagrant délit. (Arrêt du 22 Décembre 1731, rapporté aux Loix criminelles, tom. 2, *pag.* 42, contre le Prévôt de la Maréchaussée de Mantes.) Néanmoins ce défaut n'emporteroit pas la nullité de l'interrogatoire; on pourroit encore écrouer les accusés après cet interrogatoire.

Mais si l'accusé prisonnier n'étoit point écroué, on ne pourroit prononcer contre lui aucune condamnation.

3°. Les recommandations peuvent être faites en vertu des mêmes causes pour lesquelles on peut emprisonner, soit civiles, soit criminelles. Les décrets, même de prise de corps, que l'on pourroit décerner contre un accusé déja prisonnier, deviennent des récommandations.

4. 4°. Un accusé peut être recommandé par toutes sortes des personnes, pour dettes & pour crimes. Chaque récommandation vaut un emprisonnement; & il ne peut être élargi qu'en le faisant ordonner avec toutes les parties intéressées.

On prétend néanmoins que les recommandations ne peuvent être faites que pour des causes semblables à celle qui a donné lieu à l'emprisonnement; d'où il s'ensuivroit qu'une personne emprisonnée pour crime, ne peut être recommandée pour une dette civile; ce qui peut avoir son fondement sur ce que les emprisonnements pour dettes civiles, ne pouvant se faire, ni dans les maisons, ni les Dimanches & Fêtes, & qu'avec certaines précautions, ce seroit abuser du dépôt de la Justice, que de conserver dans ses liens, pour une cause purement civile, celui qui y auroit été mis en conséquence d'un crime, pour lequel on n'est point tenu d'observer ces formalités. Mais on doit faire à cet égard une distinction.

5. Si l'emprisonnement pour crime, est injuste, & que l'accusé vienne à être absous de l'accusation, cet emprisonnement est regardé comme n'ayant point été fait, & ne peut produire aucun effet. C'est pourquoi, dans ce cas, on ordonne que le prisonnier aura main-levée de sa personne, & sera élargi nonobstant toutes recommandations survenues depuis l'emprisonnement, quoique faites en vertu de titres légitimes. (Ainsi réglé par Arrêt du 20 Septembre 1715; & par un autre Arrêt de la Tournelle du 28 Février 1727, qui a jugé qu'un accusé prisonnier pour crime, & renvoyé absous de l'accusation n'avoit pu être recommandé pour autres causes pendant l'instruction du procès; & qui a ordonné que cet accusé seroit élargi, quoique la recommandation eût été faite en vertu d'un titre exécutoire, & qui emportoit contrainte par corps.)

Il est même assez d'usage en ce cas, dans le Jugement qui élargit l'accusé, d'ajouter que cet accusé sera réintégré dans sa maison par un Huissier; dans la crainte qu'en sortant de prison, un créancier de mauvaise humeur ne le fasse arrêter en chemin, & emprisonner de nouveau.

6. Mais lorsque par l'événement, l'emprisonnement est déclaré bon & valable, quoique par le Jugement il soit ordonné que le prisonnier sera élargi, en faisant ce qui lui est enjoint, les récommandations faites depuis l'emprisonnement dans le temps intermédiaire, quoique pour dettes purement civiles, doivent avoir leur effet. (Ainsi jugé par Arrêt du 6 Septembre 1714, rapporté au Dictionnaire des Arrêts, Edition de 1727, au mot *Emprisonnement.*)

L'accusé emprisonné pour crime, peut toujours être recommandé pour un autre crime; de même qu'une personne constituée prisonniere pour une dette civile, peut toujours être recommandée pour une autre dette civile, payable par corps. En effet, on voit tous les jours dans les prisons, des femmes décrétées pour crime, & recommandées par le Juge de Police, pour raison de leur débauche; & il arrive souvent que faute de preuves, ou après avoir été reconnues innocentes du crime, elles sont renvoyées de l'accusation; mais elles ne laissent pas d'être envoyées par le Lieutenant de Police, dans une maison de correction, pour les punir de leur mauvaise conduite.

7. 5°. Lorsqu'un prisonnier pour crime, est recommandé par un

autre Juge, pour un autre crime, qui n'est pas de la compétence du premier Juge; il semble que rien n'empêche que ce prisonnier ne puisse être jugé par l'un & par l'autre Juge, si tous les deux sont sur les lieux. Mais si par le Jugement définitif, l'accusé est condamné à mort par le premier des deux Juges en dernier ressort, alors l'exécution s'en fait, malgré la recommandation de l'autre Juge. Si, au contraire, l'accusé n'est condamné par le premier Juge, qu'à une peine moindre, & que la recommandation soit pour un crime qui mérite une peine plus grave; dans ce cas l'accusé étant condamné par ce premier Juge, en la peine qu'il mérite, doit être par lui remis au second Juge, pour être jugé par lui. (*Ità*, Bartol. *in* L. 2, §. *fin.* D. *de custod. reor.*)

6°. Lorsqu'une personne est prisonniere, en vertu d'une lettre de cachet, on ne reçoit aucunes récommandations contre-elle, si ce n'est en vertu d'une permission du Roi.

ARTICLE II.

Formalités des Ecroues, & Recommandations.

8. 1°. Les écroues & récommandations, doivent faire mention des Arrêts, Jugements, & autres actes, en vertu desquels ils sont faits; du nom, surnom, & qualité du prisonnier; de ceux de la partie qui les fait faire; comme aussi du domicile qui doit être élu par cette partie, au lieu où la prison est située. (Ordonnance de 1670, *tit.* 13, *art.* 15.)

Cette élection de domicile est prescrite par l'Ordonnance, afin que le prisonnier puisse assigner, s'il le faut, celui qui a fait la recommandation, devant le Juge du lieu où la prison est située.

Quoiqu'un accusé, décrété de prise de corps, soit écroué dans les prisons, à la requête de la partie civile, la partie publique doit aussi le faire écrouer, ou recommander à sa requête.

9. Souvent un accusé est arrêté en flagrant delit. Le Juge doit l'interroger; & au bas de l'interrogatoire, faire defenses au Geolier de l'élargir. Le Greffier en fait mention sur le registre criminel, & cela tient lieu de l'écroue.

Un Arrêt du 27 Octobre 1678, » enjoint aux Huissiers, Ser-» gent, & autres, lorsqu'ils transfereront des prisonniers, d'une » maison dans une autre, de faire écrire sur le registre de la Geole » où ils les conduiront, les premieres causes d'emprisonnement, » & les recommandations qu'ils auront trouvées sur le registre » des prisons d'où les prisonniers auront eté ammenés; en-» semble de faire mention des titres, en vertu desquels ils au-» ront été faits, ainsi que des noms, & élections de domicile, des » parties; à peine de 300 livres d'amende; de tous dépens, » dommages & intérêts envers les prisonniers, & d'interdiction » de leurs charges.

2°. Quand même il y auroit plusieurs causes d'emprisonnement, il ne doit cependant être fait qu'un écroue. (Ordonnance de 1670, *tit.* 13, *art.* 13.)

10. 3°. Les écroues, ainsi que les recommandations, doivent être signifiés aux prisonniers, & copie leur en doit être donnée, à peine de nullité; & il doit en être fait mention dans le procès-verbal de l'Huissier qui fait ledit écroue, ou recommandation. (Même Ordonnance de 1670, *tit.* 10, *art.* 9, & *tit.* 13, *art.* 12.) Ce qui a été établi, afin que les prisonniers puissent connoître la cause de leur emprisonnement, ou recommandation; & qu'ils puissent prendre les mesures convenables pour les faire cesser, s'il y a lieu.

L'article 24 de l'Arrêt de Réglement du 18 Juin 1717, rendu pour les prisons de Paris, porte : » Que les Officiers & Huissiers » donneront eux-mêmes, en main-propre, à ceux qu'ils consti-» tueront prisonniers, ou recommanderont, des copies lisibles & » en bonne forme, de leurs écroues, & recommandations; à » l'effet de quoi, ces prisonniers seront amenés entre les deux » guichets, en présence des Geoliers, ou Greffiers des Geoles; » qui seront tenus d'en mettre leur certificat sur leur registre, à » la fin de chacun desdits écroues & recommandations; à peine » d'interdiction contre les Huissiers, pour la premiere fois, & de » privation de leurs charges, pour la seconde; & contre lesdits » Greffiers, & Geoliers, de vingt livres d'amende, pour chacune » contravention; & de tous dépens, dommages & intérêts, même » de plus grande peine, s'il y échet.» L'article 9 de l'Arrêt de Réglement de la Cour du premier Septembre 1717, rendu pour les Provinces, renferme une semblable disposition.

11. 4°. L'Edit du mois d'Octobre 1712, rendu pour le Bailliage du Palais, *art.* 9, fait défenses au Lieutenant-Criminel de Paris, au Lieutenant-Général de Police, au Lieutenant du Bailliage du Palais, & autres Juges, de faire arrêter, ni recommander aucun prisonnier, qu'en vertu d'ordonnances par écrit, & dans les formes requises en tel cas, & prescrites par les Ordonnances.

Le même article défend aux Geoliers des prisons, de recevoir aucuns prisonniers, s'ils ne sont écroués en vertu d'Ordonnances rendues dans les formes ci-dessus.

12. 5°. Les Geoliers & Greffiers des Geoles, doivent porter incessamment, & dans les vingt-quatre heures, au plus tard, aux Procureurs du Roi, ou à ceux des Seigneurs, copies des écroues & recommandations qui sont faites pour crimes; afin qu'ils puissent, au moyen de cette connoissance, travailler à l'instruction & à la poursuite du procès. (Ordonnance de 1670, *tit.* 13, *art.* 15.)

6°. Afin de connoître si les Juges & Officiers des lieux font leur devoir dans la poursuite des procès-criminels, les Procureurs du Roi des Justices ordinaires, sont tenus, ainsi qu'il a déja été observé, d'envoyer aux Procureurs-Généraux, chacun dans leur Ressort, aux mois de Janvier & de Juillet de chaque année, un état signé par les Lieutenants-Criminels & par eux, des écroues & recommandations faites pendant les six mois précédents, ès prisons de leurs Siéges, & qui n'auront point été suivis de jugement définitif, contenant la date des décrets, écroues & recommandations; le nom, surnom, qualité & demeure des accusés; & sommairement le titre de l'accusation, & l'état de la procédure : à l'effet dequoi, tous actes & écroues, doivent être délivrés gratuitement, par les Greffiers & Geoliers, & l'état porté par les Messagers, sans frais; à peine d'interdiction contre les Greffiers & Geoliers, & de cent livres d'amende envers le Roi, & de pareille amende contre les Messagers; ce qui a lieu, & sous pareille peine, pour les Procureurs des Justices Seigneuriales, à l'égard des Procureurs du Roi des Siéges où elles ressortissent. (Ordonnance de 1670, *tit.* 10, *art.* 20.)

Un Arrêt de Réglement du Parlement de Rouen du 13 Mars

1741, ordonne, qu'au cas qu'il ne se trouvât aucuns procès-criminels pendants dans les Siéges, Bailliages & Jurisdictions, ni aucuns prisonniers dans les prisons, les Substituts du Procureur-Général, au lieu de l'état par écrit, seront tenus d'envoyer un certificat signé d'eux, du Juge, & du Greffier, portant, qu'il n'y a aucuns procès-criminels en instruction, ni prisonniers dans les prisons; à quoi ils seront tenus de satisfaire; à peine d'interdiction.

TITRE XII.

Des Prisons, Greffiers des geoles, & Guichetiers.

ARTICLE PREMIER.

Des Prisons, & Prisonniers.

1. 1°. LA *prison*, est le lieu public, destiné pour la garde & détention des accusés, prévenus de crimes, ou délits; & aussi pour la détention des débiteurs, obligés, ou condamnés par corps, en matiere civile, qui refusent d'acquitter leurs dettes.

Originairement, les prisons, qu'on appelloit anciennement *Chartres*, n'étoient établies que pour la garde des malfaiteurs; mais depuis on a étendu leur usage pour la garde & détention des débiteurs contraints par corps, en matiere civile, ou condamnés à des peines pécuniaires, en matiere criminelle.

2. 2°. La prison, étant regardée comme une chose très odieuse par elle-même, & très-dure, tant à cause de la privation de la société des hommes, qu'à cause des horreurs qui l'accompagnent; les Juges doivent avoir une grande attention de ne point emprisonner légérement, & de ne point y retenir injustement, s'ils ne veulent éprouver un jour les effets de la vengeance divine.

La Loi premiere, Cod. *De Episcop. aud.* compare la prison à une espece de torture. *Carcer*, c'est ainsi que s'exprime cette Loi, *dicitur species torturæ, quoniam valde premit hominem, ademptâ corporis libertate.*

3. 3°. La prison n'étant pas donnée comme une peine, mais seulement pour la garde du prisonnier, (suivant la Loi, *aut damnum* 8, §. *solent.* D. *De pœnis*; & suivant la Loi 1, Cod. *de custod. reor.*; & la Loi 6, Cod. *De pœnis*;) les Juges doivent prendre garde d'en rendre les horreurs trop dures aux accusés, & de ne les pas mettre dans le cas de perdre la vie, ou d'abréger leurs jours, ou même d'altérer leur santé, en leur faisant éprouver les rigueurs d'une prison trop cruelle.

4. 4°. Mais quoique la prison ne soit pas regardée comme une peine; néanmoins on doit renfermer un prisonnier plus ou moins durement, suivant la qualité de la personne, & la nature du crime: car pour un grand crime, on doit resserrer plus étroitement un prisonnier, que pour un crime moindre. De même, une personne d'une condition distinguée, doit être renfermée moins durement qu'une personne vile, ou qu'un vagabond. Ainsi, les femmes & les vieillards, doivent être traités plus doucement que les hommes & les jeunes gens.

Et c'est en conséquence de cette regle, prise dans les premiers principes de l'équité naturelle, qu'on ne met au cachot que les grands criminels; comme les voleurs de grand chemin, les assassins, les séditieux, les voleurs insignes, & autres gens de cette espece.

C'est aussi en conséquence de la même regle, qu'en France on n'est point dans l'usage de mettre les femmes dans les cachots, de quelques crimes qu'elles soient accusées; & si quelque Juge venoit à s'écarter de cette regle, il pourroit être repris avec justice; mais quelquefois on les met au secret. On n'est pas non plus dans l'usage de les mettre aux fers.

Le prisonnier qui, après s'être sauvé de prison, vient à être repris, doit aussi être resserré plus étroitement.

5. 5°. On ne doit point mettre les prisonniers aux fers, à moins qu'il n'y ait une cause légitime de le faire; comme dans le cas où le criminel auroit tenté de briser les prisons; ou si ce prisonnier étoit si méchant, qu'il n'y eût pas d'autre moyen de le contenir. (*Ita.* Jul Clarus, *qu.* 46, n. 1.) Lorsque les Juges sont dans la nécessité d'user de ce moyen, ils doivent avoir attention que ces fers soient tels, qu'ils laissent au criminel la liberté d'agir jusqu'à un certain point, suivant la Loi 1, Cod. *de custod. reor.*

Quand il est nécessaire d'enchaîner un prisonnier, à cause des ses violences, il faut s'adresser au Juge qui instruit le procès de l'accusé; & après en avoir obtenu la permission, s'il n'y a point de fers suffisants dans la prison, il faut que le Procureur du Roi ou Fiscal en fasse faire, & obtienne, à ce sujet, un exécutoire sur le Domaine du lieu où le procès s'instruit; ou bien, il doit, en vertu de l'Ordonnance du Juge Criminel, s'adresser au Juge qui a la connoissance du Domaine, pour qu'il lui soit permis d'en faire faire aux dépens de ce même Domaine.

6°.

6. 6°. Les prisons doivent être sures, & disposées de maniere que la santé des prisonniers, n'en puisse être incommodée. (Ordonnance de 1670, *tit.* 13, *art.* 1; Ordonnance d'Orléans, *art.* 55.)

L'article 32 de l'Arrêt de Réglement de la Cour du premier Septembre 1717, rendu pour la police des prisons des Provinces, porte : » Que les Seigneurs Hauts-Justiciers seront tenus d'avoir » des prisons au rez-de-chaussée, & en bon état; sinon qu'elles » seront construites & rétablies, à la diligence des Procureurs du » Roi des Siéges où les appellations de ces Justices ressortis- » sent médiatement, ou immédiatement, ou qui connoissent » des cas Royaux dans l'étendue de ces Justices; pourquoi il » sera délivré exécutoire auxdits Procureurs du Roi, de l'autorité » des Juges, contre les Receveurs des Terres & Seigneuries, dont » dépendent ces Hautes-Justices.

7. Les Seigneurs Engagistes & autres, qui ont des prisons, sont tenus de les entretenir en bon état, & bien réparées. (Arrêt de Réglement pour les prisons, du premier Septembre 1717.) Et si, à faute d'être bien entretenues, les prisonniers viennent à s'échapper, ils en sont responsables. (Ainsi jugé par Arrêt du 16 Octobre 1550, rapporté par Papon, *liv.* 24, *tit.* 5, n. 5; Voyez aussi Legrand, sur la Coutume de Troyes, *tit.* 7, *art.* 123; gl. 2, n. 5.)

7°. Les prisonniers pour crime, doivent être nourris aux dépens du Roi, ou des Seigneurs Hauts-Justiciers; & ils ne peuvent prétendre d'être nourris par la partie civile. (Ordonnance de 1670, *tit.* 13, *art.* 25. Voyez ce qui est dit à ce sujet, au titre *Des frais & dépens en matiere criminelle*, ci-après, *part.* 3, *liv.* 2, *tit.* 43, n. 84.)

Ceux qui ne sont point enfermés dans les cachots, peuvent se faire apporter de dehors les vivres, bois, charbon, & autres choses nécessaires, sans être contraints d'en prendre des Geoliers, Cabaretiers, ou autres. (Ordonnance de 1670, *tit.* 13, *art.* 28.) Cet article ajoute néanmoins, que ce qui leur sera apporté, pourra être visité, sans être diminué, ni gâté.

8. A l'égard des prisonniers qui sont dans les cachots, ils ne peuvent se faire apporter des vivres de dehors, à cause du poison qu'on pourroit y mettre; la visite du Geolier n'étant pas suffisante pour garantir de cet inconvenient; ainsi qu'il est observé par M. Talon, dans le procès-verbal de l'Ordonnance, sur cet article 28 du titre 13, *pag.* 143. On ne donne point, non plus,

de bois, ni de charbon, à ces sortes de prisonniers, de crainte qu'ils ne mettent le feu.

Les prisonniers qui ne sont point dans les cachots, peuvent aussi se faire apporter un lit de chez eux, en obtenant, à cet effet, une permission du Juge. (Ordonnance du mois d'Octobre 1535, *chap.* 21, *art* 14.) Mais ceux qui sont dans les cachots, n'ont d'autre lit que la paille, qui leur doit être fournie par le Geolier.

Rien n'empêche, pareillement, que sur des effets saisis, appartenants à un accusé, le Juge ordonne qu'il lui soit remis, ou des chemises, ou son manteau, &c. pour ses besoins; & quelquefois même de l'argent, sur les deniers saisis, ou provenants de la vente de ses effets. Dans ce cas, le Juge doit ordonner que le Greffier qui étoit dépositaire de ces effets, en demeurera déchargé, jusqu'à concurrence de ce qui aura été remis à l'accusé; en rapportant quittance valable de la remise des effets, ou de la somme payée; ou en lui donnant acte de cette remise, ou paiement.

9. 8°. Les prisonniers malades, doivent être visités par les Médecins & Chirurgiens ordinaires des prisons, s'il y en a, sinon, par ceux qui seront nommés par le Juge; & s'il est nécessaire de transférer dans les chambres, ceux qui seront enfermés dans les cachots, ils y seront transférés; mais après leur convalescence, ils doivent être de nouveau renfermés dans les cachots. (Ordonnance de 1670, *tit.* 13, *art.* 21.)

Les chambres, dont il est parlé dans cet article, sont les chambres des prisons; mais si le prisonnier étoit attaqué d'une maladie contagieuse, il faudroit le transférer hors des prisons, ainsi qu'il a été jugé par plusieurs Arrêts, & notamment par un du 27 Octobre 1694.

10. A l'égard de ceux qui ne sont détenus prisonniers que pour dettes civiles, on peut les élargir, en cas de maladie, en donnant bonne & suffisante caution. (Ainsi jugé par Arrêt de la Cour du 12 Juin 1762, sur les conclusions de M. Seguier;) ou bien en les mettant, à leurs frais, sous la garde d'un Huissier, qui se rend responsable de les remettre en prison après leur guérison. (La Roche-Flavin, Traité des Parlements, *liv.* 2, *chap.* 19, *n.* 66.)

Il est vrai que par un Arrêt de Réglement du Parlement du 10 Janvier 1730, il est ordonné qu'aucun prisonnier, même pour dettes civiles, ne pourra être mis hors des prisons, à la garde d'un Huissier, sous quelque prétexte que ce puisse être; à peine, contre les Huissiers qui s'en chargeront, & contre les Procureurs qui présenteront requête à ce sujet, de 300 livres d'amende, & d'interdiction. Mais cet Arrêt excepte le cas, où la présence du prisonnier seroit nécessaire pour quelque acte qui ne pourroit se faire dans la prison; à quoi il faut ajouter le cas d'une maladie qui ne pourroit être traitée dans les prisons, ainsi qu'il a été jugé par Arrêt du Parlement du 9 Mai 1733, en faveur du Sieur de Guintrandy, Prêtre, Prévôt de Montsalvy, prisonnier en la Conciergerie.

11. 9°. Lorsqu'un prisonnier vient à mourir dans la prison, le Geolier doit avertir le Juge qui a la police des prisons. Celui-ci doit en dresser procès-verbal, & faire reconnoître le cadavre par des témoins. Par ce moyen, on évite toutes les fraudes qui pourroient se commettre, en substituant un corps pour un autre.

10°. Les prisonniers détenus pour crimes, ne peuvent avoir communication avec quelque personne que ce soit, avant leur interrogatoire; ni même après, s'il est ainsi ordonné par le Juge. (Ordonnance de 1670, *tit.* 13, *art.* 16; & *tit.* 14, *art.* 9.) Cette défense est établie, afin que les prisonniers ne soient pas instruits sur la maniere dont ils doivent répondre; ce qui pourroit empêcher la preuve, & par conséquent la punition du crime (*a*).

Le Juge ne doit défendre à l'accusé, après son interrogatoire, de conférer avec d'autres personnes, que lorsqu'il s'agit d'un crime capital; & non dans les affaires criminelles légéres & de peu de conséquence; ce qui est laissé à la prudence du Juge, & dépend des circonstances & de la qualité du crime.

12. Si le Juge ne défend pas cette communication, le Geolier pourra permettre à l'accusé de communiquer. Cependant l'article 9 du titre 14 de l'Ordonnance criminelle de 1670, semble dire, qu'il faut alors une permission du Juge, qui ne doit pas l'accorder en tout, si le crime est capital. Le Juge empêche même quelquefois l'accusé, dans le cas de crime non capital, de com-

(*a*) Dans le procès qui fut fait au Prince de Condé en 1560, ce Prince demanda, avant de répondre, permission de parler à sa femme, au Roi de Navarre & au Cardinal ses freres, en présence de telle personne qu'il plairoit au Roi de nommer. Cela lui fut refusé; & on lui permit seulement d'écrire ses intentions. (Histoire de Pierre Matthieu, en la Vie de François II, *pag.* 228.)

muniquer avec des personnes du dehors; ce qui arrive lorsqu'il y a lieu d'appréhender que cet accusé ne fasse quelque complot; ou qu'on ne lui procure des moyens, ou instruments pour se sauver.

Au reste, cette défense de procurer aucune communication aux prisonniers détenus pour crimes, avant ou après leur interrogatoire, ne regarde point les personnes charitables qui se chargent du soin de visiter & consoler les prisonniers, ou qui les assistent de leurs aumônes; pourvu que cela se fasse en présence du Geolier. (Arrêts de Réglement du 18 Juin, & 1 Septembre 1717, *art.* 10.)

13. A l'égard des prisonniers qui sont enfermés dans les cachots, toute communication leur est défendue; & on doit empêcher qu'il ne leur soit donné aucunes lettres, ou billets. (Ordonnance de 1670, *tit.* 13, *art.* 17.)

Il faut aussi observer qu'il est défendu aux prisonniers pour crimes, d'écrire aucune lettre, qu'avec la permission du Juge; ou dumoins il faut que la lettre lui soit montrée auparavant.

11°. On doit avoir soin de séparer dans la prison les accusés d'un même crime, & d'empêcher qu'ils n'ayent communication ensemble; de peur qu'ils ne s'instruisent les uns les autres, & qu'ils ne prennent des mesures pour déguiser, ou cacher leurs crimes, & pour tromper les Juges sans se couper. L'Ordonnance criminelle de Charles V, *ch.* 11, en a une disposition.

14. 12°. Les hommes prisonniers, & les femmes, doivent être mis dans des chambres séparées. (Ordonnance de 1670, *tit.* 13, *art.* 20,) à cause de la décence qui exige cette précaution, & des inconvénients qui pourroient arriver, si on mettoit des hommes & des femmes dans une même chambre.

Néanmoins si un mari & une femme sont prisonniers ensemble, le Juge peut, en connoissance de cause, leur permettre de demeurer dans la même chambre; ce qui ne doit pas cependant avoir lieu en fait de crime, si le mari & la femme sont co-accusés. (Ordonnance criminelle de Léopold pour la Lorraine, *tit.* 7, *art.* 13.)

13°. Lorsque des prisonniers ont été mis en des prisons empruntées, soit pendant leur conduite, ou autrement, ils doivent être incessamment transférés dans les prisons du lieu où le procès leur doit être fait. (Ordonnance de 1670, *tit.* 13, *art.* 28.)

14°. Touchant les baux des prisons, & de la maniere dont ils doivent être faits, Voyez ce qui est dit ci-après, *n.* 49.

ARTICLE II.

Des Prisonniers pour dettes civiles.

15. 1°. Les créanciers qui font arrêter, ou recommander leurs débiteurs, sont tenus de leur fournir la nourriture, suivant la taxe qui en sera faite par le Juge; & ils peuvent y être contraints solidairement, sauf leur recours entre eux. (Ordonnance de 1670, *tit.* 13, *art.* 23.)

Cette taxe se fait de temps-en-temps par le Juge qui a la police des prisons, eu égard à la cherté des vivres; & elle varie suivant les temps. Il y a aussi des taxes particulieres pour chaque endroit. L'article 29 de l'Arrêt de Réglement de la Cour du 1 Septembre 1717, rendu pour les prisons du ressort du Parlement de Paris, porte : » Que les Lieutenants-Généraux, ou premiers » Officiers de Justices, tant Royales que subalternes, seront te» nus de régler tous les ans, le dernier jour du mois de Décembre, » sur les conclusions des Procureurs du Roi, ou Fiscaux, la som» me à laquelle devront être fixés les aliments qui seront fournis » par mois aux prisonniers détenus pour causes civiles, eu égard » au prix courant des vivres & denrées; & que les Ordonnances » rendues à cet égard, seront publiées le 2 de Janvier de chaque » année, à l'Audience desdits Sieges & Justices, & affichées dans » les prisons, pour être exécutées pendant le temps d'une année; » sauf à y être pourvu extraordinairement dans les cas imprévus » qui pourroient mériter quelque changement.

16. Un Arrêt du Parlement de Rouen, donné en forme de Réglement le 4 Avril 1731, ordonne, sur le réquisitoire du Procureur-Général, qu'à l'avenir la provision alimentaire des prisonniers détenus à la requête des parties civiles, sera de trois sols quatre deniers par jour, si mieux n'aime le prisonnier prendre deux livres de pain en échange, que le Geolier sera tenu de lui livrer sur sa simple demande; à l'effet dequoi, ceux à la requête de qui les prisonniers seront détenus, seront obligés de mettre ès mains des Geoliers, des deniers suffisants pour payer lesdits trois sols quatre deniers, ou deux livres de pain, au choix des prisonniers. Le

motif énoncé dans le réquisitoire, est que la provision de vie, accordée aux prisonniers détenus à la requête des parties civiles, est de trois sols quatre deniers : que cette somme, quoiqu'ordinairement suffisante pour fournir le pain nécessaire pour nourrir une personne, se trouve dans de certains temps de cherté, trop modique : Que la Cour, par Arrêt du 27 Octobre 1725, avoit donné aux Juges la liberté d'augmenter, ou diminuer, suivant les circonstances, la somme qui doit être accordée pour la nourriture des prisonniers; mais que des Juges ont négligé de faire leur devoir : que pour prévenir de pareils abus, il seroit à propos de faire un réglement stable.

Autre Arrêt du Parlement de Paris du 28 Septembre 1740, rapporté au Code Louis XV, qui, à cause de la cherté du pain, fixe à sept sols par jour la taxe des aliments des prisonniers détenus pour dettes civiles dans les prisons de Paris; & que les créanciers seront tenus de consigner un mois de nourriture par avance.

17. 2°. » L'article 1 de la Déclaration du 10 Janvier 1680, fait » défenses à tous Huissiers, & Officiers de Justice, d'emprisonner » pour dettes quelque personne que ce soit, sans consigner entre » les mains du Greffier de la prison, ou du Geolier, la somme » nécessaire pour la nourriture du prisonnier pendant un mois, » suivant les réglements qui en seront faits par les Juges des » lieux.

» L'article 2 défend pareillement aux Huissiers de recommander aucun prisonnier, sans consigner pareille somme, au cas » qu'elle n'eût déja été consignée par quelqu'un de ceux qui ont » fait arrêter, ou recommander le prisonnier.

L'Arrêt de la Cour du 1 Juillet 1681, porte : » Que cette consignation se fera par les Huissiers, Sergents, & Archers, nonobstant le refus que les prisonniers pourroient faire de recevoir ces » aliments; à moins qu'ils ne le déclarent par acte passé devant » un Notaire, du lieu où l'emprisonnement sera fait; à peine contre » lesdits Huissiers, ou Sergents, d'interdiction pendant six mois, » pour la premiere contravention, & de plus grande peine en » cas de récidive.

18. Voyez encore les articles 3, 4, 7, 8 & 9 de la Déclaration du 10 Janvier 1680, pour les autres obligations des Huissiers & Geoliers, à l'égard des sommes ainsi consignées.

3°. La nourriture doit aussi être fournie aux prisonniers pour crimes, qui, après le jugement, ne sont plus retenus que pour intérêts civils; & cette nourriture doit leur être administrée par ceux qui les retiennent prisonniers. (Ordonnance de 1670, *tit.* 13, *art.* 23.)

L'article 10 de la Déclaration du 10 Janvier 1680, porte: » Que ceux qui auront été condamnés en matiere criminelle, en » des amendes envers le Roi, ou envers les Seigneurs Hauts-» Justiciers, & en des dommages & intérêts, & réparations ci-» viles envers les parties civiles, seront mis hors de prison, à » faute de fournir les aliments par les Receveurs des amendes, » Seigneurs Hauts-Justiciers, & parties civiles, chacun à leur » égard, huit jours après la sommation qui en sera faite à domi-» cile; & qu'à cet effet les Receveurs des amendes, Seigneurs » Hauts-Justiciers & parties civiles, seront tenus, en cas d'appel » des Sentences des procès criminels, d'élire domicile dans la » maison d'un Procureur de la Jurisdiction où l'appel ressortit, » dont sera fait mention par la prononciation, ou signification des-» dites Sentences aux accusés; & qu'à faute d'élire domicile, il » sera pourvu à leur élargissement par les Juges des lieux où ils » sont détenus.

19. 4°. Les créanciers, ou parties civiles, qui ont ainsi fourni la nourriture à leurs debiteurs, en doivent être remboursés par préférence à tous créanciers, sur les biens de ce débiteur; & il leur doit être délivré exécutoire à cet effet. (Ordonnance de 1670, *tit.* 13, *art.* 23.) Ce qui est fondé sur ce que la vie du débiteur étant de l'intérêt public, il est juste que ce qui est fourni pour la conserver, soit préféré à toute autre dette particuliere, de quelque nature qu'elle puisse être.

20. 5°. Avant la Déclaration du 10 Janvier 1680, lorsque les créanciers étoient en demeure de fournir la nourriture au prisonnier, sur deux sommations à eux faites à différents jours, de fournir cette nourriture; & trois jours après la derniere, le Juge pouvoit ordonner l'élargissement du prisonnier, partie présente, ou duement appellée, suivant l'article 24 du titre 13 de l'Ordonnance de 1670; mais cette disposition a été changée par l'article 5 de cette Déclaration de 1680, qui porte: » Qu'après l'expiration des » premiers quinze jours du mois, pour lequel la somme nécessaire » aux aliments du prisonnier n'aura point été payée, les Conseil-» lers des Cours, commis pour la visite des prisonniers, ou les

» Juges des lieux, ordonneront l'élargissement du prisonnier sur » sa simple réquisition, sans autre procédure, en rapportant le » certificat du Greffier, ou Geolier, que la somme pour la con- » tinuation des aliments, n'a point été payée, & qu'il ne lui reste » aucuns fonds entre les mains pour lesdits aliments; pourvu (& » non autrement) que les causes de l'emprisonnement, & des » recommandations, n'excedent pas la somme de 2000 livres; » & qu'en cas que la somme soit plus grande, le prisonnier se » pourvoira par requête, qui sera rapportée dans les Cours & » Sieges, sur laquelle les Cours, ou Juges prononceront son élar- » gissement; & que dans l'un & l'autre cas, mention sera faite » du certificat dans l'Ordonnance de décharge, Sentence, ou » Arrêt d'élargissement.

21. Cette requête doit être signifiée au créancier, au domicile par lui élu dans l'acte d'écroue, ou de recommandation; ensuite de quoi, les Juges prononcent l'élargissement, s'il y a lieu de le prononcer.

L'article 6 de la même Déclaration, porte : » Que le prison- » nier qui aura été une fois élargi, à faute de payer les sommes » nécessaires pour ses aliments, ne pourra être une seconde fois » emprisonné, ou recommandé à la requête des mêmes créan- » ciers, qu'en payant par eux les aliments par avance pour six » mois; à moins qu'il n'en soit autrement ordonné par jugement » contradictoire.

22. L'article 25 de l'Arrêt de Réglement du 1 Septembre 1717, porte : » Que lorsqu'un prisonnier sera obligé de faire des signifi- » cations, ou d'obtenir des Jugements, ou Arrêts contre ses » créanciers, pour être payé de ses aliments, les Greffiers des » geoles, ou Geoliers, ne recevront les créanciers à consigner les » aliments pour l'avenir, qu'en consignant en même-temps ceux » qui n'avoient point été payés, & en remboursant le prisonnier » des frais desdites significations & jugements, qui seront liqui- » dés, sans autre procédure par le Lieutenant-Général, ou autre » premier Officier du Siege ordinaire des lieux où les prisons » seront situées; à peine contre lesdits Greffiers & Geoliers de » payer de leurs deniers ce qui pourra être dû au prisonnier, » tant pour ses aliments, que pour les frais qu'il aura faits pour » en être payé. » (L'article 35 de l'Arrêt de Réglement du 18 Juin 1717, rendu pour Paris, renferme une pareille disposition.)

23. 6°. Les prisonniers détenus pour dettes, doivent être élargis sur le consentement des parties qui les ont fait arrêter, ou recommander; pourvu que ce consentement soit passé devant Notaires, & signifié aux Geoliers, ou Greffiers des geoles; sans qu'il soit besoin d'obtenir aucun jugement. (Ordonnance de 1670, *tit.* 13, *art.* 31.)

Ainsi, un consentement donné sous signature privée, ne seroit pas suffisant; à moins qu'il ne fût suivi d'une Ordonnance du Juge, portant que ce prisonnier seroit élargi. Néanmoins il est d'usage d'élargir le débiteur sur un consentement signé sur le registre par le créancier, ou par son fondé de procuration. Ce consentement suffit pour la décharge du Geolier.

La même chose doit être observée à l'égard des prisonniers qui ont consigné entre les mains du Geolier, ou Greffier de la geole, les sommes pour lesquelles ils sont détenus. L'article 32 du titre 13 de l'Ordonnance de 1670, veut qu'ils soient mis hors de prison, sans qu'il soit besoin de le faire ordonner.

Il faut cependant observer, que cette consignation doit être signifiée par le prisonnier au créancier; non afin de pouvoir être élargi, parce que l'élargissement doit se faire dans l'instant de la consignation, & avant qu'elle soit signifiée; mais pour la sureté du débiteur, qui autrement courroit risque d'être réintégré. (Voyez le procès-verbal de l'Ordonnance de 1670 sur cet article, *pag.* 148.)

24. 7°. Quoiqu'en général on regarde comme obligatoires les actes passés dans les prisons par les personnes qui y sont renfermées, lorsque ces actes sont passés entre deux guichets, cela dépend néanmoins du mérite du fond, & si les Juges, en examinant l'acte, voyent qu'il préjudicie au prisonnier, & que celui-ci ne l'eût pas passé, s'il eût été libre, ils le déclarent nul. (Ainsi jugé par Arrêt rendu en la Tournelle le 1 Juin 1714, qui a admis en pareil cas deux particuliers au bénéfice de restitution contre une transaction par eux passée entre les deux guichets, au sujet d'une accusation de banqueroute frauduleuse. Voyez sur cette question Papon en ses Arrêts, *liv.* 6, *tit.* 3, *arrêt* 1; d'Argentré sur la Coutume de Bretagne, *art.* 42; & Farinacius, *qu.* 35.)

ARTICLE III.

Des Geoliers, Greffiers des géoles & Guichetiers; & de leurs devoirs.

25. Les *Geoliers des prisons*, sont ceux à qui la garde des prisons & des prisonniers est confiée; on les appelle aussi *Concierges*, surtout dans les prisons & conciergeries qui sont près les Parlements, & autres Cours supérieures.

1°. Suivant l'Ordonnance du mois d'Octobre 1535, *chap.* 21, *art.* 1, les Geoliers doivent être laïques & mariés.

2°. Aucun Huissier, Sergent, Archer, ou autre Officier de Justice, ne peut être Greffier des Geoles, Concierge, Geolier, ni Guichetier; à peine de 500 livres d'amende envers le Roi, & de peine corporelle, s'il y échet. (Ordonnance de 1670, *tit.* 13, *art.* 3.)

3°. Tous Concierges, & Geoliers, doivent sçavoir lire & écrire; & s'ils ne le sçavent, il en doit être nommé d'autres; à peine, contre les Seigneurs, de privation de leur droit. (Ordonnance de 1670, *tit.* 13, *art.* 2.)

4°. Les Geoliers des prisons, ainsi que les Greffiers des Geoles des Bailliages & Sénéchaussées Royales, doivent être reçus par les Lieutenants-Généraux desdits Siéges, ou autres premiers Juges, & prêter serment devant eux. (Lettres-Patentes du 6 Février 1753; Arrêt du 25 Juin 1659, pour Chaumont; autre pour les prisons des Provinces du 1 Septembre 1717, *art.* 31.) Dans les Justices Seigneuriales, les Geoliers sont reçus, & prêtent serment devant le Bailli, ou celui qui le représente.

26. Une Déclaration du 7 Novembre 1724, concernant les prisons qui sont dans les Domaines engagés, porte: » Que les Engagistes » des Domaines du Roi, seront tenus de pourvoir leurs prisons de » bons & fidels Geoliers, qu'ils présenteront aux Procureurs-Gé» néraux des Parlements, & qui seront tenus de prêter serment » devant les Juges Royaux des lieux; sinon qu'il y sera pourvu » par les Cours de Parlement, en la maniere prescrite par la » Déclaration du Roi du 11 Juin 1723; & qu'il sera même, si » besoin est, assigné auxdits Geoliers, tels gages qu'il appartien-

» dra, dont le paiement sera pris, par préférence, sur les revenus » des Domaines engagés.

Cette Déclaration du 11 Juin, veut que par les Cours de Parlement, il soit commis à la garde des prisonniers des Domaines du Roi, des personnes capables, qui leur seront présentées par les Procureurs-Généraux, après qu'ils auront été informés de leurs vie & mœurs, & qu'il aura été prêté le serment par elles en la maniere ordinaire.

L'Arrêt de Réglement de la Cour du 1 Septembre 1717, *art.* 32, veut aussi que les Seigneurs Hauts-Justiciers soient tenus de mettre dans leurs prisons, des Geoliers qui aient la qualité requise par l'Ordonnance.

27. 5°. Les Concierges, & Geoliers des prisons, doivent exercer en personne, & non par aucuns commis. (Même Ordonnance de 1670, *tit.* 13, *art.* 2.)

Mais ils peuvent avoir des Guichetiers, & autres personnes par eux préposées, pour la garde des prisonniers, surtout dans les grandes prisons; & ils répondent en leur propre & privé nom de ces sortes de personnes.

6°. L'article 4 de l'Ordonnance de 1670, enjoint aux Geoliers de donner des gages raisonnables aux Guichetiers, & autres personnes par eux préposées à la garde des prisonniers. Par ce moyen ils sont plus dans le cas de faire leurs fonctions avec intégrité, & sans exaction. Il résulte de cet article, que c'est aux Geoliers à choisir eux-mêmes leurs Guichetiers.

28. 7°. Ils doivent fournir aux prisonniers pour crimes, du pain, de l'eau, & de la paille bien conditionnés, suivant les Réglements. (Ordonnance de 1670, *tit.* 13, *art.* 25.)

L'article 11 de l'Arrêt de Réglement des prisons du 18 Juin 1717, porte : » Que le pain qui sera fourni par jour à chaque pri» sonnier, sera de bonne qualité de bled, & du poids aumoins » d'une livre & demi; & qu'on leur fournira de la paille fraîche » tous les quinze jours, à l'égard des cachots noirs; & tous les » mois, à l'égard des cachots clairs. La même disposition, à l'égard du pain, est portée par l'article 28 de l'Arrêt du premier Septembre 1717, rendu pour les prisonniers des Provinces; & cet article enjoint aux Procureurs du Roi, ou Fiscaux, d'y tenir la main. A l'égard de la paille, l'article 11 du même Réglement, porte qu'il en sera fourni de fraiche aux prisonniers, tous les premiers, & quinziemes jours du mois, pour ceux qui couchent sur la paille.

29. 8°. Les Geoliers doivent traiter doucement & humainement les prisonniers. (L. *Judices*, 9. Cod. *De Episc. audient.* L. *Si quis victum* 34, D. *De re jud.*); & si par leur dureté, ils occasionnoient la mort de quelque prisonnier, ils seroient punis du dernier supplice. Un Arrêt du 19 Mars 1665, au Journal des Audiences, rendu en la Tournelle Criminelle de Paris, a condamné un Geolier à être pendu, pour avoir laissé mourir un prisonnier, sans l'avoir assisté, quoiqu'il eût entendu ses cris.

9°. Il leur est défendu de mettre les prisonniers dans les cachots, ou de leur mettre les fers aux pieds, s'il n'est ainsi ordonné par le Juge; à peine de punition exemplaire. (Ordonnance de 1670, *tit.* 13, *art.* 19.)

Ils peuvent néanmoins renfermer un prisonnier au cachot, lorsque la nécessité le requiert, pour prévenir quelqu'accident fâcheux, dans des cas pressants, & où il y a à craindre de la violence de ce prisonnier.

C'est au Juge Criminel, & non à celui qui a la police des prisons, à ordonner que l'accusé, auquel on fait le procès, sera mis au cachot; & c'est à ce premier à avoir la jurisdiction sur les prisonniers détenus de son ordonnance. (Article 31 de l'Arrêt de Réglement du premier Septembre 1717, rendu pour les prisons du ressort du Parlement.) Mais s'il s'agissoit de faire mettre au cachot, un prisonnier détenu pour crime, qui troubleroit le bon ordre, & la police des prisons, il semble, dans ce cas, que le Juge, à qui cette police est confiée, seroit en droit de l'ordonner.

30. 10°. Les Geoliers doivent dénoncer au Procureur du Roi, les prisonniers qui jurent le Saint Nom de Dieu, ou qui font quelqu'exaction ou violence; à peine d'être destitués. (Arrêt de Réglement des prisons du premier Septembre 1717, *art.* 9.)

11°. Ils doivent visiter, au moins une fois le jour, les prisonniers enfermés dans les cachots, & donner avis aux Procureurs du Roi, ou à ceux des Seigneurs, de ceux qui sont malades, pour les faire saigner. (Ordonnance de 1670, *tit.* 13, *art.* 21.)

12°. Ils doivent se comporter avec modestie à l'égard des prisonnieres; & s'ils venoient à les séduire ou en abuser, ils seroient punis des peines les plus séveres, même de mort, suivant les circonstances. (Voyez ce qui est dit au titre *Du Crime de Luxure*, ci-après, *part.* 4, *tit.* 29, n. 34.)

De la garde des Prisonniers.

31. 13°. Il est défendu aux Geoliers de laisser vaguer les prisonniers; (Ordonnance de 1670, *tit.* 13, *art.* 19.) c'est-à-dire, de les laisser sortir hors la prison, quand même ils seroient accompagnés du Geolier. (Voyez l'article 125 du Réglement du 24 Mai 1603, rendu pour le Présidial de Bourg-en-Bresse.)

Quant à la peine qui doit être infligée au Geolier qui laisse évader un prisonnier, Voyez ce qui est dit à ce sujet, au titre *Des malversations d'Officiers, & autres personnes publiques*, ci-après, *part.* 4, *tit.* 31, n. 73.

14. Il leur est aussi défendu de changer les prisonniers d'une prison à une autre; si ce n'est en cas de maladie, ou autre cause nécessaire, & en conséquence d'une Ordonnance du Juge. (Ordonnance de 1535, *chap.* 21, *art.* 9; Voyez, ci-dessus, n. 9.)

32. 15°. Ils ne peuvent vendre de la viande aux prisonniers, aux jours qui sont défendus par l'Eglise; ni permettre qu'il leur en soit apporté de dehors; même à ceux de la Religion prétendue réformée; si ce n'est en cas de maladie, & par ordonnance du Médecin. (Ordonnance de 1670, *tit.* 13, *art.* 27.)

Il n'est pas nécessaire que cette ordonnance soit communiquée au Juge; elle suffit pour justifier le Geolier, si on vouloit l'inquiéter.

16°. Ils ne doivent laisser aux prisonniers pour crime, aucune encre, papier, ni plume; ni leur permettre d'écrire aucunes lettres; si ce n'est avec la permission du Juge, & après les lui avoir montrées. (Ordonnance de 1535, *chap.* 21, *art.* 7 & 8; Réglement de 1603, pour Bourg-en-Bresse, *art.* 125; autre Réglement de 1425, pour le Châtelet de Paris, rapporté par Joli, *tom.* 2, *pag.* 1059, n. 10 & 11.)

Ils ne doivent pas souffrir non plus, qu'il leur soit donné aucunes lettres, ou billets; du moins à ceux qui sont enfermés dans les cachots. (Ordonnance de 1670, *tit.* 13, *art.* 17.) C'est pourquoi, quand on leur écrit quelque lettre, par la poste, ou autrement, il faut la porter au Juge. (Voyez ci-dessus, n. 12.)

33. 17°. Ils doivent aussi avoir attention de ne laisser aux prison-

niers, aucuns ferrements. (Réglement de 1603, pour Bourg-en-Bresse, *art.* 125.)

18°. L'article 16 du titre 13 de l'Ordonnance de 1670, leur défend de permettre la communication de quelque personne que ce soit, avec les prisonniers détenus pour crime, avant leur interrogatoire, ni même après, s'il n'est ainsi ordonné par le Juge.

Et à l'égard des prisonniers enfermés dans les cachots, ils ne doivent leur permettre aucune communication. (*Ibid.* tit. 13, art. 17.)

Si les Geoliers s'écartoient de cette regle, & prenoient de l'argent pour faire parler aux prisonniers, ils pourroient être punis très-sévérement.

34. 19°. Ils ne peuvent pareillement tirer les prisonniers des cachots, s'il n'est ainsi ordonné par le Juge; auquel cas, ils doivent les en retirer incessamment, & sans user de remise, ni prendre aucuns droits, ou salaires, encore qu'ils leur fussent volontairement offerts. (Ordonnance de 1670, *tit.* 13, *art.* 18.) L'Arrêt du Grand-Conseil du 25 Septembre 1702, rendu pour Autun, porte: que les accusés prisonniers, dont les procès se poursuivent en la Maréchaussée, ne pourront être resserrés, ni mis hors des cachots, & sur le Préau, qu'en vertu de l'Ordonnance du Prévôt, ou de son Lieutenant. Cet Arrêt ajoute, que l'adresse des requêtes présentées par lesdits accusés, sera faite au Prévôt; même celles, à fin de restitution, ou vente de meubles, ou d'effets non confisqués; & qu'elles seront par lui répondues.

Droits des Geoliers.

35. 20°. L'article 14 du même titre 13 de l'Ordonnance, défend à tous Geoliers, Greffiers, & Guichetiers, & à l'ancien des prisonniers, appellé *Doyen* ou *Prévôt*, sous prétexte de bien-venue, de rien prendre des prisonniers, en argent, ou vivres; quand même il leur seroit volontairement offert; ni de cacher leurs hardes, ou les maltraiter, & excéder; à peine de punition exemplaire.

21°. L'article 10 du même titre, leur défendoit de ne prendre aucuns droits pour les emprisonnements, recommandations, & décharges; mais l'article 26 du Réglement de la Cour du 18 Juin 1717, rendu pour Paris, permet aux Greffiers des Geoles, de prendre vingt sols pour l'écroue des prisonniers appellants, & la décharge des conducteurs; & pour l'écroue des autres prisonniers quinze sols; & dix sols pour chaque recommandation; le tout en donnant un extrait de l'un & de l'autre, aux parties qui les feront faire; & dix sols pour chacun extrait desdits écroues & recommandations qui sera levé dans la suite.

L'article 27 du même Réglement du 18 Juin 1717, porte: que lesdits Greffiers auront pareillement vingt sols pour les décharges des écroues, dix sols pour celles des récommandations, & dix sols pour les extraits qu'ils en délivreront. Cet article fait aussi défenses aux Geoliers & Greffiers des Geoles, de prendre plus d'un droit d'écroue. récommandation, & décharge, quoiqu'il y ait plusieurs prisonniers, lorsqu'ils seront arrêtés, récommandés, ou élargis par le même jugement, ou pour même cause.

36. L'article 26 du Réglement de la Cour du premier Septembre 1717, défend aux Geoliers, & Greffiers des Geoles, d'exiger des prisonniers pour crime, qui n'ont point de partie civile, aucuns droits, sous quelque prétexte que ce puisse être, pour raison de leur emprisonnement, ou autre regardant ledit crime; sans préjudice de ce qui pourroit leur être dû pour une autre cause, & sans qu'en aucun cas ils puissent appliquer au paiement de ce qui leur est dû, les sommes données par charité, pour la délivrance des prisonniers; ni retenir les hardes desdits prisonniers, pour leurs droits, nourriture, & autres frais qu'ils leur pourroient devoir; mais qu'ils seront tenus de se contenter d'une obligation pour se pourvoir sur leurs biens seulement, laquelle ne peut leur être refusée par le prisonnier.

L'article 24 du même Réglement, défend aux Guichetiers, & autres, de rien exiger des prisonniers qu'ils transféreront d'une prison à une autre, pour l'instruction du procès, ou pour autre cause, soit dans la même Ville, ou ailleurs; sauf à se faire payer par les parties, à la requête desquelles ils les tranféreront. (*Idem.* Par l'article 34 de l'Arrêt de Réglement du 18 Juin 1717.)

37. 22°. Les Géoliers, & Guichetiers, ne peuvent recevoir des prisonniers aucunes avances pour leurs nourritures, gîtes, & geolages; & ils doivent donner quittance de tout ce qui leur est payé. (Ordonnance de 1670, *tit.* 13, *art.* 22.)

Les droits de gîte & geolage, sont ceux qui se paient pour la garde du prisonnier: il ne faut pas les confondre avec les frais de nourriture. (Voyez l'article 30 du même titre 13.)

L'article 17 de l'Arrêt de Réglement de la Cour du 18 Juin 1717, rendu pour les prisons de Paris, enjoint aux Geoliers d'avoir un registre particulier, cotté & paraphé, dans lequel ils écriront de leur main, sans y laisser aucun blanc, les jours d'entrées & sorties des prisonniers, & tout ce qu'ils recevront chaque jour de chacun, pour gîtes, geolages, & nourritures, dont ils donneront quittance; le tout à peine de dix livres pour chacune contravention. La même disposition est portée par l'article 13 de l'Arrêt de la Cour du premier Septembre 1717, rendu pour les prisons des Provinces.

Il est enjoint aussi aux Geoliers d'écrire de leur main, sans chiffre ni abbréviation, tant sur le registre de la geole, à côté de chaque acte, qu'au bas des expéditions qu'ils délivreront, les sommes qu'ils reçoivent pour leurs droits, en présence de ceux qui les paieront, & de leur en donner quittance, ou d'écrire que le droit leur est dû, & qu'ils n'en ont rien reçu; à peine d'interdiction pendant trois mois, pour la premiere contravention, & d'être obligés de se défaire de leur charge, pour la seconde; sans que lesdites peines puissent être modérées. (Mêmes Arrêts du 18 Juin 1717, *art.* 31; & premier Septembre 1717, *art.* 21.)

38. 23°. L'article 30 du titre 13 de l'Ordonnance de 1670, porte que les Geoliers, Greffiers des Geoles, Guichetiers, Cabaretiers, & autres, ne pourront empêcher l'élargissement des prisonniers, pour frais, nourriture, gîte, geolage, ou autres dépense.

Ce qui a pareillement lieu à l'égard des prisonniers pour dettes. (Ordonnance du mois de Mars 1549, *art.* 6, rapportée en la Conférence des Ordonnances, *tom.* 2, *pag.* 815; Arrêt du Parlement de Dijon du 27 Juin 1705; Voyez aussi Legrand sur Troyes, *tit.* 7, glose 2.) Un Arrêt de la Cour du 22 Septembre 1694, ordonne même, que dans ces cas, les Greffiers & Geoliers seront contraints par corps à élargir le prisonnier.

Mais ils peuvent exercer leurs droits & actions contre les prisonniers, après leur élargissement; ou leur en faire passer obligation; ainsi qu'il a été dit ci-dessus, *n.* 36; ou faire arrêt sur les effets qu'ils ont dans les prisons. Il semble même, que pour les nourritures, ils ont un privilege sur les biens du prisonnier, par préférence à tous autres créanciers. (Argument tiré de l'article 23 du titre 12 de l'Ordonnance de 1670. Voyez, ci-dessus, *n.* 19.)

24°.

39. 24°. L'article 11 du titre 13 de la même Ordonnance de 1670, porte : » Que les Juges dans chaque Jurisdiction, régleront les » droits qui appartiennent aux Geoliers, Greffiers des geoles, & » Guichetiers, pour vivres, denrées, gîtes, geolages, extraits d'é» largissements, ou décharges ; dont il sera fait un tableau, ou » tarif, qui doit être posé au lieu le plus apparent de la prison, & » le plus exposé à la vue.

En conséquence de cette disposition, il a été dressé un tarif dans chaque Justice. Il a aussi été rendu à ce sujet, pour les Prisons de Paris, un Edit du mois de Juin 1684 ; & dressé un tarif pour les mêmes prisons : ce tarif est à la suite de l'Arrêt du 18 Juin 1717. Celui dressé pour les prisons d'Orléans, est du 24 Avril 1714.

40. 25°. En cas de consignation de la part du débiteur emprisonné, de la somme par lui due à son créancier, pour obtenir son élargissement, les Greffiers des geoles, & les Greffiers des prisons, tant du Roi, que de celles des Seigneurs, ne peuvent prendre, ni recevoir aucun droit de consignation, encore qu'il leur fût offert volontairement : & les deniers consignés doivent être délivrés entiérement aux parties, sans en rien retenir, sous prétexte de droit de recette, de consignation, ou de garde, ou pour épices, frais & expédition des jugements, nourriture, gîtes, geolages, & autres dépenses des prisonniers ; à peine de concussion. (Ordonnance de 1670, *tit.* 13, *art.* 33.)

L'Arrêt de la Cour des Aides du 20 Décembre 1707, rapporté par Augeard, *tom.* 2, ajoute ; à peine de 300 livres d'amende, & d'être procédé extraordinairement contre lesdits Greffiers des geoles, & Geoliers, suivant la rigueur des Ordonnances ; ce qui est conforme à l'article 36 du titre 13 de la même Ordonnance de 1670.

Autres devoirs des Geoliers, & Greffiers de geoles.

41. 26°. Ils doivent porter incessamment, & dans les vingt quatre heures, pour le plus tard, aux Procureurs du Roi, ou Généraux, ou à ceux des Seigneurs, copie des écroues & recommandations pour crimes. (Ordonnance de 1670, *tit.* 13, *art.* 15.)

27°. Il est défendu aux Geoliers, à peine d'interdiction pour trois mois, & de tous dépens, dommages, & intérêts, pour la premiere contravention ; & d'être déclarés incapables de leurs fonctions, en cas de récidive ; de retenir prisonniers, ceux qui ont obtenu des sentences d'élargissement de leur personne ; sous prétexte des vacations & épices des Juges. (Edit du mois de Janvier 1685, pour le Châtelet de Paris, *art.* 29 ; Ordonnance de 1670, *tit.* 13, *art.* 29. Voyez aussi ce qui est dit au titre *Des Sentences & Jugements*, ci-après, *part.* 3, *liv.* 2, *tit.* 25, n. 101.)

42. 28°. Aussi-tôt après l'arrivée d'un accusé, & de son procès aux geoles des prisons du Juge d'appel, les Greffiers des geoles, ou Geoliers, doivent remettre le procès au Greffier du Juge, qui en doit avertir le Président pour le faire distribuer. (Ordonnance de 1670, *tit.* 26, *art.* 9.)

29°. Dans le cas où les Greffiers des geoles, ou Geoliers, reçoivent des amendes pour faciliter l'élargissement des prisonniers condamnés, ils doivent en faire la déclaration, & remettre les deniers au Fermier du Domaine, tous les lundis de chaque semaine ; à peine d'y être contraints à leurs frais & dépens, & de cent livres d'amende. (Déclaration du 21 Mars 1671.)

Voyez encore, pour la police des prisons, les Arrêts de Réglement de la Cour des 18 Juin, & premier Septembre 1717.

43. 30°. Les Greffiers des Geoles, geoliers, & Guichetiers, sont tenus d'exécuter les Réglements concernant les prisons ; à peine contre les Greffiers, d'interdiction, de 300 livres d'amende, moitié envers le Roi, & moitié aux nécessités des prisonniers, & de plus grande s'il y échet ; & contre les Geoliers, & Guichetiers, de destitution, de 300 livres d'amende, applicable comme dessus, & de punition corporelle. (Ordonnance de 1670, *tit.* 13, *art.* 36.) Sur quoi il faut observer que les Geoliers sont tenus, *ex levissimâ culpâ*, à cause de l'intérêt public, qui fait qu'on présume contre eux, si cette présomption n'est détruite par une preuve contraire.

L'article 37 du même titre 13 de l'Ordonnance de 1670, enjoint aux Juges d'informer des exactions, excès, violences, mauvais traitements, & contraventions aux Réglements touchant les prisons, qui seront commises par les Greffiers des geoles, Geoliers, & Guichetiers ; dont la preuve sera regardée comme complette, s'il y a six témoins, quoiqu'ils déposent chacun de faits singuliers & séparés, & qu'ils y soient intéressés. Avant cette Ordonnance, il falloit dix témoins pour faire cette preuve.

Quoique les Geoliers aient leur domicile dans les prisons, cela n'empêche pas qu'on ne puisse les emprisonner, quand ils le méritent. On les met dans d'autres prisons du lieu, & l'on établit à leurs frais un garde pour veiller à la sureté des prisons.

ARTICLE IV.

Des Greffiers des geoles.

44. Les Greffiers des geoles, n'ont lieu que pour les prisons des Cours, & pour celles de Bailliages & Sénéchaussées Royales ; mais il ne doit point y en avoir dans les prisons Seigneuriales. (Ordonnance de 1670, *tit.* 13, *art.* 5.) Cet article ajoute qu'il n'en sera établi aucun nouveau dans les prisons Royales.

1°. Les Greffiers des Geoles, ou les Geoliers, & Concierges, dans les prisons où il n'y a point de Greffiers établis, sont tenus d'avoir un registre relié, cotté & paraphé par premier & dernier dans tous ses feuillets, qui doivent être séparés en deux colonnes ; l'une pour les écroues & recommandations, & l'autre pour les élargissements & décharges. (Ordonnance de 1670, *tit.* 13, *art.* 6 ; Arrêt de Réglement pour les prisons du Ressort du Parlement de Paris du premier Septembre 1717.)

45. 2°. Ils doivent avoir un autre registre cotté & paraphé aussi par le Juge, pour y mettre, par forme d'inventaire, les papiers, hardes, & meubles dont le prisonnier aura été trouvé saisi ; dont il sera dressé procès-verbal par l'Huissier qui a fait l'emprisonnement. (Ordonnance de 1670, *tit.* 13, *art.* 7.)

3°. Les Greffiers & Geoliers, ne peuvent laisser aucun blanc dans ces registres, afin qu'on n'y puisse rien ajouter après-coup.

4°. Les Geoliers doivent avoir aussi un registre relié, cotté & paraphé, par le premier Officier du Siege, dans lequel ils écriront de leur main, sans y laisser aucun blanc, les jours d'entrée & sortie des prisonniers, & tout ce qu'ils recevront de chacun, chaque jour, pour gîte, geolages & nourritures, dont ils donneront leur quittance ; le tout à peine de dix livres d'amende pour chacune contravention. (Même Arrêt de Réglement du premier Septembre 1717, *art.* 3.)

46. 5°. Les registres des Greffiers de la geole, (ou Geoliers, s'il n'y a point de Greffiers établis,) ensemble le registre particulier du Geolier, contenant ce qu'il a reçu des prisonniers, pour gîtes, geolages, dont il a été fait mention ci-dessus, *n.* 37, doivent

être représentés, lors de chaque visite qui est faite dans les prisons par les Procureurs du Roi, ou ceux des Hauts-Justiciers. (Même Arrêt du 1 Septembre 1717, *art.* 22.)

6°. Il est défendu aux Greffiers des Geoles, ou Geoliers, à peine des galeres, de délivrer des écroues à des personnes qui ne seroient point actuellement prisonnieres ; ni de faire des écroues, ou décharges, sur des feuilles volantes, cahiers, ou autrement, que sur le registre, cotté & paraphé par le Juge. (Ordonnance de 1670, *tit.* 13, *art.* 9.)

7°. A l'égard des droits & salaires des Greffiers des geoles; Voyez, *omninò*, l'Edit du mois de Juin 1684; & un Arrêt de Réglement du Parlement de Paris du 4 Août 1734; Ainsi que les Arrêts de Réglement du 18 Juin 1717, pour les prisons de Paris, & du premier Septembre 1717, pour les prisons des Provinces de ladite Cour.

ARTICLE V.

Des Avocats, & Procureurs des prisons.

47. Les Avocats & Procureurs des prisons, doivent prêter gratuitement leur ministere aux prisonniers pour crime, ou pour dettes, dans le cas où ils ont droit d'avoir un conseil ; sauf à faire taxer dans la suite leurs vacations, ou salaires, & à s'en faire payer sur les biens qui pourront appartenir aux prisonniers. (Ordonnance criminelle de Léopold, *tit.* 7, *art.* 14.)

ARTICLE VI.

Du Receveur des prisons.

48. Les Receveurs des prisons, sont établis pour recevoir les revenus des fondations faites pour le soulagement des pauvres prisonniers ; ainsi que les legs & aumônes qui leur sont faits.

C'est aussi entre leurs mains que doivent être remises les condamnations d'aumônes, prononcées contre des accusés.

Ces recettes se font ordinairement par des personnes charitables qui les excent gratuitement. Néanmoins, pour pouvoir les exercer, il faut prêter ferment devant le Juge qui a la police des prisons.

L'Arrêt de la Cour du 28 Mars 1609, pour Laon, rapporté par Joli, *pag.* 1039, porte que les réglements, concernant la distribution des aumônes, & boëtes des pauvres, seront faits par le Lieutenant-Général, & le Lieutenant-Criminel, conjointement.

Un Réglement, rendu au Bailliage d'Orléans le 24 Avril 1714, touchant les prisons de cette Ville, *art.* 36, porte que les aumônes faites aux prisonniers renfermés dans les cachots, seront distribuées par le Geolier, suivant ce qui lui sera prescrit par le Receveur desdites prisons.

L'article 10 du Réglement de la Cour du 18 Juin 1717, pour les prisons de Paris, & celui du premier Septembre 1717, pour les prisons de Provinces, aussi article 10, portent que ces aumônes seront distribuées en présence des personnes qui les feront.

ARTICLE VII.

Devoirs des Juges, touchant les prisons.

49. 1°. L'article 34 du titre 10 de l'Ordonnance de 1670, enjoint aux Lieutenants-Criminels, & à tous autres Juges, même aux Cours, de faire observer exactement les Réglements rendus touchant les prisons; & qui concernent les fonctions, droits & devoirs des Geoliers, Greffiers des geoles, & Guichetiers.

2°. Ils doivent informer des exactions, excès, violences, mauvais traitements, & contraventions commises aux Réglements, concernant les prisons, par les Greffiers des geoles, Geoliers, & Guichetiers. (Même Ordonnance de 1670, *tit.* 13, *art.* 37; Voyez ce qui a été dit ci-dessus, *n.* 30.)

C'est au Juge qui a la police des prisons, à faire informer de ces excès, par forme de police; mais si l'on prend la voie de plainte, & que le procès soit réglé à l'extraordinaire, la connoissance en appartient au Lieutenant-Criminel.

50. 3°. Les Baillis, Sénéchaux, & autres Juges Royaux, doivent veiller sur les prisons de leur Ressort, & avoir soin qu'elles soient sures & saines, conformément aux Ordonnances. (Bacquet, des Droits de Justice, *chap.* 18, n. 10; Voyez aussi, ci-dessus, *n.* 6.)

Autrement on peut contraindre les Seigneurs, par saisies de leurs revenus. (Bacquet, *ibid.*)

4°. L'article 39 du titre 13 de l'Ordonnance de 1670, porte: que les baux à ferme des prisons Seigneuriales, doivent être faits en présence des Juges Royaux, chacun dans leur Ressort; & qu'ils en taxeront la redevance annuelle, qui ne pourra être excédée par les Seigneurs, ni affermée à d'autres; à peine de décheoir entiérement de leur droit de Haute-Justice.

Par une Déclaration du Roi du 11 Juin 1724, les baux des prisons Royales des Villes du Royaume, ont été distraits de la ferme des Domaines du Roi, sans pouvoir à l'avenir y être compris, sous quelque prétexte que ce soit.

ARTICLE VIII.

Des devoirs des Procureurs du Roi, ou Fiscaux, touchant les prisons.

51. 1°. Les Procureurs Roi, & ceux des Seigneurs Hauts-Justiciers, doivent visiter les prisons une fois chaque semaine, pour y recevoir les plaintes des prisonniers. (Ordonnance de 1670, *tit.* 13, *art.* 35; Arrêt de Réglement de la Cour du premier Septembre 1717, *art.* 28.)

2°. Ils doivent entendre les prisonniers, sans que les Greffiers, Geoliers & Guichetiers soient présents; pour sçavoir si les Arrêts & Réglements de la Cour, concernant les prisons, sont fidélement exécutés. (Même Arrêt de 1717, *art.* 28.)

3°. Ils doivent veiller à ce que le pain des prisonniers soit de bonne qualité, & du poids d'une livre & demi au moins par jour. (*Ibid.* art. 38.)

4°. Le prix des aliments des prisonniers, doit être taxé tous les ans, à la fin de Décembre, sur leurs conclusions. (Même Arrêt du premier Septembre 1717, *art.* 29.)

52. 5°. Ils doivent être avertis par les Geoliers & Guichetiers, de ceux des prisonniers qui jurent le Saint Nom de Dieu; ou qui commettent quelques exactions & violences; à peine de destitution desdits Geoliers & Guichetiers. (*Ibid.* art. 9.)

6°. Les Geoliers & Guichetiers, doivent leur donner avis des priſonniers malades, pour les faire viſiter par Médecins & Chirurgiens, & leur donner les ſecours néceſſaires. (Ordonnance de 1670, *tit.* 13, *art.* 15.)

7°. Les mêmes Geoliers & Guichetiers, ſont tenus de leur donner, dans les vingt quatre heures, au plus tard, copie des écroues & recommandations faites pour crimes. (Même Ordonnance de 1670, *tit.* 13, *art.* 15.)

53. 8°. Ils doivent ſe faire repréſenter les regiſtres du Greffier de la geole & du Geolier, lors de chaque viſite qu'ils font dans les priſons. (Arrêt du premier Septembre 1717, *art.* 22 & 28.)

9°. Ils doivent auſſi faire tenir regiſtres des priſonniers qui ſont dans les priſons de leur Siege; ſuivant l'Ordonnance du mois de Juillet 1493, *art.* 85; l'Ordonnance de Novembre 1507, *n.* 104; & l'Ordonnance du mois d'Octobre 1535, *chap.* 2, n. 199.

10°. Les paiements que les Geoliers ſont tenus de faire aux Guichetiers, de leurs gages, doivent être faits en préſence deſdits Procureurs du Roi, ou Fiſcaux, qui en viſeront les quittances. (Arrêt du premier Septembre 1717, *art.* 14.)

54. 11°. Enfin, ils doivent veiller à la ſureté des priſons, & n'y pas faire languir les accuſés, ſoit en ne travaillant point à l'inſtruction de leur procès; ſoit par des longueurs contraires aux devoirs des Juges; & autres préjudiciables au bien de la Juſtice, qui doit animer toutes leurs démarches, & même à l'humanité; puiſqu'elles peuvent occaſionner, & qu'elles occaſionnent quelquefois dans ces accuſés une mort prématurée, ou les jettent dans le déſeſpoir. D'ailleurs, c'eſt une maxime conſtante, que la longue détention des accuſés, diminue l'horreur de leur crime; & que la punition qui les ſuit de loin, n'imprime plus avec la même force, la crainte & la juſtice des châtiments.

ARTICLE IX.

De la police des priſons.

55. 1°. La police des priſons appartient aux Lieutenants-Généraux des Sénéchauſſées & Bailliages Royaux, & autres premiers Juges des Juſtices ordinaires du Reſſort des Cours; chacun en ce qui concerne les priſons de leurs Juriſdictions; & ce privativement aux Lieutenants-Criminels, ou de Police deſdits Sieges; même aux

Officiers des Chambres des Comptes, Cours des Aides, Elections, Greniers à Sel, & autres Juges ordinaires. (Déclaration du 6 Février 1753; Arrêt du 30 Juillet 1678, pour Moulins; Arrêt de Réglement pour les prisons du Ressort du Parlement de Paris du premier Septembre 1717, *art.* 31; Arrêt du Conseil du 16 Mars 1705, pour le Présidial d'Autun, *art.* 35.)

C'est à eux, en conséquence, à connoître des désordres & bris des prisons; à faire la taxe du pain, & à régler ce qui doit être fourni aux prisonniers; à instituer & destituer les Geoliers; à faire observer les Edits, Déclarations & Réglements, touchant les prisons; & à cotter & parapher les registres de la geole. (Même Arrêt du 16 Mars 1705, pour Autun, *art.* 35.)

Mais lorsqu'il s'agit de faire quelque Réglement sur cette matiere, c'est aux Officiers du Bailliage en corps, ou de la Justice ordinaire, & non au premier Juge seul, à le faire; suivant la loi générale qui doit avoir lieu, quand il s'agit de faire des réglements. Il y en a plusieurs exemples pour le Bailliage d'Orléans, & entre autres:

56. Un Réglement fait en la Chambre du Conseil le 9 Juillet 1629, par lequel il est fait défenses au Geolier, de plus à l'avenir recevoir aucuns prisonniers, qu'au même instant l'écroue n'en soit chargé.

Une autre Ordonnance rendue en la Chambre du Conseil le 22 Juillet 1692, portant défenses au nommé Jahan de s'immiscer en la recette des aumônes des prisonniers, pour prévarications par lui commises, & avoir communiqué le secret de la question donnée au nommé Lefevre, & ses complices; avec défenses au Greffier & ses Commis, de permettre aucun accès aux accusés qui sont dans les cachots.

Autre Ordonnance du 24 Avril 1714, donnée aussi en la Chambre du Conseil du Bailliage d'Orléans, servant de Réglement pour les prisons de la ville d'Orléans, contenant 37 articles.

57. Il faut aussi observer que ce droit de police des Lieutenants-Généraux, ou autres premiers Juges sur les prisons, n'empêche pas que les Lieutenants-Criminels, ou de police, & autres Juges, n'ayent le droit de visiter les prisonniers, dont les causes, ou procès sont pendants pardevant eux; & d'empêcher la communication desdits prisonniers avec d'autres personnes; ou de leur donner un conseil; ou de statuer sur

sur leur liberté provisoire, ou définitive ; le tout, suivant & dans les cas portés par l'Ordonnance. (Même Déclaration du 6 Février 1753 ; Arrêt du Conseil pour Autun, du 16 Mars 1705, *art.* 35.)

L'Arrêt de la Cour du 30 Juillet 1678, rendu pour Moulins, porte que les Officiers de la Châtellenie, pourront connoître ès prisons, de l'état & lieu auquel devront être les prisonniers arrêtés de leur ordonnance.

58. Le même Arrêt ajoute, que si le Geolier met au cachot sans ordonnance de Justice, des prisonniers arrêtés de l'ordre du Prévôt, ou Châtelain, ou s'il les laisse vaguer, ou évader, il doit y être pourvu, non par le Lieutenant-Général, mais par le Prévôt ; excepté dans le cas où ces prisonniers s'évaderoient avec d'autres prisonniers qui seroient emprisonnés en vertu d'autres Ordonnances que celles du Châtelain ; auquel cas la connoissance en appartiendra au Lieutenant-Général.

De même, lorsqu'il se commet quelque crime, ou délit dans les prisons, soit par les prisonniers, soit par les Geoliers & Guichetiers, c'est au Juge Criminel à en connoître. (Arrêt de la Cour du 25 Juin 1659, pour Chaumont-en-Bassigni ; qui porte, que quoique la police des prisons appartienne au Lieutenant-Général, néanmoins s'il se commet quelque crime, ou délit dans les prisons par les Geoliers & Guichetiers, la connoissance en appartiendra au Lieutenant-Criminel. Autre Arrêt du 28 Mars 1609 pour Laon, rapporté par Filleau, *part.* 1, *tit.* 4, *chap.* 20, *pag.* 190 ; autre du 22 Septembre 1655 pour Lyon, rapporté par Henris, *tom.* 2, *pag.* 179 de l'édition de 1728. Voyez aussi ce qui a été dit ci-dessus au titre *De la Compétence des Juges Criminels en particulier*, part. 2, tit. 1, *n.* 83.)

59. L'Arrêt de Réglement du 1 Septembre 1717, rendu pour les prisons du ressort du Parlement de Paris, *art.* 31, en établissant que la police des prisons appartient aux Lieutenants-Généraux, ou autres premiers Juges ordinaires, ajoute aussi : » Que c'est sans » préjudicier aux droits & Jurisdictions des Juges pour ce qui » peut regarder le bris de prison, l'évasion des prisonniers, & » les crimes commis par les prisonniers dans les prisons ; pour- » quoi il en sera usé dans chaque Siege, comme par le passé, » sans rien innover à cet égard, non plus qu'à la Jurisdiction » particuliere civile & criminelle, telle que peuvent & doivent

» avoir les Juges sur les prisonniers détenus de leur ordonnance ; » soit pour empêcher leur communication avec d'autres person- » nes, ou leur donner conseil dans les cas portés par les Ordon- » nances ; soit pour statuer sur leur liberté, ou réintégrande, ra- » diation & décharge de leurs écroues, & pour les faire recom- » mander de nouveau ; ou pourvoir autrement auxdits prison- » niers arrêtés de leurs Ordonnances, ainsi qu'il appartiendra ; » sans toutefois qu'à l'occasion de la détention des prisonniers, les » Juges de l'ordonnance desquels ils seront détenus, puissent pren- » dre aucune connoissance de la police des prisons, au préjudice » des Lieutenants-Généraux, ou autres premiers Officiers des » Sieges auxquels il appartient d'en connoître.

60. 2°. Les Juges à qui appartient la police des prisons, sont tenus, ainsi qu'il a été dit ci-dessus, de régler tous les ans, le dernier Décembre, sur les conclusions des Procureurs du Roi, ou Fiscaux, la somme à laquelle doivent être fixés les aliments qui seront fournis par mois aux prisonniers détenus pour causes civiles ; & cette taxe doit être faite, eu égard au prix courant des vivres & denrées ; sauf à y pourvoir extraordinairement dans des cas imprévus. (Même Arrêt du 1 Septembre 1717, *art.* 29 ; Déclaration du 6 Février 1753.)

3°. C'est à eux qu'appartient la réception des Geoliers & Greffiers des prisons, dans celles où il y en a d'établis. (Même Déclaration du 6 Février 1753 ; Voyez ci-dessus, *n.* 25.)

4°. Ils paraphent les registres des Geoliers, & Greffiers des geoles ; ce qu'ils sont tenus de faire sans frais. (Même Déclaration du 6 Février 1753 ; & Arrêt du 1 Septembre 1717, *art.* 31.)

5°. Ils ne peuvent élargir les soldats emprisonnés de l'ordre de quelque Officier militaire.

6°. S'il y a des prisonniers non écroués, ils doivent les élargir. (Voyez ce qui a été dit ci-dessus au titre *Des Ecroues & recommandations*, part. 3, liv. 2, tit. 11, *n.* 2)

7°. En l'absence des Lieutenants-Généraux, la police des prisons appartient aux Lieutenants-Criminels ; & à leur défaut, au premier Officier du Siege. (Déclaration du 6 Février 1753 ; Arrêt du 1 Septembre 1717, *art.* 31.)

ARTICLE X.

De la visite des prisons, qui se fait par les Juges en corps.

61. La visite des Juges dans les prisons de leur Siege, qui se fait aux grandes Fêtes de l'année, a été établie originairement pour recevoir & entendre les plaintes des prisonniers; & représente l'ancienne coutume d'élargir & mettre hors des prisons ceux qui y étoient retenus, excepté pour de grands crimes. (Voyez la L. 1 au Code Theodos. au titre *De indulg. crim.*; & la L. *nemo.* Cod. *de episcop. aud.*) Cet usage avoit aussi lieu autrefois en France, suivant les Capitulaires de Charlemagne, *liv.* 6, *chap.* 106; mais il a depuis été aboli.

Aujourd'hui ces visites se font seulement pour entendre les plaintes des prisonniers contre les Geoliers, Guichetiers, *&c.*; comme aussi pour les interroger sur le temps & la cause de leur détention, & autres choses convenables. Il faut mettre leurs réponses par écrit, & du tout en dresser procès-verbal, qui doit être rapporté ensuite au Siege, pour y être pourvu. (Ordonnance du mois de Mars 1549, *art.* 4, pour le Parlement de Paris; Ordonnance de Léopold, *tit.* 7, *art.* 11.)

62. L'article 11 de l'Arrêt de Réglement du 31 Août 1689, rendu pour les Officiers du Présidial d'Orléans, porte: que le Lieutenant-Général, (qui étoit alors aussi le premier des deux Présidents) ira aux prisons de ladite ville les veilles des Fêtes de Pâques, & de Noël, assisté du Procureur du Roi, & du Greffier, où pourront assister sept des plus anciens Conseillers qui se trouveront au Siege; pour y juger les causes entre prisonniers, & les parties civiles qui seront en état; sans que les Conseillers puissent prétendre y faire aucune fonction de police.

L'ancien Président, ou le second en son absence, & le Lieutenant-général, doivent présider alternativement à ces visites. (Arrêt du Conseil du 18 Juillet 1677 pour le Présidial de Tours, *art.* 67; autre Arrêt aussi du Conseil du 16 Mars 1705, rendu pour les Officiers du Présidial d'Autun, *art.* 36.)

63. Il y a dans les registres du Bailliage d'Orléans, plusieurs procès-verbaux de ces sortes de descentes; & entre autres un du 6 Avril 1650; autres des 23 Décembre 1650; 26 Mai 1651; 28 Mars

1684; 1 Juin 1686; 10 Avril 1688; & 23 Décembre 1689.

L'Arrêt de Réglement du 25 Juin 1659, rendu pour Chaumont-en-Bassigny, porte que les visites des prisonniers aux Fêtes solemnelles, se feront, tant par le Lieutenant-Général, que par le Lieutenant-Criminel, qui en dresseront leurs procès-verbaux; & que s'il se commet quelque crime, ou délit par les Geoliers & Guichetiers, la connoissance en appartiendra au Lieutenant-Criminel.

ARTICLE XI.

Des prisons des Officialités.

64. Ces prisons ne doivent servir que pour y mettre les Ecclésiastiques auxquels on fait le procès en l'Officialité dont elles dépendent.

Ainsi, on ne doit point y mettre les Laïques contre lesquels on obtient des condamnations par corps. (Ainsi jugé par Sentence du Bailliage d'Orléans du 11 Juillet 1653, qui fait défenses au nommé Bataille, Concierge des prisons de l'Officialité d'Orléans, de recevoir d'autres prisonniers que ceux de l'Official, ou du Bailli de l'Evêché, si ce n'est de l'ordonnance de Justice, & comme prisons empruntées.)

Le Concierge des prisons Royales demandoit aussi qu'il fût fait défenses audit Bataille, de recevoir prisonniers aucuns Collecteurs; mais un Arrêt du Conseil, obtenu sur requête par le Sieur Hardouin Dumas, Receveur des Tailles, obligea les Juges à mettre les Collecteurs dans l'exception.

Depuis, il a été fait défenses aux Huissiers du même Bailliage, de conduire les Collecteurs prisonniers, ailleurs que dans les prisons royales, & non dans celles de l'Officialité, si ce n'est pour fait Ecclésiastique; & cela en conséquence d'un résultat du Conseil de M. le Duc d'Orléans, du 11 Mars 1712.

TITRE XIII.

Des Interrogatoires des Accusés.

SECTION PREMIERE.

Des Interrogatoires en général.

1. ON appelle *Interrogatoire*, en matiere criminelle, l'acte par lequel le Juge interroge l'accusé sur la vérité des faits qui donnent lieu à l'information qui se fait contre cet accusé ; pour en sçavoir l'éclaircissement par sa bouche ; ou pour l'entendre en ses défenses, sur les charges qui résultent contre lui de cette information.

Ainsi l'on voit que les interrogatoires qui se font aux accusés, ont été établis à deux fins. 1°. Pour sçavoir d'eux la vérité des faits, soit directement, soit en tirant de leurs variations, dénégations, & autres circonstances de leurs réponses, des arguments qui font connoître qu'ils sont les auteurs du crime dont ils sont accusés. 2°. Pour être entendus dans leurs défenses sur les charges qu'il y a contr'eux au procès ; c'est-à-dire, que ces interrogatoires sont établis, tant pour la conviction de l'accusé, que pour sa défense. (Procès-verbal de l'Ordonnance de 1670, titre 14, sur l'article 7, *pag.* 154 ; Déclaration du 13 Avril 1703, au Préambule.)

Les interrogatoires se font, ou par le Juge d'instruction, en premiere instance, dans le cours du procès ; ou à la Chambre du Conseil, en présence de tous les Juges, lors du Jugement définitif ; où à la question ; ou sur l'appel pardevant les Juges qui en doivent connoître.

2.

ARTICLE PREMIER.

De la procédure sur les Interrogatoires en général.

1°. Avant d'interroger un accusé, il faut qu'il soit décrété, ou arrêté en flagrant délit; autrement, il n'est pas tenu de répondre à celui qui l'interroge. (Arrêt du 22 Août 1709, rendu en la Grand'Chambre du Parlement, qui fait défenses au Juge Royal de Calais, de procéder à l'avenir à aucun interrogatoire, sinon en conséquence de décret décerné, ou en cas que le criminel fût pris en flagrant délit; Autre du 17 Décembre 1729, contre le Lieutenant-Criminel de Lyon.)

Mais lorsqu'un accusé a été interrogé en flagrant délit, & qu'il y a ensuite information & décret contre lui, il n'est pas nécessaire de l'interroger de nouveau.

2°. Les accusés qui sont détenus pour crimes, doivent être interrogés aussi-tôt qu'ils sont arrêtés; & les interrogatoires commencés, au plus tard, dans les vingt-quatre heures après leur emprisonnement; à peine de tous dépens, dommages & intérêts contre le Juge qui doit faire l'interrogatoire: & faute par lui d'y satisfaire, il doit y être procédé par un autre Officier, suivant l'ordre du tableau. (Ordonnance de 1670, *tit.* 14, *art.* 1; Arrêt de la Cour du 10 Juillet 1665, *art.* 8; Edit du mois de Janvier 1685, pour le Châtelet de Paris, *art.* 28.)

3. Dans les accusations pour crimes, il est absolument nécessaire d'interroger le prisonnier. Ainsi, lorsque le Juge néglige de le faire dans les vingt-quatre heures, l'accusé qui se sent innocent, & qui veut avoir sa liberté, doit aussi-tôt qu'il est dans les prisons, se faire interroger par celui des autres Juges qui suit dans l'ordre du tableau; & lever l'interrogatoire à ses frais, pour obtenir son élargissement, s'il y a lieu de le prononcer.

L'obligation d'interroger l'accusé dans les vingt-quatre heures, est fondée sur deux motifs. 1°. Afin de voir par les interrogatoires, si les accusés sont véritablement criminels; de peur que les innocents ne soient injustement détenus dans les prisons, & que les Juges puissent les élargir promptement. 2°. Afin que les criminels n'aient pas le temps d'inventer des moyens pour déguiser la vérité, & éviter la punition de leur crime: car l'interrogatoire, fait peu de temps après la capture, est ordinairement un moyen beaucoup plus sûr pour tirer la vérité de la bouche de l'accusé, que lorsqu'il a eu le temps de réfléchir.

Cette disposition de l'Ordonnance, est assez mal observée, & il n'arrive que trop souvent, par la négligence des Juges, que les accusés sont quelquefois huit jours entiers dans les prisons,

& fouvent même plus long-temps, fans être interrogés.

4. Quand des accufés fe plaignent au Parlement, d'avoir été détenus dans les prifons, fans avoir été interrogés dans les vingt-quatre heures, on en fait de très féveres réprimandes aux Juges inférieurs; & même il eft arrivé fouvent que la Cour a condamné des Juges pour cette contravention, lorfqu'il y a eu dol, ou négligence groffiere de leur part.

3°. Le Juge eft tenu de vaquer en perfonne à l'interrogatoire, qui ne peut, en aucun cas, être fait par le Greffier; à peine de nullité, & d'interdiction contre le Juge & le Greffier, & de 500 livres d'amende envers le Roi. (Ordonnance de 1670, *tit.* 14, *art.* 2.)

Tout ce que doit faire le Greffier, eft de recevoir l'interrogatoire, fous la dictée du Juge, & de le rédiger par écrit.

Comme l'interrogatoire eft un des principaux actes de l'inftruction criminelle, & un des moyens les plus furs pour tirer la vérité du fait dont eft queftion, il eft jufte que le Juge y vaque lui-même; parce qu'il eft cenfé avoir plus de lumieres pour diftinguer le vrai d'avec le faux. D'ailleurs, il faut beaucoup de prudence, de difcrétion & d'adreffe, fur-tout dans les grands crimes, pour bien interroger les accufés, & pour tirer d'eux la vérité.

5. La regle qui vient d'être établie, fouffre cependant une exception, à l'égard des Commiffaires du Châtelet de Paris: car ceux-ci peuvent interroger, pour la premiere fois, les accufés pris en flagrant délit, ainfi que les domeftiques accufés par leurs maître, & ceux contre lefquels il n'y a qu'un décret d'ajournement perfonnel. (Ordonnance de 1670, *tit.* 14, *art.* 14.)

Il en eft de même des accufés mis en prifon, faute d'avoir comparu fur un décret d'ajournement perfonnel, au cas de l'article 4 du titre 10 de l'Ordonnance de 1670: leurs interrogatoires fe font auffi par les Commiffaires du Châtelet de Paris; fuivant la diftribution qui en eft faite par le Juge. (Arrêt du Parlement du 16 Février 1602.)

Au refte, il faut obferver que dans les informations d'Office, c'eft-à-dire, dans celles qui fe font par le Juge, *ex proprio motu*, & fur la requête de la partie publique, fans partie civile, l'interrogatoire, quelqu'il foit, doit être fait par le Juge, dans tous les cas. (Arrêt du Parlement du 16 Février 1602 pour Paris; autre du 19 Janvier 1619, pour Chinon; qui portent en général, que les instructions qui se font d'office, seront faites par les Juges. Voyez aussi l'Ordonnance de 1667, *tit.* 22, *art.* 24; & ce qui a été dit à ce sujet au titre *Des Informations d'Offices*, ci-dessus, *part.* 3, *liv.* 2, *tit.* 2, n. 17.)

6. 4°. L'interrogatoire doit être fait au lieu où se rend la Justice, ou dans la Chambre du Conseil, ou dans celle de la Geole; & il est défendu aux Juges de le faire dans leurs maisons. (Ordonnance de 1660, *tit.* 14, *art.* 4.) Ce qui a lieu même dans le cas où le Juge en auroit le consentement par écrit de la partie. (Voyez ce qui est dit au titre *De l'Instruction criminelle en général*, ci-après, *part.* 3, *liv.* 3, *tit.* 2, n. 80.)

Lorsque l'accusé est décrété d'assigné pour être oui, ou d'ajournement personnel, l'interrogatoire doit être fait au lieu où se rend la Justice, ou dans la Chambre du Conseil; & lorsqu'il est prisonnier, l'interrogatoire doit être fait dans la Chambre de la geole.

Si l'accusé étoit tellement malade, qu'il ne pût être transporté au lieu où se rend la Justice, ou qu'il eût été transféré de la prison dans un autre lieu; le Juge pourroit l'interroger dans cet autre lieu, après avoir pris la précaution de le faire visiter par Médecins & Chirurgiens, & en faisant mention de leur rapport dans la premice de cet interrogatoire.

De même, lorsque les accusés sont pris en flagrant délit, ils peuvent être interrogés dans le premier endroit qui se trouvera commode; soit dans la maison du Juge, ou Commissaire, ou ailleurs.

Mais dans tous ces cas, la présence de la partie publique est entiérement inutile. On trouve même au Journal des Audiences, *tom.* 6, un Arrêt de la Tournelle du 10 Mars 1713, rendu contre le Juge de Montfaucon, qui lui fait défenses de se faire assister du Procureur Fiscal, lorsqu'il se transportera dans des maisons pour y recevoir des déclarations.

7. 5°. Quoiqu'il y ait plusieurs accusés, ils doivent être interrogés séparément, sans assistance d'autre personne que du Juge & du Greffier. (Ordonnance de 1670, *tit.* 14, *art.* 6.) Ainsi il faut que les Archers, Huissiers, ou Geolier, qui accompagnent l'accusé, se tiennent en dehors de la chambre où il est interrogé; à moins que le Juge ne croye qu'il soit nécessaire pour sa sureté, d'avoir auprès de sa personne un ou plusieurs de ces Huissiers, ou Archers, ou le Geolier.

Ainsi les parties civiles, ni leurs Procureurs, ne peuvent y être présents,

présents. (Arrêt des grands Jours de Poitiers du 15 Janvier 1689, *art.* 39;) ni les Procureurs du Roi, ou Fiscaux. (Voyez l'article 2 du titre 24 de l'Ordonnance de 1670. Ainsi jugé par deux Arrêts des 13 Février 1538, & 9 Décembre 1561, rapportés par Guenois sur Imbert, *liv.* 3, *chap.* 10, n. 4; autre Arrêt du 23 Juin 1670, rapporté par Boniface, *tom.* 5, *liv.* 3, *tit.* 1, *chap.* 10.)

L'accusé doit être seul pour répondre, 1°. afin que ses réponses soient secrétes; 2°. afin qu'il n'y ait personne qui puisse l'aider dans ses réponses, & que la vérité puisse mieux se découvrir.

Quand il y a plusieurs accusés du même crime à interroger, il faut commencer par ceux qui paroissent les plus disposés à avouer; sinon par les plus foibles, *v. g.* par les enfans; ensuite par les filles & les femmes; & enfin par les hommes.

8. 6°. Si l'accusé est de condition vile, ou vagabond, & suspect d'avoir été flétri, ou qu'il ait été repris de Justice, le Juge le fera visiter par un ou deux Chirurgiens, qui en dresseront sur le champ leur rapport, pour être joint au procès; mais c'est un abus de faire faire ces sortes de visites par l'exécuteur de la Haute-Justice. (Arrêt du 12 Janvier 1701, rapporté par M. Prévôt, en son Traité des Rapports, *pag.* 148, qui fait défenses au Lieutenant-Général de Pontoise, de faire visiter par l'exécuteur de la Haute-Justice, les accusés qui auront été repris de Justice; & qu'en cas de visite, elle sera faite par les Chirurgiens.)

7°. L'accusé, lors de ses interrogatoires, doit être libre & sans fers; & s'il venoit à avouer quelque chose dans cette crainte, il pourroit alléguer pour excuse, que cet aveu lui a été extorqué par la violence qui lui a été faite.

9. 8°. Les accusés, de quelque qualité qu'ils soient, sont tenus de répondre par leur bouche, sans le ministere de conseil, qui ne peut leur être donné, même après la confrontation, nonobstant tous usages contraires, qui sont abrogés par la nouvelle Ordonnance. (Ordonnance de 1670, *tit.* 14, *art.* 8.) Comme il ne s'agit ordinairement dans les procès criminels que de faits que personne ne connoît mieux que l'accusé, le conseil qui lui seroit donné, ne pourroit servir qu'à lui suggérer des moyens propres à altérer la vérité de ces mêmes faits, & à éloigner la punition du crime. D'ailleurs, l'accusé, quelqu'ignorant & grossier qu'il soit, est beaucoup plus en état d'employer par lui-même ses moyens de défense, que ne pourroit faire un fondé de procuration. (Voyez ce

qui a été dit à ce sujet, titre *Des Décrets*, ci-dessus, *part.* 3, *liv.* 2, *tit.* 10, n. 90.)

Les mineurs sont tenus, comme les autres accusés, de subir interrogatoire par leur bouche, sans être assistés de leurs tuteurs, ou curateurs; (Boërius, *décis.* 63.) même les mineurs impuberes, pourvu qu'ils soient proches de l'âge de puberté.

10. Les Religieux sont aussi tenus de répondre par eux-mêmes, comme les autres accusés. (Farinacius, *qu.* 99, n. 127.)

A l'égard des Communautés, on les reçoit à répondre par leur Syndic. (Ordonnance de 1670, *tit.* 21, *art.* 3.)

Néanmoins, dans les crimes de péculat, concussion, banqueroute frauduleuse, vol de commis ou associés en matiere de finances ou de banque, fausseté de pieces, supposition de part, & autres crimes où il s'agit de l'état des personnes, les Juges peuvent ordonner, si la matiere le requiert, que les accusés, après leur interrogatoire, communiqueront avec leur conseil ou leurs commis. (Ordonnance de 1670, *ibid.* tit. 14, art. 8.) Cette Ordonnance du Juge, peut se rendre ou d'office, ou sur la requête de l'accusé.

La raison pour laquelle les Juges peuvent permettre alors aux accusés de communiquer avec leur conseil, est parce que dans ces sortes de crimes, la justification de l'accusé, est fondée le plus souvent, sur l'examen des pieces qui ne sont point entre ses mains, & pour lesquelles il peut avoir besoin de communiquer avec son conseil.

Dans les crimes qui se commettent à l'Audience, en présence des Juges, & qui s'instruisent sur le champ, l'usage du Parlement de Paris, est aussi de donner un conseil aux accusés.

11. 9°. L'accusé ne doit avoir aucune connoissance, ni communication des faits sur lesquels on doit l'interroger; afin qu'il n'ait pas le temps de préparer ses réponses, & d'inventer des mensonges pour déguiser la vérité.

10°. Les Procureurs du Roi, & ceux des Seigneurs, & les parties civiles peuvent donner des mémoires au Juge pour interroger l'accusé, tant sur les faits portés par l'information, qu'autres, pour s'en servir par le Juge, ainsi qu'il jugera à propos. (Ordonnance de 1670, *tit.* 14, *art.* 3.)

12. 11°. Lorsque dans une affaire criminelle, quelques-uns des accusés sont poursuivis seulement par la voie ordinaire, & sans

récolement ni confrontation ; *v. g.* la femme, ou les héritiers d'un défunt, pour récélé ; un pere, ou un maître pour son fils, ou pour son serviteur, *&c.* ; & que les autres accusés sont poursuivis extraordinairement ; on ne doit pas interroger les premiers sur les pieces secrétes du procès, mais seulement sur les faits & articles signifiés par la partie civile. Néanmoins le procès au fond doit se juger en même temps contre les uns & contre les autres. (Voyez ce qui est dit au titre *Du Vol*, en parlant du recel de communauté ; ci-après, *part.* 4, *tit.* 57, *n.* 56.)

12°. Quant à la maniere de bien interroger un accusé, soit dans le cours de l'instruction, soit en la Chambre du Conseil lors du jugement définitif, soit à la question, Voyez ce qui est dit ci-après, *n.* 38, *& suiv.*

ARTICLE II.

De la forme des Interrogatoires.

13. 1°. Les interrogatoires doivent se faire par écrit, & être mis dans un cahier, dont toutes les pages doivent être cottées & paraphées par le Juge, ou Commissaire qui interroge. (Article 13 & 15 du titre 13 de l'Ordonnance de 1670.)

2°. L'accusé, avant d'être interrogé, doit prêter serment de dire vérité, & il en doit être fait mention ; à peine de nullité. (Ordonnance de 1670, *tit.* 14, *art.* 7.)

Ce serment ; ainsi qu'on l'a observé, se prête en levant la main ; & à l'égard des personnes constituées dans les Ordres sacrés, en mettant la main sur la poitrine.

Si l'accusé refuse de prêter le serment, le Juge lui fera trois interpellations, & lui déclarera, que faute par lui de le prêter, son procès lui sera fait comme à un muet volontaire. (Voyez l'article 8 du titre 18 de l'Ordonnance de 1670.) Après quoi il observera ce qui est prescrit à l'égard des muets volontaires ; comme il sera dit ci-après, *n.* 15.

14. 3°. Si l'accusé est sourd & muet, ou tellement sourd qu'il ne puisse entendre, il faudra observer ce qui est marqué au titre 18 de la même Ordonnance. (Voyez ce qui est dit à ce sujet au titre *Des Muets & Sourds, & de ceux qui refusent de répondre*, ci-après, *part.* 3, *liv.* 2, *tit.* 27, *n.* 1, *& suiv.*)

4°. Si l'accusé n'entend pas la langue Françoise, l'interprete ordinaire, ou s'il n'y en a point, celui qui sera nommé d'office par le Juge, après avoir prêté serment, expliquera à l'accusé les interrogatoires qui lui seront faits par le Juge, & au Juge les réponses de l'accusé. Le tout doit être écrit en langue Françoise, signé par le Juge & l'interprête, ainsi que par l'accusé; sinon, il doit être fait mention de son refus de signer. (Ordonnance de 1670, *tit.* 14, *art.* 11.)

Ce serment de l'interprete doit être à l'effet de bien & fidélement interpreter à l'accusé les demandes qui lui seront faites par le Juge, ainsi que les dépositions des témoins, lors de la confrontation; & de répéter aussi fidélement au Juge & aux témoins, les réponses de l'accusé.

S'il n'y avoit point d'interprete sur le lieu, le Juge doit en mander, & en faire venir un d'une autre ville où il y en a. (Airault, en son Instruction Judiciaire, *liv.* 3, *part.* 3, n. 6, *pag.* 464.)

Cet interprete n'est pas obligé de faire ses fonctions *gratis*. On lui taxe des salaires & des voyages, s'il est nécessaire. (Voyez ce qui est dit au titre *Des Frais & Dépens*, ci-après, *part.* 3, *liv.* 2, *tit.* 43, n. 22.)

L'interprete doit être une personne de probité connue; & il doit éviter de suggérer à l'accusé aucuns moyens de déguiser la vérité.

L'Ordonnance n'exige point que l'interprete sache lire & écrire. Ainsi on peut absolument en prendre un qui n'ait point ces qualités; surtout s'il n'y en a point d'autre sur le lieu.

15\. 5°. Si l'accusé refuse de répondre, le Juge doit lui faire trois interpellations, & lui déclarer, que, faute par lui de répondre, le procès lui sera fait comme à un muet volontaire. (Ordonnance de 1670, *tit.* 18, *art.* 8. Voyez ce qui est dit là-dessus au titre *De la maniere de faire le procès aux sourds & muets, & de ceux qui refusent de répondre*, ci-après, *part.* 3, *liv.* 2, *tit.* 27, n. 3.)

Il en est de même, si l'accusé demande un délai pour répondre, sans en apporter aucune cause légitime; car le Juge ne doit pas lui accorder ce délai. (Ordonnance du mois de Juillet 1493, *art.* 99. Julius Clarus, *qu.* 45, n. 7.) Ce qui est fondé sur ce que l'interrogatoire fait promptement, & sur le champ, est le moyen le plus sûr pour tirer la vérité de l'accusé, & pour empêcher que la réflexion ne l'engage à inventer des ruses & des mensonges pour la déguiser ; & aussi pour prévenir les conseils ou instructions qu'on pourroit lui donner à cet égard.

16. Mais si l'accusé prétend avoir de bonnes raisons pour ne pas répondre, & qu'il les expose au Juge ; *v. g.* s'il prétend que celui qui l'interroge, est incompétent, ou sans caractere, ou récusable ; alors celui qui procéde à l'interrogatoire, doit faire mention de ce que l'accusé aura dit, & renvoyer les parties au tribunal qui doit juger le fonds, pour régler cet incident, & pour juger si l'accusé est bien fondé, ou non, dans son refus de répondre. (Voyez ce qui a été dit au titre *Des Décrets*, ci-dessus, *part.* 3, *liv.* 2, *tit.* 10, n. 91.)

6°. Le Juge demandera ensuite a l'accusé son nom, surnom, âge, qualité, & demeure ; & quoique l'Ordonnance n'exige point cette formalité, il est du devoir du Juge de s'y conformer, du moins dans le premier interrogatoire, pour constater l'état de l'accusé.

7°. Dans les procès qui doivent être jugés en dernier ressort par les Présidiaux, ou par les Prévôts des Maréchaux, le Juge doit déclarer aux accusés, au commencement du premier interrogatoire qui se fait après le jugement de compétence, ainsi qu'à l'interrogatoire qui se fait à la Chambre, lors du jugement de compétence, qu'il entend les juger en dernier ressort ; à peine de nullité de la procédure, & de tous dépens, dommages & intérêts. (Ordonnance de 1670, *tit.* 1, *art.* 17 & 18 ; & *tit.* 2, *art.* 13 ; Déclaration du 5 Février 1731, *art.* 24.)

17. 8°. Les hardes, meubles & pieces, servant à la preuve, doivent être représentés à l'accusé, lors de son interrogatoire ; & les papiers & écritures, paraphés par le Juge & l'accusé ; sinon il sera fait mention de la cause de son refus. (Ordonnance de 1670, *tit.* 14, *art.* 10.)

Cette représentation doit être faite à l'accusé, lors de son premier interrogatoire, autant qu'il est possible, sinon lors du second, ou autre interrogatoire subséquent. Quelquefois cependant elle ne se fait qu'à la confrontation ; (Voyez l'Ordonnance du faux, du mois de Juillet 1737, titre *Du Faux principal*, art. 31.) Mais si ces effets ne lui étoient point en tout représentés, ce seroit une nullité.

Lorsqu'il y a une grande quantité d'effets à représenter, dont il a été dressé procès-verbal, ou inventaire, il est inutile de spécifier & d'écrire de nouveau tous les effets représentés, & de faire mention de chacun en particulier. Il suffira alors, & il est même beaucoup mieux, de dire simplement : *Nous avons représenté à l'accusé, ou au témoin*, (si c'est au récolement,) *ou à tous les deux*, (si c'est à la confrontation,) *tous les effets, article, par article, mentionnés en notre procès-verbal du....... dont nous lui avons présentement fait faire lecture par notre Greffier, aussi article par article, à mesure de la représentation de chacun desdits effets ; & avons interpellé ledit accusé, ou témoin, de nous dire s'il reconnoît lesdits effets pour lui appartenir, ou pour être ceux dont il a été trouvé saisi ; ou* (si c'est un témoin) *pour faire partie de ceux qui lui ont été volés tel jour*, &c.

18. Après cette représentation, le Juge doit faire envelopper d'une bande de papier les effets importants, dont l'accusé a été trouvé saisi, & qui peuvent servir à la conviction ; *v. g.* si c'est une épée, ou une bayonnette ensanglantée, & y apposer le cachet de ses armes.

A l'égard des pieces, ou écritures, qui sont représentées à l'accusé, pour être par lui reconnues, il suffit que le Juge en fasse mention, en substance ; & qu'il les désigne par leur date, le nombre des feuillets, par le commencement & la fin, *&c.* Mais si ces pieces contiennent peu d'écritures, il sera aussi facile de les transcrire, que d'en faire mention.

Le Juge interrogera ensuite l'accusé sur les faits & inductions résultants des hardes, meubles, pieces, & autres effets représentés ; & l'accusé doit y répondre sur le champ, sans qu'il lui soit donné autre communication ; si ce n'est dans les cas mentionnés en l'article 8 du titre 14 de l'Ordonnance de 1670 ; après néanmoins que l'interrogatoire aura été achevé. (Voyez quels sont ces cas, ci-dessus, *n.* 9.)

L'Avocat, ou Procureur de l'accusé, ni aucune autre personne, ne doivent point avoir communication des effets représentés à l'accusé ; quand même ils offriroient de s'en charger sous leurs récépissés.

19. 9°. Il ne doit être fait aucune rature ni interligne dans la minute des interrogatoires ; & si l'accusé y fait quelque changement, il en doit être fait mention dans la suite de l'interrogatoire. (Ordonnance de 1670, *tit.* 14, *art.* 12.) S'il y est fait quelque rature, elle doit être approuvée, tant par le Juge, que par l'accusé. (Même Ordonnance, *tit.* 6, *art.* 12.)

Le Juge doit aussi avoir attention de ne point laisser les interrogatoires en blanc, sous prétexte que la copie des faits seroit jointe à la minute de l'interrogatoire. (Ainsi jugé par Arrêt du 11 Décembre 1705, qui enjoint au Lieutenant-Criminel du Châtelet de Paris, en procédant aux interrogatoires des accusés; & aux Greffiers qui instrumenteront dans les affaires criminelles, de transcrire les interrogatoires, tels qu'ils auront été proposés par le Juge; & les réponses, telles qu'elles seront faites par l'accusé, sur les interrogatoires du Juge.)

20. 10°. L'interrogatoire doit être lu à l'accusé à la fin de chaque séance; & il doit être cotté & paraphé dans toutes ses pages, & signé par le Juge, & par l'accusé, s'il sçait, & veut signer; sinon, il sera fait mention de son refus; le tout à peine de nullité, & de tous dépens, dommages, & intérêts contre le Juge. (Ordonnance de 1670, *tit.* 14, *art.* 13.) L'Ordonnance n'exige point la signature du Greffier.

L'interrogatoire peut être continué & se faire à diverses reprises; comme dans le cas où il est trop tard pour le pouvoir finir, ou quand l'accusé vient à se trouver mal, ou qu'il survient quelque autre empêchement semblable : alors le Juge doit en faire mention, & remettre la suite de l'interrogatoire à une autre séance; mais il doit être signé à chaque fois.

21. 11°. L'interrogatoire peut être réitéré toutes les fois que le cas le requerra; & chaque interrogatoire doit être mis sur un cahier séparé. (Ordonnance de 1670, *tit.* 14, *art.* 15.) Il est à propos que l'accusé qui doit être interrogé, n'en soit pas prévenu, afin que cela ne lui donne pas le temps de s'examiner, & de méditer ses réponses.

Lorsque les témoins déposent sur les mêmes faits que ceux portés par la plainte, il n'est pas nécessaire d'interroger de nouveau l'accusé; à moins que le Juge ne le trouve à propos; *v. g.* pour tirer la vérité dans les grands crimes, lorsque l'accusé est prisonnier, *&c.* Il peut aussi arriver que quelques-uns des témoins viennent à déposer de circonstances particulieres, dont les premiers témoins n'auroient pas parlé; circonstances qui peuvent donner des ouvertures, & servir à découvrir la vérité, en interrogeant de nouveau l'accusé; alors il paroît que le Juge ne peut se dispenser de faire subir à cet accusé un nouveau interrogatoire.

22. Mais toutes les fois qu'il survient de nouvelles charges, il faut

nécessairement interroger de nouveau l'accusé, sur les faits résultants de ces nouvelles charges ; à peine de nullité : car l'interrogatoire étant établi, tant pour tirer la vérité de la bouche de l'accusé, que pour sa défense ; ce seroit ne pas remplir une des obligations les plus essentielles de la procédure, que de manquer à cette formalité. (Ainsi jugé par Arrêt de la Tournelle du 24 Mai 1712 ; & par un autre du 9 Janvier 1743, sur un appel *à minimâ* d'une Sentence rendue au Bailliage de Bourges le 30 Août 1742.)

Le Juge peut aussi interroger de nouveau un accusé, quand il s'agit d'interpréter quelque réponse obscure, ou équivoque, d'un précédent interrogatoire. (Julius Clarus, *qu.* 61, n. 5.)

Comme l'accusé doit être interrogé avant de pouvoir passer contre lui au réglement à l'extraordinaire ; il faut aussi, lorsqu'il s'agit d'un nouveau délit, pour raison duquel on veut passer au récolement, & à la confrontation, qu'il soit auparavant interrogé sur ce nouveau délit ; & ce seroit une nullité de manquer à cette formalité. En effet, il est juste que l'accusé soit entendu sur chaque nouvelle accusation, avant qu'il soit procédé extraordinairement contre lui.

23. 12°. L'article 16 du titre 14 de l'Ordonnance de 1670, défend aux Juges, & à ceux des Seigneurs, de prendre, recevoir, ni se faire avancer aucune chose par les prisonniers pour leur interrogatoire, ou pour autres droits par eux prétendus ; sauf à se faire payer de leurs droits par la partie civile, s'il y en a. (Ordonnance de 1670, *tit.* 14, *art.* 16 ; Edit du mois de Janvier 1685, pour le Châtelet de Paris, *art.* 28.)

24. 13°. Les Juges peuvent, après l'interrogatoire, permettre aux accusés de conférer avec qui bon leur semblera, si le crime n'est pas capital. (Même Ordonnance de 1670, *tit.* 14, *art.* 9.)

Cette permission se donne verbalement par le Juge, ou par écrit, sur la requête de l'accusé. L'article 16 du titre 13, semble dire que cette permission appartient de plein droit à l'accusé après son interrogatoire ; à moins que le Juge ne le défende. En examinant même le projet de cet article 9, dans le procès-verbal de l'Ordonnance de 1670, *pag.* 167, il paroît que l'esprit de l'Ordonnance est, que les accusés, après leur interrogatoire, aient la faculté de conférer avec qui bon leur semblera, quand il ne s'agit pas d'un crime capital. En effet, dans le projet de l'Ordonnance, l'article l'article étoit conçu en ces termes : *N'entendons néanmoins empêcher que les accusés de crimes non capitaux, ne puissent, après l'interrogatoire, conférer avec qui bon leur semblera.*

On peut dire que dans cet article 9, il s'agit, à proprement parler, d'un conseil, (à cause de l'article précédent,) avec lequel l'accusé pourra conférer, si le Juge le permet, ainsi que le terme de *conférer* semble le signifier ; mais que dans le cas de l'article 16 du titre 13, il ne s'agit que de communication avec des parents, amis, ou autres personnes de dehors.

25. 14°. Les interrogatoires doivent être incessamment communiqués aux Procureurs du Roi, ou à ceux des Seigneurs, pour prendre droit par ces interrogatoires, ou requérir ce qu'ils aviseront. (Ordonnance de 1670, *tit.* 14, *art.* 17.) Voyez ce que c'est que *prendre droit par les interrogatoires*, au titre *Du Réglement à l'extraordinaire*, ci-après, *part.* 3, *liv.* 2, *tit.* 17, *n.* 1.

L'accusé peut avoir pareillement communication des interrogatoires par lui subis ; parce que cet acte est de son fait. (Arrêt du 12 Mars 1712, rapporté au Journal des Audiences.) Voyez ce qui est dit à ce sujet au titre *De l'Instruction Criminelle en général*, ci-après, *part.* 3, *liv.* 3, *tit.* 2, *n.* 92.

SECTION II.

Des Interrogatoires qui se font à la Chambre du Conseil, lors du Jugement.

26. 1°. Les interrogatoires des accusés à la Chambre, avant le jugement définitif du procès, sont nécessaires dans tous les cas où le procès est instruit extraordinairement par récolement & confrontation. (Déclaration du 12 Janvier 1681 ; autre du 13 Avril 1703 ; Arrêt du Parlement du premier Septembre 1727, qui fait défenses aux Officiers du Bailliage d'Amiens, en procédant à la visite des procès jugés par récolement & confrontation, de rendre aucuns jugements, soit interlocutoires, soit définitifs, que les accusés n'aient été entendu sur la sellette, ou derriere le barreau. Autre Arrêt du 4 Septembre 1727, contre le Juge de Cluny ; autre du 13 Octobre 1731, contre le Prévôt d'Orléans ; autre du 19 Septembre 1737, contre les Juges du Bailliage de Bar.) Ce qui a été sagement établi, afin que si le Juge n'avoit

pas eu toute la liberté; & le Juge d'instruction, toute l'exactitude nécessaire; on puisse y remédier.

27. Cette regle a lieu, même dans le cas où il n'y a point de conclusions à peine afflictive, de la part de la partie publique, suivant les mêmes Déclarations. (Ainsi jugé par Arrêt de la Tournelle du 20 Septembre 1731, en infirmant une Sentence du Châtelet de Paris.)

Elle a aussi lieu dans le cas où il y auroit des conclusions à un plus amplement informé, & même à une absolution; parce qu'il peut résulter de ce dernier interrogatoire, des lumieres & des connoissances qui ne seroient point au procès. Les premiers interrogatoires ne sont pas toujours tels qu'ils devroient être; & l'examen du procès fournit au Juge des réflexions capables de procurer, dans ce dernier interrogatoire, des éclaircissements nécessaires pour découvrir la vérité. Un accusé avoue quelquefois dans son dernier interrogatoire, des faits qu'il avoit niés jusques-là. En effet, en consultant les deux Déclarations, dont on vient de parler, on verra que le motif de ces Réglements, est non-seulement pour ne pas priver les accusés, dans aucuns cas, du droit qu'ils ont de se défendre par leur bouche; mais aussi pour ne pas ôter aux Juges les moyens de s'éclaircir des circonstances qui peuvent servir à acquerir la preuve des crimes qui se poursuivent extraordinairement; & quelquefois pour confronter ces accusés avec d'autres accusés complices qui peuvent les charger, ou qu'ils peuvent charger, lors de ce dernier interrogatoire.

28. 2°. Les interrogatoires à la Chambre, sont nécessaires, même dans le cas où l'accusé y auroit déja été interrogé; & où, au-lieu de Jugement définitif, il auroit été rendu un Jugement préparatoire, ou interlocutoire; soit de question, soit de plus amplement informé; ce qui ne souffre aucune difficulté, lorsque depuis ce Jugement interlocutoire, il est survenu de nouvelles charges contre l'accusé. Mais il paroît aussi que cette même regle doit avoir lieu dans le cas, où depuis ce Jugement interlocutoire, il ne seroit venu aucunes charges nouvelles contre l'accusé; parce qu'il peut se faire, que depuis ce Jugement, les Juges, ou l'accusé, ayent fait de nouvelles réflexions, qui peuvent tendre à acquerir la preuve du crime, ou à constater l'innocence de celui qui en est prévenu.

Bien plus, quand même un accusé auroit tout avoué à la

question, il doit néanmoins être interrogé avant le Jugement définitif. (Farinacius, *qu.* 39, *n.* 32, *& suiv.*)

29. 3°. Les Interrogatoires à la Chambre sont nécessaires, non-seulement dans les procès qui se jugent à la charge de l'appel; mais encore dans ceux qui se jugent en dernier ressort. (Déclarations des 12 Janvier 1681, & 13 Avril 1703.)

Il faut néanmoins observer que ces interrogatoires à la Chambre ne sont nécessaires que quand on juge le procès par le mérite du fonds; car si en faisant la visite du procès, on s'apperçoit de quelques nullités, on doit alors prononcer sur ces nullités, sans interroger l'accusé.

Quand il y a plusieurs accusés au procès, il faut qu'ils ayent été tous interrogés à la Chambre, avant de juger définitivement l'un d'entre eux. Néanmoins, si quelqu'un de ces accusés étoit malade, & que le Jugement du procès pressât; on pourroit, sur le certificat qui seroit rapporté de la maladie de cet accusé, passer au Jugement des autres accusés.

30. 4°. Les Officiaux doivent aussi interroger les accusés à la Chambre avant de les juger; autrement il y auroit abus dans leur procédure. (Ainsi jugé par Arrêt de la Tournelle du 14 Juillet 1708, rapporté au Journal des Audiences.)

5°. Dans les procès qui ne sont point instruits par récolement, & confrontations, on ne doit point interroger les accusés à la Chambre lors du Jugement définitif.

31. 6°. Lorsque pardevant les premiers Juges, les conclusions des Procureurs du Roi, ou de ceux des Seigneurs; & dans les Cours les Sentences dont est appel, ou les conclusions des Procureurs-Généraux, portent condamnation de peine afflictive; les accusés doivent être interrogés sur la sellette. (Ordonnance de 1670, *tit.* 14, *art.* 21.)

Anciennement on donnoit en France aux accusés de condition distinguée, un escabeau différent de la sellette qui sert pour les accusés ordinaires. (Voyez Mornac, sur la L. 3, cod. *ubi senatores.*) Ainsi, au procès du Duc d'Alençon, qui fut condamné à mort, mais qui eut depuis sa grace, son Arrêt lui fut prononcé, étant assis sur un escabeau au milieu du Parquet. Cet Arrêt est du 10 Octobre 1458, comme on le voit à la fin de l'Histoire de la condamnation des Templiers de M. Dupuy. Lorsque le Maréchal de Biron subit l'interrogatoire, sur lequel intervint l'Arrêt de condamnation à mort, qui fut rendu contre lui le 29 Juillet 1602, il fut mis aussi sur un escabeau au Barreau des Pairs, suivant le registre du Parlement. (Voyez les Loix Criminelles, *n.* 1, *ch.* 25, §. 15, *n.* 18, *pag.* 334.)

En l'année 1693, M. Veydeau-de-Grammont demanda la même chose; mais il fut dit seulement qu'il seroit interrogé sur une sellette couverte de tapisserie. Il étoit en habit noir, & en manteau court, & avoit demandé d'être en robe. (Voyez le Dictionnaire des Arrêts, *tom.* 6, *pag.* 112.)

Les Pairs, dumoins quand ils possedent des offices du premier rang, sont interrogés la tête couverte, & assis à l'extrémité du banc des Avocats. Cela fut ainsi pratiqué à l'égard du Duc de Luxembourg, Connétable de France, condamné à mort sous Louis XI. Au procès fait à Charles I, Roi d'Angleterre, il fut interrogé assis dans un fauteuil.

32. Si l'accusé étoit refusant de s'asseoir sur la sellette, il pourroit y être contraint, ou être puni pour sa désobéissance. On trouve dans Papon, *liv.* 24, *tit.* 10, *n.* 19, un Arrêt du 3 Septembre 1566, qui a condamné au fouet dans la Conciergerie du Palais, par l'Exécuteur de la Haute-Justice, un Gentilhomme, pour avoir refusé de s'asseoir sur la sellette, après avoit été sommé de le faire.

7°. Les interrogatoires qui se font à la Chambre lors du Jugement, doivent se faire en présence de tous les Juges. (Ordonnance de 1670, *tit.* 25, *art.* 10.)

8°. Lorsqu'on interroge un accusé à la Chambre du Conseil en présence des Juges, il doit être libre & sans fers.

33. 9°. Si les conclusions de la partie publique ne sont point à peine afflictive, les accusés doivent seulement être interrogés derriere le Barreau. (Déclarations ci-dessus citées des 12 Janvier 1681, & 13 Avril 1703.)

Les Curateurs, & les Interpretes doivent aussi être interrogés derriere le Barreau; quand même la Sentence, ou les conclusions porteroient peine afflictive contre l'accusé. (Ordonnance de 1670, *tit.* 14, *art.* 23.)

Il en est de même des Syndics, ou Députés des Corps & Communautés: on ne les interroge point sur la sellette.

34. 10°. Les interrogatoires qui se font à la Chambre en présence de tous les Juges, doivent être beaucoup plus sommaires que les

autres ; & il feroit inutile d'y faire beaucoup de questions à l'accusé ; sur-tout, si par ses premieres réponses, cet accusé a toujours nié, & qu'il paroisse que le Juge d'instruction a apporté toute l'exactitude nécessaire dans les premiers interrogatoires ; mais si l'accusé, qui a tout nié dans le cours de l'instruction, paroît disposé à avouer à la Chambre, on ne sçauroit alors trop le questionner.

Quand l'accusé, par cet interrogatoire, vient à charger des complices qui sont prisonniers, & dont le procès est instruit, il est à propos de récoler sur le champ cet accusé à son interrogatoire, & de le confronter à la Chambre aux complices qu'il a chargés, pour pouvoir passer tout de suite au Jugement du fonds : je l'ai vu ainsi observer ; & il n'est pas nécessaire dans ce cas, d'avoir de nouvelles conclusions de la partie publique.

35. 11°. L'interrogatoire à la Chambre, doit être rédigé par écrit ; (articles 12 & 13 du titre 14 de l'Ordonnance de 1670 ;) & alors chacun des Juges peut interroger l'accusé par la bouche de celui qui préside.

Mais ces sortes d'interrogatoires ne sont signés que du Président, & de l'accusé, s'il sçait signer ; & c'est le Président qui cotte & paraphe les pages, & les renvois. A l'égard des Sentences, quoiqu'elles doivent être signées de tous les Juges, néanmoins l'usage observé à Orléans, est que le Président, & le Rapporteur paraphent seuls les renvois. C'est le Président qui interroge ; mais tous les Juges qui sont présents, peuvent interroger par sa bouche.

Il y a des Cours supérieures, où l'interrogatoire qui se fait à la Chambre, ne se rédige point par écrit ; sinon, dans le cas où l'accusé, en avouant, rend la preuve plus complette ; ou bien, lorsqu'il propose de nouveaux faits justificatifs.

36. 12°. Lorsqu'un accusé, décrété d'ajournement personnel dans un procès instruit par récolement & confrontation, ne se représente pas pour subir interrogatoire à la Chambre, lors du Jugement définitif, pour sçavoir quelle procédure doit alors se tenir, Voyez ce qui est dit au titre *Des Défauts, & Contumaces*, ci-après, *part.* 3, *liv.* 2, *tit.* 21, *n.* 31.

13°. L'interrogatoire prêté sur la sellette pardevant le Juge des lieux, doit être envoyé aux Cours, quand il y a appel ; à peine de 100 livres d'amende contre le Greffier. (Ordonnance de 1670, *tit.* 14, *art.* 22;) & il en est de même quand l'exécution de la Sentence est suspendue de droit, au cas de l'article 6 du titre 26 de la même Ordonnance.

37. 14°. En cause d'appel, les accusés doivent aussi être interrogés sur la sellette, ou derriere le Barreau, lors du Jugement du procès, dans les affaires instruites par récolement & confrontation. (Même Ordonnance de 1670, *tit.* 26, *art.* 15.)

C'est dans cet interrogatoire qu'est renfermée toute la défense de l'accusé en cause d'appel, le reste se tirant du procès & de l'instruction faite en cause principale.

15°. A l'égard des interrogatoires qui se font à la question, Voyez ce qui est dit ci-après, *n.* 59, sur la maniere de bien interroger à la question.

SECTION III.

De la maniere de bien interroger un accusé.

38. Comme la plus grande difficulté de l'instruction d'un procès criminel, consiste dans l'interrogatoire des accusés, & que rien n'est plus délicat que cette partie de la procédure, les plus habiles y étant très souvent embarrassés, ainsi que l'expérience le justifie tous les jours; j'ai cru devoir donner ici aux Juges, & à ceux qui sont chargés de faire ces sortes d'instructions, quelques regles générales touchant la maniere dont ils doivent se conduire pour faire ces interrogatoires.

La premiere chose que les Juges doivent considérer, est la qualité de l'accusé qu'ils interrogent. Par exemple, si c'est un homme du commun, ou si c'est une personne respectable par son rang, ou par sa naissance. Car ceux qui ont quelque dignité qui les éleve au-dessus des autres, doivent être interrogés avec plus d'égards, & de circonspection.

De même, si l'accusé paroît ferme & intrépide, il doit être interrogé différemment, que celui qui seroit timide & tremblant. Avec ceux qui paroissent intrépides, le Juge doit paroître sévere; au-lieu qu'avec les autres, il faut user de paroles douces & insinuantes, pour les engager à dire la vérité.

39. Le Juge, par la même raison, se comportera différemment à l'égard d'un accusé qui seroit connu pour un homme savant, ou

d'un esprit distingué, qu'à l'égard d'un homme grossier, & sans lumieres ; & il observera la même distinction entre un accusé fourbe & rusé, & celui qui seroit un homme simple & sans déguisement. Car si l'accusé est un homme d'esprit, & sçavant, le Juge doit l'examiner avec beaucoup de soin, en se servant d'arguments convaincants tirés de l'instruction même du procès. S'il est fourbe & entêté, le Juge doit le fatiguer par un grand nombre de questions : le prendre par ses propres réponses ; le tourner & retourner ; & l'interroger, même sur des circonstances du crime qui paroissent peu essentielles ; *v. g.* si au temps que le crime a été commis, le ciel étoit serein, ou lumineux : quel habit il avoit ce jour-là ; & autres choses semblables, qui peuvent faire connoître la bonne ou mauvaise foi de cet accusé, suivant la nature de ses réponses. Mais si l'accusé est un homme simple & grossier, le Juge l'interrogera simplement, & de suite, sur tous les faits.

40. La seconde observation nécessaire au Juge qui interroge, est qu'en faisant prêter le serment ordinaire à l'accusé, il doit, surtout si c'est un homme du commun, lui représenter l'obligation dans laquelle sont tous les hommes de dire la vérité : que les accusés eux-mêmes sont soumis, comme les autres, à cette loi, surtout lorsqu'ils sont en présence de leur Juge ; & qu'il n'est pas permis de racheter en aucun cas sa vie par un mensonge. (*a*) Il doit lui faire connoître, que celui qui avoue librement son crime, est puni moins sévérement ; & se servir d'autres moyens semblables pour l'exhorter à être fidele & sincere dans ses réponses. Il doit aussi l'avertir que le crime sur lequel il va l'interroger, est tellement prouvé, & la prévention tellement établie contre lui, qu'il est dans la nécessité de répondre en criminel sur tous les chefs sur lesquels il va l'interroger.

41. La troisieme observation nécessaire, est de bien prendre garde de témoigner trop de colere à l'égard de l'accusé, ou de se montrer trop familier envers lui ; soit en le tutoyant, ou autrement : le Juge doit également éviter ces deux défauts. Il doit aussi interroger avec assurance, & d'un ton ferme ; & il seroit peu convenable qu'il se laissât émouvoir par une foiblesse, & une compas-

(*a*) Voyez sur cette question S. Thomas, *in secundâ Secundæ*, quæst. 69, art. 1 ; où il établit la vérité de cette maxime.

ſion déplacée. Car il doit toujours ſe ſouvenir qu'il eſt prépoſé également pour la conviction, comme pour la défenſe de l'accuſé. En un mot, il doit ſe comporter dans toute la ſuite de l'interrogatoire, avec dignité : interroger d'un même ton de voix ; & garder toujours la modération & la prudence. (*a*)

42. Une quatrieme obſervation à faire, eſt qu'en général pour tirer la vérité de la bouche d'un accuſé, le Juge doit ſe conduire envers lui avec beaucoup de douceur & d'affabilité ; avoir ſoin qu'il ſoit traité dans la priſon avec humanité, s'il venoit à être incommodé ; & même lui procurer quelques douceurs du côté de la nourriture. Par ce moyen, il gagnera la confiance de l'accuſé, & l'engagera à uſer, à ſon égard, de ſincerité ; à la différence de ces Juges ſéveres qui traitent durement les criminels, & les mettent, par cette conduite, dans le cas de leur déguiſer opiniâtrement la vérité.

43. Quant à la maniere d'interroger, voici les principales regles que le Juge doit ſuivre :

La premiere, eſt de ne jamais interroger l'accuſé ſur la ſubſtance même du délit ; ſi ce n'eſt que cet accuſé avouât de lui-même, auſſi-tôt après le ſerment par lui prêté. Mais hors ce cas, & lorſque l'accuſé paroît diſpoſé à nier, (ce qui arrive le plus communément,) le Juge doit l'interroger ſeulement ſur les circonſtances du délit, & ſur les différents indices qui ſont prouvés au procès, & qui réſultent des charges & informations, en commençant d'abord par les plus généraux, & par ceux qui ont un rapport plus éloigné au fait principal, & venant enſuite aux particuliers. Par exemple, il lui demandera où il étoit tel jour, & avec qui ; s'il n'a pas connoiſſance qu'il ait été commis un tel crime, & par qui ; de qui il l'a appris ; qui ſont ceux qui y étoient préſents, & s'il s'en eſt entretenu avec eux ; s'il ne s'eſt pas trouvé dans l'endroit où le crime a été commis le jour même du crime, *&c.*

44. Le Juge doit avoir auſſi attention de ne pas rédiger ſon interrogatoire, ſuivant l'ordre des événem ents, à l'égard de chaque i-

---

(a) *Judex non debet excandeſcere adversùs eos quos malos putat, neque precibus calamitoſorum illacrimari oportet. Id enim non eſt conſtantis & recti judicis cujus animi motum vultus detegit, & ſummatim ita jus reddi debet, ut autoritatem judicis ingenio ſuo augeat.* L. 19, §. 1, D. *de officio præſidis.*

dice ;

dice; parce que, dans cette maniere d'interroger ainsi de suite & par ordre, l'accusé peut aisément inventer des mensonges suivis, & qui ne se contredisent point; & qu'il n'est pas facile de le prendre par ses propres réponses. C'est pourquoi il est beaucoup plus à propos, dans ce cas, d'intervertir l'ordre des interrogatoires, de lui faire une ou deux questions touchant un indice, & de passer ensuite à une autre demande touchant un second indice totalement différent du premier; après quoi il faudra encore passer à un autre, & revenir ensuite au premier, sur lequel le Juge fera de nouvelles questions, différentes des premieres, continuant ainsi à faire des interrogatoires sans ordre. En suivant cette méthode, il est bien difficile qu'un accusé qui déguise la vérité, puisse, lorsqu'il est interrogé sur tant de faits, se ressouvenir de ses mensonges. Ainsi il tombera aisément dans des contradictions, dont le Juge pourra faire usage pour le presser de dire la vérité, & de faire l'aveu de son crime.

45. En général, le Juge doit interroger l'accusé par des circuits & des interrogations éloignées, de maniere que cet accusé ne puisse pénétrer ce que le Juge veut sçavoir de lui. Car il arrive par ce moyen que l'accusé a coutume de convenir de plusieurs faits qu'il avoit dessein de nier; & que souvent on peut tirer de ses propres réponses, des arguments détachés, dont l'aveu ne paroissoit lui porter aucun préjudice; mais qui étant ensuite réunis ensemble, l'obligent nécessairement à avouer son crime, ou dumoins, à dire des choses entiérement contraires à ce qu'il avoit dit précédemment, & à le convaincre de mensonge; ce qui formera alors une présomption contre lui, suivant la Loi *si unicus*, §. *testes*. D. *de quæstionibus*. Le meilleur parti qu'un Juge puisse prendre dans ces cas, est de méditer auparavant sur les interrogations qu'il peut faire à l'accusé, tirées des différentes preuves qui sont au procès, & qui résultent des procès-verbaux, informations & autres actes de l'instruction, ou même de ce qu'il a appris hors justice, & de les écrire d'avance sur un papier qu'il aura à la main; de maniere cependant qu'il ne puisse être vu de l'accusé. Par ce moyen, il pourra faire les questions dans l'ordre, & de la maniere qu'il jugera à propos, pour pouvoir convaincre l'accusé par ses propres réponses.

46. La seconde regle que le Juge doit suivre en interrogeant un accusé, est de lui laisser dire tout ce qu'il a envie de dire; & cela

non-seulement dans son premier interrogatoire, mais encore dans les interrogatoires suivants; & il doit avoir attention de ne point l'interrompre, ni le contredire, mais de l'écouter patiemment; autrement ce seroit une tyrannie d'accorder la parole à un accusé, & de ne pas lui laisser la liberté de dire tout ce qu'il croit nécessaire pour sa défense. C'est pour cela que les Juges intégres & prudents, ont attention que l'accusé soit libre & sans fers, lorsqu'ils lui font subir interrogatoire, afin qu'il puisse répondre plus librement; à moins que des circonstances particulieres, *v. g.* de crainte des violences de l'accusé, ne les obligent d'en agir autrement.

47. La troisieme regle nécessaire au Juge pour bien interroger, est que toutes les questions qu'il fait à l'accusé, doivent être claires, précises, & sans équivoques. Il doit sur-tout éviter de se servir de ruses & de discours captieux pour surprendre l'accusé; (Voyez l'Ordonnance Caroline, *chap.* 100.) Outre que cette voie ne convient point à la dignité d'un Magistrat, c'est qu'en usant de ce moyen, il paroîtroit plutôt agir avec passion, qu'animé du zèle, & du bien de la Justice.

Il est vrai que le Juge peut user d'adresse, & quelquefois même d'une espece de suprise & de feinte, pour découvrir la vérité, & tirer l'aveu du criminel, à l'exemple du plus sage des Rois (*a*). La considération de l'intérêt public, & la nécessité d'entretenir le bon ordre dans la société, pour la punition des coupables, ont fait adopter ce moyen, qui est approuvé généralement par tous les Auteurs, & qui a été employé par des Juges intégres; mais il doit entrer beaucoup de sagesse & de prudence dans l'usage qui en est fait. Il faut que l'artifice soit innocent, sans reproche,

(*a*) Au troisieme Livre des Rois, *chap.* 3.

On peut ajouter à cet exemple, celui de Charlemagne, qui étant informé qu'un pere, ou son fils, étoient les auteurs d'un homicide, les condamna tous les deux à la mort. Car alors le pere se voyant condamné sans ressource, avoua que c'étoit lui qui avoit commis le crime en question, & sauva par ce moyen la vie à son fils.

Il en est de même dans le cas où un accusé déguiseroit son nom; le Juge pourroit, quand cet accusé sort de la chambre, l'appeller, ou le faire appeller par son nom; & si cet accusé répondoit sur le champ, ce seroit une marque qu'il auroit été appellé par son véritable nom. Cette feinte est permise, & n'a rien que de légitime.

& exempt de fraude & de mensonge ; & lorsque le Juge se sert de ces sortes de feintes, il doit faire mention de ses demandes dans l'interrogatoire, & faire mettre le tout par écrit. En un mot, il faut que les moyens d'adresse que le Juge emploie, soient justes & légitimes ; & il doit toujours être sur ses gardes, pour ne pas devenir le ministre de la calomnie & de l'oppression. S'il doit user de beaucoup d'art pour découvrir la vérité, ce doit être aussi toujours sans aucune tromperie, & sans alarmer le criminel par de fausses craintes, ou sans le gagner par de fausses espérances. En un mot, il ne doit jamais rien faire contre la justice ; autrement il mérite d'être puni.

48. Ainsi, 1°. il doit bien prendre garde en interrogeantun accusé qui n'est pas encore convaincu, de lui faire des interrogations, comme s'il avoit commis le crime ; (Ordonnance Caroline, *ch.* 56.) ; comme dans le cas où il lui demanderoit s'il s'est servi d'un bâton, ou d'une épée, pour frapper celui dont on poursuit l'homicide ; & ainsi des autres. Cette maniere d'interroger, doit être regardée comme captieuse, & indigne de la sagesse d'un Juge.

2°. Le Juge doit aussi éviter de suggérer les réponses à l'accusé. Par exemple, en l'interrogeant sur ses complices, il ne doit pas lui demander, si un tel étoit du nombre de ceux qui ont commis le crime avec lui ; mais seulement, quels sont ceux qui étoient avec lui dans le temps du crime commis ; parce que la premiere de ces deux manieres d'interroger, est plutôt une suggestion, qu'une demande.

49. 3°. Un autre artifice dont le Juge ne doit jamais user à l'égard d'un accusé, est de lui promettre l'impunité, & qu'il ne lui sera rien fait, afin de l'engager par ce moyen à avouer : car il n'est pas au pouvoir du Juge de lui tenir parole. Ainsi c'est une tromperie insigne, & pour laquelle un Juge qui use de cette fraude, mérite d'être puni (*a*). D'ailleurs quel jugement peut-on asseoir sur une confession ainsi extorquée ? Julius Clarus, (*quest.* 55, n. 9,) prétend, avec raison, que l'accusé ne peut être condamné sur une confession de cette espece, s'il n'est convaincu d'ailleurs ;

(*a*) La Roche-Flavin, en son Traité des Parlements de France, *liv.* 8, *ch.* 39, établit comme une maxime, que le Juge peut user de mensonge, & même promettre l'impunité, quoique son intention ne soit pas telle, afin de découvrir la vérité ; mais cette opinion doit être absolument rejettée.

& c'est aussi le sentiment de Farinacius, *quæst.* 81, *chap.* 8, n. 280; à moins qu'elle ne soit ratifiée, ou soutenue d'autres indices. (*Ibidem*, n. 287 & 292.) La voie de promettre à l'accusé qu'on le ménagera, ou qu'on lui diminuera sa peine, afin de l'engager à avouer, est aussi un moyen dont le Juge ne doit jamais user, & qui, quoique moins criant, n'est pas moins répréhensible.

50. 4°. Le Juge doit aussi éviter avec beaucoup de soin, en interrogeant un accusé, d'user de menaces; par exemple, qu'il le fera mettre au cachot, ou dans les fers, s'il n'avoue pas. Toutes ces voies sont injustes & tyranniques; parce qu'il arrive souvent que la crainte, la terreur, & les menaces du Juge, étonnent tellement le criminel, qu'il lui arrive de faire des réponses toutes contraires à ce qu'on lui demande, & que quelque foismême il avoue des faits qui ne sont pas vrais.

La quatrieme regle que le Juge doit observer, est de ne point interroger l'accusé sur ce qui concerne le droit; mais seulement sur ce qui regarde le fait. Ainsi, ce seroit lui faire une question ridicule, de lui demander si ce n'est pas lui qui a tué ou empoisonné, *&c.* Mais on doit seulement lui demander, si ce n'est pas lui qui a frappé, ou présenté un breuvage, *&c.*

51. La cinquieme regle que le Juge doit observer, en interrogeant un accusé, est de ne pas dicter les demandes au Greffier, avant la réponse de celui qu'on interroge. Cette maniere d'interroger énerve & ôte toute la force d'un interrogatoire, & ne fait pas, à beaucoup près, la même impression sur un accusé, que quand on l'interroge directement. D'ailleurs, le temps qu'emploie le Greffier à écrire la demande, donne tout le loisir à l'accusé de méditer ses réponses. Ainsi il vaut beaucoup mieux que le Juge, à chaque demande, adresse directement la parole à l'accusé, & qu'il reçoive sa réponse avant de rien écrire; & qu'il fasse ensuite rediger exactement le tout par le Greffier, à la fin, de chaque réponse.

52. La sixieme regle nécessaire pour bien instruire, est que, si dans un interrogatoire l'accusé commence à avouer son crime, le Juge ne doit point l'interrompre; mais il doit lui laisser dire librement tout ce qu'il voudra, & faire rédiger le tout par écrit, & promptement. Ensuite, lorsque l'accusé aura cessé de parler, le Juge doit poursuivre son interrogatoire sans interruption, jusqu'à ce qu'il ait de lui un aveu complet. Lorsque le Juge se trouve dans cette circonstance, la longueur de l'interrogatoire ne doit point

le rebuter, & il doit profiter de l'instant favorable où l'accusé paroît disposé à avouer tout : car si une fois il venoit à lui laisser le moment de la réflexion, & qu'il remît la suite de l'interrogatoire à une autre séance, il courroit risque de ne plus rien tirer de lui ; & il arriveroit, peut-être, comme l'expérience le prouve tous les jours, que l'accusé viendroit à changer d'avis, & à révoquer, ou corriger ce qu'il a avoué.

53. Lorsque le Juge aura une fois la confession de l'accusé, il ne manquera pas de l'interroger sur toutes les circonstances du crime, qui concernent le lieu, le temps, l'occasion, les armes, la maniere dont il a été commis, & autres semblables. Sur quoi, il faut observer que le Juge ne sçauroit entrer dans un trop grand détail sur toutes les circonstances qui accompagnent le crime : & si ce crime est du nombre de ceux qui vraisemblablement ne se commettent point sans complice, comme sont les crimes de vol, de fausse monnoie, *&c.* ; ou qu'il y ait des indices que le crime ait été commis par plusieurs ; il faudra alors interroger aussi l'accusé sur ces complices. Le Juge persévérera ainsi à l'interroger, jusqu'à ce qu'il ait tiré de lui toute sa confession ; & cela, afin d'avoir par ce moyen une information ample & exacte ; & de pouvoir conclure, par le moyen de toutes ces circonstances, si effectivement le crime a été commis conformément à la déclaration de l'accusé ; ce dont il sera facile de juger.

54. Mais si l'accusé répond d'une maniere équivoque & ambiguë, aux questions que le Juge lui fait, en se servant, par exemple, de ces mots, *je ne sçais*, *je ne me souviens point*, &c. ; il faudra le presser d'expliquer ses réponses, & faire en sorte qu'il puisse répondre d'une maniere claire, distincte, & exempte de toute ambiguité.

Si l'accusé dénie des faits, ou indices prouvés au procès, le Juge lui remontrera qu'il ne dit pas la vérité, & que le contraire de ses réponses est justifié par l'information. De même, si l'accusé avance des choses qui n'ont aucune vraisemblance, ou qui se contredisent, le Juge lui représentera que ce qu'il dit, n'est pas vraisemblable, & est contraire à ce qu'il a déclaré précédemment ; afin que l'accusé tâche d'expliquer & de concilier ses réponses, & de rendre par ce moyen sa confession vraisemblable ; ou qu'il puisse être convaincu de mensonge & de contradiction.

Il arrive aussi quelquefois qu'un accusé, disposé à nier, vient dans la suite des interrogations qui lui sont faites, à avouer un fait qui peut servir d'indice ; alors le Juge doit le presser sur ce fait, & tâcher, en tirant de lui la vérité à cet égard, d'en tirer des conséquences pour le fait principal, auquel il tâchera de ramener peu-à-peu l'accusé, en l'interrogeant par degrés.

55. La septieme regle nécessaire, est que le Juge doit avoir les yeux fixés sur l'accusé, pendant tout le temps qu'il l'interroge, & observer avec attention tous ses mouvements. S'il tremble, s'il pleure, ou soupire, il lui demandera la cause de ces mouvements. De même, s'il chancele, ou s'il hésite ; s'il est lent, & médite ses réponses ; le Juge le pressera par des interrogations réitérées, & fera mention du tout dans l'interrogatoire.

56. La huitieme regle, est qu'un accusé pleinement convaincu, doit être interrogé tout différemment, que celui dont le crime n'est qu'à demi prouvé. Car dans le premier cas, le Juge ne doit point questionner l'accusé d'une maniere douteuse, & propre à lui faire croire qu'il est incertain si c'est lui qui a commis le crime, ou non. Ainsi il ne doit pas alors lui demander si c'est lui qui a commis le crime ; mais pourquoi il l'a commis ; & il doit l'interroger sur toutes les circonstances de ce crime : & s'il y a des indices contre ceux qui en sont complices, le Juge aura soin de lui demander quelles sont ces personnes ; & en général, les noms de tous ceux qui y ont participé, si le crime est de nature à avoir été commis avec d'autres.

Une neuvieme & derniere regle que le Juge doit observer, & qui n'est pas des moins importantes, est de ne pas répéter, comme font la plupart des Juges peu éclairés, les mêmes demandes dans les interrogatoires qui suivent le premier, lorsque l'accusé a une fois confessé librement le fait sur lequel il a été interrogé ; car c'est le mettre dans le cas de nier dans un second & troisieme interrogatoire, ce qu'il a avoué dans le premier. On ne doit jamais user de ces répétitions, que lorsqu'un accusé persiste opiniâtrément à nier ; mais quand une fois il a avoué un fait, avec les circonstances qui l'accompagnent, sur-tout lorsqu'elles sont telles qu'il est presqu'impossible qu'elles soient connues que de celui qui a commis le crime, ou qui y a participé, il ne faut plus l'interroger sur le même fait, dans les interrogatoires qu'on lui fait subir ensuite ; mais seulement sur les circonstances de ce fait qui peuvent avoir été oubliées ; sur le motif ; sur les personnes qui étoient présentes avec lui, *&c.* Il eſt vrai qu'il arrive quelquefois que l'accuſé, qui a fait des réflexions ſur les conſéquences d'un aveu, par lui fait dans ſon premier interrogatoire, venant enſuite à être interrogé dans les interrogatoires ſuivants ſur les circonſtances de ce fait, déclare que c'eſt mal-à-propos qu'il a avoué telle choſe, & que ce qu'il a dit eſt faux; alors le Juge doit lui demander la cauſe de ſa dénégation, & comment il ſe peut faire qu'il nie actuellement un fait dont il étoit convenu ſi formellement; & il le preſſera de nouveau de déclarer la vérité, en lui faiſant un grand nombre de queſtions circonſtanciées, qui pourront ſervir à connoître la fauſſeté de ſa dénégation, & à en découvrir la cauſe.

57. Lorſque le Juge a interrogé un accuſé, il ne doit pas paſſer auſſitôt à un ſecond interrogatoire, même d'un autre accuſé; mais il doit conſidérer & peſer avec attention les indices & déclarations qui réſultent des précédents interrogatoires, ainſi que toutes les circonſtances du temps, du lieu, de la maniere, de l'occaſiion, & les autres circonſtances du délit; afin de pouvoir les éclaircir par d'autres interrogatoires faits ſubſéquemment aux accuſés; & acquérir par ce moyen les preuves néceſſaires. C'eſt pourquoi il eſt à propos que le Juge faſſe un extrait exact de toutes ces déclarations, & qu'il les écrive ſur un papier, afin de s'en ſervir, comme de mémoire, dans les interrogatoires qu'il fera dans la ſuite.

58. A l'égard du nombre des interrogatoires que le Juge peut faire à l'accuſé; le nombre n'en eſt pas réglé, & le Juge peut en faire toutes les fois qu'il le juge à propos; (Ordonnance de 1670, *tit.* 14, *art.* 15.) mais l'uſage, aſſez généralement obſervé, eſt d'en faire trois, dumoins dans les crimes importants, & lorſque l'accuſé eſt diſpoſé à nier. Dans le premier de ces interrogatoires, le Juge aura ſoin d'interroger l'accuſé ſur les choſes qui ont un rapport éloigné avec le crime dont il eſt prévenu, & ſur les indices qui réſultent de la dépoſition des témoins, ou du procès-verbal de tranſport du Juge; & à l'égard du fait principal, il lui fera ſeulement une ou deux queſtions, pour le ſonder. Si l'accuſé paroît toujours diſpoſé à nier, le Juge, dans le ſecond interrogatoire, doit l'interroger d'une maniere circonſtanciée ſur ce fait principal, en lui objectant les indices qui ſont conſtants au procès, & en lui oppoſant les contradictions qui réſultent de ſon premier examen. Il doit lui repréſenter la fauſſeté de ſes réponſes; le fatiguer par des interrogations réitérées, & ſe ſervir des raiſons les plus preſſantes, pour l'engager à avouer.

Enfin, dans le troisieme interrogatoire, le Juge rassemblera tous les indices, toutes les preuves tirées des témoins, des actes, des écritures, *&c.*, & les réunira comme en un seul point de vue, qu'il présentera à l'accusé, pour lui faire vaincre son obstination & son entêtement à nier; en un mot, il mettra tout en usage pour tirer de lui l'aveu de son crime.

ARTICLE PREMIER.

De la maniere d'interroger un accusé à la question préparatoire, ou préalable.

§. I.

Sur la maniere d'interroger avant, & à la question préparatoire.

59. Il faut suivre, à cet égard, à peu près les mêmes regles que celles qu'on vient d'établir pour les interrogatoires ordinaires.

1°. Le Juge, avant tout, exhortera l'accusé à éviter les rigueurs de la question, en avouant sincérement le crime dont il est prévenu. (Ordonnance Caroline, *chap.* 44; Ordonnance de Léopold. titre 11, *Des procès-verbaux de question*, art. 7.)

2°. Le Juge doit aussi avoir attention de ne point engager par menaces, ou par caresses, l'accusé qui est à la question, à avouer. Tel est le sentiment de Damhouderins, en sa Pratique criminelle, chap. 37, au titre *De quæstionibus*, n. 6 (*a*).

60. 3°. Si l'accusé avoue librement, le Juge ne s'en tiendra pas à l'aveu simple du crime; mais il l'interrogera exactement sur toutes les circonstances qui concernent le lieu, le temps, & la maniere dont il a été commis. Par exemple, s'il s'agit d'un homicide, il demandera à l'accusé, le motif pour lequel il s'est porté à le commet-

(*a*) Voici les termes de cet Auteur; » *Non est boni judicis, neque in ipsius* » *potestate sive autoritate maleficum aut reum in tormentis eò conari, inducere &* » *persuadere, ut quippiam sibi adversùs confiteatur; neque item minùs ipsum huc* » *sollicitare, aut terrere, aut interminari majora supplicia, si fateri nolit; sed æquo* » *libramine, animoque sedato pergat exercere crucitatum, donec ipsius prudentiæ* » *at justitiæ ex animo verè christiano ad summum videbitur pœnam intensam fuisse,* » *adeo ut graviora perpeti nequierit.*

tre ; car c'est par le motif qu'on découvre quelquefois l'innocence de l'accusé ; avec quelles armes il l'a commis, & ce que ces armes sont devenues ; ce qu'il a fait du cadavre, s'il l'a enterré, ou jetté dans quelqu'endroit ; s'il a volé ou dépouillé la personne homicidée ; ce qui lui en est parvenu d'argent & autres effets, *&c.* C'est par ces demandes, & autres semblables, que le Juge peut parvenir à avoir une connoissance exacte de la vérité.

61. 4°. Mais si l'accusé est disposé à nier, ou qu'il avoue d'une maniere équivoque & obscure, en avouant certains faits, & en en déguisant d'autres, ou en cachant des circonstances importantes, *&c.* ; le Juge le fera appliquer à la question pour avoir de lui, s'il est possible, la vérité exacte des faits.

5°. Le Juge, ou les Commissaires, peuvent faire modérer & relâcher une partie des rigueurs de la question, si l'accusé avoue ; & s'il varie, ils peuvent le faire mettre dans les mêmes rigueurs. (Ordonnance de 1670, *tit.* 19. *art.* 10.) Mais si l'accusé persiste toujours à nier, ils doivent lui faire donner la question dans toute sa rigueur.

6°. Lorsque l'accusé aura été tiré de la question, le Juge doit sur le champ l'interroger de nouveau sur ses déclarations & sur les faits par lui confessés ou déniés. (Ordonn. de 1670, *tit.* 19, *art.* 11.)

62. 7°. Pour sçavoir si un aveu fait par un accusé, de son crime, à la torture, a besoin d'être par lui ratifié ensuite, pour opérer une preuve suffisante, à l'effet de le condamner à la peine ordinaire due à son crime ; & si cet aveu fait, cesse de faire une preuve contre lui, lorsqu'il vient à le révoquer à son interrogatoire après la question, Voyez ce qui a été dit au titre *Des Preuves en général*, ci-dessus, *part.* 3, *liv.* 1, *tit.* 3, n. 91.

§. II.

De la maniere d'interroger un accusé à la question préalable.

63. Cet interrogatoire ne doit être qu'à l'effet de connoître les complices de l'accusé, lorsque pendant tout le cours de l'instruction, il a refusé de les nommer, ou déclaré n'en point avoir, dans un crime qui n'a pu, naturellement, être commis que par plusieurs personnes.

C'est pourquoi il est inutile, & même ce seroit une mauvaise procédure, de demander alors à l'accusé, si c'est lui qui a commis le crime; puisque ce seroit une demande entiérement inutile, dès-là qu'il en est déclaré convaincu, & qu'en conséquence il est condamné à mort.

64. Le Juge, en interrogeant ainsi l'accusé sur ses complices, doit lui demander exactement leurs noms, qualités, & demeures; & les faire désigner par des signalements tirés de l'âge, de la taille, de la couleur des cheveux, & autres indications qui puissent servir à les faire connoître, de maniere à ne s'y point tromper, autant que faire se pourra. Il doit aussi s'informer des endroits où fréquentent & habitent ordinairement ces complices, qui le plus souvent sont des vagabonds & des gens sans aveu; s'ils sont mariés, ou s'ils ont avec eux des femmes, ou concubines, & des enfants, *&c.* Il doit aussi interroger l'accusé sur la maniere dont ces complices ont participé au crime, soit en le conseillant, ou étant du complot, ou aidant à le commettre, ou en partageant les effets, *&c.*

Mais le Juge doit éviter avec soin de suggérer à l'accusé aucunes réponses à cet égard. Ainsi il ne doit pas lui demander, si un tel étoit du nombre de ceux qui ont commis le crime avec lui; mais seulement quelles sont les personnes avec qui il a commis le crime dont il est convaincu, ainsi qu'on l'a observé.

Néanmoins, s'il y avoit des indices contre quelqu'un des accusés, le Juge pourroit alors demander à l'accusé mis à la question, si celui, contre lequel il y a de violents indices, est du nombre de ces complices. (Voyez ci-après, n. 66.)

ARTICLE II.

Si l'accusé peut être interrogé sur des faits pour lesquels il n'y a contre lui aucuns indices; soit à la question, ou hors la question.

65. On peut établir comme une regle générale, qu'une confession faite par un accusé, qui a été extorquée de lui, sur des crimes différents du crime principal, & pour lesquels il n'y a contre lui aucuns indices précédents, ne peut suffire pour le condamner pour raison de ces autres crimes; quand même il seroit d'ailleurs convaincu du crime principal, soit par sa confession, soit par des témoins; & qu'une telle confession n'est suffisante que pour informer de cet autre crime. (*Ita* Farinacius, *qu.* 37, n. 166.)

C'eſt pourquoi l'accuſé qui eſt ainſi interrogé ſur d'autres crimes, pour raiſon deſquels il n'y a aucuns indices contre lui, n'eſt pas tenu de répondre aux demandes qui lui ſont faites à cet égard. C'eſt ainſi que le décide Saint Thomas, *in ſecundâ Secundæ*, quæſt. 69, art. 2. (*a*)

Mais cette regle, que le Juge ne peut interroger un accuſé que ſur les crimes, pour raiſon deſquels il y a contre lui des indices, ſouffre une exception à l'égard des accuſés de mauvaiſe renommée, ou qui ſont accoutumés au crime; *v. g.* contre les voleurs, ou aſſaſſins de profeſſion, ou contre ceux qui ont déja été condamnés pour de grands crimes. (*Ita* Farinacius, *qu.* 37, n. 171, 172, où après avoir agité aſſez amplement cette queſtion, il établit cette regle, comme celle qui s'obſerve conſtamment dans tout l'Etat Eccléſiaſtique; & où il cite même à ce ſujet une Bulle du Pape Paul III. Il ajoute enſuite, qu'à l'égard d'un ſimple voleur, ou d'un ſimple banni, ou d'un ſimple aſſaſſinat, le Juge ne peut interroger l'accuſé ſur d'autres crimes, pour raiſon deſquels il n'y a contre lui aucuns indices; ce qui eſt une ſuite de cette même regle. Voyez auſſi ſur cette queſtion Julius Clarus, *queſt.* 64, n. 45.)

ARTICLE III.

Si l'accuſé peut être interrogé ſur ſes complices, & dans quel cas; ſoit à la queſtion, ou hors la queſtion.

66. La regle générale ſur cette queſtion, eſt que réguliérement on ne doit point interroger un accuſé ſur ſes complices. (*Ita* Julius Clarus, *qu.* 21, n. 3; Menochius, *de arbitrar. quæſt.*, *lib.* 2, *caſu* 474, n. 18; & Farinacius, *qu.* 43, n. 1.)

Mais cette regle n'a pas lieu dans les grands crimes; *v. g.* dans les crimes de Leze-Majeſté, de conſpiration, fauſſe-monnoie, ſacrilege, magie, contrebande, aſſaſſinat, & vol qualifié. (Julius Clarus, *ib. qu.* 21, *n.* 3; Farinac. *qu.* 43, *n.* 45, 59 *& ſeq.* Zangerus *in tractatu de torturis reorum*, cap. 3, n. 18; Boerius, *déciſ.* 319, *n.* 2.) Ce qui eſt fondé ſur ce que ces ſortes de crimes ne ſe com-

(a) » *Non tenetur aliquis omnem veritatem confiteri, ſed illam ſolam quam ab* » *eo poteſt & debet requirere judex ſecundùm ordinem juris, puta cùm præceſſit in-* » *famia ſuper aliquo crimine, vel aliqua expreſſa indicia apparuerunt, vel etiam* » *cùm præceſſit probatio ſemiplena; aliter enim non tenetur reſpondere.*

mettent pas ordinairement par une personne seule. (L. *provinciarum* 9, Cod. *de feriis.*)

Il en est de même des voleurs publics, faussaires de profession, & des autres crimes qui réguliérement ne peuvent être commis par une personne seule, ou qui paroissent par l'information, avoir été commis par plusieurs personnes. Ainsi, dans tous ces cas, le Juge peut interroger l'accusé sur ses complices, participes, adhérents, mandataires, receleurs, *&c.* (Voyez Julius Clarus, *qu.* 21, *n.* 3; Farinac. *qu.* 43, *n.* 64, 71, 74, 107 & 110.)

67. Ce qui a lieu, même dans le cas où l'accusé auroit avoué librement dans ses interrogatoires, qu'il a commis le crime, en ajoutant qu'il l'a commis seul, & sans complice; s'il y a d'ailleurs des indices du contraire, qui fassent présumer qu'il a commis le crime avec d'autres.

Le Juge peut aussi interroger l'accusé sur ses complices, ou principaux auteurs du crime, lorsqu'il paroît par l'information que l'accusé n'avoit aucun intérêt de le commettre. (Jul. Clarus, *ibid.* qu. 21, n. 3.)

Mais hors les cas précédents, & les circonstances dont on vient de parler, le Juge ne doit point interroger l'accusé sur ses complices; même quand il s'agit de crimes de faux, d'homicide, de simonie, de stupre, & de vol; à moins qu'il ne s'agisse d'un vol tellement aggravé par les circonstances, qu'on ne puisse présumer qu'il a été commis par une personne seule. (*Ita* Zangerus, *in tractatu de torturis reorum*, cap. 3, 11, 18; & Farinac. *qu.* 43, *n.* 1, 45, 47, 49.)

68. Il faut observer que dans les différents cas où le Juge peut interroger l'accusé sur ses complices, il ne doit l'interroger sur ces mêmes complices, que d'une maniere générale, en lui demandant seulement quels sont ces complices, sans lui nommer personne; & non si tels ou tels sont du nombre de ses complices; ce qui seroit plutôt un moyen de lui suggérer ses réponses, qu'une maniere de l'interroger. (*Ita* Jul. Clarus, *qu.* 21, *n.* 4; Carrerius *in practica criminali*, in L. *observare*, n. 198; Farinac. *qu.* 43, *n.* 132.)

Mais s'il y a des indices au procès contre ces complices, le Juge peut les nommer à l'accusé, & lui demander si ceux qui sont ainsi prévenus, sont du nombre de ses complices. (Julius Clarus, *ibid.* n. 4; Carrerius, *ibid.* n. 198; Farinac. *qu.* 43, *n.* 86 & 132.)

Ce dernier prétend auſſi que ceux qui ſont de condition ſervile, peuvent toujours être interrogés ſur leurs complices pour toutes ſortes de crimes indiſtinctement. (Farinac. *qu.* 43, *n.* 120.)

ARTICLE IV.

De la maniere d'interroger un accuſé en certains cas, & pour certains délits en particulier, &c.

§. I.

Maniere d'interroger un accuſé qui nie.

69. Où il étoit un tel jour, en lui indiquant l'année, le mois, & la date du jour ?

Si ce jour-là il a été commis quelque crime dans le voiſinage ; & quel eſt ce crime ?

Comment il ſçait cela ?

S'il s'agit de bleſſure, le Juge lui demandera, s'il a entendu la perſonne bleſſée, appeller à haute voix à ſon ſecours, après avoir été bleſſée ?

Si l'accuſé dit qu'il ne l'a point entendu, le Juge lui demandera où il étoit alors ?

S'il étoit dans la maiſon, comment il peut ſe faire qu'il n'ait point entendu ce cri du bleſſé, ainſi que le bruit & le tumulte cauſé par les perſonnes qui ſont venues dans la maiſon au ſecours de l'offenſé ?

70. *Si l'accuſé étoit hors la maiſon*, en quel endroit il étoit alors ?

Ce qu'il faiſoit en cet endroit ?

Quelles perſonnes l'y ont vu ?

S'il a entendu le cri de l'offenſé, lorſqu'il a appellé à ſon ſecours, pourquoi il n'eſt pas allé comme les autres pour le ſecourir ?

Comment pouvoit-il craindre d'y aller, lorſqu'il a vu pluſieurs perſonnes qui alloient au ſecours ?

S'il y eſt accouru lui-même, comment, & en quel état il a trouvé le bleſſé ?

Si ce bleſſé perdoit du ſang, & en quel endroit, ou partie de ſon corps ?

Combien ce bleſſé avoit de bleſſures ; de quelle qualité étoient ſes contusions ; & en quels endroits de son corps, & de ses membres ?

S'il a vu dans le même lieu, d'autres personnes, & quelles sont ces personnes ?

Ce qui a été dit alors touchant celui qui pouvoit être l'auteur du crime ?

Si l'on a trouvé sur le lieu, le bâton, ou l'épée, *&c.* avec lequel l'offensé a été blessé ?

S'il reconnoîtroit bien cette arme, ou bâton, s'il lui étoit représenté ?

Alors le Juge en représentant ce bâton, *&c.* à l'accusé, & dont il fera la description, lui demandera :

Si c'est-là le bâton, ou épée, ou pierre, *&c.* que lui accusé a vu sur le lieu ?

71. *Si celui qui a été blessé est un homme querelleur*, avec qui ce blessé a eu des querelles, combien de fois ? Quand, pour quel sujet, & en présence de qui cela s'est passé ; & comment lui accusé sçait toutes ces choses ?

Si le blessé a des ennemis, quels sont ces ennemis, & quel est le sujet de leur inimitié ; & comment il sçait tout cela ?

Si, lui accusé, n'a pas quelquefois querellé avec le blessé ; pour quel sujet, & en présence de quelles personnes ?

Si, le jour précédent, ou le jour même de cette blessure, lui accusé est tombé, ou s'est blessé la tête contre un mur, ou contre une piece de bois, qui lui a occasionné la contusion, ou blessure qu'il a au visage, ou au bras, *&c.* ; & comment cet accident lui est arrivé ?

Quelles personnes ont vu cet accident ?

Si, lui accusé, a été se saisir d'un bâton, ou d'une canne, *&c.* & pour quel usage ?

72. Si quelques personnes l'ont vu avec ce bâton, & ce qu'elles lui ont dit ?

Pourquoi il tenoit ce bâton caché sous son habit, ou manteau ?

Où il l'a porté ?

Ce qu'il a dit un tel jour, & en tel lieu, après avoir querellé avec le blessé ?

Si cette querelle a été seulement accompagnée d'injures ; ou s'il y a eu des coups donnés entre les deux adversaires ?

Quel eſt celui qui, le premier, s'eſt jetté ſur l'autre ?
Si alors ils en ſont venus aux mains ?
Quelles ſont les perſonnes qui les ont ſéparés ?
En quel lieu l'accuſé eſt-il allé après cette querelle ?
S'il étoit alors ſeul, ou accompagné d'autres perſonnes ?
Quelles ſont ces perſonnes ; & ce qu'il leur a dit ?

73. *S'il eſt prouvé que cet accuſé avoit menacé le bleſſé*, le Juge l'avertira de déclarer la vérité de ces menaces ; & ſi l'accuſé en convient, le Juge lui demandera :

S'il a coutume d'exécuter ſes menaces ?

Si, depuis ces menaces, le bleſſé a attaqué lui accuſé ; en quel temps, ou avec quelles armes ; en préſence de qui ; & ce qu'il lui a fait ?

Si, lui accuſé, a querellé quelquefois avec d'autres perſonnes, & s'il les a maltraitées ?

Comment il peut nier cela, puiſqu'il eſt conſtamment prouvé au procès, qu'un tel jour, en tel lieu, *&c.* il a frappé à coups de bâton, ou d'un coup d'épée, ou de poing, *&c.* telle, ou telle perſonne ?

Pour quel ſujet il a frappé, ou bleſſé cette perſonne ?

C'eſt donc lui, accuſé, par la même raiſon, qui a frappé, ou bleſſé celui avec qui il convient d'avoir eu querelle ? & ſi ce n'eſt pas lui accuſé, quel eſt donc celui qui l'a fait ?

§. II.

Maniere d'interroger l'accuſé dans un ſecond interrogatoire.

74. S'il a bien penſé au danger qu'il y a de ſe parjurer, & de déguiſer la vérité devant Dieu ?

Comment il oſe aſſurer qu'il a dit la vérité dans ſon premier interrogatoire, puiſqu'il eſt prouvé par l'information, qu'il a frappé, ou bleſſé le plaignant ?

Quel eſt donc celui qui l'a bleſſé ?

Comment il oſe dire qu'il ne connoît pas celui qui a bleſſé, puiſque c'eſt lui-même qui a fait le coup ?

Que perſonne n'a eu querelle avec l'offenſé, & ne l'a menacé, ſi ce n'eſt lui-même ?

Quelles ſont les perſonnes mal intentionnées qu'il dit avoir pris occasion de la querelle qu'il a eue avec l'offensé, pour le maltraiter ?

Puisqu'il ne peut nommer personne qui ait fait le coup, comment ose-t-il dire que ce sont d'autres personnes qui l'ont fait ?

Qu'il prenne bien garde, en voulant éviter une peine temporelle, d'en mériter une éternelle; & qu'il dise pourquoi dans le temps que tout le monde est accouru au secours du blessé, lui accusé, est resté seul tranquille ?

75. Comment se peut-il faire que des personnes qui étoient éloignées, ayent entendu les cris du blessé; & que lui qui étoit proche, ne les ait pas entendus ?

Comment ose-t-il dire qu'il étoit alors couché, & endormi, après avoir déclaré dans son premier interrogatoire, qu'il ne se couchoit ordinairement qu'à minuit, pendant qu'il est prouvé que la chose est arrivée à dix heures du soir ?

Comment il peut dire que ce jour-là il étoit fatigué d'avoir beaucoup marché, puisqu'il est prouvé, par ce qu'il a dit dans son premier interrogatoire, que ce jour-là il n'étoit pas sorti de sa maison ?

S'il a eu ce jour-là une querelle avec le blessé au sortir du repas ?

S'il n'étoit pas rentré ce même jour-là avant la nuit ?

Il n'étoit donc pas hors de chez lui, ni fatigué, comme il l'a déclaré ?

76. S'il n'est pas allé voir le blessé, lorsqu'on pansoit ses blessures ?

S'il dormoit alors d'un profond sommeil, de maniere qu'il n'ait pu entendre les cris du blessé, comment peut-il donc se faire qu'il se soit éveillé dans le temps qu'on ne faisoit plus de bruit ?

Si l'offensé ne lui a pas reproché comment il avoit la hardiesse de le venir voir, après l'avoir si cruellement maltraité ?

Si l'offensé ne lui a pas dit, que si lui accusé mentoit, son visage ne pouvoit mentir, puisqu'on y voyoit encore les marques, que lui offensé y avoit faites avec ses ongles en se défendant: ce qui a été vu de plusieurs personnes, & pendant plusieurs jours ?

Qu'il songe enfin à sauver son ame en déclarant la vérité, & quel est celui qui a maltraité l'offensé ?

§. III.

§. III.

Maniere d'interroger l'accusé dans le troisieme & dernier interrogatoire.

77. Pour quel sujet il a blessé l'offensé ?

Pourquoi il ose nier que c'est lui, pendant que tous les témoins assurent qu'il est l'auteur de l'offense ?

Que se trouvant convaincu par les dépositions des témoins, il ait à déclarer la vérité ? Ce qu'il a à dire contre leurs dépositions ; & comment il a encore la hardiesse de nier le fait ?

Comment il ose nier devant son Juge, qui tient la place de Dieu, une chose que les témoins ont assurée avec serment ?

Qu'il considere le précipice où il se jette, non-seulement en soutenant son mensonge ; mais encore en calomniant des gens de bien, & en disant que ce sont de faux témoins qui se sont parjurés ?

Qu'a-t-il à répondre aux différents indices qui sont prouvés contre lui par l'information ?

Peut-il nier que tel jour après le dîner, en présence de Pierre, & de Paul, qui étoient témoins, il a eu une querelle avec l'offensé pour un tel sujet : qu'il l'a ensuite menacé en tel lieu, & de telle maniere ; & qu'il ne s'est pas contenté de ces menaces, mais qu'il le voulut frapper d'un bâton, dont il se saisit, s'il n'en avoit été empêché par un tel qui le prit par le bras, & le remena en sa maison.

78. S'il ose nier qu'en présence de Jean, André, & Guillaume, lui accusé, a déclaré qu'il vouloit absolument se vanger de l'offensé, & qu'il le maltraiteroit dans une occasion, où personne ne pourroit l'en empêcher ?

S'il ose nier qu'un peu avant la nuit, lui accusé, a été chercher un bâton, en présence de Jacques ; & que Jacques lui ayant demandé ce qu'il vouloit faire de ce bâton, lui accusé, lui a répondu, que c'étoit pour mettre à la raison un certain étourdi ; ce qui a été entendu aussi de Barthelemi qui survint dans le même instant ?

S'il peut nier, qu'étant armé de ce bâton, il a été rencontré par Caïus & Sempronius, qui retournoient en leur maison ; & que quand, lui accusé, les apperçut, il cacha ce bâton sous son manteau : que quand ces deux particuliers lui demanderent ce qu'il cachoit ainsi, lui accusé ne répondit rien; mais dans la crainte qu'ils ne voulussent voir ce qu'il cachoit, il retourna promptement chez lui, & ferma sa porte à la hâte.

79. S'il ose nier que dans cette même soirée il alla se promener dans le voisinage, contre sa coutume, sur les neuf heures du soir, & qu'il demanda à un particulier s'il avoit vu passer l'offensé, lequel particulier lui répondit que cet offensé étoit encore à un tel endroit?

S'il ose nier que dans le temps que l'offensé quitta l'endroit où il étoit pour s'en retourner chez lui, lui accusé, qui étoit au guet, courut après lui; & que sur le bruit qu'il fit en courant, l'offensé prit la fuite: que lui accusé le frappa alors dans le temps qu'il s'enfuyoit, & que l'offensé s'écria à haute voix, qu'on vînt à son secours, parce qu'on l'assassinoit; ce qui n'empêcha pas, lui accusé, de frapper encore plus rudement l'offensé, qui faisant alors de nécessité vertu, le prit à brasse-corps, & lui déchira le visage & les mains avec ses ongles, & lui mordit le doigt: que ces blessures ont été vues le même jour de plusieurs personnes, & pendant plusieurs jours de suite, & qu'il en a été guéri par un Chirurgien.

80. S'il peut nier que pendant que plusieurs personnes vinrent au secours de l'offensé, lui accusé, fut le seul qui ne parût point; parce qu'on trouva sur le lieu le bâton avec lequel il avoit frappé l'offensé, lequel bâton a été reconnu par Jacques, pour être le même que celui dont il l'avoit trouvé saisi quelque temps auparavant, & que lui accusé, a laissé sur le lieu en s'enfuyant chez lui dans le temps qu'on vint au secours de l'offensé.

Comment il ose nier qu'un quart d'heure après le délit commis, il est allé dans l'endroit où étoit le blessé, où il y avoit plusieurs personnes qui étoient venues pour le secourir de ses blessures; & qu'aussitôt que cet offensé l'eût reconnu, il lui demanda comment il avoit la hardiesse de paroître devant lui, après l'avoir ainsi assassiné; & que sur la réponse que lui accusé lui fit, que ce n'étoit pas lui, cet offensé lui répliqua que son visage prouvoit le contraire, puisqu'on y découvroit la vérité au moyen des déchirures & marques d'ongles que lui offensé lui avoit faites en se défendant; & qu'ensuite sur ce que tous les assistants jetterent les yeux sur lui, il s'en alla aussitôt sans rien dire?

Comment il peut nier toutes ces choses?

81. S'il n'est pas vrai qu'un Chirurgien l'a guéri de ces déchirures

au visage, *&c.* & de la morsure qu'il avoit au doigt?

Comment il ose nier ces faits, puisqu'il en est convenu dans son premier interrogatoire?

Quel est donc celui qui l'a ainsi blessé au doigt?

N'est-il pas vrai qu'il est resté chez lui pendant deux jours, sans oser sortir de sa maison, à cause de ces déchirures qui lui avoient ainsi été faites au visage, *&c.*?

A quelle fin il s'étoit saisi du bâton en question; & pourquoi il le cachoit sous son manteau?

Comment il peut nier ces faits; & qu'a-t-il à répondre à cela?

Le Juge alors doit regarder fixement l'accusé; & s'il le trouve ému, ou pleurant, ou soupirant, ou tremblant, il lui demandera:

Pourquoi il est ainsi tremblant & ému, & ne peut plus soutenir ses regards?

Que ce sont les remords de sa conscience qui le décelent, & le convainquent de mensonge?

Que s'il ne peut soutenir les regards de son Juge, comment espere-t-il échapper à la vigilance de Dieu, qui voit toutes choses?

Qu'il confesse donc enfin la vérité, & s'il n'est pas vrai que c'est lui qui est l'auteur du crime?

§. IV.

Maniere d'interroger un accusé surpris en flagrant délit, ou à la clameur publique.

82. Où il a été arrêté, & quelle est la cause de son emprisonnement?

Comment il ose dire qu'il n'en sçait pas le sujet, puisque les témoins lui ont soutenu en face que c'étoit lui qui avoit commis le crime?

Qui sont ceux qui l'ont ainsi conduit en prison; par ordre de qui; & pour quel sujet?

Comment il ose dire qu'il ne sçait pas pourquoi, puisqu'il ne peut ignorer le crime qui l'a fait arrêter?

Comment il ose nier une chose aussi manifeste?

S'il peut ignorer ce que tels & tels qui l'ont arrêté, ont déposé contre lui?

Comment il ose nier qu'il a été pris sur le fait dans le temps qu'il commettoit un adultere avec une telle femme, ou qu'il voloit, ou étoit saisi de tels effets volés; ou qu'il poursuivoit, frappoit, ou maltraitoit une telle personne avec un bâton, ou une épée, *&c.* ?

Qu'il n'est pas possible qu'il puisse nier toutes ces choses, & qu'on ne lui demande pas pour cette raison, s'il a commis le crime en question; mais pourquoi il l'a commis ?

Comment il ose nier qu'on ait trouvé chez lui l'argent volé, un pistolet, *&c.* ?

Comment il a fait ce vol, *&c.* D'où il a eu cet argent, ce pistolet, *&c.* ?

§. V.

Maniere d'interroger l'accusé dans le cas de notoriété publique.

83. Pourquoi il a commis tel crime ?

Comment il ose nier une chose aussi évidente ?

Ce qu'il peut dire pour sa défense, étant ainsi convaincu ?

§. VI.

Maniere d'interroger l'accusé dans le cas d'un vol.

84. Par exemple, s'il s'agit d'un vol fait de nuit dans une Eglise; & qu'il y ait preuve au procès des indices suivants :

1°. Que l'accusé pendant la nuit même du vol, a été apperçu rodant secretement, & en cachette, du côté de cette Eglise.

2°. Qu'il a emprunté, un ou deux jours auparavant le vol commis, de fausses clefs, & autres instruments propres à crocheter des serrures.

3°. Que l'on a trouvé dans sa chambre des linges fins semblables à ceux qui ont été volés dans l'Eglise; & qu'il n'avoit point auparavant.

4°. Qu'il a été ci-devant convaincu d'avoir fait un pareil vol.

5°. Que lui accusé, est un homme d'une mauvaise réputation.

Et autres circonstances semblables.

Tous ces différents indices sont les chefs sur lesquels le Juge doit interroger le criminel.

85. *Si l'accusé avoue*, le Juge l'interrogera sur toutes les circonstances du vol.

Par quel motif il l'a commis ?

Le jour & l'heure; en quel endroit; & avec le secours de quelles personnes; ou s'il étoit seul ?

La maniere dont il a fait ce vol ?

Quels effets il a pris, soit bijoux, argent, linge, hardes, ou autres effets ?

Ce qu'il a fait de ces effets, s'il les a vendus, donnés, alienés, ou cachés : à qui, & en quel temps ?

S'il les a partagés avec des complices; en quel temps; & quels sont ces complices ?

S'il les a mis en garde, ou vendus à des receleurs; & quels sont ces receleurs ?

§. VII.

Dans le cas d'un homicide.

86. Le Juge demandera à l'accusé, non s'il a commis un tel homicide; mais en général,

S'il a eu querelle avec quelqu'un ?

Si en conséquence il n'a pas commis un homicide, & à l'égard de quelle personne ?

Si l'accusé avoue, le Juge lui demandera :

A quel jour & heure; en quel endroit, & par quel motif ?

Avec le secours de qui; ou s'il étoit seul ?

Où il a mis le cadavre; s'il l'a enterré, ou caché en quelque endroit ?

De quelles armes il s'est servi pour le tuer ?

S'il a trouvé, ou pris dans les poches du mort, des effets, soit lettres, argent, ou autres choses précieuses ?

Ce qu'il a fait de ces effets, & à qui il les a donnés, ou vendus; en quel temps, & en quels lieux ?

S'il a dépouillé le cadavre, & ce qu'il a fait de ses habits; s'il les a cachés, vendus, alienés; où; & à qui ?

§. VIII.

Dans le cas d'excès, blessures, & querelle.

87. S'il a eu querelle avec quelqu'un ; & quelle est cette personne ?
S'il a été injurié, ou maltraité précédemment de plusieurs coups ?
Quelle est la cause de cette querelle ; si c'est l'amour, l'ambition, le point d'honneur, *&c.* qui y a donné lieu ?
Quelles blessures il lui a faites ?
En quel temps, & en quel lieu il a tiré l'épée contre son adversaire, & l'a maltraité ?
Quelles blessures il lui a faites, & en quel membre, ou partie du corps ?
Si précédemment il a fait des menaces au blessé, & en quel lieu, en quel temps, & en présence de quelles personnes ?

§. IX.

Dans le cas de poison.

88. *Si l'accusé avoue*, le Juge lui demandera :
Où il a acheté le poison dont il s'est servi ; de qui il l'a acheté ?
En quel temps, & quel prix ?
Par quelles personnes il l'a fait présenter ?
Qui sont ceux qui l'ont engagé à commettre ce crime, & par quels motifs ?
Si l'accusé nie, le Juge l'interrogera sur les indices prouvés au procès ; *v. g.*
Pourquoi on a trouvé du poison chez lui ; de qui il l'a acheté ?

§. X.

Dans le cas d'un incendie.

89. S'il y a eu entre lui & la personne dont la maison a été incendiée, quelqu'inimitié particuliere ?
S'il a fait quelques menaces en conséquence à cette personne ?

Pourquoi il a été trouvé avec un flambeau à la main aux environs de cette maison ?

Si l'accusé avoue, le Juge l'interrogera sur toutes les circonstances de cet incendie.

Quel jour & à quelle heure il a mis le feu à la maison en question.

Quelles sont les personnes qui l'ont engagé à commettre ce crime ?

Quels sont ses complices ?

Avec quelle matiere il a mis le feu; où il l'a achetée; de qui, & quelles suites a eu cet incendie ?

Si quelqu'un l'a engagé par argent à commettre ce crime, & quelle somme on lui a donnée pour cela; & quelles sont ces personnes ?

§. XI.

Dans les crimes d'adultere, stupre, & autres délits de luxure.

90. Les indices de ces sortes de crimes, sont la familiarité, les entretiens particuliers, les promenades retirées & à l'écart, les ris, les signes, les embrassements, &c.; les présents, les lettres, les compliments sur la beauté, &c.

Le Juge dem[illegible]ra dono à l'accusé, s'il a eu des entretiens fréquents avec t[illegible] femme, ou fille ?

En quels endroits; combien de fois; quand, & en présence de qui ?

Quelle familiarité il a eue avec cette fille, ou femme ?

Ce qu'il lui a dit, & à quel sujet il rioit avec elle ?

S'il s'est enfermé avec elle dans un endroit particulier ?

Pourquoi il lui a fait des présents ?

Ce qu'il lui a écrit ?

Pourquoi il alloit souvent dans la maison de cette femme ?

Pourquoi il affectoit d'y aller, lorsque le mari, le pere, ou les freres étoient absents ?

Pourquoi il a eu tant de familiarités avec les femmes, ou filles ?

Pourquoi en tel temps & à tels jours il a eu des liaisons particulieres avec une telle, sachant que cette personne avoit un mari légitime ?

Pourquoi il est allé souvent voir cette personne en l'absence de son mari; & s'est enfermé avec elle dans une chambre particuliere en fermant la porte & les fenêtres; & pourquoi ils sont restés si long-temps ensemble ainsi enfermés?

Pourquoi on l'a vu embrasser souvent cette femme?

Que pour ce délit il a déja été repris de Justice?

Dans le crime d'inceste.

91. Pourquoi il a eu habitude avec une telle sa parente, sachant qu'elle lui étoit unie par les liens du sang?

Pourquoi il étoit continuellement avec elle?

Pourquoi on les a vu souvent s'embrasser, & rire tous les deux ensemble?

S'il n'est pas vrai que cette parente s'est souvent plainte à lui de leur commerce criminel; & s'il ne lui a pas répondu de garder là-dessus le silence; parce que cela les perdroit tous deux?

Ce qu'est devenu l'enfant qu'il a eu d'elle?

§. XII.

Dans le crime de Leze-Majesté.

92. Dans quel temps, & dans quel lieu il a révélé les secrets de l'Etat aux ennemis?

A quelles personnes il les a révélés?

A l'instigation de qui?

Quelle récompense il en a reçue, & de qui?

Quels sont ses complices?

§. XIII.

Dans le crime de trahison.

93. *Lorsque l'accusé avoue:*

Quelles personnes l'ont engagé à commettre ce crime?

Quel prix ou récompense il en a reçu, ou dû recevoir?

Dans quel endroit, comment, & dans quel temps?

Pour quelle raison il s'est porté à commettre ce crime?

A l'instigation de qui?

§. XIV.

Dans le crime de Magie.

94. *Lorsque l'accusé avoue:*

Comment, & quand il a commis ce sortilege; avec quels caracteres, signe, liqueur, poudre, *&c.?*

S'il a encore de ces choses de reste; & où?

S'il déclare les avoir mises en terre, le Juge les fera chercher, & les représentera à l'accusé pour les reconnoître. Ensuite il lui demandera:

Quel dessein il avoit en faisant ces choses?

S'il a des complices; & quels sont ces complices?

Quelles formules, gestes & invocations il a faits au demon?

Quel est celui qui lui a enseigné la magie?

A quelle occasion il l'a apprise?

Quelles sont les personnes auxquelles il a fait préjudice avec le secours de cet art?

TITRE XIV.

Des Exoines.

1. ON entend par *Exoine*, toute excuse légitime qui empêche une personne citée pour comparoître personnellement en Justice, de pouvoir obéir à la citation qui lui est signifiée.

1°. Les exoines ont lieu à l'égard des accusés qui ne peuvent comparoître en Justice. (Ordonnance de 1670, *tit.* 11, *art.* 1.) Ce qui a lieu, tant sur les décrets d'ajournement personnel, & d'assigné pour être oui, que pour les assignations à quinzaine & à huitaine, rendues dans le cas de contumace sur les décrets de prise de corps, suivant les articles 7, 8 & 10 du titre 7 de la même Ordonnance de 1670.

Les exoines s'employent encore, lorsqu'un Officier a un *veniat*, ou un ordre pour se rendre aux pieds de la Cour, soit pour rendre raison de sa conduite, ou autrement; & en général, dans tous les autres cas, où quelqu'un est mandé par un ordre supérieur; *v. g.* un témoin pour déposer. Car ces excuses étant fondées sur l'impossibilité de comparoître, doivent avoir lieu dans toutes sortes de cas indistinctement.

2. Les condamnés par contumace qui veulent présenter requête, soit en premiere instance, ou en cause d'appel, pour se faire juger contradictoirement, peuvent aussi proposer leur exoine, lorsqu'ils sont dans l'impuissance de se mettre en état, afin qu'il leur soit accordé un délai convenable pour se présenter. (Ordonnance de 1670, *tit.* 25, *art.* 4.)

Mais le plaignant, ou partie civile, ne seroit pas recevable à proposer aucune exoine; il doit toujours être prêt à suivre le procès contre l'accusé.

2°. L'effet de l'exoine, est d'empêcher qu'il ne soit fait aucunes poursuites contre l'accusé, ni prononcé contre lui aucune condamnation, tant que les causes de l'exoine subsistent; à peine de nullité. (Farinacius, *qu.* 11, n. 59.)

3. Il ne paroît pas même qu'on puisse, pendant ce temps-là, saisir & annoter ses biens; & si la saisie & annotation avoit précédé

l'exoine, il semble qu'il en doit être donné main-levée. (Voyez ce qui est dit au titre *Des Défauts & Contumaces*, ci-après, *part.* 3, *liv.* 2, *tit.* 21, n. 12.)

3°. Il y a plusieurs causes qui peuvent donner lieu à l'exoine d'un accusé ; sçavoir :

La maladie, quand l'accusé est tellement malade, qu'il ne peut être transporté, sans danger de sa vie. (Papon, *liv.* 24, *tit.* 5, n. 3 ; Farinacius, *qu.* 11, n. 53 ; Julius Clarus, *qu.* 34, n. 5 ; Ordonnance de 1670, *tit.* 11, *art.* 1 & 2.) Cet article regarde aussi les femmes grosses qui ne pourroient se transporter sans danger. (Voyez la Loi 2., §. 4. D. *Si quis caution.*)

Il en est de même, si l'accusé a reçu quelque blessure qui ne lui permet pas de comparoître en Justice. (Ordonnance de 1670, *ibid.* tit. 11, art. 1.)

4. L'absence nécessaire, est aussi une cause légitime d'exoine. Telle est celle causée pour le service du Prince, & de la République. (Julius Clarus, *qu.* 34., n. 1 ; Farinacius, *qu.* 11, n. 52 ; Airault, en son Instruction Judiciaire, *liv.* 4, *part.* 2, n. 3 ; Voyez aussi Bouchel en sa Bibliotheque Françoise, au mot *Assistance.*)

L'emprisonnement dans un autre lieu, qui est aussi une espece d'absence forcée. (Julius Clarus, *qu.* 34, n. 7 ; Farinacius *qu.* 11, n. 54.) Et il en est de même de la captivité.

Si l'accusé est rélegué dans un endroit, en vertu d'une lettre de cachet, la notification de cette lettre, faite aux Juges qui instruisent le procès, forme aussi une véritable exoine en faveur de cet accusé. (Voyez ce qui est dit à ce sujet au titre *De l'instruction criminelle en général*, ci-après, *part.* 3, *liv.* 3, *tit.* 2, n. 61.)

L'absence de bonne foi, quoique non nécessaire, est aussi une cause d'excuse légitime ; sur-tout dans le cas où il y auroit long-temps que le délit a été commis ; en marquant par l'exoine, l'endroit où l'on est.

5. Dans tous ces cas, un parent peut présenter l'exoine pour son parent décrété. Le Juge peut aussi, dumoins dans le premier de ces cas, déléguer pour faire subir interrogatoire à l'accusé. (Voyez ci-après, n. 8.)

Le bannissement est encore une cause d'exoine, à moins qu'on ne donne un sauf-conduit à l'accusé. (Julius Clarus, *qu.* 34, n. 2 ; Farinacius, *qu.* 11, n. 58.) Ce qui doit avoir pareillement lieu à l'égard du témoin, ou de l'accusé, contre lequel il y auroit une contrainte par corps. (Voyez ce qui a été dit, touchant les saufs-conduits, au titre *Des Décrets*, ci-dessus, *part.* 3, *liv.* 2, *tit.* 10, n. 85.)

Le défaut de sureté du lieu auquel on est cité pour comparoître, est aussi un moyen d'excuse légitime, lorsqu'on ne peut le faire sans courir un grand danger. (Farinacius, *qu.* 11, n. 55.) Ce qui peut être occasionné par différentes causes, comme par exemple:

Dans le cas de peste. (Bartole, *in* L. *recusare*, §. *si quis*, D. *ad Sen. Trebell.* Farinacius, *qu.* 11, n. 52.)

Dans le cas de guerre, & de crainte des ennemis. (Farinacius, *ibid.* n. 52 & 56; Julius Clarus, *qu.* 34, n. 6.)

Dans le cas d'inondation de rivieres, ou de tempêtes, qui rendent les chemins impraticables. (L. 2, §. 3, D. *si quis caution.* Farinacius, *qu.* 11, n. 52.)

6. Au reste, toutes ces excuses, fondées sur le défaut de sureté du lieu, & du risque que l'on courroit en obéissant à la citation, doivent être notoires, ou prouvées par celui qui les allegue. (Voyez Menoch. *de arbitrar. jud.* cas. 153, n. 6.)

Mais l'accusé ne pourroit alleguer pour excuse, la maladie de sa femme, ou de son pere, ou de quelqu'un des siens. (*Ita*, Rebuff. *in constit. reg. fr. in tractatu de excusationibus*, n. 31.) Ce qui néanmoins doit dépendre des circonstances, & de la nature du crime de l'accusé.

Il en est de même, si l'accusé alleguoit pour excuse, qu'il est occupé aux obseques de son pere, ou de sa mere. (Papon, *lib.* 24, *tit.* 5, n. 9, où il cite un Arrêt du 19 Novembre 1535, qui a rejetté une pareille excuse.)

L'Ordonnance Criminelle, en l'article 1 du titre 11, semble restraindre les causes d'exoine aux seuls cas de maladie & de blessure de l'accusé; mais elle n'exclut pas pour cela les autres excuses dont on vient de parler, quand elles sont légitimes.

7. 4°. L'accusé qui ne peut comparoître, doit faire présenter ses excuses par procuration spéciale, passée pardevant Notaires, qui contiendra le nom de la Ville, Bourg, ou Village, Paroisse, rue, & maison où l'accusé est détenu. (Ordonnance de 1670, *tit.* 11, *art.* 1.)

Cette procuration peut être donnée à toutes sortes de personnes indistinctement. Quelques Auteurs néanmoins prétendent qu'elle ne pourroit être donnée à une femme, ou à une fille, ni à un Prêtre.

(Voyez Papon, *liv.* 24, *tit.* 5, *art.* 9, qui en rapporte un Arrêt du 15 Décembre 1554, à l'égard d'un Prêtre; autre Arrêt du Parlement de Toulouse du 14 Juillet 1587, rapporté par la Rocheflavin, en ses Arrêts, *liv.* 2, *lettre* E, *tit.* 10, au mot *Exoine*, qui a jugé qu'une femme ne pouvoit être porteur d'exoine.)

8. Il y a même des cas, où un mari peut exonier sa femme; un pere, son fils mineur; ou un tuteur, son pupille, sans qu'il soit besoin d'une procuration du mineur; ce qui a lieu, sur-tout, dans le cas où le mineur est absent. (Voyez Airault, en son Instruction Judiciaire, *liv.* 4, *part.* 2, n. 34. Ainsi jugé par deux Arrêts du Parlement de Toulouse du 27 Juin 1662, & 12 Juillet 1663, rapportés par Albert, au mot *Exoine*, qui ont admis l'exoine proposée par un mari pour sa femme. (Néanmoins Papon, *liv.* 24, *tit.* 5, aux additions, *n.* 3, rapporte un autre Arrêt du 26 Janvier 1602, qui a rejetté une exoine proposée par une mere pour son fils. (Voyez ce qui est dit au titre *De la maniere d'exercer l'action criminelle en général*, ci-après, *part.* 3, *liv.* 3, *tit.* 1, n. 110.)

9. 5°. La procuration donnée par un accusé malade, doit être accompagnée d'un rapport de Médecin de Faculté approuvée, qui déclarera la qualité & les accidents de la maladie ou blessure, & que l'accusé ne peut se mettre en chemin sans péril de la vie; dont la vérité sera attestée par serment du Médecin, pardevant le Juge du lieu; & du tout, il doit être dressé procès-verbal qu'il faut joindre à la procuration. (Ordonnance de 1670, *tit.* 11, *art.* 2.)

S'il n'y a point sur le lieu, de Médecin de Faculté approuvée, l'accusé peut en faire venir un à ses frais. (Voyez le Procès-verbal de l'Ordonnance de 1670, *tit.* 11, *art.* 2, *pag* 125.) Mais si l'accusé étoit pauvre & hors d'état de fournir à cette dépense, il semble que le rapport d'un ou de deux Chirurgiens du lieu, attesté par serment devant le Juge, doit suffire.

10. Toutes les formalités portées en cet article, & au précédent, ont été établies, afin d'assurer d'autant plus la vérité des exoines, qui le plus souvent sont illusoires.

Lorsque la maladie, ou la blessure, ou autre infirmité sont légeres, elles ne peuvent être regardées comme des excuses suffisantes, ainsi qu'il résulte de la disposition de l'article 2 qu'on vient de citer. Voyez aussi Imbert, *liv.* 3, *chap.* 4, n. 1.

6°. Les exoines doivent être proposées sur le décret, & avant la contumace instruite. Néanmoins si elles étoient proposées après cette instruction, elles doivent aussi être admises, & empêcher le jugement du procès. (Voyez Farinacius, *qu.* 11, n. 60, *omninò.*)

Par l'article 4 du titre 25 de l'Ordonnance de 1670, il est dit que les accusés doivent être reçus à proposer leurs exoines, même après une condamnation par contumace prononcée contre eux.

7°. L'exoine doit être montrée au Procureur du Roi, ou Fiscal, & communiquée à la partie civile, s'il y en a. (Ordonnance de 1670, *tit.* 11, *art.* 3.) Ce qui est établi, afin que les uns & les autres puissent débattre cette exoine, s'il y a lieu de le faire.

11. 8°. La partie civile, sur cette communication, & sur un simple acte à elle signifié au nom de l'accusé, doit se trouver à l'Audience où l'exoine sera présentée & reçue; sans que le porteur des pieces soit tenu de déclarer qu'il est envoyé exprès pour les présenter, & qu'il a vu l'accusé. (Même Ordonnance de 1670, *tit.* 11, *art.* 3.)

Un Edit du mois de Février 1682, porte: que les exoines des accusés seront portées en la Chambre de la Tournelle, & que les instructions des affaires criminelles se feront en cette Chambre, hors le cas où il s'agit de rebellion à l'exécution des Arrêts de la Grand'Chambre; de la police générale des duels; des procès des Gentils-hommes & Ecclésiastiques qui auront obtenu leur renvoi en la Grand'Chambre; des crimes ou rixes qui arrivent dans l'enceinte du Palais; des matieres qui sont édictales, conformément à ce qui est porté par la Déclaration du mois de Novembre 1679; & des Colléges.

12. 9°. Si les causes de l'exoine paroissent légitimes, les Juges ordonneront que le Procureur du Roi, ou Fiscal, & les parties, informeront respectivement, dans un bref délai, de la vérité de l'exoine, & du contraire. (Ordonnance de 1670, *tit.* 11, *art.* 4.)

Cette information ne doit être ordonnée, que dans le cas où les causes de l'exoine seroient débattues par la partie publique ou civile, & non autrement.

Si les causes de l'exoine ne paroissent pas légitimes, le Juge doit ordonner que cette exoine sera rejettée, & que sans y avoir égard, il sera passé outre à l'instruction du procès contre l'accusé.

Il faut aussi observer que les Médecins & Chirurgiens, qui pour exonier un accusé, donnent de faux certificats, contre le devoir de leur art, doivent être punis sévérement. Outre l'amende & l'interdiction, ils sont tenus des dommages & intérêts des parties.

13. 10°. Le délai pour informer étant expiré, l'incident de l'exoine doit être jugé sur ce qui se trouvera produit. (Ordonnance de 1670, *tit.* 11, *art.* 5.)

C'est pourquoi, si la vérité de l'exoine est justifiée par l'enquête, le Juge ordonnera qu'il sera sursis à l'exécution du décret, pendant tel délai qu'il jugera à propos de fixer; pendant lequel temps il pourra ordonner que l'accusé sera gardé en la maison où il est malade, ou qu'il sera constitué prisonnier au lieu de sa demeure; à l'effet de quoi il le fera transférer dans les prisons les plus prochaines, pourvu que le malade puisse supporter ce transport sans péril de sa vie.

14. On peut aussi ordonner en ce cas, que l'accusé sera oui sur les lieux, par un Juge que l'on commet; & qu'à cet effet, il sera remis au Juge ainsi commis, un extrait des charges & informations.

Mais si la vérité de l'exoine n'est pas justifiée, le Juge ordonnera, que sans y avoir égard, il sera passé outre au décret.

Dans le cas de maladie, ou de blessure dangereuse, si le rapport du Médecin est en bonne forme, & conforme à ce qui est marqué en l'article 2 du titre 11 de l'Ordonnance de 1670, il forme une preuve suffisante pour accorder l'exoine; à moins que la partie civile, ou publique, ne rapporte une preuve du contraire.

Au reste, il faut observer que la saisie & annotation faite en vertu d'un décret de prise de corps contre un contumax, tient pendant le délai de l'exoine, & jusqu'à ce que l'accusé ait subi interrogatoire; mais après l'interrogatoire, l'accusé peut demander main-levée de cette saisie.

TITRE XV.

De la compétence des accusés qui peuvent être jugés en dernier ressort.

1. JUGER la compétence d'un accusé, c'est déclarer par un jugement présidial, si cet accusé est dans le cas d'être jugé en dernier ressort, ou non, pour raison de l'accusation intentée contre lui.

Cette compétence doit toujours être réglée dans le cas où les accusés doivent être jugés en dernier ressort; si ce n'est à l'égard des Cours Souveraines.

ARTICLE PREMIER.

Quels Juges doivent faire juger leurs compétences.

2. 1°. Les Prévôts des Maréchaux, avant de pouvoir connoître d'une affaire criminelle prévôtalement, & en dernier ressort, & de faire aucunes procédures à ce sujet, sont tenus de faire juger leur compétence. (Ordonnance de 1670, *tit.* 2, *art.* 15; Déclaration du Roi du 26 Février 1724, *art.* 25.)

Ce qui a pareillement lieu à l'égard des Lieutenants-Criminels de Robe-courte. (Déclaration du 18 Juillet 1724, *art.* 8; Ordonnance de 1670, *ibid.* tit. 2, art. 15.)

2°. Il en est de même des Présidiaux, dans le cas où ils peuvent juger en denier ressort, en matiere criminelle. (Ordonnance de 1670, *tit.* 1, *art.* 17; Arrêt du Conseil du 19 Juillet 1678, rapporté par Néron, *tom.* 2, *pag.* 786; Edit du mois de Septembre 1697, pour les Présidiaux de Franche-Comté, *art.* 43; Arrêt du Conseil du 30 Mars 1719, pour Brives, *art.* 1, qui ajoute que cette compétence sera jugée au rapport du Lieutenant-Criminel; Lettres-Patentes du 30 Décembre 1731, pour Pamiers, *art.* 6.)

3. 3°. Les Bailliages & Sénéchaussées qui ont le droit de connoître des cas Prévôtaux en dernier ressort, comme Château-Gontier, *&c.* sont

font aussi assujettis à faire juger leur compétence ; ce qui a lieu à plus forte raison à leur égard, ainsi qu'il s'observe dans les Présidiaux.

4°. Les Lieutenants de Police, dans les cas où ils ont le droit de juger criminellement en dernier ressort, *v. g.* pour crime de mendicité, sont aussi tenus de faire juger auparavant leur compétence. (Argument de ce qui s'observe pour les Lieutenants-Criminels.)

4. 5°. Lorsqu'après un jugement de compétence, rendu contre un, ou plusieurs accusés, & dans le cours de l'instruction d'un procès Présidial, ou Prévôtal, on vient à découvrir un nouveau complice, il faut juger la compétence de ce nouveau complice ; à moins qu'il n'y ait des Lettres-Patentes qui attribuent au Siege la connoissance de l'affaire, non-seulement à l'égard des accusés nommés dans les Lettres-Patentes, mais encore à l'égard de tous leurs complices, fauteurs, participes & adhérents ; auquel cas il n'est pas nécessaire de juger la compétence des complices, à mesure qu'on en découvre de nouveaux, ainsi qu'il se pratique dans les commissions extraordinaires.

Si le complice nouvellement découvert, est Noble ou Ecclésiastique, cela empêche que le procès ne puisse être jugé en dernier ressort, même à l'égard des accusés compétents ; & il en doit être de même, lorsque cette découverte n'est faite que depuis le réglement à l'extraordinaire. (Déclaration du 5 Février 1731, *art.* 20.)

5. 6°. Cette compétence doit toujours être jugée, quand même l'accusé ne le demanderoit pas, & ne proposeroit point de déclinatoire. (Ordonnance de 1670, *tit.* 2, *art.* 15.)

Autrefois, la compétence ne se jugeoit que quand l'accusé proposoit une incompétence, ainsi qu'il paroît par plusieurs Arrêts ; & notamment par celui du Conseil du 16 Mai 1608, rendu pour Armagnac, où il est dit : » Que si les prisonniers déclinent la Jurisdiction du Prévôt des Maréchaux, il sera tenu de faire pro» céder au jugement de compétence. « L'Arrêt du Grand-Conseil du 30 Juin 1618, rendu pour Orléans, dit aussi, en cas d'incompétence proposée.

6. 7°. Les Prévôts des Maréchaux, quand le crime pour lequel un accusé a été arrêté, n'est pas de leur compétence, peuvent, & même doivent en laisser la connoissance dans les vingt-quatre heu-

res au Juge du lieu du délit; mais après ces vingt-quatre heures, ils ne peuvent le faire que par l'avis des Présidiaux. (Ordonnance de 1670, *tit.* 2, *art.* 14.)

L'article 23 de la Déclaration du 5 Février 1731, porte : que ces vingt-quatre heures ne commenceront à courir que du jour du premier interrogatoire, auquel ils sont tenus de procéder dans les vingt-quatre heures de la capture, suivant l'article 13 du titre 2 de l'Ordonnance de 1670.

ARTICLE II.

En quels Sieges la compétence doit être jugée.

7. Lorsque l'accusé a été arrêté par un Prévôt des Maréchaux, la compétence doit être jugée au Présidial dans le ressort duquel la capture a été faite. (Article 15 du titre 2 de l'Ordonnance de 1670; Voyez aussi l'article 42 de l'Edit de Moulins; & l'article 13 de l'Edit d'Amboise de 1572.)

Mais quand le Prévôt des Maréchaux, & le Présidial qui doit juger la compétence ou le fonds, sont en procès pour le fait de leurs charges, il est permis aux Prévôts des Maréchaux, de faire juger leur compétence, ainsi que le procès pour lequel ils sont déclarés compétents, ailleurs qu'en ce Présidial; suivant l'Arrêt du Grand-Conseil du 10 Juin 1662, rendu entre le Prévôt des Maréchaux de Sens, & les Officiers du Présidial de la même Ville.

8. Si les accusés contre lesquels le Prévôt de Maréchaux a informé & décrété, viennent à se présenter d'eux-mêmes, ils peuvent se mettre dans les prisons du Présidial du délit, pour y faire juger leur compétence; & à cet effet, faire porter au Greffe les charges & informations, en vertu du jugement présidial; ce que le Prévôt est tenu de faire incessamment. (Ordonnance de 1670, *tit.* 2, *art.* 8.).

Il n'est pas nécessaire pour cela que le décret ait été signifié à l'accusé, ni que ce soit un décret de prise de corps, pour que cet accusé puisse se mettre dans les prisons, & faire juger sa compétence.

Mais rien n'empêche que l'accusé qui se met ainsi en prison, ne puisse décliner la Jurisdiction; pourquoi il pourra donner ses moyens pour y être fait droit, lors du jugement de compétence.

Si l'accusé est contumax, il faut aussi faire juger sa compétence au Siege Présidial du lieu du délit, suivant l'Edit du mois de Décembre 1680.

9. C'est au Procureur du Roi de la Maréchaussée, *&c.* à poursuivre le jugement de la compétence; & il est défendu aux Juges de s'y entremettre, & de le solliciter, suivant l'Edit du mois d'Août 1581; mais ce jugement doit être rendu sur les conclusions du Procureur du Roi du Présidial où la compétence se poursuit; ainsi qu'il est dit ci-après, (n. 22.) Et il est défendu aux Présidiaux de rendre aucun jugement de compétence, que le procès n'ait été communiqué aux Gens du Roi du même Siege, & qu'ils n'y aient donné des conclusions par écrit.

Le Lieutenant-Criminel, dans les cas dont la connoissance est attribuée aux Présidiaux en denier ressort, est tenu de porter en la Chambre du Conseil, les charges & informations par lui faites, & d'y faire juger sa compétence; & faute par lui d'y satisfaire, les Juges Présidiaux peuvent l'ordonner, & faire apporter lesdites informations, pour connoître la qualité du crime, & juger cette compétence. (Edit du mois de Septembre 1697, pour les Présidiaux de Franche-Comté, *art.* 43.)

Par la même raison, avant de passer au réglement à l'extraordinaire, les Juges Présidiaux, dans le cas où le Lieutenant-Criminel auroit négligé de faire juger sa compétence, peuvent ordonner qu'avant faire droit, l'accusé sera tenu de la faire juger.

ARTICLE III.

De la procédure sur la compétence.

10. 1°. La compétence doit être jugée dans les trois jours de la capture, au plus tard. (Ordonnance de 1670, *tit.* 2, *art.* 15; Ordonnance de 1629, *art.* 186.)

Mais quand l'accusé qui étoit contumax, vient à se représenter, on doit juger de nouveau sa compétence, aussi-tôt qu'il se présente; & cela en quelque temps qu'il se représente.

Cela n'a lieu cependant que dans le cas où le jugement de compétence, rendu par contumace contre l'accusé, auroit déclaré le Prévôt des Maréchaux, ou le Lieutenant-Criminel, compétent.

Mais il en seroit autrement, s'ils avoient été déclarés incompétents par ce jugement de contumace; car alors il ne faudroit pas juger de nouveau la compétence de l'accusé; parce que l'Edit du mois de Décembre de 1680, n'est qu'en faveur de l'accusé. (Décision de M. le Chancelier du 26 Juin 1748.)

11. 2°. Les Juges Présidiaux doivent vaquer incessamment, & toutes affaires cessantes, aux jugements des compétences, sans pouvoir prendre aucunes épices à ce sujet. (Ordonnance du mois de Décembre 1566, rendue en interprétation de l'Ordonnance de Moulins, *art.* 3; Arrêt du Grand-Conseil du 30 Juin 1618, pour Orleans, rapporté par Néron, *tom.* 2, *pag.* 571; Voyez aussi ce qui a été dit au titre *De la Compétence des Juges en matiere criminelle*, ci-dessus, *part.* 2, *tit.* 1, n. 243.)

12. 3°. Lors du premier interrogatoire, les Prévôts des Maréchaux sont tenus de déclarer à l'accusé, qu'ils entendent le juger prévôtalement, & en dernier ressort; à peine de nullité de la procédure, & de tous dépens, dommages & intérêts. (Ordonnance de 1670, *tit.* 2, *art.* 13; Déclaration du 5 Février 1531, *art.* 24.) Ce dernier article ajoute, que faute d'avoir satisfait à cette formalité, le procès ne pourra être jugé qu'à la charge de l'appel; à l'effet dequoi il sera porté au Siege de la Sénéchaussée, ou du Bailliage, dans le ressort duquel le crime a été commis, pour y être instruit & jugé, ainsi qu'il appartiendra.

Cette formalité de déclarer à l'accusé, dès le premier interrogatoire, qu'on entend le juger en dernier ressort, est aussi requise à l'égard des Officiers des Sieges Présidiaux, pour pouvoir juger en dernier ressort, suivant le même l'article 24 de la Déclaration du 5 Février 1731; ce qui n'étoit point porté par l'Ordonnance de 1670. Mais il est évident que cela ne peut avoir lieu que dans le cas où un accusé est arrêté, & interrogé pour un cas présidial; car si cet accusé, étant interrogé pour un cas ordinaire, vient à être reconnu coupable de quelque cas prévôtal, ou présidial, rien n'empêche alors qu'on ne fasse juger sa compétence, pour raison de ce cas présidial; & il suffira de lui faire la déclaration, qu'on entend le juger en dernier ressort, lors du premier interrogatoire qui lui sera fait sur ce crime, ou à la Chambre lors du jugement de compétence.

13. Cette regle doit avoir pareillement lieu dans le cas où l'instruction du procès, pour raison du premier crime, seroit déja avancée;

& même depuis le Réglement à l'extraordinaire. (Voyez ce qui a été dit à ce sujet au titre *De la Compétence des Juges Criminels en général*, ci-dessus, *part.* 2, *tit.* 2, n. 254.)

L'article 19 du titre 2 de l'Ordonnance de 1670, avoit établi une exception à la regle ci-dessus, à l'égard des Juges du Châtelet de Paris. Cet article conservoit l'usage où étoient ces Officiers, de pouvoir déclarer aux accusés, dans leur dernier interrogatoire sur la sellette, qu'ils entendoient le juger en dernier ressort, lorsque par la suite des preuves survenues au procès, ou par la confession des accusés, il paroissoit qu'ils avoient été repris de Justice, ou qu'ils étoient vagabonds & sans aveu. Mais cette prérogative a été abrogée par la Déclaration du 5 Février 1731, *art.* 30.

14. En crime de duel, comme les Prévôts des Maréchaux ne peuvent en connoître qu'à la charge de l'appel, suivant l'article 19 de l'Edit du mois d'Août 1679, ils ne sont point tenus de déclarer à l'accusé, qu'ils entendent le juger en dernier ressort; & il ne doit être rendu à cet égard aucun jugement de compétence. (Déclaration du 5 Février 1731, *art.* 27.)

4°. L'accusé ne peut être élargi pour quelque cause que ce soit, avant le jugement de compétence; & il ne peut l'être après, que par Sentence du Présidial, ou Siege qui doit juger définitivement le procès. (Ordonnance de 1670, *tit.* 2, n. 17.)

ARTICLE IV.

Du Jugement de compétence.

15. 1°. Pour juger la compétence d'un accusé, il faut qu'il soit interrogé à la Chambre, en présence de tous les Juges, & qu'il en soit fait mention par le jugement; à peine de nullité de la procédure qui sera faite depuis le jugement de compétence. (Ordonnance de 1670, *tit.* 2, *art.* 19.) Et lorsqu'il y a plusieurs accusés du crime, il faut juger la compétence de tous.

Cette formalité d'interroger l'accusé, lors du jugement de compétence, est sagement établie par l'Ordonnance, afin qu'il puisse par ce moyen, déduire les raisons qu'il pourroit avoir pour se soustraire à la

Jurisdiction des Prévôts des Maréchaux, ou Juges Présidiaux, & éviter d'être jugé en dernier ressort.

Il est nécessaire, dans l'interrogatoire qui se fait à la Chambre, de déclarer à l'accusé que le Lieutenant-Criminel, ou Prévôt des Maréchaux, l'a fait arrêter, comme prévenu de tel crime, ou d'être vagabond, *&c.* & qu'il entend le juger en dernier ressort; & de lui demander s'il a quelques moyens pour l'empêcher.

Lorsque sur la compétence il y a eu un jugement préparatoire, *v. g.* que l'accusé seroit certifier de ses vie & mœurs, il paroît nécessaire d'entendre de nouveau l'accusé à la Chambre, lors du jugement de compétence: dumoins s'il s'agit de le déclarer compétent; & même dans tous les cas, ainsi qu'il s'observe pour les jugements du fonds. (Voyez ce qui a été dit au titre *Des Interrogatoires*, ci-dessus, *part.* 3, *liv.* 2, *tit.* 13, n. 26.)

16. 2°. Pour pouvoir déclarer un accusé compétent, il faut qu'il soit prouvé qu'il est compétent, ou par la qualité de la personne, ou par la qualité du crime.

La compétence d'un accusé, *par la qualité de la personne*, se prouve ou par témoins; ou par experts, *v. g.* quand il est prouvé par le rapport de Chirurgiens qu'il a été flétri; ou par écrit, comme quand on produit contre lui un jugement qui prouve qu'il a été repris de Justice; ou enfin par sa confession; *v. g*, quand cet accusé convient qu'il est vagabond & sans domicile, suivant l'article 19 du titre 2 de l'Ordonnance de 1670.

17. Lorsque cet accusé déclare avoir un domicile & une profession certaine, & qu'il est soupçonné de faire une fausse déclaration à ce sujet, les Juges doivent ordonner, avant faire droit, qu'il sera tenu de justifier de ses vie & mœurs, par des certificats en bonne forme; & lui donner, à cet effet, un délai compétent, pourquoi même les Juges font écrire quelquefois dans le pays; après lequel temps il doit être passé outre au jugement définitif de sa compétence, par lequel il sera déclaré compétent, comme vagabond, faute d'avoir justifié de ses vie & mœurs; ou incompétent s'il en justifie.

Pour pouvoir déclarer un accusé compétent *par la qualité du crime*, il faut nécessairement que le corps du délit de ce crime soit prouvé avec la qualité du crime; autrement on ne peut passer au jugement de la compétence.

18. Ainsi, quand cette preuve n'est pas suffisamment faite, les Juges doivent ordonner, avant faire droit, que le corps de délit sera plus amplement prouvé. Par exemple si l'accusé déclaroit avoir été banni, ou condamné aux galeres, il faudroit ordonner, avant faire droit, que le jugement seroit rapporté, & de même, s'il déclaroit avoir été flétri; ou dumoins, dans ce dernier cas, il faudroit le faire visiter par les Chirurgiens des prisons.

Question. Dans le cas d'un vol de grand-chemin, faut-il nécessairement, pour pouvoir déclarer compétent celui qui en est prévenu, prouver par deux témoins que ce vol a été commis sur un grand-chemin; ce qui le plus souvent seroit très-difficile; ou s'il suffit alors que cette preuve se fasse par un seul témoin?

Je crois qu'il suffit alors d'un seul témoin; autrement, il n'arriveroit presque jamais qu'un accusé pût alors être déclaré compétent. (Ainsi jugé au Présidial d'Orléans le Lundi 28 Juin 1762.)

Il en doit être de même des vols avec violence publique, & des autres délits de faits passagers, & dont il ne reste point de vestiges.

19. Mais le Prévôt des Maréchaux ne doit point être déclaré incompétent, sous prétexte qu'il n'y auroit point de charges contre l'accusé, pour établir qu'il est l'auteur du crime; parce que ce n'est point la preuve qu'il y a contre l'accusé, qui doit regler sa compétence; mais uniquement les preuves qu'il y a touchant la qualité du délit. (Ainsi jugé par Arrêt du Grand-Conseil du 25 Septembre 1702, servant de Réglement entre les Officiers du Présidial d'Autun, & le Prévôt des Maréchaux de la même Ville.)

3°. Comme le jugement de compétence est un jugement présidial civil, & non criminel, c'est à la Chambre civile du Présidial, & non à la Chambre Criminelle, à juger ces compétences. (Ainsi jugé pour le Châtelet de Paris par un Arrêt du Conseil du 19 Juillet 1678.)

D'où il suit, que c'est au Lieutenant-Général à y présider, & à distribuer le procès en l'absence des Présidents, & non au Lieutenant-Criminel; & que c'est au Greffier civil à y tenir la plume.

20. 4°. Les Prévôts des Maréchaux, ni leurs Lieutenants, ne peuvent assister au jugement de leur compétence. (Déclaration du

11 Décembre 1566, rendue en interprétation de l'article 21 de l'Ordonnance de Moulins; Ainsi jugé par Arrêt du Parlement du 25 Juin 1659, pour Chaumont en Bassigny; & par un Arrêt du Conseil du 6 Septembre 1678, pour le Puy, *art.* 10.)

Il en est de même des Assesseurs en la Maréchaussée. (Arrêt du Grand-Conseil du 13 Octobre 1637, pour Amiens; Edit de création des Assesseurs de Maréchaussée du Mois de Février 1640.):

Mais l'Assesseur peut faire le rapport des récusations proposées contre les prévôts des Maréchaux, suivant l'article 16 du titre 2 de l'Ordonnance de 1670.

Lorsque l'Assesseur en la Maréchaussée, est en même temps Conseiller au Présidial, il semble qu'il ne peut assister aux jugements de compétence des procès de Maréchaussée; ce qui cependant peut souffrir difficulté.

Les Lieutenants-Criminels ne peuvent non plus assister aux jugements de compétence des Prévôts des Maréchaux. (Arrêt du Grand-Conseil du 25 Septembre 1702, pour Autun; Voyez aussi Descorbiac, *pag.* 177, *col.* 1, *lig.* 15.)

Et il en est de même des Lieutenants-Criminels de Robe-courte. (Arrêt du Parlement du 25 Juin 1659, pour Chaumont.)

21. 5°. A l'égard des Lieutenants-Criminels de Robe-longue, ils peuvent assister aux jugements de leur compétence, & ils ont le rapport des charges & informations, suivant l'Arrêt du 2 Septembre 1678, rendu pour le Châtelet de Paris, rapporté par Néron, *tom.* 2, *pag.* 786, & confirmé par Edit du mois de Juin 1691, servant de Réglement pour le même Siege. *Idem*, par Arrêt du Conseil du 20 Septembre 1702, pour le Mans; & par un autre du 30 Mars 1719, rendu pour Brives, *art.* 1.

A Orléans, le Lieutenant-Criminel a aussi le rapport de ces compétences, avec voix délibérative, & peut y présider, en conséquence d'un arrangement particulier fait entre le Lieutenant-Criminel, & les Conseillers de ce Siége du premier Mars 1657. Mais dans ce cas, c'est au Greffier civil du Présidial à tenir la plume.

Dans les jugements de compétence, proposés par les Lieutenants-Généraux de Police, ils n'y ont point voix délibérative, & n'ont point le rapport des charges & informations; quand même ils auroient d'ailleurs séance au Siege.

22. 6°. Les jugements de compétence doivent être rendus sur les conclusions

conclusions du Procureur du Roi du Présidial où la compétence doit se juger. (Lettre de M. le Chancelier, du mois de Novembre 1740, aux Officiers du Présidial d'Abbeville; Arrêt du Parlement du 28 Août 1632, pour Rheims; Arrêt du Conseil du 16 Avril 1735, rendu pour le Présidial de Rouen, qui ordonne qu'à l'avenir il ne sera rendu aucun jugement de compétence, que le procès n'ait été communiqué aux Gens du Roi dudit Siege, & qu'il n'y ait des conclusions par écrit données par eux sur ledit procès; en conséquence, fait défenses aux Avocats & Procureurs du Roi dudit Siege d'y prendre séance, & d'y faire fonctions de Conseillers, lorsqu'il s'agira de rendre lesdits jugements de compétence.)

23. 7°. Ces jugements doivent être rendus par sept Juges au moins, qui doivent signer la minute; à quoi, il est enjoint à celui qui présidera, & au Prévôt, de tenir la main; à peine contre chacun, d'interdiction, de 500 livres d'amende, & des dommages & intérêts des parties. (Ordonnance de 1670, *tit.* 2, *art.* 18; Ordonnance de Roussillon du mois d'Août 1564, *art.* 8; Ordonnance de Moulins en 1566, *art.* 42; Edit d'Amboise en Janvier 1572, *art.* 14.)

Il suffit, au surplus, que ces jugements passent d'une voix, même pour déclarer l'accusé compétent; & tel est l'usage constant des Présidiaux; ce qui est fondé sur ce que ces sortes de jugements sont des jugements civils, ainsi qu'on l'a observé. (Déclaration du 30 Septembre 1751.)

24. 8°. Les Juges, dans le jugement qui déclare un Juge compétent, doivent faire mention des motifs sur lesquels ce jugement est fondé. (Ordonnance de 1670, *tit.* 1, *art.* 17; & *tit.* 2, *art.* 19.) Ces motifs doivent être pris, ou de la qualité du crime, ou de celle des accusés; ainsi qu'il est porté par l'article 13 de l'Edit d'Amboise du mois de Janvier 1572.

9°. On ne peut prendre d'épices pour ces sortes de jugements. (Déclaration du 11 Décembre 1566, sur l'article 21 de l'Ordonnance de Moulins; Arrêt du Conseil du 16 Mai 1608, pour Armagnac; Arrêt du Parlement de Paris du 30 Août 1602; Arrêt du Grand-Conseil des 30 Juin 1611, pour Evreux; 30 Juin 1618, pour Orléans; 2 Mai 1663, pour Andeli; & 25 Septembre 1702, pour Autun; autre Arrêt du Parlement du 28 Août 1627, pour Auxerre, *art.* 10.)

25. 10°. Les Présidiaux en jugeant les compétences, ne peuvent prononcer par renvoi ; mais seulement déclarer si celui qui fait juger sa compétence, est compétent ou non, pour connoître du crime. (Ainsi jugé par Arrêt du Grand-Conseil du 23 Février 1663, contre le Présidial de Bourges, en la cause du Sieur Perret, Contrôleur au Grenier à Sel de Dun-le-Roi, contre le Sieur Fouquet, Greffier de l'Election de Saint-Amand ; & c'est ainsi que s'en explique M. Talon, dans un Arrêt du 28 Mai 1629, où il dit, que si en jugeant l'incompétence d'un Prévôt, les Présidiaux renvoyoient dans un autre Siege, on pourroit en appeller, quant au renvoi, les Présidiaux n'ayant point de Jurisdiction, & encore moins de dernier ressort, pour donner des Juges aux parties.)

26. 11°. Lorsque les Prévôts des Maréchaux, ou autres Officiers qui sont obligés de faire juger leur compétence, sont déclarés compétents par Sentence Présidiale, cette Sentence doit être prononcée sur le champ aux accusés, en présence de tous les Juges, & il doit être fait mention de cette prononciation au bas du jugement ; laquelle mention doit aussi être signée de tous les Juges qui ont assisté au jugement, ensemble de l'accusé, s'il sçait, ou veut signer ; sinon il doit être fait mention qu'il ne sçait signer, ou de son refus ; à peine de nullité, & de tous dépens, dommages & intérêts contre le Prévôt, *&c.* (Ordonnance de 1670, *tit.* 1, *art.* 18, *& tit.* 11, *art.* 20 ; Déclaration du 5 Février 1731, *art.* 25.)

Mais si le Prévôt des Maréchaux, ou les Juges Présidiaux, sont déclarés incompétents, cette prononciation du jugement d'incompétence en présence des Juges, n'est pas nécessaire, & il suffit seulement d'en donner copie à l'accusé ; suivant les articles 18 du titre 1 ; & 20 du titre 2 de l'Ordonnance de 1670.

Ces jugements s'expédient par le Greffier civil du Présidial.

27. 12°. Après la compétence jugée, si le Prévôt est declaré compétent, il doit procéder incessamment à la confection du procès avec l'Assesseur en la Maréchaussée ; ou à son défaut, avec un Conseiller du Siege où ce procès doit être jugé. (Ordonnance de 1670, *tit.* 2, *art.* 22.) Et ce Conseiller doit être de Robe-longue. (Voyez ce qui a été dit au titre *De la Compétence des Juges en particulier*, ci-dessus, *part.* 2, *tit.* 1, n. 318.)

Pour travailler à l'instruction du procès, en conséquence d'un jugement qui déclare le Lieutenant-Criminel compétent pour connoître d'une affaire présidialement & en dernier ressort, le Lieutenant-Criminel est tenu de faire subir un nouvel interrogatoire aux accusés, lors duquel il doit encore leur déclarer que le procès leur sera fait en dernier ressort. (Ordonnance de 1670, *tit.* 1, *art.* 18.)

Les Prévôts des Maréchaux qui ont été déclarés compétents, sont aussi tenus de renouveller cette déclaration aux accusés, lors de l'interrogatoire qu'ils leur font subir, aussi-tôt après la compétence jugée ; les raisons étant ici les mêmes qu'à l'égard des Lieutenants-Criminels. Tel est l'usage qui s'observe constamment à Orléans.

28. 13°. Si le Prévôt est déclaré incompétent, l'accusé doit être transféré dans les prisons du Juge du lieu où le délit a été commis, & les charges & informations, procès-verbal de capture & interrogatoire de l'accusé, & autres pieces & procédures doivent aussi être remises à son Greffe ; & cela dans les deux jours au plus tard, après le jugement d'incompétence ; à peine d'interdiction pour trois ans contre le Prévôt, de 500 livres d'amende, & des dépens, dommages & intérêts des parties. (Ordonnance de 1670, *tit.* 2, *art.* 31.)

Si le Prévôt des Maréchaux a été déclaré compétent, on ne peut plus faire juger de nouveau la compétence de l'accusé pour en attribuer la connoissance au Présidial. Ainsi jugé par Arrêt du Conseil du 19 Avril 1764, qui casse un jugement de compétence rendu au Présidial d'Autun le 27 Mars précédent, par lequel le Lieutenant-Criminel de cette Ville, avoit été déclaré compétent pour faire le procès présidialement & en dernier ressort à un accusé, qui auparavant avoit été déclaré au même Siege incompétent du Prévôt des Maréchaux pour le même fait, quoique le crime fût Présidial. Cet Arrêt est rapporté par M. Serpillon, en son Code criminel, *pag.* 1597.

29. *Question.* Quand le Prévôt a arrêté un accusé prévenu d'être vagabond, & que lors du jugement de compétence, cet accusé est trouvé avoir un domicile ; comme il n'y a plus alors de délit contre l'accusé que l'on suppose décrété de prise de corps, quel est le Tribunal qui doit renvoyer l'accusé de l'accusation, & lui donner main-levée de sa personne ?

Cette espece s'étant présentée à Orléans en l'année 1753, il fut reglé, par un arrêté du 21 Mai audit an, que le Prévôt des Maréchaux ne pouvoit alors élargir l'accusé, & qu'il falloit que les parties se pourvussent au Bailliage Criminel.

Pour moi, je pense que n'y ayant plus de délit, cet élargissement peut être prononcé sur le champ au Présidial, par le jugement même, qui déclare le Prévôt des Maréchaux incompétent; quoique, peut-être, il fût plus régulier de le faire prononcer par le Juge Criminel ordinaire du lieu de la capture de l'accusé, sur-tout dans le cas où l'accusé a été décrété par le Prévôt des Maréchaux.

ARTICLE V.

Des Jugements de compétence par contumace.

30. Lorsque l'accusé est en contumace, les Prévôts des Maréchaux, & autres premiers Juges qui doivent connoître de l'affaire en dernier ressort, sont tenus de faire juger leur compétence avant l'instruction de la compétence; & si l'accusé est arrêté dans la suite, ou se représente, ils sont tenus de la faire juger de nouveau. (Edit du mois de Décembre 1680.)

Il n'est pas nécessaire, pour juger cette compétence des accusés absens, d'instruire auparavant contre eux la contumace, ni de les assigner à quinzaine, ou à huitaine. Cela resulte assez clairement de la disposition de l'Edit du mois de Décembre 1680, qui vient d'être cité vers la fin, qui porte: que quand des accusés contumaxs seront arrêtés avant, ou depuis le jugement contumace, les Prévots des Maréchaux, (& les Sieges Présidiaux,) seront tenus de faire juger de nouveau leur compétence, après que lesdits accusés auront été ouis, en la forme portée par l'article 19 du titre 2, de l'Ordonnance de 1670. Tel est aussi l'usage qui s'observe au Châtelet de Paris, où l'on assigne point les accusés absens dont veut juger la compétence. Ainsi jugé au Présidial d'Orléans le Lundi 19 Décembre 1768, au procès de plusieurs particuliers prévenus de vol fait avec effraction & violence publique, en la Paroisse de Sandillon.

C'est au Présidial dans le ressort duquel le délit a été commis, que le Prévôt des Maréchaux doit faire juger de nouveau sa compétence, suivant le même Edit de Décembre 1680.

31. Pour juger la compétence d'un accusé absent, après l'avoir décrété, il suffit, si cet accusé n'a point de domicile, d'afficher le décret à la porte de l'Auditoire, suivant l'article 3 du titre 17 de l'Ordonnance de 1670; mais s'il a un domicle, il faudra faire perquisition de sa personne à ce domicile, & y laisser copie du procès-verbal de perquisition, en suivant ce qui est marqué par les articles 1 & 2 du même titre 17, & par la Déclaration du Roi du mois de Décembre 1680. (Voyez ce qui est dit ci-après au titre *Des Défauts & Contumaces*, part. 3, liv. 2, tit. 21, n. 8.)

Si dans un même procès, il y a plusieurs accusés du même crime, dont il faille de juger la compétence; & que l'un d'eux soit malade, & hors d'état d'être transporté en la Chambre du Conseil du Présidial, pour le jugement de cette compétence, il faudra, après l'avoir fait visiter par des Médecins & Chirurgiens, & sur leur rapport que cet accusé ne peut être transporté sans péril de la vie, surséoir à la compétence à son égard, & la juger par rapport aux autres, & ensuite procéder à l'instruction, & au jugement du procès de ces derniers. Je l'ai vu ainsi observer à Orléans. (Voyez Lacombe, en son traité *Des Matieres Criminelles*, part. 2, chap. 3, §. 10, pag. 142 de l'édition de 1769.)

32. On peut dire aussi que dans ce cas, où il s'agit de juger la compétence de plusieurs accusés, lors que l'un d'entre eux est malade, il n'y a d'autre moyen que de faire transporter les Juges, au nombre de sept, dans la prison, sinon surséoir au jugement de la compétence des autres. La raison est, 1°. que l'accusé qui ne peut comparoître, peut avoir des moyens qui empêchent la compétence. 2°. Parce que les affaires criminelles sont indivisibles, & que l'instruction d'un même procès criminel, doit être fait avec tous les accusés, dumoins quand on le peut.

Ou bien, on peut dire encore, qu'il faut, dans ce cas, juger le procès à l'ordinaire, & à la charge de l'appel, faute de pouvoir juger la compétence avec tous les accusés; ou le faire interroger en particulier sur sa compétence par un seul Juge, ou par plusieurs, après avoir obtenu des Lettres-Patentes, ou un Arrêt du Conseil à cet effet.

ARTICLE VI.

De la maniere de se pourvoir contre les Jugements de compétence.

33. 1°. Après le jugement de compétence, rendu contre un ou plusieurs accusés, si les Juges viennent à découvrir, dans le cours de l'instruction, ou lors du jugement du procès, qu'un, ou plusieurs des accusés ne sont pas dans le cas d'être jugés en dernier ressort, ils doivent, si ce sont des Juges Présidiaux, se réformer, & ne rendre leur jugement définitif, qu'à la charge de l'appel, en expliquant, par leur Sentence, le motif pour lequel ils n'ont point rendu leur jugement en dernier ressort; comme dans le cas où après la compétence jugée, un Noble, ou un Ecclésiastique, viendroit à être partie au procès; & si l'affaire est instruite par un Prévôt des Maréchaux, il est tenu d'en délaisser la connoissance aux Juges qu'il appartiendra, en faisant néanmoins juger ce délaissement au Présidial. (Article 14 de la Déclaration du 5 Février 1731.)

Et je crois qu'il en est de même, si un accusé qui auroit été déclaré compétent, faute d'avoir certifié de ses vie & mœurs dans le temps qui lui auroit été prescrit pour cela, venoit ensuite dans le cours de l'instruction, & après la compétence jugée, à justifier de son domicile & de sa profession.

34. Il en doit aussi être de même, dans le cas où le crime qui auroit donné lieu au jugement de compétence, comme prévôtal, viendroit à n'être plus tel, soit par la rétraction des témoins, ou autre cause semblable, & seroit trouvé être un crime ordinaire & non prévôtal.

Il faut observer que si après le jugement d'un procès prévôtal, qui condamne un des accusés à une question préparatoire, l'accusé condamné vient à charger à la question un Noble, ou Ecclésiastique, ou autre privilegié, comme étant du nombre de ses complices; les Juges, en ce cas, ne peuvent plus connoître de l'affaire en dernier ressort, même à l'égard de l'accusé condamné à la question préparatoire, & qui y a été appliqué. C'est une suite de la disposition portée en l'article 14 du titre 15 de la Déclaration du 5 Février 1731.

Mais si cet accusé a été condamné à mort, préalablement appliqué à la question, faudra-t-il alors suspendre le jugement de mort; ou si l'on exécutera seulement cet accusé, en ne jugeant plus les autres, qui ne l'ont point encore été, qu'à la charge de l'appel ?

Il paroît que dans ce cas le jugement de mort ayant été prononcé doit être exécuté ; & qu'à l'égard des autres accusés qui n'ont point été jugés, ils ne peuvent l'être qu'à la charge de l'appel. Mais comme cela n'est pas sans difficulté, le plus sûr est d'en écrire à M. le Chancelier, si le cas s'en présentoit, ainsi que cela est arrivé en 1734, dans l'affaire des Juges de Saint-Pierre-le-Moutier.

35. 2°. L'article 26 de la Déclaration du 5 Février 1731, porte : » Que lorsque les Prévôts des Maréchaux, & autres Juges, en » dernier ressort, qui sont obligés de faire juger leur compéten» ce, auront été déclarés compétents par Sentence des Juges » Présidiaux, ni les parties civiles, ni les Prévôts, ni les Pro» cureurs du Roi aux Sieges Présidiaux, ou aux Maréchaussées, » ne pourront se pourvoir en quelque maniere que ce soit contre » les jugements par lesquels lesdits Prévôts des Maréchaux, ou » autres Juges en dernier ressort, auront été déclarés incom» pétents, ni demander que l'accusé soit renvoyé pardevant » eux; mais que ladite Sentence sera exécutée irrévocablement » à l'égard du procès sur lequel elle sera intervenue : n'entend » néanmoins S. M. que si ces Officiers prétendent que ce juge» ment donne atteinte aux droits de leur jurisdiction, & peut être » tiré à conséquence, ils n'en portent leurs plaintes pour y être » pourvu par le Roi, ainsi qu'il appartiendra.

3°. Lorsque l'accusé a été déclaré compétent, il a la voie de se pourvoir au Grand-Conseil par demande en cassation contre le jugement de compétence. Avant l'année 1768, & depuis l'année 1731, ces demandes en cassation, se portoient au Conseil du Roi, suivant un Arrêt du Conseil du 9 Juillet 1731 ; mais par Arrêt du Conseil Privé du 11 Janvier 1768, le Roi a réservé au Grand-Conseil la connoissance de ces sortes de demandes, ainsi qu'elle lui avoit été attribuée par une Déclaration du Roi du 23 Septembre 1678, & dont il avoit joui jusqu'en l'année 1731. Je ne vois pas cependant que ce dernier Arrêt du 11 Janvier 1768, ait été envoyé dans les Présidiaux.

36. Au reste, il faut observer que cette attribution ne donne point

au Grand-Conseil le droit de faire des Réglements, soit entre les Présidiaux & les Prévôts des Maréchaux, soit entre les Officiers de ces Jurisdictions; comme il a été jugé par Arrêt du Conseil du 31 Août 1705, rendu en faveur du Lieutenant de Robe-courte du Châtelet de Paris.

4°. Quand une fois le jugement définitif prévôtal, ou présidial est rendu, il n'est plus temps de se pourvoir contre le jugement de compétence, quand même cet appel se feroit avant l'exécution de la Sentence.

37. 5°. Quant à la procédure qui doit être tenue sur ces demandes en cassation contre le jugement de compétence, il faut suivre celle qui est prescrite par les Lettres-Patentes du 11 Janvier 1768, registrées au Grand-Conseil le 13 dudit mois, & composées de 13 articles; ou dumoins celle portée par le réglement du Conseil du 28 Juin 1738, *part.* 1, *tit.* 5. Il faut observer seulement:

1°. Que les accusés ne peuvent se pourvoir contre le jugement de compétence, lorsque ce jugement a été rendu contre eux par défaut. (Mêmes Lettres-Patentes du 11 Janvier 1768, *art.* 2.)

2°. Qu'il faut, pour se pourvoir, que l'accusé soit actuellement dans les prisons du Juge où le procès criminel est pendant. (*Ibid.* art. 3.)

3°. Que cette demande en cassation, n'empêche pas que la procédure soit continuée jusqu'au jugement définitif exclusivement. (*Ibid.* art. 6.)

4°. Que s'il y a une partie civile, la requête en cassation doit lui être communiquée, pour y répondre dans le délai qui lui sera prescrit. (*Ibid.* art. 8.)

5°. Que si le jugement de compétence est cassé, le procès doit être renvoyé devant le Juge qui en doit connoître, à la charge de l'appel au Parlement. (*Ibid.* art. 10.)

6°. Que si le cas est reconnu Prévôtal, ou Présidial; mais qu'il se trouve des défauts dans la procédure qui la fasse déclarer nulle; alors le procès doit être renvoyé devant tel autre Prévôt des Maréchaux, ou tel autre Présidial qu'il appartiendra, pour y être instruit & jugé en dernier ressort. (*Ibid.* art. 11.)

38. *Question.* Lorsqu'un jugement de compétence est cassé, les procédures faites par le Prévôt des Maréchaux, ou autre Juge déclaré incompétent, depuis le Jugement de compétence, sont-elles nulles, ou si elles sont valables, & doivent subsister?

Je

Je crois qu'elles sont nulles, ainsi qu'il résulte de l'article 4 du titre premier de l'Ordonnance : car cet article porte, que les premiers Juges seront tenus de renvoyer les accusés qui ne sont point de leur compétence, pardevant les Juges qui en doivent connoître, dans les trois jours après qu'ils en auront été requis ; à peine de nullité des procédures faites depuis la réquisition ; d'où il suit *à pari*, que toutes les procédures faites depuis la demande en cassation du jugement de compétence, sont nulles, & ne peuvent subsister. Voyez néanmoins Lacombe, en son Traité *Des Matieres Criminelles*, part. 2, ch. 3, pag. 139, édition de 1769, où il rapporte l'avis de Me. Amiot, Greffier de la Tournelle du Parlement de Paris, qui ayant été consulté sur une pareille question, décida que l'information faite par le Prévôt des Maréchaux, ainsi que le décret, devoient subsister ; mais que tout le reste de la procédure étoit nul, même les interrogatoires.

39. 6°. Les Greffiers des Bailliages & Sénéchaussées, Présidiaux & Maréchaussée, sont tenus d'envoyer tous les six mois aux Procureurs-Généraux des Cours de Parlement, chacun dans leur ressort, un extrait de leur registre ou dépôt, signé d'eux, & visé, tant par les Lieutenants-Criminels, que par les Procureurs du Roi desdits Bailliages, Sénéchaussées & Sieges Présidiaux ; dans lequel extrait ils doivent insérer en entier, la copie des jugements de compétence rendus dans les six mois précédents, & de leur prononciation ; le tout à peine d'interdiction & d'amende, &c. (Déclaration du 5 Février 1731, *art.* 29 ; Ordonnance de 1670, *tit.* 6, *art.* 19.)

40. 7°. Les Procureurs du Roi des Marechaussées & Sieges Présidiaux, sont aussi tenus, à peine d'interdiction, d'informer le Procureur-Général établi par Sa Majesté à ce sujet, de tous les jugements de compétence intervenus sur leur poursuite, aussitôt que ces jugements ont été rendus ; & doivent lui envoyer en même-temps un mémoire contenant les raisons qui peuvent servir à faire confirmer ces jugements, en cas qu'ils soient attaqués. (Ordonnance servant de réglement touchant la procédure du Conseil du 28 Juin 1738, *part.* 1, *tit.* 5, *art.* 11.)

TITRE XVI.

Des Sentences de provision d'aliments, médicaments, &c.

ARTICLE PREMIER.

Des Sentences de provision.

1. 1°. Les Sentences de provision en matiere criminelle, sont celles qui adjugent des sommes de deniers pour pourvoir aux aliments & médicaments; comme dans le cas de blessure, pour faire traiter & panser une personne blessée: (Ordonnance de 1670, *tit.* 12, *art.* 1;) ou dans le cas de grossesse, pour pourvoir aux frais de couche & nourriture de l'enfant. Elles s'accordent aussi quelquefois dans le cas d'homicide, à la veuve, & aux enfants de celui qui a été tué; soit pour frais funéraires; soit pour aliments; ou même pour pouvoir poursuivre le procès contre l'accusé. (Carondas, *rep. liv.* 6, *chap.* 79; Imbert, *liv.* 4, *chap.* 5, *n.* 2.)

C'est pourquoi, ces sortes de provisions peuvent être demandées, non-seulement par l'offensé, lorsqu'il est vivant; mais encore par ses héritiers, lorsqu'il est décédé.

2. Quelquefois même elles s'accordent à l'accusé; comme dans le cas où une femme seroit accusée d'adultere par son mari. (Ainsi jugé par Arrêt de la Tournelle du 27 Juin 1714, qui a adjugé une provision à une femme en pareil cas, contre son mari, pour subvenir aux frais du procès. Voyez Chenu, *quest.* 48.)

Et il en est de même d'un Religieux qui auroit un procès criminel contre son Abbé, ou contre le Couvent, s'il n'avoit pas d'ailleurs de quoi fournir aux frais nécessaires pour sa défense.

Mais il faut dans tous ces cas, pour pouvoir demander une provision, être plaignant, ou partie au procès.

2°. Lorsqu'il y a plusieurs offensés, *v. g.* plusieurs blessés, ils peuvent demander chacun une provision contre l'accusé; & de même, s'il y a plusieurs accusés, ils doivent être condamnés solidairement au paiement de la provision, ou des provisions; mais il faut que cette solidité soit prononcée par la sentence, sauf le recours de celui qui paye, contre ses complices, ou co-accusés.

3. 3°. Comme les crimes sont personnels, un pere n'est pas tenu de la provision prononcée contre son fils; à moins que ce fils n'eût des droits acquis, & que le pere fût son tuteur, ou gardien; auquel cas il pourroit être condamné à payer en cette qualité, la provision à laquelle son fils auroit été condamné. (Voyez Bardet, *tom.* 2, *liv.* 6, *chap.* 42; & Bruneau, Traité des Matieres-Criminelles, *part.* 1, *tit.* 14, maxime 12, *pag.* 114.)

4°. Il n'est pas nécessaire que les Sentences de provision soient prononcées au Siege : le Lieutenant-Criminel, ou autre Juge chargé de l'instruction des procès-criminels, peut les adjuger seul. (Arrêt du Parlement du 27 Janvier 1607, pour Loudun, rapporté par Joli, *pag.* 1131; autre du 13 Février 1627 pour Fontenai-le-Comte, rapporté par Filleau, *tom.* 1, *pag.* 69; Transaction du 1 Mars 1657, passée entre les Officiers du Présidial d'Orléans; Arrêt du Parlement du 23 Août 1663, pour Angoulême. Voyez aussi ce qui est dit au titre *De l'Instruction criminelle en général*, ci-après, *part.* 3, *liv.* 3, *tit.* 2, n. 35.)

4. Néanmoins un Arrêt du Conseil du 25 Février 1681, rendu en cassation d'un Arrêt du Parlement de Rouen du 10 Février 1680, porte : Que le Lieutenant-Criminel de Coutances ne pourra adjuger ces sortes de provisions que par l'avis du Siege; ce qui est conforme à un Arrêt de Réglement du même Parlement de Rouen du 12 Mars 1608, imprimé à la fin du Commentaire de Berault sur la Coutume de Normandie, *pag.* 83 de l'édition de 1660, confirmé depuis par un autre Arrêt du même Parlement du 3 Avril 1696.

L'Edit du mois de Septembre 1697, pour les Présidiaux de Franche-Comté, *art.* 48, porte : Que le Lieutenant-Criminel donnera seul les Sentences de provision dans tous les cas, lorsqu'elles seront demandées avant le jugement de compétence; mais que si après ledit jugement on en adjuge une seconde, elle sera adjugée en la Chambre du Conseil.

Si l'accusé forme opposition à la Sentence de provision, cette opposition doit être jugée au Siege.

Les Juges d'Eglise ne peuvent, en aucun cas, adjuger seuls des provisions en matiere criminelle contre un accusé, quoique Eccléſiaſtique; ſauf à en accorder ſur la procédure conjointement faite avec le Juge Royal. (*Ita* Lacombe, Traité des Matieres Criminelles, *part.* 3, *chap.* 9, *n.* 17;) ce qui paroît auſſi réſulter de l'article 7 du titre 12 de l'Ordonnance de 1670. (Voyez au titre *De la Compétence des Juges en criminel*, ci-deſſus, *part.* 2, *tit.* 1, *n.* 432.)

5. 5°. Les proviſions peuvent être demandées en tout état de cauſe. Néanmoins les Juges ne doivent point les accorder, quand le procès eſt en état d'être jugé définitivement, & même après le réglement à l'extraordinaire; à moins qu'il ne ſurvînt des accidents qui donnaſſent lieu à une ſeconde proviſion. (Voyez Papon, *liv.* 28, *tit.* 1, *n.* 5.)

6°. Pour pouvoir adjuger une proviſion, il faut que le corps de délit ſoit conſtant, & qu'il y ait un commencement de preuves contre l'accuſé. (Rebuff. *in tract. de ſent. proviſ.* gl. 4.) A l'égard des preuves néceſſaires pour les accorder, Voyez ce qui a été dit ci-deſſus au titre *Des Preuves en général*, part. 3, liv. 1, tit. 3, n. 391.

Il faut auſſi qu'il paroiſſe que le plaignant a beſoin d'aliments, ou de médicaments, *&c.*; c'eſt pourquoi, la proviſion ne doit être adjugée que ſur le vu des rapports des Médecins, Chirurgiens, Sages-Femmes, *&c.* crainte d'être ſurpris par un faux expoſé; joint à ce que la proviſion s'adjuge plus ou moins forte, ſelon la qualité des bleſſures, & les circonſtances.

6. Mais pour que ce rapport faſſe foi en Juſtice, il faut qu'il ſoit ordonné par le Juge. C'eſt pourquoi, un plaignant en demandant permiſſion d'informer, ne doit pas manquer de demander en même-temps à être viſité. Voyez néanmoins l'article 1 du titre 5 de l'Ordonnance de 1670, qui ſemble ne point exiger cette permiſſion de ſe faire viſiter.

Ces ſortes de proviſions s'accordent quelquefois aſſez légérement par les Juges; mais le plus ſouvent le Parlement en ordonne la reſtitution.

Il faut auſſi, pour pouvoir adjuger une proviſion, qu'il y ait auparavant un décret contre l'accuſé. (Arrêt du Parlement du 20 Octobre 1714, contre le Juge de Nogent-le-Roi.) D'ailleurs, on n'eſt regardé comme accuſé que par le décret: auſſi l'Ordonnance de 1670, ne met le titre des Sentences de proviſion, qu'après le titre des décrets; mais il ſuffit que ce décret ſoit ſignifié à l'accuſé.

avant la provision, sans qu'il soit nécessaire d'attendre l'échéance du délai, qui ne pourroit qu'occasionner des retardements incompatibles avec la faveur que méritent les provisions, & avec la nécessité souvent très urgente de les accorder.

7. 7°. Ces provisions peuvent & même doivent être adjugées, sans conclusions des Procureurs du Roi, ou de ceux des Seigneurs : (Ordonnance de 1670, *tit.* 12, *art.* 1 ;) parce que cette demande n'intéresse point leur ministere, & n'a rien de commun avec la punition du crime.

Il n'est pas besoin non plus d'y appeller l'accusé, & de l'entendre préalablement en ses défenses ; sauf à lui à former opposition à la Sentence qui a adjugé cette provision, ou à l'attaquer par la voie d'appel.

8°. La provision accordée au plaignant, dépend de l'arbitrage du Juge, & doit être proportionnée aux besoins, & à la qualité de la partie qui la demande, à la nature de la blessure, *&c.*, & aussi aux facultés de l'accusé.

A l'égard de la taxe de ces frais & médicaments pour des blessures, elle doit être commise à des Médecins, Chirurgiens, ou Apothicaires, & non à de simples Experts. (Arrêt du 23 Mai 1677, rapporté par Boniface, *tom.* 5, *tit.* 8, *chap.* 1.) Mais les frais qui se font pour l'exécution des Sentences de provision, doivent être réservés pour y prononcer en définitive.

8. 9°. Les Sentences de provision ne peuvent être sursises ni jointes par les Juges qui les auront données ; à peine de suspension de leurs charges, & de tous dépens, dommages & intérêts. (Ordonnance de 1670, *tit.* 12, *art.* 4.) Mais les Juges peuvent quelquefois joindre au fonds les requêtes à fin de provisions, lorsqu'il n'y a pas lieu de les adjuger.

10°. Les mêmes Juges ne peuvent accorder des provisions à l'une & l'autre des parties, sous les mêmes peines de suspension, & de tous dépens, dommages & intérêts. (Ordonnance de 1670, *tit.* 12, *art.* 2.) Autrement cela donneroit lieu à des demandes en compensation, qui ne feroient que causer des frais aux parties.

Il peut néanmoins arriver des cas où le Juge ne peut se dispenser d'accorder une provision aux deux parties ; *v. g.* lorsque deux particuliers portent leur plainte devant un même Juge à raison des blessures qu'elles se sont faites réciproquement dans un combat ; & que dans le temps où celui qui est le plus dangereusement blessé, ne pense qu'à sa guerison, l'autre partie plus vigilante, quoique blessée plus légérement, obtient une Sentence de provision. Il est certain dans ce cas, que la partie dangereusement blessée, peut demander de son côté une provision, qui ne peut lui être refusée, & qu'elle peut même empêcher l'exécution de la provision adjugée à l'autre partie, en attaquant par la voie d'opposition la Sentence qui la lui a adjugée.

9. Lorsque dans une même rixe, les deux parties sont blessées, & que chacune d'elles demande une provision, c'est au Juge à examiner laquelle des deux parties mérite la provision. Ordinairement elle s'adjuge à celui qui paroît le moins coupable, & qui n'est pas l'aggresseur. Quelquefois cependant les Juges reservent dans ce cas à faire droit sur la provision, après le réglement à l'extraordinaire.

Quand les plaintes des parties sont portées devant différents Juges, il arrive quelquefois que chacune de ces parties obtient une provision. Il faut alors se pourvoir devant le Juge supérieur, pour faire régler à qui elle doit être adjugée.

10. 11°. S'il est nécessaire d'adjuger une seconde provision, les Juges ne peuvent l'ordonner que quinzaine après la premiere ; (Ordonnance de 1670, *tit.* 12, *art.* 3 ;) ce qui ne doit avoir lieu que dans le cas où la premiere seroit insuffisante, soit à cause de la longueur de la maladie, soit par l'augmentation des accidents. C'est pourquoi, pour établir cette nécessité, il semble qu'il faut un nouveau rapport de Médecins, Chirurgiens, *&c.* ; sur-tout lorsque l'accusé, ou défendeur s'oppose à cette nouvelle provision.

Cette seconde provision doit alors être adjugée au Siege, & non par le Juge d'instruction seul. Mais on ne doit jamais décerner une troisieme provision.

12°. Les Sentences qui adjugent des provisions, doivent être rendues sans aucunes épices ; quand même elles seroient rendues sur des oppositions & incidents qui pourroient naître à ce sujet. (Ordonnance de 1670, *tit.* 12, *art.* 3.)

11. 13°. Les Sentences de provision rendues par les Baillifs & Sénéchaux Royaux, & autres Juges ressortissants nuement aux Cours, doivent être exécutées nonobstant & sans préjudice de

l'appel, lorſqu'elles n'excedent la ſomme de 200 livres; celles des autres Juges Royaux, lorſqu'elles n'excedent que 120 liv.; & celles des Juges des Seigneurs, lorſqu'elles n'excedent pas 100 livres.

L'appel même comme de Juge incompétent, ou récuſé, n'empêche pas cette exécution proviſoire. (Voyez l'article 2 du titre 25 de l'Ordonnance de 1670.) Mais cette exécution proviſoire n'a pas lieu pour les dépens. (Ainſi jugé par Arrêt du Parlement de Dijon du 28 Janvier 1735, rapporté par M. Serpillon en ſon Code Criminel, *pag.* 1521.)

Quand il y a pluſieurs accuſés, & un ſeul plaignant, on ne peut les condamner tous enſemble qu'à 200 livres, pour que la Sentence du Lieutenant-Criminel puiſſe s'exécuter par proviſion.

12. Si, au contraire, il y avoit pluſieurs plaignants, il ſemble qu'en adjugeant à chacun d'eux la ſomme de 200 livres, la Sentence pourroit s'exécuter par proviſion; car il faut que chaque bleſſé ait des aliments, & ſi les proviſions étoient diviſées, ils ne ſeroient pas tous ſoulagés. Tel paroît être l'eſprit de l'Ordonnance.

Pendant la conteſtation ſur le renvoi demandé par un accuſé Eccléſiaſtique, le Juge peut adjuger une proviſion à la partie, même contre cet Eccléſiaſtique. (*Ita* Papon, *liv.* 18, *tit.* 1 des Proviſions, *n.* 11 & 12; & Imbert, *liv.* 3, *chap.* 3, *n.* 12, aux notes.) La raiſon en eſt, que la partie offenſée ne doit point ſouffrir de ce débat. Si cependant la preuve n'étoit pas encore ſuffiſante pour adjuger cette proviſion au préjudice du renvoi, il faudroit alors que cette preuve ſe fît plus amplement devant l'un & l'autre Juge, c'eſt-à-dire, devant le Juge Royal, & le Juge d'Egliſe.

13. 14°. Les Sentences de proviſion s'exécutent par ſaiſie de biens, ou empriſonnement de la perſonne du condamné: (Ordonnance de 1670, *tit.* 12, *art.* 6;) ce qui a lieu, même dans le cas où l'accuſé auroit été élargi depuis ſon premier interrogatoire. Il peut néanmoins être empriſonné de nouveau pour le paiement de cette proviſion.

Le même article ajoute, que cette exécution proviſoire a lieu ſans que le plaignant ſoit tenu de donner caution; parce que les proviſions demeureroient le plus ſouvent inutiles, par la difficulté qu'il y auroit de trouver des cautions.

Mais quoique celui au profit duquel la provision est adjugée, ne soit pas tenu de donner caution aux termes de cet article; néanmoins le Juge n'ordonne quelquefois cette provision qu'à la caution juratoire du plaignant de rapporter cette somme, s'il est ainsi ordonné en fin de cause.

14. Quand le Juge n'auroit pas prononcé la condamnation par corps pour la provision, elle seroit toujours payable par cette voie en vertu de l'Ordonnance.

La partie civile qui a obtenu une provision, peut, pour en avoir le paiement, saisir les biens de l'accusé contumax qui auroient déja été saisis & annotés.

A l'égard des peres, meres, tuteurs, & autres parents des accusés, ils ne sont pas tenus de les représenter, ni de payer les provisions adjugées contre eux; parce que les crimes sont personnels.

15°. Les Sentences de provision, quant à la faculté de pouvoir les mettre en exécution, durent 30 ans comme les autres Sentences, & ne tombent point en péremption. (Voyez Louet, *lettre* P, *chap.* 15, *n.* 3.)

15. 16°. Les deniers adjugés par provision ne peuvent être saisis, ni consignés au Greffe, ou ailleurs, pour quelque cause ou prétexte que ce soit, même pour frais de Justice; à peine de nullité des consignations, & d'interdiction contre les Greffiers & leurs Commis qui les auront reçus: & nonobstant ces saisies & consignations, les parties condamnées peuvent être contraintes au paiement. (Ordonnance de 1670, *tit.* 12, *art.* 5.)

Néanmoins, si la saisie, ou arrêt sur les deniers de la provision étoit pour aliments fournis dans la maladie du blessé, ou pendant la couche de la fille qui auroit obtenu cette provision, il semble que cette saisie seroit bonne & valable, & que le saisissant pourroit toucher aumoins une partie de la provision.

16. 17°. Les sommes adjugées par provision, ne doivent point être précomptées, ni déduites sur celle en laquelle l'accusé est condamné définitivement envers le plaignant; à moins que le jugement ne le porte expressément, ou qu'il ne porte que cette provision sera rendue; & alors on ordonne ordinairement que cette provision sera rendue par les mêmes voies, que celles par lesquelles l'accusé a été obligé de la payer.

Il

Il faut aussi observer que lorsque par le jugement définitif, il ne se trouve pas de preuve contre l'accusé, & qu'il est renvoyé absous, on ordonne que les provisions seront rendues; & même en cas de calomnie évidente, on en ordonne la restitution par corps; mais si le jugement n'en ordonne pas la restitution, elles ne peuvent être répétées. (Voyez Papon, *liv.* 18, *tit.* 1, *n.* 38.)

ARTICLE II.

De la maniere de se pourvoir contre les Sentences de provision.

17. On peut se pourvoir contre les Sentences de provision, 1°. par la voie d'opposition : 2°. par la voie d'appel.

1°. Si le défendeur s'oppose à la provision, il peut demander que le plaignant soit visité par Médecins & Chirurgiens pour constater son état.

Cette opposition doit être jugée au Siege; & il semble qu'elle a l'effet d'empêcher l'exécution provisoire de la Sentence de provision, à laquelle l'accusé s'est opposé; dumoins pour empêcher la vente des effets saisis.

2°. S'il y a appel de la Sentence de provision, le paiement de la provision fait par l'accusé, ne peut former contre lui une fin de non-recevoir contre cet appel; parce qu'il est censé n'avoir payé que par voie de contrainte, & pour éviter les poursuites qui pouvoient être faites contre lui. Il n'est pas même nécessaire que l'accusé fasse cette réserve en payant; parce qu'en matiere criminelle, il n'y a point de fins de non-recevoir, que celles réservées par l'Ordonnance. (Voyez l'article 3 du titre 25 de l'Ordonnance de 1670.)

18. Il est défendu aux Cours, & autres Juges, de surseoir ni de défendre l'exécution des Sentences de provision, sans avoir vu les charges & informations, & les rapports des Médecins & Chirurgiens, & que le tout n'ait été communiqué aux Procureurs-Généraux; & les défenses ou surséances ne doivent avoir aucun effet à l'égard de la provision, si elles ne sont expressément ordonnées par l'Arrêt, pour lequel il ne doit être pris aucunes épices. (Ordonnance de 1670, *tit.* 12, *art.* 8.)

Lorsqu'il y a appel de deux Sentences de provision rendues par divers Juges, devant lesquels les parties se feront pourvues, les Juges peuvent sur l'appel, compenser les provisions pour le tout, si elles sont égales; ou jusqu'à concurrence, si elles sont inégales; ou bien ordonner que l'une d'elles aura lieu, & non l'autre; le tout suivant les circonstances.

TROISIEME PARTIE.

LIVRE II.

CHAPITRE II.

De ce qui se fait depuis le Réglement à l'extraordinaire.

TITRE XVII.

Du Réglement à l'extraordinaire, & des Jugements qui admettent la Partie publique, ainsi que la Partie civile, à prendre droit par l'interrogatoire de l'accusé, & l'accusé par les charges.

ARTICLE PREMIER.

Du Réglement à l'extraordinaire.

1. 1°. On appelle *Réglement à l'extraordinaire*, le Jugement qui ordonne, après l'examen de la procédure, que les témoins seront récolés & confrontés; parce que c'est seulement depuis ce jugement que commence la procédure extraordinaire.

Le motif de ce réglement est d'assurer par la répétition des témoins en leurs dépositions, & par leur confrontation à l'accusé, la vérité & la certitude de ces dépositions.

2. 2°. L'article 1 du titre 15 de l'Ordonnance de 1670, porte: Que si l'*accusation mérite d'être instruite*, le Juge ordonnera que les témoins entendus dans les informations, & autres qui pour-

ront être entendus de nouveau, seront récolés en leurs dépositions; & si besoin est, confrontés à l'accusé.

Une accusation mérite d'être instruite, lorsque le délit est de nature à mériter une peine afflictive, ou infamante. Il faut nécessairement dans ce cas, passer au réglement à l'extraordinaire. (*Ita* Airault en son Instruction Judiciaire, *liv.* 2, *part.* 2, *n.* 2, *pag.* 182; & il a été ainsi jugé par Arrêt de la Tournelle du 6 Août 1722, rapporté au Dictionnaire des Arrêts au mot *Procédure*, n. 172, qui regle que les Juges ne peuvent prononcer des peines afflictives, ou infamantes, que lorsque le procès aura été instruit par récolement, ou confrontation. Autre Arrêt du 28 Maï 1717, rapporté au Journal des Audiences, qui fait défenses au Lieutenant-Criminel de Paris, de rendre aucun jugement définitif contre les accusés de vol, ou autres crimes qui méritent peine afflictive, ou infamante, que préalablement il n'ait instruit le procès par récolement & confrontation. C'est aussi ce qui résulte de la disposition de l'article 9 du titre 15 de l'Ordonnance de 1670.)

3. L'Ordonnance des Gabelles du mois de Mai 1680, *tit.* 17, *art.* 21, porte aussi : Que les condamnations à peine afflictive ne pourront intervenir qu'après une instruction entiere, audition de témoins, récolement & confrontation, comme dans les autres crimes.

Au reste, cela suppose qu'il n'y ait pas d'ailleurs une preuve suffisante par la confession de l'accusé, & par les autres présomptions & circonstances du procès; car s'il résultoit une preuve suffisante des interrogatoires de l'accusé, il ne paroît pas qu'il fût nécessaire de récoler & confronter les témoins. (*Ita* Jul. Clarus, *in practicâ crim.* qu. 45, n. 13.) On peut même tirer cette conséquence de l'article 5 du titre 25, & de l'article 2 du titre 8 de l'Ordonnance de 1670. En effet, puisqu'aux termes de cet article 5, on peut juger les procès criminels, même sans information, s'il y a preuve suffisante par la confession de l'accusé, & par les autres circonstances du procès : il s'ensuit par la même raison, que quoiqu'il y ait eu des témoins entendus, s'il y a d'ailleurs une preuve suffisante par la confession de l'accusé, & par les autres présomptions du procès, il n'est pas nécessaire alors de récoler & confronter les témoins.

4. Mais il est mieux dans ce cas-là même de récoler & de confronter deux ou trois des principaux témoins, afin que le procès

ſoit bien inſtruit. En effet, ſi l'interrogatoire venoit à être annullé par quelque défaut de formalité, il faudroit recommencer la preuve; ce qui tireroit le procès en longueur, & pourroit même être dangereux pour le bien de la Juſtice; parce que pendant ce temps-là, il pourroit mourir quelques témoins, & que la preuve pourroit manquer. D'ailleurs, en matiere criminelle, il faut tout mettre en uſage; & la preuve qui réſulte de la dépoſition des témoins, ſert à fortifier celle qui réſulte de la confeſſion de l'accuſé. C'eſt ainſi que le penſe Airault en ſon Inſtruction Judiciaire, *liv.* 3, *part.* 3, *n.* 28, *pag.* 495.

Boniface rapporte néanmoins un Arrêt du 6 Juin 1671, qui a infirmé une Sentence qui avoit ordonné un récolement de témoins, & le réglement à l'extraordinaire après la confeſſion de l'accuſé. (Voyez Boniface, *tom.* 3, *liv.* 1, *tit.* 8, *chap.* 6;) mais ſans doute que cet Arrêt a été rendu ſur des circonſtances particulieres.

5. 3°. Le réglement à l'extraordinaire, peut être requis, ou par la partie publique, ou par la partie civile: le Juge peut auſſi l'ordonner d'office. Quand il y a une partie civile, comme c'eſt elle qui pourſuit, c'eſt elle qui le plus ſouvent préſente requête après l'interrogatoire de l'accuſé, à ce qu'il ſoit ordonné que les témoins ſeront récolés & confrontés.

Mais quand la partie civile a eu communication de l'interrogatoire de l'accuſé, & qu'elle a demandé à prendre droit par cet interrogatoire, elle ne peut plus demander le réglement à l'extraordinaire.

L'accuſé peut auſſi demander le récolement des témoins, & qu'ils lui ſoient confrontés, lorſqu'il le croit néceſſaire pour ſa juſtification.

6. *Queſtion.* Cette faculté de l'accuſé de pouvoir demander que les témoins lui ſoient confrontés, a-t-elle auſſi lieu dans les affaires qui ne ſont pas de nature à mériter une peine afflictive & infamante, en offrant d'en payer les frais par avance; ſauf à les répéter, s'il y a lieu en définitive?

Je crois qu'il le peut, ſur-tout ſi cet accuſé eſt une perſonne élevée en dignité, pour peu que le délit, dont il eſt accuſé, bleſſe ſa réputation.

On peut même dire en général, qu'un accuſé eſt toujours en droit de demander le réglement à l'extraordinaire dans les délits, où il n'échet aucune peine infamante. En effet, il peut se trouver des affaires si intéressantes, que ce seroit une injustice de refuser ce secours à l'accusé. Souvent les témoins sont forcés à la confrontation, de convenir de faits importants que l'accusé leur oppose, ou leur fait expliquer; & souvent il les force de convenir de reproches qui ne peuvent être éclaircis que par l'aveu du témoin, & autres moyens pressants. Cette maxime doit sur-tout avoir lieu dans la spoliation d'hoirie, où il s'agit d'une grande partie de la fortune de l'accusé.

7. Lorsque le plaignant a consenti le récolement & la confrontation dans des cas où elle n'est pas nécessaire, il ne peut plus révoquer son consentement, ni attaquer le jugement, sous prétexte que le procès ne devoit pas être réglé à l'extraordinaire. (Ainsi jugé par Arrêt du Parlement de Dijon du 4 Avril 1753.)

4°. Pour pouvoir récoler & confronter des accusés les uns aux autres, il faut nécessairement un jugement qui l'ordonne expressément : le jugement qui l'ordonne pour les témoins ne pouvant suppléer pour les accusés, à moins que cela ne soit ainsi porté par le même jugement, qui ordonne que les témoins seront récolés & confrontés. (Ainsi jugé par Arrêt du 28 Mai 1696, contre le Juge du Comté de Lyon; autre du 10 Février 1711 contre le Mayeur de Perronne, rapporté au Supplément du Traité des Matieres Criminelles de Lacombe, *addition* 24; autre du 31 Décembre 1711, rapporté au Journal des Audiences.)

8. 5°. On peut ordonner le réglement à l'extraordinaire contre un contumax, sans que la contumace ait été instruite contre lui; mais on ne peut ordonner que le récolement vaudra confrontation qu'après l'instruction de cette contumace. (Voyez ce qui est dit au titre *Des Défauts & Contumaces*, ci-après, *part.* 3, *liv.* 2, *tit.* 21, *n.* 27.)

A l'égard des accusés présents, on ne peut passer contre eux au récolement & à la confrontation, qu'après qu'ils ont été interrogés, & que l'interrogatoire a été communiqué au Procureur du Roi. (Arrêt du Parlement du 7 Septembre 1660 pour Dreux; autre du 15 Septembre 1678; autre du 9 Juillet 1734, rendu en la quatrieme Chambre des Enquêtes, qui casse une Sentence de la Table-de-Marbre, & une autre rendue en la Maîtrise des Eaux & Forêts d'Angoulême, faute d'avoir fait subir interrogatoire à l'accusé avant le réglement à l'extraordinaire.)

9. 6°. Lorsqu'après le jugement de récolement & confrontation

rendu contre un accusé, il survient des dépositions portant charge de nouveaux faits contre cet accusé, il faut une nouvelle plainte, & un nouveau jugement, portant que les témoins ouis, & à ouir sur ces nouvelles charges, seront récolés; & si besoin est, confrontés à l'accusé. (Ainsi jugé par Arrêt rendu en la Tournelle le 9 Janvier 1743, contre un Conseiller au Présidial de Bourges, faisant les fonctions de Lieutenant-Criminel.)

10. 7°. Pareillement, lorsque dans un même procès criminel, il y a une plainte, ou des charges contre un nouvel accusé, ou complice, il faut un nouveau jugement de récolement & de confrontation contre cet accusé, quand cette nouvelle plainte est rendue depuis le premier réglement à l'extraordinaire; car ces sortes de réglements n'ont lieu que pour les crimes, & contre les accusés déférés à Justice, & sur lesquels il y a eu une instruction; mais non pour ceux qui y sont déférés depuis le jugement qui a prononcé ce réglement à l'extraordinaire.

8°. Les jugements de récolement & de confrontation qui se donnent à charge de l'appel, doivent être rendus par trois Juges, s'il y a des conclusions à peine afflictive, ou infamante de la part de la partie publique. (Ordonnance de 1670, *tit.* 25, *art.* 10.) Mais s'il n'y a point de pareilles conclusions, il semble qu'il n'est pas nécessaire que ces jugements soient rendus par trois Juges; ce qui résulte du même article. (Ainsi jugé par Arrêt du 27 Janvier 1607 pour Loudun, rapporté par Joli, *tom.* 2, *pag.* 1132, *lig.* 9. Voyez aussi l'Edit de Février 1705 pour le Présidial d'Ypres, *art.* 37.)

11. Cependant, l'Arrêt du Conseil du 30 Mars 1719, rendu pour le Présidial de Brives, *art.* 10, porte: que les jugements de récolement & confrontation, seront rendus par trois Juges. *Idem*, par l'article 9 de l'Arrêt du Conseil du 19 Février 1729, pour les Officiers du Présidial du Puy-en-Velai. Un Arrêt du Parlement du 9 Janvier 1740, rendu pour la Fleche, porte: que le Lieutenant-Criminel ne pourra ordonner le Réglement à l'extraordinaire, qu'en jugement & par délibération de conseil, & non en sa maison. Autre Arrêt du Parlement du 26 Août 1733, qui enjoint au Lieutenant-Criminel de Tours d'observer les Arrêts & Réglements de la Cour; & en conséquence, lorsqu'il ordonnera le récolement & la confrontation, de rendre la Sentence en la Chambre Criminelle.

Mais il ne paroît pas que les Réglements qu'on vient de citer, doivent avoir lieu dans les Justices Seigneuriales.

12. A l'égard des Sentences de récolement & de confrontation qui se rendent en dernier ressort, comme celles rendues par les Présidiaux, ou Prévôts des Maréchaux, *&c.*; elles doivent être rendues par sept Juges. (Arrêt du Grand-Conseil du 12 Août 1693, rapporté au Journal du Palais, *tom.* 2, *pag.* 848, de l'Edition *in-fol.*, qui fait défenses au Lieutenant-Criminel de Lyon de rendre seul des jugements de récolement & de confrontation dans les procès en dernier ressort: & ordonne que ces jugements seront rendus au Présidial, au nombre de sept Juges; ce qui résulte d'ailleurs de l'article 11 du titre 25 de l'Ordonnance de 1690; autre Arrêt du Conseil du 3 Mars 1755. Voyez encore la Déclaration du 3 Octobre 1694.) Il doit aussi être fait mention dans ces jugements, qu'ils ont été rendus en la Chambre du Conseil; & avant de les rendre, il faut examiner si la procédure est valable ou non. (Voyez l'article 13 du titre 17 de l'Ordonnance de 1670.)

Il n'est pas nécessaire d'interroger l'accusé à la Chambre, avant de pouvoir rendre ces sortes de Réglements.

13. 9°. Dans les délits où il n'échet aucune peine afflictive, ou infamante, mais simplement une peine pécuniaire, ou une aumône, ou une simple admonition, il est inutile, & même ce seroit une mauvaise procédure, de passer au récolement & à la confrontation des témoins; si ce n'est dans le cas où cela est demandé par l'accusé, ainsi qu'il a été observé ci-dessus. (Ainsi jugé pour l'admonition, par Arrêt du 14 Avril 1682, rapporté au Journal des Audiences, *tom*, 4, *liv.* 5, *chap.* 12; autre Arrêt du 4 Janvier 1706, rendu contre un Prêtre;) ce qui a lieu, à plus forte raison, dans les affaires légeres, comme s'il ne s'agissoit que d'injures, rixes, & autres délits légers. (Arrêt de la Tournelle du 28 Novembre 1695; autre du 13 Mai 1709, rapporté au Journal des Audiences, qui le défend au Lieutenant-Criminel de Roannes, & qui défend aussi au Procureur-Fiscal de ce Duché, de requerir ces sortes de jugements; autre Arrêt du 28 Mai 1717, rapporté au Journal des Audiences, qui fait défenses aux Officiers du Bailliage de Saint Pierre-le-Moûtier, de passer au récolement & à la confrontation, dans les affaires légeres, & les condamne à rendre les épices par eux perçues en pareil cas; autre Arrêt du Parlement

Parlement du 18 Juin 1738, rendu au rapport de M. de Champeron, confirmatif d'une Sentence rendue à Tours, qui condamne un particulier à faire réparation publique à l'Audience, quoique sans récolement ni confrontation ; autre du premier Février 1653, rapporté au Journal des Audiences, *tom.* 4.)

14. 10°. Il n'est pas nécessaire pour pouvoir juger un procès de grand-criminel, qu'il y ait un jugement de récolement & confrontation, ainsi qu'il a été observé ci-dessus, *n.* 3. On peut même juger ces sortes de procès, quoiqu'il n'y ait point d'information, s'il y a d'ailleurs une preuve suffisante par les interrogatoires, & par pieces authentiques, & reconnues par l'accusé, & par les autres présomptions & circonstances du procès. (Ordonnance de 1670, *tit.* 25, *art.* 5.) Telles sont les présomptions tirées des procès-verbaux des Juges qui constatent par exemple, qu'on a trouvé sur le lieu le chapeau, ou l'épée de l'accusé, ou quelque autre effet à lui appartenant, & autres circonstances semblables. (Voyez aussi l'article 2 du titre 8 de la même Ordonnance de 1670.)

A plus forte raison, on peut absoudre un accusé d'un crime grave, s'il y a lieu de le faire, sans qu'il soit besoin de passer au récolement & confrontation des témoins ; parce que cette formalité du récolement & de la confrontation, est introduite en faveur de l'accusé, & non contre lui.

15. 11°. Les Sentences de Réglement à l'extraordinaire, doivent être signifiées, ou prononcées à l'accusé. (Voyez ce qui est dit ci-après au titre *Des Arrêts, Sentences, & Jugements*, partie 3, livre 2, titre 25, n. 26.) Néanmoins, je vois que le contraire s'observe dans l'usage ; ce qui est, sans doute, fondé sur ce que l'appel de ces jugements n'en suspend pas l'exécution, & que ce n'est point une nullité, de ne pas faire ces sortes de significations. Ainsi, tout l'effet que ce défaut peut produire, est que l'accusé ne peut être contraint de subir la confrontation, tant que cette signification ne lui a pas été faite.

12°. L'appel du jugement, qui ordonne le récolement & la confrontation, n'est point suspensif ; parce que c'est un jugement d'instruction. (Ordonnance de 1670, *tit.* 25, *art.* 2.)

ARTICLE II.

Des Jugements qui admettent la partie publique, & la partie civile, à prendre droit par l'interrogatoire de l'accusé; & l'accusé par les charges.

16. 1°. Celui qui est accusé d'un crime auquel il n'échet peine afflictive, peut prendre droit par les charges, après avoir subi interrogatoire. (Ordonnance de 1670, *tit.* 14, *art.* 19.)

L'accusé *prend droit par les charges*, lorsqu'il s'en rapporte à la déposition des témoins, & demande que sans autre instruction, ni récolement, ni confrontation, il soit passé au jugement du procès.

Mais dans le cas où il échet peine afflictive, l'accusé ne peut prendre droit par les charges; parce que, 1°. s'il y a une preuve contre lui, il est important, & de l'intérêt public, que cette preuve, qui ne dépend point de son fait, & qui lui est en quelque sorte étrangere, à cause de son défaut de consentement, devienne complette par la voie du récolement & de la confrontation. 2°. S'il n'y a pas de preuve suffisante contre l'accusé, elle peut se fortifier & devenir complette par le Réglement à l'extraordinaire, comme il arrive tous les jours.

17. Quand l'accusé peut être reçu à prendre droit par les charges, & qu'il n'y a point été admis, il n'est pas tenu, dans le cas même où il viendroit à succomber, des frais de la procédure extraordinaire qui se feroit ensuite par le récolement & la confrontation, si cette procédure extraordinaire étoit faite inutilement.

Lors de l'interrogatoire de l'accusé, il est inutile que le Juge lui demande s'il veut prendre droit par les charges: l'Ordonnance n'exige point cette formalité. C'est à l'accusé, ou à son conseil, à voir le parti qu'ils doivent prendre.

18. 2°. Les Procureurs du Roi, ou ceux des Seigneurs, sont aussi reçus à prendre droit par l'interrogatoire. (Ordonnance de 1670, *tit.* 14, *art.* 17 & 20.)

Prendre droit par la partie publique, signifie que la partie publique peut donner ses conclusions définitives, & conclure à la peine due au crime, sans qu'il soit besoin de passer à plus ample instruction, récolement, ni confrontation; mais seulement en conséquence de la confession de l'accusé, portée à son interrogatoire; (Ordonnance de 1539, *art.* 148;) ce qui résulte aussi de l'article 5 du titre 25 de la présente Ordonnance. Cependant Lizet, en sa Pratique Criminelle, *liv.* 1, *tit.* 5, *pag.* 45, de l'Edition de 1609, prétend que cela ne doit point avoir lieu, quand le crime est atroce, & de nature à mériter une peine capitale. Carondas, en ses Notes sur cet endroit de Lizet, est aussi du même sentiment; & dit, que dans ce cas, il faut nécessairement passer au récolement & à la confrontation. Ce sentiment paroît plus exact, & plus conforme à ce qui s'observe dans l'usage.

19. 3°. La partie civile peut aussi prendre droit par l'interrogatoire de l'accusé, pour prendre contre lui des conclusions civiles. (Ordonnance de 1670, *tit.* 14, *art.* 20.)

Afin que la partie publique & la partie civile puissent prendre droit par l'interrogatoire de l'accusé; cet interrogatoire doit leur être communiqué en toutes sortes de crimes, pour prendre telles conclusions qu'ils devront prendre; sçavoir, la partie civile pour son intérêt; & la partie publique, pour ce qui peut regarder son ministere touchant la condamnation de l'accusé. (Même Ordonnance de 1670, *tit.* 14, *art.* 17 & 18.)

L'accusé peut aussi avoir dans ce cas communication des interrogatoires par lui subis; parce que ces actes sont de son fait. (Arrêt du 12 Mars 1712, rapporté au Journal des Audiences. Voyez aussi ce qui est dit au titre *De l'Instruction criminelle en général*, ci-après, *part.* 3, *liv.* 3, *tit.* 3, *n.* 92.) Mais il ne peut demander communication des charges & informations.

20. 4°. La partie publique qui veut prendre droit par l'interrogatoire de l'accusé, doit le communiquer à la partie civile, pour sçavoir si elle veut prendre droit par cet interrogatoire.) Ordonnance du mois de Mars 1498, *art.* 108; Ordonnance de 1535, *chap.* 13, *art.* 24; Ordonnance du mois d'Août 1539, *art.* 148.)

Et si la partie publique, & la partie civile, refusent de prendre droit, il faudra passer au Réglement à l'extraordinaire; à moins qu'il ne s'agisse d'un délit léger, & auquel il n'écherroit peine afflictive, ou infamante; auquel cas, il faudroit renvoyer les parties à l'Audience, les juger définitivement sur leurs plaidoyries, & sur la lecture de l'interrogatoire, & des informations. (Ordonnance de 1549, *art.* 49 & 50; Procès-verbal de l'Ordonnance de 1670, sur l'article 3 du titre 21, *pag.* 230.)

21. 5°. Pour pouvoir être reçu à prendre droit, soit de la part de l'accusé, soit de la part de la partie publique, & de la partie civile, il faut nécessairement une Sentence, ou Jugement du Siege qui les y reçoive.

Question. Faut-il, pour pouvoir rendre ces sortes de jugements, que non-seulement la partie publique, & la partie civile, soient reçues à prendre droit par l'interrogatoire de l'accusé, mais encore l'accusé par les charges ; ou s'il suffit que l'accusé, ou la partie publique & civile, y soient reçues par le Juge ?

Je crois qu'il faut l'un & l'autre, & que si l'accusé, ou la partie publique, ou civile n'y étoient pas reçues, il faudroit passer au Réglement à l'extraordinaire. C'est ce qui paroît résulter de l'article 20 du titre 14 de l'Ordonnance de 1670.

22. 6°. Si la partie publique, & la partie civile, sont reçues à prendre droit par l'interrogatoire, & l'accusé par les charges, la partie civile pourra donner sa requête, contenant ses demandes, & l'accusé ses réponses, dans le délai qui sera ordonné ; passé lequel, il doit être procédé au jugement ; quand même les requêtes, ou réponses, n'auroient pas été fournies. (Ordonnance du mois de Mars 1498, *art.* 109 ; autre du mois d'Octobre 1535, *chap.* 13, *art.* 25 ; autre du mois d'Août 1539, *art.* 148 ; Ordonnance de 1670, *tit.* 14, *art.* 20.)

TITRE XVIII.

Des Récolements & Confrontations.

SECTION PREMIERE.

Des Récolements & Confrontations en général.

1. LE *Récolement*, en matiere criminelle, eſt une répétition, ou nouvelle lecture que le Juge fait faire au témoin, de ſa dépoſition, pour ſçavoir de lui s'il y perſiſte, ou s'il y a quelque choſe à y changer, ou ajouter.

La *Confrontation*, eſt la repréſentation qui ſe fait à l'accuſé des témoins qui ont dépoſé contre lui, & qui ont été récolés, pour pouvoir, par cet accuſé, les reprocher, ou attaquer leurs dépoſitions, & récolement, s'il y a lieu de le faire.

L'Ordonnance, toujours ſage dans ſa diſpoſition, n'a pas voulu que la condamnation d'un accuſé, dépendît d'une premiere dépoſition des témoins, qui peut être faite quelquefois ſans réflexion, & à la ſollicitation de quelques perſonnes. Elle a établi, à cet effet, la néceſſité du récolement; afin que ces témoins aient la liberté de réfléchir ſur leurs dépoſitions, & d'y faire le changement qu'ils jugent à propos, & que la vérité & la Juſtice exigent d'eux.

2. A l'égard de la confrontation, il eſt aiſé de voir la raiſon pour laquelle elle a été jugée néceſſaire. C'eſt, 1°. afin que les témoins en voyant l'accuſé, lors de cette confrontation, reconnoiſſent s'il eſt véritablement celui dont ils ont entendu parler dans leurs dépoſitions. 2°. Afin que l'accuſé, en voyant ces témoins, puiſſe les reprocher, & leur faire les interpellations néceſſaires, dans le cas où ils dépoſent contre la vérité; ſoit pour éclaircir le fait, ſoit pour les convaincre de faux.

3. 1°. Quoique le récolement & la confrontation des témoins, ne ſoient pas abſolument néceſſaires, dans le cas où il y a une preuve ſuffiſante contre l'accuſé, réſultante de ſa confeſſion, ſur

laquelle, & sur les autres circonstances du procès, on peut toujours le juger, quand même il n'y auroit pas contre lui d'information, suivant l'article 5 du titre 25 de l'Ordonnance de 1670; néanmoins il est toujours mieux, dans ce cas-là même, de récoler les témoins principaux; parce qu'il peut se faire qu'il y ait des nullités dans l'interrogatoire de l'accusé, ce qui rendroit nulle la preuve résultante de sa confession. (Voyez ce qui a été dit à ce sujet au titre *Du Réglement à l'extraordinaire*, ci-dessus, *part.* 3, *liv.* 2, *tit.* 17, n. 4.)

4. 2°. Le Juge chargé de l'instruction, peut récoler & confronter tous les témoins qu'il croit nécessaires : & s'il en avoit omis quelques-uns, dont les dépositions fissent charge considérable, & qu'il s'agît d'un crime où il écherroit peine afflictive, les Juges, lors de la visite du procès à la Chambre, peuvent & doivent ordonner le récolement & la confrontation de ces témoins. (Ordonnance de 1670, *tit.* 15, *art.* 19.) Ce qui a lieu aussi en cause d'appel, l'Ordonnance ne faisant ici aucune distinction.

Quelquefois même il arrive, en visitant le procès, qu'un accusé avoue, lors de son interrogatoire à la Chambre. Alors pour ne pas différer le jugement, on récole cet accusé sur le champ, & on le confronte aux autres accusés qu'il a chargés par son interrogatoire; & il n'est pas nécessaire, pour cela, que cet interrogatoire soit communiqué à la partie pulique, pour y donner ses conclusions. (Ainsi jugé par Arrêt du Parlement du 30 Juillet 1677; & je l'ai vu ainsi pratiquer au Présidial d'Orléans.) L'article 4 du titre 19 de l'Ordonnance de 1670, fait voir que cela s'observe ainsi à la question, lorsque l'accusé révele quelqu'un de ses complices.

5. Mais pour pouvoir ainsi récoler & confronter sur le champ à la Chambre, il faut un jugement qui ordonne ce récolement & cette confrontation, dumoins si ce sont de nouvelles charges; & ce jugement se rend aussi sur le champ.

L'accusé peut, de son côté, requérir le récolement & la confrontation des témoins, lorsqu'ils n'ont point été ordonnés par le Juge. (Voyez ce qui a été dit au titre *Du Réglement à l'extraordinaire*, ci-dessus, *part.* 3, *liv.* 2, *tit.* 17, n. 6.)

La partie civile peut aussi le requerir. (Voyez *ibid.* n. 5.)

6. 3°. Il faut récoler & confronter en général tous les témoins dont les dépositions font charge contre l'accusé; même les autres

accusés dont les interrogatoires font charge contre quelques-uns de leurs co-accusés. (Voyez *infrà*, *sect.* 3, *n.* 18.)

Mais il n'est pas nécessaire pour confronter les accusés entre eux, d'attendre que tous les témoins leur aient été confrontés : on peut les confronter dès le commencement, de même que les autres témoins.

* Les témoins qui ne déposent que du corps de délit, sans charge contre l'accusé, doivent aussi être récolés & confrontés comme les autres témoins; parce que leurs dépositions, en constatant le corps de délit, tendent aussi par-là à faire charge contre l'accusé. D'ailleurs, c'est une suite de la disposition de l'article 8 du titre 15 de l'Ordonnance de 1670, qui porte : Que s'il est ordonné que les témoins seront récolés & confrontés, la déposition de ceux qui n'auront point été confrontés, ne fera point de preuve; car l'Ordonnance s'exprime ici d'une maniere générale, sans faire aucune distinction entre les témoins qui font charge contre l'accusé, & ceux qui établissent seulement le corps du délit. C'est aussi le sentiment de Farinacius, *qu.* 72, *n.* 140 & 141.

7. A l'égard des Médecins & Chirurgiens, & autres Experts qui sont nommés par Justice pour constater le corps de délit par des procès-verbaux, il n'est pas nécessaire de les répeter en leurs rapports, ni de les récoler & confronter; & ces procès-verbaux, quand ils sont en regle, font foi en Justice. (Voyez ce qui est dit à ce sujet au titre *Du Corps de délit, & de la maniere de le constater*, ci-dessus, *part.* 3, *liv.* 2, *tit.* 3, *n.* 49.)

4°. On ne peut passer au récolement & confrontation des témoins, qu'en vertu d'un jugement qui l'ait ordonné; & ce jugement doit être rendu en la Chambre, & signé de tous les Juges. (Voyez ce qui a été dit au titre *Du Réglement à l'extraordinaire*, ci-dessus, *part.* 3, *liv.* 2, *tit.* 17, n. 7.)

5°. Lorsque dans le cours de l'instruction, l'accusé est chargé d'un nouveau délit, & que l'on vient à découvrir de nouveaux complices de cet accusé, il faut un nouveau jugement de récolement & confrontation. (Voyez ce qui a été dit ci-dessus, *ibidem Du Réglement à l'extraordinaire*, n. 9.)

SECTION II.

Des Récolements.

8. 1°. On ne peut récoler d'autres témoins que ceux qui ont été entendus dans les informations, ni d'autres accusés que ceux qui ont subi interrogatoire.

2°. Il n'est pas absolument nécessaire de récoler tous les témoins, sur-tout quand ils ne disent rien qui aille à la charge de l'accusé; & principalement s'il y en a d'autres en nombre suffisant; ce qui dépend de la prudence du Juge. (Arrêt du 30 Juillet 1707, rapporté au Journal des Audiences.) Cependant il est plus régulier de récoler tous ceux qui ont été entendus en déposition; parce qu'ils peuvent y ajouter lors de leur récolement. Cela paroît même résulter de la disposition de l'article 1 du titre 15 de l'Ordonnance de 1670, qui porte : » Que les témoins ouis en l'information seront récolés, & si besoin est confrontés.

9. Dans le cas où l'accusé est contumax, il est nécessaire de récoler tous les témoins en quelque nombre qu'ils soient, quand il résulte quelque chose de leurs dépositions; parce qu'alors la confession de l'accusé ne peut suppléer aux dépositions.

Il faut aussi récoler les accusés en leurs interrogatoires, toutes les fois qu'ils font charge contre d'autres; & ils ne peuvent être confrontés, à moins qu'ils n'aient été récolés en leurs interrogatoires. (Arrêt de Réglement du Parlement de Dijon du 9 Juillet 1728: & c'est ce qui résulte évidemment de l'article 23 du titre 15 de l'Ordonnance de 1670. Voyez aussi Brillon en son Dictionnaire des Arrêts au mot *Procédure*, *n.* 113, où il cite un Arrêt du Grand-Conseil du 6 Juin 1704; autres Arrêts du Parlement de Paris des 29 Mai 1693, & 28 Mars 1696; autre du 10 Février 1711, contre le Mayeur de Peronne.)

10. 3°. Les témoins doivent être récolés, encore qu'ils aient été ouis pardevant un Conseiller de Cour Souveraine, & que le récolement se fasse pardevant lui. (Ordonnance de 1670, *tit.* 15, *art.* 4.)

4°. Le récolement des témoins fait contre l'accusé, vaut contre tous les autres accusés qui pourront dans la suite être poursuivis sur les mêmes dépositions. (*Ita* Airault en son Instruction Judiciaire,

ciaire, *liv.* 2, *part.* 4, *n.* 63, *pag.* 336. Et c'est aussi une suite de la disposition de l'article 6 du titre 15 de l'Ordonnance de 1670, qui porte que le récolement ne sera réitéré. Voyez *infrà*, n. 19.)

5°. La déposition des témoins qui n'ont point été récolés, doit être rejettée, & ne fait aucune preuve contre les accusés. Il ne doit pas même en être fait lecture lors de la visite du procès; à moins que cette déposition n'aille à la décharge des accusés, ou de quelqu'un d'eux; auquel cas il doit en être fait lecture pour y avoir égard par les Juges. (Ordonnance de 1670, *tit.* 15, *art.* 10.)

§. I.

De la procédure sur les récolements.

11. 1°. Le Juge d'instruction ne peut procéder au récolement des témoins, qu'il n'ait été ainsi ordonné par jugement. (Ordonnance de 1670, *tit.* 15, *art.* 3. Arrêt du Parlement du 23 Juillet 1698, contre le Lieutenant-Particulier de Châtillon-sur-Indre. Voyez ci-après, *sect.* 3, §. 1, *n.* 32.)

Néanmoins les témoins fort âgés, malades, valetudinaires, prêts à faire voyage, ou pour quelque autre nécessité urgente, peuvent être répetés avant qu'il y ait aucun jugement qui l'ordonne; mais alors la répetition du témoin ne vaut pour confrontation contre le contumax, qu'après qu'il aura été ainsi ordonné par le jugement de contumace. (Ordonnance de 1670, *tit.* 15, *art.* 3.)

L'article 26 de l'Edit du mois d'Août 1679, portant réglement général pour les duels, contient aussi une exception à la regle qu'on vient d'établir. Cet article veut pour éviter que pendant l'instruction des défauts & contumaces, les prévenus ne puissent se servir des moyens pour détourner les preuves de leurs crimes, qu'il soit procedé, dans les crimes de duel seulement, par les Officiers des Cours, & les Lieutenants-Criminels des Bailliages où il y a Siege Présidial, au récolement des témoins, & le plutôt qu'il se pourra, après qu'ils auront été entendus dans les informations, & avant qu'il y ait aucun jugement qui l'ordonne; sans toutefois que les récolements puissent valoir confrontation, qu'après qu'il aura été ainsi ordonné par le jugement de défaut & contumace.

12. 2°. On ne peut récoler les témoins qu'après que l'accusé a été decrété & interrogé, ou que la contumace a été instruite contre lui. C'est ce qui résulte de la disposition de l'article 13 du titre 17 de l'Ordonnance de 1670; mais on peut faire le récolement pendant les délais de la contumace.

Et si l'on ne connoît pas l'accusé, il faudra le décréter sur son signalement, ou à l'indication qui en sera faite par la partie publique.

3°. Un témoin peut être récolé le jour même qu'il a été entendu en déposition, lorsqu'il n'est entendu en deposition qu'après le jugement de récolement & confrontation: & tel est l'usage constant. (Ainsi jugé par Arrêt du Parlement de Provence du 24 Mai 1653, rapporté par Boniface, *tom.* 1, *liv.* 1, *tit.* 27, *n.* 4, dans une affaire où l'on prétendoit que ce récolement ne pouvoit être fait que quelques jours après la déposition.)

13. 4°. Si le témoin demeure hors le ressort du Juge saisi de l'instruction du procès, il semble que le Juge qui a l'instruction, peut déléguer le Juge des lieux pour faire ce récolement; dumoins dans le cas où l'accusé est contumax, & que le témoin ne peut lui être confronté. (*Ita* Lizet, en sa Pratique Criminelle, *liv.* 1, *tit.* 3, *pag.* 23, *verso.*)

Néanmoins Mornac est d'un sentiment opposé, & pretend qu'en matiere criminelle, le Juge ne peut déleguer; & il cite à ce sujet un Arrêt du mois de Mars 1618, qui l'a ainsi jugé, en confirmant une Sentence du Bailliage de Bourges. (Voyez Mornac *ad authent. quâ in provincia*, Cod. *ubi de crimin. agi oportet*; & l'Ordonnance Criminelle de Leopold, *tit.* 10, *art.* 7, qui en a une disposition.)

Je crois cependant que cette délégation doit avoir lieu, dumoins dans le cas où le témoin demeure hors le Royaume. (Voyez au titre *Des Informations de Témoins*, ci-dessus, *part.* 3, *liv.* 2, *tit.* 7, n. 6;) & aussi lorsque le témoin est malade & hors d'état d'être transporté, & qu'il demeure hors le ressort du Juge où le procès s'instruit. (Voyez au titre *De l'Instruction criminelle en général*, ci-après, *part.* 3, *liv.* 3, *tit.* 2, n. 104.)

14. 5°. Les témoins doivent être assignés pour le récolement, dans un delai compétent, suivant la distance des lieux, la qualité des personnes, & de la matiere. (Ordonnance de 1670, *tit.* 15, *art.* 1.)

Il y a des matieres qui requierent plus de célérité les unes que les autres; comme dans le cas de sédition, où il faut une punition prompte. De même, la distance des lieux, (toutes choses d'ailleurs égales,) doit aussi déterminer le délai, suivant la regle générale, qui est d'augmenter d'un jour par dix lieues; (Ordonnance de 1667, *tit.* 11, *art.* 1; *tit.* 8, *art.* 2; & *tit.* 14, *art.* 14.) Enfin la qualité des personnes doit aussi contribuer à augmenter le délai plus elles sont distinguées, leur dignité exigeant cette distinction.

Il faut avoir attention dans l'assignation, d'indiquer un jour fixe, & ajouter *& jours suivants;* parce que si le Juge ne peut pas récoler & confronter ce jour-là tous les témoins, ou que le temoin n'ait pû comparoître, cette assignation servira pour les autres jours, sans prendre une nouvelle ordonnance, ni donner une nouvelle assignation.

Mais il n'est pas nécessaire de faire mention de cette assignation dans le récolement, l'Ordonnance n'exigeant point cette formalité. C'est pourquoi lorsque le témoin se présente de lui-même pour être récolé, ou après en avoir été averti verbalement, il n'est pas besoin d'assignation.

15. 6°. Les témoins défaillants doivent être, pour le premier défaut, condamnés en l'amende; & en cas de contumace, être contraints par corps, suivant qu'il sera ordonné par le Juge. (Ordonnance de 1670, *tit.* 15, *art.* 3.) A l'égard des Ecclésiastiques & des Religieux, ils ne peuvent être contraints que par amende & saisie de leur temporel, & par suspension de leurs privileges, ou de ceux de leur Ordre. (Voyez ce qui a été dit au titre *Des Informations de Témoins*, ci-dessus, *part.* 3, *liv.* 2, *tit.* 7, n. 8.)

7°. Si le témoin qui doit être récolé, est malade, ou hors d'état de comparoître, & qu'il demeure dans le ressort du Juge, le Juge doit se transporter avec le Greffier au lieu de sa demeure, pour recevoir son récolement; même y faire transporter l'accusé sous bonne & sure garde, pour être confronté, s'il est nécessaire, à ce témoin. (Arrêt du 10 Juin 1711 pour Blois, rapporté au Journal des Audiences.)

16. 8°. Les récolements doivent être faits dans le lieu où se rend la justice, & non à l'Hôtel du Juge. (Arrêt du 31 Décembre 1711, rapporté au Journal des Audiences, qui enjoint au Lieutenant-Criminel de Civray, de faire non-seulement les

interrogatoires & les confrontations, mais aussi tous les récolements & autres instructions dans la chambre de la geole, ou dans la chambre du conseil, ou de l'auditoire, *&c.*; & fait défenses audit Juge de les faire dans sa maison; à peine de nullité, & de répondre en son nom des dépens, dommages & intérêts.) L'Arrêt du 10 Juin 1711, rapporté au Journal des Audiences, & ci-dessus cité, défend aussi au Lieutenant-Criminel de Blois de faire aucun interrogatoire, ou autre instruction dans sa maison. Voyez *omninò*, ce qui est dit à ce sujet au titre *De l'Instruction criminelle en général*, ci-après, *part.* 3, *liv.* 3, *tit.* 2, n. 71.
Il y a cependant une exception à cette regle. (Voyez ci-après, *n.* 35.)

17. 9°. Les témoins doivent être récolés separément, c'est-à-dire, un seul à la fois, & separément les uns des autres, de même qu'il se pratique aux informations. (Voyez ce qui a été dit au titre *Des Informations de Témoins*, ci-dessus, *part.* 3, *liv.* 2, *tit.* 7, n. 15.)

Il faut aussi que ce récolement se fasse secretement, c'est-à-dire, hors la présence de l'accusé, & celle du Procureur du Roi, ou Fiscal, & de toute autre personne; & qu'il n'y ait que le Juge, le témoin, & le Greffier, qui y assistent. (Argument tiré de l'article 11 du titre 6 de l'Ordonnance de 1670.)

10°. Le témoin doit être récolé sur sa déposition; & s'il a été entendu pour le même fait, ou pour d'autres qui y sont accessoires, soit dans la même Justice, soit en différentes Jurisdictions dont les procédures aient été jointes, il faut le récoler sur toutes ses dépositions. De même, si c'est un accusé, dont les interrogatoires fassent charge contre d'autres accusés, il faut le recoler en tous ses interrogatoires. (Décision de M. Joli de Fleuri, ancien Procureur-General; & c'est ainsi que nous l'observons à Orleans.)

18. 11°. Quant à ce qui regarde la maniere de bien récoler un témoin, ou accusé, & les devoirs des témoins touchant leur récolement, il faut observer les mêmes regles qui ont été données à ce sujet touchant les informations. (Voyez au titre *Des Informations de Témoins*, ci-dessus, *part.* 3, *liv.* 2, *tit.* 7, n. 66.)

Si le témoin vient à retracter à son récolement, ce qu'il a dit à sa déposition, soit parce qu'il a été corrompu, ou pour quelque autre cause; le Juge doit lui demander la cause de sa variation, afin de découvrir par-là, s'il s'est laissé gagner, ou s'il a quelque cause légitime pour changer sa déposition.

12°. Il est permis aux témoins, lors de leur récolement, d'éclaircir & d'interpréter leurs dépositions ; même de les corriger, augmenter ou diminuer ; & de n'y pas persister, s'ils ont quelque doute sur la vérité des faits. Cette faculté du témoin de pouvoir corriger ainsi sa déposition, se tire de la disposition de l'article 5 du titre 15 de l'Ordonnance de 1670. Voyez aussi la L. 6, §. 1, D. *de custodiâ reor.*, & l'authent. *de sanct. Episc.* §. *si quis contra*, Versic. *si verò crimen.*

Mais le témoin qui change sa déposition en des choses importantes qui sont à la charge de l'accusé, sans rendre raison de ce changement, devient suspect de faux ; & les Juges ne doivent pas avoir beaucoup d'égard à sa déposition, suivant la L. 11, D. *de testibus.*

19. 13°. Le récolement ne peut être réitéré, encore qu'il ait été fait pendant l'absence de l'accusé, & que le procès ait été instruit en différents temps, ou qu'il y ait plusieurs accusés. (Ordonnance de 1670, *tit.* 15, *art.* 6.)

Il en est de même, lorsque l'accusé n'étoit pas encore connu nommément au procès, comme si ce procès avoit été instruit contre certains quidams ; ou lorsque le procès a été instruit en différentes Jurisdictions, si la procédure qui y a été faite a été jointe au procès où l'accusation s'instruit en dernier lieu. Dans tous ces cas le récolement ne doit point être réitéré.

Il peut cependant arriver après le récolement d'un témoin, & même après qu'il a été confronté, que le plaignant découvre que les effets qui lui avoient été volés, sont dans la maison de l'accusé, ou ailleurs. Alors il est nécessaire d'entendre les témoins qui reconnoissent ces effets, & ont connoissance de l'endroit où ils ont été trouvés. Et comme parmi ces témoins il peut y en avoir qui ayent déja été entendus & récolés, même confrontés, il faut récoler les témoins sur leur nouvelle déposition, quoiqu'ils ayent déja été entendus & récolés, & ensuite les confronter à l'accusé, & ce n'est point alors réitérer le récolement. On peut même, pour plus grande sureté, faire rendre pour cette nouvelle procédure, un nouveau jugement de récolement, & de confrontation.

20. De même, ce n'est pas réitérer le récolement, que de récoler un accusé successivement à différents interrogatoires qui renferment différentes charges ; & cette réitération ne doit pas être

considerée par rapport à l'accusé, ou au témoin qui dépose; mais par rapport aux choses mentionnées en la déposition. Il en est de même à l'égard d'un témoin, quand il a déposé plusieurs fois, & que ses dépositions tombent sur différents faits. (Voyez ce qui a été dit au titre *Des Informations de Témoins*, ci-dessus, *part.* 3, *liv.* 2, *tit.* 7, *n.* 49.)

Le motif de la disposition portée en cet article 6, qui défend de réitérer le récolement, est parce que le récolement étant fait pour assurer l'état de la déposition, & ne se faisant en aucun cas qu'avec le témoin récolé, il ne peut jamais y avoir de raison pour le recommencer, lorsqu'il a été valablement fait.

21. Néanmoins si le récolement du témoin étoit conçu d'une maniere obscure, & qui eût besoin d'explication, le Juge peut en ce cas ordonner que le témoin sera répété en son récolement pour l'expliquer. (*Ita* Jul. Clarus, *qu.* 61, *n.* 5.)

14°. L'accusé n'est point appellé au récolement; parce que ce récolement ne se fait que pour le témoin, afin d'éclaircir sa déposition, ou la rendre plus certaine.

§. II.

De la forme des Récolements.

22. 1°. Le Juge doit faire prêter serment au témoin de dire vérité. (Ordonnance de 1670, *tit.* 15, *art.* 5.)

2°. Il doit lui faire faire lecture de sa déposition, (*ibid.*) ou de son interrogatoire, si c'est un accusé qu'on récole; & si le témoin a été entendu dans deux informations faites par différents Juges, & que les procédures ayent été jointes, il faudra le récoler à ses différentes dépositions. Il en est de même des interrogatoires d'un accusé qu'on récole, & qui sont charge; il faudra le récoler à tous ces interrogatoires, quoique subis devant différents Juges.

3°. Le Juge interpellera le témoin de déclarer s'il persiste en sa déposition, & s'il veut y ajouter, ou diminuer. (Même article 5.) Un Arrêt du 13 Février 1712 rapporté au Journal des Audiences, enjoint au Juge de Cremieu, lorsqu'il sera commis pour l'instruction des procès-criminels, d'interpeller les témoins au récolement, après que lecture leur aura été faite de leurs dépositions, de déclarer, non-seulement s'ils veulent y ajouter, ou diminuer ; mais encore s'ils y persistent ; & d'en faire mention ; le tout à peine de nullité, *&c.*

23. Si ce sont des accusés que le Juge récole en leurs interrogatoires, il doit observer la même regle ; mais il ne peut lors du récolement les interroger d'office sur les faits résultants de ces interrogatoires & récolements : il peut seulement leur faire subir de nouveaux interrogatoires sur ces faits, & ensuite les récoler & confronter, s'il y échet. (Ainsi jugé par Arrêt de la Cour du 26 Novembre 1733, rapporté aux Collections de Jurisprudence par Denisart, au mot *Interrogatoire.*)

4°. Il faut écrire tout ce que le témoin, ou l'accusé, ont à ajouter, ou diminuer, ainsi que leur persistance. (Ordonnance de 1670, *tit.* 15, *art.* 5.)

5°. S'il y a des effets à représenter au témoin, ou à l'accusé, qui ne leur aient pas été représentés lors de leurs dépositions, ou interrogatoires ; ou bien des rapports d'effets servants à conviction, faits par le témoin lors de son récolement ; le Juge en doit dresser procès-verbal, ou en faire mention dans le récolement. (Voyez ce qui a été dit au titre *Des effets trouvés en la possession des accusés*, ci-dessus, *part.* 3, *liv.* 2, *tit.* 6, n. 10.)

24. 6°. Chaque récolement de témoin, ou d'accusé, doit être signé du Juge & du témoin, s'il sçait, ou veut signer ; sinon il doit être fait mention de son refus. (Ordonnance de 1670, *tit.* 15, *art.* 5.)

Mais la signature du Greffier n'est pas nécessaire pour le récolement, non plus que pour les confrontations, & interrogatoires, l'Ordonnance n'assujettissant point à cette formalité. (Ainsi jugé depuis quelques années par Arrêt rendu sur l'appel d'un jugement du Bailliage-Criminel d'Amiens, ou de Beauvais. Au Châtelet de Paris, le Greffier ne signe ni les interrogatoires des accusés, ni les récolements, ni les confrontations. Voyez l'Arrêt du Conseil du 31 Août 1705, rapporté aux Loix Criminelles, *tom.* 1, *pag.* 240.) Il est vrai qu'on observe le contraire dans la plupart des autres Tribunaux ; mais l'Ordonnance n'exige point cette formalité, & par conséquent ce ne peut être une nullité d'y manquer. D'ailleurs, dans l'ordre judiciaire, la signature du Greffier n'est que pour tenir lieu de celle du Juge, lorsque celle du Juge n'est pas nécessaire.

25. Il ne paroît pas non plus qu'il soit nécessaire après le récolement,

de faire une nouvelle lecture au témoin de ce récolement, pour sçavoir encore de lui, s'il y persiste, l'Ordonnance n'exigeant point cette formalité, comme elle l'exige pour les dépositions. (Voyez *infrà*, n. 51.)

7°. Le récolement des témoins doit être mis dans un cahier séparé des autres procédures. (Ordonnance de 1670, *tit.* 15, *art.* 7;) & paraphé & cotté dans toutes ses pages par le Juge, (*ibid.* art. 5.)

SECTION III.

Des Confrontations.

26. 1°. On ne peut confronter les témoins ni les accusés en leurs dépositions ou interrogatoires, lorsqu'ils n'ont point été récolés; car la confrontation, sans le récolement, devient inutile.

2°. Il n'est pas nécessaire de confronter tous les témoins ou accusés qui ont été récolés; On ne doit les confronter que quand cela est nécessaire. Ce qui résulte de ces mots de l'article 1 du titre 15 de l'Ordonnance de 1670; *& si besoin est, confrontés.*

C'est pourquoi, si le témoin dépose, tant dans sa déposition que dans son récolement, de choses qui ne font aucune charge contre l'accusé; ou qu'après avoir déposé contre lui, il se retracte lors de son récolement; ou qu'il dépose de faits inutiles; il n'est pas nécessaire de le confronter, & ce seroit même une mauvaise procédure de le faire. (Ainsi jugé par Arrêt du 21 Mars 1701, contre le Lieutenant-Criminel de Châtillon-sur-Marne. Voyez Carondas, en ses Pandectes, livre 4 titre 8 *Des Récolements.*)

27. Il faut aussi avoir attention de ne jamais confronter les accusés à des faits sur lesquels ils n'ont point été interrogés. (Arrêt de la Tournelle du 23 Mars 1712, rendu contre le Lieutenant-Criminel d'Angers, rapporté au Journal des Audiences.)

Lorsqu'en procédant au récolement, le témoin déclare qu'il ne connoît point l'accusé, & qu'il ne pourroit le reconnoître, il ne doit pas moins être confronté. Il est vrai qu'on trouve un Arrêt du 24 Mai 1662, rendu au Parlement de Toulouse, rapporté par Graverol, sur les Arrêts de la Rocheflavin, *liv.* 4, *tit.* 4, *art.* 1, au mot *Témoin*, pag. 284, qui a jugé que dans ce cas le Juge

Juge ne devoit pas procéder à la confrontation du témoin, & que c'étoit une mauvaise procédure de le faire; cet Arrêt, en ordonnant contre le Juge la restitution des émoluments qu'il avoit pris à ce sujet, fait mêmes défenses aux Officiers du ressort, de confronter les témoins aux accusés, si ces témoins ont déclaré dans leur récolement qu'ils ne connoissent point les accusés; & ce à peine de suspension de leurs charges. Mais comme l'Ordonnance de 1670, en l'article 8 du titre 15, porte expressément: que s'il est ordonné que les témoins seront récolés & confrontés, la déposition de ceux qui n'auront point été confrontés, ne fera aucune preuve contre l'accusé, sans faire à cet égard aucune distinction, il est nécessaire de faire ces sortes de confrontations, & ce seroit une mauvaise procédure d'y manquer.

28. 4°. Les témoins convaincus de faux, ou de subordination, ne doivent point être confrontés.

5°. A l'égard des témoins qui font charge contre l'accusé, ils doivent nécessairement lui être confrontés; autrement ils ne peuvent faire contre lui aucune preuve, à moins qu'ils ne soient décédés pendant la contumace de cet accusé. (Ordonnance de 1670, *tit.* 15, *art.* 8; & *tit.* 17, *art.* 22. Voyez ce qui est dit là-dessus au titre *Des Défauts & Contumaces*, ci-après, *part.* 3, *liv.* 2, *tit.* 21, *n.* 59.)

Il en est de même des accusés entre eux, s'ils déposent de faits qui fassent charge les uns contre les autres; car alors ils doivent être récolés en leurs interrogatoires; ou dumoins en celui, ou ceux de leurs interrogatoires où il est fait mention des accusés contre lesquels le procès s'instruit; & ensuite confrontés aux accusés qu'ils ont chargés. (Voyez l'article 23 du titre 17 de l'Ordonnance de 1670.)

L'accusé doit avoir été interrogé sur tous les faits dont il est chargé; autrement il ne seroit pas régulier de le confronter sur ces faits. (Ainsi jugé par Arrêt du 24 Mai 1712, rapporté au Journal des Audiences, contre le Lieutenant-Criminel d'Angers.)

29. 6°. Il y a des personnes qui à cause de leur dignité ne sont point confrontés aux accusés; comme sont les Princes du Sang, lorsqu'ils ont été témoins dans une information en laquelle ils sont ensuite récolés. Alors, afin que la preuve ne manque pas contre l'accusé, on emploie la confrontation littérale, qui vaut comme si elle avoit été faite du témoin même à l'accusé; mais

on ne peut employer cette procédure qu'en vertu d'une dispense expresse du Roi. C'est ce qui est arrivé dans l'instruction du procès criminel contre MM. de Thou & Cinqmars. Gaston, Duc d'Orléans & Frere du Roi, avoit été entendu en l'information, & récolé ; mais le Roi le dispensa de la confrontation ; & il fut seulement fait aux accusés confrontation littérale de sa déposition & de son récolement. (Voyez le Journal du Cardinal de Richelieu, *tom.* 2, *pag.* 304, Edition de 1665.)

Au procès du Chancelier Poyet, le Roi François I avoit déposé contre lui de plusieurs faits importants. Il fut ordonné que le témoignage du Roi seroit lu à ce Magistrat.

30. *Question.* Le Juge peut-il quelquefois sur la requête de l'accusé, faire paroître le plaignant devant l'accusé, pour lui être confronté ; *v. g.* dans le cas de plainte de séduction de la part d'une fille.

L'article 10 du titre 10 de l'Ordonnance criminelle de Léopold, Duc de Lorraine, laisse à la prudence du Juge d'ordonner en certains cas, cette confrontation de l'accusateur à l'accusé ; comme dans le cas de rapt, de violence, ou séduction, & autres de pareille nature ; même de présenter l'accusé au cadavre de la personne homicidiée, à l'instant de l'accusation, ainsi qu'il jugera à propos, & d'en dresser procès-verbal pour être joint au procès. Cette disposition paroît très sage, & peut être adoptée parmi nous.

31. 7°. Il n'est pas permis à un Juge, pour découvrir la vérité, ou fausseté de la déposition d'un témoin, de faire paroître devant ce témoin une autre personne que l'accusé, pour voir si le témoin le reconnoîtra. Cette feinte se trouve proscrite par deux Arrêts de la Tournelle du Parlement de Paris des 25 Octobre 1698, & 17 Mars 1702 ; le premier contre le Lieutenant-Criminel de Lusignan ; & l'autre contre un Conseiller de la Conservation de Lyon. Autre Arrêt du 4 Février 1718, contre le Juge de Châteauneuf.

8°. La confrontation littérale s'emploie contre les contumaxs auxquels on ne peut, à cause de leur absence, confronter les accusés ; ou lorsque le témoin récolé est mort pendant la contumace de l'accusé. Cette confrontation littérale a le même effet qu'une confrontation réelle. (Ordonnance de 1670, *tit.*

17, *art.* 13 & 22. Voyez ce qui est dit là-dessus au titre *Des Défauts & Contumaces*, ci-après, *part.* 3, *liv.* 2, *tit.* 21, n. 27 & 90.)

§. I.

De la Procédure sur les Confrontations.

32. 1°. La confrontation ne peut être faite qu'en vertu d'un jugement. (Voyez *suprà*, n. 11.) Un Arrêt du Parlement du 7 Mai 1717, fait défenses au Sieur de Saineville, Grand-Prévôt d'Orléans, & au Sieur de Manthelon, Lieutenant-Particulier audit lieu, de faire aucunes confrontations des témoins aux accusés, qu'il n'ait été ordonné par jugement, & déclare leurs confrontations nulles.

Néanmoins, dans le cas où un accusé condamné à mort par Jugement prévôtal & en dernier ressort, préalablement appliqué à la question, révele quelques-uns de ses complices qui sont arrêtés sur le champ, la confrontation peut en être faite sur le champ, avant aucun jugement de récolement & confrontation, quoique le Prêvôt n'ait pas encore été déclaré compétent pour en connoître. (Ordonnance de 1670, *tit.* 19, *art.* 4. Voyez ce qui est dit à cet égard au titre *De la Question ou Torture*, ci-après, *part.* 3, *liv.* 2, *tit.* 22, n. 50.)

33. 2°. Les témoins peuvent être récolés & confrontés à l'accusé le même jour; & même l'usage ordinaire, est de confronter les témoins à l'accusé aussi-tôt qu'ils ont été récolés.

3°. Si le témoin étoit malade, & ne pouvoit être transféré aux prisons pour être confronté à l'accusé, il faudroit que le Juge fît transporter l'accusé sous bonne garde dans le lieu de la demeure du témoin, après avoir ordonné d'une visite, & sur le rapport des Médecins & Chirurgiens, que le témoin ne peut être transféré sans courir risque de perdre la vie: ensuite dequoi le Juge doit se transporter sur le lieu pour y faire la confrontation du témoin.

Ou si ce témoin malade est éloigné, & hors le ressort du Juge qui fait l'instruction, celui-ci pourra commettre un autre Juge pour confronter ce témoin à l'accusé, qui doit par conséquent être transféré au lieu de la demeure du témoin, avec bonne & sure garde. (Voyez ce qui est dit au titre *De l'Instruction Criminelle en général*, ci-après, *part.* 3, *liv.* 3, *tit.* 2, n. 85.)

Ce qui vient d'être dit d'un témoin malade, reçoit aussi son application à l'égard des Religieuses témoins. On reçoit leur déposition, récolement & confrontation au parloir, & l'on y transfere l'accusé, après avoir dressé procès-verbal de la nécessité de ce transport.

Si le témoin demeure hors le Royaume, il faudra observer ce qui a été dit au titre *Des Informations des Témoins*, ci-dessus, *part.* 3, *liv.* 2, *tit.* 7, n. 21.

34. 4°. Le témoin doit être assigné pour la confrontation, comme pour le récolement; à moins qu'il ne se présente volontairement pour subir cette confrontation, auquel cas il n'est pas besoin d'assignation. C'est pourquoi il n'est pas nécessaire dans l'acte de confrontation, de faire mention de cette assignation. (Voyez ce qui a été dit à ce sujet ci-dessus, *n.* 14.) Il en est de même à l'égard des accusés, lorsqu'ils ne sont point prisonniers.

Le délai pour cette assignation, est arbitraire, & dépend de la distance des lieux, de la qualité des personnes, & de la matiere. (Ordonnance de 1670, *tit.* 15, *art.* 1. Voyez *suprà*, n. 14.)

Si l'accusé est prisonnier, l'assignation pour le récolement & la confrontation se peut donner, & même se donne ordinairement aux témoins pour être récolés & confrontés à l'accusé le même jour; mais si l'accusé est hors de prison, ce délai dépend de la prudence du Juge, & doit se regler comme il vient d'être dit.

Le délai est ordinairement le même pour le récolement & la confrontation, qui le plus souvent se font dans le même temps, dumoins quand l'accusé est prisonnier, ainsi qu'il vient d'être observé; ce qui est conforme à la disposition de l'Ordonnance du mois d'Août 1539, *art.* 163, qui porte: que les témoins seront confrontés à l'accusé aussi-tôt qu'ils auront été récolés.

Si le témoin ne comparoît pas sur l'assignation, il faudra le condamner en l'amende, *&c.*, & suivre ce qui est marqué ci-dessus, *n.* 15.

35. 5°. La confrontation des témoins à un accusé doit être faite dans les prisons, & il est défendu aux Juges de la faire en leur hôtel. (Voyez ce qui est dit à ce sujet au titre *De l'Instruction Criminelle en général*, ci-après, *part.* 3, *liv.* 3, *tit.* 2, n. 79.) Néanmoins quand il y a transport du Juge, le récolement & la confrontation peuvent être faits partout, même dans une

auberge. (Arrêt du 12 Mars 1712, rapporté au Journal des Audiences.)

6°. Lorsque l'accusé a été originairement décrété de prise de corps, il faut qu'il soit prisonnier pendant le temps de la confrontation, & qu'il en soit fait mention dans la procédure ; à moins qu'il n'en ait été autrement ordonné par les Cours, en jugeant les appellations. (Ordonnance de 1670, *tit.* 15, *art.* 12.)

Il en est de même des accusés qui n'ayant été décrétés originairement que d'assigné pour être oui, ou d'ajournement personnel, sont ensuite décrétés de prise de corps, à cause de quelques nouvelles charges survenues contre eux ; ils doivent aussi être en prison pendant le temps de la confrontation.

36. La disposition portée en cet article 12, est conforme à l'article 152 de l'Ordonnance du mois d'Août 1539, qui porte : » qu'aux matieres sujettes à confrontation, les accusés ne se» ront élargis pendant les délais qui leur sont donnés pour la » faire.

Cette nécessité d'être en prison pendant le temps de la confrontation, à l'égard des accusés décrétés originairement de prise de corps, a lieu même dans le cas où ils auroient été élargis & mis en liberté par provision en donnant caution, ou autrement, soit par les premiers Juges, soit en vertu d'Arrêt de Cour Souveraine. Ainsi il faudra les assigner pour se mettre en prison, à l'effet de subir la confrontation des témoins.

Quand l'accusé n'est pas prisonnier, il faut l'assigner à jour certain, à personne ou à domicile, pour venir subir la confrontation en la Chambre du Conseil, & lui donner pour cela un délai compétent. Cette assignation peut être donnée au domicile élu par l'accusé.

37. Si l'accusé, ainsi assigné, refuse de comparoître à Justice, il faudra le décréter de prise de corps, & instruire ensuite contre lui la contumace dont il est parlé ci-après au titre *Des Défauts & Contumaces*, part. 3, liv. 2, tit. 21, n. 31.

La confrontation se fait quelquefois en la Chambre du Conseil, ce qui arrive lorsqu'en voyant le procès, un accusé dans son dernier interrogatoire fait à la Chambre, vient à charger d'autres personnes, & que les Juges ordonnent sur le champ, sans déplacer, que cet accusé sera confronté aux personnes qu'il accuse par son interrogatoire, (Voyez *suprà*, n. 4.)

38. 7°. La confrontation de chaque temoin doit être faite séparément & secrétement, de même que les dépositions, récolement & autres procédures criminelles. (Voyez *suprà*, n. 17.)

Il ne paroît pas même que si l'accusé est mineur, son tuteur puisse être présent à la confrontation, pour fournir, s'il y a lieu, des reproches contre les témoins; ce qui semble être une suite de la disposition portée en l'article 8 du titre 14 de l'Ordonnance de 1670. Néanmoins Guenois, en sa Conférence des Coutumes, titre 56 *Des Crimes*, pag. 155, note (*y*), dit, que dans ces cas, on peut appeller le tuteur à la confrontation, pour proposer les reproches nécessaires pour son mineur.

39. 8°. Les temoins qui depuis leur récolement, viennent à rétracter leurs dépositions, ou à les changer dans des circonstances essentielles, doivent être poursuivis & punis comme faux temoins. (Ordonnance de 1670, *tit.* 15, *art.* 11.) Ce qui a lieu lorsque le témoin se retracte à la confrontation, ou change sa déposition dans des circonstances importantes. (Voyez le Procès-verbal de l'Ordonnance de 1670, sur cet article *pag.* 177.) Mais il est permis aux temoins d'expliquer leurs dépositions à la confrontation.

Le Juge qui fait l'instruction, peut même dans ce cas faire arrêter le temoin, & le faire emprisonner sur le champ, & communiquer à la partie publique, pour, sur les conclusions, décréter de prise de corps le faux temoin, qu'il faudra en conséquence interroger promptement, pour découvrir plus facilement la subornation.

40. Mais le Juge ne doit arrêter le temoin que quand il y a des variations essentielles dans les principales circonstances de sa déposition, récolement & confrontation, ainsi qu'on vient de l'observer; ou une preuve de corruption; autrement il est défendu aux Juges d'arrêter prisonnier les temoins. (Ainsi jugé par Arrêt du 6 Avril 1675, rendu contre le Lieutenant-Criminel du Châtelet de Paris, rapporté au Journal des Audiences.) C'est à la prudence du Juge à estimer si ces circonstances sont essentielles, ou non.

Cette instruction du faux contre le temoin, se fait par une instance criminelle séparée; & si ce faux s'est fait incidemment dans un procès criminel, instruit présidialement, il se juge par le même Siege, mais seulement à la charge de l'appel; à moins que l'accusé, par sa qualité, ne fût sujet à la Jurisdiction Présidiale en dernier ressort, comme s'il étoit vagabond, repris de Justice, *&c.*; auquel cas il faudroit encore faire juger auparavant sa compétence.

41. Si le faux est commis incidemment à une procédure criminelle suivie en la Maréchaussée, il faudroit suivre la même regle. (Voyez ce qui est dit là-dessus au titre *De la Compétence des Juges en général*, part. 2, tit. 2, n. 138.)

La Peyrere, lettre T, *n.* 14, *pag.* 274, rapporte un Arrêt du Parlement de Bordeaux de l'année 1686, qui a condamné en cinq ans de bannissement, des temoins qui avoient varié à leur confrontation. (Voyez ce qui est dit ci-après au titre *Des Faux témoins*, part. 4, tit. 16, n. 3.)

§. II.

De la forme des Confrontations.

42. 1°. Les confrontations doivent être faites par le Juge, & écrites & rédigées par le Greffier, sans interlignes; & s'il y a des ratures, il doit les faire approuver, & faire signer les renvois par le Juge & par le temoin & l'accusé s'ils savent signer. (Voyez l'article 12 du titre 6, & l'article 12 du titre 14 de l'Ordonnance de 1670.)

2°. Le temoin & l'accusé doivent prêter serment en présence l'un de l'autre, & le Juge doit les interpeller de déclarer s'ils se connoissent. (Ordonnance de 1670, *tit.* 5, *art.* 14.) Il faut aussi qu'il en soit fait mention.

Par Arrêt du 30 Juillet 1707, une Sentence d'un Official a été déclarée abusive, parce qu'entre autres nullités dans la confrontation, on avoit pris le serment d'un temoin & d'un accusé, mais sans dire en présence l'un de l'autre.

Si l'accusé refuse de prêter serment, il faudra lui faire trois interpellations, & en faire mention, & observer ce qui est dit ci-après au titre *De la manière de faire le procès aux Sourds & Muets*, &c. *part.* 3, *liv.* 2, *tit.* 27, *n.* 9 *& suiv.*)

Et s'il persiste dans cette dénégation, cela ne doit pas empêcher de procéder à la confrontation, comme s'il avoit prêté serment.

43. Un témoin qui à la confrontation, dit ne pas connoître l'accusé, pour le sauver, quoiqu'il soit constant d'ailleurs qu'il le connoît, peut être puni comme faux temoin.

Lorsque le temoin à la confrontation, déclare seulement qu'il croit reconnoître l'accusé pour être celui qui a commis le crime, ou celui qu'il a vu en tel endroit dérobant, ou s'enfuyant, *&c.*; ou bien que cet accusé ressemble beaucoup à celui qu'il a vu commettant le crime, ou dérobant, ou s'enfuyant, *&c.*; cela ne forme point une preuve pareille à celle qui résulte de la disposition d'un temoin qui reconnoît l'accusé; & même on peut dire qu'une déposition suivie d'une reconnoissance de cette espece, ne forme qu'un indice leger. (*a*).

44. 3°. Il faut ensuite faire lecture à l'accusé, des premiers articles de la déposition du temoin, contenant son nom, sur-nom, âge, qualité & demeure, la connoissance qu'il dira avoir des parties, & s'il est leur parent ou allié, serviteur ou domestique. (Ordonnance de 1670, *tit.* 15, *art.* 15; *& tit.* 6, *art.* 5.)

Quand on confronte un accusé à un autre, après avoir demandé aux deux accusés s'ils se connoissent, & après avoir fait faire lecture à l'accusé auquel on confronte, des premiers articles de l'interrogatoire de l'accusé confronté, concernant son nom, surnom, âge, qualité & demeure, il ne faut pas manquer de demander à cet accusé, auquel on confronte, s'il est parent, allié, serviteur ou domestique de l'autre accusé qui lui est confronté; & ce seroit une nullité de manquer à cette formalité; parce que dans les interrogatoires, il n'en a pas été fait mention. L'article 5 du titre 6 de l'Ordonnance de 1670, exige cette formalité à l'égard des temoins; & c'est ici la même raison. Dans la réponse de l'accusé confronté, il faudra, après la reconnoissance, ajouter que ledit accusé confronté a déclaré qu'il n'est parent, allié, serviteur ou domestique de l'accusé présent auquel il est confronté, ou bien qu'il est son parent, ou allié, *&c.*; & à quel degré.

45. 4°. Le Juge doit ensuite interpeller l'accusé auquel le temoin

(a) Voyez sur la preuve tirée des ressemblances d'accusés à la confrontation, les Plaidoyers imprimés dans l'Arrêt du 15 Mars 1674, au Journal du Palais, *pag.* 499.

est

eſt confronté, de fournir ſur le champ ſes reproches contre le témoin, s'il en a quelqu'un à propoſer. Il doit auſſi avertir cet accuſé qu'il ne ſera plus reçu à propoſer ces reproches, après qu'il aura entendu la lecture de la dépoſition du temoin; & il doit être fait mention du tout. (Ordonnance de 1670, *tit.* 15, *art.* 16.)

On ſe ſert dans quelques Provinces, du terme d'*Objets*, au lieu de reproches; *mais ces mots* ſont *ſynonymes.*

Au Châtelet de Paris, on ſe contente pour cet avertiſſement, de mettre ces mots, *aviſé de l'Ordonnance*; & les Juges de ce Tribunal y ont été maintenus par Arrêt du Conſeil du 31 Août 1705, rapporté aux Loix Criminelles, *tom.* 1, *pag.* 216. Voyez auſſi, *ibid.* pag. 242 & 243.

Mais cette formule ne doit point être employée dans les autres Sieges, & il ne ſeroit pas ſûr de s'en ſervir; on doit ſuivre les termes de l'Ordonnance.

46. 5°. Il faudra enſuite interroger le temoin ſur la vérité des reproches, & faire écrire ce qui ſera dit par l'accuſé & par le temoin. (Ordonnance de 1670, *tit.* 15, *art.* 16.)

6°. Après que l'accuſé a fourni ſes reproches, ou déclaré qu'il n'en veut point fournir, il faut lui faire lecture de la dépoſition & du récolement du temoin, avec interpellation de déclarer s'ils contiennent vérité, & ſi l'accuſé eſt celui dont il a entendu parler dans ſes dépoſition & récolement; & écrire enſuite tout ce que diront l'accuſé & le témoin. (*Ibid.* art. 18.)

On ne doit pas oublier de faire mention que cette lecture du récolement, a été faite au temoin, & ce ſeroit une nullité d'y manquer. (Ainſi jugé par Arrêt du Parlement de Paris du 7 Février 1711.)

L'interpellation dont il eſt parlé dans cet article, doit être faite d'abord au temoin, & enſuite à l'accuſé.

47. Si c'eſt un accuſé que l'on confronte à un autre accuſé, il faudra leur faire lecture de l'interrogatoire, ou des interrogatoires, de celui des accuſés qui charge l'autre, ainſi que de ſon récolement; mais il n'eſt néceſſaire de lire que la partie de l'interrogatoire, ou des interrogatoires, qui regarde l'accuſé qui eſt chargé, & le confronter ſeulement à cette partie, le ſurplus étant inutile.

Il faut auſſi avoir ſoin de ſpécifier dans la confrontation, ſi c'eſt de l'*accusé présent*, que le temoin a entendu parler. L'omission de ce mot *présent*, seroit une nullité, dumoins s'il y avoit d'autres accusés dans le même procès. (Arrêt de la Cour du 23 Juillet 1698, contre le Lieutenant-Particulier de Châtillon-sur-Indre; autre du 9 Mai 1712, rapporté au Journal des Audiences, *tom.* 6.)

Mais si la déposition du temoin ne sert qu'à établir la vérité d'un fait, dont il ne charge point l'accusé, alors il est inutile de spécifier que c'est de l'accusé présent qu'il a entendu parler par sa déposition & son récolement. (Argument tiré de l'article 37 au titre *Du Faux principal* de l'Ordonnance du mois du Juillet 1737.)

48. 7°. Lorsque l'accusé a entendu la lecture de la déposition du témoin, il ne doit plus être reçu à fournir aucuns reproches contre ce temoin, à moins qu'ils ne soient justifiés par écrit; auquel cas il pourra les proposer en tout état de cause. (Ordonnance de 1670, *tit.* 15, *art.* 19 & 20.)

Les reproches qui peuvent se justifier par écrit, sont des Sentences de condamnations à une peine infamante, rendues contre le temoin; ou des procédures qui justifient que l'accusé & le temoin, ont ensemble un procès considérable; ou des menaces graves par écrit contre l'accusé, &c.

49. 8°. Si l'accusé remarque dans la déposition du temoin, quelque contrariété, ou circonstance, qui puisse éclaircir le fait, & justifier son innocence, il peut requérir le Juge d'interpeller le temoin de les reconnoître, sans pouvoir lui-même faire cette interpellation au témoin; & il faudra rédiger par écrit ces remarques, interpellations, reconnoissances, & réponses. (Ordonnance de 1670, *tit.* 15, *art.* 22.)

Mais le Juge ne peut interpeller de lui-même le témoin ni l'accusé, sans être requis par l'accusé, ou par le temoin. (Arrêt de la Cour du 23 Juillet 1698, contre le Lieutenant-Particulier de Châtillon-sur-Indre; autre Arrêt du 20 Octobre 1733, pour Montmorillon; autre du 12 Janvier 1734, pour Cognac.)

50. Un Arrêt de la Cour des Comptes, Aides & Finances de Normandie du 2 Mai 1757, enjoint aux Juges, lors des confrontations, de se conformer à l'article 22 du titre 15 de l'Ordonnance de 1670; & en conséquence de discerner dans le nombre des interpellations requises par les accusés, celles qui

ſont pertinentes ; & de ne faire aux temoins que des queſtions juſtes & raiſonnables, procédantes de contrariété dans leurs dépoſitions, & tendantes à éclaircir les faits, ou à juſtifier l'innocence des accuſés (*a*). Cet Arrêt ajoute que chaque interpellation ne contiendra qu'un fait, & qui ſera propoſé au temoin d'une façon ſimple & claire ; qu'en cas de refus de la part du temoin d'y répondre, le Juge lui enjoindra d'y ſatisfaire, ſous peine de déſobéiſſance à Juſtice ; & l'avertira, s'il perſiſte dans ſon refus, que l'interpellation qui lui aura été faite, paſſera pour conſtante, & qu'il s'expoſe à être pourſuivi extraordinairement.

51. 9°. Si lors de l'interrogatoire, le Juge avoit omis de repréſenter à l'accuſé des habits, armes, ou autres effets ſervants à conviction, dont les temoins auroient parlé dans leurs dépoſitions ou récolements, la repréſentation de ces effets pourra ſe faire à l'accuſé & au temoin, lors de la confrontation. (Voyez ce qui a été dit à ce ſujet au titre *Des effets des accuſés ſervants à conviction*, ci-deſſus, *part.* 3, *liv.* 2, *tit.* 6, n. 10.)

10°. On doit auſſi faire lecture de la confrontation, à l'accuſé & au témoin, pour voir s'ils y perſiſtent ; mais l'omiſſion de cette lecture ne feroit point une nullité dans la confrontation, l'Ordonnance n'exigeant point cette formalité. (Ainſi jugé par Arrêt du 16 Janvier 1710, ſur l'appel d'une procédure faite par le Lieutenant-Criminel de Magny.) Il eſt mieux néanmoins de faire cette lecture.

52. 11°. Enfin, la confrontation doit être ſignée dans toutes les pages, du Juge, du temoin, de l'accuſé, s'ils ſavent, ou veulent ſigner ; ſinon il doit être fait mention de leur refus. (Ordonnance de 1670, *tit.* 15, *art.* 13.) A l'égard de la ſignature du Greffier, elle n'eſt pas néceſſaire. (Voyez *ſuprà*, n. 24.)

12°. Les confrontations doivent être écrites dans un cahier ſéparé, & les pages en doivent être paraphées par le Juge. (Ordonnance de 1670, *tit.* 15, *art.* 13 ;) & cottées par lui. (Voyez l'article 9 du titre 6 ; & l'article 13 du titre 14 de la même Ordonnance.)

(*a*) C'eſt par ce moyen que Daniel vint à découvrir l'innocence de Suſanne, accuſée par les deux vieillards. (Voyez Daniel, *chap.* 13, *v.* 52, *& ſuiv.*)

Il faut faire un cahier différent pour la confrontation de chaque accusé, séparé des autres procédures ; ce qui a été établi afin de rendre l'examen du procès plus facile.

Mais l'omission de cette formalité n'opéreroit point une nullité dans les confrontations : elle pourroit seulement occasionner une injonction au Greffier & au Juge qui a fait l'instruction.

53. 13°. Il faut appliquer ici tout ce qui est dit des ratures & interlignes, au titre 6 *Des Informations* de l'Ordonnance de 1670, *art.* 12, & au titre 14 *Des Interrogatoires*, art. 12. (Voyez ce qui a été dit à ce sujet au titre *Des Informations des Témoins*, part. 3, liv. 2, tit. 7, n. 6 ; & au titre *Des Interrogatoires*, part. 3, liv. 2, tit. 13, n. 19.)

14°. Si l'accusé, ou le témoin, est étranger, & n'entend pas la langue Françoise, la confrontation doit se faire en présence d'un interprête, qui explique à l'accusé, ou au témoin les interpellations du Juge, & au Juge les réponses de l'accusé, ou du témoin, ainsi qu'il s'observe pour les interrogatoires. (Voyez ce qui a été dit *ibid.* au titre *Des Informations des Témoins*, *n.* 22 ; & au titre *Des Interrogatoires*, n. 14.)

Si l'accusé est sourd, ou muet, ou s'il refuse de répondre, il faudra observer ce qui est marqué au titre 18 de l'Ordonnance de 1670, *art.* 5 & 8. (Voyez ce qui est dit à ce sujet au titre *Des Sourds & Muets & de ceux qui refusent de répondre*, ci-après, *part.* 3, *liv.* 2, *tit.* 27, n. 1 ; & au titre *Des Interrogatoires*, part. 3, liv. 2, tit. 13, n. 14.)

54. 15°. Toutes les formalités dont on vient de parler dans les articles précédents, doivent être observées dans les confrontations des accusés les uns aux autres. (Ordonnance de 1670, *tit.* 15, *art.* 23.)

Dans plusieurs Provinces de France, comme du côté de la Rochelle, on se sert du mot d'*acarement*, pour exprimer la confrontation qui se fait des accusés les uns aux autres : dans d'autres Provinces, on se sert du mot d'*affrontation*.

16°. L'accusé ne peut pas demander que les témoins lui soient confrontés de nouveau ; & le Juge ne peut l'ordonner d'office, à moins qu'il n'y ait des nullités dans ces confrontations, ou que leurs dépositions fussent obscures, & eussent besoin d'être expliquées.

55. 17°. L'article 21 du titre 15 de l'Ordonnance de 1670, dé-

fend aux Juges d'avoir égard aux déclarations faites par les témoins depuis l'information, lesquelles sont déclarées nulles; & veut qu'elles soient rejettées du procès; & que le témoin qui les aura faites, & la partie qui les aura produites, soient condamnés chacun en 400 livres d'amende envers le Roi, & en plus grande peine, s'il y échet.

Il semble qu'au lieu de ces mots, *depuis l'information*, il devroit y avoir, *depuis la confrontation*; & cela semble même résulter de la lecture du procès-verbal de l'Ordonnance de 1670, sur cet article, *pag.* 18; mais tout bien considéré, il est mieux d'avoir mis ces mots, *depuis l'information*; parce que les Déclarations dont il est parlé dans cet article 21, sont toutes celles, en général, que les témoins peuvent faire hors Justice, soit pardevant Notaires, Greffiers, ou autrement, avant, ou après la confrontation. L'article 11 de ce même titre, parle des retractations faites par le témoin à la confrontation. (Voyez ci-dessus, *n.* 39.)

56. 18°. On ne dit rien ici touchant la confrontation littérale; on peut voir ce qui est dit ci-après au titre *Des Défauts & Contumaces*, ci-après, *part.* 3, *liv.* 2, *tit.* 21, n. 90.

19°. Après que les récolements & confrontations sont finis, il faut communiquer la procédure au Procureur du Roi, ou autre partie publique, pour y donner leurs conclusions définitives. (Ordonnance de 1670, *tit.* 24, *art.* 1.)

TITRE XIX.

Des reproches de Témoins, & des récusations d'Experts.

ARTICLE PREMIER.

Des reproches de Témoins.

1. ON entend par *reproche*, tout ce qui peut être opposé contre les témoins, & qui peut servir à faire rejetter leurs dépositions. Dans quelques Provinces, on donne aux reproches le nom d'*objets* : Mais ces deux mots sont synonymes, ainsi que je l'ai déja observé.

I.

Les reproches sont ou, *généraux*, ou *particuliers*.

Les reproches *généraux*, sont ceux qui résultent de la condition, ou des mœurs du témoin, & qui peuvent le rendre suspect.

Les reproches *particuliers*, sont ceux qui ont pour objet les rapports que l'accusé & l'accusateur ont l'un avec l'autre, ou avec l'accusation; *v. g.* leur haine, ou l'intérêt qu'ils ont dans l'accusation. Ces sortes de reproches sont infiniment plus pressants que les autres.

II.

2. Tous les reproches, de quelque espece qu'ils soient, regardent, ou la personne des témoins, ou la nature de leurs dépositions, ou la forme de ces mêmes dépositions.

Les reproches qui regardent la personne des témoins, sont:

1°. Qu'il est infame. (Voyez au titre *Des Preuves en général*, ci-dessus, *part.* 3, *liv.* 1, *tit.* 3, n. 104.)

2°. Qu'il a été repris de Justice. (*Ibid.* n. 108.)

3°. Qu'il est accusé de crime, & en décret. (*Ibid.* n. 109.)

4°. Qu'il a été convaincu de parjure. (*Ibid.* n. 110.)

5°. Qu'il est hérétique. (*Ibid.*)

6°. Qu'il est excommunié. (*Ibid.* n. 111.)

7°. Qu'il est usurier public, ou femme publique, *&c.* (Voyez *ibid.* au titre *Des Preuves*, n. 112.)

8°. Qu'il est vagabond, ou mendiant, ou de condition vile. (Voyez *ibid.*)

9°. Qu'il est parent, ou allié des parties, ou de quelqu'une d'elles. (Voyez *ibid.* n. 115.)

10°. Qu'il est leur serviteur, ou domestique. (Voyez *ibid.* au titre *Des Preuves Testimoniales en général*, n. 122.)

11°. Qu'il est ami particulier des parties. (*Ibid.* n. 126.)

12°. Qu'il est impubere. (*Ibid.* n. 127.)

13°. Qu'il est furieux, ou insensé. (*Ibid.* n. 129.)

14°. Qu'il étoit ivre lors de sa déposition. (*Ibid.*)

3. 15°. Qu'il est sourd & muet. (*Ibid.* n. 131.)

A l'égard des témoins seulement sourds, ou muets, ou aveugles, Voyez ce qui a été dit *ibid.* n. 131.

16°. Qu'il est ennemi de lui accusé. (*Ibid.* n. 132.)

17°. Qu'il a intérêt dans la cause. (*Ibid.* n. 134.)

Quid : S'il est dénonciateur du crime ? (Voyez *ibid.* n. 135.)

Quid : S'il est Avocat, ou Procureur dans l'affaire, & qu'il y ait donné son ministere. (Voyez *ibid.* n. 138.)

18°. Qu'il a été corrompu & suborné par argent, ou autrement. (Voyez *ibid.* n. 185.)

Au reste, il faut observer que tous ces reproches sont personnels, & ne passent point du mari à la femme; si ce n'est pour parenté & alliance dans le degré prohibé.

4. Les reproches, ou plutôt les griefs & objections qu'on peut proposer contre les dépositions des témoins, sont :

1°. Que le témoin ne dépose point du fait dont il s'agit. (Voyez au titre *Des Preuves*, ibid. *n.* 149 & 163.)

2°. Qu'il ne dépose que par ouï dire. (Voyez *ibid.* n. 155.)

3°. Qu'il ne dépose point *de visu*, mais seulement *de auditu vocis.* (*Ibid.* n. 152.)

4°. Qu'il ne rend aucune raison de sa déposition, ou qu'il en rend une mauvaise. (*Ibid.* n. 160.)

5°. Qu'il dépose d'une maniere incertaine, douteuse, équivoque, & non concluante. (*Ibid.* n. 164.)

6°. Qu'il dépose de choses absurdes, impossibles, & contraires aux loix ordinaires de la nature. (*Ibid.* n. 166.)

7°. Qu'il dépose de choses fausses. (Voyez au titre *Des Preuves*, ibid. *n.* 167.)

8°. Qu'il a varié, ou s'est rétracté dans sa déposition, ou qu'il se contredit. (*Ibid.* n. 171.)

9°. Qu'il est singulier, & que par conséquent il ne prouve rien. (*Ibid.* n. 142.)

A l'égard de ce qui regarde la forme de la déposition, on peut opposer :

1°. Que le témoin s'est offert de lui-même pour déposer, sans avoir été assigné à cet effet. (Voyez *ibid.* au titre *Des Preuves*, n. 137.)

2°. Qu'il n'a point prêté serment, *&c.* (Voyez l'Ordonnance de 1670, *tit.* 6, *art.* 5 *& tit.* 15, *art.* 5 *&* 14.)

III.

5. Tous les reproches dont on vient de parler, doivent être circonstanciés & pertinents, & non en termes vagues & généraux; autrement il faut les rejetter. (Ordonnance de 1667, *tit.* 23, *art.* 1.) Ainsi, si l'on reproche à un témoin qu'il est infame, voleur, ou homicide, cela ne suffit pas, si l'on n'exprime le lieu, ou le temps du délit commis. (L. 3, D. *de accusat.*)

De même, s'il est avancé pour reproche que le témoin a été emprisonné, ou mis en décret, condamné, ou repris de Justice, il faudra que l'accusé le justifie avant le jugement du procès, par des écroues d'emprisonnement, décrets, condamnations, ou autres actes; autrement les faits seront réputés calomnieux. (Ordonnance de 1670, *tit.* 23, *art.* 2.)

IV.

6. C'est le temps de la déposition qu'il faut considérer, & non celui qui l'a précédé, ou qui la suit, pour sçavoir si les reproches proposés contre la personne des témoins, sont valables, ou non. (L. 1, Cod. *de testib.*; L. *si arbiter.* Cod. *de sentent.*; Voyez aussi ce qui a été dit au titre *Des Preuves*, part. 3, liv. 1, tit. 3, n. 193.)

V.

7. Les reproches ont lieu, non-seulement contre les témoins produits

duits par le plaignant, & par la partie publique; mais encore contre ceux produits par l'accusé pour sa justification. (Voyez ce qui a été dit à ce sujet au titre *Des Exceptions*, *& Défenses des accusés*, ci-dessus, *part. 3*, *liv. 1*, *tit. 2*, n. 91; & au titre *Des Preuves*, *part. 3*, *liv. 1*, *tit. 3*, n. 104 & suiv.)

V I.

7. Celui qui a produit des témoins, ne peut les reprocher, lorsque ces mêmes témoins viennent à être entendus contre lui, *v. g.* en accusation calomnieuse; parce qu'en les produisant, il est censé les approuver, & les regarder comme capables de déposer; ainsi l'accusé, par la même raison, ne peut reprocher les témoins qu'il a produits pour sa justification. Il en seroit autrement, si la cause du reproche étoit survenue depuis que le témoin a été produit par celui qui veut le reprocher.

Mais cela n'a lieu que quand il s'agit de proposer des reproches contre la personne des témoins, & non quand on attaque les dépositions en elles-mêmes.

V I I.

8. Quelquefois les reproches des mêmes témoins ont lieu, & sont admis contre le plaignant, & ne le sont point contre la partie civile pour la peine. (Voyez ce qui a été dit à ce sujet au titre *Des Preuves*, ci-dessus, *part. 3*, *liv. 1*, *tit. 3*, n. 116.)

L'effet des reproches en général n'est pas de rendre les témoins faux; mais seulement de les rendre suspects, ou de faire rejetter leurs dépositions.

Au reste, les reproches proposés par un des accusés, à la réserve de ceux qui regardent la parenté, ou alliance, servent à tous les autres accusés du même crime, quoique ceux-ci ne les aient pas proposés, & cela à cause de la liaison & connexité du crime. (Voyez Mainard, *liv. 4*, *chap. 79*, où il rapporte les raisons sur lesquelles cette maxime est fondée. Il ajoute néanmoins que cette regle n'a pas lieu contre les témoins défaillants.) Voyez au surplus ce qui est dit au titre *Des Sentences*, *Jugements & Arrêts*, ci-après, *partie 3*, *liv. 2*, *tit. 25*, n. 148, touchant les dépositions que les Juges doivent rejetter d'office.

VIII.

9. Les reproches que l'accusé veut proposer contre un témoin, doivent être fournis par lui sur le champ, à la confrontation qui lui est faite de ce témoin; autrement l'accusé ne doit plus être reçu à les proposer, quand une fois il a entendu la lecture de la déposition de ce témoin. (Ordonnance de 1670, *tit.* 15, *art.* 16 & 19. (*a*)

Néanmoins lorsque ces reproches sont justifiés par écrit, ils peuvent être proposés par l'accusé en tout état de cause. (*Ibid.* tit. 15, art. 20;) même sur l'appel: comme si l'accusé proposoit pour reproches, que le témoin a été repris de Justice, & qu'il rapportât la Sentence de condamnation, qui auroit été rendue contre lui; s'il disoit que le témoin est son parent, ou allié, & qu'il en apportât les pieces justificatives; s'il disoit avoir un procès considérable contre le témoin, & qu'il rapportât les pieces du procès.

Pour sçavoir si les accusés mineurs doivent aussi proposer sur le champ leurs reproches, à cause du défaut de connoissance que la foiblesse de leur âge ne leur permet pas le plus souvent d'avoir de l'incapacité du témoin, *&c.*, Voyez ce qui est dit ci-après au titre *De la maniere d'exercer l'action criminelle en général*, part. 3, liv. 3, tit. 1, n. 119.

En petit-criminel, les reproches contre les témoins doivent être proposés à l'Audience, & sur le champ, comme dans les matieres sommaires; cela se pratique ainsi tous les jours. (Voyez l'Ordonnance de 1667, *tit.* 17, *art.* 9.)

IX.

10. Les reproches proposés par écrit, doivent être signés de la

(*a*) Le Chancelier Poyet fut celui qui fit l'Ordonnance par laquelle les accusés doivent donner leurs reproches sur le champ. Au procès-criminel qui fut depuis fait à ce Magistrat, étant averti de donner ses reproches, suivant cette Ordonnance, il la trouva trop rude & trop severe: & ajouta qu'il ne pensoit pas devoir jamais se trouver dans le cas où il étoit.

partie qui les propose, ou de son fondé de procuration spéciale. (Ordonnance de 1670, *tit.* 23, *art.* 10.)

X.

En cas de dénégation de la part des témoins touchant les reproches proposés contre eux par l'accusé à la confrontation, c'est à cet accusé à prouver les faits de reproches. (L. *actor.* 23, Cod. *de probat.* §. *non solum autem* 4; institut. *de legatis.* L. *qui accusare* 4. Cod. *de edendo.*)

X I.

11. Tous les reproches, tant ceux proposés verbalement, que par écrit, se jugent en voyant le procès au fonds; & avant de juger, les Juges doivent opiner préalablement sur la validité, ou invalidité de ces reproches. (Ordonnance de 1667, *tit.* 23, *art.* 4 & 5; Procès-verbal de l'Ordonnance de 1670, *tit.* 13, *art.* 1, *pag.* 219.) Cette validité ou invalidité, dépend entiérement de l'arbitrage du Juge. (Instituts de Loisel, *liv.* 5, *tit.* 5, *regle* 17; Coutume de la Marche, *art.* 60.)

Si les reproches ne sont pas trouvés valables, on ordonne que, sans y avoir égard, il sera passé outre à la lecture de la déposition des témoins, & on passe sur le champ au jugement du procès au fonds. (Procès-verbal de l'Ordonnance de 1670, *tit.* 19, *art.* 2.)

Si au contraire les reproches sont déclarés valables, & qu'ils soient justifiés, on ordonne que les témoins seront rejettés; & on ne lit point leurs dépositions, si ce n'est pour y avoir tel égard que de raison. (Ordonnance de 1667, *tit.* 23, *art.* 5. Ordonnance criminelle de Léopold pour la Lorraine, *tit.* 14, *art.* 7.)

12. Le jugement qui prononce sur les reproches, est porté par la même Sentence qui juge le fonds, & est conçu en ces termes: *Ayant aucunement égard aux reproches proposés contre tel & tel témoin, nous ordonnons que leurs dépositions seront rejettées de l'information, & en conséquence*, &c.; ou bien: *Sans avoir égard aux reproches proposés contre tel & tel témoin*, &c., *nous ordonnons*, &c.

Il arrive quelquefois que les reproches, quoique valables, ne sont pas suffisamment justifiés; alors le Juge ordonne qu'il en sera fait preuve, tant par actes, que par témoins. (Procès-verbal de l'Ordonnance de 1670, *tit.* 19, *art.* 3, *pag.* 222.) Mais cette preuve ne doit pas s'ordonner, quand il y a d'ailleurs une preuve suffisante par la déposition des autres témoins. (Procès-verbal de l'Ordonnance de 1667, *tit.* 23, *art.* 6, *pag.* 323. Pratique Criminelle de Lizet, *liv.* 1, *tit.* 6, *pag.* 53.) C'est pourquoi il faut surseoir jusqu'après la visite du procès, avant d'ordonner cette preuve. (Procès-verbal de l'Ordonnance de 1670, *tit.* 19, *art.* 4.)

XII.

13. Dans ce cas où il est jugé nécessaire de faire la preuve de quelque reproche, on ordonne que l'accusé, dans un bref délai qu'on lui impartit à cet effet, la fera, tant par pieces que par témoins qu'il doit nommer sur-le-champ; autrement il n'y sera plus reçu. (*Ibid.* art. 4.)

XIII.

Dans les enquêtes qui se font pour la preuve des reproches, on ne doit point être reçu à reprocher les témoins produits; à moins que ces reproches ne soient notoires & justifiés sur le champ, ou par écrit. (Imbert, *liv.* 3, *chap.* 13, *n.* 20. Despeisses, *part.* 1, *tit.* 8, *n.* 13. Louet, *lettre* R, *chap.* 5, *n.* 1.)

XIV.

14. Il n'est pas nécessaire, quand on reproche un témoin, comme voleur, d'intenter contre lui l'action criminelle, il suffit seulement de prouver le fait. (*a*)

Mais l'accusé peut faire informer criminellement de la subornation des témoins. (Arrêt du Parlement de Provence du 17 Décembre 1654, rapporté par Boniface, *tom.* 2, *part.* 3, *liv.* 1, *tit.* 2, *chap.* 26.)

(*a*) Le Mercredi 12 Février 1657, à l'Audience de la Prévôté d'Orléans, il a été permis à une des parties plaidantes, de vérifier que l'un des témoins entendus en déposition étoit un voleur, & avoit été surpris dans un vol, pourquoi il s'étoit accommodé avec la partie intéressée.

X V.

Le délai fixé pour la preuve étant expiré, les reproches doivent être communiqués de nouveau à la partie publique, pour y prendre ses conclusions dans les 24 heures, au plutard, & il doit être passé outre au jugementdu procès en l'état qu'il se trouvera. (Procès-verbal del'Ordonnance de 1670, *tit.* 19, *art.* 5, *pag.* 222.)

X V I.

15. La preuve des reproches doit être faite aux frais de l'accusé, sinon à ceux de la partie civile; & s'il n'y a point de partie civile, ou qu'elle ne puisse avancer les frais, les Seigneurs & engagistes, ou Receveurs des Domaines du Roi, peuvent être contraints chacun à leur égard de les payer. (Procès-verbal de l'Ordonnance de 1670, *tit.* 19, *art.* 6 & 7, *pag.* 222.)

X V I I.

Si la partie appelle du jugement qui admet la preuve d'un reproche, cet appel n'empêche pas qu'on n'instruise sur ce reproche, & même qu'on ne passe au jugement du fonds. (Voyez ce qui est dit au titre *Des Appellations*, ci-après, *part.* 3, *liv.* 2, *tit.* 37, n. 22; & ci-dessus, au titre *Des Exceptions & Défenses des accusés*, *partie* 3, *liv.* 1, *tit.* 2, n. 94.) Mais dans le cas d'appel de reproche non admis, si la Sentence est infirmée sur l'appel, la preuve de ce reproche doit se faire par le Juge d'appel, qui commet ordinairement pour la faire sur le lieu où le procès a été jugé en premiere instance. (Voyez Guipape, *décis.* 500.)

X V I I I.

16. Les reproches calomnieux sont punis par amende, ou de plus grande peine, à l'arbitrage du Juge, suivant l'article 41 de l'Ordonnance 1539; & la partie qui les a proposés mal-à-propos, est tenue de l'action d'injures envers celui contre lequel elle les a proposés. (Mazuer, titre *Des Injures*, n. 12; Boerius, *décis.* 245, n. 7.)

Dans le procès-verbal de l'Ordonnance de 1667, *tit.* 23, *art.* 7, il y avoit un article qui portoit : Que pour chacun fait de reproche calomnieusement proposé, ou non justifié, il y auroit condamnation de 40 livres d'amende dans les Cours de Parlement, & de 20 livres dans les autres Jurisdictions, applicable moitié au Roi, & moitié à la partie, sans préjudice au témoin reproché de demander réparation, s'il y échet; mais on a jugé à propos de retrancher cet article, & de laisser les choses à l'arbitrage du Juge.

XIX.

Les Juges, en voyant le procès, doivent suppléer d'office les reproches contre les témoins, lorsque ces reproches sont notoires, ou qu'ils résultent des actes du procès. (Voyez ce qui est dit au titre *Des Sentences & Jugements*, ci-après, *part.* 3, *liv.* 2, *tit.* 25, *n.* 148.)

ARTICLE II.

Des récusations d'Experts en matiere criminelle.

17. Ces récusations ont lieu en matiere criminelle, de la même maniere qu'en matiere civile.

Elles ont lieu dans tous les cas où l'on peut reprocher les témoins, & où l'on peut recuser les Juges. (Voyez ce qui vient d'être dit touchant les reproches des témoins, & ce qui a été dit touchant les récusations de Juges, au titre *De la compétence des Juges en général*, part. 2, tit. 2, n. 367; & ce qui a été dit au titre *Du Corps de délit, & de la maniere de le constater*, ci-dessus, *part.* 3, *liv.* 2, *tit.* 3, *n.* 55.)

TITRE XX.

Des Lettres d'abolition, rémission, pardon, pour ester à droit, rappel de ban, ou galeres, commutation de peine, réhabilitation, & révision de procès.

SECTION PREMIERE.

Des Lettres en général.

1. Les Lettres se divisent en *Lettres de Justice*, & en *Lettres de grace.*

Les *Lettres de Justice*, sont les lettres de rémission & de pardon; néanmoins on les appelle aussi quelquefois lettres de grace.

Les *Lettres de grace* proprement dites, sont les lettres d'abolition, celles pour ester à droit, de rappel de ban, ou galeres, de commutation de peine, de réhabilitation du condamné en ses biens & renommée, & de révision de procès.

Cette distinction en lettres de Justice, & en lettres de grace, est faite par M. Pussort sur l'article 4 du titre 16 du procès-verbal de l'Ordonnance de 1670, *pag.* 186.

2. Les lettres de rémission & pardon peuvent être obtenues dans les Chancelleries des Parlements; mais les lettres d'abolition, & autres lettres de grace, ne peuvent être scellées qu'en la grande Chancellerie. (Ordonnance de 1670, *tit.* 16, *art.* 5.)

Les lettres d'abolition & de rémission, sont scellées en cire verte, & ne sont datées que de l'année & du mois, sans y mettre le jour; & elles sont adressées, *A tous présents & à venir.* (Imbert, *liv.* 3, *chap.* 17, *n.* 3.)

Les lettres de pardon sont scellées en cire jaune, datées de l'an, mois & jour; & l'adresse en est, *A tous ceux qui ces présentes Lettres verront.* (Imbert, *ibid.* n. 3 & 4.)

1°. Toutes les lettres en général, soit de grace, soit de Justice, doivent être entérinées. (Julius Clarus, *qu.* 59, *n.* 10.)

3. 2°. Celles obtenues par les Gentilhommes ne peuvent être adressées qu'aux Cours, chacune suivant sa Jurisdiction, & la qualité de la matiere; c'est-à-dire, qu'elles doivent être adressées à la Cour où ressortit la Jurisdiction en laquelle le crime a été commis, ou à celle dans laquelle la poursuite en a été faite; mais les Cours peuvent, si la partie civile le requiert, & qu'elles le jugent à propos, renvoyer l'instruction sur les lieux. (Ordonnance de 1670, *tit.* 16, *art.* 12.)

Au nombre des Gentilshommes, sont compris tous ceux qui jouissent du privilege de la noblesse; comme sont les Trésoriers, les Secrétaires du Roi, *&c.*; ce qui a lieu même dans le cas où un seul des accusés seroit noble.

A l'égard des personnes de qualité roturiere, même ecclésiastiques, l'adresse en doit être faite aux Baillis & Sénéchaux des lieux où il y a Siege Présidial; & dans les Provinces où il n'y a point de Siege Présidial, l'adresse en doit être faite aux Juges (Royaux) ressortissants nuement aux Cours, & non aux autres Juges; à peine de nullité des Jugements. (Ordonnance de 1670, *tit.* 16, *art.* 13.)

4. 3°. Toutes les lettres, de quelque espece qu'elles soient, doivent être présentées dans les trois mois, du jour de l'obtention; passé lequel temps, il est défendu aux Juges d'y avoir égard; & les impétrants ne peuvent en obtenir de nouvelles, ni être rélevés du laps du temps. (Même Ordonnance de 1670, *tit.* 16, *art.* 16. Ordonnance de Moulins, *art.* 35.)

Ainsi, ni la signification de ces lettres faite à la partie, ni le défaut de cette signification, ne peuvent empêcher la disposition de cet article; il faut nécessairement que ces lettres soient présentées dans les trois mois.

Mais elles peuvent être présentées après les trois mois, lorsque l'impétrant a obtenu des lettres de surannation, & qu'il les présente trois mois après les avoir obtenues. J'ai vu une lettre de M. le Chancelier Voisin, qui le décide ainsi.

Il faut aussi observer que les lettres présentées par un impétrant dans les trois mois, ne tombent point en surannation par rapport aux autres accusés qui ne les ont point présentées dans ce temps. (Ainsi jugé par Arrêt du 7 Mars 1667, rapporté par Boniface, *tom.* 2, *part.* 3, *liv.* 1, *tit.* 16, *chap.* 3.)

5. 4°. Quelques-uns pensent que les lettres de grace ne peuvent être

être présentées en vacations. (Arrêt du 3 Juillet 1677, rapporté aussi par Boniface, *tom.* 3, *liv.* 1, *tit.* 5, *chap.* 22.) Néanmoins le contraire s'observe au Parlement de Paris.

5°. Les lettres de grace doivent être communiquées aux Procureurs du Roi, avant de pouvoir procéder au jugement de ces mêmes lettres. (Ordonnance de 1670, *tit.* 16, *art.* 20.)

6°. Toutes les lettres de grace sont de nul effet après la mort du Roi qui les a accordées; & si elles n'avoient pas été enterrinées de son vivant, il faudroit qu'elles fussent confirmées par le Roi son successeur; parce que toutes graces sont personnelles. (Voyez Peleus, *question* 449.)

SECTION II.

Des Lettres de rémission, & de pardon.

6. Les *Lettres de rémission*, sont celles qui s'accordent pour homicides involontaires, ou qui sont commis dans la nécessité d'une légitime défense de la vie. (Ordonnance de 1670, *tit.* 16, *art.* 2.)

On se sert souvent du terme de *grace*, pour exprimer celui de *rémission*; mais ces mots ne sont point synonymes. Le terme de *grace* est un terme générique, qui comprend non-seulement les lettres de rémission & de pardon; mais encore toutes celles émanées directement de la souveraine Puissance, comme sont celles dont il est parlé dans l'article 5 du titre 16 de l'Ordonnance de 1670.

Les lettres de *pardon* sont celles qui s'accordent pour les cas où il n'échet peine de mort, & qui néanmoins ne peuvent être excusées. (Ordonnance de 1670, *ibid.* tit. 16, art. 3.)

1°. Les lettres de rémission sont nécessaires, toutes les fois qu'il s'agit d'un crime qui mérite la mort, mais qui se trouve dans des circonstances qui exigent que le crime soit pardonné, & que le Prince remette la peine. Tels sont les homicides commis involontairement, & par un évenement fortuit; ainsi que ceux qui sont commis dans le cas d'une défense nécessaire & légitime, & pour sauver sa vie; autrement, les Juges ne pourroient se dispenser de condamner les coupables d'homicides. (Papon, *liv.* 24, *tit.* 17, *n.* 5.)

7. Néanmoins, lorsque dans l'instruction d'un procès qui mérite peine de mort, les Cours, ou autres Juges en dernier ressort, voyent que le cas est graciable, ils prennent ordinairement le parti d'écrire d'office à M. le Chancelier pour demander la grace de l'accusé. (Voyez Laroche-Flavin, Traité des Parlements de France, *liv.* 13, *chap.* 43, n. 3.) Il y en a plusieurs exemples.

Quand l'accusé est pauvre, ces Lettres s'accordent *gratis & pro Deo.*

Un homicide est involontaire, lorsqu'il est commis contre la volonté, c'est-à-dire, contre l'intention de celui qui le commet; *v. g.* lorsqu'en voulant tuer un animal, je tue un homme qui se trouve dans le même endroit, & que je n'avois pas intention de tuer. Il en est de même des homicides commis par impéritie, ou par imprudence. (Voyez au titre *De l'Homicide*, ci-après, *part.* 4, *tit.* 21, n. 81 & 94.)

8. *Question.* Lorsque voulant tuer une personne, on en tue par imprudence une autre, qui s'étoit mêlée de la querelle, ou qui vient à passer dans le moment, cet homicide doit-il être regardé comme involontaire?

Si l'on regarde la personne de celui qui est tué, l'homicide doit être regardé comme involontaire par rapport à elle; parce que celui qui l'a tuée, n'a point eu intention de le faire; mais si l'on considere l'homicide du côté de celui qui l'a commis, il est constant que c'est un homicide volontaire; parce qu'il est toujours vrai de dire que celui qui l'a commis, avoit intention de tuer. Ainsi on doit, à parler exactement, regarder cet homicide, comme un homicide volontaire & fait de propos délibéré, qui mérite conséquemment la peine de mort, & dont le Souverain seul peut remettre la peine, en vertu de sa puissance. (Barthole sur la Loi *respiciendum*, §. *delinquam in fin.* D. *de pœnis.* Voyez aussi ce qui est dit ci-après au titre *De l'Homicide*, n. 64.)

9. Les homicides commis dans la nécessité d'une légitime défense de la vie, sont ceux que l'on commet à son corps défendant, & pour sauver sa vie, lorsqu'on risque de la perdre en ne tuant point celui qui nous attaque. (Déclaration du 22 Novembre 1688.)

Par exemple, si une personne, qui auroit contre moi une inimitié violente, venoit m'attaquer le pistolet, ou l'épée, à la main; & que ne pouvant prendre la fuite, & ayant une autre arme, je prévienne & tue celui qui vouloit m'ôter la vie; alors l'homicide que je commets dans ce cas, étant commis dans la néceſſité d'une légitime défenſe de la vie, eſt graciable; & même les Lettres peuvent en être expédiées dans les Chancelleries établies près les Cours de Parlement.

D'où il ſuit, que quand on a tué dans la néceſſité d'une légitime défenſe de ſon bien, que quelqu'un vouloit nous ravir par force & par violence, ou pour la défenſe de ſon honneur, on n'eſt pas dans le cas d'obtenir de ſimples Lettres de remiſſion, qui peuvent être données dans les Chancelleries des Parlements; mais il faut néceſſairement avoir recours au Souverain, & obtenir de lui des Lettres de grace qui s'expédient au Grand-Sceau.

10. Et il en eſt de même, à plus forte raiſon, des homicides commis dans le vin, ou dans la chaleur d'un premier mouvement de colere, en conſéquence de quelque injure reçue ſur le champ. Tous ces homicides n'étant point commis dans la néceſſité d'une légitime défenſe de la vie, ne peuvent être remis par de ſimples Lettres obtenues dans les Chancelleries établies près les Cours; mais il faut alors avoir recours au Souverain. (Edit du mois de Juin 1678.)

L'homicide ceſſe auſſi d'être, non-ſeulement involontaire, mais encore rémiſſible, lorſqu'il s'eſt écoulé quelque intervalle, entre le temps de l'aggreſſion, & celui où l'on a tué ſon aggreſſeur; parce qu'alors ce n'eſt pas repouſſer une injure, c'eſt venger celle qu'on a précédemment reçue; & que l'action n'eſt plus faite dans un premier mouvement de colere, qui rend en quelque ſorte un offenſé excuſable; mais une action réfléchie, & faite de propos délibéré.

11. 2°. Il y a des homicides pour leſquels il n'eſt pas néceſſaire d'obtenir des Lettres de grace. Tels ſont:

Les homicides commis à l'égard des perſonnes allant par les champs, armées, maſquées & déguiſées, lorſque ces perſonnes ſont tuées en faiſant réſiſtance. (Ordonnance du 9 Mai 1539, *art.* 4 & 5.)

Il en eſt de même de l'homicide commis à l'égard d'un voleur qui entreroit de nuit dans une maiſon avec des armes offenſives, dans le dessein de me voler. (Voyez ce qui est dit ci-après au titre *de l'Homicide*, part. 4, tit. 21, n. 48.)

3°. Il n'est pas nécessaire d'obtenir des Lettres de grace, ni de remission, ou de pardon, pour de simples excès, ou blessures, ni en général pour des cas où il n'échet point de peine corporelle; & il est défendu aux Gardes des Sceaux des Chancelleries d'en expédier en pareil cas, & aux Juges d'y avoir égard. (Imbert, *liv.* 3, *chap.* 17, n. 17; Ordonnance du mois d'Août 1539, *art.* 172.)

12. 4°. Les Lettres de rémission ne s'accordant que pour homicides involontaires, ou nécessaires, suivant l'article 2 du titre 16 de l'Ordonnance de 1670; il s'ensuit qu'elles ne peuvent avoir lieu pour les autres crimes, quoique punissables de mort, comme pour vol, rapt, faussété, fausse monnoie, & autres crimes semblables.

5°. Il faut aussi observer que les Lettres de rémission n'ont lieu, à proprement parler, qu'à l'égard de ceux qui n'ont point encore été jugés pour raison du crime pour lequel ils demandent des Lettres de grace; à moins que le jugement ne soit rendu par contumace, ou à la charge de l'appel. Néanmoins quand le jugement est rendu contradictoirement, & en dernier ressort, le Prince peut encore faire grace au condamné, tant qu'il n'est point exécuté. (Julius Clarus, *qu.* 59, n. 2; Farinacius, *qu.* 6, n. 1; Laroche-Flavin, des Parlements de France, *liv.* 13, *chap.* 43, n. 9.)

13. 6°. Les Lettres de grace, ou de rémission, sont nécessaires, non-seulement aux personnes saines d'esprit, mais encore aux furieux & insensés, ou interdits, qui viennent à commettre quelque homicide. (Voyez ci-après, n. 51.)

7°. Les Lettres de pardon ne doivent être scellées, que pour les cas où il n'échet pas peine de mort; mais qui néanmoins ne peuvent pas être excusés, ainsi qu'il a été observé ci-dessus, (n. 2.)

Par exemple, si celui qui obtient ces Lettres, pour raison d'un homicide, n'a pas donné le coup, mais s'est seulement trouvé, sans dessein prémédité, dans la compagnie du principal coupable, (Voyez Lizet, en sa Pratique criminelle, *tit.* 8, aux notes, *pag.* 71 *versò*, de l'édition de 1609, in-8°.; & Henris, *tom.* 2, *liv. 4, qu. 9.*) Il en est de même d'un pere qui se seroit trouvé dans une querelle où son fils auroit tué quelqu'un, sans se mettre en devoir de l'en empêcher; car quoique ce pere n'ait point frappé, & n'ait point été spectateur de la querelle, néanmoins il ne peut être excusé de ne s'être pas mis en devoir d'empêcher son fils, & il est obligé d'avoir recours au pardon. Il en est de même à l'égard de la femme; & du maître à l'égard de son domestique.

Bouchel, en sa Bibliotheque du Droit François, au mot *Grace*, met encore un autre cas pour lequel il faut obtenir des Lettres de pardon; c'est lorsque quelqu'un, dans une querelle, est blessé, & que le coup n'a pas été suivi de mort.

14. 8°. Il n'y a que le Souverain seul qui puisse donner des Lettres de grace. (Farinacius, *qu.* 6, n. 2 & suiv.) Les Princes du Sang ne jouissent pas de ce droit, même pour raison des crimes commis dans l'étendue des Terres, Principautés & Domaines qu'ils tiennent du Roi à titre d'appanage ou d'engagement.

En effet, le Roi François I. ayant accordé à sa mere le privilege de donner des Lettres de grace dans le Duché d'Anjou, renonça à ce droit, ayant appris que le Parlement de Paris avoit délibéré de faire ses remontrances au Roi à ce sujet. (Voyez Bodin, en sa République, *liv.* 1, *chap.* 10, *pag.* 165, édition de 1580.)

Il est vrai qu'avant Louis XII, plusieurs Seigneurs dans le Royaume s'étoient arrogé le pouvoir de donner des Lettres de remission & de pardon; mais par une Ordonnance du même Prince du mois de Mars 1498, *art.* 70, défenses ont été faites à toutes personnes d'entreprendre de donner des graces, pardon, & rémission aux criminels. *Idem*, par l'Ordonnance de Moulins, *art.* 22; & par celle de Blois, *art.* 274. Voyez aussi Lebret, Traité de la Souveraineté du Roi, *liv.* 4, *chap.* 6.

15. Quelquefois cependant le Roi accorde aux Souverains étrangers, lors de leur passage dans le Royaume, ou à des Princes, lors de leur entrée dans leurs Provinces, le droit d'accorder des graces aux criminels. Ainsi:

Louis XI, au mois de Septembre 1477, accorda à Charles, Comte d'Angoulême, le droit d'élargir les prisonniers, lorsqu'il feroit son entrée dans les Villes de son Duché; mais on en excepta les criminels de Leze-Majesté, & de fausse monnoie.

De même, au passage de l'Empereur Charles-Quint en France, en l'année 1539, le Roi lui accorda le pouvoir de donner des graces; & ces graces même s'expédioient au nom de l'Empereur. (Voyez le Traité de la Connétablie & Maréchaussée de France de Pinson, *pag.* 24 & *suiv.*)

16. Le Roi donne la grace aux Ecclésiastiques, comme à ses autres sujets; & le Pape ni les autres Supérieurs Ecclésiastiques ne peuvent s'arroger ce droit. En effet, un Ecclésiastique ayant, pour raison d'un homicide, obtenu des Lettres de grace du Cardinal Plaisance, alors Légat en France, & les ayant fait enterriner, sur l'appel comme d'abus qui en fut interjetté, il fut dit par Arrêt du 5 Décembre 1605, rapporté par Corbin, en ses Plaidoyers, *chap.* 5, qu'il avoit été nullement & abusivement procédé; & ordonné que no obstant ces Lettres, le procès seroit fait & suivi contre cet Ecclésiastique. (Voyez Fevret, *liv.* 8, *chap.* 4, n. 13; & Bugnion, Loix abrogées, *liv.* 2, *chap.* 145.)

17. Au reste, il faut observer que les Lettres de grace données par un Souverain, pour raison d'un délit qui auroit été commis sur ses terres par un François, n'empêchent pas que ce même François ne puisse être poursuivi en France, pour raison du même crime; parce que le Prince naturel est toujours en droit de punir son sujet, nonobstant la grace donnée par l'autre Prince. (Voyez Farinacius, *quest.* 5, n. 26; Julius Clarus, *quest.* 39, n. 4.)

Mais cette maxime est restrainte aux délits commis pour contraventions aux Loix établies dans le Royaume, dont le délinquant est sujet, & non à celles établies par le Souverain du lieu où le délit a été commis. (Voyez Expilly, Plaidoyer 24, n. 11; & l'Hommeau, titre des Droits Royaux, *liv.* 1, *tit.* 9.)

18. 9°. Les Lettres de remission & de pardon, s'accordent, tant en la Grande Chancellerie, que dans les Chancelleries établies près des Cours; mais avec une différence importante, dont il sera parlé ci-après pour leur enterrinement. (Voyez *infrà*, n. 50.)

10°. L'effet des Lettres de grace, est de remettre la peine due au crime, & même les amendes dues au Roi & aux Seigneurs Hauts-Justiciers en conséquence d'une condamnation qui auroit été prononcée contre le coupable, tant que ces amendes n'ont point été payées. (Ainsi jugé par Arrêt du 13 Juin 1661, rapporté par Boniface, *tom.* 2, *partie* 3, *liv.* 1, *tit.* 16, *chap.* 2.)

19. Mais lorsque ces Lettres ne sont obtenues qu'après un jugement rendu en dernier ressort, portant confiscation des biens, elles ne nuisent pas au Seigneur auquel par le jugement le droit est acquis sur les biens des condamnés. (Chopin, *de doman. lib.* 1, *tit.* 8, n. 13; Lebret, *liv.* 3, de la Souveraineté, *chap.* 13;) excepté dans le cas où il s'agiroit d'une abolition pour le bien de la paix; ou bien dans le cas où les Lettres de grace seroient obtenues sur une justification de l'innocence de l'accusé. (Bacquet, au Traité des Droits de Justice, *chap.* 16, n. 4. Voyez au surplus ce qui est dit ci-après, n. 73.)

A l'égard de l'intérêt civil de la partie offensée, les Lettres de grace n'y préjudicient jamais. (Menochius, *de arbitrar. judicum causis*, quæst. 96, & 447, n. 17; Julius Clarus, *qu.* 59, n. 4; Farinacius, *qu.* 6, n. 18, & seq. *Ita etiam*, D. Thomas, *in secundâ Secundæ*, *quæst.* 63, *art.* 4, *vers. sed princeps.*) C'est pourquoi ces Lettres contiennent toujours la clause qu'il sera préalablement satisfait à la partie civile, si fait n'a été.

20. Néanmoins le Souverain peut accorder les Lettres de grace sans y ajouter la clause qu'il sera préalablement satisfait à la partie civile, (ses droits néanmoins réservés à cet égard;) pourvu que cela se fasse par quelque motif légitime. (*Ita*, Boerius, *qu.* 65; Covarruvias, *variar. resol. lib.* 1, *chap.* 20, n. 8; S. Thomas *in secundâ secundæ*, qu. 77, n. 1; & Farinacius, *qu.* 6, n. 19 & 20.)

Au surplus, la remise qui seroit faite de l'intérêt civil par l'offensé, avant sa mort, en faveur de l'auteur de l'homicide, ne seroit pas suffisante; mais il faut encore le consentement des héritiers de l'homicidé, à cause du dommage & de l'injure qui leur est fait à raison de cet homicide.

21. Lorsque l'homicide est commis à l'égard d'une personne inconnue, & dont les héritiers ne se présentent point, on doit faire donner caution à celui qui a obtenu sa grace, pour répondre des intérêts civils, lorsque les parties qui y ont intérêt se présenteront.

Il faut aussi observer que l'infamie qui résulte d'une condamnation, n'est pas levée par les Lettres du Prince, suivant cette maxime des Loix Romaines: *Indulgentia Principis quos liberat*, *notat, nec infamiam tollit, sed pœnæ gratiam facit*, L. 7, Cod. *de sententiam passis & restitutis.* Il en seroit autrement, si le Prince par ses Lettres avoit remis l'infamie avec la peine.

11°. Les Lettres de grace sont personnelles à ceux qui les obtiennent, & ne s'étendent point à leurs complices.

ARTICLE PREMIER.

De la forme des Lettres de rémission.

22. 1°. Pour pouvoir obtenir des Lettres de grace, ou de remission, il faut que l'exposant avoue qu'il est coupable du délit pour lequel il demande grace.

2°. Il doit exprimer toutes les circonstances du délit, sans omettre aucune de celles qui auroient rendu l'obtention des Lettres de grace plus difficile, ou qui auroient empêché de les obtenir. (Farinacius, *quest.* 6, n. 47; Julius Clarus, *quest.* 59, n. 9.)

3°. Tout ce qui est exposé dans les Lettres, doit contenir vérité, & être entiérement conforme à ce qui résulte des charges & informations.

Si l'impétrant a omis dans l'exposé des Lettres, quelques circonstances du fait, & qu'il craigne que pour cet effet elles soient déclarées nulles & obreptices, il peut se pourvoir de nouveau, & obtenir des Lettres d'ampliation, par lesquelles le Roi lui remet de même le crime dans les circonstances omises par les premieres Lettres de grace.

23. 4°. Lorsque celui qui demande des Lettres de grace, en a déja obtenues auparavant pour quelque autre crime, il doit en faire mention. (Farinacius, *qu.* 6, n. 49; Bald. *in L. quicunque*, Cod. *de servis fugit.*; *& in* L. 3, Cod. *de Episcop. aud.*)

5°. Enfin, les Gentilshommes, dans les Lettres de grace, ou de rémission qu'ils obtiennent, sont tenus d'exprimer nommément leur qualité; à peine de nullité. (Ordonnance de 1670, *tit.* 16, *art.* 11.

6°. Le Roi, en accordant les Lettres de rémission, ou autres Lettres de grace, ordonne quelquefois que celui qui les a obtenues, payera une aumône, ou autre somme, pour faire prier Dieu

Dieu pour le repos de l'ame du défunt. Les Juges à qui ces Lettres sont adressées, reglent cette satisfaction.

24. 7°. Les Lettres obtenues par les Gentilshommes, doivent être adressées aux Cours, chacune suivant sa Jurisdiction & la qualité de la matiere. (Ordonnance de 1670, *tit.* 16, *art.* 12.) C'est-à-dire, qu'elles doivent être adressées à la Cour où ressortit la Jurisdiction dans l'étendue de laquelle le crime a été commis; ou à celle dans laquelle l'information a été faite, si le procès a été suivi dans une autre Jurisdiction, *v. g.* dans celle du domicile de l'accusé.

Quand il s'agit de délits, dont la connoissance est attribuée à des Jurisdictions particulieres; *v. g.* d'homicides commis par les Employés dans les Fermes du Roi, dans leurs fonctions, *&c.*, il semble, aux termes de cet article, que si les Rémissionnaires sont Nobles, l'adresse des Lettres de grace doit être faite en la Cour des Aides, *&c.*

25. Il suit de la disposition de ce même article 12, que si un Gentilhomme étoit poursuivi, pour raison d'un homicide, dans un Bailliage Royal, ou dans une Justice de Seigneur, il faudroit le transférer au Parlement, & y faire apporter les charges & informations, pour y procéder sur l'entérinement de ses Lettres de grace. Il est néanmoins permis dans ce cas au Cours, si elles le jugent à propos, & que la partie civile le demande, de renvoyer l'instruction sur les lieux. (Ordonnance de 1670, *ibid.* tit. 16, art. 12.)

L'article 14 du même titre 16 de l'Ordonnance de 1670, portoit: que les Lettres obtenues par les Gentilshommes, pourroient être adressées aux Présidiaux, si leur compétence y avoit été jugée, c'est-à-dire, jugée contradictoirement, suivant l'Edit du mois de Décembre 1680; mais cette disposition ne peut plus avoir lieu, depuis la Déclaration du 5 Février 1731, qui porte: Que les Présidiaux, ni les Prévôts des Maréchaux, ne pourront plus connoître, en dernier ressort, des crimes commis par les Gentilhommes.

26. Cependant si la connoissance d'un crime commis par un Gentilshomme avoit été renvoyée à un Présidial, il semble que les Lettres de grace pourroient y être adressées.

Les Lettres obtenues par des Officiers de Justice, doivent aussi être entérinées au Parlement, quoique l'Ordonnance ne le dise pas. C'est la disposition de l'Edit d'Amboise du mois de Janvier 1572, *art.* 9; & de l'Ordonnance de Blois, *art.* 199. Ces Ordonnances disent, *par Nobles & Officiers seulement.*

A l'égard des personnes de condition roturiere, l'adresse en doit être faite aux Baillis & Sénéchaux Royaux des lieux où il y a Siege Présidial; & dans les Provinces où il n'y a point de Siege Présidial, l'adresse en doit être faite aux Juges Royaux ressortissants nuement aux Cours de Parlement, & non aux autres; à peine de nullité des jugements. (Ordonnance de 1670, *tit.* 16, *art.* 13.)

27. Les Bailliages & Présidiaux dont il est parlé dans cet article 13, sont ceux où le crime a été commis, suivant un Arrêt du 17 Juillet 1617, rapporté par Bardet, *tom.* 1, *liv.* 1, *chap.* 5. Et si ces Lettres étoient adressées à d'autres qu'à ceux qui en doivent connoître, elles ne seroient point attributives de Jurisdiction, au préjudice des Juges naturels. (Arrêt du Conseil du 29 Août 1656, rapporté par Henris, *tom.* 2, *liv.* 2, *qu.* 5.)

Une Déclaration du 27 Février 1701, porte: » Que les Lettres de rémission, pardon, & autres de semblable qualité, seront adressées aux Baillis & Sénéchaux Royaux ressortissants » nuement aux Cours dans le ressort desquelles le crime a été » commis; sans que les Baillis des lieux où il y a Siege Présidial puissent prétendre que l'adresse leur en soit faite, si ce » n'est dans le cas où le crime aura été commis dans le ressort » de leur Bailliage & Sénéchaussée. Cette Déclaration ajoute: » que dans le cas néanmoins où le crédit des accusés seroit à » craindre dans le Bailliage dans le ressort duquel le crime aura » été commis, les Lettres de remission, & autres de semblable » nature, pourront être adressées au Bailliage ou à la Sénéchaussée la plus prochaine non suspecte; ce que Sa Majesté » n'entend avoir lieu qu'à l'égard des Lettres qui doivent être » scellées en la Grande Chancellerie du Royaume.

28. Mais quand il y a plusieurs Sieges particuliers, dépendants d'un même Bailliage, les Lettres de grace, pour raison des crimes commis dans l'étendue des Sieges particuliers, quoique ressortissants nuement au Parlement, doivent être adressées au Siege principal de ce Bailliage où il y a Siege Présidial. Ainsi à Orléans, où le Bailliage est composé de six Sieges particuliers outre le Siege principal, les Lettres de grace, pour

raiſon des crimes commis dans l'étendue de ces Sieges particuliers, s'adreſſent toujours au Bailliage d'Orléans, où eſt le Siege principal, & le Préſidial; ce qui reſulte des termes mêmes de cet article 13. (Ainſi réglé pour Orléans par pluſieurs déciſions de M. le Chancelier Voiſin; & entr'autres par une du 25 Juillet 1716, envoyée au Lieutenant-Criminel d'Orléans. Voyez auſſi ce qui a été dit au titre *De la Compétence des Juges Criminels*, ci-deſſus, *part.* 2, *tit.* 1, n. 64 & 173.)

29. L'uſage du Parlement de Paris, eſt que toutes les Lettres de remiſſion, ſoit de grande ou de petite Chancellerie, adreſſées au Parlement à cauſe de l'appel de la procédure extraordnaire qui y eſt relevé, y ſont entérinées.

Mais quand ces Lettres ſont adreſſées à un Juge inférieur, le Parlement ne peut connoître de leur entérinement, ſous prétexte de cet appel.

Si le Juge inférieur a rendu ſa Sentence diffinitive, lorſque les Lettres lui ſont adreſſées, il ne peut plus connoître de l'entérinement de ces Lettres. Il en faut faire changer l'adreſſe, & les faire adreſſer au Parlement, ſuivant la Déclaration du 22 Mai 1723.

Les Prévôts des Maréchaux ne peuvent jamais connoître de l'entérinement d'aucunes Lettres de grace, même pour cas Prévôtaux, leur miniſtere n'étant établi que pour la pourſuite des crimes. (Arrêt du 11 Décembre 1548, rapporté par Papon, *liv.* 4, *tit.* 13, n. 4; Ordonnance de 1629, *art.* 182. Voyez auſſi ce qui a été dit au titre *De la Compétence des Juges Criminels*, *part.* 2, *tit.* 1, n. 234.)

30. Et il en eſt même des Lieutenants-Criminels de Robe-courte. (Arrêt du Parlement du 22 Mai 1643, pour Saint-Pierre-le-Moûtier.)

Les Officiers des Elections ne peuvent auſſi entériner des Lettres de grace. (Arrêt du Conſeil du 11 Juillet 1651, qui renvoie en ce cas devant le Lieutenant-Criminel du Bailliage. Voyez Henris, *tom.* 2, *liv.* 2, *qu.* 30;) ni ceux des Greniers à Sel, & autres Juriſdictions extraordinaires. L'article 13 du titre 16 de l'Ordonnance de 1670, eſt général.

Et il en eſt de même des Officiers des Chambres des Comptes, ſuivant un Arrêt du 27 Octobre 1401, qui le leur défend: cet

Arrêt est rapporté en la Conférence des Ordonnances, *liv.* 9, *tit.* 19, §. 6, *tom.* 2, *pag.* 866, en marge.

31. A l'égard des Officiers de la Connétablie, ils connoissent des Lettres de remission, pardon, & autres semblables, pour crimes commis par les gens de Guerre, & autres personnes de leur compétence. (Ordonnances de 1356, 3 Août 1573, & 15 Novembre 1617. Ainsi jugé par plusieurs Arrêts du Parlement de Paris; & entr'autres par deux Arrêts des 15 Mai 1658, & 8 Janvier 1659, & par un autre du 28 Septembre 1660, rapportés au Traité de la Connétablie & Maréchaussée de France, *pag.* 105, *& suiv.*

Il en est de même des Amirautés; elles connoissent de l'entérinement des Lettres de grace, accordées pour crime, dont la connoissance leur est attribuée. (Ordonnance de la Marine du mois d'Août 1681, *liv.* 1, *tit.* 2, *art.* 12.)

Et aussi du Prévôt de l'Hôtel, pour crimes qui sont de sa compétence. (Arrêt du Conseil du premier Avril 1762, *art.* 16.)

32. Mais les Officiers des Tables de Marbre ne peuvent entériner aucunes Lettres de grace. (Ainsi jugé par Arrêt du Conseil du 31 Janvier 1682, en faveur du Procureur du Roi du Bailliage Criminel de Dijon, contre le Procureur du Roi de la Table de Marbre de la même Ville.) Cet Arrêt du Conseil casse deux Arrêts du Parlement de Dijon des 20 & 29 Décembre 1681, qui avoient jugé en faveur des Officiers de la Table de Marbre.

Et il en est de même des Officiers des Eaux & Forêts.

ARTICLE II.

De la Procédure sur l'entérinement des Lettres de Rémission, Pardon, & autres Lettres de grace.

33. 1°. Les Lettres de rémission, pardon, & autres Lettres de grace, ne peuvent être présentées par ceux qui les ont obtenues, s'ils ne sont effectivement prisonniers & écroués; & à cet effet les écroues doivent être attachés aux Lettres, & les impétrants rester en prison pendant toute l'instruction, & jusqu'au jugement

diffinitif des Lettres. (Ordonnance de 1670, *tit.* 16, *art.* 15.) Cet artice défend à tous Juges de les élargir, à caution, ou autrement; à peine de suspension de leurs charges, & de payer par eux les condamnations qui pourroient intervenir contre les accusés.

Si quelqu'un des impétrans des Lettres de grace, n'avoit été décrété que d'ajournement personnel, il ne seroit pas moins tenu de se mettre en prison. (Ainsi jugé par Arrêt du Parlement de Dijon du 29 Août 1729, rapporté au Code criminel de M. Serpillon, *pag.* 1527.)

Il arrive quelquefois que le Roi, par Lettres de grace, dispense les impetrants de se représenter pour l'entérinement des Lettres; mais les exemples en sont rares.

Pour empêcher qu'un accusé qui a obtenu des Lettres de grace, ne soit recommandé par ses créanciers, les Cours & autres Juges à qui les Lettres sont adressées, ordonnent quelquefois que l'accusé sera amené sous bonne & sure garde dans les prisons, & ensuite reconduit en sa maison par un Huissier, avec défenses à ses créanciers de faire, pendant ledit temps, aucune recommandation de sa personne; à peine de nullité. (Ainsi jugé par Arrêt du Parlement de Paris du 14 Décembre 1718, en faveur de Jacques Caye, Banquier à Lyon, porteur de Lettres de pardon.)

34. 2°. L'obtention & la signification des Lettres de rémission, ne peuvent empêcher l'exécution des décrets, ni l'instruction, jugement & exécution de la contumace, jusqu'à ce que l'accusé soit actuellement en état dans les prisons du Juge auquel l'adresse des Lettres a été faite. (Ordonnance de 1670, *tit.* 16, *art.* 17.)

Cette instruction dépend des circonstances, & peut être continuée, ou d'office sur la réquisition de la partie publique, ou sur la requête de la partie civile. (Ordonnance de 1670, *tit.* 16, *art.* 22.)

3°. Les porteurs des Lettres, doivent réfonder les dépens de la contumace, avant de faire aucune procédure, lorsque cette contumace a été instruite devant le Juge auquel l'adresse est faite; si ce n'est dans le cas où le porteur des Lettres seroit hors d'état de subvenir à ces frais. (Ordonnance de 1670, *tit.* 17, *art.* 19; ainsi jugé par Arrêt des 8 Mai 1646, 3 Décembre 1654, &

26 Décembre 1666, rapportés par Boniface, *tom.* 2, *part.* 3, *liv.* 1, *tit.* 16, *chap.* 1.)

Si la contumace a été instruite dans une autre Justice que celle à laquelle les Lettres sont adressées, le Seigneur de cette Justice peut aussi répéter les frais de contumace sur les biens du condamné. La Coutume de Bourbonnois, *chap.* 8, *art.* 67, en a une disposition : cet article porte : » Que si aucun délinquant obtient » rémission, pardon, ou autre provision de grace, il est tenu » payer tous les frais pour la poursuite en laquelle aura été pro» cédé contre lui; mais pour la raison d'iceux, n'aura le Haut» Justicier, rétention du prisonnier. *Idem*, par la Coutume de Lasalle de l'Isle, qui ajoute néanmoins, que pour ce cas les frais doivent être payés aux Seigneurs, ou Officiers, en cas d'entérinement des Lettres, avant que les impétrants soient délivrés de prison.

35. 4°. Les demandeurs, en Lettres de rémission & de pardon, doivent se présenter à l'Audience, tête nue, & à genoux, & affirmer, après qu'elles auront été lues en leur présence, qu'elles contiennent vérité, qu'ils ont donné charge de les obtenir, & qu'ils veulent s'en servir; après quoi ils doivent être renvoyés en prison. (Ordonnance de 1670, *tit.* 16, *art* 21.)

Ils doivent, à plus forte raison, être sans épée & sans canne.

Il n'est pas nécessaire que ces Lettres soient présentées un jour d'Audience ordinaire.

36. 5°. C'est aux Avocats, & non aux Procureurs, qu'il appartient de présenter ces Lettres à l'Audience. (Arrêt du 27 Septembre 1670, rapporté par Boniface, *tom.* 5, *liv.* 5, *tit.* 1, *chap.* 2, qui a rejetté une présentation faite par un Procureur, & a fait défenses aux Procureurs d'en faire. On observe le contraire au Parlement de Paris.

Les Avocats qui présentent ces Lettres, doivent aussi être nue tête. (Ainsi reglé par une délibération du Parlement de Dijon du 7 Mai 1657.)

6°. Dans quelques Parlements, les lettres de grace ne peuvent être présentées à la Chambre des Vacations; mais il faut attendre la rentrée du Parlement. Mais le contraire s'observe à Paris, & dans la plupart des Tribunaux. (Voyez ci-dessus, n. 5.)

37. 7°. Les lettres doivent être ſignifiées à la partie civile, & copie d'icelles donnée avec aſſignation, en vertu de l'ordonnance du Juge, pour fournir ſes moyens d'oppoſition, & procéder à l'entérinement. (Ordonnance de 1670, *tit.* 16, *art.* 19.) Cette ſignification de lettres ne doit être faite qu'après qu'elles ont été préſentées à l'Audience.

S'il n'y a point de partie civile, il n'eſt pas néceſſaire de ſignifier les lettres, ni de procéder avec elle à leur entérinement; mais l'entérinement qui ſe fait de cette grace, ne peut préjudicier à la partie offenſée, ni empêcher qu'elle ne puiſſe, dans la ſuite, exercer ſes droits pour raiſon de l'intérêt civil. (Voyez le Journal des Audiences, *tom.* 4, *pag.* 489.)

38. La partie civile peut intervenir, & s'oppoſer à cet entérinement. Il eſt rare cependant qu'elle le faſſe, parce que l'impétrant étant en priſon, elle le tient pour ſureté des dommages & intérêts qu'elle peut obtenir. D'ailleurs la partie civile pouvant rendre l'inſtruction complette, & augmenter les preuves par une nouvelle inſtruction, elle aſſure davantage ſon intérêt civil, lorſqu'elle fait ſes diligences avant l'entérinement des lettres; puiſque après l'entérinement elle ne ſeroit plus reçue à demander une nouvelle inſtruction, & qu'il faut que le procès ſoit jugé en l'état où il étoit lors de l'entérinement. (Voyez l'Arrêt du 6 Juin 1680, rapporté au Journal du Palais, *tom.* 2, *pag.* 131.)

Pour procéder à l'entérinement, ſur l'aſſignation donnée à la partie civile, il faut obſerver les formalités preſcrites par l'Ordonnance du mois d'Avril 1667; à moins que la partie civile ne conſente de procéder avant l'échéance des délais, par acte ſigné, & duement ſignifié. (Ordonnance de 1670, *ibid.* tit. 16, art. 19.)

Ainſi, cette aſſignation doit non-ſeulement être donnée à domicile; mais il faut y obſerver les délais de l'Ordonnance, ſuivant la diſtance des lieux. Sans cette formalité le jugement d'entérinement ſeroit nul, & pourroit être attaqué comme frauduleux. (Carondas, en ſes Pandectes *liv.* 4, *part.* 2, *chap.* 5.) Si cependant il y avoit inſtance entre les parties avant l'obtention des lettres, il ſuffiroit de donner cette aſſignation au Procureur de la partie civile, dans le cas où ces lettres ſeroient adreſſées au Juge ſaiſi du procès.

39. 8°. Les charges & informations, & toutes les autres pieces du procès, même les procédures faites depuis l'obtention des let-

tres, doivent être portées incessamment aux Greffes des Juges auxquels l'adresse en a été faite; (Ordonnance de 1670, *tit.* 16, *art.* 18.); comme il arrive dans le cas où le procès a été instruit & poursuivi en une autre Jurisdiction que celle à laquelle les lettres sont adressées.

Quand la partie civile est négligente de faire apporter les procédures aux Greffes du Juge auquel les lettres sont adressées, l'impétrant qui a intérêt d'accélérer, peut lui-même présenter une requête au Juge, pour faire ordonner au Greffier saisi des minutes, d'en envoyer incessamment les grosses, aux frais de la partie civile.

L'accusé est tenu de payer ces frais, & en général tous ceux d'entérinement; si ce n'est ceux qui seroient faits mal-à-propos par la partie civile, sur son opposition à cet entérinement.

40. L'article 25 du même titre 16 de l'Ordonnance de 1670, défend à tous Juges, même aux Cours, de procéder à l'entérinement des lettres, que toutes les informations & charges n'aient été apportées, & communiquées aux Procureurs du Roi, vues & examinées par les Juges; & cela nonobstant toutes sommations qui pourroient être faites aux Greffiers de les apporter, & les diligences dont les demandeurs en lettres pourroient faire apparoir; sauf à décerner des exécutoires, & ordonner d'autres peines contre les Greffiers qui seroient en demeure.

La disposition de cet article est très sage, en ce que, s'il suffisoit de faire des diligences contre des Greffiers qui ont les charges & informations, il seroit facile d'éluder, par ce moyen, la preuve qui pourroit résulter des charges & informations, quand elles ne seroient pas conformes à l'exposé des lettres.

41. 9°. Les Procureurs du Roi & la partie civile, s'il y en a, peuvent, nonobstant la présentation des lettres de rémission & pardon, informer par addition, & faire récoler & confronter les témoins; (Ordonnance de 1670, *tit.* 16, *art.* 22.) pourvu néanmoins, à l'égard de la partie civile, que cela soit fait peu de temps après la présentation des lettres, & aussi-tôt que le délai des assignations est expiré, & non quand l'instruction est achevée, & que le procès est en état d'être jugé; afin de ne pas favoriser les chicanes ni la malice d'une partie qui voudroit retarder le jugement, (Ainsi jugé par un Arrêt du Parlement de Bordeaux du

du 19 Janvier 1671, rapporté au Journal du Palais, *tom.* 1, *pag.* 154, de l'édition *in-folio.*

Quelquefois même le Roi, avant d'accorder la grace, laiſſe faire l'inſtruction & le jugement, & remet enſuite la peine.

Lorſque les lettres de grace ſont conformes aux charges & informations, il n'eſt pas néceſſaire de récoler & confronter les témoins.

42. 10°. Le demandeur en lettres, doit être interrogé dans la priſon par le rapporteur du procès, ſur les faits réſultants des charges & informations. (Ordonnance de 1670, *tit.* 16, *art.* 24.) Cet interrogatoire doit être fait après la préſentation des lettres, & non auparavant.

11°. L'inſtruction étant achevée, les impétrants doivent être interrogés ſur la ſellette en la Chambre du Conſeil; & l'interrogatoire rédigé par écrit par le Greffier. (Ordonnance de 1670, *tit.* 16, *art.* 16.)

12°. Les Sentences d'entérinement, doivent être rendues au moins par trois Juges. L'Arrêt du Conſeil du 30 Mars 1719, *art.* 3, rendu pour Brives, & rapporté au Dictionnaire des Arrêts, au mot *Juſtice*, n. 143, de l'édition de 1727, en a une diſpoſition : mais pour la préſentation des lettres, un ſeul Juge ſuffit.

43. 13°. Les Juges, en entérinant les lettres de grace, doivent prononcer en ces termes; *nous avons entériné leſdites lettres, pour jouir par l'impétrant du contenu en icelles.*

14°. Quelquefois ces lettres s'entérinent purement & ſimplement, en condamnant ſeulement le rémiſſionnaire en une aumône, qui doit être appliquée uniquement au pain des priſonniers, ſuivant la Déclaration du 21 Janvier 1685. (Ainſi jugé par Arrêt du Parlement du 9 Décembre 1689.) On condamne auſſi quelquefois le rémiſſionnaire en une certaine ſomme, pour faire prier Dieu pour celui qui a été tué; mais on ne doit jamais le condamner en l'amende, ſuivant la même Déclaration. (Bacquet, des Droits de Juſtice, *chap.* 16, n. 1.)

44. Il y a néanmoins des cas où en entérinant des lettres de grace, on condamne l'impétrant en une amende envers les Seigneurs, lorſque le procès a été inſtruit en leurs Juſtices; ſoit que cette inſtruction ait été ſuivie, ou non, d'un jugement diffinitif; & cela pour les indemniſer des frais qu'il leur en a coûté. Il y en a pluſieurs Arrêts, & entr'autres un du 11 Janvier 1691, rendu

au profit du Seigneur de la Justice de Bauvois-sur-Mer; autre du 21 Mai 1706, au profit du Seigneur de la Justice de Mussi-l'Evêque; autre du 23 Juin 1712, au profit de la Dame de Blérancourt. Ces sortes d'amendes ne sont point infamantes.

Il faut aussi observer que les Cours, en entérinant les Lettres de rémission, peuvent infliger quelque peine légere aux accusés; comme de s'abstenir de certains lieux. Il y en a plusieurs Arrêts; & entr'autres un du 3 Septembre 1674; un du 21 Juin 1678; un autre du 15 Décembre de la même année; & un du 25 Mars 1705. Un autre Arrêt du 2 Décembre 1682, a condamné au blâme le nommé Laurent Thurot, en entérinant ses lettres de rémission; autre Arrêt de la Cour du 7 Avril 1671, sur un appel du Lieutenant-Criminel d'Orléans, qui en entérinant des lettres de rémission, obtenues par le nommé Gonthier, le bannit pour trois ans du Bailliage d'Orléans, & le condamne en dix livres d'amende.

45. Il arrive aussi quelquefois qu'en entérinant des lettres de grace, on condamne le rémissionnaire à servir, à ses frais & dépens, le Roi dans ses armées, pendant un certain temps, comme de 3, 6, ou 9 ans. (Ainsi jugé par Arrêt de la Cour du 20 Mai 1670, au profit des enfants de Nicolas Humeri, contre le nommé Jacques Humeri de Santilly, sur un appel du Lieutenant-Criminel d'Orléans (a).

46. 15°. S'il y a partie civile, & qu'elle n'ait pas été satisfaite avant l'obtention des lettres, ou avant le jugement du procès, le demandeur en lettres est encore condamné en une réparation civile envers elle; parce que les lettres de rémission, par lesquelles le Roi remet la peine publique, ne préjudicient jamais à la par-

(a) Le 18 Juillet 1676, il y a eu un Jugement au Bailliage Criminel d'Orléans au rapport de M. de Mareau, sur les lettres de grace obtenues par les Sieurs Guignace, à l'occasion de l'assassinat par eux commis en la personne du Sieur de Maulny, pour venger celui commis en la personne de Michel Guignace leur frere, par ledit Maulny. Elles ont été entérinées, & ordonné qu'ils jouiroient de l'effet d'icelles, à condition néanmoins de payer une somme de 30 livres pour faire prier Dieu pour ledit de Maulny, laquelle somme seroit remise à cet effet entre les mains du Curé de S. Pierre-en-Sentelée. Les conclusions du Parquet étoient à l'entérinement des lettres, & néanmoins avec condamnation de servir le Roi en ses armées pendant trois ans.

tie civile, & qu'au contraire, elles contiennent toujours cette clause, *satisfaction préalablement faite à la partie civile, si fait n'a été*, ainsi qu'il a été déja observé.

Mais quelquefois cette partie civile est déboutée de sa demande en intérêts civils, & est condamnée aux dépens, & même en des dommages & intérêts envers l'impétrant; comme dans le cas où il seroit prouvé que l'accusation du plaignant n'étoit pas fondée.

47. 16°. S'il se trouve des nullités dans la procédure, il faut recommencer les informations; & quand elles sont refaites, interroger de nouveau le demandeur en lettres : mais ces lettres doivent toujours subsister, quoiqu'elles soient antérieures à la nouvelle procédure qui a été refaite. (Ainsi jugé par Arrêt du 31 Mars 1711.)

Cependant il arrive quelquefois, que quoiqu'il se trouve des nullités dans l'instruction, les Juges passent outre à l'entérinement des letres, en faveur de l'accusé, lorsque les charges se trouvent d'ailleurs conformes à l'exposé de ces lettres. (Arrêts des 18 Février, & 18 Mars 1715, par lesquels la Cour, en procédant à l'entérinement des lettres de grace, s'est contentée de faire des injonctions au Juge qui avoit instruit.)

48. 17°. Lorsque les lettres de remission, ou de pardon, sont obtenues pour des cas qui ne sont pas rémissibles, ou qu'elles ne sont pas conformes aux charges, les impétrants en doivent être déboutés. (Ordonnance de 1670, *tit* 16, *art.* 27; Ainsi jugé par Arrêt de la Tournelle du 15 Avril 1717, qui condamne un particulier aux galeres à perpétuité, nonobstant des lettres de rémission obtenues & entérinées devant le premier Juge; autre Arrêt du 2 Juillet 1722, qui, sans avoir égard aux lettres de rémission, obtenues par le Sieur de Saint-Louis, ordonne que la Sentence de condamnation de mort, sera confirmée; autre Arrêt du 10 Juin 1671, contre Louis Lepailleux, qui en le déboutant des lettres de rémission par lui obtenues contre une Sentence de mort, le condamne aux galeres pour neuf ans.)

L'Ordonnance entend ici par cas qui ne sont pas rémissibles, ceux qui sont obtenus pour homicides volontaires, ou qui ne sont pas dans le cas de la nécessité d'une juste défense de la vie. (Voyez ci-dessus *n.* 9 & 10.)

49. Les lettres de rémission, & autres lettres de grace, ne sont

pas conformes aux charges & informations, lorsque les circonstances sont tellement différentes qu'elles changent la qualité de l'accusation. (Déclaration du 22 Novembre 1683.) Alors ce n'est plus le même crime que le Prince a pardonné, & pour raison duquel les lettres ont été obtenues; mais un autre tout différent, dont il n'eût point accordé la grace, si ce crime eût été exposé dans ses véritables circonstances.

Au reste, un seul témoin qui aggrave l'exposé des lettres, suffit pour en suspendre l'entérinement. (Arrêt du 3 Janvier 1688, rapporté par Catelan, *liv.* 9, *chap.* 8.)

50. Il faut observer que la disposition portée en cet article 27 du titre 16 de l'Ordonnance de 1670, n'a pas lieu à l'égard des lettres de remission, & autres lettres de grace obtenues au grand-sceau. La Déclaration du 10 Aout 1686, interprétant celle du 22 Novembre 1683, veut que dans les rémissions scellées du grand-sceau, si les circonstances résultantes des charges & informations se trouvent différentes de celles portées par l'exposé des lettres, en sorte qu'elles changent la qualité de l'action, & la nature du crime, les Cours & Juges auxquels l'adresse en aura été faite, aient à en surseoir le jugement & l'entérinement, jusqu'à ce qu'ils aient reçu de nouveaux ordres du Roi, sur les informations qui seront envoyées à M. le Chancelier, par les Procureurs-Généraux, ou leurs Substituts, avec les lettres accordées; pendant lequel temps il est défendu de faire aucunes procédures, ni d'élargir les impétrants. Les Déclarations des 11 Août 1707, & 10 Avril 1727, confirment les mêmes dispositions, & ordonnent l'exécution de la Déclaration précédente.

51. 18°. Quand un furieux, ou insensé, veut obtenir des lettres de grace pour un homicide par lui commis, elles doivent être demandées par son curateur. Les parents avec le curateur en demandent ensuite l'entérinement, & le curateur doit les présenter à l'Audience, à côté de son Avocat. Le Juge doit prendre le serment du curateur, lui demander s'il veut s'en aider par celui dont il est curateur; & l'Avocat de l'impétrant, c'est-à-dire, du curateur & de la famille, conclure à ce qu'il soit permis d'informer des faits de démence articulés par les lettres; si l'information qui est déja faite n'est pas suffisante, où s'il n'y en a aucune. Le Juge doit en donner acte du tout, *&c.*; & en entérinant les lettres, il doit ordonner que le furieux, ou insensé, sera gardé en lieu sûr

par ses parents, duquel ils donneront avis au Procureur du Roi, & qu'ils demeureront responsables de cet insensé; il est aussi à propos d'interroger l'accusé. Cette procédure a été tenue au Bailliage-Criminel d'Orléans, au mois d'Octobre 1678, à l'égard du nommé Jean Mariette, qui avoit tué dans la prison le nommé François Cahouet; & elle a été confirmée par Arrêt de la Cour du 29 Décembre 1678, sur l'appel interjetté par la veuve dudit Cahouet.

52. 19°. Il est défendu aux Lieutenants-Criminels, & à tous autres Juges, ainsi qu'aux Greffiers, & aux Huissiers, de prendre, ni recevoir aucune chose, encore qu'elle leur fût volontairement offerte, pour l'attache, lecture, & publication des lettres, ou pour conduire & faire enregistrer l'impétrant à l'Audience, & sous quelque prétexte que ce soit; à peine de concussion, & de restitution du quadruple: (Ordonnance de 1670, *tit.* 13, *art.* 23;) ce qui ne comprend pas la Sentence d'entérinement.

20°. L'effet de l'entérinement des lettres, est de rétablir le rémissionnaire en tous ses droits & biens; & si elles ont été obtenues par des Ecclésiastiques, & qu'elles soient entérinées, elles empêchent la poursuite & l'effet du jugement qui seroit rendu par l'Official. Néanmoins dans ce dernier cas, les Ecclésiastiques qui les ont obtenues, ne peuvent plus posséder des bénéfices, à moins qu'ils n'obtiennent des lettres de réhabilitation qui s'accordent par le Pape. (Voyez Bouvot, *tom.* 2, au mot *Bannissement*, qu. 1, pag. 75; Bardet, *tom.* 1, *liv.* 2, *chap.* 58; & Lacombe, en sa Jurisprudence Canonique, au mot *Absolution*, n. 7.)

A l'égard de la question de sçavoir si un condamné, dont les biens ont été confisqués, & qui obtient ensuite des lettres de grace, rentre dans la possession de ses biens, & s'ils doivent lui être restitués, & comment, Voyez ce qui est dit ci-après, *n.* 73.

53. 21°. Les Greffiers ne peuvent rendre aux parties les plaintes, informations, décrets, interrogatoires, récolements & confrontations des témoins, ni les autres procédures qui ont été faites dans les procès où les accusés ont obtenu des lettres de rémission entérinées en leurs Justices; à peine de punition corporelle, & de 500 livres d'amende; & les Juges ne doivent point le permettre, à peine d'en être responsables en leur propre & privé

nom, nonobstant tous usages contraires. (Arrêt des Grands-jours de Poitiers du 15 Janvier 1689, *art.* 42.)

ARTICLE III.

Des oppositions à l'entérinement des Lettres de rémission & pardon, & autres Lettres de grace.

54. Les parties civiles, & en général toutes les personnes qui y ont intérêt, peuvent former opposition à l'entérinement des lettres de rémission, pardon, & autres lettres de grace; soit pour la conservation de leur intérêt; soit pour empêcher l'effet même des lettres. Ainsi :

1°. Les héritiers de l'offensé, & sa veuve, peuvent former cette opposition pour leur intérêt civil.

L'effet de cette opposition n'est pas d'annuller les lettres, & de faire condamner l'accusé en la peine due au crime; mais seulement d'en empêcher l'entérinement; & de retenir l'accusé en prison, jusqu'à ce qu'il ait satisfait la partie civile.

55. 2°. On peut aussi attaquer les lettres en elles-mêmes, comme subreptices, ou obreptices. (Ordonnance du mois de Mars 1498, *art.* 126;) & ce moyen peut être employé, tant par la partie civile, que par la partie publique.

Les lettres sont *subreptices*, lorsque l'impétrant y a avancé des faits contre la vérité; & *obreptices*, lorsqu'il a célé, ou dissimulé un ou plusieurs faits qui auroient rendu l'obtention de ces lettres plus difficile; comme si l'impétrant avoit caché sa qualité de Gentilhomme pour faire adresser ces lettres à un autre Juge que celui qui en doit connoître, pour en rendre l'entérinement plus facile.

L'effet de l'obreption & de la subreption, quand elle est prouvée, est de faire débouter le défendeur de l'entérinement de ses lettres.

56. 3°. A l'égard des Seigneurs Hauts-Justiciers, ils ne peuvent jamais être reçus à former opposition à l'entérinement des lettres, sur le fondement qu'ils auroient eu la confiscation, si le rémissionnaire n'avoit point obtenu ces lettres; parce que le Roi, en accordant le droit de Justice aux Seigneurs Hauts-Justiciers, s'est réservé le pouvoir de donner des lettres de grace aux coupables.

(Ainsi jugé par Arrêts du Parlement de Paris des 7 Mai 1558 ; 18 Janvier 1567, & 17 Mai 1578, rapportés par Bacquet en son Traité des Droits de Justice, *chap.* 16, *n.* 1. Autre Arrêt du Parlement de Dijon du 13 Mars 1562, rapporté par Bouvot au mot *Lettres de rémission*, tom. 1, qu. 1 ; & tom. 1, part. 2, qu. 1, au mot *Grace.*)

Mais le Seigneur qui a fait les frais du procès, ou d'une partie de l'instruction, peut former opposition pour obtenir une amende sur les biens du rémissionnaire, qui lui tienne lieu de ces frais. (Voyez ci-dessus, *n.* 43.)

ARTICLE IV.

De l'appel des Sentences d'entérinement de Lettres de Rémission, &c.

57. Cet appel peut être interjetté, ou par le demandeur en lettres, lorsqu'elles n'ont point été entérinées ; ou par la partie publique, lorsqu'elles l'ont été ; ou par la partie civile, lorsqu'on n'a pas fait droit sur ses intérêts civils, ou qu'on ne lui en a point adjugé de suffisants.

1°. S'il y a appel de la partie publique, le demandeur en lettres n'est point élargi par provision ; & il faut suivre ce qui est porté en l'article 24 du titre de l'Ordonnance de 1670. (Voyez ce qui est dit au titre *Des Appellations*, ci-après, *part.* 3, *liv.* 2, *tit.* 37, n. 48.) Cet appel se porte en la Tournelle.

2°. Il en est de même si l'appel est interjetté par le demandeur en lettres. (Voyez *ibid.* n. 49.)

3°. Mais si l'appel est interjetté par la partie civile, rien n'empêche que l'accusé soit élargi ; & dans ce cas l'appel doit se porter aux Enquêtes. (Voyez *ibid.* n. 84.)

58. 4°. Sur l'appel, il n'est pas nécessaire de transférer l'accusé, s'il n'y a point d'appel de la partie publique, & qu'il n'y ait aucune condamnation de mort prononcée contre lui, ou autre peine du nombre de celles mentionnées en l'article 6 du titre 26 de l'Ordonnance ; mais le procès doit être envoyé avec l'interrogatoire au Greffe de la Cour, suivant l'article 26 du titre 16 de l'Ordonnance de 1670.)

5°. On peut, sur l'appel de la Sentence d'entérinement, faire de nouvelles informations au Parlement ; cet appel mettant les choses dans le même état que s'il n'y avoit point eu d'entérinement. (Ainsi jugé par Arrêt du Parlement de Toulouse du 3 Janvier 1688, rapporté par Catelan, *liv.* 9, *chap.* 8.)

6°. Quand des lettres de grace sont entérinées dans un Présidial auquel elles sont adressées, la Sentence d'entérinement se prononce en dernier ressort, & il ne peut y en avoir d'appel.

SECTION III.

Des Graces, ou Rémissions qui s'accordent aux entrées des Rois, à leur Sacre, aux Mariages des Reines, & à la Naissance des Princes.

59. Outre les graces qui s'accordent dans les Chancelleries, dont on vient de parler, on peut en obtenir d'autres qui s'accordent dans certaines occasions de réjouissance. Ainsi quand les Rois font leur entrée pour la premiere fois après leur avénement à la Couronne, ils ont coutume d'accorder grace à tous les criminels qui sont détenus dans les prisons de la ville où ils font leur entrée. Mais si ceux qui l'ont obtenue ne levent leurs lettres dans les six mois après la date du brevet du Grand-Aumônier de France, ils en sont déchus. (Ainsi jugé par Arrêt du Parlement de Paris du 23 Juin 1518, rapporté par Papon, *liv.* 24, *tit.* 17, *n.* 11.)

La même chose a lieu lors du Sacre des Rois; & quelquefois aux naissances des Enfants de France. (Voyez les Déclarations du Roi des 15 Mai 1723; 22 Novembre 1725; & 22 Octobre 1729.)

60. Touchant les graces qui seroient accordées aux criminels par les Reines lors de leurs entrées dans les villes, Voyez ce qui a été dit ci-dessus, *n.* 14.

Les Evêques d'Orléans, lorsqu'ils font leur entrée, avoient aussi le privilege de donner la grace à tous les criminels qui se trouvoient alors dans les prisons de cette ville.

L'effet de ces lettres étoit de mettre les coupables à couvert, non-seulement de toutes les peines corporelles ou infamantes qui pouvoient leur être imposées, ou qui l'auroient été par des Jugements de contumace; mais encore de toutes condamnations d'amende; ces sortes de condamnations faisant partie de la peine publique.

A l'égard des réparations civiles, ou des dommages & intérêts,

rêts, ceux à qui il en avoit été adjugé, pouvoient en poursuivre le paiement devant les Juges qui en doivent connoître. Les lettres de grace des Evêques d'Orléans en contenoient une réserve expresse; & quand elles n'en auroient pas fait mention, il n'auroit pas été juste que ces accusés, à qui ces Evêques donnoient des graces, fussent traités plus favorablement que ceux qui obtiennent du Roi des lettres de rémission.

61. Mais ces lettres n'étoient point sujettes à la formalité de l'enregistrement, ni à celle de la représentation du coupable; & par conséquent il n'étoit pas permis de constituer prisonnier, sous ce prétexte, celui qui les avoit obtenues. (Ainsi jugé par Arrêt du Conseil du 16 Avril 1670, au profit du nommé Robert le Gendre, sans avoir égard à un Arrêt du Parlement de Paris du 29 Mai 1668, qui avoit jugé le contraire.)

Au reste, ces lettres n'étoient adressées à aucun Tribunal; & il n'y en avoit pareillement aucun qui en dût ordonner l'exécution.

Lorsque ceux qui avoient obtenu ces lettres, les faisoient signifier, cette signification n'étoit regardée que comme un avis donné au ministere public, qui l'excitoit alors à examiner : 1°. si le cas pour lequel la grace avoit été accordée étoit rémissible, ou non : 2°. Si l'exposé du coupable étoit conforme aux charges & informations, ou s'il en différoit dans des circonstances assez essentielles pour changer la nature de l'action : 3°. Si ces lettres étoient accordées au préjudice d'une condamnation contradictoirement prononcée, & en dernier ressort; parce qu'alors elles ne pouvoient avoir leur effet, ni anéantir ces Jugements qui devoient avoir leur exécution.

62. Au surplus, ce privilege des Evêques d'Orléans n'avoit lieu que pour des crimes ordinaires, & non de la nature de ceux pour lesquels les Ordonnances du Royaume portent qu'il ne sera point accordé de lettres de rémission, & qu'elles seront regardées comme nulles & non avenues : autrement les accusés pouvoient être poursuivis par les parties civiles, ou par la partie publique, ainsi qu'ils auroient pu l'être avant d'avoir obtenu leur grace de l'Evêque d'Orléans. (Ainsi jugé par Arrêt du Parlement de Paris du 7 Juin 1707, confirmatif d'une Sentence du 8 Avril précédent, par laquelle un rémissionnaire qui avoit assassiné un particulier, de dessein prémédité, fut condamné à la roue, nonobs-

tant les lettres de grace à lui accordées par l'Evêque d'Orléans.)

Ces graces n'avoient pas lieu non plus pour les peines de prison prononcées par le Tribunal des Maréchaux de France. Il y a eu à ce sujet des lettres écrites par ce Tribunal à M. Paris, Evêque d'Orléans en 1734, lors de son entrée.

63. A l'égard des prisonniers qui pouvoient obtenir ces graces, le privilege des Evêques d'Orléans étoit autrefois beaucoup plus considérable qu'il n'est aujourd'hui; & il s'étendoit sur tous les criminels qui étoient dans les prisons d'Orléans, lorsque l'Evêque faisoit son entrée, en quelque lieu que ces crimes eussent été commis; mais il a été restraint par une Déclaration du mois d'Avril 1758, qui ne donne aux Evêques d'Orléans, le droit d'accorder des graces, lors de leur entrée, que pour des crimes commis dans l'étendue du Diocèse d'Orléans. Cette Déclaration veut que les lettres déprécatoires données à cet effet par lesdits Sieurs Evêques, soient adressées à Sa Majesté, sur lesquelles elle promet d'accorder & expédier, sans aucuns frais, auxdits criminels les lettres de grace, rémission, ou pardon sur ce nécessaires, à la supplication desdits Evêques, dont les lettres déprécatoires seront attachées sous le contre-scel; pour être lesdites lettres entérinées pareillement sans aucuns frais par les Cours & Juges Royaux, en la maniere accoutumée, suivant les dispositions des Ordonnances.

64. La même Déclaration veut qu'à cet effet, en notifiant de la part desdits criminels les lettres déprécatoires par eux obtenues des Evêques d'Orléans, il soit sursis pendant l'espace de six mois, à compter du jour de leur date, à tout jugement de leur procès pour raison desdits crimes, & à l'exécution des jugements qui pourroient être intervenus précédemment sur lesdits procès. Elle veut aussi que ceux des impétrants, qui se seroient mis volontairement dans les prisons de la Ville d'Orléans, à l'effet d'obtenir les lettres déprécatoires desdits Evêques, & qui auroient assisté & participé à la solemnité de leur entrée, ainsi qu'il est accoutumé, soient & demeurent en liberté pendant le temps & espace de six mois, sans que pour raison desdits crimes mentionnés auxdites lettres, il puisse être attenté à leur personne; le tout sans préjudice des instructions criminelles qui pourront être faites & continuées pendant ledit temps; après lequel temps de six mois, faute par les impétrants desdites lettres d'intercession, & déprécation,

d'avoir obtenu & présenté leurs lettres de grace, rémission, ou pardon obtenues du Roi, ils demeureront déchus de ladite intercession & déprécation, de la même maniere que s'ils ne l'avoient point obtenue.

65. Cette Déclaration excepte aussi de l'effet du privilege accordé aux Evêques d'Orléans,

1°. Le crime d'assassinat prémédité.

2°. Ceux de meurtre, ou outrage, & excès, ou recousse de prisonniers pour crimes des mains de la Justice, commis ou machinés à prix d'argent, ou sans autre engagement.

3°. Celui de rapt commis par violence.

4°. Ceux d'excès, ou outrages commis en la personne des Magistrats, ou Officiers Royaux, Huissiers & Sergents exerçant, faisant ou exécutant quelque acte de Justice.

5°. Les circonstances & dépendances desdits crimes, telles qu'elles sont prévues & marquées par les Ordonnances du Royaume.

6°. Et tous autres faits & cas notoirement réputés non graciables dans le Royaume.

66. Le Chapitre de l'Eglise de Rouen, suivant une possession immémoriale, a aussi le privilege, à cause de la Fierte, (c'est-à-dire, de la Chasse) de S. Romain, de délivrer tous les ans le jour de l'Ascension, un prisonnier & ses complices accusés de crime capital; mais c'est le Parlement qui lui donne sa grace. Le Chapitre à cet effet, quinze jours avant l'Ascension, députe quatre Chanoines au Parlement, à la Cour des Aides, & au Bailliage, afin que depuis ce jour-là aucun des criminels qui sont dans les prisons de la Ville & Fauxbourgs de Rouen, ne soient exécutés, ni mis à la question, ni transférés. Le jour de l'Ascension le Chapitre fait l'élection du criminel qui doit être délivré, & envoie cette élection au Parlement assemblé à cet effet. Le prisonnier est interrogé sur la sellette : on le condamne au supplice que mérite son crime, & ensuite on lui donne sa grace qui est prononcée par le Premier Président. (Voyez sur ce privilege Bodin en sa République, *liv.* 1, *chap.* 10; Pasquier en ses Recherches, *liv.* 9, *chap.* 42; Leprêtre, *centur.* 4, *chap.* 66; le Journal du Palais, *tom.* 1, *pag.* 315 *de l'édition in-folio*; & le Dictionnaire des Arrêts, au mot *Fierte.*)

67. Ce privilege, qui étoit autrefois beaucoup plus étendu, a été

restraint par une Déclaration du Roi du 25 Janvier 1597, qui ordonne qu'à l'avenir les criminels accusés de crime de Leze-Majesté, hérésie, fausse-monnoie, violement de fille, & assassinats de guet-à-pens, ne pourront se servir de ce privilege.

La Ville de Vendôme a aussi le privilege de délivrer tous les ans un prisonnier pour crime, le jour du Vendredi avant les Rameaux, en conséquence d'un vœu solemnel fait par Louis de Bourbon, Comte de Vendôme, par un acte du 21 Août 1428. Cette délivrance se fait par un Conseil composé du Bailli d'Épée de Vendôme, du Gouverneur de la Ville, des Officiers de la Justice, du Prieur de l'Abbaye de Vendôme, & de deux des plus notables Religieux, du Doyen, du Chantre, & de deux Chanoines du Chapitre de l'Eglise Collégiale de S. Georges, qui s'assemblent tous à cet effet dans la Chambre du Conseil de la prison, pour examiner le procès du criminel, l'interroger, & lui donner ensuite sa grace, qui ne s'accorde que pour les cas rémissibles.

68. Toutes les graces dont on vient de parler, ne peuvent avoir lieu, non-seulement pour crime de Leze-Majesté, fausse-monnoie, viol, assassinat, & autres cas ci-dessus mentionnés; mais encore :

Pour crime de parricide. (Voyez la Loi 1, D. *ad Legem Pompeïam de parricid.*; & la Loi 1, Cod. *de his qui parent.*)

Pour sacrilege. (Leg. 3, Cod. *de Episcop. aud.* §. *neque de mandat.*)

Pour crime de Sodomie. (Voyez la Loi *cum vir*, & *ibid. Doctores ad L. Jul. de adulter.*)

Et aussi à l'égard de ceux qui trahissent leur patrie. (L. *minime*, D. *de relig. & sumpt. funer.*)

(Voyez Laroche-Flavin, en son Traité des Parlements, *liv.* 13, *chap.* 43, *n.* 20.)

Un Arrêt du Parlement de Paris du 23 Juin 1612, porte aussi : Que les accusés de fausse-monnoie, assassinat, incendies, sortileges, incestes, voleries, guet-à-pens, faussetés, empoisonnements, & autres crimes énormes, ainsi que les prisonniers pour réparations civiles, ne jouiront point des graces accordées pour l'entrée de la Reine. (Voyez Arrêtés de Leprêtre, *pag.* 73.)

69. La Déclaration du Roi du 22 Octobre 1729, ordonne que les lettres de grace accordées aux prisonniers à la naissance de Mon-

ſieur le Dauphin, ſeront obtenues dans les trois mois, & entérinées dans la forme ordinaire.

Ceux qui obtiennent ainſi leur grace aux entrées des Rois, & autres réjouiſſances, doivent ſe rendre volontairement priſonniers; & après la préſentation de leurs lettres, ils doivent reſter en priſon juſqu'à ce qu'on ait prononcé ſur leur entérinement.

SECTION IV.

Des Lettres d'Abolition.

70. Un accuſé coupable d'un crime qui n'eſt pas rémiſſible ſuivant les regles ordinaires de la Juſtice, obtient quelquefois par des conſidérations particulieres, des lettres du Souverain, pour empêcher qu'on ne le pourſuive pour raiſon de ce crime. C'eſt ce qu'on appelle *Lettres d'Abolition*, par leſquelles le Roi, par un motif de clémence, en vertu de ſa ſouveraine puiſſance, & de l'autorité qu'il ne tient que de Dieu ſeul, pardonne, éteint, & abolit pour toujours le crime dont cet accuſé ſe reconnoît coupable, avec toutes les peines & amendes qu'il a encourues; & le rétablit en tous ſes droits & bonne renommée. Auſſi ces lettres portent ſeulement : *Nous avons de notre pleine puiſſance & autorité Royale*: au-lieu que dans les lettres de rémiſſion, il eſt dit; *Nous avons de notre grace ſpéciale, pleine puiſſance & autorité*, &c.

71. Ces lettres ne peuvent être ſcellées qu'en la grande Chancellerie du Royaume. (Ordonnance de 1670, *tit.* 16, *art.* 5.)

L'article 4 du titre 16 de la même Ordonnance, porte : Qu'il ne ſera donné aucunes lettres d'abolition :

1°. Ni pour les duels.

2°. Ni pour les aſſaſſinats prémédités, tant aux principaux auteurs, qu'à ceux qui les auront aſſiſtés, pour quelque occaſion, ou prétexte qu'ils puiſſent avoir été commis; ſoit pour venger leurs querelles, ou autrement. Voyez Farinacius, *queſt.* 6, *n.* 15 & *ſeq.*, où il traite amplement cette queſtion.

3°. Ni à ceux, qui à prix d'argent, ou autrement, ſe louent, ou s'engagent pour tuer, outrager, excéder, ou recourre des mains de la Juſtice les priſonniers pour crime; ou qui les auront loués, ou induits pour ce faire, encore qu'il n'y ait eu que la ſeule machination, ou attentat, & que l'effet n'en ſoit enſuivi.

4°. Ni pour crime de rapt commis par violence.

72. 5°. Ni à ceux qui ont excédé, ou outragé aucuns des Magiſtrats, ou Officiers Royaux, Huiſſiers & Sergents, faiſant, ou exécutant quelque acte de Juſtice. (*a*)

Cet article ajoute : Que ſi aucunes lettres d'abolition étoient expédiées pour les cas ci-deſſus, les Cours pourront en faire leurs rémontrances, & les autres Juges repréſenter à M. le Chancelier ce qu'ils eſtimeront à propos.

Il y a encore pluſieurs crimes pour leſquels le Roi n'accorde jamais de lettres de grace. Tels ſont les crimes de Leze-Majeſté Divine ou humaine, de ſodomie, de parricide & de poiſon.

Les lettres d'abolition peuvent s'obtenir, même après un jugement en dernier reſſort, tant qu'il n'eſt point exécuté ; & elles s'accordent même quelquefois à des abſents.

Ainſi le Roi ayant aboli & ſupprimé pour jamais le crime dont la Marquiſe de Verneuil avoit été chargée, & l'ayant diſpenſée d'être préſente en perſonne à la Cour de Parlement pour y faire enregiſtrer ſes lettres d'abolition, elles y furent entérinées par Arrêt du 6 Septembre 1605. (Voyez le Mercure François, *tom.* 1, *pag.* 10.)

De même, le Maréchal d'Hocquincourt, Gouverneur de Peronne, étant prévenu de crime de Leze-Majeſté, obtint des lettres d'abolition qui furent entérinées au Parlement, lui abſent.

L'effet des lettres d'abolition, eſt de remettre la peine due au crime ; mais elles ne peuvent jamais préjudicier à l'intérêt civil des parties offenſées. (Voyez *ſupra*, n. 18.)

73. A l'égard de la confiſcation des biens, c'eſt une grande queſtion de ſçavoir ſi ceux qui, ayant été condamnés par des Jugements contradictoires, en des peines qui emportent confiſcation de biens, viennent à obtenir des lettres d'abolition, ou de rappel de ban, ou galeres, ſont rétablis de droit en leurs offices, droits & biens confiſqués.

(*a*) Le Sieur de Rochefort, favori de M. le Prince de Condé, ayant en 1615, durant la tenue des Etats, maltraité de coups de bâton le Sieur de Marcillac, l'affaire étant pouſſée au Parlement par ordre du Roi, il fut obligé de prendre des lettres d'abolition. (Mercure François, *tom.* 3, *pag.* 234.)

Bacquet, en son Traité des droits de Justice, *chap.* 16, *n.* 4, distingue entre les restitutions de Justice, & les restitutions de grace. Suivant lui, dans les restitutions de Justice, c'est-à-dire, dans celles où le crime de l'accusé est rémissible, lorsque l'accusé obtient des lettres de rémission qui sont entérinées, il rentre dans tous ses biens, qui doivent lui être restitués, lorsqu'ils sont encore en état, sauf les fruits, amendes & intérêts civils. (Argument tiré de l'article 28 du titre 17 de l'Ordonnance de 1670. *Ita etiam* Farinac. *qu.* 6, *n.* 29.)

74. Mais dans les restitutions de grace, quand le Roi, en vertu de son autorité souveraine, donne des lettres d'abolition à un accusé condamné par Arrêt ou par Jugement en dernier ressort, en une peine qui emporte confiscation de biens, il faut encore distinguer, si le Roi, par ses lettres, remet la peine seulement; ou si, outre la peine, il rétablit l'impétrant dans tous ses biens. Dans le premier de ces deux cas, le condamné ne recouvre pas ses biens confisqués. (Farinacius, *qu.* 6, n. 28.) Mais dans le second cas, il rentre dans ses biens, à la réserve des fruits, soit que la confiscation appartienne au Roi, ou à un Seigneur Haut-Justicier; pourvu néanmoins que le Roi, ou le Seigneur n'en aient point disposé. (*Ita* Jul. Clarus, *qu.* 39, n. 6; Papon, *liv.* 24, *tit.* 17, n. 13; Bacquet, en son Traité des Droits de Justice, *chap.* 16, n. 4; Farinacius, *qu.* 6, n. 28, 33 *& seq.*; & n. 44. Voyez aussi Theveneau, sur les Ordonnances, *liv.* 5, *tit.* 13, *art.* 7, *pag.* 1096 *& suiv.*) Et cette maxime regarde aussi l'amende en laquelle l'accusé avoit été condamné, quand même il ne seroit parlé dans les lettres, que de la remise du crime, & de la confiscation. (Ainsi jugé en la Chambre du Domaine de Paris au mois de Juillet 1702, en faveur du Sieur de Messigot de Branzy.)

75. Ce qui vient d'être dit des confiscations, regarde aussi les successions qui pourroient être échues au condamné, depuis sa condamnation, & avant l'abolition de son crime. (Julius Clarus, *ibid.* qu. 49, *n.* 7; Farinacius, *qu.* 6, n. 37.)

Les lettres d'abolition doivent être conformes aux charges & informations, comme les autres lettres de rémission. (Ordonnance de 1670, *tit.* 16, *art.* 1.)

Elles sont aussi sujettes à l'entérinement, comme toutes les autres lettres; & il est enjoint aux Cours, & autres Juges, de les entériner incessamment, si elles sont conformes aux charges &

informations. (Même article 1 du titre 16.) Mais cet article ajoute, que les Cours pourront néanmoins faire leurs rémontrances au Roi, & les autres Juges représenter à M. le Chancelier, ce qu'ils trouveront à propos sur l'atrocité du crime.

76. Les lettres d'abolition sont conformes aux charges & informations, lorsque l'impétrant n'y a exposé aucun fait faux, ni aucune circonstance fausse, qui changent la qualité de l'action, & la rendent plus criminelle : car l'exposition d'un fait faux, ou la réticence d'un fait véritable, rendent les Lettres subreptices, ou obreptices, ainsi qu'on l'a déja observé. C'est pourquoi si ces lettres ne sont pas conformes aux charges & informations, les Juges peuvent passer outre, suivant les observations de M. le Chancelier sur cet article; parce qu'en effet, le crime qui se poursuit alors, n'est pas celui que Sa Majesté a pardonné, mais un autre tout différent, dont le Roi n'auroit pas accordé la grace, s'il lui avoit été présenté dans ses véritables circonstances. (Procès-verbal de l'Ordonnance de 1670, *tit.* 16, *art.* 4, *pag.* 186.) Voyez néanmoins ce qui a été dit ci-dessus, *n.* 50.

Celui qui obtient ces lettres, doit être prisonnier & écroué, & l'écroue attaché sous le contre-scel des lettres. Il doit aussi demeurer en prison pendant toute l'instruction, & jusqu'au jugement définitif des lettres. (Ordonnance de 1670, *tit.* 16, *art.* 5.) Ce même article défend à tous Juges de les élargir à caution; à peine d'interdiction, & de payer les condamnations qui interviendront contre les accusés.

Ces lettres doivent être présentées à l'Audience par le demandeur en lettres, qui doit être nue tête & à genoux, & affirmer, après qu'elles auront été lues en sa présence, qu'elles contiennent vérité, qu'il a donné charge de les obtenir, & qu'il veut s'en servir; ensuite de quoi il doit être renvoyé en prison. (Ordonnance de 1670, *tit.* 16, *art.* 21.)

77. Il y a néanmoins des exemples où l'on a dérogé à cette formalité. En 1626, M. le Duc de Vendôme, étant au Château de Vincennes, & ayant obtenu des lettres d'abolition au mois de Février 1627, pour entreprises par lui faites contre le Roi & son autorité, le Roi donna une commission en date du 14 Janvier 1629, adressée à MM. Lejai & de Bellievre, Présidents; Deslandes & Bouchet, Conseillers au Parlement, pour faire ce qui seroit nécessaire en exécution desdites lettres d'abolition. En conséquence,

séquence, ces Commissaires se transporterent de l'ordonnance de la Cour le 11 Mars 1629, au Château de Vincennes, & ayant fait faire lecture audit Sieur Duc de Vendôme des lettres d'abolition, & de la déclaration qu'il avoit envoyée au Roi, qui étoit attachée sous le contre-scel desdites lettres, ledit Sieur Duc, après serment fait, avoua que le contenu en cette déclaration contenoit vérité, & requit l'entérinement desdites lettres d'abolition, qui furent entérinées par la Cour le 23 Mars 1629, pour jouir par M. le Duc de Vendôme, du contenu auxdites lettres selon leur forme & teneur. (Voyez le Mercure François, *tom.* 15, *pag.* 164.)

Enfin, avant de passer à l'entérinement des lettres d'abolition, il faut les communiquer, ensemble le procès, au Procureur du Roi. (Ordonnance de 1670, *tit.* 16, *art.* 20.)

ARTICLE PREMIER.

Des Amnisties, & abolitions générales.

78. Il arrive quelquefois que le Roi accorde des lettres d'abolition à une Ville entiere, ou à une Province, ou à une Communauté d'Habitants, ou à tous les déserteurs d'une armée, *&c.*, pour crimes commis contre l'autorité Royale, *&c.* Ces sortes de graces se nomment *amnistie*, ou *abolition générale.* La faveur de ces amnisties s'étend même jusqu'à ceux qui sont morts en combattant, ou faisant quelque autre action semblable contre le service du Roi. (Julius Clarus, *in addit.* qu. 59, n. 96; Baldus, *in consil.* 498.)

Mais ces sortes d'abolitions générales ne comprennent point les cas irrémissibles, comme est le crime de Leze-Majesté, celui d'assassinat prémédité, le crime de faux, & celui commis par les Juges dans les fonctions de leur office. (Farinacius, *qu.* 6, n. 53, *& seq.*; Julius Clarus, *qu.* 59, n. 13.)

79. Quelques Auteurs prétendent même que ces graces générales ne doivent point s'étendre à ceux qui sont retombés plusieurs fois dans le même crime. (*Ita* Boerius, *decis.* 217, n. 22.)

Ainsi qu'à ceux qui auroient commis exprès les crimes remis, dans l'espérance de l'impunité. (Julius Clarus, *qu.* 59, n. 12.)

Au surplus, les abolitions n'ont lieu que pour les crimes passés, & non pour ceux qui seroient commis dans la suite. (Julius Clarus, *ibid.* n. 11; Farinacius, *qu.* 6, n. 57.)

Et elles ne peuvent jamais préjudicier à l'intérêt civil des personnes offensées. (Chassan. *in consuetud. Burg. rubr.* 1, n. 163, *fol.* 230)

SECTION V.

Des Lettres pour ester à droit.

80. Les lettres pour ester à droit, sont des lettres accordées par le Roi, à des accusés qui étoient absents pour son service, ou pour quelque autre cause légitime, & qui ont laissé couler les cinq années, sans se présenter & purger leur contumace. Le Roi par ces lettres, les releve du temps qui s'est passé, & les reçoit à ester à droit; c'est-à-dire à pouvoir procéder en Justice, pour faire juger de nouveau leur cause, & se purger, s'il y a lieu, des cas pour lesquels ils ont été condamnés; à la charge de se mettre en état.

Ces lettres sont du nombre de celles qu'on appelle *lettres de grace*, & ne peuvent être scellées qu'en la Grande-Chancellerie du Royaume. (Ordonnance de 1670, *tit.* 16, *art.* 5.)

Quelquefois on prend ces lettres dans les cinq ans, afin d'éviter la consignation de l'amende, ou afin de faire évoquer le procès dans une autre Jurisdiction, lorsque le condamné a une raison légitime pour l'obtenir.

81. L'effet de ces lettres, quand elles sont obtenues après les cinq ans, est, que si l'accusé qui a été condamné auparavant en une peine suivie de confiscation, vient à être absous, ou à être condamné en une peine qui n'emporte point confiscation, il rentre dans la possession de ses biens meubles & immeubles, mais seulement en l'état où ils se trouvent alors; sans néanmoins aucune restitution des amendes, intérêts civils, & fruits des immeubles. (Ordonnance de 1670, *tit.* 17, *art.* 28. Voyez aussi ce qui est dit au titre *Des Défauts & Contumaces*, ci-après, *part.* 3, *liv.* 2, *tit.* 21, n. 101.)

Les Gentilshommes qui obtiennent ces lettres, doivent y exprimer nommément leur qualité; à peine de nullité. (Ordonnance de 1670, *ibid.* tit. 16, art. 11.)

Il faut aussi que ceux qui les obtiennent, soient prisonniers &

écroués, & que l'écroue soit attaché aux lettres; sans pouvoir être élargis pendant toute l'instruction, & jusqu'au jugement définitif. (*Ibid.* art. 15.)

Mais il n'est pas nécessaire que ces lettres soient présentées à l'Audience, ni signifiées à la partie civile.

82. Il n'est pas nécessaire, non plus, que la partie civile soit appellée à la présentation de ces lettres; parce qu'elle n'a plus d'intérêt au procès, les condamnations pécuniaires étant réputées contradictoires à son égard.

Il faut aussi pour l'entérinement de ces lettres, que l'impétrant ait consigné l'amende, ensuite dequoi on rend le jugement, ainsi qu'il suit:

» La Cour entérine les lettres pour ester à droit, obtenues par » le suppliant, pour jouir par lui du bénéfice contenu en icelles, » & être exécutées selon leur forme & teneur; ordonne que le » suppliant sera oui & interrogé devant le Conseiller-Rappor- » teur.

S'il y a partie civile, l'impétrant doit signifier ce jugement au dernier domicile de cette partie, pour répondre aux demandes que l'impétrant pourra former contre elle.

SECTION VI.

Des Lettres de rappel de Ban, ou de Galeres.

83. Les lettres de rappel de ban, ou de galeres, sont des lettres accordées par le Roi, par lesquelles il rappelle, & décharge de la peine du bannissement, ou des galeres, celui qui a été condamné, soit à temps, soit à toujours. Quelquefois par ces lettres, le Roi rétablit l'impétrant en sa bonne renommée, & même en ses biens, s'il y en a une clause expresse, & si ces biens ne sont pas en la possession d'autres personnes. (Voyez ce qui a été dit ci-dessus, *n.* 73, & 74.)

Ces lettres sont aussi du nombre de celles qu'on appelle lettres de grace, & ne peuvent être scellées qu'en la Grande-Chancellerie du Royaume.

Lorsque dans les lettres de rappel de ban, ou de galeres, il n'y a point la clause que l'impétrant est rétabli en sa bonne renommée, ces lettres n'ôtent que la peine, & non l'infamie qui y est attachée. Ainsi un Officier qui les auroit obtenues, ne seroit pas pour cela rétabli en l'exercice de sa charge. (Voyez Coquille, *qu.* 11; & Despeisses, *tit.* 13, *sect.* 3, qui en rapporte plusieurs jugements.)

84. De même, un condamné aux galeres perpétuelles, ou à une autre peine emportant confiscation, qui obtient des lettres de rappel des galeres, *&c.*, n'est pas pour cela rétabli dans ses biens; à moins qu'il n'y en ait une clause expresse. (Ainsi jugé par Arrêt du 2 Octobre 1608, rapporté par Dufail, *liv.* 3, *chap.* 273; Autre Arrêt du 21 Juillet 1568, rapporté par Laroche-Flavin, *liv.* 3, *lettre* R, *tit.* 1, *art.* 2; Autre du 2 Mai 1666, rapporté par Albert, *lettre* N, *art.* 2. Voyez aussi Mainard, *liv.* 5, *chap.* 80.)

Lorsque ceux qui obtiennent ces lettres, sont Gentilshommes, ils sont tenus d'exprimer nommément leur qualité; à peine de nullité des lettres. (Ordonnance de 1670, *tit.* 16, *art.* 11.)

L'Arrêt, ou Jugement de condamnation au bannissement, ou aux galeres, doit être attaché sous le contre-scel des lettres; faute dequoi les impétrants ne peuvent s'en aider, & il est défendu aux Juges d'y avoir égard.) Ordonnance de 1670, *ibid.* tit. 16, art. 6.)

Mais il faut observer que cet article ne s'entend que du cas où le jugement de condamnation auroit été rendu en dernier ressort: car quand la peine est prononcée par un jugement dont il peut y avoir appel, il faut commencer à se pourvoir devant le Juge supérieur; parce que ces lettres ne s'accordent qu'après avoir épuisé les voies ordinaires de Justice.

85. Ces lettres s'entérinent à l'Audience, (Arrêt du 20 Mars 1671, rapporté par Boniface, *tom.* 5, *liv.* 4, *tit.* 3, *chap.* 1.); & il n'est pas nécessaire que l'impétrant se mette en prison, ni se présente à l'Audience. Elles s'entérinent sur une simple requête présentée de sa part, sur les conclusions du Procureur du Roi, ou autre partie publique, sans examiner si elles sont conformes aux charges & informations; sauf à représenter par les Cours à Sa Majesté, ce qu'elles jugeront à propos; (Ordonnance de 1670, *tit.* 16, *art.* 7.) & aux autres Juges à faire ces représentations à M. le Chancelier. (Argument tiré du titre 16, article 1 & 4 de la même Ordonnance de 1670.)

Ces lettres s'entérinent ordinairement au Parlement, lorsque la condamnation de ban, ou de galeres, a été prononcée par Arrêt;

mais il faut, pour cela, que ces lettres y soient adressées. Elles peuvent aussi être adressées aux Présidiaux, si le jugement de condamnation aux galeres, ou au bannissement, y a été prononcé.

SECTION VII.

Des Lettres de commutation de peine.

86. Les lettres de commutation de peine, sont des lettres que le Roi accorde à un condamné, en considération des services que ce condamné lui a rendus, ou par des considératisns particulieres, par lesquelles il commue la peine qui a été prononcée contre lui, soit de mort, galeres, ou bannissement, en une autre peine moindre; & quelquefois même, en celle de servir Sa Majesté dans ses armées, pendant un certain temps; à la charge par lui d'en rapporter les certificats. Ces lettres sont du nombre de celles qu'on appelle *Lettres de grace*, & ne s'expédient qu'en la Grande-Chancellerie du Royaume. (Ordonnance de 1670, *tit.* 16, *art.* 5.)

Il y a plusieurs exemples dans notre Histoire, de ces sortes de commutations de peine.

87. En l'année 1523, sous François I, Jean de Poitiers, Seigneur de Saint-Valier, ayant été condamné à mort; comme il étoit sur le point de se mettre à genoux, pour recevoir le coup de la mort, on apporta des lettres de commutation en une prison perpetuelle. (Pasquier, en ses recherches, *liv.* 8, *chap.* 39) (*a*).

De même, le Comte d'Auvergne, & le Sieur d'Entragues, ayant été condamnés à mort par Arrêt du Parlement, le Roi, par ses Lettres-Patentes du 5 Avril 1605, commua la peine du Comte, en une prison perpétuelle à la Bastille; & celle du Sieur d'En-

---

(*a*) En 1477, le Duc de Clarence, frere d'Edouard IV, Roi d'Angleterre, ayant été condamné à être traîné sur la fosse de Londres jusqu'au gibet de cette ville, & ensuite à être ouvert, & ses entrailles jettées au feu, le jugement fut commué; & comme on lui eut donné le choix du genre de sa mort, il dit qu'il vouloit mourir dans du vin de Malvoisie; ce qui fut fait, & en conséquence il fut jetté la tête la premiere dans un tonneau de vin de Malvoisie. (Voyez Nic. Giles.)

tragues, à demeurer en ſa maiſon de Malesherbes. (Mercure François, *tom.* 1, *pag.* 9.)

Ces lettres n'ôtent point l'infamie encourue par le jugement de condamnation, & ne rétabliſſent point celui qui les obtient, en ſa bonne renommée, & encore moins en ſes biens ; à moins que les lettres ne le portent expreſſément. Elles ne font que lui conſerver la vie, dans le cas où il a été condamné à mort ; ou à diminuer ſa peine, s'il a été condamné en une autre peine que celle du dernier ſupplice.

88. Elles ne rendent pas même la vie civile. (Voyez Legrand, ſur la Coutume de Troyes, *part.* 2, *tit.* 7, *art.* 133, n. 13, *pag.* 164.)

Mais la confiſcation des biens eſt révoquée, lorſque la peine qui emporte confiſcation, eſt commuée en une autre qui ne l'opére pas. (Ainſi jugé par Arrêt de la Cour du 23 Février 1708, en faveur du Sieur François Poultier.)

Lorſque ces lettres s'obtiennent par des Gentilshommes, ils ſont tenus d'exprimer nommément leur qualité ; à peine de nullité deſdites lettres. (Ordonnance de 1670, *tit.* 16, *art.* 11.)

89. Il faut auſſi que l'Arrêt, ou Jugement en dernier reſſort de condamnation, ſoit attaché ſous le contre-ſcel des lettres ; faute dequoi l'impétrant ne peut s'en ſervir, & il eſt défendu aux Juges d'y avoir égard. (Ordonnance de 1670, *tit.* 16, n. 6. Voyez auſſi *ſuprà*, n. 84, ce qui eſt dit ſur cet article.)

Les Juges, & même les Cours, doivent entériner ces lettres, ſans examiner ſi elles ſont conformes aux charges & informations ; ſauf auxdites Cours à repréſenter au Roi ce qu'elles jugeront à propos, (Ordonnance de 1670, *tit.* 16, *art.* 7.) ; & aux autres Juges à faire leurs repréſentations à M. le Chancelier.

SECTION VIII.

Des Lettres de Réhabilitation.

90. Les lettres de réhabilitation du condamné en ſes biens & bonne rénommée, ſont celles par leſquelles le Roi rétablit en ſon honneur, droits, & bonne réputation, un condamné, ainſi & de la même maniere qu'il étoit avant le jugement de condamnation ; & ſans que ce condamné puiſſe être réputé avoir encouru, en

vertu du jugement, aucune note d'infamie, ou mort civile.

Ces lettres s'accordent ordinairement à des Officiers interdits pour toujours; ou déclarés incapables de posséder des charges de Justice, ou de Finance; ou condamnés à une peine infamante.

Par Arrêt du Parlement du 13 Septembre 1755, le nommé Pierre Larchant, Huissier au Châtelet de Paris, qui avoit été condamné à une peine infamante, & qui avoit depuis obtenu des lettres de réhabilitation entérinées, a été admis à posséder un nouvel office.

91. Ces lettres doivent être scellées en la Grande-Chancellerie, étant du nombre de celles qu'on appelle lettres de grace. (Ordonnance de 1670, *tit.* 16, *art.* 5.)

Elles s'accordent ordinairement en faveur des condamnés, qui après avoir satisfait à la peine, & au paiement des amendes & intérêts civils, ont recours à la clémence du Prince pour effacer l'infamie qu'ils ont encourue, ou la mort civile résultants de leur condamnation; & quelquefois pour rétablir leur mémoire.

Nous avons plusieurs exemples de ces sortes de réhabilitations.

Lorsque ceux qui obtiennent ces lettres, sont Gentilshommes; ils sont tenus d'exprimer nommément leur qualité; à peine de nullité. (Ordonnance de 1670, *tit.* 16, *art.* 5.)

L'Arrêt où le Jugement de condamnation rendu en dernier ressort, doit être attaché sous le contre-scel des lettres; faute dequoi les impétrants ne peuvent s'en aider, & il est défendu aux Juges d'y avoir égard. (Ordonnance de 1670, *tit.* 16, *art.* 6. Voyez aussi *suprà*, n. 84.)

92. Ces lettres ne rétablissent point l'impétrant dans ses biens, s'il n'y en a une clause expresse, & si les biens ne sont point en la possession d'autrui. (Voyez ce qui a été dit ci-dessus, *n.* 73 & 74, qui doit recevoir ici son application.)

Il faut aussi observer qu'un Ecclésiastique réhabilité par le Pape, qui auroit obtenu de lettres de rappel, ne peut rentrer dans son bénéfice, dont un autre auroit été pourvu; mais il peut en posséder un nouveau. (Bouvot, *tom.* 2, *pag.* 75, au mot *Bannissement*, quest. 1.)

De même, un Ecclésiastique, qui en vertu d'un jugement rendu par un Official, a été privé de ses fonctions, & de ses bénéfices, n'est pas rétabli dans ses droits par des lettres de grace de son Souverain; mais il faut pour cela recourir au Pape.

(Voyez Catelan, *liv.* 1, *chap.* 74; Fevret, traité de l'Abus, *liv.* 4, *chap.* 4; Chopin, *de sacrâ politiâ*, liv. 2, tit. 2, n. 17; & Albert, au mot, *Notaires*, édition de 1686.)

Les Juges, même ceux des Cours, sont tenus d'entériner ces lettres, sans examiner si elles sont conformes aux charges & informations; sauf aux Cours à représenter à Sa Majesté, ce qu'elles jugeront à propos; (Ordonnance de 1670, *tit.* 16, *art.* 7.) & aux autres Juges à faire ces représentations à M. le Chancelier.

A l'égard des lettres de revision, Voyez ci-après, *part.* 3, *liv.* 2, *tit.* 39.

TITRE

TITRE XXI.

Des Défauts, & Contumaces.

1. ON appelle *Contumace* en matiere criminelle, le refus que fait un accusé décrété, de comparoître, & de se présenter à Justice, au mépris de ses ordres, après avoir été sommé & interpellé plusieurs fois de le faire. *Contumaces*, dit la Loi 5, D. *de pœnis, sunt qui neque denuntiationibus neque edictis obtemperant, qui sæpius admoniti per contumaciam desunt.*

Mais on entend *par défaut*, la simple négligence ou refus de l'accusé, de se présenter sur un décret d'assigné pour être oui, ou sur un ajournement personnel, sans autres sommations, ni procédures faites contre lui.

2. La contumace, suivant Farinacius, *quæst.* 18, *n.* 26 *& seq.*, est une espece de délit, sur-tout quand elle renferme un mépris de Justice, & un refus de comparoître. (Cod. Fabr. *lib.* 7, *tit.* 25, *pag.* 445, *dist.* 7, *n.* 1, *in allegat.*) Il y a même des Royaumes où les accusés qui sont en contumace, sont regardés comme coupables du crime pour raison duquel ils sont poursuivis. Cela s'observe ainsi dans toute l'Italie. (Voyez Farinac. *qu.* 11, *n.* 3; & Jul. Clarus, *qu.* 44, *n.* 10.)

Cette contumace est aussi un motif pour augmenter la peine, suivant le même Cod. Fabr. *liv.* 9, *tit.* 21, *pag.* 792, *defin.* 16, *n.* 1, *in allegat.*

Mais en France nous observons le contraire, conformément au Droit commun, suivant Balde en la Loi 1, col. 2, vers. *oppono quod contumax.* Cod. *quomodo & quando jud.* & *in* L. 2, Cod. *de quæstionibus.*

3. En effet, quoiqu'il soit vrai de dire en général, qu'on n'a rien à craindre quand on est innocent, cela n'est pas cependant toujours vrai; & il peut fort bien arriver que la crainte qu'inspire un procès-criminel, soit la seule cause de l'absence de l'accusé. On peut quelquefois se justifier dans un temps, & ne le pouvoir faire dans un autre. D'ailleurs, celui qui voit que sa vie dépend

de la volonté, & de la dépoſition des témoins qui peuvent être ſéduits, penſe plutôt à ce que ces témoins peuvent dire, & à ce que ſes Juges peuvent faire, qu'à ce qu'il doit faire pour juſtifier ſon innocence : ainſi, il croit devoir prendre le parti le plus ſûr, qui eſt celui de la fuite.

On peut donc regarder comme une maxime conſtante, que pour pouvoir condamner un accuſé qui eſt en contumace, il faut qu'il y ait contre lui des preuves, ou dumoins des indices légitimes. (Farinac. *qu.* 11, *n.* 16 *& ſeq.*; Jul. Clarus, *qu.* 44, *n.* 10; Voyez auſſi Baſſet en ſes Arrêts, *tom.* 1, *liv.* 6, *tit.* 6, *chap.* 3, où il cite à ce ſujet un Arrêt du Parlement de Grenoble du 3 Mai 1638.)

Mais pour condamner un accuſé contumax, il ne faut pas de ſi fortes preuves que pour condamner celui qui obéit à Juſtice. Ainſi dans les cas où l'accuſé mériteroit d'être condamné à une queſtion préparatoire, on peut tout-d'un-coup le condamner à la peine de mort ; ce qui d'ailleurs eſt fondé ſur ce qu'un abſent ne peut être condamné à la queſtion, & que l'accuſé en ſe repréſentant, peut faire tomber le jugement rendu contre lui.

4. Lorſqu'il n'y a point de preuves contre l'accuſé, quoique contumax, on ne doit point le condamner ; & il eſt aſſez puni de ſa contumace par la ſaiſie & annotation de ſes biens, qui ſubſiſte toujours, juſqu'à ce qu'il ſe repréſente. Ainſi il faut, dans le cas de ce défaut de preuves, ou l'abſoudre, ou dumoins prononcer contre lui un plus amplement informé. (Voyez Airault, en ſon Inſtruction Judiciaire, *liv.* 4, *part.* 2, *n.* 29.)

Mais lorſque l'innocence de l'accuſé eſt conſtatée, on doit l'abſoudre, quoique par contumace. (*Ita* Bartole *in* L. *abſentem*, D. *de pœnis.*) Dans l'affaire du Sieur de Beaurepaire, accuſé de l'aſſaſſinat du Sieur de la Paintroliere, il intervint d'abord un Arrêt qui ordonna contre lui un plus amplement informé pendant un an, & enſuite un ſecond Arrêt le 12 Août 1734, qui le déchargea de l'accuſation, quoique par contumace. (Voyez les Remarques qui ſont à la fin du tome 6 des Œuvres de M. Cochin, *pag.* 510.)

5. Au ſurplus, il faut obſerver que la contumace d'un accuſé ne peut nuire aux autres accuſés qui ſont préſents & en état ; & rien n'empêche que l'accuſé contumax ſoit condamné à une peine

plus sévere, & les accusés présents à une peine moindre, quoique pour le même crime.

Une autre peine de la contumace, est que l'accusé qui a été condamné absent, ne peut présenter requête, soit en premiere instance, ou en cause d'appel, qu'il ne se soit mis en état dans les prisons du Juge qui a rendu la Sentence, ou dans celles du Juge d'appel; (Ordonnance de 1670, *tit.* 25, *art.* 4;) quand même cet accusé prétendroit qu'il y auroit des nullités dans la procédure sur laquelle est intervenu le jugement par contumace dont il seroit appellant, même comme de Juge incompétent. (Ainsi jugé par Arrêt de la Tournelle du 19 Août 1738, sur les conclusions de M. Joli de Fleuri.)

Anciennement en France, on ne condamnoit point à mort par contumace. (Voyez les Capitulaires de Charlemagne, *liv.* 7, *chap.* 204; & *chap.* 354, *pag.* 1068 & 1101 du tome 1 de l'édition de Baluze.) Ainsi Robert Comte d'Artois, Geoffroi de Harcourt, & le fils d'Olivier de Clisson, qui furent condamnés par contumace pour crime de Leze-Majesté, ne furent punis que d'exil, & de confiscation de biens. De même Jean de Craon, pour avoir voulu tuer le Sieur de Clisson, Connétable de France, fut seulement banni du Royaume par contumace, & ses biens confisqués sous Charles VI en Mai 1392. (Voyez les Recherches de Pasquier, *liv.* 6, *ch.* 3.)

6. Par le Droit Romain, on ne condamnoit même jamais les absents à aucune peine. *Non est irroganda in absentem pœna, sed absens requirendus annotatus est ut copiam sui præstet.* (L. 1, §. 1, *de requirendis vel absentibus damnandis.* Voyez aussi la Loi 1, D. *eod. tit.*)

On peut proposer plusieurs questions touchant les contumaxs.

La premiere est, si un accusé contumax peut récuser un Juge. (Voyez sur cette question ce qui a été dit au titre *De la Compétence des Juges en général*, ci-dessus, *part.* 2, *tit.* 2, n. 367.)

La seconde, si un contumax peut décliner la jurisdiction du Juge qui le poursuit. (Voyez *ibid.* au titre *De la Compétence des Juges en général*, n. 305.)

Et la troisieme, si un contumax peut être écouté dans ses défenses. (Voyez au titre *Des exceptions & défenses des accusés*, ci-dessus, *part.* 3, *tit.* 2, n. 17 & 22.)

SECTION PREMIERE.

De la Procédure contre les Contumaxs.

7. 1°. La contumace doit être instruite contre un accusé, toutes les fois que, n'ayant point été interrogé, il est décrété de prise de corps, & qu'on ne peut le constituer prisonnier. Cette instruction est même nécessaire dans le cas où un accusé, qui n'a point été interrogé, & n'a point rempli le décret, & qui a obtenu un Arrêt de défenses du Parlement, ou autre Juge Supérieur qui arrête le cours de la procédure criminelle, vient à s'absenter, & que le décret est confirmé; car alors on ne peut se dispenser d'instruire contre lui la contumace, le décret n'ayant point été rempli. (C'est ainsi que s'en explique M. Pussort sur l'article 10 du titre 17 du procès-verbal de l'Ordonnance de 1670, *pag.* 204.)

2°. Lorsque l'accusé décrété de prise de corps par un Prévôt des Maréchaux, ou par des Juges Présidiaux, pour être jugé en dernier ressort, est contumax, il faut avant tout, faire juger sa compétence avant d'instruire contre lui la contumace. (Edit du mois de Décembre 1680; Voyez aussi ce qui a été dit à ce sujet au titre *De la Compétence des accusés qui doivent être jugés en dernier ressort*, ci-dessus, *part.* 3, *liv.* 2, *tit.* 15, *n.* 30.)

8. 3°. Si le décret de prise de corps ne peut être exécuté contre l'accusé, il doit être fait perquisition de sa personne au lieu de son domicile ordinaire, ou au lieu de sa résidence; & copie laissée du procès-verbal de perquisition. (Ordonnance de 1670, *tit.* 17, *art.* 1 & 2.)

Cette copie doit être laissée à quelqu'un de ceux qui occupent la maison où se fait la saisie; & s'il n'y a personne, il faut l'attacher à la porte. (Voyez les articles 3 & 4 du titre 2 de l'Ordonnance de 1667.)

9. Il y a néanmoins une observation à faire sur cet article; c'est que quand l'accusé a un domicile, & qu'il est décrété & poursuivi dans les trois mois du crime commis, il faut distinguer, s'il a résidé dans l'étendue de la jurisdiction, (c'est-à-dire, de la jurisdiction immédiate où le crime a été commis;) ou s'il n'y a point résidé. Dans le premier cas la perquisition de cet accusé pourra être valablement faite dans la maison où il résidoit, & copie y

être laissée du procès-verbal de perquisition : & il en est de même de l'assignation à quinzaine, qui pourra y être valablement donnée, & copie y être laissée de l'exploit d'assignation. Mais dans le second cas où l'accusé n'a point résidé dans l'étendue de la jurisdiction où le crime a été commis, la perquisition de cet accusé doit être faite, la copie du décret affichée, & les assignations données, suivant les articles 3 & 7 du présent titre ; sans qu'il soit besoin de faire les perquisitions, ni d'ordonner les assignations au lieu où demeuroit l'accusé avant le crime commis ; & faute de comparoître dans la quinzaine, l'assignation sera donnée à son de trompe, suivant l'usage, à la place publique & à la porte de la jurisdiction où se fera l'instruction du procès. (Edit du mois de Décembre 1680.)

10. Si au contraire la contumace ne se poursuit qu'après les trois mois du crime commis, la perquisition de l'accusé doit être faite, & les assignations données à son domicile ordinaire ; laquelle assignation sera à quinzaine, & outre ce, d'un jour pour chaque dix lieues de distance de son domicile, jusqu'au lieu de la Jurisdiction où il sera assigné : & faute par l'accusé de comparoître dans les délais ci-dessus, il doit être proclamé à son de trompe par un seul cri public, à huitaine, dans le lieu de la Jurisdiction où se fait le procès, & ledit cri & proclamation affichés à la porte de l'Audience de la Jurisdiction. (Même Edit de Décembre 1680.)

Il faut bien prendre garde de confondre le domicile avec la résidence. Une personne peut être résidente dans un endroit, sans y être domiciliée. La résidence s'entend souvent d'un lieu où l'on fait une demeure passagere & momentanée.

Lorsqu'un prisonnier s'est évadé des prisons, le lieu de sa résidence, au jour de son évasion, étoit la prison.

11. 4°. Si l'accusé n'a point de domicile, ou ne réside point au lieu de la Jurisdiction, il ne doit pas en être fait perquisition de sa personne, & la copie du décret sera seulement affichée à la porte de l'Auditoire. (Ordonnance de 1670, *tit.* 17, *art.* 3.) Cette disposition a lieu, soit que la contumace se poursuive avant ou après les trois mois échus, à compter du jour du crime commis. (Edit du mois de Décembre 1680.)

Ceux qui n'ont point de domicile, sont les vagabonds, & gens ſans aveu; & il en eſt de même de ceux dont le domicile n'eſt pas connu.

12. 5°. Les biens de l'accuſé qui eſt en décret de priſe de corps, & qui ne peut être arrêté, doivent être ſaiſis & annotés. (Ordonnance de 1670, *tit.* 17, *art.* 1.)

Cette ſaiſie & annotation, ſe fait en vertu du décret & de l'abſence ſeule, ſans qu'il ſoit beſoin d'obtenir pour cela aucun jugement, ni *pareatis* du Juge des lieux; ce qui eſt une ſuite de la diſpoſition portée en l'article 12 du titre 10 de l'Ordonnance de 1670. Mais le défaut de ſaiſie, & annotation, ne rend pas nulle la procédure qui eſt faite enſuite par l'inſtruction de la contumace; cette omiſſion peut ſeulement donner lieu à des dommages & intérêts, ou à une reprimande contre la partie publique.

S'il s'agit de l'exécution d'un décret rendu par un Official, l'Huiſſier ne peut ſaiſir & annoter. L'Official même ne le peut ordonner par ſon décret; & s'il le faiſoit, il y auroit abus; car il n'a aucune autorité ſur les biens. On ne peut oppoſer à cette maxime, l'article 44 de l'Edit du Mois d'Avril 1695, qui porte : » Que les décrets décernés par les Juges d'Egliſe, ſeront » exécutés; ſans qu'il ſoit beſoin de prendre pour cet effet au» cun *pareatis* du Juge des lieux : car la ſaiſie & annotation n'eſt pas une ſimple exécution de décret. (Ainſi jugé par Arrêt de la Tournelle du 4 Juin 1707, rapporté au Journal des Audiences, *tom.* 5; & par un autre du 18 Août 1736; autres Arrêts des 1 Juin 1709, 22 Février 1710, 3 Août 1715, & 23 Janvier 1717, rapportés auſſi au Journal des Audiences, *tom.* 6. Voyez ce qui a été dit au Titre *De la Compétence des Juges en matiere criminelle*, ci-deſſus, *part.* 2, *tit.* 1, n. 431.)

13. La ſaiſie & annotation des biens d'un contumax, doit ſe faire, non-ſeulement dans les crimes qui peuvent être punis de confiſcation de biens; mais en général dans tous les crimes qui méritent la vengence publique. Cette ſaiſie eſt la juſte peine de la contumace, & le moyen le plus naturel pour obliger un accuſé à ſe repréſenter. Il ſeroit dangereux de laiſſer à une perſonne qui refuſe d'obéir à Juſtice, la libre adminiſtration de ſes biens.

D'ailleurs il eſt néceſſaire pour le paiement des frais de contumace, amendes & autres condamnations pécuniaires, de s'aſſurer des effets du condamné, autant que pour l'intérêt du fisc.

Lorsque le procès est fait à une Communauté, Corps, ou College, & que le Syndic nommé par cette Communauté refuse, ou néglige de se représenter sur l'assignation qui lui est donnée, on ne peut pour raison de ce refus, saisir & annoter les biens de cette Communauté; & il n'y a alors d'autre parti à prendre, que de nommer d'office un curateur à cette Communauté. (Ordonnance de 1670, *tit.* 21, *art.* 2.)

14. Il n'est pas permis de saisir & annoter les biens d'un accusé prisonnier; parce que pour crime on ne peut tenir le corps & les biens. (Loisel, Institut. Coutum. *lib.* 6, *tit.* 1, *art.* 13.) C'est pourquoi s'il avoit été fait quelque saisie & annotation de ces biens, avant la détention de l'accusé, il doit lui en être donné main-levée, aussi-tôt qu'il sera arrêté. (Arrêt du 11 Juillet 1676, qui fait défenses de saisir les biens des accusés quand ils sont en prison; autre du 8 Mars 1701, qui fait défenses de saisir les biens des accusés, lorsque les décrets contre eux décernés ont été mis à exécution, & qu'ils ont été constitués prisonniers; autre du 1 Août 1702, qui fait défenses aux Juges de permettre de saisir pour frais, dommages & dépens avant le jugement définitif; autre Arrêt du 27 Mai 1709, qui défend de saisir, même dans le cas de contumace, s'il n'y a information & décret préalable; autre du 29 Mai 1710, qui fait défenses aux Juges d'ordonner que les biens des accusés qui sont détenus prisonniers soient saisis, ni de les faire saisir; autre Arrêt du 13 Juin 1712, qui défend au Juge de Rochefort de faire saisir & vendre les biens des accusés prisonniers; autre du 25 Janvier 1715, qui déclare le Juge de Gassey, & le Procureur-Fiscal, bien pris à partie, pour avoir fait saisir les biens d'un accusé qui étoit en prison, & les condamne en 500 livres de dommages & intérêts, & aux dépens.) Toutes ces autorités sont rapportées dans le Recueil des Réglements touchant les scellés, *in*-4°., *pag.* 109, de l'édition de 1757. Autre Arrêt du Parlement du 9 Janvier 1723, rendu contre le Lieutenant-Général de Dreux.

15. Quand il y a lieu à la saisie & annotation, on doit saisir tous les biens mobiliers, titres & papiers de l'accusé; même les fruits de ses immeubles. Il faut aussi saisir & arrêter entre les mains des débiteurs, fermiers & locataires, ce qui est dû à l'accusé. Cette saisie & annotation se fait ordinairement par le même pro-

cès-verbal que la perquisition ; sur-tout quand la saisie se fait dans la maison où l'accusé avoit son domicile ou sa résidence.

Lorsque l'accusé, dont on saisit & annote les biens, est mineur, on peut saisir & arrêter entre les mains de son tuteur ; & s'il est en continuation de communauté avec son pere, ou sa mere survivants, on peut aussi saisir & annoter les biens de la communauté.

16. 6°. Si l'accusé a des biens situés hors le ressort de la Jurisdiction où le procès s'instruit, le Juge peut, pour éviter à frais, donner commission aux Juges des lieux, de la situation de ces biens, pour les saisir & annoter. (Edit de Châteaubriant du 15 Octobre 1565, *art.* 4, rapporté par Joli, *tom.* 2, *pag.* 110.)

7°. La saisie & annotation des meubles, doit être faite en la maniere prescrite au Titre des Saisies & Exécutions de l'Ordonnance de 1667. (Ordonnance de 1670, *tit.* 17, *art.* 4.)

L'article 9 du projet d'un nouveau titre des contumaces, envoyé par M. le Chancelier dans les différentes Cours du Royaume en 1734, ou environ, ajoute : » Sans qu'en aucun cas il » puisse être apposé aucun scellé sur les effets mobiliers de l'accusé, même sous prétexte de la difficulté de trouver un gardien » solvable, ni qu'il puisse être procédé à l'inventaire desdits » effets ; ce que le même article défend à tous Juges, Greffiers, » Huissiers, Archers, Sergents & autres Officiers de Justice ; à » peine de nullité, & d'être condamnés aux dommages & intérêts » des accusés.

17. 8°. Les fruits des immeubles doivent être saisis, & il doit être établi des Commissaires à leur garde, avec les formalités prescrites par la même Ordonnance de 1667, au Titre des Séquestres & Commissaires. (Ordonnance de 1670, *tit.* 17, *art.* 5.) Ces Commissaires doivent faire faire les baux judiciaires de ces fruits pardevant le Juge, vendre ceux pendans par les racines, & rendre compte de leur commission, lorsqu'il sera ainsi ordonné.

18. 9°. L'article 6 du titre 17 de la même Ordonnance de 1670, défend à tous Juges d'établir pour Gardiens ou Commissaires, les parents ou domestiques des Fermiers & Receveurs du Domaine du Roi, ou des Seigneurs à qui la confiscation appartient : ce qui est ainsi établi, afin que dans l'espérance de cette confiscation, ils ne fassent pas une mauvaise administration des biens saisis & annotés.

L'Ordonnance

L'Ordonnance Criminelle de Charles-Quint, appellée l'*Ordonnance Caroline*, chap. 206, permet aux parents du contumax de se rendre dépositaires des effets saisis, en donnant par eux bonne & suffisante caution. Cette disposition paroît fort judicieuse, & rien n'empêche qu'en France l'Huissier ne s'y conforme: (Voyez l'article 14 du titre 19 de l'Ordonnance de 1667;) en exceptant seulement de cette regle, la femme & les enfants, ou petits-enfants de l'accusé, à cause de l'article 13 du même titre 19 de l'Ordonnance de 1667.

Si les biens du contumax sont situés en différents lieux, on peut établir des Commissaires en chaque lieu. Les fonctions de ces Commissaires subsistent jusqu'au jugement qui absout l'accusé, ou qui prononce contre lui la confiscation, ou autre condamnation. Dans le cas de confiscation, ces Commissaires doivent rendre compte de leur gestion au confiscataire.

19. 10°. Lorsqu'il y a lieu de craindre que quelques-uns des meubles & effets saisis ne dépérissent, ou ne se consument en frais de garde, comme des chevaux qu'il faudroit nourrir, *&c.*, les Juges peuvent en ordonner la vente, & que les deniers en provenants, seront mis entre les mains d'une personne que la Justice nommera; à moins que ces meubles & effets ne fussent utiles pour l'exploitation des biens saisis. Mais cette vente ne peut s'ordonner que sur les conclusions de la partie publique, & avec les parties qui y ont intérêt.

20. 11°. Les Juges peuvent, s'ils le jugent à propos, accorder sur les effets mobiliers, & sur le fruit des immeubles saisis, une provision à la femme & aux enfants de l'accusé, nécessaire pour leur subsistance; ce qui dépend des circonstances & de la prudence du Juge. (Ordonnance de Léopold, *tit.* 16, *art.* 2.) Mais l'Huissier n'est pas en droit de l'accorder par lui-même. Cette provision ne peut pareillement s'ordonner que sur les conclusions de la partie publique, & avec la partie qui y a intérêt.

Si la partie civile avoit obtenu une provision, elle pourroit aussi, pour avoir le paiement de cette provision, saisir les biens annotés. Mais une femme qui se feroit séparer de son mari contumax, & qui formeroit opposition pour empêcher la saisie & annotation des biens de sondit mari, n'y seroit pas fondée. (Ainsi jugé par Arrêt rendu en la Tournelle le 7 Septembre 1747, contre la Dame de Vareilles.)

21. 12°. La saisie & annotation des biens d'un accusé est mise au néant, non-seulement par sa représentation ; (Ordonnance de 1670, *tit.* 17, *art.* 18, & 26.) mais encore s'il vient à mourir avant le jugement, quoique contumax ; & il en est de même s'il vient à mourir dans l'année de l'exécution du jugement de contumace. Au reste, cette main-levée ne se fait pas de plein droit, & il faut qu'elle soit demandée par l'accusé, ou par ses héritiers ; ainsi le plaignant ne peut empêcher cette main-levée, en payant par les héritiers de l'accusé, ou par lui, tous les frais de régie des biens saisis.

Néanmoins, s'il y a partie civile, il paroît que les héritiers de l'accusé ne peuvent obtenir cette main-levée, qu'en donnant caution ; parce que la mort n'éteint que le crime, & que l'action pour les dommages & intérêts, subsiste toujours. (Ainsi jugé par Arrêt du Parlement de Dijon du 26 Avril 1717.)

22. Lorsque le jugement est rendu par contumace, la saisie & annotation subsiste toujours après le jugement ; quand même ce jugement n'emporteroit contre l'accusé aucune peine afflictive, ou infamante, ou qu'il auroit été prononcé contre lui un plus-amplement informé. L'ancienne Coutume de Bretagne, *art.* 614, porte : » Que si celui qui est banni par contumace ne se présente point, il perdra les fruits de ses biens pendant sa vie. Ainsi après sa mort, ses héritiers peuvent demander la main-levée de ses biens saisis, & elle ne peut leur être refusée, en payant par eux tous les frais de régie & de contumace.

Néanmoins, le contumax, après vingt ans écoulés depuis le décret de prise de corps, prononcé contre lui, & non suivi du jugement, mais seulement de la saisie & annotation de ses biens, peut demander la main-levée de cette saisie ; parce que toutes les procédures criminelles, non suivies de jugement, étant prescrites par le laps de vingt ans, le décret est aussi prescrit, & ne subsiste plus ; & par conséquent n'y ayant plus de décret, l'accusé peut demander la main-levée de ses biens, en payant par lui les frais de la saisie & annotation, & autres frais de régie.

23. Si par la Sentence, ou le jugement définitif, l'accusé vient à être absous, quoique par contumace, soit parce que son innocence est prouvée au procès, ou autrement ; la cause de la saisie & annotation cessant d'avoir lieu, la saisie & annotation doit aussi

cesser. Cependant cette main-levée ne se fait pas de plein droit, & le saisi doit la demander.

13°. Après le procès verbal de perquisition, ou par le même procès-verbal, il doit être donné à l'accusé assignation à quinzaine pour comparoître dans les prisons du Juge saisi de la connoissance du procès; & cette assignation se donne dans les lieux & les délais prescrits ci-dessus, (*n.* 9 & 10.) Si l'accusé n'a point de domicile, l'assignation sera affichée à la porte de l'Auditoire. (Edit du mois de Décembre 1680; Ordonnance de 1670, *tit.* 17, *art.* 7.)

24. Faute par l'accusé de se mettre en prison dans les délais ci-dessus, il faudra l'assigner à la huitaine par un seul cri public à son de trompe, ou de tambour; & cette assignation doit être donnée, tant à la place publique du lieu de la Jurisdiction saisie de l'accusation, qu'à la porte de l'Auditoire; & en outre au domicile, ou au lieu de la résidence marqués ci-dessus, *n.* 9 & 10. (Ordonnance de 1670, *tit.* 17, *art.* 9; Edit de Décembre 1680.)

L'Huissier qui fait le cri public, doit être assisté de deux témoins, dont l'un peut sonner de la trompette, ou battre du tambour, s'il le sait.

Il n'est pas besoin d'obtenir aucun jugement pour cette assignation à huitaine, faute par l'accusé d'être comparu sur l'assignation à quinzaine. (Lettre de M. d'Aguesseau Procureur-Général, & depuis Chancelier, en date du 16 Novembre 1701, au Procureur du Roi du Bailliage d'Orléans. Cette lettre porte qu'il n'est pas nécessaire de prononcer aucuns jugements pour les assignations à huitaine, & à quinzaine dans les contumaces, & qu'il ait soin à l'avenir d'éviter cette formalité.) Cette disposition est aussi portée par l'article 18 du projet d'un nouveau titre pour les contumaces, dont il a été parlé ci-dessus.

25. On ne peut citer un accusé par cri public, & à son de trompe, en vertu d'une Sentence d'Official. (Voyez Fevret, *liv.* 7, *chap.* 1, n. 5.) Et il a été ainsi jugé par un Arrêt imprimé du Parlement de Rouen du 14 Août 1736, qui déclare abusive une perquisition d'accusé, ainsi que l'appel à cri public & son de trompe, faits en exécution d'une Sentence rendue par l'Official d'Evreux. (Voyez cet Arrêt rapporté au long au titre *Des Lettres*

Monitoires, ci-après, *part.* 3, *liv.* 2, *tit.* 8, n. 24. Voyez aussi les nouveaux Mémoires du Clergé, *tom.* 7, *pag.* 819.)

Il faut observer que les exploits de contumace ne peuvent être faits par des Huissiers parents des parties : tout est essentiel dans l'instruction des contumaces.

26. 14°. Après les délais des assignations, la procédure doit être remise au Parquet des Procureurs du Roi, ou de ceux des Seigneurs, pour y donner leurs conclusions. (Ordonnance de 1670, *tit.* 17, *art.* 12.)

Ces conclusions sont, ou préparatoires, ou interlocutoires, ou diffinitives.

15°. Si la procédure est valablement faite, les Juges ordonneront que les témoins seront récolés en leurs dépositions, & que le récolement vaudra confrontation. (Ordonnance de 1670, *tit.* 17, *art.* 13.)

Les Juges doivent, avant de passer au réglement à l'extraordinaire, examiner si la procédure est valable; & en cas qu'il y ait quelque nullité, il faut ordonner qu'elle sera recommencée aux dépens de celui qui l'a faite. On évite même par-là des frais plus considérables au Juge d'instruction, qui continueroit d'achever le reste de la procédure sur une instruction vicieuse. Néanmoins, je vois que dans l'usage on rend ces sortes de jugements de récolement & de confrontation, sans trop grande connoissance de cause, & sans examiner si les actes sont valables ou non : sauf, en jugeant le fond du procès, à prononcer sur les nullités de la procédure. C'est un abus qui peut souvent occasionner des frais inutiles.

27. Lorsqu'il y a des accusés contumaxs, il n'est pas nécessaire, pour pouvoir passer au jugement de récolement & de confrontation contre les accusés en général, que la contumace ait été instruite préalablement contre ces accusés contumaxs ; il suffit, après que cette contumace aura été instruite contre eux, d'ordonner que le récolement fait auparavant, vaudra confrontation à leur égard. Autrement si l'on attendoit que les délais de la contumace fussent échus, pour passer au récolement, il pourroit arriver qu'on perdroit la preuve à l'égard des autres accusés, par la mort, ou l'absence des témoins, qui pourroit survenir pendant ces délais.

Mais on ne peut ordonner que le récolement vaudra confrontation à l'égard des contumaxs, qu'après que la contumace a été instruite; parce qu'il faut qu'un accusé ait été interrogé, ou du-moins cité, (la citation tenant lieu de l'interrogatoire à l'égard d'un contumax,) avant de passer contre lui au réglement à l'extraordinaire. (Arrêt du Parlement de Paris du 13 Mars 1700, qui déclare abusif un jugement d'Official, qui, avant d'avoir instruit entiérement la contumace contre un accusé, avoit ordonné que le récolement vaudroit confrontation; autre Arrêt du 27 Octobre 1711, contre le Lieutenant-Criminel de Montmorillon; autre du 13 Février 1712, rapporté au Journal des Audiences; autre du 8 Mai 1717, rendu contre l'Official de Rheims.)

En ordonnant que le récolement vaudra confrontation, il ne suffit pas de l'ordonner *contre les accusés contumaxs en général*; mais il faut les nommer.

28. 16°. Après le récolement fait en conséquence du réglement à l'extraordinaire, & le jugement qui aura ordonné, que faute par l'accusé d'être comparu, soit pour subir la confrontation, soit pour toute autre instruction, le récolement vaudra confrontation, & qu'il sera procédé au jugement; il faut que le procès soit communiqué de nouveau aux Procureurs du Roi, ou à ceux des Seigneurs pour donner leurs conclusions diffinitives. (Ordonnance de 1670, *tit.* 17, *art.* 14.)

Mais s'il y a d'autres accusés, outre le contumax, il faut achever l'instruction avec eux, avant de communiquer la contumace de l'absent au Procureur du Roi, ou Fiscal.

29. 17°. *Question.* Quand il survient un nouveau délit contre un contumax, dans le cours de l'instruction, après la contumace commencée, ou finie, doit-on, pour raison de ce nouveau délit, instruire contre lui une nouvelle contumace; ou s'il suffit de s'en tenir à la premiere?

On peut dire que dans ce cas il faut une nouvelle plainte & un nouveau décret, & que par conséquent il paroît nécessaire d'instruire une nouvelle contumace; parce qu'on ne juge pas un accusé sur une nouvelle plainte, qu'il n'ait été interrogé, ou contumacé; tel est le sentiment de M. Serpillon, en son Code Criminel, *pag.* 821, où il ajoute cependant qu'il n'est pas nécessaire de faire une nouvelle saisie & annotation.

Pour moi, je pense que dans ce cas il n'est pas nécessaire d'instruire une nouvelle contumace en forme; mais qu'il suffit seulement de proclamer l'accusé, & de suivre la procédure marquée dans l'article 10 de ce titre 17, la raison étant ici la même; (Voyez ce qui est dit ci-après, *n.* 31, & *suiv.*)

30. 18°. On peut instruire la contumace, & même rendre un jugement diffinitif contre des quidams désignés au procès, de même que contre de personnes connues; & il est même souvent très-important d'observer cette procédure; parce que si les témoins meurent après la contumace, & qu'on découvre dans la suite des accusés, on peut faire contre eux des confrontations littérales. C'est ainsi que s'en explique M. Joli de Fleuri, ancien Procureur-Général, dans une lettre du 8 Mai 1731, écrite à M. le Grand, Procureur du Roi, au Bailliage d'Orléans. Il y a un Arrêt du Parlement de Paris du 4 Mai 1755, qui condamne un quidam Prêtre, sans autre désignation. (Voyez cet Arrêt au titre *Des Sentences & Jugemens*, ci-après, *part.* 3, *liv.* 2, *tit.* 25, n. 5.)

Des accusés, qui étant élargis à la charge de se représenter, refusent, ou négligent de comparoître sur l'assignation qui leur est donnée.

31. 19°. Si l'accusé qui a pour prison la suite du Conseil du Roi, ou du Grand-Conseil, ou le lieu de la Jurisdiction en laquelle s'instruit le procès (*a*), ou les chemins de celle où il a été renvoyé (*b*), ne se présente pas, il faut l'assigner par une seule

(*a*) Avoir pour prison le lieu de la Jurisdiction où s'instruit le procès, se dit des accusés qui ayant été emprisonnés sur un décret originaire de prise de corps, obtiennent leur élargissement des prisons du lieu où s'instruit le procès, à la charge de se représenter à toutes assignations qui leur seront données; à l'effet de quoi ils sont tenus, avant d'être élargis, d'élire domicile sur le lieu.

(*b*) Les accusés qui ont pour prison les chemins de la Jurisdiction en laquelle ils sont renvoyés, sont ceux qui, étant emprisonnés, obtiennent du Juge d'appel leur élargissement des prisons, à la charge de se représenter à toutes assignations qui leur seront données devant le Juge en la Justice duquel est fait le renvoi; à l'effet dequoi ils sont tenus d'élire domicile sur le lieu où ils sont renvoyés.

proclamation à la porte de l'Auditoire, & afficher le procès-verbal de proclamation au même endroit ; & procéder sans autres formalités au reste de l'instruction & jugement du procès. (Ordonnance de 1670, *tit.* 17, *art.* 10.) L'article 11 qui suit, défend aux Juges d'ordonner autre assignation, ou proclamation ; à peine d'interdiction, & des dommages & intérêts des parties.

32. Pour bien entendre cet article 10, il faut le joindre avec l'article 24 du même titre ; ainsi que l'observe M. Talon, au procès-verbal de l'Ordonnance sur cet article 10, *pag.* 204. L'article 24 concerne les accusés qui étant prisonniers, viennent à s'évader depuis leur interrogatoire ; & l'article 10, regarde les accusés qui après avoir été interrogés, ont été élargis, à la charge de se représenter, & qui négligent ou refusent de comparoître sur l'assignation qui leur est donnée devant le Juge, où se continue l'instruction de leur procès. L'article 24, veut que dans le premier de ces deux cas, c'est-à-dire, lorsque l'accusé s'évade depuis son interrogatoire, la procédure soit continuée contre lui, sans qu'il soit besoin de l'ajourner, ni de le proclamer à cri public ; mais dans le second cas, qui est celui de l'article 10, l'Ordonnance porte qu'il sera assigné par une seule proclamation, & procédé sans autre formalité au reste de l'instruction & jugement du procès. M. Talon, sur ce même article 10, observe que l'Ordonnance a voulu abolir la contumace de présence (*c*), & y substituer la simple proclamation.

33. Il résulte de cette observation, que dans tous les cas où il y a eu un jugement rendu contre l'accusé, qui a été élargi par pro-

---

(*c*) *Contumace de présence*, est celle qui s'instruisoit autrefois contre les accusés qui avoient subi interrogatoire avec élection de domicile, ou domicile désigné par le Jugement rendu contre eux dans l'instruction de leur procès, lorsqu'ils négligeoient, ou refusoient de se représenter à Justice sur l'assignation qui leur étoit donnée à cet effet. On instruisoit contre eux la contumace en forme, par saisie & annotation des biens, & par assignation à quinzaine & huitaine, comme contre les contumaxs absents. Mais cette contumace de présence a été supprimée par les articles 10 & 24 du titre 17 de l'Ordonnance de 1670, ainsi que l'observe M. Talon sur ce même article 10. (Voyez le procès-verbal de l'Ordonnance sur cet article.) On donne aussi quelquefois une autre signification aux contumaces de présence. Voyez ci-après, *n.* 35.

vision, à la charge de se représenter à toutes assignations qui lui seroient données ; lorsque cet accusé néglige, ou refuse de se présenter à Justice dans le délai (*a*) qui lui est indiqué par l'Ordonnance du Juge qui instruit le procès, il suffit après le délai de l'assignation échu, de le proclamer par un seul cri public à la porte de l'Auditoire.

Et il en est de même dans le cas d'un accusé qui auroit été élargi pour cause de maladie survenue dans le temps de l'instruction, après avoir subi interrogatoire, & qui ne se représenteroit pas sur l'assignation qui lui seroit donnée, soit pour être confronté au témoin, soit pour subir un nouvel interrogatoire, *&c.*

Des Accusés qui, étant décrétés seulement d'ajournement personnel, ne se représentent point pour subir la confrontation, ou le dernier interrogatoire à la Chambre, ou pour quelqu'autre acte d'instruction.

34. Lorsqu'un accusé qui n'a point encore été jugé, & qui a subi interrogatoire, avec élection de domicile, néglige, ou refuse de se représenter pour le reste de l'instruction & jugement de son procès, la regle générale est qu'il n'est pas nécessaire de l'assigner à quinzaine, & ensuite à huitaine ; mais il suffit après le délai de l'assignation échu, de le proclamer à cri public à la porte de l'Auditoire, & de procéder contre lui au reste de l'instruction, & du jugement de son procès, ainsi qu'il résulte de l'article 10 du titre 17 de l'Ordonnance cité ci-dessus, *n. 31.*

35. Ainsi, 1°. quand un accusé qui a subi interrogatoire, néglige, ou refuse de comparoître sur l'assignation qui lui est donnée pour subir la confrontation, il n'est pas nécessaire d'instruire contre lui la contumace ordinaire, & il suffit de l'assigner par une seule proclamation ; & faute par lui de se présenter, il faut convertir le décret d'ajournement personnel en décret de prise de corps, saisir & annoter ses biens, & ensuite ordonner que le

(*a*) *Nota.* Que pour ces sortes d'assignations, il n'est pas nécessaire d'observer les délais ordinaires des assignations portés en l'article 4 du titre 10 de l'Ordonnance de 1670.

récolement

récolement vaudra confrontation contre cet accusé. (Ainsi jugé par un Arrêt du Parlement du 23 Octobre 1698, qui enjoint au Lieutenant-Criminel de Riom, d'instruire seulement la contumace de présence contre les accusés, qui après avoir subi interrogatoire, ne se représentent pas pour que les témoins leur soient confrontés; & à cet effet, avant de rendre le jugement portant que le récolement vaudra confrontation, d'ordonner que lesdits accusés seront assignés par une seule proclamation à la porte de l'Auditoire, & le procès-verbal de condamnation affiché audit lieu, suivant l'Ordonnance.) Un autre Arrêt du Parlement du 27 Octobre 1711, rapporté par Lacombe en son Traité des Matieres Criminelles, *part.* 3, *chap.* 13, *sect.* 1, *n.* 14, rendu contre le Lieutenant-Criminel de Montmorillon, porte : Que quand un accusé ne comparoît pas pour subir la confrontation, le Juge doit convertir le décret d'ajournement personnel, en décret de prise de corps, & instruire contre lui la contumace (*a*), avant d'ordonner que le récolement vaudra confrontation. Autre Arrêt du 8 Mai 1717, contre l'Official de Rheims, rapporté par Brillon, au mot *Contumace*, n. 9, sur la fin, (édition de 1727.) Autre Arrêt du 25 Septembre 1759, qui a jugé qu'un accusé décrété d'ajournement personnel, qui ne comparoît pas pour subir la confrontation, doit être décrété de prise de corps.

36. 2°. Lorsqu'un accusé ne comparoît pas sur l'assignation qui lui est donnée, pour subir le dernier interrogatoire à la Chambre, il suffit aussi de l'assigner à huitaine, par une seule proclamation, à la porte de l'Auditoire; & faute de se présenter, il faudra le décréter de prise de corps, saisir & annoter ses biens, & en suite procéder au jugement de son procès. (Ainsi jugé par Arrêt rendu en la Tournelle le 14 Février 1732, qui enjoint au Bailli de Meudon, d'instruire la contumace de présence, contre les accusés qui ne comparoissent pas sur l'assignation qui leur est donnée, pour être procédé au jugement diffinitif du procès; ce faisant, qu'ils seront tenus de se rendre, soit dans les prisons, soit à la porte du Conseil dudit Bailliage, ainsi qu'il sera ordonné

(*a*) La contumace dont il s'agit ici, est la contumace de présence, ainsi qu'il résulte des Arrêts dont il va être fait mention.

par ledit Bailli, pour être procédé au jugement définitif de leur procès; finon, & faute de ce faire, qu'ils feront pris au corps, & amenés prifonniers ès prifons dudit Bailliage; & qu'en cas qu'ils ne puffent être arrêtés, ils feront affignés à huitaine par une feule proclamation à la porte de l'Auditoire, leurs biens faifis & annotés, *&c.*)

37. Par un autre Arrêt du Parlement de Paris du 20 Septembre 1731, rendu en la Tournelle, une Sentence du Châtelet de Paris a été déclarée nulle, pour n'avoir point inftruit la contumace aux accufés qui ne s'étoient point repréfentés lors du jugement du procès; & les Officiers dudit Châtelet ont été condamnés à rendre les épices, & à payer à la partie civile le coût de la Sentence, & les frais de la tranflation d'un des accufés qui, fur l'appel s'étoit rendu prifonnier en la Conciergerie du Palais, dans les prifons du Grand Châtelet. Ce même Arrêt leur enjoint, lorfque les accufés ne fe repréfenteront point lors du jugement du procès pour fubir le dernier interrogatoire à la Chambre, d'inftruire la contumace en la maniere accoutumée (*a*), avant de procéder au jugement du procès defdits accufés.

Néanmoins cette Jurifprudence n'eft pas générale; & il paroît même qu'au Parlement de Paris elle n'eft pas toujours fuivie.

Un Arrêté du parlement de Dijon du 29 Mars 1715, fait, toutes les Chambres affemblées, fur la réquifition du Procureur-Général, porte : Que dans les cas où l'accufé doit être oui en la Chambre du Confeil, conformément à la Déclaration du 13 Avril 1703, & qu'il aura été affigné pour y procéder en la Cour fur l'appel, ou y aura conftitué Procureur, on fe contentera, après la vifitation du procès, & avant l'ouverture des opinions, de le faire appeller à cri public, à la principale entrée & porte du Palais par un Huiffier, qui rapportera la comparution, ou le défaut dudit accufé, dont le Greffier fera tenu de faire mention, tant fur le regiftre que fur l'Arrêt qui interviendra fur le procès criminel.

L'article 32 du projet d'un titre nouveau des contumaces,

(*a*) C'eft-à-dire, à la contumace de préfence, comme on vient de le voir par l'Arrêt de 1732 qui vient d'être rapporté.

dressé en l'année 1734, porte : Qu'après une simple sommation faite aux accusés aux domiciles par eux élus, soit pour subir de nouveaux interrogatoires, soit pour être présents à des procès-verbaux, ou autres actes d'instruction, soit pour se trouver en la Chambre du Conseil, & y subir le dernier interrogatoire devant les premiers Juges, ou aux Cours, & faute par les accusés de satisfaire à ladite sommation, il pourra être ordonné qu'il sera passé outre, sans qu'il soit besoin de convertir le décret, actuellement subsistant, en un décret plus fort, ni de faire instruire la contumace en forme contre lesdits accusés.

L'article 33 du même projet, ajoute : qu'il pourra pareillement être ordonné dans le cas de l'article précédent, que le récolement vaudra confrontation contre l'accusé défaillant.

Des Accusés qui refusent de comparoître sur l'appel.

38. Lorsqu'un accusé refuse, ou néglige de comparoître sur l'appel, & de se mettre en état sur la réquisition de la partie publique, ou de la partie civile, dans le délai qui lui est prescrit, le Procureur-Général, ou la partie civile, doivent obtenir un Arrêt portant que cet accusé sera tenu de se représenter à la Cour, ou de se mettre dans les prisons de la Conciergerie dans tel temps, sinon qu'il sera pris & appréhendé au corps ; & alors il y a lieu, faute par l'accusé de se rendre en état dans le temps qui lui est indiqué par l'Arrêt, (qui à cet effet doit être signifié à l'accusé,) d'instruire contre lui la contumace marquée en l'article 10 du titre 17, de l'Ordonnance.

39. De même, lorsqu'il a été prononcé un plus amplement informé contre quelques-uns des accusés, & qu'il y a d'autres accusés en prison, il faut pour juger le procès, assigner les premiers, afin qu'ils soient tenus de se mettre en état dans le délai qui leur sera prescrit ; & s'ils refusent, ou négligent de se représenter, il faudra, avant tout, instruire contre eux la contumace de présence, suivant qu'il est porté au même article 10 du titre 17 de l'Ordonnance de 1670.

40. Dans tous les cas dont on vient de parler, l'accusé est jugé défaillant, 1°. sur le simple certificat du Geolier, portant que l'accusé ne s'est point remis en prison dans le délai qui lui a

été marqué. 2°. Sur le procès-verbal du Juge, devant lequel il a été assigné pour comparoître, & n'a point comparu au jour porté par l'assignation. 3°. Sur le procès-verbal dressé par un Huissier à la porte de l'Auditoire, au jour marqué pour la comparution, s'il s'agit de l'interrogatoire à subir à la Chambre; & sur le vu du procès-verbal de cet Huissier, portant que l'accusé proclamé au lieu ci-dessus marqué, ne s'y est pas trouvé, suivant l'assignation qui lui en avoit été donnée; auquel cas les Juges pourront passer outre au jugement du procès.

Des Accusés qui s'évadent des prisons.

41. 20°. Si l'accusé s'évade des prisons après son interrogatoire, il ne doit être ni ajourné, ni proclamé à cri public; & les Juges ordonneront seulement que l'instruction sera continuée; & les témoins ouis & récolés, si fait n'a été, & que le récolement vaudra confrontation : & si l'instruction se trouve avoir été achevée avant l'évasion de l'accusé, il sera passé outre au jugement. (Ordonnance de 1670, *tit.* 17. *art.* 24.)

Mais si l'accusé s'évade des prisons avant d'avoir subi interrogatoire, son procès doit lui être fait avec toutes les formalités établies pour les contumaces, ci-dessus *n.* 7, *& suivants*; c'est-à-dire, par saisie & annotation de ses biens, assignation à quinzaine, & à huitaine à cri public.

42. Quand l'accusé s'évade avant l'interrogatoire qu'il doit subir à la Chambre, lors du jugement sur l'appel, quoiqu'après avoir subi interrogatoire, même à la Chambre, devant le premier Juge, le jugement qui est rendu ensuite contre cet accusé, ne doit pas être regardé comme un jugement contradictoire, & il ne s'exécute que de la même maniere que les autres jugements de contumace; en sorte que si cet accusé est repris, il faudra un nouveau jugement, & même un nouvel interrogatoire à la Chambre devant le Juge d'appel. Au reste, si l'accusé ne se représente point, il ne faut pas déclarer contre lui la contumace bien instruite, mais seulement le défaut bien acquis.

Lorsque ce cas arrive, & que l'accusé s'évade des prisons du Juge d'appel, avant d'avoir subi interrogatoire à la Chambre, il faut l'assigner au domicile par lui élu, (au cas qu'il ait fait élection de domicile,) ou à son vrai domicile, s'il en a un, pour comparoître en la chambre du conseil, dans le délai qui lui est imparti à cet effet, afin de subir le dernier interrogatoire à la Chambre; sinon, & à faute de ce faire par l'accusé, il faudra le proclamer à huitaine par un seul cri public, à la grande porte du Palais de la Jurisdiction, & y afficher le procès-verbal: & si l'accusé ne se représente pas dans la huitaine, après cette proclamation, il faudra passer au jugement définitif, la procédure préalablement communiquée à la partie publique. (Ainsi jugé au Parlement de Paris par Arrêt du 11 Mars 1673, sur l'avis de Sa Majesté, dans l'affaire de la Dame Sidonia de Lenoncourt, poursuivie pour crime d'adultere par le sieur de Champlais, Marquis de Courcelles, son mari.)

43. Si l'accusé a brisé les prisons pour s'évader, il faut, outre cette procédure, lui faire aussi son procès par défaut & contumace pour le crime du bris des prisons. (Ordonnance de 1670, *tit.* 17, *art.* 25. Voyez ce qui est dit à ce sujet au titre *Des rébellions à Justice*, ci-après, *part.* 4, *tit.* 45, n. 36, & suiv.)

Le Juge qui veut constater le bris de prison, doit se transporter en la prison, y dresser son procès-verbal de l'endroit par où le prisonnier s'est sauvé, & de la maniere dont cela s'est fait. S'il y a effraction, il doit la constater, & entendre ensuite en déposition le Concierge ou Geolier, & les Guichetiers, & autres personnes qui peuvent avoir connoissance de la maniere dont les choses se sont passées.

44. Pour l'instruction du bris de prison, il faut, sur le procès-verbal du Juge qui le constate, décréter l'accusé, & ensuite l'assigner à quinzaine & à huitaine, rendre le réglement à l'extraordinaire, & observer les aûtres formalités prescrites pour les contumaces, & marquées dans les articles 1, 2, 3, & suiv. du présent titre 17 de l'Ordonnance 1670. Cette instruction se fait par une procédure particuliere, qui ne doit pas retarder l'instruction ni le jugement de la premiere accusation; du moins si cette premiere accusation est pour un crime capital dont il y ait preuve suffisante.

Cette instruction de bris de prison, est absolument nécessaire. Par Arrêt du Parlement, du 14 Août 1736, rapporté par Lacombe en son Traité des Matieres Criminelles, *troisieme édition*, la procédure du Juge de la ville d'Eu a été déclarée nulle, pour n'avoir pas instruit le crime de bris de prison par information, *&c.* comme les autres crimes. L'accusé avoit été repris, après s'être échappé; & le Juge s'étoit contenté de l'interroger sur le bris de prison, sans faire une plus ample instruction sur ce crime.

45. Lorsque l'accusé, qui est prisonnier, vient à se sauver sur l'appel, il suffit de le proclamer à cri public, suivant qu'il est dit en l'article 24 du titre 17 de l'Ordonnance de 1670 : ensuite de quoi, il doit être passé outre au jugement de l'appel, de même que si c'étoit en premiere instance; & ce n'est pas là le cas où la sentence dont est appel, doit être exécutée purement & simplement.

L'instruction de la contumace, pour raison de l'évasion de l'accusé, est même quelquefois nécessaire dans le cas où le prisonnier se seroit évadé, après toute l'instruction faite contre lui, & après son interrogatoire fait sur la sellette; comme il est arrivé en la Tournelle-criminelle de Paris, au mois de Décembre 1739. On prétend que l'usage du Parlement, est d'instruire alors la contumace en forme contre l'accusé, sur son évasion; parce que cette évasion, du moins quand elle est faite avec bris de prison, ou violence publique, peut contribuer à augmenter la peine ; & s'il y a d'autres coaccusés au procès, on ne peut les juger qu'après l'instruction particuliere de cette contumace contre l'accusé fugitif.

Au reste, on ne doit pas regarder comme une simple évasion, celle qui se fait par complot avec le Geolier, ou autre chargé de la garde des prisons. Ce crime n'est pas, à la vérité, si punissable dans l'accusé, que celui qui se fait en brisant les prisons; mais il faut toujours instruire la contumace, pour raison de cette évasion, non seulement contre le Geolier ou autre Gardien, mais encore contre l'accusé qui s'est évadé.

Des Accusés élargis par provision, ou autrement, contre lesquels il survient de nouvelles charges.

46. Quand il survient de nouvelles charges, pour raison d'un nouveau délit, contre un accusé qui a été interrogé, & élargi par provision, ou pendant un plus amplement informé ; si cet accusé poursuivi, à l'effet de subir un nouvel interrogatoire, pour raison de ce nouveau délit, néglige, ou refuse de comparoître sur l'assignation à lui donnée, pour subir ce nouvel

interrogatoire ; il faut alors le décréter de nouveau, & instruire contre lui la contumace, pour raison de ce nouveau crime. (Voyez ce qui a été dit ci-dessus, *n.* 29.)

SECTION II.

Des Jugements de contumace, & de leur exécution.

47. 1°. Un contumax peut, pour raison d'un même crime, être condamné en même temps en deux Jurisdictions différentes, & y être puni par effigie.

2°. En procédant au jugement, les Juges déclareront la contumace bien instruite contre l'accusé défaillant ; ils en adjugeront le profit, & prononceront en même temps contre lui telle condamnation qu'il appartiendra : mais il leur est défendu d'y insérer la clause, *si pris & appréhendé peut être.* (Ordonnance de 1670, *tit.* 15, *art.* 15.)

Si la contumace n'a pas été instruite contre l'accusé, & qu'il ait seulement été proclamé, ou qu'il se soit évadé des prisons, les Juges déclareront le défaut suffisamment acquis contre lui. (*Art.* 45 du projet d'un nouveau titre des contumaces.)

Lorsqu'il n'y a pas de preuves suffisantes pour condamner l'accusé, quoique contumax ou défaillant, il faudra prononcer contre lui un plus amplement informé ; mais on ne doit jamais le condamner à la question. (Voyez ce qui est dit ci-dessus, *n.* 3.

48. 3°. Les condamnations par contumace à la mort naturelle, s'exécutent par effigie. (Ordonnance de 1670, *tit.* 17, *art.* 16 ;) & l'effigie s'exécute par la représentation en peinture du genre de mort auquel l'accusé a été condamné. Cette représentation se peint sur un tableau, qu'on attache à une potence dans la place publique, (*ibidem.*)

Si le condamné par contumace vient à décéder avant l'exécution par effigie, cette exécution doit cesser d'avoir lieu. (Ainsi jugé par Arrêt du Parlement de Provence, du mois de Septembre 1684, rapporté par Duperrier, *tom.* 2, *pag.* 308, de l'édition de 1759.)

4°. Les jugements qui prononcent la peine des galeres perpétuelles ; ou à temps ; de l'amende-honorable ; du bannissement perpétuel ; de la flétrissure ; ou du fouet ; doivent seulement être écrits sur un tableau, sans aucun effigie; & ce tableau doit être attaché à un poteau dans la place publique. (Ordonnance de 1670, *ibid. tit.* 17, *art.* 16.) Mais il faut observer que l'amende-honorable, dont il est parlé dans cet article, est l'amende-honorable à Dieu & à Justice; car la condamnation en une amende-honorable seche, ne s'écrit point sur un tableau, mais se signifie seulement.

49. Il faut ajouter à ces peines, celles du pilori & du carcan, dont les jugements doivent aussi être inscrits dans un tableau, sans effigie, suivant une Déclaration du 11 Juillet 1749.

Le tableau qui s'attache dans la place publique, dans les cas dont on vient de parler, doit contenir la copie du jugement de condamnation; & à cet effet, le Greffier du Siege doit se transporter le même jour que le jugement a été rendu, au lieu où l'exécution doit être faite, pour en dresser son procès-verbal, qu'il remettra au Greffe. (Voyez l'article 21 du titre 25 de l'Ordonnance de 1670.)

Ce procès-verbal doit être mis au pied du jugement, signé seulement du Greffier. (Ordonnance de 1670, *tit.* 17, *art.* 17.) Il faut aussi que ce procès-verbal soit daté; autrement il ne prouveroit rien.

50. 5°. Tous les autres jugements de condamnation par contumace, ou par défaut, doivent être seulement signifiés, & copie laissée au domicile ou résidence du condamné; le tout suivant la distinction marquée ci-dessus, *n.* 9: & dans le cas où l'accusé n'auroit aucun domicile ou résidence connue, les jugements seront seulement affichés à la porte de l'Auditoire du lieu où ils ont été rendus. (Ordonnance de 1670, *tit.* 17, *art.* 16.)

Cette signification du jugement doit être faite par la partie civile, s'il y en a une, dans un délai compétent; par exemple, de trois jours, ou de huitaine, plus ou moins; & si cette partie néglige de le faire dans le délai qui lui est prescrit, la signification doit être faite à ses frais par la partie publique, qui pourra obtenir contr'elle un exécutoire à cet effet.

Si l'accusé a élu un domicile, cette signification peut se faire à ce domicile élu.

51. Lorsque la Sentence de contumace n'a point été suivie d'exécution, elle n'a aucun effet; mais il suffit, pour avoir son effet, que cette exécution soit faite dans les 20 ans du crime commis; car

car après les 20 ans, il ne paroît pas qu'elle puisse être valablement faite; & il en doit être alors comme s'il n'y avoit point eu de Sentence, ni de procédure dans les 20 ans, & par conséquent comme si l'action n'avoit point été intentée dans les 20 ans. (Voyez ce que j'ai dit au titre *de l'Action qui naît des crimes*, ci-dessus, *part.* 3, *liv.* 1, *tit.* 1, *n.* 45.) D'où il suit que si le jugement de contumace n'étoit exécuté, *v. g.* que 19 ans après qu'il a été rendu, la prescription de 30 ans ne commenceroit à courir que du jour de cette exécution, & la peine seroit prorogée encore pour 30 ans.

Un Arrêt du Parlement de Toulouse, du 23 Août 1731, rendu en faveur de la Dame de Mélingan, a jugé qu'on ne peut admettre à faire preuve par témoins, qu'un Arrêt de mort par contumace a été exécuté figurativement; & en conséquence, a déclaré le crime & les actions pécuniaires prescrites par le laps de 20 ans.

52. L'appel interjetté par l'accusé, n'empêche pas l'exécution du jugement rendu contre lui par défaut ou par contumace; il en seroit autrement, s'il y avoit appel *à minimâ* par la partie publique. Mais si dans la même accusation, il y avoit des complices qui eussent été jugés contradictoirement, & par rapport auxquels le procès eût été porté par appel aux Cours, ou y seroit dévolu par la nature du jugement; dans ce cas, le jugement rendu contre les contumaxs, ou défaillants, ne doit s'exécuter, qu'après qu'il aura été ainsi ordonné par lesdites Cours; parce que les matieres criminelles sont indivisibles. (Ainsi jugé par Arrêt du Parlement, du 24 Juillet 1758, qui a déclaré nul un procès-verbal d'éxécution faite à Villeneuve-l'Archevêque, d'un accusé contumax, condamné par Sentence du Bailliage-criminel de Troyes, du 24 Septembre 1757, de laquelle un accusé prisonnier étoit appellant.) C'est aussi ce qui est porté au projet d'un nouveau titre des contumaces, *art.* 52 & 53.

Hors ce cas, quand un jugement de contumace est rendu, & qu'il n'y a point d'appel par les Procureurs du Roi, ou Fiscaux, ceux-ci doivent veiller à ce que ce jugement soit exécuté promptement, quand il emporte mort civile; parce que ce n'est que du jour de cette exécution que la mort civile a lieu.

53. 6°. Si l'accusé, jugé contradictoirement en dernier ressort, vient à se sauver depuis le jugement de condamnation rendu contre lui, & avant qu'il lui ait été prononcé, il n'est pas nécessaire d'ins-

truire contre lui aucune contumace, ni même de le proclamer; mais il suffit d'exécuter le jugement, ou par effigie, ou dans un tableau, ou par signification, suivant la nature du jugement rendu contre lui; le tout de la maniere qu'il vient d'être observé. (Ainsi jugé par Arrêt du Parlement, du 6 Septembre 1740, contre le nommé Michel Villars, condamné pour vol domestique, par Sentence rendue en la Sénéchaussée de la Rochelle, le 3 Septembre 1739; & qui, après la lecture de sa Sentence, avoit brisé les prisons de la Rochelle. Ce bris de prison ayant été instruit par le Lieutenant-Criminel de la Rochelle, & le procès porté en la Cour, par l'Arrêt ci-dessus la contumace a été déclarée bien instruite contre ledit Villars, & lui non-recevable en son appel, & ordonné que la Sentence seroit exécutée contre lui par effigie.)

54. 7°. Lorsque les accusés qui ont été condamnés, ne se représentent point, ou ne sont point constitués prisonniers, dans les cinq années de l'exécution de la Sentence, ou jugement de contumace, les condamnations pécuniaires, amendes & confiscations, sont réputées contradictoires, & valent, comme si elles étoient ordonnées par Arrêt. (Ordonnance de 1670, *tit.* 17, *art.* 28.) Un Arrêt du Parlement, du 30 Avril 1700, fait défenses au Bailli de la Bayoche, de confronter à l'avenir les témoins, après les cinq années expirées de la condamnation par contumace.

On peut, pour le paiement de ces amendes, frais & intérêts civils, faire vendre les meubles & biens saisis de l'accusé, du moins après l'année de l'exécution de la Sentence de contumace; mais ces condamnations pécuniaires, ainsi prononcées, ne doivent être adjugées avant les cinq années, que par provision, & en donnant caution, par ceux au profit de qui elles sont adjugées, de les rapporter au cas que l'accusé se représente dans les cinq ans de la contumace. (Ainsi jugé par Arrêt de la Cour-des-Aides de Paris, du 7 Août 1683, rapporté au Journal du Palais, *tom.* 2, *pag.* 969, de l'édition *in-folio.*) Mais les parties sont déchargées de cette caution après l'expiration des cinq années. A l'égard des confiscations, elles n'ont pas lieu par provision pendant ces cinq années. (Voyez l'article 32 du titre 17 de l'Ordonnance de 1670.)

55. 8°. L'article 29 du titre 17 de la même Ordonnance de 1670, porte que celui qui aura été condamné par contumace à mort, aux galeres perpétuelles, ou au bannissement à perpétuité hors

du Royaume, & qui décédera après les cinq années, sans s'être représenté, ou avoir été constitué prisonnier, sera réputé mort du jour de l'exécution du jugement.

D'où il suit que non-seulement la confiscation de biens a lieu dès ce jour-là; mais même, que depuis ce temps, le condamné est censé avoir été incapable de toutes successions, & de faire aucunes dispositions par legs ou donation entre-vifs; & que s'il en fait aucunes, elles sont nulles. (Voyez ce qui est dit à ce sujet au titre *des peines*, en parlant de la mort civile, ci-dessus, *part.* 1, *tit.* 3, *n.* 170.)

56. A l'égard des déserteurs, ils sont réputés morts civilement, du jour que les jugements de contumace sont affichés dans la place, ou lieu principal, des villes, bourgs, ou villages d'où sont les condamnés. (Ordonnance du 17 Janvier 1730, *art.* 6. Voyez ce qui est dit à ce sujet au titre *Des peines*, ibid. n. 183.)

L'article 27 de l'Edit des Duels, du mois d'Août 1679, renferme aussi une exception à la regle qui vient d'être établie. Cet article déclare ceux qui sont condamnés par contumace pour crime de duel, incapables & indignes de toutes successions qui pourroient leur écheoir depuis la condamnation, encore qu'ils soient dans les cinq années, & qu'ils aient été restitués contre la contumace.

57. 9°. Pendant les cinq années, à compter du jour de l'exécution du jugement de contumace, les Receveurs du Domaine du Roi, les Seigneurs, ou autres à qui la confiscation appartient, peuvent percevoir les fruits & revenus des biens des condamnés, des mains des fermiers & commissaires: mais il leur est défendu de s'en mettre en possession, ni d'en jouir par leurs mains; à peine du quadruple, applicable moitié au Roi, & moitié aux pauvres du lieu, & des dépens, dommages & intérêts des parties. (Ordonnance de 1670, *tit.* 17, *art.* 30.) En quoi notre Droit est plus favorable aux contumaxs que le Droit Romain; car, suivant celui-ci, les biens des accusés qui ne se représentoient pas dans l'année, étoient acquis & confisqués au profit du Prince. (L. 2, Cod. *de requirendis, vel absentibus damnandis.*)

L'article 23 de l'Edit des Duels, du mois d'Août 1679, contient une exception à cette regle. Il porte, que les biens de ceux qui auront été condamnés par contumace pour crime de duel, feront acquis & confifqués au Roi, fans attendre que les années des défauts & contumaces foient expirées.

58. 10°. Après les cinq années expirées, les Receveurs du Domaine du Roi, les Donataires, & les Seigneurs à qui la confifcation appartient, font tenus de fe pourvoir en Juftice pour avoir la permiffion de s'en mettre en poffeffion; & avant d'y entrer, ils doivent faire dreffer procès-verbal de la qualité & valeur des meubles, & des effets mobiliers, & de l'état des immeubles, dont ils jouiront enfuite en pleine propriété; à peine d'être déchus de leur droit, & de dix mille livres d'amende. (Ordonnance de 1670, *tit.* 17, *art.* 32.) Voyez ce qui doit alors s'obferver, & ce qui eft dit à ce fujet au titre *Des Peines*, ci-deffus, *part.* 1, *tit.* 3, *n.* 200.)

L'Arrêt de Réglement du 7 Septembre 1617, rendu entre le Lieutenant-Criminel, & le Lieutenant particulier du Châtelet de Paris, rapporté par Filleau, *tom.* 1, *part.* 2, *pag.* 31, porte que les biens-meubles, dont les accufés feront trouvés faifis, & non avoués, feront vendus, & les deniers en provenants mis ès mains du Receveur des amendes, dont il fera fait regiftre.

SECTION III.

De la repréfentation des accufés contumaxs.

59. 1°. Les accufés contre lefquels la contumace a été inftruite & jugée, ne peuvent être reçus à préfenter Requête en premiere inftance, qu'ils ne foient mis en état. (Ordonnance de 1670, *tit.* 25, *n.* 4.) c'eft-à-dire, à moins qu'ils ne fe foient conftitués prifonniers, au cas que le jugement de contumace foit intervenu fur un décret de prife de corps; ou qu'ils ne comparoiffent en perfonne, s'ils ont feulement été décrétés d'ajournement perfonnel. Ils peuvent feulement propofer leurs exoines; (*ibid.*) & fi cette exoine eft déclarée valable, elle n'aura d'autre effet que de faire accorder un délai à l'accufé pour fe mettre en état, & pouvoir purger fa contumace.

60. 2°. Lorfque l'accufé contumax, ou défaillant, eft arrêté prifonnier, ou fe repréfente après le Jugement, ou même après les cinq années, dans les prifons du Juge qui l'a condamné, les défauts &

contumaces sont mis au néant en vertu de l'Ordonnance, sans qu'il soit besoin de Jugement, ni d'interjetter appel de la Sentence de contumace. (Ordonnance de 1670, *tit.* 17, *art.* 18.)

Dès que la contumace est anéantie, toute la procédure faite par contumace contre l'accusé ne subsistant plus, il s'ensuit par une conséquence nécessaire, qu'il faut la recommencer telle qu'elle étoit quand la contumace s'est instruite. Et comme le premier Juge étoit alors saisi, c'est à ce premier Juge à instruire, soit que l'accusé se soit mis dans les prisons de ce premier Juge, ou dans les prisons du Juge d'appel, qui à cet effet doit le renvoyer au premier Juge.

61. L'article 23 de l'Edit des Duels du mois d'Août 1679, contient une exception à cette regle. Cet article défend à toutes les Cours de Parlement, & aux autres Juges, de recevoir, ceux qui auront été par contumace déclarés atteints & convaincus du crime de duel & rencontre, en leur justification, après les Arrêts de condamnations, même pendant les cinq années de la contumace, qu'auparavant ils n'aient obtenu lettres du Roi, portant permission de se représenter; & ce nonobstant cet article 18 du titre 17, auquel il est dérogé pour ce regard, & sans tirer à conséquence.

Les condamnés par contumace, même à une peine à laquelle est attachée la mort civile, qui viennent à se représenter, quoiqu'après les cinq années, rentrent tellement dans tous leurs droits, que s'ils obtiennent ensuite un jugement d'absolution, ce jugement a un effet rétroactif pour pouvoir répéter les successions qui leur sont échues pendant la contumace; parce que *cessante causâ cessat effectus.* (Ainsi jugé par Arrêt du Parlement de Toulouse du 14 Février 1681.)

62. Il faut aussi observer que l'accusé condamné par contumace qui se représente, ou qui est arrêté, après les cinq années, dans les prisons du Juge qui l'a condamné, recouvre la vie civile qu'il avoit perdue par le jugement de condamnation rendu & exécuté contre lui. Mais à l'égard des autres actes qu'il peut faire après sa représentation, pour sçavoir s'ils sont valables, ou non, cela dépend du jugement qui intervient ensuite.

Si l'accusé qui s'est représenté, même après les cinq ans, meurt avant le jugement, il meurt *integri status*; & il en est de même s'il meurt pendant l'appel du nouveau jugement, rendu depuis qu'il s'est représenté, quoique rendu contradictoirement.

Lorsque l'accusé, qui s'est représenté après les cinq ans, vient à s'évader de nouveau, les contumaces n'en ont pas moins été mises au néant; sauf à juger de nouveau sur l'évasion de l'accusé. (Ainsi jugé par Arrêt du 23 Juin 1633, rapporté au Journal des Audiences, & par Bardet, *tom.* 1, *liv.* 2, *chap.* 44.)

63. Quand même le jugement rendu par contumace n'emporteroit pas mort civile, il n'en seroit pas moins annullé par la représentation de l'accusé dans les cinq ans, & même après, pour les peines corporelles, afflictives, ou infamantes. (Article 69 du Projet d'un nouveau titre des Contumaces.)

Cet art. 18 du tit. 17 de l'Ordonnance, ne parle que de la procédure des défauts & contumaces, qui est mise au néant par la répréséntation de l'accusé. L'article 28 du même titre 17, ci-dessus, *n.* 54, parle des condamnations pécuniaires, prononcées par contumace contre l'accusé, lesquelles doivent toujours subsister après les cinq ans de la Sentence exécutée, malgré la représentation de l'accusé. Ainsi ces deux articles se concilient aisément.

64. Cette représentation de l'accusé doit être faite dans les prisons du Juge qui a rendu le jugement de contumace, ainsi qu'il est dit en cet article 18, & non ailleurs; & elle se constate par la copie de l'écroue qui est fait de sa personne. (Voyez au surplus cette question discutée plus amplement ci-après, *n.* 111.)

Mais l'accusé, quoique jugé par contumace, qui appelle comme de Juge incompétent, & qui se représente dans les cinq ans, n'est pas tenu de se représenter dans les prisons du Juge qui l'a jugé, quoiqu'en dernier ressort.

65. *Question.* Lorsqu'il y a des complices prisonniers, ou présents devant le Juge d'appel, & qu'il y a aussi des accusés contumaxs, la représentation des contumaxs doit-elle se faire devant le premier Juge, ou devant le Juge d'appel?

Pour la résolution de cette question, on peut distinguer trois cas dans lesquels le contumax peut se représenter. Le premier, lorsque le jugement définitif n'est pas encore rendu par le premier Juge. Le second cas, lorsque le Juge d'appel est saisi; & le troisieme, lorsque le Juge d'appel a jugé.

PREMIER CAS.

66. Dans le premier de ces trois cas, il n'y a aucune difficulté de renvoyer les contumaxs pardevant le premier Juge ; puisque ce premier Juge est saisi des complices prisonniers.

SECOND CAS.

Dans le second cas, où le Juge d'appel est saisi, mais n'a pas encore jugé, il faut distinguer ; 1°. si le Juge d'appel est saisi uniquement des contumaces, comme cela peut arriver, lorsqu'il n'y a point de prisonniers devant le Juge d'appel, & qu'il y a appel par rapport aux contumaxs, soit *à minimâ* de la partie publique, soit de la partie civile. 2°. Lorsque le Juge d'appel est saisi uniquement des prisonniers. 3°. Lorsqu'il est saisi des prisonniers & des contumaxs, contre lesquels il y a appel, ou de la partie publique *à minimâ*, ou de la part de la partie civile.

67. 1°. Si le Juge d'appel n'est saisi que des contumaxs, il est évident que n'y ayant plus de Sentence définitive contre ces contumaxs, au moyen de leur représentation qui l'anéantit, il ne peut plus y avoir d'appel, & que par conséquent il faut les renvoyer au premier Juge.

2°. Mais si le Juge d'appel est saisi des prisonniers, ou seuls, ou avec les contumaxs, pour les juger, il ne seroit pas à la vérité convenable qu'avant ce jugement les premiers Juges instruisissent par rapport aux contumaxs qui se seroient représentés depuis. Ils pourroient dans cette instruction, ou augmenter les preuves, ou les détruire, sans que le Juge d'appel en eût connoissance ; & celui-ci pourroit juger depuis cette nouvelle instruction, sans la connoître : de maniere que par l'événement, il pourroit bien juger par rapport aux preuves portées devant lui, & mal juger, eu égard à la nouvelle instruction faite devant le premier Juge. D'ailleurs, dans les accusations où il y a des complices, il faut presque toujours les confronter les uns aux autres : or cela ne pourroit se faire ; puisque les uns seroient dans les prisons du Juge d'appel, & les autres dans les prisons du premier Juge. Il est donc nécessaire dans ces circonstances, que le premier Juge, devant lequel les contumaxs se représentent, en donne avis au Juge d'appel, qui jugera alors s'il y a lieu, avant de faire droit, de renvoyer les prisonniers au premier Juge, ou d'ordonner l'instruction devant ce premier Juge seulement, à l'égard des contumaxs qui se sont représentés, pour être ensuite transférés dans les prisons du Juge d'appel, à l'effet d'y être confrontés avec les prisonniers; ou enfin, de retenir toute l'instruction; ce qui doit pareillement avoir lieu dans le cas où les contumaxs se représenteroient dans les prisons du Juge d'appel.

TROISIEME CAS.

68. Dans le cas où le Juge d'appel a rendu un Jugement contre des prisonniers, il semble qu'il n'y a aucun motif pour retenir l'instruction à l'égard des contumaxs qui se représentent devant le premier Juge. On pourroit néanmoins faire encore ici une distinction, entre le cas où le Juge d'appel auroit prononcé un jugement interlocutoire; *v. g.* de question, ou de plus-amplement informé contre les accusés, ou quelques-uns d'entre eux; & le cas où il auroit jugé diffinitivement.

69. *Première distinction.* Si le Juge d'appel a condamné à la question quelqu'un des accusés prisonniers, & que cette question doive être subie devant lui, alors, comme ce jugement s'exécute le jour même, ou le lendemain qu'il est rendu, il seroit difficile que le premier Juge devant lequel un ou plusieurs des contumaxs se seroient présentés, pût en donner avis au Juge d'appel, assez à temps pour transférer les contumaxs, & les confronter aux condamnés. Néanmoins, si ce cas se présentoit, & si le Juge d'appel étoit averti de la représentation des contumaxs dans les prisons du premier Juge, avant d'avoir fait subir la question, il seroit nécessaire qu'il fit transférer les contumaxs dans ses prisons, pour être confrontés aux accusés condamnés à la question, & qui pourroient les charger; après quoi on jugeroit, suivant les circonstances, si ces contumaxs doivent rester dans les prisons du Juge supérieur, ou être renvoyés devant le premier Juge. Et il seroit de même du cas où un contumax se représenteroit dans l'intervalle, entre le Jugement qui auroit condamné quelqu'un des prisonniers à mort, & l'exécution de ce jugement.

70. Mais si le Juge d'appel, qui auroit ainsi condamné quelques-uns des prisonniers à la question, les avoient renvoyés pour la

subir

ſubir devant le premier Juge ; *v. g.* dans le cas où il auroit confirmé à cet égard la Sentence de ce premier Juge ; on ne peut douter que les contumaxs qui ſe repréſenteroient, ne duſſent alors être renvoyés devant le même Juge.

Si le Juge d'appel avoit ordonné un plus-amplement informé, & qu'il eût envoyé les priſonniers devant le premier Juge, comme dans le cas où il auroit confirmé la Sentence de ce premier Juge, il eſt certain que dans ce cas les contumaxs doivent auſſi être renvoyés au premier Juge. Si, au contraire, le Juge d'appel avoit retenu, ſoit que le plus-amplement informé fût indéfini, ou à temps ; & ſoit que les priſonniers contre leſquels le plus-amplement informé avoit été prononcé, aient été élargis, ou non ; alors le Juge d'appel peut ordonner que les contumaxs ſeront transférés dans ſes priſons, ou dans celles du premier Juge, ſuivant les circonſtances.

71. Il ſuit auſſi de ces principes, que ſi des contumaxs complices avec d'autres, qui ont été jugés par un premier Juge, & contre leſquels il intervient, ſur l'appel devant le Juge ſupérieur, une Sentence de queſtion, ou de plus-amplement informé, ſe repréſentent devant le premier Juge, rien n'empêche ce premier Juge d'informer contre les contumaxs, & même de les juger ; comme il a été décidé par pluſieurs Arrêts, & entre autres, par un du 7 Janvier 1734, rendu ſur une procédure criminelle, faite en la Conſervation de Lyon, après un plus-amplement informé, prononcé en la Cour ; & par un autre Arrêt rendu en 1736, ſur une procédure faite par le Lieutenant-Criminel de Montmorillon, auſſi après un plus-amplement informé prononcé en la Cour.

72. *Seconde diſtinction.* Si les priſonniers ont été jugés définitivement par le Juge d'appel, & non les contumaxs ; & que les contumaxs ſe repréſentent devant le premier Juge ; ce premier Juge peut-il inſtruire contre les contumaxs ſans les juger ; ou doit-il alors les renvoyer au Juge d'appel ?

Je crois que dans ce cas l'inſtruction & le jugement des contumaxs qui ſe repréſentent, doit appartenir au premier Juge. On peut le prouver d'abord par l'article 18 du titre 17 de l'Ordonnance de 1670, qui porte : Que ſi le contumax eſt arrêté priſonnier, ou ſe repréſente après le jugement, & même après les cinq années, dans les priſons du Juge qui l'aura condamné, les défauts & contumaces ſeront mis au néant. D'où il ſuit clairement que c'eſt dans les priſons du premier Juge que ce contumax doit ſe repréſenter. On peut encore tirer une autre preuve de l'article 5 du titre 26 de l'Ordonnance de 1670, qui défend aux Cours d'évoquer les procès pendants devant les premiers Juges. Or les procès d'un contumax qui ſe repréſente, eſt pendant pardevant le premier Juge ; parce que le jugement de contumace eſt annéanti par cette repréſentation, & qu'il ne reſte qu'une partie de l'inſtruction faite, le ſurplus étant annéanti. Ce procès ne peut donc être évoqué ; & ce ſeroit l'évoquer de la part du Juge ſupérieur, que de retenir l'inſtruction & le jugement de ce procès. Une troiſieme preuve de la maxime ci-deſſus établie, eſt qu'on ne peut pas ſans de grandes raiſons priver un accuſé du privilége d'être jugé en deux Juriſdictions ; parce qu'il ſe peut faire que dans la premiere il ſoit abſous, ou condamné à une peine légere, à laquelle il aura la faculté d'acquieſcer.

73. On peut objecter contre cette opinion, que les procédures faites en cauſe d'appel, peuvent être d'une grande importance pour le jugement du procès, ſoit en faveur de l'accuſé qui ſe repréſente, ſoit contre lui ; & qu'ainſi il eſt néceſſaire d'envoyer au premier Juge les procédures faites en cauſe d'appel ; ce qui ſeroit indécent ; parce que ce ſeroit rendre des inférieurs Juges de la procédure de leurs ſupérieurs ; mais cette objection n'eſt d'aucune force. Il eſt très-commun dans les Parlements, que dans le cours d'un appel, la partie civile intimée, demande, en attendant le jugement de l'appel, & pour y ſervir, une information par addition, devant un des Juges de la Cour ; & que ſi l'on met l'appellation au néant, on renvoie enſuite devant le premier Juge où cette information eſt portée. Le premier Juge, en ce cas, juge ſur la procédure du Juge ſupérieur ; mais il ne juge pas ſa procédure ; s'il y avoit alors quelque vice, ou quelque irrégularité, il doit conſulter le Juge ſupérieur, pour ſçavoir le parti qu'il a à prendre.

74. Dans l'ancien uſage, tout accuſé qui interjettoit appel d'un décret avant que d'avoir ſubi interrogatoire, demandoit à être interrogé devant un des Juges de la Cour ; & lorſqu'enſuite on confirmoit la procédure, il falloit que l'interrogatoire fût porté devant le premier Juge ; & cela arrive encore quelquefois. Quand une plainte ſe porte au Parlement, & que le Parlement commet un Juge pour entendre les témoins ſur les lieux, & un autre à

Paris pour entendre ceux qui y sont demeurants ; si après le décret, ou l'interrogatoire subi en la Cour, on renvoie au premier Juge, il récole & confronte sur des interrogatoires & sur des informations faites en la Cour. D'ailleurs, le Parlement renvoie tous les jours, soit au Châtelet, soit devant d'autres premiers Juges, des procès-verbaux de question & d'exécution qui chargent des accusés, dont l'accusation est pendante devant ces premiers Juges.

75. C'est aussi sans aucun fondement qu'on voudroit objecter qu'en matiere criminelle l'appel éteint le jugé ; & qu'ainsi le Parlement étant saisi des accusés, le premier jugement est éteint, & qu'il n'y a plus de jugement, que celui qui est émané du Parlement ; que comme tout est ici indivisible, le Juge supérieur, par son Arrêt, a jugé les contumaxs, aussi bien que les prisonniers, & qu'ainsi ces contumaxs doivent se rendre dans les prisons de la Cour qui les a jugés. Mais il est aisé de répondre à cette objection, que, quand on dit que l'appel éteint le jugé, ce n'est que par rapport aux prisonniers, & non par rapport aux contumaxs ; & que cela est si vrai, que dans le cas où le Parlement ne juge que les prisonniers, le jugement de contumace rendu par le premier Juge, s'exécute comme contradictoire après les cinq ans, suivant l'article 28 du titre des Contumaces de l'Ordonnance de 1670 ; de maniere que si le contumax a été condamné à mort naturelle ou civile, ou qu'il décéde après les cinq ans, il est réputé mort civilement du jour de la Sentence de contumace. Il n'est donc pas vrai que le jugement de contumace du premier Juge, soit anéanti. D'ailleurs, dès-que le contumax se représente, il n'y a plus de condamnation de la part du premier Juge contre ce contumax, & par conséquent l'Arrêt qui prononce sur l'appel, est aussi anéanti & ne peut plus subsister. Ainsi il n'est plus question que de reprendre les premiers errements de la procédure ; & comme cette procédure se trouve commencée par le premier Juge, c'est à lui à la continuer.

76. Cette objection auroit quelque fondement, si le Parlement avoit été saisi d'un appel par rapport aux contumaxs, & qu'il y eût prononcé par un jugement nouveau. Mais on pourroit encore répondre, que le jugement à la vérité avoit été anéanti par le contumax, au moyen de sa représentation ; mais que dans le cas de la contumace, le jugement n'est pas indivisible, puis-

qu'il est irrévocable à l'égard des contumaxs : qu'ainsi le jugement du Parlement, & celui du premier Juge étant anéantis, le premier Juge se trouveroit saisi d'une instruction commencée, qu'il est par conséquent en droit d'achever, ainsi qu'on vient de l'observer.

77. On pourroit encore faire ici une troisieme objection, tirée de l'article 7 du titre 26 de l'Ordonnance de 1670, qui porte : Que s'il y a plusieurs accusés d'un même crime, ils seront envoyés au Juge supérieur ; encore qu'il n'y en ait qu'un qui ait été jugé par le premier Juge. Mais cette objection n'a pas plus de force que les autres ; car l'article ne regarde en aucune maniere les contumaxs. En effet, cet article 7 ne dit pas *jugés ou non jugés* ; mais *encore qu'il n'y en ait qu'un qui ait été jugé.* Ainsi l'Ordonnance n'a pas entendu, par ces mots, parler des accusés contumaxs non jugés ; mais seulement des accusés présents, dont les uns auroient été jugés diffinitivement, & par la forme & par le fonds du jugement ; & les autres jugés définitivement par la forme & non par le fonds ; comme quand il y a une condamnation contre les uns, & un plus-amplement informé contre les autres. Ainsi l'esprit de cet article est, que s'il y a dans un procès plusieurs accusés du même crime prisonniers, dont les uns ont été jugés définitivement & condamnés à des peines afflictives ; & où, faute de preuves, il a été prononcé contre les autres, soit un plus-amplement informé, soit un sursis, soit quelque autre instruction, ou qui même ont été envoyés absous ; ceux contre lesquels le plus-amplement informé, ou le sursis aura été prononcé, ainsi que ceux qui ont été renvoyés absous, doivent être envoyés dans les Cours, avec les prisonniers qui ont été condamnés diffinitivement. En un mot, il s'agit dans cet article 7, non d'un Juge qui a jugé un accusé, & qui a sursis à l'égard des autres, (ce qui seroit irrégulier ;) mais d'un Juge qui a consommé son pouvoir, par un jugement qui porte sur tous les accusés.

78. Ce qui confirme cette interprétation, comme la seule véritable qu'on puisse donner à cet article 7, c'est que l'article a voulu prévoir un cas qui peut arriver, & qui en effet arrive communément. Or, il n'arrive presque jamais que de plusieurs accusés d'un même crime détenus prisonniers, un Juge fasse le procès aux uns, & les juge même, & qu'il surseoie à l'instruction par rapport aux autres. Le Juge, en ce cas, seroit en faute, & repré-

henſible ; ainſi il n'y a pas d'apparence que l'Ordonnance ait voulu prévoir cette eſpece. L'article 7 eſt donc dans le cas d'un Juge qui a rempli ſon miniſtere par une inſtruction complette, & par un jugement rendu ſur cette inſtruction ; & conſéquemment il ne peut avoir d'application à l'eſpéce d'un contumax qui ſe repréſente ; parce qu'alors la condamnation, à ſon égard, étant anéantie, on ne peut pas dire que le premier Juge ait rempli entiérement ſon miniſtere ; & ce ſeroit véritablement évoquer contre la diſpoſition de l'Ordonnance, que de dépouiller le premier Juge de l'inſtruction & du jugement de ce contumax.

79. Tous les jours un premier Juge, par une Sentence diffinitive, rendue contre des accuſés, décrete un, ou pluſieurs particuliers, & l'on amene au Parlement les accuſés condamnés. Si poſtérieurement à cela, les particuliers décrétés par la Sentence, ſont arrêtés, le premier Juge n'envoie point ces nouveaux priſonniers au Parlement ; mais il continue leur procès, & les juge. Or, il n'y a aucune différence entre ce cas, & celui de l'accuſé qui étoit en contumace, lors de la Sentence contradictoire rendue contre ſes complices, & qui s'eſt depuis repréſenté devant le premier Juge.

Il pourroit y avoir plus de difficulté, ſi dans le temps que le contumax ſe repréſente, ſes complices étoient encore dans les priſons du Parlement ; comme il pourroit alors y avoir quelques confrontations à faire des accuſés priſonniers en la Cour, avec l'accuſé qui s'eſt repréſenté devant le premier Juge, le Parlement ſeroit en droit de retenir, non l'inſtruction, mais le jugement contre le contumax qui s'eſt repréſenté. (Voyez le Procès-verbal de l'Ordonnance de 1670, ſur l'article 7 du titre 26 de l'Ordonnance de 1670, *pag.* 263.)

80. Enfin, une quatrieme & derniere objection qui peut être faite, eſt que la maxime que l'inſtruction appartient aux premiers Juges, ſouffre bien des exceptions ; & que tous les jours en cauſe d'appel, les Cours ordonnent des inſtructions qu'elles font elles-mêmes, & qu'elles ne renvoyent pas aux premiers Juges. Mais cette objection ne paroît pas plus ſolide que les autres. On ne diſpute pas au Parlement, ni même à de ſimples Juges d'appel, le droit d'ordonner, en jugeant ſur les appellations des Sentences des premiers Juges, rendues ſur récolement & confrontation, telles inſtructions qu'ils jugent à propos, & de faire eux-mêmes

ces instructions. La raison en est qu'alors ce n'est point évoquer le principal ; ce premier Juge ayant consommé son ministere par la Sentence qu'il a rendue sur le fonds du procès, il n'est plus saisi de rien. En effet cette nouvelle instruction du Juge d'appel s'ordonne, ou sur le fondement de quelques nouvelles charges survenues depuis la Sentence, ou parce qu'il ne trouve pas que le premier Juge ait suffisamment approfondi le procès. Or, dans tous ces cas, cette nouvelle instruction n'est pas une évocation du procès. Au premier cas, c'est en quelque sorte un nouveau procès qui s'est formé en la Cour; & au second cas, c'est une réformation de la Sentence, & non une évocation ; deux choses bien différentes que l'on confond souvent tant en matiere civile que criminelle. Dans ce dernier cas, le Parlement fait ce que le premier Juge auroit dû faire ; aussi quand cela arrive, on a coutume de faire un jugement nouveau. Mais si le Parlement retenoit l'instruction & le jugement contre un contumax qui se représente, sous pretexte qu'il a jugé ses complices, ce seroit une vraie évocation du procès par rapport à cet accusé ; puisque le premier Juge n'auroit prononcé, ni directement, ni indirectement par rapport à ce même accusé.

81. Au surplus, l'opinion qu'on défend ici, doit toujours être entendue dans la supposition qu'il n'y a pas de raisons particulieres pour dépouiller le premier Juge ; comme des raisons de suspicion, ou de mauvaise procédure, ou même crainte de recousse, *&c.* ; car dans tous ces cas les Juges supérieurs sont les maîtres de retenir l'instruction, ou de renvoyer devant d'autres Juges, pour le bien de la Justice.

82. Un Arrêt de Réglement du Parlement d'Aix du 15 Décembre 1727, rendu toutes les Chambres assemblées, » ordonne que tous » les défaillants & contumaxs qui seront arrêtés, ou qui se représenteront après les Sentences de défaut, quoiqu'elles aient été » suivies d'un Arrêt de défaut, seront renvoyées aux premiers Juges, à la forme de l'Ordonnance, pour leurs procès être instruits & jugés jusqu'à Sentence définitive ; à l'exception néanmoins des contumaxs & défaillants qui auront été jugés par » des Arrêts de défaut, dans lesquels un des accusés & *corrées* » aura été jugé contradictoirement & en personne ; auquel cas » l'instruction & le jugement des complices qui seront arrêtés, » ou se représenteront, seronr faits pardevant la Cour, & de son

» autorité. M. le Procureur-Général, dans le réquisitoire de cet Arrêt, dit, qu'il étoit nécessaire d'abolir un usage contraire aux regles, qui étoit de ne point renvoyer aux premiers Juges, ceux qui se remettent dans les prisons de la Cour, après avoir été jugés par défaut, & dont les Sentences ont été confirmées par Arrêt de défaut, sous prétexte que le Lieutenant ayant sentencié, avoit rempli son tribunal, & que la Cour étoit saisie du fond par l'Arrêt de défaut & de contumace. Mais comme il est certain que la Sentence & l'Arrêt de défaut sont annéantis, & comme non obtenus, par la seule représentation du défaillant ; il s'ensuit que lorsqu'il vient se remettre, on doit le renvoyer au premier Juge pour achever l'instruction jusqu'à Sentence définitive ; autrement on verroit dans la même procédure une information & un récolement pris par un Juge inférieur, & ensuite les réponses de l'accusé & sa confrontation prises par un Commissaire de la Cour. Ce qu'il y avoit encore de plus irrégulier, c'est que cet accusé étoit jugé sans Sentence, puisqu'il est certain que la Sentence & l'Arrêt de défaut sont anéantis par la seule représentation de l'accusé, & que le Parlement ne peut pas être seul Juge en premier & dernier ressort. (Cet Arrêt est rapporté dans les Arrêts de Réglement rendus par le Parlement de Provence, par M. Grimaldi de Regusse, Président à Mortier du même Parlement, imprimés à Aix en 1744.)

83. Quoiqu'un accusé contumax se représente à Justice, & que sur la plainte ou accusation, il soit renvoyé à l'Audience, néanmoins rien n'empêche qu'on ne puisse reprendre contre lui le procès, & le poursuivre extraordinairement contre lui, si l'accusation étoit grave. (Ainsi jugé en la Tournelle par Arrêt du 22 Mars 1722, sur les conclusions de M. Gilbert, Avocat-Général, contre le Sieur de Vauchelles, Maître des Eaux & Forêts de Noyon, accusé de rapt. C'est une suite de la disposition portée en l'article 5 du titre 20 de l'Ordonnance de 1670.

Quand l'accusé a été absous par contumace, on ne peut le faire arrêter & juger de nouveau ; à moins qu'il n'y ait appel *à minimâ* par la partie publique ; parce que ce n'est qu'en faveur de l'accusé que la contumace est mise au néant par sa représentation. Or, suivant la maxime de droit, *quod in favorem alicujus introductum est, non debet adversùs eum retorqueri.* (L. 25, D. *de legibus*, L. 6. Cod. *eod. tit.*)

84. *Autre question.* Si un accusé qui a été condamné par contumace à une peine, *v. g.* au bannissement à temps, ou au blâme, & qui vient à être constitué prisonnier, ou à se représenter, consent d'exécuter le jugement de contumace, le peut-il sans qu'on soit obligé de recommencer contre lui le procès?

Il faut distinguer, si la peine prononcée contre le contumax, est du nombre de celles qui sont comprises dans l'article 6 du titre 26 de l'Ordonnance de 1670, & dont l'appel est de droit; ou si cette peine est du nombre de celles auxquelles il est libre au condamné d'acquiescer; comme s'il s'agit de la peine du bannissement à temps, du blâme, ou autre peine moindre.

Dans le premier de ces deux cas, je crois qu'au moyen de la représentation de cet accusé, les procédures de contumace étant mises au néant, il n'y a plus de jugement contre lui, & que par conséquent il faut recommencer à le juger; ce qui est une suite de la maxime générale, que *non auditus perire volens*, tirée de la L. 3, D. *de liberali causâ*; mais dans le second cas, où la Sentence est telle que l'accusé peut y acquiescer, comme hors les cas portés en l'article 6 du titre 26 de l'Ordonnance de 1670, il paroît que si le condamné consent d'exécuter le jugement prononcé contre lui, la contumace ne sera point mise au néant à son égard; parce que cette mise au néant n'est établie dans ce cas qu'en sa faveur, & que par conséquent il lui est libre d'y renoncer: ce qui n'est pas cependant sans difficulté. Mais comme son décret, ou plutôt la saisie & annotation subsiste toujours, il doit se représenter pour annuller le décret, & demander main-levée de la saisie & annotation de ses biens, en consentant l'exécution de la Sentence, & en payant les frais de contumace.

Suite de la représentation des Accusés contumaxs.

85. 3°. L'accusé, après sa représentation, ou son emprisonnement, doit payer les frais de la contumace, après avoir été taxés en vertu de l'Ordonnance; (c'est-à-dire, qu'il n'est pas nécessaire d'obtenir aucune condamnation à cet effet;) sans néanmoins que faute de paiement desdits frais, il puisse être sursis à l'instruction, & au jugement du procès. (Ordonnance de 1670, *tit.* 17, *art.* 19; Voyez aussi l'article 10 de l'Edit d'Amboise du mois de Janvier 1572; ce qui est conforme à Loi 15. Cod. *de judicis*.

S'il

S'il n'y a point de partie civile, l'accusé qui se représente, n'est pas moins obligé de payer les frais de la contumace. (Ainsi réglé par une Lettre de M. d'Aguesseau, Procureur-Général, du 28 Décembre 1716, au Procureur du Roi de la Maréchaussée de Blois.) D'ailleurs c'est une suite de la disposition de l'Ordonnance, qui s'exprime ici d'une maniere générale, & sans faire aucune distinction. L'Edit du mois de Juillet 1493, *art.* 47, dit, *en réfondant les dépens du défaut.*

86. Une Ordonnance du mois de Janvier 1600, rendue pour les Eaux & Forêts, *art.* 31, rapporté au Code des Chasses, *tom.* 1, *pag.* 193, veut que dans les procès instruits par contumace, les accusés soient condamnés aux frais & dépens de la contumace, lors même qu'il n'y a d'autre partie que le Procureur du Roi.

Au surplus, ces frais peuvent se prendre sur les effets de l'accusé qui sont saisis & annotés.

L'accusé qui se représente, & qui vient à être déchargé de l'accusation, n'en doit pas moins les frais de la contumace. (Ainsi jugé par Arrêt de la Tournelle du 20 Juin 1731, contre le Sieur l'Herault de St. Germain.)

Suivant ces principes, l'accusé qui est décrété de prise de corps par conversion, doit avant d'être élargi, payer les frais de la conversion, & de tout ce qui a suivi. (*Ita* Imbert, *liv.* 3, *chap.* 3, *n.* 8.) Ce qui paroît très-juste, ces frais étant des frais frustratoires & de contumace.

87. Les accusés contumaxs qui se représentent, ne peuvent être contraints de réfonder les frais & dépens de contumace, que quand le cas pour lequel ils ont été condamnés, est de la compétence du Juge qui a rendu le jugement. La raison en est, que la contumace d'un accusé ne peut pas avoir plus d'effet que son consentement: or l'accusé ne peut consentir ni proroger la Jurisdiction d'un Juge qui n'a point cette Jurisdiction.

4°. L'accusé doit être ensuite interrogé dans les vingt-quatre heures, si fait n'a été, ou en cas qu'il soit besoin de l'interroger de nouveau; & ensuite il faut procéder à la confrontation des témoins, encore qu'il ait été ordonné que le récolement vaudroit confrontation. (Ordonnance de 1670, *tit.* 17, *art.* 20.) Quelques Auteurs prétendent qu'après que le contumax, qui se représente, a été interrogé, il est nécessaire de rendre un nouveau jugement, portant que les témoins seront confrontés à l'accusé, quoiqu'il ait été ordonné, par le Réglement à l'extraordinaire, que le récolement vaudroit confrontation contre l'accusé. On trouve, même dans les notes de Boutaric, sur cet article 20, où il paroît cependant être d'un avis contraire, un Arrêt rendu au Parlement de Toulouse au mois de Juillet 1716, par lequel, des confrontations faites en la Sénéchaussée de Nîmes, & non ordonnées par un nouveau jugement, à l'égard d'un contumax qui s'étoit représenté, furent annullées, ainsi que tout ce qui s'en étoit suivi. Mais je ne crois pas que ce nouveau Réglement soit nécessaire, même dans le cas où il n'y auroit qu'un seul accusé, contre lequel il auroit été ordonné par le Réglement à l'extraordinaire, que le récolement vaudroit confrontation, n'y ayant aucune Loi pour établir la nécessité de ce nouveau Réglement. Néanmoins s'il y avoit au procès plusieurs accusés, dont les interrogatoires fissent charge les uns contre les autres, & que par le Réglement à l'extraordinaire, on eût simplement ordonné que les témoins seroient récolés, & si besoin est confrontés, & que le récolement vaudroit confrontation contre les contumaxs, sans ajouter que les accusés seroient aussi confrontés entre eux; dans ce cas il faudroit l'ordonner par un nouveau jugement.

88. Par une Déclaration du 18 Novembre 1679, rendue pour le Présidial de Nîmes, il est dit : » Que lorsqu'un accusé condamné » par contumace se présentera, & que le Procureur du Roi, » ou la partie civile, ne fera point comparoître les témoins dans » les délais qui lui seront prescrits à l'effet de la confrontation, » dans les procès auxquels cette confrontation aura été ordon» née, les Juges ne pourront prononcer l'absolution de cet accu» sé, mais seulement, qu'il sera mis hors de prison, à sa caution » juratoire de se présenter toutes fois & quantes qu'il lui sera » ordonné pour subir cette confrontation, & qu'il sera procédé en» suite au jugement diffinitif de son procès; sans que l'Arrêt, ou » Sentence, qu'aura obtenu l'accusé, puisse lui servir de justifi» cation, ou d'absolution diffinitive, quand ledit Arrêt, ou Sen» tence, seront intervenus, lorsque ladite confrontation aura été » ordonnée; & sans aussi qu'aucun accusé contumacé pendant » la tenue du Parlement, puisse poursuivre sa justification ou » absolution en la Chambre des Vacations; à peine de nullité.

89. Si l'accusé n'étoit devenu contumax que depuis les confron-

tations par lui subies ; & que le jugement n'eût été rendu contre lui par défaut, que faute de s'être représenté pour subir le dernier interrogatoire ; il suffira alors, dans le cas de représentation de cet accusé, de procéder à ce dernier interrogatoire, & ensuite au jugement diffinitif.

5°. La déposition des témoins décédés avant le récolement, doit être rejettée, & il n'en doit être fait lecture lors de la visite du procès, si ce n'est qu'ils aillent à la décharge de l'accusé ; auquel cas leur déposition doit être lue, pour y avoir égard par les Juges. (Ordonnance de 1670, *tit.* 17, *art.* 21, & *tit.* 15, *art.* 10.)

Il en est de même des témoins qui, quoique récolés, viennent à décéder dans le cours de l'instruction, depuis la contumace & avant la confrontation ; leur déposition doit être rejettée, & on ne peut les confronter littéralement à l'accusé. (Ainsi jugé au Présidial d'Orléans, à mon rapport, le 7 Décembre 1741, dans le procès de Mereglise, la Grenade, & autres.)

90. 6°. Si le témoin qui a été récolé est décédé, ou mort civilement pendant la contumace, sa déposition doit subsister, & il doit en être fait confrontation littérale à l'accusé dans les formes prescrites pour la confrontation des témoins ; auquel cas les Juges ne doivent avoir aucun égard aux reproches, s'ils ne sont justifiés par pieces. (Ordonnance de 1670, *tit.* 17, *art.* 22.)

Il ne paroît pas qu'il soit nécessaire d'ordonner cette confrontation littérale par un jugement séparé, ni par le jugement qui ordonne la confrontation des témoins, l'Ordonnance ne l'exigeant point ; néanmoins le plus sûr est de l'ordonner.

Pour constater le décès des témoins qui ne peuvent être confrontés que littéralement, il faut le justifier par leurs extraits mortuaires ; sinon il faut que l'Huissier en assignant les autres témoins, dresse procès-verbal attesté par les parents, ou voisins, que ce témoin est décédé.

91. La contumace d'un accusé commence à courir depuis son évasion, ou fuite, s'il s'est évadé depuis l'interrogatoire par lui subi ; ou depuis la perquisition faite de sa personne, s'il n'a pu être constitué prisonnier. Cette contumace ne devant pas lui profiter, ni empêcher l'exécution de la Loi, il est juste que le décès du témoin n'empêche pas sa déposition ni son récolement de subsister dans toute leur force.

Pour que le récolement d'un témoin vaille confrontation contre un accusé, il n'est pas nécessaire que ce témoin soit mort aprés tous les délais de la contumace échus; il suffit qu'il décede pendant que ces délais courent. Il y a seulement cette différence, que si l'accusé se présente avant que les délais de la contumace soient échus, le témoin qui est décédé avant cette représentation, ne peut plus faire de preuve contre lui; parce qu'il est toujours vrai de dire que l'accusé s'est représenté dans un temps où il pouvoit le faire.

92. Pour faire une confrontation littérale à un accusé, il faut, 1°. que le Juge fasse prêter serment à l'accusé, & lui fasse déclarer s'il connoît le témoin dont la confrontation doit lui être faite littéralement, & sa réponse doit être écrite: 2°. on doit lui faire lecture des premiers articles de la déposition du témoin, & l'interpeller de fournir de reproches par pieces, si aucuns il a, & faire mention de ces reproches: 3°. il faut ensuite lui lire la déposition & le récolement du témoin, & écrire les réponses de l'accusé sur ces déposition, & récolement: 4°. faire signer l'accusé, s'il sçait, ou veut signer.

Le Juge doit faire écrire tous les reproches que l'accusé peut proposer lors d'une confrontation littérale, quoiqu'ils ne soient pas prouvés par écrit. (Voyez le procès-verbal de l'Ordonnance de 1670, sur l'article 22 du titre 17, *pag.* 208.)

93. 7°. Ce qui vient d'être dit des témoins décédés, ou morts civilement, doit avoir pareillement lieu à l'égard des témoins qui ne peuvent être confrontés à cause d'une longue absence, d'une condamnation aux galeres, ou bannissement à temps; ou de quelque autre empêchement légitime pendant le temps de la contumace. (Ordonnance de 1670, *tit.* 17, *art.* 23;) *v. g.* si le témoin est en garnison dans une place éloignée, & pour un temps considérable.

L'article 165 de l'Ordonnance de 1539, dit en général que la déposition des témoins récolés vaudra dans tous ces cas tout ainsi que s'ils avoient été confrontés; & ce quant aux témoins qui seroient décédés, ou qui ne pourroient plus être confrontés lorsque les accusés se représentent à Justice.

L'absence dont il est parlé dans cet article, doit s'entendre de celle qui a lieu pendant un temps assez considérable, pour qu'il soit nécessaire de finir l'instruction, & de juger au fond sans laisser languir l'accusé dans les prisons.

Pour justifier cette longue absence du témoin, il suffit d'un procès-verbal de perquisition du témoin, attesté par les principaux habitants du lieu de sa demeure, sans qu'il soit besoin pour cela de faire une information. (C'est ainsi que s'en expliquent MM. Talon & Pussort sur cet article, dans le procès-verbal de l'Ordonnance de 1670, *pag.* 209.)

94. Si cette absence n'est pas justifiée, les Juges ne doivent avoir aucun égard à la déposition du témoin, suivant qu'il résulte de l'article 8 du titre 15 de l'Ordonnance de 1670.

A l'égard de l'empêchement légitime du témoin, pendant le le temps de la contumace, il se justifie par un certificat en bonne forme.

8°. Après que l'accusé s'est représenté, & qu'en conséquence les défauts & contumaces ont été mis au néant, il faut reprendre la procédure, & la continuer depuis ce moment, interroger l'accusé, s'il ne l'a été; & procéder à la confrontation des témoins, de la même maniere; & ainsi qu'il vient d'être observé ci-dessus, *n.* 59, 87, *& suiv.*

95. 9°. Lorsque l'accusé, qui a été condamné par contumace, vient à se représenter, ou est mis en prison dans l'année de l'exécution du jugement de contumace, il doit lui être donné main-levée de ses meubles & immeubles; & le prix provenant de la vente de ses meubles, (dans le cas où le Juge en auroit ordonné la vente pour éviter le dépérissement, *&c.*) lui doit être rendu, les frais déduits, en consignant l'amende à laquelle il aura été condamné. (Ordonnance de 1670, *tit.* 17, *art.* 26; ce qui est conforme à la Loi 1, §. 3, ff. *De requir. reis*, & à la Loi 1, *Cod. eodem titulo.*)

L'accusé qui se représente dans l'année, recouvre aussi les fruits de ses immeubles. (Voyez le procès-verbal de l'Ordonnance de 1670, *tit.* 17, *art.* 27, *pag.* 211.)

96. Lorsque l'accusé meurt dans la premiere année de la contumace, ses héritiers ont aussi main-levée de ces fruits. (Voyez *suprà*, *n.* 21.)

Les frais qu'il faut déduire sur le prix de la vente des meubles, sont ceux de perquisition, saisie & annotation, établissement de Commissaires, assignations à quinzaine & à cri public; & ceux du jugement qui ordonne que le récolement vaudra confrontation, & les autres qu'il a fallu faire, soit pour la vente des immeubles, soit pour les conserver.

S'il y a plusieurs accusés, qui aient été condamnés solidairement en l'amende, le contumax, qui se représente, doit consigner, non-seulement sa portion d'amende, mais encore l'amende entiere, sauf son recours contre les autres accusés.

Lorsque l'accusé est hors d'état de consigner l'amende à laquelle il a été condamné, soit pour cause de pauvreté, ou autrement, & qu'on n'a saisi sur lui aucuns effets, les Juges peuvent le dispenser de cette consignation, pour purger sa contumace.

97. 10°. L'article 27 du même titre 17 de l'Ordonnance de 1670, défend à tous Juges, Greffiers, Huissiers, Archers, ou autres Officiers de Justice, de prendre, ou faire transporter à leur logis, ni même au Greffe, aucuns deniers, meubles, hardes, ou fruits appartenant aux condamnés, ou à ceux même contre lesquels il n'y auroit que décret; ni de s'en rendre adjudicataires sous leur nom, ou sous noms interposés, sous quelque prétexte que ce soit; à peine d'interdiction, & du double de la valeur.

Tous ces effets doivent rester en la maison du condamné, ou ailleurs, entre les mains des Gardiens ou Commissaires établis à la garde de ces effets.

Il faut cependant excepter de cette regle les pieces, hardes, & autres effets qui peuvent servir à conviction dans l'instruction du procès; ces effets doivent être transportés au Greffe, pour en faire usage. (Voyez l'article 9 du titre 2, & l'article 7 du titre 13 de l'Ordonnance de 1670.)

98. 11°. L'accusé qui n'est constitué prisonnier, ou qui ne se représente qu'après l'année de l'exécution du jugement de contumace, ne recouvre pas les fruits de ses immeubles; & le Roi, ou les Seigneurs à qui la confiscation appartient, en peuvent faire don. (Ainsi jugé par Arrêt du Grand-Conseil, du 19 Juin 1679, rapporté au Journal du Palais, *tom.* 1, *pag.* 812.)

L'article 31 du titre 17 de l'Ordonnance de 1670, porte que le Roi ne fera aucun don des confiscations qui lui appartiendront, pendant les cinq années de la contumace; & cet article défend la même chose aux Seigneurs Hauts-Justiciers, & déclare nuls tous les dons qui pourroient être obtenus, soit de Sa Majesté, ou faits par les Seigneurs, sinon pour les fruits des immeubles seulement. C'est aussi la disposition de l'article 87 de l'Ordonnance d'Orléans, & de l'article 28 de l'Ordonnance de Moulins. Ces fruits doivent appartenir à ceux qui ont le droit de confiscation, à compter du jour de l'exécution du jugement de contumace. (C'est ainsi que s'en explique M. Pussort sur l'article 31 du titre 17 du procès-verbal de l'Ordonnance, *pag.* 214.)

99. L'article 20 de l'Ordonnance de Roussillon de 1564, porte aussi, que l'accusé qui ne se représente qu'après l'année de la saisie & annotation, perdra les fruits de ses héritages saisis. Mais on a retranché, lors de la rédaction de l'Ordonnance de 1670, un article du projet qui portoit une pareille disposition, & cela sur la représentation faite par M. le Premier Président, que cette disposition étoit contraire à l'usage observé. (Voyez le procès-verbal de l'Ordonnance de 1670, *pag.* 211.)

Pour concilier ces deux autorités, on peut dire, que si l'accusé contumax est condamné à une peine qui n'emporte point de confiscation, il ne perd pas les fruits de ses immeubles, encore qu'il ne se représente qu'après l'année, pourvu que ce soit dans les cinq ans : mais que s'il ne se représente qu'après l'année, lorsqu'il y a eu contre lui une condamnation prononcée, qui emporte confiscation, il perdra alors les fruits de ses immeubles ; ce qui résulte de la fin de l'article 31 de ce titre. (Voyez aussi *suprà*, *n.* 57.)

100. Lorsque l'accusé se représente dans les cinq ans de l'exécution du jugement de contumace, les condamnations d'intérêts civils prononcées contre lui, sont aussi mises au néant ; mais le plaignant, qui a obtenu ces intérêts civils, & qui les a touchés, en donnant caution, n'en est pas dépouillé pour cela ; & il les garde par provision, jusqu'au nouveau jugement qui doit intervenir sur la représentation de l'accusé.

Si l'on a quelque action à exercer, dans les cinq années de la contumace, contre un condamné à une peine qui emporte mort civile ; comme alors on ne peut agir contre lui, (puisqu'il est censé ne plus exister, ou du moins que son existence dépend d'un fait incertain, c'est-à-dire de sa représentation dans les cinq ans,) & qu'on ne peut agir non plus contre les Sequestres & Commissaires, il faut créer un Curateur au contumax ; & c'est ce qui s'observe dans l'usage.

Mais s'il ne s'agissoit que des fruits & revenus des biens du condamné, il suffiroit d'agir contre les Commissaires & Gardiens, en mettant en cause les Receveurs du Domaine & les Seigneurs.

101. 12°. Lorsque les accusés condamnés ne se représentent point,

ou ne sont point constitués prisonniers dans les cinq années de l'exécution de la Sentence de contumace, les condamnations pécuniaires, amendes & confiscations sont réputées contradictoires, & valent, comme si elles avoient été ordonnées par Arrêt; ainsi qu'il a été dit ci-dessus, *n.* 54. (Ordonnance de 1670, *tit.* 17, *art.* 28.) Néanmoins cet article 28 porte qu'ils pourront être reçus à ester à droit, & à obtenir de Sa Majesté des Lettres pour se purger; & que si le jugement, qui interviendra, porte absolution, ou n'emporte point de confiscation, les meubles & immeubles sur eux confisqués, leur seront rendus en l'état qu'ils se trouveront, sans pouvoir prétendre néanmoins aucune restitution des amendes, intérêts civils, & des fruits des immeubles.

Ester à droit signifie procéder en Justice, & être présent pour défendre sa cause, & se faire absoudre, s'il y a lieu de prononcer cette absolution.

102. Les Lettres pour ester à droit, & se purger, ne sont pas nécessaires, lorsque l'accusé se représente dans les cinq années de la contumace; si ce n'est à l'égard de ceux qui ont été condamnés par contumace pour crime de duel. (Voyez ci-dessus, *n.* 61.)

La veuve, & les enfants, héritiers, ou parents du défunt condamné par contumace, & décédé sans s'être représenté dans les cinq années de la Sentence de condamnation, sont aussi reçus à purger la mémoire de ce défunt; & quelquefois même ils y sont reçus après les cinq années, en obtenant des Lettres à cet effet. (Voyez *infrà* au titre *des procédures à l'effet de purger la mémoire d'un défunt*, ci-après, *part* 3, *liv.* 2, *tit.* 42.)

103. Cet article 28 du titre 17 de l'Ordonnance de 1670, porte que les meubles seront rendus aux accusés absous en l'état qu'ils se trouveront; c'est-à-dire, que si les Seigneurs, à qui la confiscation appartient, s'en sont mis en possession, en observant ce qui est marqué en l'article 32, du titre 17 de l'Ordonnance de 1670, l'accusé, quoiqu'absous, pourra répéter ce qui reste de ces meubles & immeubles, sans que ces Seigneurs soient obligés de les rendre en bon état; parce qu'alors ils ont été possesseurs de bonne foi, & qu'ils en ont joui en qualité de propriétaires.

Quand les Seigneurs confiscataires se sont mis en possession des biens après les cinq ans, & en ont disposé par vente, aliénation, ou autrement, les condamnés n'y peuvent rentrer; quand même ils

ils obtiendroient des Lettres de grace, qui les renverroient en possession de leurs biens. (*Ita*, Legrand sur Troyes, *tit.* 17, *art.* 120, *glos.* 2, *n.* 3. Voyez aussi Bacquet, *chap.* 16, *n.* 6.)

104. 13°. Après les trente ans, à compter du jour du jugement de contumace exécuté par effigie, l'accusé, ni sa veuve, enfants, ou parents, ne sont plus recevables à purger sa contumace, ni à proposer moyens de nullité, ou à purger sa mémoire. (Ainsi jugé par Arrêt de la Tournelle, du 17 Septembre 1737, plaidant Me Simon pour le Chevalier d'Acheux, sur les conclusions de M. d'Aguesseau, Avocat-Général.)

SECTION IV.

Des condamnés par contumace qui décedent avant, ou après les cinq ans.

105. 1°. Lorsque l'accusé condamné vient à décéder dans les cinq années de l'exécution du jugement de contumace, il meurt *integri statûs*; en sorte que si la peine à laquelle il a été condamné, emporte mort civile, confiscation, ou infamie, tout cela cesse d'avoir lieu, & ses héritiers rentrent dans tous ses droits, de même que s'il s'étoit représenté à Justice pendant ce temps-là. (Voyez Domat, en ses Loix civiles, *part.* 2, *liv.* 1, *tit.* 1, *sect.* 2, *n.* 36; Lebrun, des Successions, *liv.* 1, *chap.* 1, *sect.* 2 & 3; Ricard, des Donations, *part.* 1, *chap.* 3, *sect.* 4, *n.* 255.) Ce qui résulte aussi de l'article 30 du titre 17 de l'Ordonnance de 1670; en quoi notre Droit est plus favorable aux accusés, que ne l'étoit le Droit Romain. (Voyez ci-dessus, *n.* 55.)

106. Ainsi la veuve, enfants, ou héritiers du contumax doivent avoir main-levée de ses meubles ou immeubles, & recouvrer le prix de ceux qui peuvent avoir été vendus, en payant les frais de Justice. (Voyez *suprà*, n 21 & 96; & l'article 26 du titre 17 de l'Ordonnance de 1670; ainsi que l'article 4 du titre 27 de la même Ordonnance de 1670;) mais non les fruits, à moins qu'il ne soit décédé dans l'année du Jugement. (Voyez *suprà*, *n.* 98.)

A l'égard de l'amende, ils doivent la consigner; (même article 4 du titre 27 de l'Ordonnance de 1670,) sauf à la recouvrer, dans le cas où ils feroient infirmer le jugement qui l'a prononcée, soit en appellant de la Sentence de contumace, soit en faisant purger la mémoire du défunt, si le jugement a été rendu en dernier ressort. (Voyez l'article 1 du titre 27 de l'Ordonnance de 1670.)

107. Quant aux intérêts civils, je crois que la condamnation subsiste en l'état où elle a été prononcée; & que pour les recouvrer, ou faire annuller cette condamnation, il faut nécessairement que les héritiers fassent infirmer le jugement de contumace, soit par la voie d'appel, soit en faisant purger la mémoire du défunt, si le jugement a été rendu en dernier ressort. (Voyez au surplus comment se fait cette procédure, ci-après, *part.* 3, *liv.* 2, *chap.* 5, *tit.* 42, au titre *Des Procédures à l'effet de purger la mémoire d'un défunt.*)

Le condamné par contumace, qui décede dans les cinq ans, peut aussi recueillir les successions qui lui sont échues pendant ce temps. (Arrêt du 26 Juillet 1652; Ricard, des Donations, *part.* 1, *n.* 259; Lebrun, des Successions, *liv.* 1, *chap.* 1, §. 3, *n.* 4.) C'est une suite de ce qu'il est décédé *integri statûs.*

De même, il peut valablement, pendant ce temps, exiger ses dettes actives, ou les céder. (Arrêt du Parlement d'Aix, du 22 Décembre 1664, rapporté par Boniface, *tom.* 2, *liv.* 1, *tit.* 11.)

108. A l'égard de ceux qui ont été condamnés par contumace, pour crime de duel, ou de rencontre, ils sont déclarés par l'article 27 de l'Edit des duels du mois d'Août 1679, incapables & indignes de toutes successions qui pourroient leur écheoir, encore qu'ils soient dans les cinq années, & qu'ils aient été restitués contre la contumace. (Voyez *suprà*, *n.* 56.)

2°. Lorsque le condamné par contumace décede après les cinq ans de l'exécution du jugement, il faut suivre ce qui a été dit ci-dessus, *n.* 55.

3°. Si le condamné venoit à se représenter après les cinq ans, & décédoit après l'instruction complette, sans avoir obtenu des Lettres pour ester à droit, sa représentation seroit totalement inutile; mais s'il en avoit obtenu, ses héritiers pourroient poursuivre le jugement, ou obtenir eux-mêmes ces Lettres pour purger sa mémoire. (Voyez l'Ordonnance de 1670, *tit.* 27, *art.* 1 & 2.)

4°. Quand le condamné laisse écouler trente ans sans se représenter, il n'y a plus lieu pour lui à espérer aucune faveur; & il ne peut plus revenir à la vie civile, qu'en obtenant du Roi des lettres de grace, ou d'abolition, qui la lui rendent.

SECTION V.

Des condamnés par contumace qui obtiennent leur grace.

109. Les porteurs de lettres de graces, qui ont été condamnés par contumace, doivent aussi, avant d'être écoutés, réfonder les dépens de la contumace. (Ainsi jugé par Arrêt du 8 Mars 1646; & par autres des 3 Décembre 1654, & 23 Février 1666, rapportés par Boniface, *tom.* 2, *part.* 3, *liv.* 1, *tit.* 16, *chap.* 1; Voyez aussi ce qui a été dit au Titre *Des Lettres de grace, &c.*, ci-dessus, *part.* 3, *liv.* 2, *tit.* 20, *n.* 34.)

Le contumax qui a été condamné, & qui obtient sa grace, doit se représenter devant le Juge Royal auquel les lettres sont adressées, & non devant le Juge qui l'a condamné.

SECTION VI.

Des appels des jugements rendus contre des contumaxs.

110. Les appels des jugements, rendus par contumace, peuvent être interjettés, ou par les contumaxs mêmes, ou par la partie publique, ou par la partie civile.

1°. Les accusés contre lesquels la contumace a été instruite & jugée, ne peuvent être reçus à présenter requête en cause d'appel, à moins qu'ils ne se soient mis en état; c'est-à-dire, qu'ils ne se soient constitués prisonniers, (au cas que le jugement de contumace soit intervenu sur un décret de prise de corps); ou qu'ils ne comparoissent en personne, s'ils ont été décrétés seulement d'ajournement personnel. (Article 4 du titre 25 de l'Ordonnance de 1670.)

111. *Question.* Est-ce devant le premier Juge, ou devant le Juge d'appel que l'accusé doit se représenter?

Brillon, dans son Dictionnaire des Arrêts, au mot *Contumace*, n. 42, & après lui l'Auteur du nouveau Traité des Matieres criminelles, imprimé en 1732, *chap.* 17, *pag.* 177, prétendent que le contumax peut valablement se représenter devant le Juge d'appel pour y purger sa contumace; & ils rapportent, pour appuyer leur ſentiment, un Arrêt du Grand-Conſeil du mois de Juillet 1707, qui a jugé qu'un accuſé condamné à mort par contumace, par Jugement Prévôtal & en dernier reſſort, avoit pu ſe pourvoir par appel du Jugement au Grand-Conſeil, & ſe repréſenter & conſtituer priſonnier dans les priſons du Grand-Conſeil dans les cinq ans, pour purger ſa contumace, & faire faire ſon procès par ce Tribunal, afin de ſe procurer ſon abſolution, ſans être obligé de ſe repréſenter, & mettre en état devant le Prévôt des Maréchaux qui l'avoit condamné. Décombes en ſon Recueil de Juriſprudence criminelle des Officialités, *pag.* 158, *part.* 1, édition de 1700, eſt auſſi du même ſentiment; & il dit, que ſi l'Eccléſiaſtique accuſé, & décrété de priſe de corps, veut ſe repréſenter dans les cinq ans, il peut ſe mettre en état dans les priſons de l'Officialité, ou dans celles du Métropolitain, en lui préſentant requête à cet effet. Tel paroît être auſſi l'eſprit de l'article 4 du titre 25 de l'Ordonnance de 1670.

112. Mais d'autres penſent que l'accuſé qui a été jugé par contumace, doit néceſſairement ſe repréſenter devant le premier Juge, en ajoutant néanmoins, que l'accuſé a une autre voie, qui eſt d'appeller du jugement, & de ſe mettre dans les priſons du Juge d'appel. Alors le Parlement, s'il juge l'affaire légere, peut remettre l'accuſé en état d'ajournement perſonnel, ou d'aſſigné pour être oui; & s'il juge qu'il y a lieu de ſuivre l'inſtruction, il le renvoie devant le Juge des lieux pour y être interrogé, & ſubir la confrontation. C'eſt ce qui arrive tous les jours au Parlement, qui ne retient preſque jamais l'inſtruction de ces ſortes d'accuſations, & qui la renvoie devant le Juge qui a inſtruit & jugé la contumace. Ce ſeroit même contrevenir à l'article 5 du titre 26 de l'Ordonnance, de ne pas renvoyer, en pareil cas; puiſque cet article défend d'évoquer les procès criminels pendants devant les premiers Juges, ſi ce n'eſt pour les juger ſur le champ. Or, on ne peut douter que le procès d'un contumax qui ſe repréſente, ne ſoit pendant devant le premier Juge qui a inſtruit la contumace; puiſque le jugement étant anéanti par la repréſentation de l'accuſé, il reſte par rapport à lui une partie de l'inſtruction faite, & une partie à faire. Il eſt donc évident qu'on ne peut l'évoquer, ni par conſéquent retenir.

Un Arrêt du 5 Mai 1693, sur l'appel d'une Sentence du 24 Janvier 1689, rendue par le Prévôt de Poissy, défend aux Procureurs de conclure à l'avenir sur l'appel des Sentences de contumace; & pour l'avoir fait, ordonne qu'ils ne pourront répéter aucuns frais, pour raison des procédures par eux faites sur l'appel.

113. La nécessité de se mettre en état, de la part du contumax appellant, a lieu, même dans le cas où le condamné n'auroit été condamné qu'à une peine légere, ou même à une simple peine pécuniaire; ainsi qu'il résulte de la disposition du même article 4 du titre 25 de l'Ordonnance. Le motif est, que cette Sentence étant rendue sur la contumace de l'accusé, & étant attaquée par la voie d'appel, n'a point anéanti le décret de prise de corps, ou d'ajournement personnel; & que ce décret n'étant point purgé, l'accusé est toujours réfractaire aux ordres de la Justice; ainsi il n'y a que sa représentation qui puisse anéantir ce même décret. (Voyez cependant ce qui est dit au Titre *Des Décrets*, ci-dessus, *part.* 3, *liv.* 2, *tit.* 10, n. 56, *& suiv.*)

Il y a même plus; c'est que suivant l'ancienne Jurisprudence du Parlement, le refus d'obéir à Justice, & de satisfaire aux décrets, étoit regardé si défavorablement, qu'on obligeoit tous les appellants de décrets de prise de corps d'être présents à l'Audience, avant de les écouter sur leur appel.

114. *Autre question.* Si de deux accusés, condamnés par contumace, l'un avoit été condamné à une peine capitale, ou corporelle, & l'autre seulement à une peine légere, & dont l'appel est libre; & que ce dernier interjettât appel de la Sentence qui l'a condamné à une peine légere, doit-il alors se mettre en état pour pouvoir suivre son appel?

On doit décider pour l'affirmative, par la même raison que dans la question précédente; parce que le décret n'ayant point été anéanti, subsiste toujours, & qu'il n'y a que la représentation de l'absent qui puisse l'anéantir. Il y a même ici une raison de plus; c'est qu'il peut se faire que cet appellant, dans son interrogatoire, chargera son complice, & acquerra contre lui de nouvelles preuves, qui, peut-être, sans cela, n'auroient pas été suffisantes.

115. Ainsi toute audience doit être déniée au contumax, jusqu'à ce qu'il se soit mis en état; quand même il prétendroit qu'il y a des nullités dans la procédure sur laquelle seroit intervenu le jugement par contumace, dont il seroit appellant; ou que ce contumax appelleroit comme de Juge incompétent. (Ainsi jugé par Arrêt de la Tournelle du 19 Août 1738, conformément aux conclusions de M. Joli de Fleuri. Voyez *suprà*, n. 5.)

116. La même chose a lieu dans le cas où l'accusé voudroit récuser, ou prendre à partie le Juge qui auroit rendu le jugement de contumace. Et il en est de même si l'accusé vouloit former dans la procédure quelque exception, reproche, récrimination, ou inscription de faux incidente, ou alléguer des faits justificatifs.

A l'égard des procès, où sur l'appel il y a des accusés présents, & d'autres contumaxs, Voyez ce qui a été dit ci-dessus, *n.* 65, *& suiv.*

Quand la contumace, quoiqu'instruite contre l'accusé, n'est point encore jugée contre lui, il peut se pourvoir par appel contre le décret & la procédure, sans être tenu de se mettre en état. (Voyez ce qui est dit là-dessus au Titre *Des Décrets*, ci-dessus, *part.* 3, *tit.* 10, n. 51.)

117. 2°. Les Procureurs du Roi, ou Procureurs-Fiscaux, peuvent toujours appeller des jugements de contumace, soit dans le cas de nullité de la procédure, soit dans le cas d'incompétence marquée de la part du Juge qui a rendu la Sentence, soit par la voie d'appel *à minimâ*. Alors il faut suivre ce qui est marqué par l'article 13 du titre 26 de l'Ordonnance de 1670.

118. 3°. Lorsque l'appel d'un jugement de contumace rendu sur une procédure extraordinaire, est interjetté seulement par la partie civile, & que ce jugement ne prononce qu'une peine pécuniaire contre le contumax, dans ce cas, il n'est pas nécessaire que le condamné se mette en état sur l'appel; car il est constant que le procès, quoiqu'instruit extraordinairement, ne portant aucune peine afflictive ou infamante contre l'accusé, & n'y ayant point d'appel *à minimâ* par la partie publique, est un procès qui doit être porté aux enquêtes sur l'appel, & y être conclu entre la partie civile & l'accusé, suivant l'article 11 du titre 26 de l'Ordonnance de 1670; d'où il suit que l'accusé doit être intimé sur l'appel de la partie civile. Ainsi il n'est pas né-

cessaire que cet accusé soit prisonnier, ni entendu par sa bouche; parce que ce n'est pas lui qui se présente à Justice, mais la partie civile qui l'y traduit, malgré lui, en l'intimant sur cet appel. Or, il est naturel de se défendre dès le moment qu'on est attaqué, l'affaire devenant en quelque sorte civile à son égard; en sorte qu'il ne s'agit plus que d'une condamnation pécuniaire. Il peut donc, en ce cas, se défendre par Procureur, & l'instruction qui se fait alors, est une instruction purement civile; à moins qu'on ne fît revivre le procès criminel par un appel *à minimâ* de la partie publique.

119. Il en est de même si l'accusé étoit appellant, ainsi que la partie civile, soit que son appel fût antérieur, soit qu'il fût postérieur à celui de la partie civile; parce qu'il suffit que l'accusé soit intimé sur cet appel, pour qu'il ne soit pas obligé de se mettre en état. En effet, on ne peut nier que l'accusé n'étant alors condamné à aucune peine afflictive ni infamante, mais seulement à une peine pécuniaire, le décret prononcé contre lui n'a plus d'effet, & est éteint par la Sentence diffinitive intervenue contre lui. (Voyez ce qui est dit à ce sujet au titre *Des Décrets*, ci-dessus, *n.* 62.) Ainsi ce procès doit s'instruire comme un procès civil, de même que dans l'exemple précédent.

120. *Sed quid juris*, si l'accusé contumax avoit été condamné à une peine afflictive ou infamante, *v. g.* au bannissement à temps, au blâme, ou à une autre peine dont il est libre au condamné d'appeller, ou non, le condamné est-il obligé alors de se mettre en état sur l'appel qui seroit interjetté par la partie civile de la condamnation à une peine pécuniaire prononcée à son profit, comme étant trop modique?

Je crois que l'accusé n'est point obligé dans ce cas de se mettre en état, quand même il appelleroit de son côté de la condamnation pour raison de l'intérêt civil qu'il trouveroit trop considérable; pourvu que son appel ne tombe que sur cette partie de la condamnation; car autrement s'il appelloit de la peine du bannissement, ou blâme, &c. contre lui prononcée, il faudroit nécessairement que sur cet appel il se mît en état.

121. *Autre question.* Supposons que deux accusés aient été condamnés par contumace pour raison d'un même délit, *v. g.* d'un homicide, l'un à mort, & à une réparation civile; & l'autre à la même répa-

ration civile, & à une peine du nombre de celles dont l'appel est libre, *v. g.* au bannissement à temps, ou à blâme; que la partie civile ait appellé de cette Sentence, sur le fondement de la modicité de la somme qui lui a été adjugée pour ses dommages & intérêts; & qu'elle n'ait intimé sur l'appel que celui des accusés condamnés au bannissement à temps, ou au blâme, qui en conséquence auroit constitué Procureur sur l'appel, & prétendu de son côté que la réparation contre lui prononcée étoit trop considérable, & en auroit interjetté appel, gardant le silence sur la peine du bannissement, ou blâme, prononcée contre lui, ou même en déclarant expressément qu'il consent à l'exécution de la Sentence à cet égard; doit-il alors être écouté sur cet appel, soit en qualité d'intimé, soit en qualité d'appellant, sans être obligé de se mettre en état; & peut-il diviser la Sentence contre lui prononcée, de maniere qu'il consente à subir la peine à laquelle il a été condamné, *v. g.* le blâme, *&c.* & appeller des dommages & intérêts contre lui prononcés?

122. Premiérement, il n'est pas nécessaire, dans cette espece, qu'il se mette en état, ainsi qu'il a été, on croit, suffisamment démontré par ce qui a été dit à cet égard au titre *Des Décrets*, n. 62.

En second lieu, rien n'empêche que l'accusé ne puisse diviser la Sentence de condamnation, en y acquiesçant en partie, & consentant de subir la peine du bannissement, blâme, ou autre peine légere prononcée contre lui; & en appellant de la condamnation des dommages & intérêts. Et quoique ces dommages & intérêts soient une suite du délit, cependant la demande qui en est formée, peut subsister sans la poursuite de ce même délit; ce qu'il est facile de prouver. En effet, dans l'espece présente, & dans tous les autres cas semblables qui sont assez fréquents, lorsqu'il n'y a point d'appel par la partie publique, mais seulement par la partie civile, cet appel ne peut jamais tomber que sur les dommages & intérêts. Or les procès de cette espece, suivant l'article 12 du titre 26 de l'Ordonnance, doivent être distribués comme procès civils. De plus, il est constant, & l'on n'en peut disconvenir, que lorsqu'un homme accusé, *v. g.* d'assassinat ou autre crime grave, vient à mourir pendant l'instruction du procès, ceux à qui ce crime a causé quelque préjudice, ne puissent poursuivre les héritiers du défunt pour les faire condamner en des dommages & intérêts. Telle est

est la Jurisprudence de tous les Tribunaux du Royaume, fondée sur le Droit Canon & sur l'opinion des Canonistes, que l'on a préférée, comme étant plus juste, que ce qui est décidé par le Droit Civil, qui veut que les actions pénales soient éteintes par la mort des coupables, & qu'elles ne passent pas même contre leurs héritiers. (Voyez à ce sujet d'Argentré sur l'article 189 de la Coutume de Bretagne; Dufail, *liv.* 1, §. 263; & encore plus particuliérement Bardet, *tom.* 1, *liv.* 3, *ch.* 12, où il rapporte des conclusions de M. l'Avocat-Général Bignon, qui confirment cette Jurisprudence.)

TITRE XXII.

De la Question, ou Torture.

SECTION PREMIERE.

De la Question en général.

1\. 1°. LA *Question*, ou *Torture*, est une peine qui se prononce contre un accusé de crime capital, pour l'obliger à dire la vérité par la force des tourments. Cette peine, quoique très-rigoureuse, n'est point infamante, ainsi qu'il a été observé au titre *Des Peines*, ci-dessus, *part.* 1, *tit.* 3, *n.* 4.

2°. Il y a deux causes pour lesquelles on peut condamner l'accusé à la question. La premiere, est pour avoir sa confession lorsqu'il n'est pas assez convaincu pour être condamné à mort. Et la seconde, pour l'obliger lorsqu'il est pleinement convaincu, à déclarer ses complices. Ces deux sortes de questions sont établies par les articles 1 & 3 du titre 19 de l'Ordonnance de 1670. La premiere s'appelle *Question préparatoire*, & la seconde *Question préalable*.

2\. 3°. Plusieurs Auteurs distingués, ont écrit contre l'usage de la question, & sur-tout contre la question préparatoire. (*a*) Les

(*a*) Voyez Montagne, *liv.* 2, *chap.* 5; Charron, *liv.* 1, *chap.* 4, *n.* 7; les Mémoires de Tavanes, *pag.* 223; & Toureil en ses Essais de Jurisprudence, *question* XI. M. Nicolas, Conseiller au Parlement de Besançon, a fait exprès un Traité sur cette matiere, qui a pour titre *Si la Torture est un moyen sûr pour vérifier les crimes secrets*, imprimé à Amsterdam en 1681. Ce Traité a été traduit en latin, & imprimé à Strasbourg en 1697, avec une Dissertation de Jacques Schaller, sur le même sujet, qui y est jointe. C'est une traduction abrégée du livre de M. Nicolas. Voyez aussi Grotius dans ses Lettres imprimées à Amsterdam en 1686, *lettre* 693, où il dit, qu'il ne s'étonne point que des personnes graves aient cru que les Chrétiens ne devoient point se servir de la torture, & qu'il n'y a rien de semblable dans les Loix de Moïse: qu'en Angleterre on vit avec autant de sureté qu'ailleurs, quoique la question n'y soit point en usage; & que pendant que Rome conserva sa liberté, ses Citoyens ne pouvoient être mis à la torture.

raisons sur lesquelles ces Auteurs se fondent, sont 1°. que c'est une espece d'injustice & d'inhumanité, de punir un homme avant qu'il soit convaincu du crime ; qu'il arrive même par-là quelquefois qu'un accusé qui est renvoyé d'une accusation, demeure estropié pour toute sa vie ; & que l'on a même vu des accusés périr au milieu de ce tourment : 2°. qu'il n'est
3. pas moins inhumain de vouloir obliger un accusé à dire la vérité contre lui-même, & de le contraindre par la violence des tourments à avouer son crime, contre cette regle du droit naturel, qui nous enseigne à faire tout ce qui est nécessaire pour la conservation & la défense de notre vie. 3°. Que ce moyen même de tirer la vérité de la propre bouche des accusés, est le plus souvent incertain & inutile ; en ce que, si l'accusé est robuste, il souffrira la question sans rien avouer ; (*a*) & qu'au contraire s'il est d'un tempérament foible & délicat, la violence des tourments l'obligera de s'avouer l'auteur d'un crime qu'il n'a point commis ; (*b*) ce qui se trouve confirmé par plusieurs exem-

---

(a) *Ut corpus redimas, ferrum patieris & ignes.* (Ovid. *de remedio amoris*, lib. 1, vers. 229.)

(b) *Multos innocentes dolor mentiri cogit.* (Seneque.)

In tormentis patientia aliis facile mendacium facit, aliis infirmitas necessarium. (Quintilianus, *lib.* 5, Institut. *cap.* 4.) Ce même Auteur, après avoir dans une de ses Harangues, (*Declamat.* 338 & 339,) proposé comme un sujet problématique, si l'usage de la question est utile ou non, conclut, en disant, *fortissima sunt quæcunque contra tormenta dicunt ; quæ vero pro tormentis, futilia & imbecillia.*

La question, dit Ulpien en la Loi 1, §. *quæstioni*, D. *de quæstionibus*, *res est fragilis & periculosa, & quæ veritatem fallit. Nam plerique patientia, sive duritiâ tormentorum, ita tormenta contemnunt, ut exprimi eis veritas nullo modo possit : alii tantâ sunt impatientiâ, ut quidvis mentiri quàm pati tormenta malint.*

Misera & dolenda judicia quibus innocens luit pro incerto scelere certissimas pœnas, non quia illud commisisse detegitur, sed quia non commisisse nescitur. (S. Augustinus, *lib.* 19, *cap.* 6, de civitate Dei.)

Inter supremas anhelantis angustias, votum est perire potiùs quàm vivere. (Cassiodor. *lib.* 3, *epist.* 46.)

Dolorem fugientes multi in tormentis ementiti persæpe sunt, morique maluerunt falsum fatendo, quam inficiando dolere. (Cicero in partition. orator. *n.* 50. Voyez aussi le même Auteur, *lib.* 2, *rethor. n.* 10.)

La question, dit un Auteur moderne, est une invention merveilleuse &

ples pris tant chez les anciens que chez les modernes. (*c*)

3. Néanmoins malgré toutes ces raisons, l'usage de la question a prévalu chez la plupart des nations, sur-tout en Europe; & l'on peut même autoriser cet usage par de bonnes raisons, fondées, non-seulement sur l'intérêt public, mais encore sur l'équité. En effet, on ne condamne jamais un accusé à la question, à moins qu'il n'y ait contre lui des preuves considérables; ainsi on ne lui fait point d'injustice en lui imposant cette espece de peine; & il y auroit une plus grande injustice à le renvoyer absous, ou impuni, au préjudice de ces preuves. Aussi voyons-nous que l'usage de la question est très ancien, & a été employé chez les Romains, & chez les Grecs. (*d*)

4. Quant à la question préalable, on ne peut douter qu'elle ne soit très utile, & qu'on n'en tire un grand bien pour la société civile. D'ailleurs, toutes les raisons apportées contre l'usage de la question préparatoire, cessent ici d'avoir lieu, puisque l'accusé étant condamné à mort, n'a aucun motif pour cacher la vérité, & que d'ailleurs il n'y a pas grand ménagement à garder à l'égard d'un corps confisqué, & qui va être exécuté.

SECTION II.

De la Question préparatoire.

5. 1°. La question préparatoire est un jugement d'instruction contre un accusé, qui le rend, pour ainsi dire, juge dans sa propre cause, par rapport à la peine de mort. Quoique ce jugement soit une peine, & même des plus graves, suivant l'article 13 du titre 25 de l'Ordonnance de 1670, néanmoins il n'est point infligé comme peine, mais seulement pour obliger l'accusé de dire la vérité.

---

tout-à-fait sûre pour perdre un innocent qui a la complexion foible, & sauver un coupable qui est né robuste. (La Bruyere, Caracteres ou Mœurs du Siecle, au titre *De quelques usages*.)

(*c*) Voyez Valere Maxime, *liv.* 8, *chap.* 4, où il en rapporte plusieurs exemples.

(*d*) Voyez le titre *De Quæstionibus*, au Digeste *De Quæstionibus*, liv. 48, tit. 18; & au Code le titre 41, du livre 9 *eodem titulo*.

Et pour l'usage de la question chez les Grecs, voyez Aristote.

C'eſt pourquoi la queſtion n'emporte par elle-même aucune note d'infamie, & encore moins la confiſcation des biens ; enſorte que ſi l'accuſé qui l'a ſoufferte, venoit à mourir, avant d'être jugé diffinitivement, il mourroit *integri ſtatûs*, ſans qu'il fût beſoin de purger ſa mémoire.

6. 2°. Il y a deux ſortes de queſtions préparatoires, 1°. la queſtion ſans réſerve de preuves : 2°. la queſtion avec réſerve de preuves.

Cette diſtinction eſt établie par l'article 13 du titre 25 de l'Ordonnance de 1670, & elle réſulte d'ailleurs de la diſpoſition de l'article 2 du titre 19 de la même Ordonnance. Cet article 2 porte : » Que les Juges pourront arrêter, que nonobſtant la condamnation à la queſtion, les preuves ſubſiſteront en leur entier, pour » pouvoir condamner l'accuſé à toutes ſortes de peines pécuniaires, ou afflictives ; excepté toutefois celle de mort, à laquelle l'accuſé qui aura ſouffert la queſtion ſans rien avouer, » ne pourra être condamné, à moins qu'il ne ſurvienne de nouvelles preuves contre lui depuis la queſtion.

7. La différence entre ces deux queſtions, eſt que dans celle qui s'ordonne *ſans réſerve de preuves*, ſi l'accuſé n'avoue rien à la queſtion, les indices & les preuves qui étoient contre lui, ſont purgés, & il ne peut plus être condamné à aucune peine : enſorte qu'on doit, ou l'abſoudre, ou ſeulement prononcer contre lui un plus amplement informé, & cependant qu'il aura iſſue des priſons, en compenſant les dépens, s'il y a partie civile. Cette compenſation eſt fondée ſur l'importance des preuves, & n'eſt contraire ni à l'article 1 du titre 31 de l'Ordonnance de 1667 ; ni à l'article 20 du titre 25 de l'Ordonnance de 1670.

8. Mais dans la queſtion *avec réſerve de preuves*, les indices ne ſont point purgés ; & quoique l'accuſé n'ait rien avoué, il peut néanmoins être condamné en toutes ſortes de peines, excepté celle de mort, comme il eſt dit en l'article premier du titre 19 de l'Ordonnance de 1670.

En effet, c'eſt une maxime généralement admiſe par tous les Criminaliſtes, que l'effet de la queſtion ſans réſerve de preuves, ſoufferte par un accuſé ſans rien avouer, eſt de purger les indices qu'il y a contre lui. Tel eſt le ſentiment de Lizet, en ſa Pratique criminelle, *liv.* 5, *tit.* 7, *pag.* 59 de l'Edit de 1609 ; & de Carondas, en ſes notes ſur le Code Henri, *liv.* 7, *tit.* 8, *art.* 4 ;

où ces Auteurs disent expressément, que les indices sont purgés en telle sorte par la question, qu'il doit être fait droit sur l'absolution de l'accusé; & c'est aussi ce qui résulte de l'article 164 de l'Ordonnance de 1539, & du Commentaire de M. Bourdin, Procureur-Général, sur cette Ordonnance. Voyez encore Theveneau, sur les Ordonnances, *liv.* 5, *tit.* 8, *art.* 4. *Per torturam*, dit Farinacius, *purgata esse indicia contrà tortum ante torturam librantia, non solùm à Doctoribus communiter fuit receptum, sed etiam hanc practicam ubique servari.* (Farinacius *in theor. crim.* tom. 1, quæst. 40, n. 2. *Ita etiam* Boerius, *quæst.* 163, & Jul. Clar. *quæst.* 64, n. 38.)

9. Mais cette maxime reçoit une exception, dans les cas où ces indices sont très-violents, & du nombre de ceux qu'on appelle *urgents & indubitables*; car alors l'accusé, malgré la question par lui soufferte sans rien avouer, peut encore être condamné, non pas à la vérité à la peine de mort, mais à toute autre peine, même celle des galeres perpétuelles. (C'est ainsi que s'en expliquent Jul. Clarus, *ibid. quæst.* 64, *n.* 38; & Farinacius, *tom.* 1, *quæst.* 40, *n.* 15. Voyez aussi Carondas, en ses notes sur la Pratique de Lizet, *liv.* 1, *tit.* 7, *pag.* 64 de l'édition ci-dessus, en quoi ils sont conformes à la disposition du présent article.)

10. C'est pourquoi, lorsque les indices qui forment la preuve contre l'accusé, quoique considérables, ne sont pas du nombre de ceux qu'on appelle *très violents*, les Juges ne doivent pas condamner l'accusé à la question *preuves tenantes*, mais seulement à la question *sans réserve de preuves.* (Voyez Faber, en son Code, *définit.* 9 & 15.) Au-lieu que si les indices sont du nombre de ceux qu'on appelle *urgents & indubitables*, les Juges non-seulement peuvent, mais même doivent condamner l'accusé à la question *avec réserve de preuves*; & c'est ainsi que l'établit Theveneau, en son Commentaire sur les Ordonnances, *liv.* 5, *tit.* 18, *art.* 4 & 5.

11. 3° En France, on ne condamne jamais les témoins à la question, quelque vils qu'ils soient, mais seulement les accusés, à la différence de ce qui s'observoit chez les Romains.

4°. L'article premier du titre 19 de l'Ordonnance de 1670, exige trois conditions, pour qu'un accusé puisse être condamné à la question préparatoire.

La premiere, que le crime dont l'accusé est prévenu, soit

conſtant; c'eſt-à-dire, que le corps de délit ſoit ſuffiſamment prouvé, quand même l'accuſé avoueroit le crime. (Julius-Clarus, *qu.* 64, *n.* 3; Damhouder, *cap.* 5, *n.* 7; Carondas, en ſes Obſervations au mot *Queſtion*; Farinacius, *qu.* 38, *n.* 2.) Ainſi, *v. g.* lorſqu'un homme eſt accuſé d'en avoir tué un autre, il ne ſuffit pas de prouver que ce dernier eſt mort; mais il faut encore prouver qu'il a été tué.

La ſeconde, que le crime ſoit capital, & mérite peine de mort.

Et la troiſieme, qu'il y ait une preuve conſidérable contre l'accuſé.

12. Il eſt aſſez difficile de déterminer quelle doit être la nature de la preuve conſidérable requiſe ici par l'Ordonnance, pour pouvoir condamner un accuſé à la queſtion préparatoire; tout ce qu'on peut dire, c'eſt que cette preuve doit être très forte. (Voyez ce qui eſt dit à ce ſujet au titre *Des preuves*, ci-deſſus, *part.* 3, *liv.* 1, *tit.* 3, *n.* 393 & ſuiv.)

Il faut ſeulement obſerver que quand l'accuſé avoue ſon crime, on ne doit jamais le condamner à la queſtion préparatoire; parce que cette queſtion ne peut être ordonnée qu'au défaut de preuves, & quand cette preuve n'eſt pas ſuffiſante pour condamner l'accuſé à mort. (Julius-Clarus, *quæſt.* 64, *n.* 6; Joann. Faber, *Quæſt de torturâ*, n. 14.)

13. On ne doit pas, par la même raiſon, condamner à la queſtion préparatoire un accuſé, qui eſt convaincu du crime par la dépoſition des témoins; il faut alors paſſer tout-d'un-coup à la condamnation. (*Ita*, Julius-Clarus, *quæſt.* 64, *n.* 7; Lizet, *pag.* 58, *in medio.*) Ce qui doit auſſi avoir lieu, dans le cas où l'accuſé ſeroit ſuffiſamment convaincu par les indices. (Novarius, *déciſ.* 8, *pag.* 86.)

14. 5°. En général on ne doit employer la voie de la queſtion préparatoire, que quand on ne peut avoir autrement la preuve contre l'accuſé. (C'eſt la diſpoſition de l'article premier du titre 19 de l'Ordonnance de 1670, où il eſt dit, *au cas que la preuve ne ſoit pas ſuffiſante;*) autrement, les Juges qui employeroient ce moyen, quoiqu'ils euſſent des preuves ſuffiſantes pour condamner l'accuſé, ſeroient dignes de réprimande. (Voyez la Loi *Divus* 9, ff. *de quæſtionibus*; & la Loi 12, *Cod. eodem titulo.* Voyez auſſi Carondas, en ſes Pandectes, *liv.* 4, *chap.* 10; & Farinacius, *quæſt.* 38, *n.* 4.)

6°. On ne doit point condamner à la question préparatoire un accusé, parce qu'il refuse de répondre. Il est vrai que Farinacius, *qu.* 37, *n.* 176, & *suiv.* établit la maxime contraire; mais il en est autrement dans nos mœurs; ce qui résulte évidemment de la disposition de l'article premier du titre 19 de l'Ordonnance de 1670, qui veut, que pour pouvoir condamner un accusé à la question, il y ait contre lui une preuve considérable.

15. 7°. Les Juges doivent aussi avoir attention de ne jamais condamner à la question préparatoire, un accusé contumax; ce qui seroit ridicule, puisque cette condamnation n'emportant ni mort civile, ni confiscation, ni même infamie, & étant anéantie par la représentation de l'accusé, il ne peut y avoir aucune raison pour la prononcer. On peut d'ailleurs tirer cette conséquence des articles 6 du titre 19; & 6 du titre 26 de l'Ordonnance de 1670.

8°. Tous les Juges peuvent condamner à la question préparatoire, (Ordonnance de 1670, *tit.* 19, *art.* 1,) même ceux des Seigneurs; l'Ordonnance ne faisant aucune distinction.

Mais cela ne peut s'entendre des Officiaux, qui ne peuvent jamais, en aucun cas, condamner à cette peine. (Voyez ce qui est dit à ce sujet au titre *De la compétence des Juges en matiere criminelle*, n. 412.)

16. 9°. En France, toutes personnes peuvent être condamnées à la question, hommes & femmes (*a*), garçons & filles, vieux & jeunes ayant l'âge de puberté, Nobles & Roturiers, Prêtres, Ecclésiastiques (*b*), Religieux, Religieuses, *&c.* (Julius-Clarus, *qu.* 64, *n.* 21 & 24; Bougler *in Practica crimin.* lib. 2, tit. 12, pag. 130; Mazuer *in Practica*, tit. *de quæstionibus*, n. 6, *in margine*; Imbert, *liv.* 3, *chap.* 14, *n.* 3; Farinacius, *qu.* 41, *n.* 2, 15, 36, 54, 69, 76.)

Mais, si le mineur est au dessous de l'âge de puberté, il ne doit point être condamné à la question; *nisi sit pubertati proximus & doli capax*; (L. 1, §. *impuberi* 33, & L. 13, D. *ad S C. Syllan.*)

(*a*) La Marquise de Brinvilliers fut condamnée à la question, par Arrêt du 26 Juillet 1676.

(*b*) L'Abbé de Saint-Jean-d'Angely, accusé en 1471 de la mort de Charles de France, Duc de Guienne, par poison, eut la question, où il confessa des choses très-importantes. (Belcarius, *rerum Gallicarum*, lib. 2, pag. 49.)

cùm

cùm tamen iis parcendum sit in supplicio; suivant la même Loi 13. *Item*, en crime de Leze-Majesté. (L. *de minore*, D. *de quæstion.*)

17. Les personnes nobles, & en général tous ceux qui sont élevés en dignité, ne sont pas même exempts de cette peine, contre ce qui s'observoit en droit. (Mornac *ad L.* 16, D. *de legibus*; Bougler, *in Practica criminali*, lib. 2, tit. 12; Imbert, *liv.* 3, *chap.* 14, *n.* 3; Benedictus, *in secunda parte, cap.* Raynutius, *fol.* 97, *n.* 222; Aufrerius, *in stilo Parlamenti in arresto* 16, *c.* 19; Rebuffe, *in constitutiones regias, in proœmio*, , gloss. 5, n. 115; *& in authenticâ* habita, *in verbo* professoribus, Cod. *Ne filius pro patre.* Ainsi jugé par Arrêt de la Cour, rapporté par Jo. Gallus, *décis.* 46. *Ita etiam* Dumoulin sur cet endroit de Jo. Gallus.) (*c*)

18. Chez les Romains, les gens de guerre n'étoient pas condamnés à la question; mais cela ne s'observe point en France. (Rebuffe *in proœmio constitut.* gloss. 5 n. 115; & Godefroi ad L. *Milites* 8, Cod. *De quæstionibus.*)

Néanmoins on observe parmi nous de ne pas condamner si facilement à la question les personnes nobles, & d'un état distingué, que celles qui sont de condition vile & roturiere. (*Ita* Dumoulin *in quæst.* 46 Jo. Galli; Farinacius, *qu.* 41, *n.* 30, 36, & 56, 59, 77; Ordonnance criminelle de Léopold, *tit.* 11, *art.* 13.)

Les Juges doivent aussi être plus réservés à condamner à la question les Ecclésiastiques, les femmes, & les jeunes gens. (Ordonnance de Léopold, *ibid. art.* 13.)

(*c*) En 1385, le Sieur Dargentone fut condamné à la question, dont il prétendoit se défendre par sa qualité de Baron. (Jo. Gall., *quæst.* 46.)

Jacques Stuard, parent de la Reine de France Marie Stuard, fut en 1559 emprisonné & mis à la question pour l'assassinat du Président Minard. (Voyez Hist. de Thou, *liv.* 22.)

Le Comte de Montgommeri au mois de Juin 1574, fut condamné à avoir la question extraordinaire qu'il souffrit. (*Journal de Henri III.*)

La Mole, qui fut décapité en Place de Greve en la même année par Arrêt du 30 Avril 1574, fut appliqué à la question. (Hist. de Pierre Mathieu sous Charles IX, *pag.* 374.)

Au mois de Mai 1585, le procès fut fait au Grand-Conseil à Montaud, Gentilhomme Gascon, l'un des 45 du Roi Henri III; il fut mis à la question. (*Journal de Henri III.*)

19. Il en faut seulement excepter les grands crimes, *v. g.* le crime de Leze Majesté, l'assassinat prémédité, le parricide, le vol de grand chemin, le crime de fausse-monnoie, *&c*; à l'égard desquels toutes sortes de personnes sont condamnées à la question, sans aucune distinction; même dans les royaumes où la noblesse & l'état distingué exemptent de la question, comme en Italie. *Nam his casibus omnem honorem reatus excludit.* (L. 1, Cod. *Ubi Senat. clarissimi*; Farinacius, *qu.* 41, *n.* 10; L. *Decuriones* 16, Cod. *de quæstionibus*; L. 10, §. 1, D. *de quæstionibus*; L. 3 & 4, Cod. *Ad legem Jul. Maj* (*a*)

ARTICLE PREMIER.

Des personnes qui ne doivent point être condamnées à la question.

20. Il y a des personnes qu'on ne doit point condamner à la question, par la considération de leur foiblesse, ou de leur infirmité; tels sont:

1°. Les impuberes, (*L.* 1, §. 33, D. *ad S C. Syllan.* L. 14 *eodem titulo*; Julius-Clarus, *qu.* 64, *n.* 21; Farinacius, *qu.* 4, *n.* 16:) ce qui est une suite de cette regle, que les impuberes ne peuvent être punis de mort. (Voyez ce qui est dit ci-après, au titre *Des Sentences & Jugements*, part. 3, liv. 2, tit. 25, n. 222.) Il en seroit

---

(*a*) Jerôme de Fiesque, frere de Jean-Louis de Fiesque, Gentilhomme Genois, fut appliqué à la question, & condamné à mort en 1547. (Thuanus Histor. *lib.* 3.)

Jules Cibo fut aussi appliqué à la question en la même année 1547, & condamné à mort à Milan pour crime d'Etat.

En France, M. de Cinq-Mars Grand-Ecuyer de France, fut condamné par Jugement Souverain du 12 Septembre 1642 à avoir la tête tranchée, & avant l'exécution, à être appliqué à la question extraordinaire, pour crime d'Etat.

En 1674, le Sr. de Préaux, Chevalier de Malthe, pour crime de Leze-Majesté, fut condamné aussi par Jugement Souverain à mort, préalablement appliqué à la question qu'on lui donna étant assis sur une chaise.

En 1759 le 12 Janvier à Lisbonne, le Duc d'Aveiro, un des plus Grands Seigneurs du Royaume, fut condamné à la question, & à être roué vif, aussi pour crime de Leze-Majesté.

autrement, s'il s'agissoit d'un crime énorme, *v. g.* d'un crime de Leze-Majesté, ou que le mineur fût d'un âge approchant de la puberté, (*L.* 10, D. *de quæstion.* L. 14, ff. *ad S C. Syllan.*; & ce qui est dit au même titre *Des Sentences & Jugements*, n. 222.)

21. A l'égard des enfants, ils ne doivent jamais y être condamnés; (Mazuer, titre *De quæstion.* n. 6;) ce qui est une suite de ce qu'ils ne peuvent être condamnés à aucunes peines corporelles. (Voyez ce qui est dit au même titre *Des Sentences & Jugements*, n. 220.)

2°. Les foux & insensés. (L. *Si quis*, 3 §. *furiosus* 11, ff. *ad SC. Syllan.* (Voyez au même titre *Des Sentences & Jugements*, n. 230.)

3°. Les sourds & muets: car il faudroit les interroger par signes & gestes; ce qui ne seroit pas praticable à l'égard d'un tel accusé, placé au milieu des tourments. (Farinacius, *quæst.* 41, *n.* 89.)

22. 4°. Les malades & infirmes, & ceux qui sont hors d'état de souffrir la question sans danger de leur vie. (Farinacius, *qu.* 41, *n.* 93;) ce qui doit être constaté par le rapport des Médecins & Chirurgiens.

5°. Les femmes enceintes, pendant le temps de leur grossesse, & quarante jours après, afin qu'elles aient le temps de réparer leurs forces; parce qu'il est à craindre qu'elles ne vinssent à périr, ou leur fruit, à cause des tourments. Cette grossesse se constate aussi par le rapport des Médecins & Chirurgiens. (Voyez la Loi 3, D. *de pœnis*; Julius-Clarus, *qu.* 64, *n.* 23; & Farinacius, *qu.* 41, *n.* 78, *& seq.*

Quelques Auteurs prétendent néanmoins que les femmes peuvent être appliquées à la question, après le dixieme jour de leur accouchement. (*Ita* Balde *in* L. *Imperator* 2, D. *de statu hom.*; Damhouderius, *cap.* 41, *n.* 6; & Carrerius, *in Practica crim.* in L. *Observare*, n. 180, versic. *item excipitur prægnans.*) Mais le plus sûr, est d'attendre les quarante jours.

23. 6°. Les vieillards décrépits, & hors d'état de souffrir la question. Mais il en est autrement des vieillards qui ne sont point décrépits, sur-tout, s'il s'agit de grands crimes. (Julius-Clarus, *qu.* 64, *n.* 22; Mazuer, titre *De pœnis*, n. 6; L. *Si quis* 3, §. 7, D. *ad S C. Syllan.*, Farinacius, *qu.* 41, *n.* 24, *& suiv.*

Néanmoins on peut ordonner, du moins dans les Cours, qu'ils

seront présentés à la question, pour les épouvanter par la crainte des tourments. (Farinacius, *ibid. qu.* 41, *n.* 29.)

ARTICLE II.

De l'effet de la Question préparatoire.

24. L'effet de la question préparatoire, est que, quand l'accusé y avoue son crime, cela forme contre lui une preuve complette & suffisante, pour le faire condamner à mort. (Voyez, *omninò*, ce qui est dit à ce sujet au titre *Des preuves*, ci-dessus, *part.* 3, *liv.* 1, *tit.* 3, *n.* 91) On peut aussi tirer cette décision de l'article 2 du titre 19 de l'Ordonnance de 1670.

Lorsque l'accusé, condamné à la question préparatoire sans réserve de preuves, souffre cette question, sans rien avouer, il est censé innocent, & avoir purgé par cette peine, tous les indices qu'il y avoit contre lui, ainsi qu'on l'a dit ci-dessus, *n.* 8. C'est pourquoi il ne peut plus être condamné à aucune peine, même pécuniaire. (Argument tiré de l'article 2 du titre 19 de l'Ordonnance de 1670.)

Ni à aucuns intérêts civils envers le plaignant.

Mais aussi il ne peut prétendre aucuns dommages & intérêts contre ses accusateurs; à moins qu'il n'y eût une calomnie évidemment prouvée dans l'accusation, ou subornation de témoins, &c. (Ainsi jugé par Arrêt de la Tournelle du 26 Juin 1693, dans l'affaire du Sieur de Langlade. Voyez aussi *Bibliotheque des Arrêts* au mot *accusé*, n. 18.)

25. On a coutume, dans ce cas, de prononcer un hors de Cour sur l'accusation, dépens compensés; & l'on n'est guere dans l'usage d'absoudre, ni même de prononcer un plus amplement informé.

Mais quand l'accusé est condamné à la question avec réserve de preuves, il peut être condamné à toutes sortes de peines, excepté celle de mort, suivant l'article 2 du titre 19 de l'Ordonnance de 1670. On peut même ordonner dans ce cas une nouvelle information; & s'il survient de nouvelles preuves, l'accusé pourra être condamné à mort; comme il résulte du même article 2, à cause de ces mots : *si ce n'est qu'il survienne de nouvelles preuves depuis la question.* (Ainsi jugé par Arrêt de la Tournelle du Parlement de Provence du 6 Février 1741, rapporté dans le

Recueil des Arrêts de ce Parlement, de M. Grimaldi-de-Regusse, imprimé à Aix en 1746, *in-4°. pag.* 386, qui ordonne qu'il en sera plus amplement informé pendant un an à la Requête du Procureur-Général, contre une femme accusée d'avoir empoisonné sa belle-sœur. Sur ce plus amplement informé, il y eut des Monitoires, & l'accusée ayant été convaincue, fut condamnée à être pendue & brûlée, par Arrêt du 17 Août 1741.)

SECTION III.

De la Question préalable.

26. 1°. La question préalable a été établie contre les accusés condamnés à mort, pour les obliger à révéler leurs complices. Cette question ne peut jamais sauver la vie à l'accusé, quelques choses qu'il déclare & avoue ; & il faut toujours qu'il subisse son supplice.

Elle est très-utile pour découvrir les associés & complices des accusés condamnés ; car ces accusés qui voient qu'il n'y a plus d'espérance de sauver leur vie, se portent plus facilement à déclarer leurs complices & adhérents.

27. 2°. Cette question ne peut s'ordonner que contre les accusés condamnés à mort. (Ordonnance de 1670, *tit.* 19, *art.* 3.)

Néanmoins on pratique quelquefois au Parlement de Provence, de condamner à la question préalable, celui qui est condamné aux galeres perpétuelles, en regardant cette peine comme équivalente à celle de la mort naturelle ; & l'expérience a fait voir que ceux qui sont ainsi condamnés, sont plutôt portés à dire la vérité, que dans les questions préparatoires. Ainsi par Arrêt du Parlement d'Aix du 18 Février 1729, le nommé Mirabel a été condamné aux galeres perpétuelles, & à être préalablement appliqué à la question. (Voyez l'Auteur des Causes célébres, *tom.* 11, *pag.* 363.)

28. 3°. On ne doit jamais y condamner un accusé, que dans le cas où il y a apparence qu'il a des complices qu'il refuse de nommer, & quand le crime est de nature à n'avoir pu être commis par un homme seul.

A l'égard des preuves nécessaires pour pouvoir condamner à cette question, Voyez ce qui est dit au titre *Des Preuves*, ci-dessus, *part.* 3, *liv.* 1, *tit.* 3, *n.* 393.

4°. Cette question préalable s'ordonne par le jugement même qui condamne l'accusé à mort. (Ordonnance de 1670, *tit.* 19, *art.* 3.)

5°. Elle ne doit jamais s'ordonner contre l'accusé, lorsqu'il avoue & nomme ses complices. (Voyez *suprà*, *n.* 12 ;) à moins qu'il ne paroisse par les preuves & circonstances du procès, qu'il déguise la vérité, & qu'il a d'autres complices que ceux qu'il nomme.

SECTION IV.

De la Procédure sur les Jugements de Question, ou Torture.

29. 1° Les jugements de condamnation à la question, se rendent à la pluralité des voix, comme tous les autres jugements en matiere criminelle qui prononcent quelque peine afflictive, & au nombre de trois Juges ; & s'ils sont rendus en dernier ressort, ils doivent prévaloir de deux voix, & être rendues au nombre de sept Juges. Ils sont aussi soumis aux autres formalités des jugements. (Voyez les articles 10, 11 & 12 du titre 25 de l'Ordonnance de 1670 ; & ce qui est dit ci-après, *part.* 3, *liv.* 2, *tit.* 25, au titre *Des Sentences & Jugements*, n. 12.)

2°. Ce jugement doit contenir l'espece de question à laquelle l'accusé est condamné, *v. g.* si c'est une question ordinaire ou extraordinaire, & si c'est avec réserve de preuves, ou sans réserve de preuves.

30. La question à laquelle on condamne communément, est la question ordinaire & extraordinaire ; cependant à l'égard des personnes foibles & infirmes, des vieillards, des jeunes gens qui sont encore proche de l'âge de puberté, & quelquefois à l'égard des personnes du sexe, on ne condamne qu'à la question ordinaire ; & cette sorte de condamnation peut être prononcée par toutes sortes de Juges indistinctement.

La différence entre la question *ordinaire* & la question *extraordinaire*, est que cette derniere est beaucoup plus rude, & se donne en doublant le nombre des pots d'eau, pour la question qui se donne à l'eau ; & le nombre des coins pour la question qui se donne avec les brodequins ; ce qui dépend des usages de chaque lieu. Ordinairement en condamnant à la question, on ne sépare point l'une de l'autre : cependant quand il s'agit des personnes foibles ou infirmes,

& des jeunes gens qui sont encore proche l'âge de puberté, & quelquefois des personnes du sexe, on ne doit condamner qu'à la question ordinaire, ainsi qu'on vient de l'observer.

31. A l'égard de la simple présentation à la question, sans y être appliqué, l'Ordonnance défend à tous les Juges, à la réserve des Cours seulement, de prononcer cette espece de condamnation. (Ordonnance de 1670, *tit.* 19, *art.* 5.)

Cette présentation ne doit s'ordonner qu'à l'égard des impuberes, vieillards, valétudinaires, infirmes, & autres personnes auxquelles la question ne pourroit être donnée sans danger de la vie. (Voyez Jul. Clarus, *qu.* 64, *n.* 21; & la Loi 1, §. 33, D. *ad S. C Syllan.*) Elle s'ordonne par un *retentum* particulier qui se met au bas de l'Arrêt, & qui ne se lit point à l'accusé : & elle n'a lieu que dans la question préparatoire, & jamais dans la question préalable.

32. 3°. Le jugement de condamnation à la question, doit être dressé & signé sur le champ : ensuite de quoi le Rapporteur, assisté de l'un des autres Juges, doit se transporter sans divertir, en la Chambre de la question, si le jugement est rendu en dernier ressort, ou confirmé par Arrêt, pour le faire prononcer à l'accusé. (Ordonnance de 1670, *tit.* 19, *art.* 6.) L'accusé doit être à genoux, quand on lui fait cette prononciation.

A l'égard des jugements Prévôtaux portant condamnation à la question, Voyez ce qui a été dit au titre *De la Compétence particuliere des Juges*, ci-dessus, *part.* 2, *tit.* 1, n. 373.

33. 4°. Quand il y a plusieurs accusés condamnés à la question pour le même fait, il faut commencer par ceux de qui il est plus vraisemblable qu'on tirera la vérité, suivant la L. 1, §. 2, D. *de quæstion.* Ainsi on y appliquera les plus foibles & les plus timides les premiers, c'est-à-dire, les jeunes gens, avant ceux qui sont d'un âge mûr; les femmes avant les hommes; le fils avant son pere; la femme avant son mari; & ainsi des autres. (L. *unius facinoris* 18, D. *de quæstionibus*; L. *quidem* 8, §. *finali*, D. *quod metûs causâ*; Julius Clarus, *qu.* 64, n. 29; Jo. Faber, *quæst. De Torturâ*, n. 2.)

5°. Dans un cas de nécessité, on peut donner la question même un jour de Fête solemnelle. (Julius Clarus, *qu.* 64, n. 34; Voyez aussi ce qui est dit au Titre *Des Sentences & Jugements*, ci-après, *part.* 3, *liv.* 2, *tit.* 25, n. 71.)

34. 6°. La question doit être donnée de la maniere usitée dans la Jurisdiction où le jugement est rendu ; & il n'est pas permis de la donner d'une autre maniere que celle qui est autorisée par l'usage. Dans le ressort du Parlement de Paris, la question qui est en usage, est celle à l'eau, ou aux brodequin. Par Arrêt du Parlement de Paris du 18 Janvier 1697, il a été ordonné aux Officiers du Bailliage d'Orléans, au lieu de la question de l'estrapade, qui y avoit été jusqu'alors en usage, de la faire donner de la même maniere qu'en ladite Cour du Parlement, soit par l'extension & avec de l'eau, soit par les brodequins, ainsi que les Officiers dudit Bailliage le jugeront à propos.

35. La question à l'eau se donne en cette maniere. Après que l'accusé a été étendu sur un treteau, & attaché par les bras & les jambes avec des cordes passées dans des anneaux ou boucles de fer, on tend ces cordes avec force, de maniere que son corps reste étendu en l'air, & ne porte plus que sur les cordes auxquelles ses pieds & ses mains sont attachés ; ensuite on passe un treteau sous les cordes des pieds, ou sous le corps pour augmenter l'extension. Alors on lui fait boire de l'eau avec un cornet dont on lui met une des extrémités dans la bouche ; & pour la question ordinaire, on lui en fait boire quatre pots de deux pintes chacun ; & pour l'extraordinaire, on lui passe sous le corps un treteau, plus élevé que le premier, & on lui fait boire quatre pots d'eau de plus.

La question aux brodequins se donne en faisant mettre l'accusé sur un siege de bois, adossé à un mur, & en lui étendant les bras, qu'on attache à deux grosses boucles de fer scellées dans le mur : ensuite on lui serre fortement les jambes à nud avec quatre grosses planches, deux pour chaque jambe, attachées ensemble, & entre les deux planches du milieu, on enfonce à grands coups de maillet des coins ; sçavoir, quatre pour la question ordinaire, & quatre de plus, & quelquefois même cinq pour la question extraordinaire.

36. A l'égard de la simple présentation à la question, elle se fait en dépouillant & liant l'accusé, & en mettant devant lui tout l'appareil qu'on a coutume de préparer, quand on applique quelqu'un à la question, & qu'il ne reste plus qu'à le tourmenter. Lorsqu'il est dans cet état, on procede à son interrogatoire ; & s'il

s'il n'avoue rien, on le détache sans lui rien faire souffrir, & on le remene en prison.

Au Parlement de Bretagne, on donne la question au feu, en approchant du feu les jambes nues du patient, assis & attaché sur une chaise de fer; ce qui se fait par dégrés.

Au Parlement de Rouen, on serre le pouce, ou autres doigts, ou une jambe de l'accusé, avec une machine de fer. On lui serre les deux pouces pour la question extraordinaire.

37. Au Parlement de Besançon, on la donne à l'estrapade. On lie les bras au patient derriere le dos, & on l'enleve en l'air par le moyen d'une corde, attachée à ses bras, qu'on tire par le moyen d'une poulie & d'un tour. Pour la question extraordinaire, on lui attache de plus un gros poids de fer à chaque pied, & ces poids demeurent suspendus en l'air, lorsqu'on éleve l'accusé.

A Autun, on la donne en versant de l'huile bouillante sur les pieds de l'accusé.

38. Dans les autres Royaumes, il y a d'autres questions particulieres: on peut voir à ce sujet Zangerus, en son Traité *De Quæstionibus, seu tormentis reorum*, chap. 4, *n.* 8, pour les différentes especes de questions qui sont en usage en Allemagne; & Farinacius, *qu.* 38, n. 34--71, *&c.*; Voyez aussi sur les différents genres de question, Jacob. de Bellovisu, *in aureâ pract. crim.* lib. 3, cap. 7; Franciscus Brunius, *in Tractatu de judiciis & torturâ*, qu. 2, part. 2, *n.* 6; Paulus Ghirlandus, *in Tractatu de quæstionibus & torturâ*, quæst. 2; Damhouderius, *cap.* 37, *tit. de quæstion.* n. 17, *& seq.*; Hippolit. de Marsil. *in* L. 1, *in princ.* n. 55, & 56, D. *de quæstion*; Conradus, *in Practicâ crim.* tit. *de negat. crim. & torturâ*, n. 43, *& seqq*; & Lebrun, en son procès criminel, *liv.* 2, *pag.* 134; On peut voir encore le livre *de cruciatibus Martyrum*, par Gallonius, imprimé à Paris en 1660, *in-folio*, avec les figures de Tempeste, au sujet des différentes sortes de questions employées contre les premiers Martyrs Chrétiens.

Les Romains se servoient principalement de la question, appellée *Equuleus*, (chevalet;) surquoi on peut voir Rosin, *in Antiquit. Roman.* lib. 9, cap. 31; Chassaneus, *in consuet. Burgund*, rub. 1, §. 8, *pag.* 316; Voyez aussi, pour une autre espece de question dont les Romains faisoient usage, Seneque, *lib.* 22, *epistol.*

SECTION V.

Des formalités requises pour la Question.

39. 1°. Il faut, autant qu'on peut, que l'accusé soit à jeun, avant qu'il soit appliqué à la question, de quelque espece qu'elle soit; quelques Auteurs veulent même qu'il ait été auparavant huit ou dix heures sans manger. (Voyez Zacchias, *in quæstionibus medico-legal*, tom. 1, lib. 6, tit. 2, quæst. 4, *n.* 17; Julius Clarus, *qu.* 64, n. 30; & Farinacius, *qu.* 38, n. 32.) Ainsi le Juge qui prévoit qu'un accusé pourra être condamné à la question, doit prévenir le Geolier, afin qu'il prenne en conséquence les mesures convenables.

40. 2°. La question doit être donnée en présence des Commissaires; c'est-à-dire, du Rapporteur, & de celui des Juges qui l'accompagne; & ceux-ci en doivent dresser procès-verbal. (Ordonnance de 1670, *tit.* 19, *art.* 9.) Il faut aussi un Greffier; mais il ne doit point y avoir d'autres personnes. (Même Ordonnance 1670, *tit.* 14, *art.* 6,) pas même la partie publique; (*Ibid. tit.* 24, n. 2; Edit d'Ampliation des Présid. en Mars 1551, *art.* 48; la Roche-Flavin, Traité des Parlements de France, *liv.* 2, *chap.* 7, n. 60;) Ainsi c'est un très-mauvais usage de faire entrer dans la Chambre de la question d'autres personnes que celles dont la présence est absolument nécessaire. Mais dans les procès prévôtaux, le Prévôt y est aussi présent. (Ordonnance de 1670, *tit.* 2, *art.* 26.)

On a coutume aussi d'y appeller un Médecin & un Chirurgien pour prévenir le danger dans lequel le patient pourroit se trouver par l'excès des douleurs; sans que le défaut de leur présence puisse opérer une nullité dans le procès-verbal de torture. L'usage du Parlement de Paris, est de leur faire prêter serment, comme ils ne révéleront point le secret des réponses des accusés.

41. 3°. Avant d'appliquer l'accusé à la question, il doit être interrogé, & prêter serment à cet effet, & signer son interrogatoire; sinon il doit être fait mention de son refus. (Ordonnance de 1670, *tit.* 19, *art.* 8.)

Quant à la maniere dont il faut interroger l'accusé, soit à la question préparatoire, soit à la question préalable, Voyez ce qui a été dit à ce sujet au Titre *Des Interrogatoires*, ci-dessus, *part.* 3, *liv.* 2, *tit.* 13, *n.* 59 & *suiv.*

Il est à propos de faire précéder cet interrogatoire d'une exhortation faite à l'accusé pour l'engager à dire la vérité; sur-tout avant la question préalable.

Si l'accusé avoue à cet interrogatoire, le Juge doit lui laisser dire tout ce qu'il jugera à propos; & si cet aveu paroît sincere, suivi, sans variation, & conforme à l'information, il semble que ce seroit une espece d'inhumanité, que de le faire ensuite appliquer à la question. (Voyez Jo. Faber, *quæst. de torturâ*, n. 16, 17 & 18; Constit. Car. V, *cap.* 46.) Quelques Auteurs pensent néanmoins, que dans ce cas, les Commissaires ne peuvent se dispenser de faire donner la question à l'accusé, afin que le jugement rendu à cet effet, ne soit point illusoire & sans effet; mais qu'ils la doivent faire donner légerement; surtout s'il paroît, par les circonstances, que l'accusé est sincere & véritable. C'est ainsi que le pense Langlæus, *in semestribus*, liv. 9, chap. 3, pag. 623; & il paroît que son opinion doit être suivie.

42. 4°. Les Commissaires doivent ensuite interroger l'accusé à la question; & il n'est pas nécessaire pour cela de lui faire prêter un nouveau serment, l'interrogatoire qui s'y fait étant une suite du premier; d'ailleurs l'Ordonnance n'exige point ce serment.

5°. Ils doivent charger leur procès-verbal de l'état de la question & des réponses, confessions, dénégations & variations de l'accusé à chaque article de l'interrogatoire, (Ordonnance de 1670, *tit* 19, *art.* 9;) & même des autres expressions, cris, ou gestes de l'accusé qui pourroient servir à la connoissance de la vérité.

Le procès-verbal de la question, est la narration que font les Commissaires de tout ce qui se fait depuis que l'accusé est présenté pour être appliqué à la question, jusqu'à ce qu'il en ait été retiré, & qu'il ait été interrogé de nouveau, & récolé & confronté, si besoin est, à ceux qu'il a accusés; en un mot, jusqu'à ce que les Commissaires aient consommé leur ministere. On fait mention de tout dans ce procès-verbal, même du nombre des pots d'eau, ou des coins qui ont été donnés à l'accusé. Il ne faut pas manquer aussi de faire mention de ce qui se passe à l'interrogatoire de l'accusé, avant que d'être appliqué à la question.

Dans les procès prévôtaux, ce procès-verbal se fait par le

Rapporteur, en présence d'un Conseiller du Siege, & du Prévôt. (Ordonnance de 1670, *tit.* 2, *art.* 26.) Il n'est pas nécessaire que le Prévôt signe ce procès-verbal.

43. 6°. Il est loisible aux Commissaires de faire modérer & relâcher une partie des rigueurs de la question, si l'accusé confesse; & s'il varie, de le faire mettre dans les mêmes rigueurs; mais s'il a été délié & entiérement ôté de la question, il ne peut plus y être remis. (Ordonnance de 1760, *tit.* 19, n. 10; Voyez à ce sujet Menochius, *de arbitrar. jud. casu* 271, *ubi plene*; & Covarruvias, *pract. quæst. cap.* 23, n. 5.)

Lorsque l'accusé nie, & ne veut rien avouer, la question doit lui être donnée dans toute la rigueur; & de même s'il dépose des choses évidemment fausses, & hors de toute vraisemblance.

Les Commissaires doivent régler la question, suivant les circonstances; & considérer la force, ou la foiblesse, le sexe, l'âge, la santé, le tempérammment, ou l'infirmité de l'accusé; & ils doivent la proportionner à toutes ces choses. (Constit. Car. V, *cap.* 58.) Ils doivent aussi considérer l'atrocité, plus ou moins grande du crime. (L. *quæstionis modum* 7, D. *de quæstionibus.*)

44. Si l'accusé avoit la fievre-quarte, ou autre fievre réglée, on peut lui donner la question dans les intervalles de la fievre, en y apportant néanmoins toute la modération nécessaire. (Julius Clarus, *qu.* 64, *in suppl.* n. 73.)

S'il a quelque plaie dangereuse, ou quelque autre mal, on doit lui donner la question, de maniere que les tourments ne lui causent aucunes suites fâcheuses. (Constitut. Car. V, *chap.* 59.)

Les Commissaires doivent quelquefois, non-seulement modérer la question, mais même y surseoir dans certains cas; *v. g.* si le patient avoit une descente, ou autre infirmité, qui le mît hors d'état de souffrir ce tourment. Ils doivent alors faire visiter l'accusé par les Médecin & Chirurgien jurés; & dans le cas où ceux-ci déclareroient qu'il ne peut la souffrir, les Commissaires en doivent faire mention dans leur procès-verbal, qu'ils feront signer aux Médecin & Chirurgien; ensuite surseoir à la question, & en donner avis aux Juges qui ont rendu le jugement, pour en être par eux délibéré.

45. Un mémoire instructif touchant la maniere de donner la question, joint à l'Arrêt de la Cour du 18 Janvier 1697, dont il a été parlé ci-dessus, (*n.* 34.) porte: Que si le Médecin & Chi-

rurgien qui auront visité l'accusé, déclarent qu'il est hors d'état de souffrir la question avec l'eau & l'extension, à cause d'une descente, ou de quelque autre infirmité, dans ce cas, les Juges, sur le procès-verbal des Commissaires, ordonneront que la question sera donnée à l'accusé avec les brodequins; & à cet effet, lorsque la question doit être donnée avec l'eau & l'extension, l'accusé doit être visité par les Médecin & Chirurgien, pour sçavoir s'il est en état de souffrir cette question.

46. Il peut aussi arriver quelquefois que le patient tombe en défaillance, au milieu des tourments; alors sur le rapport des Médecin & Chirurgien, & suivant leur déclaration, il faudra non-seulement l'ôter de la question, mais encore lui donner les remedes nécessaires pour le faire revenir. Les Commissaires dresseront procès-verbal du tout, & interrogeront ensuite l'accusé, lorsqu'il sera revenu à lui.

Les Juges & Commissaires qui font donner la question à un accusé, doivent avoir grande attention d'user en cela de toute la prudence, & de toute la modération nécessaire, soit dans la maniere de la faire donner, soit pour le temps qu'elle doit durer. (L. *quæstionis modum*, D. *de quæstionibus* (a)).

47. La question ne doit pas durer plus d'une heure, ou une heure un quart. (Bartole, *in* L. *unius*, §. 1, D. *de quæstion.*; Farinacius, *qu.* 38, n. 54,) si ce n'est dans les crimes énormes.

Mais une chose que les Juges doivent surtout éviter, & qui seroit indigne de leur caractere; c'est de contribuer par leurs mains aux tourments de l'accusé, en prêtant leur secours au questionnaire, ou autrement. (*Ita* Farinacius, *ibid. quæst.* 38, n. 59.)

Les Juges qui, en faisant donner la question, passent les bornes d'une modération nécessaire, peuvent être punis, suivant les circonstances. (Voyez Menoch, *de arbit. jud. casu* 340; Julius-Clarus, *qu.* 64, *n.* 37; & Farinacius, *qu.* 37, *n.* 111--149.)

48. Si l'accusé vient à mourir au milieu des tourments, à cause de leur trop grande rigueur, ou de leur trop longue durée, occasionnée par la faute du Juge, le Juge doit être puni d'une peine très-sévere; même quelquefois de peine capitale, s'il paroissoit une mauvaise volonté, ou dol de sa part. (L. *Lex Julia* 7, §. 3, D. *de*

(a) *Ita torqueat Judex, ut innocentiæ vel supplicio reum reddat incolumem.* (Voyez Jo. Faber, *quæst. de torturâ*, n. 1 & 27.)

L. *Jul. repetund.* Julius Clarus, *qu.* 64, *n.* 37. Voyez encore ce qui eſt dit à ce ſujet au titre *Des Malverſations d'Officiers*, ci-après, *part.* 4, *tit.* 31, n. 27.)

Si l'accuſé reſte ſeulement eſtropié de quelque membre, par la faute, ou l'imprudence du Juge, ce dernier doit être alors puni plus ou moins ſévérement, ſuivant le degré d'imprudence, ou de mauvaiſe volonté. (Julius-Clarus, *ibid. qu.* 64, *n.* 37.)

49. 7°. Lorſqu'une femme, ou fille condamnée à la queſtion, paroît, ou déclare être enceinte, les Commiſſaires doivent mander d'office, ſur-le-champ, deux Matrônes, ou à leur défaut, des Médecins, ou Chirurgiens, pour viſiter l'accuſée: & ſi par leur rapport, ils diſent qu'elle eſt enceinte, ou qu'ils ne peuvent s'aſſurer du contraire, laiſſant la choſe douteuſe, les Commiſſaires ne paſſeront pas outre; mais ils en dreſſeront leur procès-verbal, & différeront la queſtion; renverront l'accuſée en priſon; & le lendemain feront leur rapport à la Chambre, de ce qui ſe ſera paſſé. Les Juges, ſur ce rapport, ordonnent ce qu'ils jugeront à propos. Ordinairement on ordonne que l'exécution ſera différée juſqu'après l'accouchement de l'accuſée, ou juſqu'à ce qu'il ſoit certain qu'elle ne ſoit pas enceinte. (Voyez la Loi *prægnantis mulieris*, D. *de pœnis.*

50. 8°. Si l'accuſé vient à mourir ſubitement au milieu des tourments, ou après l'avoir fait détacher de la queſtion, les Commiſſaires en dreſſeront leur procès-verbal, & en feront leur rapport à la Chambre aux Juges, qui ordonneront en conſéquence ce qui ſera convenable, ſoit pour ſon inhumation, &c.

9°. Lorſque l'accuſé, qui a été condamné à mort par jugement prévôtal & en dernier reſſort, révele quelqu'un de ſes complices qui ſoit arrêté ſur-le-champ, la confrontation pourra en être faite, encore que le Prévôt n'ait pas été déclaré compétent pour connoître des complices; mais il eſt tenu enſuite de faire juger ſa compétence. (Ordonnance de 1670, *tit.* 19, *art.* 4.)

Pour faire ces ſortes de confrontations, il eſt d'uſage de récoler auparavant l'accuſé en ſes interrogatoires. L'Ordonnance, à la vérité, n'exige point ce récolement, parce que l'interrogatoire, qui ſe fait après la queſtion, en tient lieu; mais il eſt plus ſûr de ſe conformer à cet uſage.

51. Cette diſpoſition de l'art. du tit. 19 de l'Ordon. a été ſagement établie, pour empêcher le dépériſſement des preuves; & auſſi, afin que cette déclaration de l'accuſé puiſſe ſervir de preuve contre les

complices ; autrement, on ne pourroit y avoir égard, si ce n'est dans le cas où ces complices seroient en contumace. (Voyez l'art. 22 du titre 17 de l'Ordonnance de 1670.) Cette confrontation se fait par les Commissaires nommés pour la question, même dans les cas prévôtaux, & quoique le Prévôt soit présent à la question, ainsi qu'il peut y être, aux termes de l'article 26 du titre 2 de la même Ordonnance de 1670.

52. *Question.* Si ceux qui sont révélés par l'accusé comme complices, sont éloignés, faudra-t-il surseoir à l'exécution de cet accusé jusqu'à ce qu'il ait été confronté à ces complices, à cause de l'article 21 du titre 25 de l'Ordonnance qui porte, que les jugements seront exécutés le même jour qu'ils auront été prononcés ?

Je crois que cela dépend de la prudence du Juge, & qu'on ne doit différer, que quand la confrontation peut se faire dans un court espace de temps, & pour des crimes considérables. Les Commissaires doivent pour cela en référer à la Chambre.

53. 10°. Après que l'accusé a été tiré de la question, il doit être, sur-le-champ & de rechef, interrogé sur ses déclarations, & sur les faits par lui confessés, ou déniés ; & l'interrogatoire par lui signé, sinon il doit être fait mention de son refus. (Ordonnance de 1670, *tit.* 19, *art.* 11.)

Il n'est pas nécessaire, pour cela, de faire prêter un nouveau serment à l'accusé ; parce qu'on peut regarder cet interrogatoire, comme une suite du premier qui est prescrit par l'article 8 de ce même titre 19. Néanmoins je vois que le contraire s'observe dans l'usage ; & c'est le plus sûr de le faire, à cause de ces mots, *sera de rechef interrogé, & cet interrogatoire par lui signé*, qui peuvent donner lieu de penser que c'est un nouvel interrogatoire. Ce dernier interrogatoire se fait dans la Chambre même de la question, l'accusé étant sur un matelas auprès du feu.

54. 11°. Quelques nouvelles preuves qui surviennent, l'accusé ne peut être appliqué deux fois à la question pour le même fait. (Ordonnance de 1670, *tit.* 19, *art.* 12.)

Mais rien n'empêche que l'accusé ne puisse être appliqué de nouveau à la question pour un autre fait, du moins quand ce fait s'instruit par un procès criminel, différent du premier. Ce n'est point aussi mettre deux fois à la question pour le même fait, quand l'accusé est condamné à la question préparatoire pour avoir de lui l'aveu de son crime, & qu'ensuite il est condamné à la question préalable pour avoir révélation de ses complices.

Par les anciennes Ordonnances, il étoit permis aux Juges de réitérer la question toutes les fois qu'il survenoit de nouvelles preuves, ou de nouveaux indices, conformément à ce qui se pratiquoit en Droit, suivant la Loi *Unius* 18, §. 1, D. *de quæstion.* (Voyez les Ordonnances des mois de Mars 1498, *art.* 114; Novembre 1507, *art.* 193; & Octobre 1535, *chap.* 13 *art.* 43.)

55. 12°. Les accusés, qui ont subi la question préparatoire, doivent être encore interrogés à la Chambre, lors du jugement diffinitif, soit qu'ils aient avoué, ou non, à la question.

13°. Les Sentences de condamnation à la question ne peuvent être exécutées, qu'elles n'aient été confirmées par Arrêts des Cours. (Ordonnance de 1670, *tit.* 19, *art.* 7.)

Il faut excepter de cette regle les Sentences prévôtales & présidiales, rendues en dernier ressort.

Si la Sentence de condamnation à la question, n'est pas en dernier ressort, soit que l'accusé en appelle, ou non, il doit être envoyé, avec son procès, au Parlement; & cela, quand bien même il renonceroit à tout appel. (Ordonnance de 1670, *tit.* 26, *art.* 6;) ce qui est une suite de ce que la question est une peine corporelle, & même une des plus graves dans l'ordre des peines, suivant l'article 13 du titre 25 de la même Ordonnance.

56. Lorsque le jugement de condamnation à la question, est confirmé sur l'appel, l'usage est de ne pas renvoyer devant les premiers Juges qui ont prononcé la condamnation; mais le jugement s'exécute alors par le Juge supérieur. L'Ordonnance de Léopold, rendue pour la Lorraine, *tit.* 11, *art.* 2, en a une disposition. Cependant quand les premiers Juges sont résidents dans le même endroit que le Juge d'appel, comme, *v. g.* le Châtelet de Paris, on renvoie ordinairement devant le premier Juge, pour l'exécution du jugement.

57. Après une question préparatoire ordonnée par jugement, dont il y a appel, s'il survient, avant l'appel jugé, de nouvelles preuves contre l'accusé, le premier Juge peut recevoir ces preuves; mais il doit en informer le Juge supérieur, & les lui renvoyer. Le Juge supérieur doit en ce cas, sans juger l'appel de la condamnation à la question, renvoyer l'accusé devant le premier Juge pour achever l'instruction, sur-tout s'il y avoit un grand nombre de témoins entendus, & faire revenir l'accusé pour le juger au fond.

TITRE XXIII.

De la conversion des procès civils en procès criminels; & de la réception en procès ordinaire.

UN procès civil peut être converti en procès criminel; & de même un procès criminel peut être reçu en procès ordinaire.

SECTION PREMIERE.

De la conversion des procès civils en procès criminels.

1. 1°. Lorsqu'en instruisant un procès civil, les Juges trouvent que l'affaire passe les bornes d'une instruction civile, & qu'il peut y avoir lieu à quelque peine corporelle, ou afflictive; ils peuvent ordonner que le procès sera poursuivi extraordinairement; c'est-à-dire, par récolement & confrontation. (Ordonnance de 1670, *tit.* 20, *art.* 1.) Voyez aussi l'article 19 du titre 25 de la même Ordonnance.

Les Juges peuvent ordonner cette conversion en procès criminel, d'office & sans qu'il soit besoin de conclusions de la partie publique. Les Procureurs du Roi, ou Fiscaux, peuvent aussi requerir cette conversion; mais la partie civile ne peut la demander; parce que quand une partie s'est une fois pourvue par action civile, elle ne peut plus prendre la voie criminelle. (Ordonnance de 1667, *tit.* 18 des complaintes, *art.* 2.)

Le Juge d'instruction ne peut ordonner seul cette conversion; mais elle doit être prononcée au Siege. (Arrêt du Conseil du 30 Mars 1719, rendu pour le Présidial de Brives, *art.* 19. Voyez ce qui est dit ci-après au titre *De l'Instruction criminelle en général*, part. 3, liv. 3, tit. 2, n. 44.)

2. 2°. Les Juges peuvent aussi, en instruisant un procès ordinaire, décréter, s'il y échet, de prise de corps, ou d'ajournement personnel, suivant la nature de la preuve, & la qualité du crime,

ou de la personne; & ordonner l'instruction à l'extraordinaire. (Ordonnance de 1670, *tit.* 20, *art.* 1; & *tit.* 10, *art.* 2.)

Il n'est pas nécessaire que ce décret soit rendu sur la réquisition de la partie publique: les Juges l'ordonnent quelquefois d'office à l'Audience, ou à la Chambre, en ajoutant *sur les conclusions du Procureur du Roi, ou Fiscal*, quoique souvent il ne l'ait point requis. Quelquefois aussi les Juges, avant de décréter, ordonnent que la procédure sera communiquée au Procureur du Roi pour y donner ses conclusions.

3. Quelques Auteurs prétendent que les Juges ne doivent point décréter d'office en voyant un procès civil, & que cela doit toujours se faire sur les conclusions de la partie publique; & ils ajoutent, qu'agir autrement, c'est aller contre la disposition de l'article 1 du titre 10 de l'Ordonnance de 1670; ce qui n'est pas sans fondement, sur-tout s'il s'agit de ne décréter que d'assigné pour être oui, ou d'ajournement personnel. Car s'il s'agit de décréter de prise de corps, & qu'on appréhende que le coupable ne s'échappe, on peut le faire arrêter sur le champ; mais pour pouvoir le décréter, il faudroit communiquer la procédure à la partie publique sur le champ, ou dans le même jour, afin qu'il puisse être écroué & interrogé dans les vingt-quatre heures.

Ce décret forme, à proprement parler, un nouveau procès; parce qu'alors la partie publique devient partie principale.

4. 3°. C'est le même Juge qui a instruit le procès au civil, qui connoît du criminel, excepté dans les Sieges où il y a des Juges particuliers pour le criminel. Ainsi dans les Parlements, ces sortes de procès, quand il est ordonné qu'ils seront poursuivis extraordinairement, se portent en la Tournelle criminelle. (Voyez ce qui est dit à ce sujet au titre *Des Appellations*, ci-après, *part.* 3, *liv.* 2, *tit.* 37, n. 68.)

Et de même dans les Bailliages, Sénéchaussées & autres Sieges où il y a des Lieutenants-Criminels, c'est à eux à instruire; & à la Chambre Criminelle à juger ces procès ainsi convertis, & non au Bailliage civil. (Voyez ce qui a été dit au titre *De la Compétence des Juges criminels*, part. 2, tit. 1, n. 80.)

5. 4°. Pour faire cette instruction extraordinaire, il n'est pas nécessaire de répéter les témoins en leurs dépositions, mais seulement de les récoler & confronter; l'Ordonnance n'exigeant point cette formalité, si ce n'est dans le cas des articles 5 & 6 du titre 10

à l'égard des procès-verbaux des Juges, ou des Huissiers ; mais non dans le cas où les témoins ont déja été entendus en déposition, & prêté serment devant un Juge. C'est ce qui résulte des termes des articles 1 & 2 du titre 10 de l'Ordonnance ci-dessus cités ; & c'est ainsi que s'en explique M. Joli de Fleuri, Procureur-Général, dans un requisitoire imprimé du 15 Mai 1747, qui précede l'Arrêt du Parlement rendu dans l'affaire criminelle des nommés Jean Dain, & André Loiseau, de Nevers, ainsi qu'il a déja été observé. Voyez Imbert, *liv.* 3, *chap.* 11, *n.* 2, *aux notes.* C'est aussi ce qui s'observe dans l'usage ; & ce qui vient d'être jugé par un Arrêt rendu au Parlement de Metz au mois de Décembre 1769.

Lacombe en son Traité des Matieres Criminelles, *part.* 3, *chap.* 4, *sect.* 1, *n.* 17 ; & *chap.* 19, *n.* 2, est néanmoins d'un sentiment contraire d'après Bornier ; & il prétend qu'il y a un Arrêt rendu en la Tournelle le 31 Mars 1708, qui a jugé qu'une enquête ne pouvoit être convertie en information ; & que quand il s'agissoit de prendre la voie extraordinaire, il falloit répéter les témoins ouis en l'enquête en forme de déposition & information, & ensuite décréter sur l'information. Tel paroît être aussi le sentiment de Bruneau en son Traité des Matieres Criminelles, *liv.* 1, *tit.* 22, *n.* 10, *pag.* 213. On trouve même un Arrêt du Parlement de Dijon du 19 Janvier 1758, rendu sur les conclusions du Procureur-Général, (cité par M. Serpillon en son Code Criminel, *pag.* 937, & qui a sans doute donné occasion à ce Magistrat d'embrasser le sentiment de Lacombe,) qui ordonne que deux rôles des Tailles, & une enquête seroient apportés au Greffe, & que les témoins seroient répétés dans leurs dépositions, pour tenir lieu d'information. Mais 1°. Lacombe ne dit pas où se trouve cet Arrêt de 1708, qui n'est point au Journal des Audiences ; & à l'égard de celui du Parlement de Dijon de 1758, l'espece n'en est point rapportée : outre qu'il y a bien de la différence entre ordonner qu'une enquête, où l'on a dû naturellement entendre les deux parties, sera convertie en information ; ou ordonner qu'un procès commencé civilement contre un tel accusé, sera poursuivi extraordinairement contre lui ; à l'effet de quoi il sera décrété d'ajournement personnel, ou de prise de corps, & les témoins récolés & confrontés : 2°. l'opinion de Lacombe, ainsi que les deux Arrêts ci-dessus cités, paroissent contraires aux vrais principes sur cette matiere ; parce qu'on doit considérer une information comme une vraie enquête, tant qu'il n'y a point de réglement à l'extraordinaire ; & que le récolement qui se fait ensuite des témoins, est une véritable répétition.

6. 5°. L'appel des Sentences qui ordonnent qu'un procès commencé par la voie civile sera poursuivi extraordinairement, n'est point suspensif. C'est ce qui résulte de la disposition de l'article 3 du titre 26 de l'Ordonnance de 1670 ; outre que c'est un jugement d'instruction, qui ne peut par conséquent être suspendu par l'appel.

SECTION II.

De la réception des procès criminels en procès ordinaires.

7. 1°. Lorsqu'il paroît, en instruisant un procès criminel que l'affaire ne doit pas être poursuivie criminellement, les Juges doivent *recevoir les parties en procès ordinaire ;* & pour cet effet, ordonner que les informations seront converties en enquête, & permettre à l'accusé d'en faire de sa part dans les formes prescrites pour les enquêtes. (Ordonnance de 1670, *tit.* 20, *art.* 3.) On appelle ainsi cette conversion, *renvoyer à fins civiles.* (Voyez le procès-verbal de l'Ordonnance de 1670, *tit.* 21, *art.* 3, *pag.* 229.)

Le jugement qui ordonne cette conversion, doit contenir les faits contraires articulés par l'accusé pour sa défense, afin qu'il puisse faire sa preuve contraire. Ainsi l'accusé doit faire insérer ses faits contraires dans le jugement. Sans cette précaution, le défendeur pourroit faire entendre des témoins sur des faits qui ne seroient pas pertinents, ni relatifs à la demande.

8. Un des cas les plus fréquents où l'accusé peut être reçu en procès ordinaire, c'est lorsqu'il ne désavoue pas l'action qu'on lui impute, mais qu'il prétend avoir été en droit de le faire.

Par exemple, Titius se plaint que j'ai coupé un arbre sur son terrein ; les témoins déposent de ce fait, & moi-même j'en conviens ; mais j'ajoute que je possede de bonne foi ce terrein. Si cette allégation de ma part est véritable, quelque droit que Titius ait d'ailleurs sur ce fonds, il n'aura plus que l'action civile pour m'obliger à lui en délaisser la possession. C'est pourquoi, si je prouve la possession par moi alléguée, la plainte de Titius cessera d'avoir lieu, & alors c'est le cas de renvoyer à fins civiles.

9. Il en est de même, lorsque mon voisin se plaint que j'ai mis le feu dans sa maison à dessein ; si les témoins ne disent autre chose, sinon que le feu est venu de chez moi ; & que dans mon interrogatoire, j'avoue la même chose, en déclarant néanmoins que c'est par accident que cela s'est fait ; alors il n'y aura plus contre moi que l'action civile pour raison de cet incendie : ainsi ce sera aussi le cas de renvoyer à fins civiles.

Lorsque l'affaire devient légere par l'instruction, c'est le cas le plus ordinaire de renvoyer à fins civiles ; *v. g.* lorsque des injures, qui sont d'abord annoncées pour graves, se trouvent ensuite légeres ; ce qui dépend de la prudence du Juge, & des circonstances ; alors le Juge ordonne que les informations seront converties en enquête, avec permission à l'accusé d'en faire une de sa part.

10. Un autre cas où l'on doit civiliser, c'est à l'égard des veuves accusées de recélés & divertissement des effets de la communauté avec leurs maris décédés. On oblige néanmoins quelquefois ces veuves sur l'appel de la procédure extraordinaire, de subir interrogatoire, pour sçavoir la vérité par leur bouche. A l'égard des étrangers complices de ces recélés, il faut distinguer, s'il y a preuve, qu'ils aient recélé pour leur compte, ou pour celui de la veuve. Dans le premier cas, on doit suivre contre eux la procédure extraordinaire ; mais dans le second cas, ils doivent être renvoyés à fins civiles. (Ainsi jugé par Arrêt du 19 Avril 1698, rapporté au Journal des Audiences.)

Cette réception des parties en procès ordinaire, a succédé à ce qu'on appelloit avant l'Ordonnance de 1670, *appointements de contraires*.

11. 2°. La réception en procès ordinaire, ne fait pas cesser l'action criminelle ; mais cette action cesse seulement d'être poursuivie par la voie extraordinaire, pour commencer à l'être par la voie ordinaire. C'est ce qui fait que dans le sommaire du titre 20 de l'Ordonnance, & dans l'article 3 de ce titre, le mot de *conversion en civil*, n'y est point employé, au lieu que dans le cas où le procès civil est converti en procès-criminel, l'action civile est anéantie, & cesse conséquemment, étant changée en action criminelle. Ainsi dans ce cas de réception en procès ordinaire, c'est une maniere de parler impropre, de dire que le procès

est civilisé; car ce qui se fait ensuite, est toujours une instruction de l'action criminelle.

12. 3°. Cette conversion de procès criminel en procès civil, se fait sur la requête de l'accusé, & quelquefois sur celle de la partie publique.

Il n'est pas nécessaire pour civiliser, qu'il y ait une partie publique; parce que la partie publique n'est tenue de poursuivre que les procès où il échet peine afflictive, ou infamante.

4°. Quand il y a plusieurs accusés dans un même procès, on ne peut instruire criminellement à l'égard des uns, & civiliser à l'égard des autres. (Arrêt du 9 Août 1709, rapporté au Journal des Audiences.) Il en faut seulement excepter le cas de récélé, fait par une veuve, & où il y a des complices qui ont détourné pour leur compte. (Voyez *suprà*, n. 10.)

S'il y a plusieurs complices accusés du même crime, dont quelques-uns soient contumaxs, il faut commencer à instruire la contumace contre les absents; & ensuite recevoir les accusés présents en procès ordinaire, si la matiere y est disposée.

13. 5°. On ne reçoit jamais les parties en procès ordinaire, lorsqu'il n'y a point d'autre accusateur que le Procureur du Roi, ou Fiscal. (Voyez le procès-verbal de l'Ordonnance de 1670, sur le titre 2, article 4, *pag.* 232; & Leprêtre, *Centurie* 4, *chap.* 51 *&* 52.)

6°. Après la confrontation des témoins, l'accusé ne peut plus être reçu en procès ordinaire; mais il doit être prononcé diffinitivement sur son absolution, ou sur sa condamnation. (Ordonnance de 1670, *tit.* 20, *art.* 3 *&* 4.)

L'Ordonnance dit simplement, *avant la confrontation*, & non *avant le récolement*; ce qui prouve que même après le récolement, on peut recevoir les parties en procès ordinaire, pourvu que ce soit avant la confrontation.

Quand même la procédure seroit nulle, on ne pourroit civiliser, ni convertir l'information en enquête, après la confrontation. (Arrêt du 17 Juillet 1705, au Journal des Audiences.)

14. Bouvot, en ses questions, au mot *Accusateur*, qu. 1 & 19, dit, qu'un procès commencé criminellement, ne peut être civilisé avant l'interrogatoire de l'accusé; ce qui paroît d'autant plus juste, que c'est souvent par l'interrogatoire que l'accusé propose

ses défenses, & fait connoître sa justification; (Ainsi jugé par Arrêt du Parlement de Dijon du 7 Avril 1728, rapporté par M. Serpillon, en son Code criminel, *pag.* 1544.) Mais cette regle n'a pas lieu, quand il ne s'agit que de délits légers; comme dans le cas où la plainte rendue contre l'accusé, étant pour injures graves, la preuve qui se feroit par l'information, constateroit qu'il ne s'agit que d'injures légeres, pour lesquelles, par conséquent, il n'est pas nécessaire; & même ce seroit une procédure vicieuse, de faire subir interrogatoire à l'accusé.

Mais après une contumace instruite, rien n'empêche qu'on ne puisse civiliser, la contumace tenant lieu d'interrogatoire; pourvu qu'on n'ait pas passé au récolement ni à la confrontation.

15. 7°. C'est le même Juge qui a instruit le procès au criminel, qui doit connoître du procés civilisé. (Arrêt du Parlement de Dijon du 8 Mars 1625, en faveur du Lieutenant-Criminel d'Arnai-le-Duc; même dans les Sieges où il y a des Juges, ou Chambres particulieres pour le civil.)

Ainsi dans les Parlements, c'est la Tournelle Criminelle qui connoît des procès ainsi civilisés; & de même dans les Bailliages & Sénéchaussées où il y a des Lieutenants-Criminels, c'est le Bailliage Criminel qui continue de connoître des procès criminels, même après qu'ils sont civilisés. (Voyez ce qui a été dit au titre *De la Compétence des Juges*, ci-dessus, *part.* 2, *tit.* 1, n. 80.)

16. Les Prévôts des Maréchaux continuent aussi d'instruire les procès prévôtaux dans lesquels les parties ont été reçues en procès ordinaire; & le jugement s'en fait ensuite au même Présidial. (Arrêt du Grand-Conseil du 22 Septembre 1665, pour Lyon, rapporté par Henris, *tom.* 2, *liv.* 2, *qu.* 34.)

Cette continuation de compétence du Juge Criminel, pour connoître des procés civilisés, est fondée sur ce qui a été dit ci-dessus, *n.* 11, que dans ces procès, l'action criminelle subsistoit toujours, & par conséquent doit continuer d'appartenir aux mêmes Juges.

Les Lieutenants-Criminels, & autres Juges d'instruction, ne peuvent prononcer seuls ces sortes de renvois à fins civiles, & de reception en procès ordinaire; mais ils doivent être prononcés au Siege. (Arrêt du Conseil du 30 Mars 1719, rendu pour les Officiers du Présidial de Brives, *art.* 10; autre Arrêt du Parlement du 1 Septembre 1766, contre le Maitre Particulier de

Creci. Voyez au Titre *De l'Instruction Criminelle en général*; ci-après, *part.* 3, *liv.* 3, *tit.* 2, n. 44.)

17. 8°. Quand les informations sont converties en enquête par le jugement qui civilise, & qu'il a été permis à l'accusé de faire une enquête de sa part, il peut, pour faire cette enquête, demander communication de la plainte; & cette communication ne peut lui être refusée.

Mais il faut observer que le délai de faire enquête de la part de l'accusé, dans un procès criminel civilisé, ne court pas du jour de la signification de la Sentence qui a civilisé: car cet accusé peut articuler des faits par une requête, pourvu qu'il les articule dans le premier délai de faire enquête, quand même la premiere Audience, où il s'agit d'appointer les parties à vérifier, ne tomberoit qu'après. (Ainsi jugé par Arrêt du Parlement de Rouen du 26 Octobre 1750, rapporté dans l'édition de 1753, du Texte de la Coutume de Normandie.) Cet Arrêt est fondé sur ce que l'article 3 du titre 20 de l'Ordonnance de 1670, ne porte pas que la Sentence qui renvoie à fins civiles, contiendra l'appointement à faire preuve contraire.

18. L'accusé, ou défendeur, peut aussi demander que la partie civile soit tenue de lui donner les noms, surnoms, âge, qualités & demeures des témoins entendus dans son information convertie en enquête, pour pouvoir fournir ses reproches, dans le temps de l'Ordonnance, s'il y a lieu d'en proposer; le tout conformément à l'article 28 du titre 22 de l'Ordonnance de 1667.

Et lorsque ce défendeur aura fourni ses reproches, ou qu'il aura renoncé à en fournir, il pourra demander la communication de l'information, ou enquête de la partie civile, suivant l'article 29 du même titre 22 de l'Ordonnance de 1667.

Ainsi cette plainte & cette information, qui étoient des procédures secrettes, cessent alors de l'être. Ces pieces doivent même être rendues par le Greffier qui se seroit saisi de la grosse, à l'occasion de l'appel qui auroit été interjetté de la procédure extraordinaire sur laquelle l'Arrêt, ou jugement de conversion, auroit été rendu; & il peut même y être contraint. (Voyez ce qui est dit ci-après au Titre *De l'Instruction Criminelle en général*, part. 3, liv. 3, tit. 2, n. 95.)

19. 9°. Il doit aussi être permis, tant à la partie civile, qu'au défendeur,

fendeur, de faire entendre de nouveaux témoins ; (Voyez le procès-verbal de l'Ordonnance sur cet article, titre 21, article 3, *pag.* 229.) mais il faut que cela se fasse dans le délais requis au civil pour les enquêtes, comme il résulte de l'article 3 du titre 20 de l'Ordonnance de 1670. (Voyez *suprà*, n. 17.)

Au reste, il faut observer que quand il est ordonné que les informations seront converties en enquête, cela n'exclut point la preuve, qui peut se faire aussi par titres & pieces.

20. 10°. Lorsque par le jugement qui a civilisé, il n'a point été ordonné que les informations seroient converties en enquête, la partie qui a fait faire ces informations, ne peut en faire aucun usage, ni même demander qu'il lui soit permis de faire une nouvelle enquête, composée des anciens témoins, ou de nouveaux, sauf au défendeur à faire preuve contraire ; parce qu'alors c'est une chose jugée ; ainsi le procès doit être jugé civilement en l'état où il se trouve.

11°. Dans les procès criminels civilisés, si l'accusé est mineur, il faut lui donner un curateur. (Arrêt du Parlement de Toulouse du 2 Septembre 1713, rapporté au Recueil des Réglements de Toulouse, *in*-8°., *tom.* 1, *pag.* 189.)

21. 12°. Si l'accusé étoit prisonnier, il faudroit l'élargir après la réception des parties en procès ordinaire. (L'Ordonnance de 1539, *art.* 150, en a une disposition ; Voyez aussi les Ordonnances des mois de Mars 1497, *art.* 119 ; Novembre 1507, *art.* 178, & Octobre 1535, *chap.* 13, *art.* 28 ; & Papon, *liv.* 22, *tit.* 5, n. 15.) Mais cet élargissement ne peut se faire, suivant ces Ordonnances, qu'à la charge par l'accusé de se représenter. (Voyez Airault, *liv.* 3, *part.* 4, *n.* 11, *pag.* 562.)

13°. Quand un procès est civilisé, & que les parties sont reçues en procès ordinaire, on ne peut infliger aucune peine corporelle, ou afflictive, contre celui qui étoit originairement accusé, sans auparavant reprendre contre lui la voie extraordinaire. (Voyez Papon, *liv.* 24, *tit.* 10, n. 13.)

22. 14°. Les procès ainsi civilisés tombent en péremption, ainsi que les procès civils. (Voyez ce qui est dit au Titre *De la maniere d'exercer l'action criminelle en général*, part. 3, liv. 3, tit. 1, n. 216.)

15°. L'instruction du procès civilisé étant finie, si le jugement qui a civilisé, a été rendu à l'Audience, les enquêtes doivent aussi y être portées pour être jugées sur un simple acte; à moins que les parties n'aient été appointées à écrire & produire, si la matiere y échet. (Ordonnance de 1667, *tit.* 22, *art.* 35.) Le jugement qui intervient sur cette procédure, ne peut condamner qu'en des peines pécuniaires & civiles.

23. 16°. Au lieu de renvoyer à fins civiles, il arrive le plus souvent que le Juge qui est saisi de l'affaire, la juge tout d'un coup en l'état où elle est; ce qui arrive, 1°. lorsque l'accusé demande à être jugé diffinitivement, & qu'il croit qu'il n'est pas nécessaire de demander à être renvoyé à fins civiles; ni de faire une enquête ou preuve de sa part; ni, en un mot, de produire en sa faveur aucune justification; 2°. lorsqu'il y a des enquêtes contraires, comme il arrive le plus souvent dans le cas où les plaintes sont réciproques; 3°. lorsque le Juge, dans le cas même où l'accusé demande à être renvoyé à fins civiles, voit que cela ne serviroit de rien, la preuve étant complette contre lui, & ne pouvant être détruite par une preuve contraire, ou autrement. Quelquefois aussi, dans ces sortes de procès criminels, il arrive que le Juge, après l'instruction, renvoie les parties à l'Audience.

24. *Question.* Lorsqu'une affaire, poursuivie criminellement, est renvoyée à l'Audience, le plaignant doit-il signifier la Sentence de renvoi, ainsi que la copie des charges & informations à l'accusé?

Il y a bien de la différence entre *renvoyer les parties à l'Audience*, dans le cours d'une procédure criminelle, & *recevoir les parties en procès ordinaire.* Le *renvoi à l'Audience*, se fait, ou quand on peut juger le procès criminel en l'état qu'il se trouve, sans qu'il soit besoin d'autre instruction; ou quand il s'agit de juger quelque incident, sur lequel il est nécessaire d'entendre les parties, *v. g.* de civiliser le procès, *&c.* Dans le premier de ces deux cas, il ne doit se faire aucune procédure ni instruction; mais la partie civile a seulement la faculté de donner sa requête pour y prendre des conclusions civiles, & l'accusé de fournir ses réponses, dans le délai qui est ordonné, sans que faute de donner cette requête par le plaignant, & les réponses par l'accusé, le jugement du procès puisse être différé. C'est là toute la procédure que les parties peuvent tenir alors, & qui leur est indiquée par l'article 20 du titre 14 de l'Ordonnance de 1670. Mais dans cette maniere de procéder, le procès continue toujours d'être procès criminel, malgré le renvoi qui est fait à l'Audience ; & les charges & informations continuent d'être secretes, & ne peuvent être communiquées, sinon à la partie publique, aux termes de l'article 15 du titre 6 de la même Ordonnance de 1670 ; & par conséquent, il n'est pas permis au plaignant de lever ces charges & informations, & encore moins d'en signifier copie à l'accusé.

25. Cette maxime est fondée sur ce que le renvoi à l'Audience se rend ordinairement à l'Hôtel, & se prononce par le Juge d'instruction, qui n'est pas Juge du fond ; & que par ce renvoi, le procès conserve toujours sa nature de procès criminel ; ensorte qu'il peut très bien arriver que lors de la lecture des charges & informations faite à l'Audience, le procès soit réglé à l'extraordinaire par les Juges, s'ils estiment qu'il y a lieu de le faire. Il est vrai qu'il arrive presque toujours que ces procès se jugent sur le champ, sur la simple lecture des charges & informations ; mais ces charges & informations doivent toujours être secretes, jusqu'à la lecture qui en est faite, & ne peuvent être remises qu'entre les mains des Gens du Roi, qui en font la lecture à l'Audience, ainsi qu'il s'observe tous les jours à l'égard des procès criminels pour injures & excès. Ces procès après l'information & l'interrogatoire des accusés, sont renvoyés à l'Audience par le Juge d'instruction, & ensuite jugés par le Tribunal, sans autre instruction, sur la simple lecture des charges & informations qui se fait par l'un des Avocats du Roi.

26. Au contraire, *la réception en procès ordinaire* se fait, lorsque sur un procès poursuivi d'abord criminellement & porté à l'Audience, ou rapporté à la Chambre, on voit que ce procès n'est pas de nature à être instruit criminellement, & qu'il est nécessaire de renvoyer les parties à fins civiles ; comme dans le cas où il y a des plaintes réciproques, ou des faits de la part de l'accusé pour lesquels il est nécessaire de lui permettre de faire une preuve contraire. Dans ces circonstances on convertit les informations en enquête, & l'on permet à l'accusé d'en faire de sa part, s'il est nécessaire, suivant la disposition de l'article 3 du titre 20 de l'Ordonnance de 1670. Alors les charges & infor-

mations cessent d'être secretes, & l'on doit suivre ce qui s'observe pour la procédure civile, dans les articles 27, 28 & suivants du titre 22 de l'Ordonnance de 1667.

27. Ces principes posés, il est facile de voir que le plaignant, qui sur un simple renvoi à l'Audience, & avant que les parties soient renvoyées à fins civiles, ou, ce qui est la même chose, avant la réception en procès ordinaire, leveroit copie des charges & informations, & les signifieroit à l'accusé, feroit une mauvaise procédure ; & que même dans ce cas, le Greffier seroit repréhensible d'en avoir donné communication au plaignant.

Il n'est pas inutile d'observer à ce sujet, que les Juges ne doivent pas se prêter aisément à admettre & à favoriser des procédures criminelles. C'est pourquoi, en matiere légere, comme d'injures verbales, & autres semblables, surtout à l'égard des personnes de basse condition, ils ne doivent jamais permettre d'informer, mais seulement d'assigner les parties pour les régler sur le champ à l'Audience. (Voyez ce qui est dit à ce sujet au Titre *Des Injures*, ci-après, *part.* 4, *tit.* 24, n. 187.)

28. Mais si outre les injures verbales, il y a quelque excès qui ne soit pas cependant fort considérable, les Juges peuvent & doivent, au lieu de décréter l'information, ordonner que celui dont on se plaint, sera assigné aux fins de la plainte, dont il doit, à cet effet, lui être donné copie ; & sur le récit qui sera fait à l'Audience des informations, arbitrer la peine. Car on ne doit, ainsi qu'on l'a déja observé, décréter & faire subir interrogatoire, que dans des cas graves, & où il s'agit de violences & de voies de fait considérables ; ou d'injures atroces, qui attaquent l'honneur & la réputation des personnes constituées en dignité, ou du moins de condition honnête.

Enfin, la même chose doit se pratiquer, lorsqu'une information a été décrétée, & que l'accusé, après avoir subi interrogatoire, a pris droit par les charges & informations, ou la partie civile par les confessions de l'accusé. Car alors, si le crime n'est pas de nature à mériter une peine afflictive, il faut juger diffinitivement sur le récit des informations, & observer ce qui est porté en l'article 20 du titre 14 de l'Ordonnance de 1670. (Voyez le procès verbal de cette Ordonnance, *pag.* 229.)

29. 17. Quoique les parties aient été reçues en procès ordinaire, néanmoins la voie extraordinaire peut être reprise, si la matiere y est disposée; (Ordonnance de 1670, *tit.* 20, *art.* 5.) même sur l'appel par le Juge supérieur. (Ainsi jugé par Arrêt rendu en la Tournelle du Parlement de Paris le 22 Mars 1722, contre le Sieur de Richoufftz, Maître des Eaux & Forêts de Noyon.) Ce qui dépend de la prudence du Juge, & des circonstances de l'affaire. Quelquefois même dans le jugement qui reçoit en procès ordinaire, on ajoute cette clause, *sauf à reprendre l'extraordinaire s'il y échet.*

Mais quand l'affaire a été réglée de nouveau à l'extraordinaire, on ne peut plus recevoir une seconde fois les parties en procès ordinaire.

30. 18°. Les Sentences, Arrêts & Jugements qui reçoivent les parties en procès ordinaire, doivent être rendus sur les conclusions de la partie publique; & le jugement qui intervient, doit aussi lui être montré, afin que si elle veut en appeller, elle le puisse faire. (Arrêt du Parlement du 7 Septembre 1660, rendu pour Dreux; autre du 10 Juillet 1668, pour Meaux.)

Elles doivent aussi être montrées à l'accusé, dans le cas du moins où il est prisonnier, pour lui procurer son élargissement. (Voyez ce qui est dit au Titre *Des Sentences, Arrêts & Jugements*, ci-après, *part.* 3, *liv.* 2, *tit.* 25, n. 26.)

A l'égard de la partie civile, elle peut lever le jugement, & le signifier, si elle a intérêt de le faire, ainsi que l'accusé.

19°. L'appel des Sentences qui civilisent, se porte, non au Bailliage civil, mais au Bailliage criminel; ou en la Tournelle du Parlement. (Voyez l'article 1 du titre 26 de l'Ordonnance de 1670.)

31. 20°. Lorsqu'il y a appel par la partie civile du jugement qui reçoit en procès ordinaire, la Sentence doit s'exécuter par provision, nonobstant l'appel; parce que le Juge ne fait que continuer l'instruction. Il est vrai que par Arrêt du 12 Mai 1604, rendu contre le Lieutenant d'Issoudun, il est défendu aux [illegible]ges dudit lieu, lorsqu'ils auront reçu les parties en procès ordinaire, & qu'il y aura appel de leur jugement, de passer outre à l'instruction, ou autrement, au préjudice de l'appel. Un autre Arrêt du Parlement du 10 Juillet 1745, déclare une procédure & une

enquête nulle, comme faite au préjudice de l'appel d'une Sentence qui avoit converti en procès ordinaire, & permis de faire enquête. Mais il paroît que cela doit être restraint au cas où l'appel seroit interjetté par la partie publique; auquel cas il faudroit surseoir; parce que ces sortes de Sentences peuvent détruire ce qu'il pourroit y avoir de preuves contre l'accusé, pour lui infliger la peine publique. (Voyez l'article 24 du titre 10; & l'article 11 du titre 26 de l'Ordonnance de 1670.)

TITRE XXIV.

Des Conclusions des Procureurs du Roi, ou Fiscaux.

SECTION PREMIERE.

1. LES conclusions des Procureurs du Roi, ou Fiscaux, sont de deux sortes : 1°. les conclusions diffinitives : 2°. celles qui se donnent pour l'instruction des procès criminels.

1°. Comme dans les procès de grand-criminel, les Procureurs du Roi, & ceux des Seigneurs sont les principales parties, on ne peut juger aucun procès de cette espece sans le ministere de ces Officiers. C'est la disposition de l'article 1 du titre 24 de l'Ordonnance de 1670, qui porte, qu'après que le récolement & la confrontation seront achevés, les Procureurs du Roi, ou ceux des Seigneurs, prendront communication du procès, pour y donner leurs conclusions. Voyez aussi l'article 4 du titre 17 de l'Ordonnance de 1670.

2. 2°. Ces conclusions sont absolument nécessaires pour pouvoir juger diffinitivement l'accusé, ainsi qu'il résulte de la disposition des mêmes articles qu'on vient de citer : & c'est en conséquence de cette maxime, que par Arrêt du Parlement de Provence du 31 Mars 1657, rapporté par Boniface, *tom.* 1, *liv.* 1, *tit.* 15, *n.* 10, un jugement criminel rendu sans les conclusions du Procureur du Roi, a été déclaré nul. L'Arrêt du Parlement du 7 Septembre 1660, rendu pour Dreux, porte aussi que les Juges ne pourront prononcer aucun Jugement, même par défaut, sans les conclusions du Procureur du Roi.

3. Mais quand il y a plusieurs chefs d'accusation contre un même accusé, il n'est pas nécessaire, pour pouvoir juger le tout, qu'il y ait des conclusions sur ces différents articles d'accusation ; & rien n'empêche que les Juges ne puissent prononcer alors sur tous ces différents chefs par le même Jugement.

De même, s'il y avoit plusieurs accusés au procès, & que la partie publique n'eût donné des conclusions que contre l'un d'eux ; *v. g.* si ces conclusions étoient seulement à ce qu'avant faire droit un tel fût appliqué à la question, cela n'empêcheroit pas que les Juges ne pussent procéder au Jugement de tous les accusés, ou de plusieurs d'entre eux, s'ils jugeoient convenable de le faire; ce qui a pareillement lieu dans le cas où le Procureur du Roi auroit conclu à ce qu'il fût sursis au Jugement contre ces autres accusés. (Ainsi jugé au Présidial d'Orléans au procès criminel du nommé Metro, dit Breton le mignon, & de ses complices le 22 Décembre 1745;) mais alors ceux contre lesquels le Procureur du Roi n'a point pris de conclusions, ne peuvent être interrogés que derriere le Barreau, à cause de l'article 21 du titre 14 de l'Ordonnance de 1670.

4. Le dernier des Juges peut aussi à la Chambre donner des conclusions dans des cas qui requierent célérité. (Tel est l'usage du Châtelet de Paris; Voyez le procès-verbal de l'Ordonnance de 1670, sur l'article 2 du titre 25, *pag.* 239.)

Si les Juges ne trouvent pas le procès suffisamment instruit, ils peuvent, nonobstant les conclusions diffinitives du Procureur du Roi, ordonner l'instruction qu'ils croyent nécessaire.

C'est en conséquence de cette même regle, que sur des conclusions pour passer au réglement à l'extraordinaire, prises dans un procès de nature à être jugé en dernier ressort, & néanmoins poursuivi à l'ordinaire, les Juges peuvent ordonner qu'avant faire droit, le Procureur du Roi fera juger la compétence de l'accusé.

5. 3°. Mais outre la nécessité des conclusions diffinitives des Procureurs du Roi, ou Fiscaux après le récolement & la confrontation des témoins, il y a encore plusieurs cas où leurs conclusions sont nécessaires pour l'instruction.

Le premier est quand il s'agit de prononcer un décret contre un accusé; si ce n'est dans le cas où un emprisonnement requiert célérité. (Voyez ce qui a été dit au titre *Des Décrets*, ci-dessus, *part.* 3, *liv.* 2, *tit.* 10, *n.* 17.) Et il en est de même s'il s'agit seulement de convertir un décret en un plus fort. (Voyez *ibid.* n. 37.)

Mais quand il ne s'agit simplement que d'informer, ou de faire quelque autre instruction, ces conclusions ne sont pas nécessaires. (Voyez ce qui a été dit au titre *Des Informations d'Office*, ibid. *part.* 3, *liv.* 2, *tit.* 2, n. 1 & suiv.)

6. L'article 64 de l'Ordonnance d'Orléans, porte que les Juges ne seront point astreints de communiquer les procès criminels pendant l'instruction, aux Procureurs du Roi, ou Fiscaux; mais que

que d'eux-mêmes & de leur office, ils ordonneront ce qu'il appartiendra jusqu'à l'entiere instruction.

Le second cas est, après que l'accusé a subi interrogatoire. (Ordonnance de 1670, *tit.* 14, *art.* 17.)

Le troisieme cas est, après que la contumace a été instruite contre l'accusé. (*Ibid.* tit. 17, *art.* 12.)

Le quatrieme est, quand il s'agit de prononcer l'élargissement de l'accusé, soit par provision, ou autrement. (Même Ordonnance de 1670, *tit.* 10, *art.* 22.)

Et il en est de même, lorsqu'il s'agit de renvoyer en état d'assigner pour être oui, un accusé décrété originairement d'ajournement personnel. (Voyez au titre *Des Sentences, Jugements & Arrêts*, ci-après, *part.* 3, *liv.* 2, *tit.* 25, n. 108.)

Le cinquieme cas est, quand l'accusé propose quelque exoine. (Ordonnance de 1670, *tit.* 11, *art.* 3.)

7. Le sixieme cas où les conclusions des Procureurs du Roi, ou Fiscaux, sont nécessaires, est lorsque les parties sont reçues en procès ordinaire. (Arrêt du Parlement de Paris du 7 Septembre 1660 pour Dreux; autre du 10 Juillet 1666 pour Meaux.)

Le septieme cas est, lorsqu'un accusé a été reçu à la preuve de ses faits justificatifs. Il faut alors communiquer l'enquête faite à ce sujet, à la partie publique. (Ordonnance de 1670, *tit.* 28, *art.* 8.)

Le huitieme cas est, lorsqu'il s'agit d'entériner des lettres de grace obtenues par un accusé. (même Ordonnance de 1670, *tit.* 16, *art.* 20 & 25.)

Le neuvieme est, lorsqu'il s'agit de prononcer sur l'appel d'un décret d'ajournement personnel, ou de prise de corps, contre lequel on veut obtenir des défenses. (Même Ordonnance de 1670, *tit.* 26, *art.* 4; Déclaration du mois de Décembre 1680.)

Le dixieme cas est, sur l'appel des Sentences de provision d'aliments & médicaments. (Ordonnance de 1670, *tit.* 12, *art.* 8.)

Le onzieme & dernier cas est, quand il s'agit de prononcer sur l'appel d'un procès criminel. (*Ibid.* tit. 26, *art.* 10.)

8. 4°. Mais, quoiqu'il ne soit pas nécessaire de communiquer aux Procureurs du Roi, ou Fiscaux, les procédures criminelles, excepté dans les cas dont on vient de parler où leurs conclusions sont nécessaires; néanmoins ces Officiers peuvent toujours, quand ils le jugent à propos, demander la communication de la procé-

dure, afin de voir si leur ministere y est intéressé, & s'il est nécessaire qu'ils agissent.

On trouve même quelques réglements, qui ordonnent qu'en général les Procureurs du Roi auront la communication de tous les procès criminels & incidents qui en dépendent. (Arrêt du Conseil du 31 Août 1689, rendu pour les Officiers du Présidial d'Orléans, *art.* 36.)

9. L'Arrêt du Parlement, du 7 Septembre 1660, rendu pour Dreux, porte : » Que les requêtes à fin de permission d'informer, » d'obtenir monitoires, pour informer par addition, provisions d'ali- » ments & médicaments, réception de caution en criminel, main- » levée de saisie & annotation de biens, & toutes autres instruc- » tions en matiere criminelle, même les procès-verbaux de rébel- » lion, seront communiqués au Procureur du Roi, ainsi que les » procès criminels, auxquels les parties auront été reçues en pro- » cès ordinaire, pour reprendre l'extraordinaire, s'il y échet; » sauf au Lieutenant-Criminel de faire les informations sur les sim- » ples plaintes & requêtes présentées dans les affaires pressantes, & » lorsque les accusés seront pris en flagrant délit. » *Idem* par l'Arrêt de Réglement du 10 Juillet 1668, rendu pour Civrai, qui ajoute, même les conversions de décret.

10. 5°. Les conclusions, qui ne sont que pour l'instruction; *v. g.* sur requêtes, procès-verbaux, permissions d'informer, informations à décréter, interrogatoires, pour récoler & confronter les témoins, élargissements de prisonniers, compétences, moyens de faux, nominations de témoins, peuvent être prises par le Procureur du Roi seul. (Arrêt du Parlement du 6 Mai 1628, rendu pour Riom, *art.* 6. Autre du 5 Septembre 1705, pour Gueret.)

A l'égard des conclusions diffinitives, elles doivent être prises & arrêtées au Parquet, par avis commun des Gens du Roi, ainsi que celles qui regardent les Lettres de rémission, de pardon, commutation de peine, & autres Lettres de grace. (Arrêt du Parlement du 15 Janvier 1658, servant de Réglement entre les Avocats & Procureur du Roi d'Orléans, *art.* 2 & 7; autre du 6 Mai 1687, pour Gueret.)

11. 6°. Quand le Procureur du Roi & les Avocats du Roi sont absents, [illegible] conclusions se donnent par l'ancien Avocat, ou par

un des Conseillers du Siege, du moins dans les procès où il y a partie publique; & aux Sieges où il n'y a qu'un Juge, c'est à l'ancien Praticien du Siege à donner ces conclusions.

7°. Ces conclusions doivent être données incessamment, & sans délai. (Ordonnance du 11 Février 1519, *n.* 37; Arrêt du Parlement du 5 Septembre 1703, pour Gueret.)

L'Edit du mois de Février 1705, *art.* 42, rendu pour le Présidial d'Ypres, dit, que les Avocats & Procureurs du Roi prendront communication des informations, dans les 24 heures après les avoir reçues.

L'article 62 du Réglement du Conseil, du 24 Mai 1603, rendu pour le Présidial de Bourg-en-Bresse, porte, que les Avocats & Procureurs du Roi prendront leurs conclusions dans les trois jours après la communication qui leur aura éte faite des requêtes, informations & procédures; sauf, dans le cas où l'affaire requerroit une plus longue visitation, à leur être pourvu d'un délai nécessaire. (Autre Arrêt du 2 Janvier 1536, rapporté par Papon, *liv.* 24, *tit.* 5, *n.* 2.)

L'article premier du titre 24 de l'Ordonnance de 1670, dit simplement, que les Procureurs du Roi, ou Fiscaux, donneront leurs conclusions incessamment.

S'ils refusoient de donner ces conclusions, Voyez ce que le Juge doit alors observer, au titre *De la maniere d'exercer l'action criminelle en général*, ci-après, *part.* 3, *liv.* 3, *tit.* 1, n. 149.

12. 8°. Les conclusions doivent contenir le vû de la procédure, & ensuite le requisitoire.

Les conclusions diffinitives sont, ou à l'absolution, ou à la condamnation de l'accusé; ou à un interlocutoire, *v. g.* que l'accusé, avant de faire droit, sera appliqué à la question; ou qu'il sera plus amplement informé contre lui; ou à quelque autre interlocutoire, suivant l'exigence des cas; ou à ce que la procédure soit déclarée nulle; *&c.* mais en général, elles n'ont pour objet que la peine publique. Quelquefois cependant ces conclusions tendent à faire condamner l'accusé en des dommages & intérêts, comme faisant partie de la peine. (Ainsi jugé par Arrêt du Grand-Conseil du 23 Avril 1706, sur l'appel d'une Sentence, rendue au Bailliage de Tours. Voyez le Dictionnaire des Arrêts, *édition de 1727*, au mot *Dommages & intérêts*, à la fin du n. 14.

Autres Arrêts du Parlement, des 6 Décembre 1716, & 27 Janvier 1717, rapportés au Journal des Audiences, *tom.* 6.)

La formule de ces conclusions, quand elles vont à la condamnation de l'accusé, ou autre interlocutoire, est conçue en ces termes : *Je requiers pour le Roi, ou pour tel Seigneur, &c.*; & lorsqu'elles sont à la décharge de l'accusé, elles sont conçues ainsi : *Je n'empêche pour le Roi*, &c.

13. 9°. Les conclusions diffinitives doivent être données par écrit, & cachetées; & elles ne doivent pas contenir les raisons sur lesquelles elles sont fondées. (Ordonnance de 1670, *tit.* 24, *art* 3. Arrêt du Conseil du 10 Août 1679, contre le Procureur-Général du Parlement de Bordeaux.) *Idem* pour les Promoteurs. (Arrêt du 13 Février 1702, rapporté au Journal des Audiences.)

Cet article a été sagement établi, afin que ces raisons ne puissent former aucun préjugé sur l'esprit des Juges; & aussi, afin qu'elles ne puissent nuire à l'expédition des affaires, dans le cas où ces conclusions seroient trop diffuses.

Lorsque les conclusions ne tendent à aucune peine afflictive, ni infamante, il semble qu'il est inutile de les donner cachetées; néanmoins l'Ordonnance ne fait ici aucune distinction; & cela avec raison; de peur que l'accusé, venant à sçavoir le contenu de ces conclusions, n'en fût plus disposé à nier.

L'article 2 du titre 24 de l'Ordonnance de 1670, défend aux Procureurs du Roi, ou Fiscaux, de donner leurs conclusions de vive-voix en la Chambre du Conseil; sans néanmoins rien innover à cet égard, à ce qui s'observe au Châtelet de Paris.

14. 10°. Il est défendu aux Avocats & Procureurs du Roi, de rien exiger directement, ni indirectement, des parties civiles, & des accusés prisonniers, pour donner leurs conclusions. (Ordonnance d'Orléans, *art.* 79; Ordonnance de Moulins, *art.* 36.)

Lorsqu'il y a partie civile, ils peuvent prendre des épices pour les conclusions diffinitives des procès criminels. (Voyez ce qui est dit à ce sujet dans mon Traité *De l'Administration de la Justice*, au titre *Des épices & vacations*, *part.* 3, *tit.* 8, *n.* 80.)

Mais non pour les simples instructions, & autres cas où les Juges ne peuvent prendre eux-mêmes des épices. (Arrêt du Parlement du 7 Septembre 1660, pour Dreux. Voyez aussi *ibidem* au titre *Des épices & vacations*, n. 86.)

15. 11°. Les Juges ne sont en aucun cas, tenus de s'astraindre aux conclusions de la partie publique; mais ils peuvent augmenter, ou diminuer la peine, ainsi qu'ils le trouvent convenable; & aussi ordonner d'office tout ce qui leur paroît nécessaire pour le bien de la Justice.

12° Lors de la communication faite aux Procureurs-Généraux sur l'appel des procès de grand-criminel, il n'est pas nécessaire qu'ils prennent de nouvelles conclusions, s'ils adherent à celles prises par leurs Substituts en premiere instance; ainsi qu'il résulte de l'article 10 du titre 26 de l'Ordonnance de 1670, à cause de ces mots, *s'il y échet.* (Arrêt pour Montdidier du 5 Juin 1659; autre du 27 Janvier 1665 rapporté par Soefve, *tom.* 1, *cent.* 3, *chap.* 42; Édit de Février 1694, pour le Parlement de Besançon, *art.* 59; Voyez aussi l'Auteur des Loix criminelles, *tom.* 1, *pag.* 318.) Mais s'il s'agit de conclure différemment, alors il faut de nouvelles conclusions.

SECTION II.

Des Conclusions dans les Procès de Petit-Criminel.

16. Les procès de petit-criminel se communiquent toujours aux Procureurs du Roi, ou Fiscaux; ce qui est fondé sur ce que ces sortes de procès peuvent quelquefois exiger leur ministere; & que d'ailleurs il y a ordinairement des charges & informations à lire à l'Audience, qui sont des procédures secretes, & qui ne se communiquent qu'à la partie publique. Ils peuvent aussi prendre des conclusions à l'Audience, dans les cas même où ces procès n'exigent point leur ministere, & où le bien public n'y est point intéressé.

Quoique les Procureurs du Roi, ou Fiscaux, ne concluent pas ordinairement à la condamnation des intérêts civils contre l'accusé, si ce n'est d'une maniere générale, & sans fixer aucune somme; néanmoins il y a des cas où ils y concluent; ce qui arrive, lorsque les dommages & intérêts font partie de la peine, & qu'il n'y en a point d'autre. (Voyez ce qui a été dit ci-dessus, *n.* 12.)

Lorsque sur les plaidoyeries, on ordonne d'un délibéré, ou que les pieces seront mises sur le bureau, les conclusions qui ont été prises à l'Audience, suffisent; car il ne faut point multiplier les êtres sans nécessité.

De même, dans les causes de petit-criminel, qui se portent par appel dans les Bailliages & Sénéchaussées, il n'est pas nécessaire que le Procureur du Roi y prenne de nouvelles conclusions; à moins qu'il ne soit survenu en cause d'appel quelque incident nouveau, qui exige ces conclusions nouvelles. (Ainsi réglé par Arrêt du Conseil du 6 Juin 1659, pour Montdidier, rapporté par l'Auteur des Loix criminelles, *tom.* 2, *pag.* 188.)

TROISIEME PARTIE.

LIVRE II.

CHAPITRE III.

TITRE XXV.

Des Sentences, Jugements & Arrêts.

SECTION PREMIERE.

Ce que c'est que Jugement ; & de ses différentes especes.

1. 1°. JUGEMENT, est un terme générique, qui convient également aux *Sentences* & aux *Arrêts*.

Sentence, est un Jugement qui est rendu par un Tribunal inférieur, même dans le cas où il juge en dernier ressort ; comme dans les cas Présidiaux & Prévôtaux.

Arrêt, est un Jugement souverain & en dernier ressort, rendu par une Cour Souveraine.

Les *Ordonnances*, en matiere criminelle, ainsi qu'en matiere civile, different des Jugements, en ce que les Ordonnances ne sont que, ou de simples commandements, ou injonctions faites à des Ministres de Justice ; ou une commission pour faire assigner des parties pour être interrogées, ou pour déposer ; & que ces Ordonnances se rendent ordinairement par le Juge qui a l'instruction des procès criminels, seul & sans être assisté du Conseil, & à son Hôtel : au-lieu que les Jugements sont des décisions prononcées par les Juges dans leur Tribunal, pour régler quelque contestation entre des parties, ou pour prononcer sur une plainte.

2. Le décret qui se prononce contre une accusé, est une espece de Jugement; mais qui peut se prononcer par le Juge d'instruction seul, qui en a ordinairement le droit, à cause de la nécessité qu'il y a le plus souvent de rendre promptement ces sortes de décrets. (Voyez ce qui est dit à ce sujet au Titre *De l'Instruction Criminelle en général*, ci-après, *part.* 3, *liv.* 3, *tit.* 2, n. 33.)

2°. Les Jugements considérés en général, sont, ou *préparatoires*, ou *interlocutoires*, ou *diffinitifs*.

Les Jugements *préparatoires*, sont ceux qui ne sont pas rendus sur le fond de la question principale, mais qui ordonnent quelque chose pour y parvenir; ou qui reglent quelque incident survenu dans le cours du procès. Tels sont, 1°. Les Jugements de compétence. 2°. Ceux rendus sur déclinatoires. 3°. Les évocations du principal. 4°. Ceux d'intervention ou de jonction. 5°. Ceux rendus sur des plaintes réciproques, pour régler celui qui demeurera accusateur. 6°. Les Jugements de récusation de Juge. 7°. Les évocations pour parenté. 8°. Les Sentences de provisions alimentaires. 9°. Les élargissements provisoires des accusés. 10°. Ceux qui admettent la partie publique à prendre droit par l'interrogatoire de l'accusé. 11°. Les Jugements de reproches des témoins. 12°. Ceux qui admettent à la preuve de faits justificatifs, *&c.*

3. Les Jugements *interlocutoires*, sont ceux rendus au fond, mais qui ne le décident point, & sont seulement ordonnés comme un moyen pour y parvenir. Tels sont, 1°. les Jugements qui ordonnent que le procès sera réglé à l'extraordinaire. 2°. Les Jugements de conversion en procès civil. 3°. Ceux de torture. 4°. Ceux de plus-amplement informé pendant un certain temps.

Les Jugements *diffinitifs*, sont ceux qui mettent fin au procès, en prononçant au fond sur la question principale, par l'absolution, ou la condamnation de l'accusé. Les Jugements qui entérinent les lettres de grace, peuvent aussi être mis de ce nombre, ainsi que ceux rendus pour purger la mémoire d'un défunt.

4. Il y a une grande différence entre un Jugement qui décharge un accusé, ou qui le renvoie absous de l'accusation; & un Jugement qui prononce hors de Cour sur cette même accusation; car par la premiere de ces prononciations, l'accusé est déclaré innocent

cent du crime, ainsi qu'il l'étoit avant l'accusation; au-lieu que la prononciation par *hors de Cour*, laisse toujours quelque soupçon contre l'accusé. Néanmoins dans ce dernier cas, il ne peut plus être recherché pour raison de ce crime, de la même maniere que s'il avoit été déchargé purement & simplement de l'accusation; mais aussi il ne peut obtenir des dommages & intérêts contre ses accusateurs, de même que ceux-ci n'en peuvent obtenir contre lui.

3°. Il y a des Jugements qui ne sont ni interlocutoires, ni diffinitifs; tel est le plus-amplement informé *usquequò*, ou indéfini. (Voyez ce qui est dit ci-après, *n.* 87. sur ces sortes de Jugements.)

ARTICLE PREMIER.

De la procédure sur les Jugements en général.

5. 1°. Les Jugements peuvent être rendus, ou sur la poursuite des Procureurs du Roi, ou Fiscaux, ou sur celles des parties civiles.

2°. On ne peut en général faire le procès par contumace à un accusé, sous le nom & qualification de *quidam*, ni encore moins le juger sous cette qualification. Néanmoins on trouve un Arrêt du Parlement de Paris du 15 Mai 1755, qui condamne un *quidam* Prêtre, sans autre désignation. L'Arrêt qui est imprimé, prononce en ces termes: » Vu par la Cour, toutes les Chambres » assemblées, le procès criminel, instruit à la requête du Pro- » cureur-Général du Roi, demandeur contre le nommé Dubois, » se disant Diacre, Habitué de la Paroisse Saint-Eustache de » cette Ville de Paris, & un *quidam* Prêtre, défendeur, accu- » sés & contumaxs; & encore contre le nommé Favelly, *&c.* » La Cour déclare la contumace bien & valablement instruite » contre lesdits Dubois & *quidam* Prêtre, & en adjugeant le pro- » fit d'icelle, déclare lesdits Dubois & quidam Prêtre duement » atteints & convaincus d'être perturbateurs du repos public; les » bannit à perpétuité hors du Royaume; leur enjoint de garder » leur ban, sous les peines portées par la Déclaration du Roi, » *&c*; déclare tous & chacuns les biens desdits quidam Prêtre, » & Dubois, situés en pays de confiscation, acquis & confisqués » au profit du Roi, & de qui il appartiendra; sur iceux & autres

» non sujets à confiscation, préalablement pris sur chacun d'eux » la somme de 200 livres envers le Roi, en cas que confisca- » tion n'ait lieu à son profit ; déclare les Bénéfices desdits qui- » dam Prêtre, & Dubois, si aucuns ils ont, vacants & impé- » trables, *&c.*

6. 3°. Tous Jugements criminels, de même que les civils, doivent être rendus en la Chambre, ou en l'Audience, dans le lieu où la Justice est exercée, & non dans aucun autre lieu. (L. *cum sententiam*, Cod. *de sententiis.* Ordonnance de 1670, *tit.* 25, *art.* 10; Arrêt du 29 Août 1626, entre les Officiers du Présidial de Poitiers, rapporté par Filleau, *tom.* 1, *part.* 2, *pag.* 64.) En effet, la Justice criminelle ne peut être exercée que dans la Maison du Roi, ou au lieu destiné à la rendre dans les Justices des Seigneurs. C'est pourquoi on fut étonné en 1664, des lettres de translation de la Chambre de Justice, en l'Hôtel de M. le Chancelier malade, quoique pour l'instruction seulement, & non pour les Jugements. Cela ne doit avoir lieu que dans le cas d'une nécessité, ou d'une commodité commune à tous les Juges ; comme quand le lieu menace ruine, ou qu'il est exposé à quelque prise en temps de guerre ; ou qu'il est infecté en temps de contagion.

Lorsque le Procureur du Roi, ou Fiscal, est partie, le Jugement doit se rendre en la Chambre du Conseil, soit que le procès soit réglé à l'extraordinaire, ou non. (Arrêt du Parlement de Paris du 29 Janvier 1607, rendu entre les Officiers de Loudun.)

7. Il semble néanmoins que le Juge peut juger en son Hôtel les procès des contumaxs, du moins quand il n'y a dans le Siege qu'un seul Juge, & qu'il n'est besoin que d'un Juge pour juger ; ce qui semble résulter de l'article 10 du titre 25 de l'Ordonnance de 1670, à cause de ces mots, *& se transporteront au lieu où s'exerce la Justice, si l'accusé est prisonnier.*

Les appellations de permission d'informer, des décrets, & de toutes autres instructions, doivent être portées à l'Audience, suivant l'article 2 du titre 26 de l'Ordonnance de 1670 ; d'où il suit que les oppositions aux permissions d'informer, aux décrets, & à toutes autres ordonnances d'instruction, doivent aussi se porter à l'Audience.

Tous les autres procès criminels où le Procureur du Roi n'est point partie ; *v. g.* pour injures, & autres semblables, qui exigent une prompte expédition, doivent aussi se porter & être jugés à l'Audience.

8. 4°. Tous les procès criminels qui ne sont point réglés à l'extraordinaire, doivent être jugés sans épices; encore qu'il y ait partie civile. (Arrêt du 12 Avril 1709, contre les Officiers du Présidial d'Orléans, autres des 8 Mai 1711, & 28 Mai 1717, rapportés au Journal des Audiences.) Voyez aussi ce qui est dit à ce sujet dans mon Traité de l'Administration de la Justice, au Titre *Des Epices & Vacations, part. 3, tit. 8, n. 63.*

9. 5°. Les procès criminels ne peuvent être jugés de rélevée, lorsque les Procureurs du Roi, ou ceux des Seigneurs y ont pris des conclusions à mort; ou s'il y échet une peine de mort naturelle, ou civile, de galeres, ou bannissement à temps; (Ordonnance de 1670, *tit.* 25, *art.* 9.) Ce qui doit avoir lieu, à plus forte raison, lorsqu'il échet de prononcer une peine plus sévere que celle du bannissement à temps; comme la question, le fouet, le carcan, ou l'amende-honorable.

Suivant les Capitulaires de Charlemagne, *liv.* 1, *chap.* 60, les Juges devoient être à jeun avant que de juger; & c'est sans doute ce qui a donné lieu au préjugé dans lequel sont plusieurs personnes, que les Juges doivent être à jeun, quand il s'agit de juger quelque criminel.

A l'égard des Cours Souveraines, elles sont conservées dans leur usage par l'article 9 ci-dessus (*a*). L'usage de la Tournelle Cri-

(a) *Voici les procès qui peuvent se juger le matin, & de relevée; & ceux qui ne peuvent se juger de relevée; suivant l'usage du Parlement de Paris.*

Les galeres à perpétuité, & pour neuf ans. . . . . *le matin.*
Les galeres jusqu'à cinq ans. . . . . *de relevée.*
Les lettres de rémission. . . . . *le matin.*
Le bannissement à perpétuité hors du Royaume. . . . . *le matin.*
Le bannissement à perpétuité hors le ressort d'une Justice & Bailliage, & les autres bannissements à temps, peuvent se juger *le matin, & de relevée.*
Les amendes honorables. . . . . *le matin.*
Les condamnations à être fustigé, fletri & banni à perpétuité hors le ressort d'un Bailliage, ou à temps. . . . . *de relevée, & le matin.*
La déclaration à genoux, abstention, le blâme, l'admonition, & autres peines approchantes. . . . . *le matin, & de relevée.*
Le carcan. . . . . *le matin, & de relevée.*
L'interdiction d'Officier, ou à temps à toujours.. . *le matin, & de relevée.*
Le plus amplement informé. . . . . *le matin, & de relevée.*
Les peines de mort & de question. . . . . *le matin.*

minelle du Parlement de Paris, est de pouvoir juger de rélevée les procès où il échet de prononcer la peine du fouet & du carcan, & même des galeres à temps.

Lorsque l'accusé est pris sur le fait à l'Audience, & jugé sur le champ, il peut être jugé de relevée ; c'est une exception à la regle ci-dessus. (Ainsi jugé par Arrêt du Parlement de Provence
10. du 16 Juin 1677, rapporté par Boniface, *tom.* 5, *liv.* 3, *tit.* 1, *chap.* 3.)

Les procès criminels peuvent aussi être rapportés & visités, & même les accusés être interrogés de relevée ; l'Ordonnance ne le défendant point ; & c'est ainsi que nous l'observons à Orléans ; mais on ne peut les juger de relevée, ainsi qu'il vient d'être dit. On peut cependant juger un procès criminel l'après-dîner,
11. lorsqu'on a commencé le matin, & que cela se fait en continuant, & sans désemparer la Chambre.

6°. On ne peut juger aucun procès criminel les jours de Dimanche & de Fêtes célébrées dans l'Eglise. (Arrêt du Parlement de Provence du 17 Décembre 1667, rapporté par Boniface, *tom.* 1, *liv.* 1, *tit.* 15, n. 10, qui déclare nulle une Sentence de procès extraordinairement rendue un jour de Fête. (Voyez aussi en mon Traité de l'Administration de la Justice, au Titre *Des Fêtes de Palais & Vacations*, *part.* 4, *tit.* 1.)

7°. Les Jugements, (du moins ceux d'Audience,) doivent être
12. rendus de jour, & non de nuit. (La Roche-Flavin, Traité des Parlements de France, *liv.* 8, *chap.* 53, *n.* 1, & 2.)

8°. Dans les procès qui se jugent à la charge de l'appel par les Juges Royaux, ou par ceux des Seigneurs, dans lesquels il y a des conclusions à peine afflictive, il faut pour les juger, au moins trois Juges, qui doivent être Officiers, si tant il y en a dans le Siege, ou Gradués. (Ordonnance de 1670, *tit.* 25, *art.* 10.)

Il faut aussi trois Juges, quand les conclusions sont à peine infamante ; & en général, toutes les fois que le procès a été instruit par récolement & confrontation. (Ainsi jugé par Arrêt du Parlement du 22 Décembre 1731, rapporté aux Loix Criminelles, *tom.* 2, *pag.* 423.)

Ce qui a pareillement lieu, quand il s'agit d'entériner des lettres de grace ; & le Lieutenant-Criminel ne peut les entériner seul. (Arrêt du Conseil du 30 Mars 1719, pour Brives, *art.* 3.)

Il en est de même pour les Jugements de plus-amplement informé, ou d'élargissement des prisonniers, qui s'ordonnent après qu'il y a eu un Réglement à l'extraordinaire. (Arrêt du Conseil du 30 Mars 1719, pour Brives, *art.* 11, rapporté au Dictionnaire des Arrêts, de l'Edition de 1737, au mot *Juges*, n. 143.)

Et aussi pour les Sentences de conversion en civil. (Ordonnance de 1670, *tit.* 25, *art.* 10.)

13. A l'égard des Jugements de récolement & confrontation, il n'est pas nécessaire qu'ils soient rendus par trois Juges, lorsqu'il n'y a point de conclusions à peine afflictive, comme en effet il n'y en a presque jamais en pareil cas. Néanmoins dans les Jurisdictions où il y a plusieurs Juges, ces sortes de Jugements doivent être rendus à la Chambre, & signés de tous les Juges qui y ont assistés. (Voyez ce qui a été dit au Titre *Du Réglement à l'extraordinaire*, ci-dessus, *part.* 3, *liv.* 2, *tit.* 17, n. 10.)

Quant à la question de sçavoir si les Jugements criminels, rendus par les Officiaux, doivent aussi être rendus au nombre de trois Juges, du moins quand ils contiennent quelque condamnation, Voyez ce qui a été dit au Titre *De la Compétence des Juges Criminels*, ci-dessus, *partie* 2. *tit.* 1, n. 439.

En crime de duel, les Jugements, soit préparatoires, soit interlocutoires, ou diffinitifs, doivent être rendus au nombre de cinq Juges; du moins quand le procès se juge par un Prévôt des Maréchaux, quoiqu'à la charge de l'appel. (Déclaration du 5 Février 1731, *art.* 28.)

14. A l'égard des Jugements en dernier ressort, il doivent être rendus par sept Juges au moins; (Ordonnance de 1670, *tit.* 25, *art.* 11); même ceux de récusation; car l'Ordonnance ne fait ici aucune distinction. (Ainsi jugé par Arrêt du 7 Février 1598. L'Ordonnance du mois de Janvier 1629, *art* 113, en a aussi une disposition; Voyez l'article 24 du titre 2 de l'Ordonnance de 1670.)

Les Jugements de récolement & confrontation qui se rendent en dernier ressort, doivent aussi être rendus par sept Juges; (Ainsi jugé par Arrêt du Grand-Conseil du 12 Août 1693, rapporté au Journal du Palais, *tom.* 2, *pag.* 848 de l'édition *in-fol.*, qui fait défenses au Lieutenant-Criminel de Lyon de rendre seul des Jugements de récolement & de confrontation dans les procès criminels en dernier ressort; & ordonne que ces Jugements seront rendus au Présidial au nombre de sept Juges : ce qui résulte d'ailleurs de l'article 11 du titre 25 de l'Ordonnance de 1670. Il doit aussi être fait mention dans ces Jugements, qu'ils ont été rendus en la Chambre du Conseil; & avant de les rendre, il faut examiner si la procédure est valable, ou non. (Voyez ce qui a été dit ci-dessus au Titre *Des Défauts & Contumaces*, *part.* 3, *liv.* 2, *tit.* 21, n. 26.)

15. Pour pouvoir opiner, il faut avoir vingt-cinq ans.

Au Châtelet de Paris il faut même avoir été Juge deux ans, pour pouvoir donner sa voix dans les procès criminels qui se jugent en dernier ressort. (Edit de Janvier 1685, *art.* 17.)

Si quelques-uns des Officiers sont absents, récusés, ou s'abstiennent pour cause jugée légitime, il doit être pris des Gradués pour suppléer le nombre de sept. (Même Ordonnance de 1670, *tit.* 25, *art.* 11; *Idem* par Arrêt du Conseil du 30 Mars 1719, rendu pour le Présidial de Brives, *art.* 3;) d'où il suit que pour pouvoir juger en matiere criminelle, il faut être Gradué. (Voyez cependant ce qui est dit à ce sujet au Titre *De l'Instruction Criminelle en général*, ci-après, *part.* 3, *liv.* 3, *tit.* 2, n. 23. Ces Gradués doivent être majeurs de vingt-cinq ans.

16. C'est aux Juges à choisir ces Gradués. Il y a un Arrêt du 13 Février, rendu en la Tournelle, qui regle l'honoraire de ces Gradués. (Voyez Denisart en ses Collections de Jurisprudence, au mot *Juges*, *pag* 739, édition *in*-4°.)

Il faut aussi observer que quand on appelle des Gradués pour juger, & que ceux qui sont ainsi appellés, sont obligés de se transporter hors le lieu de leur demeure, c'est au Seigneur de la Justice à payer les frais de ce transport, & non aux parties. (Arrêt du Parlement du 13 Février 1702.)

Question. Lorsque parmi les Officiers d'un Siege, où il y en a trois, ou même plus, il n'y en a aucun de Gradué, peut-on y juger un procès criminel à peine afflictive?

L'Auteur des Loix criminelles, *tom.* 1, *pag.* 148, pense que non; & il ajoute qu'au procès de M. Fouquet, on fit tant valoir cette difficulté, que M. le Bossu, Maître des Comptes, qui n'étoit pas Gradué, fut obligé de se retirer. (Voyez le procès-verbal de l'Ordonnance de 1670, sur l'article 10 du titre 26.)

17. Il n'y a d'exception à cette regle, qu'en faveur du Chef de la Jurisdiction, qui peut rester Juge, quoique non Gradué; mais il est obligé d'appeller avec lui trois Gradués. (Ainsi réglé par Arrêt du Conseil du 26 Décembre 1703, qui porte: « Que les » Engagistes pourront établir, pour l'exercice de leurs Justices, tels » Juges capables qu'ils jugeront à propos, Gradués ou non, pour- » vu qu'ils soient âgés de vingt-cinq ans; & à condition que » quand ils ne seront pas Gradués, ils ne pourront juger aucuns » procès criminels sans appeller le nombre des Gradués réquis par » l'Ordonnance de 1670, tit. 25, art. 10. »)

L'Ordonnance des Gabelles du mois de Mai 1680, *tit.* 18, *art.* 11, porte: Que dans les Sentences qui prononcent des condamnations de peine afflictive, il pourra, en cas d'absence des Officiers, être pris des Gradués, ou anciens Praticiens.

Le Praticien qui représente un Juge, doit être résident dans le lieu de la Jurisdiction. (Ainsi jugé par Arrêt du 12 Septembre 1711.)

18. Les Conseillers Clercs ne peuvent opiner au Jugement des procès criminels portant condamnation de mort. (Voyez au Titre *De l'Instruction Criminelle en général*, ci-après, *part.* 3, *liv.* 3, *tit.* 2, n. 27.)

A l'égard des Avocats & Procureurs du Roi, ou Fiscaux, ils ne peuvent faire aucunes fonctions de Juges, en cas d'absence, ou récusation des Juges ordinaires, dans les matieres sujettes à communication, & principalement dans les affaires criminelles; & dans ce cas la fonction en est dévolue à l'ancien Gradué du Siege, s'il y en a, sinon au plus ancien Praticien du Siege. (Arrêts des 31 Mars & 1 Octobre 1711, 21 Janvier & 23 Juillet 1712, rapportés au Journal des Audiences. (Voyez aussi mon Traité de l'Administration de la Justice, &c., au Titre *Des droits, fonctions & devoirs des Gens du Roi*, *part.* 2, *tit.* 7, *chap.* 7, *n.* 5.)

Mais dans les procès de Maréchaussée, les Avocats & Procureurs du Roi du Siege, peuvent assister, comme Conseillers, au Jugement de ces procès, soit préparatoires, interlocutoires, ou diffinitifs. (Arrêt du Conseil du 16 Avril 1735, pour le Présidial de Rouen. Voyez ce qui a été dit au Titre *De la Compétence particuliere des Juges*, ci-dessus, *part.* 2, *tit.* 1, n. 264.)

19. 9°. Les Jugements, soit diffinitifs, soit d'instruction, doivent

passer à l'avis le plus doux ; à moins que le plus sévere ne prévale d'une voix dans les procès qui se jugent à la charge de l'appel ; & de deux voix dans ceux qui se jugent en dernier ressort ; (Ordonnance de 1670, *tit.* 25, *art.* 12). D'où il suit que dans les procès qui se jugent à la charge de l'appel, si les voix sont partagées ; ou si dans les procès qui se jugent en dernier ressort, l'avis dominant ne passe que d'une voix ; le Jugement doit alors être rendu selon l'avis le plus doux.

Si en jugeant le fond, quelques-uns des Juges sont d'avis d'infliger une peine ; *v. g.* du blâme, ou des galeres, & que les autres soient d'avis d'un plus-amplement informé, preuves tenantes ; & que le crime soit de nature à mériter une peine plus sévere que le blâme ou les galeres ; alors l'avis qui doit être considéré comme le plus doux, est celui des Juges qui sont d'avis de condamner dès à présent ; mais si les Juges qui sont d'avis du plus-amplement informé, sont de cette opinion, non parce qu'ils trouvent que ce crime mérite une plus grande peine, mais seulement parce qu'ils ne trouvent point de preuve ; alors l'avis du plus-amplement informé doit être regardé comme le plus doux.

20. C'est sans doute sur ce fondement qu'entre le plus-amplement informé & le carcan avec le bannissement, il a été jugé que le plus-amplement informé étoit l'avis le plus doux, par Arrêt du 3 Janvier 1737 ; & que le plus-amplement informé n'étoit réputé l'avis le plus doux, que dans le cas où le titre de l'accusation alloit à mort.

Entre la question préparatoire & la condamnation *ad omnia citra mortem*, il a été jugé que l'avis *ad omnia citra mortem*, étoit l'avis le plus doux, par Arrêt du 20 Avril 1741.

Il faut observer la même regle, lorsqu'il s'agit de passer au Réglement à l'extraordinaire, si quelques-uns des Juges sont d'avis de condamner l'accusé à une aumône, ou admonition ; & que les autres soient d'avis de passer au récolement & à la confrontation, parce qu'ils regardent l'affaire comme étant de nature à mériter une peine afflictive, ou infamante.

21. Lorsqu'en opinant, il y a trois, ou plusieurs opinions différentes, les Juges doivent nécessairement revenir à deux. (Ordonnance de 1510, *art.* 32 ; Ordonnance de 1535, *chap.* 1, *art.* 87 ; Réglement pour le Présidial de Bourg-en-Bresse du 24 Mai 1603, *art.* 55 ;

art. 55 ; Edit de Février 1705, rendu pour le Présidial d'Ypres, *art.* 27.)

Au reste, en comptant les opinions, il faut le faire suivant la disposition de l'Edit du mois de Janvier 1681, & les Déclarations du 25 Août 1708, & 30 Septembre 1728, qui portent : Que dans les Compagnies supérieures ou inférieures, les avis des Officiers titulaires, honoraires ou vétérans, qui se trouvent parents au dégré ; sçavoir, de pere à fils, de frere, d'oncle & neveu ; & pareillement de ceux qui se trouveront alliés aux dégrés de beau-pere, gendre & beau-frere, (sans y comprendre l'alliance d'oncle & de neveu,) ainsi que de ceux qui ont épousé les deux sœurs, à moins que les deux sœurs ne soient décédées, & qu'il n'y en ait aucuns enfans vivans ; ne seront comptés que pour un, quand ils se trouveront conformes.

A l'égard de l'ordre des peines, pour régler l'avis le plus doux, Voyez ce qui a été dit au Titre *Des Peines*, ci-dessus, *part.* 1, *tit.* 3, n. 10.)

22. 10°. Quant aux regles particulieres que les Juges doivent observer pour bien rédiger leurs Jugements, Voyez ce qui est dit ci-après, *n.* 294.

11°. Les Sentences & Jugements, doivent contenir le nom & la qualité des accusés, la qualité du Juge, ainsi que le nom du plaignant ou accusateur, *&c.*, & en fin, la condamnation, ou l'absolution.

Ils doivent aussi contenir la cause & les motifs des condamnations qui sont prononcées ; excepté en quelques cas. (Voyez *infrà*, n. 295.)

23. Lorsque les Jugements sont rendus sur un procès réglé à l'extraordinaire, il faut aussi que la prononciation soit précédée du vû des pieces de la procédure ; autrement elle seroit censée rendue sans connoissance de cause. (L. *si causa*, Cod. *de transactionibus* ; L. *judices*, Cod. *de judiciis*. Un Arrêt du Parlement du 16 Juin 1673, enjoint au Greffier de Sarmoutiers de faire mention dans le vû des Sentences, de toutes les procédures des procès criminels ; autre Arrêt du 1 Août 1692 :) c'est un abus, qui n'est que trop commun, de signer les Sentences dont le vû est en blanc. (Arrêt des Grands-Jours de Poitiers du 15 Janvier 1689, *art.* 48, qui le défend, à peine de nullité ; & aussi

aux Greffiers de les dépoſer & expédier ; à peine d'interdiction & de 100 liv. d'amende.)

Dans les Jugements de condamnation, ainſi que dans tous appointements, on ne doit point mettre le nom de l'interprete ni du curateur ; mais ſeulement dans l'inſtruction & la procédure dans laquelle on interroge par la voie d'un curateur, ou d'un interprete. (Voyez l'article 3 du titre 22 de l'Ordonnance de 1670.)

24. Il faut auſſi obſerver que dans les Jugements de condamnation, on ne doit point ſe ſervir de ces mots, *nous avons déclaré un tel atteint & convaincu*, &c., ſi ce n'eſt dans les procès inſtruits par récolement & confrontation. (Arrêt du Parlement de Metz du 28 Juin 1691, rapporté par Augeard, *tom.* 2. Autre Arrêt de Réglement de la Tournelle du Parlement de Paris du 19 Janvier 1731, qui le défend à tous les Officiaux, ainſi qu'à tous les Officiers des Bailliages & Sénéchauſſées du reſſort : cet Arrêt eſt rapporté par Deniſart, en ſon Recueil de collection de Juriſprudence, imprimé en 1754, *tom.* 1, au mot, *Atteint & convaincu.* Voyez auſſi *infrà*, n. 295.)

25. 12°. Tous Jugements, (tant diffinitifs, qu'interlocutoires, & d'inſtruction,) ſoit qu'ils ſoient rendus à la charge de l'appel, ou en dernier reſſort, doivent être ſignés par tous les Juges qui y ont aſſiſté ; à peine d'interdiction, dommages & intérêts des parties, & de 500 livres d'amende. (Ordonnance de 1670, *tit.* 25, *art.* 14.) Cet article conſerve néanmoins l'uſage des Cours, dont les Arrêts ſont ſignés ſeulement par le Rapporteur, & par le Préſident.

A l'égard des *retentums*, l'uſage eſt qu'ils ne ſoient ſignés que du Préſident & du Rapporteur, même dans les Bailliages & Préſidiaux ; du moins c'eſt ainſi que nous l'obſervons à Orléans. Ces *retentums* ne ſe liſent point au condamné.

26. 13°. Les Jugements & Sentences préparatoires, ou interlocutoires, doivent toujours être communiqués & montrés par le Greffier aux Procureurs du Roi, ou Fiſcaux, lorſqu'ils ſont partie au procès, afin d'en appeller, s'il y a lieu ; ou de les faire exécuter. Et il en eſt de même des Sentences de Réglement à l'extraordinaire, ſoit que ces Jugements ſoient rendus en dernier reſſort, ou à la charge de l'appel. Ils doivent à cet effet être remis par

le Rapporteur au Greffe, dans les 24 heures. (Ordonnance de 1670, *tit.* 6, *art.* 165) & le Greffier est tenu, dans les trois jours, de les remettre au Procureur du Roi, ou Fiscal. (Déclaration du mois de Mars 1549, *art.* 3.)

Les Jugementrs diffinitifs, rendus en dernier ressort, doivent aussi être montrés & communiqués par le Greffier aux Procureurs du Roi, ou Fiscaux, dans tous les cas où ils sont partie principale, ou jointe, avant que d'être mis à exécution; parce que ce sont eux qui doivent les faire exécuter.

27. Lorsque le Jugement diffinitif est rendu à la charge de l'appel, il doit toujours être montré par le Greffier au Procureur du Roi, ou Fiscal; soit que l'appel soit libre, ou qu'il se fasse de droit; & soit que ce Jugement soit interlocutoire, ou diffinitif, & qu'il contienne quelque condamnation, ou absolution; & soit que le Procureur du Roi, ou Fiscal, y ait été seul partie, ou joint à la partie civile. (Arrêt du Parlement du 7 Septembre 1660, pour Dreux. Autre, du 21 Avril 1679, pour Richelieu. Autre du 6 Juin 1693, pour le Bailliage de Saint-Florentin. Autres des 18 Juillet 1648, 23 Juin 1649, rendus pour le Bailliage du Palais, qui ajoutent que ces Jugements ne pourront être exécutés, que le Procureur du Roi n'y ait consenti.)

Idem, pour les Sentences d'élargissement. (Même Arrêt du 18 Juillet 1648, pour le Bailliage du Palais de Paris.)

28. Ces Jugements doivent être montrés à la partie publique, le même jour qu'ils ont été rendus; afin qu'elle puisse appeller, si elle juge à propos, ou qu'elle les fasse exécuter, s'il y a lieu de le faire. (Arrêt du 6 Septembre 1681, qui l'ordonne ainsi à l'égard du Greffier du Bailliage de la Meilleraie. Un Arrêt du Conseil du 31 Août 1689, *art.* 33, rendu entre les Officiers du Présidial d'Orléans, porte, que le Greffier sera tenu de donner au Procureur du Roi, copie de ces Jugements, dans les 24 heures. Un autre Arrêt du 7 Septembre 1660, rendu pour Dreux, porte que les Sentences criminelles diffinitives, soit que le Procureur du Roi ait été seul partie, ou joint avec une partie civile, lui seront montrées, & prononcées par le Greffier, avant de les montrer aux parties.)

Il en est de même des Sentences d'absolution, ou d'élargissement. (Arrêt du 18 Juillet 1648, rendu pour le Bailliage du Palais. L'Edit du mois de Janvier 1685, *art.* 30, rendu pour le

Châtelet de Paris, porte que ces Sentences seront prononcées sur-le-champ au Procureur du Roi, afin qu'il puisse appeller, s'il y a lieu de le faire.)

Il en est de même des Sentences de conversion des procès criminels en civils. (Voyez Imbert, en ses Instructions forenses, *liv.* 3, *chap.* 15, *n.* 3.)

Si le Procureur du Roi acquiesce à la Sentence, & déclare qu'il ne veut point appeller, le Greffier doit en dresser procès-verbal.

29. 14°. Les Jugements diffinitifs rendus en dernier ressort, qui prononcent quelque condamnation à peine corporelle, ou afflictive, doivent être prononcés aux accusés, avant que d'être mis à exécution. (Ordonnance du mois de Mars 1498, *art.* 16. Ordonnance de 1535, *chap.* 13, *art.* 44.) Cette prononciation se fait par le Greffier à la prison, en présence du Juge, ou du Rapporteur. L'usage est de faire mettre l'accusé à genoux, pour entendre la lecture de sa Sentence, ou Jugement, lorsqu'il contient une condamnation de cette espece.

Il faut aussi observer, quand la Sentence condamne au bannissement, de faire lecture à l'accusé; sçavoir, aux hommes, de la Déclaration du 31 Mai 1682; & aux femmes, de celle du 29 Avril 1687, rendues contre ceux & celles qui ne gardent pas leur ban. (Arrêt du 12 Mars 1685, qui l'enjoint aux Juges du ressort de la Cour. Cet Arrêt est rapporté au Journal des Audiences.)

30. Si l'accusé n'étoit pas prisonnier, il suffiroit alors de lui signifier le Jugement, à moins qu'il ne fût condamné aux galeres, ou à quelque autre peine plus grave; auquel cas il faudroit le constituer prisonnier pour exécuter son Jugement.

Cette prononciation des Jugements aux accusés, doit être faite aussitôt après le Jugement rendu, lorsqu'il contient quelque condamnation qui doit être exécutée le même jour.

A l'égard des Sentences & Jugements d'absolution, ou d'élargissement, les Greffiers seront tenus de les prononcer aux accusés, le même jour qu'ils ont été rendus. (Ordonnance de 1670, *tit.* 13, *art.* 29.)

Tous les autres Jugements en général, doivent être prononcés à l'accusé, dans les vingt-quatre heures. (Arrêt du Parlement du 6 Septembre 1607, rendu pour le Châtelet de Paris, rapporté par Chenu, *tom.* 2, *tit.* 6, *ch.* 4, *pag.* 21.

31. Un Arrêt de la Cour du 27 Octobre 1678, ordonne que les Greffiers, tant civils que criminels, seront tenus de descendre dans les prisons, & d'y prononcer aux prisonniers les Sentences & Jugements qui auront été rendus; & ne fait aucune distinction, si ces Jugements ont été rendus en dernier ressort, ou à la charge de l'appel; ensemble ceux d'élargissement, & même les interlocutoires, dans les vingt-quatre heures qu'ils ont été rendus, quoiqu'ils n'aient point été levés par les parties civiles, si aucune y a. Ce même Arrêt enjoint auxdits Greffiers de faire mention sur le regiltre de la geole, à côté des écroues, desdites prononciations, & sur iceux transcrire & insérer les *dictums* en entier desdites Sentences & Jugements; & ce à peine d'interdiction, de 300 liv. d'amende, & de tous dépens, dommages & intérêts envers les prisonniers; lesquelles peines demeureront encourues contre les contrevenants, en vertu du présent Arrêt, & sans qu'il en soit besoin d'autre.

32. Les Jugements diffinitifs, ou interlocutoires, rendus à la charge de l'appel, & dont l'appel ne se fait pas de droit, doivent aussi être prononcés par le Greffier aux accusés dans les vingt-quatre heures, lorsqu'ils sont prisonniers. (Même Arrêt du 27 Octobre 1678, qui vient d'être cité;) ce qui doit avoir lieu, sur-tout, pour les Sentences de condamnation à quelque peine.

Dans les condamnations au bannissement à temps, & autres qui peuvent être traités sur l'appel comme procès de Grand-Criminel, mais où l'appel est libre, il faut, en prononçant la Sentence aux accusés, recevoir leurs déclarations, s'ils y acquiescent, ou non; suivant un Arrêt du 17 Août 1602. S'ils y acquiescent, on leur fait sur-le-champ exécuter la Sentence; & s'ils n'y acquiescent pas, on les envoie devant le Juge supérieur. Un Arrêt du 9 Juillet 1716, rapporté au Journal des Audiences, enjoint aux Greffiers de faire signer ces déclarations aux accusés, sinon d'en faire mention, ou de leur refus.

33. Cette prononciation de la Sentence aux accusés, leur doit être faite dans le jour, dans le cas où l'appel est libre, pour sçavoir s'ils veulent appeller, ou non. (Arrêt du Conseil du 31 Août 1689, rendu pour le Présidial d'Orléans, *art.* 33.)

Lorsque l'exécution de la Sentence est suspendue de droit, & sans qu'il soit besoin d'appeller, comme dans le cas de l'article 6 du titre 26 de l'Ordonnance de 1670; ou que sur un appel, il intervient une condamnation du nombre de celles portées en ce même article 6; c'est-à-dire, si l'accusé est condamné à quelque peine corporelle, de galeres, de bannissement perpétuel, ou d'amende-honorable; le Jugement doit être tenu secret, jusqu'à ce que le criminel ait été transféré dans le lieu où l'exécution est renvoyée; & il ne lui doit être prononcé, que le jour même de l'exécution. (Voyez Laroche-Flavin, Traité des Parlements, *liv.* 13, *chap.* 69, *n.* 64, *pag.* 855.)

34. Les Sentences d'absolution, ou d'élargissement, doivent aussi être prononcées aux accusés prisonniers, le même jour qu'elles ont été rendues. (Ordonnance de 1670, *tit.* 13, *art.* 29. Voyez ci-après, *n.* 86.)

Lorsque l'accusé n'est pas prisonnier, il suffit de lui signifier le Jugement. (Voyez *suprà*, n. 29.)

Cette prononciation des Jugements se fait par les Greffiers seuls; & le ministere du Juge n'y est point nécessaire. (Arrêt du Conseil du 31 Août 1689, pour Orléans, *art.* 33. Autre Arrêt du 27 Octobre 1678 rapporté dans mon Recueil d'Edits, *3 vol. in-12*, tom. 1, pag. 403; Ordonnance de 1670, *tit.* 13, *art.* 29.)

Le Greffier qui fait cette prononciation, doit recevoir la déclaration de l'accusé, comme il y acquiesce, ou en est appellant, & faire signer cet accusé au bas de la prononciation, au cas qu'il sache écrire; sinon faire mention qu'il ne sçait, ou n'a voulu signer, de ce interpellé. (Arrêt de la Tournelle du 9 Juillet 1716, contre le Greffier de la Châtellenie de Pougues, rapporté au Journal des Audiences.)

35. 15°. A l'egard des parties civiles, on ne leur prononce point les Jugements, soit qu'ils soient rendus en dernier ressort, ou à la charge de l'appel, même pour les dispositions qui peuvent les intéresser; mais elles ont la liberté de lever ces Jugements, toutes les fois qu'ils sont rendus sur leur poursuite.

16°. Les Jugements criminels, doivent être exécutés le même jour qu'ils ont été prononcés aux accusés. (Ordonnance de 1670, *tit.* 25, *art.* 21;) à moins qu'il n'y en ait appel. Et même quand il y auroit appel, si le Jugement a été rendu par contumace, il doit aussi être exécuté le même jour; pourvu que ce ne soit point un appel *à minimâ*, interjetté par la partie publique. (Voyez ci-dessus au titre *Des défauts & contumaces*, part. 3, liv. 2 tit. 25, n. 49.)

36. 17°. Les accusés & les parties civiles, ou publiques, peuvent se pourvoir de plusieurs manieres contre les Sentences & Ordonnances des premiers Juges, rendues à la charge de l'appel; sçavoir, contre les Ordonnances du Juge d'instruction, par la voie d'opposition devant le Tribunal du lieu où s'instruit le procès, ou par la voie d'appel au Juge supérieur; & contre les Sentences, par la voie d'appel au même Juge supérieur: mais ces appels, ou oppositions, n'arrêtent pas toujours l'effet de l'Ordonnance, ou de la Sentence rendue.

On peut aussi se pourvoir de plusieurs manieres contre les Arrêts & Jugements en dernier ressort; sçavoir, par la voie d'opposition, ou de requête civile, devant les mêmes Juges; ou par la voie de revision, ou de cassation, au Conseil. (Voyez ce qui est dit à ce sujet aux titres *Des oppositions*, *Des requêtes civiles*, *Des Lettres de rescision*, & *Des demandes en cassation d'Arrêts*, ci-après, *partie 3, livre 2, titre 35 & suivans, jusqu'au 37*; où l'on peut voir aussi ce qui est dit des Sentences qui s'exécutent par provision.

ARTICLE II.

De l'exécution des Sentences, Arrêts & Jugements.

§. I.

De l'exécution, quant à la personne du condamné.

37. 1°. L'accusé condamné à quelque peine, *v. g.* des galeres, *&c.* doit rester dans les prisons, & être nourri aux frais du Domaine, jusqu'à ce qu'il ait subi la peine à laquelle il a été condamné.

2°. Ceux qui sont condamnés aux galeres, ou au bannissement, soit à temps, soit à perpétuité, ne peuvent être retenus prisonniers par la partie civile, faute de paiement d'intérêts civils; parce qu'il faut que la peine publique s'exécute avant toutes choses. (Voyez ce qui a été dit au titre *Des peines*, ci-dessus, *part. 1. tit. 3*, n. 239). Ce qui a lieu, à plus forte raison, à l'égard des autres dettes pour lesquelles le condamné auroit été recommandé.

Quant à la question de sçavoir si le temps pendant lequel le condamné aux galeres, ou au banniſſement à temps, reſte en priſon juſqu'à ce qu'il ſoit conduit aux galeres, ou renvoyé pour l'exécution de ſon banniſſement, doit être diminué ſur le temps du banniſſement, ou des galeres, porté par la condamnation, Voyez ce qui eſt dit à ce ſujet au même titre *Des peines*, n. 68 & 240.

38. 3°. Les accuſés condamnés aux galeres perpétuelles, ou à temps, étoient autrefois tranférés auſſitôt à Marſeille, pour y ſervir en qualité de forçats; ou bien on les transféroit dans les priſons de la Tournelle, près la porte Saint-Bernard; du moins ceux du reſſort du Parlement de Paris, pour y être gardés juſqu'à ce qu'ils fuſſent conduits aux galeres. Aujourd'hui on les garde dans les priſons du lieu où ils ont été jugés diffinitivement; & ils y reſtent juſqu'au paſſage de la chaîne, qui doit les conduire aux galeres, à Marſeille, *&c*; Quelquefois néanmoins on les renvoie ſur le lieu où ils ont été jugés en premiere inſtance.

4°. Tous ceux qui ſont condamnés aux galeres, ſoit à temps, ſoit à perpétuité, doivent auparavant être marqués avec un fer chaud, des lettres G. A. L. (Déclaration du 4 Mars 1724, *art.* 5.)

5°. Les condamnés aux galeres à temps, ne peuvent y être retenus au-delà de leur temps. L'Ordonnance de Blois, *art.* 200, le défend aux Capitaines des galeres, à peine de privation de leur état.

39. 6°. Les accuſés condamnés au banniſſement, ſoit à temps, ſoit à perpétuité, ſont obligés de le ſubir; & s'ils ne gardent pas leur ban, ils doivent être condamnés, ſçavoir, les hommes aux galeres à temps, ou à perpétuité; & les femmes, à être renfermées pour un temps, ou à perpétuité dans une maiſon-de-force. (Voyez ce qui eſt dit ci-après au titre *Des rébellions à Juſtice*, part. 4, tit. 45, n. 53.)

7°. On conduit les criminels au ſupplice à pied, ou en charrette: néanmoins les perſonnes d'un rang diſtingué y ſont conduites dans un carroſſe, ou dans une autre voiture. Le Connétable de Luxembourg, qui eut la tête tranchée ſous Louis XI en l'année 1475, fut conduit à la Greve, monté ſur une mule. (Voyez Mornac ſur la Loi 3, C. *Ubi Senatores.*)

L'accuſé doit auſſi être vêtu ſimplement en allant au ſupplice; & ſi c'eſt une perſonne élevée en dignité, elle ne doit point avoir les marques de ſa dignité.

8°.

40. 8°. Anciennement on n'exécutoit point les Prêtres, ni les autres personnes constituées dans les Ordres sacrés, qui étoient condamnés à mort, ou à quelque autre peine corporelle, sans les avoir auparavant renvoyés à l'Evêque pour les dégrader; & cette dégradation s'observoit encore au commencement du dernier siecle, ainsi qu'il paroît par un Arrêt du Parlement de Bretagne, & par un autre du Parlement d'Aix, du 17 Juillet 1615. (Voyez Leprêtre, *cent.* 1, *chap.* 21, *n.* 5; & Louet, *lettre* D, *chap.* 59, *n.* 1.) L'Ordonnance de Charles IX, du 26 Avril 1571, en a une disposition pour les Prêtres & autres Ecclésiastiques constitués dans les Ordres sacrés, condamnés à mort.

Cette dégradation avoit lieu principalement pour les crimes de Leze-Majesté, & autres crimes énormes; (*b*) mais depuis on s'est écarté de cette regle, en ne faisant plus dégrader les Prêtres, *&c.* accusés de ces sortes de crimes; sur-tout dans le cas où l'Evêque faisoit refus de les dégrader. (Voyez Dumoulin sur la question 164, de Jo. Galli; & Louet, *lettre* D, *chap.* 59, *n.* 3.) M. Leprêtre, *centur.* 1, *chap.* 21, *n.* 6, dit avoir vu exécuter, sans aucune dégradation, tous les Ecclésiastiques qui avoient atteint à la personne du Roi, ou qui étoient convaincus du crime de Leze-Majesté.

41. L'Auteur des Mémoires du Clergé, *tom.* 2, *pag.* 63, *de l'édition de* 1675, rapporte un procès-verbal du 18 Mars 1633, qui constate que le Parlement de Provence ne pouvant juger un Prêtre accusé de crimes atroces, avant que le Juge d'Eglise y eût prononcé, envoya par les Avocats & Procureurs-Généraux le procès à juger à M. l'Archevêque d'Aix, lequel ayant délaissé l'accusé au bras séculier, & le Parlement l'ayant ensuite condamné à mort, deux Conseillers de ladite Cour, assistés de Messieurs les

(*a*) Guillaume Rose, Evêque de Senlis, ayant été condamné par Arrêt du 5 Septembre 1590 à faire amende honorable en la Grand'Chambre, & s'étant présenté avec le rochet & le camail, il fut averti par les Gens du Roi de quitter ses ornements pontificaux, par respect pour ces ornements; mais ayant refusé de le faire, il fut exécuté dans cet habit, & pontificalement, contre son dessein. (Dupleix, Histoire de France.)

(*b*) On peut en voir un exemple mémorable en l'année 1398, à l'égard de deux Augustins condamnés à mort, rapporté par Juvenal des Ursins, *pag.* 169, & en l'année 1420, sur la fin. Voyez aussi Louet, *lettre* D, *chap.* 59, *n.* 2, qui en rapporte plusieurs autres exemples.

Gens du Roi, porterent de nouveau le procès par ordre de la Compagnie audit Sieur Archevêque, pour juger s'il devoit être dégradé.

42. Je vois par un Arrêt qu'en l'année 1636, la dégradation étoit encore en usage. Le Sieur François Béchade, Prêtre, Vicaire de la Paroisse de Neuvy en Sologne, fut condamné par Arrêt de la Cour du 10 Décembre de la même année, pour adultere par lui commis avec Jeanne de Pelgry, femme de Barthelemi Dumilieu, & pour assassinat par lui commis nuitamment en la personne dudit Dumilieu, & autres cas mentionnés au procès, à faire amende honorable devant l'Eglise Cathédrale de Sainte-Croix d'Orléans à avoir le poing coupé, & à être pendu & étranglé en la Place du Martroi. Il fut dégradé auparavant par M. Denetz, Evêque d'Orléans, suivant qu'il étoit porté par ledit Arrêt. L'accusé avoit été jugé pour le délit commun par trois Sentences ecclésiastiques; sçavoir, de l'Official d'Orléans, de l'Archevêque de Paris, & de l'Archevêque de Sens.

43. La forme de cette dégradation étoit telle: l'Evêque étant revêtu de ses habits pontificaux, & assis dans une chaire près de l'Autel, on lui amenoit l'accusé revêtu de ses habits sacerdotaux, ou de ceux de son Ordre, auquel étant à genoux, l'Evêque faisoit prononcer la Sentence de dégradation; lui ôtoit tous ses habits & ornements ecclésiastiques, l'un après l'autre; & ensuite lui faisoit raser la tonsure, & racler les doigts avec un couteau (Voyez Juvenal-des-Ursins, Histoire de Charles VI, *pag.* 169.)

Aujourd'hui on ne dégrade plus les Prêtres, ni les autres Ecclésiastiques condamnés à mort; le crime qu'ils ont commis les dégradant suffisamment. (*Ita* Vanespen, *Juris Eccles. universalis*, part. 3, tit. 11, n. 46, *& seq.*; Voyez aussi Hericourt en ses Loix Ecclésiastiques, *part.* 1, *chap.* 23, *n.* 86. (*a*)

44. 9°. On ne donne point la Communion en France aux accusés condamnés à mort, contre la disposition du Canon *Quæsitum 13*,

(*a*) On a même quelquefois exécuté des Ecclésiastiques élevés en dignité avec leurs ornements ecclésiastiques. En l'année 1478, François Salviati, Archevêque de Pise, l'un des Chefs de la Conjuration des Pazzi à Florence, fut pendu à une fenêtre avec les habits pontificaux, dont il se trouva revêtu (Anecdotes de Florence, par Varillas, *liv.* 2, *part.* 1, *pag.* 150, *édition de* 1687.)

quæst. 2, *cap.* 30. Aussi fut-elle refusée au Connétable de Saint-Pol, qui, après avoir été condamné par Arrêt du Parlement de Paris du 19 Décembre 1475, à avoir la tête tranchée dans la Place de Greve, avoit prié M. le Chancelier de lui donner cette consolation. On lui accorda seulement de faire chanter une Messe à laquelle il assista, & reçut l'eau-bénite, & le pain-béni. (Chronique de Louis XI, *pag.* 118; Voyez aussi Pasquier en ses recherches de la France, *liv.* 6, *chap.* 10.)

Néanmoins quelques années auparavant, le Mercredi 30 Mai 1431, au procès qui fut fait à la Pucelle d'Orléans, lorsqu'on lui prononça de la part de l'Evêque de Beauvais, sa Sentence diffinitive, par laquelle elle fut déclarée hérétique, & condamnée à être brûlée le même jour, ce qui fut exécuté : elle demanda en grace qu'on lui donnât notre Seigneur, ce qui lui fut accordé; (a) & c'est aussi ce qui s'observe en Allemagne, suivant l'Ordonnance Caroline, *chap.* 79.)

La Dame de Brinvilliers, condamnée à avoir la tête tranchée par Arrêt du 16 Juillet 1676, avoit aussi demandé la Communion; mais elle lui fut refusée. (Voyez les Causes Célebres, *tom.* 1, *pag.* 441.)

45. Néanmoins si l'exécution devoit être différée de quelques jours après l'Arrêt, ou le Jugement de condamnation en dernier ressort, il semble qu'on pourroit alors accorder au condamné le Sacrement de l'Eucharistie, si ce condamné étoit suffisamment préparé. (*Ita* Jul. Clarus, *quæst.* 99, *n.* 3; & Laroche-Flavin, Traité des Parlements, *liv.* 13, *chap.* 69, *n.* 63 & 64.)

L'ancienne coutume de l'Eglise Gallicane étoit aussi de ne point donner de Confesseurs aux accusés condamnés à mort, en quoi elle suivoit l'usage des anciens Canons. Mais Charles VI, par son Ordonnance du 11 de Février 1396, a accordé cette grace aux criminels condamnés à mort, à la sollicitation de Pierre de Craon. (Voyez Mézerai sur l'année 1396.) C'est aussi la disposition de

---

(a) Extrait du Procès de la Pucelle d'Orléans.

Anciennement on accordoit la Communion à ceux qui étoient condamnés à mort. Au Concile de Wormes tenu vers l'an 760, *chap.* 80 *& dernier*, on trouva bon de les faire communier : ce qui depuis fut confirmé par le second Concile de Mayence tenu vers l'an 848, *chap.* 27.

l'article 24 du titre 25 de l'Ordonnance de 1670, qui porte que le Sacrement de Confession sera offert aux condamnés à mort, & qu'ils seront assistés d'un Ecclésiastique jusqu'au lieu du supplice.

46. 10°. Ceux qui refusent d'exécuter les Jugements rendus contre eux en dernier ressort, dans le cas où cette exécution dépend de la volonté des condamnés; comme quand il s'agit de faire amende honorable, ou de subir la peine du blâme, ou de l'admonition; ou de demander pardon, &c. peuvent être condamnés à une plus grande peine. (Ordonnance de 1670, *tit.* 25, *art.* 22.)

47. Il y a plusieurs exemples de pareilles condamnations qui ont prononcé de plus grandes peines contre des accusés condamnés à des amendes honorables, pour avoir refusé d'obéir à Justice; Voyez les Arrêts de Papon, *liv.* 24, *tit.* 10, *n.* 19. (a) Bardet, *tom.* 2, *liv.* 1, *chap.* 28, rapporte un Arrêt du 27 Mai 1632, par lequel un accusé condamné aux galeres pour neuf ans, n'ayant pas voulu proférer les paroles, fut condamné aux galeres à perpétuité. Autre Arrêt du Parlement de Provence du 15 Mai 1669, rapporté par Boniface, *tom.* 1, *part.* 3, *liv.* 1, *tit.* 2, *chap.* 34, par lequel un Faux-Monnoyeur, condamné aux galeres perpétuelles, & à faire amende-honorable, ayant refusé de le faire, fut condamné au fouet par les carrefours de la ville; ce qui fut ordonné sur la déposition de deux Huissiers qui furent entendus en déposition, & confrontés à l'accusé. Autre Arrêt du Parlement de Paris du 31 Juillet 1714, par lequel un particulier, pour avoir refusé de se mettre à genoux, & de demander pardon au Procureur-Fiscal du lieu, au sujet d'injures qu'il lui avoit dites à l'Audience, après trois sommations à lui faites par le Juge, & pour avoir contre lui proféré de nouvelles injures en ajoutant qu'il se mocquoit de la Justice; sur le procès-verbal du Bailli qu'il envoya au Parlement, & sur la simple lecture qui en fut faite, sans entendre l'accusé, il fut condamné au fouet & au bannis-

(a) Un Gentilhomme prisonnier à Paris, accusé de sortilege, ayant été interpellé de s'asseoir sur la sellette, & ayant refusé de le faire, après en avoir fait trois fois le tour sans y vouloir s'asseoir; & après plusieurs commandements & refus, la Cour, oui sur ce les Gens du Roi, par Arrêt du 8 Septembre 1566, le condamna au même instant à être fustigé à la Conciergerie du Palais par trois divers tours de galerie. (Voyez Laroche-Flavin, Traité des Parlements de France, *liv.* 13, *chap.* 72, *n.* 10.)

sement pour sa désobéissance à Justice, & pour son impudence.

48. Il n'est pas besoin pour prononcer cette nouvelle peine contre l'accusé, de faire une nouvelle instruction : il suffit, aux termes de l'article 22 du titre 25 de l'Ordonnance de 1670, de faire trois injonctions à l'accusé ; & en cas de refus de sa part d'exécuter la Sentence, le Juge en doit dresser procès-verbal, & le rapporter à la Chambre pour prononcer sur ce rapport. Si ce Jugement est rendu par un Tribunal qui ne juge point en dernier ressort, il faudra qu'il soit confirmé sur l'appel ; mais il n'est pas nécessaire pour cela de transférer l'accusé au Parlement, ni de l'entendre sur l'appel.

49. Les trois sommations, ou injonctions dont on vient de parler, doivent être faites par le Juge, & il ne suffiroit pas qu'elles fussent faites par le Greffier. Il faut faire mention de ces trois injonctions l'une après l'autre ; & même si l'accusé, outre le refus, prononce encore quelques paroles injurieuses, il faut aussi en faire mention à chaque article. Ce procès-verbal doit être signé du Juge & du Greffier ; & après qu'il est dressé, il faut remener l'accusé en prison ; & sur les conclusions du Procureur-Général, ou autre partie publique, la peine peut être augmentée. Mais si le Juge est sujet à l'appel, il faut qu'il fasse confirmer son Jugement avant de l'exécuter, ainsi que je viens de l'observer : & même si c'étoit un renvoi de la Cour, il faudroit y envoyer le procès-verbal, dans le cas où l'accusé auroit été condamné à une amende-honorable infamante ; car s'il ne s'agissoit que d'une amende-honorable seche, le Juge pourroit augmenter la peine ; & si cette peine n'étoit pas du nombre de celles dont l'appel est forcé, le Juge pourroit faire exécuter sa Sentence, si l'accusé y acquiesçoit.

50. Il en est de même si un accusé condamné à faire amende honorable par un Jugement Présidial, ou Prévôtal, pour un crime dont il auroit été jugé compétent, par la qualité du crime seulement, & non par la qualité de l'accusé, refusoit d'exécuter son Jugement ; il pourroit alors, pour ce refus, être condamné à une plus grande peine, aussi par Jugement Présidial, ou Prévôtal ; parce qu'alors cet accusé venant d'être condamné à une peine qui le rend sujet à la Jurisdiction des Prévôts des Maréchaux, ou Juges Présidiaux en dernier ressort, suivant l'article 12 du titre 1 de l'Ordonnance de 1670, & l'article 2 de la Déclaration du 5 Février 1731, il devient aussi sujet au Jugement en

dernier ressort, pour raison du nouveau délit causé par son refus.

51. Autrefois cette désobéissance à Justice étoit punie beaucoup plus sévérement, & quelquefois même de la peine de mort; mais depuis on s'est éloigné de cette rigueur. Il y en a eu deux exemples du temps de M. de Harlai, Premier Président, qui fit entendre à la Grand'Chambre que les condamnés étoient assez à plaindre de faire de pareilles réparations, sans vouloir encore les punir plus rigoureusement pour avoir refusé de parler. On ne fit rien à ces accusés; ils furent remenés à la Conciergerie.

Je crois cependant que si l'amende honorable, réparation, *&c.* ou autre peine semblable, étoit prononcée comme peine principale, & non comme accessoire, il seroit alors du devoir des Juges d'augmenter la peine pour raison de ce refus, conformément à la disposition de l'Ordonnance.

52. 11°. Tous Jugements en matiere criminelle qui gisent en exécution, s'exécutent pour ce qui regarde la peine, en tous lieux, sans permission, ni *pareatis*. (Ordonnance de 1670, *tit.* 25, *art.* 15.)

Mais cela n'a pas lieu à l'égard des saisies qui se font en exécution des Jugements criminels; parce que la saisie est une exécution civile, quoiqu'elle soit la suite d'une condamnation criminelle. (Voyez le procès-verbal de l'Ordonnance de 1670, *pag.* 250.)

53. 12°. Lorsque l'accusé vient à mourir dans la prison, depuis son Jugement, & avant que ce Jugement soit exécuté, soit qu'il lui ait été prononcé ou non, il doit en être dressé procès-verbal par le Juge; & s'il se trouve que l'accusé se soit défait lui-même, le procès-verbal sera rapporté à la Chambre, après avoir été communiqué au Procureur du Roi, pour être ordonné sur ce rapport ce qu'il appartiendra.

Si la mort du condamné arrivoit en chemin, en allant au lieu de l'exécution, soit naturellement, soit par saisissement ou frayeur; il ne faudroit pas passer outre, & il suffira que le Juge ou le Rapporteur dresse procès-verbal de la maniere dont cette mort sera arrivée; ensuite il fera ramener le corps dans la basse geole de la prison, jusqu'à ce quil se soit passé un temps compétent pour voir s'il ne seroit point tombé en létargie, ou autrement, afin de le faire ensuite enterrer en la maniere accoutumée;

la Sentence, ou Jugement, demeurant au surplus en sa force pour la confiscation & l'amende.

54. La même chose doit être observée, si un condamné à mort venoit à mourir avant la prononciation de sa Sentence de condamnation à la question préalable.

Mais si le condamné se donnoit la mort après la prononciation de l'Arrêt, ou Jugement de condamnation, il doit, ainsi que je viens de l'observer, en être dressé procès-verbal par le Juge, pour être ordonné en la Chambre du Conseil ce qu'il appartiendra. Il paroît que dans ce cas, on ne peut ordonner autre chose, sinon que le cadavre sera pendu par les pieds. Jul. Clarus, *qu.* 51, n. 15, prétend qu'on ne doit alors prononcer aucune peine contre ce cadavre, quoiqu'il ajoute néanmoins que l'usage est contraire à son opinion; Voyez aussi Farinacius, *qu.* 10, n. 77 & suivante, où il cite plusieurs exemples à ce sujet.

Si le criminel qui vient à mourir de mort naturelle avant son exécution, avoit été condamné pour crime de Leze-Majesté, la condamnation prononcée contre lui, doit-elle être entiérement exécutée?

55. Ce que doit faire alors le Rapporteur, est de dresser procès-verbal de la mort de ce criminel, & de faire assembler les Juges qui l'ont condamné, pour délibérer sur ce qu'il y a à faire. Il paroît que dans ce cas on doit faire de nouveau le procès au cadavre, ou à la mémoire du défunt; mais que le premier Jugement rendu contre l'accusé ne peut plus subsister.

13°. Enfin, il faut observer qu'il n'est pas permis de tuer un criminel condamné par Justice à mort, ou à quelque autre peine capitale; & que celui qui tueroit ainsi un condamné, doit être puni comme homicide. (Voyez Julius-Clarus, *in addition. qu.* 99, n. 2.)

§. II.

De l'Exécution sur les biens du condamné.

56. Ceux qui sont condamnés à quelque peine pécuniaire, soit amende, aumône, ou intérêts civils, ne peuvent être élargis des prisons, qu'en consignant ès mains du Greffier les sommes auxquelles ils ont été condamnés. (Ordon. de 1670, *tit.* 13, *art.* 29.)

En effet, les amendes, aumônes & intérêts civils, étant payables par corps, il est juste que l'accusé ne soit mis hors de prison, qu'en satisfaisant à ces condamnations, si les parties, au profit de qui elles sont prononcées, s'opposent à son élargissement. Mais il faut pour cela que la partie qui a obtenu ces intérêts civils, ou le Receveur du Domaine, s'il s'agit d'amende, paie & consigne les aliments du prisonnier par avance; autrement ce prisonnier pourra être élargi. (Voyez ce qui a été dit ci-dessus au Titre *Des Prisons*, part. 3, liv. 2, tit. 12, n. 20.)

57. Les dépens, en matiere criminelle, ainsi qu'en matiere civile, ne se payent point par corps; ce qui résulte de cet article, à moins qu'ils ne soient adjugés par forme de dommages & intétêts, & que cela soit ainsi prononcé par le Jugement, parce qu'alors ils tombent dans le cas des intérêts civils; & alors ils sont aussi solidaires.

Le bénéfice de cession n'a pas lieu pour ces sortes de réparations pécuniaires. Néanmoins lorsque ceux qui étant détenus pour amendes, aumônes, ou intérêts civils, n'ont pas de quoi payer, les Juges ordonnent quelquefois qu'ils seront élargis, en donnant telle caution qu'ils pourront (Ainsi jugé par Arrêt du 29 Mars 1427, rapporté par Papon, en ses Arrêts, *liv.* 24, *tit.* 10, *n.* 10.)

Les amendes reçues par les Geoliers, doivent être par eux remises au Fermier du Domaine, ou à ses Receveurs; à peine d'y être contraints à leurs frais & dépens. (Déclarations du 21 Mars 1670.) Il en est de même des aumônes qu'ils reçoivent; ils doivent les remettre au Receveur des aumônes des prisonniers.

58. Dans le concours de l'amende & de l'intérêt civil, le privilege de l'intérêt civil l'emporte, & se paie par préférence à l'amende; parce que l'amende est une peine, au lieu que l'intérêt civil est une dette du condamné.

Il y a des cas où les peines pécuniaires, faute de paiement, peuvent être converties en des peines corporelles. (Voyez ce qui a été dit ci-après, *n.* 303.)

Voyez au surplus, ce qui a été dit touchant les amendes, aumônes & intérêts civils, au Titre *Des Peines*, ci-dessus, *part.* 1, *tit.* 3, *n.* 91, 115, 226 *& suiv*; Voyez aussi, *ibidem*, n. 175 & suivants; ce qui a été dit touchant la confiscation.

§ III.

§. III.

Des choses qui peuvent faire différer l'exécution d'un criminel condamné à une peine corporelle.

59. 1°. Si une femme condamnée à mort, paroît, ou déclare être enceinte, les Juges doivent ordonner qu'elle sera visitée par des Matrones qui seront nommées d'office, & qui feront leur rapport dans la forme prescrite par l'Ordonnance de 1667, au Titre *Des Experts*; & si elle se trouve enceinte, l'exécution sera différée jusqu'à son accouchement. (Ordonnance de 1670, *tit.* 25, *art.* 23.)

Si la grossesse est incertaine, il faudra différer jusqu'à ce qu'il soit certain que cette femme n'est pas enceinte, au cas qu'elle n'accouche point.

Cette disposition est conforme à la L. *prægnantis*, D. *de pœnis*; & a été sagement établie, afin que le malheur de la mere, ne nuise pas à l'enfant qui est dans son sein. Basnage, sur l'article 143 de la Coutume de Normandie, dit, qu'on doit même dans ce cas éviter de prononcer le Jugement de condamnation à la femme qui est enceinte; mais il faut pour cela que la grossesse soit constante.

La disposition, portée par cet article 23, doit aussi s'étendre aux femmes condamnées à la question; & même quelquefois on differe pour le fouet, sur-tout quand la grossesse est avancée; & je l'ai vu ainsi pratiquer. (Voyez Julius-Clarus, *qu.* 97, *n.* 5.)

Au reste, il faut observer qu'on doit différer, non-seulement jusqu'à l'accouchement, mais même un certain temps après, jusqu'à ce que la femme soit en santé.

60. Les enfants qui naissent de ces sortes d'accouchements, doivent être nourris aux dépens du Roi, ou du Seigneur de la Justice, lorsque la femme est condamnée à mort, & que ses parents refusent de se charger du soin de le nourrir.

2°. Si le condamné venoit à tomber malade, d'une maniere très dangereuse, ensorte qu'il fût presque mourant, on ne doit pas mettre alors à exécution le même jour, le Jugement qui le condamne. Néanmoins si l'exécution étoit à mort, elle pourroit se faire sans différer, quoiqu'il soit mieux d'attendre; mais si c'étoit à une autre peine, comme celle de la question, ou du fouet, il faudroit différer nécessairement.

61. 3°. On doit donner un certain temps aux condamnés à mort, pour se confesser & rentrer en eux-mêmes. Mais s'ils refusoient absolument de le faire, cela ne doit pas empêcher que l'exécution ne se fasse le même jour. (Voyez Julius-Clarus, *qu.* 97, *n.* 4.)

4°. Il arrive quelquefois par des déclarations qui surviennent de la part des condamnés, & à cause de la procédure qui se fait alors avec eux, ou avec d'autres accusés, qu'on est obligé de différer jusqu'au lendemain, & même plus long-temps. Mais aussi-tôt que l'instruction est faite, il faut procéder à l'exécution du Jugement; quand même cette exécution tomberoit un jour de Fête, & même le jour de Pâques. Il y en a des exemples récents; ce qui est conforme à la Loi 10, Cod. *de Feriis.* Cette instruction se fait sans désemparer, & sans conclusions de la partie publique.

62. 5°. Quelquefois aussi les Juges font différer l'exécution du Jugement, lorsqu'ils voient que l'accusé est dans le cas d'obtenir sa grace; & ils arrêtent que cette grace sera demandée au Roi, ou à M. le Chancelier. Nous en avons plusieurs exemples.

Il arrive aussi quelquefois que la grace d'un criminel est accordée au moment de l'exécution. Il y en a eu un exemple à l'égard d'un accusé condamné par Arrêt du 4 Septembre 1731. Le titre de l'exécution étoit un homicide. Dans le temps qu'on le conduisoit à la Greve pour être pendu, les lettres de grace arriverent. Il fut sursis à l'exécution, & le lendemain les lettres de grace furent entérinées.

§. IV.

Des choses qui empêchent l'exécution des condamnés à mort, ou à quelque peine corporelle.

63. 1°. Lorsque l'innocence de l'accusé paroît évidemment après la condamnation, il ne doit point être exécuté; comme il peut arriver dans le cas où l'accusé auroit été condamné pour raison de l'homicide d'une personne qui vient tout-à-coup à se représenter vivante. (Voyez Julius-Clarus, *qu.* 98, *n.* 8.)

Le condamné qui vient à mourir après la condamnation contre lui prononcée, ne doit point aussi être exécuté.

2°. Si le condamné devient fou après la condamnation à mort contre lui prononcée, quelques Auteurs pensent, qu'on ne doit pas alors mettre ce Jugement à exécution, quant à la peine corporelle; mais que le Jugement doit s'exécuter seulement pour la peine pécuniaire & pour la confiscation des biens. Tel est le sentiment de Julius-Clarus, *qu.* 60, *n.* 8.

3°. Si le Roi, ou le Souverain vient à passer, lorsque le condamné est conduit au supplice, on prétend qu'alors il ne peut être exécuté. (Voyez Julius-Clarus, *qu.* 98, *n.* 5.)

64. 4°. Quelques-uns prétendent aussi, fondés sur un ancien préjugé, que quand la corde d'un condamné que l'on pend, vient à se rompre, ou quand on ne peut l'étrangler, *&c.*, il ne doit point être exécuté; & en effet, on a des exemples de plusieurs condamnés à qui on a sauvé la vie en pareil cas. (*a*) Mais il faut dire que cela n'empêche point que le Jugement ne doive être exécuté jusqu'à ce que la mort s'ensuive; ainsi qu'on a coutume de le prononcer dans les Jugements de condamnation à la potence. (Voyez *infrà*, *n.* 77.)

5°. Si le condamné venoit en chemin à se sauver dans une Eglise, cela n'empêcheroit pas non plus qu'on ne l'en tirât de force pour subir son Jugement; parce qu'en France il n'y a point d'asyle. (Voyez ce qui a été dit ci-dessus au Titre *Des Décrets*, part. 3, liv. 2, tit. 10, n. 72.)

65. 6°. On prétend qu'anciennement, quand un accusé étoit condamné à mort, & qu'une fille publique offroit de l'épouser, le condamné évitoit le supplice, & qu'elle lui sauvoit ainsi la vie; Papon, *liv.* 24, *tit.* 10, *n.* 14, cite un Arrêt du Parlement de Paris du 15 Février 1515, qui l'a ainsi jugé; mais cette opinion auroit besoin d'être bien prouvée. Boerius, *décis.* 217, *n.* 20, fait à ce sujet une distinction fort judicieuse. Il dit, qu'il a vu plusieurs fois observer cette regle à l'égard des filles ravies, lorsqu'elles consentoient d'épouser leurs ravisseurs condamnés; & c'est apparemment ce qui a donné lieu à cet ancien usage pré-

(*a*) Voyez Julius Clarus, *quæst.* 98, *n.* 9; Chassanée *in consuet. Burgund.* fol. 55, n. 124 *vers. addo.*; & Mornac, *in L.* 5, Cod. *de Episcop. & Cler.*

tendu ; mais qu'il n'a jamais vu un homme condamné à mort éviter le supplice, lorsqu'une fille offroit de l'épouser ; & que si cela avoit lieu, jamais les Jugements de mort ne seroient exécutés ; parce que tous les condamnés qui ne seroient pas mariés, ne manqueroient pas de trouver des filles qui leur sauveroient la vie en les épousant. C'est aussi le sentiment de Jacob de Bellovisu (*a*), *in pract. crimin. rubricâ de injuriis*, *n.* 33, où il dit que les Juges n'ont pas le pouvoir de sauver ainsi un criminel du supplice. *Ita etiam* Chassanée, *in consuet. Burgund.* fol. 185, *n.* 15 ; *Ita etiam*, Mazuer, *in practicâ*, tit. 37, *de pœnis*, *n.* 30 ; Julius-Clarus, *qu.* 98, *n.* 6 ; & Tiraquell. *de pœnis temperandis causâ* 57 ; Expilly, *chap.* 135, rapporte un Arrêt du Parlement de Grenoble du 6 Avril 1606, qui débouta deux filles de semblables demandes, à l'égard de deux hommes condamnés à mort.

Le Code Militaire de l'édition de 1709, *liv.* 4, *tit.* 3, *art.* 30, rapporte l'Ordonnance qui défend de surseoir l'exécution des déserteurs, quand même, suivant l'usage, une fille les demanderoit en mariage ; cette Ordonnance est du 1 Mai 1668.

66. 7°. Si l'accusé se sauve avant l'exécution à mort, ou à quelque autre peine capitale, & qu'il soit 30 ans sans être arrêté, la peine corporelle se prescrit. (Ainsi jugé par Arrêt du 18 Avril 1615, au sujet d'un particulier condamné à mort pour un crime capital, qui avoit été renvoyé sur les lieux pour être exécuté, & qui avoit trouvé le moyen de s'évader comme on le conduisoit au supplice ; ce qui fut ainsi jugé sur les conclusions de M. Lebret. Voyez décisions de Lebret, *liv.* 6, *décis.* 3.)

Cette prescription de 30 ans pour la peine, doit avoir lieu à plus forte raison contre un Jugement rendu par contumace.

Mais si les 30 ans n'étoient pas accomplis, la peine de mort ne se prescrit point. (Ainsi jugé par Arrêt du 26 Avril 1625, rapporté au Journal des Audiences, *liv.* 1, *ch*, 50, contre un accusé qui prétendoit avoir prescrit par 28 ans une condamnation à mort exécutée par effigie.)

(*a*) Cet Auteur écrivoit vers l'an 1304.

§. V.

Des formalités nécessaires pour l'exécution des condamnés à mort, ou à quelqu'autre peine capitale, ou afflictive.

67. 1°. Les Jugements de condamnation à quelque peine capitale, ou afflictive, doivent être exécutés sur le lieu où ils ont été rendus; parce que l'exemple est dû au lieu où le crime a été commis.

2°. C'est en conséquence de cette regle, que si les Arrêts rendus sur l'appel d'une Sentence, portent condamnation de peine afflictive, les condamnés doivent être renvoyés sur les lieux sous bonne & sûre garde, aux frais de ceux qui en sont tenus, pour y être exécutés; à moins qu'il ne soit autrement ordonné par les Cours pour des considérations particulieres. (Ordonnance de 1670, *tit.* 26, *art.* 16;) ce qui est conforme aux anciennes Ordonnances. (Voyez les Ordonnances de 1560, *art.* 146; de 1579, *art.* 151; & de 1629, *art.* 98.)

Quand un criminel est condamné aux galeres, il doit aussi être marqué sur le lieu où le Jugement a été rendu. (Lettre de M. Joli de Fleuri du 13 Juillet 1724, au Procureur du Roi du Bailliage d'Orléans.) Mais suivant des Lettres-Patentes du Roi du 5 Mai 1750, rendues pour le Parlement de Rouen, cette marque, ou flétrissure, ne doit être appliquée aux condamnés que quinze jours au plutôt avant leur départ pour les galeres.

Suivant les Ordonnances du mois de Mars 1498, *art.* 93; Novembre 1507, *art.* 180; & Octobre 1535, *chap.* 13, *art.* 55, les accusés ne devoient être renvoyés sur les lieux, que quand la Sentence du premier Juge étoit confirmée.

68. Les cas les plus ordinaires pour lesquels les Cours ne renvoient point ordinairement le condamné sur les lieux, sont, lorsque la Sentence du premier Juge est infirmée, soit que l'Arrêt condamne l'accusé à une peine moindre, ou à une peine plus sévere; mais on ne suit pas toujours cette regle.

Ou quand il y a lieu de craindre la recousse de l'accusé, & qu'on ne l'enleve par violence dans les chemins, en le remenant sur les lieux; *v. g.* si ce sont des personnes puissantes & à craindre dans le pays. (Voyez l'Auteur des Loix criminelles, *tom.* 1, *pag.* 340, où il cite à ce sujet un Arrêt du Parlement du 16 Juin 1559.) Surquoi il faut observer qu'on peut alors tuer impunément l'accusé qui s'enfuit, s'il n'est pas possible de l'avoir autrement. (Voyez Mornac, *in* Cod. *tit.* 3, L. 7.)

69. Un autre cas, est lorsqu'il y a plusieurs accusés, & qu'il n'y en a qu'un seul de jugé, & qu'on veut surseoir au Jugement des autres accusés, pour sçavoir si ce premier les chargera.

Ou enfin, lorsqu'un accusé ayant été condamné à la question par le premier Juge, vient à avouer sur l'appel, & est condamné à mort.

3°. L'exécution doit être faite dans la place publique, & au lieu ordinaire & accoutumé. (Julius-Clarus, *qu.* 99, *n.* 6.) Quelquefois néanmoins on déroge à cette regle pour un plus grand exemple, *v. g.* en faisant pendre l'accusé, vis-à-vis l'Hôtel de la Monnoie, si le vol y a été fait, *&c.*

Lorsque la Sentence rendue par un Juge de Seigneur, est confirmée par Arrêt, & que l'exécution est renvoyée sur les lieux, elle ne peut être faite dans la place publique du lieu, si cette place est dans l'étendue de la Justice du Roi, & hors le ressort du Juge qui a rendu la Sentence ; mais elle doit être faite dans l'étendue de la Justice de ce Seigneur. (*Ita*, Bacquet, en son Traité des Droits de Justice, *chap.* 9, *n.* 9 ; & c'est ainsi que l'établit M. Le Nain, Avocat-Général, dans un Arrêt de la Cour du 9 Avril 1709, rapporté au Journal des Audiences.)

70. 4°. Les exécutions doivent se faire en public ; parce que cette maniere d'être exécuté ajoute à la douleur & à l'infamie de l'accusé, & au deshonneur de ses parents.

Mais on ne doit jamais faire ces exécutions dans les prisons, ou autres endroits particuliers, si ce n'est de l'ordre du Prince, ou avec sa permission ; ainsi qu'il s'est observé à l'égard du Maréchal de Biron, condamné par Arrêt du 29 Juillet 1602. L'Arrêt portoit qu'il seroit exécuté en place de Greve ; mais ses parents ayant prié le Roi, par une requête signée de leur main, que l'exécution ne se fît point en public, le Roi leur accorda cette grace, & en fit expédier ses lettres, qui portoient, qu'en faveur de ses parents, l'exécution seroit faite à la Bastille. (Voyez l'Histoire Septenaire de la Paix, *liv.* 5, *pag.* 312.)

5°. Les exécutions doivent être faites de jour, & non de nuit, à cause de l'exemple. Néanmoins on est quelquefois obligé de déroger à cette regle; comme il arrive, dans le cas où l'accusé a plusieurs déclarations à faire, ou qu'il y a des accusés par lui chargés, auxquels il faut le confronter; alors on est obligé de différer l'exécution jusqu'à la nuit, & de la faire aux flambeaux, & quelquefois même le lendemain, ainsi que je l'ai déja observé.

71. 6°. Les Jugements doivent être exécutés le même jour qu'ils ont été prononcés aux accusés; (*suprà*, *n.* 35;) à l'effet de quoi, aussi-tôt que cette prononciation a été faite, il faut avertir le Procureur du Roi, ou autre Ministre de Justice, chargé d'exécuter les Jugements, afin de faire venir un Confesseur pour le condamné, & de donner tous les ordres nécessaires pour cette exécution.

Au reste, cette obligation d'exécuter les Jugements le jour même qu'ils ont été prononcés, ne regarde point les Cours Souveraines; & c'est ainsi que s'en explique M. Pussort, sur l'article 21 du titre 25 de l'Ordonnance de 1670. (Voyez le procès-verbal de l'Ordonnance de 1670, *pag.* 256.)

Quelquefois aussi les autres Juges sont obligés de différer ces exécutions. (Voyez ce qui a été dit ci-dessus, *n.* 61.)

7°. Les exécutions ne peuvent être faites les jours de Dimanches & de Fêtes célébrées par l'Eglise. (*Ita* Boerius, *décis.* 259; & Julius-Clarus, *qu.* 97, *n.* 6,) si ce n'est dans le cas où la procédure qui se fait sur des déclarations faites par le condamné, oblige de différer l'exécution, & que ce délai tombe un jour de Fête ou de Dimanche, auquel cas l'exécution pourra être faite ces jours-là même, ainsi qu'on l'a observé.

72. 8°. Le Juge doit être présent à l'exécution, ou du moins tout proche. A Paris, le Lieutenant-Criminel y assiste en robe, si c'est un de ses Jugements qu'on exécute; & si c'est un Arrêt, & qu'il s'agisse d'une exécution remarquable, où l'on présume que le condamné ne manquera pas de faire des déclarations, le Rapporteur se transporte, avec le Greffier, à l'Hôtel-de-Ville, ou dans une maison voisine du lieu où se fait cette exécution, afin de pouvoir dresser procès-verbal de ces déclarations. Mais pour les exécutions ordinaires, elles se font le plus souvent en présence seulement du Greffier, ou de deux Huissiers de la Cour, qui en dressent procès-verbal.

L'usage à Orléans, est qu'aux exécutions des criminels condamnés par Jugement Présidial, le Lieutenant-Criminel, & le Rapporteur, y assistent; & c'est le Lieutenant-Criminel qui fait rédiger les déclarations; ce qui est conforme à un accord fait entre les Officiers du Présidial de cette Ville, du 1 Mars 1657. A l'égard des procès prévôtaux, le Grand-Prévôt assiste à l'exécution avec le Rapporteur.

73. A Paris, le Lieutenant-Criminel assistoit autrefois à cheval aux exécutions; mais aujourd'hui l'usage est qu'il y assiste en carrosse; & cette indulgence de la Cour a été étendue jusqu'aux Greffiers de la Tournelle, par un Arrêté de cette Chambre du 18 Février 1755, qui porte: Que les Greffiers accompagneront le Rapporteur dans son carrosse. Autrefois les Greffiers assistoient à l'exécution à cheval, quoique le Rapporteur y assistât en carrosse.

Quand le condamné est sur l'échaffaud, comme il n'est pas permis alors de l'en faire descendre, il faut que le Juge s'en approche pour recevoir ses déclarations, & en dresser les actes nécessaires. A l'égard des Cours, elles sont dans l'usage de les faire recevoir par leurs Greffiers, quand le patient est au lieu du supplice, & qu'il ne peut être conduit dans un lieu voisin.

74. Lorsque le Juge est présent à l'exécution, comme le Lieutenant-Criminel à Paris, il doit être assisté d'un certain nombre d'Archers, qui doivent l'aller prendre, & l'accompagner au lieu où l'exécution doit être faite, & ensuite le reconduire chez lui. Il y a même des Reglements rendus pour quelques Villes, qui obligent les Prévôts des Maréchaux d'accompagner les Juges à cette exécution. Il y en a deux Arrêts, l'un au profit du Lieutenant-Criminel de Toulouse, contre le Sieur Falcond, Grand-Prévôt; & l'autre du 10 Mai 1667, contre le Sieur Cizos, Lieutenant de Prévôt: dans ce dernier Arrêt, il est fait mention du précédent. Ces deux Arrêts portent, que le Prévôt & ses Archers assisteront le Lieutenant-Criminel aux exécutions.

A l'égard des Procureurs du Roi, ils ne doivent point assister à ces sortes d'exécutions. (Edit d'Ampliation des Présidiaux du mois de Mars 1551, *art.* 48.)

Le testament de mort d'un condamné se reçoit par le Juge, dans un lieu voisin du supplice; & il ne doit être qualifié de ce nom, que quand il est fait après la prononciation de la Sentence.

75. 9°. On doit lire & prononcer le Jugement à l'accusé, au lieu même

même du supplice, dans les exécutions à mort, où le Juge doit avoir soin de faire trouver un certain nombre de gens armés pour assister à l'exécution.

10°. Quelques-uns prétendent que s'il n'y avoit point sur le lieu d'Exécuteur pour exécuter le Jugement, portant condamnation à mort, ou à quelque autre peine afflictive, & qu'on ne pût en faire venir d'un autre endroit; alors les Juges peuvent, à cause de la nécessité publique, contraindre quelque personne vile & de la lie du peuple, ou quelque condamné à peine afflictive, à en faire les fonctions, en lui payant, à cet effet, un salaire raisonnable. (Voyez ce qui a été dit à ce sujet au titre *De la Compétence des Juges criminels*, n. 709.)

Les Exécuteurs des Sentences criminelles sont sous la protection de la Justice; & il n'est pas permis de leur faire violence. (Constitution Caroline, *chap.* 97.)

76. 11°. Les Charpentiers sont tenus de prêter leur ministere pour la construction des échafauds, potences, & autres bois nécessaires pour l'exécution des Sentences criminelles; à peine de prison, d'amende, *&c.* (Ordonnance rendue au Présidial d'Orléans le 14 Mai 1723, en la Chambre du Conseil, sur la requête du Procureur du Roi, qui enjoint à tous Charpentiers, & notamment au nommé Thoret, de faire, tout ouvrage cessant, les ouvrages de leur métier nécessaires pour l'exécution des Sentences criminelles; à peine de 100 livres d'amende, & d'être conduits en prison en vertu de la présente Ordonnance, sans qu'il soit besoin d'autre Jugement.)

77. On peut aussi, pour l'exécution des ces Sentences, arrêter de force un Voiturier, & l'obliger de conduire le condamné au supplice, en lui payant aussi à cet effet un salaire convenable. (*Ita* Bartole, *in* L. 2, D. *de publicis jud.*; & *in* L. *jubemus nullam navem in princ.* Cod. *de sacros eccles.* & Balde, *in* L. *fin.* §. *Titius*, D. *de pignorat. act.*)

Quand il n'y a point de potence, & qu'il y a des empêchements à ce sujet, on peut pendre à un arbre, ou autrement. (Coutume de Nivernois, *tit.* 1, *art.* 10.)

12°. Les Sentences & Jugements qui condamnent un accusé à mort, doivent être exécutés jusqu'à ce que mort s'ensuive. Ainsi, si la corde vient à se rompre à l'égard d'un condamné à la potence, il faut le rattacher, & le rependre de nouveau. (Voyez ce qui a été dit ci-dessus, *n.* 64.)

78. 13°. Lorsqu'un accusé est condamné à plusieurs peines; *v. g.* à être pendu & brûlé; ou bien à faire amende-honorable, à avoir le poing coupé, & ensuite roué & brûlé, il faut commencer par exécuter les peines les plus légeres, & finir par les plus rigoureuses. (Julius-Clarus, *qu.* 99, *n.* 9.)

14°. Si le condamné a quelque déclaration à faire, elle doit être reçue par le Juge, ou par le Rapporteur, assisté du Greffier. Lorsque le condamné fait cette déclaration avant que d'aller au lieu du supplice, le Rapporteur doit en dresser procès-verbal, & le faire signer au condamné, auquel il fera à cet effet délier les mains, s'il est besoin.

Mais si le condamné veut faire quelque déclaration au lieu de l'exécution, ou par le chemin, autre que celle qui tendroit à nommer les complices; le Greffier les peut rédiger sans les faire signer, ni au patient, ni au Rapporteur, cela étant une suite du procès-verbal d'exécution, qui se met au pied de la Sentence, & qui est signé du Greffier seul. (Voyez ce qui a été dit ci-dessus, *n.* 73.)

79. Lorsqu'on arrête quelques personnes, en vertu de ces déclarations, il faut les confronter au condamné, autant qu'il est possible. (Ordonnance de 1670, *tit.* 19, *art.* 4.) Dans ce cas le Juge, ou le Rapporteur, doit faire amener le condamné dans un endroit particulier, proche le lieu du supplice, afin de pouvoir dresser son procès-verbal, & faire cette instruction en particulier.

15°. Le procès-verbal d'exécution doit être dressé par le Greffier, & mis au bas du Jugement; ce qui doit s'observer à l'égard de toutes les peines.

16°. A l'égard des exécutions par effigie, Voyez ce qui a été dit au titre *Des défauts & contumaces*, ci-dessus, *part.* 3, *liv.* 2, *tit.* 21, *n.* 17.)

§. VI.

Des Cadavres des condamnés.

80. 1°. Anciennement on enterroit en Terre-Sainte les corps de

ceux qui avoient été condamnés, & exécutés à mort. (Voyez Papon, *liv.* 20, *tit.* 8, *n.* 4.) ce qui est conforme à la Loi de Dieu. (Deuteronom. *chap.* 21, ℣. 23.) Mais en France ils sont privés de la sépulture, conformément à la Loi 1, D. *de cadaveribus punit.* On les expose même sur les grands-chemins pour l'exemple, & pour inspirer de la crainte aux méchants par la vue de ce spectacle; à moins que les Juges, pour de justes considérations, ne permettent qu'on les enterre; & cela s'observe ainsi à l'égard des femmes. (Arrêt de la Tournelle du 30 Mars 1733, rendu en forme de Réglement, qui fait défenses aux Juges d'ordonner, comme avoient fait ceux de Montbason, dont étoit appel, que le corps mort d'une femme seroit attaché aux fourches patibulaires. Denisart, en ses Collections de Jurisprudence, au mot, *Fourches patibulaires.* Voyez aussi Covarruvias, *var. resolut. lib.* 2, chap. 1, v. 11, *ubi late*, pour sçavoir quels sont les cas où les Juges peuvent accorder cette permission.)

81. 2°. C'est un crime très punissable, d'oter les corps du lieu de leur supplice, ou de celui auquel ils ont été mis par ordre de Justice. (*Legis Salicæ, toto tit.* 69, C. 1; Canon, *denique* 7, qu. 1, *cum gloss.* in verbo *memoriale.*; Can. *mandamus* 19, qu. 3, in verbo *memorialem.*)

Ceux qui enlevent ainsi des cadavres du gibet, ou de l'échafaud, sans l'autorité du Juge, doivent être punis corporellement, ou par amende, suivant Despeisses, en son Traité *Des Crimes*, tom. 2, *pag.* 693, *n.* 27. (Ainsi jugé par Arrêt du Parlement de Dijon du 5 Octobre 1618, rapporté par Bouvot, *tom.* 2, au mot, *Justice & irrévérence*, qu. 3; Voyez la L. 1, D. *de cadaveribus punitorum.*)

82. 3°. Quelquefois les Juges permettent d'abandonner le corps d'un condamné aux Chirurgiens, pour faire des expériences Anatomiques. (Voyez Boerius, *décis.* 287; *Ita etiam* Julius-Clarus, *qu.* 100, *n.* 2,) & il faut dans ce cas, au moins l'ordonnance du Lieutenant-Criminel; mais cette permission ne doit s'accorder que pour les cadavres des personnes de vile condition.

Les Chirurgiens peuvent même exiger des Juges, qu'ils leur livrent des cadavres. L'article 25 de l'Edit de Mars 1707, rendus pour la Médecine, en a une disposition, & cela pour faire des démonstrations d'Anatomie, & pour enseigner les opérations de la Chirurgie.

Enfin, une derniere observation à faire sur cette matiere, c'est que les habits qui sont sur le corps du condamné à mort, appartiennent à l'Exécuteur de la Haute-Justice. Tel est l'usage de France, suivant Boerius, *décis.* 349, *n.* 5, qui s'observe aussi en Italie; suivant Julius-Clarus, *qu.* 100, *n.* 4; Voyez la L. *divus*, D. *de bonis damnatorum*.

SECTION II.

Des Sentences, Jugements, & Arrêts d'absolution.

83. Les accusés dont l'innocence est reconnue, doivent être renvoyés absous, quand même ils seroient en contumace; & il en est de même de ceux contre lesquels il ne se trouve aucunes preuves au procès. (Voyez ci-après, *n.* 150.)

Il y a plusieurs degrés d'absolution à l'égard des accusés. Les uns obtiennent, étant absous, des dommages & intérêts; les autres obtiennent seulement les dépens pour tous dommages & intérêts; & d'autres sont mis hors de Cour & de procès sur l'accusation, sans aucun avantage. (Voyez ce qui est dit à ce sujet au titre *Des Accusations calomnieuses*, ci-après, *part.* 4, *tit.* 2, n. 5.)

Lorsqu'il ne se trouve aucune preuve au procès contre l'accusé, ou que son innocence est pleinement justifiée, on doit le renvoyer de l'accusation, avec dommages & intérêts contre la partie civile, ou publique, si l'accusé a formé une demande à cet effet. Quelquefois on condamne le plaignant aux dépens seulement, suivant les circonstances. (Voyez ci-après, *n.* 150.)

84. Mais s'il y a quelques preuves, quoique légeres contre l'accusé, on ne doit pas le renvoyer de l'accusation, mais seulement mettre hors de Cour & de procès sur la plainte. (Voyez *infrà*, n. 153.)

Ce Jugement ne renferme pas à la vérité une justification de l'innocence de l'accusé aux yeux du public; à la différence du Jugement qui renvoye ou décharge de l'accusation; mais il contient cependant une absolution entiere aux yeux de la Justice.

On met aussi quelquefois hors de Cour sur l'accusation, lorsque l'accusé a proposé des reproches légitimes contre les témoins qui déposoient contre lui, & qu'il a suffisamment prouvé ses reproches. Alors, comme l'effet de ces reproches n'est pas de rendre les témoins faux, mais seulement suspects, on ne doit pas renvoyer l'accusé de l'accusation, mais seulement prononcer hors de Cour à son égard.

85. Dans le cas où l'on met hors de Cour sur la plainte ou accusation, on ne condamne pas ordinairement l'accusateur, ou plaignant, aux dommages & intérêts de l'accusé; & s'il y a partie civile, on compense les dépens.

Dans les grands crimes, où les Procureurs du Roi, ou Fiscaux, sont parties, quelque légere que soit la preuve, on ne doit point absoudre, ni mettre hors de Cour. (Voyez ce qui est dit à ce sujet, *infrà n.* 87 & 153.)

Les Jugements qui renvoyent, ou déchargent un accusé de
86. l'accusation, ou plainte, même ceux qui mettent hors de Cour sur cette accusation, doivent être prononcés aux accusés par le Greffier, le même jour qu'ils ont été rendus. (Ordonnance de 1670, *tit.* 13, *art.* 29.) Mais si les accusés n'étoient pas en prison, cette prononciation n'est pas nécessaire. (Voyez ce qui a été dit ci-dessus, *n.* 29.)

Lorsqu'un accusé étant poursuivi pour plusieurs crimes, est condamné seulement pour un de ces crimes, & qu'il n'est rien prononcé sur les autres; on prétend qu'il est alors censé absous pour raison de ces autres crimes; à moins que le contraire ne paroisse par le Jugement. (*Ita* Julius-Clarus, *in suppl.* qu. 94, *n.* 19.)

SECTION III.

Des Sentences & Jugements qui prononcent un plus amplement informé.

87. Dans les accusations poursuivies à la requête des Procureurs du Roi, ou Fiscaux, soit comme parties principales, ou comme jointes en cause, lorsqu'il y a un commencement de preuves contre l'accusé, & que néanmoins cette preuve est imparfaite, les Juges doivent ordonner un plus-amplement informé. (Voyez ce qui est dit ci-après, *n.* 153.)

En effet, on peut regarder comme une regle générale, qu'en France les accusés ne sont jamais renvoyés absous, faute de preuves entieres dans les crimes où les Procureurs du Roi, ou Fiscaux, sont parties; & que si l'on prononce une absolution, ou qu'on mette hors de Cour, dans les cas où la preuve n'est pas suffisante, ce n'est qu'à l'égard des parties civiles, lorsqu'elles sont seules parties.

Il y a deux sortes de *plus-amplement informé*; l'un qui s'ordonne pour un temps limité, *v. g.* de six mois, ou un an, *&c.*; & l'autre qui est indéfini, qu'on appelle ordinairement *plus-amplement informé usquequò*.

88. Le *plus-amplement informé à temps*, a lieu ordinairement pour les crimes qui ne sont pas du nombre des crimes atroces, & pour lesquels ce plus-amplement informé, est plutôt prononcé comme une peine, que comme un moyen pour acquérir la preuve nécessaire au procès. Quelquefois on ordonne en ce cas, que l'accusé tiendra prison pendant ce temps, & quelquefois on prononce son élargissement, suivant la nature du crime, & les circonstances; mais après le temps échu de ce plus-amplement informé, on doit, s'il n'est point survenu de preuves nouvelles, mettre sur l'accusation les parties hors de Cour, & élargir l'accusé, s'il étoit prisonnier.

Ce plus-amplement informé à temps, a aussi lieu dans les crimes graves, mais sans élargissement du prisonnier; & il se prononce à l'effet de pouvoir acquérir contre l'accusé une preuve suffisante pendant ce temps-là pour pouvoir ensuite le condamner. Lorsque le temps du plus-amplement informé est passé, on ne doit pas mettre hors de Cour sur l'accusation; mais on prononce contre l'accusé un plus-amplement informé indéfini, & l'on ordonne qu'il aura issue des prisons, à la charge de se représenter en état d'ajournement personnel, *&c.* (Voyez ci-après, *n.* 93 & 153.) Quelquefois même on ordonne un second plus-amplement informé pour un temps, & que l'accusé tiendra encore prison.

89. Le *plus-amplement informé usquequò*, ou *indéfini*, ne se prononce que dans des crimes graves, & dans lesquels le Procureur du Roi est partie; & on le prononce toujours dans ce cas, pour peu qu'il y ait d'indices contre l'accusé. (Voyez le procès-verbal de l'Ordonnance de 1670, sur l'article 4 du titre 21, *pag.* 232.) C'est une espece de peine, dont l'effet est de laisser toujours l'accusé *in reatu*; ensorte que son sort reste incertain à cause des preuves qui peuvent survenir contre lui. Il est néanmoins élargi des prisons pendant ce temps, à la charge de se re-

présenter en état d'ajournement personnel, *&c.* (Voyez ce qui a été dit à ce sujet, au titre *Des Peines*, ci-dessus, *part.*, *tit.* 3 n. 132.)

90. Ce plus-amplement informé *usquequò*, n'est point, à proprement parler, un Jugement interlocutoire; parce qu'il n'a ni jour, ni assignation précise; & quoique l'accusé soit élargi jusqu'à nouvel ordre, néanmoins il n'y a rien d'ordonné pendant ce temps-là. Ce n'est point non plus une Sentence, ou Jugement diffinitif; parce que s'il survient de nouvelles preuves, pour raison du même fait, le procès doit être repris & continué.

Quelques Auteurs ont prétendu que le plus-amplement informé *usquequò*, ne pouvoit être prononcé que par les Cours & Juges en dernier ressort. (Voyez Lacombe, Traité des Matieres criminelles, *part.* 3, *chap.* 18, *pag.* 527 *&* 528, édition de 1751.) Mais il ne rend aucune raison de son opinion, & ne rapporte là-dessus aucune autorité. Il est vrai que ce plus-amplement informé doit être rarement prononcé par les premiers Juges; mais il y a des cas où l'on est dans la nécessité d'en user, sur-tout à l'egard des accusés contumaxs. Aussi Airault, en parlant des Jugements qui prononcent des plus amplement informé *usquequò*, ne dit pas que ces sortes de Jugements soient réservés aux Juges supérieurs, comme il le dit ensuite, en parlant des Jugements qui portent, que les prisons seront ouvertes à l'accusé. (Voyez Airault, en son Instruction Judiciaire, *liv.* 3, *part.* 4, *n.* 16, *pag.* 564 *& suiv.*)

91. L'effet du plus-amplement informé pour un temps limité, ou indéfini, est que le Procureur du Roi est toujours en droit d'agir &, de suivre le procés, si l'occasion de prouver la vérité du fait se présente. (Arrêt du 8 Janvier 1540.)

Comme ce plus-amplement informé est en faveur de la partie publique, celui-ci, quand il survient des preuves, peut anticiper le délai du plus-amplement informé, pour suivre & faire juger le procès.

A l'égard de l'accusé, on prétend que quand il y a un plus-amplement informé, il peut, sans attendre d'autre Jugement, poursuivre ses dommages & intérêts contre ses plaignants, ou dénonciateurs, & qu'il a été ainsi jugé par Arrêt du Parlement du 20 Août 1537, rapporté par Bouchel, au mot *Absolution*, pag. 13, col. 1; mais ce sentiment paroît souffrir difficulté. (Voyez ce qui est dit au titre *Des Peines*, ci-dessus, *part.* 1, *tit.* 3, *n.* 132; & au titre *Des Accusations calomnieuses*, ci-après, *part.* 4, *tit.* 2, n. 41.)

92. Il y a même des cas où ces dommages & intérêts ont lieu contre la partie publique. (Voyez *ibid.* au titre *Des Accusations calomnieuses*, n. 15.)

Quant au plaignant, il ne peut jamais demander contre l'accusé des dommages & intérêts, dans le cas où il y a un plus-amplement informé; & il ne le peut, que quand cet accusé est convaincu par un Jugement diffinitif.

Un Arrêt du Parlement de Provence du 26 Janvier 1711, défend à tous Juges d'ordonner un plus-amplement informé dans les affaires poursuivies à la requête des parties civiles. (Voyez le Recueil des Arrêts du Parlement de Provence par M. Grimaldi de Regusse, imprimé à Aix en 1746, *in*-4°. *pag.* 243.)

SECTION IV.

Des Sentences, Jugements, & Arrêts d'élargissements, ou renvois en état d'assigné pour être oui.

93. Les élargissements que les Juges peuvent prononcer en faveur des prisonniers, sont de plusieurs sortes:

1°. Ils se prononcent diffinitivement, ou seulement par provision.

2°. Celui qui est élargi, est, ou élargi purement & simplement; ou à la charge de se représenter à toutes assignations qui lui seront données à cet effet.

3°. Les élargissements s'accordent, ou en donnant caution, ou sans caution.

ARTICLE PREMIER.

Des Elargissements en général.

94. 1°. Aucuns prisonniers pour crimes ne peuvent être élargis, soit diffinitivement, soit par provision, par les Cours & autres Juges, encore qu'ils se soient rendus volontairement prisonniers, sans avoir vu les informations, l'interrogatoire, les conclusions des Procureurs du Roi, ou Fiscaux, & les réponses de la partie civile,

civile, s'il y en a, ou sommations d'y répondre. (Ordonnance de 1670, *tit.* 10, *art.* 22.)

Les Officiaux, & autres Juges d'Eglise, sont compris, comme les autres Juges, dans la défense portée par cet article; la raison étant la même à leur égard.

Les Officiaux Métropolitains ne peuvent non plus élargir les prisonniers détenus en vertu des décrets décernés par les Officiaux subalternes, qu'après avoir vu l'information, l'interrogatoire, les conclusions du Promoteur, *&c.* (Arrêt du 10 Mai 1670, rendu en la Tournelle contre l'Evêque de Clermont, prenant le fait & cause de son Promoteur. Edit du mois d'Avril 1695, *art.* 40.)

95. A l'égard des élargissements prononcés par les Cours de Parlement sur des appels comme d'abus, interjettés par des Ecclésiastiques, de décrets prononcés par des Officiaux, Voyez le même Edit du mois d'Avril 1695, *art.* 41; & ce qui a été dit au titre *De la compétence des Juges-Criminels*, ci-dessus, *part.* 2, *tit.* 1, n. 521, & suiv.)

Quand il s'agit d'élargir un accusé, il est nécessaire d'avoir les réponses de la partie civile; parce qu'elle peut avoir de bonnes raisons pour empêcher cet élargissement. (Voyez le procès-verbal de l'Ordonnance de 1670, sur l'article 29 du titre 13, *pag.* 145.)

96. 2°. Les prisonniers pour crimes ne peuvent être élargis (diffinitivement, ou par provision,) que de l'autorité du Juge; encore que les Procureurs du Roi, ou ceux des Seigneurs, & les parties civiles y consentent. (Ordonnance de 1670, *tit.* 10, *art.* 23.) En effet, il ne dépend point des parties de décider sur l'élargissement de l'accusé; & c'est au Juge seul à régler, s'il y a lieu, ou non, à cet élargissement.

Au surplus, ces élargissements ne peuvent être prononcés que de l'avis de tout le Siege; & le Juge d'instruction ne peut seul les ordonner. (Arrêt du Conseil du 31 Août 1689, servant de Réglement entre les Officiers du Présidial d'Orléans, *art.* 24; Autre du 18 Juillet 1677, rendu pour Tours, *art.* 65; autre du 19 Février 1729, pour le Puy-en-Velai; Réglement du 2 Août 1688, pour Poitiers, *art.* 32; Edit du mois de Septembre 1697, servant de Réglement pour les Présidiaux de Franche-Comté, *art.* 47. Voyez aussi *omninò* ce qui est dit au titre *De l'instruction criminelle en général*, ci-après, *part.* 3, *liv.* 3, *tit.* 2, n. 43.)

L'article 34 du titre 13 de l'Ordonnance de 1670, défend aux

Lieutenants-Criminels & à tous autres Juges, d'ordonner aucun élargissement, sinon en la forme prescrite par l'Ordonnance; à peine d'interdiction, & de tous dépens, dommages & intérêts des parties.

L'article 17 du titre 2 de l'Ordonnance de 1670, défend aussi aux Prévôts des Maréchaux d'élargir seuls les accusés. (Voyez au titre *De la compétence des Juges*, ci-dessus, *part.* 2, *tit.* 1, n. 247.)

97. 3°. Les accusés ne peuvent être élargis après le jugement rendu sur la plainte, ou accusation intentée contr'eux, lorsque ce jugement les condamne à quelque peine afflictive; encore que les parties civiles y consentent, & que les amendes, aumônes & réparations aient été consignées. (Ordonnance de 1670, *tit.* 10, *art.* 24.)

Dans les crimes de rébellion & voies de fait au sujet des droits du Roi, il n'est pas même permis aux Juges, qui connoissent de ces droits, d'élargir les accusés, en conséquence d'un jugement, lorsqu'il y en a appel de la part des Fermiers des droits du Roi. (Lettres-Patentes du 4 Mai 1723.)

Un Arrêt de Réglement de la Cour des Aides de Paris, du 21 Mars 1739, rapporté au Code Louis XV, ordonne que quand il y aura appel dans les 24 heures de la part du Fermier, les accusés ne pourront être élargis, qu'en donnant caution de payer les amendes, suivant l'article 9 de la Déclaration du 6 Décembre 1707.

98. Les accusés ne peuvent pareillement être élargis, si la Sentence ne prononçant aucune peine afflictive contre eux, il y en a appel de la part des Procureurs du Roi, ou de ceux des Seigneurs; encore que la partie civile consentît l'élargissement de ces accusés. (Ordonnance de 1670, *tit.* 10, *art.* 24.)

Mais hors ces deux cas, l'accusé condamné, même à une peine infamante, *v. g.* au blâme, peut toujours demander son élargissement provisionnel, quand bien même il appelleroit de la Sentence qui le condamne; ce qui résulte clairement de la disposition de l'article 24 du titre 10, qu'on vient de citer. Et cet élargissement doit pareillement avoir lieu, en consignant du moins les amendes, aumônes, & autres condamnations pécuniaires, dans le cas où la Sentence doit s'exécuter par provision, aux termes de l'article 6 du titre 25 de la même Ordonnance de 1670.

99. Lorsque les accusés n'ont été condamnés qu'en des peines & réparations pécuniaires, & qu'il n'y a point d'appel du Jugement

par la partie publique, ils peuvent aussi être élargis, même malgré la partie civile, en consignant ès mains du Greffier les sommes adjugées pour amendes, aumônes, & intérêts civils; à moins qu'ils ne soient détenus pour une autre cause. (Ordonnance de 1670, *tit.* 13, *art.* 29. Voyez ce qui est dit à ce sujet au titre *Des Décrets*, ci-dessus, *part.* 3, *liv.* 2, *tit.* 10, n. 62.)

Quand les dépens ont été prononcés par corps, il faut aussi que les accusés les consignent, ou une somme équivalente, pour pouvoir être élargis : ce sont les premiers dommages & intérêts.

100. Mais ils ne peuvent être retenus prisonniers, faute de paiement des épices des Jugements qui les élargissent, ou faute d'avoir levé les Arrêts, Sentences & Jugements qui les élargissent. (Même article 29 de l'Ordonnance de 1670.)

Ni sous prétexte de vacations dues aux Juges pour les interrogatoires, ou autres procédures faites contr'eux. (Edit du mois de Janvier 1685, touchant l'administration de la Justice du Châtelet de Paris, *art.* 29.) Cet article défend aux Geoliers, à peine d'interdiction pour trois mois, & de tous dépens, dommages & intérêts, &c., de retenir les accusés prisonniers sous ce prétexte; & aux Greffiers, sous pareille peine, de recevoir lesdites vacations des prisonniers, ou d'autres personnes, autres que des parties civiles, quand même on les leur offriroit volontairement.

Les Geoliers, Greffiers, Cabaretiers, ou autres, ne peuvent aussi empêcher l'élargissement des prisonniers, pour frais, nourriture, gîte, geolage, ou aucune autre dépense. (Ordonnance de 1670, *tit.* 13, *art.* 30.)

101. 4°. « Tous Greffiers, même ceux des Cours, & ceux des » Seigneurs, sont tenus de prononcer aux accusés les Arrêts, » Sentences & Jugements d'élargissement, (soit diffinitifs, soit » provisionnels,) le même jour qu'ils ont été rendus; & s'il n'y en » a point d'appel par les Procureurs du Roi, ou par ceux des » Seigneurs, dans les 24 heures, mettre les accusés hors de prison, » & l'écrire sur le registre de la geole; comme aussi ceux qui » n'ont été condamnés qu'en des réparations pécuniaires, en con- » signant ès mains du Greffier les sommes adjugées pour amen- » des, aumônes & intérêts civils, suivant l'article 29 du titre 13 » de l'Ordonnance de 1670, ci-dessus cité.

102. *Question.* Cet article 29 donne-t-il seulement droit aux Receveurs des amendes, & aux parties civiles de retenir le condamné

en prison, en consignant par eux les frais de nourriture; ou si indépendamment de cette consignation d'aliments, il n'est permis d'élargir le condamné qu'en payant par lui les amendes & réparations pécuniaires?

Il paroît que cet article donne seulement le droit aux Receveurs des amendes, ainsi qu'aux parties civiles, de retenir le condamné en prison, en consignant les aliments du prisonnier par avance. (Voyez ce qui a été dit au titre *Des Prisons*, ci-dessus, *part.* 3, *liv.* 2, *tit.* 12, *n.* 17.)

Quid; Si le condamné étoit hors d'état de payer les amendes & réparations civiles; comme s'il étoit pauvre, & qu'il fût mineur, sans pouvoir disposer d'aucun bien?

Alors il faudroit que le tuteur, ou quelque autre personne, payât pour le condamné; autrement il peut être retenu prisonnier, faute de paiement de ces sommes.

103. Il est défendu aux mêmes Greffiers, de prendre ou recevoir aucuns droits du prisonnier pour son élargissement, ni de sa part; si ce n'est ceux qui sont dûs de l'expédition de la grosse de la Sentence, en cas qu'il la veuille lever, après qu'il aura été mis en liberté; à peine d'interdiction pendant trois mois, dommages & intérêts des parties, *&c.* (Edit du mois de Janvier 1685, pour l'administration de la Justice du Châtelet de Paris, *art.* 30.)

Quelquefois même il arrive que les Parlements, ou autres Cours supérieures, en jugeant un procès, reconnoissent qu'un accusé a été emprisonné injustement, ou sans raison; alors, en renvoyant ce prisonnier de l'accusation, ils lui donnent sa liberté, en le laissant aller de la Chambre du Conseil aussitôt après le Jugement, sans le faire descendre, ni remettre en prison, quoique l'Arrêt n'ait pas encore été dressé, ni prononcé à l'accusé; sauf ensuite à faire mention de l'Arrêt par le Greffier sur le registre de la geole pour sa décharge. On appelle cela au Parlement de Paris, *faire sortir le prisonnier par la galerie.*

104. L'article 37 de l'Arrêt de la Cour du 18 Juin 1717, rendu pour les prisons de Paris, porte que les Greffiers seront tenus de transcrire le dispositif des Arrêts, Sentences & Jugements sur le registre de la geole, le même jour qu'ils auront été rendus, & d'en délivrer des extraits, lorsqu'ils en seront requis par les prisonniers, en leur payant 15 sols pour chacun extrait. (Voyez aussi l'ar-

ticle 27 de l'Arrêt de Réglement du premier Septembre 1717, pour les prisons du ressort du Parlement.)

5°. Quelquefois les Juges, au-lieu d'élargir un accusé, ordonnent simplement que les prisons lui seront ouvertes, sans rien ajouter autre chose; ce qui équivaut à un Jugement diffinitif, suivant Airault en son Instruction judiciaire, *liv.* 3, *part.* 4, *n.* 5, *pag.* 564. L'effet de ce Jugement est, que l'accusé ne peut plus être repris pour le même fait. Mais cet Auteur ajoute, qu'il pense qu'il n'y a que les Cours supérieures qui puissent user de cette forme de prononcer, & qu'il a même appris que la Cour ne délivre point ces Arrêts, qui, à la vérité ne notent point l'accusé, mais qui semblent néanmoins renfermer un avertissement au prisonnier, de n'y plus retourner; & qu'au Parlement on n'use ordinairement de ces sortes de prononciations, que dans le cas d'une grande jeunesse de l'accusé, ou pour recommandation de parents très distingués.

ARTICLE II.

Des Elargissements provisionnels, & renvois d'accusés décrétés d'ajournement personnel, en état d'assigné pour être oui.

105. L'élargissement provisionnel, est celui qui s'accorde par le Juge à l'accusé, en connoissance de cause, par provision, & pendant l'instruction du procès; à la charge par l'accusé de se représenter à toutes assignations, ou autrement.

1°. Dans les grands crimes, on ne doit jamais élargir l'accusé par provision pendant le Jugement du procès, pour peu qu'il y ait de preuves; même en donnant caution. (*Ita* Julius-Clarus *in Pract. crim.* qu. 46, n. 7; & Farinacius, *qu.* 33, *n.* 43. Voyez aussi la Loi 3, D. *de custod. reorum.*)

2°. Mais il en est autrement, lorsqu'il paroît que l'accusé est innocent. (Julius-Clarus, *ibid.* n. 10; Farinacius, *qu.* 33, *n.* 65.)

106. 3°. Dans les cas qui ne sont pas absolument graves, ou qui paroissent excusables, les accusés, quoique décrétés originairement de prise-de-corps, peuvent être élargis par provision, même par les premiers Juges, sur une requête présentée à cet effet, & communiquée à la partie publique, & à la partie civile, s'il y en a une; pourvu que ce soit avant le Jugement de récolement &

de confrontation. Cela s'obſerve ainſi tous les jours, ſur-tout à l'égard des accuſés qui ſont d'un rang diſtingué; & de même à l'égard des femmes, ou filles de condition honnête, & domiciliées, lorſqu'il n'y a aucun ſoupçon de fuite. Dans ces cas, on élargit l'accuſé à ſa caution juratoire de ſe repréſenter à toutes aſſignations qui lui ſeront données; à l'effet de quoi on l'oblige d'élire domicile dans le lieu, & de faire à cet égard toutes les ſoumiſſions néceſſaires. Ces ſoumiſſions ſe font au Greffe, & le Greffier en dreſſe procès-verbal. Il n'eſt pas néceſſaire pour cela d'appeller la partie civile.

107. 4°. Mais quand il y a réglement à l'extraordinaire, il ne paroît pas que les premiers Juges puiſſent élargir par proviſion un accuſé décrété originairement de priſe-de-corps; ce qui ſemble réſulter de l'article 12 du titre 15 de l'Ordonnance, qui porte que les accuſés décrétés originairement de priſe-de-corps, ſeront en priſon pendant la confrontation; & qu'ils ne peuvent prononcer cet élargiſſement, qu'en voyant & jugeant diffinitivement le procès. (Ainſi jugé par Arrêt du 27 Avril 1675, rapporté par Boniface, *tom.* 5, *liv.* 3, *tit.* 18, *chap.* 2, infirmatif d'une Sentence rendue en la Sénéchauſſée d'Aix, qui avoit ordonné qu'un priſonnier, dont le procès ſe pourſuivoit extraordinairement, ſeroit élargi, en donnant caution.)

108. A l'égard des accuſés décrétés originairement d'ajournement perſonnel ſeulement, il paroît que les premiers Juges peuvent toujours les renvoyer par proviſion en état d'aſſigné pour être oui, après leur interrogatoire; même dans le cas où le Procureur du Roi, ou Fiſcal, eſt partie; pourvu que cela ſoit réglé avec lui, & avec la partie civile, s'il y en a une; à moins que depuis leur interrogatoire, il ne ſoit ſurvenu de nouvelles charges contre ces accuſés, ſoit par leur reconnoiſſance, ſoit par la dépoſition de nouveaux témoins.

L'accuſé qui veut obtenir ſon élargiſſement, après avoir ſubi ſon interrogatoire, doit préſenter ſa requête au Juge, & obtenir une Ordonnance à cet effet.

Lorſque l'accuſé eſt renvoyé dans ſes fonctions, après avoir ſubi interrogatoire ſur un décret d'ajournement perſonnel, il ne faut pas lui remettre la requête ſur laquelle eſt rendue l'Ordonnance qui le releve; parce qu'il ne conviendroit pas de remettre à la partie une piece ſur laquelle il y a des concluſions de la partie publique. Cette requête doit rester au Greffe, afin de constater, lors du Jugement, que l'accusé n'est pas resté interdit pendant tout le cours de l'instruction; mais il peut, pour assurer son état, lever une expédition de cette requête, ainsi que de l'Ordonnance qui y est jointe.

109. 5°. C'est au Siege, ou Tribunal, dans lequel le procès se poursuit, à prononcer cet élargissement; & le Juge d'instruction ne le peut faire seul. (Voyez *suprà*, n. 96.)

6°. L'accusé qui doit être jugé présidialement, ou prévôtalement, ne peut être élargi, pour quelque cause que ce soit, avant le Jugement de compétence; & il ne peut l'être après, que par Sentence du Présidial, ou Siege qui devra juger diffinitivement le procès. (Ordonnance de 1670, *tit.* 2, *art.* 17.)

110. 7°. Les accusés contre lesquels il n'y a eu originairement décret de prise-de-corps, mais seulement faute d'avoir comparu sur un décret d'ajournement personnel, suivant l'article 4 du titre 10 de l'Ordonnance de 1670, doivent être élargis après l'interrogatoire; à moins qu'il ne survienne de nouvelles charges contr'eux, ou par leur reconnoissance, ou par la déposition de nouveaux témoins. (Même Ordonnance de 1670, *tit.* 10, *art.* 21.)

Le Juge d'instruction peut dans ce cas élargir seul en vertu de son ordonnance, sans qu'il soit nécessaire que cet élargissement soit prononcé au Siege, suivant un Arrêt du 4 Août 1608, rendu pour les Officiers de Lauserte, rapporté par Filleau, *tom.* 1, *part.* 2, *pag.* 163; & un autre du 19 Mai 1615, pour Moulins, rapporté dans le Recueil de Joli, *tom.* 2, *pag.* 896. Cette ordonnance du Juge se met au bas de l'interrogatoire de l'accusé, sans qu'il soit besoin du consentement de la partie civile, s'il y en a, ni de jugement, ni de conclusions de la partie publique. Il suffit que le Greffier mette la décharge du Geolier en marge de l'écroue, s'il y en a eu; car on n'a pas coutume de les écrouer.

Mais quoique l'accusé puisse dans cas être élargi, sans conclu-
111. sions de la partie publique, il est néanmoins plus prudent de lui communiquer l'interrogatoire de cet accusé avant son élargissement, & aussi à la partie civile, si elle le demande; parce qu'elles peuvent avoir, l'une ou l'autre, des moyens d'opposition, ou une nouvelle accusation à former, en découvrant dans les ré-

ponses de l'accusé de nouvelles charges qui n'ont pas paru telles au Juge. (Voyez les articles 17 & 18 du titre 14 de l'Ordonnance de 1670.)

L'accusé doit, avant d'être élargi, payer les frais de la conversion, & de tout ce qui a suivi; parce que ce sont des frais frustratoires & de contumace. (*Ita* Imbert, *liv.* 3, *chap.* 3, *n.* 8.)

Au surplus, il est défendu aux Juges de rien prendre pour ces sortes d'élargissements. (Ordonnance de 1535, *chap.* 13, *n.* 34; Edit du mois de Janvier 1685 rendu pour le Châtelet de Paris, *art.* 28; Ordonnance de 1670, *tit.* 13, *art.* 29.)

112. 8°. L'appel d'un élargissement, quoique provisionnel, en suspend l'exécution, lorsqu'il est interjetté par la partie publique. (Voyez l'Ordonnance de 1670, *tit.* 10, *art.* 24;) *secùs* s'il étoit interjetté seulement par le plaignant.

Mais si la partie publique n'avoit conclu qu'à une peine pécuniaire; alors son appel ne pourroit empêcher l'élargissement de l'accusé. (Coutume de Bretagne, *art.* 160 & 170.)

113. 9°. Les Cours, sur l'appel, peuvent convertir le décret de prise de corps, en décret d'ajournement personnel, ou d'assigné pour être oui, suivant le titre de l'accusation, & les charges & informations, *&c.* mais elles ne peuvent le faire sans avoir vu l'information, l'interrogatoire de l'accusé, les conclusions de la partie publique, & les réponses de la partie civile, s'il y en a une; ou après sommation à elle faite de répondre : ces sommations peuvent être faites au domicile du Procureur du plaignant. (Ordonnance de 1670, *tit.* 10, *art.* 22. Voyez ce qui a été dit ci-dessus, *n.* 94.)

Si après les sommations signifiées à la partie civile, avec copie de la requête, elle néglige de répondre dans le délai qui lui a été fixé par le Juge, on peut passer outre au jugement; pourvu qu'il n'y ait point de réglement à l'extraordinaire; car alors on ne pourroit élargir l'accusé qu'après le Jugement diffinitif. (Arrêt du 27 Avril 1675, rapporté par Boniface, *tom.* 1, *liv.* 3, *tit.* 18, *chap.* 2, *n.* 108.)

Voyez aussi ce qui a été dit touchant le pouvoir des Officiaux Métropolitains; & touchant celui des Cours sur les appels d'élargissements prononcés par les Officiaux, ci-dessus, *n.* 94 & 95.)

ARTICLE III.

ARTICLE III.

Des Elargissements, à la charge de se représenter avec caution, ou sans caution.

114. 1°. Lorsqu'on élargit par provision un accusé décrété originairement de prise de corps, on ne doit prononcer cet élargissement provisionnel, qu'à la charge par l'accusé de se représenter à toutes assignations qui lui seront données ; & l'on observe aussi la même chose à l'égard des élargissements qui se prononcent sur un plus amplement informé à temps, ou indéfini.

C'est une mauvaise procédure, en élargissant un accusé d'un grand crime, contre lequel on prononce un plus amplement informé, de le renvoyer en état d'ajournement personnel, ou d'assigné pour être oui ; il faut alors lui donner les chemins, ou le lieu de la Jurisdiction pour prison. (Voyez ce qui a été dit au Titre *Des défauts & contumaces*, ci-dessus, *part.* 3, *liv.* 2, *tit.* 21, *n.* 31.)

Mais dans les crimes moindres, on peut, en élargissant un accusé, soit par provision, soit diffinitivement, le renvoyer en état d'ajournement personnel, ou d'assigné pour être oui.

115. 2°. Lorsque le Jugement prononce l'élargissement de l'accusé à sa caution juratoire de se représenter en état d'ajournement personnel, ou autrement, à toutes assignations qui lui seront données, pourquoi il sera tenu d'élire domicile dans le lieu de la Jurisdiction ; l'usage est que l'accusé fait ses soumissions devant le Greffier, qui se transporte à cet effet dans la prison. Mais à l'égard du serment de l'accusé, il doit être reçu par le Juge, ou par le Rapporteur.

116. 3°. Quelquefois, en élargissant un accusé par provision, on ordonne qu'il demeurera en la garde d'un Huissier ; ou bien on lui donne la ville, ou les grands-chemins pour prison, ainsi qu'il vient d'être observé, avec défenses de désemparer ; à peine d'être convaincu du crime dont il est accusé : ce qui est conforme à une ancienne Ordonnance du mois de Mars 1549, *art.* 5.

Un Arrêt du Parlement du 10 Janvier 1730, rendu sur le réquisitoire des Gens du Roi, ordonne qu'aucun prisonnier, détenu même pour dettes civiles, ne pourra être mis hors des prisons à la garde d'un Huissier, ou autre, sous quelque prétexte que ce soit; si ce n'est dans le cas de quelque procédure, ou acte, où la présence du prisonnier seroit nécessaire, & qui ne pourroit se faire dans la prison : pour raison de quoi il pourra être ordonné que le prisonnier sera conduit sur le lieu, sous bonne & sûre garde, à la charge de le réintégrer dans les prisons chaque jour, sans qu'il puisse séjourner hors des prisons, s'il y en a dans le lieu, sinon détenu sous bonne & sûre garde, *&c.*; & il en est de même dans le cas de maladie du prisonnier. Ainsi, par Arrêt rendu au Parlement le 9 Mai 1733, il a été ordonné que le sieur Guintrandi, prisonnier en la Conciergerie, seroit mis en liberté à la garde de M. Boyer, Médecin, à l'effet d'être traité d'une maladie scorbutique, en faisant par M. Boyer sa soumission de représenter ce prisonnier, qui n'étoit condamné qu'à une amende par la Sentence dont étoit appel.

Par un autre Arrêt du Parlement du 12 Juin 1762, un prisonnier pour dettes, attaqué de maladies, auxquelles le séjour des prisons pouvoit être fatal, a été élargi pour se faire traiter, en donnant caution de se réintégrer après sa guérison.

117. 4°. Les accusés arrêtés en vertu d'un décret de prise de corps décerné contr'eux, même par conversion, qui sont élargis après leur interrogatoire, doivent, avant d'être mis hors de prison, faire élection de domicile dans le lieu, au Greffe de la Jurisdiction. (Voyez l'article 27 du projet d'un nouveau titre des contumaces.)

Et il en est de même des accusés, auxquels les Juges auront donné les chemins pour prison, ou le lieu de la Jurisdiction en laquelle le procès se poursuit. (*Ibid.* art. 27.) Cet acte d'élection de domicile doit être joint au procès. (*Ibid.* art. 30.)

L'effet de cette élection de domicile est que toutes les significations, assignations, sommations, & autres actes qui sont faits à ce domicile élu, sont aussi valables que s'ils avoient été faits au vrai domicile des accusés, ou à leurs personnes. (*Ibid.* art. 29.)

118. Mais il est permis aux accusés, pendant le cours de l'instruction, d'élire un nouveau domicile sur le lieu, par un nouvel acte de comparution au Greffe, en le faisant signifier à la partie publique, ou au Procureur de la partie civile, s'il y en a, dont l'expédition sera aussi jointe au procès. (*Ibid.* art. 31.)

Les prisonniers qui sont élargis, à la charge de se représenter à la premiere réquisition, & qui ne se représentent point quand ils ſont requis, ou aſſignés, doivent être regardés comme convaincus, ſuivant l'Ordonnance du mois de Mars 1549, *art.* 5, rapportée par Guenois en ſa Conférence des Ordonnances, *tom.* 2, *liv.* 9, *tit.* 4, §. 25, & citée ci-deſſus; qui porte que les priſonniers élargis, ou renvoyés à certain jour, ſont tenus de comparoître, *ſub pœna convicti*, au jour à eux préfix, ſans qu'il ſoit beſoin de faire autre ſoumiſſion au Greffe de la Cour : mais cette Ordonnance n'eſt pas exactement obſervée, quant à la conviction.

119. 5°. Il y a pluſieurs cas où l'on oblige l'accuſé qu'on élargit, de donner caution; ce qui n'a ordinairement lieu, que quand cette caution eſt demandée par la partie civile, pour ſûreté de ſes dommages & intérêts. Cette caution peut être demandée par la partie civile, dans ſes réponſes à la demande de l'accuſé à fin d'élargiſſement; & elle doit être reçue avec elle.

Il ſe trouve quelquefois des plaignants qui ne conſentent à l'élargiſſement de l'accuſé, qu'à condition, qu'outre la caution, il hypothéquera tous ſes biens, afin qu'il ne les fruſtre pas par des ventes, donations ou tranſports, ſouvent fictifs, pendant le temps de ſon élargiſſement.

Le Juge peut ordonner que la caution ne ſera tenue que ſubſidiairement, ſur-tout quand l'accuſé eſt ſolvable. (Ainſi jugé par Arrêt du Parlement de Dijon du mois de Mars 1758, confirmatif d'une Sentence du Lieutenant-Criminel d'Autun.) Cette caution peut être limitée à une certaine ſomme. (Ordonnance de 1539, *art.* 150.)

120. 6°. On ne doit point élargir, même en donnant caution dans les grands crimes. (Voyez ce qui a été dit ci-deſſus, *n.* 105:) mais ſeulement quand il ne s'agit que de crimes légers; ſi ce n'eſt à l'égard des perſonnes viles; comme vagabonds, ſerviteurs, *&c.* (Julius-Clarus, *qu.* 46, *n.* 8; Farinacius, *qu.* 33, *n.* 1.)

7°. La caution préſentée par l'accuſé, doit être bonne & ſolvable. (Julius-Clarus, *ibid. n.* 12 *&* 13; Farinacius, *qu.* 33, *n.* 79; Voyez auſſi Chaſſan. *in Conſ. Burg.* Titre *Des Juſtices*, rubr. 1, §. 5. *n.* 171.)

121. 8°. Quelquefois cependant on ſe contente de la caution juratoire de l'accuſé, lorſque cet accuſé eſt une perſonne riche, ou d'un rang diſtingué; ou lorſqu'il eſt dans l'impoſſibilité de trouver

une caution, à cause de sa pauvreté. (Julius-Clarus, *ibid. n.* 14, 15 & 16; Farinacius, *qu.* 33, *n.* 60.)

9°. Celui qui se rend caution d'un accusé, doit faire ses soumissions au Greffe criminel; & cette caution doit être reçue avec la partie civile, ou même avec la partie publique, si c'est à sa réquisition que cette caution a été exigée.

Mais il est défendu aux Juges de dresser aucuns procès-verbaux pour la réception des cautions présentées, si les parties civiles n'y ont assisté pour en constater les facultés. (Edit du mois de Janvier 1685, pour le Châtelet de Paris, *art.* 28.)

122. Si un accusé étoit élargi & mis en liberté par provision, à la charge de faire ses soumissions au Greffe, & qu'il s'absentât sans le faire, il faudroit rendre contre lui un Jugement, portant qu'il seroit tenu de faire ses soumissions dans un délai qui lui sera indiqué, à peine d'emprisonnement de sa personne; & lui signifier ensuite ce Jugement, avec sommation d'y satisfaire.

10°. Lorsque le prisonnier qui a été élargi en donnant caution, vient à s'échapper, & que celui qui s'est rendu caution ne peut le représenter, ce dernier doit être condamné en l'amende pécuniaire, en la réparation civile, & aux dépens: c'est là où se réduit toute son obligation.

Cette caution est aussi contraignable par corps; à moins qu'elle ne se soit restreinte à ses biens, en exceptant sa personne. (Arrêt du 12 Juin 1671, rapporté au Journal des Audiences.)

123. Mais elle ne peut jamais être condamnée pour ce défaut de représentation, à aucune peine corporelle; quand même l'accusé, par l'événement, se trouveroit convaincu d'un crime qui dût être puni d'une telle peine, & quand même cette caution se seroit obligée à subir la même peine; parce que cette obligation étant contre les bonnes mœurs, elle ne peut subsister. (Julius-Clarus, *qu.* 46, *n.* 18, L. *si à reo* 70, *in fine*, D. *de fidejussor.* L. *crimen* 26, D. *de pœnis*; Chassanæus, *in Consuet. Burgund.* Titre *Des Justices*, rubr. 1, §. 5, *n* 169; Guipape, *décis.* 570, *n.* 3; Voyez aussi la Coutume de Bretagne, *art.* 201 & 202.)

Néanmoins, s'il y avoit du dol de la part de celui qui s'est ainsi rendu caution, & qu'il eût favorisé l'évasion de l'accusé, il pourroit, pour raison de ce dol, être poursuivi extraordinairement.

Au reste, il faut observer que quand celui qui s'est rendu caution de représenter un accusé, n'y satisfait pas dans le temps qu'il s'y est obligé, il n'est pas condamné aussi-tôt après le temps expiré, à payer l'amende & la réparation civile ; mais il faut auparavant ordonner que cette caution sera tenue dans un certain délai qui sera indiqué par le Jugement, de représenter l'accusé ; & à faute de le faire dans ce délai, on la condamnera. (Voyez Farinacius, *qu.* 34, *n.* 125.)

124. 11°. L'obligation de la caution cesse, lorsqu'elle a une fois représenté l'accusé, & qu'elle l'a remis dans les prisons ; quand même cet accusé s'évaderoit ensuite, & se sauveroit des prisons avant le Jugement, ou sur l'appel. (Arrêt du 12 Juin 1671, rapporté au Journal des Audiences, *tom.* 3, *pag.* 513.)

Cette obligation cesse pareillement, si l'accusé vient à être emprisonné pour un autre crime, dans les prisons où cette caution est obligée de le représenter ; pourvu qu'elle le dénonce à la partie civile & à la partie publique, & qu'elle demande avec elle d'être déchargée de représenter l'accusé, en conséquence de ce qu'il est actuellement prisonnier.

La caution est aussi déchargée, lorsqu'une fois elle a été libérée par Arrêt ; quand même il y auroit ensuite une requête civile contre cet Arrêt, & que l'accusé viendroit à être condamné en des dommages & intérêts beaucoup plus considérables envers la partie civile. (Ainsi jugé par Arrêt du Parlement de Bordeaux du 16 Janvier 1662, rapporté au Journal du Palais, *tom.* 1, *p.* 148 de l'édition *in-folio.*)

125. L'obligation de la caution cesse encore, lorsque l'accusé est absous par le Jugement ; parce qu'alors il n'y a plus de dommages & intérêts à payer.

Enfin, la caution est déchargée, lorsque l'accusé vient à décéder avant le temps auquel elle s'est obligée de le représenter ; mais si cet accusé étoit décédé après le temps expiré, & que la caution ait été en demeure de le représenter, elle n'est point déchargée. (Farinacius, *qu.* 34, *n.* 34 & 36 ; Arrêt du 13 Février 1642, rapporté au Journal des Audiences.)

SECTION V.

Des considérations nécessaires aux Juges dans l'examen & le jugement des affaires criminelles.

126. Pour rendre un Jugement exact en matiere criminelle, les Juges doivent observer quatre choses :

1°. Examiner si la procédure est valable.

2°. Voir s'il y a une preuve suffisante pour condamner l'accusé ; & si, quand cette preuve est suffisante, elle n'est pas détruite par les exceptions, ou défenses de l'accusé.

3°. Infliger une peine proportionnée à la qualité du délit.

4°. Enfin, observer dans le Jugement qu'ils rendront, certaines regles nécessaires, tant pour sa validité, que pour son exécution.

Mais avant de traiter de ces choses en particulier, voici quelques regles générales que les Juges doivent observer dans l'examen & le Jugement des affaires criminelles.

ARTICLE PREMIER.

Devoirs généraux des Juges dans l'examen des procès-criminels.

127. La premiere Regle générale, nécessaire aux Juges dans l'examen des procès criminels, est qu'ils doivent chercher tout ce qui peut établir l'innocence de l'accusé. En effet, toute la rigueur est contre l'accusé, pendant l'instruction du procès ; mais quand il s'agit de le condamner, il est du devoir des Juges de chercher avec soin à découvrir son innocence : *Ipsius judicis est pro accusati innocentiâ liberare :* C'est ainsi que s'expriment les Criminalistes. Voyez aussi les Docteurs, sur la L. 1, §. *fin.*, D. *de quæstionibus* : & telle est la disposition de la Loi : *si non defendatur* 19, D. *De pœnis*, où il est dit, *Judex ex officio debet rei innocentiam quærere* (*a*).

(*a*) Bartole, qui étoit Juge Criminel, quitta son emploi, parce qu'il avoit condamné un innocent. (Voyez Recherches de Pasquier, *liv.* 8, *chap.* 14.)

128. C'est en conséquence de cette regle, que dans la visite des procès, il doit être fait lecture de la disposition des témoins qui vont à la décharge de l'accusé, quoiqu'ils n'aient été récolés ni confrontés, pour y avoir égard par les Juges. (Ordonnance de 1670, *tit.* 15, *art.* 10; & *tit.* 17, *art.* 21.)

Et qu'aucontraire, si les témoins, qui n'ont été ni récolés ni confrontés, font charge contre l'accusé, les Juges ne doivent avoir aucun égard à leur déposition; à moins qu'ils ne soient décédés pendant la contumace de cet accusé; suivant l'article 8 du titre 15 de la même Ordonnance de 1670.

Et que dans le cas même de contumace, si les témoins sont décédés avant le récolement, leur déposition doit être rejettée. (Ordonnance de 1670, *tit.* 17, *art.* 21.)

129. On doit observer, à l'égard de l'article 8 du titre 15 de l'Ordonnance criminelle, que cet article ne parlant que du cas de la mort d'un témoin décédé pendant la contumace, il ne doit point être étendu à l'absence de ce même témoin. En effet, la confrontation est ce qu'il y a de plus important en matiere criminelle; parce que les accusés n'ont aucun moyen pour se défendre contre les témoins, & pour les reprocher, si ce n'est à la confrontation qui leur est faite de ces mêmes témoins. C'est donc à l'accusateur, ou plaignant, à produire ces témoins; autrement on pourroit présumer que ce défaut de représentation, seroit une adresse pour empêcher qu'une fausse déposition ne fût détruite par des reproches pertinents.

C'est pourquoi il est arrivé quelquefois que des accusés, ou leurs proches parents, ont pris la précaution de faire absenter les témoins qui avoient chargé ces accusés dans les informations; ce qui est une ruse condamnable, puisqu'elle tend à l'impunité du crime.

130. La seconde Regle que les Juges doivent observer, est, que si d'un côté ils doivent chercher ce qui peut établir l'innocence de l'accusé, ils doivent aussi, d'un autre côté, ne rien négliger de tout ce qui peut établir la preuve du crime, & la conviction de cet accusé; ce qui est une suite du devoir où ils sont de punir les crimes, & ceux qui en sont coupables.

Et c'est par une suite de cette maxime, que dans les crimes où il échet peine afflictive, les Juges peuvent ordonner le récolement & la confrontation des témoins, que le Juge d'instruction aura oublié ou négligé de faire, si ces dépositions font charge considérable contre l'accusé. (Ordonnance de 1670, *tit.* 15, *art.* 9.)

Ou ordonner que les témoins, dont les dépositions auront été déclarées nulles, seront entendus de nouveau. (*Ibid*, tit. 6, art. 14.)

131. LA TROISIÉME REGLE, est que les Juges dans l'examen & le Jugement des procès criminels, doivent se conformer exactement aux Loix du Royaume ; & que toutes les fois qu'ils s'en écartent, leurs Jugements sont irréguliers. (Ordonnance de 1667, *tit.* 1, *art.* 1, 6 & 8.)

Les exemples, même des choses jugées, ne peuvent être un motif suffisant pour juger de la même maniere ; suivant cette maxime de droit, *legibus non exemplis judicandum* ; L. 13, Cod. *de sententiis & interlocut.*

132. LA QUATRIÉME REGLE, est, qu'ils doivent examiner avec intégrité, & avec tout le soin & l'attention possible, les procès criminels dont le Jugement leur est confié : car de ces Jugements dépendent souvent la vie, la liberté, l'honneur, ou la réputation de l'accusé, & quelquefois d'une famille entiere. Ils doivent sur-tout éviter la précipitation, & ne pas se presser de rendre leur Jugement, & avoir continuellement devant les yeux cette maxime, que la précipitation est la compagne de l'injustice ; que la Justice Divine leur ordonne d'examiner, à plusieurs reprises, les affaires soumises à leur décision ; & que par conséquent ils ne doivent point appréhender d'être lents à se décider, pour éviter la perte de leur ame.

133. C'est en conséquence de cette Regle, que l'Ordonnance criminelle, *tit.* 25, *art.* 9, défend aux Juges de juger aucun procès de relevée, si les Procureurs du Roi, ou ceux des Seigneurs y ont pris des conclusions à mort, ou s'il y échet une peine de mort naturelle, ou civile, de galeres, ou bannissement à temps ; afin qu'ils soient plus en état d'y apporter toute l'attention nécessaire. Cette attention doit encore être plus grande, quand il s'agit de faire le procès à plusieurs coupables d'un même fait.

LA CINQUIÉME REGLE, est, que les Juges, dans les Jugements qu'ils rendent, doivent avoir principalement la justice en vue ; (L. *in omnibus* 90, D. *de reg. juris*, L. 8, Cod. *de judic.*) & ne jamais agir contre leur conscience ; mais uniquement par rapport à à Dieu, à qui ils doivent rendre un jour compte de toutes leurs actions.

134. La sixieme Regle est, que les Juges dans l'exercice de leur autorité, pour la punition des crimes, doivent être entiérement exempts des passions propres & ordinaires à ceux qui sont élevés en dignité. Ainsi, loin de tirer de leur pouvoir des motifs de confiance & de vanité, ils doivent au contraire tirer des fautes d'autrui, des motifs de crainte pour leur propre fragilité.

En effet, il peut arriver que la Justice se rencontre dans un Jugement, ou dans une opinion, & que néanmoins le mérite du Juge qui l'a rendu, ou proposée, ne s'y trouve pas. Souvent un Juge ne se porte à la condamnation d'un criminel que pour donner une idée avantageuse de sa vertu, & de son zele pour la Justice, & pour le bien public; & si quelquefois il releve avec force & énergie toutes les circonstances du crime, c'est plutôt pour faire voir son éloquence, que par un amour sincere de la justice. C'est à ces cas, sans doute, que doit s'appliquer ce qui est dit dans l'Ecriture-Sainte, que Dieu jugera même les justices; parce qu'en effet, il ôtera un jour à toutes les vertus, ce masque, & ces dehors trompeurs, qui en cachent la vanité à nous-mêmes & aux autres.

135. La septieme Regle, enfin, est, que les Juges doivent être entiérement libres dans leurs opinions, & exempts de toute contrainte, & de tout autre motif qui pourroit les empêcher d'agir suivant leurs lumieres & leur conscience. C'est en conséquence de cette regle, que quand le Roi juge en personne dans son Parlement, comme il est arrivé quelquefois dans des affaires importantes, il opine séparément, & que le Chancelier, ou en son absence, le Premier Président, après avoir pris son avis, va ensuite recueillir celui des autres Juges; afin que l'opinion de Sa Majesté n'entraîne point celle des autres; ensuite de quoi il rapporte au Roi l'avis de son Parlement, suivant lequel le Roi lui commande de prononcer; ainsi que l'observe Airault dans son Instruction Judiciaire, *liv. 2, part. 3, n. 19.*

Ces regles générales & préliminaires établies, voyons maintenant quelles sont les considérations nécessaires aux Juges pour rendre un Jugement exact.

ARTICLE II.

Regles pour bien juger.

136. Pour bien juger, le Juge doit lire & examiner avec soin tous les actes & pieces du procès, & faire attention que tous ces actes se rapportent principalement à deux choses; sçavoir, 1°. à la procédure: 2°. au mérite du fond.

Quant à la procédure, il doit examiner si elle est valable, ou non. Quant au mérite du fond, il doit examiner, 1°. Si l'accusation est prouvée. 2°. Si étant prouvée, elle se trouve détruite par les exceptions & défenses de l'accusé. 3°. Il doit absoudre, ou imposer une peine proportionnée au crime.

§. I.

Regles particulieres pour l'examen de la procédure.

137. La premiere Regle que les Juges doivent observer dans l'examen de la procédure, est de considérer si les formalités essentielles, & qui sont de la substance du procès, ont été observées; *v. g.* si l'affaire est de la nature de celles dont ils peuvent connoître; s'il y a un corps de délit; si l'accusé a été interrogé; s'il y a des conclusions de la part du ministere public, *&c.*

La seconde Regle, est d'examiner si les actes même de la procédure, ne renferment point quelques nullités: car il est du devoir & de la religion du Juge d'examiner l'une & l'autre de ces choses. L'article 8 du titre 14 de l'Ordonnance criminelle, en a une disposition précise. Un Arrêt du Parlement du 9 Janvier 1743, enjoint au Doyen du Bailliage & Siege Présidial de Bourges, qui avoit présidé au rapport d'un procès criminel, d'examiner, avant le Jugement, s'il n'y avoit point de nullités dans la procédure, conformément à l'article 8 du titre 14, dont on vient de parler.

138. Ainsi dans tous ces cas, le Juge peut, non-seulement prononcer sur les nullités de la procédure, mais il le doit même aux termes de cet article; & il n'est pas nécessaire pour cela que ces nullités soient opposées par l'accusé; ce qui résulte assez du texte de l'Ordonnance. (*Ita* Julius-Clarus, *qu.* 15, *n.* 2; Voyez aussi

ce qui a été dit à ce sujet au Titre *Des exceptions & défenses des accusés*, ci-dessus, *part.* 3, *liv.* 1, *tit.* 2, n. 32 & suiv.

Les Juges doivent même prononcer cette nullité à l'égard des dépositions importantes qui se trouveroient nulles, quand il y auroit d'ailleurs une preuve complette & suffisante, indépendamment de ces dispositions; afin qu'on ne puisse penser que c'est en partie sur le fondement de ces dépositions nulles qu'ils auroient rendu leur Jugement.

139. Il faut aussi observer qu'il n'est pas nécessaire que la procédure sur la validité, ou invalidité de laquelle le Juge prononce, ait été faite par quelqu'un des Officiers du même Siege, ou dans un Tribunal qui lui est subordonné; mais il suffit que cette procédure fasse partie du procès soumis à sa décision, pour qu'il puisse & même qu'il doive l'annuller, si elle est vicieuse; quand même elle auroit été faite par un Juge qui ne seroit nullement dépendant du Siege où cette affaire est portée. C'est ce qu'on voit arriver tous les jours dans l'usage à l'égard des procédures faites dans un autre Bailliage, qui ont été jointes à une procédure principale, poursuivie dans un autre Siege entiérement indépendant. (Voyez ce qui a été dit à ce sujet au même Titre *Des exceptions & défenses des accusés*, ci-dessus, *n.* 43.)

Au reste, cette nullité ne peut être prononcée par le Juge d'instruction seul, & elle le doit être par le Tribunal entier, lors de l'examen du procès. (Ainsi jugé par Arrêt du 10 Juin 1746, contre le Lieutenant-Criminel d'Angers.)

140. Les Juges qui annullent ainsi des procédures, doivent ordonner, qu'elles seront recommencées de nouveau, lorsque la validité des procédures est importante & nécessaire pour le Jugement du fond; comme si l'on avoit déclaré nulle une déposition, sans laquelle il n'y auroit point de preuves suffisantes au procès. (Ordonnance de 1670, *tit.* 15, *art.* 24.)

Cette nouvelle procédure doit être faite par un autre Juge, ou Commissaire, que celui qui a fait la nullité, & aux dépens de celui qui l'a commise, lequel doit être condamné d'en faire les frais, & de payer les vacations de celui qui y procédera, & encore les dommages & intérêts de toutes les parties. (Même article 24 du titre 15 de l'Ordonnance de 1670.)

Cependant quand il n'y a point de partie civile, & que le Procureur du Roi est seul partie, on n'est pas dans l'usage, en

Dddd ij

annullant la procédure, d'ordonner qu'elle sera recommencée aux dépens de celui qui a commis la nullité ; sur-tout quand cette nullité est demandée par celui qui l'a faite ; & même on ordonne quelquefois, dans ce cas, que la procédure annullée sera recommencée par lui. J'en ai vu des exemples au Parlement.

141. Il faut aussi observer que pour pouvoir recommencer cette procédure nulle, il faut qu'il ait été auparavant statué sur sa nullité, par un Jugement rendu avec toutes les parties intéressées. (Ainsi jugé par Arrêt du 1 Septembre 1710, rapporté par l'Auteur des Loix criminelles, *tom.* 1, *chap.* 2, *n.* 5, *pag.* 14.)

On doit même tenir pour maxime constante, que pour que les témoins entendus dans une information, dont la déposition est déclarée nulle, puissent être entendus de nouveau, il faut que le Jugement qui déclare ces dépositions nulles, permette d'entendre de nouveau les mêmes témoins ; autrement la nouvelle information seroit encore nulle. (Voyez ce qui a été dit à ce sujet au Titre *Des exceptions & défenses des accusés*, ci-dessus, *part.* 3, *liv.* 1, *tit.* 2, *n.* 46.)

§. II.

Regles particulieres pour l'examen de la preuve.

142. LA PREMIERE REGLE à observer en cette matiere, est que les crimes ne se présument point, & qu'ils doivent être prouvés. (L. *quoties* 18, §. *qui dolo*, D. *de probationibus & præsumpt.* Farinacius, *qu.* 85, *n.* 1 *& seq.*)

C'est pourquoi dans le doute, quand une action peut être prise d'un côté favorable, ou s'interpréter en mauvaise part contre celui qui en est l'auteur, il faut toujours la prendre en bonne part. (Farinacius, *ibid.* qu. 85, *n.* 10 *&* 19.)

De même, quand il s'agit d'un délit qui peut être plus ou moins grand, suivant sa qualité, on présume toujours en faveur de la qualité qui rend le crime moindre. (Farin. *ibid.* n. 26.) Et c'est en conséquence de cette maxime, qu'un vol est présumé commis de jour plutôt que de nuit, lorsqu'il n'y a point de preuves du contraire. (Baldus & Imola, *in* L. *Titius*, §. *Lucius*, D. *de liberis & posthumis* ; Jul. Clar. *in summario*, §. 1, *pag.* 1, *n.* 11, *in suppl.*)

143. Cette regle, que les délits ne se présument point, souffre ce-

pendant une exception, dans le cas où l'action par elle-même est évidemment mauvaise ; comme dans toutes les actions qui sont défendues par le droit naturel, ou par le droit des gens. (Farinacius, *qu.* 85, *n.* 34.)

La seconde Regle, est, que les Juges doivent examiner si le le corps de délit est prouvé ; & quelle est la nature des preuves qu'il y a au fond contre l'accusé.

La troisieme Regle est, que dans les différentes especes de preuves, il faut examiner :

1°. Si elles sont dans les formes, c'est-à-dire, si elles sont dans l'ordre prescrit par les Loix. Ainsi, s'il s'agit d'une preuve testimoniale, il faut examiner si les témoins sont au nombre prescrit par la Loi ; s'ils ont été entendus par leur bouche ; s'il n'y a point de cause qui rende leur témoignage suspect ; s'ils ont été assignés ; s'ils ont prêté le serment ; & enfin, si leurs dépositions sont accompagnées de toutes les formalités qu'exigent les Ordonnances. De même s'il s'agit d'une preuve littérale, il faut examiner si c'est un acte authentique, ou sous seing privé ; & dans ce second cas, si on l'a mis dans les formes qui doivent le rendre authentique, & tel qu'il puisse servir de preuve.

144. 2°. Le second examen des preuves, consiste à discerner ce qui en résulte pour établir la vérité des faits qu'il s'agissoit de prouver ; si les faits qui résultent de ces preuves sont les mêmes qu'on devoit prouver, ou si ce sont des faits dont on puisse tirer des conséquences sûres pour la vérité du fait principal ; si ces preuves sont concluantes, ou si ce sont seulement des conjectures, des indices, ou des présomptions, & quel égard on peut y avoir ; enfin, quel est l'effet de ces preuves ; ce dont-on jugera par toutes les différentes vues que peut donner la connoissance des regles que j'ai établies en parlant *des preuves en général, & de chaque espece différente de preuves en particulier* ; joint aux réflexions particulieres sur les faits & les circonstances. (Voyez au Titre *Des preuves en général*, ci-dessus, *part.* 3, *liv.* 1, *tit.* 3, *n.* 32, 33, 34, 45, 208, 360 & 415.)

145. La quatrieme Regle nécessaire au Juge, est qu'il doit rendre son Jugement, suivant les preuves qui sont au procès ; ce qui s'appelle juger *secundum allegata & probata*, & non suivant la connoissance particuliere qu'il peut avoir par lui-même des faits. (Julius-Clarus, *qu.* 8, *n.* 5, & *qu.* 66, *n.* 2, Cod. Fab. *lib.* 2,

tit. 7, *definit.* 1, *n.* 6, 8; Covarruvias, *variar. resolut. cap.* 1, *sub num.* 7; Ordonnance du mois d'Avril 1453, *art.* 123.) Cette maxime se trouve établie en la Loi *illicitas*, 6, §. 1, D. *de Officio Præsidis*

Ainsi quand un fait seroit notoire & connu de tout le monde, & que le Juge même l'auroit vu commettre; *v. g.* un meurtre qui auroit été fait dans un lieu public, en présence de tout le peuple, & aux yeux même du Juge; cette notoriété & cette certitude ne suffiroit pas pour qu'il pût condamner le coupable sur la connoissance qu'il auroit de son crime, quoique ce fait fût notoire, & ne pût être révoqué en doute; mais il faut qu'il y ait un accusateur, & une information en regle, & observer les mêmes formalités, que si ce fait n'étoit pas notoire.

146. En effet, ce n'est pas assez à un Juge de sçavoir qu'une personne est coupable, pour pouvoir la condamner; mais il faut encore qu'il le sache dans les formes : *Opportet ut qui judicis officio fungitur, tanquam judex, hoc est per aliorum testimonium, cognoscat crimen quod in publico punire debet...... Nec est satis ad pœnam infligendam quod sciat, sed ut ordine juris sciat.* (Alphons. à Castro, *de potest. leg. pœnal.* liv. 2, chap. 15, *in* 1, *not.* b. & *conclus.* 1.)

147 On prétend même qu'un Juge doit condamner un accusé qui seroit convaincu d'un crime juridiquement, & par les actes du procès, quand bien même il seroit convaincu, comme particulier, & hors Justice, de l'innocence de cet accusé; & que dans ce cas il ne commet point une injustice. *Ita* Julius-Clarus, *qu.* 66, *n.* 3, où il cite plusieurs autorités pour appuyer son opinion; quoique quelques Auteurs, comme Guipape, en sa décis. 23, decident le contraire. D'autres pensent que dans ce cas le Juge doit s'abstenir de juger; mais s'il se trouve dans la nécessité de rendre un Jugement, il est certain, & c'est l'avis commun de la plus grande partie des Docteurs, qu'il doit alors juger conformément à ce qui est prouvé au procès, plutôt que de suivre dans cet exemple les seules lumieres de sa conscience. (*Ita* Julius-Clarus, *ibid.* qu. 66, n. 3;) *contra tamen*, Vulteius, en son Traité *de judicio*, liv. 3, chap. 11, titre *De Sententia.*

Voici comme s'explique à ce sujet S. Thomas (2. 2. qu. 64, art. 6, ad. 3.) » *Judex si scit aliquem innocentem esse qui falsis testi-*

» *bus convincitur, debet diligentius examinare testes, ut inveniat oc-*
» *casionem liberandi innoxium, si ut Daniel fecit. Si autem non po-*
» *test, debet superiori relinquere judicandum. Si autem hoc non*
» *potest, non peccat secundum allegata sententiam ferre; quia ipse*
» *non occidit innocentem, sed illi qui eum asseveraverunt non esse*
» *innocentem.* » Voyez sur cette question le Dictionnaire des Cas de Conscience, *Cas* 3, *tom.* 2, *pag.* 1043.

148. LA CINQUIEME REGLE que les Juges doivent observer touchant la preuve, en examinant un procès criminel, c'est qu'ils doivent rejetter la déposition des témoins reprochés, lorsque les reproches sont valables. (Argument tiré de l'Ordonnance de 1667, *tit.* 23, *n.* 5.) Or, pour sçavoir quand ces reproches sont valables ou non, il faut observer ce qui a été dit à cet égard au titre *Des Reproches de témoins*, ci-dessus, *part.* 3, *liv.* 2, *tit.* 19, *n.* 1 *& suiv.*

Les Juges doivent même rejetter d'office les dépositions des témoins dans les cas où ils pourroient être reprochés, lorsque l'inhabilité, ou vice de ces témoins vient de leurs personnes, & qu'elle est d'ailleurs prouvée par les actes du procès; comme si le témoin est infame, ou repris de Justice; s'il est hors d'âge de déposer; s'il a intérêt dans la cause; ou s'il étoit ivre lors de la déposition, *&c.* Dans tous ces cas le Juge peut & doit suppléer d'office ces reproches, quand même ils ne seroient pas proposés par l'accusé; parce que ces sortes de reproches, ou incapacités de déposer, ont été établis par un motif d'intérêt public. (L. *un.* Cod. *ut quæ desunt advoc. part. jud. suppleat*, Theveneau sur les Ordonnances, *liv.* 3, *tit.* 14, *art.* 3. *Ita etiam* D. D. sur la L. *final.* D. *de testibus*; & Jul. Clarus, *qu.* 24, *n.* 23.)

149. Mais si l'incapacité du témoin est du nombre de celles qui ont été établies en faveur de l'accusé seul, & non par un motif d'intérêt public; comme si le témoin est parent, ou ennemi de l'accusé, *&c.*; alors le Juge ne peut rejetter sa déposition; sinon dans le cas où ce reproche auroit été proposé par l'accusé, & où il seroit suffisant pour la faire rejetter. (*Ita* Jul. Clarus, *ibid.* qu. 24, n. 23.)

Enfin une sixieme & derniere regle à observer dans l'examen de la preuve, c'est qu'il est défendu aux Juges d'avoir égard aux déclarations faites par les témoins depuis l'information, & qu'elles doivent être rejettées du procès, & le témoin qui l'aura faite, & la partie qui l'aura produite, condamnés chacun en 400 livres d'amende envers le Roi, & autre plus grande peine, s'il y échet. (Ordonnance de 1670, *tit.* 15, *art.* 21.)

§. III.

Autres observations touchant les preuves.

150. 1°. Lorsque les Juges, après avoir examiné attentivement la procédure & les actes du procès, trouvent que l'accusation est dénuée de toute preuve, ils doivent absoudre l'accusé, & le renvoyer de l'accusation; quand même cet accusé n'auroit rien allégué pour sa défense, ou qu'il seroit en contumace, suivant cette maxime de Droit, que *actore non probante reus absolvitur.* L. 4, Cod. *de edendo*, qui a aussi lieu en matiere criminelle. (*Ita* Julius Clarus, *qu.* 62, *n.* 1.)

Les Juges doivent même ordonner en ce cas que l'écroue de l'accusé sera rayé & biffé; sur-tout si son innocence est manifeste.

Et s'il y a une partie civile, ils doivent la condamner aux dépens, & même aux dommages & intérêts de l'accusé, s'il y a eu de la part de l'accusé une demande à cet effet. (Voyez ce qui est dit au Titre *Des accusations calomnieuses*, ci-après, *part.* 5, *tit.* 2, n. 32.)

Surquoi il faut observer qu'on n'admet point en matiere criminelle le serment décisoire de la part de l'accusé, lorsque les preuves manquent; & que cette espece de serment n'est jamais déférée, que dans les matieres civiles. (Jul. Clarus, *qu.* 63, *n.* 1.)

151. 2°. S'il n'y a qu'une preuve très légere contre l'accusé, les Juges doivent prononcer seulement par hors de Cour sur l'accusation; & s'il y a partie civile, on la condamne aux dépens, ou bien on les compense, suivant les cas. (Voyez sur cette preuve ce que j'ai dit au Titre *Des Preuves*, ci-dessus, *part.* 3, *liv.* 1, *tit.* 3, n. 28.)

Il arrive aussi quelqufois que quoique les preuves contre un accusé, ne soient pas suffisantes pour le convaincre du crime sur lequel il a été décrété, néanmoins, on ne laisse pas de le condamner aux dépens, & que l'on y condamne aussi ses héritiers; parce qu'il suffit qu'il ait donné lieu de le soupçonner. (Voyez le Cod. Faber, *liv.* 9, *tit.* 3, *defin.* 3; & M. Bouhier sur la Coutume de Bourgogne, *tom.* 2, *pag.* 192, *chap.* 55, *n.* 375.)

On

On a observé ci-devant, qu'il y a une grande différence entre un Jugement qui décharge un accusé de l'accusation, & celui qui prononce seulement hors de Cour sur cette accusation; car par la premiere de ces deux prononciations, l'accusé est déclaré innocent du crime qui lui est imposé; au-lieu que par la seconde, il reste dans l'esprit quelque soupçon contre l'accusé; & que s'il n'a pas été condamné, ç'a été faute de preuves suffisantes. Cependant cet accusé ne peut plus être recherché pour raison du même crime dont il a été accusé, non plus que celui qui a été déchargé de l'accusation; & c'est une absolution finale pour l'un & pour l'autre.

Quant à la question de sçavoir si dans le cas où l'on met sur l'accusation hors de Cour, l'accusé peut non-seulement demander la condamnation des dépens, mais encore des dommages & intérêts contre l'accusateur, ou plaignant, Voyez ce qui est dit au titre *Des accusations calomnieuses*, ci-après, *partie 5 tit.* 2, n. 17 & 32.

153. 3°. Dans les crimes où il y a partie publique, s'il y a un commencement de preuves contre l'accusé, & que néanmoins cette preuve soit imparfaite, les Juges doivent ordonner un plus amplement informé pendant un certain temps; *v. g.* de six mois, ou d'un an; & cependant que l'accusé aura issue des prisons, ou tiendra prison, suivant que cette preuve sera plus ou moins forte, & selon que le crime sera plus ou moins grave; sauf à l'accusé, après le temps fini, de donner sa requête pour être renvoyé de l'accusation; ce qui lui est ordinairement accordé, s'il ne survient point de nouvelles preuves; ou du moins, on met hors de Cour sur l'accusation. Quelquefois néanmoins on condamne l'accusé même à une peine grave après l'expiration du plus amplement informé, encore même qu'il ne soit survenu aucunes preuves. (Voyez ce que j'ai dit à ce sujet, *suprà*, n. 87.)

154. Lorsque par la Sentence, qui ordonne un plus amplement informé pendant un certain temps, il est dit que l'accusé aura issue des prisons, on ajoute ordinairement, du moins quand il ne s'agit pas d'un grand crime, que c'est à sa caution juratoire de se représenter en état d'ajournement personnel, ou d'assigné pour être oui, à toutes assignations qui lui seront données; à l'effet de quoi il sera tenu d'élire domicile sur le lieu où son procès a été instruit. Ces soumissions se font pardevant le Greffier, qui, à cet

effet, se transporte aux prisons ; & faute par l'accusé de se représenter, dans le cas où il survient quelque nouvelle preuve, on instruit le procès contre lui par contumace, & on prononce sa condamnation diffinitive.

155. L'effet du plus amplement informé, est que pendant tout le temps qu'il dure, l'accusé reste en état de coupable, ce qu'on appelle être *in reatu*, du moins s'il est prisonnier, ou renvoyé en état d'ajournement personnel ; en sorte que son procès peut être continué, s'il survient contre lui de nouvelles preuves. (Voyez ce qui a été dit au Titre *Des peines*, ci-dessus, *part.* 1, *tit.* 3, n. 132.)

Dans les grands crimes, quelque légere que soit la preuve, les Juges ne doivent point absoudre, ni mettre hors de Cour ; mais prononcer par un plus amplement informé pendant six mois, ou un an, plus ou moins, suivant les circonstances ; & telle est la pratique constante du Barreau. (*Ita* Farinacius, *qu.* 4, *n.* 27, *in fine*, où il ajoute que c'est un usage constant à Rome ; Voyez aussi Papon, *liv.* 24, *tit.* 5, *art.* 3.)

156. On prétend même que dans ces sortes de crimes, quand même il ne surviendroit aucune preuve nouvelle pendant le temps du plus amplement informé, les Juges ne doivent point, après l'échéance, prononcer diffinitivement sur l'absolution de l'accusé, du moins au regard de la partie publique ; & qu'alors ils doivent prononcer un plus amplement informé indéfini, qu'on appelle aussi plus amplement informé *usquequò*. (Ainsi jugé par un Arrêt du 8 Janvier 1540 ;) & c'est aussi ce que j'ai toujours vu observer dans l'usage ; ce qui paroît néanmoins contraire à la disposition de l'article 4 du titre 20 de l'Ordonnance de 1670, qui porte, qu'après la confrontation des témoins, il sera prononcé diffinitivement sur son absolution, ou sur sa condamnation. Mais on peut dire que cette disposition de l'Ordonnance, ne doit avoir lieu qu'au regard de la partie civile, pour pouvoir obtenir contre elle les dépens, & même des dommages & intérêts, s'il y a lieu, faute par elle d'avoir prouvé son accusation ; & que cette même disposition de l'Ordonnance n'a été établie, que pour abroger la réception en procès ordinaire, après que les témoins ont été confrontés ; & qu'à l'égard de la partie publique, le plus amplement informé *usquequò* a toujours continué

d'être d'usage C'est ce qui paroît résulter du procès-verbal de l'Ordonnance criminelle, *tit.* 21, *art.* 4, *pag.* 232; Voyez aussi Lizet en sa Pratique criminelle, *liv.* 2, *chap.* 7, avec les notes.

Quant à la question de sçavoir, si le plus amplement informé *usquequò* est une peine; Voyez au Titre *Des peines*, ci-dessus, *part.* 1, *tit.* 3, n. 132.

157. 4°. S'il y a une preuve considérable contre l'accusé, & que le crime soit constant, & qu'il mérite peine de mort, les Juges pourront ordonner que l'accusé sera appliqué à la question, ou avec réserve de preuves, ou sans réserve de preuves, selon que ces preuves seront plus ou moins considérables; au cas qu'elles ne soient pas suffisantes pour le condamner diffinitivement. (Ordonnance de 1670, *tit.* 19, *art.* 1 & 2.)

Lorsque les indices qui forment la preuve contre l'accusé, quoique considérables, ne sont pas du nombre de ceux qu'on appelle très violents, les Juges ne doivent pas le condamner à la question *preuves tenantes*, mais seulement à la question *sans réserve de preuves.* (Voyez Faber en son Code, *définit.* 9 & 25:) au-lieu que si les indices sont du nombre de ceux qu'on appelle urgents & indubitables, alors les Juges peuvent non-seulement, mais même doivent condamner l'accusé à la question *avec réserve de preuves.* C'est ainsi que l'établit Theveneau en son Commentaire sur les Ordonnances, *liv.* 5, *tit.* 18, *art.* 4 & 5. (Voyez ce que j'ai dit, touchant les preuves nécessaires pour condamner à la question, au Titre *Des peines*, ci-dessus, *part.* 1, *tit.* 3, n. 393 & 404.)

158. La différence entre ces deux sortes de questions, est que dans celle qui se donne *sans réserve de preuves*, si l'accusé n'avoue rien, les indices & les preuves, qui étoient contre lui, sont purgés, & qu'il ne peut plus être condamné à aucune peine; en sorte qu'on doit seulement ordonner contre lui un plus amplement informé, & cependant qu'il aura issue des prisons. Mais dans la question *avec réserve de preuves*, les indices ne sont point purgés; & quoique l'accusé n'ait rien avoué à la question, il peut néanmoins être condamné en toutes sortes de peines, excepté celle de mort, aux termes de l'article 2 du titre 19 de l'Ordonnance de 1670. (Voyez ce que j'ai dit à ce sujet au Titre *De la question ou torture*, *part.* 3, *liv.* 2, *tit.* 22 & suiv.)

159. 5°. Dans tous les cas où il y a preuve contre l'accusé, soit

parfaite, soit imparfaite, les Juges doivent examiner les exceptions & défenses de l'accusé, & voir si cette preuve est suffisamment détruite par ces défenses, sans repliques valables de la part de l'accusateur, ou plaignant. Dans ce cas ils doivent prononcer l'absolution de l'accusé, ou mettre hors de Cour sur l'accusation, de la même maniere que si elle n'eût point été prouvée.

Lorsque les exceptions, ou défenses de l'accusé sont des exceptions de Droit, le Juge peut toujours, & même doit les suppléer d'office. Il doit aussi suppléer les autres exceptions qui tendent à justifier l'accusé; quand même l'accusé ne les auroit point proposées, lorsque ces exceptions sont suffisamment prouvées par les actes du procès. Telle est la prescription de 20 ans, quant à la peine; & l'exception tirée de la folie de l'accusé. Telle est aussi la fin de non-recevoir, tirée de ce que la même accusation a déja été jugée par un Jugement en dernier ressort, ou dont il n'y a point eu d'appel, ainsi qu'il a été jugé par Arrêt du 1 Avril 1613, rapporté par Bouchel en sa Bibliotheque, au mot *fin de non-recevoir*, rendu à la vérité en matiere civile, mais qui doit avoir lieu à plus forte raison en matiere criminelle; ce qui est une suite de la maxime établie ci-dessus, *n.* 127. (Voyez Ranchin sur Gui-Pape, *qu.* 221.)

160. Si ces exceptions ne sont pas suffisamment prouvées par les actes du procès, & que l'accusé en demande la preuve, le Juge ne peut la refuser; & il doit même, en certains cas, l'ordonner d'office, s'il y a un commencement de preuve suffisante, comme dans le cas de folie. (Voyez au titre *Des Exceptions & Défenses de l'accusé*, ci-dessus, *part.* 3, *liv.* 1, *tit.* 2, n. 25.)

Ce qui vient d'être dit des exceptions, a pareillement lieu à l'égard des faits justificatifs, auxquels le Juge doit avoir égard pour la justification de l'accusé, lorsqu'ils sont suffisamment prouvés par les actes du procès; & dont il doit admettre la preuve, s'ils ne sont pas suffisamment prouvés, & que l'accusé, ou ceux qui prennent sa défense, demandent à y être admis. (Voyez aussi ce que j'ai dit là-dessus au même titre *Des Exceptions & Défenses des accusés*, n. 78 & suiv.)

Si les preuves qui sont au procès contre l'accusé, se trouvent détruites par ses défenses, ou exceptions, les Juges observeront ce qui a été dit ci-dessus touchant la nature de la preuve, soit pour ordonner un plus amplement informé, soit pour condamner à la question, soit pour condamner à la peine ordinaire du crime, *&c.* ainsi qu'on va le dire.

161. 6°. Lorsque l'accusation est prouvée contre l'accusé d'une maniere complette, soit par sa confession, soit par la déposition des témoins, ou d'une autre maniere concluante, & sans aucune justification valable de sa part, les Juges ne doivent pas hésiter à prononcer contre lui la peine due à son crime, & le condamner en outre en l'amende envers le Roi, ou le Seigneur; & s'il y a partie civile, ils doivent en outre le condamner aux dépens, & aux dommages & intérêts envers elle. (Constitution Caroline, *chap.* 69; Voyez ce qui est dit touchant la preuve nécessaire pour condamner, au titre *Des Preuves*, ci-dessus, *part.* 3, *liv.* 1, *tit.* 3, n. 413.)

Il faut cependant observer, que pour pouvoir condamner un accusé, il faut que le corps de délit soit constant; car autrement la procédure seroit nulle, & il n'y auroit pas lieu de le condamner, quelques preuves qu'il y eût d'ailleurs contre lui. (*Ita* Jul. Clarus, *qu.* 66, *n.* 2; & Bartole *in* L. *multum interest*, D. *de cond. & demonst.*) C'est pourquoi, quand même les témoins déposeroient à l'occasion d'un homicide, qu'ils ont vu l'accusé commettre le crime, cette preuve ne pourroit être suffisante pour condamner cet accusé, s'il n'étoit constant d'ailleurs du cadavre de l'homicidé; si ce n'est dans quelque cas où il ne seroit pas possible de constater ce corps de délit; comme si le corps de celui qui avoit été tué, avoit été brûlé, *&c.* (Voyez ce qui est dit ailleurs, au titre *Du Corps de délit, & de la maniere de le constater*, part. 3, liv. 2, tit. 3, n. 1 & suiv.)

162. En général, pour pouvoir condamner un accusé, il faut que les preuves soient évidentes; & comme disent les Criminalistes, *luce meridianâ clariores.* (L. *ult.* Cod. *de probat.* Julius Clarus, *qu.* 66, *n.* 4.)

C'est pourquoi les Juges doivent examiner scrupuleusement toutes les circonstances qui vont à la décharge de l'accusé, & à l'adoucissement de la peine. On ne peut faire ici un détail exact de toutes ces circonstances; parce qu'elles dépendent des différents genres de crimes, des temps, des personnes, & des occasions qui ont engagé à le commettre. Mais en général les Juges doivent être extrêmement scrupuleux dans le Jugement des procès criminels: ils doivent faire état des moindres circonstances qui diminuent le crime, & ne pas s'arrêter aisément aux circonstances aggravantes; à moins qu'elles ne soient si claires, qu'elles ne puissent avoir deux faces. Dans le doute, ils doivent toujours suivre le parti le plus favorable à l'accusé; & la justice est ce qui doit principalement les animer, plutôt que de suivre exactement la rigueur du Droit, suivant cette maxime, que *præcipua & justitiæ & æquitatis quàm stricti juris ratio.* L. 8, Cod. *de re judic.* (Voyez Mazuer, titre *Des Preuves*, n. 5.)

163. Ainsi, dans l'incertitude ils doivent plutôt incliner à l'absolution qu'à la condamnation; parce qu'il vaut mieux qu'un crime demeure impuni, que de faire souffrir un innocent. *Proniora sunt jura ad absolvendum, quàm ad condemnandum, satiusque est impunitum relinqui facinus nocentis, quàm innocentem damnare.* L. *absentem* 5, D. *de pœnis*; L. *ult.* Cod. *de Episcop. aud.* En effet, quoique la recherche & la punition des crimes soit infiniment favorable, la protection de l'innocence doit l'être encore davantage.

Mais la nécessité de suivre ces maximes, & d'avoir des preuves évidentes & incontestables, est sur-tout requise lorsqu'il s'agit de condamner un accusé à mort. (*a*) *De vitâ & spiritu hominis qui pars mundi est, & numerum animantium complet, laturum sententiam, diu multumque cunctari oportet, nec præcipiti studio ubi irrevocabile factum est agitari.* (Ammian. Marcell. L. 29.)

§ IV.

Regles particulieres pour l'estimation de la peine, ou pour imposer la peine due au crime.

164. Comme c'est dans le Jugement, & dans la maniere de proportionner les peines aux crimes, que consiste principalement le travail & l'industrie des Juges, ils ne doivent rien négliger pour que ce Jugement soit rendu avec exactitude. Ils doivent dans les différents cas qui se présentent, faire attention à toutes les manieres dont les choses ont pu être, & aux différents motifs qui y ont pu donner lieu, & ensuite faire une application juste de la Loi, à l'espece particuliere soumise à leur décision; & si le cas est du

---

(a) *Nulla unquam de morte hominis cunctatio longa est.* (Juvenal, Satyr. 6, vers 220.)

nombre de ceux qui n'ont pas été prévus par les Loix, ou que les circonstances particulieres en changent la nature, ils doivent suivre les loix de l'équité, & de leur conscience, pour prononcer une peine qui soit exactement proportionnée à la nature du crime.

165. Les peines sont ou *légales*, ou *arbitraires*. Les *peines légales* sont celles qui ont été établies par les Loix & les Coutumes du Royaume, ou par le Droit commun, & l'usage des Tribunaux, pour certains crimes, & avec certaines circonstances déterminées. A l'égard des *peines arbitraires*, ce sont celles qui n'ont point été établies précisément par les Loix; soit pour certains crimes, soit à cause des circonstances qui accompagnent ceux qu'elles ont prévus, & pour lesquels elles ont établi des peines; mais dont la nature peut entiérement changer par ces différentes circonstances: ce qui fait que la Loi n'a pu établir de regles générales pour leur punition; & qu'elle a laissé aux Juges le soin d'arbitrer ces peines, suivant la nature & les circonstances de ces mêmes crimes, ou délits.

§. V.

Des peines légales, ou fondées sur des loix.

166. Il y a plusieurs cas où les Loix du Royaume ont établi des peines pour certains genres de crime. Ainsi:

Les voleurs de grand-chemin doivent être punis du supplice de la roue. (Ordonnance de François I, du mois de Janvier 1534.)

Le duel doit être puni de mort à l'égard des deux personnes qui se sont battues. Et si l'un des combattants, ou tous les deux sont tués, leur procès leur doit être fait après la mort, comme à des criminels de Leze-Majesté. (Edits des mois de Juin 1643, & Août 1679.)

Les filles qui cachent leur grossesse & leur accouchement, sans avoir déclaré l'un & l'autre, & sans avoir pris attestation de la vie, ou de la mort de leur enfant, sont punies de mort. (Edit de Henri II, du mois de Février 1556.)

Les assassins sont aussi punis de mort, & même la seule machination, ou attentat dans cette espece de crime, quoique l'effet ne soit ensuivi, est punie de la même peine. (Ordonnance de Blois, *art.* 195.)

Il en est de même des empoisonneurs, encore que le crime n'ait pas été consommé. (Edit du mois de Juillet 1682.)

167. Le vol domestique est aussi puni de mort. (Déclaration du 4 Mars 1724, *art.* 2.)

Le vol d'Eglise est puni des galeres à temps, ou à perpétuité à l'égard des hommes; & de la réclusion à temps, ou à toujours à l'égard des femmes. (*Ibid.* art. 1.)

Dans la récidive de vol, la peine est des galeres à temps, ou à perpétuité à l'égard des hommes; & de la réclusion à temps, ou à perpétuité à l'égard des femmes. (*Ibid.* art. 4.)

Pour le vol simple, on doit condamner au fouet, & à la flétrissure. (*Ibid.* art. 3.)

Le vol commis par gens qui ont déja été condamnés aux galeres, est puni de mort. (*Ibid.* art. 5:) quand même ils auroient obtenu des lettres de rappel des galeres. (*Ibid.* art. 6.)

Le vol dans les Maisons Royales est aussi puni de mort. (Déclaration du Roi du 1 Novembre 1530; autres des 15 Janvier 1677, 7 Décembre 1682, & 11 Septembre 1706.)

168. Les relaps sont bannis à perpétuité, & leurs biens confisqués. (Déclarations du 8 Mars 1715; autre du 14 Mai 1724, *art.* 9.)

Les mendiants avec insolence, condamnés en cinq ans de galeres. (Déclaration du 18 Juillet 1724, *art.* 6.)

Les vagabonds valides, en trois ans de galeres; & les invalides, ainsi que les filles & femmes en trois ans de réclusion. (Déclaration du 3 Août 1764, *art.* 3;) & en cas de récidive, en neuf ans de galeres, pour les vagabonds; & autant de réclusion pour les invalides, & pour les filles & femmes; & en cas de seconde récidive, de galeres ou de réclusion à perpétuité. (*Ibidem.* art. 5.)

Les blasphêmateurs du Saint Nom de Dieu, & de la Sainte Vierge, & des Saints, condamnés en l'amende, ou au carcan; ensuite à avoir la langue percée d'un fer chaud, ou coupée; & même de plus grande peine, suivant les circonstances. Il y en a un grand nombre d'Ordonnances. (Voyez ce qui est dit ci-après au titre *Des Blasphêmateurs, part. 5, tit. 6*, n. 4.)

Les faux-monnoyeurs sont punis de mort. (Déclarations des 12 Décembre 1693, 9 Juillet 1697, & 5 Octobre 1715.)

Les faux-sauniers, des galeres, & quelquefois de mort. (Ordonnance des Gabelles du mois de Mai 1680, *tit.* 17, *art.* 3; Voyez au titre *Des Contrebandiers, infrà, part. 5, tit. 12*, n. 13.)

Le

169. Le péculat est puni de la confiscation de corps & biens. (Déclaration du 1 Mars 1545, *art.* 1.)

Les faussaires sont punis de peine afflictive, & même de mort, suivant les circonstances. (Edit du mois de Mars 1680; Voyez ci-après au titre *Du Faux*, part. 5, tit. 15, n. 9.)

Les banqueroutiers frauduleux sont aussi punis de mort. (Edit de Mai 1609. Ordonnance du Commerce de 1673, *tit.* 11, *art.* 12.)

La peine du rapt, est aussi celle de mort. (Déclaration du 26 Novembre 1639.)

L'usure est punie de punition corporelle, & même de confiscation de corps & de biens. (Ordonnances d'Orléans, *art.* 141; & Blois, *art.* 202.)

Le crime de concussion est puni de peine afflictive, suivant les circonstances. (Ordonnance du mois de Janvier 1629, *art.* 166.)

Ceux qui ne gardent pas leur ban, sont punis de la peine des galeres. (Déclaration du 31 Mai 1682.)

Les peines pour injures entre gens de robe, sont réglées par la Déclaration du 31 Décembre 1704.)

Celles pour injures entre gens d'épée, sont réglées par une Déclaration du 12 Avril 1723.)

170. Les Bohémiens, ou Egyptiens, sont punis des galeres, ou du bannissement hors du Royaume. (Ordonnance d'Orléans, *art.* 104; Edit de Décembre 1666; & Déclaration du 11 Juillet 1682.)

A l'égard des délits commis par les esclaves des Colonies,
Des délits Militaires,
Des délits concernant la Marine,
Des délits ès Eaux & Forêts,
Des délits commis ès droits du Roi,
Voyez ci-après, *part.* 5, *tit.* 59, *n.* 1, 32, 58, 74, 79 *& suiv.*

Outre ces peines légales, il y en a encore un grand nombre d'autres qu'on peut voir ci-après, *part.* 5, dans les différents titres qui composent cette partie, où il est traité des crimes & délits en particulier.

§. VI.

Regles que le Juge doit suivre dans l'imposition des peines légales.

PREMIERE REGLE.

171. Le Juge dans l'imposition des peines légales, doit se confor-

mer exactement à la Loi; & il ne peut en aucune maniere changer sa disposition, lorsque la Loi qui l'établit est claire & évidente.

Ainsi, lorsque le crime qu'il s'agit de punir, doit l'être de la peine des galeres, suivant la Loi, & que l'accusé n'ait qu'un bras, ou qu'il ait quelqu'autre infirmité qui l'empêche de pouvoir subir cette peine, cela ne doit pas néanmoins empêcher les Juges de condamner le coupable en la peine des galeres prononcée par la Loi. C'est pourquoi les Ordonnances ont prévu ce cas, & ont établi des Hôpitaux dans les lieux mêmes où les galeres sont établies, pour y mettre ceux qui deviennent infirmes, ou qui sont incapables de subir la peine à laquelle ils ont été condamnés. (Voyez ce qui est dit au titre *Des Peines*, ci-dessus, *part.* 1, *tit.* 3, n. 36.)

172. Il suit de la regle qu'on vient d'établir, que les Juges ne peuvent augmenter ni diminuer la peine établie par la Loi. §. *Oportet authent. de jud. Illa enim non potest dici æquitas quæ deviat ab eo quod est justum & æquum, cum lex nitatur ratione & æquitate.* (Farinac. *qu.* 17, *n.* 5 & 6.)

Quoiqu'on dise en général que les peines sont arbitraires dans le Royaume, cela ne doit cependant s'entendre que quand il n'y a point de loi précise; mais s'il y a une loi précise qui soit établie contre le crime qu'il s'agit de punir, il faut nécessairement s'y conformer.

A l'égard de la question de fait pour y appliquer la loi, elle est soumise à l'arbitrage du Juge. *Facti quidem quæstio est in potestate Judicis, juris autem autoritas non est*, comme dit Papinien en la L. 15, D. *ad municip.* On peut voir sur cette question les Essais de Jurisprudence de Toureil, *pag.* 51; & ce qui a été dit ci-dessus dans ma Préface.

173. Mais cette regle que les Juges ne peuvent augmenter ni diminuer la peine portée par la loi, n'a lieu que quand les circonstances sont les mêmes que celles du cas prévu par la loi; car si ces circonstances sont différentes, les Juges peuvent augmenter, ou diminuer cette peine, suivant que la justice & l'équité l'exigeront. (L. 7, D. *de justitiâ & jure.* Voyez aussi Menoch. qu. 96, *de arbitr. quæst.*; Guipape, *decis.* 206; & Farinacius, *qu.* 17, *n.* 7, 8, 9 & 10, *& seq.*)

En effet, quoique la Loi ait fixé une peine pour certain genre de crime, néanmoins elle en laisse la proportion à l'arbitrage des

Juges, qui peuvent, selon les circonstances de chaque action, & suivant l'atrocité, ou la légereté du crime, augmenter, ou diminuer la peine, & la faire passer, pour ainsi dire, par tous les différents degrés qu'il y a entre l'absolution, & la peine établie par la loi; car l'équité doit corriger la loi, & nous enseigne à y suppléer, & à faire ce que l'Auteur de la Loi auroit fait lui-même, s'il eût pensé à tous les cas qui peuvent arriver; mais ils ne peuvent aller au-delà, ni prononcer contre ce fait particulier, un genre de peine qui n'a point été établi contre l'espece particuliere du crime dont ils sont Juges. (Voyez *omninò* la L. *hodie*, D. *de pœnis*; Papon, *liv.* 24, *chap. Des Peines*, tit. 10, n. 3; & Jul. Clarus, *qu.* 85, *n.* 10; & *in supplem.* qu. 1, n. 14.)

174. Ainsi, dans les cas où la loi a établi une peine infamante pour un genre de crime, si l'accusé qui l'a commis, a déja encouru l'infamie, les Juges peuvent augmenter la peine. (Voyez la L. *noverint* 2, Cod. *ut intra certum tempus.*)

De même, la loi a établi la peine de mort contre les coupables d'homicide; mais si l'accusé ne s'est pas contenté de tuer, & qu'il ait, *v. g.* coupé en morceaux son ennemi, il semble que les Juges peuvent alors augmenter cette peine, soit en condamnant le coupable en un genre de mort plus sévere, soit en ajoutant à la simple peine de mort, quelque autre peine qui augmente le supplice.

175. On prétend cependant que ce pouvoir d'augmenter, ou de diminuer la peine légale, suivant les circonstances du délit, qui appartient à tous les Juges, n'a lieu qu'à l'égard des circonstances intrinseques & inhérentes au délit; mais qu'à l'égard des circonstances extrinseques, telles que sont celles qui viennent de la qualité de l'accusé, ou de la nécessité de l'exemple, ou autres causes semblables, il n'y a que les Parlements & autres Cours supérieures qui puissent tempérer, ou augmenter la rigueur de la loi; & qu'à l'égard des autres Juges, ils doivent se conformer exactement à sa disposition. (*Ita* Jul. Clarus, *qu.* 85, *n.* 10.)

Les Juges de Seigneurs, & autres Juges inférieurs, en jugeant les procès criminels, doivent prononcer contre les accusés, suivant la rigueur des Ordonnances, sans pouvoir modérer la peine, pour obliger les accusés d'acquiescer à leurs Jugements; à peine, en cas de contravention, d'amende arbitraire contre lesdits Juges, d'interdiction, & d'être déclarés incapables de posséder des offices de Judicature. (Arrêt des Grands Jours de Clermont du 10 Décembre 1665, *art.* 5.)

SECONDE REGLE.

176. Lorsque la loi n'est pas claire & évidente pour le cas soumis à la décision des Juges, & qu'il s'agit d'en interpréter la disposition, cette interprétation doit toujours se faire d'une maniere favorable à l'accusé; suivant cette maxime, que *benigne leges sunt interpretandæ*, L. 42, D. *de pœnis*; L. 155, §. 2, D. *de regulis juris.*

Ainsi, lorsque la loi établit la peine du feu pour certains crimes, sans marquer que l'accusé sera brûlé vif, on doit étrangler auparavant le coupable. (*Ita* Jul. Clarus, *qu.* 99, *n.* 7. Voyez aussi Chassanée sur la Coutume de Bourgogne, *rubr.* 1, §. 5, au mot, *il en perdra la vie*, n. 3.)

177. De même, lorsque les Ordonnances établissent la peine des galeres, ou du bannissement pour certains cas, cela doit toujours s'entendre des galeres, ou bannissement à temps, & non à perpétuité.

De même encore lorsque la loi établit deux peines différentes pour un même crime; comme la Déclaration du 4 Mars 1724, qui porte en l'article 4: « Que ceux & celles qui, après avoir été con» damnés pour vol, ou flétris pour quelque autre crime que ce » soit, seront convaincus de récidive en crime de vol, ne pour» ront être condamnés en moindre peine que; sçavoir, les hom» mes, aux galeres à temps, ou à perpétuité; & les femmes, à » être enfermées à temps, ou pour leur vie dans une maison de » force. » Les Juges doivent infliger la moindre de ces peines, à moins que les circonstances du crime pour lequel l'accusé a déja été repris de Justice, ne fussent telles, qu'elles exigeassent la plus sévere des deux peines.

Pareillement, lorsque pour le même crime il se trouve des peines différentes établies par différentes Loix, ou Ordonnances, dont l'une n'a point dérogé à l'autre, les Juges doivent infliger la moindre de ces peines.

178. Outre cette regle qu'on vient d'établir pour l'interprétation des Loix dans l'imposition des peines, en voici encore quelques autres qu'il faut observer exactement.

1°. Quand il s'agit d'imposer une peine légale, il faut suivre la loi du lieu où le délit a été commis, & non celle du lieu où se rend le Jugement. (*Ita* Jul. Clarus, *qu.* 85, *n.* 2, 3 & 4. Voyez ce que j'ai dit à ce sujet dans ma Préface.)

2°. Lorsque la loi a établi un genre de peine pour un certain délit, il faut, pour pouvoir infliger cette peine, examiner avec attention, si le cas particulier qui se présente, est accompagné de toutes les circonstances qu'exige la loi; autrement ce n'est pas le cas d'y appliquer la peine que cette loi a établie. (Julius Clarus, *qu.* 85, *n.* 9.)

179. 3°. Si la loi établit une peine plus grave pour le cas de récidive, comme celle qui établit la peine des galeres en cas de récidive de vol, on doit non-seulement compter le vol commis dans la même Jurisdiction; mais encore celui, ou ceux faits ailleurs en quelque endroit qu'ils aient été commis & punis, même dans un autre Royaume. (*Ita* Jul. Clarus, §. *furtum*, n. 10.)

4°. Dans l'imposition des peines légales, il faut considérer le temps où le délit a été commis, & non celui où le Jugement est rendu. C'est pourquoi, si depuis le délit commis la loi vient à imposer une peine différente de celle qui avoit lieu au temps du délit, alors les Juges doivent prononcer contre l'accusé la peine qui avoit lieu au temps du délit, & non celle établie depuis. (Voyez Bartol, *in* L. 1, §. 1, *n.* 3, *de pœnis*, & *in* L. *omnes populi*, *n.* 50, D. *de justitia & jure.*)

180. 5°. Lorsque la loi établit une peine corporelle contre l'accusé, faute par lui de pouvoir payer la peine pécuniaire en laquelle il a été condamné; comme est la loi qui porte : Que la peine de l'amende établie contre les Contrebandiers, sera convertie en celle des galeres, faute par les condamnés de payer cette amende dans le mois du Jugement de condamnation contre eux prononcé; ou celle qui porte, que l'amende prononcée contre ceux qui auront chassé aux cerfs, biches; & dans les autres cas prohibés, sera convertie en la peine de prison, du carcan, du fouet, ou du bannissement, suivant les circonstances, quand les condamnés n'ont de quoi payer cette amende, ainsi qu'il est établi par l'Edit touchant les chasses, du mois de Juin 1601, *art.* 12, 15, 17, 18 & 20, confirmés par l'article 13 du titre des Chasses de l'Ordonnance des Eaux & Forêts du mois d'Août 1669; si après que la peine pécuniaire a été convertie en peine corporelle, ou afflictive, le condamné offre de payer l'amende, & que cette peine

corporelle n'ait point été exécutée; ou qu'après avoir commencé à être exécutée, il veuille se racheter de la peine pour le temps qui reste à expirer, il semble qu'on ne peut refuser cette grace au condamné. (Voyez les Déclarations du Roi des 30 Janvier 1717, *art.* 6; & 12 Juillet 1723, *art.* 2; & ce qui est dit ci-après au titre *Des Contrebandiers, part 5, tit. 12*, n. 8.).

§. VII.

Des Peines légales fondées sur l'usage des Tribunaux.

181. Il y a des crimes en France pour lesquels il n'y a point de peines précises établies par les Loix, mais qui néanmoins se punissent de certaines peines fixes, suivant le Droit commun du Royaume.

Ainsi, les parricides sont condamnés à être roués vifs, à faire amende honorable, & à avoir le poing coupé.

La femme qui assassine son mari est condamnée à mort, à avoir le poing coupé, son corps mort brûlé, & les cendres jettées au vent.

Le mari qui assassine sa femme, est puni de la même peine, ou de la roue, suivant la gravité du crime.

Les homicides d'eux-mêmes sont condamnés à être traînés sur la claie, la face contre terre, & leur cadavre pendu ensuite.

La même peine a lieu contre ceux qui sont tués en faisant rébellion à Justice à force ouverte.

La femme adultere est condamnée à être authentiquée; & son complice condamné au bannissement, ou au blâme.

182. Les bigames sont condamnés au carcan avec deux quenouilles, & un écriteau; & en outre au bannissement, ou aux galeres.

Les maquereaux publics, à avoir le fouet & la flétrissure, & au bannissement avec écriteaux; & les femmes condamnées à être promenées par les rues avec un chapeau de paille.

Pour le sacrilege, on condamne en l'amende-honorable & à la mort, ou à d'autres peines; comme celle des galeres à temps, ou à perpétuité, & du bannissement.

Dans les crimes énormes qui regardent la Divinité, la Sainte Vierge, & les Saints, on prononce la peine du feu.

Il en est de même pour le vol des saintes Hosties, & des Vases sacrés, avec profanation.

Et ainsi des autres.

Quoique ces peines soient déterminées par l'usage, & qu'elles soient fondées sur le droit commun du Royaume, néanmoins les Juges ne sont pas tellement assujettis à cet usage, qu'ils ne puissent écarter, & les augmenter ou diminuer, suivant les circonstances; en observant néanmoins de ne point changer la nature de la peine observée pour chaque crime. (Voyez la L. *hodie*, D. *de pœnis.*)

§. VIII.

Des Peines arbitraires.

183. Lorsqu'il n'y a point de peine établie par la Loi, ni par l'usage constant des Tribunaux pour un crime qu'il s'agit de punir, cette peine dépend alors de la prudence du Juge. (L. I, §. *Expilatores*, D. *de effractor.* L. *hodie*, D. *de pœnis.*)

Les Juges peuvent dans tous ces cas qui n'ont pas été prévus par la Loi, & pour lesquels il n'y a aucun usage constant, imposer suivant les différentes circonstances, & la nature du délit, la peine qu'ils jugent convenable, soit corporelle ou pécuniaire; pourvu que cette peine soit du nombre de celles qui sont en usage dans le Royaume.

Il ne faut pas cependant entendre cette maxime en ce sens, qu'il dépend de l'arbitrage du Juge dans les cas non prévus par la Loi, d'imposer une peine légere, ou grave pour une même nature de crime, & dans les mêmes circonstances; mais seulement, que dans tous ces cas, c'est aux Juges à peser le mérite de l'accusation, la qualité des parties, & les autres circonstances, & à régler sur cela la condamnation; en sorte qu'un crime grave doit être puni d'une peine grave, & un crime léger d'une peine légere: le tout en observant une proportion exacte entre la peine & la qualité du crime, sans pouvoir s'écarter de cette proportion. (L. *hodie* 13, D. *de pœnis.*)

De la maniere d'estimer la nature du crime, & la qualité de la peine dont on doit le punir.

184. La regle que les Juges doivent observer à cet égard, est que pour rendre un Jugement équitable, ils doivent infliger une peine proportionnée à la nature, & aux circonstances du délit. *Pœna ad mensuram delicti statuenda est*, L. *Sancimus*, Cod. *de pœnis*, L. 11, D. *eodem tit.* (a)

C'est pourquoi il faut, avant toutes choses, considérer la nature du crime, & les circonstances qui l'accompagnent, & qui peuvent le rendre plus ou moins grave. Ces circonstances se tirent, 1°. de la cause qui a porté à le commettre : 2°. de la qualité des personnes : 3°. du lieu : 4°. du temps : 5°. de la qualité du crime : 6°. de sa quantité : 7°. de l'événement. (Voyez ce qui est dit au titre *Des crimes & délits en général*, ci-dessus, *part.* 1, *tit.* 1, *n.* 15 *& suiv.*

185. Ainsi, dans le cas d'une injure, pour la punir, suivant les regles d'une exacte justice, il faut distinguer, 1°. La qualité des personnes qui l'ont proférée, ou soufferte ; *v. g.* si c'est un serviteur qui a injurié son maître, ou un vassal, son Seigneur, *&c.* 2°. Le lieu où l'injure a été faite ; si c'est en Jugement, ou dans un lieu public, ou bien dans une maison particuliere : 3°. Ce qui a donné lieu à l'injure ; si c'est par une pure malice, ou par emportement, ou pour repousser une autre injure : 4°. La qualité de l'injure ; si elle est légere, ou telle qu'elle puisse donner atteinte à la réputation de la personne injuriée, & lui causer un préjudice notable dans son honneur : 5°. Si elle est verbale, ou par écrit ; si elle a été réitérée plusieurs fois ; & ainsi des autres circonstances. Dans tous ces cas les Juges doivent examiner, & peser avec attention toutes ces différentes circonstances, pour pouvoir infliger contre le coupable une peine, ou réparation proportionnée au crime.

(a) *adsit*
Regula peccatis quæ pœnas irroget æquas.
Horat. liv. 3, satyr. 1, v. 117.

Ce qui vient d'être dit de l'injure, doit également s'appliquer à tous les autres crimes & délits en général.

186. Mais outre les considérations qui viennent d'être établies pour déterminer la proportion des peines aux crimes & aux délits, il faut encore avoir égard, d'un côté, aux conséquences du crime, & aux suites fâcheuses qu'il peut avoir ; à la nécessité de l'exemple ; aux diverses impressions que cet exemple peut faire sur les esprits ; *&c.* & de l'autre, aux circonstances qui peuvent diminuer la gravité du crime, comme sont celles prises de la qualité des personnes, de leur âge, de la disposition des accusés, qui distingue ceux qui ont délinqué, non de propos délibéré, mais par emportement, ou par promptitude, ou par quelque cas fortuit, ou autres circonstances semblables. On doit aussi faire les dinstinctions nécessaires, entre les accusés & leurs complices, & autres qui peuvent avoir participé aux crimes, suivant les différentes manieres dont ils y ont participé.

Après avoir établi cette regle générale, voyons maintenant quelles sont les différentes circonstances particulieres qui peuvent contribuer à augmenter le crime, & par conséquent à le faire punir d'une peine plus sévere : ensuite nous verrons celles qui peuvent contribuer à excuser le crime ; ou du moins, à diminuer la peine qu'il mérite.

ARTICLE III.

Des causes qui peuvent contribuer à augmenter la peine.

187. Outre les circonstances dont j'ai parlé ci-dessus, qui contribuent à augmenter la gravité du crime, & qui méritent par conséquent une peine plus sévere ; en voici encore quelques autres qui peuvent contribuer à faire augmenter la peine. Ces circonstances sont,

1°. La récidive de la part de l'accusé. (Julius-Clarus, *qu. 87, n. 6 ;* Farinacius, *qu. 18, n. 80, & qu. 23, n. 1,* L. *capitalium 28,* §. *Grassatores, &* §. *solent,* D. *de pœnis.*) Et cette regle a lieu, même dans le cas où l'accusé auroit été puni pour des délits, ou crimes précédents ; (*eâd.* L. *capitalium,* §. *solent,* D. *de pœnis ;* Farinacius, *qu. 23, n. 8.*) Ainsi le vol simple, qui n'est punissable que du fouet, suivant l'article 3 de la Déclaration du 4 Mai 1724, est puni des galeres; en cas de récidive de crime qui mérite peine afflictive, ou même de mort, suivant les circonstances, aux termes de l'article 4 de la même Déclaration.

188. Bien plus, quand même l'accusé auroit obtenu sa grace pour un crime précédent, la récidive ne contribue pas moins à faire augmenter la peine; (Farinacius, *ibid.* qu. 25, n. 11;) & c'est pour cela que ceux qui ont déja obtenu leur grace pour un crime, & qui veulent l'obtenir encore pour un second crime, sont obligés, dans la requête qu'ils présentent, de faire mention de cette premiere grace qu'ils ont obtenue; à peine de nullité des Lettres qu'ils obtiendront ensuite.

Quelques-uns prétendent même que les délits, ou crimes prescrits, doivent contribuer à faire augmenter la peine contre l'accusé. (Voyez Julius-Clarus, *qu.* 51, *n.* 7; & Farinacius, *qu.* 23, *n.* 12.)

Au reste, il faut observer que pour qu'un accusé puisse être regardé comme coupable de récidive, il faut non-seulement qu'il y ait eu une information, ou même un décret pour raison de ce premier crime, mais encore que l'accusé en ait été convaincu. (*Ita* Farinacius, *qu.* 23, *n.* 33. Voyez la Loi 28, §. 3, D. *de pœnis.*)

189. 2°. Le Juge doit aussi avoir égard à la Province où le crime a été commis; car il y a des endroits où les mêmes crimes sont punis plus sévérement que dans d'autres. (Voyez la Loi 16, §. 9, D. *de pœnis.*)

3°. Il faut aussi considérer si les délits, de la nature de celui dont l'accusé est convaincu, deviennent très fréquents, en sorte qu'il soit nécessaire d'en faire des exemples plus séveres; car alors les Juges peuvent augmenter la peine, sur-tout quand la Loi ne l'a point déterminée. (Même Loi 16, §. 10, D. *de pœnis.*)

4°. Les crimes qui intéressent tout le public, doivent être punis plus sévérement que ceux qui n'intéressent que quelques particuliers.

190. 5°. La condition, ou qualité de l'accusé, contribue aussi à faire punir le crime plus ou moins sévérement. Ainsi, les esclaves, ceux qui ont déja été repris de Justice, & les gens vils, ou de basse condition, sont punis plus sévérement en général, que les personnes d'une condition honnête. (L. 28, §. 16, D. *de pœnis.*

Voyez aussi ce que j'ai dit à ce sujet au titre *Des Peines*, ci-dessus, *part.* 1, *tit.* 3, n. 17.)

Cette qualité, ou condition de l'accusé, doit se considérer, non au temps du Jugement, mais au temps où le délit a été commis, suivant la Loi 1, §. 1 & 2, D. *de pœnis*.

191. 6°. Les Juges sont tellement maîtres d'arbitrer la peine suivant l'atrocité du crime, qu'ils peuvent prononcer la peine de mort, si ce crime est de nature à mériter cette peine, quoiqu'elle n'ait pas été établie par la Loi. (*Ita* Farinacius, *qu.* 17, *n.* 34 & *seq.*; & Menochius *De arbitr. quæst. casu 86.*) Néanmoins quelques Auteurs ont pensé le contraire. Voyez le *Factum* de M. Pelisson, touchant le Péculat, *in*-4°. *pag.* 9 & *suiv.*; l'Ordonnance Caroline, *chap.* 104, *n.* 1; & Julius-Clarus, *qu.* 83. *n.* 11, qui regarde cette question comme douteuse, & n'ose la décider; mais on peut voir les raisons pour l'affirmative dans un Arrêt du 22 Juin 1673, rapporté au Journal du Palais, *tom.* 2, *pag.* 970, qui a jugé conformément à cette derniere opinion, & qui a condamné un Prêtre, Directeur de Religieuses, à faire amende-honorable, & ensuite à être pendu & brûlé avec son procès, pour avoir abusé d'une de ses Pénitentes.

192. On doit néanmoins observer que dans ce cas, il faut que le crime, quelque atroce qu'il soit, ait été suivi d'exécution; car s'il n'avoit été que tenté, il ne pourroit être puni de la peine de mort. (*Ita* Farinacius, *qu.* 17, *n.* 48; & Chassanée, sur la Coutume de Bourgogne, *rubr.* 1, §. 5, n. 15.)

De plus, on prétend que pour que les Juges puissent prononcer la peine de mort dans des crimes pour lesquels la Loi ne l'a point établie, il faut que cette peine soit fondée sur un usage; ou que la Loi l'ait établie pour un délit, à peu-près semblable. (*Ita* Chassanée, sur la Coutume de Bourgogne, *ibid.* §. 5, *n.* 9; & Farinacius, *qu.* 17, *n.* 53 & *seq.*) Ce dernier avance même comme une regle générale, que dans les peines arbitraires, les Juges ne doivent point s'écarter de l'usage, ni de la Coutume des lieux.

193. 7°. Lorsque le Juge ne peut avoir une preuve entiere contre l'accusé, & qu'il a contre lui une preuve considérable, il peut infliger une peine contre cet accusé, mais moindre que celle qui lui seroit infligée, s'il y avoit contre lui une preuve complette; ce qu'on appelle alors punir *pro modo probationum.* C'est ainsi

que le décident la plus grande partie des Auteurs, sur-tout quand il s'agit de grands crimes. (*Ita* Balde, sur la Loi derniere au Code *De probation*, n. 8, & sur la Loi 34, C. *ad L. Jul. de Adult.*; Jul. Clarus *in Pract. crimin.* lib. 5, *receptarum Sententiarum*, §. *assassinium*, n. 6; Menochius en son Traité *De præsumptionibus*, quæst. 96; Carrerius *in Practicâ caus crimin.* n. 164 *in fine*; Dargentré sur l'article 41 de la Coutume de Bretagne, *gl.* 1, *n.* 11; Imbert en sa Pratique, *liv.* 3, *chap.* 14, *n.* 9; Zoesius *in tit.* D. *de probat. & præs.*; & Peresius sur le Code, au Titre *De pœnis*. C'est la disposition du Canon 23 *Extrà de accusat.* & du Canon 5 *Extrà de Adulteriis.*) Voyez sur cette question Henris, *tom.* 2, *liv.* 5, *qu.* 27. C'est aussi ce qui résulte évidemment de l'article 2 du titre 19 de l'Ordonnance de 1670, comparé avec l'article premier du même titre.

194. En effet, l'article premier porte, que s'il y a preuve considérable contre l'accusé, pour un crime qui mérite peine de mort, (c'est-à-dire, dont la preuve ne soit pas suffisante pour condamner l'accusé à la mort; quoique cette preuve soit d'ailleurs très considérable,) les Juges pourront ordonner que l'accusé sera appliqué à la question : or la question non-seulement est une peine, mais même c'est de toutes les peines la plus considérable après la mort, sur-tout quand elle est ordonnée avec réserve de preuves, comme il est porté en l'article 13 du titre 25. D'un autre côté, l'article 2 du même titre, porte, que l'accusé qui aura été condamné à la question, les preuves réservées en leur entier, & qui aura souffert la question sans rien avouer, pourra être condamné à toutes sortes de peines pécuniaires, ou afflictives, excepté celle de mort; d'où il suit par une conséquence nécessaire, que dans un crime qui mérite peine de mort, on peut infliger une peine moindre, comme celle des galeres, ou autrement, lorsque la preuve n'est pas suffisante pour condamner à la peine ordinaire due au crime. C'est ainsi que je l'ai vu pratiquer au Présidial d'Orléans en l'année 1740, à l'égard du nommé Barberousse, prévenu d'assassinat prémédité, & contre lequel il y avoit une preuve considérable; mais qui n'étoit pas complette. Il fut déclaré par la Sentence diffinitive, rendue contre lui, violemment soupçonné de l'assassinat dont il étoit prévenu, & pour réparation, condamné aux galeres à perpétuité, après avoir souffert la question, à laquelle il n'avoit rien avoué. (Voyez ce qui est dit ci-après, *n.* 297.)

ARTICLE IV.

Des causes qui peuvent faire diminuer la peine.

§. I.

Premiere Cause.

L'exemption de Dol.

195. La premiere cause qui peut contribuer à faire diminuer la peine, est lorsque l'action qui est poursuivie criminellement en Justice, est exempte de dol. (Julius-Clarus, *qu. 60, n. 28.*)

En effet, c'est une maxime constante que là où il n'y a point de dol, il n'y a point de crime, & par conséquent il ne peut y avoir de peine; mais seulement des dommages & intérêts contre l'auteur du délit. (Papon, *liv. 24, tit. 8, n. 3*, L. Cod. *De Sicar.* L. *Qui injuria*, D. *de furtis*; L. *Quod rei publicæ*, D. *de injuriis*; L. *Cum autem*, §. *excipiuntur*, D. *de ædil. ed.*; Farinacius, *qu. 17, n. 1 & 2*;) parce que c'est l'intention & l'envie de faire mal qui caractérisent le crime : or, cela n'a pas lieu, lorsqu'il n'y a point de dol.

Mais pour sçavoir quand il y a dol, ou non, & comment il doit être puni, ainsi que la faute, il est bon d'examiner, avant tout, ce que c'est que *dol & fraude*; & aussi ce qu'on entend par *faute*; & quelles sont ses différentes especes.

Du Dol.

196. On appelle *dol* en général, toute ruse, complot, ou mauvais dessein que l'on emploie pour tromper quelqu'un, ou dans le dessein de lui nuire. (L. 1, §. 1, D. *de dolo malo.*)

Il y a deux sortes de dols, *le dol vrai*, & *le dol présumé.* (Farinacius, *qu. 88, n. 4.*)

Le *dol vrai*, ou *manifeste*, est une ruse, ou mauvais dessein qui s'emploie ouvertement pour tromper quelqu'un. (*Ibid.* n. 6.)

Le *dol présumé*, est une action que l'on présume être mise en usage pour tromper une autre personne. (*Ibid.* n. 12.)

197. On distingue aussi le dol, en *dol évident*, & en *dol caché.* Le

dol évident est celui qui est accompagné de violence ; le *dol caché* est celui qui se commet en cachete par dissimulation. (Farinacius *ibid.* n. 25.)

Une troisieme maniere de distinguer le dol, est d'examiner s'il se commet directement par action, ou s'il se commet par omission. Ce dernier est un dol présumé, & ne peut être regardé comme un dol véritable ; si ce n'est dans quelques cas dont il parlé en la Loi, *Si ex causa*, §. *si in committendo*, D. *de minor.* Farinacius, *qu. 88*, *n. 30 & 31.*

Enfin, on distingue le dol qui se fait par un simple complot, de celui qui est suivi d'exécution. (Farinacius, *qu. 88*, *n. 33.*)

De la Fraude.

198. La *fraude* est une ruse que l'on emploie pour tromper quelqu'un ; & elle differe du dol, en ce que le dol comprend toujours la fraude, comme le genre comprend l'espece ; au-lieu que la fraude ne comprend pas le dol. (Farinacius, *qu. 88*, *n. 31--41.*)

Il faut aussi observer que la fraude differe du déguisement, en ce que le déguisement se fait, lorsqu'on n'a pas dessein de faire ce que l'on fait ; au-lieu que la fraude peut avoir lieu, lorsqu'on fait ce qu'on a envie de faire, en trompant quelqu'un. (Farinacius, *qu.* 88, ibid. *n.* 42 & 43.)

De la Faute.

199. On entend par *faute*, toute action, ou omission qui se fait par imprudence, ou par négligence, au préjudice de quelqu'un.

On distingue trois sortes de fautes ; *la faute grossiere*, *la faute légere*, & *la faute très légere.* (Farinacius, *qu. 88*, *n. 53.*)

La faute *grossiere* est une imprudence, ou négligence, qui est telle qu'elle blesse le sens commun ; comme lorsqu'on manque à une chose qu'il n'est pas permis aux hommes les plus simples d'ignorer. (Farinacius, *ibid.* qu. 88, n. 67, L. 8, §. 18, D. *mandati vel contrà.* (a)

(*a*) (Voyez plusieurs exemples de fautes grossieres dans les *Instituts au Droit Criminel* de Muyart-de-Vouglans, *tom.* 1, *pag.* 8 & 9.)

La faute *légere* est celle qui se commet par celui qui n'apporte pas dans les affaires d'autrui la même diligence qu'un pere de famille a coutume d'apporter dans ses propres affaires ; comme le créancier qui par négligence laisse périr le gage qui lui a été confié. (L. 77, D. *pro socio* ; Farinacius, *qu.* 88, *n.* 77 & *seq.*)

La faute *très légere* est celle que commet celui qui par imprudence néglige de faire ce que les peres de famille les plus diligents ont coutume de faire ; comme celui qui se laisse voler pour n'avoir pas serré l'argent qu'on lui auroit donné à garder. (L. 52, §. 3, D. *pro socio* ; Farinacius, *qu.* 88, *n.* 82 & 83.)

De la punition du Dol, & de la Faute.

200. 1°. Pour la punition du *dol*, il faut distinguer entre le dol vrai, ou évident, & le dol présumé.

Le dol vrai, ou évident, qui se rencontre dans le cas d'un délit spécial, se punit de la même peine que le délit auquel il est joint ; comme dans le cas de vol, de faux, d'homicide, *&c.* (Farinacius, *qu.* 87, *n.* 66.)

Si le dol n'est pas joint à un délit spécial, il se punit extraordinairement à l'arbitrage du Juge. (L. 1 & 3, D. *de crimine Stellionatûs* ; Farinacius, *qu.* 87, *n.* 67.)

A l'égard du dol présumé, il ne se punit jamais aussi sévérement que le dol vrai, ou évident ; sur-tout quand il s'agit d'infliger une peine corporelle. (Farinacius, *ibid.* qu. 87, n. 3 & 4 ;) ce qui doit avoir lieu, à plus forte raison, lorsque la présomption de dol se trouve détruite par des présomptions contraires. (Farinacius *ibid.*, n. 3.)

201. 2°. Quant à la punition de la *faute*, il faut faire une distinction entre ses différentes especes.

Il est certain que la faute grossiere, qui cause du préjudice à quelqu'un, se punit criminellement, & que cela ne souffre aucune difficulté. (Bartol *in* L. *Respiciendum*, n. 4, vers. *de latâ*, D. *de pœnis* ; & L. 1, *sub num.* 3, D. *de Legibus* ; Farinacius, *qu.* 87, *n.* 70.)

Mais la peine doit être moindre que celle du dol ; & elle dépend de l'arbitrage du Juge. (Farinacius, *qu.* 87, *n.* 71.)

En effet, quoique la faute grossiere soit comparée ordinairement au dol ; néanmoins cela n'a lieu que dans les actions qui procedent d'un contrat, ou d'un quasi-contrat, mais non dans celles qui procedent d'un délit; & par conséquent quand il s'agit de crimes, la faute grossiere n'est jamais comparée au dol, sur-tout à l'égard des crimes qui méritent une peine corporelle, ou infamante. (Julius-Clarus, *qu.* 84, *n.* 1; & Farinacius, *qu.* 87, *n.* 14 & *suiv.*)

202. Lorsqu'il ne s'agit que d'infliger des peines pécuniaires, la faute grossiere est comparée au dol; sur-tout quand il s'agit de punir une injure personnelle. (*Ita* Farinacius, *qu.* 87, *n.* 39, où l'Auteur ajoute néanmoins que la punition ne doit pas être aussi sévere que s'il y avoit du dol.)

Dans les délits qui se commettent par omission, la faute grossiere est aussi comparée au dol. (Farinacius *ibid.* qu. 87, n. 43.)

Ce qui a pareillement lieu dans les délits qui se commettent par impéritie. Néanmoins cette regle ne s'observe pas à la rigueur à l'égard des Médecins, qui par impéritie causent la mort de leurs malades; on se contente alors le plus souvent de les condamner en des dommages & intérêts, & de les interdire de leurs fonctions. (Farinacius, *qu.* 87, *n.* 45.)

203. La faute grossiere tient aussi lieu de dol à l'égard du Geolier qui laisse évader son prisonnier, & peut être punie de peine corporelle, & même quelquefois de celle de mort. (L. *ad commentariensem*, Cod. *De custod. reorum.* Voyez aussi Boerius, *décis.* 217, *n.* 1 & 2; & Farinacius, *qu.* 31, *n.* 10 & *suiv.*) Ce dernier établit néanmoins, que dans tous les cas pour lesquels la faute est punie de peine corporelle, cette peine doit être moindre qu'elle ne le seroit, s'il y avoit du dol. (Voyez ce que j'ai dit à ce sujet au titre *Des malversations d'Officiers dans leurs fonctions*, ci-après, *part.* 3, *tit.* 31, n. 73.)

Dans les délits graves, l'imprudence n'empêche pas ordinairement que celui qui a commis le crime ne soit puni, lorsque cette imprudence peut être regardée comme une faute grossiere, mais d'une peine moins sévere.

Ainsi, un homme qui blesseroit dangereusement un autre avec un instrument, qui ordinairement ne doit pas blesser dangereusement, ne seroit pas puni de la peine ordinaire pour raison de cette blessure; mais d'une peine moindre.

204. A l'égard des crimes commis par accident, comme si quelqu'un en voulant tuer un animal à la chasse, venoit à tuer un homme; dans

dans ce cas l'auteur du crime cesseroit d'être punissable de la peine de mort, prononcée contre les homicides; & il lui suffiroit d'obtenir des Lettres de grace, qui ne se refusent jamais; à la charge seulement des dommages & intérêts envers les héritiers, ou proches parents de l'offensé. (Arrêt du 9 Avril 1650, qui a jugé que des Arbalêtriers, ou tireurs d'oiseaux avec des fleches, n'étoient pas coupables pour avoir tué fortuitement un passant, *quia dabant operam rei licitæ*; mais qu'ils étoient tenus civilement des dommages & intérêts. (Voyez Bardet, *tom. 1, liv. 3, chap.* 95; & ce qui est dit à ce sujet au Titre *De l'homicide*, ci-après, *part. 5, tit. 21*, n. 81.)

205. 3°. La faute légere, ainsi que la faute très légere, ne se poursuivent jamais d'office, ni sur la requête de la partie publique; & lorsqu'elles se poursuivent sur la requête d'une partie privée, il faut distinguer entre la faute qui se commet par omission, & celle qui se commet par action. Dans le premier cas, elle ne peut jamais être poursuivie criminellement; mais dans le second cas, il faut distinguer entre la faute légere, & la faute très légere. La premiere peut se poursuivre criminellement; mais la seconde se résoud presque toujours en des dommages & intérêts. (Farinacius, *qu. 87, n. 74 & suiv.*)

Des preuves du Dol, & de la Fraude.

206. La regle qu'on peut établir à ce sujet, est que comme le dol & la fraude proviennent d'une volonté cachée, & qu'il est par conséquent très difficile d'en faire la preuve; on doit y suppléer par des présomptions & des conjectures. (Farinac. *qu.* 89, *n.* 16-19.)

Ces présomptions doivent être claires & évidentes, & elles peuvent être détruites par des présomptions contraires. (Farinac. *ibid.* n. 26 *& seq.* 39 *& seq.*)

En général le dol ne se présume point, non plus que la fraude, & il faut que celui qui les allegue, en fasse la preuve; mais dans le doute on présume plutôt que c'est par erreur que la chose a été faite. La faute même, quoiqu'elle se présume plutôt que le dol, ne se présume point, si ce n'est dans les cas qui ne peuvent arriver sans elle; comme dans l'incendie, *&c.* (Voyez Farinac. *omninò*, qu. 89, *n.* 1 & seq. *usque ad.* n. 15.)

Des présomptions de Dol.

207. La premiere présomption de dol se tire de la qualité des personnes; *v. g.* si c'est une personne rusée, ou à qui le dol est familier. (Farinac. *qu*, 89, *n.* 74, 75.)

La seconde présomption de dol, se tire de la qualité de l'action; *v. g.* si elle est du nombre de celles qui sont mauvaises en elles-mêmes, & défendues par les Loix; comme sont les injures, l'homicide, le vol, l'incendie, *&c.* (Farinac. *ibid.* qu. 89, n. 77.) Dans tous ces cas on présume que le délinquant a commis l'action dans le dessein de nuire. (L. 1, Cod. *ad* L. *Cornel. de sicar.*)

La troisieme présomption, a lieu lorsqu'une personne viole les Loix, & va contre la disposition des Ordonnances. Tel est celui qui fait un commerce prohibé. Tel est aussi le tuteur qui aliene sans cause les biens de son pupille; & tel est encore celui qui contracte avec quelqu'un sans observer les formalités prescrites par les Loix. (Farinac. *ibid.* qu. 89, n. 81 *& seq.*)

208. La quatrieme présomption de dol & de fraude, se tire de ce qui a précédé, ou suivi l'action. (Farinac. *ibid.* qu. 89, n. 98 *& seq.*)

La cinquieme présomption de dol & de fraude, se tire du mensonge, & des contradictions de l'accusé. (*Ibid.* n. 104 *& seq.*)

La sixieme, se tire des précautions extraordinaires & insolites que l'accusé a prises pour venir à bout de son dessein. (Farinac. *ibid.* n. 121 & suiv.)

La septieme, se tire de la violence. (*Ibid.* n. 127.)

La huitieme présomption de dol, a lieu lorsque celui qui a commis l'action, a pris ses précautions pour la faire clandestinement, & sans qu'on s'en apperçût. (Farinac. *ibid.* qu. 89, n. 130 *& seq.*)

La neuvieme, lorsqu'il y a dans l'action une lésion énorme à l'égard de quelqu'un. (*Ibid.* n. 40.)

La dixieme, se tire de l'inimitié particuliere de l'accusé à l'égard de la personne offensée. (*Ibid.* n. 141.)

Et ainsi des autres.

Des présomptions qui font cesser le Dol.

209. La premiere des présomptions qui excluent le dol, se tire de

la qualité de l'accusé ; *v. g.* lorsque c'est une personne d'une probité reconnue ; ou lorsque c'est un homme simple & ignorant ; ou un mineur, *&c.* (Farinac. *qu.* 89, *n.* 44 *& suiv.*)

La seconde présomption qui exclut le dol, est lorsque l'accusé n'avoit aucun intérêt de commettre l'action pour laquelle il est poursuivi. (Farinac. *ibid.* qu. 89, n. 55-57.)

La troisieme présomption, est lorsque l'action est légitime par elle-même ; comme dans le cas d'une défense légitime ; ou lorsque l'accusé n'a fait que ce que tous les autres hommes ont coutume de faire en pareil cas. (Jul. Clarus, *qu.* 60, *n.* 18 ; & Farinac. *ibid.* n. 59--62. Voyez ce qui est dit à ce sujet, ci-après *part.* 5, au titre *De l'homicide*, n. 52 ; & au titre *Des Injures*, n. 116.)

La quatrieme présomption qui exclut le dol, a lieu lorsque celui qui a commis l'action, l'a faite en public & en présence de tout le monde. (Farinac. *ibid.* qu. 89, n. 63.)

210. La cinquieme se tire de l'ignorance du fait ; pourvu que cette ignorance soit probable, & qu'elle soit de la part d'une personne qui n'a aucun dessein de nuire. Il en seroit autrement, s'il s'agissoit d'une ignorance grossiere & jointe à une envie de nuire à autrui. (Farinac. *ibid.* n. 64--66.)

A l'égard de l'ignorance de Droit, Voyez ce qui est dit ci-après, *n.* 215.)

La sixieme présomption qui exclut le dol, a lieu lorsque la personne offensée est ami, ou proche parent de l'accusé. (Farinac. *qu.* 89, *n.* 68.)

La septieme présomption a lieu lorsque celui qui a commis l'action, l'a fait en vertu d'un ordre supérieur. (*Ibid.* n. 70.)

Outre ces présomptions qui excluent le dol & la fraude, il y en a encore plusieurs autres qu'on pourra aisément suppléer.

Ceci posé, voyons maintenant quelles sont les autres causes qui peuvent servir à faire diminuer la peine dans le jugement des crimes & délits.

§. II.

Autres causes qui contribuent à faire diminuer la peine dans les crimes & délits.

La bonne foi.

211. La seconde cause qui peut faire diminuer la peine dans les crimes, est la bonne foi; ce qui arrive, lorsque celui qui a commis le délit a cru ne faire aucun mal en commettant l'action pour laquelle il est poursuivi. (Farinac. *qu.* 90, *n.* 1.)

Or, cette bonne foi peut avoir trois causes; 1°. l'ignorance d'un fait juste, ou non: 2°. l'ignorance de Droit: 3°. le conseil ou approbation de l'action par une personne digne de foi. (*Ibid.* n. 1.)

Quant à la premiere de ces trois causes, on peut regarder comme une regle générale, que la bonne foi, de quelque espece qu'elle soit, quand même elle seroit fondée sur une cause légere & injuste, exempte de dol celui qui a commis l'action, & par conséquent l'excuse de la peine ordinaire. (Farinac. *ibid.* qu. 90, n. 2 & seq.)

212. Mais cette regle n'a pas lieu dans les choses qui sont notoirement défendues par le Droit naturel, ou divin; car dans ces choses, une cause, ou crédulité injuste n'excuse point du dol. (Farinac. *ibid.* n. 48 & seq.)

De même, la bonne foi fondée sur une cause injuste, n'excuse pas de la faute grossiere, quoiqu'elle excuse du dol; & par conséquent cette cause ne l'empêche pas d'être sujette à la peine ordinaire. (Farinac. *ibid.* qu. 90, n. 52 & suiv.)

Il faut aussi observer que la bonne foi, fondée sur une cause injuste & téméraire, excuse bien de la peine corporelle, mais non de la peine pécuniaire. (Farin. *ibid.* n. 56 & suiv.)

Une autre exception à la regle qui vient d'être établie, est que la bonne foi, fondée sur une cause injuste, cesse d'excuser celui qui ayant connu l'injustice du motif de son action, continue néanmoins de persévérer dans cette action. (Farin. *qu.* 90, *n.* 77.)

213. Enfin il faut observer que dans tous les cas, où une crédulité, quoiqu'injuste, rend excusable celui qui a commis un délit,

cette excuse ne peut jamais avoir lieu ; à moins que cette crédulité ne soit prouvée ; & même il ne suffit pas de prouver l'existence de ce motif, mais l'accusé doit encore prouver que c'est ce motif qui l'a engagé à agir, & qu'il a cru qu'il ne faisoit aucun mal ; autrement on présumeroit qu'il a agi par dol, & le motif par lui allégué ne l'excuseroit point. Mais il n'est pas nécessaire que ce motif soit prouvé par témoins, & d'une maniere complette ; il suffit qu'il le soit par des présomptions & des conjectures. (Farin. *ibid.* qu. 90, n. 80 & suiv.)

L'ignorance de droit & de fait.

114. Suivant les principes qui viennent d'être établis, l'ignorance & l'erreur de droit, est une cause qui peut contribuer à faire diminuer la peine dans les crimes & délits. (Farin. *qu.* 90, *n.* 91 & *seq.*) Mais quoique cette ignorance ou erreur de droit excuse du dol, elle n'excuse pas cependant de la faute grossiere. (Farin. *ibid.* n. 95.)

Il faut aussi observer que lorsque l'ignorance de droit est grossiere, comme celle qui a lieu à l'égard des choses défendues par le droit naturel, ou divin, ou par le droit des gens, elle ne peut excuser du dol. (Farin. *qu.* 90, *n.* 98-101.)

De même l'ignorance de droit n'excuse point dans un Juge, à cause de l'obligation où il est de connoître les Loix. (Jul. Clarus, *qu.* 60, *n.* 14.)

115. Un autre cas où l'ignorance de droit n'excuse point, c'est lorsqu'il y a un Statut, ou une disposition expresse de Coutume qui défend l'action pour laquelle l'accusé est poursuivi criminellement en Justice. (Farin. *qu.* 90, *n.* 108 ; Jul. Clarus, *qu.* 60, *n.* 14.)

Au reste, l'ignorance ou l'erreur de droit ne se présume jamais, & c'est à celui qui l'allegue à la prouver ; ce qu'il peut faire par des indices & autres conjectures. (Farin. *qu.* 90, *n.* 105-107. Voyez aussi Menochius *de arbitrar. judic.* casu 168.)

A l'égard de l'ignorance de fait, quelque grossiere qu'elle soit, elle excuse toujours du dol, & par conséquent de la peine, *v. g.* si on trouve quelque chose qu'on croit être à soi, & qu'on l'emporte ; & que cette chose se trouve être à autrui. Il en est de même, si voyant quelque chose de loin remuer dans un bois, & croyant que c'est un animal, je tire sur lui, & que je tue un homme sans le ſçavoir ; (Farin. *qu.* 90, *n.* 94 & 100 ;) à moins que celui qui a commis l'action, n'ait réfuſé d'écouter celui qui vouloit l'inſtruire ſur le fait, ou qu'après avoir été inſtruit, il ait continué l'action qu'il ſçavoit être mauvaiſe. (Bald. *in* L. *quicumque*, Cod. *de ſerv. fugit.*)

De la crédulité fondée ſur l'avis d'une perſonne digne de foi.

216. La crédulité fondée ſur l'avis d'une perſonne digne de foi, excuſe auſſi du dol ; & l'on peut établir cette regle comme générale. (Farin. *qu.* 90, *n.* 109 & *ſuiv.*)

Mais cette regle n'a pas lieu, 1°. quand il s'agit d'une action préjudiciable à autrui : 2°. quand l'avis de la perſonne digne de foi eſt denué de toute vraiſemblance : 3°. quand celui qui a commis l'action eſt une perſonne éclairée : 4°. lorſque l'action commiſe renferme par elle-même un délit : 5°. enfin cette regle n'a jamais lieu que dans les choſes de fait, & non dans les choſes de droit. (Farin. *ibid.* qu. 90, n. 120 & ſuiv. juſqu'au *n.* 127.)

§. III.

Troiſieme Cauſe, ou Excuſe.

L'emportement & la colere qui naiſſent d'une juſte douleur.

217. La troiſieme cauſe qui peut faire diminuer la peine dans les crimes, eſt l'emportement ; ainſi :

1°. L'emportement qui naît d'une juſte douleur, excuſe dans les délits ; *v. g.* dans le mari qui tue ſa femme, ou dans le pere qui tue ſa fille, ſurpriſes l'une & l'autre dans l'adultere. (Jul. Clarus, *qu.* 60, *n.* 9 ; Farin. *qu.* 91, *n.* 5, 6 ; Voyez ce qui eſt dit ci-après au titre *De l'Adultere, part.* 3, *tit.* 3 n. 27. *Ita etiam Tiraquellus in tr. de pœnis temperandis*, cauſ. 1, n. 8, où cet Auteur prétend même qu'il n'eſt pas néceſſaire, pour que l'homicide en pareil cas ſoit excuſable, qu'il ait été commis ſur-le-champ, & dans un premier moment de colere.)

218. 2°. Celui qui étant attaqué par paroles, ou par voies de fait,

offense ou blesse son aggresseur, est puni moins sévérement, quand même il excéderoit les bornes d'une juste défense ; parce qu'il est naturel de chercher à se venger quand on est attaqué. (Farin. *ibid.* qu. 91, n. 7, 8 ; Jul. Clarus, *qu.* 60, *n.* 9 & 18 ; Voyez ce qui est dit à ce sujet au titre *De l'Homicide*, infrà, *part.* 5, *tit.* 21, n. 56.)

Ce qui a lieu à plus forte raison dans le cas où celui qui a commis le délit, ne l'a fait qu'à son corps défendant ; comme si une personne en tue une autre dans le cas d'une légitime défense, & pour sauver sa vie ; parce qu'alors celui qui commet ce délit, agit moins par emportement, que par nécessité. (Voyez ce qui est dit à ce sujet au même titre *De l'Homicide*, n. 6.)

119. 3°. La colere & l'emportement contribuent aussi à diminuer la peine du crime, sur-tout quand cette colere est occasionnée par une cause légitime. (Jul. Clarus, *qu.* 60, *n.* 9 ; Farin. *qu.* 91, *n.* 1, 38.) Et c'est en conséquence de cette regle que l'homicide commis dans un premier mouvement, est ordinairement excusable. Mais il faut que cet emportement, ou cette colere, soit tel qu'il ne laisse pas maître de soi-même, & qu'on n'ait pas eu le temps de la réflexion. (Farin. *ibid.* qu. 91, n. 40 & suiv. Voyez ce qui est dit à ce sujet, au titre *De l'Homicide*, n. 16.)

De même le pere qui tue son fils dans un mouvement de colere, pour avoir manqué de respect envers lui, ou pour cause grave d'ingratitude, ne doit point être puni de la peine ordinaire de l'homicide. (*Ita* Bartol. *in* L. *Divus*, §. *ad* L. *Pompeï. de parricidiis.*)

Au reste, il faut observer que la colere ne se présume point, & qu'elle doit être prouvée par celui qui l'allegue ; mais cette preuve se fait le plus souvent par des conjectures, & par les circonstances qui précedent ou accompagnent l'action.

§. IV.

Quatrieme Excuse.

La foiblesse de l'âge.

120. La quatrieme cause qui rend le crime excusable, ou dumoins qui en diminue la peine, est la foiblesse de l'âge, qui peut se con-

ſidérer, 1°. dans les enfans; 2°. dans les impuberes; 3°. dans les mineurs de 25 ans; 4°. dans les vieillards.

1°. Les enfans, c'eſt-à-dire, ceux qui n'ont pas encore atteint l'âge de 7 ans, étant incapables de malice, & n'ayant point encore aſſez de raiſon pour ſçavoir ce qu'ils font, ſont entiérement exempts de crime; & par conſéquent ne doivent être punis d'aucune peine, même pour l'homicide qu'ils pourroient commettre. (Jul. Clarus, *qu.* 60, *n.* 2; Farin. *qu.* 92, *n.* 46-50 & 115.) Dans le délit d'un enfant, le châtiment en eſt renvoyé au pere. (Bardet, *tom.* 1, *pag.* 9; Voyez auſſi ce qui a été dit ci-deſſus au titre *De l'action qui naît des crimes*, *part.* 3, *liv.* 1 *tit.* 1, n. 29.)

221. Il en eſt de même de celui qui eſt dans un âge peu éloigné de l'enfance. (§. *Pupillus* Inſtit. *de inutil. ſtipulat.* Farin. *qu.* 92, *n.* 51-57. Ainſi jugé par Arrêt du 9 Juin 1625, rapporté par Bardet, *tom.* 1, *liv.* 2, *chap.* 46; autre Arrêt du 19 Mars 1629, auſſi rapporté par Bardet, *tom.* 1, *liv.* 3, *chap.* 35; autre du 4 Juillet 1633, rapporté *ibid.* tom. 2, liv. 2, ch. 48.)

La majorité qui ſurvient enſuite ne le rend pas plus ſujet à la peine; parce qu'en matiere de crimes, on conſidere l'âge que l'accuſé avoit dans le temps qu'il a commis le crime, & non l'âge qu'il a au temps de l'accuſation. (Jul. Clarus, *qu.* 60, *n.* 5; Farin. *qu.* 92, *n.* 162.)

222. 2°. Les impuberes, c'eſt-à-dire, ceux qui ont moins de 14 ans, (pour les garçons,) & 12 ans (pour les filles,) ſont auſſi excuſables en matiere de crimes. (L. *final.* D. *de jur. & fact. ignorant.* L. 1, §. *impub.* D. *ad ſillan.* L. 37, §. 1 *in fine*, D. *de minor.* L. 16, §. 3, D. *de pœnis*; Farin. *qu.* 92, *n.* 58-61, & *n.* 116-118.) Ainſi jugé par Arrêt du 16 Mars 1630, rapporté au Journal des Audiences, infirmatif d'un décret de priſe de corps décerné contre un impubere de 11 ans & demi, qui avoit tué un de ſes camarades d'un coup de pierre. (Voyez ce qui a été dit ci-deſſus au titre *De l'Action qui nait des crimes*, n. 29.)

Si celui qui a commis le crime eſt proche de l'âge de puberté, il n'eſt pas entiérement excuſable; mais il doit être puni d'une peine moindre que la peine ordinaire, ſuivant les circonſtances & la qualité du crime. (*Ita* Mornac ad leg. *auxilium* 37, D. *de minor.* 25 *annis*; & *ad* §. *ſi impuber*, L. 5, D. *ad leg. aquil.*) ſurtout dans les délits qui ſe font par omiſſion. (Jul. Clarus, *qu.* 60, *n.* 2;

n. 2; Farin. *qu.* 92, *n.* 62-76, & *n.* 119-121. Voyez aussi ce qui a été dit ci-dessus au titre *De l'Action qui naît des crimes, part. 3, liv. 5, tit. 1*, n. 29.)

Ce qui a pareillement lieu dans le crime d'adultere, d'inceste, de rapt, & autres crimes de cette nature. (Farin. *ibid.* n. 77-94; Jul. Clarus, *qu.* 60, *n.* 3.)

223. Mais pour sçavoir quand un impubere est proche de l'âge de puberté, cela dépend de la prudence du Juge, qui doit considérer dans ce cas la qualité de la personne, ainsi que la nature & les circonstances du crime, & s'il est du nombre de ceux *in quibus malitia supplet ætatem*, comme il est dit en la L. 7. Cod. *de pœnis.* (Farin. *qu.* 92, *n.* 15 & 19; Menoch. *de arbitr. jud. casu* 57; & Covarruvias *in clement. si furiosus* 3, *part. de lect. in princip. sub num.* 5; & *in* 4 *decretal. cap.* n. 5.)

En Espagne, lorsque le mineur est au-dessous de 17 ans, le Juge est obligé de diminuer la peine due au crime; mais si ce mineur est âgé de plus de 17 ans, il est en l'arbitrage du Juge de la diminuer, ou non, suivant les circonstances tirées de la qualité du délit, de celle de la personne, & des autres circonstances. (*Ita* Gomez *in tractatu de delictis*, cap. 1, n. 63, *vers. sed hodie.*)

224. On trouve plusieurs exemples de condamnations prononcées contre des impuberes. Un Arrêt du Parlement du 22 Décembre 1682 a condamné un petit garçon de la Ferté-Bernard à être pendu sous les aisselles en place de Greve, pendant le temps de deux heures, pour avoir mis du poison dans un pot au feu par ordre de son pere, ce qui avoit causé la mort à quatre personnes; ensuite il fut détaché, fouetté & renfermé à l'Hôpital-Général. Le frere de Cartouche, insigne voleur âgé de quinze ans seulement, fut aussi condamné en la même peine par Arrêt du 30 Juillet 1722, dont il mourut.

Bougler en sa Pratique Criminelle, *liv.* 2, *tit.* 12, *pag.* 130, rapporte même plusieurs exemples d'impuberes condamnés à mort. Il cite entre autres deux Arrêts des mois d'Octobre 1606, & Janvier 1607, prononcés en pareils cas pour vols domestiques.

225. 3°. Les mineurs de vingt ans, doivent aussi être punis moins sévérement que s'ils étoient majeurs, même dans les délits atroces; sur-tout lorsque leur âge est peu au-dessus de l'âge de puberté. (L. 1, §. *impubes*, D. *ad sillan.* L. *excipiuntur*, D. *eod. tit.* L. *de*

minore in princ. D. *de quæstionibus* ; Farin. *qu.* 92, *n.* 41, 42, *n.* 103-108, *& seqq.* & *n.* 166-172, *& seqq. & qu.* 23, *n.* 34.)

Ce qui doit avoir lieu, à plus forte raison, dans les délits commis par faute, & non par dol. (Farin. *qu.* 91, *n.* 95-102.)

La peine qui doit alors leur être infligée, dépend de la qualité de la personne, & de la nature & des circonstances du délit ; comme aussi si c'est une récidive.

Au reste, cette regle que les mineurs doivent être punis moins sévérement, n'a pas lieu à l'égard des dommages & intérêts qui résultent du crime ; & ces dommages & intérêts peuvent être demandés contre les mineurs, de même que contre les majeurs. (Farin. *qu.* 92, *n.* 177-178.)

226. Ainsi par Arrêt du 3 Mars 1661, rapporté par Soefve, *tom.* 2, *centurie* 2, *chap.* 38, un écolier âgé de quinze ans, qui avoit tellement excédé de coups son camarade, qu'il en mourut dans les quarante jours, fut condamné en 120 livres parisis applicables au pain des prisonniers, & en 800 livres parisis d'intérêts civils.

Mais si le mineur est encore enfant, il n'est tenu d'aucuns dommages & intérêts, ni même son pere ni son tuteur pour lui ; si ce n'est en certains cas. (Voyez ce qui est dit au titre *De l'Action qui naît des crimes*, ci-dessus, *part.* 3, *liv.* 1, *tit.* 1, n. 29.)

227. Il faut aussi observer qu'il y a des cas où les mineurs peuvent être condamnés en la peine ordinaire ; *v. g.* lorsqu'il s'agit d'assassinat à prix d'argent, de vol réitéré, d'usure, & autres cas qui proviennent plutôt d'une malice réfléchie, que de jeunesse, d'imprudence, ou de passion. (Farin. *qu.* 92, *n.* 181 *& seqq.*)

4°. La vieillesse peut aussi servir quelquefois d'excuse, & contribuer à faire diminuer la peine ; pourvu, 1°. qu'il ne s'agisse pas d'un crime capital : 2°. que ce soit une vieillesse très avancée. (Jul. Clarus, *qu.* 60, *n.* 6 ; Farin, *qu.* 92, *n.* 22 *& seqq.*)

§. V.

Cinquieme Excuse.

L'Ivresse.

228. Quelques Auteurs prétendent que l'ivresse doit aussi excuser les

crimes, & contribuer à faire diminuer la peine. (*Ita* Jul. Clarus, *qu.* 60, *n.* 12; & Farin. *qu.* 93, *n.* 1 & *seqq.*) Ce dernier fait néanmoins une distinction entre l'ivresse légere, & celle qui fait perdre entiérement la raison. La premiere de ces deux ivresses, suivant lui, ne peut servir d'excuse, mais bien la seconde. (Farin. *ibid.* qu. 93, n. 20.) Il ajoute cependant que si celui qui a commis le crime, sçavoit que quand il étoit ivre, il étoit accoutumé à faire du mal, l'ivresse ne peut plus lui servir d'excuse; & qu'il en est de même, si cette personne s'étoit enivrée exprès pour faire le crime; ou qu'après l'avoir fait dans l'ivresse, & avoir recouvré la raison, elle s'en fût glorifiée. (Farinac. *ibid.* n. 20-22.)

D'autres, au contraire, prétendent que l'ivresse ne peut jamais servir d'excuse à l'égard du crime commis. (*Ita* Baldus *in* L. 1. Cod. *unde vi*, où il dit que celui qui a commis un délit dans l'ivresse, doit être puni doublement, 1°. pour s'être enivré; 2°. pour le crime qu'il a commis; & c'est aussi la disposition d'un Edit de Charles V de l'année 1531, suivant que le rapporte Damhouderius dans sa Pratique Criminelle, *chap.* 84, *n.* 20.)

229. En France nous avons aussi une Ordonnance de François I du 31 Août 1536, *ch.* 3, *art.* 1, rapportée par Joly, *tom.* 1, *pag.* 580, qui porte que, si quelqu'un commet un crime dans l'ivresse, il sera puni de la peine due au délit; & de plus pour raison de l'ivresse, à l'arbitrage du Juge. Voyez aussi Despeisses, *tom.* 2, *tit.* 12, *part.* 1, *n.* 4.

Au reste, ceux qui prétendent que l'ivresse doit contribuer à faire diminuer la peine due au crime, conviennent qu'il ne suffit pas de l'alléguer, mais qu'elle doit être prouvée d'une maniere indubitable & non équivoque. (*Ita* Farin. *qu.* 93, *n.* 23-26.)

§. VI.

Sixieme Excuse.

La Folie.

230. La sixieme cause qui rend le crime excusable, est la folie. (Jul. Clarus, *qu.* 60, *n.* 7; Farin. *qu.* 94, *n.* 1.) Car ceux qui

sont attaqués de cette maladie, n'ayant aucune volonté, ne peuvent être regardés comme criminels.

Ce qui a pareillement lieu à l'égard des furieux, des frénétiques, & des insensés. (Farin. *ibid.* n. 2 & 3.)

Et non-seulement cette cause sert à diminuer la peine due au crime, mais elle empêche même que celui qui en est prévenu, ne puisse en être puni en aucune maniere. (Farin. *qu.* 93, *n.* 29;) quand même il avoueroit de lui-même son crime. (*Ibid.* n. 31.)

Ainsi celui qui étant furieux ou en démence, vient à commettre un homicide, ne doit être puni en aucune maniere. (L. 12, D. *ad L. Corneliam de sicariis.* Arrêt du Parlement du 24 Avril 1676, qui, sur l'appel d'une condamnation à mort, & après une information de démence, ordonne qu'un accusé sera remis entre les mains de ses parents, pour être gardé & renfermé; & leur fait défenses de le laisser vaguer; à peine d'en répondre, & de tous dommages & intérêts.)

Cette regle a lieu, même dans le cas où celui que le furieux tueroit, seroit quelqu'un de ses proches parents. (Farinac. *qu.* 94, *n.* 27. Voyez ce qui est dit à ce sujet au titre *Du Parricide*, ci-après, *part.* 5, *tit.* 39, n. 28.

231. On ne punit pas non plus ceux qui se tuent par fureur ou par folie. (Voyez *ibid.* ce qui est dit ci-après au titre *Du Suicide*, *part.* 5, *tit.* 51, n. 5 & *suiv.*

Cette regle, que les crimes commis par les foux, ou furieux, ne sont point punis, a lieu, même à l'égard des foux qui viendroient à recouvrer l'usage de la raison. (Farin. *qu.* 74, n. 4.)

Et aussi dans le cas où ces furieux ou insensés, auroient des intervalles lucides de raison; pourvu qu'il soit constant que l'accusé étoit fou dans le temps qu'il a commis le crime. Dans le cas même de doute, on présume toujours pour la folie au temps du délit, à moins qu'on ne prouve le contraire; c'est-à-dire, à moins qu'il ne soit prouvé que l'accusé, au temps du délit par lui commis, avoit tout son bon sens. (Farinac. *ibid.* n. 5-10; Follerius *in Practicâ criminali*, *in* verbo, *recipiantur defensiones reorum.* cap. 34.)

232. Au reste, cette présomption de folie n'a lieu que dans le cas où le crime commis par celui qui a ces intervalles lucides de raison, est tel qu'il ne peut avoir été vraisemblablement commis que dans un excès de fureur: autrement cette présomption cesse. Ainsi

s'il arrive qu'un homme en tue un autre avec lequel il n'a eu aucun différend, & sans aucun sujet; que cet homicide ait été commis en public, sans aucune querelle précédente; & que celui qui a fait le crime, reste sur le lieu sans se cacher ni s'enfuir; alors on doit présumer que celui qui a fait le coup, avoit l'esprit aliéné dans le temps de l'action; mais le contraire doit se présumer, si l'accusé avoit eu une querelle précédente avec celui qu'il a tué ou blessé, & si après le coup il avoit pris la précaution de se cacher ou de s'enfuir. (Farin. *qu.* 94, *n.* 11.)

233. Il faut aussi observer que quoique la folie qui survient après le crime commis, n'exempte pas de la peine due au crime, elle doit néanmoins en faire suspendre l'exécution, jusqu'à ce que l'accusé ou le condamné ait recouvré l'usage de sa raison. (Jul. Clarus, *qu.* 60, *n.* 8; Farin. *qu.* 94, *n.* 13 & *seqq.*) On voit un exemple remarquable de cette maxime dans Mainard en ses questions, *liv.* 4, *ch.* 52.

Mais cette regle n'a lieu qu'à l'égard de la peine corporelle; car quant aux peines pécuniaires, & même à la confiscation, elle doit toujours avoir son exécution. (Farin. *ibid.* qu. 94, n. 19.)

Au surplus, pour la véritable résolution de cette question, il faut distinguer trois cas: 1°. si la folie est survenue avant que l'instruction du procès ait été achevée: 2°. si elle est survenue après l'instruction achevée, mais avant la condamnation: 3°. si elle n'est survenue qu'après la condamnation.

234. Dans le premier de ces trois cas, il faut encore distinguer, si l'instruction a déja été commencée, si l'accusé a été entendu en ses défenses avant que la folie soit survenue, & qu'il ait été confronté aux accusés, ensorte qu'il ne reste plus qu'à prendre contre lui des conclusions, & à procéder à son jugement: dans ce cas, on pourra le condamner, mais seulement à une peine pécuniaire, ou autre peine extraordinaire à l'arbitrage du Juge, & non en aucune peine corporelle; (*Ita* Jul. Clarus, *qu.* 60, *n.* 7; & Farin. *qu.* 94, *n.* 22.) Mais si l'instruction & la procédure n'étoient point encore achevées lorsque cette folie est survenue, alors l'accusé, (après que cette folie aura été prouvée évidemment.) ne pourra être condamné en aucune peine pécuniaire; parce qu'il est juste qu'un accusé soit entendu en ses défenses, avant de pouvoir être condamné, & que ce n'est pas là le cas de donner un curateur à l'accusé, l'Ordonnance Criminelle

ne parlant point de cette procédure. (Jul. Clarus, *ibid.* qu. 60, n. 7; & Farin. *ibid.* qu. 94, n. 22)

Dans le second cas où la folie qui survient à l'accusé, ne survient qu'après que l'instruction a été entiérement achevée contre lui; il pourra seulement être condamné en une peine pécuniaire, ou autre peine extraordinaire, comme dans la premiere des deux distinctions précédentes; mais non en aucune peine corporelle. (Jul. Clarus, *qu.* 60, *n.* 7; Farin. *qu.* 94, *n.* 22.)

235. Dans le troisieme cas enfin où la folie survient après la condamnation; si la condamnation prononcée contre l'accusé, est de quelque peine corporelle, elle ne doit point être exécutée, mais seulement quant à la peine pécuniaire, & quant à la confiscation, s'il en a été prononcé quelqu'une; & il faut alors le condamner à être renfermé dans quelque maison de force. Cependant s'il y avoit lieu d'espérer que l'accusé revînt dans son bon sens, il ne faudroit pas pour cela le renvoyer sur-le-champ; mais il faudroit attendre qu'il recouvrât sa raison, afin de procéder à l'exécution de la Sentence. (Jul. Clarus, *ibid.* qu. 60, n. 8; Farin. *qu.* 94, *n.* 25.)

236. Il faut aussi observer à l'égard de la regle qu'on vient d'établir :

1°. Que quand l'instruction est entiérement achevée contre l'accusé, avant qu'il soit devenu fou, & que ceux qui doivent le juger, ne sont point des Juges en dernier ressort, ils doivent juger suivant la rigueur des loix, & laisser aux Juges supérieurs le soin de réformer le jugement, & d'adoucir la peine.

2°. Qu'il y a des condamnations, quoique corporelles, qui peuvent être exécutées contre des accusés, quand même ils deviendroient foux après la condamnation contre eux prononcée. Ce qui doit avoir lieu dans les crimes atroces, & sur-tout à l'égard de ceux pour lesquels l'Ordonnance Criminelle veut que le procès soit fait au cadavre, ou à la mémoire du défunt.

237. Il y a plusieurs cas où la folie n'empêche pas qu'on ne puisse faire le procès au coupable; même la folie qui avoit lieu au temps du crime commis.

Le premier cas est, lorsque l'accusé s'est procuré lui-même la folie, *v. g.* en mangeant ou en buvant quelque chose capable de rendre frénétique; & c'est ainsi que le pensent quelques Criminalistes, qui ajoutent cependant que la peine doit alors être moins févere. Voyez Farin. *qu.* 94, *n.* 32-35, où cet Auteur regarde ce cas comme imaginaire ; & cela parce qu'il n'eſt pas naturel de penſer que quelqu'un veuille ſe procurer volontairement la folie ; mais il ajoute que ſi cela arrivoit, pluſieurs penſent que celui qui auroit commis un crime dans cet état, ne doit point être puni en tout.

Le ſecond cas eſt, dans les crimes énormes, comme eſt, *v. g.* le crime de leze-majeſté : (Voyez ce qui eſt dit à ce ſujet au titre du crime de *leze-majeſté*, part. 5, tit. 28, *n.* 65.) ; quoique quelques Auteurs penſent le contraire, du nombre deſquels eſt Farinacius *ibid. qu.* 94, *n.* 36-39.)

238. Les foux, ſuivant la Roche-Flavin en ſes Arrêts, *liv.* 2, *tit.* 12, *art.* 5, au mot *furieux*, ne ſont pas excuſés quand ils attentent contre le Prince, le Magiſtrat, la Religion & la République : mais ils doivent être punis ſuivant la qualité du crime. (Voyez Graverol en ſes Obſervations ſur cet endroit.) Ils ſont auſſi punis pour crime de leze-majeſté divine, & pour parricide.

Le troiſieme cas eſt, lorſque la folie eſt feinte & non réelle. C'eſt pourquoi le Juge doit examiner avec beaucoup de ſoin ſi l'accuſé qui contrefait ainſi le fou, l'eſt réellement, ou non ; & à cet effet il doit l'interroger de différentes manieres, & le faire viſiter par Médecins & Chirurgiens.

239. A l'égard des complices de l'inſenſé qui a commis le crime, ils doivent être punis de la même maniere que tous les autres complices. (Farin. *qu.* 94, *n.* 44.)

Mais quoique l'accuſé, qui eſt furieux & inſenſé, ne doive point être puni, il ne doit pas pour cela être relâché. Il faut le garder avec ſoin ; & à cet effet le donner en garde à ſes parents pour le tenir renfermé, afin qu'il ne ſoit plus dans le cas de faire du mal à l'avenir ; (L. *pen.* §. *ult.* D. *ad L. Pompeiam de parricidiis* ;) & ſi les parents ne ſont pas en état de le garder, il doit être renfermé dans une priſon. (L. *divus Marcus*, D. *de offic. præſidis.* Voyez auſſi Farin. *qu.* 94, *n.* 45.)

Lorſque celui qui eſt furieux ou inſenſé, n'a pas de quoi le faire renfermer, il doit l'être aux dépens de ſes parents ; *etiamſi non ſit ſpes ſucceſſionis, ſed jure ſanguinis.* (Cod. Fabr. *lib.* 9, *tit.* 10, *definit* 1.)

240. La folie ou la fureur ne ſe préſume jamais ; ainſi elle doit être prouvée par celui qui l'allégue. (Farinacius, *qu.* 94, *n.* 48.)

Mais cette preuve peut se faire par des indices & des conjectures. (*Ibid.* n. 51.) S'il est prouvé que celui qu'on prétend être fou, l'a été en effet auparavant; que cette folie ait duré pendant un assez long-temps; & que le crime ait été commis peu de temps après cet état de folie, & non après un long intervalle de temps, alors on présume que cette folie a continué, à moins qu'il ne soit prouvé que l'accusé étoit dans son bon sens au temps du crime commis, ou peu de temps auparavant; parce qu'alors on suppose que le dernier état de son esprit a continué. (Farin. *qu.* 94, *n.* 52-55; Voyez la L. 14, D. *de officio præsidis.*)

241. La folie se présume par les discours, par les faits, & par le rapport des Médecins. Le Juge doit commencer par interroger l'accusé, & ensuite faire une enquête des actes de folie qu'il a faits, pour sçavoir si cet accusé a eu des intervalles de raison, & si avant le crime il avoit déja eu des accès de folie: les parents peuvent demander cette enquête. S'il est prouvé que la folie est survenue depuis le crime, & qu'elle est réelle, & non feinte, il faut surseoir à toute procédure, qui seroit alors inutile; parce qu'un accusé furieux, ou insensé, est hors d'état de se défendre, même par un curateur qu'il ne peut instruire des faits qui peuvent tendre à sa justification.

Il y a quelquefois des accusés assez rusés pour contrefaire les foux, & les imiter. Le Juge doit en ce cas ordonner & faire une information des actions & de la conduite passée de l'accusé, pour sçavoir s'il est tel qu'il affecte de paroître, & depuis quel temps cela lui est arrivé. Il peut aussi l'interroger pour le même effet; ensuite sur cette information, le Juge verra s'il est réellement insensé, ou non; & dans le premier de ces deux cas, il ordonnera qu'il sera enfermé au nombre des foux.

§. VII.

Septieme Excuse.

La Coutume du lieu.

242. La septieme cause qui rend le crime excusable, est la coutume, ou l'usage du lieu. Car lorsque cet usage est général, il contribue à faire diminuer la peine; pourvu qu'il ne s'agisse point de crimes

crimes défendus par le droit naturel. (*Ita* Farin. *qu.* 95, *n.* 1 & *seqq.*)

§. VIII.

Huitieme Cause.

La multitude des délinquants.

243. La huitieme cause qui doit faire diminuer la peine due au crime, est la multitude ou le grand nombre des délinquants ; comme dans les séditions, émotions populaires, rébellions, &c. ; car dans ces cas, on ne doit punir de la peine de mort, ni d'autres peines corporelles, que les principaux auteurs du crime & leurs complices ; & cela afin de ne pas détruire une Ville, ou une Communauté entiere. (*Ita* Jul. Clarus, *qu.* 60, *n.* 30 ; & Farin. *qu.* 96, *n.* 1 & *suiv.* Il paroît aussi que tel est l'esprit de l'Ordonnance de 1670 au titre 21, article 5.)

§. IX.

Neuvieme Cause.

L'incertitude du délinquant.

244. La neuvieme cause qui doit contribuer à faire diminuer la peine due au crime, est l'incertitude de celui qui l'a commis ; *v. g.* Lorsque dans une querelle qui s'est élévée tout-à-coup, il a été commis quelque délit, & que l'on ignore quel est celui qui l'a commis : alors tous ceux qui ont été les auteurs de cette querelle, doivent être à la vérité punis, mais seulement d'une peine arbitraire, & non de la peine due au crime ; ce qui a pareillement lieu dans le cas où il auroit été commis dans une rixe un homicide dont on ignoreroit l'auteur. (*Ita* Farin. *qu.* 96, *n.* 14 & *suiv.* Voyez aussi ce qui est dit sur ce sujet au titre *De l'Homicide*, ci-après, *part.* 5, *tit.* 21, n. 29.)

§. X.

Dixieme Cause.

La violence & la crainte.

245. La dixieme cause qui rend le crime excusable, & qui doit con-

tribuer à faire diminuer la peine, est lorsque celui qui a commis le crime, y a été contraint par force & par violence. (*Ita* Julius Clarus, *qu.* 60, *n.* 17; & Farin. *qu.* 97, *n.* 14 & *seqq.*) Ce qui est fondé sur ce que le crime consiste, à proprement parler, dans la volonté de le commettre, & qu'une volonté contrainte n'est point regardée comme une volonté quant à la peine, suivant la L. *velle non creditur, & ibi glos.* D. *de reg. juris*; & la L. *scientiam*, §. *qui cum aliter*, D. *de lib. caus.*

Farinacius (*ibid.* n. 11,) prétend même que celui qui tue ou fait mourir une personne, parce qu'il y est contraint par menaces, sous peine de perdre lui-même la vie, doit être excusé de la peine ordinaire due au crime, & puni d'une peine plus légere, suivant la prudence du Juge. Jul. Clarus, *qu.* 60, *n.* 17, est aussi du même sentiment : mais d'autres Auteurs, du nombre desquels est Covarruvias, *tom.* 1, *part.* 2, *cap.* 3, §. 4, *n.* 14, sont d'un avis contraire, & pensent avec raison que les menaces ne doivent jamais suffire pour engager celui à qui on les fait, à faire mourir un innocent, ou celui qui n'a point été condamné judiciairement; & qu'il vaut mieux en ce cas souffrir la mort, que de la donner injustement à un autre.

246. Nous avons un exemple de cette maxime dans un Arrêt célebre rendu par le Parlement de Paris contre le nommé Jean Roseau, Exécuteur de la Haute-Justice de Paris, qui le condamne à être pendu comme coupable d'homicide, à cause de l'exécution par lui faite en la personne de M. le Président Brisson, par le commandement & jugement de Bussi-le-Clerc, Chef des Ligueurs révoltés en la ville de Paris quoique ce dernier n'eût aucune jurisdiction ni puissance de condamner. Et ce fut en vain que cet Exécuteur allégua qu'il avoit été mandé dans le petit Châtelet où il fit l'exécution, sans sçavoir à quelle fin il avoit été mandé, & qu'il fut contraint de la faire par les menaces dudit le Clerc & de quelques autres Ligueurs qui avoient prononcé cette condamnation; ajoutant même qu'on l'avoit contraint, pour étrangler ledit Brisson, de prendre dans le grenier des Concierges des prisons, des cordes qui servoient à étendre le linge de la lessive, sans lui avoir voulu permettre d'en aller chercher d'autres, dans la crainte qu'il ne se sauvât, ainsi qu'il disoit avoir intention de faire.

La force & la violence ne se présument point, & c'est à celui qui allegue cette excuſe à la prouver ; ce qui peut ſe faire par des conjectures & par les circonſtances de l'action. (Voyez Maſcardus *de probationibus*, concluſ. 1051-1053, vol. 2 ; & Menochius *de arbitrar. quæſt. caſ.* 135 & 136.)

247. Le fils qui commet un crime ou délit de l'ordre de ſon pere ou de ſa mere, devient auſſi excuſable. (Jul. Clarus, *qu.* 60, *n.* 15 ; Farin. *qu.* 97, *n.* 149, 150 ;) & il en eſt de même du délit commis par la femme de l'ordre de ſon mari, ou par le pupille de l'ordre de ſon tuteur. (Farin. *ibid.* n. 151, 152.)

Mais cette regle n'a lieu que pour les délits légers, & non pour les grands crimes, tels que ſont le vol, l'homicide & autres crimes ſemblables ; & il en eſt de même d'une injure faite à autrui. (L. 157, D. *de reg. juris* ; Farin. *ibid.* n. 153-157.) Cependant dans ce cas-là même le fils qui commet le délit de l'ordre de ſon pere, ne doit point être puni de la peine ordinaire due au crime, mais d'une autre peine plus légere. (Farin. *ibid.* n. 160.)

Le ſerviteur qui commet un crime ou délit de l'ordre de ſon maître, devient auſſi excuſable ; (Farin. *qu.* 97, *n.* 162 ;) Mais cela n'a pareillement lieu que dans les crimes légers, & non dans les grands crimes ; (Farin. *ibid.* n. 163 & *ſeqq.* ;) car alors il doit être puni de la peine ordinaire due au crime ; à moins que le maître n'eût uſé à l'égard de ce ſerviteur de voies de menaces, ou de violences, capables de faire diminuer cette peine, & de le faire punir d'une peine plus légere. (*Ibid.* n. 167 & *ſeqq.*)

§. XI.

Onzieme Cauſe.

La fragilité du ſexe.

248. L'onzieme cauſe qui peut faire excuſer le crime, eſt la fragilité du ſexe : en effet, en parité de crime, les femmes ne ſont pas punies ſi ſévérement que les hommes, ſuivant la L. *quicquid*, §. *ad filias*, Cod. *ad leg. jul. maj.* (Farin. *qu.* 98, *n.* 1 & *ſeqq.*) Mais cela n'a lieu que dans les cas exprimés par le droit, & non dans les choſes qui ſont défendues par le droit naturel, ou par celui des gens. (L. *final.* Cod. *de jur. & facti ignor.* L. *ſi adulterium*, §. 1. & *ſeqq.* D. *ad leg. jul. de adulter.* Farin. *ibid.* qu. 98, n. 10 & ſuiv.)

§. XII.

Douzieme Cause.

La Rusticité.

249. La douzieme cause qui peut contribuer à faire diminuer la peine due au crime, est la rusticité. (L. *si quis id quod*, §. 1. *in verbo* rusticitate, D. *de jurisd. omn. jud.* Farin. *qu.* 98, *n.* 19 & 21.) Mais cette regle n'a d'autre effet, si non que le dol & la fraude ne se présument point dans les paysans & autres gens grossiers, qui, par conséquent, deviennent par là plus excusables que les autres. Car s'il s'agit d'un vrai dol, comme dans les crimes qui sont contre la Loi divine, ou contre le Droit naturel & celui des gens, la rusticité n'excuse en aucune maniere; & il en est de même en matiere d'injures & de violences, ou voies de fait, lorsque celui qui a commis le délit, quoique rustique, est une personne rusée. (Farin. *qu.* 98, *n.* 46 & *seqq.*)

§. XIII.

Trezieme Cause.

Si le crime a été commis en dormant.

250. La treizieme cause qui rend le crime excusable, est lorsqu'il a été commis en dormant, comme cela est arrivé quelquefois à ceux qu'on appelle *somnambules*; & même dans ce cas il ne se punit point. (Jul. Clarus, *qu.* 60, *n.* 13; Farin. *qu.* 98, *n.* 63.) Mais cette regle n'a lieu que quand on ne peut imputer aucune faute à celui qui a ainsi commis le délit; comme par exemple, s'il ignoroit qu'il lui fût jamais arrivé de faire quelque chose de semblable en dormant; car autrement il seroit en faute, à moins qu'il n'eût pris des précautions pour être seul & sans armes dans sa chambre pendant son sommeil, & même de s'y être fait enfermer pour éviter tout ce qui pourroit arriver de fâcheux de sa part pendant le temps qu'il seroit endormi. (Jul. Clarus, *ibid.* qu. 60, n. 13; & Farinac. *ibid.* qu. 98, n. 73.) Cette excuse cesse aussi d'avoir

lieu, lorsque celui qui a commis le délit l'a ratifié & approuvé après son sommeil. (Menochius *de arbitrar. quæst. casu* 327, *n.* 8; Farin. *qu.* 98, *n.* 75.)

§. XIV.

Quatorzieme Cause.

L'amour violent.

251. La quatorzieme cause qui peut contribuer à faire diminuer la peine due au crime, est l'amour; car cette passion est comparée à la folie, ou à l'ivresse. (*Ita* Farinac. *qu.* 98, *n.* 77-80; & Julius Clarus, *qu.* 60, *n.* 11.) Sur-tout quand le délit est occasionné par un mouvement d'amour subit & imprévu, dont on n'est pas en quelque façon le maître; comme dans l'exemple rapporté par Valere Maxime, *lib.* 5, *rerum memorabilium*, *cap.* 1, d'un jeune Athénien, qui ayant rencontré dans une rue la fille de Pisistrate, & se sentant tout-à-coup épris d'amour pour elle, l'embrassa en présence de tout le monde, ce qui étoit une injure grave chez les Grecs. Comme la femme de Pisistrate vouloit obliger son mari à tirer vengeance de cet affront, & à faire punir le coupable d'une peine capitale, Pisistrate lui fit cette réponse remarquable : *S'il faut que nous fassions périr ainsi ceux qui nous aiment, que ferons-nous donc à ceux qui nous haïssent?*

Au reste, cette maxime que l'amour peut servir à excuser le crime, ne doit point avoir lieu dans les grands crimes; comme dans le viol, & le rapt de violence.

§. XV.

Quinzieme Cause.

La noblesse & dignité de l'accusé.

252. La quinzieme cause qui contribue à diminuer la peine du crime, est la noblesse & la dignité de celui qui l'a commis, même dans le crime d'homicide, & autres qui méritent une peine corporelle. (Farinac. *ibid.* qu. 98, n. 102 & 105. *Ita etiam* Julius

Clarus, *qu.* 60, *n.* 24; & Loisel en ses Instituts, titre *Des Peines*, art. 31 & 32;) ce qui a lieu à plus forte raison à l'égard des Princes & des personnes qui approchent de la personne du Roi. Ainsi, le Duc de Bourgogne pour le meurtre par lui commis en la personne du Duc d'Orléans, (le 23 Novembre 1407,) fut seulement condamné pour toute réparation, à demander pardon à genoux en présence de la Reine, du Dauphin, des Rois de Sicile & de Navarre, du Duc de Berri, & des enfants du Duc d'Orléans.

Une autre prérogative des personnes nobles & élevées en dignité, c'est qu'on ne les condamne point en des peines infamantes; comme celles des galeres, de la potence, du carcan, & autres semblables. (Julius Clarus, *ibid.* qu. 60, n. 24; & Farinac. *qu.* 98, *n.* 98.)

Cette distinction de peines entre les personnes nobles & les roturiers, avoit aussi lieu en Droit. (L. 9, §. 11, D. *de pœnis*; L. 28, §. 2, *eodem tit.* L. 3, Cod. *de pœnis*, & L. 6, §. 2, D. *de interdict. & relegat.*)

253. Ces deux regles souffrent cependant quelques exceptions. Ainsi:

1°. Dans les crimes & délits qui deviennent plus graves par la noblesse & la dignité de celui qui les commet, & sur-tout dans les crimes qui sont regardés principalement comme tels dans les personnes nobles, la peine, au-lieu d'être plus légere, se punit plus sévérement, que dans les personnes du commun; comme dans le cas où un Officier de guerre viendroit à vendre ses armes, ou à exercer le métier de Comédien, ou de bouffon; suivant qu'il est porté en la L. *quædam*, D. *de pœnis*. (Farinac. *ibid.* qu. 98, n. 113.)

254. 2°. Il en est de même dans les crimes qui avilissent la noblesse & la dignité; car dans ces cas, les nobles sont punis aussi sévérement que les personnes du commun; même dans les crimes qui doivent être punis de peine corporelle; comme dans le crime de faux. (Farinac. *qu.* 98, *n.* 114 & 118.) Cette regle est aussi observée dans le crime de trahison & de vol; sur-tout de vol de grand-chemin. Et même pour raison de ces derniers crimes, on a coutume de punir les nobles de la même peine que les personnes viles; c'est-à-dire, de la potence, ou de la roue. (Julius Clarus, *qu.* 60, *n.* 24; Farinac. *ibid.* qu. 98, n. 115 & 117; Loisel, en ses Instituts, titre *Des Peines*, art. 29.)

3°. Dans le crime d'héréſie, les perſonnes nobles ſont auſſi punies avec autant de ſévérité que les perſonnes viles & du commun. (Farinac. *ibid.* qu. 98, n. 122.)

255. 4°. Il en eſt de même dans le cas de déſobéiſſance aux ordres des ſupérieurs. (*Ibid.* n. 123.)

5°. Et auſſi lorſqu'il s'agit d'un crime de Leze-Majeſté. (*Ibid.* n. 124.)

6°. Dans les accuſations calomnieuſes, les Nobles ſont auſſi punis de la peine du talion. (Farinac. *ibid.* qu. 98, n. 126.)

7°. Il en eſt de même lorſqu'un Noble abuſe de ſa nobleſſe, & qu'il s'en ſert pour commettre quelque crime. (*Ibid.* n. 127.)

8°. Et auſſi quand une perſonne noble ſe ſert d'une perſonne vile pour commettre un crime. (*Ibid.* n. 128.)

9°. *Idem*, dans le crime d'adultere. (*Ibid.* n. 133.)

10°. Dans les peines légales & prononcées par la Loi, on ne fait auſſi aucune diſtinction entre les perſonnes nobles & les roturiers. (Farinac. *ibid.* qu. 98, n. 131, 132.)

Enfin, il faut obſerver que la regle ci-devant établie, n'a lieu que dans le cas où il s'agit d'infliger une peine corporelle; car s'il s'agit ſeulement de peines pécuniaires, les perſonnes nobles & élevées en dignité, au-lieu d'être punies moins rigoureuſement que les perſonnes du commun, ſont punies au contraire plus ſévérement. (Farinac. *ibid.* qu. 98, n. 110.)

256. Une derniere obſervation à faire ſur cet article, eſt que les Prêtres, les Religieux, & autres Eccléſiaſtiques, quoiqu'élévés en dignité, par leur état, au-deſſus des laïques, ſont punis auſſi ſévérement que les autres; & que la diſtinction ci-deſſus établie pour les perſonnes nobles, n'a pas lieu à leur égard. Au contraire, on peut dire que quand les Prêtres & les Religieux commettent quelque crime, ils commettent un plus grand mal que les autres, à cauſe de leur caractere. Néanmoins on ne les punit pas pour cela de peines plus graves que les autres perſonnes, ſi ce n'eſt en trois cas. Le premier, lorſque le crime qu'ils ont commis eſt contre le vœu de leur religion; comme s'ils ont fait quelque vol, ou commis quelque adultere, *&c.* Le ſecond cas, eſt lorſqu'ils ont délinqué dans leurs fonctions; & le troiſieme, lorſque le crime par eux commis a cauſé un grand ſcandale dans le public. Mais hors ces cas, on ne les doit pas punir plus ſévérement que

les autres, & leur caractere doit même quelquefois contribuer à faire adoucir la peine. (Farinac. *qu.* 98, *n.* 121.)

§. XVI.

Seizieme Cause.

Les talents distingués, & les services rendus à l'Etat.

257. La seizieme cause qui peut contribuer à faire diminuer la peine due au crime, est lorsque celui qui l'a commis, est une personne distinguée par ses talents supérieurs; sur-tout lorsque ces talents sont utiles à l'Etat. (Jul. Clarus, *qu.* 60, *n.* 26; Farinac. *qu.* 98, *n.* 134.) Mais cette regle cesse d'avoir lieu lorsqu'il s'agit d'un vol qualifié. (Farinac. *ibid.*; & Tiraquellus *de pœnis temperandis*, *caus.* 56, *n.* 2;) & même dans les cas où elle peut avoir lieu, les Juges, quoique supérieurs, ne peuvent user de cette faveur, sans consulter auparavant le Souverain. (Farinac. *ibid.* qu. 98, n. 138.)

Celui dont les ancêtres ont rendu de grands services à l'Etat, & qui en a rendu par lui-même, doit aussi être puni d'une peine moins sévere; si ce n'est lorsqu'il se trouve coupable d'un très-grand crime. (Farinac. *qu.* 98, *n.* 140 *& suiv.*)

§. XVII.

Dix-septieme Cause.

Lorsque l'accusé a été livré à la Justice par son pere.

258. La dix-septieme cause qui doit faire diminuer la peine due au crime, est lorsque celui qui en est coupable, est un fils qui a été mis entre les mains de la Justice par son propre pere. (L. *milites agrum.* §. *desertorem*, D. *de re militari*; Farinac. *qu.* 98, *n.* 164 *& seq.*; Jul. Clarus, *qu.* 60, *n.* 29.)

Et il en doit être de même à plus forte raison dans le cas d'un fils qui livreroit à la Justice son pere prévenu d'un crime. (Farin. *ibid.* qu. 98, n. 169.)

Au

Au reste, cette regle n'a pas lieu en ce sens que le crime doit être impuni ; mais seulement qu'il doit être puni d'une peine moins grave. Ainsi, si le fils, livré par son pere, a commis un crime qui mérite la mort, les Juges pourront changer cette peine en celle des galeres ; & ainsi des autres. (Farinac. *ibid*, qu. 178, n. 171 & 172, où cet Auteur prétend néanmoins que cette regle n'est pas sans difficulté, & que quand le cas arrive, le plus sûr est de consulter le Souverain.)

§. XVIII.

Dix-huitieme Excuse.

Lorsque le crime a été suivi d'un événement heureux.

59. La dix-huitieme cause qui rend le crime excusable est, lorsque ce crime, au-lieu de produire un mal, a été suivi d'un événement heureux ; comme dans le cas d'un Officier qui attaquant l'ennemi, contre les défenses qui lui en ont été faites, vient à remporter une victoire complette, & avantageuse à l'Etat. (*Ita* Farinacius, *qu. 98, n. 177 & suiv.* (Mais cette regle ne doit s'entendre qu'en ce sens, qu'un délit de cette nature ne doit pas être puni si sévérement, & non qu'il doit être entiérement impuni. (Farinacius *ibid.* n. 179.)

§. XIX.

Dix-neuvieme Excuse.

Le long intervalle de temps qui s'est écoulé depuis le crime commis.

60. La dix-neuvieme cause qui peut contribuer à faire diminuer la peine due au crime, est lorsqu'il y a long-temps qu'il a été commis ; *v. g.* s'il y a 17, ou 18 ans ; car il semble que dans ce cas les Juges peuvent par cette considération, infliger à l'accusé une peine moins sévere. (*Ita* Farinacius *qu.* 10, *n.* 84 ; & Julius-Clarus, *qu.* 60, *n.* 32.) Farinacius prétend même qu'il suffit pour cela qu'il se soit écoulé un intervalle de huit ou dix ans. (*Ibid*, n. 85.)

Mais cette regle cesse de recevoir son application dans les grands crimes ; comme dans l'assassinat, *&c.* (Farinacius, *ibid.* qu. 10, n. 90.)

Elle suppose aussi que celui qui a commis le crime, a toujours vécu, depuis ce temps-là, en honnête homme, & sans aucun reproche ; autrement il cesseroit d'être excusable. (Farinacius *ibid.* qu. 10, n. 91.)

§. XX.

Vingtieme Excuse.

Le Repentir.

261. La vingtieme cause qui rend le crime excusable, & qui doit contribuer à faire diminuer la peine, est le repentir, lorsque le crime n'a pas été consommé. (Julius-Clarus, *qu.* 60, *n.* 15 ; Farinacius, *qu.* 124, *n.* 150 & 168 ;) Mais cette regle n'a pas lieu:

1°. Dans le crime de Leze-Majesté. (Voyez ce qui est dit à ce sujet au titre *Du crime de Leze-Majesté*, part. 4, tit. 28, n. 61.)

2°. Dans le crime d'assassinat. (Farinacius, *qu.* 123, *n.* 92 & *suiv.*)

3°. Dans le crime de Suicide. (Farinacius, *qu.* 128, *n.* 38 & *seqq.*)

Lorsque le délit a été consommé, le repentir ne peut plus servir à le rendre excusable ; (Farinacius, *qu.* 124, *n.* 190 ;) *v. g.* dans le vol ; quand même celui qui l'a fait, viendroit à restituer les choses par lui volées, avant d'être poursuivi en Justice ; quoique quelques-uns pensent le contraire à l'égard de celui qui vient à faire cette restitution. (Farinacius, *ibid.* qu. 124, n. 172 & suivants. Voyez aussi ce qui est dit à ce sujet au titre *Du Vol*, ci-après, *part.* 4, *tit.* 57, n. 204.)

Quant à la question de sçavoir si en matiere d'injures, le repentir peut contribuer à en faire diminuer la peine, Voyez ce qui est dit au Titre *Des Injures*, ci-après, *part.* 4, *tit.* 24, n. 126.)

§. XXI.

Vingt-unieme Excuse.

La confession volontaire de l'accusé.

262. La vingt-unieme cause qui peut contribuer à faire diminuer la peine due au crime, est lorsqu'il n'est prouvé que par la confession libre & volontaire de l'accusé. Car il semble que la justice & l'humanité demandent qu'il soit alors puni moins sévérement, que s'il en étoit convaincu par des témoins ; & que c'est ici le cas d'appliquer ce que dit Quintilien, (*Declamat.* 314 :) *Ea natura est omnis confessionis, ut possit videri demens qui de se ultrò confitetur.* Celui donc qui est assez aveugle pour s'accuser, sur-tout des faits sur lesquels on ne l'interroge point, doit être, en quelque sorte, regardé comme un insensé, qui par cet égard mérite quelque considération. On peut autoriser ce sentiment par plusieurs Loix. Voyez la Loi 1, Cod. *De his qui se deferunt ;* & la Loi 13 *In princ.* D. *de jure fisci*, où l'on voit qu'on punissoit moins sévérement ceux qui se déferoient eux-mêmes, que lorsqu'ils étoient déférés par d'autres personnes. Tel est aussi le sentiment de Lud. de Ameno *in Practica criminali*, Tit. *De confessione rei ;* & celui de Coquille sur la Coutume de Nevers, *chap.* 2, *art.* 1, où il cite un exemple remarquable d'un particulier, qui fut condamné par Arrêt à être pendu pour avoir été surpris volant à l'Audience ; & celui d'un autre particulier surpris pour un fait semblable, une demi-heure après, qui fut seulement condamné au bannissement à perpétuité ; parce qu'il n'y avoit preuve contre ce dernier accusé, que par sa confession ; au-lieu que l'autre avoit été convaincu par des témoins. Néanmoins Julius-Clarus dit qu'il ne faut pas trop s'arrêter à cette opinion, & que les Juges ne l'observent gueres dans l'usage. (Voyez Julius-Clarus, *qu.* 60, *n.* 34.)

§. XXII.

Vingt-deuxieme Excuse.

Si l'accusé a été long-temps en prison.

263. La vingt-deuxieme cause qui peut contribuer à faire diminuer

la peine, est lorsqu'il y a déja long-temps que l'accusé est en prison pour raison du crime dont il est prévenu, & que ce délai a été occasionné par une cause étrangere à l'accusé; *v. g.* à l'occasion de conflit de Jurisdiction, ou de négligence de la part du Juge chargé de l'instruction de ce procès; car alors il semble que la raison & la justice exigent que les Juges aient quelque égard à la longue détention de cet acusé. (Voyez Loisel Instituts Coutumiers, Titre *Des peines*, art. 13; & Papon, *liv.* 24, *tit.* 13, *n.* 3.) Néanmoins cette regle ne doit point avoir lieu dans les grands crimes, pour changer la nature de la peine, mais seulement pour en diminuer la rigueur.

§. XXIII.

Vingt-troisieme Excuse.

Si l'accusé a transigé avec l'offensé.

264. Enfin une autre cause qui peut contribuer à faire diminuer la peine, est, lorsque l'accusé a transigé avec l'offensé. (Voyez Farinacius, *qu.* 4, *n.* 34.)

Observations sur les Excuses précédentes.

On voit par ce qui vient d'être dit, qu'il y a non-seulement des cas où le coupable doit être puni d'une peine moins févere, comme dans les différentes especes qu'on vient de rapporter; mais qu'il y en a même d'autres pour lesquels il ne doit être puni en aucune maniere; tels sont,

1°. Le cas de folie au temps du délit commis. (Voyez *suprà*, n. 230.)

2°. Lorsque l'accusé a commis le crime en dormant, & qu'il n'y a aucune faute de sa part. (Voyez n. 250 ci-dessus.)

3o. Lorsqu'il a commis le crime dans un âge où l'on n'a point encore l'usage de sa raison, (*suprà*, n. 120.)

4°. Lorsqu'il n'a commis le crime qu'à son corps défendant, & dans le cas d'une défense nécessaire & légitime (Voyez n. 218 ci-dessus.)

265. A quoi il faut ajouter les deux cas qui suivent; sçavoir,

Premiérement, quand l'action qu'on a commise, n'a rien que de légitime, & ne mérite aucune peine; comme dans le cas d'un pere qui a usé de correction à l'égard de son fils; d'un maître à l'égard de son disciple, *&c.* (Jul. Clarus, *qu.* 56, *n.* 1--3. Voyez aussi ce que j'ai dit ailleurs au Titre *Des exceptions & défenses des accusés*, ci-dessus, *part.* 3, *liv.* 1, *tit.* 2, n. 50; & ci-après au Titre *Des Injures*, part. 4, tit. 24, n. 110.)

En second lieu, lorsqu'il n'y a aucun dol de la part de l'accusé, & que la chose est arrivée par un cas purement fortuit. (Voyez *suprà*, n. 195; & ce qui est dit ci-après au Titre *De l'homicide*, part. 4, tit. 21, n. 81.)

ARTICLE V.

Considérations nécessaires aux Juges, à l'égard des crimes non suivis d'exécution, ou d'effet.

266. On peut établir comme une regle générale en matiere de crimes, que la simple volonté, ou attentat, quoique non suivie d'effet, doit être punie. (*Ita* Farinacius, *qu.* 124, *n.* 4--8.)

En effet, quoique j'aie observé ci-devant au Titre *Des Crimes*, part. 1, tit. 1, n. 22,) que l'événement, ou l'effet du crime, contribue à rendre l'action plus punissable; néanmoins il est toujours vrai de dire que la noirceur du crime consiste moins dans l'effet que dans le dessein, ou la machination, & la volonté qui fait la consommation de la malice & du dol. (L. 14, D. *ad L. Cornel. de Sicariis.*)

Cette regle a lieu, à plus forte raison, dans le cas où celui qui a voulu commettre le crime, a pris toutes les mesures nécessaires pour y parvenir, & a fait tout ce qui dépendoit de lui pour que ce crime eût son effet. (Julius-Clarus, *qu.* 92, *n.* 3;
267. Farinacius, *qu.* 124, *n.* 8--10.)

Mais il faut cependant observer que toutes les fois que le crime n'est pas suivi d'effet, il ne doit pas être puni de la peine ordinaire due au crime, si ce n'est dans quelques cas dont on va parler. (Julius-Clarus, *ibid. qu.* 92, n. 1; Farinacius, *qu.* 124, *n.* 9, 13, 17, 33, 34, 37 & 40; Covarruvias *in clement. si furiosus in princ.* part. 2, n. 6 versic. 3; & Menochius *De arbitrar. quæst. casu* 360, n. 92.)

Dans les crimes énormes, & qu'on regarde comme les plus graves, le simple attentat, quoique non suivi d'effet, doit être puni de la même peine que si le crime eût été consommé. (L. 14, D. *ad L. Cornel. de Sicariis*; Ordonnance Caroline, *chap.* 178:) tel est,

1°. Le crime de Leze-Majesté, (L. *Quæsitam*, D. *qui & à quibus manum*. Voyez ce qui est dit à ce sujet au Titre du crime de *Leze-Majesté humaine*, ci-après, *part.* 4, *tit.* 28, n. 81.)

2°. L'assassinat, ou meurtre de guet-à-pens. (Voyez ci-après au titre *De l'assassinat, & meurtre de guet-à-pens*, part. 4, tit. 4, n. 5.)

3°. Le crime de parricide. (Voyez ce qui est dit au Titre *Du parricide*, ibid. *part.* 4, *tit.* 39, n. 25.)

4°. Le crime de poison. (Voyez ce que j'ai dit, en parlant de ce crime, au Titre *Du poison*, ibid. *tit.* 42, n. 6.)

268. Les crimes qu'on a dessein de commettre, & pour l'exécution desquels on n'a pas fait tout son possible, en ne prenant pas les dernieres mesures nécessaires à cet effet, doivent être punis d'une peine plus légere, que si pour les exécuter, on avoit fait tout ce qui est en soi; & on ne les punit alors que d'une peine arbitraire, suivant les circonstances. (Farinacius, *qu.* 124, *n.* 41--42.)

Et à plus forte raison, lorsqu'on s'est contenté de manifester sa volonté par des paroles. (Farinacius, *ibid.* qu. 124, n. 44--46.)

Il en est de même lorsqu'on s'est contenté de former le complot de commettre un crime, sans le mettre à exécution; ce qui a lieu à l'égard des crimes les plus graves, si l'on en excepte seulement le crime de Leze-Majesté. (Farinacius, n. 47--49.)

269. Cette regle, que la simple volonté, ou machination, non suivie d'effet, ne doit point être punie de la peine ordinaire due au crime, mais d'une autre peine à l'arbitrage du Juge, souffre encore moins de difficulté, quand il ne s'agit que de délits légers. (Papon, *liv.* 23, *tit.* 10, *n.* 1, *sur la fin*; Farinacius, *qu.* 124, *n.* 50-54.)

Dans le crime de vol, la tentative non suivie d'effet, ne doit point aussi être punie de la peine ordinaire, mais d'une autre peine, suivant les circonstances. (Farinacius, *qu.* 124, *n.* 64--65.)

Et il en est de même dans le crime d'adultere. (Farinacius, *ibid.* n. 69--72.)

Dans tous ces cas les Juges peuvent, non-seulement diminuer la peine ordinaire du crime; mais même ils y sont obligés. (Farinacius, *ibid.* qu. 124, n. 74 & suivants.)

Les crimes que l'on donne ordre de commettre, & dont l'ordre n'est pas suivi d'exécution, ne se punissent point; à moins qu'ils ne soient du nombre de ceux qu'on appelle atroces. (L. *item apud Labeonem*, §. *si curaverit*, D. *de injur.* L. *sæpe*, *in fine*, D. *de verbor. obligat.*; Farinacius, *qu.* 124, *n.* 90--93. Voyez ce qui est dit ci-après au titre *De l'Assassinat*, part. 4, tit. 4, n. 5; & ce qui a été dit ci-dessus au titre *Des différentes manieres dont on peut participer aux crimes*, part. 1, tit. 2, n. 24.)

270. Il faut aussi faire la même distinction à l'égard de celui qui donne conseil de commettre un délit qui ne s'exécute point. (Farinacius, *ibid.* qu. 124, n. 96;) Voyez au Titre *Des différentes manieres dont on peut participer aux crimes*, ibid. n. 33.)

Enfin, à l'égard de ceux qui prêtent leur secours aux autres pour l'exécution d'un crime, ils doivent aussi quelquefois être punis moins sévérement que les principaux auteurs du crime; (Farin. *ibid.* qu. 124,) si ce n'est dans le crime de Leze-Majesté & d'assassinat; (Farinacius, *ibid.* n. 102--103. Voyez ce que j'ai dit à cet égard, *ibid.* n. 5 & suivants.)

Mais la seule pensée de commettre un crime, ne se punit point; à moins qu'elle ne soit manifestée par quelque acte extérieur. (Jul. Clarus, *qu.* 91; Farinacius, *qu.* 124, n. 104; L. *cogitationis pœnam nemo patitur*, 18, D. *de pœnis.*)

Dans le crime de Leze-Majesté, la seule pensée manifestée par les paroles, se punit. (Voyez au Titre *Du crime de Leze-Majesté humaine*, n. 62.)

ARTICLE VI.

Autres Regles générales que les Juges doivent observer dans la punition des crimes.

271. LA PREMIERE REGLE est, que les Juges doivent être équitablement séveres, & tenir un juste milieu entre une sévérité toujours armée qui désespere l'accusé & épouvante l'innocent, & une

molle indulgence qui encourage le méchant, & laisse échapper les criminels à la peine qu'ils méritent. (a)

La seconde Regle est, que le Juge doit être doux à l'égard de ceux à qui le crime est nouveau; & sévere à l'égard de ceux qui ont vieilli dans le crime. (L. *non omnes, in princ.* D. *de re militari.*)

272. La troisieme Regle est, que dans les crimes légers, les Juges doivent se porter plus aisément du côté de la douceur; & dans les grands crimes, au contraire, ils doivent user de la rigueur des Loix: *Planè in levioribus causis proniores ad lenitatem Judices esse debent, in gravioribus causis severitatem Legum cum aliquo temperamento æquitatis subsequi;* L. 11, D. *de pœnis.* Il est vrai que les termes de cette Loi semblent aussi prouver, que même dans les grands crimes les criminels ne sont pas indignes de pitié; mais il ne faut pas cependant pousser trop loin cette compassion, & rendre la Loi indulgente au-delà de son intention: *Perspiciendum est enim judici ne quid aut durius, aut remissius constituatur, quàm causa deposcit; nec enim aut severitatis, aut clementiæ gloria affectandâ est, sed propenso judicio, prout quæque res expostulat, statuendum est.* (L. *eâd.* 11, D. *de pœnis.*)

273. La quatrieme Regle est, que les peines dont on punit les coupables, doivent être plutôt douces que rigoureuses, suivant les Jurisconsultes & les Philosophes: *Interpretatione Legum pœnæ molliendæ sunt, potius quàm asperandæ;* (L. 42, D. *de pœnis.*) (b) En effet, dans la conjoncture de deux maux, il faut faire choix du moindre; & comme dit Ulpien, il y a moins de mal à absoudre un coupable, qu'à condamner un innocent.

274. La cinquieme Regle est, que la clémence est principalement ce qui rend le Juge recommandable: *Judicem semper commendat clementia, & benignitate potiùs uti debet, quàm atrocitate;* car un Juge trop sévere est non-seulement punissable devant Dieu, mais encore devant les hommes. Il doit se rappeller ce précepte de l'Empereur Théodose à son Fils: *Sis pius imprimis; nam cum vin-*

(a) *Qui justificat impium, & condemnat justum, abominabilis uterque apud Deum.* (Proverb. cap. 17, n. 15.)

(b) *In pœnalibus causis benignius interpretandum est.* (L. 155. §. 2, D. *de reg. juris.*)

camur

tamur in omni munere, sola Deum æquat clementia; nobis enim asperitas & severitas apud quemlibet prudentem damnatur, & quod tibi fieri non vis, alteri ne feceris : sis enim memor quod homo est factura & creatura Dei, non autem hominis.

Quoiqu'il soit également contre le bien de la Justice de condamner un innocent, & d'absoudre un coupable, on ne peut douter néanmoins qu'il y a toujours moins de danger à absoudre qu'à condamner; 1°. parce que la présomption est toujours pour l'innocence; 2°. parce que nous voyons toujours avec plaisir un accusé sortir des mains de la Justice, sur-tout quand il a éprouvé les rigueurs d'une longue prison, & toutes les peines que les procédures ne peuvent manquer d'occasionner à celui qui est poursuivi pour raison de quelque crime.

275. Les Juges doivent, sur-tout, examiner scrupuleusement, & peser avec beaucoup d'attention toutes les circonstances qui vont à la décharge & à l'adoucissement des peines que mérite un accusé. On ne peut en faire ici un détail exact, parce que cela dépend des différentes especes de crimes, & des circonstances des temps, des personnes, & des occasions qui ont engagé à le commettre. Mais en général le Juge doit être extrêmement exact dans le jugement d'un procès criminel; il doit faire état des moindres circonstances qui diminuent le crime, & ne pas aisément s'arrêter aux circonstances aggravantes, si elles ne sont si claires, qu'elles ne puissent jamais avoir deux faces.

276. LA SIXIEME REGLE, est que dans les faits douteux, il faut toujours incliner du côté le plus doux : *In dubiis enim benigniora præferenda sunt*; (L. 56, L. 192, D. *de reg. Juris*; L. 10, §. 1, D. *de rebus dubiis*.)

Plus les crimes sont graves, & plus ils sont éloignés de l'idée de l'humanité; ainsi on doit d'autant moins les présumer; & par conséquent, il est plus nécessaire d'avoir des preuves évidentes contre ceux qui en sont accusés, quand d'ailleurs ce ne sont pas des scélérats connus.

LA SEPTIEME REGLE, est que dans les Jugements rendus contre un accusé absent, & qui refuse de comparoître à Justice, les Juges doivent être plus faciles à condamner, & plus séveres dans la condamnation, que si l'accusé étoit présent. (Voyez ce qui a été dit ci-dessus, au titre *Des défauts & contumaces*, *part. 3, liv. 2, tit. 21*, n. 2.)

277. La huitieme Regle, est que dans les peines arbitraires, il faut toujours suivre ce qui est le plus juste, & le plus raisonnable : *Licet ei qui extrà ordinem cognoscit de crimine, quam vult sententiam ferre, vel graviorem, vel leviorem; ita tamen ut in utroque modo rationem non excedat*; (L. 13, D. *de pœnis*.) Ainsi, il ne faut pas entendre par peine arbitraire une peine dont les Juges soient les maîtres, & qui soit laissée au caprice de leur volonté indépendamment des lumieres de la raison; en sorte que dans les cas où il n'y a point de regle certaine, comme quand il s'agit de condamner à des dommages & intérêts, ils puissent s'imaginer qu'ils sont en droit d'user de grace, si bon leur semble, & de prendre le parti qui leur plaît. Le devoir du Juge est de rendre des Jugements justes & convenables aux différends qui se présentent à régler : Les Ordonnances ne lui permettent pas d'user de grace & de faveur; au contraire elles chargent son honneur & sa conscience, touchant la décision de ce qu'elles n'ont pas précisément déterminé. Le Juge même ne rend pas la justice, s'il ne la rend le plus parfaitement qu'il lui est possible.

278. La neuvieme Regle, est que si d'un côté le Juge doit être doux, il doit de l'autre être juste, & se conformer aux Loix: *Judex debet esse condolens, sed justus. Si enim necessarium est naturæ condolere, à Lege & Justitiâ discedere magis perniciosum*; à quoi l'on peut appliquer ce beau passage de Cassiodore : *Quoties Judex in scelerum vindictâ æquiorem se Legibus & mitiorem præstat, aut malè simulatam misericordiam affectat, quid hoc est aliud quàm Legibus vim inferre, Justitiæ regulas prodere, & quidquid divini humanique juris est violare? Cur enim scriptæ Leges, nisi ut observentur? Sceleratorum impunitas innocentes prodit, & improborum venia sævitia est & acerba in probos credulitas. Sicut enim disciplina cautelam, sic insolentem pronior indulgentia creat audaciam. Pietatis namque genus est in illos distringere qui se sceleratis docentur actionibus miscuisse* : (Cassiodorus, lib. 2, epist. 14.)

ARTICLE VII.

Autres considérations nécessaires aux Juges, tant pour la validité des Jugements qu'ils rendent, que pour leur exécution.

279. 1°. Les Juges, dans l'imposition des peines, doivent se conformer à l'usage observé dans le Royaume, & ils ne peuvent les changer, ni en inventer d'autres. (L. *aut damnum*; D. *de pœnis*. L. *moris*, §. *sed enim sciendum*; & L. *capitalium*, §. *majores*, D. *de pœnis*. Voyez aussi Menochius *de arbitrar. quæst. casu* 391; & la Constitution Caroline, *ch.* 104) Ainsi ils ne peuvent condamner à une prison perpétuelle, parce que cette peine n'est point usitée.

C'est en conséquence de cette regle que par Arrêt du 21 Juillet 1546, une Sentence rendue au Châtelet de Paris, qui avoit condamné un Anglois à être noyé, fut infirmée. (Voyez Papon, *liv.* 24, *tit.* 10, aux additions, *n.* 10. Autre Arrêt rapporté par Duluc, *liv.* 12, *tit.* 8, *chap.* 4, infirmatif d'une Sentence rendue par le Juge d'Amiens, qui avoit condamné un prisonnier à jeûner pour acquitter une condamnation pécuniaire.)

2°. La peine doit être certaine, & elle ne peut être ni alternative, ni conditionnelle. (*Decisiones Novarii*, *decis.* 58.)

280. 3°. Lorsqu'un accusé est convaincu de plusieurs crimes, dont chacun mérite d'être puni d'une peine particuliere, il doit être puni d'autant de peines qu'il y a de délits différents, suivant la regle établie par Ulpien en la L. 2, D. *de privatis delictis*, où il est dit, *nunquam plura delicta concurrentia faciunt ut ullius impunitas detur*, car un délit ne peut diminuer la peine d'un autre délit; & suivant ce qui est enseigné par le même Ulpien en la Loi *pen.* D. *de obligat. & act.* Voyez aussi la Loi *nunquam*, rapportée par Justinien en ses Instituts, sur la fin du titre *si quadrupes pauper. fecisse dic.*, où il est dit que *nunquam actiones præsertim pœnales de eâdem pœcuniâ, sive reconcurrentes, una aliam consumit*; car si cette regle est vraie à l'égard de plusieurs délits procédants du même fait, à plus forte raison le sera-t-elle dans le cas d'un accusé convaincu de plusieurs délits procédants de différents faits. (*Ita etiam* Farin. *qu.* 22, *n.* 1.)

281. Cette regle a lieu non-seulement à l'égard des délits de diffé-

rente espece, commis après un intervalle, (ce qui ne souffre pas la moindre difficulté,) mais encore à l'égard des délits de différente nature, commis en même temps. En effet, toutes les fois que la réitération qui se fait du crime, soit en même temps, soit à des intervalles de temps différents, fait naître des crimes différents, ils doivent être punis non comme un seul crime, mais comme plusieurs. (Farinac. *qu.* 22, *n.* 2, 3; Julius Clarus, *qu.* 84, *n.* 2-4.)

Et il en est de même à l'égard des délits de même nature, pourvu qu'ils soient commis à des intervalles de temps différents; comme, par exemple, dans le cas de plusieurs coups ou blessures faites à différentes fois; car alors l'accusé doit être puni à raison des coups ou blessures, & non comme s'il n'y avoit qu'un seul coup, ou qu'une seule blessure. (Farin. *ibid.* n. 4; Jul. Clarus, *qu.* 84, *n.* 2-4.)

282. Cette même regle a lieu dans les crimes & délits qui se commettent pour la même fin, & dans la même intention; car si ces crimes sont de nature différente, on les regarde comme des crimes différents, & non comme un seul; soit qu'ils soient commis en même temps, ou à des intervalles différents. (Farin. *ibid* .n. 5; Jul. Clarus, *qu.* 84, *n.* 2-4.)

A l'égard des délits de même espece commis en même temps, dont il résulte un effet distinct & séparé, comme dans le cas de coups, ou de blessures réitérées; alors, quoiqu'il n'y ait en ce cas, à proprement parler, qu'un seul & même crime réitéré, & qu'on ne doive punir cette action que comme un seul & même crime, néanmoins elle doit être punie d'une peine plus grave, & d'autant plus sévere, que le délit aura été plus de fois réitéré, quoique dans un premier & même mouvement. (Farinac. *qu.* 22, *n.* 15.)

283. Quand il s'agit de plusieurs blessures faites d'un seul & même coup, *v. g.* avec une fourche de fer, ou autre instrument propre à faire en même temps plusieurs trous ou blessures; alors comme il n'y a qu'un seul crime, il ne doit aussi y avoir qu'une seule peine; mais cette peine doit être plus grave à proportion qu'il y a un plus grand nombre de blessures, & qu'elles sont plus dangereuses. (Jul. Clarus, *qu.* 84, *n.* 3; Farin. *qu.* 22, *n.* 16.)

De même, lorsqu'il s'agit de plusieurs crimes successifs, quoique de même espece, commis à des intervalles de temps différents, ils ne doivent être punis que d'une seule & même peine, parce que cela ne forme alors qu'un seul crime. C'est en conséquence de cette regle, que quoique la garde continuelle de la chose volée, fasse en quelque sorte à chaque instant un nouveau crime, néanmoins cela ne forme toujours qu'un seul & même vol, & par conséquent il ne doit y avoir qu'une seule peine. (Farin. *ibid.* qu. 22, n. 17.).

284. Les crimes ou délits commis en même temps, & pour une seule & même fin, quoique d'espece différente, ne se punissent aussi que d'une seule peine; mais cette peine doit être celle du crime le plus grave: & même si elle n'étoit pas suffisante, le Juge pourroit l'augmenter, & en imposer une plus grave que celle qui seroit due au plus grand de ces crimes, s'il avoit été commis seul & sans les autres. Ainsi celui qui brise une porte, ou une fenêtre, pour abuser d'une fille, doit non-seulement être puni de la peine due au stupre, mais encore pour raison du bris de porte & de fenêtre. (Farin. *qu.* 22, *n.* 25; Covarruvias *var. resolut. lib.* 2, *cap.* 10, *n.* 8.)

Et il en est de même des injures réitérées & proférées en même temps, & dans un même mouvement de colere; car on ne regarde ces sortes d'injures que comme une seule & même injure, qui se punit plus ou moins sévérement, suivant les circonstances. (Farin. *qu.* 22, *n.* 28 & 29.)

285. On doit aussi observer, à l'égard de la regle qui vient d'être établie, que dans tous les cas où l'on peut établir plusieurs peines pour plusieurs délits différents, cela ne doit s'entendre que des peines qui sont compatibles entre elles, comme est la peine pécuniaire & celle du bannissement, qui peuvent être doublées & triplées, &c.; mais cela ne peut jamais avoir lieu pour les peines qui ne peuvent se réitérer & qui sont incompatibles, comme, *v. g.* la mort, le fouet, & les galeres. C'est pourquoi dans ces cas il est vrai de dire que la plus grande des peines absorbe les autres peines moindres.

C'est en conséquence de cette regle qu'on ne peut condamner en même temps un accusé au blâme & à l'admonition. (Arrêt du 26 Octobre 1708, qui le défend au Lieutenant-Criminel de Saint-Etienne-en-Forest; autre du 11 Août 1738, qui le défend aussi au Lieutenant-Criminel de Montdidier; autre Arrêt du

Parlement du 12 Juillet 1678, qui fait défenses de condamner aux galeres ceux que l'on condamne au fouet & à la flétrissure ; mais de les condamner seulement au bannissement.)

286. Il arrive cependant quelquefois que l'on condamne au fouet, & ensuite au bannissement, ou même aux galeres. On trouve, en effet, un Arrêt du Parlement du 13 Avril 1723, portant condamnation au fouet, à la flétrissure, & aux galeres à perpétuité, contre le nommé Georges-de-Bussi, dit Augeard, complice de Cartouche.

Quelquefois même on condamne à avoir le poing coupé, & ensuite à mort, comme dans certains crimes, suivant les circonstances & la prudence du Juge. On peut voir à cet effet ce qui a été dit ci-dessus au titre *Des Peines*, part. 1, tit. 3, n. 56, en parlant des peines qui sont en usage pour chaque crime en particulier. Voyez aussi Farinacius, *qu.* 22, *n.* 30, 31.

287. A l'égard des peines pécuniaires, elles sont toujours compatibles avec les peines personnelles prononcées contre l'accusé ; soit que ces peines soient corporelles, ou afflictives. Les premieres font même quelquefois perdre au condamné la totalité de ses biens, comme dans le cas de mort civile.

Mais il y a des peines pécuniaires qu'il est défendu aux Juges de cumuler. Ainsi on ne peut condamner en même temps un accusé en l'amende & en l'aumône, si ce n'est dans les cas où il a été commis quelque sacrilege, & où l'aumône fait partie de la réparation. (Déclaration du 21 Janvier 1685. Ainsi jugé par Arrêt du 27 Juin 1708, contre le Lieutenant-Criminel d'Auxerre.)

Enfin une derniere observation à faire sur cet article, est qu'on ne punit les délits de peines différentes, que quand la réitération de ces délits contribue à augmenter le dommage souffert par la partie offensée. (Farin. *qu.* 22, *n.* 32.)

4°. Les femmes & les filles peuvent être condamnées à toutes sortes de peines, ainsi que les hommes ; à la réserve des galeres & de la roue, & de la peine d'être tirées à quatre chevaux. On prétend aussi qu'on ne les bannit point à perpétuité hors du Royaume, & que telle est la Jurisprudence du Parlement de Paris. (Voyez ce qui a été dit à ce sujet au titre *Des Peines*, part. 1, tit. 3, n. 16.)

288. 5°. Il y a des peines qui ne peuvent être prononcées par certains Juges. Ainsi les Officiaux ne peuvent infliger aucunes peines corporelles, ni afflictives ou infamantes, *&c.* (Voyez ce qui est dit là-dessus au titre *De la Compétence particuliere des Juges*, part. 2, tit. 1, n. 410.)

6°. Quand un accusé est poursuivi pour raison de deux crimes différents, l'un léger dont il se trouve convaincu, & l'autre grave pour lequel il n'y a pas de preuves suffisantes contre lui, on peut le condamner en la peine que mérite le crime léger, & ordonner qu'à l'égard du crime qui est le plus grave, il sera plus-amplement informé; & il n'est pas nécessaire dans ce cas de prononcer un plus-amplement informé sur le tout, & de différer le jugement de ce crime léger jusqu'après l'échéance du plus amplement informé.

289. Si en jugeant sur le crime le plus léger, on ne prononce rien sur l'autre, alors le plus-amplement informé a lieu de droit à l'égard de l'autre crime; en sorte que s'il survient de nouvelles preuves dans la suite, on pourra condamner l'accusé à la peine que cet autre crime mérite, & ce silence des Juges à l'égard de ce dernier crime, n'équivaut pas à une absolution de l'accusé. (Voyez Jul. Clarus, *qu.* 93, *n.* 13 aux additions.)

290. 7°. Quand il y a plusieurs complices, & qu'il s'agit de prononcer contre eux quelques condamnations pécuniaires envers l'offensé, ils doivent tous y être condamnés solidairement. (Voyez ce qui a été dit à ce sujet au titre *Des Peines*, ci-dessus, *part.* 1, *tit.* 3, n. 236.)

8°. Les crimes commis par un grand nombre de coupables, ne se punissent pas ordinairement dans tous ceux qui y ont part; *v. g.* dans le cas d'un grand nombre de soldats qui auroient fait des exactions dans un village, & parmi lesquels on ne pourroit distinguer les plus coupables; on se contente alors de les faire tirer au sort, & de punir ceux sur qui le sort tombe. Tel est l'usage de la guerre; & il y a dans l'ancien Testament plusieurs exemples de cette maniere de condamner. (Josué, *ch.* 7, *vers.* 14 *& suiv.* Jonas, *chap.* 1, *vers.* 7.)

291. On trouve néanmoins quelques exemples de jugements rendus contre un grand nombre d'accusés, qui les condamne tous en même temps à mort. Il y en a un du 27 Avril 1622, rendu par le Prévôt-

Général de la Connétablie de France, qui condamne tout-d'un-coup à mort cinq cents quatre-vingts soldats pour crime de leze-majesté. (Voyez le Mercure François, *tom.* 8, *pag.* 561. (*a*)

292. 9°. Dans l'imposition des peines, il ne faut punir personne pour le crime d'autrui; mais la peine ne doit regarder que les seuls coupables, (*Ita* Jul. Clarus, *qu.* 86, *n.* 1,) si ce n'est dans le cas de sort.

On lit cependant dans l'Histoire d'Espagne, *liv.* 22, que le Marquis de Villecia, Chef de faction, irrité de ce que les Ennemis avoient fait pendre six de ses soldats, & voulant rendre la pareille à autant de leurs prisonniers, le sort tomba sur un soldat de Villeneuve de Luxara, au-lieu duquel se présenta son cadet qui demanda pour grace d'être mis en sa place, parce qu'il n'étoit pas marié, & que son frere avoit femme & enfants; ce qui fut accepté.

Lorsqu'il ne s'agit de prononcer que des condamnations pécuniaires, il y a plusieurs cas où des personnes sont condamnées pour d'autres; *v. g.* le pere pour son fils; le mari pour sa femme; le maître

---

(a) *Sentence de mort, rendue contre cinq cents quatre-vingts particuliers.*

François Lhuillier, Ecuyer, Sieur des Bois-Châtelliers, Conseiller du Roi, Prévôt-Général de la Connétablie de France; sçavoir faisons que vu le procès par Nous instruit à la Requête du Procureur du Roi, demandeur & accusateur à l'encontre de N. N. N. (ce sont cinq cent quatre-vingts & plus de soldats pris à la défaite du Sieur de Soubise & son armée en l'Isle-de-Ré en 1622, défendeurs & accusés, *&c.*) Conclusions du Procureur du Roi, & sur ce, avis & conseil de Messieurs du Présidial de Nantes, devant lesquels les accusés ont été représentés, ouis & interrogés sur la sellette; & tout considéré, Nous disons, conformément à l'avis desdits Juges Présidiaux, que les défendeurs sont, & les avons déclarés duement atteints & convaincus du crime de Leze-Majesté au premier chef, pour avoir, *&c.* Pour réparation publique desquels crimes, avons condamnés & condamnons lesdits N. N. N. à être pendus & étranglés à des potences qui seront dressées en la place publique de cette Ville de Nantes, pour y demeurer tant que mort s'ensuive; & de là portés & attachés à des arbres sur des grands chemins & avenues de cette Ville, par l'Exécuteur de la Haute-Justice, *&c.* Donné en la Chambre-Criminelle du Siege Présidial de Nantes par Nous Prévôt-Général susdit, & prononcée auxdits accusés le 27 Avril 1622. *Signé*, FRANÇOIS LHUILLIER. (*Extrait du Tome VIII du Mercure François*, pag. 561.)

maître pour son domestique, &c. (Voyez ce qui est dit au titre *De l'Action qui naît des crimes*, ci-dessus, *part.* 3, *liv.* 1, *tit.* 1, n. 73 & suivants.

293. 10°. Une derniere observation à faire touchant le jugement des procès criminels, c'est que dans les procès où il y a plusieurs accusés, si le procès se trouve suffisamment instruit contre tous, il n'est pas nécessaire de les juger tous ensemble ; mais on peut les juger l'un après l'autre, en commençant par ceux qui sont les plus chargés, afin que les déclarations des premiers apportent plus de lumiere & de certitude pour les autres. (Voyez Airault, *liv.* 2, *part.* 4, *n.* 66, *pag.* 338.)

ARTICLE VIII.

Devoirs des Juges, quant à la forme des Jugements criminels.

294. 1°. Les Sentences ou Jugements qui se rendent en matiere criminelle, doivent être certaines, claires & intelligibles, sans aucunes paroles superflues ni équivoques ; en sorte que l'on sçache d'une maniere certaine, ce à quoi l'accusé est condamné. (§. *cum de, & ibi D D. institut. de actionibus.* Ordonnance du mois d'Avril 1453, *art.* 123 ; Vulteius *de judiciis*, *lib.* 3, *cap.* 11, *tit. de Sententiæ conceptione.*)

2°. Les Sentences diffinitives doivent contenir la condamnation, ou l'absolution de l'accusé ; (Vulteius *ibid.*) si ce n'est en quelque cas dont j'ai parlé ci-dessus, *n.* 156, où l'on peut prononcer contre l'accusé un plus-amplement informé indéfini.

3°. En matiere criminelle il n'est pas nécessaire que les Sentences ou Jugements soient entiérement relatifs à la plainte ou accusation sur laquelle ils sont rendus. Par exemple, si une plainte est rendue à l'occasion d'une blessure, & qu'il survienne ensuite à cette blessure une qualité qui rende le délit plus grave ; s'il est prouvé dans la suite qu'elle a été faite de guet-à-pens, sans néanmoins qu'il y ait eu une addition de plainte pour cette qualité aggravante, le Juge pourra alors condamner l'accusé en la peine ordinaire pour raison de ce délit plus grave, de la même maniere que s'il y avoit eu une addition de plainte à ce sujet ; pourvu que ce délit, ainsi aggravé, soit prouvé. (*Ita* Gomés *de delictis*, cap. 11, n. 8.)

295. 4°. Les Sentences ou Jugements de condamnation, doivent faire mention de la cause & des motifs du Jugement, sur-tout dans les crimes capitaux; & à cet effet les Juges sont tenus de les spécifier dans leurs Jugements, & d'insérer tout au long les faits & toutes les circonstances du délit dont l'accusé se trouve convaincu.

Mais cette regle ne regarde, à proprement parler, que les Juges inférieurs, tant Royaux que Subalternes, & autres qui jugent à la charge de l'appel, & il leur est défendu de prononcer en ces termes, *pour les cas ou causes résultants du procès*. (Ainsi jugé par Arrêts des 24 Février 1640, & 26 Février 1656, rapportés par Boniface, *tom.* 1, *liv.* 1, *tit.* 1, *n.* 6; autre du 20 Avril 1676, contre le Lieutenant-Criminel de Bourges; autre du 19 Octobre 1689; autre du 28 Juin 1691, rapporté par Augeard, *tom.* 2; autre du 18 Juillet 1692, qui le défend au Bailli de Moûtiers, & qui lui enjoint d'énoncer, dans ses Sentences, les cas pour lesquels les accusés seront condamnés; autre Arrêt du 4 Septembre 1692; autre du 2 Janvier 1699, sur l'appel d'une Sentence du Bailli de Fresnai; autre du 10 Février 1699, sur l'appel du Prévôt Royal de Sesanne; autre Arrêt du 22 Décembre 1731, rapporté aux Loix Criminelles, *tom.* 2, *pag.* 423, contre le Lieutenant-Général de Limoux; autre Arrêt du Parlement de Toulouse du 28 Août 1702, rapporté au Recueil de Réglements du Parlement de Toulouse, *tom.* 1, *pag.* 122; autre Arrêt aussi du Parlement de Toulouse, rapporté *ibid.* tom. 2, pag. 333.)

296. La même regle a lieu à l'égard des Officiaux & autres Juges d'Eglise; & c'est une maxime constamment reçue au Parlement de Paris, & soutenue par Messieurs les Gens du Roi, toutes les fois que l'occasion s'en est présentée sur des appels comme d'abus de Sentences d'Officiaux; que les Juges d'Eglise sont tenus d'exprimer en détail dans leurs Sentences, & les différents chefs d'accusation dont l'accusé se trouve convaincu. Plusieurs Arrêts ont déclaré des Sentences d'Officiaux abusives, parce qu'elles avoient déclaré seulement les accusés atteints & convaincus de crimes à eux imputés, sans spécifier ces crimes en particulier; & cela sur le fondement que les Officiaux n'étant pas compétents pour connoître de toutes sortes de crimes, ils doivent spécifier ceux dont ils ont connu, afin qu'on puisse voir à la lecture du Jugement, s'ils n'ont point entrepris sur la Jurisdiction séculiere, & s'ils n'ont point instruit &

jugé des accusations de crimes privilégiés sans appeller le Juge-Royal. (Ainsi jugé par Arrêt du 19 Mars 1712, rapporté au Journal des Audiences, qui fait défenses à l'Official d'Amiens de prononcer les condamnations contre des accusés; *pour les cas résultants du procès*, & lui enjoint d'insérer dans ses Jugements tous les cas dont les accusés se trouveront convaincus.)

A l'égard des Cours & autres Juges supérieurs, même des Présidiaux, elles ne sont point astreintes à cette regle.

297. 5°. Quand il n'y a pas de preuves suffisantes contre un accusé, & qu'il s'agit d'un crime atroce pour lequel il est condamné, mais à une peine moindre *pro bono probationum*, on peut le déclarer par le Jugement violemment soupçonné du crime pour lequel il est puni : tel est aussi l'usage des Officialités. (Voyez à ce sujet les Mémoires du Clergé, *tom.* 7, *pag.* 975 de la nouvelle édition; & ce qui est dit ci-dessus, *n.* 191.)

298. On peut prononcer ainsi dans ces sortes de Sentences: « Nous » avons déclaré N. violemment soupçonné de l'assassinat commis » en la personne de A., *&c.*; pour réparation de quoi, nous avons » condamné ledit N., *&c.* » Mais je crois qu'il seroit mieux de motiver ainsi la Sentence : « Nous en conséquence des preuves résultan- » tes au procès contre N. touchant l'assassinat commis en la per- » sonne de A., *&c.*, nous l'avons, par Jugement Présidial, *&c.* » condamné, *&c.* »

6°. Dans les procès pour injures verbales, instruits par enquêtes respectives, les Juges ne peuvent, dans leurs Sentences, user contre l'accusé des termes, *atteints & convaincus*. (Voyez ci-dessus, *n.* 23.)

7°. Les Juges sont tenus de prononcer sur tous les différents chefs d'accusation intentés contre les accusés. (L. *de quâ re* 74, *in princ. D. de Judiciis.*)

299. 8°. On prétend aussi que si dans la plainte, ou autre acte qui en tient lieu, on a omis quelque circonstance qui rende le délit plus grave, & que dans l'instruction du procès cette circonstance vienne à être prouvée, le Juge peut & même doit condamner en la peine due au crime accompagné de cette circonstance qui le rend plus grave, de la même maniere que s'il en avoit été rendu plainte. *Ita* Gomés *des délits*, *cap.* 11, où il établit cette maxime comme constante; & il ajoute en conséquence qu'en matiere criminelle,

il n'est pas nécessaire que la Sentence soit conforme à la plainte. (Voyez *suprà*, n. 294.)

9°. Dans les procès instruits pour vols, les Juges peuvent & doivent même ordonner d'office que les effets volés seront restitués aux personnes auxquelles il est prouvé par le procès que ces effets ont été volés, sans qu'il soit nécessaire même qu'elles présentent leur Requête à cet effet. (Voyez ce qui est dit à ce sujet au titre *Du vol*, ci-après, *part.* 4, *tit.* 57, n. 228.)

300. 10°. Après la Sentence rendue diffinitivement, les Juges sujets à l'appel ne peuvent faire aucune procédure. (Ainsi jugé par Arrêt du Parlement de Paris du 3 Août 1694, rapporté au Traité des Rapports de M. Prévôt, *pag.* 114, suivant lequel le Juge de Châteaulandon, après une Sentence diffinitive portant condamnation contre un particulier pour en avoir blessé un autre, ayant ordonné que le cadavre seroit visité, il a été jugé que le Juge n'étoit pas en droit de rendre une pareille Ordonnance, & il lui fut fait défenses de faire aucunes procédures après un Jugement diffinitif; sauf à lui à dresser des procès-verbaux des faits survenus depuis le Jugement, & de les envoyer à la Cour.)

301. 11°. Un Jugement ne peut être changé, quand une fois il a été rendu; & les Juges qui l'ont prononcé, ne sont plus les maîtres d'augmenter ou de diminuer la peine, quand une fois elle a été prononcée, ni de modérer les amendes. (L. 42, & L. 45, §. 1, & L. 45, D. *de re judicatâ*; L. 27, D. *de pœnis*; L. 1, §. 1, D. *de quæstion.*; L. 15, Cod. *de pœnis*; Ordonnance du 28 Octobre 1453, *art.* 17; autre du mois de Novembre 1507, *art.* 26; autre du mois d'Octobre 1535, *chap.* 12, *art.* 9. Voyez aussi Leprêtre, *centurie* 4, *qu.* 36; & Farin. *qu.* 17, *n.* 61.)

Néanmoins si avant l'expédition de la Sentence, les Juges reconnoissent qu'il s'y est glissé une erreur visible, ils peuvent la réformer; pourvu qu'ils le fassent avant la prononciation, & lorsqu'ils sont encore au Siege. (Voyez Peléus, *action* 20, *liv.* 5; Bouchel en sa Bibliotheque du Droit François, au mot *Sentence*, §. *sententiæ retractatio*, & le Cod. Fabr. *liv.* 2, *tit.* 6, *definit.* 1.)

Si depuis le Jugement rendu, on vient à découvrir l'innocence du condamné, les Juges doivent écrire au Roi, ou à M. le Chancelier, leur erreur, & ce qui peut servir à prouver l'innocence de l'accusé. (Voyez la Loi *divi fratres*, D. *de pœnis.*)

302. Quant à la question de sçavoir si les Juges peuvent commuer une peine pécuniaire; *v. g.* une condamnation d'amende, en une peine corporelle, faute par le condamné de la payer dans un certain temps, on prétend que les Cours souveraines le peuvent; & il y a une Ordonnance d'Henri II du mois de Mars 1549, *art.* 7, qui les y autorise. Cette Ordonnance porte: « Que pour le regard des » amendes adjugées au Roi, après perquisition faite dans les six » mois des biens des prisonniers, si après ledit temps ils ne peu- » vent payer l'amende pour cause de délit, les Cours procéde- » ront à la commutation de la peine pécuniaire en peine corpo- » relle, selon qu'elles verront bon à faire pour raison, & selon la » qualité du délit: » ce qui a été aussi jugé par plusieurs Arrêts. (Voyez Papon, *liv.* 10, *tit.* 10, *n.* 2 & 8; Robert *rerum judicat.* liv. 2, ch. 15; & Rebuffe sur l'article 7 de l'Edit du Roi Henri II de 1550;) ce qui est aussi conforme à ce qui s'observoit en Droit. (Voyez la L. 1, §. *generaliter*, D. *de pœnis*; & la L. *final.* D. *de in jus vocando.*) Boniface en ses Arrêts, *tom.* 1, *liv.* 1, *tit.* 1, *chap.* 8, rapporte un Arrêt du Parlement de Provence du 26 Février 1639, rendu conformément à cette maxime.

303. Mais à l'égard des Juges inférieurs, ils ne le peuvent. (Arrêt du 14 Janvier 1586, infirmatif d'une Sentence du Juge d'Amiens, qui avoit condamné un particulier à jeuner, faute de paiement d'une amende pécuniaire.)

Lorsque l'amende est légere; *v. g.* de deux écus, & au-dessous, elle ne peut être convertie en peine corporelle. (Papon, *liv.* 24, *tit.* 10, *n.* 10.)

Il faut aussi observer que cette commutation de peine pécuniaire en peine corporelle, n'a pas lieu pour intérêts adjugés à la partie civile. (Ainsi jugé par Arrêt du 6 Décembre 1576, rapporté par Papon, *liv.* 24, *tit.* 10, *n.* 10; autre Arrêt du 29 Avril 1595, rapporté par le même Auteur, *liv.* 10, *tit.* 10, *n.* 8, en la note; autre du 14 Juillet 1604, rapporté par Peléus, *liv.* 7, *art.* 17.)

Il y a des réglements particuliers touchant la commutation de l'amende pécuniaire, en peine corporelle, à l'égard des faux-sauniers & contrebandiers. (Voyez ce qui est dit ci-dessus, *n.* 180, & ci-après au titre *Des Contrebandiers*, part. 4, tit. 12, n. 8, 14 & 28.)

304. 12°. Les Juges sont tenus des fautes qu'ils font dans l'examen &

le jugement des procès criminels. (Voyez ce qui est dit à ce sujet au titre *De l'Instruction criminelle en général*, ci-après, *part.* 3, *liv.* 3, *tit.* 2, n. 125; & sur-tout au titre *Des Malversations d'Officiers dans leurs fonctions*, ibid. *part.* 4, *tit.* 31, *n.* 46.)

Quant à ce qui regarde la forme des Jugements, ainsi que leur exécution, Voyez ce que j'ai dit ci-dessus, *n.* 5 & 37, en parlant des Sentences & de leur exécution.

TROISIEME PARTIE.

LIVRE II.

CHAPITRE IV.

De la Procédure particuliere à certains crimes, & pour certaines personnes.

TITRE XXVI.

De la Procédure touchant le faux principal, & incident.

1. LE faux, considéré du côté de la procédure, est de deux sortes; sçavoir, *le faux principal*, & *le faux incident*.

Le faux principal, a lieu lorsqu'on attaque directement par voie de plainte & information, une piece qui n'a point encore été produite, & dont celui qu'on veut accuser de faux, n'a fait encore aucun usage. Le faux incident est, lorsqu'on attaque incidemment une piece produite dans le cours d'une instance par une partie qui l'emploie pour servir de fondement à sa demande. (Voyez ce qui est dit au titre *Du Faux*, ci-après, *part.* 4, *tit.* 15, *n.* 169.)

2. Parmi les faits qui concernent le faux, il y en a qui se vérifient par comparaison d'écritures, & d'autres par titres & par témoins. Lorsque celui qui attaque un acte de faux, prétend qu'il n'a point été passé avec lui, mais avec une personne supposée, à qui l'on a fait déclarer qu'elle ne savoit ni écrire ni signer; & qu'il soutient qu'il étoit absent, lorsque cette obligation a été passée, ou qu'il étoit dangereusement malade, *&c.*; tous ces faits ne peuvent se vérifier par comparaison d'écritures; parce que la personne n'a point écrit ni signé; mais ils doivent être vérifiés par

des titres qui justifient l'absence, ou la maladie; ou par des témoins qui puissent déposer de l'une ou de l'autre, ou qui aient eu connoissance de la supposition de la personne pour avoir été présents, lorsque l'obligation a été passée, & avoir reconnu que la personne supposée dans l'obligation, n'est pas la même que celle contre laquelle on veut la mettre à exécution. (Voyez ce qui est dit à ce sujet au titre *Du Faux*, ibid. *part.* 4, *tit.* 15, n. 150 & suiv.)

Mais, si par les moyens de faux, le plaignant expose que l'écriture, ou la signature de la piece prétendue fausse, est contrefaite ou falsifiée, ou qu'on en a enlevé l'écriture, pour y substituer autre chose que ce qui y étoit originairement; dans ce cas la preuve du faux doit se faire par comparaison d'écritures.

ARTICLE PREMIER.

De la procédure touchant le faux principal.

3. La procédure qu'on doit suivre dans la poursuite du faux principal, est prescrite par le titre 1 de l'Ordonnance du mois de Juillet 1737. Voici quelle est cette procédure.

§. I.

De la plainte & permission d'informer.

4. 1°. Les plaintes, dénonciations & accusations de faux principal, doivent être faites en la même forme que celles des autres crimes, sans consignation d'amende, sans inscription de faux, sommation, ni autres procédures, avec celui contre lequel l'accusation sera formée. (Ordonnance du mois de Juillet, titre *Du Faux principal*, art. 1.)

2°. L'accusation de faux peut être admise, s'il y échet, encore que les pieces prétendues fausses aient été vérifiées, même avec le plaignant, à d'autres fins que celle d'une poursuite de faux principal, ou incident; & qu'en conséquence il soit intervenu un Jugement sur le fondement de ces pieces comme véritable. (Ordonnance de 1737, *ibid.* art. 2.)

Dans le cas même où le plaignant auroit approuvé la piece, il peut néanmoins l'attaquer de faux, & obliger la partie adverse de de la représenter, si elle est entre ses mains. Mais s'il a transigé sur cette piece, il ne peut plus l'attaquer de faux; & il n'y a alors que la partie publique qui puisse agir. (Voyez ci-après, *n.* 105, article 52, *Du faux incident.*)

5. 3°. Sur la requête, ou plainte de la partie publique, ou de la partie civile, à laquelle elles sont tenues de joindre les pieces prétendues fausses, si elles sont en leur possession, il doit être ordonné qu'il sera informé des faits portés par ladite requête, ou plainte, & ce tant par titres, que par témoins; comme aussi par experts, ensemble par comparaison d'écritures, ou signatures; le tout selon que le cas le requerra. Et lorsque le Juge n'aura pas ordonné en même temps ces différents genres de preuves, il peut y être suppléé, s'il y échet, par une Ordonnance, ou un Jugement postérieur. (Même Ordonnance de 1737, Titre premier, *Du faux principal,* art. 3.)

4°. Ce Jugement, ou Ordonnance doit prononcer en outre qu'il sera dressé procès-verbal de l'état des pieces prétendues fausses, lesquelles à cet effet seront remises au Greffe, si elles sont jointes à la requête, ou plainte, sinon apportées audit Greffe, ainsi qu'il sera dit ci-après aux articles 10 & 11, *n.* 11 *&* 12. (Ordonnance de 1737, Titre premier *Du faux incident*, art. 7.)

6. 5°. En cas que les pieces ne soient pas en la possession de la partie publique, ou de la partie civile; & qu'elles n'aient pu les joindre à leur requête, ou plainte, il doit être ordonné par le même Jugement ou Ordonnance, qui permettra d'informer, qu'elles seront remises au Greffe par ceux qui les auroient entre les mains, & qu'à ce faire ils seront contraints; sçavoir, les dépositaires publics, par corps; ou s'ils sont Ecclésiastiques, par saisie de leur temporel; & ceux qui ne sont pas dépositaires publics, par toutes voies dues & raisonnables; sauf à être ordonné, s'il y échet, qu'ils seront contraints par les mêmes voies que les dépositaires publics. (Même Ordonnance de 1737, Titre premier *Du faux principal*, art. 5.)

7. 6°. Le délai pour l'apport & la remise de ces pieces, doit courir du jour de la signification de ladite Ordonnance, ou Jugement, au domicile de ceux qui les auront en leur possession; & ce délai doit être de trois jours, s'ils sont dans le lieu de la Jurisdiction; de huitaine, s'ils sont dans les dix lieues; & en cas

de plus grande distance, le délai sera augmenté d'un jour par dix lieues; même de tel autre temps que les Juges estimeront nécessaire, eu égard à la difficulté des chemins, & à la longueur des lieues; sans néanmoins qu'en aucun cas le délai puisse être réglé sur le pied de plus de deux jours par dix lieues. (Même Ordonnance de 1737, *tit.* 1, *art.* 6. Voyez sur ces délais le titre *Des reconnoissances d'écritures*, ci-dessus, *part.* 3, *liv.* 2, *tit.* 9, *n.* 47.)

8. 7°. On ne peut entendre aucuns témoins, avant que les pieces prétendues fausses aient été déposées au Greffe; ce qui doit être observé, à peine de nullité; si ce n'est qu'il ait été ordonné expressément, soit en accordant la permission d'informer, soit par une Ordonnance ou Jugement postérieur, que les témoins pourront être entendus avant le dépôt desdites pieces; ce que l'Ordonnance laisse à la prudence des Juges; comme aussi de statuer, ainsi qu'il appartiendra, suivant l'exigence des cas, lorsque les pieces prétendues fausses se trouveront avoir été soustraites, ou être perdues, ou lorsqu'elles seront entre les mains de celui qui sera prévenu du crime de faux. (Même Ordonnance de 1737, *ibid.* tit. 1, art. 7.)

Le Juge doit user de la faculté qui lui est accordée par cet article, dans le cas où le dépôt de la piece ne pourroit se faire promptement, & où il seroit à craindre que la preuve ne dépérît pendant ce temps-là.

§. II.

Des Experts.

9. 8°. Lorsque l'information par experts aura été ordonnée, suivant ce qui est porté par l'article 3, (ci-dessus, *n.* 5,) ces experts doivent toujours être nommés d'office; à peine de nullité; & la nomination en doit être faite par l'Ordonnance, ou Jugement, qui ordonnera ladite information; si ce n'est que ladite information ait été renvoyée à un Juge commis sur les lieux pour procéder à ladite information; lequel Juge commis fera pareillement d'office ladite nomination. (Ordonnance de 1737, *tit.* 1, *art.* 8.)

En matiere criminelle, les experts sont toujours nommés d'office par le Juge; au-lieu qu'en matiere civile, le Juge ne doit en nommer que pour celles des parties qui refusent de le faire.

10. Quand il s'agit de faux & de reconnoissances d'écritures, on doit prendre pour experts, des maîtres Ecrivains; & à leur défaut, des Notaires, ou Greffiers.

9°. Les Juges ne peuvent recevoir de l'accusé aucune requête en récusation contre les experts; à peine de nullité; sauf audit accusé à fournir ses reproches, si aucuns y a, contre les experts, en la même forme, & dans le même temps que contre les autres témoins. (Ordonnance de 1737, *ibid.* art. 9.) Voyez aussi l'article 32 du Titre *Du faux incident*, de la même Ordonnance, (*infrà*, n. 86;) qui renferme une pareille disposition.

§. III.

Du procès-verbal de l'état des pieces prétendues fausses.

11. 10°. Le procès-verbal des pieces prétendues fausses, ratures, surcharges, interlignes, & autres circonstances du même genre qui pourroient s'y trouver, doit être dressé au Greffe, ou autre lieu du Siege destiné aux instructions, en présence, tant du Procureur du Roi, ou de celui des Hauts-Justiciers, que de la partie civile, s'il y en a; à peine de nullité; & l'accusé ne doit point être appellé audit procès-verbal. Ordonnance de 1737, Titre *Du faux principal*, art. 10.)

Si la partie civile est absente, ou ne veut pas comparoître elle-même, elle peut assister par un fondé de procuration. (Voyez l'article 57 de ce même Titre (*Infrà*, n. 57.)

11°. Les pieces doivent être paraphées lors de ce procès-verbal, tant par le Juge, que par la partie civile, si elle peut les parapher; sinon il en doit être fait mention; ensemble par le Procureur du Roi, ou celui des Hauts-Justiciers; le tout à peine de nullité; après quoi elles seront remises au Greffe. (Ordonnance de 1737, *ibid.* art. 11.)

§. IV.

Des pieces de comparaison.

12. 12°. Lorsque la preuve par comparaison d'écritures aura été ordon-

née, les Procureurs du Roi des Hauts-Justiciers, & la partie civile, s'il y en a, pourront seuls fournir les pieces de comparaison; sans que l'accusé puisse être reçu à en recevoir de sa part; si ce n'est dans le temps, & ainsi qu'il est dit par les articles 46 & 54, ci-après, *n.* 36 & 43; le tout à peine de nullité. (Ordonnance de 1737, *ibid.* Titre, *Du faux principal*, art. 12.)

13°. On ne doit admettre pour pieces de comparaison, que celles qui sont authentiques par elles-mêmes; & on doit regarder comme telles, les signatures apposées aux actes passés devant Notaires, ou autres personnes publiques, tant séculieres, qu'Ecclésiastiques, dans le cas où elles ont droit de recevoir des actes en ladite qualité; comme aussi les signatures étant aux actes judiciaires faits en présence du Juge & du Greffier; & pareillement les pieces écrites & signées par celui dont il s'agit de comparer l'écriture, en qualité de Juge, Greffier, Notaire, Procureur, Huissier, Sergent, & en général, comme faisant, à quelque titre que ce soit, fonction de personne publique. (*Ibid.* art. 14.)

13. 14°. Néanmoins les écritures, ou signatures-privées qui sont reconnues par l'accusé, peuvent être admises pour pieces de comparaison; sans qu'en aucun autre cas lesdites écritures, ou signatures-privées, puissent être reçues pour pieces de comparaison; quand même elles auroient été vérifiées avec ledit accusé, sur la dénégation qu'il en auroit faite; ce qui doit être exécuté; à peine de nullité. (*Ibid.* art. 14.)

15°. L'article 15 du même Titre, laisse à la prudence des Juges, suivant l'exigence des cas, & notamment lorsque l'accusation de faux ne tombera que sur un endroit de la piece qu'on prétendra être faux, ou falsifié, d'ordonner que le surplus de ladite piece servira de piece de comparaison.

14. 16°. Si les pieces indiquées pour pieces de comparaison, sont entre les mains des dépositaires publics, ou autres, le Juge doit ordonner qu'elles seront apportées, suivant ce qui est prescrit par les articles 5 & 6, (ci-dessus, *n.* 6 & 7,) à l'égard des pieces prétendues fausses; & les pieces qui auront été admises pour pieces de comparaison, doivent demeurer au Greffe, pour servir à l'instruction; & ce, quand même les dépositaires desdites pieces offriroient de les apporter toutes les fois qu'il seroit nécessaire; sauf aux Juges à y pourvoir autrement, s'il y échéoit, pour ce qui concerne les registres des Baptêmes, Mariages, Sépultures, &c.

autres, dont les dépositaires auroient besoin continuellement pour le service public. (Même Ordonnance de 1737, Titre premier *Du faux principal*, art. 16.)

17°. Sur la présentation des pieces de comparaison, qui sera faite par la partie publique, sans qu'il soit donné aucune requête à cet effet, il doit être dressé procès-verbal desdites pieces au Greffe, ou autre lieu du Siege destiné aux instructions, en présence de ladite partie publique, ensemble de la partie civile, s'il y en a; à peine de nullité. (*Ibid.* art. 17.)

15. 18°. L'accusé ne peut être présent au procès-verbal de présentation des pieces de comparaison; ce qui doit être pareillement observé, à peine de nullité. (*Ibid.*, art. 18.)

19°. A la fin du procès-verbal, & sur la réquisition, ou sur les conclusions de la partie publique, le Juge doit régler ce qu'il appartiendra sur l'admission, ou le rejet desdites pieces, si ce n'est qu'il juge à propos d'ordonner qu'il en sera par lui référé aux autres Officiers du Siege; auquel cas il y sera pourvu par délibération de conseil, après que le procès-verbal aura été communiqué au Procureur du Roi, ou à celui des Hauts-Justiciers, & à la partie civile. (*Ibid.* art. 19.)

16. 20°. S'il est ordonné que les pieces de comparaison seront rejettées, la partie civile, s'il y en a, ou les Procureurs du Roi, ou ceux des Hauts-Justiciers, sont tenus d'en rapporter, ou d'en indiquer d'autres dans le délai qui leur sera prescrit; sinon il doit y être pourvu ainsi qu'il appartiendra. (Voyez *infrà*, n. 41.) Au surplus, il faut observer sur l'apport de ces pieces le contenu en l'article 16, ci-dessus *n.* 14. (Même Ordonnance de 1737, *tit.* 1, *art.* 20.)

21°. Dans tous les cas où les pieces de comparaison seront admises, elles doivent être paraphées, tant par le Juge, que par les Procureurs du Roi, ou par ceux des Hauts-Justiciers, & par la partie civile, s'il y en a, & si elle peut signer; sinon il en doit être fait mention: le tout à peine de nullité. (Ordonnance de 1737, *ibid.* art. 21.)

§. V.

De l'information par Experts.

17. 22°. Dans toutes les informations qui se font par experts, il

doivent toujours être entendus séparément, & par forme de déposition, ainsi que les autres témoins; sans qu'il puisse être ordonné en aucun cas que ces experts feront leur rapport sur les pieces prétendues fausses, ou qu'il sera procédé préalablement à la vérification d'icelles; ce que l'Ordonnance leur défend; à peine de nullité. (Ordonnance de 1737, *tit.* 1, *art.* 22.)

Il faut assigner les Experts pour les entendre en déposition; mais en cas de refus de comparoître pour donner leur avis, ils ne pourront y être contraints comme les autres témoins. La raison de cette différence est sensible. Pour faire les fonctions d'experts, il faut une certaine habileté, qui doit être accompagnée de réflexions. Or le refus que fait un expert de procéder à ces sortes de vérifications, pouvant être fondé sur ce que cet expert ne se croit pas assez de lumieres pour donner un avis solide, il ne seroit pas juste de le forcer à remplir une fonction dont il se juge lui-même incapable. Il faut cependant que l'expert qui est assigné, comparoisse pour s'excuser.

Par l'article 15 du titre 9 de l'Ordonnance de 1670, les Experts devoient faire leur rapport sans information; mais cette formalité a été abrogée par la nouvelle Ordonnance.

18. 23°. En procédant à l'information par Experts, la plainte ou requête, contenant l'accusation de faux, & la permission d'informer donnée en conséquence, les pieces prétendues fausses, & le procès-verbal de l'état d'icelles, les pieces de comparaison lorsqu'il en aura été fourni, ensemble le procès-verbal de présentation desdites pieces, & l'Ordonnance ou Jugement par lequel elles auront été reçues, seront remis à chacun des Experts, pour les voir & examiner séparément & en particulier, sans déplacer; & il doit être fait mention de la remise & examen desdites pieces dans la déposition de chacun des Experts, sans qu'il en soit dressé aucun procès-verbal; lesquels Experts parapheront les pieces prétendues fausses; le tout à peine de nullité. (Ordonnance de 1737, *ibid.* art. 23.)

§. VI.

De l'information par témoins.

19. 24°. Il faut en outre entendre comme témoins ceux qui auront connoissance de la fabrication, altération, & en général de la

fausseté des pieces, ou de faits qui puissent servir à en établir la preuve; à l'effet de quoi il doit être permis d'obtenir, s'il y échet, & de faire publier des Monitoires; ce qui peut être ordonné en tout état de cause. (Ordonnance de 1737, *ibid.* art. 24.)

L'article 12 du titre 3 des reconnoissances d'écritures en matiere criminelle, renferme aussi une pareille disposition. (Voyez ce qui a été dit au titre *Des reconnoissances d'écritures en matiere criminelle*, part. 3, liv. 2, tit. 9, n. 17.)

Cette preuve, qui vient de la déclaration des témoins, est beaucoup plus certaine & moins équivoque, que celle qui résulte de la comparaison d'écritures qui n'est fondée que sur des conjectures & des principes peu assurés. (Voyez ce qui est dit à ce sujet au titre *Du Faux*, ci-après, *part.* 5, *tit.* 15, n. 156.)

20. 25°. En procédant à l'audition des témoins, les pieces prétendues fausses doivent leur être représentées, si elles sont au Greffe; & en cas qu'elles n'y fussent pas, la représentation en sera faite lors du récolement; & si elles n'étoient pas au Greffe, même audit temps, la représentation s'en fera lors de la confrontation. (Ordonnance de 1737, *tit.* 1, *art.* 25.)

26°. Les témoins doivent parapher ces pieces, lors de la représentation qui leur en est faite, s'ils peuvent ou veulent les parapher; sinon il faut en faire mention. (*Ibid.* art. 26.)

27°. Les pieces servant à conviction, qui auront été remises au Greffe, doivent pareillement être représentées à ceux des témoins qui en auront connoissance, & par eux paraphées, ainsi qu'il est porté par l'article précédent; le tout lors de leur déposition. (*Ibid.* art. 27.)

21. 28°. L'article 28 du même titre, veut néanmoins qu'en cas d'omission de la représentation, & du paraphe ci-dessus ordonné des pieces prétendues fausses, ou servant à conviction, qui seroient au Greffe lors de la déposition desdits témoins, il puisse y être suppléé lors du récolement; & que s'il a été omis alors d'y satisfaire, il y sera suppléé en procédant à la confrontation; à peine de nullité de ladite confrontation, ainsi qu'il sera dit par l'article 45 ci-après, (*n.* 35.)

29°. A l'égard des pieces de comparaison, & autres qui doivent être représentées aux Experts, suivant l'article 25, (ci-dessus, *n.* 11,) elles ne doivent point être représentées aux autres témoins; si ce n'est que le Juge en procédant, soit à l'information, soit au récolement, ou à la confrontation desdits témoins, estime à propos de leur représenter lesdites pieces, ou quelques-unes d'elles; auquel cas elles doivent être par eux paraphées, ainsi qu'il est ci-dessus prescrit. (Ordonnance de 1737, *ibid.* tit. 1, art. 29.)

§. VII.

Du Décret.

22. 30°. Sur le vu de l'information, soit par Experts, soit par autres témoins, il doit être décerné, s'il y échet, tel décret qu'il appartiendra; ce que les Juges peuvent pareillement faire sans information, en cas qu'il y ait d'ailleurs des charges suffisantes pour décréter; le tout sur les conclusions des Procureurs du Roi, ou de ceux des Seigneurs Hauts-Justiciers. (Ordonnance de 1737, *tit.* 1, *art.* 30.)

§. VIII.

De l'interrogatoire des accusés.

23. 31°. Lors de l'interrogatoire des accusés, les pieces prétendues fausses, comme aussi les pieces servant à conviction, qui seront actuellement au Greffe, leur doivent être représentées & par eux paraphées, s'ils peuvent ou veulent le faire; sinon il en doit être fait mention; & en cas d'omission de cette représentation & paraphe, il y doit être suppléé par un nouvel interrogatoire; à peine de nullité du Jugement qui pourroit intervenir, sans avoir réparé ladite omission. (Ordonnance de 1737, *ibid.* tit. 1, art. 31.)

Si l'accusé a quelques pieces à représenter lors de son interrogatoire, elles doivent y demeurer jointes, après avoir été paraphées tant par le Juge que par l'accusé. (*Art.* 41, ci-après, *n.* 31.)

32°. Les pieces de comparaison, ou autres, qui doivent être représentées aux Experts, suivant l'article 23, (ci-dessus, *n.* 18,) ne peuvent être représentées aux accusés avant la confrontation. (Ordonnance de 1737, *ibid.* tit. 1, art. 32.)

§. IX.

§. IX.

Du corps d'écriture.

24. 33°. En tout état de cause, même après le réglement à l'extraordinaire, les Juges pourront ordonner, s'il y échet, à la Requête de la partie civile, ou sur le réquisitoire de la partie publique, ou même d'office, que l'accusé sera tenu de faire un corps d'écriture, tel qu'il lui sera dicté par les Experts. (Même Ordonnance de 1737, *ibid.* tit. 1, art. 33.)

Ce corps d'écriture a lieu principalement lorsqu'il n'y a point de pieces de comparaison, ou lorsque ces pieces de comparaison ne sont pas suffisantes.

25. 34°. Lorsque le corps d'écriture a été ordonné, il doit y être procédé au Greffe, ou autre lieu du Siege destiné aux instructions, en présence des Procureurs du Roi, ou de ceux des Hauts-Justiciers, ensemble de la partie civile, s'il y en a, ou elle duement appellée, à la Requête de la partie publique ; ce corps d'écriture doit être paraphé, tant par le Juge, les Experts, & les Procureurs du Roi, ou ceux des Hauts-Justiciers, que par la partie civile, si elle peut & veut le faire, sinon il en doit être fait mention, ensemble par l'accusé, s'il veut le parapher, & ce en présence desdits Experts ; & en cas qu'il refuse de le faire, il en sera fait mention ; le tout à peine de nullité. (*Ibid.* art. 34.)

26. 35°. A la fin de ce procès-verbal, & sans qu'il soit besoin d'autre jugement, le Juge doit ordonner, s'il y échet, que ledit corps d'écriture sera reçu pour piece de comparaison, & que les Experts seront entendus par voie de déposition, & en la forme prescrite par l'article 23, (ci-dessus, *n.* 18,) sur ce qui peut résulter dudit corps d'écriture, comparé avec les pieces prétendues fausses ; ce qui doit avoir lieu, encore qu'ils eussent déja déposé sur d'autres pieces de comparaison ; sans préjudice au Juge, s'il y échet, d'en nommer d'autres, ou d'en ajouter de nouveaux aux premiers ; ce qu'il ne peut faire néanmoins que par délibération de Conseil ; à l'effet de quoi il en sera par lui référé aux autres Juges. (Ordonnance de 1737, *tit.* 1, *art.* 35.)

§. X.

Du cas où les Juges peuvent nommer de nouveaux Experts; & ordonner de nouvelles pieces de comparaison.

27. 36°. L'article 36 du même titre 1 de l'Ordonnance de 1737, laisse à la prudence des Juges, en cas de diversité dans la déposition des Experts, ou de doute sur la maniere dont ils se seront expliqués, d'ordonner sur la réquisition de la partie publique, ou même d'office, qu'il sera entendu de nouveaux Experts en la forme prescrite par les articles 22 & 23; même qu'il sera fourni de nouvelles pieces de comparaison; ce qu'ils peuvent ordonner, s'il y échet, avant que de décréter, ou après le décret, jusqu'au réglement à l'extraordinaire, après quoi ils ne peuvent l'ordonner que lorsque l'instruction sera achevée & en jugeant le procès. Et en cas que ce soit l'accusé qui fasse une pareille demande, il faut observer ce qui est prescrit par les articles 46 & 54 ci-après *n. 36* & *43*. (Ordonnance de 1737, *tit.* 1, *art.* 36.)

§. XI.

Du récolement, & de la confrontation des Experts.

28. 37°. Lors du récolement des Experts, les pieces prétendues fausses, & les pieces de comparaison, doivent être représentées auxdits Experts, & tant à eux qu'aux accusés lors de la confrontation; à peine de nullité. Au surplus, le récolement & la confrontation desdits Experts, doivent se faire en la même forme que le récolement & la confrontation des autres témoins; sans néanmoins qu'il soit besoin d'interpeller lesdits Experts de déclarer, si c'est de l'accusé présent qu'ils ont entendu parler dans leur déposition & récolement; à moins qu'ils n'aient déposé de faits personnels audit accusé. (Ordonnance de 1737, *ibid.* art. 37.)

On doit conclure de la disposition de cet article, que si le témoin n'a déposé d'aucun fait qui soit personnel à l'accusé, & qu'il ne l'ait nommé ni désigné dans sa déposition, il doit déclarer qu'il ne sçait si c'est l'accusé présent qui a commis le crime; qu'il soutient sa déposition & son récolement véritable, & qu'il y persiste;

& tel est l'usage. On ne fait cette confrontation que parce qu'elle sert à constater le délit.

Si l'accusé est contumax, il suffira de représenter les pieces aux Experts ou aux témoins, lors de leur récolement, & de leur faire parapher ces pieces, si elles ne l'ont point été lors de leur déposition.

§ XII.

Du récolement, & de la confrontation des témoins.

29. 38°. En procédant au récolement des témoins, autres que les Experts, les pieces prétendues fausses doivent être représentées auxdits témoins; comme aussi les pieces servant à conviction, & en général toutes celles qui leur auront été représentées lors de leur déposition; & en cas que lesdites pieces prétendues fausses n'aient été remises au Greffe que depuis leur déposition, elles doivent leur être représentées, & par eux paraphées lors dudit récolement, suivant ce qui est prescrit par les articles 25 & 26 (ci-dessus, *n.* 20.) Ce qui a lieu pareillement pour les pieces servant à conviction, dont lesdits témoins auroient connoissance, & qui auroient été remises au Greffe depuis leur déposition; comme aussi pour celles dont la représentation auroit été omise lors de l'audition desdits témoins, suivant ce qui est porté par l'article 28, ci-dessus, *n.* 21. (Ordonnance de 1737, *ibid.* art. 38.)

30. 39°. Toutes les pieces qui auront été représentées aux témoins, tant lors de leur déposition, que lors de leur récolement, leur doivent être représentées, ainsi qu'à l'accusé, lors de la confrontation; & en cas que les pieces n'aient été remises au Greffe que depuis leur récolement, elles doivent être représentées auxdits témoins, & par eux paraphées lors de ladite confrontation, suivant ce qui est prescrit par les articles 25 & 26, (ci-dessus *n.* 20.). Ce qui a lieu pour les pieces servant à conviction, dont lesdits témoins auroient connoissance, & qui n'auroient été remises au Greffe que depuis ledit récolement; comme aussi pour celles dont la représentation auroit été omise lors de la déposition, & du récolement, suivant ce qui est porté par ledit article 28. (*Ibid.* art. 39.)

Cette représentation de pieces de comparaison, & de celles qu'il s'agit de vérifier, se fait afin que si l'accusé a encore quelques moyens à proposer pour sa défense, il puisse le faire.

31. 40°. Si les témoins représentent quelques pieces, soit lors de leur déposition ou du récolement, ou de la confrontation, elles doivent y demeurer jointes, après avoir été paraphées, tant par le Juge que par les témoins, s'ils peuvent, ou veulent le faire; sinon il en doit être fait mention; & si les pieces servent à conviction, il faut les représenter aux témoins qui en auroient connoissance, & qui seroient entendus, récolés, ou confrontés depuis la remise desdites pieces, & elles doivent être par eux paraphées; le tout suivant ce qui est prescrit par les articles 27 & 28, ci-dessus, *n.* 20 & 21. (Ordonnance de 1737, *ibid.* art. 40.)

32. 41°. Si l'accusé représente des pieces lors de ses interrogatoires, elles doivent y demeurer jointes, après avoir été paraphées, tant par le Juge, que par ledit accusé, s'il peut, ou veut les parapher; sinon il faut en faire mention, & les représenter aux témoins, s'il y échet; auquel cas elles doivent être par eux paraphées, s'ils peuvent ou veulent le faire; sinon il en sera fait mention. (*Ibid.* art. 41.)

42°. Si l'accusé représente des pieces lors de la confrontation, elles doivent pareillement y demeurer jointes, après avoir été paraphées, tant par le Juge, que par l'accusé, & par le témoin confronté avec ledit accusé; & si ledit accusé & ledit témoin ne peuvent, ou ne veulent les parapher, il en doit être fait mention; le tout à peine de nullité de ladite confrontation. Il faut aussi représenter ces pieces, s'il y échet, aux témoins qui seront confrontés depuis, & les leur faire parapher, ainsi qu'il est porté par l'article précédent. (*Ibid.* art. 42.)

§. XIII.

Du récolement des accusés en leurs interrogatoires; & de la confrontation des uns aux autres.

33. 43°. Lorsqu'il a été ordonné que les accusés seront récolés sur leurs interrogatoires, & confrontés les uns aux autres, les pieces qui auront été représentées à chaque accusé, ou qu'il aura rapportées lors de ses interrogatoires, doivent pareillement lui être représentées lors de son récolement, & tant à lui qu'aux autres accusés lors de la confrontation; & il faut, au surplus, observer sur ladite représentation, & sur le paraphe desdites pieces, ce

qui est prescrit par les articles 38, 39, 40 & 41, ci-dessus, (*n.* 29, 30, 31 & 32.) Ordonnance de 1737, *ibid.* art. 43.

§. XIV.

Observations sur le paraphe, & la représentation des pieces aux témoins.

34. 44°. Dans tous les cas où il a été ordonné par les articles précédents, que les pieces prétendues fausses, ou autres pieces, seroient paraphées, soit par le Juge, soit par les Experts, ou autres témoins, soit par les accusés; ou qu'il sera fait mention à l'égard desdits témoins, ou accusés, qu'ils n'ont pu, ou n'ont voulu les parapher; il suffit de faire parapher lesdites pieces, ou de faire ladite mention dans le premier acte, lors duquel lesdites pieces seront représentées, sans qu'il soit besoin de réitérer ledit paraphe, ou ladite mention, lorsque les mêmes pieces seront de nouveau représentées. (Ordonnance de 1737, *tit.* 1, *art.* 44.)

35. 45°. Pour expliquer plus particuliérement ce qui doit être observé sur les cas où la peine de nullité doit être prononcée par le défaut de représentation aux témoins, autres que les Experts, des pieces prétendues fausses, ou servant à conviction, ou par le défaut de paraphe desdites pieces, l'article 45 du même titre 1 de l'Ordonnance de 1737, veut que cette peine ne puisse avoir lieu qu'à l'égard de la confrontation, lorsque l'on n'y aura pas suppléé à l'omission de représentation, ou de paraphe desdites pieces; auquel cas les Juges ordonneront, s'il y échet, qu'il sera procédé à une nouvelle confrontation, lors de laquelle lesdites pieces seront représentées auxdits témoins, & par eux paraphées en la forme ci-dessus prescrite; ce qui doit être pareillement observé à l'égard des accusés, lorsqu'il aura été ordonné qu'ils seront récolés & confrontés les uns aux autres. (Ordonnance de 1737, *tit.* 1, *art.* 45.)

§. XV.

Des faits justificatifs.

36. 46°. En cas que l'accusé présente une requête pour demander qu'il soit remis de nouvelles pieces de comparaison entre les mains

des Experts, les Juges ne doivent point y avoir égard qu'après l'instruction achevée, & par délibération de conseil sur le vu du procès, à peine de nullité. (Ordonnance de 1737, *tit.* 1, art. 46.)

L'accusé, ou défendeur en faux, est admis à produire des pieces de comparaison pour sa justification. Par exemple, si c'est un acte passé devant Notaire qu'on attaque de faux, comme n'étant pas signé de ce Notaire, le défendeur peut, pour justifier son exception, produire d'autres actes passés & signés par ce même Notaire. (Ainsi jugé par Arrêt du 19 Mai 1711, touchant un acte passé par un nommé Trencart, Notaire à Amiens, contre lequel on s'étoit pourvu en cassation, & confirmé par Arrêt du Conseil du 20 Février 1713.)

37. 47°. Si la requête de l'accusé est admise, le jugement doit lui être prononcé dans vingt-quatre heures au plus tard, & le Juge doit l'interpeller d'indiquer lesdites pieces, ce que l'accusé est tenu de faire sur le champ. Il est néanmoins de la prudence des Juges de lui accorder un délai, suivant l'exigence des cas, pour indiquer lesdites pieces, sans que le délai puisse être prorogé; & il n'est pas permis à l'accusé de présenter dans la suite d'autres pieces que celles qu'il aura indiquées; le tout sans préjudice à la partie civile, ou à la partie publique de contester lesdites pieces. (Ordonnance de 1737, *tit.* 1, *art.* 47.)

Le Juge, dont il est parlé dans cet article, est celui qui a été Rapporteur du procès.

38. 48°. Les écritures, ou signatures privées de l'accusé, ne peuvent être reçues pour pieces de comparaison, encore qu'elles eussent été par lui reconnues, ou vérifiées avec lui; si ce n'est du consentement, tant de la partie publique, que de la partie civile, s'il y en a; ce qui doit être observé, à peine de nullité. (*Ibid.* art. 48.)

49°. Les dispositions des articles 13 & 16, ci-dessus, (*n.* 12 & 14.) doivent être observées, tant par rapport à la qualité desdites nouvelles pieces de comparaison, qu'en ce qui concerne l'apport & remise au Greffe de ces pieces; lesquels apport & remise se feront à la requête de la partie publique. (*Ibid.* art. 49.)

39. 50°. Le procès-verbal de présentation des nouvelles pieces de comparaison indiquées par l'accusé, doit être fait à la requête de la partie publique, & dressé en présence dudit accusé, lequel est tenu de parapher les pieces qui seront reçues, s'il peut, ou veut

les parapher; sinon il doit en être fait mention, le tout à peine de nullité; & en cas que l'accusé ne soit pas dans les prisons, & ne se présente point pour assister audit procès-verbal, il doit y être procédé en son absence, après qu'il aura été duement appellé à la requête de la partie publique. On doit au surplus observer tout ce qui a été ci-dessus prescrit par rapport au procès-verbal de présentation des pieces de comparaison, rejet ou admission d'icelles, & procédures à faire en conséquence. (*Ibid.* art. 50.)

40. 51°. En cas que les pieces de comparaison soient admises, il faudra procéder à une nouvelle information sur ce qui peut résulter desdites pieces dans la forme prescrite par les articles 22 & 23, (ci-dessus, *n.* 17 & 18.) & ce à la requête de la partie publique, & par les mêmes Experts qui auront déja été entendus; à moins qu'il n'en ait été autrement ordonné. Il faut aussi que les anciennes pieces de comparaison soient remises entre les mains des Experts, ainsi que les nouvelles; ensemble les procès-verbaux de présentation, & les Ordonnances, ou Jugements de reception de toutes lesdites pieces. (Ordonnance de 1737, *tit.* 1, *art.* 51.)

Cette information étant un fait justificatif, n'est suivie ni de récolement, ni de confrontation.

41. 52°. La partie civile, ou la partie publique, peut être admise à produire de nouvelles pieces de comparaison; & ce en tout état de cause, même dans le cas où il n'auroit pas été permis à l'accusé d'indiquer de nouvelles pieces de comparaison; le tout à la charge de se conformer aux dispositions des articles 13 & suivants; (ci-dessus, *n* 12), notamment en ce qu'il y est porté, que l'accusé ne sera point présent au procès-verbal de présentation des pieces de comparaison rapportées par la partie publique, ou par la partie civile. (Ordonnance de 1737, *ibid.* art. 52.)

42. 53°. Lorsqu'à l'occasion des nouvelles pieces de comparaison indiquées par l'accusé, la partie publique, ou la partie civile, s'il y en a, en ont aussi produit de leur part, les Juges pourront, après que lesdites pieces auront été reçues en la forme ci-dessus marquée, ordonner, s'il y échet, que sur les unes & les autres il sera procédé à une seule & même information par experts. (*Ibid.* art. 53.)

Il n'est pas nécessaire dans ces cas que les témoins soient récolés & confrontés; à moins qu'ils ne fassent charge contre l'accusé. (Voyez ce qui est dit ci-après en l'article 56, *n.* 44.)

43. 54°. Si l'accusé demande qu'il soit entendu de nouveaux experts, soit sur les anciennes especes de comparaison, ou sur de nouvelles, les Juges ne peuvent l'ordonner, s'il y échet, qu'après l'instruction achevée, & par délibération de conseil sur le vu du procès; ce qui doit être observé, à peine de nullité. (Ordonnance de 1737, *ibid.* art. 54.)

55°. S'il est ordonné qu'il sera procédé à une information par de nouveaux experts, ils seront toujours nommés d'office, & entendus en la forme prescrite par les articles 22 & 23, (ci-dessus, *n.* 17 & 18;) le tout à peine de nullité. (*Ibid.* n. 55.)

Cette information ne doit pas être suivie de récolement, ni de confrontation de témoins, lorsqu'elle se fait à la requête de l'accusé, cette preuve étant pour sa justification.

44. 56°. Dans tous les cas marqués par les articles 36, 46, 47, 52, 53, 54 & 55, (ci-dessus, *n.* 27, 36, 37, 41, 42 & 43, (où il a été procédé à une nouvelle information, soit sur de nouvelles pieces de comparaison, ou par de nouveaux experts, les Juges peuvent la joindre au procès, pour, en jugeant, y avoir tel égard que de raison; ou décerner de nouveaux décrets, s'il y échet; ou ordonner sans décret que les experts entendus dans ladite information seront récolés & confrontés; ou y statuer autrement, suivant l'exigence des cas; ce que l'Ordonnance laisse à la prudence des Juges. (Ordonnance de 1737, *ibid.* tit. 1, art. 56.)

On doit observer la même regle, si dans l'information faite à la requête de l'accusé pour sa justification, les pieces par lui produites étoient attaquées de faux; car il faudroit ainsi joindre cette nouvelle instance au procès.

§. XVI.

De la Procuration de la Partie civile quand elle est absente.

45. 57°. Dans tous les procès-verbaux où la présence de la partie civile est requise, suivant ce qui a été réglé ci-dessus, il est permis à ladite partie civile d'y faire assister au-lieu d'elle, le porteur de sa procuration, qui ne doit être admise qu'en cas qu'elle soit spéciale, & passée devant Notaires. (Ordonnance de 1737, *ibid.* art. 57.)

58°. Cette procuration doit être annexée à la minute de l'acte, pour

pour lequel elle aura été donnée, si elle ne concerne qu'un seul acte; & si elle en concerne plusieurs, elle doit être annexée à la minute du premier acte, lors duquel elle aura été représentée; & elle doit être paraphée, tant par le Juge, que par le porteur d'icelle, lequel paraphera, en outre, toutes les pieces qui devroient être paraphées par ladite partie civile, si elle étoit présente; & en cas qu'il refuse de les parapher, il doit y être pourvu par les Juges, sur les conclusions de la partie publique, ainsi qu'il appartiendra. (*Ibid.* art. 58.)

§. XVII.

Du Jugement diffinitif contradictoire.

46. 59°. Lorsque les premiers Juges ont ordonné la suppression, ou lacération, ou la radiation, en tout, ou en partie, même la réformation, ou le rétablissement des pieces par eux déclarées fausses, il doit être sursis à l'exécution de ce chef de leur Jugement, jusqu'à ce que par les Cours, sur le vu du procès, & sur les conclusions des Procureurs-Généraux, il y ait été pourvu ainsi qu'il appartiendra; ce qui doit avoir lieu, encore que la Sentence fût de nature à pouvoir être exécutée sans avoir été confirmée par Arrêt, & qu'il n'y en eût aucun appel, ou que l'accusé y eût acquiescé dans le cas où il peut le faire. (Ordonnance de 1737, *tit.* 1, *art.* 59.)

47. 60°. L'accusé peut néanmoins être mis en liberté, dans le cas d'acquiescement de sa part à la Sentence, lorsqu'il n'y aura point d'appel *à minimâ* interjetté par les Procureurs-Généraux du Roi, ou leurs Substituts, ou par les Procureurs des Hauts-Justiciers. (*Ibid.* art 60.)

§. XVIII.

Du Jugement par contumace.

48. 61°. En cas que le Jugement soit rendu par contumace contre les accusés, ou aucuns d'eux, la surséance portée par l'article 59, (ci-dessus, *n.* 46,) doit avoir lieu, tant que les accusés contumaxs ne se représenteront pas, ou ne seront point arrêtés; ce qui doit être observé, même après l'expiration des cinq années: & en

cas que les contumaxs se représentent, ou qu'ils soient arrêtés, ladite surséance aura pareillement lieu, si le Jugement qui interviendra contradictoirement avec eux, contient, à l'égard des piéces fausses, quelques-unes des dispositions mentionnées audit article 59. (ci-dessus, *n.* 46.) (Ordonnance de 1737, *ibid.* art. 61.)

62°. L'exécution des Arrêts émanés des Cours, qui contiendront quelques-unes des dispositions mentionnées dans l'article 59, doit pareillement être sursise, lorsque lesdits accusés, ou aucuns d'eux, auront été condamnés par contumace; si ce n'est que dans la suite il en soit autrement ordonné par lesdites Cours, s'il y échéoit, & sur les conclusions des Procureurs-Généraux du Roi; ce que l'Ordonnance laisse à leur prudence, suivant l'exigence des cas. (*Ibidem*, art. 62.)

§. XIX.

De la remise des pieces après le Jugement.

49. 63°. Par le Jugement de condamnation, ou d'absolution, qui interviendra sur le vu du procès, il doit être statué, ainsi qu'il appartiendra, sur la remise des pieces, soit à la partie civile, ou aux témoins, ou aux accusés qui les auront fournies, ou représentées; ce qui doit avoir lieu, même à l'égard des pieces prétendues fausses, lorsqu'elles ne seront pas jugées telles. Et à l'égard des pieces qui auront été tirées d'un dépôt public, il doit être ordonné qu'elles seront remises, ou renvoyées par les Greffiers aux dépositaires d'icelles, par les voies en tel cas requises & accoutumées; le tout sans qu'il soit rendu un autre Jugement sur la remise desdites pieces, laquelle néanmoins ne peut être faite que dans le temps, & ainsi qu'il est marqué ci-après. (Ordonnance de 1737, *ibid.* art. 63.)

50. 64°. Lorsque les procès seront de nature à être portés dans les Cours, sans même qu'il y ait appel de la Sentence des premiers Juges, suivant les dispositions de l'Ordonnance de 1670, & pareillement lorsqu'il y aura appel de ladite Sentence, les pieces dont la remise y aura été ordonnée, ne peuvent être retirées du Greffe, jusqu'à ce qu'il y ait été pourvu par lesdites Cours. (Ordonnance de 1737, *tit.* 1, *art.* 64.)

65°. Si les procès ne sont pas de la nature marquée par l'article précédent, l'article 65 du même titre, veut qu'encore qu'il n'y eût point d'appel de la Sentence, ou que l'accusé y eût acquiescé, aucune desdites pieces ne puisse être retirée du Greffe, que six mois après ladite Sentence; enjoignant Sa Majesté aux Substituts des Procureurs-Généraux de ses Cours, ou aux Procureurs d'office, d'informer diligemment lesdits Procureurs-Généraux de ses Cours, du contenu aux Jugements rendus dans leurs Sieges en matiere de faux, même par contumace; pour être par lesdits Procureurs-Généraux fait en conséquence telles réquisitions qu'ils jugeront nécessaires. (*Ibid.* art. 65.)

51. 66°. Lorsque le procès pour crime de faux, a été instruit dans une Cour, ou qu'il y a été porté, suivant ce qui a été dit ci-dessus, lesdites pieces ne peuvent être retirées du Greffe, qu'après l'Arrêt diffinitif qui en aura ordonné la remise. (*Ibidem*, art. 66.)

67°. Dans les cas portés par les articles 59, 61 & 62, (ci-dessus, *n.* 46 *& suiv.*) où il doit être sursis à l'exécution des Sentences, ou Arrêts, qui contiendront, à l'égard des pieces déclarées fausses, quelqu'une des dispositions mentionnées auxdits articles, il doit pareillement être sursis à la remise des pieces de comparaison, ou autres pieces; si ce n'est qu'il en soit autrement ordonné par les Cours sur la requête des dépositaires desdites pieces, ou des parties qui auroient intérêt d'en demander la remise, & sur les conclusions des Procureurs-Généraux de Sa Majesté esdites Cours. (*Ibid.* art. 67.)

68°. L'article 68 du même titre, enjoint aux Greffiers de se conformer exactement aux articles précédents en ce qui les regarde; à peine d'interdiction, d'amende arbitraire applicable à Sa Majesté, ou aux Hauts-Justiciers, & des dommages & intérêts des parties; même d'être procédé extraordinairement contr'eux, s'il y échet.)

52. 69°. Pendant que les pieces demeureront au Greffe, les Greffiers ne peuvent délivrer aucunes copies, ni expéditions des pieces prétendues fausses, ou servant à conviction; si ce n'est en vertu d'un Jugement, qui ne peut être rendu que sur les conclusions des Procureurs-Généraux de Sa Majesté, ou de leurs Substituts, ou des Procureurs d'office: & à l'égard des actes, dont les originaux ou minutes ont été remis au Greffe, & notamment des registres sur lesquels il y auroit des actes non argués de faux, lesdits Greffiers peuvent en délivrer des expéditions aux parties qui auront

droit d'en demander, sans qu'ils puissent prendre de plus grands droits que ceux qui seroient dus aux dépositaires desdits originaux ou minutes; & le présent article doit être exécuté, sous les peines portées par l'article précédent. (Ordonnance de 1737, *tit.* 1, *art.* 69.)

§. XX.

Des Délais.

53. 70°. Dans tous les délais prescrits pour les procédures mentionnées au présent titre, & au titre suivant, on ne doit point comprendre le jour de l'assignation ou signification, ni celui de l'échéance: & à l'égard des délais fixés à trois jours, ou au dessous, les jours fériés, auxquels il n'est pas d'usage de faire des significations, ne doivent point y être compris. (Même Ordonnance de 1737, titre 3 *Des reconnoissances d'écritures en matiere criminelle*, art. 20.)

§. XXI.

Observation sur les Articles précédents.

54. 71°. Toutes les dispositions ci-dessus, ensemble celles comprises au titre suivant, qui regarde le faux incident, doivent servir de loi pour la procédure du faux principal & incident, & tenir lieu du titre 9 de l'Ordonnance du mois d'Août 1670. (Ordonnance de 1737, *tit.* 3, *art.* 21.)

ARTICLE II.

De la procédure sur le faux incident.

§. I.

Quand la poursuite du faux incident peut avoir lieu, & être reçue.

55. 1°. La poursuite du faux incident a lieu, lorsqu'une des parties ayant signifié, communiqué, ou produit quelque piece que ce puisse être, dans le cours de la procédure, l'autre partie pré-

tend que cette piece est fausse, ou qualifiée. (Ordonnance du mois de Juillet 1737, titre 2 *Du faux incident*, art. 1.)

On peut encore s'inscrire en faux contre les procès-verbaux des Commis & Employés dans les Fermes du Roi; contre ceux des Huissiers, *&c.*

Cette poursuite du faux incident a lieu, soit que la piece soit authentique, ou sous signature-privée. S'il s'agit d'une écriture privée, comme elle ne fait point de foi sans reconnoissance, ou vérification, la seule dénégation de cette écriture suffit sans inscription de faux; mais après qu'elle a été vérifiée, on ne peut l'attaquer que par la voie d'inscription de faux, soit principal, ou incident.

Elle a aussi lieu, non-seulement dans le cas où celui qui a produit, ou signifié la piece maintenue fausse, a fait ou fait faire cette piece; mais encore dans le cas où un autre en est l'auteur. (Voyez *infrà*, n. 64.)

56. 2°. Cette poursuite du faux incident peut être reçue, s'il y échet, encore que les pieces prétendues fausses aient été vérifiées, même avec le demandeur en faux, à d'autres fins que celles d'une poursuite de faux principal, ou incident; & qu'en conséquence il soit intervenu un jugement sur le fondement desdites pieces, comme véritables. (Ordonnance de 1737, *ibid.* tit. 2, art. 2. Voyez aussi ci-dessus, *n.* 4.)

On ne reçoit pas toujours les inscriptions de faux incidentes. Par Arrêt du 2 Septembre 1741, rendu au Parlement de Paris, une Ordonnance, portant permission de s'inscrire en faux, & l'opposition qui y avoit été formée, ont été jointes au procès, pour, en jugeant, y avoir tel égard que de raison. (Voyez Lacombe en son Commentaire sur les nouvelles Ordonnances, imprimé en 1753, *in*-4°. pag. 276.)

§. II.

Formalité pour la demande en faux incident.

57. 3°. La partie qui veut former la demande en faux incident, doit présenter une requête, tendante à ce qu'il lui soit permis de s'inscrire en faux contre les pieces qui y seront indiquées, & à ce que le défendeur soit tenu de déclarer s'il entend se servir

desdites pieces. Cette requête doit être signée du demandeur, ou du porteur de sa procuration spéciale; à peine de nullité; & ladite procuration attachée à la requête. (Ordonnance de 1737, *tit.* 2, *art.* 3.)

Cette requête doit être présentée au Juge saisi de la cause, ou procès, auquel l'inscription de faux est incidente; & ce seroit une mauvaise procédure de porter cette demande en une autre Jurisdiction. (Voyez le procès-verbal de l'Ordonnance de 1670, *tit.* 9, *pag.* 101.)

Dans les Bailliages même, & Sénéchaussées où il y a un Tribunal particulier pour les affaires criminelles, c'est au Juge civil à connoître du faux incident. Mais si on vient à poursuivre ce faux par la voie extraordinaire, c'est-à-dire, comme faux principal; ce sera au Juge Criminel du même Siege à en connoître. (Voyez *infrà*, n. 75.)

58. Cette inscription de faux n'a lieu que pour le faux incident. (Voyez l'article 1 du titre 1 *Du Faux principal*, ci-dessus, *n.* 4.)

4°. Le demandeur en faux, est tenu avant tout, de consigner; sçavoir, dans les Cours, Requêtes de l'Hôtel, & du Palais 100 livres; aux Bailliages, Sénéchaussées, Sieges Présidiaux, ou autres Sieges ressortissants immédiatement esdites Cours 60 livres; & 20 livres dans tous les autres Sieges; sans qu'il soit consigné plus d'une amende, quel que soit le nombre des demandeurs, ou des pieces arguées de faux; pourvu que l'inscription soit formée conjointement, & par le même acte. (Ordonnance de 1737, *tit.* 2, *art.* 4.)

Cette consignation d'amende n'a lieu que pour le faux incident, & non pour le faux principal. (Voyez l'article 1 du titre 1 *Du Faux principal*, ci-dessus, *n.* 4.)

59. 5°. Si la requête à fin de permission de s'inscrire en faux, est donnée aux Cours dans les six semaines antérieures au temps auquel elles finissent leurs séances; ou aux Compagnies semestres dans les six semaines antérieures à la fin de chaque semestre, le demandeur en faux est tenu de consigner la somme de 300 livres; même plus grande somme, si les Juges estiment à propos de l'ordonner. (Même Ordonnance de 1737, *tit.* 2, *art.* 5.)

60. 6°. Les sommes qui sont consignées pour les inscriptions de faux, doivent être reçues sans aucuns droits ni frais par le Receveur des amendes en titre, ou par commission, s'il y en a; sinon par le Greffier du Siege où l'inscription est formée. (Ordonnance de 1737, *tit.* 2, *art.* 6.)

Les Receveurs & Greffiers à qui ces amendes ſont remiſes, en ſont chargés comme dépoſitaires de deniers de Juſtice, & ne peuvent s'en déſaiſir qu'elles n'aient été diffinitivement adjugées; pour être après le jugement de l'inſcription de faux, rendues ou délivrées à qui il appartiendra.

Les Receveurs des amendes peuvent, aux termes des Réglements, retenir ſur ces amendes les droits de deux ſols pour livre; mais il n'eſt pas permis d'exiger d'autres droits.

61. 7°. La quittance de conſignation d'amende doit être attachée à la requête du demandeur, & viſée dans l'Ordonnance qui ſera rendue ſur cette requête. (Ordonnance de 1737, *tit.* 2, *art.* 7.)

8°. Cette Ordonnance doit porter que l'inſcription ſera faite au Greffe par le demandeur, & qu'il ſera tenu à cet effet dans trois jours au plutard, de ſommer le défendeur de déclarer s'il veut ſe ſervir de la piece maintenue fauſſe; ce que ledit demandeur ſera tenu de faire dans ledit temps de trois jours, à compter du jour de ladite Ordonnance; ſinon il doit être déclaré déchu de ſa demande en inſcription de faux. (*Ibid.* art. 8.)

§. III.

De la ſommation qui doit être faite au défendeur; & de la déclaration qu'il eſt obligé de faire ſur cette ſommation.

62. 9°. La ſommation doit être faite au défendeur au domicile de ſon Procureur, auquel il doit être donné copie par le même acte, de la quittance d'amende, du pouvoir ſpécial, ſi aucun y a, de la requête du demandeur, & de l'Ordonnance du Juge; le tout à peine de nullité; & le défendeur doit être interpellé par cette ſommation, de faire ſa déclaration dans le délai ci-après marqué. (Ordonnance de 1737, *ibid.* art. 9.)

10°. Ce délai court du jour de la ſommation, & doit être de trois jours, ſi le défendeur demeure dans le lieu de la juriſdiction; & s'il demeure dans un autre lieu, le délai, pour lui donner connoiſſance de ladite ſommation, & le mettre en état d'y répondre, doit être de huitaine, s'il demeure dans les dix lieues; & en cas de plus grande diſtance, le délai ſera augmenté de deux jours par dix lieues; ſauf aux Juges à le prolonger, eu égard à la difficulté des chemins, & à la longueur des lieues; ſans néanmoins que ledit délai puisse être plus grand en aucun cas, que de quatre jours par dix lieues. (Même Ordonnance de 1737, *tit.* 2, *art.* 10.)

63. 11°. Le défendeur doit, pendant ce délai, faire sa déclaration précise, s'il entend, ou s'il n'entend pas se servir de la piece maintenue fausse ; & cette déclaration doit être signée de lui, ou du porteur de sa procuration spéciale, & signifiée au Procureur du demandeur, ensemble la procuration, si le défendeur n'a pas signé lui-même ladite déclaration. (*Ibid.* art. 11.)

64. 12°. Faute par le défendeur d'avoir satisfait à tout ce qui est porté par l'article précédent, le demandeur en faux pourra se pourvoir à l'Audience, pour faire ordonner que la piece prétendue fausse sera rejettée de la cause ou procès, par rapport au défendeur ; sauf au demandeur à en tirer telles inductions ou conséquences qu'il jugera à propos, ou à former telles demandes qu'il avisera pour ses dommages & intérêts ; même en matiere bénéficiale, pour faire déclarer le défendeur déchu du bénéfice contentieux, s'il a fait, ou fait faire la piece fausse, ou s'il en a connu la fausseté ; ce qui pourra aussi être ordonné sur la seule réquisition des Procureurs Généraux du Roi, ou de leurs Substituts. (*Ibid.* art. 12.)

La disposition portée en cet article, pour faire déclarer le défendeur déchu du bénéfice contentieux, ne rend pas ce défendeur incapable de posséder un autre bénéfice. (Voyez Brodeau sur Louet, *lettre* R, *somm.* 48.)

Cette déchéance du bénéfice contentieux, a lieu, même dans le cas où le défendeur déclareroit ne vouloir pas se servir de la piece attaquée de faux. C'est ici une peine établie contre ceux qui veulent parvenir à des bénéfices par des voies illégitimes.

65. 13°. La disposition de l'article 12 qui précede, doit avoir lieu pareillement dans le cas où le défendeur déclareroit qu'il ne veut pas se servir de la piece par lui produite. (Ordonnance de 1737, *tit.* 2, *art.* 13.)

Il faut observer que le défendeur en faux est toujours admis à abandonner la piece prétendue fausse, & à déclarer qu'il ne s'en veut plus servir, même après l'instruction du faux commencée ; sauf à faire droit sur les dommages & intérêts. (Ainsi jugé par Arrêt du 2 Juin 1704.)

Mais

Mais quand une fois il a déclaré ne vouloir pas se servir de la piece, il ne peut plus ensuite s'en servir au même procès.

§. IV.

De la déclaration du défendeur; & de l'inscription de faux.

66. 14°. Si le défendeur déclare qu'il veut se servir de la piece arguée de faux, il doit la remettre au Greffe dans les vingt-quatre heures, à compter du jour que sa déclaration aura été signifiée; & dans les vingt-quatre heures après, il est pareillement tenu de donner copie au demandeur, au domicile de son Procureur, de l'acte de mise au Greffe; sinon le demandeur pourra se pourvoir à l'Audience pour faire statuer sur le rejet de ladite piece, suivant ce qui est porté en l'article 12, (ci-dessus, *n. 64*;) si mieux n'aime demander qu'il lui soit permis de faire remettre ladite piece au Greffe à ses frais, dont il sera remboursé par le défendeur, comme de frais préjudiciaux; à l'effet de quoi, il lui en doit être délivré exécutoire. (Ordonnance de 1737, *tit.* 2, *art.* 14. Voyez l'article 20 du titre *Des reconnoissances d'écritures*, ci-dessus, *part. 3, liv. 2, tit. 9, n. 53*, touchant les délais.)

67. 15°. Dans vingt-quatre heures au plus tard après la signification faite au demandeur de l'acte de mise au Greffe, ou dans les vingt-quatre heures après la remise de la piece audit Greffe, si elle y a été mise par le demandeur, il est tenu d'y former son inscription de faux, & ce en personne, ou par son Procureur fondé de procuration spéciale; faute de quoi le défendeur pourra se pourvoir à l'Audience, pour faire ordonner que sans s'arrêter à la requête dudit demandeur, il sera passé outre au Jugement de la cause, ou du procès. (Ordonnance de 1737, *ibid.* tit. 2, art. 15. Voyez aussi ci-dessus le même article 20, (*n.* 53.)

§. V.

De l'apport de la minute arguée de faux.

68. 16°. En cas qu'il y ait minute de la piece inscrite de faux, il doit être ordonné, s'il y échet, sur la requête du demandeur, ou même d'office, que le défendeur sera tenu, dans le temps qui lui

sera prescrit, de faire apporter ladite minute au Greffe, & que les dépositaires d'icelle y seront contraints par les voies & dans les délais marqués par les articles 5 & 6 du titre *Du Faux principal*, (ci-dessus, *n.* 6 & 7;) laissant S. M. à la prudence des Juges d'ordonner, s'il y échet, sans attendre l'apport de ladite minute, qu'il sera procédé à la continuation de la poursuite du faux; comme aussi de statuer ce qu'il appartiendra, en cas que ladite minute ne pût être rapportée, ou qu'il fût suffisamment justifié qu'elle a été soustraite, ou qu'elle est perdue. (Ordonnance de 1737, *ibid. tit.* 2, art. 16.)

69. Les actes publics contre lesquels on s'inscrit en faux, ne doivent se vérifier que par la représentation de la minute, & non par témoins; à moins que la minute n'ait été perdue par incendie, vol, inondation, *&c.*; ou que ce soit un acte ancien; auquel cas le défendeur n'est pas tenu du rapport de cette piece.

Pour constater que cette minute ne se trouve pas, il suffit d'un procès-verbal de perquisition. (Ainsi jugé par Arrêt du 11 Mars 1709.)

70. 17°. Dans les cas où il échet de faire apporter ladite minute, le délai qui aura été prescrit à cet effet au défendeur, court du jour de la signification de l'Ordonnance, ou Jugement, au domicile de son Procureur; & faute par le défendeur d'avoir fait les diligences nécessaires pour l'apport de ladite minute dans ledit délai, le demandeur pourra se pourvoir à l'Audience, pour faire ordonner le rejet de la piece maintenue fausse, s'il y échet, suivant ce qui est porté par l'article 12, (ci-dessus, *n.* 64;) si mieux n'aime demander qu'il lui soit permis de faire apporter ladite minute à ses frais, dont il sera remboursé par le défendeur, comme de frais préjudiciaux; & il doit lui en être délivré exécutoire à cet effet. (Ordonnance de 1737, *tit.* 2, *art.* 17.)

§. VI.

Des conclusions de la partie publique pour admettre, ou pour rejetter la piece arguée de faux.

71. 18°. Le rejet de la piece arguée de faux ne peut être ordonné en aucun cas que sur les conclusions des Procureurs-Généraux de S. M. ou de leurs Substituts; ou des Procureurs des Hauts-

Justiciers; à peine de nullité du Jugement qui seroit rendu à cet égard, & sauf à y être statué de nouveau sur lesdites conclusions, ainsi qu'il appartiendra. (*Ibid.* art. 18.)

Quand une piece est rejettée, le Juge ne doit y avoir aucun égard, de même que si elle n'eût point été produite.

§. VII.

En quels cas le demandeur en faux incident, & la partie publique, peuvent prendre la voie du faux principal; & où l'accusation en doit être portée?

72. 19°. Dans les cas mentionnés aux articles 12, 13, 14 & 16, (ci-dessus, *n.* 64, 65, 66, & 68;) dans lesquels par le fait du défendeur, le rejet de ladite piece seroit ordonné, il est permis au demandeur de prendre la voie du faux principal, sans rétardation néanmoins de l'instruction, & du jugement de la contestation, à laquelle ladite inscription de faux étoit incidente; si ce n'est que par les Juges il en soit autrement ordonné. (Ordonnance de 1737, *tit.* 2, *art.* 19.)

En matiere de faux, le désistement de celui qui a fabriqué la piece, n'empêche pas qu'il ne soit puni criminellement comme faussaire. (Arrêt rapporté par Boniface, *tom.* 5, *liv.* 3, *tit.* 2, *chap.* 8; comme dans le cas de l'article 12 ci-dessus, *n.* 64.)

Il faut faire une grande différence entre celui qui se sert d'une piece fausse, & qui l'emploie dans l'instruction de son procès, croyant qu'elle est bonne, & celui qui en est le fabricateur; car contre le premier, il faut procéder par les voies ordinaires, & par l'inscription de faux; mais contre l'auteur de la fausseté, on doit prendre la voie de l'information. (Voyez Boniface, *tom.* 5, *liv.* 3, *tit.* 2, *chap.* 9.)

73. 20°. A l'égard des cas portés par l'article 15, (ci-dessus, *n.* 67,) & par les articles 27 & 37 ci-après, (*n.* 80 & 90;) où par le fait du demandeur, il seroit ordonné que sans s'arrêter à la requête, ou à l'instruction en faux, il seroit passé outre à l'instruction, ou au Jugement de la cause ou du procès; ledit demandeur ne peut être reçu à former l'accusation de faux principal, qu'après le Jugement de ladite cause, ou dudit procès. (Ordonnance de 1737, *tit.* 2, *art.* 20.)

74. 21°. La distinction portée par les deux articles précédents 19 & 20, n'a pas lieu à l'égard des Procureurs du Roi, ou ceux des Hauts-Justiciers; lesquels peuvent en tout temps, & dans tous les cas, poursuivre le faux principal, si bon leur semble; sans que sous ce prétexte, il soit sursis à l'instruction, ou au jugement de la contestation, à laquelle l'inscription de faux étoit incidente; si ce n'est que sur les conclusions, & avec les parties intéressées, il en soit autrement ordonné. (Oordonn. de 1767, *ibid.* tit. 2, art. 21.)

75. 22°. L'accusation du faux principal, qui seroit formée dans les cas marqués par les articles précédents, soit à la requête du demandeur en faux incident, soit à la requête de la partie publique, doit être portée dans la Cour, ou Jurisdiction qui a été saisie de la poursuite du faux incident; pour être ladite accusation de faux principal, instruite & jugée par la Chambre, ou par les Juges à qui la connoissance des matieres criminelles est attribuée dans ladite Cour, ou Jurisdiction. (*Ibid.* art. 22.)

Dans les Parlements, les Chambres des Enquêtes qui ont connu incidemment d'un faux, cessent d'en connoître aussi-tôt que le Réglement à l'extraordinaire a été prononcé; & elles renvoient alors à la Tournelle.

Il résulte des termes de cet article, que dans les Bailliages & Sénéchaussées, c'est au Lieutenant-Criminel à connoître du faux, quand il est poursuivi extraordinairement.

§. VIII.

Du Procès-verbal des pieces prétendues fausses.

76. 23°. Il doit être dressé procès-verbal des pieces prétendues fausses, trois jours après la signification qui a été faite au demandeur au domicile de son Procureur, de la remise des pieces au Greffe; ou trois jours après que le demandeur y a fait remettre ces pieces, suivant ce qui est porté par l'article 14, ci-dessus, (*n.* 66.) (Ordonnance de 1737, *tit.* 2, *art.* 23.)

Le Juge dans ce procès-verbal, doit marquer l'état de la piece, sa date, par qui, & entre quelles parties elle a été passée; combien elle contient de pages; si elle est usée, ou déchirée; ou si elle est saine & entiere; s'il y a des ratures, interlignes, ou renvois, *&c.*)

77. 24°. S'il est ordonné que les minutes de ces pieces seront apportées, le procès-verbal doit être dressé conjointement, tant desdites pieces, que des minutes ; & le délai de trois jours ne court audit cas, que du jour de la signification qui sera faite au demandeur, au domicile de son Procureur, de l'apport desdites minutes au Greffe, ou du jour que le demandeur les y auroit faites apporter ; suivant l'article 17, (ci-dessus, *n.* 70.) Néanmoins il est laissé à la prudence des Juges d'ordonner, suivant l'exigence des cas, qu'il sera dressé d'abord procès-verbal desdites pieces, sans attendre l'apport desdites minutes, de l'état desquelles il sera en ce cas dressé procès-verbal séparément, dans le délai ci-dessus marqué. (Ordonnance de 1737, *ibid. tit.* 2, art. 24.)

78. 25°. Le procès-verbal mentionné dans les articles précédents, doit être fait, suivant ce qui est prescrit par les articles 10 & 11 du titre du faux principal, ci-dessus, n. 11,) en y appellant néanmoins le défendeur, outre le demandeur, & le Procureur du Roi, ou celui des Hauts-Justiciers ; & les pieces dont il sera dressé procès-verbal, doivent être paraphées par ledit défendeur, s'il peut, ou veut les parapher ; sinon il en doit être fait mention, & pareillement par le demandeur, & autres dénommés auxdits articles ; le tout à peine de nullité : à l'effet de quoi ledit défendeur sera sommé par acte signifié au domicile de son Procureur, de comparoître audit procès-verbal, dans les vingt-quatre heures ; & faute par lui d'y satisfaire, il sera donné défaut, & passé outre, sur le champ, audit procès-verbal. (*Ibid.* art. 25.)

§. IX.

De la communication au défendeur, des pieces prétendues fausses.

79. 26°. Le demandeur en faux, ou son conseil, peut prendre communication, en tout état de cause, des pieces arguées de faux, & ce par les mains du Greffier, ou du Rapporteur, sans déplacer, & sans rétardation. (Ordonnance de 1737, *tit.* 2, *art.* 26.)

§. X.

Des moyens de faux.

80. 27°. Les moyens de faux doivent être mis au Greffe par le

demandeur, dans les trois jours après que le procès-verbal a été dressé; sinon le défendeur pourra se pourvoir à l'Audience, pour faire ordonner, s'il y échet, que le demandeur demeurera déchu de son inscription en faux. Neanmoins lorsqu'il a été fait deux procès-verbaux différents, l'un de l'état des pieces arguées de faux, & l'autre de l'état des minutes desdites pieces, le délai de trois jours, ci-dessus marqué, ne court que du jour que le dernier desdits procès-verbaux a été fait. (Ordonnance de 1737, *tit.* 2, *art.* 26.)

Les moyens de faux, sont ceux par lesquels le demandeur entend prouver la fausseté de la piece. Les principaux de ces moyens sont, 1°. si la piece maintenue fausse n'est pas signée de celui dont elle porte le seing: 2°. si l'écriture est effacée, chargée, ou raturée: 3°. si l'on a ajouté des lignes avant la signature; surtout si ces changements, ou additions, sont d'une autre encre, & d'une autre main que le corps de l'écriture: 4°. si l'expédition de la piece maintenue fausse, n'est pas conforme à la minute.

81. 28°. Il ne doit être donné, dans aucun cas, copie, ni communication de faux au défendeur. (Ordonnance de 1737, *art.* 28.) En effet, si ce défendeur avoit cette communication, il pourroit prendre des mesures pour détourner la preuve qu'on veut faire contre lui.

29°. Sur les conclusions des Procureurs du Roi, ou de ceux des Hauts-Justiciers, il doit être rendu tel jugement qu'il appartiendra, pour admettre, ou pour rejetter les moyens de faux en tout ou en partie, ou pour ordonner, s'il y échet, que lesdits moyens, ou aucuns d'iceux, demeureront joints, soit à l'incident de faux, si quelques-uns desdits moyens ont été admis, soit à la cause, ou au procès principal; le tout selon la qualité desdits moyens, & l'exigence des cas. (Ordonnance de 1737, *ibid.* tit. 2, art. 29.)

82. Les Juges ne doivent point prendre d'épices pour les jugements qui déclarent les moyens de faux, pertinents ou admissibles; ou qui les rejettent. (Ainsi jugé par Arrêt du 9 Décembre 1711, contre le Lieutenant-Général de Montreuil-sur-mer.)

Les Moyens de faux sont ou pertinents & admissibles; ou bien ils sont inadmissibles. Les moyens pertinents, sont ceux qui étant prouvés, établissent clairement la fausseté de la piece arguée de faux. Les moyens inadmissibles, sont ceux dont il ne résulteroit aucune peine concluante de faux, quand même ils seroient établis clairement.

En matiere civile, il faut surseoir au jugement du procès-principal, jusqu'à ce que le faux incident soit jugé; (Imbert en sa Pratique, *liv.* 1, *chap.* 48, *n.* 6, *in fine*;) parce qu'avant de prononcer sur le différend qui est entre les parties, il faut juger préalablement, si la piece attaquée, est fausse, ou véritable. Mais cette inscription de faux n'empêche pas l'exécution provisoire du titre, s'il est authentique; à moins que la fausseté ne fût manifeste à la simple inspection de la piece; ou que la preuve de faux ne fût prompte, & par écrit. (Voyez la Loi 2, Cod. *ad L. Cornel. de falsis.*)

83. L'inscription de faux ne doit point être regardée comme un simple fait justificatif, & elle doit arrêter le cours de l'instruction; (*ita* Airault en son Instruction judiciaire, *liv.* 3, *part.* 1, *n.* 20, *pag.* 397, sur la fin;) parce que, suivant cet Auteur, il est impossible de décider si la premiere accusation est vraie, à moins qu'on n'ait connu si la piece & les témoins, qui la soutiennent, sont faux, ou non. (Ainsi jugé par Arrêt du Grand-Conseil du 27 Mars 1743, en faveur du Marquis de Reaux, contre les Fermiers du Roi, qui prétendoient qu'une inscription de faux par lui formée, au sujet d'une accusation de rébellion envers les Commis des Fermes, & de leur avoir déchiré leur commission, de laquelle ledit sieur de Reaux demandoit à prouver l'existence, étoit un fait justificatif, qui ne pouvoit s'admettre qu'après la visite du procès: Par l'Arrêt, la prétention du Fermier fut rejettée, & le sieur Marquis de Reaux admis à la preuve.

84. On prétend néanmoins qu'en matiere de Finance, l'instruction des moyens de faux doit être suspendue jusqu'après le réglement à l'extraordinaire. (Ainsi jugé par Arrêt de la Cour des Aides du 4 Mai 1712, qui renvoie les moyens de faux après le récolement & la confrontation. Un Arrêt du Conseil du 30 Janvier 1731, rendu contre les Elus de Falaise, a jugé la même chose, dans le cas d'un procès-verbal de fraude & de rébellion, dressé par des Commis. *Idem*, par Arrêt contradictoire de la Cour des Aides du 9 Décembre 1739, qui a ordonné que les moyens de faux demeureroient joints au procès, pour y avoir tel égard que de raison après la visite du procès;) ce qui doit dépendre des circonstances.

30°. En cas que les moyens de faux, ou aucuns desdits moyens,

ſoient jugés pertinents & admiſſibles, le jugement doit porter qu'il en ſera informé, tant par titres, que par témoins; comme auſſi par experts, & par comparaiſon d'écritures, ou ſignatures; le tout ſelon que le cas le requerra; ſans qu'il puiſſe être ordonné que les experts feront leur rapport ſur les pieces prétendues fauſſes, ou qu'il ſera procédé préalablement à la vérification d'icelles: ce qui eſt défendu, à peine de nullité. (Ordonnance de 1737, *tit.* 2, *art.* 30. Voyez auſſi ce qui a été dit ci-deſſus, *n.* 2.)

85. 31°. Les moyens de faux qui ſont déclarés pertinents ou admiſſibles, doivent être marqués expreſſément dans le diſpoſitif du jugement qui aura permis d'en informer. Il eſt permis néanmoins aux experts de faire les obſervations dépendantes de leur art, qu'ils jugeront à propos ſur les pieces prétendues fauſſes; ſauf aux Juges à y avoir tel égard que de raiſon. (Ordonnance de 1737, *ibid.* art. 31.)

Les experts dans leurs rapports, ou dépoſitions, font ſouvent des obſervations nouvelles, capables, par leur importance, de déterminer les Juges pour la fauſſeté, ou ſincérité de la piece.

86. 32°. L'article 32 du même titre, veut, au ſurplus, que les diſpoſitions des articles 8 & 9 du titre du faux principal, au ſujet des experts, ſoient pareillement obſervés dans la pourſuite du faux incident. (Voyez ces articles, *ſuprà*, n. 9 & 10.)

§. XI.

87. 33°. Les pieces de comparaiſon doivent être fournies par le demandeur, ſans que celles qui ſeroient préſentées par le défendeur, puiſſent être reçues, ſi ce n'eſt du conſentement du demandeur, & des Procureurs du Roi, ou de ceux des Hauts-Juſticiers; le tout à peine de nullité; ſauf aux Juges, à ordonner s'il y échet, que ledit défendeur ſera reçu à fournir de nouvelles pieces de comparaiſon; & ce conformément à l'article 46 du titre du faux principal, (ci-deſſus *n.* 36.) On doit obſerver, au ſurplus, les articles 13, 14, 15 & 16 dudit titre, (ci-deſſus, *n.* 12, 13 & 14, ſur la qualité deſdites pieces. (Ordonnance de 1737, *tit.* 2, *art.* 33. Voyez l'article 46, ci-après, (*n.* 99.)

34° Le procès-verbal de préſentation des pieces de comparaiſon, doit ſe faire en la forme preſcrite par les articles 17 & 19 du titre du faux principal, (ci-deſſus, *n.* 14-15, en y appellant néanmoins

moins le défendeur, outre le demandeur, & le Procureur du Roi, ou celui des Hauts-Justiciers; & les pieces de comparaison qui seront admises, doivent être paraphées par ledit défendeur, s'il peut, ou veut les parapher; (sinon il en sera fait mention;) comme aussi par le demandeur, & autres dénommés auxdits articles; le tout à peine de nullité: à l'égard de quoi le demandeur sera sommé de comparoître audit procès-verbal, dans trois jours, par acte signifié au domicile de son Procureur; & faute par lui d'y satisfaire, il doit être donné défaut par le Juge, & passé outre à la présentation des pieces de comparaison, même à la réception d'icelles, s'il y échet. (Ordonnance de 1737, *ibid.* tit. 2, art. 34.)

89. 35°. Lors de ce procès-verbal, les pieces de comparaison doivent être représentées au défendeur, s'il y comparoît, pour convenir des pieces, ou les contester; sans que pour raison de ce, il lui soit donné délai, ni conseil. (*Ibid.* art. 35.)

36°. Si les pieces de comparaison sont contestées par le défendeur, ou s'il refuse d'en convenir, le Juge en doit faire mention, pour y être pourvu, ainsi qu'il appartiendra, sur les conclusions des Procureurs du Roi, ou de ceux des Hauts-Justiciers; & ce dans la forme prescrite par ledit article 19 du faux principal; (ci-dessus, *n.* 15.) (*Ibid.* art. 36.)

90. 37°. En cas que les pieces de comparaison ne soient point reçues, il doit être ordonné que le demandeur en rapportera d'autres dans le délai qui sera prescrit par le Jugement qui interviendra sur le vu du procès-verbal; & faute par ledit demandeur d'y avoir satisfait, les Juges ordonneront, s'il y échet, que sans s'arrêter à l'inscription de faux, il sera passé outre à l'instruction & au Jugement de la contestation principale; & il est laissé à leur prudence de l'ordonner ainsi par le Jugement même, qui portera que ledit demandeur sera tenu de fournir d'autres pieces de comparaison. (*Ibid.* art. 37.)

§. XII.

Regle générale pour les procès-verbaux qui doivent être faits en présence du demandeur, & du défendeur en faux.

91. 38°. Dans les procès-verbaux qui doivent être faits en présence du demandeur, & du défendeur en faux, suivant ce qui a

été dit ci-dessus, il est permis à l'un & à l'autre d'y comparoître par le porteur de leur procuration spéciale ; & il faut observer à cet égard le contenu aux articles 57 & 58 du titre *Du Faux principal*, (ci-dessus, *n.* 45.) Les Juges peuvent néanmoins ordonner, s'ils l'estiment à propos, que lesdites parties, ou l'une d'elles seront tenues de comparoître en personne audit procès-verbal. (Ordonnance de 1737, *tit.* 2, *art.* 38.)

§. XIII.

De l'information par Experts.

92. 39°. En procédant à l'audition des Experts, la requête à fin de permission de s'inscrire en faux, & l'Ordonnance, ou Jugement intervenu sur icelle ; l'acte d'inscription de faux ; les pieces prétendues fausses, & le procès-verbal de l'état d'icelles ; les moyens de faux ; ensemble le Jugement qui les aura admis, & qui aura ordonné l'information par Experts ; les pieces de comparaison, lorsqu'il en aura été fourni ; le procès-verbal de présentation d'icelles, & l'Ordonnance, ou le Jugement par lequel elles auront été reçues, doivent être remis à chacun des Experts pour les examiner, sans déplacer ; & sera en outre observé tout ce qui est prescrit par les articles 22 & 23 du titre *Du Faux principal*, (ci-dessus, *n.* 17 *&* 18.) (Ordonnance de 1737, *ibid.* art. 39.)

§. XIV.

De l'information, tant par titres, que par témoins.

93. 40°. Lorsqu'il a été ordonné, aux termes de l'article 30 du présent titre, (ci-dessus, *n.* 84,) qu'il sera informé, tant par titres, que par témoins, il faut entendre les témoins qui auront connoissance de la fabrication, altération, & en général de la fausseté des pieces inscrites de faux, ou de faits qui pourroient servir à en établir la preuve ; à l'effet de quoi il peut être permis en tout état de cause, d'obtenir & faire publier des monitoires. (Ordonnance de 1737, *tit.* 2, *art.* 40.)

Voyez ci-dessus, *n.* 19, ce qui est dit sur l'article 24 du titre *Du Faux principal, touchant la preuve par témoins.*

94. 41°. Toutes les dispositions des articles 25, 26, 27, 28 & 29 du titre *Du Faux principal*, (ci-dessus, *n.* 20 & 21,) concernant la représentation des pieces aux témoins, le paraphe de ces pieces, & les actes dans lesquels on peut suppléer à l'omission de ladite représentation, & dudit paraphe, si l'on n'y a pas satisfait lors de la déposition desdits témoins, doivent aussi être exécutées dans le faux incident; & si lesdits témoins représentent quelques pieces lors de leur déposition, il faut observer ce qui est prescrit par l'article 40 du même titre, (ci-dessus, *n.* 31.)

§. XV.

Des Décrets.

95. 42°. La disposition de l'article 30 du même titre *Du Faux principal*, (ci-dessus, *n.* 22,) a lieu pareillement dans le faux incident, par rapport aux décrets qui pourront être prononcés, tant contre le défendeur, que contre d'autres; encore qu'ils ne fussent parties dans la cause, ou procès; l'Ordonnance laissant à la prudence des Juges, lorsqu'il n'y aura point de charges suffisantes pour décréter, d'ordonner que l'information sera jointe à la cause, ou au procès; ou de statuer ainsi qu'il appartiendra, suivant l'exigence des cas. (Même Ordonnance de 1737, *ibid.* tit. 2, art. 41.)

Pour qu'il y ait charge contre l'accusé, il faut que plusieurs choses concourent : 1°. il faut qu'il y ait du dol de la part de celui qui produit la piece : 2°. il faut qu'il y ait altération de la vérité de l'acte : 3°. il doit y avoir dommage ou lésion en la personne de celui qui s'inscrit en faux : 4°. il faut que celui qui produit la piece, déclare qu'il veut s'en servir; car autrement l'accusé est excusé du crime & de la peine du faux.

§. XVI.

Des Interrogatoires des accusés.

96. 43°. On doit aussi observer dans le faux incident les dispositions des articles 31, 32 & 41 du titre *Du Faux principal*, (ci-dessus, *n.* 23 & 32,) concernant les pieces qui doivent être représentées aux accusés, & par eux paraphées lors de leurs interro-

gatoires, & celles qui ne doivent l'être qu'à la confrontation; comme aussi les pieces qu'ils représenteront lors de leursdits interrogatoires. (Ordonnance de 1737, *tit.* 2, *art.* 43.)

§. XVII.

Du corps d'écriture.

97. 44°. Le contenu aux articles 33, 34, 35 & 36 du même titre *Du Faux principal*, (ci-dessus, *n.* 24-27,) aura pareillement lieu dans le faux incident, tant par rapport au corps d'écriture, que le défendeur en faux, ou autre accusé, sera tenu de faire, s'il est ainsi ordonné par les Juges; que par rapport aux cas où ils peuvent ordonner, avant le réglement à l'extraordinaire, qu'il sera entendu de nouveaux Experts, ou qu'il sera fourni de nouvelles pieces de comparaison. (Ordonnance de 1737, *tit.* 2, *art.* 44.)

§. XVIII.

Du Récolement, & de la confrontation.

98. 45°. Après le réglement à l'extraordinaire, lorsqu'il y aura lieu de le donner, toute l'instruction du faux incident doit se faire en la même forme que celle du faux principal, & ainsi qu'il est prescrit par les articles 37, 38, 39, 40, 41, 42, 43, 44 & 45 du titre précédent de la présente Ordonnance, (ci-dessus, *n.* 28, 29, 30, 31, 32, 33, 34 & 35.) Ordonnance de 1737, *tit.* 2, *art.* 45.)

§. XIX.

Des Faits justificatifs.

99. 46°. Si le défendeur, ou autre accusé demande qu'il lui soit permis de fournir de nouvelles pieces de comparaison, ou qu'il soit entendu de nouveaux Experts, on ne peut y statuer que dans le temps, & ainsi qu'il est prescrit par les articles 46, 47, 48, 49, 50, 51, 52, 53, 54 & 55 du titre *Du Faux principal*, (ci-dessus, *n.* 36--43.) Il faut aussi observer la disposition de l'article 56 dudit titre (ci-dessus, *n.* 44,) au sujet de ce qui pourra être

ordonné dans tous les cas où il auroit été procédé à une nouvelle information, soit sur de nouvelles pieces de comparaison, ou par de nouveaux Experts. (Ordonnance de 1667, *tit.* 2, *art.* 46.)

§. XX.

Du Jugement après le réglement à l'extraordinaire; & de la remise des pieces.

100. 47°. Lorsque le faux incident aura été jugé après avoir été instruit par récolement & confrontation, il faudra observer tout ce qui est prescrit par les articles 59, 60, 61 & 62 dudit titre *Du Faux principal*, (ci-dessus, *n.* 46, 47 & 48,) concernant l'exécution des Sentences & Arrêts, qui contiendroient, à l'égard des pieces déclarées fausses, quelques-unes des dispositions mentionnées auxdits articles; comme aussi ce qui est porté par les articles 63, 64, 65, 66, 67 & 68 dudit titre, (ci-dessus, *n.* 49, 50 & 51,) sur la remise, ou le renvoi des pieces prétendues fausses, & autres, déposées au Greffe, & le temps auquel elles pourront en être retirées; si ce n'est qu'il en ait été autrement ordonné à l'égard de celles desdites pieces qui peuvent servir au jugement de la contestation à laquelle la poursuite du faux étoit incidente. (Ordonnance de 1737, *ibid.*, art. 47.)

§. XXI.

Du Jugement, & de la remise des pieces, quand il n'y a pas eu de réglement à l'extraordinaire.

101. 48°. Lorsqu'il n'y a point eu de réglement à l'extraordinaire, les Juges doivent statuer, ainsi qu'il appartiendra, sur la remise, ou le renvoi des pieces inscrites de faux, & autres qui auront été déposées au Greffe; ce qu'ils ne peuvent faire que sur les conclusions des Procureurs du Roi, ou de ceux des Hauts-Justiciers; sans néanmoins que les Sentences des premiers Juges à cet égard, puissent être exécutées au préjudice de l'appel qui en seroit interjetté. (Ordonnance de 1737, *ibid.* art. 48.)

§. XXII.

De l'amende contre le demandeur en faux qui succombe.

102. 49°. Le demandeur en faux qui succombe en sa demande, doit être condamné en une amende, applicable les deux tiers au Roi, ou aux Hauts-Justiciers, & l'autre tiers à la partie; laquelle amende, y compris les sommes consignées lors de l'inscription en faux, est de trois cents livres dans les Cours, ou aux Requêtes de l'Hôtel & du Palais; de cent livres aux Sieges qui ressortissent immédiatement esdites Cours; & aux autres, de soixante livres; & lesdites amendes doivent être réglées, suivant la qualité de la Jurisdiction où l'inscription de faux aura été informée, quoiqu'elle soit jugée dans une autre, même supérieure à la premiere. Il est permis néanmoins à tous Juges d'augmenter ladite amende, ainsi qu'ils l'estimeront à propos, suivant l'exigence des cas. (Ordonnance de 1737, *ibid.* tit. 2, art. 49.)

Cette amende étoit de cent vingt livres, suivant l'article 17 du titre 9 de l'Ordonnance de 1670.

103. 50°. La condamnation d'amende a lieu toutes les fois que l'inscription en faux ayant été faite au Greffe, le demandeur s'en désiste volontairement, ou a succombé; ou que les parties ont été mises hors de Cour, soit par le défaut de moyens, ou de preuves suffisantes, soit faute d'avoir satisfait de la part du demandeur aux diligences & formalités ci-dessus prescrites; ce qui a lieu en quelques termes que la prononciation soit conçue; & encore que le Jugement ne portât pas expressément la condamnation d'amende; quand même le demandeur offriroit de poursuivre le faux, comme faux principal. (Ordonnance de 1737, *tit.* 2, *art.* 50.)

104. 51°. La condamnation d'amende ne doit point avoir lieu lorsque la piece, ou l'une des pieces arguées de faux a été déclarée fausse en tout, ou en partie; ou lorsqu'elle aura été rejettée de la cause, ou du procès; comme aussi lorsque la demande à fin de s'inscrire en faux, n'aura pas été admise, ou suivie d'inscription formée au Greffe; & ce, de quelques termes que les Juges se soient servis pour rejetter ladite demande, ou pour n'y avoir point d'égard; dans tous lesquels cas, la somme consignée par le demandeur, pour raison de ladite amende, doit lui être rendue;

quand même le Jugement n'en ordonneroit pas la restitution. (Ordonnance de 1737, *tit.* 2, *art.* 51.)

105. 52°. On ne peut rendre aucun Jugement sur la condamnation, ou la restitution de l'amende, que sur les conclusions des Procureurs du Roi, ou de ceux des Hauts-Justiciers; & aucunes transactions, soit sur l'accusation de faux principal, ou sur la poursuite du faux incident, ne peuvent être exécutées, si elles n'ont été homologuées en Justice, après avoir été communiquées auxdits Procureurs du Roi, ou à ceux des Hauts-Justiciers, lesquels pourront faire à ce sujet telles réquisitions qu'ils jugeront à propos; & le présent article doit être exécuté, à peine de nullité. (*Ibid.* art. 52.)

53°. Au surplus, les dispositions de l'article 59 du titre *Du Faux principal*, (ci-dessus, *n.* 46,) sur les expéditions des pieces qui ont été déposées au Greffe, doivent pareillement être exécutées dans le faux incident. (Ordonnance de 1737, *ibid.* tit. 2, art. 53.)

§. XXIII.

Des Délais.

106. 54°. Il faut aussi observer pour les délais, ce qui a été dit ci-dessus, (*n.* 53.)

§. XXIV.

Observation sur les Articles du Titre du Faux incident.

107. 55°. Toutes les dispositions dont on vient de parler dans ce titre, ensemble celles comprises au titre précedent, doivent servir de loi pour la procédure du faux principal & incident, & tenir lieu du titre 9 de l'Ordonnance de 1670. (Ordonnance de 1737, *tit.* 3, *art.* 21.)

§. XXV.

Des inscriptions de faux contre les procès-verbaux des Commis; & de celles qui se poursuivent au Conseil du Roi.

108. 56°. Il y a des réglements particuliers pour les inscriptions de

faux incidentes contre les procès-verbaux des Commis, & autres Employés dans les Fermes du Roi. (Voyez à ce sujet la Déclaration du 25 Mars 1732; une autre du 8 Septembre 1736; & les Lettres-Patentes des 27 Septembre, & 11 Octobre 1740.)

Il y a aussi un Réglement particulier pour les inscriptions de faux incidentes aux affaires qui sont pendantes au Conseil du Roi. (Voyez le Nouveau Réglement touchant la procédure du Conseil du 28 Juin 1738, *part.* 2, *tit.* 10.)

TITRE XXVII.

TITRE XXVII.

De la maniere de faire le Procès aux Sourds & Muets, & à ceux qui refusent de répondre.

1. 1°. LORSQUE celui qui est accusé, est muet, ou tellement sourd qu'il ne puisse entendre, le Juge doit lui nommer d'office un curateur, qui sçache lire & écrire. (Ordonnance de 1670, *tit.* 18, *art.* 1.)

Le Juge qui se transporte dans les prisons, pour interroger un accusé qui est sourd & muet, doit dresser procès-verbal de ce qui s'est passé. La premiere formalité est de faire prêter serment à l'accusé. Si cet accusé étant sourd, ne fait aucune réponse, il faut en faire mention. Le Juge doit ensuite lui demander son nom; & si l'accusé ne répond rien, ou qu'il fasse signe qu'il n'entend pas, le Juge doit en faire mention dans son procès-verbal; après quoi il doit se retirer. Il est à propos de faire lire ce procès-verbal à l'accusé, & de le lui faire signer, s'il sçait écrire; sinon il doit être fait mention qu'il a été interpellé par signes de le faire, & qu'il n'a rien répondu, ou qu'il a fait signe qu'il ne sçavoit pas signer. Il en est de même à-peu-près à l'égard des accusés muets.

2. Le curateur doit être un homme sage & prudent; & même, si cela se peut, il faut en choisir un qui connoisse particuliérement l'accusé, & qui ait vécu avec lui. Il doit aussi faire serment de bien & fidélement défendre l'accusé, & il doit être fait mention de ce serment; à peine de nullité. (*Ibid.* art. 2.)

La prestation de serment de ce curateur se met dans le procès-verbal par lequel il est nommé d'office. On peut aussi se contenter de faire mention de cette nomination du curateur, & de sa prestation de serment, dans la prémisse du premier interrogatoire de l'accusé.

3. Comme ce curateur est le défenseur de l'accusé, il ne peut préjudicier à celui à qui il a été donné, en avouant mal-à-propos le crime; mais il doit faire tout ce qui est nécessaire pour la dé-

fense de l'accusé, & ne dire autre chose, que ce que l'accusé pourroit dire lui-même, s'il pouvoit s'exprimer.

2°. Il est permis au curateur de s'instruire secrétement avec l'accusé par signes, ou autrement; (Ordonnance de 1670, *ibid.* tit. 18, art. 3,) même dans le temps que cet accusé est sur la sellette. Le curateur peut, en ce cas, demander permission de se retirer dans une autre chambre, pour s'instruire secrétement avec lui.

4. 3°. Si le muet, ou sourd, sçait écrire, il peut écrire & signer toutes ses réponses, dires & reproches contre les témoins; & ces réponses, dires & reproches doivent être encore signés du curateur. (Ordonnance de 1670, *ibid.* tit. 18, art. 4.) Mais l'accusé qui sait ainsi écrire, ne doit écrire que ses réponses; tout le reste doit être écrit par le Greffier.

Si le sourd, ou muet, qui sait écrire, refusoit de le faire, il ne pourroit y être contraint par interpellations, comme un muet qui refuse de répondre; car l'Ordonnance dit simplement, *pourra écrire*, &c.; ce qui ne lui impose point l'obligation de le faire.

Le Juge doit toujours commencer par interroger le curateur, & le faire parler dans la confrontation; sauf à l'accusé qui sait écrire, ou à l'accusé qui est seulement sourd, à demander au Juge de lui faire les interrogatoires par écrit, aux offres que fait cet accusé d'écrire & signer ses réponses. A l'égard des reproches contre les témoins à la confrontation, l'accusé pourra aussi les donner par écrit, signées de lui, sur la demande qui lui en est faite par le Juge, ou par le curateur, soit verbalement, soit par écrit.

5. Les demandes du Juge, & les réponses écrites par l'accusé, doivent être mises sur le même cahier. Le Juge dicte au Greffier le procès-verbal jusqu'à ces mots: *Vous jurez & promettez à Dieu de dire la vérité.* L'accusé après en avoir pris lecture, écrit à la suite, & sur le même cahier: *Je jure & promets à Dieu de répondre vérité*, en levant la main à cet effet. Ensuite après ces mots, *interrogé de son nom, surnom, âge, qualité & demeure*, l'accusé, après en avoir pris lecture, écrit à la suite, *mon nom est*, &c.; les demandes étant écrites par le Greffier, & les réponses par l'accusé.

Si l'accusé n'écrit pas aisément, il a le choix de faire écrire ses réponses par le Greffier, en les faisant entendre au curateur, qui les rend au Juge; & le Juge les dicte au Greffier. Le curateur doit être présent, & signer toutes les pages, ainsi que l'accusé, s'il sçait signer.

6. Si l'accusé est seulement sourd, & non muet, & qu'il sçache lire, il suffira qu'il prenne lecture de chaque article sur lequel il est interrogé, pour y faire verbalement ses réponses, qui doivent être ensuite dictées par le Juge au Greffier. Il est néanmoins aussi permis, dans ce cas, à l'accusé d'écrire ses réponses, suivant l'article 4 de ce titre : c'est à-peu-près la même procédure, que celle qui se fait à l'égard d'un accusé qui n'entend pas la langue Françoise. (Voyez au titre 28 qui suit.)

Au surplus, il faut observer pour les sourds & muets, les mêmes formalités qu'à l'égard des autres accusés.

7. 4°. Si l'accusé qui est sourd, ou muet, ne sçait, ou ne veut ni écrire, ni signer, il faut que le curateur réponde en présence de cet accusé; fournisse ses reproches contre les témoins; & il doit être reçu à faire tous les actes de la procédure, ainsi que l'accusé pourroit faire lui-même. C'est pourquoi il faut observer à l'égard du curateur, toutes les formalités qui s'observent contre les accusés, à la réserve seulement que ce curateur doit être debout & nue tête en présence des Juges, lors du dernier interrogatoire, quelques conclusions ou sentence qu'il y ait contre l'accusé. (Ordonnance de 1670, *tit.* 18 *art.* 5.)

Il faut aussi que ce curateur soit interrogé derriere le Barreau. (Même Ordonnance de 1670, *tit.* 14, *art.* 23.) Cependant, s'il y avoit des conclusions à peine afflictive contre l'accusé; comme alors l'accusé doit être interrogé sur la sellette, il semble que le curateur doit être à côté de lui, pour s'instruire avec lui par signes, ou autrement, avant que de répondre.

8. 5°. Lorsque l'accusé est sourd, ou muet, ou ensemble sourd & muet, tous les actes de la procédure doivent faire mention de l'assistance de son curateur, à peine de nullité, & des dépens, dommages & intérêts des parties contre les Juges; à la réserve du dispositif du Jugement diffinitif, qui ne doit faire mention que de l'accusé. (Ordonnance de 1670, *tit.* 18, *art.* 6.)

Si l'accusé fait le sourd & le muet, & qu'il soit connu pour n'être ni l'un, ni l'autre, le Juge doit lui faire son procès comme à un muet volontaire, après avoir fait, s'il est besoin, une information préalable par témoins, pour constater son état, & même l'avoir fait visiter par Médecins & Chirurgiens.

Des Muets volontaires.

9. 1°. Il ne doit être donné aucun curateur à l'accusé qui ne veut pas répondre, le pouvant faire; (Ordonnance de 1670, *tit.* 18, *art.* 7;) parce qu'un refus volontaire ne doit pas occasionner une procédure plus longue & plus coûteuse.

2°. Dans ce cas de refus de la part de l'accusé, le Juge doit lui faire, sur-le-champ, trois interpellations de répondre, à chacune desquelles il doit lui déclarer, qu'autrement son procès lui sera fait comme à un muet volontaire; & qu'après il ne sera plus reçu à répondre sur ce qui aura été fait en sa présence sur son refus de répondre. Néanmoins le Juge peut, s'il le trouve à propos, donner à l'accusé un délai pour répondre, qui ne pourra être plus long de 24 heures. (Ordonnance de 1670, *tit.* 18, *art.* 8.)

Si l'accusé refuse de prêter le serment, comme cela arrive quelquefois, il faudra aussi lui faire trois interpellations, & en faire mention. Mais s'il persiste dans cette dénégation, cela n'empêche pas qu'on ne puisse l'interroger, comme s'il avoit prêté serment.

L'omission d'une seule de ces trois interpellations, feroit une nullité. (Ainsi jugé par Arrêt du 26 Octobre 1694.)

10. Il ne suffit pas même de faire ces trois interpellations à l'accusé; mais il faut les écrire toutes trois, l'une après l'autre, & faire mention à chaque fois qu'il n'a voulu répondre; ou faire mention de sa réponse.

Après ces trois interpellations, le Juge doit continuer l'interrogatoire; & à chaque article de demande, il doit faire mention que l'accusé n'a voulu répondre; & cependant s'il veut accorder le délai de 24 heures, comme cela se fait assez ordinairement, il finira son interrogatoire, à la fin duquel il déclarera à l'accusé, qu'il veut bien, pour tout délai, lui accorder 24 heures; après lequel temps, il lui fera son procès comme à un muet volontaire.

Pendant tout le reste de l'instruction du procès, il n'est pas nécessaire de répéter ces interpellations; & il suffit d'en avoir fait trois la premiere fois.

11. Ces interpellations ne doivent pas avoir lieu, dans le cas où l'accusé qui refuse de répondre, prétend avoir de bonnes

raisons pour le faire ; comme s'il demande son renvoi ; ou qu'il allegue l'incompétence du Juge ; ou qu'il recuse le Tribunal, ou du moins le Juge qui le veut interroger ; ou s'il prétend que l'affaire, pour laquelle il est décrété, est trop légere, & n'est pas de nature à lui faire subir un interrogatoire ; ou qu'il n'y a aucun indice contre lui, pour pouvoir l'interroger sur le crime dont on l'accuse ; ou enfin, s'il prétend qu'il n'est pas légitimement constitué en jugement. Dans tous ces cas, cette prétention de l'accusé forme un incident, sur lequel le Juge d'instruction ne peut prononcer seul ; il doit seulement en dresser procès-verbal, & faire juger l'incident au Siege, par le Tribunal entier. (Voyez le Procès-verbal de l'Ordonnance de 1670, sur l'article 9 de ce titre, *pag.* 218.)

12. Au reste, il faut observer que dans le cas où l'accusé refuse de répondre, il ne faut pas conclure de ce silence, que les faits sur lesquels il est interrogé, soient tenus pour confessés par lui, comme il est porté en l'article 4 du titre 10 de l'Ordonnance de 1667 pour les matieres civiles ; car en matiere criminelle, il en est autrement ; & c'est une maxime généralement observée dans le Royaume, que le silence de l'accusé ne le fait pas regarder comme coupable des faits sur lesquels il est interrogé ; ce qui est fondé sur ce qu'en matiere criminelle, il s'agit le plus souvent de la vie, ou de l'honneur de l'accusé : néanmoins ce silence peut former un indice contre lui, dans le cas où il n'apporte aucune raison pour le justifier.

13. 3°. Si l'accusé persiste dans son refus de répondre, le Juge doit continuer l'instruction de son procès, sans qu'il soit besoin de l'ordonner, & faire mention en chacun des articles des interrogatoires, & autres procédures faites en la présence de l'accusé, qu'il n'a voulu répondre ; à peine de nullité des actes où il n'en aura pas été fait mention, & des dommages & intérêts de la partie contre le Juge. (Ordonnance de 1670, *tit.* 18, *art.* 9.)

4°. Si dans la suite de la procédure, l'accusé veut répondre, ce qui aura été fait jusqu'à ses réponses, doit subsister, même à la confrontation des témoins contre lesquels il n'a point fourni de reproches ; & il ne doit plus être reçu à en fournir, à moins qu'ils ne soient justifiés par écrit. (*Ibid.* art. 10.)

5°. Enfin, si l'accusé a commencé à répondre, & qu'il cesse ensuite de le vouloir faire, la procédure doit être continuée contre lui, ainsi qu'il est ordonné ci-dessus. (*Ibid.* art. 11.)

TITRE XXVIII.

De la maniere de faire le Procès aux Accusés qui n'entendent pas la Langue Françoise.

1. 1°. LORSQUE l'accusé n'entend pas la langue Françoise, le Juge doit, après que le corps de délit a été constaté, nommer d'office un interprete, s'il n'y a point d'interprete ordinaire, pour faire le procès à l'accusé, & lui faire prêter serment de bien & fidélement vaquer au devoir de sa charge. (Ordonnance de 1670, *tit.* 14, *art.* 11.)

Les fonctions de cet interprete, sont d'expliquer fidélement à l'accusé les demandes qui lui sont faites par le Juge, ainsi que les dépositions, récolements, & autres dires des témoins à la confrontation, & de répéter aussi fidélement au Juge, & aux témoins, les réponses de l'accusé.

2. 2°. Lors des interrogatoires qui sont faits à l'accusé, l'interprete doit expliquer à cet accusé toutes les demandes qui lui sont faites par le Juge; & au Juge, les réponses de l'accusé; & le tout doit être écrit en Langue françoise, signé par le Juge, l'interprete, & l'accusé, sinon il doit être fait mention de son refus de signer. (Même Ordonnance de 1670, *ibid.* tit. 14, art. 11.)

Le Juge doit à cet effet faire rédiger les demandes & réponses en ces termes: *Interrogé par la bouche de A. son interprete, si telle chose est, ou non; l'accusé, par la bouche dudit interprete, a répondu que*, &c.

Il y a cette différence entre les curateurs, & les interpretes, que le curateur répond pour celui qui étant sourd, ou muet, ou tous les deux ensemble, ne peut entendre, ou répondre; au-lieu que l'interprete ne fait qu'expliquer en françois les demandes qui sont faites à l'accusé, ainsi que ses réponses.

Lorsqu'il ne se trouve point d'interprete sur le lieu, le Juge doit en faire venir un de la ville la plus prochaine où il y en a.

3. 3°. L'interprete doit toujours être avec l'accusé, afin de répondre pour lui pendant toute l'instruction du procès, tant aux inter-

rogatoires, qu'à la confrontation ; & même lors du Jugement du procès au dernier interrogatoire qui se fait à la Chambre.

4. 4°. Lors de ce dernier interrogatoire, si les conclusions de la partie publique sont à peine afflictive, il faudra interroger l'accusé sur la sellette. A l'égard de l'interprete, il doit être debout, nue tête, & à côté de l'accusé. (Ordonnance de 1670, *tit.* 14, *art.* 23 ;) mais dans le Jugement diffinitif, ainsi que dans tous les Jugements d'instruction, il ne doit être fait mention dans les qualités que de l'accusé. (Même Ordonnance de 1670, *tit.* 22, *art.* 3.)

Il faut aussi que l'accusé prête serment dans tous les actes de procédure où il est interrogé ; comme dans les interrogatoires & confrontations, *&c.* ; à peine de nullité. (Ordonnance de 1670, *tit.* 14, *art.* 7 ; & *tit.* 15, *art.* 14.)

TITRE XXIX.

De la maniere de faire le Procès aux Communautés des Villes, Bourgs & Villages, Corps & Compagnies.

1. SOUS le mot de *Communautés*, on entend les Villes, Bourgs & Villages; & sous le nom de *Corps & Compagnies*, sont compris les Chapitres, Universités, Colleges, Monasteres, Académies, Compagnies de Magistrats & Juges, les Corps de Métier, & autres Corps en général.

Pour qu'une Ville ou Communauté soit censée délinquer, il faut que le délit soit précédé d'une assemblée, ou délibération; autrement, & si sans aucune assemblée ou délibération précédente, tous les habitants d'une ville se jettoient sur quelqu'un, & qu'ils le missent à mort, quand même cela se seroit fait au son du tocsin, & que les Echevins, Consuls, & autres Administrateurs de la Ville, ou Communauté, se trouvassent au nombre des meurtriers, un pareil délit ne pourroit être regardé comme un délit commis par la communauté; mais par les particuliers qui la composent. (Farinac. *qu.* 24, *n.* 129 & 130; Jul. Clarus, *qu.* 16, *n.* 8.)

2. Néanmoins cette regle n'a lieu que pour les délits momentanés, tels que l'homicide, & autres semblables; mais quand il s'agit de délits successifs, comme la guerre, & la rébellion; alors si les habitants d'une Ville, Bourg, ou autre Communauté se révoltent, ou font la guerre pendant plusieurs jours contre leur Souverain, cela forme un délit commis par la Communauté, encore qu'il n'ait point été commis en conséquence d'une assemblée, ou délibération précédente: ce qui a lieu, même dans le cas où la Communauté n'auroit eu aucun intérêt à commettre ce délit, si d'ailleurs ceux qui pouvoient l'empêcher, ne s'étoient point mis en devoir de le faire, & avoient donné lieu, par cette conduite, de penser qu'ils y ont donné leur approbation. (Farinacius, *qu.* 24, *n.* 131 & 132.)

3. Les Communautés peuvent aussi délinquer par omission, lorsqu'ayant connoissance que leurs Gouverneurs, ou premiers Magistrats

gistrats sont attaqués, elles ne se mettent point en devoir de les défendre, quoiqu'elles eussent pu d'ailleurs le faire facilement, & sans courir aucun danger. (Julius-Clarus, *qu.* 16, *n.* 8; Farinacius, *qu.* 24, *n.* 132 *& suiv. jusqu'au n.* 138.)

Les Communautés sont aussi censées délinquer dans la personne de leurs Consuls, Echevins, & autres Magistrats qui les gouvernent, lorsque ceux-ci, à l'occasion de leurs fonctions qu'ils exercent au nom de toute la Communauté, commettent quelque délit; *v. g.* dans l'imposition de la Taille, &c.; sur-tout si cela se fait de l'ordre, ou du consentement des habitants. (Farinacius, *ibid.* qu. 24, n. 109 & 110.)

1°. L'article premier du titre 21 de l'Ordonnance de 1670, porte en général que le procès sera fait aux Communautés des villes, bourgs & villages, Corps & Compagnies qui auront commis quelque rébellion, violence, ou autre crime.

4. Ces autres crimes dont parle ici l'Ordonnance, sont tous ceux qui peuvent être commis par des Corps & Communautés en commun; tels sont les émotions populaires, la désobéissance aux ordres du Roi, les assemblées illicites, les mauvais traitements faits aux personnes préposées pour les deniers royaux, & autres semblables.

2°. Les Communautés & autres Corps & Compagnies, auxquels on fait le procès criminellement, doivent, à cet effet, nommer un Syndic, ou Député, suivant qu'il sera ordonné par le Juge. (Ordonnance de 1670, *tit.* 21, *art.* 2.) Cette Ordonnance doit être signifiée à la Communauté à laquelle on fait le procès.

5. Le Syndic ainsi nommé par la Communauté, pour la représenter dans le procès, & pour la défendre, doit avoir une procuration des habitants en bonne forme.

Si la Communauté refuse de nommer un Syndic, le Juge doit nommer d'office un curateur. (Ordonnance de 1670, *tit.* 21, *art.* 2.) Cette nomination doit être signifiée à la Communauté.

Pour constater ce refus, il faut faire une sommation au Syndic ordinaire, ou à défaut, aux Echevins, & s'il n'y en a point, à deux des principaux habitants. On peut même, pour plus grande sûreté, les assigner à l'extraordinaire; & en cas de refus, ou de défaut, le Juge nommera un Syndic. Il n'est pas nécessaire que le Syndic ainsi nommé par le Juge, soit du Corps auquel on fait le procès, l'Ordonnance ne l'exigeant point.

Le curateur ainsi nommé d'office, doit prêter serment de bien & fidélement faire sa charge; & s'il est obligé de faire quelques frais à cette occasion, il les répétera sur la Communauté.

Le Syndic, ainsi que le Curateur, ne doit point être décrété, mais seulement assigné, pour remplir ses fonctions; & il seroit encore plus irrégulier de décréter tous les habitants. (Arrêt du Conseil du 14 Mars 1673, rapporté au Journal du Palais, *tom.* 1, *pag.* 374, de l'édition *in-fol.*

6. 3°. Le Syndic, Député, ou Curateur, doit subir les interrogatoires & la confrontation des témoins; & il doit être employé dans toutes les procédures en la même qualité. (Ordonnance de 1670, *tit.* 21, *art.* 3.)

Dans cette confrontation, le Juge doit avoir attention de faire dire aux témoins confrontés, que c'est de la Communauté, ou Corps auquel on fait le procès, & représenté par le Syndic, ou Curateur, qu'ils ont entendu parler par leurs dépositions & récolement; auquel Syndic, ou Curateur, ils soutiennent, comme véritable en toutes ses parties, tout ce qui y est contenu. (Ainsi jugé par Arrêt du Parlement de Paris du 29 Août 1755, qui déclare nulles des confrontations faites par le Lieutenant-Criminel d'Orléans dans un procès criminel, poursuivi contre le Chapitre de l'Eglise Cathédrale de la même ville; parce que dans ces confrontations, les témoins avoient dit simplement qu'ils reconnoissent un tel présent, pour être le Syndic du Chapitre de l'Eglise d'Orléans, auquel ils soutenoient que leurs dépositions & récolement contenoient vérité.)

7. 4°. Le Syndic, Député, ou Curateur, lors du Jugement, doit être interrogé derriere le Barreau; & il ne faut point le nommer dans le dispositif du Jugement, qui doit être rendu seulement contre la Communauté, Corps, & Compagnie, à laquelle on fait le procès. (Ordonnance de 1670, *tit.* 21, *art.* 3, & *tit.* 14, *art.* 23.)

5°. Les condamnations contre les Communautés, ne peuvent être que de réparation civile, dommages & intérêts envers la partie, d'amende envers le Roi, & de privation de leurs privileges, ou de quelque autre punition qui marque publiquement la peine qu'elles ont encourues par leur crime. (Ordonnance de 1670, *tit.* 21, *art.* 4.) On peut y ajouter l'aumône.

8. Ces dommages & intérêts se prennent sur les biens de la Communauté; & à défaut, ils se levent par forme de taxe, sur les particuliers qui composent la Communauté condamnée; mais seulement par tête, & sans solidité. (Farinacius, *qu.* 24, *n.* 118.)

Les autres punitions publiques, dont il est parlé dans cet article 4, sont, *v. g.* que les murailles de la ville seront démolies, leurs forteresses & tours rasées, ainsi que les lieux & autres édifices distingués, en ordonnant qu'il sera dressé un monument public en marbre, ou pierre, sur lequel est écrite la condamnation.

9. Nous avons un exemple remarquable d'une condamnation de cette espece prononcée contre la ville de Bordeaux, par Arrêt du 26 Octobre 1548, rapporté par Automne en sa Conférence, sur le titre 4 du livre 7 du Digeste, *pag.* 88; & par Papon, *liv.* 24, *tit.* 10, aux additions, *n.* 4, pour une révolte, dans laquelle les habitants de cette ville avoient tué le Gouverneur & Lieutenant de Roi, & plusieurs autres Officiers de la même ville, à l'occasion d'un droit de Gabelles, dont les habitants vouloient empêcher l'établissement. Cet Arrêt prive la Communauté, Corps & Université de la ville de Bordeaux de tous privileges, Maison-de-Ville, Jurade & Conseil, & autres Offices de ville, & Bourse commune; lesquels droits, avec les cloches & artillerie, furent adjugés au Roi, & ordonné que tous les titres, concernant les privileges, droits & libertés de cette ville, seroient brûlés en présence des Jurats; que la Maison-de-Ville seroit rasée & démolie, & que les habitants feroient à leurs dépens les fortifications & envitaillement des Châteaux Trompette & du Ha, & renouvelleroient tous les ans ledit envitaillement. Que le corps du sieur de Moneins, Gouverneur & Lieutenant de Roi, seroit enlevé de l'Eglise des Carmes par les Jurats, & cent vingt élus par le Conseil-de-Ville, ayant chacun une robe de deuil, tête nue, & une torche du poids de deux livres à la main, où seroient attachées les armoiries du défunt; qui ensuite, en passant devant la porte de M. le Duc de Montmorenci, Lieutenant-Général pour le Roi en ladite Province, se mettroient à genoux, & demanderoient pardon à Dieu, au Roi & à la Justice, & crieroient, *Miséricorde*, & le corps dudit sieur de Moneins enterré dans l'Eglise de Saint André. Par ce même Arrêt plusieurs furent con-

damnés à mort, les uns, tirés à quatre chevaux, les autres, rompus sur la roue, & les autres, pendus. (Voyez l'Histoire des cinq Rois en 1548; & l'Histoire de M. de Thou, *liv.* 5, *chap.* 153.)

Du Haillan, en la Vie de Charles V, *pag.* 875, rapporte un Arrêt presque semblable, rendu en 1379 par le Duc d'Anjou contre la ville de Montpellier.

Voyez aussi dans Pasquier, *liv.* 3 de ses Recherches, *chap.* 10, 16, une autre exemple de condamnation, prononcée contre la Sorbonne par Arrêt du 4 Décembre 1561, qui la condamne à faire amende-honorable, au sujet de quelques Propositions dangereuses qu'elle avoit laissé soutenir à un de ses Bacheliers. Il est ordonné par cet Arrêt, que pour faire cette amende-honorable, le Bedeau de la Sorbonne, habillé d'une chappe rouge, déclareroit, en présence des principaux de cette Faculté, que les Propositions en question avoient été témérairement soutenues.

On peut encore voir d'autres exemples de ces sortes de condamnations, au titre *Des Séditions & Emotions populaires*, ci-après *liv.* 4, *tit.* 47, n. 4.

6°. L'article 5 du titre 21 de l'Ordonnance de 1670, veut, qu'outre les poursuites qui se feront contre les Communautés, le procès soit fait aux principaux auteurs du crime, & à leurs complices; mais que s'ils sont condamnés en quelque peine pécuniaire, ils ne pourront être tenus de celles auxquelles les Communautés auront été condamnées.

TITRE XXX.

De la maniere de faire le procès au cadavre, ou à la mémoire d'un défunt.

ARTICLE PREMIER.

Pour quels crimes on peut faire le procès au cadavre, ou à la mémoire d'un défunt.

1. RÉGULIÈREMENT tout crime est éteint par la mort de l'accusé : il y a néanmoins des crimes qui, à cause de leur énormité, sont punis après la mort de ceux qui les ont commis ; & cela, afin de servir d'exemples aux autres, & de les empêcher d'en commettre de pareils.

L'article 1 du titre 22 de l'Ordonnance de 1670, établit quatre cas, pour lesquels on peut faire le procès au cadavre, ou à la mémoire d'un défunt.

Le premier, est pour crime de Leze-Majesté Divine, ou humaine, lorsqu'il échet de faire le procès au défunt.

Le crime de Leze-Majesté Divine, pour lequel il échet de faire le procès à un défunt, est l'hérésie ; (Voyez la Loi 4, §. 4, Cod. *de hæreticis* ; & le Droit Canon *causa* 24, *qu.* 2, *cap.* 6. Ce qui a pareillement lieu à l'égard des relaps, suivant les Déclarations des 29 Avril 1686, & 14 Mai 1724, *art.* 9.

2. Les cas de Leze-Majesté humaine, pour lesquels on fait le procès aux défunts, sont, 1°. contre ceux qui attentent à la Personne sacrée du Roi : 2°. contre ceux qui prennent les armes, ou qui ont des intelligences avec les Etrangers, ou autres, contre les intérêts de l'Etat ; ce qu'on appelle en France *Perduellion*, ou *Félonie* ; & en Angleterre, *Haute Trahison*. (Voyez Airault en son Instruction judiciaire, *liv.* 4, *part.* 1, *n.* 17. Voyez aussi la Loi derniere, D. *ad Leg. Jul. maj.*)

Le second cas est pour crime de duel. (Ordonnance de 1670.

tit. 22, *art.* 1; Edits des duels des mois de Juin 1643; *art.* 17; & Août 1679, *art.* 13.)

Le troisieme cas est pour homicide de soi-même; (Ordonnance de 1670, *ibid.* tit. 22, art. 1;) ce qui s'entend néanmoins de l'homicide volontaire & délibéré, & non de celui qui se fait par folie, ou dérangement d'esprit. (Voyez ce qui est dit à ce sujet au titre *Du Crime de Suicide*, ci-après, *part.* 4, *tit.* 51, n. 4.)

3. Le quatrieme & dernier cas est pour rébellion à Justice avec force ouverte, dans la rencontre de laquelle le défunt a été tué. (Ordonnance de 1670, *ibid.* tit. 22, art. 1.) D'où il suit que pour condamner le cadavre, ou la mémoire d'une personne, pour cause de rébellion à Justice, il faut que cette rébellion ait été faite à force ouverte, & que le coupable ait été tué dans la rencontre même de la rébellion, & non après.

La rébellion à force ouverte, est celle qui se fait avec armes & violence publique; *v. g.* pour enlever un prisonnier des mains de la Justice; pour briser publiquement les prisons, *&c.*

Lorsque le corps de celui qui est coupable de quelqu'un des crimes dont on vient de parler, est encore existant, on fait son procès à son cadavre; sinon, on le fait à sa mémoire.

Il y a plusieurs exemples de procès criminels faits aux cadavres. Voyez le procès fait au cadavre de Nicolas Lhôte, Commis de M. de Villeroi Secrétaire d'Etat, pour crime de Leze-Majesté, lequel en voulant se sauver, s'étoit noyé dans la riviere de Marne, proche la ville de Meaux; son corps fut tiré à quatre chevaux, & les quatre quartiers mis sur quatre roues, aux principales avenues de Paris; ainsi qu'il fut jugé par Arrêt du 13 Mai 1604, rapporté par Bouchel en son Traité de la Justice Criminelle de France, *tit.* 9, *chap.* 21.

ARTICLE II.

De la procédure qui doit se tenir pour faire le procès au cadavre, ou à la mémoire d'un défunt.

4. 1°. Il faut d'abord commencer par informer.

2°. L'information étant faite, & le corps de délit établi, tant par la visite que par l'information, & le rapport des Médecins & Chirurgiens, le Juge doit ordonner, sur les conclusions de la partie publique, que le cadavre sera apporté dans la basse geole, s'il y en a ; sinon dans un autre endroit de la prison. Il doit aussi ordonner, s'il s'agit d'un suicide, que tous les instruments, & autres choses qui ont servi à la mort de l'accusé, si aucuns se trouvent, seront remis au Greffe, pour les représenter au curateur, lors de l'interrogatoire.

5. 3°. Le Juge doit nommer d'office un curateur au cadavre du défunt, s'il est encore extant ; sinon, à sa mémoire. (Ordonnance de 1670, *tit.* 22, *art.* 2.) Et si quelqu'un des parents du défunt se présente pour faire cette fonction de curateur, il doit être préféré à tout autre. (*Ibid.* tit. 22, art. 2 ;) ce qui est fondé sur ce que les parents sont plus intéressés que d'autres à remplir avec soin cette fonction, tant pour l'honneur de la famille, que pour conserver la succession du défunt, s'il y a lieu à l'exclusion du fisc.

C'est aux parents, qui veulent nommer un curateur, à se présenter d'eux-mêmes ; le Juge n'est point obligé de les avertir.

Ce curateur doit sçavoir lire & écrire. (Ordonnance de 1670, *ibid.* tit. 2, art 3.) Il doit prêter serment ; & il en doit être fait mention. Il faut aussi observer à son égard les mêmes formalités que pour les curateurs qui se donnent aux sourds & muets.

6. 4°. On doit instruire le procès contre le curateur en la forme ordinaire, & sous son nom, dans toute la procédure. On l'interroge ; on entend & récole les témoins ; & on les confronte au curateur de la même maniere que pour les autres confrontations : mais on ne les confronte point au cadavre. (*Ibid.* tit. 2, art. 3.)

Pour faire une procédure exacte, il faut représenter le cadavre aux témoins qui en parlent, & au curateur ; à l'effet de quoi, le Juge, après la confrontation, doit se transporter avec le curateur dans la basse geole, ou dans l'endroit où le cadavre est déposé, & les interroger sur cette reconnoissance, dont il dressera procès-verbal.

7. Quand le cadavre du défunt est encore extant, & que l'instruction ne peut être sitôt achevée, il faut avoir soin de le faire embaumer, afin de le conserver pour exercer sur lui la condamnation, au cas que ce défunt soit déclaré coupable. Le Juge ordonne à cet effet, que le cadavre restera en la garde & possession des personnes qu'il nomme pour cela, jusqu'à ce qu'il en soit autrement ordonné par Justice. Mais si ce cadavre est tel qu'il ne puisse être conservé, on ordonne par provision qu'il sera enterré en terre sainte, ou profane, suivant que le cas y échet, sauf à

l'exhumer : mais c'est au Tribunal entier à ordonner cette inhumation provisoire, & non au Juge d'instruction, qui a encore moins le droit d'ordonner seul qu'un cadavre sera enterré par provision en terre profane; puisqu'alors c'est le condamner par avance.

8. 5°. Quoique le procès soit instruit contre le curateur en la maniere ordinaire, néanmoins il ne doit point prêter le dernier interrogatoire sur la sellette, mais seulement debout. (Ordonnance de 1670, *tit.* 2, art. 3.)

6°. La condamnation ne doit point être rendue contre le curateur, mais seulement contre le cadavre, ou la mémoire. (*Ibid.*)

7°. Les condamnations qui peuvent intervenir contre le cadavre d'un défunt sont, qu'il sera traîné sur une claie, la face contre terre, par les rues & carrefours du lieu où la Sentence a été rendue, & ensuite pendu à une potence par les pieds, traîné à la voirie, & ses biens confisqués.

9. Quand le cadavre n'a pu être conservé, & a été mis en terre, on fait une figure d'homme, ou de femme, qui représente le défunt, sur laquelle on exécute le Jugement, de même que si c'étoit le cadavre.

Outre les condamnations dont je viens de parler, si le défunt étoit noble, on déclare quelquefois, du moins si l'accusé est coupable de crime de Leze-Majesté, ses enfants roturiers, ainsi que ses autres descendants; & on ordonne que ses statues & armoiries seront brisées, ses châteaux & maisons rasés, les fossés comblés, démolis, & les bois abbatus, *&c.*; ainsi qu'il a été jugé sous Charles VI, par Sentence du Prévôt de Paris du 26 Août 1392, contre Pierre de Craon, & contre le Duc d'Alençon sous Charles VII en 1458, par Arrêt du 10 Octobre. (Voyez Pasquier en ses Recherches, *liv.* 6, *chap.* 3; & Duhaillant, Histoire de France, *tom.* 1, *liv.* 18, *année* 1392; *& liv.* 24, *année* 1458.)

10. 8°. A l'égard des condamnations qui peuvent se prononcer contre la mémoire d'un défunt, elles se rendent *ad perpetuam rei memoriam*, afin de laisser à la postérité une note générale & éternelle du crime, contre celui qui l'a commis : par exemple, à l'égard des roturiers, en condamnant leur mémoire, & confisquant leurs biens, *&c.*; peine qui est comparée à celle du bannissement à perpétuité par l'article 9 de la Déclaration du 14 Mai 1724 : & à l'égard des nobles, en déclarant leurs descendants roturiers; en abattant leurs statues; en brisant leurs armoiries; & en

en ordonnant que leurs maisons seront rasées, leurs bois coupés, & en supprimant les noms des coupables. (Voyez l'exemple du procès fait à la mémoire du Maréchal d'Ancre en 1617, dans le Mercure de France de cette année ; & dans Bouchel, Traité de la Justice Criminelle de France, *tit.* 7, *chap.* 6, *pag.* 289.)

Mais il faut observer que ces sortes de condamnations ne s'exécutent point par effigie, & qu'elles s'écrivent seulement sur un tableau, attaché dans la place publique. (Voyez l'article 16 du titre 17 de l'Ordonnance de 1670.)

11. 9°. Il est permis au curateur d'interjetter appel de la Sentence rendue contre le cadavre, ou la mémoire du défunt ; & il peut même y être obligé par quelqu'un des parents ; lequel en ce cas est tenu d'avancer les frais. (Ordonnance de 1670, *tit.* 22, *art.* 4.)

Dans ce cas où le curateur seroit contraint d'appeller, il doit prendre un pouvoir du parent, afin qu'on ne lui impute rien, & qu'on ne puisse le désavouer.

La raison pour laquelle l'Ordonnance oblige le parent, qui veut contraindre le curateur d'interjetter appel de la Sentence de condamnation, d'avancer les frais de cet appel, est fondée sur ce que cet appel étant pour l'avantage de la famille du défunt, il est juste que le parent qui veut que cet appel soit suivi, avance pour cela les frais nécessaires.

12. L'appel des Sentences de condamnation rendues contre le cadavre, ou la mémoire d'un défunt, n'a pas lieu de droit, ainsi qu'il résulte clairement de la disposition de cet article 4 du titre 22 de l'Ordonnance ; & ces sortes de Sentences ne sont pas du nombre de celles qui ne peuvent s'exécuter sans avoir été confirmées par Arrêt ; comme sont celles portées en l'article 6 du titre 26. Cependant la maxime du Parlement de Paris est, que les Sentences de condamnation contre le cadavre, ou la mémoire d'un défunt, ne peuvent s'exécuter, dans le cas même où il n'y en a point d'appel, que lorsqu'elles ont été confirmées par Arrêt ; ce qui paroît directement contraire à la disposition de l'Ordonnance. Il a été rendu à ce sujet un Arrêt du 2 Décembre 1737, dans un procès criminel d'un nommé Louis Martin, qui s'étoit pendu dans les prisons d'Orléans, rapporté au nouveau Recueil de Réglements en trois volumes *in*-12, *tom.* 3, *pag.* 545 ; & depuis par un autre Arrêt du 31 Janvier 1749,

(rapporté *ibidem*, tom. 3, pag. 646.) il a été ordonné que l'Arrêt précédent seroit envoyé à tous les Bailliages du ressort, pour y être publié & enregistré.

13. Dans le cas où cet appel seroit de droit, suivant la maxime du Parlement, il seroit inutile au parent du défunt d'avancer les frais de cet appel; parce qu'alors ils doivent se payer sur le domaine du Roi, ou sur celui des Seigneurs; à moins qu'il n'y eût partie civile; comme dans les cas portés par l'article 6 du titre 26 de l'Ordonnance Criminelle.

10°. Les Cours peuvent sur l'appel élire un autre curateur que celui qui a été nommé par les Juges dont est appel. (Ordonnance de 1670, *tit.* 22, *art.* 5.)

Ce curateur doit être oui sur l'appel en la Chambre du Conseil, lors du Jugement, de la même maniere qu'en cause principale. (Voyez *ci-dessus* n. 8.)

Forme de Procédure extraordinaire au sujet d'un Suicide.

14. Ce crime se défere à la Justice par la même voie que les autres, c'est-à-dire par la plainte, dénonciation, ou déclaration; & s'il arrivoit que le ministere public n'en fût point saisi par l'une, ou par l'autre de ces voies, il en doit rendre plainte lui même par un réquisitoire, au Juge du lieu qui a droit d'en connoître.

Lorsque ce crime est parvenu à la connoissance du Juge par les voies ordinaires, il se transporte sur les lieux, & dresse un procès-verbal de l'état du cadavre, circonstances & dépendances. (*a*)

Au bas du procès-verbal, la partie publique requiert qu'il en soit informé, & que le cadavre d'un tel reste en la garde & possession de quelqu'un nommé à cet effet, jusqu'à ce qu'autrement il en soit ordonné par Justice.

Ordonnance intervient sur ses conclusions.

15. L'information faite, les conclusions de la partie publique tendent, lorsque le délit est bien établi, à ce que le cadavre soit apporté dans les prisons de la basse geole, s'il y en a; qu'il soit arrêté & recommandé à sa requête, & qu'il soit créé un cura-

(*a*) A Paris c'est un Commissaire, qui étant averti, se transporte sur les lieux, dresse procès-verbal, & l'apporte au Greffe.

teur au cadavre ; lequel doit être assigné à la requête du ministere public pour accepter ladite commission.

Sur ces conclusions, le Juge rend une ordonnance, portant, *Soit fait ainsi qu'il est requis, & avons nommé pour curateur audit cadavre.....*

En conséquence de cette Ordonnance, on assigne le curateur, nommé à l'effet d'accepter ladite commission.

16. Cette nomination se dresse par un procès-verbal, rédigé de cette façon.

L'an mil sept cent..... sur les..... heures du matin, ou de relevée, pardevant nous N..... au Présidial de.... ou de telle autre Jurisdiction, est comparu A..... Bourgeois de......., ou telle autre qualité qu'il aura, y demeurant, rue...... âgé de..... lequel nous a dit qu'il est assigné par exploit de..... Huissier, ou Sergent de..... en date du........ en exécution de notre Ordonnance, rendue sur les conclusions du Procureur du Roi..... le..... à l'effet d'accepter la commission de curateur au cadavre d'un tel ; qu'il accepte ladite commission de curateur ; & après avoir pris le serment dudit..... il a promis de bien, fidélement, & en conscience défendre le cadavre dudit..... a élu son domicile en sa demeure susdite, & a signé. (*a*)

Après le procès-verbal, qui se nomme acceptation de commission de curateur au cadavre d'un tel, on procede à l'interrogatoire dudit curateur sur une nouvelle assignation à la même requête.

Forme de cet Interrogatoire.

17. Suivant l'assignation, est comparu A........ Bourgeois de..... en date du..... y demeurant, rue..... natif de..... âgé de..... curateur créé au cadavre de.... lequel a fait serment de bien, fidélement, & en conscience défendre le cadavre dudit.......

(*a*) Si le cadavre ne subsistoit point, & qu'il fût consommé par le feu, ou qu'il se fût jetté dans l'eau, & ne pût se trouver, il faudroit nommer un curateur à sa mémoire. C'est la même forme que ci-dessus, excepté que l'on met, *curateur à la mémoire*, au-lieu de *curateur au cadavre.*

Interrogé, s'il n'est pas vrai, *&c.*

Ledit A. . . . . . curateur créé au cadavre dudit . . . . . a dit, ou répondu, que, *&c.*

Les autres réponses se rédigent de même.

18. Lecture faite, a persisté, & signé, ou déclaré, *&c.* (*a*)

Nota. Si le ministere public n'a point requis, par ses conclusions sur l'information, que le cadavre, dont il s'agit, fût vu & visité par Médecins & Chirurgiens, il peut le requérir par un réquisitoire subséquent; & s'il n'y a point de Médecins, ni Chirurgiens attachés à la Jurisdiction, on en nomme d'office. (*b*)

De même, il doit requérir que les instruments qui ont servi à la destruction du suicide, soient apportés & représentés au curateur, lors de l'interrogatoire.

Au bas de l'interrogatoire du curateur, le Juge rend son Ordonnance, portant que cet interrogatoire sera montré au Procureur du Roi; & celui-ci, sur le vu de cet interrogatoire, requiert qu'il soit joint, & que les témoins soient récolés & confrontés audit A. . . . . curateur.

Le curateur est encore assigné pour subir lesdites confrontations.

Forme des Récolements.

19. Récolements faits à la requête du Procureur . . . . . . demandeur & accusateur,

Contre A. . . . . curateur créé au cadavre de . . . .

Forme des Confrontations.

Confrontations faites, *&c.* comme ci-dessus aux récolements.

Suivant le jugement & assignation, est comparu A. . . . . . curateur créé au cadavre de . . . . auquel avons confronté B. . . . . premier ou second témoin de l'information faite par le . . . . . récolé en sa déposition, desquels le serment pris en présence l'un de l'autre; sçavoir, du témoin de dire vérité, & dudit A. . . . . curateur, de bien, fidélement, & en con-

(*a*) Cette procédure est la même que celle qui s'observe en matiere de duel, lorsque les accusés sont morts, ou qu'ils sont en fuite.

(*b*) Cette visite est ordinairement requise par le procès-verbal, ou l'information; mais on y supplée par un réquisitoire.

ſcience défendre le cadavre dudit . . . . . Ils ont dit ſe connoître, ou ne ſe point connoître.

Avons fait faire lecture des noms, ſurnoms, âge, *&c.* & icelui A. . . . . curateur interpellé, de propoſer reproches, aviſé de l'Ordonnance. Ledit A . . . . curateur a dit, *&c.*

Lecture faite de la dépoſition & récolement du témoin en préſence dudit A. . . . . curateur, le témoin a perſiſté, & dit, que le contenu en ſa dépoſition eſt véritable; mais qu'il n'a point parlé par icelle dudit A. . . . . curateur préſent.

Nota. Si les inſtruments dont on a parlé, ſont dépoſés, il faut les repréſenter au témoin, & au curateur, & dire en cet endroit: *Avons repréſenté au témoin un couteau, une ficelle*, ou telle autre choſe; & le témoin a dit qu'il reconnoît . . . . . pour être l'inſtrument dont un tel . . . . . s'eſt ſervi pour s'homicider:

Et par ledit A . . . . curateur, a été dit . . . . qu'il reconnoît, ou ne reconnoît point le . . . . . à lui repréſenté. Il explique à cet égard la défenſe du cadavre.

Pour faire une procédure exacte, il faut auſſi repréſenter le cadavre aux témoins qui en parlent, & au curateur.

Forme de ce Tranſport.

220. Ce fait, & après les dires du témoin & du curateur, ſommes deſcendus, ou tranſportés dans les priſons de la baſſe geole de céans avec ledit B. . . . . témoin, & ledit A. . . . curateur; où étant, leur avons repréſenté un cadavre ayant, *&c.*

Ledit B. . . . . témoin a dit qu'il reconnoît le cadavre repréſenté pour être celui dudit . . . . dont il a parlé par ſa dépoſition.

Et par ledit A. . . . . . curateur, a été dit qu'il reconnoît, ou croit que c'eſt le cadavre dudit . . . . . mais, *&c.*

Il faut à chaque confrontation dreſſer le même procès-verbal de tranſport.

Après cette repréſentation & reconnoiſſance du témoin, & du curateur, on met enſuite: lecture . . . . . . ont perſiſté & ſigné, ou déclaré, *&c.*

Le procès étant en état, on aſſigne encore le curateur, le jour du Jugement, pour ſubir le dernier interrogatoire en la Chambre, & être préſent au Jugement. Si la conviction eſt acquiſe contre le ſuicide, la Sentence s'intitule contre A. . . . . curateur créé au cadavre d'un tel. . . . . .

TITRE XXXI.

De la maniere de faire le Procès aux Filles & aux Femmes débauchées.

1. LORSQU'IL s'agit de punir des filles, ou femmes de mauvaise vie, dans le cas de débauche publique, & de vie scandaleuse où il n'échet que de prononcer des condamnations d'amendes, ou d'aumônes, ou des injonctions de vuider les lieux, ou même la ville, & d'ordonner que les meubles desdites filles ou femmes, seront jettés sur le carreau, & confisqués au profit des pauvres de l'Hôpital-Général; voici la procédure qui doit être tenue. Cette procédure est établie par une Déclaration du Roi du 26 Juillet 1713, qui, à la vérité, n'est rendue que pour la ville de Paris; mais qui peut cependant servir de regle pour les Provinces.

2. 1°. Les Commissaires du Châtelet peuvent recevoir les déclarations qui leur sont faites au sujet des filles ou femmes de mauvaise vie, par les voisins, qui doivent signer ces déclarations.

2°. Lesdits Commissaires, avant de recevoir ces déclarations, doivent faire prêter serment aux personnes qui les font, dont ils sont tenus de faire mention dans le procès-verbal qui sera par eux dressé.

3°. Le rapport des faits contenus dans ce procès-verbal, doit être fait par le Commissaire, au Lieutenant-Général de Police, les jours ordinaires d'Audience de Police, auxquels jours les parties intéressées doivent être assignées en la maniere accoutumée, pour y être pourvu contradictoirement, ou par défaut, sur les conclusions de celui des Avocats du Roi qui sera présent à l'Audience, & entre les mains duquel les déclarations doivent être remises, pour faire connoître au Juge les noms & qualités des voisins qui les auront faites. Un Arrêt du Parlement de Toulouse du 16 Juin 1755, rapporté au Recueil des Réglements, qui concernent cette Cour, *in*-8°., tom. 2, *pag.* 374, porte, que les filles débauchées ne peuvent être condamnées au refuge, sans être interrogées, & sans conclusions de la partie publique.

3. 4°. Si les parties dénient les faits contenus en ces déclarations, le Lieutenant-Général de Police pourra, s'il le juge à propos, pour la suspicion des voisins, ou pour autres considérations, ordonner qu'il sera informé desdits faits pardevant l'un des Commissaires, à la requête du Procureur du Roi de la Police, pour y être ensuite statué diffinitivement, ou autrement, par les Juges de Police, sur le récit des informations qui sera fait à l'Audience par l'un des Avocats du Roi; ou en cas qu'il juge à propos d'en délibérer sur le registre, sur les conclusions par écrit du Procureur du Roi au même Siege; le tout à la charge de l'appel au Parlement.

4. 5°. Sur cet appel, soit que l'affaire ait été jugée sur un simple procès-verbal du Commissaire, ou sur le récit ou vu des informations, les parties doivent procéder en la Grand'Chambre du Parlement, encore qu'il y ait eu un décret sur les informations, & que la suite de la procédure ait obligé le Lieutenant-Général de Police, à ordonner que lesdites filles, ou femmes, seront renfermées pour un temps dans la maison-de-force de l'Hôpital-Général.

Cette même Déclaration ajoute, que dans les cas de maquerellage, prostitution publique, & autre, où il écherroit peine afflictive, ou infamante, le Lieutenant-Général de Police sera tenu d'instruire le procès aux accusés, ou aux accusées, par récolement & confrontation, suivant les Ordonnances, & les Arrêts & Réglements de la Cour; auquel cas l'appel doit être porté en la Grand'Chambre de la Tournelle, à quelque genre de peine que les accusés, ou accusées, aient été condamnés; le tout sans préjudice de la Jurisdiction Criminelle du Châtelet, qu'il pourra exercer, en cas de maquerellage, concurremment avec le Lieutenant-Général de Police; auquel néanmoins la préférence appartient, lorsqu'il a informé & décrété avant le Lieutenant-Criminel, ou le même jour.

5. 6°. Les Jugements ainsi rendus, portant, que les filles, ou femmes seront renfermées à l'Hôpital, ou que leurs meubles seront jettés sur le carreau, ne s'exécutent point par provision : elles doivent néanmoins tenir prison, jusqu'après l'appel jugé. (Arrêt du Parlement du 9 Décembre 1713, rendu sur la Déclaration du Roi du 26 Juillet précédent.

Il y a une Déclaration du 26 Mai 1734, rendue pour la ville

de Rouen, qui est entiérement semblable à celle du 26 Juillet 1713, dont on vient de parler. Cette Déclaration de 1734 porte: « Voulons que notre présente Déclaration soit exécutée selon sa » forme & teneur, Nous réservant d'expliquer nos intentions, » ainsi qu'il appartiendra, sur ce qui regarde la même matiere, » dans les autres villes du ressort de notre Parlement de Rouen. »

6. Lorsque des filles de mauvaise vie sont mineures, & sous la puissance de leurs peres, ou meres, ou tuteurs, il n'est pas besoin d'un Jugement pour les faire renfermer par forme de correction; il suffit pour cela que les peres, meres, ou tuteurs prennent une permission des Administrateurs de l'Hôpital où ils veulent faire renfermer leurs enfants mineurs. (Voyez ce qui est dit à ce sujet au titre *De la Procédure pour correction d'enfants*, ci-après *part.* 3, *liv.* 2, *tit.* 32, *n.* 1 *& suiv.*)

Mais il est fait défenses à toutes personnes de mener aucune femme au refuge, sans condamnation précédente; sauf au mari à faire informer de la mauvaise vie de sa femme. (Arrêt du 16 Novembre 1666, rapporté par Boniface, *tom.* 2, *part.* 3, *tit.* 8, *chap.* 2.)

TITRE XXXII.

TITRE XXXII.

De la procédure dans le cas de correction d'Enfants.

1. Les enfants mineurs au dessous de vingt-cinq ans, garçons ou filles, qui sont de mauvaise conduite, soit pour désobéissance, libertinage, ou paresse, mauvais traitements, ou dérangement de mœurs, peuvent être renfermés dans des maisons-de-force, par forme de correction, sur la simple réquisition des peres, meres, tuteurs, ou curateurs; & même sur celle des oncles, ou autres plus proches parents, en cas que les peres & meres soient morts. Ces parents doivent obtenir à cet effet, s'il est nécessaire, une permission du Juge pour les faire arrêter. (Réglement du Conseil du 20 Avril 1684, pour Paris, registré au Parlement le 29 Avril de la même année, rapporté par Delamarre, Traité de la Police, *tom.* 1, *liv.* 3, *tit.* 5, *pag.* 496. Arrêt du 15 Octobre 1664, rapporté par Boniface, *tom.* 5, *liv.* 3, *tit.* 4, *chap.* 1.)

2. Un Arrêt de Réglement du Parlement du 27 Octobre 1696, confirmatif d'un Arrêt précédent du 9 Mars 1673, porte,

1°. Que les peres seuls pourront faire arrêter leurs enfants, jusqu'à l'âge de vingt-cinq ans, pour les faire renfermer, par forme de correction, dans une maison-de-force.

2°. Que si les peres sont mariés en secondes noces, ils ne pourront faire constituer prisonniers par correction leurs enfants d'un premier lit, sans en avoir obtenu la permission du Lieutenant Civil du Châtelet de Paris; lequel pourra, s'il le juge à propos, prendre l'avis de quelques-uns des parents plus proches, tant du côté paternel, que maternel desdits enfants; ce que les meres tutrices, & autres parents, seront également obligés de faire à l'égard de leurs enfants mineurs, & parents qu'ils voudront faire renfermer par correction.

Les endroits destinés à Paris pour renfermer les garçons de mauvaise conduite, sont les Maisons de Saint-Lazare, & de Bicêtre; & pour les filles, la Salpêtriere.

TITRE XXXIII.

De la procédure touchant les délits commis contre les Juges, étant dans leurs fonctions, ou au mépris de leurs Jugements.

1. (VOYEZ ce qui a été dit à ce sujet, au titre *De la Compétence des Juges en général*, ci-dessus, *part.* 2, *tit.* 2, *n.* 115, touchant les cas, où le Juge punit par lui-même l'injure qui lui est faite dans ses fonctions, ou au mépris de ses Jugements.)

TITRE XXXIV.

De la procédure touchant les crimes commis en présence du Juge lorsqu'il est en ses fonctions; mais non contre lui, ni au mépris de ses Jugements.

1. (VOYEZ *omninò* tout ce qui est dit à ce sujet, *ibidem*, au titre *De la Compétence des Juges en général*, ci-dessus, *part.* 2, *tit.* 2, *n.* 125.)

TROISIEME PARTIE.

LIVRE II.

CHAPITRE V.

Des différentes manieres dont on peut se pourvoir contre les Jugements.

TITRE XXXV.

Des oppositions aux Arrêts, & Sentences.

1. Les Arrêts & autres Jugements en dernier ressort, auxquels on n'a point été partie, ni duement appellé, peuvent être attaqués par la voie d'opposition. (Ordonnance de 1667, *tit.* 35, *art.* 2.)

Ainsi, le Procureur-Général peut former opposition à un Jugement criminel où il n'étoit point partie, rendu entre un accusé & une partie civile. C'est ce qui s'est observé dans l'affaire du Poëte Rousseau en l'année 1710. Celui-ci étant accusé par le Sr de la Faie d'avoir fait des Vers satyriques contre lui, & de les avoir répandus dans le public, fut absous par Arrêt du 4 Mai de la même année. M. le Procureur-Général forma opposition à cet Arrêt; & par un autre Arrêt, rendu en la Tournelle le 14 Janvier 1711, il fut reçu opposant à l'Arrêt d'absolution, & permis d'informer à sa requête, des Vers infames, semés par le Poëte dans le Caffé de la veuve Laurent à Paris. L'information fut décrétée de prise-de-corps; & par Arrêt du 7 Avril 1712, le Poëte fut condamné par contumace au bannissement perpétuel hors du Royaume; ce qui fut exécuté par effigie en Place de Greve le Mercredi 4 Mai suivant.

2. Il en est de même des Sentences en matiere criminelle : le Procureur du Roi, ou Fiscal, peut aussi y former opposition, lorsqu'il n'étoit point partie dans ces Sentences.

Celui qui n'a point été partie dans une affaire, peut aussi former opposition à l'Arrêt, dans ce qui peut l'intéresser ; quand même cet Arrêt donneroit acte d'une plainte rendue contre lui à la requête de M. le Procureur-Général. (Ainsi jugé par Arrêt de la Cour du 3 Septembre 1759, en faveur des Officiers du Bailliage de Meaux ; & par un autre Arrêt du 2 Septembre 1767, rendu en faveur du Lieutenant-Général de Chaumont en Bassigny.)

L'accusé peut aussi former opposition aux Jugements & Ordonnances rendues par le Juge d'instruction seul en son hôtel, & non au Siege ; & cette opposition doit être jugée au Siege par les Juges ordinaires du Tribunal. (Voyez ce qui a été dit à ce sujet, au titre *Des Décrets*, ci-dessus, *part.* 2, *liv.* 2, *tit.* 10, n. 41.)

L'effet de ces oppositions est d'empêcher que le Jugement rendu par le Lieutenant-Criminel, ne s'exécute par provision. On doit sur cette opposition assigner à l'Audience, soit l'accusé, soit le plaignant, soit le Procureur du Roi, s'il est seul partie.

3. En général, le Lieutenant-Criminel ne peut juger seul les oppositions, de quelque espece qu'elles soient, *v. g.* celles formées aux Sentences de provision ; parce que tout ce qui doit être jugé sur contestation, doit être jugé au Siege avec les Juges ordinaires du Tribunal. L'article 25 de l'Arrêt du Conseil du 31 Août 1689, rendu pour les Officiers du Présidial d'Orléans, en a une disposition précise.

Question. Peut-on former opposition dans la huitaine à une Sentence rendue à l'Audience au Petit-Criminel, où l'on a été partie, comme il se pratique en matiere civile ?

On prétend que non ; & c'est ainsi que nous l'observons au Châtelet d'Orléans. Il en a même été fait un arrêté au Bailliage (en 1754 & 1755 ;) ce qui est fondé sans doute sur ce que les charges & informations ayant été lues à l'Audience, & étant devenues publiques, il est convenable de ne plus admettre ces sortes d'oppositions. Cette regle est d'ailleurs conforme à l'Ordonnance, qui n'admet les oppositions dans la huitaine, que contre les Arrêts & Jugements rendus en dernier ressort. (Voyez l'article 2 du titre 25 de l'Ordonnance de 1667.)

4. On prétend cependant que les oppositions aux Ordonnances des Lieutenants-Criminels, se reçoivent même après la huitaine; mais si l'information est ordonnée au Parlement devant un Conseiller de la Cour, & le décret prononcé au Parlement, il n'y a point d'opposition.

Quand un procès est instruit & jugé dans une Cour par récolement & confrontation, il n'est pas permis aux parties privées de former opposition à l'Arrêt. (Arrêt du Parlement du 22 Août 1766, qui ordonne l'exécution des Ordonnances, Arrêts & Réglements de la Cour, & fait défenses à tous Procureurs de former des oppositions aux Arrêts rendus sur le vu des procès instruits par récolement & confrontation.)

TITRE XXXVI.

Des Arrêts, Sentences, & Jugements de défenses.

1. L'EFFET des défenses est d'ôter au Juge dont est appel, le pouvoir de passer outre, & de suivre l'Ordonnance, décret, ou instruction rendue par le premier Juge; en sorte que tout ce que ce premier feroit au préjudice des défenses duement signifiées, seroit nul, quand ce seroit le jour même de cette signification. (Ainsi jugé par Arrêt du 4 Juillet 1699, qui déclare nuls un récolement & une confrontation, faits le jour même que l'Arrêt de défenses avoit été signifié. De même, si au préjudice d'un Arrêt de défenses, l'Official continuoit sa procédure, elle seroit déclarée abusive. (Ainsi jugé par Arrêt du Parlement de Paris du 26 Janvier 1686, ou 1687, contre l'Official de Poitiers.) Il en seroit autrement, s'il étoit prouvé que cette procédure fût antérieure à la signification des défenses.

2. Les Cours, & autres Juges, ne doivent accorder des défenses, que dans le cas où il leur est permis de le faire; & non autrement; ainsi,

1°. Elles ne peuvent donner aucunes défenses, ou surséances de continuer l'instruction des procès criminels, sans voir les charges & informations, & sans conclusions des Procureurs-Généraux, dont il doit être fait mention dans les Arrêts & Jugements; si ce n'est qu'il n'y ait qu'un ajournement personnel. (Ordonnance de 1670, *tit.* 26, *art.* 4.) Le même article déclare nulles toutes les défenses qui pourroient être données au préjudice de ces dispositions; & veut que sans y avoir égard, ni qu'il soit besoin d'en demander main-levée, l'instruction soit continuée, & les parties qui les auront obtenues, & leurs Procureurs, condamnés chacun en cent livres d'amende, applicable moitié à la partie, & moitié aux pauvres, qui ne pourront être remises, ni modérées.

3. Les défenses dont il s'agit dans cet article, se donnent aussi dans les Bailliages & Sénéchaussées; mais seulement dans les accusations où il n'échet peine afflictive. (C'est une suite de la disposition portée en l'article premier du titre 26 de l'Ordonnance de 1670. Voyez aussi l'Arrêt du 27 Février 1663, rendu pour Mortagne; & le Réglement de la Cour du 10 Juillet 1665, qui en a une disposition précise.)

Les Officiaux Métropolitains peuvent aussi donner ces défenses, à l'égard des Officiaux inférieurs de leur ressort.

Il n'est pas nécessaire, pour obtenir ces défenses, que la requête de l'appellant soit communiquée à la partie civile, pour avoir ses réponses & moyens d'empêchement; & il suffit qu'elle le soit à la partie publique. Il en seroit autrement, si le Juge d'appel vouloit évoquer & juger le fond, ainsi qu'on l'observe pour le civil. (Voyez au titre *Des Décrets*, ci-dessus, *part.* 3, *liv.* 2, *tit.* 10, n. 43.)

La partie civile peut faire lever ces défenses par le même Juge d'appel, s'il y a lieu de les lever.

4. 2°. Les Cours, & autres Juges d'appel, ne peuvent donner des défenses d'exécuter les décrets d'ajournement personnel, qu'après avoir vu les informations, lorsque ces décrets ont été décernés par les Juges d'Eglise; & par les Juges ordinaires Royaux, ou des Seigneurs, pour malversation d'Officiers dans l'exercice de leurs charges; ou lorsqu'il y aura d'autres accusés contre lesquels il y aura eu décret de prise-de-corps, *&c.* (Déclaration du mois de Décembre 1680. Voyez aussi ce qui a été dit à ce sujet, au titre *Des Décrets*, ibid. *n.* 43.)

5. 3°. L'article 9 du titre 7 de l'Ordonnance de 1670, défend aux mêmes Juges d'appel de donner des défenses, ou surséances d'exécuter les Jugements rendus sur les oppositions à la publication des monitoires; si ce n'est après vu les informations & le

monitoire, & sur les conclusions de la partie publique. (Voyez ce qui a été dit au titre *Des Lettres monitoires*, ci-dessus, *part.* 3, *liv.* 2, *tit.* 8, n. 41.)

4°. Les Cours, & autres Juges d'appel, ne peuvent surseoir, ni défendre l'exécution des Sentences de provision, sans avoir vu les charges & informations, & les rapports des Médecins & Chirurgiens; & que le tout ait été communiqué aux Procureurs-Généraux, (ou autres parties publiques,) *&c.* (Ordonnance de 1670, *tit.* 12, *art.* 7. Voyez aussi ce qui a été dit au titre *Des Sentences de provision*, ci-dessus, *part.* 3, *liv.* 2, *tit.* 16, n. 17.)

6. 5°. L'article 8 du titre 25 de la même Ordonnance de 1670, défend aux Cours, (& autres Juges d'appel,) de donner aucunes défenses, ou surséances d'exécuter les Sentences diffinitives qui n'excedent les sommes portées en l'article 6 du titre 25 de la même Ordonnance. (Voyez ce qui a été dit à ce sujet, au titre *Des Appellations*, ci-dessus, *part.* 3, *liv.* 2, *tit.* 37, n. 28.)

Les Lieutenants-Criminels, & autres Juges qui ont l'instruction des procès criminels, ne peuvent donner seuls des défenses d'exécuter un décret décerné par un Juge inférieur, ou de continuer l'instruction d'un procès; & il faut que ces défenses soient prononcées en la Chambre du Conseil, de l'avis du Siege. (L'Arrêt du Conseil du 31 Août 1689, rendu pour les Officiers du Présidial d'Orléans, *art.* 25, en a une disposition expresse.)

7. Il arrive quelquefois que ces défenses se donnent sans connoissance de cause, & sans conclusions du Procureur du Roi; mais c'est un abus qu'on ne sçauroit trop réformer.

Il n'est pas permis aux Juges de prendre des épices pour ces sortes de défenses. L'Ordonnance de 1670, *tit.* 12, *art.* 8, en a une disposition pour les Jugements de défenses, rendus contre les Sentences de provision.

De même, il n'est pas nécessaire que l'accusé, qui veut obtenir des défenses contre un décret, ou autre procédure, se mette en état. Cela s'observoit autrefois; mais l'Ordonnance de 1670 y a dérogé. (Voyez le Procès-verbal de cette Ordonnance, *tit.* 26, *art.* 4, *pag.* 242;) & ce qui a été dit au titre *Des Décrets*, ci-dessus, *part.* 3, *liv.* 2, *tit.* 10, n. 51.)

TITRE XXXVII.

Des Appellations.

ARTICLE PREMIER.

Ce que c'est qu'Appel; & ses différentes especes.

1. 1°. L'APPEL est une voie de droit que la Loi acccorde aux accusés, & aux plaignants, ou parties civiles, contre les Sentences, ou Ordonnances des premiers Juges, & autres, qui ne connoissent des affaires qu'à la charge de l'appel, lorsque ces accusés, ou plaignants croient que ces Sentences, ou Ordonnances leur sont préjudiciables. Cette voie est aussi ouverte aux Procureurs du Roi, ou Fiscaux, contre les Sentences, ou Ordonnances qu'ils croient être préjudiciables à l'intérêt public.

2. 2°. Les appels des Jugements rendus par les Juges Laïques, ne sont que d'une sorte, & forment tous des appels simples. Ceux rendus par les Officiaux, ou autres Juges d'Eglise, sont de deux sortes; sçavoir, les *appels simples*, & les *appels comme d'abus*. Je ne parlerai point ici des appels simples, ou comme d'abus, des Jugements rendus par les Officiaux, ou autres Juges d'Eglise, en ayant parlé suffisamment dans mon Traité de l'Administration de la Justice, au titre *De la Jurisdiction des Officiaux, & autres Juges d'Eglise*; & je me contenterai de parler des appels des Sentences & Jugements rendus par les Juges ordinaires en matiere criminelle.

3. 3°. On peut interjetter appel en matiere criminelle, non-seulement des Sentences diffinitives qui ne sont point rendues en dernier ressort; mais encore de tous autres Jugements préparatoires, ou interlocutoires, décrets, & autres Ordonnances rendues par le Juge d'instruction, comme permissions d'informer, & autres instructions, avant même qu'il y ait aucun décret. (Voyez quels sont les différents Jugements préparatoires, interlocutoires, ou diffinitifs, qui peuvent être rendus en matiere criminelle, au titre *Des Sentences, Jugements & Arrêts*, ci-dessus, *part.* 3, *liv.* 2, *tit.* 25, n. 12.)

Tous

4. Tous ces appels sont libres ; & il est au pouvoir des parties, qui y ont intérêt, de les interjetter, ou non. Il y a néanmoins quelques cas pour lesquels l'appel des Sentences diffinitives qui condamnent à de certaines peines, est nécessaire, & a lieu de plein-droit, indépendamment du consentement de l'accusé, & des autres parties. Il sera parlé de ce cas, dans la suite de ce titre, *n.* 42.

ARTICLE II.

Quelles personnes peuvent appeller.

5. 1°. L'accusé doit être considéré comme la principale des parties à qui le droit d'appel est accordé. Il peut fonder cet appel, ou sur les moyens du fond : ou sur la forme de l'Ordonnance, ou Jugement dont il est appellant : ou sur la qualité du Juge ; comme si celui-ci avoit refusé, mal-à-propos, de déférer au renvoi qui lui auroit été demandé par l'accusé.

Le moyen d'appel fondé sur l'incompétence du Juge, est un des principaux que l'accusé puisse alléguer ; quand même cet accusé n'auroit pas demandé son renvoi ; parce qu'il n'y a point de meilleur moyen de nullité contre un Jugement, que lorsque celui qui l'a rendu, étoit sans qualité pour juger.

6. Autrefois un accusé, qui étoit convaincu du crime, tant par la déposition des témoins, que par sa propre confession, ne pouvoit appeller de la Sentence qui le condamnoit ; (L. *ult.* Cod. *quorum appel. non recip.*) Mais cela n'a plus lieu aujourd'hui ; & il est permis à l'accusé d'appeller dans tous les cas indistinctement, des Jugements & Ordonnances rendus par des Juges qui ne jugent pas en dernier ressort.

2°. La partie publique peut aussi appeller, lorsque ses conclusions ne sont point suivies, ou qu'elles sont réformées *in mitiùs ;* & en général toutes les fois qu'elle juge que le Jugement ou l'Ordonnance, dont elle appelle, pourroit, s'il étoit mis en exécution, nuire à la poursuite, ou punition du crime ; ou que ce Jugement ne prononce pas une peine assez sévere, & proportionnée à celle que le crime méritoit. On appelle ordinairement ce dernier appel, appel *à minimâ.*

7. Il faut observer que cet appel *à minimâ* ne peut être interjetté par la partie publique, lorsque l'Ordonnance, ou Jugement

a été rendu conformément à ses conclusions, ou qu'il a été rendu un Jugement plus sévere que celui auquel il avoit conclu. (Ainsi jugé par Arrêt du 27 Novembre 1674, qui le défend au Procureur-Fiscal de la Prévôté d'Atilly en Brie; autre Arrêt du 18 Mars 1680, contre le Procureur du Roi de la Prévôté de Péronne.) Il n'y a, dans ce cas, que M. le Procureur-Général qui puisse appeller.

8. Il faut aussi observer que la partie publique ne peut appeller *à minimâ* dans les affaires légeres; mais seulement dans celles où il échet peine afflictive. (Arrêt du 13 Décembre 1679, rapporté aux Loix Criminelles, *tom. 1, pag. 313*, qui le défend au Procureur-Fiscal de Souverain-Moulin; Voyez aussi l'article 19 du titre 25 de l'Ordonnance de 1670.) autrement la partie publique court risque d'éprouver sur cet appel un Jugement qui peut la mettre dans le cas d'être prise à partie.

Quand une fois la partie publique a appellé *à minimâ*, dans le cas où il y a lieu de le faire, elle ne peut plus se désister de son appel. (Arrêt du 13 Mai 1683, qui fait défenses au Procureur du Roi de la Prévôté de Chartres, de se désister de ses appellations *à minimâ* des Sentences rendues sur des procès criminels; & au Geolier des prisons de laisser sortir les accuses prisonniers, en conséquence d'un pareil désistement;) ce qui a son fondement dans les dispositions de Droit, qui traitent de tergiversation le désistement de l'accusateur.

Tout ce qui vient d'être dit, n'empêche pas M. le Procureur-Général d'appeller *à minimâ*, s'il croit qu'il y a lieu de le faire; & même quelqu'un des Juges peut le faire, en voyant le procès sur l'appel. (Voyez ce qui est dit ci-après, *n. 47.*)

9. 3°. La partie civile, ou plaignante, peut aussi appeller, toutes les fois qu'elle croit que la Sentence, ou Ordonnance dont elle veut appeller, lui cause quelque préjudice, soit parce qu'il n'y avoit pas une preuve suffisante pour la preuve, soit parce qu'on ne lui a pas assez adjugé de dommages & intérêts; & cet appel peut toujours avoir lieu, soit que la partie civile soit seule, soit que la partie publique se soit jointe à elle.

Mais la partie civile ne peut jamais interjetter appel *à minimâ* de la peine prononcée contre l'accusé; parce que la vengeance publique ne la concerne point, & qu'elle n'intéresse que le ministere public.

Il n'y a que le mari, dont l'appel, dans le cas d'adultere par lui poursuivi contre sa femme, a le même effet que l'appel *à minimâ* de la partie publique pour les autres crimes. (Arrêt de la Tournelle du 12 Août 1672, rapporté au Journal du Palais, *tom.* 1.)

10. 4°. Le droit d'appeller n'appartient qu'aux personnes dont on vient de parler; & c'est par cette raison que le dénonciateur n'est pas partie capable pour interjetter appel d'une Sentence d'absolution. (Ainsi jugé par Arrêt du Parlement de Paris de la Tournelle du 14 Mai 1709, au rapport de M. Dreux.)

De même, le Seigneur à qui la confiscation appartient, ne pourroit appeller d'une Sentence de condamnation à mort, rendue contre un accusé, sur le fondement que cette Sentence auroit adjugé à la partie civile des dommages & intérêts trop forts qui diminuent sa confiscation. (Arrêt du premier Septembre 1704, rapporté au Journal des Audiences.)

ARTICLE III.

Où se portent les Appellations.

11. Toutes les appellations des Sentences préparatoires, interlocutoires, & diffinitives, de quelque qualité qu'elles soient, doivent être portées directement aux Cours, chacune à son égard, dans les accusations pour crimes qui méritent peine afflictive; & pour les autres crimes, aux Cours, ou aux Bailliages & Sénéchaussées, au choix & option de l'accusé. (Ordonnance de 1670, *tit.* 26, *art.* 1.)

D'où il suit que dans les accusations où il n'échet point de peine afflictive, il n'est pas permis au plaignant, sur un appel interjetté par l'accusé, d'un Prévôt, ou d'un Juge de Seigneur, d'anticiper cet accusé en la Cour, lorsque celui-ci a déclaré vouloir que cet appel fût porté au Bailliage; autrement l'Ordonnance seroit illusoire, & cette anticipation priveroit l'accusé du bénéfice qui lui est accordé par la Loi, de choisir sur l'appel le Tribunal où l'appel doit être porté. Il est même d'usage, lorsque l'accusé ne s'est point expliqué sur l'option dans son acte d'appel, de lui faire une sommation d'opter; & lorsqu'il ne répond point à cette sommation, le plaignant a le choix de l'intimer au Bailliage, ou au Parlement. (Ainsi jugé par deux Arrêts rendus au Parlement de Dijon les 16 Juin 1717 & 20 Juin 1761, rapportés au Code Criminel de M. Serpillon, *pag.* 1564.)

Comme il n'est pas aisé souvent de déterminer, avant toute l'information achevée, si un crime mérite peine afflictive, ou non, il semble qu'il eût été plus simple, dans cet article 1 du tit. 26, de dire, *dans toutes les accusations où les Procureurs du Roi, ou Fiscaux, sont parties*; ce qui néanmoins, tout bien considéré, revient au même. (Voyez, au surplus, tout ce qui a été dit à ce sujet, au titre *De la compétence des Juges en général*, ci-dessus, *part.* 2, *tit.* 2, n. 287.)

12. Les appels des Jugements rendus sur des récusations de Juges, étant des Jugements préparatoires, doivent se porter aux mêmes Tribunaux que l'appel du principal, s'il étoit interjetté.

Il y a une exception à la regle portée par cet art. 1 du tit. 26, à l'égard du Duché de Bar; car les appellations de crimes qui méritent peine afflictive, se portent au Bailliage de ce Duché, en conséquence des anciens Traités faits avec les Ducs de Lorraine. (Voyez ce qui a été dit au même titre *De la compétence des Juges en général*, part. 2, tit. 2, n. 291.)

Il suit de cet article 1 du titre 26 de l'Ordonnance, que jamais en matiere criminelle les appels ne peuvent être portés devant les Juges de Seigneurs, même des Duchés-Pairies; ni même devant les Prévôts-Royaux. (Voyez ce qui a été dit, *ibid.* au titre *De la Compétence des Juges en général*, *n.* 292.)

13. Mais il ne faut pas conclure de cet article du tit. 26, que les Bailliages & Sénéchaussées Royales n'ont aucune inspection sur les Juges subalternes de leur ressort en matiere criminelle. Car le contraire est prouvé par une conséquence nécessaire, tirée de plusieurs articles de l'Ordonnance de 1670, & sur-tout de l'article 18 du titre 6; & de l'article 20 du titre 10; qui auroient inutilement ordonné que les Greffiers des Prévôtés Royales, & Justices de Seigneurs, seront tenus d'envoyer tous les six mois un état des procédures instruites dans leurs Sieges. En effet, cet envoi ne seroit d'aucune utilité, si les Officiers des Bailliages Royaux n'étoient pas regardés comme étant en droit de réprimer les abus que les Juges & Officiers subalternes de leur ressort peuvent commettre en matiere criminelle. On trouve même au Journal des Audiences, *tom.* 7, *pag.* 638, un Arrêt du 5 Février 1722, qui

prouve le droit des Lieutenants-Criminels à cet égard, conformément à un autre Arrêt du 11 Octobre 1657, qui ordonne à un Juge subalterne de déférer aux Ordonnanees & défenses du Lieutenant-Criminel; & qui, pour n'y avoir pas obéi, le condamne aux dommages & intérêts des parties, & aux dépens. (Voyez Henris, *tom.* 2, *liv.* 2, *qu.* 37.)

14. L'appel des Sentences rendues dans les Sieges particuliers des Bailliages & Sénéchaussées Royales, doit être porté aux Sieges principaux des Bailliages & Sénéchaussées dont ils dépendent, ou aux Parlements, au choix des accusés, dans les accusations, ou plaintes qui ne méritent peine afflictive. (Voyez au titre *De la Compétence des Juges en général*, ci-dessus, *part.* 2, *tit.* 2, *n.* 294.)

ARTICLE IV.

Dans quel temps on peut appeller.

15. Il faut distinguer les Sentences & Ordonnances qui gissent en exécution, de celles qui ne s'exécutent point par quelque acte, telles que sont les injonctions d'être plus circonspect; les Sentences d'absolution; celles de plus amplement informé; *&c.*

1°. L'appel des Sentences & Ordonnances qui gissent en exécution, peut toujours être interjetté par l'accusé, jusqu'à ce qu'il ait consenti l'exécution de ce Jugement & Ordonnance, soit par un consentement exprès, soit par un consentement présumé, comme dans le cas où il auroit exécuté volontairement l'Ordonnance, ou Jugement rendu; & il ne paroît pas même que cet appel se prescrive par 30 ans; si ce n'est à l'égard des intérêts civils, pour raison de quoi il paroît que l'accusé ne peut appeller après dix ans, suivant l'article 17 du titre 27 de l'Ordonnance de 1667.

Si la partie publique étoit jointe à la partie civile, alors le temps d'appeller contre la partie civile, seroit accessoire à celui de pouvoir appeller contre la partie publique.

16. 2°. La partie publique peut aussi appeller dans les mêmes cas, tant qu'elle n'a point consenti l'exécution du Jugement, ou de l'Ordonnance; quand même ce Jugement ou cette Ordonnance seroient exécutés; parce qu'une absolution ou une condamna-

tion trop légere, quoiqu'exécutée sans le consentement de la partie publique, ne peut passer contre elle en force de chose jugée. (Voyez Rebuffe *in proœmio. constit. reg.* gloss. *8. n. 118 lib. 1.*)

Mais cet appel se prescrit par 20 ans, à compter du jour du crime commis. (Voyez ce qui a été dit ci-dessus, au titre *De l'Action qui naît des Crimes*, part. 3, tit. 1, n. 45.)

3°. A l'égard du plaignant, ou de la partie civile, lorsqu'il s'agit d'une Sentence d'absolution, ou de condamnation des intérêts civils qui n'a point été suivie de paiement volontairement consenti, ces Sentences peuvent être attaquées par la voie d'appel; mais seulement dans les dix ans; & elles ne passent en force de chose jugée qu'après ce temps, suivant la Loi générale des Appels portée par l'article 17 du titre 27 de l'Ordonnance de 1667.

L'Ordonnance des Fermes du mois de Juillet 1681, au titre commun des Fermes, articles 47 & 48, veut que les condamnés au payement des droits du Roi purement civils, soient tenus de relever leur appel dans les trois mois de la signification de la Sentence, à leur personne ou domicile; sinon que ledit temps passé, la Sentence passera en force de chose jugée en dernier ressort.

17. 4°. Afin que l'état de l'accusé, ou de la partie poursuivante, ne soit pas trop long-temps incertain, l'accusé, dans le cas d'absolution ou de quelqu'autre Sentence de condamnation à une peine plus légere que celle à laquelle la partie publique avoit conclu, peut sommer cette partie publique, de déclarer si elle entend appeller, ou non, en lui faisant signifier le Jugement; & faute alors par la partie publique d'interjetter appel de ce Jugement, l'accusé pourra en demander l'exécution aux Juges, qui ne pourront la lui refuser. Plusieurs Arrêts enjoignent aux Procureurs du Roi, ou Fiscaux, d'interjetter appel des Sentences dont ils veulent appeller, aussi-tôt que ces Sentences leur auront été prononcées ou signifiées. Je crois cependant que cette exécution, quoique consommée, n'empêcheroit pas la partie publique de pouvoir appeller ensuite; ce qui semble même résulter de l'article 13 du titre 26 de l'Ordonnance de 1670.

Cet Appel de la partie publique doit être mis au bas de la Sentence, & non par un acte séparé. (Arrêt du 31 Décembre 1677, qui l'enjoint au Procureur Fiscal de la Justice de la Roche-Posay.)

18. De même, la partie publique, en faisant prononcer ou signifier à l'accusé, une Sentence de condamnation au bannissement, blâme, ou autre peine dont l'appel est libre, rendue sur ses conclusions, peut obliger cet accusé d'exécuter ce Jugement sur le champ, ou dans les vingt-quatre heures, ou dans les trois jours; ou bien de l'attaquer par la voie d'appel.

Afin que les parties puissent signifier les Sentences ou Ordonnances rendues à leur profit, ou les attaquer par la voie d'appel, elles ont la faculté de les lever quand il leur plaît; & les Greffiers ne peuvent refuser de leur en délivrer des expéditions, même des Décrets, Ordonnances, Permissions d'informer, & autres Jugements préparatoires ou interlocutoires. (Voyez ce qui a été dit à ce sujet au titre *Des Sentences, Arrêts & Jugements*, ci-dessus, *part.* 3, *liv.* 2, *tit.* 25, n. 26.)

Il y a même des cas où les Greffiers sont obligés de les montrer à la partie publique & à l'accusé; sans que celui-ci soit obligé de les lever. (Voyez *Ibidem.*)

ARTICLE V.

De l'effet de l'Appel, & des Sentences, &c. qui s'exécutent par provision.

19. 1°. Quelques Auteurs ont prétendu que l'Appel en matiere criminelle éteignoit ou anéantissoit absolument la chose jugée. Ils citent pour cela la Loi 1. §. *ult.* D. *ad senatusc. Trebellianum*, où il est dit que *provocationis remedio condemnationis extinguitur pronuntiatio*; mais cette Loi ne peut jamais servir à autoriser cette opinion. En effet, elle ne dit pas que la condamnation est annullée par le moyen de l'Appel, mais seulement la prononciation: or la condamnation & la formalité de la prononciation sont deux choses différentes. La prononciation regarde seulement l'exécution de la Sentence; ainsi on peut dire que cette prononciation est éteinte en quelque maniere par l'Appel; parce que cet Appel en suspend l'effet; ce que la Loi exprime par le mot *extinguitur*: mais il n'en est pas de même de l'Appel, ce que la glosse sur cette Loi, explique par le mot *suspenditur*, qui fait voir qu'à l'égard de l'autorité de la condamnation, elle n'est point éteinte; mais seulement suspendue par l'Appel; ensorte que si cette suf-

pension vient à être levée par Arrêt de la Cour en laquelle on a appellé, alors il est constant que la Sentence doit produire son effet contre celui qui a été condamné, à compter du jour qu'elle a été rendue.

20. En effet, dans toutes les Sentences qui se signifient avant l'Appel, le droit de la partie qui a obtenu quelque condamnation à son profit, soit pour l'hypotheque, &c. court du jour de la Sentence confirmée, & non du jour de la confirmation.

Si au contraire le Jugement est infirmé, il est regardé comme non avenu, & par conséquent ne produit aucun effet. Cette distinction se trouve confirmée par les deux manieres de prononcer différentes, qui sont en usage au Parlement de Paris. Quand cette Cour confirme une Sentence, elle met l'appellation au néant, & ordonne que ce dont est appel, sortira son plein & entier effet; au lieu que quand elle infirme un Jugement, elle met l'appellation, & ce dont est appel, au néant, émendant, &c.

D'ailleurs, la maxime que *in criminalibus appellatio extinguit judicatum*, n'a lieu que quand c'est l'accusé qui appelle; parce que ce n'est qu'en sa faveur qu'elle a été introduite; & pour se convaincre de la vérité de cette proposition, on n'a qu'à consulter tous les Criminalistes, & l'on verra qu'ils ne font jamais d'explication de cette maxime, au cas de l'Appel d'une partie civile; mais seulement au cas de l'Appel interjetté par l'accusé.

21. Il est si vrai que l'Appel n'éteint pas le Jugé, que, quand le Jugement dont est Appel, a été rendu en même temps contre des accusés présents, & contre des contumaxs, le Parlement ne juge jamais que les présents; & par conséquent le Jugement rendu contre les contumaxs s'exécute contre eux, comme s'il étoit contradictoire, suivant l'article 28 du titre des contumaces. C'est pourquoi si le contumax a été condamné à la mort naturelle ou civile, & qu'il décéde après les cinq ans, il est réputé mort civilement du jour de la Sentence de contumace; le Jugement de contumace n'est donc pas anéanti à son égard.

Ainsi on peut regarder comme constant, que cette maxime qu'en matiere criminelle, l'Appel éteint le jugé, n'est vraie que quand le condamné meurt pendant l'Appel, ou lorsqu'il est absous. (Voyez Bruneau, Traité des Matieres Criminelles, *pag.* 288; & en son Traité des Criées, *pag.* 572; Bardet, *tom.* 1, *liv.* 3, *ch.* 81; & *tom.* 2, *liv.* 1, *chap.* 45, *pag.* 111; & le Journal du Palais, *tom.* 1, *pag.*

pag. 895 ; Louet, Lettre C. *chap.* 25 ; & le Journal des Audiences, *tom.* 1, *pag.* 126.)

Il y a même des condamnations qui ne sont point en tout suspendues par l'Appel, comme on le verra dans un moment.

22. 2°. En matiere d'instruction, l'Appel ne suspend point ; & il doit être procédé à cette instruction, & même au Jugement des procès criminels, nonobstant toutes appellations, même comme de Juge incompétent & recusé ; & si les accusés refusoient de répondre, sous prétexte d'appellations, le procès leur sera fait jusqu'à Sentence diffinitive inclusivement. (Ordonnance de 1670, *tit.* 25. *art.* 2 ; & *tit.* 26, *art.* 3. Ordonnance du mois de Mars 1549, *art.* 10.) Ce qui a pareillement lieu à l'égard des Juges d'Eglise ; ainsi qu'il a été jugé par un Arrêt du Parlement du 19 Mars 1735, sur les conclusions de M. Gilbert, en faveur de l'Evêque de Beauvais.

23. Ainsi, lorsque l'accusé a décliné la jurisdiction lors du premier interrogatoire, & refusé de répondre sous prétexte de l'incompétence du Juge ; & que sur cet incident jugé devant le premier Juge, cet accusé a été débouté de son renvoi ; l'appel qu'il interjetteroit ensuite comme de Juge incompétent, ne pourroit empêcher qu'on ne continuât de lui faire son procès comme à un muet volontaire, s'il refusoit de répondre. (Voyez ce qui a été dit ci-dessus au titre *De la Compétence des Juges en général*, part. 2, tit. 2, n. 311.)

La même chose a lieu à l'égard des Décrets ; l'appel, même comme de Juge incompétent ou recusé, n'en suspend pas l'exécution. (Ordonnance de 1670, *tit.* 10, *art.* 12 ; & *tit.* 26, *art.* 3.)

Les Lettres d'Etat n'ont aussi aucun effet en matiere criminelle pour arrêter l'instruction. (Ordonnance du mois d'Août 1669, *tit.* 5, *art.* 6,) y compris l'inscription de faux, tant incidente que principale. (Déclaration du 23 Décembre 1702.)

24. Mais il faut observer que les procédures faites avec les accusés volontairement, & sans protestation, depuis leurs appellations sur des instructions, même comme de Juge incompétent ou recusé, ne peuvent leur être opposées comme fins de non recevoir. (Ordonnance de 1670, *tit.* 25, *art.* 3.) Ce qui est une suite nécessaire de ce qui est dit en l'article 2 du même titre. En effet, puisque l'appel des accusés ne suspend point l'instruction ; s'il falloit qu'à chaque interrogatoire ou confrontation, ils fissent des protestations, cela ne serviroit qu'à rendre la procédure plus longue. Mais

en cause d'appel, le Juge fait droit sur l'incompétence, de la même maniere que s'il n'y avoit eu aucunes procédures faites avec l'accusé depuis son appel.

25. 3°. Les appellations de permission d'informer, des décrets, & de toutes autres instructions, doivent se porter à des Cours & autres Juges d'appel, en matiere criminelle. (Ordonnance de 1670, *tit.* 26, *art.* 3.)

4°. Les Cours (& autres Juges d'appel) ne peuvent donner aucunes défenses ou surséances de continuer l'instruction des procès criminels, sans voir les charges & informations, & sans conclusions de la partie publique. (*Ibid.* art. 4.) Voyez ce qui est dit sur ce sujet au titre des *Arrêts & Jugements*, ci-après, *part.* 3, *liv.* 2, *tit.* 36, n. 2.

26. 5°. *Question.* L'Appel d'un Jugement d'instruction préparatoire, ou interlocutoire, interjetté par la partie publique, doit-il suspendre l'instruction & le Jugement du fond ?

Il faut distinguer, si l'instruction, ou le Jugement préparatoire dont il s'agit, peut nuire ou apporter quelque retard ou préjudice à la poursuite du crime, ou non. Dans le premier cas, par exemple, s'il avoit été rendu une Sentence de conversion au civil, ou qui auroit admis à la preuve d'un fait inutile, ou d'une jonction de procédures qui ne serviroient qu'à tirer l'affaire en longueur, ou autre Jugement semblable, il paroît que l'appel du Procureur du Roi doit suspendre l'instruction ordonnée par la Sentence dont il est appellant. (V. *infra* n. 34.) Mais dans le second cas, il ne paroît pas que l'appel doive suspendre en aucune maniere cette instruction.

27. A l'égard des Jugements diffinitifs, il est constant que l'appel du Procureur du Roi, en suspend toujours l'exécution. Il n'est pas même permis au Juge dont est appel, de faire alors aucune instruction; quand même il n'y auroit point d'appel de la part du Procureur du Roi, mais seulement de quelqu'une des autres parties; si ce n'est par rapport aux contumaxs. (Arrêt de la Tournelle du 9 Mai 1712, entre les Officiers du Bailliage d'Anguien. Voyez aussi l'article 24 du titre 10; & l'article 13 du titre 26 de l'Ordonnance de 1670.)

La simple protestation de la part de la partie publique d'appeller *à minimâ*, empêche l'élargissement de l'accusé. (Arrêts du Parlement de Paris des 20 Mai 1634, 20 Octobre 1648, 5 Mars

1664, & 13 Mai 1683, rapportés aux Loix Criminelles, *tom.* 1, *n.* 48. Voyez ci-après, *n.* 69.)

28. 6°. Quoiqu'en général l'appel des Sentences diffinitives interjetté par l'accusé, en suspende l'exécution, néanmoins les Sentences des premiers Juges, qui ne contiennent que des condamnations pécuniaires, doivent être exécutées par provision, & nonobstant l'Appel en donnant caution, si outre les dépens dans les Justices des Seigneurs, elles n'excedent la somme de 40 livres d'intérêts civils envers la partie, & de 20 livres d'amende envers le Seigneur; dans les Justices Royales qui ne ressortissent nuement au Parlement, si elles n'excedent 50 livres envers la partie, & 25 livres envers le Roi; & dans les Bailliages & Sénéchaussées où il y a Présidial, Siéges, des Duchés-Pairies, & autres ressortissants nuement aux Cours de Parlement, 100 livres envers la partie, & 50 envers le Roi. (Ordonnance de 1670. *tit.* 25, *art* 6.)

29. Mais quoique les Juges de Seigneurs ne puissent condamner par provision que jusqu'à 40 livres, les Officiers des Bailliages peuvent néanmoins sur l'appel, augmenter cette condamnation provisoire, jusqu'à 100 livres.

Si la Sentence, outre la condamnation pécuniaire, porte quelque réparation, ou interdiction, admonition, blâme, ou bannissement, alors l'appel ne suspend que la peine, & non la condamnation pécuniaire; à moins qu'elle n'excede la somme portée en l'article 6 dont on vient de parler; ce qui résulte de l'article 7 du même titre 26 de l'Ordonnance de 1670, où il est dit que l'amende payée par provision en la maniere ci-dessus, ne portera aucune note d'infamie, si elle n'est confirmée par Arrêt: car l'amende en matiere criminelle ne se prononce jamais sans être jointe à quelqu'autre peine. Il n'est parlé à la vérité dans cet article 7, que de l'amende seule; mais c'est que, comme il ne s'agit dans l'article précédent que de condamnations qui s'exécutent par provision, on auroit pu penser que l'appel des condamnations d'amende qui sont dans le cas de cet article, n'en suspendant pas l'effet, l'infamie portée par cette condamnation, subsistoit pendant l'appel; & c'est pour prévenir cette difficulté, que l'Ordonnance ajoute que cette amende ainsi payée par provision, ne portera aucune note d'infamie, si elle n'est confirmée par Arrêt.

30. Au reste, il faut faire attention qu'il ne s'agit ici que d'amen-

des prononcées sur une information en matiere criminelle, faite *ex delicto infamante*; car les autres amendes, quoique prononcées sur des procès criminels; *v. g.* pour contraventions en matiere d'Eaux & Forêts, ou de Fermes du Roi, même confirmées par Arrêt à la Tournelle, ou dans une autre Cour, ne sont point infamantes. (Voyez Loiseau en son Traité des Offices, *liv.* 1, *ch.* 13, n. 6, & suivants.)

L'amende est aussi infamante, quand elle est prononcée par un Jugement criminel rendu en dernier ressort, quoiqu'en premiere instance, soit Présidialement, ou Prévôtalement, &c. Il en est de même si elle est prononcée par un Jugement, quoique non rendu en dernier ressort, lorsque l'accusé y acquiesce; comme dans le cas du blâme ou du bannissement à temps.

31. L'article 8 du titre 25 de l'Ordonnance, défend aux Cours de donner aucunes défenses ou surséances d'exécuter les Sentences qui n'excéderont les sommes ci-dessus, & déclare nulles celles qui pourroient être données; voulant S. M. que sans qu'il soit besoin d'en demander main-levée, lesdites Sentences soient exécutées par provision, & que les parties qui auront demandé des défenses ou surséances, & les Procureurs qui auront signé les Requêtes, ou fait quelques autres poursuites, soient condamnés chacun en cent livres d'amende, qui ne pourra être remise ni modérée.

A l'égard des dépens, quelques-uns prétendent qu'ils ne s'exécutent point par provision dans aucun cas, lorsqu'il y a appel de la Sentence qui y condamne; mais il paroît que ce sentiment souffre beaucoup de difficulté; & que dans les cas mentionnés dans l'article 6 du titre 25 de l'Ordonnance de 1670, les Sentences sont exécutoires par provision, tant pour le principal que pour les dépens. Il suffit en effet pour s'en convaincre, de lire avec attention le procès-verbal de l'Ordonnance sur cet article. D'ailleurs, ce sentiment est conforme à la Déclaration du Roi du 14 Août 1553, & à l'Edit de Saint-Maur du mois de Novembre 1556, qui portent que ces condamnations seront exécutées tant en principal que dépens. C'est aussi l'avis de Muyart de Vouglans sur cet article; & de M. Serpillon en son Code Criminel, *page* 1013.

32. Si la Sentence condamne aux dépens pour tous dommages & intérêts, & que ces dépens, soit qu'ils soient liquidés par la Sentence même, ou par quelqu'autre acte subséquent, ne montent

pas au-delà de la somme à laquelle le Juge a pu condamner par provision, alors il n'y a aucune difficulté qu'ils peuvent être exigés au préjudice de l'appel, & que cet appel n'en suspend pas le payement.

Il n'est pas permis aux Juges d'ordonner l'exécution provisoire dans d'autres cas, que ceux dont on vient de parler. (Arrêt de la Tournelle du 12 Avril 1709, qui infirme une Sentence du Bailliage criminel d'Orléans, par laquelle il avoit été fait défenses au nommé Pierre Riviere, de plus faire rébellion aux Huissiers; & qui l'avoit condamné en deux cents quarante livres de dommages & intérêts envers le Chapitre de l'Eglise d'Orléans; & ordonné que cette Sentence seroit exécutée nonobstant oppositions, ou appellations quelconques.)

C'est en conséquence de cette même regle, que par Sentence du Bailliage criminel d'Orléans du Jeudi 4 Juillet 1746, il a été jugé qu'une condamnation de deux cents livres de dommages & intérêts, prononcée contre un particulier qui avoit abusé d'une fille, par laquelle ce particulier étoit condamné à se charger de l'enfant dont cette fille étoit accouchée, & à payer les mois de nourrice, n'étoit pas dans le cas d'être exécutée par provision. L'enfant avoit été mis en nourrice par la mere qui en payoit les mois.

33. Enfin, il faut observer que dans le cas où l'appel d'un Jugement seroit suspensif, le Juge qui l'a rendu, ne peut rien faire au préjudice de cet appel. Tout ce qu'il feroit alors, seroit nul, comme fait par attentat à l'autorité du Juge d'appel; & il s'exposeroit par là à une prise à partie. Il y a même des peines contre les Juges qui exécutent leurs Jugements malgré l'appel.

7°. Une derniere observation à faire touchant l'effet de l'appel, c'est que s'il y a plusieurs accusés, & que l'un deux seulement appelle, & non les autres; alors l'Appel de l'un ne doit pas préjudicier aux autres. (Voyez néanmoins ce qui est dit ci-après n. 52, touchant les procès de grand criminel.)

Des divers Jugements qui peuvent se rendre en matiere criminelle.
Et des cas où ils sont suspendus, ou non, par l'appel.

34. 1°. On prétend que l'appel des Jugements rendus en matiere de récrimination admise ou non admise, suspend l'exécution de ces Jugements, & qu'alors le Juge dont est appel, ne doit faire aucune instruction, jusqu'à ce que l'appel ait été jugé ; à peine de nullité ; mais il paroît que cela ne doit avoir lieu, que quand le Procureur du Roi, ou Fiscal, est partie, & que le Jugement a été rendu en faveur de l'accusé. (Voyez ce qui est dit à ce sujet ci-après, au titre *De la maniere d'exercer l'Action Criminelle en général*, ci-après, *part.* 3, *liv.* 3, *tit.* 1, n. 79.)

2°. L'appel des Jugements qui renvoyent à fins civiles, est suspensif, lorsqu'il est interjetté par la partie publique, *secus*, s'il étoit interjetté seulement par la partie civile. (Voyez ce qui a été dit au titre *De la Conversion des Procès*, ci-dessus, *part.* 3, *liv.* 2, *tit.* 23, n. 31.)

35. 3°. Les Sentences d'élargissement des prisonniers, s'exécutent par provision, lorsqu'il n'y en a point d'appel par la partie publique, mais seulement par le plaignant ; en consignant par l'accusé, les intérêts civils auxquels il a été condamné, si aucuns y a. (Ordonnance de 1670, *tit.* 13, *art.* 29. Voyez ce qui a été dit au titre *Des Sentences, Jugements & Arrêts*, ci-dessus, *part.* 3, *liv.* 2, *tit.* 25, n. 98.)

36. 4°. *Question.* L'appel d'une Sentence qui admet un accusé à la preuve de ses faits justificatifs, est-il suspensif, ensorte que non-seulement on ne puisse passer au Jugement diffinitif ; mais même à l'instruction des faits justificatifs, au préjudice de cet appel ?

L'Auteur de Livre intitulé *De la maniere de poursuivre les Crimes dans les différents Tribunaux du Royaume*, chap. 25, §. 4. *n.* 10 *pag.* 280, cite d'après Bouchel, un plaidoyer de M. Servin, du 4 Février 1594, où ce Magistrat soutenoit qu'une Sentence qui admettoit à des faits justificatifs, équivaloit à une Sentence diffinitive, & frappoit coup à l'innocence. On trouve en effet, plusieurs Arrêts qui ont jugé conformément à cette maxime.

(Arrêt des Grands-Jours de Lyon du 29 Novembre 1596, article 34, rapporté par Filleau, *tom.* 1, *part.* 1, *tit.* 2, *ch.* 2; & par Joly, *pag.* 1019. Autre Arrêt du 12 Juillet 1602, sur un appel du Juge de Mâcon. Autre du 12 Mai 1604, rendu contre le Lieutenant-Criminel d'Issoudun, rapporté par Filleau, *tom.* 1, *part.* 1, *tit.* 4, *ch.* 24; & par Joly, *pag.* 116. Autre du 12 Janvier 1611, contre le Juge de Civrai. Autre du 16 Février contre le Lieutenant-Criminel de Poitiers. Autre du 17 Avril 1617, contre le Prévôt de Pontoise. Autre du 3 Août 1660, contre le Lieutenant-Criminel de Mâcon. Autre du 10 Mai 1701, contre le Lieutenant-Criminel de Saint-Quentin. Autre du 1 Avril 1705, par lequel la Cour, en déclarant nulle une Enquête faite au préjudice de l'appel des faits justificatifs, enjoint au Lieutenant-Criminel de Cognac, de déférer audit appel, & lui fait défenses, ainsi qu'au Procureur-Général du Roi, de passer outre. Autres Arrêts des 14 Juillet 1714, & 12 Avril 1715, rendus sur l'appel de deux Sentences rendues au Bailliage criminel de la Rochelle, (dont l'une avoit admis l'accusé en ses faits justificatifs, & l'autre avoit déchargé cet accusé, en conséquence de la preuve par lui faite,) qui avoient renvoyé dans ce cas à la Tournelle. Autre Arrêt du 4 Septembre 1727, contre le Juge de Cluny. Ces Arrêts sont rapportés pour la plus grande partie, par l'Auteur *De la maniere de poursuivre les crimes*, en l'endroit qu'on vient de citer.)

37. Le motif de ces Arrêts, est que les Sentences qui admettent les accusés à la preuve de leurs faits justificatifs, de même que ceux qui renvoyent les parties à fins civiles, tendent à détruire ce qu'il pourroit y avoir de preuves au procès contre l'accusé, pour en chercher d'autres par son absolution.

38. Mais il est aisé de répondre à ce motif : 1°. Que la preuve ordonnée des faits justificatifs, ne peut détruire en aucune maniere la procédure criminelle ; puisque cette preuve ne peut se faire qu'après que l'instruction au criminel a été entiérement achevée. 2°. Que cela ne peut jamais préjudicier à la partie civile ou publique ; puisque la voie d'appel ouvre un moyen de faire infirmer la Sentence du Juge qui auroit admis mal-à-propos à la preuve de ces faits. D'ailleurs, la Sentence qui admet un accusé à la preuve de ses faits justificatifs, est une Sentence d'instruction, qui ne peut par conséquent être suspendue par l'appel, suivant l'article 3 du titre 26 de l'Ordonnance de 1670. 3°. En-

fin, que si l'appel de la Sentence qui admet à cette preuve, pouvoit empêcher qu'il ne fût passé à l'instruction de cette preuve, & ensuite au Jugement du fond, cela ne pourroit avoir lieu, que dans le cas où cet appel seroit interjetté par la partie publique, à qui seule il appartient de poursuivre la vengeance des crimes; & non à l'accusé, dont tous les droits sont conservés par le moyen de son appel de la Sentence diffinitive; & c'est le cas des Arrêts des 14 Juillet 1714; & 12 Avril 1715, qui ont été rendus dans cette espece.

39. On trouve même plusieurs Arrêts qui ont jugé que l'appel des Sentences qui admettent à la preuve des faits justificatifs, n'étoit point suspensif. (Ainsi jugé par Arrêt du 30 Août 1721, qui leve des défenses prononcées par un Arrêt du 9 Juillet précédent, contre une Sentence du Châtelet de Paris du 3 Juillet de la même année, qui avoit admis à la preuve de ses faits justificatifs. Autre Arrêt du 19 Février 1734, rendu entre la veuve Rousseau, & les Demoiselles Coulange de Beaugenci. Autre Arrêt du Parlement de Dijon du 29 Juillet 1735, confirmatif d'une Sentence du Lieutenant-Criminel d'Autun, qui avoit admis un accusé à la preuve de ses faits justificatifs. Il y en eut appel par la partie civile; mais malgré l'appel, le Lieutenant-Criminel fit l'instruction des faits justificatifs. On jugea l'accusation, qui étoit pour vol, calomnieuse, & sa procédure fut confirmée.)

40. Cette regle doit avoir lieu, à plus forte raison, lorsque l'accusé emploie, pour faits justificatifs, une subornation de témoins de la part de l'accusateur, ou plaignant; 1°. parce qu'alors l'accusateur devient accusé; qu'ainsi il ne peut par son appel arrêter l'instruction de la preuve dont il est accusé, & qu'il n'y a qu'un Arrêt de défenses qui puisse arrêter l'exécution d'une pareille Sentence: 2°. parce qu'il est de l'intérêt public que l'instruction des crimes se fasse le plus diligemment qu'il est possible, pour empêcher que les preuves ne dépérissent par la mort des témoins, & que les coupables n'échappent à la punition des crimes.

A l'égard des Arrêts objectés, on peut distinguer dans les faits justificatifs, ceux qui tendent simplement à la décharge de l'accusé, & ceux, qui non-seulement tendent à établir son innocence, mais encore à inculper l'accusateur, ou plaignant d'un crime qu'il a commis; tel que peut être la subornation de témoins. Les Arrêts opposés de 1602 & 1604, sont dans le premier de ces deux cas.

Les

Les autres Arrêts ne sont point dans nos livres, & l'on ne peut en connoître l'espece : ainsi il y a tout lieu de penser qu'ils ont été rendus dans les mêmes especes.

41. 5°. On doit suivre la même regle, touchant l'appel des Jugements qui admettent l'accusé à des faits de reproches de témoins.

6° Les Jugements qui condamnent des femmes & filles débauchées à être renfermées dans des maisons-de-force, par forme de correction, ne s'exécutent point par provision. (Voyez ce que j'ai dit à ce sujet au titre *De la maniere de faire le procès aux filles & aux femmes débauchées*, ci-dessus, *part. 3*, *liv. 2*, *tit. 31*, n. 5.)

ARTICLE VI.

Des cas où l'exécution des Sentences diffinitives est suspendue de droit, soit qu'il y en ait appel, ou non.

42. Les Sentences diffinitives, & dont l'exécution est suspendue de droit, soit qu'il y en ait appel, ou non, sont,

1°. Les Sentences portant condamnation à quelque peine corporelle. (Ordonnance de 1670, *tit.* 26, *art.* 6.)

Telles sont ;

La condamnation à mort :

La question avec, ou sans réserve de preuves. (Ordonnance de 1670, *tit.* 19, *art.* 7.)

L'amputation de quelque membre ; comme le poing coupé, la langue coupée, ou percée d'un fer chaud ; le nez, ou les oreilles coupées, ou fendues, *&c.*

La flétrissure, ou marque avec un fer chaud :

Le fouet :

La condamnation à être pendu par les aisselles, qui se prononce quelquefois contre les impuberes pour crimes considérables :

Le fouet sous la Custode :

Le carcan, & le pilori.

(Voyez *omninò* ce que j'ai dit, touchant les peines corporelles, au titre *Des peines*, ci-dessus, *part. 1*, *tit. 3*, *n. 19 & suiv.*)

43. 2°. Les galeres à temps, ou à perpétuité. (Même Ordonnance de 1670, *tit.* 26, *art.* 6.)

3°. Le bannissement à perpétuité. (*Ibid.* tit. 26, art. 6.) Mais à l'égard du banniſſement à temps, l'exécution n'en eſt pas ſuſpendue de plein droit; & il eſt libre à l'accuſé d'en interjetter appel, ou de conſentir à l'exécution de cette peine.

4°. L'amende-honorable. (Même Ordonnance de 1670, *tit* 26, *art.* 6;) c'eſt-à-dire, l'amende-honorable à Juſtice. (Voyez ce que j'ai dit à cet égard, au titre *Des peines*, ci-deſſus, *part.* 1, *tit.* 3, n. 71.)

44. Outre les peines énoncées en cet article 6, il y en a encore quelques autres pour leſquelles l'accuſé eſt transféré de plein droit aux Cours, ſoit qu'il y en ait appel, ou non. Ces peines ſont;

La condamnation à être authentiquée, à l'égard des femmes adulteres. (Arrêt de la Tournelle du 12 Août 1672, rapporté au Journal du Palais, *tom.* 1, *pag.* 296, de l'édition *in-folio.*)

La peine contre les cadavres, d'être traînés ſur la claie, *&c.* ſuivant la maxime du Parlement de Paris. (Voyez ce qui a été dit au titre *De la maniere de faire le procès au cadavre, ou à la mémoire d'un défunt*, ci-deſſus, *part.* 3, *liv.* 2, *tit.* 30, n. 8.)

45. La condamnation de la mémoire qui ſe prononce contre les relaps, & que l'article 9 de la Déclaration du 14 Mai 1724, compare au banniſſement à perpétuité, & à laquelle eſt jointe la confiſcation des biens: car cette peine doit être regardée comme capitale.

A l'égard des autres peines, comme le blâme, l'admonition, & autres peines moindres, il eſt toujours permis aux condamnés d'y acquieſcer, même aux mineurs, & aux enfants de famille; & il n'eſt pas beſoin pour cela du conſentement de leur pe... ou tuteur.

Lorſque l'appel eſt de droit, les Juges ne doivent point exécuter la Sentence, quand même l'accuſé y acquieſceroit. (Ainſi jugé par pluſieurs Arrêts, & entr'autres par un du 26 Octobre 1708, contre le Lieutenant-Criminel de Saint-Etienne-en-Forets; & par un autre du 12 Octobre 1712, rendu contre le Juge de Lupy:) parce qu'il n'eſt pas permis, dans ce cas, à l'accuſé de renoncer à ſon appel. (Voyez Bardet, *tom.* 1, *liv.* 1, *ch.* 56.)

ARTICLE VII.

De la procédure sur les Appels des procès de grand-criminel.

46. Les procès de grand-criminel, sont non-seulement ceux dont l'appel est de droit, mais encore tous ceux où les Procureurs du Roi, ou Fiscaux, sont parties en cause principale, & les Procureurs-Généraux en cause d'appel; soit que ceux-ci en appellent d'office dans la poursuite de l'appel; soit qu'ils prennent le fait & cause de leurs Substituts dans les procès criminels, dans lesquels ces Substituts étoient parties en cause principale; soit enfin que l'appel en ait été interjetté par ces Substituts, ou par les accusés.

47. Les Procureurs-Généraux peuvent toujours interjetter appel *à minimâ* dans tous les procès criminels, lorsqu'ils croient qu'il y a lieu de le faire, quand même le Jugement de la premiere instance auroit été exécuté; & alors le procès doit être porté à la Tournelle, pour y être jugé. (Ainsi jugé par Arrêt du 12 Août 1694, rapporté par Bruneau, en son Traité des Matieres Criminelles, *part.* 1, *tit.* 5, *maxim.* 14, au sujet d'une Sentence rendue au Châtelet de Paris, qui avoit condamné à des peines & à de grosses amendes un accusé convaincu de crime d'usure. La Sentence même avoit été exécutée, & les amendes payées du consentement du Procureur du Roi. M. l'Avocat-Général Lamoignon, sur l'appel interjetté par le Procureur-Géneral, soutint que son Substitut ne pouvoit pas, par un acquiescement, l'engager à ne pas interjetter appel, & qu'il pouvoit le faire quand il le jugeoit à propos, quelque consentement que ce Substitut eût prêté à l'exécution du Jugement; parce qu'il ne pouvoit lui lier les mains; cela étant au dessus de son pouvoir. Par l'Arrêt, la Sentence fut infirmée, & les condamnations augmentées.)

48. 1°. Suivant l'article 6 du titre 26 de l'Ordonnance de 1670, si la Sentence rendue par le Juge des lieux, porte quelqu'une des condamnations dont il a été parlé ci-dessus, (*n.* 42 *& suiv.*) soit qu'il y en ait appel, ou non, l'accusé & son procès doivent être renvoyés ensemble, & sûrement, aux Cours; & il est défendu aux Greffiers de les envoyer séparément, à peine d'interdiction, & de cinq cents livres d'amende.

Cette disposition de l'Ordonnance, s'observe avec tant de rigueur, que quand on amene un prisonnier à la Conciergerie sans son procès, on a coutume d'arrêter avec lui ceux qui l'amenent.

Il en est de même dans le cas où il y a appel *à minimâ* de la part de la partie publique ; il faut envoyer les accusés & leur procès aux Cours. (Ordonnance de 1670, *tit.* 26, *art.* 13.) On prétend même que la simple protestation d'appel *à minimâ* de la partie publique, vaut un appel *à minimâ.* (Arrêt du 14 Mars 1707, qui enjoint au Procureur-Fiscal du Bailliage de Nevers, lorsqu'il aura protesté d'interjetter appel *à minimâ* des Sentences rendues contre les accusés, de les transférer incessamment dans les prisons de la Conciergerie du Palais. Autre Arrêt du 14 Octobre 1712. Voyez ci-dessus, *n.* 27.)

49. Les Sentences où les Procureurs du Roi, ou Fiscaux, étoient parties, & dont l'appel est interjetté par l'accusé ; *v. g.* les Sentences portant condamnation au bannissement, ou blâme, contre lesquelles la partie publique ne s'est point portée appellante, mais seulement l'accusé, doivent aussi s'instruire comme procès de grand-criminel. (Voyez ci-après, n. 71.)

Ainsi, dans tous ces cas il faut non-seulement envoyer le procès & l'accusé, s'il est prisonnier, au Parlement, mais encore tous les autres accusés prisonniers ; même ceux qui n'ont pas été jugés, ou qui ont été absous ; & observer ce qui est porté en l'article 6 du titre 26 de l'Ordonnance de 1670, & tout ce qui va être dit, touchant la procédure qu'on doit suivre dans les procès de grand-criminel.

Dans les condamnations au bannissement à temps, au blâme, & autres qui peuvent être traitées sur l'appel comme procès de grand-criminel, mais où l'appel est libre, il faut, en prononçant la Sentence aux accusés, recevoir leurs déclarations, s'ils y acquiescent, ou non, suivant un Arrêt du 17 Août 1602. S'ils y acquiescent, on leur fait, sur-le-champ, exécuter la Sentence ; & s'ils n'y acquiescent pas, on les envoie devant le Juge supérieur.) Voyez ce qui est dit, ci-dessus, au titre *Des Sentences & Jugements*, *part.* 3, *liv.* 2., *tit.* 25, n. 29.)

50. De même, pour sçavoir si le Procureur du Roi veut appeller, il faut que la Sentence lui soit montrée dans le jour, ou dans les vingt-quatre heures, & qu'il déclare s'il en veut appeller, ou non. (Voyez ce qui a été dit à ce sujet, au titre *Des Sentences & Jugements*, ibid. *n.* 26.)

A l'égard de la partie civile, elle peut aussi appeller quant aux intérêts civils; mais comme la Sentence ne lui est point prononcée, elle doit la lever, ou attendre qu'elle lui soit signifiée, pour pouvoir agir en conséquence.

Dans toutes les appellations de grand-criminel, il n'est pas nécessaire de prendre des reliefs d'appel, ni de faire des intimations; les Ordonnances n'exigent d'autres formalités, que de transférer les accusés avec leur procès en la Cour où l'appel doit être jugé.

51. Ainsi, quand il y a des parties civiles, elles ne sçauroient trop veiller au Jugement des procès d'appel en matiere criminelle; puisque sans aucun avertissement, appointement, ni délais, on juge les appellations, en écoutant l'accusé sur son appel, sans autre formalité; de sorte que quand même il y auroit quelque appellation verbale qui fût connexe à l'appel de la Sentence de grand-criminel, la requête qui seroit donnée à fin d'être reçu appellant sur cette appellation incidente, seroit jointe au procès, pour y faire droit; ou bien on prononceroit le renvoi de cet appel en un autre Tribunal, auquel on réserveroit aux parties la faculté de se pourvoir, ainsi qu'il appartiendroit; sans qu'il fût nécessaire de prononcer aucun appointement sur ce même appel, & sans qu'il pût empêcher de juger le fond du procès.

52. 2°. S'il y a plusieurs accusés du même crime, ils doivent être envoyés en la Cour, encore qu'il n'y en ait qu'un qui ait été jugé, ou que les uns aient été condamnés, & les autres absous. (Ordonnance de 1670, *tit.* 26, *art.* 7 & 8.) Et il en est de même si l'un des accusés est condamné à la question.

La disposition de ces deux articles est fondée sur ce que les matieres criminelles sont indivisibles, & sur la difficulté où se trouveroit le Juge d'appel, de pouvoir juger quelques-uns des accusés sans les autres; parce qu'il ne faut jamais diviser l'instruction, ni le jugement, *propter unam causam defensionis;* comme il est dit en la Loi *si quis separatim* 10, §. *ult.* D. *de appellat. & relat.*; & aussi parce qu'il peut arriver qu'on ordonne sur l'appel, que les accusés, ou quelques-uns d'entr'eux, seront confrontés les uns aux autres.

53. Il faut observer que quand de deux accusés qui ont été jugés, l'un a été condamné, *v. g.* à mort, & qu'il a été prononcé contre l'autre un plus amplement informé, si celui qui a été condamné

à mort vient à décéder avant que d'être transféré sur l'appel, il n'est pas nécessaire de transférer l'autre ; mais si le condamné à mort ne vient à décéder qu'après avoir été transféré, on doit juger au Parlement sur l'appel celui contre lequel il y a un plus amplement informé, après son temps échu ; à moins que M. le Procureur-Général ne le fasse juger auparavant sur le vu du procès.

Il y a des cas néanmoins où il n'est pas possible de faire comparoître tous les accusés ; comme quand il y avoit des accusés contumaxs devant le premier Juge, qui ont toujours la liberté de se représenter, après que ceux qui étoient présents ont été jugés même sur l'appel.

Au surplus, ces articles ne regardent que le grand-criminel ; car en petit-criminel, l'appel d'un des accusés n'empêche pas l'exécution de la Sentence contre ceux qui n'ont pas appellé ; c'est comme au civil.

54. 3°. Lorsque quelques-uns des accusés ne sont pas prisonniers, ou qu'ils ont été élargis depuis le jugement, & avant l'appel, ils sont tenus de se mettre en état lors du jugement du procès en la Cour, ainsi qu'il sera par elle ordonné. (Ordonnance de 1670, *tit.* 26, *art.* 13.)

Les accusés sont tenus de se mettre en état, lorsque sur l'appel *à minimâ*, il intervient des conclusions à peine afflictive, quoique la Sentence n'en porte point. (Ainsi jugé par Arrêt du Parlement du 14 Avril 1725.)

Un accusé se met en état, lorsqu'il se représente en la Cour, soit en comparoissant en personne ; ce qui se fait par un acte au Greffe du Parlement, portant, que l'accusé comparoît pour se rendre au jugement de son procès ; soit en se mettant dans les prisons de la Conciergerie ; suivant qu'il est porté par l'Arrêt qui lui ordonne de se mettre en état.

55. C'est pourquoi, afin que les accusés puissent se mettre en état, il faut le faire ordonner par un Arrêt, portant, que l'accusé dans tel temps sera tenu de se mettre dans les prisons du Juge d'appel, ou qu'il sera tenu de se rendre aux pieds de la Cour. Cet Arrêt doit être signifié au domicile de l'accusé, ou au domicile par lui élu, s'il a fait auparavant élection de domicile.

Il faut observer que l'accusé qui a été élargi, n'est pas tenu, aux termes de cet article 13, de se mettre dans les prisons du Juge d'appel ; mais seulement de se mettre en état lors du jugement du procès, & de paroître aux pieds de la Cour, pour entrer en la Chambre, lorsqu'on jugera le procès, & qu'on voudra l'interroger.

Les accusés qui ne sont point prisonniers, ni en état d'ajournement personnel, ou d'assigné pour être oui, doivent, pendant le délai qui leur est donné par la Cour pour se mettre en état, comparoître au Greffe de la Cour, & y faire élection de domicile chez un Procureur, ou autre personne dans la ville où ladite Cour est établie. (Voyez l'article 23 de l'Ordonnance du mois d'Août 1539.)

56. Si l'accusé négligeoit, ou refusoit de se mettre en état, dans le délai qui lui est prescrit, le Procureur-Général, ou la partie civile, doit obtenir un Arrêt, portant, que cet accusé sera tenu de se représenter à la Cour, ou de se mettre dans les prisons de la Conciergerie, dans tel temps; sinon qu'il sera pris, & appréhendé au corps; & alors il y a lieu, faute par cet accusé de se rendre en état, dans le temps indiqué par l'Arrêt, qui à cet effet doit lui être signifié, d'instruire contre lui la contumace. (Voyez ce qui a été dit au titre *Des défauts & contumaces*, ci-dessus, *part.* 3, *liv.* 2, *tit.* 21, *n.* 38 *& suiv.*)

4°. Les Procureurs-Fiscaux des Seigneurs, ou les parties civiles, à la poursuite desquels il est intervenu des Sentences portant condamnation contre des accusés, sont aussi tenus, en cas d'appel en la Cour, d'élire domicile, & de coter, Procureur en la Cour. (Arrêt de la Cour du 4 Février 1675, qui l'ordonne ainsi, & qui enjoint aux Greffiers de les en avertir; à peine de 300 livres d'amende.)

57. 5°. Lorsque la partie civile néglige de faire transférer l'accusé sur l'appel, le Procureur du Roi peut lui faire une sommation de payer les frais du transport de l'accusé; & en cas de refus, obtenir un exécutoire contr'elle.

Il n'est pas même nécessaire de faire cette sommation à la partie civile; l'usage est que le Procureur du Roi, ou Fiscal, du Siege où l'accusé a été jugé, fait transférer l'accusé pardevers le Juge d'appel, qui décerne ensuite un exécutoire contre cette partie civile, pour les frais du transport.

58. Sur l'appel il n'est pas nécessaire que la partie civile soit mise en cause; c'est à elle à intervenir, si elle le juge à propos. Un Arrêt rendu en la Tournelle le 2 Décembre 1744, sur les con-

clusions de M. l'Avocat-Général Joly-de-Fleury, a jugé que le Réglement du 27 Août 1708, (qui fait défenses aux Procureurs du Parlement de former incidemment aux appellations des procédures extraordinaires, aucune demande pour voir déclarer les Arrêts communs, ou autrement, *infrà*, n. 77;) n'empêche pas qu'on ne puisse sur l'appel d'une procédure extraordinaire, demander incidemment, que celui qu'on prétend être garant civilement des dommages & intérêts, y soit condamné; & à cet effet demander que l'Arrêt soit déclaré commun.

59. 6°. Lorsque la partie civile néglige de faire transférer l'accusé, celui-ci peut aller en avant, & demander par une requête qu'il présentera à la Cour, qu'il soit ordonné qu'il sera transféré, & son procès envoyé au Greffe de ladite Cour, dans tel temps qu'il lui plaira indiquer par l'Arrêt, à la diligence de la partie publique, aux frais de la partie civile, contre laquelle il sera délivré exécutoire. Il faudra faire signifier cet Arrêt à la partie civile; & le délai passé, si elle n'y satisfait pas, l'accusé sera transféré, à la diligence de la partie publique.

60. 7°. Le Greffier du Juge qui a rendu la Sentence, dont est appel, doit envoyer en la Cour toutes les pieces du procès, même la Sentence, sans attendre pour cela le paiement des épices, s'il y a partie civile, ni que cette partie civile en paie le salaire au Greffier. Il a même été jugé par un Arrêt de l'année 1692, rendu contradictoirement avec les Greffiers du Châtelet de Paris, qu'ils étoient obligés d'apporter les Sentences rendues dans le cas de blâme, & de plus amplement informé, prononcés contre deux accusés, comme étant alors procès de grand-criminel, quoiqu'il n'y eût point d'appel de la part des accusés, mais seulement de la part de la partie civile; ce qui est fondé sur ce qu'en matiere criminelle, rien ne doit retarder le jugement des procès.

61. Lorsque le Greffier envoie le procès sans la Sentence, on ordonne qu'il sera tenu de l'envoyer; & que jusqu'à ce qu'il ait obéi, le prisonnier restera en prison, aux dépens du Greffier. (Arrêt du 30 Décembre 1615, contre le Greffier de Thiers en Auvergne.)

Les pieces que le Greffier doit envoyer, sont non-seulement les informations, interrogatoires, récolemens & confrontations; mais encore toutes les autres pieces servant à la preuve, qui ont été déposées au Greffe du Juge, dont est appel, & jointes au procès,

cès, même les procédures faites contre les contumaxs. Un Arrêt du Parlement de Besançon du 21 Avril 1735, enjoint aux Greffiers des Bailliages & Présidiaux, d'envoyer avec l'accusé le procès, l'argent, les papiers, & autres effets dont il a été trouvé saisi, avec l'inventaire qui aura dû en être fait, conformément à l'article 9 du titre 2 de l'Ordonnance de 1670. On ne doit point envoyer les minutes de ces pieces; mais seulement des grosses, ou expéditions. (Arrêt du 24 Octobre 1558. Voyez aussi ce qui est dit au titre *De l'Instruction Criminelle en général*, ci-après *part.* 3, *liv.* 3, *tit.* 2, n. 128.)

62. Au reste, il faut observer que les Greffiers ne doivent mettre en grosse que les pieces secrettes du procès; sçavoir, les plaintes, les information, les interrogatoires, récolements & confrontations, rapports en Chirurgie, & conclusions de la partie publique. L'article 42 du Réglement du 10 Juillet 1665, le porte expressément, & ajoute: sans pouvoir par eux grossoyer les Requêtes, Ordonnances, Exploits, & autres pieces servant à l'instruction, dont ils doivent envoyer les originaux; ce qui a depuis été renouvellé par un Arrêt du 13 Mai 1709; & par un autre du 6 Mai 1718, rendu contre le Greffier du Bailliage de Couci, rapporté au Journal des Audiences.

63. Un autre Arrêt du 12 Février 1633, défend aux Greffiers du Châtelet de Paris, de grossoyer une seconde fois les informations que les Commissaires portent à leur Greffe; & leur enjoint de les envoyer en l'état qu'elles sont.

Il en est de même en général des pieces qui ont déja été grossoyées dans une Justice inférieure, ou autre, & envoyées au Bailliage, dont est appel; il faut envoyer ces mêmes grosses, & non de nouvelles, afin de ne point envoyer grosse sur grosse. (Voyez ce qui est dit ci-après, au titre *De l'Instruction Criminelle en général*, *part.* 3, *liv.* 3, *tit.* 2, n. 130.)

Les Greffiers doivent envoyer les Sentences en forme, & non par extrait, & y énoncer toutes les pieces. (Arrêt du 11 Mai 1676, contre le Greffier de Robe-courte de Paris. Autres Arrêts des 25 Septembre 1687; 6 Juin & 26 Août 1789, & 24 Mai 1696. Voyez aussi l'Arrêt du 6 Mai 1718, qui vient d'être cité.)

64. Ces Sentences doivent être envoyées en grosse, quand même les épices n'auroient pas été payées. (Ainsi jugé par l'Arrêt de l'année 1692, ci-dessus cité, *n.* 60, contre le Greffier du Châtelet

de Paris. Voyez l'Auteur des Loix Criminelles, *tom. 1*, *pag. 305.*)

Il est aussi défendu aux Greffiers de rendre les pieces, lorsqu'il y a appel de la Sentence. (Arrêt du 4 Avril 1689.)

Toutes ces pieces, avant que d'être envoyées, doivent être paraphées par premiere & derniere. (Arrêt du 6 Avril 1675, rapporté au Journal des Audiences; & le Greffier est tenu de les inventorier par inventaire, avec le nombre des feuillets de chacun cahier, & de signer cet inventaire. (Arrêt du 24 Octobre 1558.) Elles doivent être envoyées dans des sacs étiquetés; (Arrêt du 24 Mai 1633;) & qui soient clos & scellés; (Arrêt du 6 Mars 1539; autre Arrêt du Parlement de Bretagne du 19 Mars 1555, rapporté par Dufail, *liv.* 3, *chap.* 5; autre Arrêt du 17 Juin 1573, *art.* 3, rapporté par Joli, *pag.* 1379.)

65. Ce sont les Messageries publiques qui sont chargées de faire les transports des accusés, ainsi que de leur procès; & il n'est pas permis aux Greffiers d'adresser les procès à des particuliers pour les remettre au Greffe de la Cour. (Arrêt de la Tournelle du 14 Juin 1715, rapporté au Journal des Audiences, contre le Greffier de Sainte-Susanne.)

Les Messagers, & autres personnes chargées de la conduite des prisonniers, doivent les transférer avec une escorte suffisante, & ne marcher qu'entre deux soleils. (Arrêt de Réglement du Parlement de Paris du 20 Mars 1690. Voyez ce que j'ai dit ci-dessus au titre *Des Juges, & Ministres de la Justice*, part. 2, tit. 1, n. 696.)

66. Cette translation des accusés, & port des informations, se fait aux frais de la partie civile, sur la poursuite de la partie publique; & lorsqu'il n'y a point de partie civile, c'est aux dépens du Roi, ou des Seigneurs de la Justice où le procès a été jugé. Le Juge supérieur doit, à cet effet, délivrer les exécutoires nécessaires à ceux qui ont conduit les prisonniers, ou porté le procès. (Ordonnance de 1670, *tit.* 26, *art.* 14; & *tit.* 25, *art.* 16 & 17. Voyez aussi au titre *Des frais des procés criminels*, ci-après, *part.* 3, *liv.* 2, *tit.* 43, n. 12.)

Voyez, au surplus, ce que j'ai dit, touchant le port des charges & informations, &c., au titre *De la Compétence des Juges en général*, ci-dessus, *part.* 2, *tit.* 2, n. 310.)

67. 8°. Aussitôt après l'arrivée de l'accusé, & du procès aux geoles des prisons, le Greffier de la geole, ou geolier, doit remettre le procès au Greffier de la Cour, qui en doit avertir le Prési-

dent pour le distribuer. (Ordonnance de 1670, *tit.* 26, *art.* 9.)

C'est au Greffe criminel du Juge supérieur que ces procédures doivent être envoyées, & non au Greffe civil. (Arrêt de la Cour du 21 Février 1554, *art.* 10, rapporté en la Conférence des Ordonnances, *tom.* 1, *liv.* 2, *tit.* 4, *pag.* 457.)

Le Président de la Chambre où le procès doit être jugé, est celui qui en doit faire la distribution, suivant l'article 143 de l'Ordonnance de Blois.

68. 9°. Le procès doit ensuite être porté au Parquet, & distribué par M. le Procureur-Général à l'un de ses Substituts. Ces distributions se font au Parquet, sur des registres particuliers ; mais les Substituts se chargent des procès au Greffe, sur les mêmes registres que ceux sur lesquels les Conseillers se chargent des procès qui leur sont distribués par les Présidents.

Sur le rapport des Substituts, M. le Procureur-Général prend des conclusions, s'il y échet, sans que lesdits Substituts puissent prendre ces procès au Greffe, avant qu'ils leur aient été distribués. (Ordonnance de 1670, *tit.* 26, *art.* 10:) après quoi le procès est remis entre les mains du Conseiller-Rapporteur, qui après l'avoir examiné, en fait son rapport en la Chambre de la Tournelle. Le Rapporteur est obligé de rapporter le procès le plutôt qu'il pourra, même les affaires civiles, dont il est chargé, cessantes ; parce que le Jugement des affaires criminelles est préférable à celui des affaires civiles. (Voyez ce qui a été dit au titre *Des Juges, & des Ministres de la Justice*, ci-dessus, *part.* 2, *tit.* 1, n. 650.)

69. 10°. Lorsque c'est un Procureur-Fiscal qui a appellé *à minimâ*, le Procureur-Général prend ordinairement fait & cause pour lui sur l'appel ; à moins qu'il ne veuille abandonner l'appellation ; ce qui arrive lorsque le Substitut qui a appellé, l'a fait mal-à-propos ; mais quoiqu'il n'y ait point dans ce cas de conclusions, cela n'empêche pas néanmoins la Cour de juger sur l'appel ; & même elle permet quelquefois de prendre à partie le Procureur du Roi, ou Fiscal. C'est pourquoi ceux-ci doivent être fort circonspects, avant de hasarder des appellations, dans la crainte d'être, sur ces appellations, abandonnés par le Procureur-Général, & de succomber aux dommages & intérêts.

70. 11°. Les accusés sont interrogés de nouveau à la Chambre, & ensuite jugés ; & si l'Arrêt qui intervient, confirme la Sentence du premier Juge, les accusés doivent être renvoyés sur les lieux,

sous bonne & sûre garde, pour y être exécutés ; à moins qu'il n'en soit autrement ordonné par la Cour, par des considérations particulieres. (Ordonnance de 1670, *tit.* 26, *art.* 16 ; Voyez aussi ce qui a été dit au titre *Des Sentences*, *Jugements & Arrêts*, ci-dessus, *part.* 3, *liv.* 2, *tit.* 5, n. 67.)

12°. Les appels des procès de grand criminel, doivent se porter en la Tournelle-Criminelle. Tels sont les procès dont il a été parlé ci-dessus, *n.* 46 & suivants, auxquels il faut ajouter ceux qui suivent ; sçavoir,

71. L'appel des Sentences portant condamnation au bannissement à temps interjetté par l'accusé ; ce qui résulte de la disposition de l'article 11 du titre 26 de l'Ordonnance de 1670.

L'appel des Sentences de condamnation en l'amende-honorable aussi interjetté par les accusés ; ainsi qu'il résulte du même art. 11.

Et en général, l'appel de toutes les Sentences où les Procureurs du Roi & ceux des Seigneurs sont parties ; soit que l'appel en soit interjetté par l'accusé, ou par la partie publique ; comme sont,

Les Sentences de condamnation au blâme. (Arrêt du 15 Mai 1625. Autre Arrêt de réglement du 3 Septembre 1667, rapporté au Journal des Audiences.) Suivant un autre Arrêt du 5 Mars 1693, il est fait défenses aux Procureurs, de conclure à l'avenir sur l'appel des condamnations de blâme ; & pour l'avoir fait par ceux qui avoient occupé au procès, il est ordonné qu'ils ne pourront répéter aucuns frais pour raison des procédures faites sur l'appel de la Sentence du Prévôt de Poissy, du 24 Janvier 1689. Voyez encore l'Arrêt de l'année 1692, cité ci-dessus, *n.* 60 ; ce qui est aussi conforme à un Arrêt du 4 Mai 1620, rendu entre les Greffiers Criminels ; qui met au nombre des procès de grand criminel, toute condamnation infamante.

72. C'est en conséquence des regles précédentes, que sur un appel d'une Sentence rendue par le Bailli du Duché de Roanès, qui condamnoit un particulier à faire réparation à l'Audience, y ayant eu appointement de conclusion aux enquêtes, par Arrêt du 9 Avril 1709, M. le Procureur-Général y fut reçu opposant, & il fut ordonné que les parties procéderoient en la Chambre de la Tournelle, & que le procès qui étoit au Greffe du petit-criminel, seroit porté au Greffe du grand-criminel.

De même, sur un autre appel d'une Sentence du Prévôt d'Andelot, qui condamnoit des paysans à se présenter nue tête & à genoux à la porte du Château de leur Seigneur, le procès ayant été conclu & distribué à la premiere Chambre des Enquêtes; M. le Procureur Général fut reçu opposant à l'appointement de conclusion; & par Arrêt du 20 Février 1721, le procès fut renvoyé à la Tournelle.

73. Il faut aussi ajouter aux condamnations précédentes, l'abstention de certains lieux, suivant un des articles des Mercuriales du Parlement du 1 Juillet 1609, & suivant une autre Mercuriale du 12 Janvier 1611; ce qui est aussi établi par un Arrêt du 8 Juin 1629.

Et aussi les Sentences portant condamnation à demander pardon, suivant les mêmes Mercuriales, & suivant un Arrêt du 25 Juin 1629. Par un autre Arrêt du mois d'Août 1722, rapporté au Journal des Audiences *tom.* 7, rendu sur l'appel d'une Sentence du Juge d'Acheres, qui, sur la poursuite du Procureur-Fiscal de ladite Justice, avoit condamné un particulier à demander pardon à Dieu, pour irrévérences par lui commises dans l'Eglise, il est ordonné que les parties procéderont en la Tournelle, comme sur procès de grand-criminel: le procès avoit été instruit par récolement & confrontation. On trouve encore plusieurs Arrêts semblables; & de plus, une Mercuriale du 1 Juillet 1689, articles 7 & 8; & une autre du 12 Janvier 1611, qui décident cette question.

74. Outre les cas précédents, il faut encore mettre au nombre des procès de grand-criminel, les Sentences qui convertissent les procès criminels, où le Procureur du Roi est partie, en procès civils, quand il y en a appel par la partie publique. (Voyez ce qui a été dit ci-dessus, *n.* 34.)

La même chose doit avoir lieu, lorsque sur une instruction criminelle poursuivie à la requête de la partie publique, on déclare la procédure nulle, & qu'il y a appel de la Sentence. Ainsi jugé sur l'appel d'une Sentence rendue par le Lieutenant-Criminel du Châtelet de Paris, le 25 Septembre 1722, qui après le réglement à l'extraordinaire, avoit déclaré toute la procédure nulle. On voulut sur cet appel conclure aux enquêtes, sous prétexte que la Sentence ne prononce aucunes des peines portées par les articles 6 & 11, du titre 26 de l'Ordonnance de 1670; mais par Arrêt du 17 Mars 1723, il fut jugé que l'affaire devoit être jugée comme matiere de grand-criminel, & que le procès seroit porté du Greffe du dépôt du petit-criminel, en celui du grand-criminel.

75. Les Sentences qui entérinent des Lettres de grace, ou rémission, sont aussi regardées comme procès de grand criminel, & se portent en la Tournelle, lorsque c'est le Procureur du Roi qui en appelle. Mais s'il n'y a que la partie civile qui appelle, ces procès se portent aux Enquêtes. (Voyez ce qui a été dit au titre *Des Lettres de grace*, ci-dessus, *part.* 3, *liv.* 2, *tit.* 20, n. 57.)

Enfin, il faut observer que les appels des Sentences qui ordonnent un plus amplement informé, sont regardés comme procès de grand-criminel, & ne se portent point en l'Audience, comme on le fait à l'égard des simples instructions; mais en la Tournelle-criminelle.

13°. Les appels comme d'abus, interjettés dans le cours des procès de grand-criminel, doivent aussi se porter en la Tournelle-criminelle. (Voyez ce que j'ai dit au titre *De la Compétence des Juges*, ci-dessus, *part.* 2, *tit.* 1, n. 521.)

14°. Tout ce qui vient d'être dit de la Tournelle-criminelle, doit aussi s'appliquer à la Chambre des Vacations. (Voyez ce qui est dit *ibidem*, n. 558.)

76. 15°. Il y a des procès, qui, quoique de grand criminel, doivent se porter en la Grand'Chambre, & non en la Tournelle; soit qu'ils soient procès de premiere instance, ou procès d'appel. Tels sont les cas où il s'agit de rébellion à l'exécution des Arrêts de la Grand'Chambre; les procès des Gentilshommes, & Ecclésiastiques qui demandent à être jugés en la Grand'Chambre, &c. (Déclaration du mois de Février 1682, pour le Parlement de Toulouse, rapportée au Recueil des Edits, imprimé par ordre de M. le Chancelier en 1682.)

Lorsqu'il survient des difficultés à ce sujet, l'usage est de les faire régler au Parquet sur une requête, par MM. les Gens du Roi.

77. 16°. » Un Arrêt du Parlement du 27 Août 1708, fait défenses » aux Procureurs du Parlement, de former incidemment aux appellations des procédures extraordinaires, aucunes demandes, ni souffrir qu'il en soit formé aucunes, pour voir déclarer les Arrêts communs, ou autrement, contre des parties qui ne sont point accusées, » comme n'étant comprises dans des décrets; non plus que contre » des accusés qui ne sont point appellants, quoique compris dans » les mêmes procédures faites devant les premiers Juges; desquelles,

» d'autres accusés auroient interjetté appel ; ni pareillement esdits » cas d'y introduire aucunes appellations de Sentences rendues en » matiere civile contre des parties qui ne sont comprises ni dénoncées, comme accusées dans lesdites procédures extraordinaires ; à » peine de nullité des procédures faites de part & d'autre, sur lesdites demandes & appellations en matiere civile, & des dommages & intérêts des parties. »

78. 17°. Dans tous les cas où les accusés peuvent interjetter appel en matiere de grand criminel, les parties civiles doivent veiller avec attention au jugement de l'appel ; car il se peut faire que ces accusés fassent juger leur appel, sans que la partie civile en ait aucune connoissance, ainsi qu'il a été observé ; la prononciation du Jugement ne se faisant point à la partie civile, qui n'a dans ce cas d'autre moyen que de lever la Sentence. (Voyez ce qui a été dit ci-dessus, *n.* 51.)

79. 18°. Toutes les requêtes présentées incidemment dans les procès de grand criminel, ne se répondent que par une Ordonnance en jugeant ; parce que les accusés étant obligés de paroître en personne, & par conséquent, n'étant point astreints à avoir un Procureur en cause, on ne fait aucune instruction par appointement. (Voyez l'article 3 du titre 23 de l'Ordonnance de 1670, qui permet aux parties de présenter des requêtes, à la charge d'en donner copie à l'accusé, qui de son côté peut y répondre.)

ARTICLE VIII.

Suite de la Procédure sur l'Appel des Sentences diffinitives de grand-criminel.

80. 19°. Lorsque le procès a été distribué, ainsi qu'il a été dit ci-dessus, *n.* 68, M. le Procureur-Général donne ses conclusions, s'il le juge à propos. Quand il n'a rien à ajouter à celles qui ont été prononcées par le Procureur du Roi, ou Fiscal devant les premiers Juges, il n'est pas nécessaire qu'il en donne de nouvelles ; mais s'il y a un appel *à minimâ*, interjetté, ou par la partie publique sur les lieux, ou d'Office par le Procureur-Général ; ou qu'il s'agisse d'évoquer & juger le fond sur l'appel d'un décret, ou autres cas semblables ; il faut de nouvelles conclusions.

L'article 2 du titre 26 de l'Ordonnance de 1670, n'oblige de communiquer au Parquet, que les procès de grand-criminel, qui sont portés par appel devant le Juge supérieur. Dans tous ces procès, le Procureur-Général prend ordinairement le fait & cause de son Substitut ; & s'il ne le faisoit pas, on ne laisseroit pas de juger le procès, pour ce qui est de l'ordre & de l'intérêt public. Tout ce qu'il y a, c'est que le Procureur du Roi, ou Fiscal, est alors exposé à la prise à partie.

Mais quoique tous les procès ne se portent pas au Parquet en cause d'appel, cela n'empêche pas cependant que le M. Procureur-Général ne puisse les y faire apporter quand il veut ; car comme il peut interjetter appel *à minimâ* en tout état de cause, il est toujours en droit de demander la communication des procès criminels ; parce que l'ordre public y est ordinairement intéressé.

81. 20°. Les conclusions du Procureur-Général sur l'appel, ne sont pas tellement nécessaires, pour pouvoir augmenter la peine prononcée contre les accusés en premiere instance, qu'on ne puisse le faire sans ses conclusions : car si les Juges, en examinant le procès, estiment qu'il y a lieu d'infliger une peine plus sévere que celle qui a été prononcée par le premier Juge, alors l'usage est de faire interjetter appel par la Chambre, au nom du Procureur-Général ; & sur cet appel, on juge le procès sans le renvoyer au Parquet ; ce qui se fait pour abréger la procédure, & pouvoir juger sur-le-champ. C'est ce qui fait dire communément que tous les Juges sont Procureurs du Roi, ou Procureurs-Généraux ; parce que, comme ce sont eux qui tiennent en main la mesure de la vengeance publique ; il est juste qu'ils puissent d'office pourvoir à cette vengeance, & à tout ce qui intéresse le bon ordre, & la tranquillité de l'Etat.

82. 21°. Les accusés doivent être interrogés sur la sellette, ou derriere le Barreau, dans les procès de grand-criminel, lors du Jugement de l'appel. (Ordonnance de 1670, *tit.* 26, *art.* 15 ;) & ces interrogatoires doivent être rédigés par écrit. (Voyez ce qui a été dit au titre *Des Interrogatoires*, ci-dessus, *part.* 3, *liv.* 2, *tit.* 13, n. 35.) On ne fait point subir aux accusés sur l'appel, d'autre interrogatoire que celui-ci ; à moins qu'il ne survienne contre eux de nouvelles charges qui donnent lieu à une nouvelle instruction contre eux.

83. 22°. Si l'Arrêt rendu sur l'appel de la Sentence du premier Juge, porte condamnation de peine afflictive, les condamnés doivent être renvoyés

renvoyés sur les lieux, sous bonne & sûre garde, aux frais de ceux qui en sont tenus, pour y être exécutés ; à moins que pour des considérations particulieres, il n'en soit autrement ordonné par la Cour qui a prononcé sur l'appel. (Ordonnance de 1670, *tit.* 26, *art.* 16. Voyez ce qui a été dit à ce sujet au titre *Des Sentences, Arrêts & Jugements*, ci-dessus, *part.* 3, *liv.* 2, *tit.* 25, n. 67.)

Une Ordonnance du mois de Mars 1549, *art.* 1, enjoint au Greffier Criminel du Parlement, aussi-tôt après qu'un criminel aura été jugé, d'en donner avis au Geolier, pour qu'il le fasse reconduire dans les trois jours au lieu où doit se faire l'exécution. La même chose est portée par un Arrêt du 17 Avril 1541, rapporté par la Roche-Flavin, en son Traité des Parlements, *liv.* 2, *chap.* 19, n. 72.

23°. Une derniere observation à faire en cette matiere, c'est que quand il n'y a point de partie civile, les frais qui se font sur l'appel, se payent par l'accusé avec l'amende du fol appel, si la Sentence est confirmée.

ARTICLE IX.

De la Procédure qui doit s'observer sur l'appel des procès qui ne sont pas de grand-criminel.

84. 1°. Lorsque la Sentence dont est appel, ne condamne les accusés à aucune peine afflictive, ou infamante ; mais seulement à une amende, ou à une réparation civile, ou à des dommages & intérêts, & qu'il n'y en a point d'appel interjetté par les Procureurs du Roi, ou Fiscaux ; mais seulement par les parties civiles, ou par les accusés, cet appel forme alors un procès de petit-criminel. (Ordonnance de 1670, *tit.* 26, *art.* 11.)

2°. Ces sortes d'appels, quand il sont portés dans les Cours, doivent y être relevés par des lettres prises en Chancellerie, de même qu'en matiere civile ; & dans l'exploit d'assignation, ou d'intimation donné en vertu de ces lettres, l'appellant doit mettre le nom du Procureur qui occupera pour lui, suivant l'article 16 du titre 2 de l'Ordonnance de 1667.

85. Un Arrêt du Parlement du 12 Septembre 1696, fait défenses aux Procureurs de la Cour d'insérer à l'avenir dans les commissions & reliefs d'appel qu'ils obtiendront en Chancellerie, aucune

clause portant que les informations seront apportées au Greffe de la Cour, ni aucune injonction & peine contre les Greffiers.

Un autre Arrêt du Parlement du 15 Janvier 1749, renferme la même disposition ; ce Arrêt enjoint aux Procureurs de s'adresser à ce sujet, en la Cour, pour y être pourvu ; à peine de vingt livres d'amende ; & ordonne que le présent Arrêt sera lu & publié à la Communauté des Avocats & Procureurs de la Cour.

86. 3°. Il faut ensuite que le Greffier du premier Juge envoie le procès au Greffier de la Cour, dans les trois jours du commandement qui lui en sera fait, s'il est demeurant dans le lieu de l'établissement de la Cour ; & dans la huitaine, s'il est hors du lieu, ou dans la distance de dix lieues ; & s'il est plus éloigné, le délai sera augmenté d'un jour pour dix lieues ; à peine d'interdiction contre le Greffier, & de cinq cents livres d'amende. (Ordonnance de 1670. *tit.* 26, *art.* 11.) Mais à l'égard des accusés, il n'est pas nécessaire qu'ils se rendent en état sur l'appel ; à moins que le Juge supérieur ne l'ordonne.

Ce commandement peut se faire par la partie civile, ou par l'accusé, en conséquence d'un ordre ou Arrêt du Juge supérieur qui doit connoître de l'appel ; dont il doit être donné copie au Greffier, avec sommation d'y satisfaire.

Il suit de la disposition de cet article, que le Greffier n'est pas obligé d'envoyer la Sentence, qui dans ce cas doit être levée à l'ordinaire par l'intimé, ainsi qu'il y est obligé par l'article 18 du titre 11 de l'Ordonnance de 1667 ; mais les parties ont la faculté de la lever.

87. 4°. Il n'est pas nécessaire dans ces procès, lorsqu'il y a appel de la part d'un des accusés, que les autres qui n'appellent point, soient en cause sur l'appel ; la disposition des articles 7 & 8 du titre 26, n'ayant lieu que pour les procès de grand-criminel, & non pour ceux dans lesquels les Procureurs du Roi, ou Fiscaux, ou autres parties publiques, cessent d'être partie. Ainsi, dans ces sortes de procès qui deviennent alors de petit-criminel, l'appel de l'un des accusés, ou contre l'un des accusés, n'empêche pas l'exécution de la Sentence contre les autres, qui n'en sont point appellants. (Voyez Papon en ses Arrêts *liv.* 19, au titre *Des appellations*, n. 38.)

88. 5°. On doit observer dans la poursuite de ces sortes d'appels,

les mêmes délais & procédures que celles qui sont prescrites par l'Ordonnance du mois d'Avril 1667; même pour les présentations. (Ordonnance de 1670, *tit.* 26, *art.* 11.)

6°. Tous ces procès, lorsqu'ils sont portés aux Cours de Parlement, doivent être distribués dans les Chambres des Enquêtes, comme procès civils. (Même Ordonnance de 1670, *tit.* 26, *art.* 11;) c'est-à-dire, que ces procès sont distribués, comme on distribue les procès sur lesquels on prend un appointement de conclusion aux Enquêtes. Ainsi on les distribue aux Conseillers-Clercs, comme aux Conseillers-Laïcs.

89. L'instruction s'en fait aussi comme aux procès civils, & l'on n'y interroge point les parties. En un mot, ces procès sont considérés comme purement civils; & c'est pour cela qu'on ne peut les juger en temps de vacations, suivant l'Edit du mois d'Août 1669, rendu pour la Chambre des Vacations du Parlement de Paris. Néanmoins les pieces secretes du procès, continuent toujours d'être procédures secretes.

Quand il s'agit des droits concernant les Fermes du Roi, les appellations interjettées en matiere criminelle ne se concluent point comme en procès par écrit, quoique les Sentences dont est appel, ne prononcent aucunes peines afflictives. L'article 380 du bail des Fermes (de Carlier) de l'année 1726, en a une disposition : ce qui est aussi conforme à un Arrêt du Conseil; & à des Lettres-Patentes rendues sur cet Arrêt, en date du 8 Mai 1724.)

90. 7°. Mais quoique ces procès s'instruisent comme procès civils, ils ne cessent pas pour cela d'être procès criminels; puisque leur instruction se fait au Greffe criminel, & non au Greffe civil; & que les Arrêts qui interviennent sur ces procès, sont enregistrés dans les registres criminels.

L'article 9 de la Déclaration du Roi du 15 Mars 1673, touchant les appellations qui se portent au Parlement de Paris, veut qu'il soit fait des rôles pour la Tournelle criminelle, suivant l'usage, dans lesquels seront mises toutes sortes de causes; & qu'après les rôles finis, elles demeureront appointées par un réglement général; à l'exception des appellations comme d'abus, & des requêtes civiles, qui seront mises dans les rôles suivants. Cet article veut aussi que dans les appellations de procédures ainsi appointées, lorsque les affaires seront légeres & ne mériteront pas d'être instruites, le principal puisse être évoqué pour y faire droit diffinitivement comme à l'Audience, après que les informations auront été communiquées au Procureur-Général, & l'instruction faite suivant l'Ordonnance de 1670.

Suivant un Arrêt de Réglement du 22 Février 1695, les frais des appellations ainsi appointées, lorsqu'il ne s'agit que d'injures, de débauche, de rixes, & autres, dont le principal se juge avec l'appel, & qui dépendent particuliérement des informations, ne doivent point excéder la somme de six livres, tant pour la production que pour les requêtes d'emploi de la cause d'appel, réponses & contredits.

91. 8°. Dans tous ces procès qui doivent être communiqués au Parquet, le Procureur-Général peut toujours appeller *à minimâ*, s'il croit qu'il y a lieu de le faire ; & alors le procès doit être porté à la Tournelle, pour y être jugé.

Les Juges des Enquêtes, lorsque le procès a été distribué à quelqu'une de ces Chambres, peuvent aussi d'office, ordonner que le procès sera poursuivi extraordinairement, si fait n'a été, en faisant appeller *à minimâ* par un des Conseillers-Juges du procès, ainsi qu'il s'est observé aux Enquêtes le 4 Août 1731, dans l'affaire du Marquis de Hautefort, & de la Demoiselle de Kerbabu ; & si ce procès a déja été instruit par récolement, & confrontation, & qu'ils jugent qu'il y ait lieu de prononcer une peine afflictive, ou infamante, alors il est d'usage qu'ils renvoyent le procès en la Tournelle, pour y être porté & jugé comme procès de grand-criminel. Quand cela arrive, c'est le Conseiller qui a rapporté le procès comme civil aux Enquêtes, qui en va faire le rapport à la Tournelle ; à moins que l'accusé, à cause de sa qualité de Noble ou d'Ecclésiastique, ne demande à être jugé les Chambres assemblées ; (c'est-à-dire, la Grand'Chambre, & la Chambre de la Tournelle,) auquel cas le rapport du procès se fait par un Conseiller de Grand'Chambre, nommé par M. le Premier Président.

92. 9°. Les appels des Sentences & procédures de petit-criminel, qui se portent dans les Bailliages & Sénéchaussées, s'y instruisent aussi, & se jugent comme procès civils ; mais les délais des assignations portés en l'article 11 du titre 26 de l'Ordonnance de 1670, & dont il a été parlé ci-dessus, n. 86, n'y doivent pas être si longs. L'amende prononcée contre le Greffier, en cas de refus, ou de négligence d'envoyer les charges & informations,

ne doit pas non plus être de cinq cents livres, ni la peine d'interdiction être prononcée contre lui ; il peut seulement y être pourvu par des exécutoires. (Voyez l'article 25 du titre 16 de l'Ordonnance de 1670.)

Il faut aussi observer que sur l'appel de ces procès de petit-criminel, il n'est pas nécessaire d'envoyer au la Sentence Greffe du Juge d'appel ; parce que ces sortes de procès s'instruisent comme des procès civils. (Voyez l'Auteur des Loix Criminelles, *tom.* 1, page 321.)

10°. Si le procès vient à être converti en procès civil, & les informations en enquêtes, il doit se porter à l'Audience du même Juge, pour y être jugé. (Voyez *ci-après*, n. 97.)

ARTICLE X.

Des Appellations qui se portent aux Audiences des Cours & Juges.

93. 1°. Les appellations de permission d'informer, des décrets, & de toutes autres instructions, doivent être portées à l'Audience, soit des Cours, soit des Juges Royaux. (Ordonnance de 1670, *tit.* 26, *art.* 2. Voyez néanmoins ce qui a été dit *ci-après*, n. 96.)

2°. Les appellations dont il s'agit dans cet article 2 de l'Ordonn. se relevent par des lettres prises en Chancellerie, lorsqu'elles sont relevées dans les Cours, tout ainsi qu'en matiere civile ; & l'appellant doit cotter le nom du Procureur qui doit occuper pour lui, suivant l'article 16 du titre 2 de l'Ordonnance de 1667.

3°. Les Juges d'appel, en recevant l'appellant, ordonnent avant faire droit, que copie des charges & informations sera apportée à leur Greffe, à quoi le Greffier du Juge dont est appel, sera contraint, &c. (Voyez ce qui a été dit au titre *Des Décrets*, ci-dessus, *part.* 3, *liv.* 2, *tit.* 10, n. 47, touchant la procédure qui doit alors se tenir.)

94. 4°. Les accusés, même décrétés de prise-de-corps, ne sont point obligés pour le Jugement de ces décrets & instructions, de se mettre en état, ni de se rendre dans les prisons du Juge qui les a décrétés, ou dans celles du Juge d'appel ; & s'ils sont prisonniers, on ne les transfere point, excepté pour la question. C'est une suite de la disposition portée en l'article 6 du titre 26 de l'Ordonnance de 1670. (Voyez ce que j'ai dit au titre *Des Décrets*, ibid. n. 61.)

95. 5°. Sur l'appel du décret, permission d'informer, ou autre instruction, la partie civile, ou publique, doit faire apporter au Greffe du Juge d'appel les charges & informations, suivant l'article 11 du titre 26 de l'Ordonnance de 1670; après quoi l'affaire est portée à l'Audience de la Tournelle, soit qu'elle soit mise au rôle, ou poursuivie par placet sur acte signifié à la partie. (Voyez ce qui a été dit ci-dessus, *n.* 90.)

Il faut ensuite faire remettre ces informations à celui des Avocats-Généraux, qui est de service à la Tournelle, ou à l'un des Avocats du Roi, si c'est dans un Bailliage; & ensuite charger un Avocat qui communiquera la cause à l'Avocat-Général, ou à l'Avocat du Roi chargé des informations; & sur son récit, le Juge d'appel rend un Jugement qui confirme la procédure, s'il y a charge contre l'accusé: mais s'il n'y a point de charges suffisantes, la procédure doit être infirmée. (Voyez l'article 10 du titre 26 de l'Ordonnance de 1670.)

96. 6°. Lorsque la matiere est légere, & ne mérite pas une plus ample instruction, elle peut être évoquée par la Cour saisie de l'appel; à la charge de la juger sur le champ à l'Audience, & de faire mention par le Jugement, des charges & informations; à peine de nullité. (Même Ordonnance de 1670, *tit.* 26, *art.* 5.)

Et il en est de même, si l'appel est porté par l'accusé dans un Bailliage & Sénéchaussée; pourvu néanmoins qu'il s'agisse d'un cas qui ne mérite point peine afflictive; ce qui résulte de la disposition de l'article 1 du titre 26 de la même Ordonnance de 1670.

7°. On prétend que les appellations des décrets, permissions d'informer, & autres instructions en matiere de grand-criminel, peuvent aussi être appointées; mais alors l'instruction s'en fait seulement par requêtes de part & d'autre, & le procès se juge sur délibéré au rapport du Conseiller à qui l'instance a été distribuée.

C'est pourquoi il n'est pas permis de prendre des épices pour ces sortes de rapports, suivant l'article 4 du titre 5; & l'article 6 du titre 17 de l'Ordonnance de 1667.

97. 8°. Il y a quelques Sentences diffinitives rendues en matiere criminelle, dont les appellations doivent se porter à l'Audience; ce sont celles qui sont rendues sur de simples informations, sans instruction, ni récolement & confrontation, & où le Procureur du Roi, ou Fiscal, n'est point partie. En effet, on trouve plu-

sieurs Réglements qui défendent aux Juges de prendre des épices dans les Jugements diffinitifs de procès jugés sans récolement, ni confrontation. (Voyez ce qui est dit à ce sujet dans mon Traité *De l'Administration de la Justice*, &c., au titre *Des épices & vacations des Juges en civil & criminel*, part. 3, tit. 8, n. 63.)

Il en est de même de l'appel des Jugements qui convertissent en procès civil, lorsqu'il n'y a point eu d'appointement en droit, ou à mettre, rendu sur cette conversion; c'est une suite de la disposition portée en cet article 2 du titre 26 de l'Ordonnance de 1670.

Au reste, tous ces procès ne cessent pas d'être procès criminels; & les procédures continuent toujours d'être secrettes, jusqu'à ce que le procès soit jugé diffinitivement, ou jusqu'à ce qu'il soit converti en procès civil.

98. 9°. L'appel des Sentences rendues par le Lieutenant de Police de Paris, pour débauche de filles & femmes publiques, se porte aussi à l'Audience, mais à celle de la Grand'Chambre, & non à l'Audience de la Tournelle; ce qui est fondé sur ce que ces sortes de procès ne sont point, à proprement parler, des procès criminels. (Voyez ce que j'ai dit là-dessus, au titre *De la maniere de faire le procès aux filles & femmes débauchées*, ci-dessus, *part. 3, liv. 2, tit. 31*, n. 2.)

ARTICLE XI.

Des Procédures particulieres sur certains appels.

99. 1°. Dans les appels, comme de Juge incompétent, si le Jugement diffinitif n'a pas encore été rendu, il n'est pas nécessaire que l'accusé, quoique décrété, se mette en état sur l'appel pour le faire juger. (Voyez ce qui a été dit au titre *Des Décrets*, ci-dessus, *part. 3, liv. 2, tit. 10*, n. 51.)

Mais si l'accusé a été jugé diffinitivement par contumace, il ne doit point être écouté, sans auparavant s'être mis en état devant le Juge d'appel. (Voyez l'article 4 du titre 25 de l'Ordon. de 1670.)

2°. Quand il y a des plaintes respectives de la part des accusés, & qu'un des deux est appellant de la procédure faite contre lui, il peut, sur l'appel, obliger le Greffier de rapporter l'information faite par lui appellant, quoiqu'il n'y en ait point d'appel de sa part. (Ainsi jugé au Bailliage-Criminel d'Orléans le 11 Août 1661, entre les nommés Louis Tardif & Laurent Gouault, sur l'appel du Bailli de l'Evêché.)

100. 3°. Dans les cas d'appel des Jugements rendus suur reproches, ou recusation non admise, ou de faits justificatifs non admis, la preuve doit s'en faire nécessairement devant le Juge d'appel, & non sur les lieux, ni dans l'endroit où la Sentence a été rendue, si ce n'est pour l'instruction, auquel cas la Cour renvoie ordinairement devant un autre Juge, que celui qui a jugé.

4°. Il est défendu aux Procureurs de conclure sur l'appel des Sentences de contumace; ces appels doivent être portés en la Tournelle, comme procès de grand-criminel. (Arrêt du 5 Mars 1693, sur l'appel d'une Sentence du Prévôt de Poissi. Voyez au titre *Des Défauts & Contumaces*, ci-dessus, *part. 3. liv. 2, tit. 21*, n. 115.)

Il faut aussi observer à l'égard des Jugements de contumace, que dans le cas d'incompétence notoire de la part du Juge qui a rendu la Sentence, le Procureur-Général peut en appeller d'office. (Voyez au même titre *Des Contumaces*, n. 117.)

TITRE XXXVIII.

Des Demandes en cassation d'Arrêts & autres Jugements en dernier ressort, en matiere criminelle.

1. LES Arrêts & Jugements en dernier ressort, peuvent être cassés en matiere criminelle, comme en matiere civile; il faut pour cela se pourvoir au Conseil du Roi; & les Parlements, & autres Cours Souveraines, n'en peuvent connoître.

Les Parlements ne peuvent connoître pareillement des Jugements préparatoires, ou diffinitifs, rendus par les Présidiaux, ou par les Prévôts des Maréchaux en matiere criminelle. L'Arrêt du Conseil du 8 Janvier 1724, touchant les fonctions des Prévôts des Maréchaux, en a une disposition en faveur des Prévots; sauf, (ajoute cet Arrêt,) aux Procureurs-Généraux des Compagnies,

gnies, à informer le Chef de la Justice, & le Secrétaire d'Etat, &c. Et c'est aussi ce qui résulte de la disposition du Réglement du 28 Juin 1738, touchant la procédure du Conseil du Roi, *part.* 1, *tit.* 4, *art.* 1.

2. Pour se pourvoir en cassation d'Arrêt, ou d'un Jugement rendu en dernier ressort, il faut évoquer le fond; mais en matiere criminelle, après avoir évoqué, le Roi renvoie devant une Jurisdiction ordinaire, on nomme des Commissaires pour juger, & même pour instruire de nouveau le procès, s'il y a lieu; & quelquefois aussi pour y procéder à fins civiles.

Ces sortes de demandes, en matiere criminelle, peuvent être formées, non-seulement par l'accusé, ou condamné, mais encore par sa veuve & ses enfants; & même par les parents du défunt.

Le temps dans lequel on peut se pourvoir pour les demandes en cassation, est de six mois, à compter du jour de la signification de l'Arrêt, ou du Jugement; & à l'égard des mineurs, à compter seulement du jour de la signification qui leur en est faite depuis leur majorité. (Réglement de la procédure du Conseil du 28 Juin 1738, *part.* 1, *tit.* 4, *art.* 13.)

3. Quant aux héritiers, successeurs, ou ayant-cause de ceux qui sont décédés dans les six mois, ils ont encore six mois, à compter du jour de la signification qui leur est faite de l'Arrêt, ou du Jugement; & s'ils sont mineurs, du jour de la signification qui leur en est faite en majorité. (*Ibid.*, art. 14.) Et il ne doit être accordé aucun autre délai, ni relief de laps de temps, si ce n'est pour de grandes & importantes considérations jugées telles au Conseil. (*Ibid.* art. 15.)

Le demandeur en cassation, doit consigner la somme de cent cinquante livres d'amende, s'il s'agit d'un Arrêt, ou Jugement contradictoire; & de soixante-quinze livres seulement, s'il ne s'agit que d'un Arrêt, ou Jugement par défaut, ou par forclusion. (*Ibid.* art. 5.)

4. Les accusés qui ont été décrétés de prise de corps, ne peuvent être reçus à demander la cassation des Arrêts, ou Jugements en dernier ressort qui les ont décrétés, ou des autres Arrêts, ou Jugements préparatoires, s'ils ne sont actuellement en état dans les prisons des Juges qui ont rendu ces Arrêts, ou Jugements, ou dans celles du lieu où se tient le Conseil. Et à l'égard de ceux qui veulent se pourvoir contre des Arrêts, ou Jugements diffini-

tifs, ils ne peuvent y être reçus, qu'après s'être mis en état dans les prisons du lieu où se tient le Conseil, lorsque ces Arrêts, ou Jugements, ont prononcé contr'eux des peines afflictives, ou infamantes; & dans tous ces cas, l'acte de leur écroue doit être joint à la requête en cassation, & visé dans l'Arrêt qui interviendra sur cette requête; à peine de nullité. (Même Réglement du Conseil du 28 Juin 1738, *part.* 1, *tit.* 4, *art.* 6.)

5. Les demandes en cassation, ni même les Arrêts qui pourroient intervenir pour demander les motifs, ou pour ordonner que la requête en demande de cassation sera communiquée à la partie, ne peuvent empêcher l'exécution des Arrêts, ou Jugements en dernier ressort, dont la cassation est demandée; & il ne doit être donné aucunes défenses, ni surséances, en aucun cas, contre ces jugements, si ce n'est par un ordre exprès de Sa Majesté. (*Ibid.* art. 29.)

Les moyens qui peuvent donner lieu à la cassation des Arrêts & Jugements en dernier ressott, sont;

1°. Quand ils ont été rendus contre la disposition des Ordonnances, Edits & Déclarations du Roi. (Ordonnance de 1667, *tit.* 1, *art.* 6 & 8.)

2°. Quand la procédure prescrite par les Ordonnances & Réglements du Royaume, n'a pas été suivie.

6. 3°. Quand la Cour, dont l'Arrêt est émané, a jugé une affaire dont la connoissance ne lui appartenoit point.

Mais la cassation n'a jamais lieu dans les cas où les Arrêts & Jugements en dernier ressort peuvent être attaqués par la voie de la tierce opposition, ou de la requête civile.

De même, ils ne peuvent être cassés sous prétexte de mal-jugé au fond. (Voyez l'article 32 du titre 35 de l'Ordonnance de 1667.)

L'article 24 du titre 4 du même Réglement du Conseil du 28 Juin 1738, porte, qu'en procédant au jugement des demandes en cassation, on aura égard aux moyens de requête civile, s'il y échet; lesquels, audit cas, pourront être proposés pour moyens de cassation.

7. Si par le rapport fait au Conseil de la requête en cassation, il est jugé à propos de demander les motifs de l'Arrêt, ou du Jugement, contre lequel cette requête est présentée, ces motifs seront envoyés au Greffe du Conseil par le Procureur-Général, ou par

les Juges qui ont rendu ledit Arrêt, ou ledit Jugement, si c'est le Procureur-Général qui en demande la cassation; & ces motifs doivent être envoyés cachetés, & remis en cet état au Rapporteur. (Même Réglement du Conseil de 1738, *ibid.* n. 26 & 27.)

Le demandeur en cassation, qui se trouve non-recevable, ou mal fondé, en sa demande, doit être condamné en l'amende consignée. (*Ibid.* art. 25.)

8. Et s'il succombe en sa demande, après un Arrêt de soit-communiqué, il doit être condamné en trois cents livres d'amende envers le Roi, & en cent cinquante livres envers la partie, si l'Arrêt, ou Jugement, dont la cassation est demandée, a été rendu contradictoirement; & en moitié seulement desdites sommes, si l'Arrêt, ou Jugement a été rendu par défaut; dans lesquelles sommes doit être comprise celle qui aura été consignée; (*ibid.*, art. 35.) Cette amende ne peut être remise, ni modérée en aucun cas, mais bien augmentée, s'il est ainsi ordonné, en statuant sur la demande en cassation; (*ibid.* art. 36;) & elle est acquise de plein droit, quand même il auroit été omis d'y prononcer. (*Ibid.* art. 38.)

9. Mais lorsque le demandeur obtient la cassation par lui demandée, l'amende doit lui être rendue sans aucun délai; quand même il auroit été omis d'ordonner que cette amende lui seroit rendue. (*Ibid.* art. 38.)

Après qu'une demande en cassation d'Arrêt, ou Jugement, a été rejettée, la partie qui l'a formée ne peut plus se pourvoir en cassation contre le même Jugement, ou Arrêt; quand même elle prétendroit avoir de nouveaux moyens; ni pareillement contre l'Arrêt qui aura rejetté ladite demande. (Même Réglement du Conseil du 28 Juin 1738, *part. 1, tit. 4, art. 39.*)

A l'égard de la procédure qui doit être observée sur ces sortes de demandes en cassation en matiere criminelle; Voyez les articles 1, 2, 3, 4, 7, 20, 21, 22, 23, 28, 30, & 32 du même titre 4.)

Quant à la maniere de se pourvoir en cassation contre les Jugements de compétence aussi en matiere criminelle, Voyez ce qui a été dit au titre *De la Compétence des accusés, &c.* ci-dessus *part. 3, liv. 2, tit. 15, n. 35.*)

TITRE XXXIX.

Des Lettres de Revision.

1. AVANT l'Ordonnance de 1667, on ne connoissoit que deux voies pour être restitué contre les Arrêts & Jugements en dernier ressort : 1°. les propositions d'erreur : 2°. les requêtes civiles ; & ces deux voies sont les seules autorisées par l'article 92 de l'Ordonnance de Blois, qui porte : « Que les Arrêts des Cours » Souveraines ne pourront être cassés, ni rétractés sinon par les » voies de droit, qui sont, requête civile, & proposition d'erreur. » (Voyez Rebuffe *De litteris civilibus in Proemio*, n. 3 & suiv. & *gloss.* 1, n. 5 & 9 ; Imbert, *liv.* 2, *chap.* 16, *n.* 4 & 13 ; & M. Bourdin, sur l'article 127 de l'Ordonnance de 1539.)

La premiere de ces deux voies, pour faire rétracter les Arrêts & Jugements en dernier ressort rendus en matiere criminelle, étoit la proposition d'erreur ; (Voyez la Conférence des Ordonnances, *liv.* 7, *tit.* 11, §. 1, aux notes, où l'on cite des Arrêts de 1310, 1333 & 1334 ;) & l'on prenoit rarement la voie de la requête civile.

2. La raison pour laquelle la proposition d'erreur étoit plus en usage dans cette matiere, que la requête civile, est fort sensible. En matiere criminelle, tout dépend des charges & informations : on ne se pourvoit ordinairement contre les Jugements qui interviennent en cette matiere, que sous deux prétextes ; ou parce que les Juges ont jugé sur des charges & informations qui les ont induits en erreur ; ou parce qu'ils ont jugé sur une procédure nulle. Or ces deux articles étoient ceux de la proposition d'erreur. Elle n'avoit lieu, que lorsqu'on arguoit une erreur de fait dans l'Arrêt, ou quelque nullité dans la procédure, sur laquelle il avoit été rendu ; car la requête civile étoit ordinairement employée dans le cas où l'on articuloit du dol de la part de quelqu'une des parties ; & comme ce cas est rare en matiere criminelle, il arrivoit que la voie de la proposition d'erreur étoit prise plus ordinairement, que celle de la requête civile.

3. L'Ordonnance de 1667, *tit. 35*, *art. 42*, a abrogé les propositions d'erreur ; & il paroît que cette abrogation s'étend aux matieres criminelles, comme aux matieres civiles ; puisqu'il n'est rien dit de ces propositions d'erreur dans l'Ordonnance Criminelle de 1670. Mais comme la voie des Lettres de revision, dont il est parlé dans cette derniere Ordonnance, a succédé aux propositions d'erreur, ainsi que je le dirai ci-après, il paroît nécessaire, avant de parler des Lettres de revision, de dire quelque chose de ces propositions d'erreur.

Des propositions d'erreur.

4. La proposition d'erreur, suivant Rebuffe, *de propositionum erroribus*, (*in Proemio*, n. 9,) est une concession faite par le Souverain, sur la requête d'une partie, pour raison d'une erreur de fait, contre un Jugement qui ne peut être rétracté par la voie d'appel, ou de nullité. (*a*)

Cette voie des propositions d'erreur, est très ancienne, & il paroît qu'elle étoit en usage dès l'année 1340. (Voyez la Conférences des Ordonnances, *liv. 7*, *tit. 12*, *pag. 760*, §. 1 & 2.) Les anciennes Ordonnances exigeoient que la partie, qui vouloit se servir de cette voie, consignât l'amende & les dépens, & donnât caution.

Il est constant que ces sortes de propositions, n'avoient ordinairement lieu, que quand le Juge erroit en fait, & non quand il erroit en droit, soit par impéritie, ou autrement ; parce qu'à l'égard de cette seconde erreur, les Juges Souverains ne sont jamais réputés s'être trompés. C'est ainsi que l'observent les Auteurs, & en particulier M. Bourdin, sur l'article 127 de l'Ordonnance du mois d'Août 1539. Voyez aussi Rebuffe, en son Traité *de Supplicationibus*, *seu propositionum erroribus*, *in Proemio*, n. 11 & 70--74 ; Guenois sur l'Ordonnance de 1479, en la Conférence

(*a*) On trouve l'origine de ces propositions d'erreur dans la L. 17, D. *de minoribus* ; dans la L. *unic.* Cod. *de Sententiis præfector. prætor.* ; & dans la L. 4, Cod. *de precibus imperatori afferendis.* Voyez aussi pour les requêtes civiles la Loi 75, D. *de judiciis* ; la L. 31, D. *de jurejurando* ; la L. 18, D. *de minoribus* ; la L. 33, D. *de re judicatâ* ; & le titre au Code *de falsis instrumentis.*

des Ordonnances, *liv. 7, tit. 11*, §. *3*, *n. 4* : Et c'est aussi une suite de la disposition portée en l'article 32 du titre 35 de l'Ordonnance de 1667.

5. A l'égard du dol de la partie, qui renferme aussi la fausseté des titres par elle produits, il falloit se pourvoir par requête civile. (Voyez ce qui est dit ci-après, *n.* 26.) Mais le moyen tiré de l'omission des défenses des mineurs, qui paroissoit autrefois un moyen particulier de restitution en entier, suivant les termes de nos Ordonnances, a depuis été confondu dans les autres moyens de requête civile. Il paroît que ce moyen n'avoit lieu que pour les mineurs, quoiqu'il y ait quelques vestiges qu'il étoit aussi autrefois admis à l'égard des majeurs, s'ils avoient été absents pour la République.

On pourroit même conjecturer des termes de l'Ordonnance du mois de Novembre 1479, qu'anciennement la revision étoit admise sur le seul fondement du mal-jugé.

Au reste, il faut observer que ces propositions d'erreur n'étoient admises que contre les Arrêts & Jugements en dernier ressort; (Rebuffe *ibid. de proposit. error.* n. 12, & *qu.* 9, n. 66, & *gloss.* 26;) & que même elles n'avoient pas lieu contre des Jugements interlocutoires, quoique rendus en dernier ressort, suivant les Ordonnances des mois de Décembre 1344, & Novembre 1479; ni contre des Jugements rendus en matiere possessoire profane, ou ecclésiastique, suivant l'Ordonnance du mois de Mars 1498; ce qui est fondé sur ce que le Jugement diffinitif, & celui qui doit être rendu sur le pétitoire, sont un remede ordinaire, ainsi qu'il est dit dans ces Ordonnances.

6. Il falloit aussi recourir au Prince pour avoir ces Lettres de proposition d'erreur; car on ne peut douter que ce ne soit ici une véritable grace contraire au droit commun; puisqu'elle tend à détruire un jugement qui n'est point sujet à l'appel; à la différence de la requête civile, qui est une voie de Justice, & non de grace, fondée sur le dol, ou sur d'autres moyens semblables, qui n'attaquent ni les Juges, ni la substance du Jugement, mais la forme; au-lieu que la proposition d'erreur est une ressource contre le fond même du Jugement, & qui par conséquent ne peut s'accorder que comme une grace; *Ita* Rebuffe *ibid in Proemio*, n. 43; & c'est aussi ce qui résulte de la disposition des Ordonnances des années 1313 & 1344. L'article 135 de l'Ordonnance de 1539, dit à-

peu-près la même chose. Ces Ordonnances supposent toutes que les Lettres de proposition d'erreur devoient être délibérées au Conseil du Roi, sur le rapport des Maîtres des Requêtes; & c'est aussi ce qui est établi par Rebuffe, *ibid. in Proemio*, n. 17.

7. Le temps de pouvoir obtenir ces Lettres étoit fixé à deux ans par l'Ordonnance de 1479; & à un an, pour mettre le procès en état de juger. (Rebuffe *ibid.*, n. 75.) Ce temps de deux ans a été limité à un an par l'article 136 de l'Ordonnance de 1539: mais l'article 138 veut que le Jugement soit prononcé dans les cinq ans; ce que l'Ordonnance de Février de 1549 a déclaré ne devoir s'entendre que du temps dans lequel le procès devoit être mis en état par le demandeur, & non du temps où il devoit être jugé, puisque le Jugement est de la pure volonté des Juges.

8. Quant à la maniere dont on faisoit juger les propositions d'erreur, voici ce qui s'observoit:

1°. En ce qui touche la forme, il falloit d'abord, suivant l'Ordonnance de l'année 1344, que les erreurs fussent envoyées closes & cachetées au Parlement; ensuite il falloit appeller les parties, suivant la même Ordonnance: enfin il falloit donner caution, ou consigner une somme, pour répondre des dommages & intérêts & des dépens des parties, suivant les Ordonnances de 1340 & 1344, & celle d'Août de 1539, *art.* 136. (Voyez Rebuffe, *de Supplicationibus, sive errorum propositionibus*, n. 20 & suiv.)

A l'égard des pieces & procédures, il semble que dans les propositions d'erreur, on ne pouvoit produire de nouvelles pieces, à la différence de ce qui s'observe dans les requêtes civiles. Telle est l'opinion de Papon en ses Arrêts, *liv.* 19, *chap.* 8, *n.* 4, où il cite à ce sujet deux Arrêts, l'un du 3 Février 1540; & l'autre du 29 Janvier 1539. Voyez aussi André Gail, *liv.* 1, *observat.* 154, *n.* 2; & Rebuffe *ibid. in Proemio*, n. 23 & 80.

9. Il faut néanmoins convenir qu'il pouvoit y avoir de très bonnes raisons pour admettre de nouvelles pieces, afin de prouver que le Juge étoit tombé dans une erreur de fait; puisque, quand même les anciens actes du procès auroient pu le prouver, cependant rien n'étoit plus naturel que de défendre par de nouveaux actes une vérité déja prouvée; & si elle n'étoit pas suffisamment prouvée par les premiers actes, & qu'il y eût quelque doute dans l'ancien procès, (quoique ce doute n'eût pu être suf-

sisant pour déterminer le Juge,) pourquoi n'auroit-il pas été permis de produire quelques pieces pour faire pencher la balance, afin de prouver la vérité? Il seroit difficile de ne pas admettre cette opinion; & c'est aussi le sentiment de Covarruvias, *practic. quæstion*, cap. 20, n. 8.) Le moyen de contrariété admis par l'Ordonnance du mois de Mars 1545, pour un des moyens de la proposition d'erreur, sembloit aussi supposer que le demandeur pouvoit produire de nouvelles pieces; puisqu'il pouvoit produire l'Arrêt auquel celui qu'on attaquoit se trouvoit contraire. Or si le demandeur avoit la faculté de produire de nouvelles pieces, il s'ensuit qu'on ne pouvoit refuser le même droit au défendeur.

10. 2°. Les propositions d'erreur devoient être jugées à l'Audience; puisqu'il étoit nécessaire, sur la demande qui en étoit formée, de fournir des défenses, des duplices & des repliques, suivant Rebuffe, *ibid. in Proemio*, n. 23.

3°. Elles devoient être jugées dans le même Tribunal où le premier Jugement avoit été rendu, suivant les Ordonnances de 1313 & 1340. L'Ordonnance de 1539, *art.* 137, veut qu'elles soient jugées à telle Chambre des Cours, & en telle Compagnie, & avec nombre de Juges qu'il sera avisé & arbitré par les Cours, selon la grandeur & la qualité des matieres; mais l'article 45 de l'Ordonnance d'Orléans, veut d'abord que les mêmes Juges qui ont rendu le premier Arrêt, assistent au Jugement, & qu'on en appelle d'autres, à la place de ceux qui seroient malades, ou décédés; & qu'outre cela il y assiste encore pareil nombre de Juges que celui du premier Arrêt, & même deux de plus; laissant néanmoins à la discrétion du Parlement, d'en augmenter le nombre.

11. 4°. L'obtention des Lettres de propositions d'erreur, n'empêchoit pas l'exécution du Jugement qu'on attaquoit. (Ordonnance de 1344; *Ita etiam* Rebuffe, *in Proemio*, ibid. *n.* 38, qui n'en excepte que les dépens, & qui en rapporte plusieurs Arrêts; ce qui depuis a été confirmé par l'article 92 de l'Ordonnance de Blois.) La même chose s'observe aussi en Dauphiné, suivant Gui-Pape, *quæst.* 50 & 420.

5°. La peine contre ceux qui succomboient dans cette demande, outre les dommages & intérêts, étoit d'une amende double, pour laquelle il falloit donner caution, ou consigner 240 livres parisis, suivant l'article 136 de l'Ordonnance de 1539.

6°. Enfin, il faut observer que les propositions d'erreur ne pouvoient

voient être admiſes qu'une ſeule fois ; c'eſt ainſi que s'en expliquent Gui-Pape, *quæſt.* 345 & 139, *n.* 3 ; & Rebuffe *ibid. in proemio*, *n.* 43, où il renvoie aux Ordonnances ſur les propoſitions d'erreur, *n.* 9.

Des Lettres de Reviſion en particulier. (a)

12. Les Lettres de reviſion de procès, ſont des Lettres que le Roi accorde pour revoir & examiner de nouveau le procès criminel d'une perſonne condamnée contradictoirement par Arrêt, ou Jugement en dernier reſſort ; afin de révoquer la condamnation, s'il y a lieu, & de renvoyer le condamné, ou ſa mémoire, abſous des cas qui lui ont été impoſés, avec reſtitution & rétabliſſement dans ſes biens confiſqués, & dans ſa réputation & bonne renommée. Il faut cependant obſerver que ce n'eſt pas en vertu de ces Lettres que le condamné, qui vient à être juſtifié, rentre dans ſes biens & droits, mais en vertu du Jugement qui le déclare innocent ; & alors la reſtitution a lieu, non-ſeulement contre le Roi, mais encore contre tous ceux qui ont acquis la confiſcation, ſoit par don, acquiſition, ou autrement.

13. Ces Lettres ſont en matiere criminelle, ce qu'étoient autrefois les propoſitions d'erreur en matiere civile ; & c'eſt ainſi que s'en explique Mr le Premier-Préſident, ſur l'article 12 du titre 16, de l'Ordonnance de 1670. (Voyez le procès-verbal de cette Ordonnance, & l'article 1 de l'Édit du mois d'Avril 1688, rendu pour le Parlement de Flandres.) D'ailleurs, une preuve que la reviſion a ſuccédé à la propoſition d'erreur, c'eſt que les lettres de reviſion ne s'accordent, aux termes de l'article 9 du titre 16 de l'Ordonnance de 1670, que ſur l'avis des Maîtres des Requêtes, ainſi qu'il ſe pratiquoit dans les propoſitions d'erreur, ſuivant une Ordonnance de Philippe IV. de l'année 1344 ; & ſuivant l'article 135 de l'Ordonnance du mois d'Août 1539.

Il eſt vrai que ces propoſitions d'erreur ont été abrogées par l'article 42 du titre 35 de l'Ordonnance de 1670, ainſi qu'il a déja été obſervé ; mais elles ſubſiſtent encore ſous un autre

(a) Voyez, touchant les Lettres de Reviſion, Boniface en ſes Arrêts, *tom.* 1, *part.* 1, *tit.* 17, *chap.* 3 ; & le Notaire de Papon, *tom.* 3, *pag.* 794.

nom en matiere criminelle, qui est celui de la revision ; ce qui est une suite de la faveur de l'innocence, qui exige qu'on révoque des condamnations contre des accusés qui ne les méritoient point ; ou du moins qu'on rétablisse leur mémoire, & qu'on les absolve des cas qui leur ont été imposés injustement.

14. Ce n'est pas cependant l'Ordonnance de 1670, qui a introduit la revision ; elle étoit en usage dès long-temps auparavant, même depuis l'Ordonnance du mois de Novembre 1479, qui sembloit les avoir bannies, ainsi que l'article 92 de l'Ordonnance de Blois. En effet, nous voyons la revision du procès de Cabrieres, & de Merindol en 1549 ; des Officiers de Cambrai en 1555 ; de l'Amiral Chabot en 1540 ; du Maréchal de Biés ; du Baron de Liseur ; de M. de Vaux, Conseiller au Parlement de Toulouse : & de celle de Charles Bligny en 1643, & il s'en trouve plusieurs autres de cette nature. Il est aussi parlé des lettres de revision dans l'article 14 de la Déclaration du Roi du 22 Octobre 1648, regiftré le 24 dudit mois, portant réglement pour le fait de la Justice.

15. L'usage de cette revision se trouve aussi établi dans d'autres Etats. Gui-Pape, *quest.* 50, *n.* 3, en parlant du Parlement de Dauphiné, dit expressément, que la revision y est en usage ; & il établit la même chose dans la question 420, *n.* 1 & 2.

Il paroît même que la revision est en usage dans la Chambre Impériale. (Voyez André Gail, *in observat. pract. lib.* 1, *observat.* 152, *n.* 1, où il est aisé de voir qu'il s'agit d'une vraie revision ; puisque le remede dont il parle est fondé non-seulement sur l'erreur de fait, mais en général sur l'impéritie, & même sur la prévarication des Juges.) Il en est de même des Pays-Bas, suivant Christinæus, *Decis. Curiæ Belgicæ*, *vol.* 1, *decis.* 30, n. 6.

Ces sortes de revisions avoient aussi lieu dans le Droit Romain, ainsi qu'il a été observé ci-dessus, *n.* 4, *note* (*a*). La Loi 33, *D. de re judicatâ*, indique la voie de se pourvoir contre des Jugements injustes en matiere criminelle. On présentoit sa requête pour faire retracter le Jugement ; & le Prince accordoit des lettres qui autorisoient les Juges à le faire, en cas qu'ils trouvassent que la justice le permît.

16. Au reste, il faut observer que les lettres de revision, sont à peu-près en matiere criminelle, ce que sont requêtes civiles en matiere civile. Il y a seulement cette différence, que dans les

matieres civiles, on ne retracte pas les Arrêts & Jugements en dernier ressort, sous prétexte de mal-jugé au fond, s'il n'y a outre cela des ouvertures de requête civile en la forme; & que d'ailleurs les Juges en entérinant un requête civile, ne peuvent prononcer en même temps sur le rescindant & rescisoire; & qu'ils doivent seulement remettre les parties dans le même état où elles étoient avant l'Arrêt, ou le Jugement contre lequel cette requête civile est obtenue; au lieu qu'en matiere criminelle, la faveur de l'innocence est si grande, que les Juges qui examinent de nouveau un procès par la voie de revision, peuvent examiner le fond, & absoudre en même temps l'accusé, en entérinant les lettres de revision; & que s'il paroît évidemment que cet accusé a été condamné innocemment, ils doivent, en revoyant son procès, l'absoudre & décharger sa mémoire.

Moyens de Revision.

17. De tous les moyens de revision qui peuvent être employés, il est constant que l'erreur de la part du Juge, est celui qui se présente le plus fréquemment. Cette erreur peut être dans le fait, ou dans le droit: mais comme l'erreur dans le droit suppose une ignorance ou une prévarication de la part du Juge, qui ne se présume point dans les Juges Souverains & en dernier ressort, il n'y a à proprement parler que l'erreur de fait, qui soit aujourd'hui le seul & véritable motif des lettres de revision, comme elle l'étoit anciennement des propositions d'erreur. En effet, tout l'objet ordinaire des accusations, est de sçavoir si un accusé est coupable, ou non, & c'est un fait unique; c'est donc uniquement l'erreur dans un fait qui peut donner lieu au condamné, ou à sa famille, de revenir contre le Jugement.

18. Ces revisions ont ordinairement lieu dans le cas où il y a erreur dans la personne; comme s'il est prouvé que celui qu'on croyoit avoir été tué, est vivant, ou que l'accusé ait été condamné pour un autre.

La seule déclaration d'un condamné au supplice, faite avant d'être exécuté, par laquelle il déclareroit être l'auteur d'un crime pour raison de quoi un autre accusé auroit été condamné, peut quelquefois suffire pour ordonner la revision d'un procès, & pour faire rétablir la mémoire d'un condamné. Nous en avons un exemple dans un Arrêt du Parlement de Provence du 18 Décembre 1661, rapporté par Boniface, *tom.* 1, *part.* 1, *tit.* 7, *chap.* 17; & il en est de même, lorsque dans le cours d'une instruction, on vient à découvrir les véritables auteurs du crime, pour raison duquel un accusé auroit été auparavant condamné injustement. Nous en avons aussi un exemple célebre dans l'affaire du sieur Langlade. (Voyez ce qui est dit ci-après, *n.* 38.)

19. Mais quoique l'erreur de fait soit le moyen principal de revision, & celui qui s'emploie le plus ordinairement, il ne faut cependant pas croire que ce soit l'unique qui puisse être employé en faveur des condamnés; on peut aussi se servir en général de tous les autres moyens qui peuvent établir l'innocence de l'accusé. La faveur de cette innocence exige toujours qu'un Jugement injuste, qui a fait perdre la vie ou l'honneur à un citoyen, soit rétabli, soit que l'injustice de ce Jugement vienne du Juge même, (comme dans le cas d'injustice, ignorance, ou prévarication; &c.) ou qu'elle vienne des parties; soit que l'une d'elles ait été mal défendue; soit que l'autre ait usé de dol, ou de fraude; & il seroit difficile de penser qu'un innocent qui a subi une condamnation qu'il ne méritoit pas, (quoiqu'il n'y ait eu aucune erreur de fait,) n'eût aucune ressource pour faire connoître son innocence. En effet, nous voyons que par l'Ordonnance du mois de Novembre 1479, la revision étoit admise sur le seul fondement du mal-jugé, ainsi que je l'ai déja observé, (ci-dessus, *n.* 6.)

20. On opposera sans doute, que si l'on pouvoit revenir par cette voie de revision, contre un Jugement en dernier ressort, sous prétexte d'injustice, de prévarication, ou d'ignorance, ce seroit rendre ces Jugements sujets à l'appel, & éterniser les contestations.

21. Mais malgré cette raison, il paroît qu'on doit admettre dans la revision, toutes sortes de moyens de mal-jugé. L'ancienne pratique de la revision, la signification du mot même de revision, le desir qu'on doit avoir de découvrir l'innocence, tout concourt à donner toute l'étendue possible à la revision, & à autoriser un condamné, ou ses héritiers, à faire connoître qu'il est innocent. D'ailleurs, revoir un procès déja vu & jugé, ce n'est pas traiter le Juge comme un Juge sujet à l'appel, si on lui renvoie cette revision à lui-même, ainsi qu'il est porté par l'article 9 du titre

16, de l'Ordonnance de 1670 ; c'est appeller du Juge mal informé, au Juge mieux informé. Il peut arriver en effet des cas où un Jugement rendu en matiere criminelle, porte avec lui un caractere évident d'iniquité par l'erreur de droit. Par exemple, un Juge aura déclaré un accusé atteint & convaincu d'un fait, & l'aura condamné à la mort : ce fait, tel qu'il a été exposé dans le Jugement, sera prouvé évidemment ; mais le crime ne se trouvant pas du nombre de ceux qui méritent la peine de mort, ce Juge n'auroit prononcé la condamnation que par une erreur de droit ; néanmoins on voit que ce seroit une injustice évidente, que de laisser subsister un pareil Jugement, lorsqu'il vient à être attaqué par les parties qui y ont intérêt. Et quand même on soutiendroit avec quelques auteurs, qu'anciennement dans les revisions & propositions d'erreur, on ne pouvoit être admis, qu'en prouvant une erreur de fait, il y auroit toujours cette différence entre les revisions qui étoient admises en matiere civile, & celles en matiere criminelle, que pour les premieres, il falloit qu'il parût une espece d'évidence d'erreur de fait ; au lieu qu'en matiere criminelle, un simple doute raisonnable suffit, lorsqu'il s'agit d'établir une innocence. Il y a donc certainement quelque différence entre la revision & les propositions d'erreur ; une piece rapportée aprés une condamnation qui paroissoit juste, peut prouver l'injustice de cette condamnation. Un domestique aura été condamné pour avoir volé son Maître, & l'on découvre ensuite que son Maître lui avoit donné ordre de prendre l'argent, le bled, ou autre effet prétendu volé, pour l'employer à un certain usage ; cet ordre du Maître sera un titre nouveau, qui dans la regle étroite, ne peut donner lieu à la revision en matiere civile ; & s'il n'a pas été retenu par le fait de la partie, il ne pourra servir de moyen de requête civile, aux termes de l'article 34 du titre 35 de l'Ordonnance de 1667 ; cependant c'est un moyen évident de revision en matiere criminelle : d'où il s'ensuit que la revision en matiere criminelle, differe en quelque chose des anciennes propositions d'erreur.

22. D'ailleurs, cette regle est fondée sur l'équité naturelle, qui veut qu'il y ait toujours une ressource en faveur de l'innocent, contre une condamnation injuste qu'il auroit essuyée, indépendamment de tous les moyens qu'il pourroit alléguer. Il suffit que le Jugement puisse être reconnu injuste, de quelque maniere que ce

ſoit, pour donner lieu à la reviſion ; & quand il s'agit de faire triompher l'innocence, on doit mettre tout en uſage. Il eſt vrai que c'eſt donner une carriere bien libre aux accuſés, ou à leurs héritiers, pour attaquer des Jugements non ſujets à l'appel ; mais le Roi peut admettre, ou ne pas admettre la demande qui eſt formée, pour obtenir les lettres de reviſion ; & l'on ne préſumera jamais que de pareilles lettres ſoient admiſes, & enſuite entérinées ſans grande connoiſſance de cauſe ; ce ſont deux degrés où il faut réuſſir ; auſſi on ne peut guere refuſer ce dernier remede à celui qui ſe prétend innocent, & l'on ne voit pas qu'il puiſſe jamais en réſulter de grands inconvénients.

23. Cette reviſion a lieu dans le cas où l'accuſé articule des faits déciſifs, non articulés lors du Jugement ; ou lorſqu'il eſt prouvé que la condamnation a été prononcée ſur de faux titres, ou ſur le témoignage de faux témoins ; ou ſur des indices faux ; ou lorſque l'accuſé, ou ſa veuve & héritiers ont trouvé des preuves ſuffiſantes pour juſtifier ſon innocence ; ou lorſque le Juge qui a prononcé la condamnation, étoit incompétent pour connoître de l'affaire.

Mais le moyen par lequel on allégueroit que la condamnation a été prononcée ſur des preuves inſuffiſantes, lorſqu'il n'eſt rien ſurvenu de nouveau depuis le Jugement, ne pourroit jamais être regardé comme un moyen ſuffiſant de reviſion ; autrement cela ſeroit ſujet à trop d'inconvénients.

Quant à la nature des preuves néceſſaires, pour établir l'erreur de fait dans une condamnation prononcée contre un accuſé, cela dépend beaucoup des circonſtances.

24. Non-ſeulement, on peut alléguer pour moyens de reviſion, l'injuſtice du Jugement, & les moyens de propoſition d'erreur ; mais encore tous les moyens de requête civile. En effet, dès que la preuve de l'injuſtice du Jugement peut être établie par quelque moyen que ce ſoit, il s'enſuit qu'on ne peut refuſer à un condamné, ou à ſes héritiers, le droit de pouvoir uſer de ce moyen ; & cela eſt d'autant plus juſte, que dans les demandes en caſſation d'Arrêts, on peut, parmi les moyens de caſſation, employer auſſi ceux de requête civile, ſuivant l'article 24 du titre 4, partie 1, du Réglement concernant la procédure des Conſeils de Sa Majeſté du 28 Juin 1738.

25. Il eſt vrai que, comme en matiere de reviſion, on juge le re-

ſcindant avec le reſciſoire par le même Arrêt ; c'eſt-à-dire, que s'il y a lieu d'entériner les lettres, on juge en même temps le fond de l'accuſation, il paroît conſéquemment inutile d'admettre des moyens de forme, s'il étoit évident d'ailleurs que la condamnation fût juſte au fond ; mais ce ſeroit refuſer par-là à des condamnés, tous moyens de forme qui ne pourroient leur ſervir au fond, pendant qu'on l'accorde en matiere civile. En effet, le moyen de requête civile oblige à admettre les lettres de reviſion, ſans entrer même dans l'examen du fond, lorſqu'il eſt vrai que le Jugement eſt injuſte dans la forme ; au lieu que s'il ne s'agiſſoit que de l'injuſtice du Jugement, ſans aucun moyen de forme, on ne pourroit admettre les lettres de reviſion ſans un doute raiſonnable de l'injuſtice du fond de ce Jugement. Le ſeul inconvénient qu'il peut y avoir, c'eſt que, comme dans le Jugement de la reviſion, on juge en même-temps le fond & la forme, il pourroit arriver par-là, que la condamnation ſeroit confirmée, ſi les Juges ne trouvoient aucun moyen valable, ſoit dans la forme, ſoit dans le fond ; mais s'il y avoit un moyen de requête civile valable, & que la condamnation parût juſte, les Juges caſſeroient-ils un Jugement de condamnation, pendant que le coupable demeureroit condamné, ou confirmeroient-ils par le mérite du fond un Jugement nul dans la forme ? Ce dernier parti, qui paroît le ſeul convenable, ne peut avoir plus d'inconvénient que l'ancien uſage des requêtes civiles, où l'on cumuloit le reſcindant & le reſciſoire, & où par conſéquent on étoit obligé de confirmer un Jugement nul dans la forme, quand on le trouvoit juſte dans le fond. D'ailleurs, cette même raiſon ſemble devoir faire décider que le condamné peut propoſer des moyens de requête civile pour fonder les lettres de reviſion ; parce que c'eſt lui donner la facilité de faire juger en même temps la forme & le fond de l'accuſation ; & c'eſt encore un nouveau moyen pour ne pouvoir renvoyer les lettres de reviſion que devant les mêmes Juges.

26. Il faut même obſerver que parmi les différents moyens d'ouverture de requêtes civiles, qui ſont aujourd'hui en uſage, ſuivant l'article 34 du titre *Des Requêtes civiles* de l'Ordonnance de 1667, il y en a pluſieurs qui étoient mis autrefois au nombre des propoſitions d'erreur. Tel eſt le dol perſonnel, ſuivant l'Ordonnance du mois de Mars 1545 ; à quoi ſe rapporte auſſi le cas où les Juges qui ont prononcé la condamnation, ou fait l'inſtruction,

auroient prévariqué dans cette instruction ou condamnation. Tel est aussi le moyen tiré des nullités & de la contrariété d'Arrêts, suivant la même Ordonnance de 1545. La fausseté des pieces produites, tombe aussi dans le cas de la proposition d'erreur ; & l'on en peut dire autant de presque tous les autres moyens de requête civile.

27. Il suit de tout ce qui vient d'être dit, que les moyens de revision ne doivent pas se borner à ce qui a été vu lors du premier procès, mais qu'on peut y produire de nouvelles pieces. C'est la disposition de la Loi 27, D. *de pœnis* ; & c'est aussi celle de l'article 10 du titre 16 de l'Ordonnance de 1670. Il faut seulement observer que ces pieces doivent être conformes à l'ordre judiciaire établi pour les matieres criminelles ; car, *v.g.* des dépositions de témoins qu'on voudroit faire entendre à la décharge de l'accusé, contre la disposition de l'Ordonnance, & qui formeroient un fait justificatif, étant un moyen contraire à l'Ordonnance, ne pourroient être d'aucune considération en matiere de revision.

Il y a néanmoins une remarque à faire au sujet des lettres de revision ; c'est qu'elles ne doivent être admises que difficilement, & quand on a de bons & puissants moyens ; & cela à cause des inconvénients qui pourroient en arriver, si on les accordoit facilement ; parce que c'est mettre une seconde fois sous les yeux des Juges le même procès qu'ils ont déja jugé, & rendre en quelque sorte leurs Jugements illusoires ; au-lieu qu'on ne doit pas donner légérement atteinte à l'autorité des choses jugées, suivant cette regle, que *res judicata pro veritate habetur.*

Contre quels Jugements les Lettres de Revision ont lieu.

28. Les lettres de revision s'obtiennent tant contre les Arrêts, que contre les Jugements Présidiaux & Prévôtaux ; (Voyez le Réglement du Conseil du 28 Juin 1738, *part.* 1, *tit.* 7, *art.* 1 ;) & les Jugements contre lesquels ces lettres peuvent s'obtenir par l'accusé, doivent être diffinitifs. On peut à la vérité, en condamnant un accusé, permettre d'informer, ou décréter contre d'autres ; on peut aussi prononcer un plus-amplement informé, ou une autre instruction, contre un accusé avec lequel le procès étoit en état ; mais par rapport à ces autres accusés, ces informations, ce décret, ce plus-amplement informé, ou cette nouvelle instruction, ne

ne peuvent jamais donner lieu à une revision, quand même ce seroit en faveur d'un ancien accusé avec lequel l'instruction auroit été faite; parce qu'alors le Jugement rendu n'est point diffinitif à leur égard, quoiqu'il le soit à l'égard d'un autre accusé; & que ces accusés non jugés diffinitivement, peuvent justifier leur innocence dans le cours du plus-amplement informé, ou de la nouvelle instruction. Il est vrai que la revision demandée par celui qui a été jugé diffinitivement, peut, par l'événement, être utile aux autres accusés qui n'étoient pas recevables à la proposer; mais c'est un événement incertain, qui ne peut changer l'ordre judiciaire.

29. Quoique la question préparatoire ne soit pas un Jugement diffinitif; néanmoins comme c'est une peine qui devient diffinitive dans son exécution, on peut croire avec fondement que la revision doit être admise contre ce Jugement; quoique ce cas soit peut-être difficile à se rencontrer.

Il en est de même du plus-amplement informé indéfini, qui, quoiqu'interlocutoire, devient réellement diffinitif, s'il ne survient point de nouvelles preuves. L'accusé étant toujours *in reatu*, & ne pouvant plus faire aucune fonction publique pendant toute sa vie, il seroit difficile de lui refuser la revision.

Au reste, il faut observer que les Jugements diffinitifs, contre lesquels la revision peut être admise, sont ceux qui prononcent une peine afflictive, ou dont il résulte une infamie qui rejaillit tant contre l'accusé, que contre sa veuve, enfants, ou héritiers. Mais il ne paroît pas qu'un accusé qui auroit été condamné seulement à l'admonition, ou à des injonctions, ou défenses, ou à de simples dommages & intérêts, puisse demander la revision de son procès, qui n'a été établie, qu'en faveur de l'innocence, pour des crimes qui intéressent le public.

Quelles personnes peuvent obtenir les Lettres de Revision.

30. 1°. Les accusateurs, ou plaignants, ne peuvent jamais demander la revision; & c'est à eux que doit s'appliquer ici la maxime, *non bis in idem.* Il ne s'agit point d'un Jugement nul qu'on puisse attaquer par la voie de la requête civile, mais d'un Jugement valable dans la forme. Si la faveur de l'innocence a fait admettre la revision en faveur de l'accusé, on n'y a jamais, par la même

raison, admis l'accusateur, qui a eu tout le temps & le loisir de justifier les faits de son accusation. Ainsi l'accusé doit jouir du bonheur qu'il a eu, ou d'avoir évité la peine, ou d'avoir été condamné à une peine plus légere que celle qu'il méritoit. Si la Loi 9, C. *de accusationibus*, défend à un tiers d'accuser de nouveau un homme qui a été renvoyé absous du même crime sur l'accusation d'un autre, à plus forte raison le même accusateur ne peut-il y être reçu. C'est aussi ce qui résulte de la disposition de l'article 8 du titre 16 de l'Ordonnance de 1670, qui ne parle que du condamné, & nullement de l'accusateur.

31. 2°. A l'égard des accusés jugés contradictoirement, il n'y a aucune difficulté qu'ils peuvent être admis à la revision, s'il y a lieu; & c'est même pour eux, à proprement parler, que cette voie a été introduite.

3°. Ceux qui ont été condamnés par contumace, ne peuvent être admis à la revision; parce qu'ils ont la voie de se faire juger de nouveau, en se mettant dans les prisons du Juge qui les a jugés par contumace. C'est une suite de la disposition de l'article 18 du titre 17 de l'article 4 du titre 25 de l'Ordonnance de 1670; de l'article 38 du titre *Des évocations* de l'Ordonnance de 1669; & de l'article 4 du titre *Des Réglements de Juges en matiere criminelle*, de la même Ordonnance.

32. 4°. A l'égard de la femme & des enfans, ou héritiers du condamné; pour sçavoir s'ils peuvent demander la revision, il faut distinguer, si le condamné est encore vivant, ou non.

Si le condamné est encore vivant, soit qu'il ait été condamné contradictoirement, ou par contumace, il ne paroît guere possible de penser qu'un autre que lui, soit partie capable de demander des lettres de revision; puisqu'il est le seul véritablement intéressé à les obtenir. Néanmoins si ce condamné étoit dans l'impuissance d'agir; *v. g.* s'il étoit renfermé au cachot, ou au secret, entre la condamnation & l'exécution, ou depuis l'exécution, soit par rapport à d'autres complices, ou autrement; l'équité naturelle exige que dans ce cas, sa femme, ses enfants, ses héritiers, & même ses propres parents, ou amis, puissent venir à son secours, & demander pour lui des lettres de revision, & peut-être même obtenir un ordre de surseoir le Jugement.

33. 5°. Si le condamné est décédé; comme alors il ne s'agit que de réhabiliter sa mémoire, on ne peut douter que ceux qui y ont

un intérêt réel & personnel, ne soient en état de demander la revision; mais il faut encore distinguer ici, si la condamnation a été prononcée par contumace, ou contradictoirement.

Si la condamnation a été prononcée par contumace, il faut alors recourir à la voie qui est indiquée dans le titre 27 de l'Ordonnance de 1670.

34. Mais si le condamné a été jugé contradictoirement, il est constant que sa veuve, ses enfants, & même ses parents, qui, suivant l'article 1 du titre 27 qui vient d'être cité, sont recevables à purger sa mémoire, peuvent aussi demander la revision. (Voyez Mornac sur la L. 51, §. *æstimatio.* D. *ad. leg. Aquiliam*, où il rapporte un Arrêt, où la mere d'un condamné fut reçue à se pourvoir par requête civile, ou par revision.) Il ne paroît pas cependant que tous les parents puissent former cette demande; mais seulement ceux qui ont intérêt de détruire une note d'infamie, qui rejaillit ordinairement sur toute une famille, comme sont les parents héritiers du défunt jusqu'au cinquiéme degré, & ceux qui portent le nom & les armes du défunt en quelque degré qu'ils soient, ainsi qu'il se pratique pour les récusations en matiere criminelle, suivant l'article 2 du titre 24 de l'Ordonnance de 1667; ce qui regarde aussi les alliés, suivant la disposition du même article; mais ils ne doivent être admis en ce cas à la revision, que contre les Jugements qui emportent infamie contre la mémoire du condamné.

Exemples de Revision.

35. Nous avons plusieurs exemples célebres de revisions de procès, en conséquence desquelles les condamnés ont été absous, ou leur mémoire rétablie.

En l'année 1409, Jean de Montagu, Seigneur de Marcoussis, ayant eu la tête tranchée à Paris dans la Place-des-Halles, en conséquence d'un Jugement; sur la revision qui fut faite de son procès, il se trouva qu'il avoit été injustement condamné; sa mémoire fut rétablie, & la confiscation de ses biens déclarée nulle.

Les héritiers de la Pucelle d'Orléans ont été aussi reçus à purger sa mémoire, par Lettres-patentes du mois de Février 1449.

En 1541, l'Amiral Chabot, Gouverneur de Bourgogne, ayant été accusé de perfidie & trahison envers le Roi François I, en l'administration de son Gouvernement, fut condamné par des Commissaires nommés par le Roi, auxquels présidoit le Chancelier Poyet, en des grosses amendes, & à être privé de ses Etats & de son Gouvernement; mais son procès ayant été revu, il intervint Arrêt le 29 Mars 1541, par lequel il fut déclaré innocent, & renvoyé absous des crimes dont l'on avoit accusé, & en conséquence rétabli dans tous ses biens, droits & honneurs. (Voyez Pasquier en ses Recherches, *liv.* 6, *chap.* 9.)

36. La même chose est arrivée au Chancelier Poyet; après avoir été condamné par toutes les Chambres du Parlement de Paris à être privé de sa dignité de Chancelier, en une amende de dix mille livres, & en cinq années d'exil par Arrêt du 23 Avril 1545, il obtint l'année suivante des Lettres de revision, en vertu desquelles il fut déclaré innocent. (Voyez Pasquier *ibid.*, & Mezerai.)

En l'année 1552, Remond-Pelisson, Président au Parlement de Chambery, ayant été condamné par Arrêt rendu au Parlement de Dijon, à faire publiquement amende-honorable, pour faussetés & malversations par lui commises en sa charge, obtint du Roi des Lettres de revision de procès, adressées au Parlement de Paris; & par Arrêt du 15 Octobre 1576, il fut absous, & le Procureur-Général du Parlement de Dijon, son accusateur, condamné à faire amende-honorable en la Cour de Chambery, & au bannissement. (Histoire de Thou, *liv.* 17, *pag.* 534; & Papon en ses Arrêts, *liv.* 19, *tit.* 8, *n.* 9.)

37. En l'année 1575, sur des Lettres de revision accordées par le Roi Henri III, au sujet de la condamnation prononcée en 1551, contre le Maréchal de Biez, & contre Jacques de Couci Seigneur de Vervins son gendre, leur mémoire fut réhabilitée par Arrêt du 14 Juin 1577, & ils furent déclarés innocents. (Voyez Bouchel, Histoire de la Justice Criminelle de France, *tit.* 36, *chap.* 3, *pag.* 753; & l'Histoire de la Maison de Couci, par Lalouette.

Le Parlement de Paris a aussi, sur le fondement d'une déclaration faite par un condamné, rétabli le nommé Boulanger en son honneur & réputation, par Arrêt du 27 Janvier de l'année 1600, prononcé en présence du Roi Henri IV. (Voyez Mathieu en son Histoire de France; M. de Thou; & les Arrêts de Servin.)

38. De même, dans l'affaire du sieur Langlade & sa femme, con-

damnés innocemment par Arrêt du 16 Février 1688, pour raison du vol fait au sieur de Montgommeri, par lequel ledit sieur Langlade avoit été condamné aux galeres pour neuf ans, & la Dame de Langlade, en neuf années de bannissement du ressort de la Prévoté de Paris : le procès fut examiné de nouveau, en vertu de Lettres de revision; & par Arrêt du 17 Juin 1693, la mémoire dudit sieur Langlade, qui étoit mort aux galeres, fut déchargée, & la Dame de Langlade absoute, & déclarée innocente.

Voyez encore un exemple de revision, obtenue par la veuve du sieur de Beaupré, qui fit rétablir la mémoire de son mari, par Arrêt du Conseil du 9 Septembre 1622. (Loix Criminelles, *tom.* 2, *pag.* 381.)

Dans quel temps s'obtiennent les Lettres de Revision.

39. Comme la voie de la revision a été établie en faveur de l'innocence, il est constant qu'elle ne doit être sujette à aucune prescription, & qu'on peut toujours obtenir des Lettres à cet égard. Il n'y a rien en effet dans l'Ordonnance de 1670, qui limite le temps de pouvoir les obtenir, ni même pour les présenter. Puisque l'article 16 du titre 16, qui borne ce temps à trois mois, ne parle que des Lettres d'abolition, de rémission, pardon, & pour ester à droit, énoncées en l'article 15, c'est une preuve évidente qu'il n'y a aucun temps fixé pour les obtenir, & qu'on peut le faire, même après trente années; parce qu'il peut arriver quelquefois qu'on ne vient à découvrir l'innocence qu'après ce temps-là.

Procédure pour les obtenir.

40. 1°. Pour obtenir des Lettres de revision, le condamné doit exposer le fait, avec ses circonstances, par une requête en forme de vû d'Arrêt, à laquelle doit être jointe la copie signifiée, ou une expédition en forme de l'Arrêt, ou du Jugement en dernier ressort, qui donne lieu à la demande; sinon elle ne doit point être reçue. (Ordonnance de 1670, *tit.* 16, *art.* 8; Réglement, touchant la procédure, du Conseil du 28 Juin 1738, *part.* 1, au titre 7 *Des requêtes de revision en matiere criminelle*, art. 1.)

2°. Les Gentilshommes qui veulent obtenir ces Lettres, doivent exprimer nommément leur qualité ; à peine de nullité. (Ordonnance de 1670, *tit.* 16, *art.* 11.)

41. 3°. Cette requête doit être signée d'un Avocat au Conseil, sans que le demandeur soit tenu de la faire signer par deux anciens Avocats, ni assujetti à la consignation, ou condamnation d'amende, ni même aux délais prescrits pour les demandes en cassation ; à moins que le demandeur ne conclue par la même requête à la cassation de l'Arrêt, ou Jugement en dernier ressort ; auquel cas il faudra observer toutes les regles établies pour les demandes en cassation. (Même Réglement du Conseil de 1738, *ibid.* tit. 7, art. 2.)

4°. Lorsque sur le rapport qui est fait de cette requête, elle paroît mériter un plus grand examen, on ordonne que les charges & procédures du procès, dont la revision est demandée, seront apportées au Greffe des Requêtes de l'Hôtel, pour ladite requête, & lesdites charges & informations, & procédures communiquées aux Maîtres de l'Hôtel étant en quartier, être par eux, sur le rapport de celui qui aura été commis sur la requête en revision, donné leur avis sur la demande portée en ladite requête, ainsi qu'il appartiendra. (Ordonnance de 1670, *tit.* 16, *art.* 8 ; même Réglement du Conseil de 1738, *ibid.* tit. 7, art. 4.)

42. 5°. Cet avis doit être remis au Rapporteur, signé des Maîtres des Requêtes qui l'ont donné : le Rapporteur en rend ensuite compte au Conseil ; & si les Lettres de revision demandées, paroissent justes, il intervient Arrêt, qui ordonne qu'elles seront expédiées & scellées ; & pour cet effet elles doivent être signées par un Secrétaire des Commandements du Roi. (Même Réglement du Conseil de 1738, *tit.* 7, *art.* 5 ; Ordonnance de 1670, *tit.* 16, *art.* 8.) Sur quoi on doit observer que ces Lettres ne peuvent être expédiées qu'en la Grande Chancellerie. (Ordonnance de 1670, *tit.* 16, *art.* 5.)

6°. L'avis des Maîtres des Requêtes, ensemble l'Arrêt du Conseil, doivent être attachés sous le contre-scel des Lettres de revision. (Ordonnance de 1670, *ibid.* art. 9.)

43. 7°. L'adresse des Lettres de revision doit être faite aux Cours où le procès a été jugé. (*Ibid.* art. 9.)

Néanmoins s'il y a quelque cause de suspicion contre le Tribunal où le procès a été jugé, ou quelque faute de sa part commise dans l'instruction ou le jugement, on renvoie dans une autre

Cour supérieure, si la revision se fait contre un Arrêt ; ou au Grand-Conseil, ou aux Maîtres des Requêtes de l'Hôtel au Souverain, s'il s'agit de la revision d'un procès Présidial, ou Prévôtal. (Voyez le Procès-verbal de l'Ordonnance de 1670, *tit.* 16, *art.* 12, *pag.* 193 ;) ce qui est conforme à ce qui s'observoit anciennement, suivant les Ordonnances des années 1313 & 1344. Mais jamais dans ce second cas, on ne renvoie au même Présidial qui a jugé, suivant l'article 18 de l'Ordonnance de Moulins.

Il y a néanmoins des exemples où des Lettres de revision ont été adressées à des Présidiaux. Ainsi réglé par Arrêt du Conseil du 25 Juin 1765, qui renvoie au Présidial de Quimper la revision d'un procès prévôtal, qui y avoit été jugé par Sentence du 9 Août 1760, par laquelle le nommé Tascher avoit été condamné aux galeres à perpétuité.

Le contraire s'observe en Allemagne, & dans les Pays-Bas ; les revisions s'y jugent par d'autres Juges ; & c'est pourquoi les revisions de Franche-Comté se portoient au Parlement de Bourgogne, avant l'Edit du mois d'Août 1692.

44. 8°. Les parties peuvent produire devant les Juges auxquels elles sont renvoyées, de nouvelles pieces, qui doivent être attachées à une requête, dont il faut donner copie à la partie, ensemble des pieces, pour y répondre aussi par requête, dont il doit pareillement être donné copie dans le délai qui sera ordonné ; après lequel temps passé, & que le tout aura été communiqué à la partie publique, il doit être procédé au jugement des Lettres sur ce qui se trouvera produit. (Ordonnance de 1670, *tit.* 16, *art.* 10.)

9°. Afin que les parties puissent se pourvoir en Lettres de revision, il leur est permis d'avoir communication des procédures criminelles, sur lesquelles la condamnation est intervenue. (Ainsi décidé en 1715 par M. le Chancelier Voisin, à l'égard de la veuve du sieur Thomas de Beaupré, condamné à la roue par les Officiers de la Maréchaussée de Saumur, laquelle entendoit se pourvoir en revision contre leur Jugement. Voyez l'Auteur des Loix Criminelles, *tom.* 1, *chap.* 25, §. 11, *n.* 7, *pag.* 323 ; & *tom.* 2, *pag.* 381.)

45. 10°. Lorsque des Lettres de revision obtenues sur la requête de quelques-uns des accusés, ont été entérinées, elles profitent aussi aux autres accusés. (Ainsi jugé par Arrêt du 11 Octobre 1556,

rapporté aux Causes Célebres, *tom.* 3, *pag.* 134, de la seconde édition.)

11°. Les impétrants de Lettres de revision, qui succombent dans leur demande, devoient, suivant l'article 28 du titte 16 de l'Ordonnance de 1670, être condamnés en trois cents livres d'amende envers le Roi, & en cent cinquante livres envers la partie; mais l'article 2 du titre 7 du Réglement du Conseil du 28 Juin 1738, *part.* 1, a changé cette disposition, & a abrogé la condamnation d'amende pour la revision des procès en matiere criminelle.

46. 12°. Le Parlement de Tournay a un Edit particulier, touchant les Lettres de revision. Cet Edit est du mois d'Avril 1688. (Voyez le Recueil des Réglements de Justice *in*-4° de M. le Chancelier Pontchartrain, *tom.* 1, *pag.* 232.)

Les habitants de la Franche-Comté avoient aussi, depuis leur réduction, été conservés dans le droit d'avoir des regles particulieres pour la revision des procès criminels jugés au Parlement de Besançon; & ces regles se trouvent établies dans une Déclaration du mois de Février 1679 : mais par un Edit du mois d'Août 1692, ils ont été assujettis aux mêmes formalités à cet égard, que les autres Provinces du Royaume.

TITRE XL.

Des Requêtes civiles en matieres criminelles. (a)

1. LA Requête civile est un moyen de se pourvoir contre un Arrêt ou Jugement rendu en dernier ressort, contre lequel on ne peut venir par opposition. Cette Requête se poursuit devant les mêmes Juges qui ont rendu le Jugement contre lequel on veut se pourvoir.

Ces Requêtes ont lieu en matiere criminelle, dans plusieurs

(Voyez, touchant ces Requêtes civiles, Duperrier, *édition de* 1759, *tom.* 2, *pag.* 447.

cas.

cas. (*Ita* Guenois en sa Conférence des Ordonnances, *liv.* 7, *tit.* 11, *Des propositions d'erreur*, §. 1, n. 4, où il cite à ce sujet un Arrêt de la Tournelle du 15 Mars 1580 ; Voyez aussi Papon en ses Arrêts, *liv.* 19, *tit.* 8, *art.* 9 ; & Mornac *ad L. aquiliam*, *liv.* 5, Loi 51, §. *æstimatio.*) Bornier sur l'article 34 du titre 35 de l'Ordonnance de 1667, assure aussi qu'elles sont admises, quoique rarement. Tous les jours on en plaide à la Tournelle : celle qui fut prise dans l'affaire de la Pivardiere en 1699, en est un témoignage bien authentique.

2. Il faut cependant distinguer entre les Jugements préparatoires ou d'instruction, & les Jugements diffinitifs.

A l'égard des Jugements préparatoires, ou d'instruction, rendus incidemment dans le cours d'une procédure criminelle, même extraordinaire, il ne paroît pas qu'il doive y avoir aucune difficulté à admettre les Requêtes civiles, lorsqu'il y a des moyens d'ouverture suffisants. (*Ita* Rebuffe *de Litteris civilib. glos.* 2 n. 22.) Outre que l'Ordonnance de 1667, en parlant des Requêtes civiles, ne distingue point les matieres criminelles des matieres civiles ; & que toutes les dispositions qui ne sont pas bornées dans l'Ordonnance de 1667 aux matieres civiles, soit par leur nature, soit par l'Ordonnance même, s'étendent aussi aux matieres criminelles ; ce seroit une injustice d'ôter cette ressource en matiere criminelle, tant aux accusés qui ne peuvent alors se pourvoir par lettres de revision, (puisque ces lettres n'ont lieu que contre les Jugements diffinitifs, suivant l'article 8 du titre 16 de l'Ordonnance de 1670,) qu'à l'égard des parties civiles qui ne sont pas parties capables en tout d'obtenir des lettres de revision. L'Ordonnance de Léopold I, Duc de Lorraine, du mois de Juillet 1701, touchant la procédure criminelle de ce Duché, titre 12, article 21, en a une disposition. Cet article porte que les parties pourront se pourvoir par Requêtes civiles contre les Arrêts d'instruction au criminel, pour les moyens (ou causes d'ouverture) marqués en la procédure civile qui pourroient avoir leur application à la criminelle ; & néanmoins sans retardation du Jugement. C'est aussi ce qui résulte de la disposition de l'Edit du mois de Février 1682, rendu pour la Tournelle du Parlement de Toulouse.

3. La question ne peut donc être agitée, qu'à l'égard des Arrêts ou Jugements en dernier ressort diffinitifs, rendus après une instruction complette en matiere criminelle ; & on peut l'agiter,

ſoit par rapport aux parties civiles, ſoit par rapport aux accuſés.

A l'égard des plaignants, ou de la partie publique, il eſt rare que la Requête civile ſoit admiſe, quand il s'agit de renouveller une accuſation terminée ; quand même on auroit découvert de nouvelles preuves contre l'accuſé ; & cela à cauſe des inconvéniens qui en pourroient arriver tous les jours. C'eſt vraiment le cas d'appliquer ici la maxime *nobis in idem* ; ſur-tout quand il s'agit de faire condamner un accuſé qui a été abſous, ou de faire augmenter la peine prononcée contre lui ; & c'eſt ce cas dont parle Mornac ſur la Loi *Auxilium*, D. *de minor.* où il en donne deux raiſons, l'une tirée de la Loi même, qui porte que *adverſus remiſſionem pœnæ etiam minori non datur in integrum reſtitutio* ; & l'autre, parce que, *non irrogatæ pœnæ indignatio ſolam duritiem continet*, comme il eſt dit en la Loi *Sævus* 7, D. *de ſerv. exportand* ; ce qui ne peut être appliqué qu'en faveur de l'accuſé contre l'accuſateur, *favore liberationis & in odium accuſationis, quia nemo duplici lege vel pœnâ punitur*, L. 14, D. *de accuſat.*

4. C'eſt pourquoi, pluſieurs Arrêts ont jugé que dans ce cas un accuſateur ne pouvoit ſe pourvoir par Requête civile, même ſur le fondement de preuves nouvellement découvertes ; ſi ce n'eſt pour des crimes atroces. (Voyez Baſnage ſur la Coutume de Normandie, article 143 ; & ce qui eſt dit ci-après au titre *De la maniere d'exercer l'action criminelle en général*, part. 3, liv. 3, tit. 1. n. 27.)

Il y a cependant quelques cas où cette Requête doit être reçue : c'eſt lorſque l'accuſé a falſifié, ou ſupprimé les charges, corrompu les témoins, ou uſé d'artifices ſemblables pour ſe procurer l'abſolution. C'eſt ainſi que s'en explique M. Talon, Avocat-Général, dans un Arrêt du 16 Juin 1632, rapporté par Bardet, *tom.* 1, *liv.* 1, *chap.* 32. (Voyez auſſi ce qui eſt dit ci-après au titre *De la maniere d'exercer l'action criminelle en général*, n. 34.)

Quid, ſi le Jugement contre lequel le plaignant veut ſe pourvoir, avoit été rendu par un Juge incompétent ; ou que l'accuſation n'eût été jugée calomnieuſe, que par un Jugement nul ? ou ſur le fondement d'une procédure nulle ? (Voyez ce que j'ai dit ſur cette queſtion, *Ibid.* n. 69.)

5. Il faut auſſi obſerver que les parties, même le plaignant, ou accuſateur, peuvent toujours ſe pourvoir par Requête civile

contre les Arrêts, ou Jugements rendus en dernier ressort à l'Audience, quoique diffinitivement, en matiere criminelle. Il en est de même des Arrêts rendus aux Enquêtes en petit-criminel; parce que ces Arrêts sont censés rendus plutôt au civil, qu'au criminel, n'y ayant point alors de procédure extraordinaire, ou de peine afflictive prononcée par le Jugement; ce qui seul fait, à proprement parler, l'essence du procès criminel.

6. Quant à l'accusé, il paroît qu'il doit toujours être écouté favorablement, quand il veut se pourvoir par Requête civile contre le Jugement qui l'a condamné, quand même il s'agiroit d'un crime atroce; quoiqu'il puisse dans ce cas se pourvoir aussi par lettres de revision, qui est même une voie beaucoup plus favorable, à cause du temps qu'il y a pour se pourvoir, qui n'est point limité à six mois, ou trois mois, comme pour les Requêtes civiles; mais rien n'empêche qu'il ne puisse aussi prendre en ce cas la voie de la Requête civile, s'il y avoit lieu à cette Requête. (Ainsi jugé par un Arrêt du Parlement de Provence du mois de Juin 1653, rapporté par Boniface, *tom.* 1, *liv.* 1, *tit.* 22, n. 8; autre Arrêt du Parlement de Rouen du 23 Novembre 1652, rapporté par Basnage sur la Coutume de Normandie, article 143; autre Arrêt du Grand-Conseil du mois de Janvier 1645. Voyez aussi Mornac sur la Loi 51, §. *æstimatio*, D. *ad leg. aquil.*) Cette voie de la Requête civile est même plus facile, en ce que les lettres de Requête civile s'obtiennent dans les petites Chancelleries, & qu'on ne peut la refuser quand on allegue des moyens; au lieu que par la voie de la revision, il faut instruire les Maîtres des Requêtes, & obtenir auparavant un Arrêt du Conseil; ce qui produit par conséquent deux Jugements, & peut faire courir risque d'un refus, contre lequel il ne paroît plus aucun remede.

7. Ces moyens de Requête civile peuvent être fondés; 1°. ou sur ce que le véritable accusé paroît qui décharge l'accusé. Nous en avons un exemple dans un particulier, condamné à la question pour homicide; & qui l'avoit soufferte: depuis, les vrais meurtriers ayant été découverts, il fut renvoyé absous par Arrêt du 27 Janvier 1600, sur de simples lettres de Requête civile. Autre exemple dans l'Arrêt du 22 Janvier 1699, rendu en faveur du sieur de la Pivardiere, rapporté aux Causes célebres, *tom.* 3, *pag.* 102 de la seconde édition. 2°. Ils peuvent aussi être fondés sur d'autres preuves d'innocence nouvellement découvertes, &

en général sur tous les autres moyens de Requête civile portés en l'article 34 du titre 35 de l'Ordonnance de 1667.

De la Procédure sur les Lettres de Requête civile.

8. 1°. Ces lettres s'obtiennent dans les Chancelleries établies près les Cours, & ne peuvent être refusées, si on allegue des moyens recevables. Mais l'Ordonnance exige une consultation préalable d'Avocats. (Rebuffe *tractatu de Litteris civilibus, glos.* 2, *n.* 10 & 48; Voyez l'article 13 du titre 35 de l'Ordonnance de 1667.)

2°. Le temps dans lequel on doit les obtenir, est de six mois; & ces six mois courent depuis la signification de l'Arrêt aux majeurs; d'un an pour les communautés; & de six mois pour les héritiers de ceux qui ayant été condamnés, seroient décédés dans les six mois, de même que pour les successeurs aux bénéfices; surquoi il faut observer que les Procureurs de ceux qui ont occupé lors des premiers Arrêts, sont obligés d'occuper sur la Requête civile. (Voyez l'Ordonnance de 1667, *ibid.* article 5, 6, 7, 8, 9, 10 & 14.)

3°. Les impétrants sont tenus de consigner la somme de trois cents livres, pour l'amende envers le Roi; & de cent cinquante livres envers la partie; (*Ibid.* art. 16.)

9. 4°. Ces lettres doivent être portées & plaidées aux mêmes Compagnies où les Arrêts & Jugements en dernier ressort ont été rendus. (*Ibid.* art. 20.) Mais dans les Cours où il y a une Grand'-Chambre, elles doivent y être plaidées, encore que les Arrêts aient été donnés aux Chambres des Enquêtes, ou autres Chambres. (Ordonnance de 1667, *ibid.* tit. 35, art. 21.)

Il faut cependant observer que quand on prend des lettres de Requête civile en matiere criminelle, contre des Arrêts rendus en la Tournelle, c'est dans cette derniere Chambre que les Requêtes doivent être plaidées & jugées, sans que la Grand'Chambre en puisse prendre connoissance pour quelque cause que ce soit. (Ainsi reglé pour le Parlement de Toulouse par un Edit du mois de Février 1682.)

10. 5°. Si depuis l'obtention des lettres, le demandeur en Requête civile découvre d'autres moyens contre l'Arrêt ou Jugement en dernier ressort, que ceux employés dans la Requête civile, il doit les énoncer dans une Requête qui sera signifiée à cette

fin au Procureur du défendeur. (Ordon. de 1667, *tit.* 35, *art.* 29.)

6°. Les lettres civiles ne peuvent empêcher l'exécution de l'Arrêt, ou Jugement en dernier ressort. (*Ibid.* art. 18.)

Néanmoins Despeisses au titre *Des effets des Sentences, ou Arrêts, & de leur exécution*, tom. 2, tit. 11, section 3, *n.* 7, cite plusieurs Auteurs qui établissent que la Requête civile empêche l'exécution des Arrêts, lorsque les Arrêts contiennent quelque chose d'irréparable ; comme la perte de la vie, ou de l'honneur, ou l'amende-honorable. Voyez aussi Bruneau en son Traité des matieres criminelles, *tit.* 18, *pag.* 173, où il cite à ce sujet un Jugement des Requêtes de l'Hôtel du 2 Septembre 1699.

11. 7°. Suivant l'article 39 du titre 35 de l'Ordonnance de 1667, le demandeur qui succombe, doit être condamné en l'amende.

8°. L'article 37 du même titre, porte que les ouvertures de Requête civile seront plaidées, sans entrer dans les moyens du fond ; parce qu'en cette matiere, on ne peut cumuler le rescindant avec le rescisoire. (Voyez les articles 22 & 38 du même titre.)

9°. La partie qui a obtenu Requête civile, & qui en a été déboutée, n'est plus recevable à se pourvoir par une autre Requête civile, soit contre le premier Arrêt, ou Jugement en dernier ressort, soit contre celui qui l'a débouté ; quand même les lettres en forme de Requête civile auroient été entérinées sur le rescindant, s'il a succombé au rescisoire. (Ordonnance de 1667, *ibid.* tit. 35, art. 41.)

TITRE XLI.

Des Faits justificatifs.

1. VOYEZ ce qui a été dit à ce sujet au titre *Des exceptions & défenses des accusés*, ci-dessus, *part.* 3, *liv.* 1, *tit.* 2, n. 1, 52, 63, 78 & suivants.

TITRE XLII.

Des Procédures à l'effet de purger la mémoire d'un défunt.

1. IL y a deux voies pour purger la mémoire d'un défunt condamné par contumace ; & pour cela il faut distinguer, si le condamné est décédé avant les cinq ans, à compter du jour de l'exécution du Jugement de condamnation, ou après les cinq ans.

1°. Lorsque le condamné est décédé avant les cinq ans, sa veuve & ses enfants, & les parents, ont la voie de se pouvoir par appel de la Sentence de contumace ; mais s'il s'agit d'un Arrêt, ou d'un Jugement rendu en dernier ressort, ils doivent se pourvoir par Requête pardevant les mêmes Cours, ou Juges qui l'ont rendu. (Ordonnance de 1670, *tit.* 27, *art.* 1.)

L'Ordonnance en cet article dit simplement, *enfants & parents*, & n'ajoute pas, *héritiers* ; parce qu'il n'est pas nécessaire que les enfants & parents soient héritiers du défunt, pour être reçus à purger sa mémoire.

2. La procédure requise ici par l'Ordonnance, n'est pas à l'effet d'effacer aucune note d'infamie, ou de déshonneur qui auroit été encourue par le défunt, ni pour réhabiliter sa mémoire ; parce que celui qui meurt dans les cinq ans de la Sentence, ou Arrêt de contumace, meurt *integri status* ; mais afin que sa mémoire ne soit blessée par aucune condamnation, & à cause de l'action en dommages & intérêts que la veuve & les enfants, ou parents, sont en droit d'exercer pour raison de l'accusation intentée contre le défunt, si cette accusation est injuste ; & ils peuvent intenter cette action par la voie civile, ou par la voie criminelle, à leur choix, suivant qu'ils le jugeront à propos.

Mais quand le Jugement a été rendu contradictoirement, & qu'on veut purger la mémoire d'un condamné, il faut se pourvoir par lettres de revision. (Voyez ce qui est dit ci-dessus au titre *Des lettres de revision, part.* 3, *liv.* 2, *tit.* 39.)

3. Quoiqu'un accusé ait été condamné & exécuté, on peut non-

seulement purger sa mémoire, mais encore se pourvoir par les voies de droit contre l'Arrêt qui l'a condamné, & le faire casser ; & même obtenir des dommages & intérêts. (Voyez Bruneau, en son Traite des Matieres Criminelles, *liv.* 29, *n.* 3, *pag.* 298 ; Despeisses, Traité des Crimes, *part.* 1, *sect.* 1, sur la fin ; & Papon en ses Arrêts, *liv.* 1, *tit.* 13, *art.* 12, aux notes.) Nous en avons un grand nombre d'exemples dans les Causes célebres, & entr'autres celui du sieur de Ferrieres, condamné à mort par un Jugement Prévôtal rendu à Mantes, dont la mémoire fut rétablie par un Jugement souverain du 1 Septembre 1699. (Voyez aussi ce que j'ai dit au titre *Des lettres de la revision*, ci-dessus, *part.* 3, *liv.* 2, *tit.* 39.)

4. 2°. Dans le second cas où le condamné est décédé après les cinq années de la contumace expirées, sans s'être représenté, il faut pour être reçu à purger la mémoire du défunt, obtenir des lettres en la Grande-Chancellerie du Royaume. (Ordonnance de 1670, *tit.* 27, *art.* 2.) Ces lettres doivent être obtenues dans les 30 ans ; & après ce temps, on n'est plus recevable à les obtenir. (Ainsi jugé par Arrêt du Parlement de Paris du 7 Septembre 1737 ; Voyez aussi Bruneau, *tit.* 29, *n.* 2, *pag.* 298.) Les 30 ans commencent à courir du jour de l'exécution de la Sentence.

L'effet de ces lettres est uniquement pour rétablir la mémoire du défunt. A l'égard des condamnations pécuniaires, il faut suivre ce qui est porté en l'article 28 du titre 17 de la même Ordonnance de 1670.)

5. 3°. Les lettres étant obtenues, il faut assigner le Procureur du Roi, ou le Procureur-Général, ainsi que la partie civile, s'il y en a une ; & il doit leur être donné copie de ces lettres, & ensuite procédé dans les délais prescrits pour les matieres civiles. (Ordonnance de 1670, *tit.* 27, *art.* 3.)

Cette assignation doit être pour voir dire que les lettres seront entérinées ; en conséquence, que la mémoire du défunt sera déchargée de l'accusation qui avoit été formée contre lui ; & qu'il sera ordonné que sa veuve & enfants, ou héritiers, demeureront en possession des biens de sa succession, conformément à l'article 28 du titre 17 de l'Ordonnance de 1670 ; sauf à eux à se pourvoir pour leurs réparations, dommages & intérêts, contre le plaignant, ou dénonciateur, ou autres qu'ils aviseront bon être.

6. L'instruction pour purger la mémoire d'un défunt, est purement civile, & se fait comme au civil. C'est pour cela que les héritiers du condamné ne peuvent obliger la partie civile de porter à ses frais au Greffe de la Cour les procédures criminelles. (Ainsi jugé au Parlement de Dijon par Arrêt du 24 Septembre 1708.) C'est à l'héritier à fournir les grosses de la procédure ; & elles ne peuvent lui être refusées.

7. 4°. Avant de faire aucune procédure, il faut que les demandeurs acquittent les frais de Justice qui ont été faits pour la poursuite & le jugement de la contumace, & qu'ils consignent l'amende. (Ordonnance de 1670, *tit.* 27, *art.* 4. Voyez aussi Carondas en ses Pandectes, *liv.* 4, *chap.* 6 ; Imbert, *liv.* 3, *chap.* 4, n. 5, aux notes, note (*h*) ; & Despeisses, *tom.* 2, Traité des Crimes, *part.* 1, *tit.* 13, *sect.* 1, *n.* 7, *pag.* 697.) On trouve aussi un Arrêt du Parlement de Paris, rendu en la Grand'Chambre le 19 Février 1675, entre la veuve Nadeau, & le Lieutenant-Criminel de Perigueux ; par lequel il a été ordonné que celui qui vouloit être reçu à purger la mémoire d'un défunt, payeroit les dépens, quoique condamné par contumace. Cet Arrêt est rapporté par Lapeyrere édition de 1717, *pag.* 351.

8. Ces frais doivent être acquittés, même dans le cas où il n'y a point de partie civile. (Voyez ce que j'ai dit au titre *Des défauts & contumaces*, ci-dessus, *part.* 3, *liv.* 2, *tit.* 21, n. 85.)

Quelques Auteurs prétendent néanmoins que les frais ne doivent s'acquitter que quand il y a partie civile ; mais que quand ils ont été avancés dans une Justice seigneuriale, le Seigneur pourroit soutenir à ceux qui agiroient pour purger la mémoire du défunt, qu'ils ne sont point en droit de demander les grosses des procédures, sans avoir payé aparavant tous les frais de Justice. Au surplus, cela ne doit pas avoir lieu dans les Justices royales.

9. Ce paiement des frais, & consignation d'amende se justifient par les certificats & la copie des quittances de la partie, & du Receveur des amendes ; portant que ces frais & amendes ont été payés. Les parties doivent joindre ces quittances à la Requête qui doit précéder l'assignation.

A

A l'égard des meubles & immeubles du défunt qui ont été saisis & annotés, il paroît qu'il en doit être donné main-levée à la veuve, enfans, ou héritiers, aussi-tôt qu'ils se présentent, si le défunt est mort dans les cinq années; ce qui résulte de la disposition de l'article 18 du titre 17 de l'Ordonnance de 1670. Mais s'il n'étoit mort qu'après les cinq années, il faut suivre ce qui est marqué dans l'article 28 du même titre 17.

10. 5°. Le Jugement des instances à l'effet de purger la mémoire du défunt; (soit qu'il soit décédé avant ou après les cinq ans de la contumace,) doit être rendu sur les charges, informations, procédures, & pieces sur lesquelles la condamnation par contumace est intervenue. (Ordonnance de 1670, *tit.* 27, *art.* 5.)

Les moyens les plus ordinaires pour purger la mémoire d'un défunt, sont les déclarations faites dans des testamens de mort, ou autres actes de procédures, par lesquels des accusés condamnés à mort, avouent avoir commis eux-mêmes le crime pour lequel on veut purger la mémoire; la nullité de la procédure; la précipitation du jugement rendu contre le défunt; des pieces nouvellement recouvrées qui n'ont été ni examinées, ni produites, quoiqu'elles prouvent des faits décisifs de justification; & autres moyens de cette nature. Tous ces moyens peuvent aussi être employés à justifier l'innocence de l'accusé condamné par contumace, ou contradictoirement. (Voyez ce qui été dit ci-dessus au titre *Des lettres de revision de procès*, part. 3, liv. 2, tit. 39, n. 17 & suivants.)

11. 6°. Mais il est permis aux parties respectivement, de produire de nouveau telles pieces que bon leur semblera, & de les attacher à une Requête qui sera signifiée à la partie, & copie donnée de la Requête & des pieces, sans qu'il puisse être pris aucun appointement. (Ordonnance de 1670, *ibid.* tit. 27, art. 6.)

Le parties peuvent même demander à faire preuve par témoins, des faits qui établissent la justification du condamné; mais il semble que cette preuve ne doit être admise qu'en connoissance de cause, & au cas qu'il soit ainsi réglé par les Juges. Au reste, tous les faits qui peuvent servir à purger la mémoire d'un défunt, sont tous les faits justificatifs que le condamné auroit pu lui-même alléguer pour sa justification, ou que le Juge peut suppléer d'office. (Voyez ce que j'ai dit à ce sujet au titre *Des exceptions & défenses des accusés*, ci-dessus, *part.* 3, *liv.* 1, *tit.* 2, *n.* 6 *& suiv.*)

Pour pouvoir proposer tous ces moyens, il est permis aux parties de demander communication des charges & informations. (Voyez ce que j'ai dit à cet égard au titre *Des lettres de revision*, ci-dessus, *part.* 3, *liv.* 2, *tit.* 39, n. 44.)

12. 7°. Les parties peuvent répondre à ces nouvelles productions, par une autre Requête qui doit être pareillement signifiée ; & copie donnée, tant de la Requête que des pieces qui y seront attachées, dans les délais ordonnés pour les matieres civiles ; à moins que ces délais ne soient prorogés par les Juges. (Ordonnance de 1670, *tit.* 27, *art.* 7.)

8°. Le dispositif de la Sentence, ou Arrêt, qui intervient sur toutes ces procédures, si l'on juge que la veuve ou les parens sont bien fondés, est de purger la mémoire du défunt, & de le décharger de l'accusation contre lui intentée ; & s'il y a lieu à quelques réparations, ou à des dommages & intérêts qui aient été demandés contre la partie civile, ou contre le dénonciateur, ou d'autres, on y condamne par le même Jugement.

TROISIEME PARTIE.

LIVRE II.

CHAPITRE VI.

TITRE XLIII.

Des Frais & Dépens en matiere criminelle.

1. Les frais & dépens en matiere criminelle, sont tous ceux qui se font pour l'instruction & le jugement des procès criminels. Tels sont :

1°. Les frais de capture & information provisoire :

2°. Ceux de translation de prisonnier, & port des charges & informations :

3°. Ceux d'instruction & de jugement :

4°. Ceux d'appel & exécution.

Comme les procès criminels peuvent être poursuivis par les parties publiques seules, ou par les parties civiles, je vais examiner tout ce qui regarde la matiere des dépens, dans l'un & l'autre de ces deux cas.

SECTION PREMIERE.

Des frais des Procès criminels, poursuivis à la requête de la partie publique seule.

ARTICLE PREMIER.

Sur quel Domaine ces frais sont-ils payés ?

2. 1° Lorsque les Procureurs du Roi sont seuls parties dans la pour-

ſuite des procès criminels, il n'y a jamais de condamnation de dépens, ſoit contr'eux, ſoit contre l'accuſé : telle eſt la Juriſprudence conſtante du Royaume. (Voyez Papon en ſes Arrêts, *liv.* 8, *tit.* 2, *n.* 28; & *liv.* 24, *tit.* 6, *n.* 3; Bacquet en ſon Traité des Droits de Juſtice, *chap.* 7, *n.* 23; & il a été ainſi jugé par pluſieurs Arrêts; & entr'autres par un du Parlement de Paris du 29 Novembre 1659, rapporté au Journal des Audiences, *tom.* 2; autre Arrêt du 19 Janvier 1662, rendu contre le Juge de Baudreville; autre du 19 Juillet 1702, rapporté par Bruneau, en ſon Traité des Matieres Criminelles, *part.* 1, *tit.* 30, *maxim.* 7; autre du 11 Février 1707; autre du 1 Février 1724, pour la Fleche; autre Arrêt du Parlement de Rouen du 8 Novembre 1757, contre les Juges du Bailliage d'Evreux. L'Ordonnance du mois d'Août 1539, *art.* 161, en a une diſpoſition préciſe; & c'eſt ce qui réſulte auſſi de l'article 17 du titre 25 de l'Ordonnance de 1670.)

3. En effet, ſur ce que l'uſage du Parlement de Dijon, étoit de condamner aux dépens, envers les Procureurs du Roi, les accuſés qui n'avoient point d'autre partie, le Roi en étant informé, fit écrire par M. le Chancelier Pontchartrain au Procureur-Général de ce Parlement, qu'il n'approuvoit pas cet uſage, qui étoit contraire à ce qui s'obſervoit dans les autres Parlements du Royaume : la Lettre eſt du 4 Juillet 1691. Le Parlement de Dijon s'eſt conformé à cet ordre, & l'a étendu aux Procureurs-Fiſcaux, & aux Promoteurs. (Ainſi jugé pour les Procureurs-Fiſcaux par Arrêt de cette Cour du 21 Août 1733, dans l'affaire de Frillet, rapporté aux Cauſes Célebres, *tom.* 9, *pag.* 130 & 134.)

On prétend cependant qu'encore aujourd'hui au Parlement de Beſançon, ſuivant un ancien uſage, on condamne les accuſés aux dépens; quand même il n'y auroit point de partie civile; & que cet uſage a même été confirmé par une lettre de M. le Chancelier Boucherat. (Voyez Muyard-de-Vouglans en ſon Inſtruction Criminelle, *part.* 3, *chap.* 4, *pag.* 79.)

4. Cette regle, qu'il ne doit point y avoir de condamnation de dépens contre l'accuſé, dans le procès où il n'y a point de partie civile, a lieu, non-ſeulement à l'égard des procès criminels, pourſuivis dans les Juſtices Royales; mais auſſi à l'égard de ceux qui ſont pourſuivis dans les Juſtices des Seigneurs. C'eſt ainſi que le penſe Bacquet, Traité des Droits de Juſtice, *chap.* 7, *n.* 19, où il rapporte un Arrêt du 15 Avril 1580, qui l'a ainſi jugé. Et

c'est en conséquence de cette même regle, que par Arrêt du Parlement du 8 Février 1726, portant entérinement de Lettres de rémission, le Seigneur de la Justice du Theil a été débouté de son intervention & demande, à fin de remboursement des frais faits par son Procureur-Fiscal, au sujet de l'homicide, pour raison duquel les Lettres étoient entérinées.

5. La même chose a lieu dans les Officialités, pour les procès poursuivis à la requête des Promoteurs seuls; & il n'y a point de condamnation de dépens contre l'accusé, dans ces sortes de procès. (Voyez Papon, *liv.* 18, *tit.* 2, *n.* 28, en la note, & aux additions, *n.* 4. Ainsi jugé par Arrêt du 11 Mai 1630, rapporté par Bardet *tom.* 1, *liv.* 3, *chap.* 104; autre Arrêt du 7 Septembre 1697; autre du 6 Février 1700, rapporté par Augeard, *tom.* 2, *chap.* 46; autre du 27 Août 1701, rapporté au Journal des Audiences; autre du 15 Janvier 1726, rapporté par Lacombe en son Recueil de Jurisprudence Canonique, au mot *Official-dépens*, pag. 12; Autre Arrêt du Parlement de Bordeaux du 5 Août 1704, rapporté aux Nouveaux Mémoires du Clergé, *tom.* 7, *pag.* 869. Il y a ce sujet un Réglement des Etats de 1614, *art.* 19, rapporté par Lacombe, *ibid.* en son Recueil de Jurisprudence Canonique. Voyez aussi Fevret en son Traité de l'Abus, *liv.* 4, *chap.* 3, *n.* 34; & ce qui a été dit ci-dessus au titre *De pétence des Juges*, part. 2, tit. 1, n. 532.)

6. Néanmoins dans le cas d'appel par l'accusé, d'un décret décerné contre lui, ou autre interlocutoire rendu par un Juge de Seigneur, comme l'accusé doit alors faire intimer sur cet appel le Seigneur de la Justice qui a rendu le décret, ou Jugement interlocutoire; si cet accusé vient à succomber dans son appel, il doit être condamné aux dépens envers le Seigneur; & *vice-versâ*, s'il obtient, le Seigneur doit être condamné envers lui aux dépens. (Ainsi jugé par Arrêt du 18 Mars 1581, rapporté par Bacquet en son Traité des Droits de Justice, *chap.* 7, *n.* 21.)

Il en est de même dans le cas d'appel comme d'abus d'un Décret, Ordonnance, ou Jugement rendu par un Juge d'Eglise, sur lequel il faut intimer l'Evêque, lorsqu'il n'y a point de partie civile. (Arrêt du 20 Juin 1704, rapporté au Journal des Audiences. Voyez aussi Héricourt Loix Ecclés. *part.* 1, *chap.* 25, *art.* 35.)

7. 2°. Dans tous les cas dont on vient de parler, qui concernent les procès criminels où il n'y a point de partie civile, c'est au

Roi, ou aux Seigneurs Appanagistes, ou Engagistes; & dans les Justices Seigneuriales, aux Seigneurs Hauts-Justiciers, où les procès se poursuivent, à payer tous les frais nécessaires à cet effet. C'est la disposition de l'article 17 du titre 25 de l'Ordonnance de 1670, qui porte, que s'il n'y a point de partie civile, ou qu'elle ne puisse satisfaire aux exécutoires, (contr'elle décernés,) les Juges en décerneront d'autres contre les Receveurs des Domaines du Roi, dans les lieux où ils ne sont point engagés, pour payer ces frais sur le fond destiné à cet effet; & que si le Domaine est engagé, les Engagistes, leurs Receveurs & Fermiers seront contraints au paiement, même au-dessus du fonds destiné pour les frais de Justice. Cet article ajoute, que dans les Justices de Seigneurs, Eux, leurs Receveurs & Fermiers, seront pareillement contraints, & les exécutoires exécutés par provisions, & nonobstant l'appel, contre les Receveurs ou Engagistes des Domaines du Roi, ou des Seigneurs; sauf leur recours contre la partie civile, s'il y en a.

8. L'article 18 du même titre, enjoint aux Juges d'observer le contenu en cet article 17, à peine de cent cinquante livres d'amende, à laquelle, en cas de condamnation, ils doivent être condamnés par les Juges supérieurs, sans remise, ni modération. Cet article veut que les mêmes exécutoires soient aussi par eux délivrés.

Mais jamais l'accusé n'est tenu de ces frais; (Loisel, *liv.* 6, *tit.* 2, *n.* 4;) & l'on ne peut décerner contre lui aucun exécutoire à ce sujet. (Ainsi jugé par Arrêt du 4 Décembre 1630, rapporté par Brillon en son Dictionnaire des Arrêts, au mot *Exécutoire*, n. 2 & 4, où il cite un Arrêt du Conseil du 2 Mars 1702; & au mot *Frais*, où il cite un autre Arrêt du Parlement de Paris.)

9. Les Juges même, ne peuvent, en condamnant un accusé en l'amende, ordonner que sur cette amende seront pris les frais de Justice. (Arrêt du Parlement de l'année 1651, qui le défend au Juge de Creil; *idem.* par Arrêt du Conseil du 11 Juillet 1684, rapporté au Recueil de M. le Chancelier, imprimé en 1712, *in*-4°., *tom.* 1, *pag.* 123.) Néanmoins l'Arrêt de Réglement de la Cour du 10 Décembre 1665, *art.* 24, permettoit aux Juges de prendre sur les [illegible]ndes, les frais de Justice.

10. Les frais, ainsi [illegible] la requête des Procureurs du Roi, ou Fis-

caux, quand ils ont été seuls parties, se reprennent sur les biens confisqués du condamné, ou sur l'amende qui en tient lieu, lorsqu'il n'y a pas de confiscation. (Arrêt du Conseil du 26 Octobre 1683, concernant les frais de Justice.)

Les Evêques sont aussi tenus de payer sur leurs domaines, les frais des procès criminels poursuivis à la requête de leurs Promoteurs, & où ils sont seuls parties; même les frais de transport des accusés dans les prisons des Tribunaux supérieurs. (Fevret Traité de l'Abus, *liv.* 4, *chap.* 3, *n.* 34.)

Dans la poursuite qui se fait conjointement par le Juge Ecclésiastique, & par le Juge Royal, pour raison d'un cas privilégié, la Coutume de Bretagne, *tit.* 1, *art.* 3, porte, que les frais seront payés pour moitié, par la Justice ecclésiastique, & par la séculiere.

11. 3°. Quand il s'agit des cas Royaux, les Engagistes des Domaines des Justices Royales, qui n'ont pas droit d'en connoître, (& il en est de même, à plus forte raison, des Justices des Seigneurs,) ne sont tenus d'aucuns autres frais que ceux des informations qui ont été faites par les Officiers desdites Jurisdictions Royales, dans le territoire desquelles le crime a été commis; comme aussi ceux de la garde & nourriture des accusés, arrêtés en vertu de leurs décrets, jusqu'au jour où ils seront transférés desdites Jurisdictions dans celles du Siege auquel la connoissance des cas Royaux appartient. A l'égard des frais de translation, ils doivent être acquittés sur le Domaine du Roi, s'il est entre les mains de Sa Majesté; ou par celui qui en sera Engagiste, dans le lieu où est établi le Siege auquel la connoissance des cas Royaux appartient. (Ordonnance de 1670, *tit.* 1, *art.* 16; Déclaration du 26 Juin pour Bordeaux, *art.* 4. Voyez aussi ce que j'ai dit à ce sujet au titre *De la Compétence des Juges en général*, ci-dessus, *part.* 2, *tit.* 2, n. 336 & suivants.

12. 4° Dans les renvois qui se font d'office par les Juges Royaux, ou par ceux des Seigneurs, des affaires qui ne sont pas de leur compétence, les frais de translation du prisonnier, & ceux du port des informations & procédures, doivent se payer par le Domaine, ou Seigneur de la Jurisdiction qui en doit connoître; à l'effet de quoi il doit être délivré exécutoire par le Juge qui a ordonné ce renvoi. (Ordonnance de 1670, *tit.* 1, *art.* 6.)

13. 5°. De même, quand un Ecclésiastique est renvoyé par le Juge

laïque devant l'Official, sur la réquisition du Promoteur, ou de l'accusé, les frais faits avant le renvoi, ensemble ceux du renvoi, doivent être payés par l'Evêque du lieu où l'Ecclésiastique est renvoyé; (Papon, *liv.* 24, *tit.* 6, *art.* 1;) sauf à les répéter contre la partie civile, s'il y en a une. Néanmoins l'Edit du mois de Juillet 1684, veut que dans le renvoi qui est fait par les Juges séculiers devant l'Official pour faire l'instruction conjointement avec lui, contre un Ecclésiastique accusé de cas privilégié, les frais de ce renvoi, quand il n'y a point de partie civile, soient payés sur le Domaine du Roi; ce qui est plus conforme aux vrais principes.

La Coutume de la Marche, *chap.* 2, *art.* 20, porte, que si en matiere criminelle l'accusé demande son renvoi, & que ce renvoi soit trouvé légitime, on doit signifier la réquisition au Seigneur-Justicier, pour requérir son homme, & payer les frais dans les dix jours; & que s'il y manque, le premier Juge en pourra connoître; à moins que l'accusé ne voulût se faire conduire à ses dépens. (*Idem* par l'article 6 du chapitre 7 de la Coutume d'Auvergne.)

Le Seigneur qui requiert le renvoi de l'accusé, (ce qu'il peut faire en tout état de cause, doit aussi payer les frais de ce renvoi. (La Coutume de Bourbonnois, *chap.* 2, *art.* 11, ainsi que celles d'Anjou, *tit.* 6, *art.* 74; & d'Auvergne, *chap.* 7, *art.* 5, en ont des dispositions.)

14. *Question.* Quand on donne une plainte contre un Justiciable d'une Justice de Seigneur *ratione loci delicti*, devant le Juge supérieur, *v. g.* au Bailliage Royal; & que le Seigneur du lieu revendique l'affaire, les frais de la plainte, information & décret, *&c.*, faits au Bailliage, doivent-ils être taxés en la Justice Seigneuriale, sur le pied de la taxe des dépens qui a lieu dans cette Justice; ou sur le pied de la taxe du Bailliage?

Il paroît que cette taxe doit être faite sur le pied de celle du Bailliage; parce que les parties étant justiciables du Roi, la plainte est toujours bien donnée au Bailliage, jusqu'à la revendication du Seigneur de la Justice : mais comme l'accusé n'en doit pas souffrir, il semble que dans le cas où il viendroit à être condamné, il ne doit payer ces dépens que jusqu'à concurrence de ceux qui se payent dans la Justice du Seigneur; & que le surplus doit être payé par le plaignant, qui doit s'imputer d'avoir choisi un un autre Juge que celui qui naturellement en devoit connoître.

15. 6°. Dans les renvois qui sont faits par les Cours devant certains Juges, d'affaires criminelles, qui par elles-mêmes n'étoient pas de la compétence de ces Juges; comme dans le cas où le Parlement de Paris renverroit au Bailliage d'Orléans l'instruction d'une affaire criminelle arrivée à Blois, qui est d'un autre Bailliage; les frais d'instruction, & du jugement, *&c.*, ne doivent point être pris sur le Domaine du Duché d'Orléans. (Ainsi jugé au profit de M. le Duc d'Orléans, par Arrêt du Conseil du 2 Septembre 1727.)

16. 7°. Dans le cas de négligence, ou de refus des Juges de Seigneurs, si le Juge Royal vient à connoître de l'affaire par prévention, ou autrement, les frais d'instruction des procès criminels doivent se payer par le Seigneur qui étoit tenu de connoître de l'affaire. (Ordonnance de Châteaubriant du mois d'Octobre 1565, *art.* 3, rapporté par Joli, *tom.* 1, *pag.* 1110; ainsi jugé par Arrêt du Conseil du 12 Août 1710; & par un Arrêt du Parlement d'Aix du 27 Avril 1675, rapporté par Boniface, *tom.* 1, *pag.* 87. La Coutume de Cambrai, *tit.* 22, *art.* 3, en a une disposition.)

Il faut observer à ce sujet, que quand les Lieutenants-Criminels des Bailliages & Sénéchaussées Royales instruisent & jugent des procès, pour raison de crimes & délits commis dans l'étendue des Justices Seigneuriales de leur ressort, par prévention, & dans le cas de négligence des Juges inférieurs, aux termes de l'article 9 du titre 1 de l'Ordonnance de 1670, pour cas non royaux, ils sont bien fondés à prétendre, & à percevoir des droits de vacation, & d'épices, dans les cas où ces droits peuvent être légitimément perçus, lors même qu'il n'y a point de partie civile. En effet, les Juges Royaux ne sont point tenus de rendre gratuitement la Justice, à la décharge des Seigneurs Hauts-Justiciers, de qui ils ne tiennent rien, ainsi qu'ils y sont tenus à l'égard du Roi, dont ils tiennent leurs Offices; & par conséquent il n'y a aucune raison pour prétendre que les Juges Royaux doivent prêter gratuitement leur ministere auxdits Seigneurs Hauts-Justiciers, dans le cas de négligence de leurs Juges. C'est ce qui paroît résulter, par un argument assez concluant, de la disposition de l'Arrêt du Conseil du 12 Août 1710, qui porte: « Que pour crimes commis dans le district des Seigneurs Hauts-

» Justiciers, & des Engagistes qui sont tenus des frais des pro-
» cès, pour raison des crimes commis dans leur ressort, qui ne
» sont du nombre des cas royaux, lorsque ces procès seront ins-
» truits par les Juges Royaux, les exécutoires n'en pourront être
» décernés sur le Domaine du Roi, mais seulement sur celui des-
» dits Seigneurs Hauts-Justiciers. » En effet, si dans ces cas, les frais faits devant le Juge Royal doivent être payés par les Seigneurs, il paroît également juste, que les vacations employées par ledit Juge, lui soient payées sur le domaine de ces mêmes Seigneurs. On prétend même qu'il y a eu plusieurs Arrêts rendus pour la Sénéchaussée du Mans, qui autorisent cette opinion.

17. On peut encore aux raisons ci-dessus en ajouter une autre; c'est que les Juges des Seigneurs Hauts-Justiciers étant tenus de faire *gratis* leurs fonctions en matiere criminelle, lorsqu'il n'y a point de partie civile, sont intéressés à laisser la prévention aux Juges Royaux, pour se décharger d'une peine infructueuse; telle qu'est l'instruction & le jugement de ces sortes de procès; & qu'ainsi la plupart d'entr'eux ne manqueroient pas de rester dans l'inaction, si les Juges Royaux étoient tenus de faire gratuitement cette instruction; au-lieu qu'en autorisant ces derniers à se faire payer de leurs vacations & épices, dans les procès qu'ils instruisent d'office par la négligence des Juges des Seigneurs, & à décerner des exécutoires à cet effet sur le domaine des Seigneurs Hauts-Justiciers, & Engagistes, ces Seigneurs ne manqueront pas de veiller sur leurs Juges, pour qu'ils aient attention de ne se pas laisser prévenir par les Juges Royaux; & à les punir même de leur négligence, soit en les révoquant, soit en exerçant contr'eux un recours pour raison des exécutoires que leur négligence auroit donné lieu d'exercer sur le domaine de leurs Seigneuries.

18. En général toutes les fois qu'un Juge supérieur, (même de Seigneur,) connoît d'un crime qui devoit être instruit par son inférieur, comme étant commis dans son territoire; si ce Juge supérieur a fait signifier à son inférieur de poursuivre pour raison du crime commis en sa Justice, & que ce Juge inférieur ait négligé cette instruction; alors les frais faits par le Juge supérieur pour raison de cette instruction, sont dûs par le Juge inférieur, qui a négligé de poursuivre. Et si l'instruction a été faite pour raison de plusieurs délits en même temps par le Juge supérieur, les frais faits doivent se payer par le supérieur & par l'inférieur, au prorata de ce que chaque délit a occasionné de frais.

Il en est de même quand un Juge de Seigneur abandonne une instruction commencée ; on a coutume, en ce cas, d'ordonner que l'instruction commencée sera continuée par le Juge supérieur, aux dépens du Juge de la Justice où le crime a été commis. (Ainsi jugé par Arrêt du Parlement de Dijon du 2 Avril 1754, contre le Seigneur de la Justice de Sivry.)

19. 8°. Les frais faits par les Prévots des Maréchaux & Officiers de Robe-courte, & pour l'exécution des jugements qui interviennent, lorsqu'il n'y a point de partie civile, doivent être pris sur le Domaine du Roi ; sçavoir, quant aux procès pour lesquels le le Prévôt est déclaré incompétent, par le domaine du lieu où la compétence a été jugée ; & à l'égard des procès pour lesquels le Prévôt est déclaré compétent, par le domaine du lieu où le Prévôt doit juger le procès. (Arrêt du Conseil du 5 Mai 1685.)

Lorsque le délit, pour lequel le Prévôt a été déclaré incompétent, a été commis dans l'étendue d'une Justice de Seigneur, le Seigneur n'est point tenu des frais de la translation du prisonnier qui lui est renvoyé ; (même Arrêt du 5 Mai 1685 ;) & il n'est tenu que de ceux qui se font depuis l'instant que le prisonnier a été amené dans ses prisons.

Mais la disposition portée par cet Arrêt de 1685, ne regarde que le frais faits par les Officiers des Maréchaussées, soit pour faire juger leur compétence, soit pour l'instruction & le jugement des procès faits contre des vagabonds, & autres soumis à leur Jurisdiction, dans lesquels ils ont été déclarés compétents ; car pour les frais faits par lesdits Prévôts, ou leurs Officiers, pour leurs captures, conduite & translation des prisonniers, en exécution des décrets émanés des Juges ordinaires, & pour l'exécution de leurs Jugements, ils doivent être payés par les Engagistes, & autres Possesseurs des domaines du lieu où lesdits Juges ordinaires ont décrété & jugé. (Arrêt du Conseil du 16 Juin 1699.)

20. Il faut cependant observer que le Roi, ou les Seigneur Hauts-Justiciers, ne sont tenus des frais des procès criminels, que quand ils ont été légitimément faits ; autrement ces frais doivent être payés par l'Officier qui les a occasionnés mal-à-propos. (Ainsi, par Arrêt du Conseil du premier Octobre 1743, il a été ordonné qu'une somme de deux cents cinquant-huit livres qui avoit été payée induement par le Roi pour frais de Justice, seroit remboursée par

le Procureur du Roi du Bailliage de Sens, seul partie dans un procès criminel, attendu que les procédures avoient été par lui entreprises sans plainte, ni dénonciation.)

ARTICLE II.

Quels frais entrent en taxe quand il n'y a point de partie civile.

21. Les frais qui entrent en taxe dans les procès criminels, où il n'y a point de partie civile, sont:

1°. Les nourritures & médicaments des prisonniers. (Arrêt du Conseil du 26 Octobre 1683. Voyez ci-après, *n.* 84.)

2°. Les salaires des Sergents & Archers qui font la conduite, ou capture des prisonniers, ou qui assignent les témoins. (Ordonnance de 1670, *tit.* 1, *art.* 1; même Arrêt du Conseil du 26 Octobre 1683.)

3°. Les frais de transport de l'accusé, & ceux faits pour le port des charges & informations; (Ordonnance de 1670, *tit.* 1, *art.* 6;) même en cas de déclinatoire, ou de renvoi. (Ordonnance de 1670, *tit.* 1, *art.* 1.)

22. 4°. Les salaires des Médecins, Chirurgiens, Sages-Femmes & autres Experts; & ceux des témoins & interpretes. (Arrêt du Conseil du 26 Octobre 1683; Déclaration du 26 Juin 1745, pour Bordeaux, *art.* 2 du Tarif;) & aussi ceux des Gradués appellés pour Juger. (Même Déclaration de 1745, *art.* 8.)

5°. Le transport des Juges, Procureurs du Roi, Greffiers & Huissiers, hors le lieu de leur résidence, pour leur nourriture & frais de voiture. (Même Arrêt du Conseil du 26 Octobre 1683.)

Mais un autre Arrêt du Conseil du 25 Novembre 1683, limite ces transports sur le Domaine du Roi, au cas où il est question de meurtres, viols, incendies, vols de grands-chemins, & autres crimes de cette nature; c'est-à-dire, à ceux où il échet de prononcer quelque peine afflictive, ou infamante, suivant l'Auteur des Loix Criminelles, *tom.* 1, *ch.* 6, *pag.* 33, *n.* 2. (Voyez, touchant les frais de transport des Greffiers, pour porter les charges & informations, un Arrêt du Grand-Conseil du 30 Octobre 1704, rapporté au Dictionnaire des Arrêts, édition de 1727, au mot *Exécutoire*, n. 3.)

23. 6°. Il n'est rien dû aux Juges sur le Domaine du Roi pour leurs

épices & vacations aux interrogatoires, jugements, décrets, & autres procédures; (Arrêt du Conseil du 26 Octobre 1683;) ni même sur le Domaine du Roi engagé. (Déclaration du 26 Juin 1745, pour Bordeaux, *art.* 5; Arrêt du 4 Mai 1633, rapporté par Bardet, *tom.* 2, *liv.* 2, *chap.* 31; Ordonnance de 1670, *tit.* 25, *n.* 16; Arrêt des Grands-Jours de Clermont du 10 Décembre 1665; Réglement des Grands-Jours de Poitiers du 15 Janvier 1689, *art.* 40.)

Ni aux Greffiers pour leurs droits & salaires; (même Arrêt des Grands-Jours de Clermont du 10 Décembre 1665, *art.* 23; autre Arrrêt du Conseil du 26 Octobre 1683;) excepté pour les grosses des procédures, & pour le papier timbré. (Même Déclaration du 26 Juin 1745, *art.* 9.)

24. 7°. Dans les procès de Maréchaussées, & dans ceux instruits & jugés par les Lieutenants-Criminels de Robe-courte, les exécutoires ne doivent contenir que les simples voyages & salaires des témoins, le pain & les médicaments des prisonniers, & les frais des exécutoires. (Arrêt du Conseil du 5 Mai 1685.)

Ainsi il n'est rien dû aux Officiers & Archers de Maréchaussées pour leurs voyages & transports, dans les procès de Maréchaussées, lorsqu'il n'y a point de partie civile.

25. 8°. Les frais d'exécution des Jugements criminels, se paient aussi sur le Domaine du Roi, ou des Seigneurs Hauts-Justiciers, quand il n'y a point de partie civile. (Même Arrêt du Conseil du 26 Octobre 1683.)

Les grosses des procès criminels sont de ce nombre; mais quand il y a partie civile, il est défendu aux Greffiers de demander aucuns salaires sur le Domaine du Roi, pour l'expédition des grosses des procès criminels. (Réglements de Justice *in*-12°. *tom.* 1, *pag.* 140, *art.* 23.)

9°. Les frais qui se font en cause d'appel, tant ceux des procédures, que ceux d'exécution dans les procès criminels, où l'appel est de droit, ou est interjetté par la partie publique; ensemble ceux des transports sur l'appel, doivent aussi être payés sur le Domaine du Juge qui a jugé le procès en premiere instance. (Déclaration du 26 Juin 1745, pour Bordeaux, *art.* 2; Carondas sur Lizet, *liv.* 1, *tit.* 10, *pag.* 80, *verso.*)

26. Il en est de même des frais des procès criminels qui se poursuivent dans les Jurisdictions Royales. Ces frais comprennent aussi

ceux de translation des accusés qui sont envoyés des prisons desdites Jurisdictions en celles des Parlements ; comme aussi ceux qui se font pour ramener les accusés dans les prisons desdites Jurisdictions Royales, lorsqu'il est ordonné par les Parlements que l'exécution en sera faite sur les lieux ; auxquels cas, les frais d'exécution doivent être pareillement supportés par les Engagistes. (Même Déclaration du 26 Juin 1645, pour le Parlement de Bordeaux, *art.* 2.)

Et cette regle doit pareillement avoir lieu à l'égard des procès criminels jugés dans les Justices Seigneuriales, la raison étant la même dans l'un & l'autre cas. (Arrêts du Parlement de Rouen des 10 Janvier 1645, & 23 Janvier 1655, rapportés par Basnage, Coutume de Normandie, titre *De Jurisdiction.* art. 14.)

A l'égard des procès où l'accusé seul est appellant, Voyez ce qui est dit ci-après, *n.* 30.

ARTICLE III.

Des frais qui se font pour l'intérêt de l'accusé, & dont le Roi, ni les Seigneurs ne sont point tenus.

27. Tous les frais en général qui se font pour la justification, ou pour l'intérêt de l'accusé, doivent être par lui payés, s'il a de quoi y subvenir ; sinon ces frais doivent être avancés par la partie civile, s'il y en a une ; & à défaut, par le Roi, ou par les Seigneurs, sur leurs domaines. C'est ainsi que l'établit M. Bourdin, Procureur-Général, en ses notes sur l'article 159 de l'Ordonnance du mois d'Août 1539, où il dit, que tout ce qui se fait pour la délivrance, purgation, ou décharge de l'accusé, doit être fait à ses dépens : ainsi ;

1°. La preuve des faits justificatifs doit se faire aux dépens de l'accusé, qui est tenu à cet effet d'avancer les frais nécessaires. (Ordonnance de 1670, *tit.* 28, *art.* 7. Ainsi jugé par Arrêt du 3 Juillet 1604, rapporté par Peleus, *quæst.* 16 ; Ordonnance du mois d'Août 1539, *art.* 159 ; Papon, *liv.* 24, *tit.* 6, aux additions, *n.* 1. Voyez aussi les Arrêts de Filleau, *part.* 1, *tit.* 4, *chap.* 24 ; & ce qui a été dit ci-dessus, au titre *Des exceptions & défenses des accusés*, part. 3, liv. 1, tit. 2, n. 24.) Mais si l'accusé n'étoit pas en état d'avancer ces frais, ils doivent être avancés par la partie civile, s'il y en a une, sinon par le Roi, ou par les Engagistes de ses Domaines, ou par les Seigneurs Hauts-Justiciers, chacun à son égard. (Ordonnance de 1670, *tit. 28, art. 7.*)

Et il en est de même de la preuve des reproches proposés par l'accusé contre les témoins, lorsqu'il est admis à faire cette preuve. (Papon, *liv. 24, tit. 6*, aux additions, *n. 1.*)

28. 2°. L'accusé qui est contumax, & qui vient à se représenter, doit aussi payer les frais de la contumace, même dans le cas où il n'y auroit point de partie civile. (Ordonnance de 1670, *tit. 17, art. 19.*) Cet article ajoute néanmoins, que faute de paiement de ces frais, il ne pourra être sursis au jugement du procès. (Voyez ce qui a été dit à ce sujet au titre *Des défauts & contumaces*, ci-dessus, *part. 3, liv. 2, tit. 21*, n. 85.)

La même chose a lieu lorsque des héritiers veulent purger la mémoire d'un défunt condamné par contumace : ils doivent, avant tout, payer les frais de contumace. (Ordonnance de 1670, *tit. 27, art. 4;* Journal des Audiences, *tom. 1, liv. 8, chap. 45.*)

Et aussi quand un contumax obtient des Lettres de grace, il doit, avant tout, refondre les dépens de sa contumace. (Voyez ce qui a été dit à ce sujet au titre *Des Lettres de grace*, ci-dessus, *part. 3, liv. 2, tit. 20, n. 34.*)

Les frais d'entérinement des Lettres de grace, étant pour l'intérêt de l'accusé, doivent par conséquent être payés par lui, excepté ceux qui seroient faits par la partie civile opposante à cet entérinement, qui auroit formé une mauvaise contestation.

29. 3°. Dans le cas où l'accusé demande son renvoi, soit en vertu de quelque privilege, soit par son intérêt particulier, & où autrement ce renvoi ne seroit pas nécessaire, les frais de ce renvoi doivent être payés par l'accusé, ou du moins ils doivent être pris sur ses biens. (Coutume de Bourbonnois, *art.* 8. Voyez aussi ce qui a été dit à ce sujet au titre *De la Compétence des Juges en général*, ci-dessus, *part. 2, tit. 2*, n. 310.)

Et il en est de même lorsque l'accusé est Ecclésiastique, & qu'il demande son renvoi devant le Juge d'Eglise. (Papon, *liv. 1, tit. 25, n. 7*, aux additions; Mainard en ses questions, *liv. 1, chap. 24*; & Louet lettre D, *chap. 29, n. 1.* Voyez aussi ce qui est dit au même titre *De la Compétence des Juges en général, n. 310.*)

30. 4°. Dans le cas où il s'agit de l'appel d'un décret, ou d'un jugement préparatoire, l'accusé qui appelle, doit aussi suivre cet appel à ses frais & dépens; parce qu'alors ils se font pour son utilité. (Ordonnance Criminelle de Léopold, *tit. 15*, *art. 3.*)

Il faut observer que quand sur l'appel d'un décret émané d'un Juge de Seigneur, l'accusé intime le Seigneur de la Justice; ce qui n'arrive que lorsque le Procureur-Général ne prend point le fait & cause de ce Seigneur; alors les frais de cet appel se paient par celui qui vient à succomber; c'est-à-dire, par l'accusé, si l'on prononce du bien-jugé; ou par le Seigneur, si l'on prononce du mal-jugé. (Bacquet, Traité des Droits de Justice, *chap. 7*, *n. 21.*)

Il en est de même de l'appel des jugements diffinitifs interjettés par l'accusé, lorsque cet appel est libre, & qu'il se fait seulement pour l'intérêt de l'accusé. (Lizet, en sa Pratique Criminelle, *liv. 1*, *tit. 10*, *pag. 79.*)

31. Et c'est en conséquence de cette regle, que quand un parent interjette appel d'une Sentence rendue contre le cadavre, ou la mémoire d'un défunt, il doit avancer les frais de cet appel, suivant l'article 4 du titre 22 de l'Ordonnance de 1670.

Dans les appellations libres, quand l'accusé appelle, & qu'il n'est pas prisonnier, il doit se transporter à ses dépens devant le Juge d'appel, si sa présence est nécessaire; mais alors quand il n'y a point de partie civile, & que cet accusé vient, sur l'appel, à gagner, ou à perdre, il n'obtient, ni ne paie aucuns dépens; ce qui est une suite de cette regle, qu'il n'y a jamais de dépens pour ou contre le fisc.

32. 5°. Les frais d'expédition, ou copies des décrets & Sentences, de quelque espece qu'elles soient, doivent aussi se payer par l'accusé, lorsque c'est lui qui les leve.

Et il en est de même des copies des interrogatoires par lui subis.

6°. Les frais qui se font pour le paiement de l'amende prononcée contre un accusé, doivent aussi se payer par lui, comme étant un accessoire du paiement de cette amende.

Et il en est de même des frais faits pour la conservation, ou régie des biens saisis & annotés; ces frais se paient aussi par l'accusé, & même se prennent par privilege sur les effets saisis. (Ordonnance de 1670, *tit. 17*, *art. 26.*)

ARTICLE IV.

ARTICLE IV.

Comment se taxent les frais des procès criminels dont le Roi est tenu, quand il n'y a point de partie civile. (a)

33. 1°. C'est au Juge ordinaire qui instruit le procès, à taxer les frais des procès criminels, & à décerner à ce sujet les exécutoires nécessaires. (Ordonnance de 1670, *tit.* 25, *art.* 17; Déclaration du 12 Juillet 1687.)

Les Lieutenants-Criminels taxent aussi ceux des procès instruits & jugés par les Prévôts des Maréchaussées & Lieutenants-Criminels de Robe-Courte. (Arrêt du Conseil du 5 Mai 1685.)

Il en faut seulement excepter les salaires des témoins, conduite des prisonniers, & autres frais urgents; lesquels sont taxés par le Prévôt, ou autre Officier de Maréchaussée qui instruit le procès. (Arrêt du Conseil du 12 Août 1732.)

34. 2°. Ces exécutoires ainsi décernés par les Juges, quand le Domaine du Roi en est tenu, doivent être certifiés par les Procureurs du Roi. (Arrêt du Conseil du 9 Octobre 1669. Autre du 6 Mai 1679.)

Les Requêtes qui sont présentées pour obtenir cette taxe, doivent être renvoyées à cet effet par les Juges aux Procureurs du Roi, où à leurs Substituts, pour en prendre communication, & être chaque article apostillé d'eux, & débattu, s'il y a lieu, avant qu'aucun exécutoire puisse être décerné. (Arrêt du Parlement du 14 Août 1759, portant réglement pour les frais des procès criminels dans l'étendue du Bailliage de Chaumont-en-Bassigny, *art.* 6. Autre dudit jour pour les Bailliages de Moulins en Bourbonnois, & de Clermont en Beauvoisis, *art.* 6.)

35. 3°. Les exécutoires doivent être payés sur le Domaine du Roi, ou des Seigneurs, dans la Justice desquels le délit a été commis. (Voyez ci-dessus, n. 7.)

Quand il y a plusieurs crimes instruits contre un accusé, par un même Juge, & commis en différentes Jurisdictions, les exé-

(a) Voyez Legrand sur la Coutume de Troyes, *art.* 120, *glos.* 1, *n.* 3 & *suivantes*; & Loisel en ses Institutes, *liv.* 2, *tit.* 2, *art.* 43.

cutoires doivent être décernés sur le domaine du Juge où le délit principal a été commis; sauf son recours contre les autres Seigneurs, s'il y échet; c'est-à-dire, dans le cas où il n'auroit pas la confiscation, &c. (Ainsi jugé par Arrêt du Parlement du 16 Juillet 1747, entre le Lieutenant-Criminel d'Autun, & le Comte de Vichy.)

4°. Les exécutoires qui sont décernés sur le Domaine du Roi, doivent contenir les noms des criminels, le détail des frais, & la qualité de leur condamnation, dont les Greffiers ès Sieges sont tenus de donner des extraits aux Fermiers. (Arrêt du Conseil du 9 Octobre 1669.)

36. 5°. Ces exécutoires ainsi décernés sur le Domaine du Roi, doivent être visés par les Intendants & Commissaires départis des Provinces. (Arrêts du Conseil des 26 Octobre 1683, & 5 Mai 1685.)

Un autre Arrêt du Conseil du 12 Août 1710, porte que les Intendants ne pourront viser aucuns de ces exécutoires, qu'il ne leur ait apparu des procédures sur lesquelles ils ont été décernés pour connoître si les crimes sont de la qualité portée par l'Arrêt du Conseil du 25 Novembre 1683; (ci-dessus, n. 22,) & qu'il n'y ait un mémoire joint à chaque exécutoire, contenant la taxe des frais en détail, partie par partie, certifié & signé des Juges, pour voir s'il n'y en a point d'autres que ceux qui doivent être payés, suivant l'Arrêt du 26 Octobre 1683; & que même lesdits Intendants & Commissaires départis se feront apporter les originaux des procédures qu'ils jugeront à propos pour le même effet; & qu'en cas qu'ils trouvent que les exécutoires aient été décernés contre ce qui est porté audit Arrêt du 26 Octobre 1683, ils ne le viseront point; ou s'il y a des frais autres que ceux réglés par ledit Arrêt du 25 Novembre 1693, ils réduiront lesdits exécutoires à ce qui doit être réglé, conformément audit Arrêt. Voyez encore un autre Arrêt du Conseil du 29 Septembre 1693, où cette disposition est établie.

Un autre Arrêt du Conseil du 24 Novembre 1733, *art.* 1, en ajoutant à ces dispositions, veut qu'on joigne à ces pieces, le procès-verbal de capture, contenant les effets dont les accusés ont été saisis, ou qui ont été trouvés dans le lieu de leur domicile.

37. Il faut observer à ce sujet que M. le Comte d'Eu, Seigneur-

Engagiste du Domaine d'Argenton, ayant obtenu en 1754, un Arrêt du Conseil, qui renvoyoit devant l'Intendant d'Alençon la connoissance des appels, oppositions & contestations au sujet des exécutoires décernés par les Officiers des Sieges établis dans l'étendue de ce Domaine, pour l'instruction des procès criminels qui sont de nature à être instruits sur la poursuite du ministere public; l'Intendant en conséquence de cette attribution particuliere, rendit plusieurs Ordonnances concernant les exécutoires décernés par les Officiers du Bailliage d'Argentan. Par ces Ordonnances, il rejettoit quelques-uns de ces exécutoires, comme ayant pour objet des frais dont le Domaine n'étoit pas tenu; il réduisit les autres aux taux portés par les Réglements, & accorda le recours au Receveur du Domaine d'Argenton. A l'égard des autres exécutoires, dont les objets n'étoient pas assez déterminés pour connoître s'ils avoient été décernés pour des frais dont ce Domaine pouvoit être tenu, il ordonna, avant faire droit, que les procédures lui seroient communiquées. Les Officiers du Bailliage d'Argenton rendirent une Sentence le 31 Juillet 1754, par laquelle ils firent défenses à leur Greffier de communiquer les procédures des procès criminels qui avoient été les objets de leurs exécutoires. Le Parlement de Rouen rendit aussi le 19 Août 1754, un Arrêt par lequel, sans s'arrêter aux Ordonnances de l'Intendant d'Alençon, il fut fait défenses de les mettre à exécution contre les Officiers du Bailliage d'Argentan, ainsi que toutes autres Ordonnances qui pourroient être rendues par la suite, par ledit Commissaire départi concernant les procès criminels instruits au Bailliage d'Argentan, sur la poursuite du Procureur du Roi audit Siege; ordonna que l'article 5 du titre 3, & les articles 3, 16, 17 & 19 des titres 25 & 15 du titre 6 de l'Odnnnance de 1670, continueroient d'être exécutés; & en conséquence fit défenses au Greffier dudit Bailliage de communiquer les procès criminels, ni se désaisir des minutes, que dans les cas & dans la forme prescrite par les Ordonnances. M. le Comte d'Eu se pourvut au Conseil, & représenta, entr'autres choses, que les Arrêts du Conseil des 26 Octobre & 25 Novembre 1683, avoient indiqué les especes de crimes, pour la poursuite desquels les exécutoires doivent être décernés sur le Domaine, & avoient commis les Intendants pour viser lesdits exécutoires, & en rejetter, ou réduire ce qui seroit contraire auxdits Arrêts, tant en ce qui concerne la nature des dépens, que par rapport à celles qui ne devoient pas être supportées par les Domaines de Sa Majesté. Que l'Arrêt du 23 Octobre 1694, en réitérant aux Juges les défenses de comprendre dans les exécutoires, pour les frais de Justice, de plus grandes sommes que celles portées par les Arrêts & Reglements, y avoit ajouté la peine de demeurer responsables, en leur propre & privé nom, de la restitution des sommes excédentes, en cas qu'elles eussent été payées par les Fermiers du Domaine; & avoit enjoint aux Commissaires départis, non-seulement de réduire les sommes contenues auxdits exécutoires, & de n'admettre que celles portées par les Réglements; mais encore d'ordonner la restitution de l'excédent sur les Ordonnateurs. Que l'Arrêt du Conseil du 23 Janvier 1742, contenoit les mêmes dispositions; qu'ainsi l'Intendant avoit pu rayer des exécutoires qui lui avoient été présentés, les sommes qui n'avoient pas dû y être comprises, & ordonner la restitution de l'excédent contre les Officiers du Bailliage d'Argenton qui les avoient décernés. Que l'Arrêt du Conseil du 12 Août 1732, portoit expressément, que dans les exécutoires, la qualité de l'accusation seroit exprimée; & que l'Arrêt du 12 Août 1710, défendoit aux Intendants de viser aucuns exécutoires, qu'il ne leur fût apparu des procédures sur lesquelles ils avoient été décernés, pour connoître si les crimes étoient de la qualité portée par l'Arrêt de 1683; & ordonnoit même que pour cet effet, ils se feroient rapporter les originaux des procédures qu'ils jugeroient à propos. L'Arrêt du Conseil qui intervint le 23 Septembre 1754, sur la demande de M. le Comte d'Eu porte: Vu, &c. ensemble l'Arrêt du 1 Septembre 1684, rendu concernant différents frais des procès criminels pour le ressort du Parlemenr de Rouen, & lesdits Arrêts du Conseil des 26 Octobre & 25 Novembre 1683, 5 Mai 1685, 23 Octobre 1694, 12 Août 1710, 12 Août 1732, & 23 Janvier 1742; Oui le rapport, &c. Le Roi étant en son Conseil a cassé & annullé, casse & annulle ledit Arrêt du Parlement de Rouen du 19 Août dernier, comme attentatoire à l'autorité de Sa Majesté; déclare nulles toutes les procédures qui pourroient avoir été faites en conséquence; ordonne que ledit Arrêt du Conseil du 12 Juin 1754, les Ordonnances rendues en exécution dudit Arrêt du 11 Juin par le sieur Intendant & Commissaire départi en la Généralité d'Alençon; ensemble lesdits Arrêts & Réglements du Conseil concernant les frais de Justice, seront exécutés selon leur forme & teneur ; enjoint Sa Majesté aux Officiers dudit Bailliage d'Argenton de se rendre, sans délai, à la suite du Conseil, pour rendre raison de leur conduite, &c. Ordonne que le présent Arrêt sera imprimé & affiché, &c. On voit par la Requête de M. le Comte d'Eu, sur laquelle cet Arrêt est intervenu, que les Officiers du Bailliage d'Argenton avoient prétendu que dans les exécutoires qu'ils avoient décernés, il s'étoient conformés exactement aux Réglements du Parlement.

38. 6°. Les Intendants, en visant les exécutoires, ne doivent avoir aucun égard à ceux décernés pour des crimes commis dans le district des Seigneurs Hauts-Justiciers & des Engagistes, qui sont tenus de fournir aux frais des procès criminels, à l'exception des cas Royaux ; sauf à ceux qui sont porteurs de ces exécutoires, à se pourvoir contre ces Seigneurs Hauts-Justiciers, ou Engagistes dans le ressort desquels le délit a été commis ; & l'instruction a dû être faite. (Arrêt du Conseil du 12 Août 1710.)

7°. Il y a des frais dont les exécutoires doivent être payés sur-le-champ sur le Domaine du Roi, sans attendre qu'ils aient été visés par les Intendants. Tels sont ceux qui sont causés pour frais d'exécution, conduite ou translation des prisonniers, ou condamnés aux galeres, & pour autres dépenses urgentes & nécessaires ; mais c'est à la charge par les Fermiers du Domaine qui les auront payés, de les faire viser dans l'espace de trois mois, après qu'ils en auront fait le paiement. (Déclaration du 12 Juillet 1687 ; Arrêt du Conseil du 23 Octobre 1694.)

39. 8°. Les Intendants & Commissaires départis, doivent envoyer tous les six mois au Contrôleur-Général des Finances, des copies des exécutoires qu'ils auront visés, avec le mémoire en détail des frais qui composeront chaque exécutoire, & le procès-verbal de capture qui leur auront été remis. (Arrêt du Conseil du 24 Novembre 1733, *art.* 2.)

40. 9°. Quand il s'agit d'exécutoires décernés par les Cours sur le Domaine du Roi, il faut suivre ce qui est porté par l'Arrêt du Conseil du 4 Octobre 1672.

Cet Arrêt porte que toutes les taxes des Huissiers, Sergents, Archers, Messagers, & autres personnnes pour la conduite des prisonniers qui seront amenés aux Conciergeries, & rêconduits sur les lieux, pour l'exécution des Arrêts desdites Cours, esquels le Procureur-Général de Sa Majesté, ou ses Substituts seront seuls parties, & qui seront à payer des deniers de Sa Majesté, ne pourront être faites par les Conseillers des Parlements & autres Cours, que sur les conclusions des Procureurs-Généraux, ou de ses Substituts, & qu'il sera exprimé dans les exécutoires, la distance des lieux; & la quantité des journées qu'il conviendra pour lesdites conduites & reconduites, à raison de huit lieues par jour en hiver, & dix lieues en été, & à raison de quatorze livres par chacune desdites journées, suivant le Réglement dudit Parlement de Paris; sauf à pourvoir en connoissance de cause, en cas que les prisonniers soient de qualité pour avoir des escortes extraordinaires; lesquels exécutoires seront signés d'un Conseiller desdites Cours, & du Procureur-Général, ou de l'un de ses Substituts qu'il aura commis à cet effet; & les sommes contenues auxdits exécutoires, payées par les Fermiers-Généraux des Domaines de Sa Majesté, ou leurs Sous-Fermiers sur les lieux, auxquels il en sera tenu compte sans difficulté; faisant défenses auxdits Huissiers, Sergents, Archers, Messagers & autres, au profit desquels il aura été expédié des exécutoires sans cette formalité, de les mettre à exécution, ni de faire aucune contrainte en vertu d'iceux; à peine de cinq cents livres d'amende contre chacun contrevenant, au payement de laquelle somme ils seront contraints en vertu du présent Arrêt.

41. 10°. Les exécutoires décernés par les Juges, doivent être payés par les Fermiers des Domaines. (Arrêt du Conseil du 9 Octobre 1669.)

Comme aussi le pain des prisonniers à ceux qui en auront fait la fourniture, en conséquence des adjudications au rabais qui leur en auront été faites sur les Ordonnances des Lieutenants-Généraux & Procureurs du Roi des lieux, (quand il s'agit de ceux qui sont détenus dans les prisons royales;) lesquelles Ordonnances doivent contenir par le menu les noms des prisonniers, & le temps de leur emprisonnement; & au bas d'icelles, doivent être les quittances des adjudicataires vérifiées par les Procureurs du Roi. (Même Arrêt du 9 Octobre 1669.)

42. Il en est de même des sommes nécessaires pour la conduite des prisonniers qu'il faut transférer d'une prison dans une autre, pour quelque cause que ce soit; ces sommes doivent pareillement être payées par les Fermiers des Domaines du Roi, aux Huissiers, Sergents, Messagers, ou autres, auxquels les conduites des prisonniers auront été adjugées, sur les exécutoires & Ordonnances

des Lieutenants-Criminels & des Procureurs du Roi, contenant les noms des prisonniers & la cause de leur translation ; à l'effet de quoi lesdits Huissiers, Sergents & autres qui auront entrepris ces conduites, doivent fournir avec lesdites Ordonnances, ou exécutoires, leurs procès-verbaux duement signés & attachés, contenant les jours & heures qu'ils partiront, & les noms de ceux qu'ils auront mis prisonniers dans les prisons où ils doivent être conduits ; au pied desquels procès-verbaux, les Concierges des prisons où ils auront été amenés, seront tenus de mettre leur reconnoissance, que lesdits prisonniers y ont été conduits ; qu'ils doivent ensuite faire certifier par les Procureurs du Roi ; sans que les Lieutenants-Criminels & Procureurs du Roi puissent rien employer pour leurs vacations. (Même Arrêt du Conseil du 9 Octobre 1669.)

43. 11°. Mais il faut observer que ces exécutoires, quoique visés par les Intendants, ne peuvent être mis à exécution contre les Fermiers des Domaines, ou leurs Commis ; à moins que les porteurs de ces exécutoires n'en aient obtenu la permission par écrit des Intendants, qui doivent l'accorder après qu'il leur sera apparu qu'il y a des fonds pour les payer. (Arrêt du Conseil du 12 Août 1710.)

12°. C'est aux Fermiers du Domaine, qui le sont au temps que le délit a été commis, & non à ceux qui sont Fermiers au temps de la translation du prisonnier, ou du port des charges & informations, &c. à payer les sommes portées par les exécutoires. (Arrêt du 16 Janvier 1645, rapporté par Boniface, *tom.* 2, *part.* 3, *tit.* 12, *chap.* 4.)

44. 13°. Les Fermiers des Domaines, ou leurs Commis, doivent payer sur-le-champ, & sans aucun retard, aux témoins entendus dans les procès criminels, les sommes qui leur seront dues pour leurs salaires, suivant la taxe qui en aura été faite par le Juge ; desquelles sommes lesdits témoins, s'ils sçavent signer, doivent donner leurs reçus en suite des taxes transcrites par le Juge ou le Greffier sur les copies des exploits d'assignation, en conformité de celles insérées sur la minute des dépositions & autres actes ; & où lesdits témoins déclareront ne sçavoir signer, il en doit être fait mention dans les taxes. (Arrêt du Conseil du 12 Août 1732.)

Ce même Arrêt porte que tous les mois il sera par les Juges de chaque Siege, en la présence du Procureur du Roi, arrêté des états des sommes qui auront été payées aux témoins pour chaque procès, sur la représentation qui sera faite par les Fermiers, ou leurs Commis, des exploits taxés, & des reçus desdits témoins, s'ils sçavent signer; sinon des seules copies des exploits, avec des taxes sur iceux; du montant desquels états, il sera délivré auxdits Fermiers, ou à leurs Commis, des exécutoires de trois mois en trois mois, en la forme ordinaire, dans lesquels sera expliqué la qualité de l'accusation; pour lesdits exécutoires visés par les Intendants & Commissaires départis dans les Provinces & Généralités du Royaume, en être tenu compte auxdits Fermiers, ou à leurs Commis : faisant Sa Majesté défenses à tous Juges & Greffiers, & à tous Fermiers & à leurs Commis, de prendre pour lesdits états & exécutoites, & pour les reçus, ou quittances des témoins, aucune somme, à peine de concussion.

45. 14°. Les Receveurs-Généraux des Domaines, sont tenus de se charger de tous les exécutoires des frais de Justice, visés par les Intendants & Commissaires départis, & acquittés par les Fermiers des Domaines, & de leur en délivrer leurs quittances comptables. Ce faisant, lesdits frais de Justice doivent être passés dans les comptes des Receveurs-Généraux, en rapportant seulement ces exécutoires visés, avec les états qui en auront été arrêtés de six mois en six mois, par lesdits Intendants & Commissaires départis, conformément à la Déclaration du 12 Juillet 1687, & les quittances desdites parties prenantes en bonne forme, que lesdits Fermiers sont pareillement tenus de leur remettre, sans autres formalités. (Arrêt du Conseil du 29 Septembre 1693; Déclaration du 12 Juillet 1687.)

15°. Les frais de capture & autres frais de Justice, doivent être payés par préférence sur les biens & amendes des condamnés. (Déclaration du 28 Octobre 1711.)

46. 16°. Lorsqu'il a été payé par les Fermiers des Domaines de Sa Majesté, des exécutoires qui sont à la charge des parties civiles, des Engagistes, des Seigneurs Hauts-Justiciers, ou sur les biens du condamné, voici ce qui doit s'observer pour faire le recouvrement de ces sommes sur ceux qui en sont tenus.

Sur les copies des exécutoires & états de frais envoyés au Contrôleur-Général des Finances, (ainsi qu'il est marqué ci-dessus, *n.* 39,) il doit être arrêté au Conseil un état de recouvrement des frais ainsi avancés sur le Domaine du Roi, pour

être

être répétés contre ces parties civiles, Engagistes, Seigneurs Hauts-Justiciers, ou sur les biens du condamné. (Arrêt du Conseil du 24 Novembre 1733, *art.* 3; Déclaration du 4 Janvier 1734.)

Ces états doivent être remis aux Receveurs-Généraux des Domaines & Bois de chaque Généralité, pour en être le recouvrement fait à leur diligence, & compter du tout aux Chambres des Comptes, en même-temps qu'ils compteront de leurs exercices. (Mêmes Arrêt du Conseil du 24 Novembre 1733, *art.* 4; & Déclaration du 4 Janvier 1734.)

47. Les poursuites que lesdits Receveurs feront pour raison de ce recouvrement, doivent être portées aux Bureaux des Finances, sans obtenir de commission, ni d'ordonnance de permission; & leurs demandes doivent être jugées à l'Audience, ou sur le délibéré, sans pouvoir être appointées. A l'égard de Provinces où il n'y a point de Bureaux des Finances, ces poursuites doivent être portées devant les Intendants, ou Commissaires départis. (Même Arrêt du Conseil du 24 Novembre 1734, *art.* 5.)

Les Receveurs ne doivent payer pour les poursuites qu'ils feront, aucuns droits de contrôle d'exploits, de présentation, congés, défauts, ni autres; si ce n'est aux Greffiers les simples droits d'expédition. (*Ibid.* art. 6.)

Néanmoins ces droits doivent entrer en taxe, & être payés par les parties qui succomberont, auxdits Receveurs-Généraux des Domaines, comme s'ils les avoient avancés; pour les indemniser d'une partie de leurs frais. (*Ibid.* art. 7.)

48. En cas que les parties civiles & les condamnés, dans le cas où ces parties civiles peuvent être tenues des frais, se trouvent insolvables les Procureurs-Généraux demeurent déchargés du recouvrement, en rapportant un certificat des Lieutenants-Criminels, & des Procureurs du Roi, de carence de biens. (Même Arrêt du Conseil, *art.* 8.)

L'appel des Jugements qui interviennent à la requête desdits Receveurs-Généraux des Domaines, pour raison dudit recouvrement, doit être porté au Conseil. (*Ibid.* art. 9.)

Sa Majesté accorde, par le même Arrêt, auxdits Receveurs-Généraux des Domaines, quatre sols pour livre du recouvrement qui sera par eux fait; à condition de ne pouvoir employer dans leurs comptes aucunes dépenses pour raison de leurs poursuites. (*Ibid.* art. 10.) *Idem* par la Déclaration du 4 Janvier 1734.)

ARTICLE V.

Sur quel pied doivent être taxés les frais de Justice des procès criminels où les Procureurs du Roi sont seuls parties. (a)

49. §. I.

Aux Huissiers & Sergents Royaux, pour les assignations qu'ils donneront aux accusés, & aux témoins, & pour les significations de jugements ; sçavoir,

1°. Pour une assignation ou signification dans le lieu de la résidence desdits Huissiers & Sergents, suivant la Déclaration du 26 Juin 1745, pour le Parlement de Bordeaux, ... 5 f.

Et suivant les Arrêts du 14 Août 1759, *art.* 1, rendus pour Chaumont-en-Bassigny, & pour le Duché de Bourbonnois, lesquels deux Arrêts sont semblables, & copiés l'un sur l'autre, ci . . . . 6.

Lorsqu'il y aura plus de douze assignations dans le même jour, il ne sera payé pour toutes que . . . . 3 l.

Et suivant l'article 1 des Arrêts du 14 Août 1759, rendus pour Chaumont-en-Bassigny, & pour le Duché de Bourbonnois, ci 4

Non compris les salaires du scribe, & le remboursement du papier timbré. (Même Déclaration du 26 Juin 1745, pour le Parlement de Bordeaux.)

50. 2°. Les journées de campagne leur doivent être payées à raison de quatre livres par jour, & moitié pour la demi-journée ; sans que le nombre des jours puisse être fixé au-

(a) Parmi les différents Réglements rendus à ce sujet, nous avons deux Arrêts du Parlement rendus depuis quelques années, qui fixent ces frais : l'un est du 14 Août 1759 pour Chaumont-en-Bassigny ; & l'autre pour le Duché de Bourbonnois, rendu le même jour, contenant chacun neuf articles. Tous les deux ont été imprimés à Paris chez d'Houry.

trement que sur le pied de huit lieues par jour en hiver, & dix lieues en été. (Même Déclaration.) ci . . . *l.* 4 *s.*

Et suivant les Arrêts du 14 Août 1759, rendus pour Chaumont-en-Bassigny, & pour le Duché de Bourbonnois, *art.* 1, ci 5

Les exploits portés par les Archers & Cavaliers, doivent aussi leur être taxés de même; tel est l'usage à Orléans.

3°. Les captures des accusés, pour chacune, suivant la même Déclaration du 26 Juin 1745, rendue pour le Parlement de Bordeaux, ci 15

Idem, suivant les Arrêts du 14 Août 1759, rendus pour Chaumon-en-Bassigny, & pour le Duché de Bourbonnois, *art.* 1, ci 15

Et à chacun des records, ou assistants, ... 3

Le nombre desquels assistants & records, doit être réglé par les Officiers des Juges dont les décrets sont émanés, eu égard à la difficulté des captures. (Même Déclaration rendue pour le Parlement de Bordeaux.)

Et suivant les Arrêts du 14 Août 1759, rendus pour Chaumont-en-Bassigny, & pour le Duché de Bourbonnois, *art.* 1, pareille somme de 3

51. Mais il ne doit être rien payé aux Cavaliers de Maréchaussées, qui prêtent main-forte pour ces captures; sauf à eux à se pourvoir pour le dédommagement de leurs frais pardevant l'Intendant de la Généralité. (Même Déclaration de 1745, rendue pour le Parlement de Bordeaux.)

Idem, suivant le Arrêts du 14 Août 1759, rendus pour Chaumont-en-Bassigny, & pour le Duché de Bourbonnois, *art.* 1.

4°. Auxdits Huissiers, ou Sergents, pour les procès-verbaux de perquisition des accusés qui ne sont pas suivis de capture pour les saisies & annotations des biens des accusés, assignations à quizaine, & par un seul cri à la huitaine, quatre livres par jour, (suivant la Déclaration rendue pour le Parlement de Bordeaux,) ci 4

Et suivant les Arrêts du 14 Août 1759, rendus pour Chaumont-en-Bassigny, & pour le Duché de Bourbonnois, *art.* 1, ci 5

A chacun de leurs records, ou assistants, tambour,

ou trompette, ſuivant la même Déclaration du 26 Juin 1745, rendue pour le Parlement de Bordeaux, ci . . . | *l.* *ſ.* 1. 10

52. *Idem*, ſuivant les Arrêts du 14 Août 1759, rendus pour Chaumont-en-Baſſigny, & pour le Duché de Bourbonnois, *art.* 1, ci. 1. 10

Et dans le lieu de la réſidence de l'Huiſſier, (ſuivant la même Déclaration, rendue pour le Parlement de Bordeaux,) 2. 10

Et ſuivant les Arrêts du 14 Août 1759, rendus pour Chaumont-en-Baſſigny, & pour le Duché de Bourbonnois, *art.* 1, ci. 3. 10

A chacun des aſſiſtants, ſuivant la même Déclaration, rendue pour le Parlement de Bordeaux. 1

Idem, ſuivant les Arrêts du 14 Août 1759, rendus pour Chaumont-en-Baſſigny, & pour le Duché de Bourbonnois, *art.* 1. 1

Au trompette, ou tambour, ſuivant la même Déclaration, rendue pour le Parlement de Bordeaux, ci, 12

Idem, ſuivant les Arrêts du 14 Août 1759, rendus pour Chaumont-en-Baſſigny, & pour le Duché de Bourbonnois, *art.* 1. 12

§. II.

53. Pour les ſalaires des témoins, Médecins, Chirurgiens, Sage Femmes, Experts & Interpretes ; il doit être payé ; ſçavoir,

1°. Aux Gentilshommes, Officiers des Troupes de Sa Majeſté ; Officiers des Sieges Royaux ayant caractere de Juges, & Gens du Roi deſdits Sieges ; pour chaque jour de voyage & ſéjour, ſuivant la Déclaration du 26 Juin 1745, & l'Arrêt du Conſeil du 23 Janvier 1742. 5

Et ſuivant les Arrêts du 14 Août 1759, rendus pour Chaumont-en-Baſſigny, pour le Duché de Bourbonnois, *art.* 4. 6

2°. Aux Curés, Prêtres, Eccléſiaſtiques, vivant cléricalement ; Avocats, Procureurs, Greffiers, & autres Miniſtres de Juſtices Royales ; Officiers municipaux des Villes ; Négocians, & autres notables Bourgeois, ſuivant la Déclaration du 26 Juin 1745, & l'Arrêt du Conseil du 23 Janvier 1742. . . . . | l. s. 3. 10

Et suivant les Arrêts du 14 Août 1749, rendus pour Chaumont-en-Bassigny, & pour le Duché de Bourbonnois, *art.* 4. . . . . 4. 10

54. 3°. Aux Cavaliers & Soldats des Troupes de Sa Majesté; Bourgeois de ville, ou campagne, Marchands en détail, & Artisans principaux; suivant la Déclaration du 26 Juin 1745, & l'Arrêt du Conseil du 23 Janvier 1742. . 1. 10

Suivant les Arrêts du 14 Août 1759, rendus pour Chaumont en Bassigny, & pour le Duché de Bourbonnois, *art.* 4, aux Bourgeois des villes, Marchands en détail, & Artisans principaux. 2

Aux Laboureurs, Cavaliers, Soldats des Troupes de Sa Majesté, suivant les Arrêts du 14 Août 1759, rendus pour Chaumont-en-Bassigny, & pour le Duché de Bourbonnois, *art.* 4, ci 1. 10

55. 4°. Aux Laboureurs, Vignerons, Manouvriers, petits-Artisans, & Compagnons-Ouvriers de ville & campagne, suivant la Déclaration du 26 Juin 1745, & l'Arrêt du Conseil du 23 Janvier 1742. . . . . 1. 5

Aux Vignerons, Manouvriers, petits-artisans & compagnons-ouvriers, suivant les Arrêts du 14 Août 1759, rendus pour Chaumont-en-Bassigny, & pour le Duché de Bourbonnois, *art.* 4. . . . . 1. 5

5°. Ceux qui ne sont pas dénommés dans les quatre classes ci-dessus, doivent être taxés sur le même pied que ceux qui s'y trouvent dénoncés, & qui sont de qualité approchante de la leur, suivant la Déclaration du 26 Juin 1745, & l'Arrêt du Conseil du 23 Janvier 1742.

56. 6°. Les femmes & les filles de tous les dénommés ci-dessus, doivent être payées sur le même pied que leur mari, ou pere, suivant la Déclaratien du 26 Juin 1745, & l'Arrêt du Conseil du 23 Janvier 1742.

Et en outre, il leur doit être passé vingt sols par jour pour un homme, pour les accompagner, suivant les Arrêts du 14 Août 1759, rendus pour Chaumont-en-Bassigny, & pour le Duché de Bourbonnois, *art.* 4. 1

7°. Il ne doit être payé aucun salaire aux témoins des trois premieres classes, qui étant domiciliés dans le lieu même où se fait la procédure, peuvent venir comparoître en Justice sans qu'il leur en coûte aucuns frais ; suivant la Déclaration du 26 Juin 1745, & l'Arrêt du Conseil du 23 Janvier 1742.

Idem, suivant les Arrêts du 14 Août 1759, rendus pour Chaumont-en-Bassigny, & pour le Duché de Bourbonnois, *art.* 4.

A l'égard de ceux de la quatriéme classe, ils seront taxés, s'ils le requiérent sur le pied du temps qu'ils auront perdu ; sans néanmoins qu'ils puissent être taxés plus de 15 sols pour chaque comparution ; suivant la Déclaration du 26 Juin 1745, & l'Arrêt du Conseil du 23 Janvier 1742.

Idem, suivant les Arrêts du 14 Août 1759, rendus pour Chaumont-en-Bassigny, & pour le Duché de Bourbonnois, *art.* 4.

57. 8°. Il ne doit être passé qu'une seule journée à ceux qui viendront de trois lieues, ou de plus près ; à moins qu'ils n'aient été obligés de faire séjour dans le lieu où se fait l'instruction ; ce dont il doit être fait mention expresse dans la taxe du Juge ; suivant la Déclaration du 26 Juin 1745, & l'Arrêt du Conseil du 23 Janvier 1742.

Mais il doit être passé deux jours aux témoins qui sont éloignés de plus de trois lieues, & moins éloignés de huit lieues du lieu où se fait l'instruction ; & ainsi des autres, à compter un jour par quatre lieues de distance, qui font huit lieues de voyage, à compter l'aller & le retour ; suivant la Déclaration du 26 Juin 1745, & l'Arrêt du Conseil du 23 Janvier 1742.

58. Suivant les Arrêts du 14 Août 1759, rendus pour Chaumont-en-Bassigny, & pour le Duché de Bourbonnois, *art.* 8, si les témoins sont éloignés de plus de dix lieues de la ville, les Juges pourront commettre dans l'étendue de leur ressort, ou donner commission rogatoire, à l'effet d'entendre lesdits témoins.

L'article 9 des mêmes Réglements du 14 Août 1759, ajoute que les Juges ne pourront tirer l'accusé des prisons, ni se transporter avec ledit accusé au domicile des témoins, sinon dans le cas de nécessité urgente.

59. 9°. Les Médecins doivent être payés des voyages qu'ils font,

pour faire leur rapport en Justice, sur le pied de cinq livres par jour, y compris leur rapport, suivant la Déclaration de 1745, & l'Arrêt du Conseil du 23 Janvier 1742, ci *l.* 5 *s.*

Et suivant les Arrêts du 14 Août 1759, rendus pour Chaumont-en-Bassigny, & pour le Duché de Bourbonnois, *art.* 4. 6

Pour leur visite & rapport dans le lieu même de la résidence, suivant la Déclaration du 26 Juin 1745, & l'Arrêt du Conseil du 23 Janvier 1742, ci, ... 2. 10

Et suivant les Arrêts du 14 Août 1759, rendus pour Chaumont-en-Bassigny, & pour le Duché de Bourbonnois, *art.* 4. 3

Idem, au Châtelet de Paris, suivant un acte de notoriété du 21 Avril 1694. 3

Et quand il y a ouverture de cadavre. 6

60. 10°. Les Chirurgiens pour leurs voyages, y compris leur rapport, suivant la Déclaration du 26 Juin 1745, & l'Arrêt du Conseil du 23 Janvier 1742. ci. 4

Et suivant les Arrêts du 14 Août 1759, rendus pour Chaumont-en-Bassigny, & pour le Duché de Bourbonnois, *art.* 4. ci, ... 4. 10

Pour leur simple visite & rapport dans le lieu de leur résidence, suivant la Déclaration du 26 Juin 1745, & l'Arrêt du Conseil du 23 Janvier 1742, ci. 2

Et suivant les Arrêts du 14 Août 1759, rendus pour Chaumont-en-Bassigny, pour le Duché de Bourbonnois, *art.* 6. 2. 10

Au Châtelet de Paris, on leur paie 3 liv. suivant l'acte de notoriété du 21 Avril 1694, ci-dessus cité, ci. . . 3

Et lorsqu'il y a une exhumation à faire, ouverture de cadavre, ou autres opérations plus difficiles que la simple visite, il doit être payé aux Chirurgiens, outre le voyage, s'il y en a, 4 liv. suivant la Déclaration du 26 Juin 1745, & l'Arrêt du Conseil du 23 Janvier 1742, ci, . . 4

Idem, & suivant les Arrêts du 14 Août 1759, rendus pour Chaumont-en-Bassigny, & pour le Duché de Bourbonnois, *art.* 4.

Et au Châtelet de Paris, suivant l'acte de notoriété ci-dessus cité. 6

61. 11°. Les Juges ne peuvent en aucun cas ordonner qu'il sera fait des rapports par plus d'un Médecin, & d'un Chirurgien, ou deux Chirurgiens au plus, sans Médecin; suivant la Déclaration du 26 Juin 1745, & l'Arrêt du Conseil du 23 Janvier 1742.

Idem, suivant les Arrêts du 14 Août 1759, rendus pour Chaumont-en-Bassigny, & pour le Duché de Bourbonnois, *art.* 4.

12°. Les Experts, Interpretes, Sages-femmes, & autres, dont le transport, visite & rapport, sont nécessaires pour l'instruction des procès criminels, doivent être payés sur le même pied que les Chirurgiens; suivant la Déclaration du 26 Juin 1745, & l'Arrêt du Conseil du 23 Janvier 1742.

Idem, suivant les Arrêts du 14 Août 1759, rendus pour Chaumont en Bassigny, & pour le Duché de Bourbonnois, *art.* 4.)

§. III.

62. Le pain des prisonniers doit être passé sur le pied porté par le bail au rabais qui sera fait chaque année de la fourniture du pain des prisons par les Officiers desdits Sieges; suivant la Déclaration du 26 Juin 1745, *art.* 3, du tarif.

L'Arrêt du Conseil du 9 Octobre 1669, porte, que les Lieutenants-Criminels, & Procureurs du Roi, seront tenus d'appeller les Fermiers du Domaine au domicile qui sera par eux élu, pour assister & être présents aux adjudications & baux au rabais, tant du pain des prisonniers, que autres; à peine de nullité des adjudications.

A l'égard de la dépense de l'eau & de la paille, elle doit être passée sur le pied d'un sol par jour, pour chaque prisonnier; suivant la Déclaration du 26 Juin 1745, *art.* 3, du tarif.

Idem, suivant les Arrêts du 14 Août 1759, rendus pour Chaumont-en-Bassigny, & pour le Duché de Bourbonnois, *art.* 5.

§. IV.

63. Les frais de translation des accusés, soit qu'elle se fasse par des Huissiers & Sergents, ou par les Messageries, ou par la Maréchaussée, doivent être payés à raison de 14 livres par jour pour chaque accusé, y compris les voitures, nourriture des accusés, frais d'escortes, port de procédures & effets servant à conviction,

viction, lesdites journées de huit lieues en hiver, & dix lieues en été; sans que ceux qui auront fait ces translations, puissent prétendre d'être payés pour les journées qu'ils emploient pour le retour dans le lieu de leur résidence, ni pour les frais de retour des chevaux & voitures qui auront servi à ces translations, suivant la Déclaration du 26 Juin 1745, *art.* 10.

64. *Idem*, suivant les Arrêts du 14 Août 1759, rendus pour Chaumont-en-Bassigny, & pour le Duché de Bourbonnois, *art.* 2.

L'Arrêt du Parlement de Paris du 12 Janvier 1737, conforme à un autre Arrêt du Parlement du 5 Avril 1664, taxe aussi à 14 livres par jour la conduite de chaque prisonnier, à raison de huit lieues en hiver, & dix lieues en été; mais il n'y est point dit, que c'est compris la nourriture des accusés. Cet Arrêt ajoute que le port des procédures qui seront apportées au Greffe de la Cour, ou qui seront portées dudit Greffe, quand il n'y a point de prisonnier, sera taxé suivant les anciens Réglements; sauf néanmoins à augmenter selon la qualité & condition des prisonniers, pour lesquels il seroit besoin d'une escorte plus considérable que celle accoutumée; lequel excédent ne pourra être taxé & ordonné qu'en vertu d'Arrêts sur pieces communiquées au Procureur-Général.

65. Un autre Arrêt aussi du Parlement du 9 Août 1737, maintient les Fermiers des Carrosses, Coches & Messageries au droit de se charger, à l'exclusion de tous autres, de tous les prisonniers qui se trouveront dans l'étendue du Département de leurs Messageries, dont la translation & le renvoi devront être faits d'un Siege à un autre, ou dans la Conciergerie du Palais, & ailleurs, ainsi que des procès civils & criminels dont le transport sera ordonné; & enjoint à tous Greffiers, chacun à leur égard, de faire la délivrance des prisonniers auxdits Fermiers des carrosses, *&c.*, ensemble des procès dont le transport conviendra être fait, pour être par eux remis aux lieux & endroits de leur destination; en se chargeant par eux desdits prisonniers & procès, en la forme & ainsi qu'il est porté par les Édits, Arrêts & Réglements rendus à ce sujet.

La Déclaration du 26 Juin 1745, rendue pour Bordeaux, *art.* 6, fait défenses aux Greffiers d'exiger aucuns droits pour l'apport & déport des procédures & pieces, ou effets servant à conviction; & aussi aux Geoliers de rien prendre pour droits de gîte, geolage, entrée & sortie des prisonniers ainsi transférés, ou autres droits, de quelque nature qu'ils soient.

§. V.

66. Les Conseillers des Parlements, & Cours supérieures de Paris qui font des descentes sur les lieux, doivent être taxés pour leur dépense, & celle de leurs domestiques & chevaux, à raison de quinze livres par jour, suivant l'Arrêt du Conseil du 26 Octobre 1683, ci . . . . 15 liv.

Ceux du Parlement de Bordeaux, suivant la Déclaration du 26 Juin 1745, *art.* 4, rendue pour ce Parlement. 10 l.

Les Substituts du Procureur-Général, suivant un Arrêt du Conseil du 26 Octobre 1683 . . . . 10. l.

La Déclaration de 1745, rendue pour le Parlement de Bordeaux, *art.* 4, les taxe seulement à 7 liv. 10 s. ci 7 l. 10 s.

Le Greffier, ou principal Commis desdites Cours, suivant l'Arrêt du Conseil du 26 Octobre 1683, & la Déclaration du 26 Juin 1745, même *art.* 4. . . . . 7 l. 10 s.

Les Lieutenants-Généraux & Criminels des Bailliages & Sénéchaussées, & Sieges Présidiaux du Parlement de Bordeaux, sont taxés à 10 liv., ou 8 liv. suivant les Sieges. (Même Déclaration de 1745. *ibid.*) ci . . . . 10 ou 8 l.

67. Ceux des Bailliages & Sieges-Présidiaux d'Orléans & de Chartres, suivant l'Arrêt du Conseil du 16 Octobre 1684. . . . . 10 l.

Et 20 liv. quand il y a partie civile.

Ceux de Blois, suivant le même Arrêt, ci . . . . . 9 l.

Et 18 livres quand il y a partie civile.

Ceux de Montargis, (*ibid.*). . . . . 8 l.

Et 16 liv. quand il y a partie civile.

Ceux de Gien & de Beaugenci, (*ibid.*) . . . . 7 l.

Et 12 liv. quand il y a partie civile.

Ceux de Romorantin, (*ibid.*) à . . . . 7 l.

Et 12 liv. quand il y a partie civile.

Les Lieutenants-Particuliers du Présidial d'Orléans & de Chartres, (*ibid.*) . . . . 8 l.

Et 16 liv. quand il y a partie civile.

Celui de Blois, (*ibid.*) . . . . 7 l.

Et 14 liv. quand il y a partie civile.

Celui de Montargis, (*ibid.*) . . . . 6 l.

Et 12 liv. quand il y a partie civile.

68. Les Conseillers des Présidiaux du ressort de Bordeaux, suivant la Déclaration de 1745, *art.* 4, suivant les Sieges. 7 ou 6 l.

Les Conseillers des Présidiaux d'Orléans & de Chartres, suivant l'Arrêt du Conseil du 16 Octobre 1684. . 6 l.

Et 12 liv. quand il y a partie civile.

Ceux de Blois, suivant *ibid.* . . . . 6 l.

Et 11 liv. quand il y a partie civile.

Ceux de Montargis, suivant, *ibid.* . . . . 5 l.

Et 9 liv. quand il y a partie civile.

Les Procureurs du Roi, les deux tiers de la taxe du Lieutenant Général, suivant *ibidem.*

Idem aux Greffiers, y compris la minute & grosse, suivant *ibid.*

Et aux Procureurs & Huissiers, les deux tiers de la taxe du Lieutenant-Général, suivant *ibid.*

69. Toutes lesquelles taxes doivent diminuer d'un sixieme, lorsque la commission, ou descente dure plus de quinze jours ; & d'un tiers, lorsqu'elle dure plus d'un mois ; suivant le même Arrêt du Conseil du 16 Octobre 1684, & la Déclaration de 1745, rendue pour le Parlement de Bordeaux, *art.* 4.

L'article 8 des Arrêts du 14 Août 1759, rendus pour Chaumont-en-Bassigny, & pour le Duché de Bourbonnois, porte, que les Juges ne pourront se transporter hors la ville dans laquelle leur Siege est établi ; si ce n'est en cas de nécessité urgente, pour procéder aux informations.

§. VI.

70. Les grosses des procédures doivent être payées à raison de trois sols par rôle, non compris le remboursement du papier timbré, ledit role contenant douze lignes à la page, & au moins douze syllabes à chaque ligne ; suivant la même Déclaration du 26 Juin 1745, *art.* 9.

Et suivant les Arrêts du 14 Août 1759, rendus pour Chaumont-en-Bassigny, & pour le Duché de Bourbonnois, *art.* 3, pour chaque rôle de grosse, quatre sols.

L'Arrêt du Parlement de Paris du 23 Janvier 1683, servant de Réglement pour la taxe des grosses des procédures criminelles, dit, douze lignes à la page, & huit syllabes à ligne. Mais il paroît par cet Arrêt que cela ne doit avoir lieu que quand il y a partie civile.

§. VII.

71. Lorsqu'il n'y a pas dans les Sieges un nombre suffisant d'Officiers pour les jugements des procès, soit par maladie, légitime absence, ou autre empêchement, les Gradués qui seront appellés, doivent être pris dans les lieux les plus voisins, & payés à raison de 3 liv. pour chaque séance, qui doit être au moins de trois heures, lorsqu'ils sont domiciliés au lieu où le Siege est établi; & à raison de 7 liv. 10 sols par jour, lorsqu'ils sont obligés de se déplacer; suivant la Déclaration du 26 Juin 1745, rendue pour le Parlement de Bordeaux, *art.* 8.

§. VIII.

72. Les frais d'exécution des Jugements criminels sont taxés à Orléans, ainsi qu'il suit; sçavoir,

A l'Exécuteur,

Pour faire faire amende-honorable . . . . 5 l.
Pour fustiger . . . . 6 l.
Pour l'application de chaque fleur-de-lys . . . . 1 l.
Pour pendre un criminel . . . . 10 l.
Pour donner la question . . . . 6 l.
Pour couper le poing . . . . 5 l.
Pour rompre un criminel . . . . 30 l.
pour conduire un cadavre aux Fourches-patibulaires . . 6 l.
Pour l'échaffaud, ordinairement . . . . 40 l.
Pour la potence, ordinairement . . . . 10 l.
Pour mettre au carcan . . . . 3 l.
Pour pendre en effigie un condamné par contumace en un tableau . . . . 10 l.
Au Peintre pour le tableau . . . . 10 l.
Pour percer la langue . . . . 5 l.
Pour brûler un criminel . . . . 10 l.

Si l'Exécuteur est obligé de venir d'un autre lieu que celui où se fait l'exécution, on lui accorde 5 liv. par jour, outre les taxes ci-dessus; & 2 liv. 10 sols à chacun de ses valets.

§. IX.

73. Les procédures faites, tant devant les Juges Royaux, que dans les Cours; & tous jugements, commissions & exécutoires qui peuvent intervenir dans les affaires criminelles, poursuivies à la requête des Procureurs du Roi seuls, sont exemptes de tous droits de Greffe & de Chancellerie, de Contrôle, de Sceau de Garde-minutes, & autres semblables; sans que les Receveurs, ou Fermiers des domaines du Roi, ni les Engagistes, puissent être tenus de payer autre chose que les simples déboursés, ou salaires des Greffiers, ou autres qui auront été employés à rédiger & à expédier lesdites procédures. (Même Déclaration du 26 Juin 1745, *art.* 7.)

Il en est de même des procédures criminelles poursuivies dans les Justices des Seigneurs, lorsqu'il n'y a d'autres parties que les Procureurs-Fiscaux.

Et aussi de celles qui sont poursuivies dans les Officialités à la requête des Promoteurs seuls. (Arrêt du Conseil du 30 Octobre 1670, rapporté aux Mémoires du Clergé, *tom.* 2, *art.* 33.)

§. X.

74. Les Juges ne peuvent taxer les frais des procédures criminelles au-delà des sommes portées par les Réglements; à peine d'en demeurer responsables en leur propre & privé nom, & de la restitution des sommes excédentes, en cas qu'elles aient été payées par les Fermiers des domaines. (Arrêt du Conseil du 23 Octobre 1694.)

ARTICLE VI.

Comment se fait la taxe des frais qui se paient, non sur le Domaine du Roi, mais sur celui des Engagistes, & des Seigneurs Hauts-Justiciers.

75. Ces frais sont taxés par le Juge qui a l'instruction des procès criminels; & il décerne les exécutoires nécessaires à ce sujet;

mais ces exécutoires ne sont point assujettis aux mêmes formalités que ceux qui se décernent sur le domaine du Roi. Ils n'ont pas besoin non plus d'être visés par les Intendants ; même ceux qui se décernent sur les Engagistes des domaines du Roi. (Déclaration du premier Avril 1704, *art.* 1 & 2.)

Il faut aussi observer à l'égard des Seigneurs-Engagistes, que les exécutoires décernés contr'eux, ne doivent comprendre autres & plus grands frais que ceux dont Sa Majesté seroit tenue, si le domaine étoit encore entre ses mains ; & que les Officiers de ces Justices ne peuvent se taxer aucunes vacations, (quand il n'y a point de partie civile,) si ce n'est dans le cas où ils seroient obligés de se transporter hors le lieu de leur domicile. (Déclaration du 26 Juin 1745, pour Bordeaux, *art.* 5.)

76. A l'égard de la taxe des frais, pour sçavoir sur quel pied ils doivent être payés par les Engagistes, il paroît qu'on doit suivre à cet égard la même regle que celle qui s'observe dans le domaine du Roi.

Un Arrêt du Parlement du 17 Février 1736, rendu contre le Seigneur de Saint-Loup-en-Brie, a décidé que l'exécutoire d'une procédure refaite par un Juge de domaine engagé, doit être délivré sur le domaine du Seigneur du lieu du délit, dont la premiere procédure a été déclarée nulle.

Quant à la taxe des frais qui doivent se payer dans les Justices de Seigneurs, il faut suivre ce qui s'observe dans chaque Jurisdiction ; mais en général ces frais ne doivent pas être payés sur le même pied que dans les Justices Royales, & ils doivent être moindres.

SECTION II.

Des frais des Procès criminels, quand il y a partie civile.

ARTICLE PREMIER.

Des frais nécessaires pour l'instruction & le jugement.

77. 1°. Les frais nécessaires pour l'instruction & le jugement des procès, doivent être avancés par la partie civile, ou payés sur des exécutoires décernés à cet effet par les Juges, sans néan-

moins y comprendre leurs épices, droits & vacations, ni les droits & salaires des Greffiers; à peine de cent cinquante livres d'amende, à laquelle, en cas de contravention, ils doivent être condamnés par les Juges supérieurs, sans pouvoir être remise, ni modérée. (Ordonnance de 1670, *tit.* 25, *art.* 6 & 18; & *tit.* 26, *art.* 14.) Ces exécutoires n'ont pas besoin d'être visés. (Voyez ci-dessus, *n.* 75.)

2°. Dans le cas de négligence de la partie civile d'avancer ces frais, & de suivre l'instruction, le Juge peut le faire faire aux frais de cette partie, & décerner à cet effet contr'elle les exécutoires nécessaires d'office, ou sur la réquisition de la partie publique; mais elle ne peut y être condamnée par corps, ainsi qu'il résulte des articles 16 & 17 du titre 25 de l'Ordonnance de 1670, qui ne parlent point des contraintes par corps.

Quand même la partie civile seroit contente du Jugement, & n'en seroit point appellante, elle ne doit pas moins payer les frais de l'appel.

78. 3°. Mais si la partie civile est hors d'état d'avancer ces frais, ils doivent être payés sur des exécutoires décernés par le Juge contre les Receveurs du domaine du Roi, ou contre les Engagistes, & autres Seigneurs; sauf leur recours contre la partie civile. (Ordonnance de 1670, *tit.* 25, *art.* 17.)

Cette impuissance, ou insolvabilité de la partie civile, se constate sur un procès-verbal de carence de meubles, fait par l'Huissier chargé de la poursuite des premiers exécutoires délivrés contre la partie civile; duquel procès-verbal la vérité doit être attestée par le premier, ou autre Officier du lieu où les poursuites auront été faites, & du domicile de la partie civile, & par le Procureur du Roi, ou Procureur-Fiscal audit Siege. (Arrêt du Parlement de Paris du 23 Août 1745; autres du 14 Août 1749, pour Chaumont-en-Bassigni, & pour le Duché de Bourbonnois, *art.* 7.)

79. 4°. A l'égard des frais qui se font pour l'intérêt de l'accusé, comme ceux pour parvenir à la preuve des faits justificatifs, & autres dont il a été parlé ci-dessus, *n.* 27 *& suivants*, ils doivent être payés par cet accusé; & s'il ne le peut, par la partie civile; ou à défaut, par les Receveurs des domaines du Roi, ou par les Seigneurs Engagistes, ou Hauts-Justiciers, chacun à leur égard. (Ordonnance de 1670, *tit.* 28, *art.* 7.)

Quant à la maniere dont se doivent faire les recouvrements

des frais de Justice avancés par les Receveurs des domaines du Roi, ou Fermiers des Seigneurs, contre les parties civiles, ou contre les accusés, pour lesquels ces frais ont été avancés, Voyez ce qui a été dit ci-dessus, *n. 46.*

80. L'Arrêt de Réglement du Parlement de Paris du 23 Août 1745, veut que dans le cas où il ne seroit délivré qu'un seul & même exécutoire sur le domaine du Roi, ou sur le domaine d'un Haut-Justicier, pour différentes sommes comprises dans différents exécutoires délivrés contre différentes parties civiles, le nouvel exécutoire contienne en détail les noms des parties civiles contre lesquelles les premiers exécutoires ont été obtenus, & les sommes pour lesquelles chacun de ces exécutoires aura été obtenu.

Le même Arrêt veut que les Messagers & Greffiers, auxquels il aura été délivré des exécutoires contre des parties civiles, soient tenus, dans six mois de la date desdits exécutoires, de faire leurs diligences contre les parties civiles, pour s'en procurer le paiement; & dans les autres six moix de la date de leurs dernieres diligences, de se pourvoir pour obtenir d'autres exécutoires sur le domaine du Roi, ou sur celui des Haut-Justiciers; & que ledit temps passé, il ne pourra être délivré de nouveaux exécutoires sur le domaine de Sa Majesté, & sur celui des Hauts-Justiciers.

81. *Question.* Lorsqu'il arrive que le plaignant étant partie civile pour un crime, on vient à instruire d'autres crimes contre l'accusé, pour raison desquels le plaignant n'a aucun intérêt de se porter partie civile; comment les frais de l'instruction & du jugement doivent-ils alors être payés?

Suivant l'observation de M. Serpillon, en son Code Criminel, la partie civile est tenue de fournir aux frais de tous les incidents qui surviennent dans le cours de la procédure, quoiqu'ils ne soient point compris dans sa plainte, & qu'il n'ait même pu les prévoir. Le sieur Guiot avoit rendu plainte devant le Lieutenant-Criminel d'Avalon, contre le sieur Bulliard, Curé, pour des injures & voies de fait. L'Official fut appellé : on informa incidemment, & par un même cahier, du vol fait des effets du Curé pendant sa contumace. Le sieur Guiot, partie instigante, fit une sommation au Procureur du Roi, par laquelle il lui déclara qu'il ne prenoit aucune part au vol des effets, & qu'il n'entendoit faire les frais que du fait qui concernoit sa plainte. Cela n'empêcha pas qu'il n'y eût exécutoire décerné contre lui par l'Official, sur la requête du Promoteur

Promoteur, qui avoit encore demandé une ampliation contre le Curé; & l'on entendit de nouveaux témoins, tant à la requête du Procureur du Roi, que du Promoteur. Le Promoteur obtint Arrêt sur requête, qui ordonna que le sieur Guiot seroit contraint au paiement de l'exécutoire. Opposition de la part du sieur Guiot, sous prétexte que l'exécutoire étoit en partie pour frais faits au sujet du vol, dont il ne s'étoit pas plaint. Malgré ces raisons, comme il ne s'étoit pas désisté dans les vingt-quatre heures, il y eut Arrêt le 26 Juillet 1756, au Parlement de Dijon, par lequel il fut débouté de son opposition aux saisies sur lui faites, aussi-bien que de l'opposition qu'il avoit formée à l'Arrêt sur requête, obtenu par le Promoteur. Mais il paroît que cette décision souffre beaucoup de difficulté.

82. Les incidents qui surviennent contre des faux-témoins poursuivis à la requête de la partie publique, doivent aussi être payés par la partie civile. (Ainsi jugé par Arrêt du Parlement de Dijon du 16 Octobre 1753; & par un autre du même Parlement du 2 Août 1755.) En sorte qu'il suffit d'être partie civile, pour être sujet à tous les frais des incidents criminels qui surviennent, tant en cause principale, que d'appel; même dans le cas où il n'y a que la partie publique qui poursuit l'incident; & il en est de même de ceux où le plaignant seroit poursuivi pour subornation, quoiqu'accusé.

Il paroît cependant que cette maxime n'a lieu que pour les incidents qui sont connexes & accessoires à l'affaire principale, & qui en sont une suite & dépendance nécessaire; & cela à cause de la maxime que *accessorium sequitur naturam principalis*; mais qu'elle n'a pas lieu à l'égard des incidents non accessoires, tels que sont les autres crimes de l'accusé.

83. 5°. Lorsqu'on n'a point été partie au procès, on ne peut pas être tenu des frais qui ont été faits pour le poursuivre; quand même on auroit été intéressé à faire cette poursuite. Ainsi, par Arrêt du 22 Juin de 1601, rapporté par M. Servin en ses Plaidoyers, *tom.* 2, il a été jugé que le frere d'un Religieux qui avoit été tué, & qui avoit poursuivi la vengeance de cet homicide, n'étoit pas fondé à répéter contre le Monastere les frais qu'il avoit faits en cette poursuite, & qu'il n'avoit pu recouvrer contre le condamné; parce que celui-ci n'avoit laissé aucuns biens.

6°. Les frais qui entrent en taxe contre les parties civiles, sont tous les frais d'instruction ; d'assignations aux témoins ; capture & translation des accusés ; salaires des Médecins, Chirurgiens, & autres Experts ; frais d'exécution, & autres dont il a été parlé ci-dessus, *n.* 21 *& suiv.*

84. La partie civile est même tenue de payer les frais d'instruction des procès criminels, qui pourroit se faire après des lettres de grace obtenues. (Arrêt du Parlement de Grenoble du 13 Mars 1654, rapporté par Basset, *tom.* 1, *liv.* 6, *tit.* 4, *chap.* 1.)

Mais les nourritures en prison, & médicaments des accusés, n'entrent point en taxe contre les accusés, ni contre les parties civiles ; & c'est au Roi, ou aux Seigneurs de Justice à les payer ; parce que les parties ne sont point intéressées à la peine. (Ordonnance de 1670 *tit.* 13, *art.* 25 & 26. Voyez le procès-verbal de l'Ordonnance de 1670 sur cet article. Voyez aussi Louis sur Maine, *art.* 84 ; Boerius *décis.* 303, *n.* 2 ; Papon, *liv.* 10, *tit.* 10, des cessions de biens *n. penult.* Coquille sur Nevers, *tit.* 32, des exécutions, *art.* 9 ; Bacquet, des droits de Justice, *chap.* 18, *n. dernier* ; Chenu, *cent.* 2, *qu.* 39 ; & Bouvot, *tom.* 2, au mot *Emprisonnement*, qu. 18.)

Dans les procès criminels qui se poursuivent à la requête des Fermiers & Sous-Fermiers du Roi, ou de leurs Commis, ceux-ci ne sont point aussi tenus des droits de gîte & geolage pour les prisonniers qu'ils font arrêter. (Arrêt du Conseil du 11 Janvier 1729.)

85. Les droits de gîte & geolage, sont ceux qui se paient pour la garde du prisonnier. Il ne faut pas les confondre avec la nourriture. (Ordonnance de 1670, *tit.* 13, *art.* 22 & 30.)

Les Evêques sont tenus de fournir les aliments aux accusés Ecclésiastiques, détenus par ordonnances de leurs Officiaux. (Arrêt du Parlement de Dijon du 2 Décembre 1709, rapporté par Raviot, *qu.* 154, *tom.* 1, *n.* 7, *pag.* 477.) Car quoique les Evêques n'aient ni fisc, ni territoire, ni profit de Justice, ils ne sont pas moins tenus de nourrir leurs prisonniers : c'est un devoir essentiel attaché au droit de justice contentieuse, que les Evêques tiennent du Roi. (Voyez Chenu, *qu.* 139. Ainsi jugé par Arrêt du Parlement de Bordeaux, rapporté par Papon, *liv.* 24, *tit.* 6, n. 1.)

86. Lorsque le Jugement a été une fois rendu, & que l'accusé n'est

plus retenu que pour amendes, ou intérêts civils, les aliments doivent être fournis, soit par la partie civile, soit par le Receveur du Domaine. (Déclaration du 10 Janvier 1680, *art.* 10.) Cet article porte, que ceux qui auront été condamnés en matiere criminelle en des amendes envers le Roi, ou envers les Seigneurs Hauts-Justiciers, & en des dommages & intérêts, & réparations civiles envers les parties civiles, seront mis hors de prison, à faute de fournir les aliments par les Receveurs des amendes, Seigneurs Hauts-Justiciers & parties civiles, chacun à leur égard, huit jours après la sommation qui en sera faite à domicile; & qu'à cet effet, les Receveurs des amendes, Seigneurs Haut-Justiciers & parties civiles, seront tenus, en cas d'appel des Sentences des procès criminels, d'élire domicile dans la maison d'un Procureur de la Jurisdiction où l'appel ressortit, dont sera fait mention par la prononciation ou signification desdites Sentences, aux accusés; & qu'à faute d'élire domicile, il sera pourvu à leur élargissement par les Juges des lieux où ils sont détenus. (Voyez Louis, sur la Coutume du Maine, *art.* 84.)

87. Les parties civiles sont aussi tenues de payer les vacations dues aux Juges pour les interrogatoires, & autres actes d'instruction.

Et il en est de même, des courses & voyages des Officiers & Archers de Maréchaussée, pour mettre à exécution les décrets; car ces frais sont aussi à la charge des parties civiles.

88. 7°. La taxe des frais, quand il y a partie civile, doit se faire sur le même pied, que quand il n'y a point de partie civile; & il faut suivre à cet égard le tarif dont il est parlé ci-dessus, *n.* 49 *& suivants.*

A l'égard des vacations & frais qui doivent se payer aux Officiers & Cavaliers de Maréchaussées, elles se trouvent fixées par une Ordonnance des Maréchaux de France du 21 Avril 1735; du moins quand il s'agit de l'exécution des ordres de ce Tribunal. Mais on en peut tirer argument pour les autres cas où ils sont employés.

Cette Ordonnance porte qu'il sera payé, sçavoir, au Prévôt des Maréchaux, à raison de quinze livres par jour, ci, 15 l. s.

	l.	s.
Au Lieutenant.	7	10
A l'Assesseur.	7	10
Au Procureur du Roi.	6	10
Au Greffier.	5	10

A l'Exempt. . . . . 7 l.
Au Brigadier. 6
Au Sous-Brigadier. 5
Au Cavalier. 4

89. Les journées sur le pied de dix lieues en été, & de huit lieues en hiver.

8° Lorsquil s'agit de taxer des frais, médicaments & blessures, cette taxe doit être faite par des Médecins, Chirurgiens & Apothicaires, ou autres personnes qui soient au fait.

9°. Tous ces frais, quand ils sont payés sur des exécutoires décernés par le Juge, doivent se payer par la partie civile, par provision & nonobstant l'appel. (Voyez l'article 17 du titre 25 de l'Ordonnance de 1670.)

ARTICLE II.

Des condamnations de dépens.

90. On doit suivre pour la condamnation des dépens en matiere criminelle, les mêmes regles qu'en matiere civile. (Ordonnance de 1670, *tit.* 25, *art.* 20.) Ainsi ;

1°. Le plaignant, ou l'accusé, qui vient à succomber sur la poursuite principale, & même sur les renvois, déclinatoires, évocations, réglements de Juges, ou autres incidents, &c. doit être condamné aux dépens envers l'autre partie. (Ordonnance de 1667, *tit.* 31, *art.* 1 & 3.)

Mais si l'on prononce un plus amplement informé, il n'y a point de condamnation de dépens.

Et si sur la plainte, ou accusation, on met les parties hors de Cour, on compense ordinairement les dépens.

91. 2°. On ne doit pas comprendre dans la condamnation des dépens, ceux qui ont été faits pour l'intérêt de la partie qui obtient, non plus que ceux qu'elle a occasionnés par sa contumace. (Voyez ce qui a été dit ci-dessus, *n.* 27 *& suiv.*; & ce qui est dit dans mon Traité *De l'Administration de la Justice*, &c. au titre *Des frais & dépens en matiere civile.*)

3°. Les frais des procédures nulles, ne doivent point aussi être portés par les parties; mais par le Juge, ou Commissaire par la faute desquels ces procédures ont éé mal faites. (Ordonnance de

1667, *tit.* 22, *art.* 36 ; Ordonnance de 1670, *tit.* 15, *art* 24.)

Les Juges même qui font une bonne procédure sur une mauvaise, sans faire déclarer la premiere nulle, ce qui occasionne la nullité du total, doivent aussi contribuer aux dépens de la nouvelle procédure qu'il faut refaire. (Ainsi jugé par Arrêt du 7 Juillet 1709, rapporté au Journal de Audiences ; qui ordonne que les frais d'une procédure criminelle seront payés par moitié par le Juge qui avoit fait la mauvaise procédure, & par celui qui avoit enté une bonne procédure sur une mauvaise ; ainsi que les frais de traslation du prisonnier, & ceux de l'Arrêt.)

92. 4°. Quand une femme qui est sous puissance de mari, a été condamnée aux dépens pour raison de quelque délit, cette condamnation ne peut nuire au mari pour la communauté de biens qui est contre lui & sa femme. La Coutume d'Orléans, *art.* 200, en a une disposition précise ; ainsi que celle de Montargis, *chap.* 8, *art.* 7. C'est pourquoi on ne peut faire saisir pour le paiement de ces dépens, que la nue propriété des biens-propres de la femme.

La Coutume de Normandie, où il n'y a point de communauté entre mari & femme, porte en l'article 530, que si la femme poursuivie pour quelque méfait, ou autre crime, venoit à être condamnée, la condamnation sera portée sur tous les biens à elle appartenants, de quelque qualité qu'ils soient, si les fruits n'y peuvent suffire.

En matiere d'injures, lorsque la femme est condamnée, il y a plusieurs Arrêts qui ont condamné les maris à payer les dépens & la réparation auxquels leurs femmes auroient été condamnées, quoique ces maris n'eussent point autorisé leurs femmes, ni été parties en l'instance ; (ainsi jugé par Arrêt de la Tournelle 1703, ce qui est conforme à d'autres Arrêts rapportés par Papon, *liv.* 7, *tit.* 1, n. 17 & 18.) Tel est l'usage du Châtelet dans ces sortes d'affaires entre gens du commun, d'exécuter les meubles de la communauté pour payer, sans avoir égard à l'opposition du mari ; & cet usage a été confirmé par Arrêt du 11 Mars 1669.

93. 5°. Lorsqu'un corps, ou une communauté, intente une action criminelle contre un de ses membres, tous les membres de la communauté doivent y contribuer, même les proche parens de l'accusé. (Ainsi jugé par Arrêt du 13 Août 1686, rapporté au Journal du Palais, *tom.* 2, *pag.* 642, de l'édition in-folio.)

6°. Un Arrêt de réglement du 22 Février 1695, porte

que les frais des appellations même appointées, lorsqu'il ne s'agit que d'injures, de débauche, de rixe, & autres, dont le principal se juge avec l'appel, & qui dépend particuliérement des informations, tant pour la production que pour les Requêtes d'emploi de causes d'appel, réponses & contredits, ne pourront excéder la somme de six livres.

94. 7°. Les dépens en matiere criminelle se taxent de la même maniere qu'en matiere civile; c'est-à-dire, que dans les Justices de Seigneurs, & dans les Prévôtés & Châtellenies royales, ils doivent être liquidés par la Sentence de condamnation; mais dans les Cours & dans les Bailliages & Sénéchaussées royales, ils se taxent par voie de Déclaration, & ainsi qu'il est porté aux articles 5, 6 & 7 & suivants du titre 31 de l'Ordonnance de 1667.

Dans les procès jugés prévôtalement, les dépens se taxent par le Prévôt, en présence du Rapporteur, qui n'en peut prétendre aucuns droits. (Ordonnance de 1670, *tit.* 2, *art.* 27.) Ce même article ajoute que s'il y a appel de la taxe, le Siege qui a rendu le Jugement, en connoîtra en dernier ressort.

95. 8°. Pour sçavoir si les Sentences de condamnations de dépens en matiere criminelle s'exécutent par provision, lorsqu'il y en a appel, Voyez ce qui a été dit au titre *Des appellations*, ci-dessus, *part.* 3, *liv.* 2, *tit.* 37, n. 28.)

Quid. Si la Sentence condamne aux dépens pour tous dommages & intérêts? (Voyez ce qui est dit *ibidem.*)

9°. Les dépens quoiqu'en matiere criminelle ne sont point solidaires contre les parties qui y sont condamnées; à moins que cela ne soit porté par le Jugement. (Voyez ce qui est dit à ce sujet dans mon Traité *De l'Administration de la Justice*, *&c.* au titre *Des dépens.*)

96. 10°. La contrainte par corps a lieu pour les dépens, quand ils sont prononcés par forme de dommages & intérêts, (Ainsi jugé par Arrêt du 3 Avril 1675, rapporté par Basnage, sur l'article 595 de la Coutume de Normandie.) & il n'est pas nécessaire d'attendre les quatre mois; parce qu'alors ces dépens tombent dans le cas des intérêts civils; & sont aussi solidaires. On prononce même quelquefois cette contrainte par corps contre des Ecclésiastiques, & contre des personnes de distinction, par des considérations particulieres.

Les femmes pour dépens adjugés contre elles en matiere criminelle, sont aussi contraignables par corps; du moins après l'Arrêt d'*Iterato*. (Ainsi jugé par Arrêt du Parlement de Rouen du 23 Juin 1679, rapporté par Basnage sur l'article 544 de la Coutume de Normandie. Autre Arrêt du Parlement de Paris du 5 Octobre 1691, rapporté au Journal des Audiences. Autre Arrêt rendu en la Tournelle du Parlement de Bretagne le 6 Mai 1721, rapporté par de Volans, en son Recueil, qui condamne Marie le Roi, dite sœur Angelle en trois cents livres de dommages & intérêts & aux dépens, sans que la condamnation par corps eût été prononcée pour les dépens. Il fut décerné exécutoire par corps contre cette Sœur, pour les épices & coût de l'Arrêt montant à plus de sept cents livres. Elle en demanda le rapport à l'égard de la condamnation par corps; mais la Cour par son Arrêt du 17 Septembre 1721, débouta Marie le Roi de sa Requête, & permit de la contraindre par corps au paiement de l'exécutoire avec dépens. Le Plaidoyer de l'Avocat qui plaidoit contre elle, se trouve imprimé dans l'Arrêt. Autre Arrêt du Parlement du 31 Janvier 1744.)

97. Si ces dépens sont prononcés par forme de dommages & intérêts, & que cela soit ainsi porté par le Jugement, alors il est sans difficulté, que les femmes & les filles peuvent être contraintes par corps pour raison de ces dépens; parce qu'ils tiennent lieu de réparation. (Ainsi jugé par Arrêt du Parlement de Rouen du 4 Février 1755, rapporté à la fin du texte de la Coutume de Normandie, de l'édition de 1757, où le compilateur ajoute que les dépens accordés en petit-criminel pour tenir lieu d'intérêts civils, vont de droit par corps, sans qu'il soit besoin que le Jugement le porte, & son Arrêt d'*Iterato*, même contre une fille. Autre Arrêt du 9 Avril 1739, rapporté au Recueil d'Arrêts du Parlement de Provence de M. Grimaldi-de-Regusse, imprimé à Aix en 1746, par lequel la femme d'une Aubergiste, sur l'appel d'une Sentence du Lieutenant-Criminel d'Aix, fut condamnée en trois livres d'amende envers la partie, & à trente sols envers le Roi, & en la moitié des dépens de l'instance, les autres compensés; pour le paiement desquels elle seroit contrainte par corps, conformément aux conclusions des Gens du Roi. Les motifs de cet Arrêt furent qu'on seroit bien malheureux d'être insulté par une femme qui seroit en puissance de mari; puisqu'on

ne pourroit être payé des frais qu'on auroit faits pour se faire rendre justice ; & que d'ailleurs cette contrainte par corps n'étoit donnée que *in pœnam.*)

98. Les septuagenaires peuvent aussi être contraints par corps pour dépens en matiere criminelle ; pourvu que cela soit porté par la Sentence de condamnation : (Ordonnance de 1667, *tit.* 34, *art.* 9,) autrement la contrainte par corps ne pourroit avoir lieu contre eux. (Arrêt du 4 Janvier 1701, rapporté au Journal des Audiences.)

Au reste, cette condamnation par corps pour dépens en matiere criminelle, n'a lieu que contre l'accusé ; mais non contre le plaignant ; à moins qu'il ne fût dans le cas d'une calomnie évidente, & prononcée telle.

99. Les dépens sont aussi payables par corps, lorsqu'ils montent à deux cents livres ; & après avoir obtenu un Arrêt d'*Iterato* après les quatre mois. (Ordonnance de 1667, *tit.* 35, *art.* 2.)

Mais il faut observer que la cession est reçue pour dépens en matiere criminelle, quoiqu'elle ne le soit pas pour dommages & intérêts, ni pour intérêts civils. (Bardet, *tom.* 1, *liv.* 1, *chap.* 24, où il cite à ce sujet un Arrêt du 12 Mai 1618 ; Filleau *qu.* 139 ; Leprêtre, *centur.* 1, *chap.* 99 ; & en ses Arrêts *pag.* 43 ; Loiseau en son Traité des Offices, *liv.* 1, *chap.* 14, *n.* 27 ; Coutume de Bourbonois, *art.* 68 ; & de Ponthieu *art*, 151 & 152. Voyez aussi le Journal des Audiences, *tom.* 2, *liv.* 4, *chap* 1.)

11°. Les dépens se paient par préférence à l'amende ; parce qu'ils sont nécessaires pour l'instruction ; au-lieu que l'amende est purement penale.

12°. Pour les dépens, on a hypotheque du jour du Jugement.

13°. Les dépens portent intérêt du jour qu'on en a formé demande en justice ; & tel est l'usage du Parlement de Dijon, suivant un Arrêt de cette Cour du 8 Mai 1688.

Fin du Tome second.

www.ingramcontent.com/pod-product-compliance
Lightning Source LLC
LaVergne TN
LVHW020959300926
849160LV00007B/199